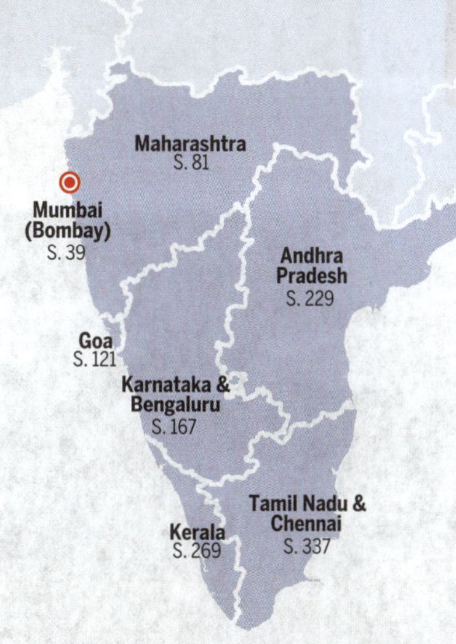

SEITE 523

PRAKTISCHE INFORMATIONEN

SCHNELL NACHGESCHLAGEN
Tipps für Unterkünfte, sicheres Reisen, Smalltalk und vieles mehr

Sarina Singh,
Trent Holden, Abigail Hole, Kate James, Amy Karafin,
Anirban Mahapatra, Kevin Raub

Willkommen in Süd-indien

Herzergreifend

Zwei Worte: atemberaubend und unvergesslich. Dieser Teil Indiens ist das Richtige für alle, die die Strände Goas, die Hindu-Tempel in Tamil Nadu und Karnataka, die brummenden Städte Mumbai und Bengaluru, die palmengesäumten Wasserläufe Keralas, die zum Wandern und zur Tierbeobachtung einladenden Naturschutzgebiete und die Stammeskultur in Andhra Pradesh kennenlernen möchten. Mit seiner Fähigkeit, Menschen zu verzaubern, zu frustrieren, zu fesseln und zu verwirren – und das alles auf einmal – wartet dieser Teil der Welt mit einem außergewöhnlichen Spektrum von Reiseerlebnissen auf. Das kann eine echte Herausforderung sein, vor allem für Indien-Neulinge: Traveller sehen sich mit entsetzlicher Armut konfrontiert und verzweifeln manchmal fast an der Bürokratie. In dem Gewimmel hier wird das einfachste Vorhaben nicht selten zu einem aufreibenden Kampf. Selbst erfahrene Traveller sind irgendwann mit den Nerven am Ende. Aber das gehört zu einer Indienreise dazu. Man kann es lieben oder hassen – die meisten Besucher schwanken da –, aber Südindien zieht einen in seinen Bann. Wohin man auch geht und was man tut, die Erinnerungen währen lange.

Üppige Landschaften

Südindien hat Tausende Kilometer Küste. Sie säumt fruchtbare Ebenen und Hügel, die, durch den Monsun mit Wasser ver-

MARTIN HUGHES LONELY PLANET IMAGES ©

Wie ein Keil ragt Südindien in den Indischen Ozean hinein. Das schwül-feuchte Herz des Subkontinents mit seinem üppigen Grün bildet einen Kontrast zu den schneebedeckten Bergen und trockenen Ebenen im Norden.

(unten) Hinduistische Götter-Souvenirs, Sri-Minakshi-Tempel (S. 399), Tamil Nadu
(links) Kurkuma-Arbeiterin, Mattancherry, Kerala

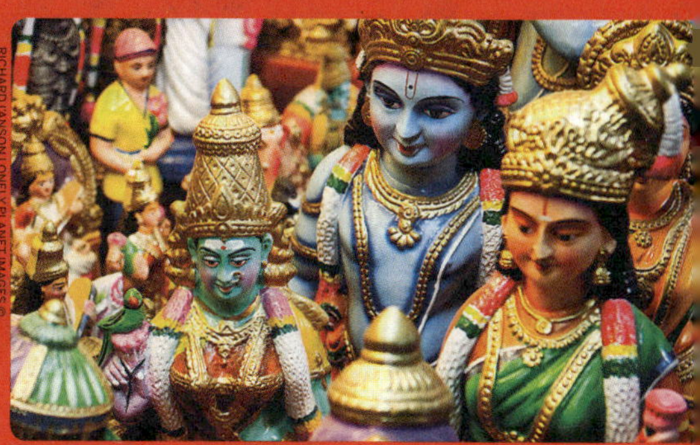
RICHARD I'ANSON LONELY PLANET IMAGES ©

sorgt, immer üppig grün schimmern. Die tropische Pracht der Region ist einer der größten Touristenmagneten: Es gibt dichte Kokoshaine, leuchtende Reisfelder, duftende Kräutergärten und Teeplantagen, die viel Grün zum Erholen bieten. Und dann gibt es da noch das Wasser: Azurblaue Meereswellen streicheln sanft sichelförmige, sonnengewärmte Sandstrände, und auf den schmalen Flüssen und glasklaren Lagunen, für die Kerala so berühmt ist, dümpeln Boote. Freizeitsportler können an einem der vielen schönen Strände im schimmernden Wasser paddeln, bei aufregenden Safaris durch die Wildnis nach Dschungelkatzen Ausschau halten oder einfach nur bei entspannten Waldspaziergängen die frische Landluft genießen.

Köstliche Küche

Die südindische Küche ist extrem vielfältig. Von traditionellen Spezialitäten wie *idli* (flacher Reiskuchen) und hauchdünnen Dosas (herzhafte Crêpes) bis hin zu regionalen und internationalen Speisen – über einen Mangel an kulinarischer Abwechslung kann man hier nicht klagen. Das Essen spielt auch eine wichtige Rolle bei den vielen Festen der Region, wobei vor allem die verschiedenen Süßspeisen im Mittelpunkt stehen. In Südindien herrscht ein buntes religiöses Durcheinander, und entsprechend sieht der Festkalender aus: Es gibt sowohl pompöse Umzüge mit Elefanten und gelenkigen Akrobaten als auch kleine Erntefeiern für irgendeine Lokalgottheit.

› Südindien & Kerala

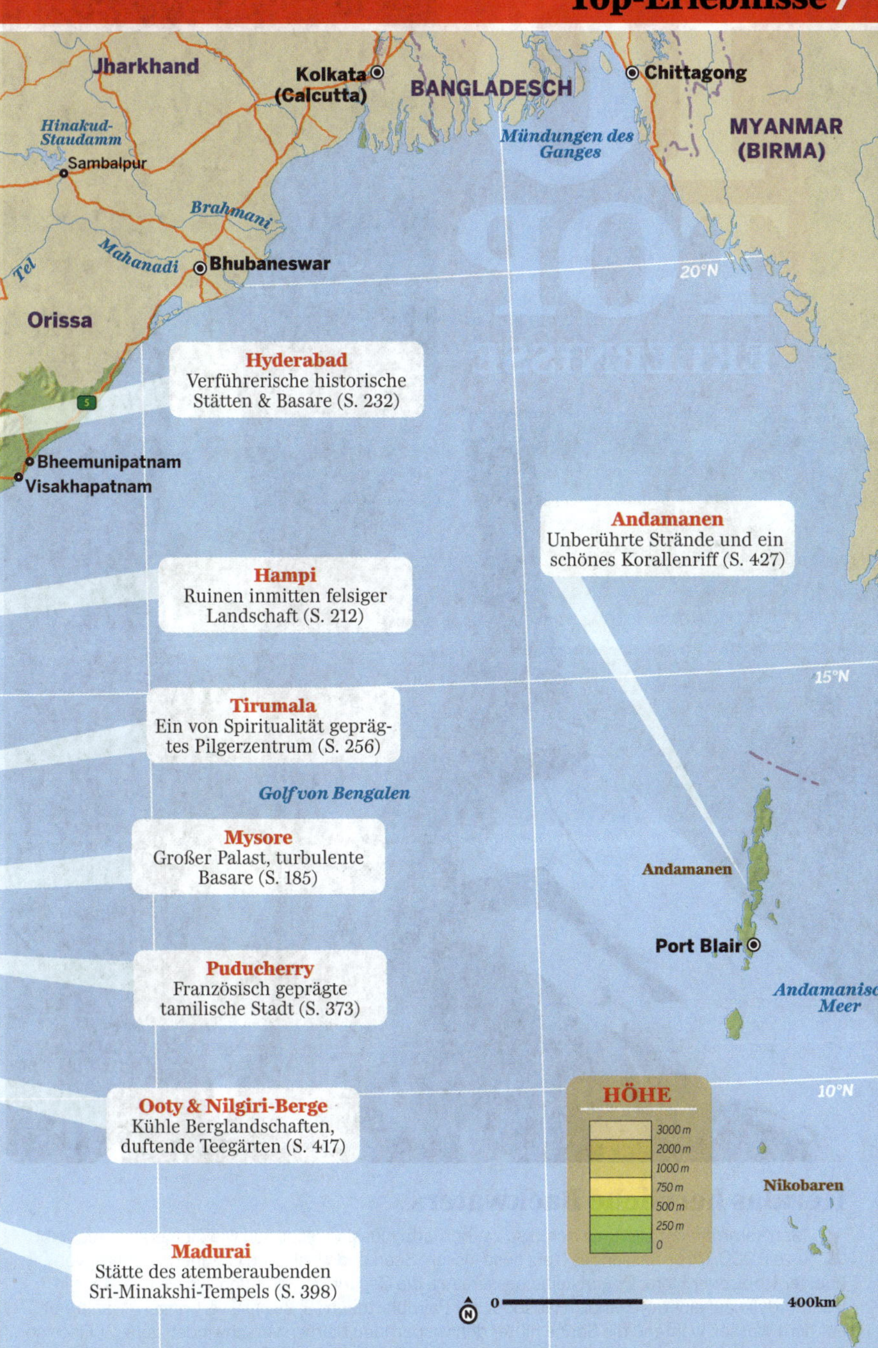

Jharkhand
Kolkata (Calcutta)
BANGLADESCH
Chittagong
Hinakud-Staudamm
Sambalpur
Mündungen des Ganges
MYANMAR (BIRMA)
Brahmani
Mahanadi
Tel
Bhubaneswar
Orissa
20°N
Hyderabad
Verführerische historische Stätten & Basare (S. 232)
Bheemunipatnam
Visakhapatnam
Andamanen
Unberührte Strände und ein schönes Korallenriff (S. 427)
Hampi
Ruinen inmitten felsiger Landschaft (S. 212)
15°N
Tirumala
Ein von Spiritualität gepräg-tes Pilgerzentrum (S. 256)
Golf von Bengalen
Mysore
Großer Palast, turbulente Basare (S. 185)
Andamanen
Port Blair
Puducherry
Französisch geprägte tamilische Stadt (S. 373)
Andamanisch Meer
Ooty & Nilgiri-Berge
Kühle Berglandschaften, duftende Teegärten (S. 417)
HÖHE
3000 m
2000 m
1000 m
750 m
500 m
250 m
0
10°N
Nikobaren
Madurai
Stätte des atemberaubenden Sri-Minakshi-Tempels (S. 398)
0
400km
85°O
90°O

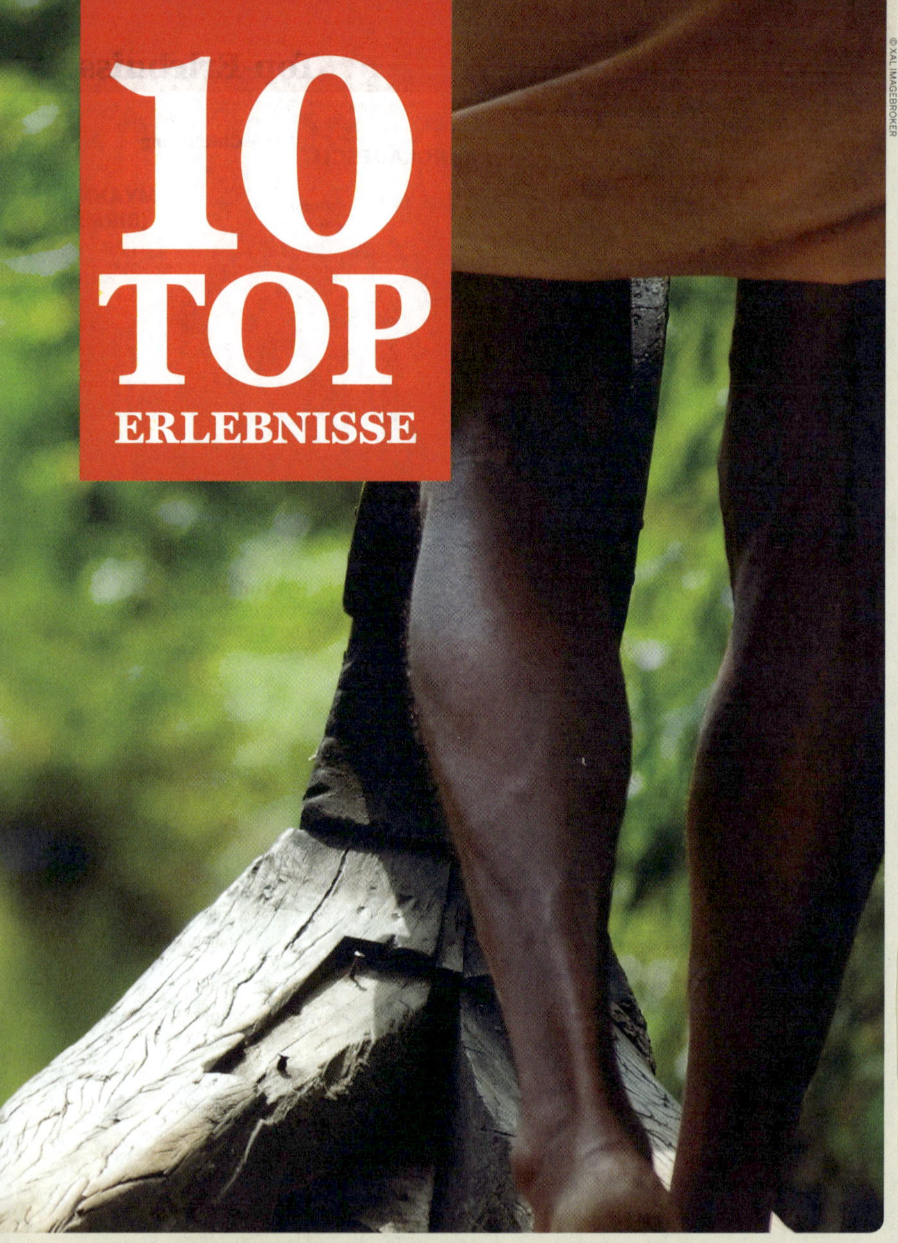

Keralas herrliche Backwaters

1 Man kommt nicht alle Tage durch so zauberhafte Flusslandschaften wie die Keralas: Hier gibt es ein 900 km umfassendes Netz aus Flüssen, Seen und glasklaren Lagunen, gesäumt von üppiger tropischer Flora. Es gibt keine bessere Art, die Gegend zu erkunden, als ein paar Tage in trauter Idylle auf einem Teakholz-Hausboot mit Palmblattdach (S. 292) zu verbringen. Man treibt auf dem Wasser, während die Sonne hinter den wispernden Palmen verschwindet, genießt Fisch so frisch, dass er fast noch zappelt, und vergisst für eine Weile das Leben an Land.

Goa

2 Weicher Sand, sanfte Wellen, dichte Kokoshaine, rosarote Sonnenuntergänge – wenn es einen Ort gibt, der wirklich jedes Klischee aus Hochglanzreiseprospekten erfüllt, dann ist es Goa (S. 121). An den meisten Stränden Goas herrscht Trubel: Auf dicht an dicht stehenden Sonnenliegen brutzeln eingeölte Körper, Sarongverkäufer schauen vorbei, und überall buhlen Imbisse um Kundschaft. Goa ist auch für seine Gewürzplantagen im Binnenland und die denkmalgeschützten Häuser bekannt, vor allem für die Kathedralen aus Zeiten der portugiesischen Herrschaft. Markt, Anjuna

Die Höhlen von Ajanta

3 Sie mögen Asketen gewesen sein, doch die Mönche, die im 2. Jh. v. Chr. die Ajanta-Höhlen (S. 96) angelegt haben, hatten einen Sinn fürs Dramatische: Die 30 Felsgrotten im Wald erstrecken sich über die Front einer hufeisenförmigen Schlucht. Einst hatten sie jeweils eigene Treppen zum Fluss. Die Architektur und die hohen Stupas machten die Höhlen zu inspirierenden Lebens- und Meditationsräumen. Aber richtig prächtig wurden sie erst Jahrhunderte später, als Künstler sie mit Reliefs und Wandmalereien schmückten, die Szenen aus früheren Reinkarnationen Buddhas zeigen.

KEREN SU/LONELY PLANET IMAGES ©

© FRANCK GUIZIOU/HEMIS/CORBIS

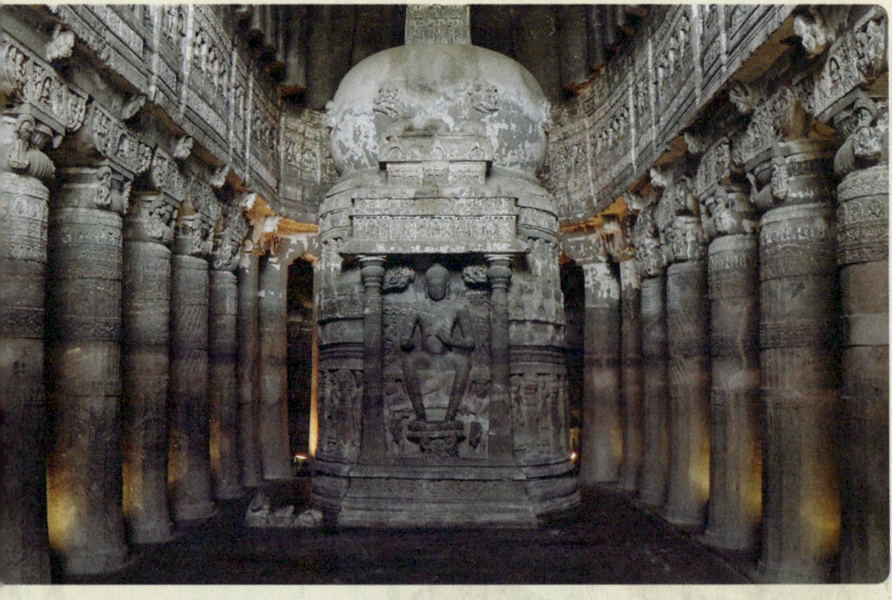

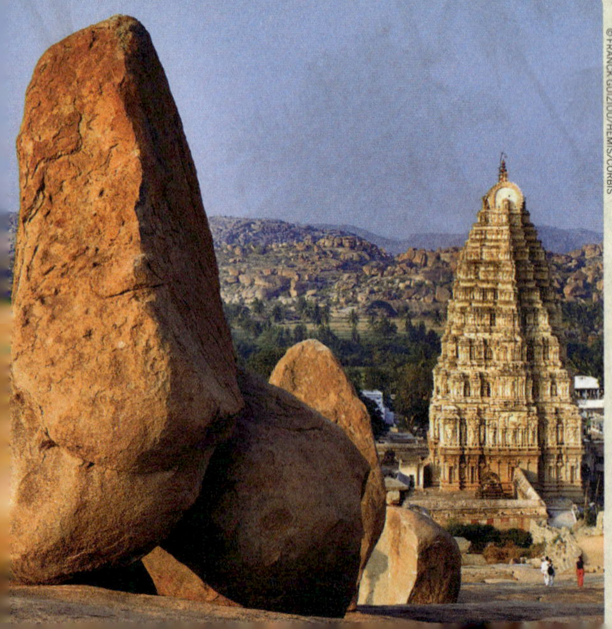

Das mysteriöse Hampi

4 Wie verzaubert wirken die Überreste Hampis (S. 212). Früher war dies die Hauptstadt des Königreichs Vijayanagar, und die Ruinen zeugen von der einstigen Pracht. Tempel, Paläste und Landschaft bilden eine mystische Einheit: Riesige Felsen balancieren auf feinen Sockeln neben einem alten Elefantenstall, zwischen Geröll schmiegen sich Tempel in Felsspalten, Boote treiben an Reisfeldern vorbei und Aloe-Pflanzen wachsen an einer Badestelle. Wenn der Sonnenuntergang die Landschaft rötet, könnte man glatt vergessen, auf welchem Planeten man ist.

Virupaksha-Tempel, Hampi

Udagamandalam & Nilgiri-Berge

5 Steile Täler, flache Ebenen und palmengesäumte Strände sind zwar gut und schön, aber da unten kann es echt heiß werden! Die indischen Prinzen und die britischen Kolonialherren nutzten lange Zeit Gebirgsorte wie Udagamandalam (S. 417), um vor der Sommerhitze zu fliehen. Auch heute noch warten diese Hill Stations mit Wald, Bergluft und weitläufigen Teeplantagen auf. Hier kann man sich in eine Decke einrollen, einen heißen Tee aus hiesigem Anbau genießen, den Blick über die nebligen Berge schweifen lassen, Bergvögel beobachten und Indien von seiner ruhigsten Seite erleben.

Architektonische Perlen in Mumbai

6 In Mumbai (S. 39) hat man es verstanden, Verschiedenes zu verweben und so eine einzigartige Kulturlandschaft hervorzubringen. Das Ergebnis ist ein herrlicher Stilmix: Die Art-déco-Bauten und modernen Wolkenkratzer sind sehenswert, aber was Mumbai zur extravaganten Schönheit macht, sind die pittoresken Gebäude aus viktorianischer Zeit – ein Mix aus Neugotik, venezianischer Gotik und indisch-sarazenischem Stil. Die Türme, Bögen und bombastischen Kuppeln verlocken zu einem Bummel durch die faszinierende Geschichte der Stadt.
Universitätsbibliothek in Mumbai

DAVID COLLINS/LONELY PLANET IMAGES ©

© OCEAN/CORBIS

Savoir Vivre in Puducherry

7 Ein französisches Nest in Tamil Nadu? Pourquoi pas? In der früheren französischen Kolonie (S. 373) säumen senfgelbe Häuser Kopfsteinpflastergassen, die Kathedralen sind mit Schnörkeln geschmückt und die Croissants sind ein Renner. Puducherry ist aber auch eine typisch tamilische Stadt – mit langer Geschichte und all dem dazugehörigen Trubel – und ein klassischer Urlaubsort mit dem Sri-Aurobindo-Ashram im Zentrum. Da zeigt sich, dass Yoga, Pain au chocolat, Hindu-Gottheiten und Kolonialarchitektur durchaus zusammenpassen.

Der Sri-Minakshi-Tempel in Madurai

8 Der im 17. Jh. erbaute prächtige Sri-Minakshi-Tempel (S. 399) in Madurai ist Sundareshwara (einer Inkarnation Shivas) und seiner Gemahlin Minakshi (einer Inkarnation Parvatis) gewidmet. Minakshi bedeutet „fischäugig", was in der klassischen tamilischen Literatur ein Topos für wunderschöne Augen ist. Der Komplex ist ein einziger Augenschmaus aus reich geschmückten Säulen, Friesen und Statuetten, gesäumt von kunstvoll verzierten Gopurams. Ein Highlight ist die Halle der 1000 Pfeiler, in deren Säulen Reliefs mit Göttermotiven geritzt sind.

© DAVID H WELLS/AGE FOTOSTOCK/PHOTOLIBRARY

RICHARD I'ANSON/LONELY PLANET IMAGES ©

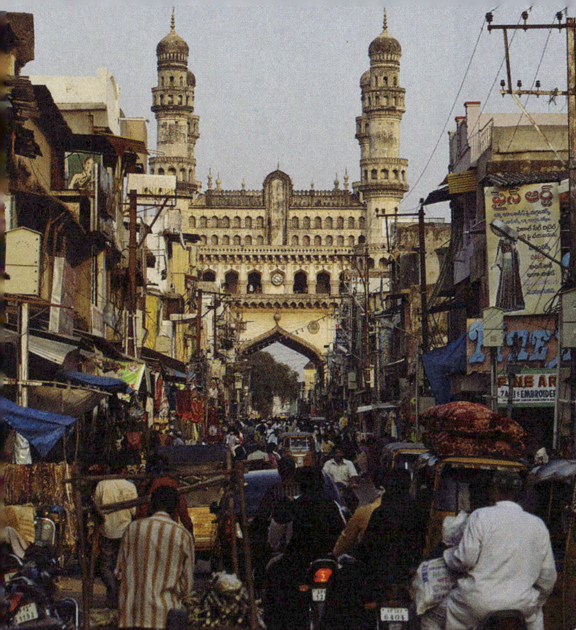

Das historische Hyderabad

9 Wer sich für Geschichte interessiert, kommt in Hyderabad (S. 231) auf seine Kosten. Die Stadt hat jede Menge historischer Attraktionen, u. a. den weithin sichtbaren Charminar, ein prächtiges Denkmal mit kannelierten Minaretten und eleganten Bögen. Weitere Highlights sind die Basare, auf denen man Stoffe, Perlen, Duftöle und viele andere Schätze findet. Und dann ist da noch das Essen: Hyderabad ist für seine traditionelle Mogul-Küche berühmt, besonders für die würzigen Kebabs und Biryanis. Die leckeren Speisen werden auch kreativ angerichtet. Charminar, Hyderabad

CRAIG PERSHOUSE/LONELY PLANET IMAGES ©

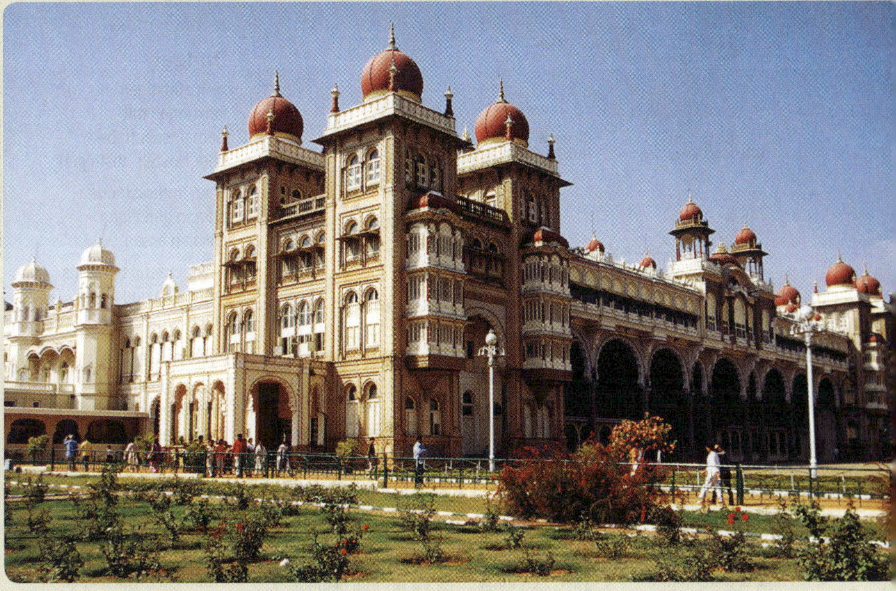

Das majestätische Mysore

10 Willkommen in Mysore (S. 185)! Der Name verweist auf den Ort, an dem eine mutige Göttin einen bösen Dämon besiegte. Die Stadt hat nicht nur eine respekteinflößende Geschichte, sie lädt auch zu einem Bummel durch die hektischen, alten Basare ein, die erfüllt sind vom berauschenden Duft nach Sandelholz, frischen Blumen und Weihrauch. Mysore ist zudem für seine fröhlichen Feste bekannt. Das Dussehra-Fest, mit dem der Sieg des Guten über das Böse gefeiert wird, ist eines der spektakulärsten Events: Dabei gibt es ausgelassene Umzüge, und der riesige Palast wird eindrucksvoll beleuchtet. Maharadscha-Palast, Mysore

Gut zu wissen

Währung

» Indische Rupie (₹)

Sprache

» Hindi, Englisch & regionale Dialekte

Reisezeit

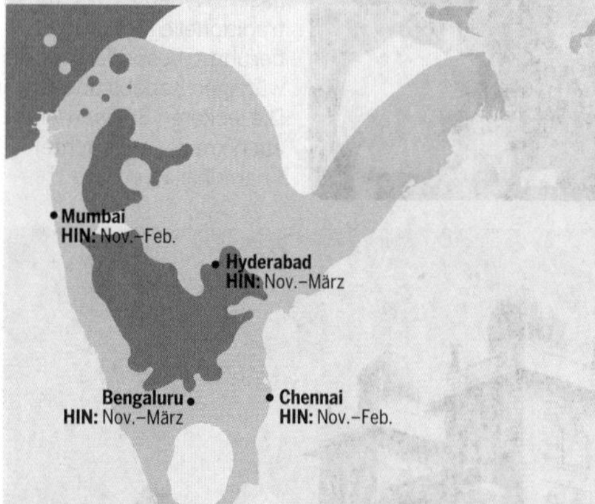

Hauptsaison
(Dez.–März)

» Meist angenehmes Wetter, sehr viele Touristen, die höchsten Preise; Flüge & Unterkünfte im Voraus buchen

» Ab Februar wird es langsam immer wärmer

Zwischensaison
(Juli–Nov.)

» Heiß und feucht in den Ebenen, kühler in den Berggegenden

» An der Südküste regnet es zwischen Oktober und Anfang Dezember oft sehr heftig

Nebensaison
(April–Juni)

» Im April ist es heiß, im Mai & Juni noch heißer. Preisschlacht bei den Unterkünften

» Ab Juni beginnt der Monsun; unangenehm feucht

» In den Bergen ist's kühler – da sind aber auch die anderen und entsprechend sind die Preise

Tagesbudget

Die Preise (besonders die der Unterkünfte) variieren je nach Gegend stark – in den Regionenkapiteln steht, mit wie viel man etwa rechnen muss.

Budget

» In günstigen Pensionen mit Gemeinschaftsbad oder Hostels absteigen

» An Imbissständen oder in günstigen Lokalen essen

» Vor Ort mit dem Bus fahren, ab und an mit einer Autorikscha

Mittelklasse

» Gute Unterkünfte (mit eigenem Bad) & Restaurants

» Vor Ort Autorikscha und Taxi fahren

Spitzenklasse

» Bei Unterkunft und Essen gibt's nach oben keine Grenzen ...

» Ein Auto samt Fahrer mieten – aber unbedingt auch mal eine Autorikschafahrt machen

Geld

» In den meisten Stadtzentren gibt es Geldautomaten. Bares oder Reiseschecks dabeizuhaben, ist sinnvoll. MasterCard & Visa werden am ehesten akzeptiert.

Visa

» Die meisten Traveller brauchen das Standard-6-Monats-Visum. Touristenvisa gelten ab dem Tag der Ausstellung, nicht ab der Ankunft in Indien.

Handys

» Mobil zu telefonieren ist mancherorts kompliziert – aus Sicherheitsgründen. Roaming-Gebühren vermeidet man, indem man sich ein indisches Handy zulegt.

Autofahren

» Es gibt gute Zug-, Bus- und Flugzeugverbindungen. In Städten dürften Taxis und/oder Rikschas zu kriegen sein. Ein Auto mit Fahrer zu mieten, ist auch erschwinglich.

Infos im Internet

» **Lonely Planet** (www.lonelyplanet.com/india) Infos über Indien, Foren und vieles mehr

» **Incredible India** (www.incredibleindia.org) Offizielle Touristikseite Indiens

» **World Newspapers** (www.world-newspapers.com/india.html) Links zu englischsprachigen Publikationen

» **Art India** (www.artindia.net) Infos zu darstellenden Künsten, vor allem zu Tanz und Musik

» **Festivals of India** (www.festivalsofindia.in) Alles über die Feste

Wechselkurse

Eurozone	1 €	66 ₹
	1 ₹	0,015 €
Schweiz	1 SFr	57 ₹
	1 ₹	0,017 SFr

Aktuelle Wechselkurse sind unter www.oanda.com/converter/classic zu finden.

Wichtige Telefonnummern

Um in Indien anzurufen, zuerst die „00" wählen, dann die „91" und die gewünschte Nummer (ohne „0" – die braucht man nur für Telefonate innerhalb Indiens).

Landesvorwahl	☎91
Vorwahl für internationale Gespräche	☎00
Krankenwagen	☎102
Feuerwehr	☎101
Polizei	☎100

Ankunft in Südindien

» **Mumbai, Chennai** Die beiden wichtigsten Tore nach Südindien haben Prepaid-Taxi-Stände in ihren Flughafenterminals. Hier kann man ein Taxi zu einem Fixpreis (inkl. Gepäck) bekommen und so Abzocke oder ähnliche Schwindeleien vermeiden. Auch viele Hotels lassen ihre Gäste auf Wunsch vom Flughafen abholen – bei Spitzenklassehotels ist das oft kostenlos, andere verlangen eine Gebühr. Wenn man allein einreist oder nachts landet, sollte man im Voraus planen, wie man weiterkommt.

Nicht vergessen!

» Ein Visum besorgen (S. 542) und eine Reiseversicherung abschließen (S. 542)

» Sich nach den nötigen Impfungen erkundigen (S. 556)

» Angemessene, d.h. nicht zu freizügige Kleidung einpacken (gilt für Frauen *und* Männer)

» Eine gut versteckbare Transportmöglichkeit für Geld (Bauchtasche, Brustbeutel)

» Sonnencreme und Sonnenbrille

» Kleine Taschenlampe für schlecht beleuchtete Straßen und/oder Stromausfälle

» Ohrenstöpsel – Lärm kann echt nerven

» Schuhe zum Reinschlüpfen – die sind praktisch, wenn man heilige Stätten besucht

» Tampons – Binden kriegt man so gut wie überall, aber Tampons gibt's normalerweise nur in großen Städten oder Touristengegenden

» Insektenschutzmittel

Wie wär's mit ...

Festungen & Paläste

Die Geschichte Südindiens ist geprägt von einem bunten Nacheinander konkurrierender Dynastien, in dem auch Händler und Eroberer heftig mitmischten. Eindrucksvolle Paläste und Festungen zeugen von der Vergangenheit der Region.

Mysore Der Maharadscha-Palast ist einer der größten und spektakulärsten Indiens. Hinter den Mauern dieses großartigen indisch-sarazenischen Komplexes findet man seltene Kunstwerke, Buntglasfenster, Mosaikböden und wunderschöne Holzschnitzereien (S. 187).

Maharashtra Das Land Shivajis ist für Fans von Festungen fast so reizvoll wie Rajasthan (wo es besonders viele solcher Anlagen gibt). Zu den Highlights zählen das auf einem Hügel versteckte Daulatabad und die Inselfestung Janjira (S. 104).

Hyderabad Die robuste Golconda-Festung, deren Schatzkammern einst die Diamanten Hope und Koh-i-Noor hüteten, ergänzt die himmlischen Paläste der Stadt der Perlen (S. 232).

Festung von Bidar So verwittert und friedlich die Anlage heute auch erscheint, früher einmal hatte ein mächtiges Sultanat hier seinen Sitz (S. 226).

Strände

Die bezauberndsten Küstenabschnitte des Landes liegen in Südindien. Die besten Strände findet man in den tropischen Unionsterritorien Goa und Kerala. Die Badeorte erwachen in der Regel bei Sonnenuntergang zum Leben. Dann treffen sich die Einheimischen am Strand, bummeln und lassen es sich bei Snacks von Straßenverkäufern richtig gut gehen.

Kerala Kovalam und Varkala sind herrliche, halbmondförmige Strände mit weißem Sand, Palmen, einem Leuchtturm (Kovalam) und dramatischen Klippen (Varkala) – hier werden Strandträume wahr (S. 269).

Goa Alles, was über die hiesigen Strände gesagt wird, ist wahr (S. 121). Selbst wenn die Traveller sich hier gegenseitig auf die Füße treten, sind die Strände reizvoll. Zwei der schönsten sind Vagator und Palolem; Gleiches gilt fürs nahe gelegene Gokarna in Karnataka (S. 167).

Mumbai Wenn der Nachmittag in die Dämmerung übergeht, sollte man zum Chowpatty-Strand runtergehen, um ungewöhnliche, kreative Delikatessen zu probieren, die Leute zu beobachten oder einfach nur den feuerroten Sonnenuntergang zu genießen (S. 39).

Basare

In den größeren Städten Südindiens sprießen zwar Einkaufszentren wie Pilze aus dem Boden, aber die traditionellen Freiluftbasare – ein Labyrinth aus Läden, die von frisch gemahlenen Gewürzen und Blumensträußen bis hin zu Küchenutensilien und bunten Saris alles Mögliche verkaufen – sind trotzdem nicht zu toppen.

Goa An der Nordküste gibt's diverse touristische Flohmärkte, die inzwischen große Attraktionen sind. Die lokalen Basare von Panjim und insbesondere von Margao hingegen eignen sich für einen gemächlichen Bummel (S. 121).

Mumbai Neben modernen Einkaufszentren bietet die Mega-Metropole auch wundervolle alte Märkte, die sich bequemerweise bestimmten Themen widmen: Mangaldas (Stoffe), Zaveri (Schmuck), Crawford (Fleisch und Obst/Gemüse) und Chor (Antiquitäten aller Art) (S. 72).

Mysore Der rund 125 Jahre alte Devaraja-Markt ist ein Wahrzeichen der Stadt. Hier findet man geschätze 125 Mio. Blumen, Früchte und Gemüsesorten ... (S. 187).

Großartige Tempel & alte Ruinen

Nirgends werden solche Tempel (ob groß oder klein) gebaut wie hier auf dem Subkontinent. Von den psychedelisch bunten hinduistischen Türmen Tamil Nadus bis zu den von verblasster Pracht zeugenden buddhistischen Höhlentempeln in Ajanta und Ellora bietet Südindien eine Palette spektakulärer Tempelbauten.

Tamil Nadu Wenn es um Tempel geht, ist Tamil Nadu *die* Adresse. Es gibt hier fantastische turmhohe Bauten wie den umwerfenden Sri-Minakshi-Tempel in Madurai (S. 399), der mit meisterhaft gemeißelten Götterfiguren verziert in den Himmel ragt.

Ajanta & Ellora Die prächtigen, alten in den Fels gehauenen Höhlentempel schmiegen sich an eine hufeisenförmige Schlucht. Verehrt werden sie nicht nur ihrer spirituellen Bedeutung wegen, sondern auch als architektonische Meisterleistung (S. 93 & 96).

Hampi Mitten zwischen den außerirdisch wirkenden Felsblöcken liegen in den Bergen verstreut die rosafarbenen Tempel und Palastruinen der einstigen Hauptstadt des mächtigen Vijayanagar-Reichs (S. 212).

Lokale Feste

Neben den vielen landesweiten Festen hat Südindien noch eine Reihe eigener, nur lokal gefeierter bunter Events – von Tempelprozessionen bis zu ausgelassenen Strandpartys.

Kerala Die Feste in Kerala sind legendär – vor allem wegen der Elefantenumzüge und Bootsrennen. Beim umjubelten Nehru Trophy Snake Boat Race treten elegante, 38 m lange Kanus zum Ruder-Showdown gegeneinander an (S. 270).

Chennai Festival of Music & Dance Sechs Wochen lang steht hier alles im Zeichen von Musik, Tanz und Theater (überwiegend aus Karnataka; S. 349).

Tamil Nadu Mitte Januar feiert Pongal das Ende der Ernte. Krüge mit *pongal* (einer Mischung aus Reis, Zucker, Dhal und Milch) werden vorbereitet und an geschmückte Kühe verfüttert (S. 340).

Goa Mit einem viertägigen Karneval (S. 122) wird in Goa der Beginn der Fastenzeit gefeiert, komplett mit bunten Umzügen, Konzerten und viel Spaß.

Mumbai Während des zweiwöchigen Kala-Ghoda-Festivals (S. 40) in Mumbai gibt es interessante Kunstperformances und Ausstellungen.

Stadtkultur

Es stimmt schon, dass die meisten Inder in Dörfern wohnen, aber in den hiesigen Städten lebte man schon elegant und raffiniert, als man in Europa davon noch keinen Schimmer hatte. Die Städte Indiens besitzen klasse Kunstszenen, fantastische Restaurants mit internationaler Küche und viel Stil.

Mumbai Mumbai hat alles: Mode, Film, Kunst, Restaurants und ein turbulentes Nachtleben. Als Bühne dienen die fantastische Architektur und der tolle Blick aufs Wasser (S. 39).

Hyderabad Hier findet man einerseits alte Bauten, die noch aus der Zeit verschiedener außerordentlich reicher Dynastien stammen, und andererseits raffinierte Restaurants, ein super Nachtleben und eine florierende Kunstszene (S. 232).

Bengaluru Die kosmopolitische Metropole ist das Zentrum der IT-Branche Indiens. Die Lungen der Stadt sind die grünen Parks zwischen den Bürotürmen und Wohnblöcken (S. 169).

Puducherry In dem für sein französisches Flair bekannten Küstenstädtchen zeigt sich Indien so multikulturell wie sonst kaum. Das französische Viertel lockt mit reizenden Gassen und senfgelben Villen (S. 373).

Wie wär's mit … Naturheilkunde?
Kerala hat viele Zentren, die sich auf Ayurveda spezialisiert haben (S. 269).

Wie wär's mit … luxuriösen Bahnfahrten?
Während der siebentägigen „Dekkan-Odyssee" bekommt man das Beste von Maharashtra und Goa zu sehen (S. 25).

Wie wär's mit … tauchen?
Rund um die Andamanen gibt es ein paar erstklassige Tauchspots mit Korallenriffen und einer vielfältigen Meeresfauna (S. 427).

Hill Stations

Südindien ist gesegnet mit Sonnenschein – und Bergen, auf die man sich zurückziehen kann, wenn es Sommer wird. Den Grundstein für die heutigen Hill-Station-Resorts haben vor allem die Einheimischen – insbesondere die indischen Herrscher und die Kolonialherren – gelegt, die sich vor der Sommerhitze traditionell in die Berge flüchteten.

Tamil Nadu Die Hill Stations in den Westghats von Tamil Nadu sind geprägt von dichten Kiefernwäldern, kleinen Teehäusern, weitläufigen Kardamom-Plantagen und Bauten aus der Zeit der britischen Herrschaft (S. 407).

Matheran Das beliebte Wochenendziel der Einwohner von Mumbai ist nicht nur ausgesprochen pittoresk und (vor allem dank des Autoverbots) entspannt, sondern hat auch eine reizende kleine Schmalspurbahn, mit der man die 21 km bis zur Hauptstraße fahren kann (S. 80).

Meditation & Yoga

Im Süden Indiens geht man der Kunst, es sich gut gehen zu lassen, schon lange leidenschaftlich nach. Heute wird hier eine Vielzahl von Anwendungen angeboten, die Körper, Seele und Geist gut tun. Vor allem Meditations- und Yogakurse gibt's nahezu an jeder Ecke.

Maharasthra Die Vipassana International Academy in Igatpuri bietet intensive Meditationskurse in der Tradition des Theravada-Buddhismus (S. 81) an. Das berühmte Osho International Meditation Resort (S. 109) hingegen orientiert sich an den Lehren seines charismatischen Begründers, des verstorbenen Bhagwan Shree Rajneesh.

Tamil Nadu Der Sri-Aurobindo-Ashram (S. 375) in Puducherry wurde vom berühmten Sri Aurobindo gegründet. In den Kursen wird versucht, Yoga mit moderner Wissenschaft zu verbinden.

Coimbatore Das Isha Yoga Center (S. 414) hat für Übernachtungsgäste eine Reihe von Kursen und Anwendungen.

Puttaparthi Das Prasanthi Nilayam (S. 259) ist der Aschram des umstrittenen, aber sehr populären Gurus Sri Sathya Sai Baba.

Traveller-Enklaven

Manchmal will man einfach nicht mehr herumrennen, um ja alles gesehen zu haben, ehe die Reise zu Ende ist. Manchmal will man einfach nur mit anderen Backpackern abhängen, Reisegeschichten austauschen, Nachmittagsschläfchen halten, lesen, Karten spielen und ein Bierchen zischen …

Hampi Die atemberaubende Schönheit der Landschaft und der Architektur von Hampi verleitet Besucher zu einem längeren Aufenthalt. Deswegen gibt's hier eine gut entwickelte Traveller-Community (S. 212).

Arambol Goa ist insgesamt eine große Traveller-Enklave, aber sein Epizentrum ist wohl Arambol. Hier gibt's viele Läden und Dienstleister, außerdem einen prächtigen Strand und billige Unterkünfte. Kein Wunder, dass früher oder später jeder hier landet (S. 154)!

Monat für Monat

Top-Events

1 **Karneval,** Januar oder Februar

2 **Pongal,** Januar

3 **Ganesh Chaturthi,** August oder September

4 **Navratri** und **Dussehra,** September oder Oktober

5 **Diwali,** Oktober oder November

Die meisten Feste richten sich nach dem dem indischen bzw. islamischen Mondkalender, so kann das jeweilige Datum von Jahr zu Jahr variieren. Über die genauen Termine informieren die Touristeninformationen.

Januar

Nach den Monsunregen legt sich kühle Luft über das Land, in großen Teilen des Südens wird es dennoch nie richtig kalt. Das angenehme Wetter und viele Feste locken zahlreiche Besucher an (im Voraus buchen!).

Tag der Republik

Der Nationalfeiertag erinnert an die Gründung der Republik Indien am 26. Januar 1950. Mittelpunkt der Feierlichkeiten ist die Stadt Delhi, wo eine riesige Militärparade den Rajpath entlangzieht und drei Tage später ein imposanter Aufmarsch stattfindet.

Drachenfest

Das hinduistische Fest Sankranti markiert den Zeitpunkt, an dem die Sonne in das Sternbild Steinbock wandert. In Indien wird es auf ganz verschiedene Arten begangen, vom Verschenken von Bananen über das Eintauchen in den Ganges bis hin zu Hahnenkämpfen. Am schönsten und eindrücklichsten ist dabei das kollektive Steigenlassen von Drachen in Maharasthra und anderen Bundesstaaten.

Südindisches Erntedankfest

Das tamilische Pongal-Fest fällt mit Sankranti zusammen und kennzeichnet das Ende der Erntezeit. Indische Familien bereiten Gefäße voller *pongal* (eine Mischung aus Reis, Zucker, Dal und Milch), als Symbol für Wohlstand und Überfluss, zu und verfüttern es an geschmückte Kühe.

Zu Ehren von Saraswati

An Vasant Panchami erbitten gelb gekleidete Hindus traditionell den Segen von Saraswati, Göttin der Weisheit, indem sie vor deren Figuren zahlreiche Bücher, verschiedene Musikinstrumente und andere Lernutensilien ablegen. Manchmal findet das Fest auch im Februar statt.

Februar

Im Tiefland herrscht größtenteils angenehmes Wetter und die Sommerhitze breitet sich aus, insbesondere im äußersten Süden. Die Hochsaison hält an, Sonnenbaden und Schwimmen stehen hoch im Kurs.

Geburtstag des Propheten Mohammed

Am islamischen Feiertag Eid-Milad-un-Nabi wird mit Gebeten und Prozessionen an die Geburt des Propheten Mohammed erinnert. Er fällt in den dritten Monat des islamischen Kalenders, und in den nächsten Jahren auf den 4. Februar (2012), 24. Januar (2013) und 13. Januar (2014).

Tibetisches Neujahrsfest

Rund zwei Wochen lang feiern tantrische Buddhisten in ganz Indien Losar, dabei finden die wichtigsten Feierlichkeiten an den ersten drei Tagen statt. Das tibetische Neujahr beginnt in der Regel im Februar oder auch im März, wobei aber durchaus regionale Abweichungen vorkommen können.

Shivaratri

Der hinduistische Fastentag erinnert an den *tandava* (den kosmischen Siegestanz) von Shiva. Auf Tempelumzüge folgen das Singen von Mantras und das Weihen des Linga (Phallussymbol Shivas). Shivaratri kann auch in den März fallen.

Karneval in Goa

Die viertägige Party läutet die Fastenzeit ein und wird in Goa besonders intensiv gefeiert. Los geht's am Sabado Gordo, dem „dicken Samstag", mit Umzügen prachtvoller Wagen und verkleideten Tänzern, danach folgen Straßenfeste, Konzerte und allgemeiner Feiertrubel.

März

Im letzten Monat der Hauptsaison herrscht fast im ganzen Land große Hitze. Wilde Tiere suchen Wasserstellen und sind so leichter zu beobachten, außerdem sorgt Holi, das vor allem von Hindus begangen wird, für Festtagsstimmung.

Holi

Das Frühlingsfest Holi wird besonders im Norden begangen, ist jedoch auch in Südindien beliebt. Im Februar oder März bewerfen sich dabei die Feiernden gegenseitig mit gefärbtem Wasser und *gulal* (Pulver), Feuerwerke symbolisieren in der Nacht vor Holi zudem die Vernichtung der Dämonin Holika.

Ramas Geburtstag

Während Ramanavami feiern Hindus ein bis neun Tage lang die Geburt Ramas mit Prozessionen, Musik, Fasten, Essen sowie Lesungen und Aufführungen von Szenen aus dem Ramayana. In manchen Tempeln gibt es rituelle Hochzeiten zwischen Rama- und Sita-Figuren.

April

In Südindien hält brütende Hitze Einzug. Die hohen Temperaturen gehen mit Schnäppchenpreisen und sinkenden Besucherzahlen einher.

Ostern

In christlichen Gemeinden wird der Kreuzigung und Auferstehung Christi mit Gebeten und Speisen gedacht. So ausgelassen wie zu Karneval geht's naturgemäß nicht zu, trotzdem herrscht festliche Stimmung. Ostern fällt manchmal in den März.

Mahavirs Geburtstag

Mahavir Jayanti erinnert an die Geburt des 24. und wichtigsten *tirthankar* (Lehrmeister und erleuchtetes Wesen) des Jainismus. Mahavir-Statuen erhalten rituelle Bäder, Tempel werden geschmückt, Prozessionen abgehalten und Arme beschenkt. Manchmal fällt das Fest auch in den März.

Mai

In großen Teilen des Landes herrscht drückende Hitze. Die bevorstehenden Regenfälle sorgen für steigende Luftfeuchtigkeit und einen ausgedünnten Veranstaltungskalender. In den Bergdörfern ist mehr los.

Buddhas Geburtstag

Buddha Jayanti erinnert an Buddhas Geburt, Nirvana (Erleuchtung) und *parinirvana* (vollständige Befreiung vom Lebenskreislauf; Tod) und wird ruhig und spirituell begangen. Gläubige kleiden sich einfach, essen vegetarische Speisen, lauschen Dharma-Gesprächen und besuchen Kloster oder Tempel.

Juni

Der Juni ist kein beliebter Reisemonat bei Indienbesuchern. Ausnahme ist nur der Norden, er bleibt vom Beginn der Regenzeit oder der extremen Hitze, die den Monsunregen vorausgeht, verschont. Feste in den einzelnen Bundesstaaten sind in den Regionalkapiteln aufgeführt.

Juli

Es regnet fast im ganzen Land, viele abgeschiedene Straßen sind überschwemmt. Traditionell gilt die Regensaison in Indien als Zeit spiritueller Meditation.

Schlangenfest

Das Hindu-Fest Naag Panchami ist der Schlange Ananta gewidmet, auf der Vishnu im Weltenozean ruhte. Frauen kehren in ihr Elternhaus zurück und fasten, Schlangen werden als Schutzgeister gegen Überschwemmungen und andere Übel verehrt. Findet im Juli oder August statt.

Fest der geschwisterlichen Verbindung

An Raksha Bandhan (Narial Purnima) knüpfen Mädchen Bänder, *rakhis* genannt, um das Handgelenk ihrer Brüder und engen Freunde; diese sollen sie im kommenden Jahr beschützen. Im Gegenzug erhalten sie von ihren Brüdern Geschenke oder das Versprechen, auf sie aufzupassen.

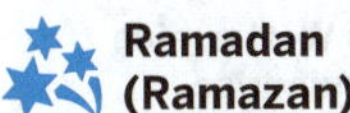

Ramadan (Ramazan)

Im neunten Monat des islamischen Kalenders wird 30 Tage lang von Sonnenauf- bis Sonnenuntergang gefastet. Traditionell suchen dann Muslime durch Gebete und Enthaltsamkeit den Kontakt zu Gott. Ramadan beginnt jeweils um den 20. Juli (2012), den 9. Juli (2013) und den 28. Juni (2014).

August

Regen, Regen, Regen – die Monsunsaison hält an. Manch einer schwört in dieser Jahreszeit auf die besondere Magie tropischer Landschaften wie in Kerala oder Goa: Die üppigen Wälder sind leuchtend grün und glitzern im Regen.

Unabhängigkeitstag

Am 15. August wird an Indiens 1947 erlangte Unabhängigkeit von Großbritannien erinnert. Landesweit stehen patriotische Feierlichkeiten auf dem Programm, darunter das zeremonielle Hissen der Nationalflagge – besonders eindrucksvoll in Delhi – sowie Militärparaden und Kultur.

Buddhas Lehren

Drupka Teshi erinnert an Siddhartha Gautamas erste Lehrrede, in der er in Sarnath seinen Schülern die vier edlen Wahrheiten erklärte. Manchmal fällt das Fest in den Juli.

Krishnas Geburtstag

In Krishnas Geburtsort Mathura (Uttar Pradesh) können die Feierlichkeiten zu Janmastami bis zu einer Woche dauern. Andernorts wird der Tag mit Fasten, *puja* (Gebeten), dem Verschenken von Süßigkeiten oder dem Malen von kunstvollen *rangoli*-Bildern (Bodenmalereien aus Reispulver) vor dem Haus begangen. Janmastami findet manchmal im Juli statt.

Parsisches Neujahr

Pateti, das zoroastrische Neujahr, wird von den Parsen gefeiert, insbesondere in Mumbai. Häuser werden auf Hochglanz gebracht und mit Blumen und *rangoli* geschmückt. Familien machen sich schick, essen besondere Fischgerichte sowie Süßspeisen und bringen Opfergaben zum Feuertempel.

Eid al-Fitr

Muslime feiern 30 Tage nach Beginn des Ramadans mit einem dreitägigen Fest das Ende des Fastenmonats. Gebete, Einkäufe, Geschenke sowie *mehndi* (Körperbemalung mit Henna) für Mädchen und Frauen gehören zu den Festlichkeiten.

September

Der Regen lässt allmählich nach. In Südindien sorgen die weiterhin recht hohen Temperaturen für viel Luftfeuchtigkeit und ein teils saunaähnliches Klima.

Ganeshs Geburtstag

Ganesh Chaturthi, die Geburt des Gottes mit dem Elefantenkopf, wird von Hindus ausgelassen gefeiert, vor allem in Mumbai. Tonfiguren von Ganesh werden durch die Straßen getragen und dann in Flüsse, Wasserbecken oder ins Meer hinuntergelassen. Ganesh Chaturthi fällt manchmal in den August.

Durga Puja

Um Dussehra feiern Hindus den Sieg der Göttin Durga über den Dämon Mahishasura, also den Sieg des Guten über das Böse. Mancherorts werden Figuren der Göttin zur Schau gestellt und in Flüssen oder Wasserbecken versenkt.

Oktober

An der Südostküste und im Süden Keralas kann es zwar noch regnen, dennoch nimmt der Tourismus wieder Fahrt auf. Vor Beginn der Hochsaison geht der Oktober mit Festen, angenehmen

Temperaturen und ergrünten Landschaften einher.

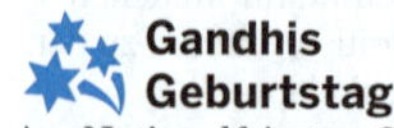

Gandhis Geburtstag

Am Nationalfeiertag Gandhi Jayanti wird feierlich und mit Gebeten des Geburtstags Mohandas Gandhis am 2. Oktober gedacht. Schulen und Geschäfte sind geschlossen.

Navratri

Das hinduistische „Fest der neun Nächte" geht in das Dussehra-Fest über und ehrt mit Tanzvorführungen die Göttin Durga in all ihren Erscheinungsformen sowie die Göttinnen Lakshmi and Saraswati. Am eindrucksvollsten sind die Feierlichkeiten in Maharashtra. Manchmal findet Navratri im September statt.

Dussehra

Zu Dussehra wird farbenprächtig der Sieg des Hindugotts Rama über den Dämonenkönig Ravana und der Sieg des Guten über das Böse gefeiert. Besonders eindrucksvoll ist das Fest in Mysore (S. 185), wo einer der prächtigsten Umzüge Indiens stattfindet.

Lichterfest

Im Mondmonat Kartika, also im Oktober oder November, feiern Hindus fünf Tage lang Diwali (Deepavali), eines der schönsten Feste Indiens. Feuerwerke, Öl- und Butterlampen sowie Laternen sollen den Gott Rama aus dem Exil nach Hause führen, zudem werden Geschenke gemacht.

Eid al-Adha

Muslime erinnern an Ibrahims Bereitschaft, seinen Sohn Gott zu opfern, indem sie Ziegen oder Schafe schlachten und mit der Familie, der Gemeinde und den Armen teilen. Das Opferfest findet um den 26. (2012), 15. (2013) und 4. Oktober (2014) statt.

November

Das Klima ist größtenteils angenehm, über Teile von Tamil Nadu und Kerala fegen allerdings Niederschläge hinweg. Die freundlichen Temperaturen sorgen für beste Reisebedingungen in tieferen Lagen.

Guru Nanaks Geburtstag

Nanak Jayanti, der Geburtstag von Guru Nanak, dem Gründer des Sikhismus, wird traditionell drei Tage lang mit Gebetslesungen, *kirtan* (Singen von Sihk-Mantras) und Prozessionen gefeiert. Manche geben der Erinnerung an ihn auch am 14. April besonderen Ausdruck, dem Tag, an dem Nanak 1469 tatsächlich geboren wurde.

Muharram

Im Monat der Trauer und Erinnerung gedenken die Schiiten am Aschura-Tag mit wunderschönen Prozessionen des Märtyrertods von Imam, des Enkels des Propheten Mohammed. Muharram beginnt jeweils ungefähr am 15. November (2012), am 4. November (2013) und am 25. Oktober (2014).

Dezember

Bestes Wetter, eine relativ niedrige Luftfeuchtigkeit, festliche Stimmung und traumhafte Strandbedingungen – der Dezember ist verständlicherweise absolute Hochsaison.

Weihnachten

Am 25. Dezember feiern Christen die Geburt Jesu Christi. In Goa und Kerala geht es mit Konzerten, kunstvoller Dekoration und Weihnachtsgottesdiensten besonders festlich zu, die katholischen Viertel Mumbais wiederum erstrahlen im Glanz unzähliger Lichter.

Reise-routen

Ob nun sechs oder 60 Tage zur Verfügung stehen, die folgenden Routen dienen als Orientierungshilfen für eine unvergessliche Reise. Mehr Inspirationen gefällig? Dann auf ins Internet, unter lonelyplanet.com/thorntree kann man sich mit anderen Travellern austauschen.

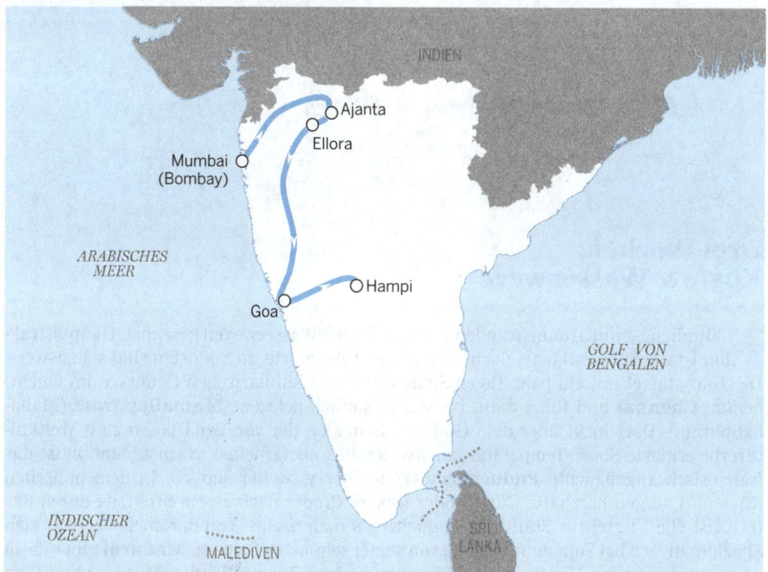

Zwei Wochen: Goa, Höhlen & Städte

Ausgangspunkt ist das kosmopolitische **Mumbai**, wo einige der besten Läden, Restaurants und Bars des Landes warten. Zudem lädt der Marine Drive zu einem Spaziergang bei Sonnenuntergang ein; die Küstenpromenade wird wegen der glitzernden Nachtbeleuchtung auch „Queen's Necklace" (Königinnenkette) genannt. Nun geht's mit der Fähre zur **Insel Elephanta**, die nur 9 km vom Gateway of India, Mumbais berühmtestem Wahrzeichen, entfernt liegt und mit eindrucksvollen Höhlentempeln und einer dreigesichtigen Shiva-Skulptur aufwartet. Im Nordosten lockt Höhlenkunst in **Ajanta** und **Ellora**. Die buddhistischen Höhlen von Ajanta erstrecken sich über eine hufeisenförmige Schlucht, während sich die Felsentempel von Ellora 100 km davon entfernt mit ihren Hindu-, Jain- und buddhistischen Schreinen an einen 2 km langen Steilhang schmiegen. Im tropischen **Goa** im Südwesten stehen üppige Gewürzplantagen, die Besichtigung von Kathedralen aus der portugiesischen Kolonialzeit, Shoppingtouren auf Flohmärkten und frische Meeresfrüchte auf dem Programm. Letzte Station ist das im Osten gelegene **Hampi** im benachbarten Karnataka, dessen berühmte Felslandschaft zu Spaziergängen einlädt.

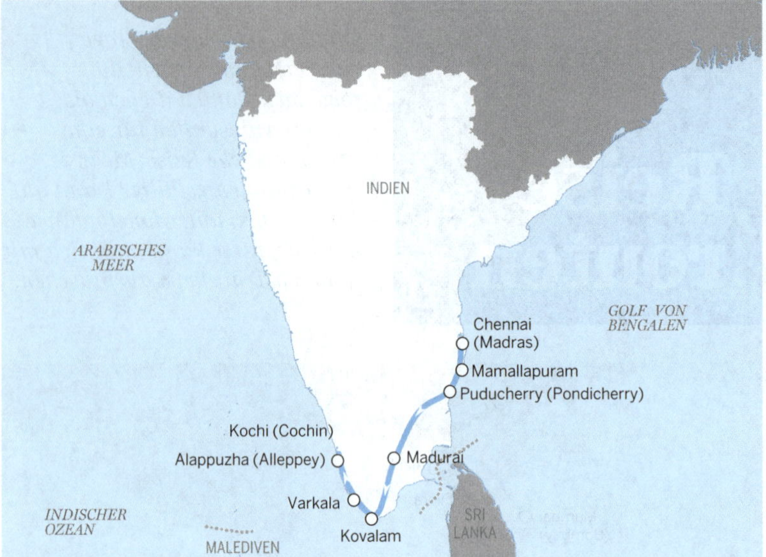

Drei Wochen: Küste & Wasserwege

Südindien ist mit Traumstränden und tropischen Wasserwegen gesegnet. Hauptattraktion ist die Südwestküste, doch auch einige Küstenorte im Südosten sind sehenswert. Die Tour startet mit ein paar Tagen Sightseeing und kulinarischen Genüssen im feuchtheißen **Chennai** und führt dann ins weiter südlich gelegene **Mamallapuram** (Mahabalipuram). Dort lockt über dem Golf von Bengalen der von der Unesco zum Weltkulturerbe erklärte Shore-Tempel mit kunstvollen Basreliefarbeiten. Nächste Station ist das französisch angehauchte **Puducherry** (Pondicherry) weiter südlich. In dem hübschen Küstenort sorgen herzhafte Currys oder leckere Crêpes nach einem Streifzug durch das französische Viertel für Stärkung. Puducherrys malerische Strandpromenade zeigt sich Spaziergängern bei Sonnenuntergang von seiner schönsten Seite. In **Madurai** gibt's dann den eindrucksvollen Minakshi-Tempel zu bewundern. Die weitläufige Anlage schmücken kunstvoll verzierte Säulen, Friese und farbenprächtige Figuren. Für Strandvergnügen pur sorgt entweder **Kovalam**, einer der Topurlaubsorte Keralas mit angenehmen Badetemperaturen, oder das alternativere **Varkala** weiter nördlich mit seinen Klippen und langen Sandstränden. Beide eignen sich bestens zum Sonne tanken, für Ayurveda-Behandlungen sowie kulinarische Genüsse aus dem Meer. Wer vom Strand genug hat, macht sich auf nach **Alappuzha** (Alleppey), der Ausgangsbasis für die Erkundung von Keralas berühmten Wasserwegen. Bei einer Hausbootfahrt durch die verzweigten Flüsse und Kanäle geht's vorbei an kristallklaren Lagunen, winzigen Fischerdörfchen, grünen Reisfeldern und dichten Kokoshainen. Auf der Fahrt durch das silbrige Wasser gleiten Boote beladen mit Säcken voll Coir (Kokosfasern), Kopra (getrocknetem Kokoskernfleisch) und Cashewnüssen, den wichtigsten Exportgütern der Region, an einem vorbei. Wer sich am zweiten Augustsamstag in Alappuzha aufhält, sollte sich das spektakuläre Nehru Trophy Snake Boat Race nicht entgehen lassen. Letzte Station ist das nördlich gelegene **Kochi** (Cochin), eine Gruppe von Inseln und Halbinseln, die per Fähre oder durch Brücken miteinander verbunden sind. Hier kann man in einer wunderschönen Kolonialvilla im atmosphärischen Fort Cochin übernachten, traditionelle chinesische Fischernetze im Wind flattern sehen, eine Kathakali-Aufführung miterleben und verschiedene historische Stätten wie prachtvolle Kathedralen aus der Kolonialzeit erkunden.

Zwei Wochen: Städte & Heilige Stätten

Den besten Einstieg in die reiche Geschichte **Chennais** bieten ein Besuch im Government Museum und der berühmte Shiva-Kapaleeshwarar-Tempel mit seinem *gopuram* (Torturm). Weiter geht's zur katholischen Kathedrale San Thome und schließlich zum Fort St. George Museum, um die militärischen Erinnerungsstücke zu bewundern. Dann lockt das südliche **Mamallapuram** (Mahabalipuram) mit seinen in Stein gehauenen Schreinen, die auf die Pallava-Dynastie zurückgehen. Dann, in **Puducherry** (Pondicherry), ist das romantische Französische Viertel sehenswert mit seinen Kirchen und dem Sri Manakula Vinayagar Tempel. Weiter geht der Trip nach **Tiruvannamalai**, um den Arunachaleswar-Tempel zu bewundern, einen der größten Sakralbauten des Landes. Mehr Spirituelles gibt's in Chidambaram, wo der Nataraja-Tempel steht (eine von Südindiens heiligsten Stätten Shivas) und außerdem in **Madurai**, wo man mit dem Sri-Meenakshi-Tempel ein weiteres architektonisches Highlight auf sich wirken lassen kann. Abgeschlossen wird die Tour in **Hyderabad**, wo bedeutende historische Bauwerke zu sehen sind, etwa das Golconda Fort und der Charminar.

Zwei Wochen: Städte & Schutzgebiete

Ein paar Tage sollte man den kulinarischen Genüssen und Shoppingfreuden in **Bengaluru** (Bangalore) frönen. Um hier ein bisschen royale Luft der Vergangenheit zu schnuppern, ist ein Besuch von Tipu Sultans Palast aus dem 18. Jh. sowie des skurrilen Bangalore Palace empfehlenswert. Lohnend ist ein Abstecher in die Lalbagh Botanical Gardens mit über 1000 verschiedenen Pflanzenarten und jahrhundertealten Bäumen. Nächster Halt ist **Mysore**, bekannt für Sandelholz und Seide sowie für seine bunten Basare. Einen Blick sollte man dem Maharaja's Palace gönnen, einem riesigen, mit Kuppeln verzierten Gebäude. Weiter geht's zum **Bandipur National Park** im südlichen Karnataka, um Elefanten, Axishirsche, Lippenbären, indische Bisons oder den seltenen Tiger zu sehen. Weiter südlich liegt der Bergort **Ooty** (Uthagamandalam), eine von Indiens beliebtesten Sommerurlaubsorten. Hier hat man eine herrliche Sicht vom Doddabetta-Aussichtspunkt, man kann auf dem See rudern oder Snacks auf dem quirligen Basar genießen. Dann begibt man sich hinunter zum friedlichen **Periyar Wildlife Sanctuary** in Kumily (Kerala), um Eisvögel, Eulen, Makaken, Elefanten und Otter zu beobachten.

›

Unterwegs mit dem Zug

Klimatisierte 1. Klasse (1AC)

Die teuerste Klasse bietet Schlafwagenabteile mit zwei oder vier Liegen (zwei übereinander) und verschließbaren Türen; Essen ist im Preis inbegriffen.

Klimatisierte 2-Tier-Class (2AC)

Großraumwagen mit Schlafliegen (zwei übereinander) in Zweier- oder Vierergruppen; Vorhänge sorgen für etwa Privatsphäre, tagsüber werden die Betten zu Sitzen.

Klimatisierte 3-Tier-Class (3AC)

Großraumwagen mit Schlafliegen (drei übereinander) in Sechsergruppen; keine Vorhänge.

AC Executive Chair Class

Komfortable Liegesitze und jede Menge Platz; üblich in Shatabdi-Expresszügen.

Sleeper Class

Nicht klimatisierte Großraumwagen mit Schlafliegen (drei übereinander); die offenen Fenster bieten tolle Ausblicke.

2. Klasse ohne Sitzplatzreservierung

Holz- oder Plastiksitze und jede Menge Passagiere; billig!

Zugreisen in Indien sind ein kleines Highlight. Das Schienennetz gilt als eines der größten weltweit und die Preise sind mehr als akzeptabel. Tickets sind ab 90 Tage vor Fahrtantritt erhältlich und verkaufen sich schnell, schließlich fahren in Indien täglich schätzungsweise 17 bis 20 Mio. Menschen mit dem Zug. Wenn die Planung steht, kann man seine Zugtickets vor Reiseantritt buchen. Hier kommen die wichtigsten Tipps zur Buchung:

Ticketkauf

Am einfachsten ist es, die Zugtickets online zu kaufen. Bei der Buchung ist – besonders im Ausland – zu beachten, dass das Reservierungssystem sieben Tage die Woche von 1.30 bis 23.30 Uhr (IST) verfügbar ist. Die hier aufgeführten Websites stellen E-Tickets aus und akzeptieren internationale Kreditkarten. Während der Fahrt muss eventuell der Reisepass und ein Ausdruck der Buchungsnummer gezeigt werden.

Indian Railway Catering and Tourism Corporation Limited (www.irctc.co.in) Auf der vom indischen Bahnministerium eingerichteten Seite können reguläre Züge und Touristenzüge wie der *Deccan Odyssey* gebucht werden. Oft ist sie überlastet.

Cleartrip (www.cleartrip.com) Die ausgezeichnete, da benutzerfreundliche und verlässliche Seite erhebt eine geringe Buchungsgebühr (20 ₹) auf den Ticketpreis.

Make My Trip (www.makemytrip.com) Ähnlich aufgebaut wie Cleartrip; gute Benutzerkritiken.

LUXUS AUF SCHIENEN

Südindien bietet eine tolle Auswahl an luxuriösen Zugreisen für Touristen. Im Preis inbegriffen sind in der Regel Übernachtungen an Bord, geführte Touren, Eintrittsgebühren und alle oder fast alle Mahlzeiten. Meistens gibt's Rabatte für Kinder – einfach beim Kauf nachfragen!

In Maharashtra startet der *Deccan Odyssey* (www.deccan-odyssey-india.com) zu einer Tour mit sieben Übernachtungen, die die touristischen Highlights von Maharashtra und Goa abdeckt. Der Zug fährt ab Mumbai (Bombay) durch die Resort- und Festungsstädte der Konkanküste bis nach Goa und biegt dann ins Inland ab; weitere Stationen sind Pune, Aurangabad (nach Ellora), Jalgaon (nach Ajanta) und Nasik. Die Preise beginnen von Oktober bis März bei 650/500/425 US$ pro Person und Nacht für Einzel-/Doppel-/Dreierkabinen, bei 500/390/315 US$ im September und April. Man kann die Tour ab drei Tage (zwei Nächte) machen.

Der *Golden Chariot* (www.thegoldenchariot.co.in) entführt Besucher auf Touren durch Karnataka mit Stil. Zur Auswahl stehen das ganze Jahr über zwei Routen: Bengaluru (Bangalore)–Bengaluru (Mo–Mo) und Bengaluru–Goa (Mo–So). Die Sieben-Nächte-Tour kostet 4795/3465/2800 US$ pro Person in Einzel-/Doppel-/Dreierkabinen.

Yatra (www.yatra.com) Von der Buchungswebsite gibt's eine indische (www.yatra.in) und eine britische Version (www.yatra.com/UK/index.html).

Reservierungen

Für Chair Class, Sleeper Class, 1AC, 2AC und 3AC müssen Reservierungen vorgenommen werden, für die Abteile der einfachen 2. Klasse ist dies nicht notwendig. Bei Nachtfahrten oder Reisen während indischer Feiertage oder Feste ist eine Reservierung sehr zu empfehlen. Weitere Infos zu Zügen, Tickets und Tarifen sind auf S. 553 nachzulesen.

Züge & Klassen

Es stehen viele verschiedene Klassen und Sitzvarianten zur Auswahl, wobei nicht alle in jedem Zug verfügbar sind.

» Express- und Postzüge haben in der Regel 2.-Klasse-Abteile ohne Sitzplatzreservierung und komfortablere Abteile, die man reservieren kann.

» Shatabdi-Expresse bieten Tagesverbindungen und ausschließlich Sitzplätze in AC-Chair- und Executive-Chair-Waggons.

» Rajdhani-Expresse sind Nachtzügen, die Fernverbindungen zwischen Delhi und den Hauptstädten der Bundesstaaten abdecken; Plätze in 1AC, 2AC, 3AC sowie in der 2. Klasse.

» Neu sind acht Züge nur für weibliche Passagiere, die Neu-Delhi, Mumbai (Bombay), Chennai (Madras) und Kolkata (Kalkutta) bedienen.

» In manchen Städten gibt es Vorortbahnen; zu den Hauptverkehrszeiten sind sie gnadenlos voll.

» In den höheren Preisklassen wird Bettwäsche gestellt, es kann aber nicht schaden, eigene mitzubringen.

» In allen Kategorien sollte man sein Gepäck in der Ablage mit einem Vorhängeschloss und einer Kette sichern.

Zugpässe

Inhaber des IndRail Pass können im Gültigkeitszeitraum unbegrenzt mit dem Zug reisen, allerdings ist die Ersparnis gering und es muss trotzdem reserviert werden. Die Tickets sind für ein bis 90 Reisetage erhältlich. Am einfachsten bekommt man sie in einer Agentur im Heimatland, die zudem Zugreservierungen vornimmt. Außerdem sind sie in internationalen Reisebüros und an Ticketschaltern in indischen Großstädten erhältlich. Unter dem Link „Information/International Tourist" auf www.indianrail.gov.in gibt's weitere Details und Preisinfos. Wer das Ticket verliert oder nicht komplett nutzt, bekommt den Kaufpreis nicht erstattet.

Freiwilligenarbeit

Eine Organisation auswählen

Wer Freiwilligenarbeit leisten möchte, sollte sich fragen, wie er seine Fähigkeiten nutzbringend in einer Organisation oder Gemeinde einsetzen kann, und ein Projekt wählen, das er leidenschaftlich unterstützt.

Zeitaufwand

Eine realistische Einschätzung der Zeit, die man dem Projekt widmen kann, ist wichtig. Einige Einrichtungen bieten Plätze für eine Woche an, hilfreich ist man aber oft erst, wenn man mindestens einen Monat bleibt.

Geld

Nur Zeit ist oft nicht genug. Viele karitative Einrichtungen erwarten von den Freiwilligen, dass sie die Kosten für ihre Unterkunft, Verpflegung, Anreise usw. selbst tragen.

Arbeitszeiten

Bevor man sich zu etwas verpflichtet, sollte man sich klarmachen, was das heißt: Bei vielen Programmen wird von den Helfern Vollzeit-Unterstützung erwartet – man arbeitet an fünf Tagen die Woche von 9 bis 17 Uhr.

Transparenz

Bei der Auswahl einer Organisation sollte man auf deren Ruf und auf Transparenz bezüglich der Verwendung der Gelder achten. Wenn möglich, sollte man sich ein Feedback von ehemaligen Freiwilligen holen.

In Indien gibt es viele karitative Einrichtungen und internationale Hilfsorganisationen – und damit zahlreiche Möglichkeiten, als Freiwilliger hier zu arbeiten. Manchmal kriegen Freiwillige nach ihrer Ankunft in Indien noch eine Stelle, die meisten Einrichtungen und Nichtregierungsorganisationen (NGOs) bevorzugen aber Leute, die sich im Voraus beworben haben und die für die zu verrichtende Arbeit geeignet sind.

Es gibt hervorragende indische Wohltätigkeitsverbände und NGOs, die ebenfalls Freiwillige mitarbeiten lassen. Einen Überblick kann man sich unter www.indianngos.com verschaffen. Die **Concern India Foundation** (☎011-26224482/3; www.concernindiafoundation.org; Zimmer A52, 1. Stock, Amar Colony, Lajpat Nagar 4) kann Freiwilligen aktuelle Projekte im ganzen Land vermitteln. Informationen lange im Voraus erfragen! In Delhi ist in der Zeitschrift *First City* eine Liste verschiedener NGOs vor Ort zu finden, die Helfer und finanzielle Unterstützung brauchen.

Hilfsprogramme

Folgende Hilfsprogramme in Südindien haben manchmal freie Plätze für Freiwillige. Am besten kontaktiert man sie vorab, statt einfach dort aufzukreuzen. Spenden sind meist ebenso willkommen.

Pflege und Betreuung

Freiwillige haben unzählige Möglichkeiten, sich auf diesem Gebiet einzubringen, besonders wenn sie einen medizinischen oder technischen Background oder Erfahrung in der Gesundheitspflege vorweisen können.

Maharashtra

» **Sadhana Village** (☎020-25380792; www.sadhana-village.org; Priyankit, 1 Lokmanya Colony, Pune) ist ein Heim für geistig behinderte Erwachsene. Freiwillige müssen sich für mindestens zwei Monate verpflichten.

Gemeindeprojekte

Mit vielen Freiwilligenprojekten auf Gemeindeebene werden die Dörfer mit medizinischer Hilfe und Bildung versorgt.

Andhra Pradesh

» Die **Confederation of Voluntary Associations** (☎040-24572984; www.covanetwork.org; 20-4-10, Charminar, Hyderabad) ist der Dachverband von etwa 800 NGOs in Andhra Pradesh. Freiwillige werden nach ihren Fähigkeiten eingesetzt; längerfristige Helfer sind erwünscht.

Karnataka

» In Bengaluru fördert **Equations** (☎080-25457607; www.equitabletourism.org; 415, 2nd C Cross, 4th Main Rd, OMBR Layout, Banaswadi Post) den „ganzheitlichen Tourismus" und schützt einheimische Gemeinden durch Lobbyarbeit, Trainingsprogramme und die Publikation von Forschungsarbeiten vor der Ausbeutung.

» Nahe Hampi widmet sich der **Kishkinda Trust** (☎08533-267777; www.thekishkindatrust.org; Royal St, Anegundi) mit verschiedenen Ansatzpunkten, z. B. durch die Förderung des ländlichen Tourismus, der sozialen Stärkung und nachhaltigen Gemeindeentwicklung.

Mumbai

» Die **Concern India Foundation** (☎022-22852270; www.concernindia.org; 3. Stock, Ador House, 6 K Dubash Marg) fördert Entwicklungsorganisationen, die nachhaltige, von Einheimischen geleitete Projekte aufbauen. Freiwillige müssen mindestens sechs Monate bleiben; für viele der Stellen sind Hindi-Kenntnisse erforderlich.

Tamil Nadu

» In Chennai kann das **Rejuvenate India Movement** (RIM; ☎044-22235133; www.rejuvenateindiamovement.org) für entsprechend qualifizierte Freiwillige kurz- und längerfristige Stellen in Entwicklungsprojekten von Partnerorganisationen in Tamil Nadu vermitteln.

Umwelt & Naturschutz

Hier werden nur einige der karitativen Einrichtungen genannt, die sich der Umwelterziehung und Nachhaltigkeit widmen:

Andamanen

» **ANET** (Andaman & Nicobar Environmental Team; ☎03192-280081; www.anetindia.org; North Wandoor) ist eine Naturschutz-NGO, die Freiwillige sowohl in Feldprojekten als auch für allgemeine Instandhaltungsarbeiten einsetzt.

VERMITTLUNGEN IM AUSLAND

Angesichts der vielen internationalen Freiwilligenorganisationen lässt sich mitunter schwer beurteilen, welche davon ethischen Prinzipien folgen. Projekte von kurzer Dauer, die von Agenturen in beliebigen Ländern angeboten werden, sind meist eher auf die Freiwilligen als auf die zu verrichtende Arbeit zugeschnitten. Am besten sucht man sich Aufgaben, bei denen man die eigenen Fähigkeiten sinnvoll einsetzen kann. In Lonely Planets *Volunteer: a Traveller's Guide*, im Band *Big Trip* und im *Career Break Book* finden sich zusätzlich zu den genannten Vermittlungsagenturen weitere Optionen.

» **Ethical Volunteering** (www.ethicalvolunteering.org) bietet einige hervorragende Richtlinien zur Auswahl einer ethisch einwandfreien Agentur.

» **Voluntary Service Overseas** (VSO; www.vso.org.uk) ist eine britische Organisation, die Freiwillige speziell nach ihrem Beruf auswählt und einsetzt, die aber ein Engagement von teilweise mehreren Jahren voraussetzt.

» **Indicorps** (www.indicorps.org) vermittelt Freiwillige an verschiedenste Projekte in ganz Indien; meist geht es um Maßnahmen zur sozialen Entwicklung. Interessenten mit indischen Wurzeln, die außerhalb Indiens leben, werden durch Stipendien gefördert.

» **Kerala Link** (www.kerala-link.org) ist eine in Großbritannien ansässige karitative Einrichtung, die Freiwillige an Partnerinstitutionen im ländlichen Kerala vermittelt, darunter auch an eine Sonderschule.

Karnataka

» **Ashoka Trust for Research in Ecology & the Environment** (ATREE; ☎080-23635555; www.atree.org; Royal Enclave, Sriramapura, Jakkur Post, Bengaluru) arbeitet mit Freiwilligen zusammen, die sich ernsthaft für den Naturschutz und das Thema Umwelt interessieren oder bereits Erfahrung auf dem Gebiet haben.

Maharashtra

» Das **Nimbkar Agricultural Research Institute** (☎02166-222396; www.nariphaltan.org; Phaltan-Lonand Rd, Tambmal, Phaltan) legt sein Augenmerk auf nachhaltige Entwicklung, die Tierzucht und erneuerbare Energien. Freiwillige mit einem Hochschulabschluss in den Bereichen Landwirtschaft, Ingenieurswesen oder in Naturwissenschaften können hier ein zwei- bis sechsmonatiges Praktikum absolvieren und bei den Forschungsarbeiten helfen.

Tamil Nadu

» Von Kotagiri aus strebt die **Keystone Foundation** (www.keystone-foundation.org; PB 35 Groves Hill Rd, Kotagiri) danach, die Umweltbedingungen in den Nilgiris zu verbessern und gleichzeitig zusammen mit den jeweiligen indigenen Gemeinschaften eben diesen einen besseren Lebensstandard zu bieten.

Tierschutz

Vom streunenden Hund bis hin zur Oliv-Bastardschildkröte – Tierliebhaber finden in Südindien zahlreiche Möglichkeiten, mit anzupacken.

Andhra Pradesh

» **Blue Cross of Hyderabad** (☎040-23544355; www.bluecrosshyd.in; Rd No 35, Jubilee Hills, Hyderabad) unterhält ein riesiges Tierheim mit über 1000 tierischen Bewohnern. Hier werden kranke Tiere gerettet und vermittelt und Straßenhunde geimpft und sterilisiert. Freiwillige werden bei der Betreuung der Tiere im Heim (Hunde, Katzen, Nutztiere) oder im Büro eingesetzt.

» **Karuna Society for Animals & Nature** (☎08555-287214; www.karunasociety.org; 2/138C Karuna Nilayam, Prasanthi Nilayam Post, Anantapur) rettet und behandelt kranke, ausgesetzte und misshandelte Tiere. Die Freiwilligen können bei der Betreuung mithelfen. Vorraussetzung sind ein Engagement von mindestens einem Monat (in Vollzeit) und eine Tollwutimpfung.

Goa

» **International Animal Rescue** (IAR; ☎2268328/272; www.internationalanimalrescue.org; Animal Tracks, Madungo Vaddo, Assagao) unterhält das Tierzentrum Animal Tracks in Assagao. Besucher und Freiwillige (kurz- oder längerfristig) sind eingeladen, den Tierärzten zu helfen und herrenlose Tiere zu betreuen.

» Die Tierschutzgruppe **GAWT** (s. S. 162) bietet auch Möglichkeiten zur freiwilligen Mitarbeit.

Mumbai

» Die Arbeit von **Welfare of Stray Dogs** (☎022-64222838; www.wsdindia.org; Yeshwant Chambers, B Bharocha Rd, Kala Ghoda) konzentriert sich darauf, das Leben der Straßenhunde erträglicher zu machen. Freiwillige können mit Hunden Gassi gehen, die Zwinger säubern, Tiere behandeln (Ausbildung und Tollwutimpfung nötig), Lagerbestände verwalten, Schulkinder im Rahmen von Schulprojekten über das Thema aufklären oder Spenden sammeln.

Mit Kindern arbeiten

Diese Organisationen sind nur eine kleine Auswahl aus einer Vielzahl guter karitativer Einrichtungen, die mit Kindern arbeiten.

Goa

» **Children Walking Tall** (☎09822-124802; www.childrenwalkingtall.com, The Mango House, beim Vrundavan Hospital, Karaswada, Mapusa) bietet Kinderpflegern, Lehrern und Ärzten die Möglichkeit, nahe Mapusa an Projekten mit Straßen- und Waisenkindern mitzuarbeiten (min. 3 Monate). Man muss ein Führungszeugnis vorlegen.

» **El Shaddai** (☎6513286/7; www.childrescue.net; El Shaddai House, Socol Vaddo, Assagao) hilft armen und obdachlosen Kindern. Freiwillige müssen einen Monat bleiben und sich einer Sicherheitsprüfung unterziehen, die sechs Monate dauern kann. Also lange im Voraus bewerben!

Mumbai

» Die Stiftung **Child Rights & You** (CRY; ☎022-23096845; www.cry.org; 189A Anand Estate, Sane Guruji Marg, Mahalaxmi) sammelt Spenden für über 300 Projekte im ganzen Land. Freiwillige können bei Kampagnen (online oder vor Ort), Untersuchungen, Umfragen und in der Medienarbeit mithelfen (min. 6 Wochen).

» **Saathi** (☎022-23009117; www.saathi.org; Agripada Municipal School, Farooque Umarbhouy Lane, Agripada) betreut obdachlose Teenies. Freiwillige müssen drei Monate bleiben und sechs

INFOS IM INTERNET

» **World Volunteer Web** (www.worldvolunteerweb.org) Infos und Quellen für Freiwillige auf der ganzen Welt.

» **Working Abroad** (www.workingabroad.com) Optionen für freiwillige und bezahlte Jobs in über 150 Ländern.

» **Worldwide Volunteering** (www.worldwidevolunteering.org.uk) Eine umfangreiche Datenbank, die Informationen zu Arbeitsmöglichkeiten für Freiwillige weltweit bereithält.

Tage die Woche Vollzeit arbeiten. Wer direkt mit den Jugendlichen arbeiten möchte, sollte etwas Hindi sprechen. Gegen eine Spende von 1000 ₹ kann man auch an einem geführten Rundgang durch das von Saathi betreute Viertel teilnehmen.

» Die **Vatsalya Foundation** (☎022-24962115; www.thevatsalyafoundation.org; Anand Niketan, King George V Memorial, Dr. E. Moses Rd, Mahalaxmi) widmet sich vor allem der gesellschaftlichen Wiedereingliederung von Mumbais Straßenkindern. Das Freiwilligenprogramm umfasst kurz- und längerfristige Tätigkeiten im Sport- und Bildungsbereich.

Tamil Nadu

» Die NGO **Rural Institute for Development Education** (RIDE; ☎044-27268223; www.rideindia.org) arbeitet mit Dörfern rund um Kanchipuram zusammen, um Kinder aus der Zwangsarbeit zu befreien und sie in Schulen unterzubringen. Freiwillige helfen beim Unterricht, in der Verwaltung und überall mit, wo Arbeit anfällt.

Frauenrechte & -bildung

Unter www.indianngos.com finden sich weitere karitative Einrichtungen, die sich für die Stärkung und Bildung von Frauen einsetzten.

Mumbai

» Die Organisation **Apne Aap Women Worldwide** (☎022-23004201; www.apneaap.org; Chandramani Budh Vihar Municipal School, EG, 13th Lane, Kamathipura) kämpft gegen den Menschenhandel. Sie unterrichtet Frauen und Mädchen und lehrt sie, ihren Lebensunterhalt aufzutreiben. Freiwillige helfen beim Englisch- und Kunstunterricht, leiten Designworkshops oder führen Untersuchungen und Datenanalysen durch. Ableger gibt's in Kolkata, Bihar und Delhi.

Mit Kindern reisen

Top-Regionen für Kinder

Goa

Herrliche weiße Sandstrände machen Goa zum perfekten Familienziel für ein paar faule Tage mit Schwimmen, Sandburgen, Bootsfahrten und einem Ausflug zu einer Gewürzplantage in der Nähe von Ponda, inklusive einem Bad mit Elefanten.

Kerala

Hier erwarten die kleinen Gäste Hausbootabenteuer in Keralas Backwaters, Elefantenbeobachtung in den Naturschutzgebieten, Tee-Ernte in den mit Glühwürmchen übersäten Plantagen und einige tolle Strandtage am Meer.

Faszinierend, frustrierend, aufregend und erfüllend; Indien ist für Kinder wie für die Eltern ein Abenteuer. Obwohl die Reizüberflutung kleinere Kinder zeitweise übermannen kann und selbst kurze Bus- oder Bahnfahrten zur echten Herausforderung für die ganze Familie werden können, entschädigen die Farben, Düfte und Geräusche Indiens mehr als genug. Unter Zehnjährige bestaunen mit großen Augen die Diwali-Kerzen; Kleinkinder bauen Sandtempel, während man selbst am weißen Sandstrand entspannt; auf Busbahnhöfen langt man in den Essensbuden bei einem mittäglichen Familien-Thali zu oder man durchwandert mit den Teenagern die Wälder: Für perfekte Augenblicke wie diese lohnen sich die gelegentlichen Reisestrapazen Indiens allemal.

Indien mit Kindern

Ein herzlicher Empfang

Mit Kindern zu reisen, kann in Indien in vielerlei Hinsicht eine wahre Freude sein, und oft wird man herzlich empfangen. Hotels können meist ein oder zwei Zusatzbetten bereitstellen und in Restaurants findet sich fast immer ein kindertaugliches Gericht. Gepäckträger in Zügen werden Süßigkeiten aus ihren Taschen zaubern und einheimische Touristen werden sich begeistert neben dem hübschen Kleinkind ablichten lassen. Während dies für aufgeschlossene Kinder ganz toll sein kann, können introvertiertere

REISEPLANUNG

Vor der Reise

Nicht vergessen, schon weit vor der Reise Impfungen, Gesundheitstipps und andere, die Gesundheit der Kinder betreffende Themen mit einem Arzt zu besprechen. Weitere Ratschläge zum Reisen durch Indien sowie Indien-Reiseberichte aus erster Hand gibt's in Lonely Planets *Travel with Children*.

Das gehört ins Gepäck

Wer mit einem Säugling oder Kleinkind unterwegs ist, sollte Folgendes in ausreichender Menge dabei haben: Einweg- oder Mehrwegwindeln (Ringelblumensalbe hilft auch gut gegen Hitzebläschen), Ersatzflaschen, einen großen Vorrat an Feuchttüchern, Säuglingsnahrung und Nahrung aus Gläschen oder rehydrierbare Nahrung. All dies bekommt man auch in vielen Teilen Indiens, die Preise dafür sind aber oft extrem hoch und die Marken unbekannt. Außerdem kann es eine gute Idee sein, ein zusammenfaltbares Babybettchen dabeizuhaben. Einen Kinderwagen kann, muss man aber nicht mitnehmen, da es nur wenige Orte mit Gehwegen gibt, die eben genug sind, um diesen auch zu benutzen. Für ältere Kinder sollte festes Schuhwerk, ein Hut, einige weniger kostbare Spielsachen – bei deren Verlust die Trauer nicht allzu groß ist – und eine Schwimmweste oder Schwimmflügel für das Meer oder den Pool zur Ausrüstung gehören. Und schließlich dürfen auch Insektenschutzmittel und Sonnencremes speziell für Kinder nicht fehlen.

Kinder dies eher als unangenehm empfinden. Eltern, die in Indien mit Kindern unterwegs sind, sollten daher stets die Bedürfnisse des Kindes im Auge behalten. Allerdings ist generell zu bemerken, dass die Aufmerksamkeit, die Kinder auf sich ziehen werden, fast immer positiver Natur ist, denn Kinder sind in Indien das Herzstück der Familien.

Essen

Im ganzen Land gibt es viele Gerichte, die selbst dem empfindlichsten Kindergaumen zusagen dürften. In Goa und Kerala, den familienfreundlichsten Regionen des Landes, sowie in den großen Städten ist es noch einfacher, die Kleinen kulinarisch zu begeistern: entweder mit kleinen Snacks von den Straßenständen oder den üblichen westlichen Gerichten. Für den kleinen Hunger unterwegs eignen sich Snacks, die einfach zu transportieren sind, wie Bananen, Samosas, *puri* (luftige Teigtaschen) und abgepackte Kekse (die Marke Parle G ist der Renner). Experimentierfreudige Leckermäuler können dagegen die große Bandbreite an Geschmack und Konsistenz der indischen Küche ausprobieren. Zu den Lieblingsspeisen der Kleinen zählen Gerichte mit *paneer* (ungegorener Käse), einfache Dhals (mildes Linsencurry), cremige Kormas, buttrige Naans (Tandoori-Brot), Pilaus (Reisgerichte) und tibetische *momos* (gedünstete oder frittierte Klöße). Und dem Fingerfood-Festival eines riesigen südindischen Dosa (herzhafte Crepes), das hier zum Frühstück serviert wird, können sowieso die wenigsten Kinder widerstehen.

Schlafen

Die Auswahl an Übernachtungsmöglichkeiten in Indien ist so vielfältig – von Strandhütten über traditionelle Boutiquehotels bis zu Fünf-Sterne-Traumunterkünften –, dass sich sicher die richtige Bleibe für die ganze Familie findet. Selbst die feinsten Hotels sind fast immer kinderfreundlich, und auch viele Budgethotels stellen oft zusätzliche Matratzen bereit. Die meisten Hotels haben kein Problem damit, mehrere Kinder in einem normalen Zweibettzimmer mit ihren Eltern unterzubringen. Für Reisende mit Säuglingen kann es sinnvoll sein, das leichteste Reisebettchen mitzunehmen, das man finden kann, da die Kinderbetten der Hotels unter Umständen eher bedenklich sein können. Wenn das Budget es zulässt, spart das eine oder andere Spitzenklassehotel auf der Reise der ganzen Familie viel Energie. In den besten Fünf-Sterne-Unterkünften gibt es Kinderpools, spezielle Räume zum Spielen und sogar Kinderclubs. Zudem machen ein warmes Schaumbad mit Käse-Makkaroni auf dem Zimmer und ein Zeichentrickfilm im TV selbst den missmutigsten kleinen Traveller wieder munter.

Highlights für Kinder

» **Hampi** Sich an den mit Felsenblöcken übersäten Ufern des Tungabhadra River wie Familie Feuerstein fühlen, den Fluss in einem Coracle überqueren, magische alte Ruinen erforschen und einen Halt für ein leckeres Dosa im Mango Tree direkt am Flussufer einlegen.

» **Elefanten in Karnataka** Im Dubare Forest Reserve in der Nähe von Madikeri pensionierten Dickhäutern einen Besuch abstatten, sie baden, füttern und dann noch eine Runde auf ihrem Rücken reiten.

» **Goas Delphine** Von fast jedem beliebigen Strand in Goa zu einer Bootstour mit Delfinbeobachtung aufbrechen und den eleganten, grauen Säugetieren beim Wellenreiten zusehen.

» **Affen der Hill Stations** In einer Hill Station mit den zahlreichen Affen auf Tuchfühlung gehen, die bei der kleinsten Gelegenheit in die Schlafzimmer eindringen und die wertvollen Vorräte an Keksen stehlen. Allerdings ist zu beachten, dass Affen Tollwut übertragen können.

Die spaßigsten Transportmittel

» **Autorikscha** Durch Seitenstraßen sausen und sich wie Indiana Jones fühlen.

» **Laufrikscha, Matheran** Mit dem Toy Train, einer Schmalspur-Eisenbahn, bis fast ganz hinauf in diese hübsche, von zahllosen Affen bevölkerte Hill Station tuckern. Den restlichen Weg, ganz nach Wunsch der Kleinen, mit dem Pferd oder in einer schwerfälligen, holprigen Laufrikscha zurücklegen.

» **Backwater-Boot, Alappuzha** Keralas wunderschöne, von Mangroven durchzogenen Backwaters auf einer Bootstour oder mit einem gemieteten Hausboot durchschippern. Steht der Ort zufällig am zweiten Samstag im August auf dem Programm, werden nicht nur die Kinder über das spektakuläre Nehru-Trophy-Schlangenbootrennen staunen.

Beste Strände zur Erholung

» **Palolem, Goa** Sich in einer Strandhütte mit Palmwedeldach verkriechen und den Kindern beim Umhertollen am wunderschönen Strand von Palolem zuschauen, dem flachsten und sichersten Gewässer vor Goa.

» **Patnem, Goa** Der sehr viel ruhigere Patnem, von Palolem über einen von Bäumen gesäumten Weg erreichbar, zieht jede Menge Langzeitbesucher mit Kindern an seinen hübschen Sandstrand und in seine kühlen, ruhigen und kinderfreundlichen Strandrestaurants.

» **Havelock Island** In den Untiefen der tiefenentspannten Havelock Island, Teil der Inselgruppe der Andamanen, planschen, wo ältere, abenteuerhungrige Kinder das spektakuläre Tauchangebot in Angriff nehmen können.

Reiseziel Indien

Reisen in Indien kann für die ganze Familie anstrengend sein. Auf eine lange Bus- oder Zugfahrt sollte ein entspannter Tag folgen. Auch sollte einiges gegen Langeweile eingepackt werden. Zurückschrecken sollte man vor solch einer Reise nicht, denn in den meisten Fällen wird man für die Mühen reich belohnt.

Gesundheit

Eine gute medizinische Versorgung, vor allem in den von Travellern meist besuchten Gegenden Indiens, macht das Reisen mit Kindern problemloser als man denkt. Ärzte sind leicht zu finden, und die meisten Hotels können einen an verlässliche Adressen verweisen. Rezepte sind schnell und günstig in jeder Apotheke einlösbar. Im Allgemeinen sind die häufigsten Wehwehchen, die bei Kindern auftreten, Hitzebläschen, Hautirritationen, Insektenstiche oder Magenprobleme. All diese Beschwerden können mit einer gut sortierten Reiseapotheke effektiv behandelt werden. Weitere Infos zum Thema Gesundheit finden sich auf S. 556.

Südindien im Überblick

Südindien ist ein wunderbar vielfältiger Flickenteppich aus Bundesstaaten. Es zeichnet sich durch verschiedene Dialekte, ausgeprägte Bräuche und eine auf spektakuläre Weise vielfältige Topografie aus. Egal wohin man reist: Südindiens überwältigende Mischung aus Modernität und zeitloser Tradition belohnt mit einer erfrischenden Verführung der Sinne.

Reisenden offenbart sich die bemerkenswerte Vielfalt Südindiens meist durch seine außergewöhnliche Fülle an Architektur, wild lebenden Tieren, Landschaftsformen, Festivals, Kunsthandwerk und Kochkunst. Und dann ist da noch die ausgeprägte Spiritualität, das Herzstück der gesamten Nation. Ihr Pulsschlag ist überall zu spüren, von den zerklüfteten Gipfeln des Himalajas bis in den üppigen Dschungel des südlichen Flachlands.

Mumbai

Architektur ✓✓✓
Gastronomie ✓✓✓
Nachtleben ✓✓✓

Überreste aus der Kolonialzeit
Die Briten hinterließen in Mumbai eine bemerkenswerte Kolonialarchitektur, vor allem durch den von der Unesco zum Weltkulturerbe erklärten Chhatrapati Shivaji Terminus, den High Court und die Universität

Kultur & Küche
Mumbais kulturelle Vielfalt ist ein Paradies für Feinschmecker. Zahlreiche indische Aromen messen sich mit den importierten Küchenkünsten aus aller Welt. Lecker!

Bollywood & Alkohol
Mumbai ist Indiens reichste Region und Hauptstadt der weltweit produktivsten Filmindustrie. Tolle Bars, heiße Clubs und Bollywood-Partys zeigen hier die beschwipste Seite Indiens.

S. 39

Maharashtra

Höhlen ✓✓✓
Strände ✓✓
Wein ✓✓

Höhlen
Die Weltkulturerbestätten Ajanta und Ellora beherbergen exquisiteste Beispiele an Höhlenmalereien und Felsskulpturen, die bis in das Goldene Zeitalter Indiens zurückreichen.

Strände
Entlang Maharashtras Konkanküste erstrecken sich einige der abgelegensten und wunderschönen Strände, die für Romantiker, Abenteurer, Verliebte und Philosophen gleichermaßen wie geschaffen sind.

Wein
Nasik, die *Grand Cru* von Indiens aufstrebender Weinindustrie, präsentiert in den zahlreichen hervorragenden Weinkellereien der Stadt stolz einige echte Weltklasse-Weine.

S. 81

Goa

Strände ✓✓✓
Essen ✓✓
Architektur ✓✓✓

Strände
Sie sind so schön, dass sich das Klischeehafte nicht vermeiden lässt. Niemand kann Goas atemberaubenden Stränden widerstehen, die sich vor schattigen Palmenhainen am Meer entlang erstrecken.

Essen
Goa ist bekannt für frische Meeresfrüchte und traditionelle Zubereitungsarten. Oft ist es die unauffällige Bretterbude am Strand, in der es am besten schmeckt.

Architektur
Der portugiesische Kolonialismus hat viele hübsche Bauwerke hinterlassen – Villen in Quepem und Chandor, Häuser in Panjim, die religiösen Gebäude von Velha Goa und Wohnhäuser und Kirchen, die überall im Bundesstaat verstreut liegen.

S. 121

Karnataka

Tempel ✓✓✓
Nationalparks ✓✓
Küche ✓✓

Tempel
Von den Hoysala-Schmuckstücken in Belur, Halebid und Somnathpur bis zum Virupaksha-Tempel von Hampi oder den Schreinen in Gokarna und Udupi ist Karnataka mit großartigen Tempeln übersät, die ihre Besucher begeistern.

Nationalparks
Das Nilgiri Biosphere Reserve wartet mit ursprünglichen Wäldern auf, und in Nationalparks wie dem Bandipur, Kabini oder Nagarhole können viele wild lebende Tiere gesichtet werden.

Küche
Zum Einstieg ein vegetarisches Thali in Udupi, weiter geht es mit feurigen Meeresfrüchten aus Mangalore, und dann wird in Bengaluru alles mit einem frisch gezapften Bier hinuntergespült.

S. 167

Andhra Pradesh

Heiligtümer ✓✓✓
Essen ✓✓
Strände ✓

Heiligtümer
Hindus strömen zum Venkateshwara-Tempel in Tirumala. Überall im Bundesstaat gibt es alte Ruinen buddhistischer Zentren, während Hyderabad islamische Architektur bietet. Die Anhänger des Sai Baba schauen im südlich gelegenen Puttaparthi vorbei, um ihren jüngst verstorbenen Meister zu ehren.

Essen
Die Einheimischen sind von Biryani förmlich besessen. Das *haleem* aus Hyderabad wurde patentiert und darf nur serviert werden, wenn es strengen Qualitätsstandards genügt.

Strände
Visakhapatnam hat einen schönen Küstenstreifen und in der Stadt herrscht stets eine einzigartige Feiertagsstimmung.

S. 229

Kerala

Backwaters ✓✓✓
Essen ✓✓✓
Tierwelt ✓✓

Backwaters
Keralas Backwaters sind weitläufige Seen und lange Kanäle, die sich ins Landesinnere verzweigen. Zu den schönsten Erfahrungen gehören eine Übernachtung auf einem Hausboot oder ein Ausflug mit dem Kanu.

Essen
Delikate Kochkunst mit einem leichten Kokosnussaroma und unzähligen Gewürzen – die Küche Keralas hat sich aus verschiedensten Einflüssen und geografischen Bedingungen heraus entwickelt.

Tierwelt
Im Hinterland Keralas gibt es zahlreiche Nationalparks, in denen man in einer üppig grünen und bergigen Landschaft Elefanten, Tiger, Löwen, zahllose Vögel und andere wild lebende Tiere zu sehen bekommt.

S. 269

Tamil Nadu

Tempel ✓✓✓
Hill Stations ✓✓
Historische Hotels ✓

Tempel

Die verschiedenen Architekturstile, Rituale und Feste in den Hindu-Tempeln Tamil Nadus locken Pilger von überall her an; die wichtigsten Tempel sind mit hoch aufragenden *gopurams* (Tortürmen) und mit von Säulen getragenen *mandapams* (Pavillons) versehen.

Hill Stations

In den Hill Stations der Westghats erwarten den Besucher ein kühles Klima, Wanderungen mit Bergpanorama, viele Festivals und Pensionen aus der Kolonialzeit.

Historische Hotels

Restaurierte Gebäude für Übernachtungsgäste sind z.B. die malerischen Häuser des Französischen Viertels in Puducherry, die Palasthotels der Hill Stations und die Herrenhäuser von Chettiar im Süden.

S. 337

Die Andamanen

Tauchen & Schnorcheln ✓✓✓
Strände ✓✓✓
Stämme ✓✓

Tauchen

Die großartige Unterwasserwelt ist es, die die meisten Besucher auf diese Inselgruppe lockt. Die Gewässer sind für Anfänger und Tauchprofis geeignet.

Strände

Ob perfekter Postkartenstrand oder einsame Küstenstreifen – hier findet man einige der schönsten Strände Indiens.

Stämme

Auf den Andamanen gibt es noch viele ursprüngliche Stammesgruppen. Einige leben buchstäblich noch in der Steinzeit und die meisten von ihnen wohnen auf abgelegenen Inseln, die von Touristen nicht besucht werden dürfen. Ansonsten findet man hier eine interessante Mischung aus süd- und südostasiatischen Siedlern.

S. 427

Empfehlungen von Lonely Planet:

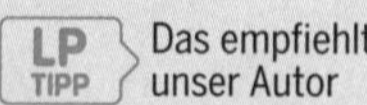
Das empfiehlt unser Autor

Nachhaltig und umweltverträglich

GRATIS Hier bezahlt man nichts

Alle in diesem Reiseführer vorgestellten Reiseziele listet das Register auf.

Reiseziele

Grün ist Trumpf
Eine Händlerin auf dem Markt von Hyderabad verkauft Kräuter und Blattgemüse.

Mumbai (Bombay)

Inhalt »

Gut essen

» Khyber (S. 65)
» Peshawri (S. 67)
» Five Spice (S. 65)
» Trishna (S. 66)
» Culture Curry (S. 68)

Schön übernachten

» Taj Mahal Palace (S. 57)
» Iskcon (S. 61)
» YWCA (S. 57)
» Hotel Moti (S. 58)
» Residency Hotel (S. 60)

Auf nach Mumbai!

Mumbai ist ein herrliches Chaos, eine Stadt voller Träumer und Schwerarbeiter, Schauspieler und Krimineller, Streuner und exotischer Vögel, Künstler und Dienstboten, Fischer und *crorepatis* – und noch viel mehr. Die bröckelnde Architektur zeigt verschiedene Stadien des Zerfalls in Technicolor und erinnert daran, dass Mumbai sich einst noch viel größer träumte. Übrig ist ein „Freilichtmuseum" aus Stein und Mörtel zwischen Straßengewirr – ein Beweis dafür, dass Mumbai schon immer ein malerisches Durcheinander war.

Heute besitzt Mumbai die produktivste Filmindustrie, die größten Slums Asiens und den größten städtischen Tropenwald. Die Stadt ist Indiens Finanzhochburg, Modemetropole und Brennpunkt religiöser Spannungen. Zwischen fantasievoller Architektur und Wolkenkratzern finden sich tolle Restaurants und belebte Gassen, treffen Urbanität und Vorortglamour auf Verrücktheit. Das Stadtbild ist Kulisse für einen treibenden *raga* – ein komplexer Soundtrack mit dem Beat der ihm eigenen *desi*-Trommeln.

Reisezeit

Mumbai

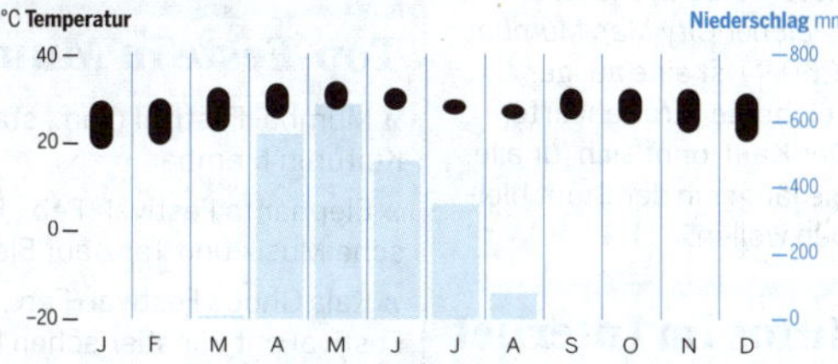

April–Mai Manche mögen's heiß ... manche mögen's *wirklich* heiß!

Aug.–Sept. Während des aufregenden Festivals Ganesh Chaturthi spielt Mumbai völlig verrückt.

Okt.–Feb. Die Tauchausrüstung wegpacken: Jetzt weicht der Monsun der „coolen" Zeit Mumbais.

ANKUNFT IN MUMBAI

Die meisten Traveller kommen am Flughafen Chhatrapati Shivaji, am Hauptbahnhof (BCT) oder am Chhatrapati Shivaji Terminus (CST; Victoria Terminus) an.

Kurzinfos

» Bevölkerung: 16,4 Mio.

» Fläche: 444 km²

» Vorwahl: ☎022

» Sprachen: Marathi, Hindi, Gujarati, Englisch

» Übernachtungspreise: **$** unter 1000 ₹, **$$** 1000–4000 ₹, **$$$** über 4000 ₹.

Top-Tipps

Viele internationale Flüge landen nach Mitternacht in Mumbai. Wer sich nächtlichen Ärger ersparen will, sollte detaillierte Angaben zum Hotel bei sich haben. Viele Taxifahrer – auch einige von denen, die vom und zum Flughafen fahren – können kein Englisch, sodass man Zeit, die man schlafend verbringen könnte, auf der Suche nach dem Hotel verschwendet.

Eicher City Map Mumbai (250 ₹) ist eine ausgezeichnete Straßenkarte. Der Kauf lohnt sich für alle, die länger in der Stadt bleiben wollen.

Infos im Internet

» Maharashtra Tourism Development Corporation (www.maharashtratourism.gov.in) ist die offizielle Touristik-Website.

Köstliches aus Mumbai

In Mumbai steigen einem Düfte Indiens und der ganzen Welt in die Nase. Also nichts wie eingetaucht in die kulinarische Vielfalt, denn probieren geht über studieren: Es gibt parsisches *dhansak* (Fleisch mit Currylinsen und Reis), Gujarat- oder Kerala-Thalis (*All you can eat*-Gerichte), Mughlai-Kebab, Vindaloo aus Goa, Fisch aus Mangalore und noch viel mehr. Wer auf einer Speisekarte Bombay Duck entdeckt, dem sei gesagt, dass es sich dabei um in der Sonne getrockneten, frittierten *bombil*-Fisch handelt.

Unbedingt probieren sollte man Mumbais berühmte *bhelpuri* – die besten gibt's am Girgaum Chowpatty. Die knusprig ausgebackenen, dünnen Teigblättchen mit Puffreis, Linsen, Zitronensaft, Zwiebeln, Kräutern, Chili und Tamarinden-Chutney sorgen für eine Geschmacksexplosion! Auch die Straßenstände, an denen es Reisgerichte, Samosas, *pav bhaji* (scharfes Gemüse mit Brot) und *vada pav* (Sandwiches mit würzigen frittierten Linsenbällchen) gibt, sind fester Bestandteil der kulinarischen Szene Mumbais.

NICHT VERSÄUMEN!

Viele Traveller verbinden den Besuch des kosmopolitischen Mumbai vor allem mit guten Restaurants, Nachtleben und Shoppen, aber die Stadt hat weit mehr zu bieten als nächtliche Unterhaltung und Frustshoppingoptionen. Nirgendwo wird das deutlicher als in dem Wahnsinns-Wirrwarr gotischer, viktorianischer und indo-sarazenischer Baustile sowie in der Art-déco-Architektur und in all den Überbleibseln aus der britischen Kolonialzeit und den unzähligen Jahren unter europäischem Einfluss. **Chhatrapati Shivaji Terminus (Victoria Terminus), High Court, Universität von Mumbai, Taj Mahal Palace Hotel** und **Gateway of India** sind nur die herausragendsten Bauten – überall im urbanen Morast der Metropole verstecken sich architektonische Perlen. Diese zufällig zu entdecken, gehört zu den schönsten Erlebnissen in Mumbai.

Top-Feste in Mumbai

» Mumbai Festival (Jan., stadtweit, S. 55) Musik, Tanz und Kultur in Mumbai

» Elephanta Festival (Feb., Elephanta Island, S. 57) Klassische Musik und Tanz auf Elephanta Island

» Kala Ghoda Festival (Feb., stadtweit, S. 57) Zweiwöchiges Festival mit künstlerischen Darbietungen und Ausstellungen

» Nariyal Poornima (Aug., Colaba, S. 57) Fest zum Auftakt der Fischfangsaison

» Ganesh Chaturthi (Aug./Sept., stadtweit, S. 57) Mumbais größtes Fest zu Ehren Ganeshas

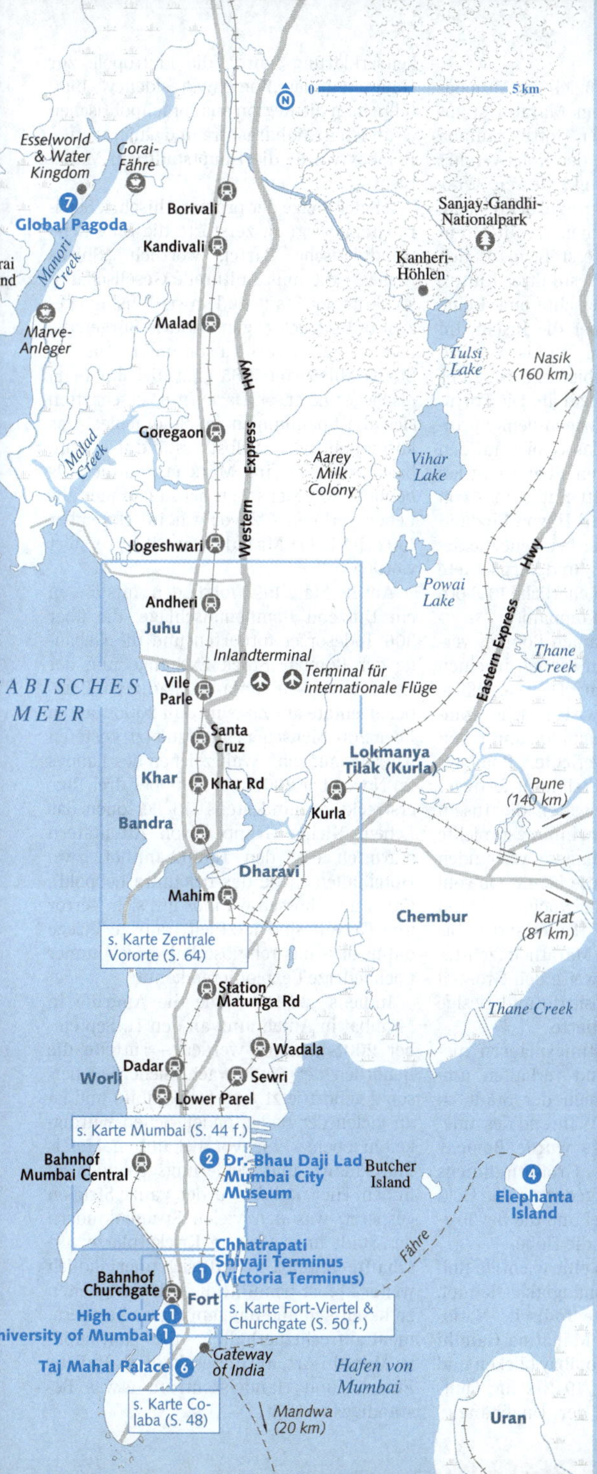

Highlights

1. Die prächtige Architektur der Kolonialzeit bewundern: den **Chhatrapati Shivaji Terminus** (S. 47), die **Universität von Mumbai** (S. 47) und den **High Court** (S. 47)
2. Sich vom Renaissance-Stil des **Dr. Bhau Daji Lad Mumbai City Museum** (S. 51) beeindrucken lassen
3. In einem der besten **Restaurants** (S. 63) Indiens wie ein Maharadscha dinieren
4. Dem gebieterischen dreiköpfigen Shiva auf **Elephanta Island** (S. 79) die Ehre erweisen
5. Sich im Wirrwarr von Mumbais alten **Basaren** (S. 72) verlieren
6. Im **Taj Mahal Palace, Mumbai** (S. 57), einem der faszinierendsten Hotels der Welt, übernachten
7. Der atemberaubenden spirituellen Architektur der **Global Pagoda** (S. 53) die Ehre erweisen

Geschichte

1996 wurde Bombay offiziell in Mumbai umbenannt. Der aus dem Marathi stammende Name ist von der Göttin Mumba abgeleitet, die vom Volk der Kolis verehrt wurde. Dieses Fischervolk, dessen Wurzeln bis ins 2. Jh. v. Chr. zurückreichen, hatte früher auf den sieben Inseln Mumbais gelebt. An der Küste stößt man auch heute noch auf die Überreste ihrer Kultur. Ab dem 6. Jh. n. Chr. herrschte eine Reihe von Hindu-Dynastien über die Inseln. Im 14. Jh. annektierten die muslimischen Sultane von Gujarat das Gebiet und traten es 1534 schließlich an Portugal ab. Die Portugiesen leisteten ihren einzigen denkwürdigen Beitrag, indem sie das Gebiet auf den Namen Bom Bahai tauften. Später wurden die Inseln Teil der Mitgift Katharinas von Braganza, als sie 1661 Karl II. von England heiratete. 1665 nahm die britische Regierung die Inseln in Besitz und verpachtete sie drei Jahre später für lächerliche 10 £ pro Jahr an die Ostindische Kompanie.

Unter ihrem neuen Namen Bombay verwandelte sich die Region schnell in einen blühenden Handelshafen. Die Geschäfte gingen so gut, dass die Ostindische Kompanie ihren Hauptsitz nach 20 Jahren von Surat nach Bombay verlegte. Bombays Fort wurde in den 1720er-Jahren fertiggestellt. 100 Jahre später waren die Inseln durch ehrgeizige Landgewinnungsprojekte zu einer einzigen Landmasse verbunden worden, wie man sie heute kennt. Obwohl Bombay im 18. Jh. stetig wuchs, bestand kaum Verbindung zum Hinterland – bis Großbritannien 1818 die Marathen (zentralindisches Volk, das zeitweise den Großteil Indiens kontrollierte) besiegte und riesige Teile Westindiens annektierte.

1864 wurden die Festungsmauern niedergerissen. Anschließend verhalfen umfangreiche Baumaßnahmen der Stadt zu ihrer kolonialen Pracht. Während des amerikanischen Bürgerkriegs wurde Bombay zum Hauptlieferanten Großbritanniens für Baumwolle. Als infolgedessen das Geld floss, erblühte der Handel und die Bevölkerungszahlen schossen in die Höhe.

Bombay spielte zudem eine wichtige Rolle im indischen Unabhängigkeitskampf. 1885 fand hier der erste Indische Nationalkongress statt. Auch Mahatma Gandhi ließ sich regelmäßig in Bombay blicken und startete in dieser Stadt 1942 seine Quit-India-Kampagne. Nach der Unabhängigkeitserklärung wurde die Metropole zur Hauptstadt der „Bombay Presidency". 1960 teilte man die Region aus sprachpolitischen Gründen in Maharashtra und Gujarat auf – Bombay wurde die Hauptstadt von Maharashtra.

An der Spitze der promarathischen Separatistenbewegung zerstörte die Shiv Sena (hinduistische Partei, wörtlich „Shivas Armee") die multikulturelle Gesellschaftsstruktur der Stadt, indem sie Muslime gezielt unterdrückte, genauso wie Bürger, die nicht aus Maharashtra stammten. Aus den Stadtwahlen von 1985 ging die Shiv Sena als Siegerin hervor. Daraufhin verschärften sich die Spannungen im Stadtgebiet. Das kosmopolitische Selbstverständnis Bombays wurde bis ins Mark erschüttert, als beinahe 800 Menschen bei Aufständen ihr Leben verloren – zuvor war im Dezember 1992 die Babri Masjid in Ayodhya zerstört worden.

Am 12. März 1993 folgte den Aufständen ein Dutzend Bombenanschläge, die über 300 Todesopfer forderten und die Gebäude der Bombay Stock Exchange und der Zentrale von Air India beschädigten. Bombenattentate auf Züge im Juli 2006 töteten über 200 Menschen, und zuletzt kosteten Angriffe auf zehn Wahrzeichen des Landes im November 2008, die sich über drei Tage erstreckten, mindestens 173 Personen das Leben: Kleine Gruppen von Attentätern stürmten u. a. den Hauptbahnhof, zwei Hotelhallen sowie das bekannte Leopold's Cafe und schossen wahllos um sich. Terror und Gewalt sind letztlich traurige Belege dafür, dass das religiöse Pulverfass immer noch jederzeit explodieren könnte.

Indiens „26/11" – wie die Angriffe in Mumbai in Anlehnung an den 11. September 2001 genannt werden – rüttelte die Behörden der Stadt wach. Sicherheitspersonal gehört jetzt zum Straßenbild und ist an vielen der bedeutenden Sehenswürdigkeiten ebenso wie vor bekannten Hotels und Finanz- und Regierungsgebäuden zu finden. Hier und da wurden ganze Straßen gesperrt, was den vielen Straßenkindern der Stadt improvisierte Kricketplätze verschaffte. Mumbai schafft sich unermüdlich weiter ab, ist bemüht, die Schwierigkeiten zu beseitigen und das ihm eigene Temperament aufrechtzuerhalten – diese aufmüpfige Marathi-Art, die dieser Stadt als Indiens Finanz- und Handelszentrum etwas Beständiges verleiht.

MUMBAI IN ...

... zwei Tagen

Am besten startet man beim „Großvater" von Mumbais Kolonialzeitgiganten, dem alten Victoria Terminus bzw. **Chhatrapati Shivaji Terminus** (CST; S. 47) und spaziert dann weiter zum **Crawford Market** (S. 72) und den unzähligen Basaren in dieser Gegend. Mittags kehrt man im **Rajdhani** (S. 66) ein und genehmigt sich danach noch einen Saft-Shake bei **Badshah Snacks & Drinks** (S. 66).

Am Nachmittag stehen dann der architektonisch äußerst gelungene **High Court** (S. 47) und die **Universität von Mumbai** (S. 47) auf dem Programm. Weiter geht's hinunter zum **Gateway of India** (S. 45) und zum **Taj Mahal Palace, Mumbai** (S. 45). Abends stillt man seinen Hunger an dem Straßenstand **Bademiya** (S. 63). Und zu guter Letzt trifft man sich im **Leopold's Café** (S. 69) mit anderen Travellern und tauscht die eine oder andere Travellerlegende aus.

Am nächsten Tag lohnt sich ein Besuch im verschnörkelten **Dr. Bhau Daji Lad Mumbai City Museum** (S. 51). Im **Café Moshe** (S. 66) in Kemp's Corner stärkt man sich mit einem Mittagssnack, bevor es weiter auf Shopping-Tour geht. Danach ist das Gandhi-Museum **Mani Bhavan** (S. 49) an der Reihe. Der Tag klingt mit einem Spaziergang durch die winzigen Gassen von **Kotachiwadi** (S. 62), dem Genuss des Sonnenuntergangs am **Girgaum Chowpatty** (S. 67) und einem leckeren *bhelpuri* aus. Oder man gönnt sich ein unvergessliches Abendessen im **Khyber** (S. 65).

... vier Tagen

Nach der Besichtigung der **Global Pagoda** (S. 53) geht es nachmittags in die Museen und Galerien von **Kala Ghoda** (S. 45). Abends macht man sich dann auf den Weg nach Bandra, um im **Sheesha** (S. 68) ein Candle-Light-Dinner zu genießen. Den Abend beschließt man in Worli im **Aer** (S. 70), einer der hippen Bars mit grandioser Aussicht.

Am vierten Tag könnte man sich den **Dhobi Ghat** (S. 52) und den ganz in der Nähe gelegenen **Mahalaxmi-Tempel** (S. 52) sowie die **Haji-Ali-Moschee** (S. 51) anschauen. Nach dem Mittagessen in der **Olive Bar & Kitchen** (S. 70) bei der Mahalaxmi-Rennbahn sollte man sich etwas Ruhe gönnen, bevor man in Worli dem Avant-Garde-Club **Bluefrog** (S. 71) einen Besuch abstattet.

Sehenswertes

Mumbai, die Hauptstadt von Maharashtra, ist eine Insel, die über Brücken mit dem Festland verbunden ist. Die Ostküste der Insel wird von den Marinedocks der Stadt (Zutritt streng verboten!) beherrscht. Das kommerzielle und kulturelle Zentrum befindet sich am südlichen Ende der Insel, dessen Form an eine Klaue erinnert und das unter dem Namen South Mumbai bekannt ist. Die südlichste Halbinsel ist Colaba – dorthin zieht es traditionellerweise die meisten Reisenden. Hier befinden sich viele Sehenswürdigkeiten, außerdem liegt gleich nördlich von Colaba das geschäftige Gewerbegebiet Fort, wo früher das britische Fort stand. An der Westseite sind einige eingezäunte und miteinander verbundene Grünflächen, die Maidans (sprich mäi-*dahns*).

Obwohl es für die Stadt im Grunde nicht weniger von Bedeutung ist als South Mumbai, läuft das ganze Gebiet nördlich von hier unter der Kollektivbezeichnung „Suburbs" (Vororte). Der Flughafen und viele der besten Restaurants, Shopping- und Ausgehmöglichkeiten befinden sich hier, vor allem in den gehobeneren Vierteln Bandra und Juhu.

Mit der Eröffnung der Schrägseilbrücke Bandra-Worli Sea Link im Jahr 2009 verringerte sich die Fahrzeit zwischen den beiden Vierteln von einer Stunde auf sieben Minuten. Nun sind diese edlen Suburbs auch für Traveller leicht zu erreichen.

COLABA

Die folgenden Sehenswürdigkeiten sind in der Karte S. 44 verzeichnet.

Colaba, dieser hektisch-belebte Bezirk, erstreckt sich über die südlichste Halbinsel der Stadt und quillt fast über vor Straßenständen, Märkten, Bars und günstigen bis mittelteuren Unterkünften. Der **Colaba**

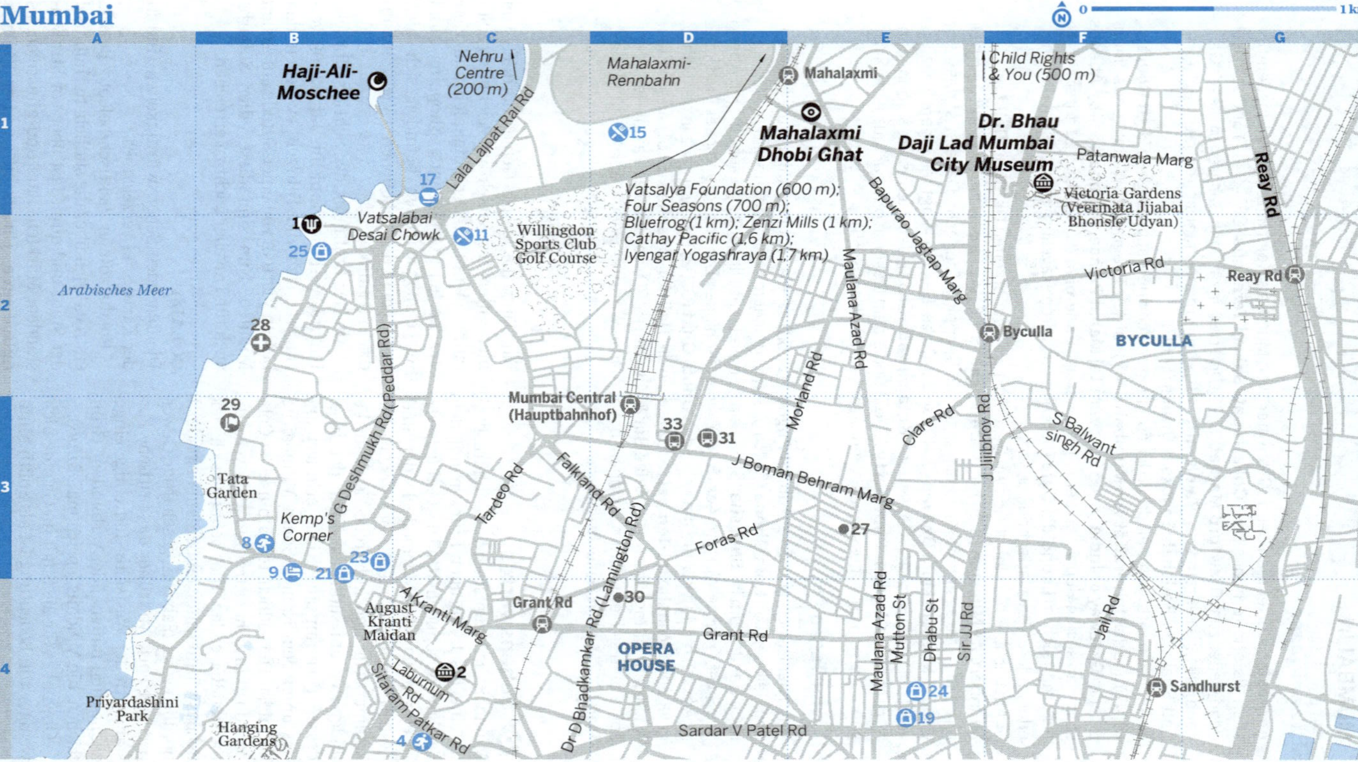
Mumbai
0
1 km
Haji-Ali-Moschee
Nehru Centre (200 m)
Mahalaxmi-Rennbahn
Mahalaxmi
Child Rights & You (500 m)
Mahalaxmi Dhobi Ghat
Dr. Bhau Daji Lad Mumbai City Museum
Patanwala Marg
Reay Rd
Lala Lajpat Rai Rd
Victoria Gardens (Veermata Jijabai Bhonsle Udyan)
Vatsalabai Desai Chowk
Willingdon Sports Club Golf Course
Vatsalya Foundation (600 m); Four Seasons (700 m); Bluefrog (1 km); Zenzi Mills (1 km); Cathay Pacific (1,6 km); Iyengar Yogashraya (1,7 km)
Bapurao Jagtap Marg
Maulana Azad Rd
Victoria Rd
Reay Rd
Arabisches Meer
Byculla
BYCULLA
Morland Rd
Mumbai Central (Hauptbahnhof)
G Deshmukh Rd (Peddar Rd)
Clare Rd
J Jijibhoy Rd
S Balwant singh Rd
Tata Garden
J Boman Behram Marg
Tardeo Rd
Falkland Rd
Kemp's Corner
Foras Rd
Dr D Bhadkamkar Rd (Lamington Rd)
A Kranti Marg
August Kranti Maidan
Grant Rd
Grant Rd
OPERA HOUSE
Maulana Azad Rd
Mutton St
Dhabu St
Sir JJ Rd
Jail Rd
Sandhurst
Laburnum Rd
Sitaram Patkar Rd
Priyardashini Park
Hanging Gardens
Sardar V Patel Rd

Causeway (Shahid Bhagat Singh Marg) teilt das Viertel und Colabas Wirrwarr aus Seitenstraßen und verfallenden Villen in zwei Hälften.

Am **Sassoon Dock** (abseits der Karte S. 48) herrscht in den frühen Morgenstunden (gegen 5 Uhr) echter Hochbetrieb. Die bunt gekleideten **Koli-Fischer** entladen am Kai ihre Boote und sortieren ihren Fang. Der Fisch, der hier in der Sonne getrocknet wird, heißt *bombil* und wird für die Zubereitung von Bombay Duck verwendet. Achtung: Fotografieren ist am Hafen verboten!

LP TIPP Taj Mahal Palace, Mumbai — HISTORISCHES GEBÄUDE

Das prächtige Hotel (S. 57) besticht durch seine märchenhafte Mischung aus den Architekturstilen des Islam und der Renaissance. Es zählt zu Mumbais berühmtesten Gebäuden. Der parsische Industrielle J.N. Tata ließ es im Jahre 1903 mit Blick auf den Hafen errichten – es heißt, dass ihm als „Eingeborener" der Zutritt in die europäischen Hotels verwehrt wurde.

Gateway of India — DENKMAL

Der kühne Basaltbogen ist Ausdruck kolonialen Triumphs. Mit Blick auf den Hafen erhebt er sich am Rand des Apollo Bunder. Der Bogen im islamischen Architekturstil Gujarats (16. Jh.) wurde zu Ehren König Georgs V. errichtet, der Mumbai 1911 besuchte. Die Fertigstellung erfolgte 1924 – ironischerweise ließen die britischen Erbauer des Bogens nur 24 Jahre später ihr letztes Regiment durch das Bauwerk marschieren, als Indien mit Riesenschritten auf die Unabhängigkeit zueilte.

Heutzutage ist der Bogen ein beliebter Treffpunkt der Einheimischen und eine tolle Location, um vorbeiflanierende Leute zu beobachten. Luftballonverkäufer, Fotografen, Bettler und Schlepper haben es auf Traveller aus Indien und aus dem Ausland abgesehen. Von den Landungsstegen legen Boote zur Elephanta Island und nach Mandwa ab.

KALA GHODA

Das „Schwarze Pferd" liegt zwischen den Stadtteilen Colaba und Fort. Hier befinden sich die meisten der bedeutenden Galerien und Museen Mumbais sowie unzählige Gebäude aus der Kolonialzeit. Am besten besichtigt man all diese Sehenswürdigkeiten im Rahmen einer geführten Tour (S. 54) oder mit einem Audioguide (S. 56).

Mumbai

Highlights
- Dr. Bhau Daji Lad Mumbai City Museum ... F1
- Haji-Ali-Moschee ... B1
- Kotachiwadi ... D5
- Mahalaxmi Dhobi Ghat ... E1

Sehenswertes
- 1 Mahalaxmi-Tempel ... B2
- 2 Mani Bhavan ... C4
- 3 St. Teresa ... D5

Aktivitäten, Kurse & Touren
- 4 Bharatiya Vidya Bhavan ... C4
- 5 BollyDancing Mumbai ... A5
- 6 H2O Water Sports Complex ... C5
- 7 Khaivalyadham Ishwardas Yogic Health Centre ... D5
- 8 Yoga Sutra ... B3

Schlafen
- 9 Hotel Kemps Corner ... B3

Essen
- 10 Badshah Snacks & Drinks ... F6
- 11 Cafe Noorani ... C2
- 12 Cream Centre ... C5
- Moshe's Café ... (siehe 21)
- 13 New Kulfi Centre ... C5
- Olive Bar & Kitchen ... (siehe 15)
- 14 Rajdhani ... E6
- 15 Tote on the Turf ... D1

Ausgehen
- 16 First Floor ... F6
- 17 Haji Ali Juice Centre ... C1

Shoppen
- 18 Bhuleshwar Market ... E5
- Biba ... (siehe 21)
- 19 Chor Bazaar ... E4
- 20 Crawford Market ... F6
- 21 Crossword ... B3
- 22 Mangaldas Market ... E6
- 23 Mélange ... B3
- 24 Mini Market/Bollywood Bazaar ... E4
- 25 Shrujan ... B2
- 26 Zaveri Bazaar ... E6

Praktisches
- 27 Apne Aap Women Worldwide ... E3
- 28 Breach Candy Hospital ... B2
- 29 US-Konsulat ... B3

Transport
- 30 Allibhai Premji Tyrewalla ... D4
- 31 Mumbai Central Bus Terminal (Hauptbusbahnhof) ... D3
- National CTC ... (siehe 31)
- 32 Private Busagenturen ... F6
- 33 Private Fernbusse & Ticketagenturen ... D3

LP TIPP Chhatrapati Shivaji Maharaj Vastu Sangrahalaya (Prince of Wales Museum) — MUSEUM

(Karte S. 50; www.themuseummumbai.com; K Dubash Marg; Inder/Ausländer 25/300 ₹, Foto/Video 200/1000 ₹; ⌚Di–So 10.45–18 Uhr) Der Koloss mit der Kuppel ist Mumbais größtes und bestes Museum. Der faszinierende Mix aus islamischen, hinduistischen und britischen Architekturelementen beherbergt zahlreiche verstaubte Ausstellungsstücke aus ganz Indien. Das Museum wurde 1923 zu Ehren des ersten Indienbesuchs von König George V. eingeweiht (der Besuch fand allerdings schon 1905 statt, als er noch Prince of Wales war). Für den überladenen indo-sarazenischen Stil ist George Wittet verantwortlich, der auch das Gateway of India erbaute.

Das Museum wurde für 12 Mio. ₹ renoviert und beherbergt jetzt zwei neue, faszinierende Galerien – in einer sind Miniatur-Gemälde zu bewundern, die andere ist Vishnu gewidmet. Ansonsten umfasst die riesige Sammlung u.a. beeindruckende hinduistische und buddhistische Skulpturen, Terrakottafigürchen aus dem Industal, Porzellanwaren und garantiert tödliche Waffen.

GRATIS Jehangir Art Gallery — KUNSTGALERIE

(Karte S. 50; 161B MG Rd; ⌚11–19 Uhr) Hier werden interessante Werke einheimischer Künstler gezeigt. Die meisten werden auch zum Kauf angeboten. Auf der Straße vor der Galerie bieten hoffnungsvolle Künstler ihre Werke feil.

National Gallery of Modern Art — KUNSTGALERIE

(Karte S. 48; MG Rd; Inder/Ausländer 10/150 ₹; ⌚Di–So 11–18 Uhr) Diese Galerie in der Mahatma Ghandi (MG) Rd mit ihrer hellen, weitläufigen, modernen Ausstellungsfläche präsentiert wechselnde Ausstellungen

HILFE, WO BIN ICH?

Hausnummern sind in Mumbai so gut wie unbekannt. Straßenschilder sind mal auf Englisch, mal auf Hindi, mal in beiden Sprachen und mal in keiner abgefasst, weil einfach nicht existent. Die Firmenschilder an den Häusern sind aber häufig mit der vollständigen Anschrift versehen, sodass man sich zur Not auch daran orientieren kann.

von Werken indischer und internationaler Künstler.

Keneseth-Eliyahod-Synagoge SYNAGOGE
(Karte S. 50; www.jacobsassoon.org; Dr. VB Gandhi Marg; Eintritt frei, Foto 100 ₹; ⌚9–18 Uhr) Die unglaublich himmelblaue Synagoge wurde 1884 errichtet und wird von der schrumpfenden jüdischen Gemeinde Mumbais noch immer benutzt und liebevoll erhalten (und wie Bagdads Grüne Zone geschützt).

FORT-VIERTEL

Am Rand des **Oval Maidan** zieht eine Reihe von majestätischen viktorianischen Gebäuden mit aristokratischem Pomp die Aufmerksamkeit der Besucher auf sich. Zusammen mit dem **Cross Maidan** und dem **Azad Maidan** gleich nördlich lag dieses Stück Land früher direkt am Wasser, und von den grandiosen Gebäuden konnte man gen Westen den Blick auf das Arabische Meer genießen.

Die folgenden Sehenswürdigkeiten sind in der Karte S. 50 verzeichnet.

LP TIPP **Chhatrapati Shivaji Terminus (Victoria Terminus)** HISTORISCHES GEBÄUDE
Imposant, überschwänglich und voller Menschen: Das markanteste gotische Gebäude der Stadt ist zugleich das Herz des lokalen Eisenbahnnetzes und ein Sinnbild des Kolonialismus. Wie der Historiker Christopher London sagte: „Der Victoria Terminus ist für das British Radsch, was der Tadsch Mahal für das Mogulreich ist." Das beeindruckende Gebäude könnte ohne weiteres von Salvador Dalí stammen. Es vereint viktorianische, hinduistische und islamische Architekturstile in sich und strotzt nur so vor Stützpfeilern, Kuppeln, Türmen, Türmchen und Buntglasfenstern.

Der Bahnhof ist von Frederick Stevens entworfen und 1887 fertiggestellt worden – 34 Jahre, nachdem Indiens erster Zug hier abgefahren war. Heutzutage ist er der betriebsamste Bahnhof Asiens. Auch wenn er 1998 offiziell in „Chhatrapati Shivaji Terminus" (CST) umbenannt wurde, nennen ihn immer noch viele einfach „VT". Seit 2004 gehört der Bahnhof zum Unesco-Weltkulturerbe.

Universität von Mumbai (Bombay University) HISTORISCHES GEBÄUDE
Die Universität wirkt wie ein Meisterstück der französischen Gotik des 15. Jhs., das etwas unpassend zwischen Mumbais Palmen platziert wurde. Der Entwurf für das Gebäude an der Bhaurao Patil Marg stammt von Gilbert Scott, der sich schon mit der St. Pancras Station in London einen Namen gemacht hatte. Die Uni beherbergt auch die exquisite **University Library** und die **Convocation Hall** sowie den 80 m hohen **Rajabai-Uhrenturm** mit seinen aufwendigen Reliefs. Seit den Terrorangriffen auf Mumbai von 2008 ist die Anlage für Besucher nicht mehr zugänglich. Die architektonische Schönheit kann man am besten von der Bhaurao Patil Marg bewundern, denn der Blick vom Oval Maidan ist durch die vielen Bäume eingeschränkt.

High Court HISTORISCHES GEBÄUDE
(Eldon Rd) Der elegante, 1848 im neogotischen Stil errichtete High Court ist der reinste Bienenstock voller Richter, Rechtsanwälte und anderer Robenträger, die die indische Justiz am Laufen halten. Das Design ist einer deutschen Burg nachempfunden und sollte offensichtlich sämtliche Zweifel an der Autorität des Gerichts im Keim ersticken. Aber die einheimischen Steinmetze ließen sich davon anscheinend nicht beeindrucken: Auf einer Säule treibt ein einäugiger Affe sein Unwesen mit der Waage der Gerechtigkeit. Man sollte unbedingt in das Gebäude gehen und hier live den Tumult bei öffentlichen Fällen miterleben, die gerade verhandelt werden. Den Fotoapparat muss man am Eingang zwar abgeben, aber dann kann man ungehindert durch das labyrinthartige Gebäude und den Originalhof gegenüber von Court 6 spazieren.

St.-Thomas-Kathedrale KIRCHE
(Veer Nariman Rd; ⌚6.30–18 Uhr) Die bezaubernde, erst vor Kurzem restaurierte Kathedrale ist Mumbais ältestes englisches Bauwerk (zwar wurde mit dem Bau bereits im Jahr 1672 begonnen, fertiggestellt wur-

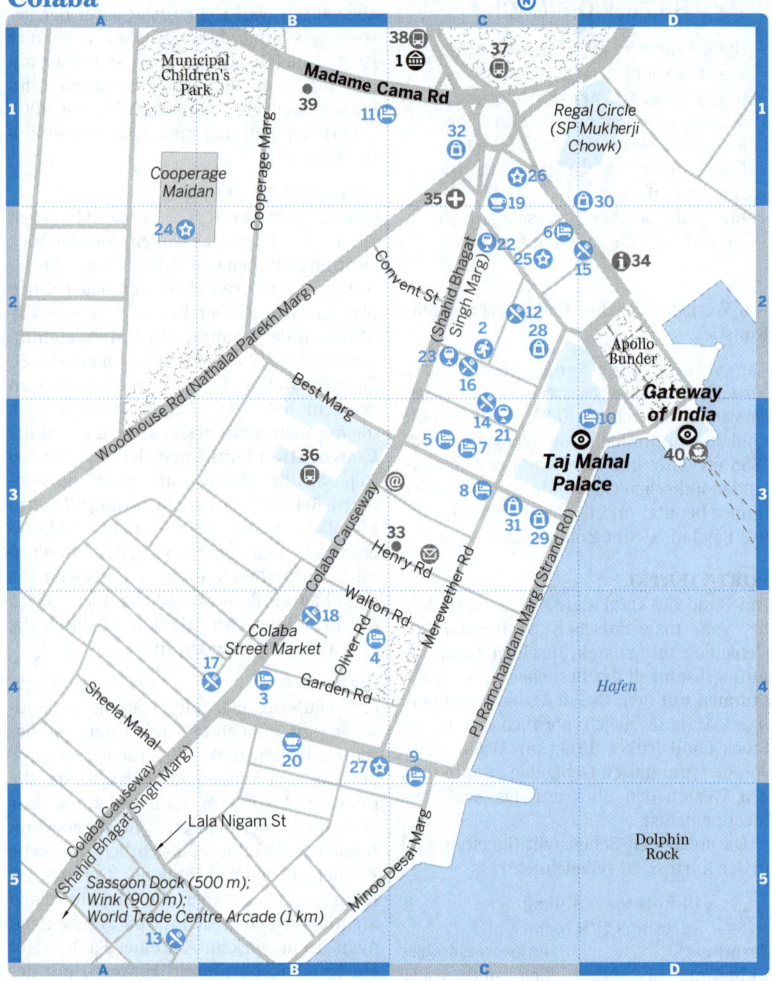

de er aber erst 1718). Die Kathedrale vereint byzantinische und kolonialzeitliche Architekturelemente. Im luftigen, weiß gestrichenen Innenraum gibt es zahlreiche Exponate aus der Kolonialzeit zu bewundern.

RUND UM DEN GIRGAUM CHOWPATTY

Die folgenden Sehenswürdigkeiten sind in der Karte S. 44 verzeichnet.

Marine Drive & Girgaum Chowpatty — STRAND

Auf dem Land, das 1920 an der Back Bay künstlich aufgeschüttet wurde, erstreckt sich der Marine Drive (Netaji Subhashchandra Bose Rd) entlang der Küste des Arabischen Meeres vom Nariman Point vorbei am Girgaum Chowpatty (wo er Chowpatty Seaface genannt wird) und weiter bis zum Fuß des Malabar Hill. Diese von langsam vor sich hin bröckelnden Art-déco-Apartmenthäusern gesäumte Straße ist in Mumbai äußerst beliebt zum Flanieren und Beobachten von Sonnenuntergängen. Ihre funkelnde Nachtbeleuchtung brachte der Straße den Spitznamen „Halskette der Königin" ein.

Der Girgaum Chowpatty (der auf Englisch oft auch „Chowpatty Beach" genannt wird, obwohl das „Beach Beach" heißen

Colaba

Highlights
Gateway of India D3
Taj Mahal Palace, Mumbai D3

Sehenswertes
1 National Gallery of Modern Art C1

Aktivitäten, Kurse & Touren
2 Reality Tours & Travel C2

Schlafen
3 Ascot Hotel B4
4 Bentley's Hotel B4
5 Hotel Moti C3
6 Hotel Suba Palace C2
India Guest House .... (siehe 9)
7 Regent Hotel C3
8 Salvation Army Red Shield Guest House C3
9 Sea Shore Hotel C4
10 Taj Mahal Palace D3
11 YWCA B1

Essen
12 Bademiya C2
Cafe Moshe .... (siehe 15)
13 Colaba Market A5
14 Indigo C3
15 Indigo Delicatessen D2
16 New Laxmi Villas C2
Saharkari Bhandar Supermarket (siehe 35)
17 Theobroma B4
18 Wich Latte B4

Ausgehen
19 Barista B4
20 Barista C1
21 Busaba C3
22 Café Mondegar C2
23 Leopold's Cafe C2

Unterhaltung
24 Cooperage Football Ground A2
25 Polly Esther's C2
26 Regal C1
27 Voodoo Pub B4

Shoppen
28 Antique & Curio Shops C2
29 Bombay Electric C3
30 Central Cottage Industries Emporium D1
31 Good Earth C3
32 Phillips C1

Praktisches
33 Magnum International Travel & Tours C3
34 MTDC-Schalter D2
35 Sahakari Bhandar Chemist C1
Thomas Cook .... (siehe 17)

Transport
36 BEST-Busdepot B3
37 BEST-Bushaltestelle C1
38 BEST-Bushaltestelle C1
39 Jet Airways B1
40 Abfahrt nach Elephanta Island & Mandwa D3
Maldar-Catamarans-Ticketbüro .... (siehe 34)
PNP-Ticketbüro .... (siehe 34)

würde und die Einheimischen schon des Öfteren verwirrt hat) ist und bleibt vor allem abends einer der beliebtesten Flecken für Liebespaare, Familien, politische Kundgebungen und einfach alle, die raus an die frische Luft wollen. Abends an einem der unzähligen Straßenstände einen *bhelpuri* zu essen, ist ein absolutes Muss während des Aufenthalts in Mumbai. Aber bitte nicht ins kühle Nass springen, das Wasser ist hier völlig verdreckt!

Mani Bhavan MUSEUM
(☎23805864; www.gandhi-manibhavan.org; 19 Laburnum Rd; ⌚9.30–18.00 Uhr) Das absolut winzige und sehr ergreifende **Museum** befindet sich in dem Gebäude, in dem Mahatma Gandhi während seiner Besuche in Mumbai zwischen 1917 und 1934 gewohnt hat. Das Museum präsentiert jenes Zimmer, in dem der Menschenrechtler seine Philosophie des *sat-yagraha* niederschrieb, das durch gewaltfreie Proteste bekannt gewordene Konzept. Von hier aus startete er Anfang der 1930er-Jahre auch die Kampagne des zivilen Ungehorsams, die zum Ende der britischen Herrschaft führte. Zu den Exponaten gehören neben einer fotografischen Dokumentation seines Lebens auch Dioramen und Originaldokumente wie Briefe an Adolf Hitler und Franklin D. Roosevelt. Ganz in der Nähe befindet sich der August Kranti Maidan, auf dem 1942 die Kampagne „Quit India“ gestartet wurde, die die Briten zur Aufgabe ihrer Herrschaft in Indien bewegen sollte.

MALABAR HILL

Mumbais exklusivste Wohngegend mit all ihren Wolkenkratzern und Privatpalästen ist **Malabar Hill** (Karte S. 44) auf dem nördlichen Kap über der Back Bay. Hier residieren die gesellschaftlichen und wirtschaftlichen Überflieger der Stadt.

Überraschenderweise versteckt sich eine von Mumbais heiligsten und ruhigsten Oasen zwischen den Apartmentblocks an der Südspitze. **Banganga Tank** (außerhalb der Karte S. 44) ist ein Bezirk voller ruhiger, heiterer Tempel, badender Pilger, kurviger, autofreier Straßen und malerischen alten

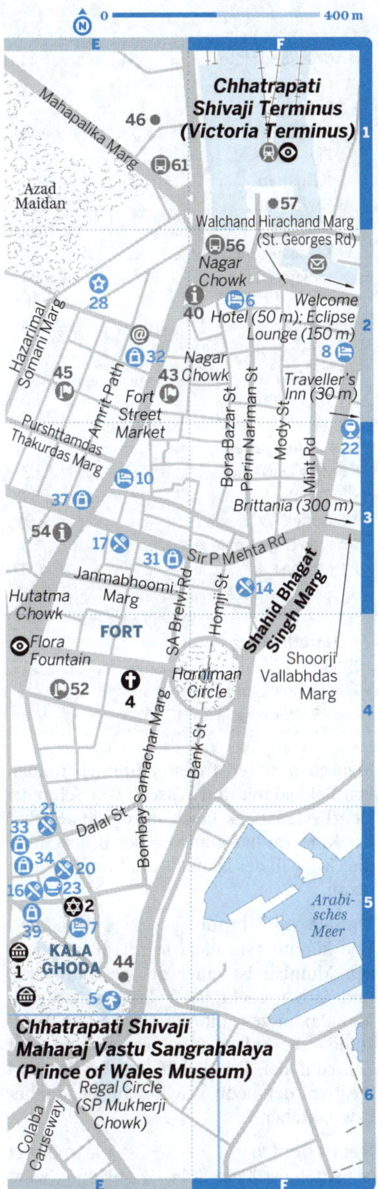

dharamsalas (Pilgerherbergen). Der Holzpfahl in der Mitte des Beckens markiert den Mittelpunkt der Erde. Der Legende nach schuf Rama das Becken, indem er seinen Pfeil an dieser Stelle in die Erde rammte.

Den besten Blick auf den Girgaum Chowpatty und den wunderschön geschwungenen Marine Drive hat man von dem kleinen **Kamala Nehru Park** (Karte S. 44).

BYCULLA

LP TIPP Dr. Bhau Daji Lad Mumbai City Museum MUSEUM

(Karte S. 44; Dr. Babasaheb Ambedkar Rd; Inder/Ausländer 10/100 ₹; ⌚Do–Di 10–17.30 Uhr) Jijamata Udyan – alias Veermata Jijabai Bhonsle Udyan bzw. früher Victoria Gardens – ist ein großer, üppig grüner Garten mit Zoo, der schon Mitte des 19. Jhs. angelegt wurde und dieses großartige Museum beherbergt, das ursprünglich 1872 im Renaissance-Stil unter dem Namen Victoria & Albert Museum errichtet wurde. 2007 öffnete das Museum nach erheblichen, aber vorsichtigen Renovierungsarbeiten, die ganze vier Jahre in Anspruch nahmen, wieder seine Tore. Neben umfangreichen Bauarbeiten wurden auch die Fußböden mit Minton-Fliesen, der vergoldete Deckenstuck und die Ornamentsäulen, Kronleuchter sowie die Treppenaufgänge restauriert und erstrahlen jetzt in akkuratem historischem Glanz. Selbst die hübsche mintgrüne Farbgebung basiert auf historischen Vorlagen. Auch die mehr als 3500 Objekte über Mumbais Geschichte wurden restauriert, darunter Tonmodelle des Dorflebens, Fotografien und Karten, archäologische Funde, Kostüme, eine Sammlung von Büchern und Manuskripten, Exponate aus Industrie und Landwirtschaft, Silber- und Kupfergegenstände, Lackartikel, Waffen und exquisite Töpferwaren. Aber was sind all diese Schätze im Vergleich zu dem sehr verwirrenden und extrem verblüffenden Dekor des Museums? Auf einen Besuch des Zoos kann man getrost verzichten.

VON MAHALAXMI NACH WORLI

Die folgenden Sehenswürdigkeiten sind in der Karte S. 44 verzeichnet.

LP TIPP Haji-Ali-Moschee MOSCHEE

Wie eine heilige Fata Morgana scheint die Moschee vor der Küste zu schweben. Dieses erlesene indo-islamische Heiligtum zählt zu Mumbais großartigsten Bauten; es wurde im 19. Jh. an der Stelle eines Gebäudes aus dem 15. Jh. errichtet und beherbergt das Grab des muslimischen Heiligen Haji Ali. Der Legende zufolge starb dieser während seiner Wallfahrt nach Mekka und sein Sarg wurde auf wundersame Weise hier angeschwemmt. Ein langer Damm führt hinaus zur Moschee im Ara-

Fort-Viertel & Churchgate

Highlights
Chhatrapati Shivaji Maharaj Vastu Sangrahalaya (Prince of Wales Museum) ... E5
Chhatrapati Shivaji Terminus (Victoria Terminus) ... F1
High Court ... D4
Universität von Mumbai ... D5

Sehenswertes
1 Jehangir Art Gallery ... E5
2 Keneseth-Eliyahod-Synagoge ... E5
3 Rajabai-Uhrenturm ... D5
4 St.-Thomas-Kathedrale ... E4

Aktivitäten, Kurse & Touren
5 Bombay Natural History Society ... E6
MTDC-Reservierungsbüro ... (siehe 49)

Schlafen
6 Hotel City Palace ... F2
7 Hotel Lawrence ... E5
8 Hotel Oasis ... F2
9 InterContinental ... B3
10 Residency Hotel ... E3
11 Sea Green Hotel ... B4
Sea Green South Hotel ... (siehe 11)
12 Trident ... A5
13 West End Hotel ... C1

Essen
210°C ... (siehe 18)
14 Five Spice ... F3
15 K Rustom ... C3
16 Khyber ... E5
Koh ... (siehe 9)
17 Mahesh Lunch Home ... E3
Moshe's Café ... (siehe 34)
Relish ... (siehe 18)
18 Samrat ... C4
19 Suryodaya ... C3
20 Trishna ... E5
21 Wich Latte ... E5

Ausgehen
22 Café Universal ... F3
Cha Bar ... (siehe 38)
Dome ... (siehe 9)
23 Kala Ghoda cafe ... E5
24 Mocha Bar ... C3
Samovar Café ... (siehe 1)

Unterhaltung
25 Eros ... D4
26 National Centre for the Performing Arts (NCPA) ... A6

bischen Meer. Vor allem donnerstags und freitags überqueren Tausende Pilger den Damm, die bei ihrem Besuch die Bettler am Wegrand mit Spenden bedenken. Bei Flut verschwindet der Damm im Wasser, die Moschee wird dann zu einer Insel. Wenn die Pilger schließlich das Innere erreicht haben, küssen sie inbrünstig den Schmuck des Grabmals.

Die Erosion hat ihren Tribut gefordert. Seit 2008 sind Renovierungsarbeiten im Gang. Die bauliche Verbesserung bezieht sich auch auf den wunderschönen, weißen Rajasthan-Marmor, der übrigens auch für den Bau des Tadsch Mahal verwendet wurde. Der Schrein bleibt für Besucher zugänglich, wenn auch nur in begrenztem Maß.

GRATIS **Mahalaxmi Dhobi Ghat** AREAL
Wenn man seine Klamotten in Mumbai zum Waschen abgibt, nehmen sie vielleicht den Weg über diesen 140 Jahre alten Dhobi Ghat (Waschplatz). Das gesamte Gebiet ist Mumbais älteste und größte handbetriebene Waschmaschine: In insgesamt 1026 Zubern befreien täglich Hunderte Menschen unter freiem Himmel Tonnen von Bekleidung und Wäsche von Schmutz. Den besten Blick (auch durch den Sucher der Kamera) hat man von der Brücke über die Gleise in der Nähe des Bahnhofs Mahalaxmi.

Mahalaxmi-Tempel HINDU-TEMPEL
Wie könnte es anders sein: Im geldgierigen Mumbai ist einer der geschäftigsten und farbenprächtigsten Tempel natürlich Mahalaxmi geweiht, der Göttin des Wohlstands. Die Anlage auf einer Landzunge ist Zentrum der Feierlichkeiten zu **Navratri** (Festival der neun Nächte) im September bzw. Oktober.

Nehru Centre KULTURKOMPLEX
(außerhalb der Karte S. 44; ☎24964676; www.nehru-centre.org; Dr. Annie Besant Rd, Worli) Der Kulturkomplex beherbergt ein Planetarium, ein Theater, eine Galerie und die interessante Ausstellung **Discovery of India** (Eintritt frei; ⌚11–17 Uhr). Die Architektur ist umwerfend: Der Turm sieht aus wie eine gigantische zylindrische Ananas, das Planetarium wie ein UFO.

27 NCPA-Schalter A6
28 Sterling E2
29 Valhalla D4
30 Wankhede-Stadion C2

Shoppen
31 Bombay Store E3
32 Chimanlals E2
33 Cotton Cottage E5
34 Fabindia E5
35 Fashion Street Market D3
36 Kala Niketan C1
37 Khadi & Village Industries Emporium E3
38 Oxford Bookstore C5
39 Rhythm House E5
Standard Supply Co. .... (siehe 6)

Praktisches
40 Akbar Travels F2
41 Australisches Konsulat B6
42 Bombay Hospital D1
43 Kanadisches Konsulat E2
44 Concern India Foundation E5
45 Niederländisches Konsulat E2
46 Foreigners' Regional Registration Office (FRRO) E1
47 Deutsches Konsulat B6
48 Government of India Tourist Office D3
Israelisches Konsulat .... (siehe 53)
49 MTDC-Reservierungsbüro B5
50 Royal Chemists C1
51 Konsulat von Singapur B6
52 Konsulat von Sri Lanka E4
Schweizer Konsulat .... (siehe 51)
53 Thailändisches Konsulat B6
54 Thomas Cook E3

Transport
55 Air India B5
56 Bushaltestelle F2
57 Central-Railways-Reservierungszentrum F1
58 El Al Airlines B4
59 Emirates Airlines B6
Indian Airlines .... (siehe 55)
60 Kingfisher B5
61 Chandni Travels/Private Busse nach Goa E1
62 Swiss D2
63 Thai Airways C6
Western-Railways-Reservierungszentrum .... (siehe 48)

GORAI ISLAND

LP TIPP Global Pagoda BAUWERK
(www.globalpagoda.org; in der Nähe von Esselworld, Gorai Creek; ⌚9–18 Uhr) Bei dem atemberaubenden Gebäude, das wie eine Fata Morgana über dem schmutzigen Gorai Creek und dem üppig grünen, lärmigen Gelände der Vergnügungsparks Esselworld und Water Kingdom in den Himmel ragt, handelt es sich um einen 96 m hohen Stupa, für den die Shwedagon-Pagode in Myanmar Modell stand. Die Pagode, in der 8000 Gläubige Platz finden und die mehrere Buddha-Reliquien beherbergt, wurde ganz ohne Träger nach einem uralten Prinzip von ineinander greifenden Steinen gebaut. Sie hat Bijapurs Golgumbaz an die zweite Stelle katapultiert und gilt weltweit als größte freitragende Kuppel. Die Pagode beherbergt auch ein Museum über das Leben von Buddha und seine Lehren. Der Lehrer S.N. Goenka bietet in dem dazugehörigen Meditationszentrum zehntägige Meditationskurse an. Hin kommt man mit dem Zug von Churchgate nach Borivali. Von dort geht's weiter mit einer Autorikscha (28 ₹) zum Fähranleger, wo die Esselworld-Fähren (hin & zurück 35 ₹) alle 30 Minuten ablegen. Die letzte Fähre zurück geht um 17.25 Uhr.

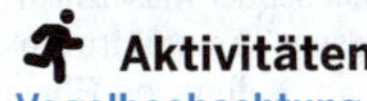

Aktivitäten

Vogelbeobachtung NATUR
In Mumbai gibt's erstaunlich gute Möglichkeiten, Vögel zu beobachten. Der Sanjay Gandhi National Park ist bekannt für seine Waldvögel, und in der Marschlandschaft des Sewri (sprich *schef*-rie) wimmelt es im Winter nur so von Vögeln. Infos über Touren gibt's bei der **Bombay Natural History Society** (BNHS; Karte S. 50; ☎22821811; www.bnhs.org; Hornbill House, Dr. Salim Ali Chowk, Shaheed Bhagat Singh Rd, Kala Ghoda) oder von Sunjoy Monga von **Yuhina Eco-Media** (☎9323995955).

Outbound Adventure OUTDOORAKTIVITÄT
(☎9820195115, www.outboundadventure.com) OA veranstaltet von Juli bis Anfang September eintägige Rafting-Touren auf dem Ulhas River in der Nähe von Karjat, 88 km südöstlich von Mumbai (1600 ₹/Pers.). Nach starken Regenfällen können die Stromschnellen den Schwierigkeitsgrad

III+ erreichen. Normalerweise ist das Raften hier aber eine eher gemächliche Angelegenheit, wenn auch mit vielen Kurven und Zickzackkursen. OA organisiert auch Camping- und Kanutouren.

Kurse

Kaivalyadhama Ishwardas Yogic Health Centre
YOGA

(Karte S. 44; 22818417; www.kdhammumbai.com; 43 Marine Dr, Girgaum Chowpatty; Mo–Sa 6.30–10 & 15.30–19 Uhr) In diesem Zentrum finden täglich mehrere Yogakurse statt. Die Gebühren setzen sich zusammen aus einem monatlichen Mitgliedsbeitrag von 600 ₹ (Student/Senior 500/400 ₹) und einer Kursgebühr von 500 ₹.

Yoga Institute
YOGA

(Karte S. 64; 26122185; www.theyogainstitute.org; Shri Yogendra Marg, Prabhat Colony, Santa Cruz East; 1./2. Monat 400/300 ₹) Das Yoga Institute in der Nähe des Bahnhofs Santa Cruz bietet tägliche Yogakurse, Wochenendkurse und einwöchige Programme an.

Iyengar Yogashraya
YOGA

(Karte S. 44; 24948416; www.bksiyengar.com; Elmac House, 126 Senapati Bapat Marg, Lower Parel; Kurs 130 ₹) Hier gibt's Iyengar-Yogakurse, u.a. auch für geistig behinderte Menschen. Die Grundgebühr beträgt 113 ₹.

BollyDancing Mumbai
TANZEN

(Karte S. 44; 9821130788; www.BollyDancing.co.in; Napean Sea Rd, gegenüber der Walsingham School, Malabar Hill) In diesem Tanzinstitut in Familienhand kann man Bollywood-Choreografien und BollySalsa, eine Mischung aus Salsa und Fitness lernen. Einstündige Anfängerkurse (450 ₹/Std.) finden donnerstags um 13.30 Uhr und freitags um 12 Uhr oder nach vorheriger Absprache statt.

Bharatiya Vidya Bhavan
SPRACHEN

(Karte S. 44; 23871860; Ecke KM Munshi Marg & Ramabai Rd, Girgaum; 500 ₹/Std.) Professor Shukla unterrichtet am Bharatiya Vidya Bhavan und bietet Privatunterricht in Hindi, Marathi, Gujarati und Sanskrit an. Mit dem weltoffenen 80-Jährigen kann man sich direkt in Verbindung setzen und sich einen Stunden- und Unterrichtsplan ganz nach den eigenen Bedürfnissen zusammenstellen lassen.

Khatwara Institute
KUNSTHANDWERK, KOCHEN

(Shri Khatwari Darbar; Karte S. 64; 26042670, Ecke Linking Rd & Shri Khatwari Darber Marg, Khar West) Das Khatwara Institute bietet Dutzende Kurse an, die zwischen drei Tagen und einem Monat dauern. Nur für Frauen (sorry, Jungs!) gibt es Kurse in arabischem *mehndi* (dekorative Hennatattoos), *mehndi* für Anfänger, Modeldruck, Sticken, Nähen, Kochen usw. Wer mehr wissen will, ruft Vanita an.

Geführte Touren

Der Stadtführer *Ten Heritage Walks of Mumbai* (395 ₹) von Fiona Fernandez beschreibt tolle Stadtspaziergänge und punktet mit faszinierenden historischen Hintergrundinfos.

Die Touristeninformation der Government of India (S. 75) kann **mehrsprachige Führer** (halber/ganzer Tag 600/750 ₹) anheuern. Führer, die eine andere Fremdsprache als Englisch können, verlangen mindestens 225 ₹ extra.

Reality Tours & Travel
DHARAVI-TOUR

(Karte S. 48; 9820822253; www.realitytoursandtravel.com; 1/26 Akbar House, Nawroji F Rd, Colaba; kurze/lange Tour 500/1000 ₹) Dieser Veranstalter bietet sozial verträgliche Touren nach Dharavi (S. 58) an. Fotografieren ist strengstens verboten. Die durch die Tour eingenommenen Beträge plus 80 % der Nettogewinne gehen an die agentureigene NGO **Reality Gives** (www.realitygives.org). Diese nichtstaatliche Organisation betreibt in Dharavi einen Kindergarten und ein Gemeindezentrum. Der Eingang ist in der Nawroji F Rd, man muss durch den SSS Corner Store gehen.

Bombay Heritage Walks
STADTSPAZIERGANG

(23690992; www.bombayheritagewalks.com) Die von zwei enthusiastischen Architekten geführten Stadtspaziergänge sind die besten überhaupt. Zweistündige Privatführungen kosten für bis zu drei Personen 1500 ₹, jede weitere Person zahlt 500 ₹.

MTDC
STADTRUNDFAHRT

(Maharashtra Tourism Development Corporation; Karte S. 48; 22841877; Apollo Bunder; einstündige Tour 120 ₹; Di–So 8.30–16, Sa & So 17.30–20 Uhr) An den Wochenenden werden um 19 und um 20.15 Uhr Touren im offenen Doppeldeckerbus angeboten, die an beleuchten historischen Gebäuden vorbeiführen. Abfahrt und Buchung sind am Schalter in der Nähe vom Apollo Bunder.

Bootsfahrten
BOOTSFAHRT

(22026364; 9–19 Uhr) Eine Fahrt durch den Mumbai Harbour ist eine gute Möglichkeit, der Stadt zu entfliehen und den Gateway of India von seiner Schokoladen-

BOLLYWOODTRÄUME

Mumbai ist das glitzernde Epizentrum von Indiens gigantischer Hindi-Filmindustrie. Alles begann mit dem ersten Stummfilm 1913, *Raja Harishchandra*, einem Film mit ausschließlich männlicher Besetzung (einige Schauspieler jedoch in Frauenkleidern). 1931 wurde dann der erste Tonfilm gedreht: *Lama Ara*. Heute werden hier mehr als 1000 Filme im Jahr produziert, mehr als in Hollywood. Das ist eigentlich nicht allzu erstaunlich, wenn man bedenkt, dass sich diese Filme ein Sechstel der Weltbevölkerung und eine nicht zu vernachlässigende Zahl von im Ausland lebenden Indern (Non-Resident Indians; NRIs) anschauen.

Jeder Teil Indiens hat seine eigene regionale Filmindustrie, aber Bollywood bezaubert die Nation noch immer mit seinen realitätsfremden Filmen, in denen singende, tanzende Liebespaare gegen die Mächte kämpfen, die sich zwischen sie stellen und die sie dann natürlich besiegen. Heutzutage buhlen neben diesen zuckersüßen, hauptsächlich für Familien gemachten Filmen auch viele von Hollywood inspirierte Thriller und Actionfilme um die Gunst der Kinogänger.

Bollywood-Stars können in Indien fast den Status von Göttern erreichen. In den schickeren Lokalitäten in Mumbai gehört es zum beliebten Zeitvertreib, nach Filmsternchen Ausschau zu halten.

Statisten aufgepasst!

Manchmal brauchen die Studios auch Europäer, um dem Ganzen einen Touch von internationalem Flair zu geben (oder um freizügige Kleidung zu präsentieren, die Einheimische oft nicht anziehen wollen). Das ist mittlerweile so häufig vorgekommen, dass 100 000 Nachwuchsschauspieler 2008 fast gestreikt hätten. Sie wollten u. a. dagegen protestieren, dass ihre Jobs an Ausländer vergeben werden, die für weniger Geld arbeiten.

Wer trotzdem einen Statistenjob ergattern will, muss nur in Colaba rumhängen, wo die Agenten der Studios nach Travellern Ausschau halten, um sie für den Dreh am nächsten Tag anzuheuern. Pro Tag werden 500 ₹ gezahlt. Mittagessen gibt's auf jeden Fall und wer früh morgens anfängt oder erst spät abends fertig ist, kommt in den Genuss von Extra-Snacks. Die Anfahrt erfolgt im Allgemeinen im 2.-Klasse-Zug, es sei denn, es sollen so viele Traveller mitmachen, dass eine Privatanreise gerechtfertigt wäre. Aber Achtung: Es kann ein langer, heißer Tag mit viel Herumstehen am Set werden! Nicht jeder macht positive Erfahrungen. Die Klagen reichen von zu wenig Essen und Wasser bis hin zu gefährlichen Situationen und Einschüchterungsversuchen, wenn die Statisten die Anweisungen des Regisseurs nicht „befolgen". Für manche ist ein solcher Blick hinter die Kulissen aber auch ein faszinierendes Erlebnis. Bevor man sich auf irgendetwas einlässt, sollte man sich unbedingt den Ausweis des Agenten zeigen lassen und vor allem auf seine innere Stimme hören!

seite zu bewundern. Los geht's direkt am Gateway of India (60 ₹, 30 Min.).

Traansway International STADTRUNDFAHRT
(☎9920488712; traanswaytours@gmail.com; Führung für 1/2/3 Pers. 2500/3500/4500 ₹) Im Angebot sind fünfstündige Tages- oder Abendtouren zu den Sehenswürdigkeiten in South Mumbai. Im Preis enthalten ist ein Abhol- und Heimfahrservice.

H2O Water Sports Complex BOOTSFAHRT
(Karte S. 44; ☎23677546; www.drishtigroup.com; Marine Dr, Mafatlal Beach; ⊙Okt.–Mai 10–22 Uhr) 45-minütige Bootsfahrten tagsüber 170 ₹/ Pers., min. 4 Pers., abends 280 ₹, 19–23 Uhr.

Taj Yacht BOOTSFAHRT
(Bis zu 10 Pers. 48 000 ₹/2 Std.) Wer auf Luxus steht, chartert diese Jacht. Weitere Details im Taj Mahal Palace, Mumbai (S. 57).

Feste & Events

Mumbai Festival MUSIK, TANZ
Im Januar stattfindendes Festival auf mehreren Bühnen in der ganzen Stadt. Präsentiert werden Mumbais Küche, Tanz und Kultur.

Banganga Festival MUSIK
(www.maharashtratourism.gov.in) Zweitägiges Festival für klassische Musik im Januar am Banganga Tank.

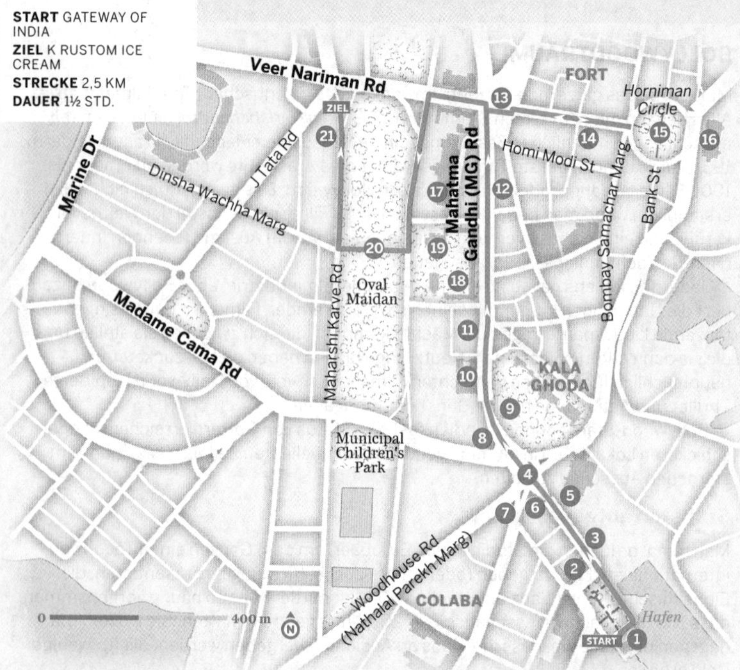

Stadtspaziergang
Mumbai

Mumbais Mix aus Kolonial- und Art-déco-Architektur prägt seinen Charakter.

Start ist am 1 **Gateway of India**. Man läuft die Chhatrapati Shivaji Marg entlang vorbei am 2 **Royal Bombay Yacht Club**, einem Relikt der Kolonialzeit, zu dem nur Mitglieder Zutritt haben. Auf der anderen Seite in Richtung 4 **Regal Circle** befindet sich der im Art-déco-Stil errichtete Wohn- und Geschäftskomplex 3 **Dhunraj Mahal**. Den besten Blick auf die Gebäude ringsum hat man von der Mitte des Regal Circle, u. a. auf das 5 **Sailors Home** von 1876, das die Polizeizentrale Maharashtras beherbergt, auf das 6 **Regal**-Kino im Art-déco-Stil und das alte 7 **Majestic Hotel**, in dem das Kaufhaus Sahakari Bhandar residiert.

Weiter geht's die MG Rd entlang, vorbei an der Fassade der 8 **National Gallery of Modern Art**. Gegenüber befindet sich das 9 **Chhatrapati Shivaji Maharaj Vastu Sangrahalaya**. Auf der anderen Straßenseite liegen das „romanische" 10 **Elphinstone College** und der 11 **David Sassoon Library & Reading Room**, wo mittags Mitglieder auf dem Balkon in Liegestühlen relaxen.

Weiter im Norden kann man die Linien des Art-déco-Gebäudes der 12 **New India Assurance Company** bewundern. Etwas weiter befindet sich auf einer Verkehrsinsel der 13 **Flora Fountain**. Er wurde 1869 für Sir Bartle Frere, den Gouverneur von Bombay erbaut, der den Abriss des Forts veranlasste.

Jetzt geht man nach Osten in die Veer Nariman Rd und läuft zur 14 **St.-Thomas-Kathedrale** und zum 15 **Horniman Circle**, einem Gebäudering mit Arkaden, der in den 1860er-Jahren um einen kreisförmigen botanischen Garten errichtet wurde. An der Ostseite steht die neoklassische 16 **Town Hall.**

Nun geht's zurück zum Flora Fountain und gen Westen zur Bhaurao Patil Marg, die man in südlicher Richtung weiterspaziert. Schon bald sieht man den 17 **High Court** und die reich verzierte 18 **Universität von Mumbai**. Den 80 m hohen 19 **Rajabai-Uhrenturm** der Uni betrachtet man am besten von der Mitte des 20 **Oval Maidan.** Wer sich umdreht, kann die Kolonialgebäude mit den Art-déco-Perlen, die die Maharshi Karve (MK) Rd säumen, vergleichen. Das Highlight ist der Turm des 21 **Eros Cinema**.

Kala Ghoda Festival KUNST, KULTUR
(www.kalaghodaassociation.com) Dieses zweiwöchige Festival im Februar wird jedes Jahr größer und aufwendiger begangen. Geboten wird das volle Programm mit künstlerischen Darbietungen und Ausstellungen.

eElephanta Festival MUSIK
(www.maharashtratourism.gov.in) Klassische Musik und Tanz auf Elephanta Island im Februar.

Nariyal Poornima HINDUISMUS
(www.rakhifestival.com) Die Festivalreihe in der Touristenhochburg Colaba beginnt mit diesem Fest im August zum Auftakt der Fischfangsaison nach dem Monsun.

Ganesh Chaturthi HINDUISMUS
Mumbais größtes, jährlich im August oder September zu Ehren der elefantenköpfigen Gottheit Ganesha stattfindendes Festival dauert zehn bis elf Tage und bringt die ganze Stadt in Feierlaune. Am ersten, dritten, fünften, siebten und zehnten Tag des Festivals nehmen Familien und ganze Gemeinden ihre Ganesha-Statuen mit an den Strand und tauchen sie ins Meer. Das soll Glück bringen. Am zehnten Tag, an dem sich Millionen Menschen auf den Weg zum Girgaum Chowpatty machen, um die größten Statuen ins Wasser zu tauchen, herrscht hier ein wahres Chaos.

Colaba Festival KUNST
Kleines, im Oktober in Colaba stattfindendes Kunstfestival, das sich manchmal mit den Diwali-Feierlichkeiten überschneidet.

Prithvi Theatre Festival THEATER
(www.prithvitheatre.org) Bei diesem Fest im November wird gezeigt, was das zeitgenössische indische Theater gerade alles zu bieten hat. Es treten auch internationale Ensembles und Künstler auf.

Schlafen

In Mumbai müssen Traveller ihre Reisekasse gut im Blick behalten. Die Unterkünfte hier sind die teuersten in ganz Indien. Zu Weihnachten und rund um Diwali sollte man unbedingt reservieren.

Colaba ist ziemlich kompakt, hat die lebendigste Travellerszene und viele Budget- und Mittelklasseunterkünfte. Das Fort-Viertel ist weitläufiger, aber in Sachen Sehenswürdigkeiten und Bahnhöfe (CST und Churchgate) besser gelegen. Die meisten Spitzenklassehotels verteilen sich über die Vororte. Die Hotels in Juhu liegen günstig, wenn man sich öfter in dem trendigen Stadtteil Bandra aufhalten will.

Wer bei einer einheimischen Familie übernachten möchte, bekommt bei der Touristeninformation der Government of India eine Liste der Familien, die am **Gastfamilien-Programm** (Zi. mit VP 1500–2500 ₹; ❄) Mumbais teilnehmen.

Wenn nicht anders vermerkt, müssen zu den nachstehend genannten Preisen noch Steuern in Höhe von 4 % (vor allem in Budgetunterkünften) oder 10 % hinzugerechnet werden.

COLABA

Die im Folgenden beschriebenen Unterkünfte sind auf der Karte S. 48 eingezeichnet.

LP TIPP **Taj Mahal Palace, Mumbai** DENKMALGESCHÜTZTES HOTEL $$$
(Karte S. 48; ☎66653366; www.tajhotels.com; Apollo Bunder, Colaba; EZ/DZ Hochhaus ab 21500/23000 ₹, Palast ab 25250/26750 ₹; ❄@📶🏊) Das früher Taj Mahal Palace & Tower genannte Hotel präsentierte sich erstmals am indischen Unabhängigkeitstag 2010 mit neuem Namen und neuem Interieur. Nach den Terroranschlägen im November 2008, die das Hotel fast in die Knie gezwungen hätten, wurde Mumbais Wahrzeichen aus dem Jahr 1903 sorgfältig restauriert. Die beeindruckenden Gewölbe, Treppen und Kuppeln erstrahlen jetzt wieder in neuem, opulentem Glanz. Die 285 Zimmer wurden aufwendig in traumhaften Fuchsien-, Safran- und Grüntönen restauriert. Gäste erreichen ihre Etage nur mit dem eigenen Fahrstuhlschlüssel – die Sicherheitsmaßnahmen in Fort Knox sind gar nichts dagegen! Alle Hotelbars, so auch die legendäre **Harbour Bar**, Mumbais erste Bar mit Alkohollizenz, und Restaurants wurden neu gestaltet und vervollständigen die Auferstehung eines der beständigsten Wahrzeichen Mumbais.

YWCA PENSION $$
(☎22025053; www.ywcaic.info; 18 Madame Cama Rd; EZ/DZ/3BZ/4BZ inkl. Frühstück, Abendessen & Steuer 2024/3000/4200/6000 ₹; ❄@📶) Das YWCA befindet sich in einem echt frustrierenden Dilemma: Es ist blitzblank und überraschend gut, wenn man bedenkt, dass es coole 1000 ₹ weniger kostet als die meisten Unterkünfte in dieser Kategorie. Im Preis enthalten sind Steuern, Frühstück, Abendessen, ein „Gute-Nacht"-Tee, Gratis-

DHARAVI SLUM

Viele Bewohner Mumbais reagierten 2008 mit gemischten Gefühlen auf den Überraschungserfolg *Slumdog Millionaire* (Hindi: *Slumdog Crorepati*) und die in dem Film verarbeiteten Klischees. Aber die Slums sind auf jeden Fall Teil – manch einer würde sagen: die Grundlage – des Stadtlebens von Mumbai. Sage und schreibe 55% der Bevölkerung Mumbais leben in Barackenstädten und Slums. Der größte Slum in Mumbai (und folglich in Asien) ist Dharavi. Ursprünglich lebten Fischer darin – damals gab es hier noch unzählige Bäche, Sümpfe und Inseln. Als das Sumpfland dann infolge von natürlichen Prozessen und menschlichen Einflüssen versandete, kamen immer mehr Wanderarbeiter aus South Mumbai und dem weiteren Umland hierher. Heute leben in dem 1,75 km² großen, zwischen den beiden Hauptstrecken der Eisenbahn eingepferchten Gebiet über 1 Mio. Menschen.

Von außen mag alles ein wenig chaotisch wirken, aber eigentlich besteht diese Stadt in der Stadt, dieses Labyrinth aus staubigen Gassen und von Abwasserrohren gesäumten Straßen aus mehreren aneinandergrenzenden Siedlungen. In manchen Teilen von Dharavi ist die Bevölkerung gemischt, während sich in anderen jeweils Einwohner aus verschiedenen Teilen Indiens und mit unterschiedlichen Berufen niedergelassen und winzige Fabriken gegründet haben. Töpfer aus Saurashtra leben in einem Gebiet, muslimische Gerber in einem anderen, Sticker aus Uttar Pradesh arbeiten Seite an Seite mit Kunstschmieden; wieder andere Arbeiter recyceln Plastik, und Frauen trocknen Pappadams in der gleißenden Sonne. Einige dieser florierenden Geschäfte, deren Zahl auf ca. 10 000 geschätzt wird, exportieren ihre Waren. Der Jahresumsatz der in Dharavi ansässigen Firmen wird auf 665 Mio. US$ geschätzt.

Wenn man genauer hinschaut, stellt man fest, dass das Leben in den Slums verblüffend normal ist. Die Bewohner zahlen Miete, die meisten Häuser haben eine Küche und Stromversorgung, und die Gebäude reichen von wackeligen Wellblechhütten bis hin zu festen, mehrstöckigen Betonbauten. Viele Familien leben hier seit Generationen, und einige der jüngeren Bewohner von Dharavi haben sogar Bürojobs. Sie wollen oft einfach weiterhin dort wohnen bleiben, wo sie aufgewachsen sind.

Slumtourismus ist ein heikles Thema. Jeder muss selbst entscheiden, ob er an einer solchen Tour teilnehmen will. Reality Tours & Travel bietet eine faszinierende Tour an. Ein Teil der Einnahmen geht zurück nach Dharavi, wo mit dem Geld Gemeindezentren und Schulen gebaut werden. Einige Traveller möchten die Slums vielleicht lieber auf eigene Faust erkunden, auch das ist o. k. – aber bitte niemals fotografieren! Hin kommt man mit dem Zug vom Bahnhof Churchgate nach Mahim (12 ₹). Den Ausgang auf der Westseite nehmen, über die Brücke gehen und schon ist man in Dharavi.

WLAN ... *und eine Zeitung*. Ein besseres Preis-Leistungs-Verhältnis (in dieser Lage) gibt's wohl kaum. Aber es gibt auch Minuspunkte, z.B. einige recht gewöhnungsbedürftige Vorschriften wie das verbissene Festhalten an Check-in-Zeiten. Wer früher in sein Zimmer will, muss einen Aufschlag zahlen, selbst wenn das Zimmer fertig ist.

Hotel Moti PENSION **$$**
(☎22025714; hotelmotiinternational@yahoo.co.in; 10 Best Marg; EZ/DZ/3BZ mit Klimaanlage inkl. Steuer ab 1800/2000/3200 ₹; ❄@) Diese Traveller-Unterkunft befindet sich im Erdgeschoss eines anmutig vor sich hin bröckelnden hübschen Gebäudes aus der Kolonialzeit. Die einfachen Zimmer haben Charme und bieten einige nette Überraschungen wie verzierte Stuckdecken und moderne Duschen. Einige Zimmer sind riesig und alle haben einen Kühlschrank mit alkoholfreien Getränken und Mineralwasser. Abgerechnet wird nach Verbrauch – einer von vielen Hinweisen darauf, wie pragmatisch und freundlich das Management ist.

Sea Shore Hotel PENSION **$**
(☎22874237; 4. Stock, Kamal Mansion, Arthur Bunder Rd; EZ/DZ ohne Bad 500/700 ₹) Dieses Hotel befindet sich in einem Gebäude mit mehreren preiswerten Pensionen und wird selbst die höchsten Erwartungen, die man für diesen Preis haben könnte, übertreffen. Die Pension wurde von oben bis unten renoviert, die schmuddeligen Sperrholzwände wurden entsorgt und die winzigen Räume in einfache Zimmer mit echter Hotelqualität umgebaut. Die Gemeinschaftsbäder

und Waschbecken würden auch in einem Designer-Hotel eine gute Figur machen. Ein Stockwerk tiefer betreibt der gleiche Inhaber das **India Guest House** (☎22833769; EZ/DZ ohne Bad 350/450 ₹). Auch hier sind die Bäder neu, aber weitere Renovierungsarbeiten waren zum Zeitpunkt der Recherchen nicht in Sicht.

Hotel Suba Palace HOTEL $$$
(☎22020636; www.hotelsubapalace.com; Battery St; EZ/DZ mit Klimaanlage inkl. Frühstück 4400/5170 ₹; ❄@📶) Die Zimmer in diesem fast schon als Boutiquehotel zu bezeichnenden Haus sind in neutralen Farbtönen gehalten – von winzigen, braungrauen Fliesen in den modernen Badezimmern bis hin zu cremefarbenen Deckenleisten und mit beigefarbenem Stoff abgesteppten Kopfbrettern an den Betten. Die geschmackvoll eingerichteten Zimmer sind gemütlich, ruhig und zentral gelegen.

Salvation Army Red Shield Guest House PENSION $
(☎22841824; red_shield@vsnl.net; 30 Mereweather Rd; B inkl. Frühstück 225 ₹, DZ/3BZ/4BZ mit VP 725/991/1368 ₹, DZ mit Klimaanlage & VP 1199 ₹; ❄@) Das Salvy's in Mumbai ist eine beliebte Institution bei Travellern, die jede Rupie zweimal umdrehen müssen. Die großen, spartanisch eingerichteten Schlafsäle sind zwar sauber, aber in den schmuddeligen Matratzen fühlen sich auch Bettwanzen recht wohl. Alle Zimmer besitzen ein eigenes Bad. Einige Bäder haben aber keinen direkten Zugang vom Zimmer, man bekommt einen eigenen Schlüssel. Schlafsaalbetten können nicht im Voraus gebucht werden. Um sich hier ein Plätzchen zu sichern, sollte man einfach kurz nach dem morgendlichen Rausschmiss um 9 Uhr vor Ort sein.

Ascot Hotel HOTEL $$$
(☎66385566; www.ascothotel.com; 38 Garden Rd; DZ mit Klimaanlage inkl. Frühstück ab 6000 ₹; ❄@📶) In diesem klassischen Hotel trifft Marmor auf Moderne. Über die mit Hartholz verkleideten Gänge kommt man in Boutiquezimmer mit enormen Kopfbrettern an den Betten, Badewanne, Schreibtisch, neuem Plasma-TV, viel Tageslicht und Blick auf Bäume.

Bentley's Hotel HOTEL $$
(☎22841474; www.bentleyshotel.com; 17 Oliver Rd; EZ/DZ inkl. Frühstück & Steuer ab 1690/2090 ₹; ❄) Die alten Bodenfliesen und Holzmöbel sorgen für viel kolonialen Charme. Das Hotel erstreckt sich über mehrere Gebäude in der Oliver St und der Henry Rd und erinnert vielleicht etwas an *Shining* – denn es ist recht einsam gelegen.

Regent Hotel HOTEL $$$
(☎22871853/4; www.regenthotelcolaba.com; 8 Best Marg; Zi./3BZ mit Klimaanlage inkl. Frühstück & Steuer 4290/4620 ₹; ❄@) In dem eleganten Hotel mit arabischem Touch gibt's jede Menge Marmor und sanfte Pastelltöne. Der im Retro-Stil eingerichtete Frühstücksbereich erstreckt sich über den gesamten Flur des 1. Stocks. Wer morgens ausschlafen möchte, sollte die Zimmer 101 bis 110 meiden.

FORT, CHURCHGATE & MARINE DRIVE

Sofern es nicht anders angegeben ist, sind die im folgenden Abschnitt beschriebenen Unterkünfte auf der Karte S. 50 eingezeichnet.

MUMBAI MIT KINDERN

Auf Rina Mehtas Homepage www.mustformums.com findet man unter Mumbai Mums' Guide Infos über Kinderkrippen, medizinische Versorgung und sogar Salsakurse für Kids in der Stadt. Im Heft *Time Out Mumbai* (50 ₹) stehen auch oft gute Tipps für witzige Unternehmungen mit Kindern.

Für energiegeladene Knirpse sind die Vergnügungsparks auf Gorai Island perfekt: **Esselworld** (www.esselworld.in; Erw./Kind 510/380 ₹; ⏰11–19 Uhr) und **Water Kingdom** (www.waterkingdom.in; Erw./Kind 510/380 ₹; ⏰11–19 Uhr). Beide Parks sind gepflegt und bieten jede Menge Fahrgeschäfte, Rutschen und Schatten. Kombitickets kosten 710/580 ₹ (Erw./Kind). In der Nebensaison sind die Eintrittspreise werktags niedriger. Hin kommt man für 35 ₹ mit der Fähre vom Anleger in Borivali.

BNHS (S. 53) und Yuhina Eco-Media (S. 53) organisieren Naturtrips für Kinder. **Yoga Sutra** (Karte S. 44; ☎32107067; www.yogasutra.co.in; Chinoy Mansions, Bhulabhai Desai Rd, Cumballa Hill; Kurse ohne Voranmeldung 300 ₹) bietet englischsprachige Yogakurse für Kids an.

LP TIPP **Residency Hotel** HOTEL $$
(Karte S. 50; ☎22625525; www.residencyhotel.com; 26 Rustom Sidhwa Marg, Fort; EZ/DZ ab 2500/2700 ₹; ❄@📶) Diese Unterkunft wartet mit recht unterschiedlichen Zimmern auf. Die kleinen Zimmer im ursprünglichen Hotel, dessen Lobby vom Duft süßen Zitronengrases erfüllt ist, sind schon etwas älter, kommen aber mit Kühlschrank, Flachbild-TV und Flip-Flops daher. Die Zimmer in dem neuen Gebäude nebenan sind sehr viel moderner eingerichtet. Hier gibt's große Duschköpfe in den Bädern, Fahrstühle mit Leder an den Wänden und kostenloses WLAN. Zum Zeitpunkt der Recherchen beschwerte sich allerdings ein Gast aus London mit den Worten: „In einem unserer Zimmer riecht es nach Zigarettenrauch, in dem anderen nach Urin". Es scheint also Glückssache zu sein, was man bekommt ...

Welcome Hotel HOTEL $$
(Außerhalb der Karte S.^s50; ☎6631488; welcome_hotel@vsnl.com; 257 Shahid Bhagat Singh Rd; EZ/DZ inkl. Frühstück ab 2783/3278 ₹, ohne Bad ab 1397/1595 ₹; ❄📶) Der Ruf des Welcome Hotel als blitzeblanke Option war akut

SCHWULEN- & LESBENSZENE IN MUMBAI

Die Entkriminalisierung der Homosexualität – eine Vorschrift, die in indischen Gesetzbüchern seit 148 Jahren enthalten ist – durch den High Court von Delhi im Juli 2009 bedeutet, dass Indien sich „geoutet hat". Davon ist im kosmopolitischen Mumbai jedoch noch nicht allzu viel zu spüren.

Das wegweisende GLBTQ-Magazin *Bombay Dost* (www.bombaydost.co.in) organisiert **Sunday High**, einen zweimal im Monat meist in den Vororten stattfindenden Kinoabend mit schwul-lesbischen Filmen. Das Magazin ist außerdem eine gute Infoquelle über alles, was in der Stadt so los ist. Erhältlich ist das Heft im Oxford Bookstore (S. 73) in Churchgate und in den Humsafar-Trust-Niederlassungen (S. 537) in der ganzen Stadt. **Queer Ink** (www.queer-ink.com) ist ein indischer Online-Buchladen, der sich auf schwul-lesbische Literatur jeder Art spezialisiert hat.

Das **Kashish-Mumbai International Queer Film Festival** (www.mumbaiqueerfest.com) feierte sein Debüt im Jahr 2010 und wird jetzt wahrscheinlich jedes Jahr stattfinden. *XXWHY*, eine Dokumentation des in Mumbai ansässigen Filmemachers Dr. Bharaty Manjula über die erste Frau-Mann-Geschlechtsumwandlung in Kerala, war ein Riesenerfolg auf der Eröffnungsveranstaltung.

In Mumbai wurden bis jetzt keine Bars oder Clubs für Schwule und/oder Lesben eröffnet. Schwulenfreundliche „sichere Veranstaltungen" (private Schwulenpartys) finden aber an bestimmten Abenden statt. Weitere Informationen hat Gay Bombay (www.gaybombay.org).

Azaardbaazaar BOUTIQUE
(Karte S. 64; 16th/33rd Rd, Bandra; ⏲ Mo geschl.) Die von der GLBTQ als Indiens erster Schwulenladen beworbene Boutique versteckt sich in einer Garage ganz in der Nähe der 33. Rd.

Just Around the Corner CAFÉ
(Karte S. 64); Eche 24th d & 30th Rd, Bandra West; Hauptgerichte 95–375 ₹; ⏲mittags) Dieses großartige Café ist ein beliebter Treffpunkt des GLBTQ Teams und vieler toleranter Menschen.

Voodoo Pub NACHTCLUB
(Karte S. 48; ☎22841959; Kamal Mansion, Arthur Bunder Rd, Colaba; Eintritt 300 ₹) In dieser dunklen, stickigen Bar finden seit 1994 jeden Samstag Mumbais inoffizielle Schwulenfeten statt – also bereits lange bevor das trendy (bzw. legal) war. An den anderen Tagen ist hier eher wenig los, aber das Personal ist aufgeschlossen und deshalb herrscht hier auch sonst eine schwulenfreundliche Atmosphäre.

Eclipse Lounge NACHTCLUB
(Außerhalb der Karte S. 50; 11/13 Walchand Hirachand Marg, Ballard Estate) Das dunkle, zwielichtige Eclipse war früher unter dem Namen Let's Scream bekannt und setzte alles daran, nicht als Schwulenclub angesehen zu werden. Dennoch finden hier oft private Schwulenfeten statt.

gefährdet, als zum Zeitpunkt der Recherchen eine Kakerlake über den Schreibtisch hastete. Aber im Großen und Ganzen ist diese Unterkunft noch immer sauberer als viele andere Mittelklassehotels. In den neuen Executive-Zimmern im obersten Stockwerk hat man den Eindruck, in einem anderen Hotel zu sein. Hier fühlt man sich eher wie in einem Boutiquehotel in L.A. Im Preis enthalten ist eine Tasse Tee, die abends auf dem Zimmer serviert wird. Für unter 2000 ₹ gibt's kaum eine bessere Unterkunft.

Sea Green Hotels HOTEL **$$**
(Karte S. 50; EZ/DZ 2500/3150 ₹; ❄📶) Seagreen Hotel (☎66336525; www.seagreenhotel.com; 145 Marine Dr); Sea Green South Hotel (☎22821613; www.seagreensouth.com; 145A Marine Dr) Die baugleichen Art-déco-Hotels haben geräumige, aber spartanisch eingerichtete klimatisierte Zimmer. Die Häuser stammen aus den 1940er-Jahren und waren einst als Unterkünfte für britische Soldaten gedacht. Wenn man ein Zimmer mit Meerblick ergattert hat – die kosten nicht mehr als die anderen – kann man sicher sein, dass man in dieser Preisklasse ein wahres Schnäppchen gemacht hat (selbst wenn die 10 % Service-Gebühr noch hinzukommen).

West End Hotel HOTEL **$$$**
(Karte S. 50; ☎22039121; www.westendhotelmumbai.com; 45 New Marine Lines; EZ/DZ mit Klimaanlage ab 3900/4500 ₹; ❄📶) Das Hotel macht einen unkonventionellen und unfreiwillig retromäßigen Eindruck. Die etwas altmodisch eingerichteten Zimmer sind geräumig, in den Bädern stehen Badewannen und in der Sitzecke liegen hübsche Teppiche.

Trident HOTEL **$$$**
(Oberoi Hotel; Karte S. 50; ☎66324343; www.tridenthotels.com; Marine Dr, Nariman Point; EZ/DZ ab 18 750/20 000 ₹; ❄@📶🏊) Das Trident gehört zusammen mit dem Oberoi zum Oberoi-Hotelkomplex. Aber das Trident ist der klare Sieger, sowohl hinsichtlich der Preise als auch im Hinblick auf das schicke, schnittige Design der Restaurants, Bars und des Poolbereichs. Die angegebenen Preise sind Höchstpreise. Je nach Auslastung kann man hier auch mal ein Zimmer für die Hälfte bekommen.

InterContinental HOTEL **$$$**
(☎39879999; www.intercontinental.com; 135 Marine Dr, Churchgate; Zi. inkl. Frühstück ab 19 500 ₹; ❄@📶🏊) Ein für ein InterContinental wirklich schickes Hotel: Die in Erdfarben gehaltenen Deluxe-Zimmer mit viel Buddha-Ambiente sind geräumig, die an der Gebäudeecke liegenden Halbmond-Suiten spiegeln die geschwungene Eleganz der „Halskette der Königin" (Marine Drive) wider. Die atemberaubende Bar **Dome** und das Restaurant mit Blick aufs Meer sind die Krönung auf dem Dach des Hotels. Im Restaurant **Koh** im Erdgeschoss kommen leckere Thaigerichte aus der Küche.

Traveller's Inn PENSION **$**
(Karte S. 50; ☎22644685; 26 Adi Marzban Rd, Ballard Estate; B 500 ₹, Zi. 900 ₹, mit Klimaanlage 1150 ₹; ❄@📶) Die in einer ruhigen, von Bäumen gesäumten Straße gelegene winzige Pension wurde 2010 renoviert. Die Zimmer sind jetzt größer (und die Gänge schmaler). Die neuen Zimmer mit Klimaanlage, Spinden und Fenstern machen diese Budgetunterkunft zu einer guten Wahl.

Hotel Lawrence PENSION **$**
(☎22843618; 3. Stock, ITTS House, 33 Sai Baba Marg; EZ/DZ/3BZ ohne Bad inkl. Frühstück & Steuer 600/700/900 ₹) Die einfache Pension versteckt sich in einer kleinen Seitenstraße und hat saubere, bei Pfennigfuchsern sehr beliebte Zimmer. Die Betreiber versuchen manchmal ein bisschen zu sehr, gute Kritiken von Gästen zu bekommen.

Hotel City Palace HOTEL **$$**
(☎22666666; www.hotelcitypalace.net; 121 City Tce, Walchand Hirachand Marg; EZ/DZ ohne Bad ab 803/1350 ₹, Zi. mit Bad ab 2200 ₹; ❄) Gut organisiertes, sauberes Hotel gegenüber vom CST. Wer gerade mit einem Nachtzug angekommen ist, wird sich hier schnell heimisch fühlen, denn die Zimmer sind kaum größer als ein Schlafwagenabteil.

VORORTE

Es gibt einige Mittelklassehotels auf der Nehru Rd Extension in Vile Parle East in der Nähe des Inlandflughafens, doch die Zimmer sind überteuert und höchstens eine Überlegung wert, wenn man einen frühen Flieger erwischen muss oder sehr spät ankommt. Juhu liegt günstig in der Nähe des Juhu Beach und der Restaurants, Geschäfte und Clubs in Bandra.

LP TIPP **Iskcon** PENSION **$$**
(Karte S. 64; ☎26206860; guesthouse.mumbai@pamho.net; Hare Krishna Land, Juhu; EZ/DZ inkl. Steuer 2095/2495 ₹, mit Klimaanlage inkl. Steuer 2395/2995 ₹; ❄@) Wer eher auf der Suche nach einem Erlebnis als nach einer Unterkunft ist, ist in dieser äußerst gut

NICHT VERSÄUMEN

KOTACHIWADI

In diesem geschichtsträchtigen *wadi* (Dörfchen) erfährt man, wie das Leben in Mumbai zu Zeiten war, als es noch keine Hochhäuser gab. Die christliche Enklave mit den eleganten zweistöckigen Holzhäusern befindet sich 500 m nordöstlich vom Girgaum Chowpatty (Karte S. 44) inmitten von Mumbais vorwiegend hinduistischen und muslimischen Stadtvierteln. Die verwinkelten Gässchen vermitteln einen wunderbaren Einblick in ein ruhiges Leben ganz ohne Rikschas und Taxis. Es ist zwar nur ein kleines Dörfchen, wenn man aber durch die schönen Gassen spaziert, wird man entzückt sein, und es ist ein Schock, wenn man feststellt, dass die Hektik des wahren Mumbais nur ein paar Schritte entfernt ist.

Um hinzukommen, muss man zur Kirche **St. Teresa** (Karte S. 44) an der Ecke Jagannath Shankarsheth Marg (JS Marg) und RR Roy Marg (Charni Rd) gehen und gegenüber der Kirche an der JS Marg die zweite oder dritte Straße links nehmen.

geführten Pension richtig. Sie ist Teil von Juhus lebendigem Hare-Krishna-Komplex und eine der interessantesten Unterkünfte Mumbais. Von der Lobby kann man das Treiben im Tempel beobachten. Die Zimmer in den beiden flamingoroten Türmen sind mit hübschen *sankheda*-Möbeln (aus lackiertem Holz) aus Gujarat eingerichtet. Die Zimmer im ursprünglichen Gebäude haben halbrunde Balkone. Das Ganze vermittelt den Eindruck, als sei man wirklich mittendrin in Indien, was man von den meisten Resorts und Business-Hotels nicht unbedingt sagen kann. Auf keinen Fall verpassen sollte man das allabendliche *aarti* (Candle-Light-Ritual).

Four Seasons Hotel HOTEL **$$$**
(Außerhalb der Karte S. 44; ☎24818000; www.fourseasons.com; 114 Dr E Moses Rd, Worli; Zi. ab 15 200 ₹; ❄@🛜🏊) Das moderne Four Seasons hält, was der Name verspricht: Der Service ist vorbildlich und das Personal hyperaufmerksam. Hier ist alles klassisch und schick. Und seit es auf dem Dach die elegante Lounge **Aer** (S. 70) gibt, ist das Hotel absolut im Trend.

Hotel Kemps Corner HOTEL **$$**
(Karte S. 44; ☎23634646; 131 August Kranti Marg; EZ/DZ ab 2700/3800 ₹; ❄🛜) Eine Rundumschönheitskur hat dafür gesorgt, dass die Zimmer in diesem freundlichen Mittelklassehotel nicht mehr die Schnäppchen von einst sind. Aber es ist trotzdem noch immer eine tolle Bleibe mitten in der Modemeile Kemp's Corner (wo es nicht ganz so hektisch zugeht wie in Colaba oder im Fort-Viertel). Von hier sind außerdem die Haji-Ali-Moschee und der Girgaum Chowpatty zu Fuß zu erreichen. Das freundliche Personal hat stets ein Lächeln auf den Lippen, auch wenn es sonntags etwas förmlicher zugeht.

Juhu Residency BOUTIQUEHOTEL **$$$**
(Karte S. 64; ☎67834949; www.juhuresidency.com; 148B Juhu Tara Rd, Juhu; EZ/DZ mit Klimaanlage inkl. Frühstück ab 5000 ₹; ❄@🛜) Nach den Renovierungsarbeiten vor zwei Jahren ist diese Unterkunft jetzt ein Boutiquehotel mit glänzenden Marmorböden, breiten Doppelbetten (in den Premium-Zimmern), viel dunklem Holz und schönen, aus Singapur importierten Tagesdecken. Den Gästen der 18 Zimmer stehen drei Restaurants zur Verfügung, von denen das **Melting Pot** bereits viel Lob für seine indische Küche eingeheimst hat. Eine tolle Wahl für alle, die sich mal was Gutes gönnen wollen, aber dafür nicht gleich ein Vermögen ausgeben wollen!

Hotel Suba International BOUTIQUEHOTEL **$$$**
(Karte S. 64; ☎67076707; www.hotelsubainternational.com; Sahar Rd, Vile Parle East; EZ/DZ mit Klimaanlage inkl. Frühstück 6000/7000 ₹; ❄🛜) Das zum Zeitpunkt der Recherchen funkelnagelneue Hi-tech-Boutiquehotel ist nur 1 km vom internationalen und 3 km vom Inlandsflughafen entfernt. Es ist in glänzendem Schwarz und schimmerndem Marmor gehalten und zeigt klare, moderne Linien. Die gesamte Elektronik in den Zimmern lässt sich drahtlos über einen iPod Touch regeln! Wenn hier kein Zimmer mehr frei ist, können Gäste ihr Glück auch im Schwesterhotel **Hotel Suba Galaxy** (Karte S. 64; ☎26821188; www.hotelsubagalaxy.com; NS Phadke Rd, Andheri East; EZ/DZ mit Klimaanlage inkl. Frühstück ab 3200/6000 ₹; ❄🛜) in Andheri East versuchen. Diese Unterkunft ist

zwar nicht ganz so grandios, aber dennoch eine akzeptable Alternative.

Sun-n-Sand HOTEL $$$
(Karte S. 64; ☎66938888; www.sunnsandhotel.com; 39 Juhu Beach, Juhu; Zi. mit Klimaanlage ab 7500 ₹; ❄@📶🏊) Schon seit Jahrzehnten bietet das Sun-n-Sand Gastlichkeit direkt am Strand. Die Zimmer im frisch renovierten 4. Stock haben glänzende Parkettböden, einige sogar eine Badewanne. Aber die besten Quartiere sind noch immer die mit Blick aufs Meer (ab 8500 ₹). Neben Swimmingpool, Palmen und riesigen Fenstern mit Meerblick runden viel Seide und verschiedene Orangetöne den guten Eindruck ab. Das Hotel liegt in der Nähe der Juhu Rd beim alten Holiday Inn.

ITC Maratha HOTEL $$$
(Karte S. 64; ☎28303030; www.itcwelcomgroup.in; Sahar Rd, Andheri East; EZ/DZ inkl. Frühstück & Steuer ab 22000/23500 ₹; ❄@📶🏊) Dieses Fünf-Sterne-Hotel besitzt den ausgeprägtesten Indiencharakter: von Fachwerkfenstern im Jaipur-Stil rund ums Atrium über Seidenkissen auf den Betten bis hin zum Peshawri, einem der besten Restaurants in Mumbai.

Hotel Columbus HOTEL $$
(Karte S. 64; ☎42144343; www.hotelcolumbus.in; 344 Nanda Patkar Rd, Vile Parle East; Zi. mit Klimaanlage ab 3000 ₹; ❄@📶) Das beste Mittelklassehotel mit Designer-Touch in der Nähe des Inlandflughafens hat aufgehübschte Superdeluxe-Zimmer (4000 ₹) mit viel Holzfurnier und Flachbild-TVs.

Citizen Hotel HOTEL $$$
(Karte S. 64; ☎66932525; www.citizenhotelmumbai.com; Juhu Tara Rd, Juhu; EZ/DZ mit Klimaanlage inkl. Frühstück ab 7000/7500 ₹; ❄@📶) Hier zahlt man vor allem für die tolle Lage am Strand. Aber auch die Zimmer sind tipptopp: mit Marmorböden und -möbeln, Flachbild-TVs, WLAN, Kühlschränken und – natürlich – traumhaftem Blick aufs Meer.

Essen

In Mumbai, dem gastronomischen Epizentrum, treffen die Aromen ganz Indiens auf internationale Trends und Geschmacksrichtungen. Die meisten preiswerten Touristenlokale sind in Colaba; im Fort-Viertel und in Churchgate liegen teurere Restaurants. Je weiter man in Richtung Norden nach Mahalaxmi und in die Central Suburbs kommt, umso höherklassiger und teurer werden die Restaurants.

Selbstversorger können sich auf dem **Colaba Market** (Karte S. 48; Lala Nigam St) mit frischem Obst und Gemüse eindecken. Gut sortierte Supermärkte sind der **Saharkari Bhandar Supermarket** (Karte S. 48; ☎22022248; Ecke Colaba Causeway & Wodehouse Rd; ⊙10–20.30 Uhr) und der gute **Suryodaya** (Karte S. 50; ☎22040979; Veer Nariman Rd; ⊙7.30–20.30 Uhr).

COLABA

Die im Folgenden beschriebenen Lokale sind in der Karte S. 48 verzeichnet.

Indigo FUSION, EUROPÄISCH $$$
(☎66368980; 4 Mandlik Marg; Hauptgerichte 525–945 ₹; ⊙mittags & abends) Colabas bestes Restaurant gibt's seit mehr als zehn Jahren und es ist noch immer der Renner. Die Feinschmeckeroase bietet kreative europäische Küche, eine lange Weinkarte, edles Ambiente und eine fantastische, mit Lichterketten geschmückte Dachterrasse. Besonders empfehlenswert sind die ausgezeichneten Kiwi-Margaritas, die in Tee marinierten und dann gegrillten Wachteln (625 ₹) und der mit Anis eingeriebene weiße Lachs (725 ₹) sowie traditionelle Gerichte wie in Wacholder geräuchertes Tandoori-Huhn (625 ₹). Mit zunehmendem Beliebtheitsgrad der Vororte hat das Flair zwar etwas gelitten, aber dennoch ist das Indigo noch immer ein gastronomisches Highlight Mumbais.

Bademiya INDISCH $
(Tulloch Rd; Gerichte 50–100 ₹) Wahrscheinlich schafft es niemand, an diesem Straßenstand vorbeizukommen, ohne sich eine Teigrolle mit Chicken Tikka zu kaufen. Vor allem abends brummt es hier nur so vor Menschen aller Schichten, die für die würzig-scharfen, frisch gegrillten Leckerbissen Schlange stehen. Wen Straßenstände in Mumbai ansonsten abschrecken, der überwindet hier seine Scheu.

Indigo Delicatessen CAFÉ $$
(Pheroze Bldg, Chhatrapati Shivaji Marg; Hauptgerichte 245–495 ₹; ⊙9–24 Uhr) Das weniger teure, lockerere Schwesterlokal des Indigo mit cooler Musik, nettem Dekor und Massivholztischen ist genauso beliebt wie das Original. Es gibt durchgehend Frühstück (155–295 ₹), einfache Gerichte, französischen Espresso und Wein (300–690 ₹/Glas). Eine Bäckerei und ein Deli fehlen auch nicht.

Theobroma CAFÉ $
(Colaba Causeway; Pralinen 40–85 ₹) Das Theobroma nennt seine Kreationen „Essen für

Zentrale Vororte

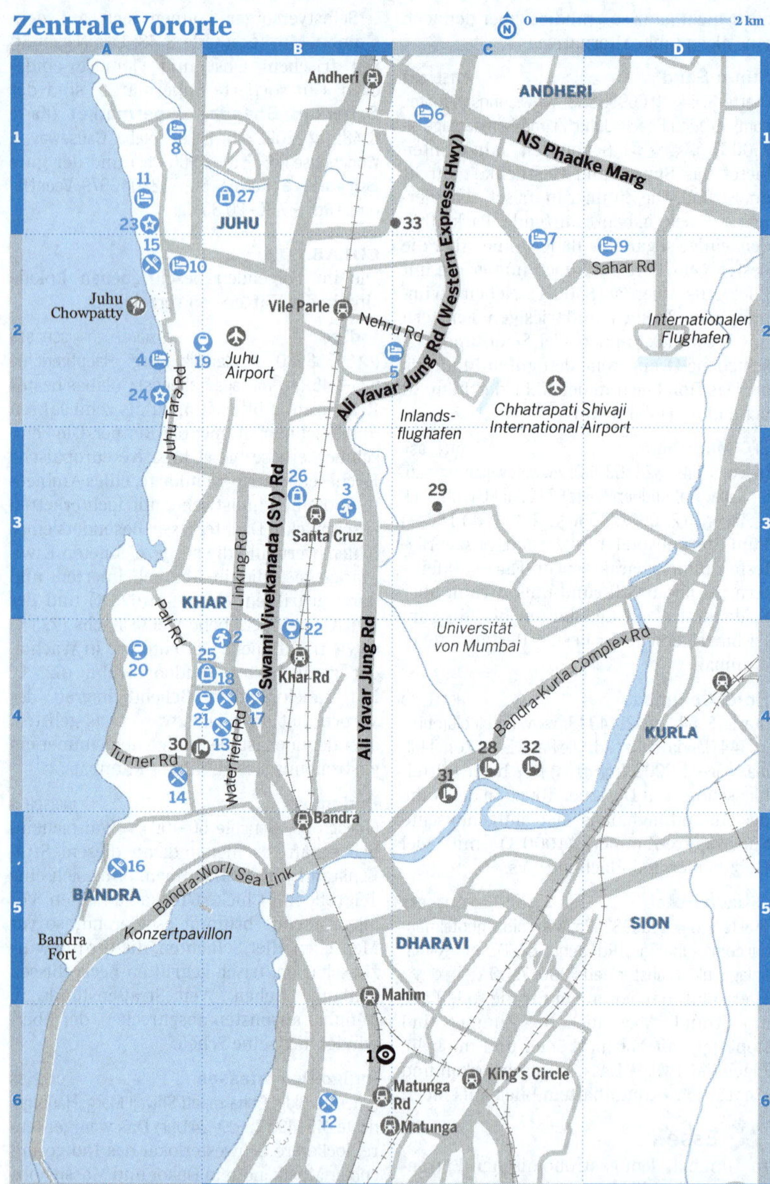

die Götter" – und das trifft's. Dutzende perfekt zubereiteter Kuchen, Torten und Pralinen, außerdem Sandwiches und Brote, die allesamt prima zum Kaffee passen, warten hier auf Schleckermäuler. Die genialen Pistazientrüffel mit grünem Kardamom (30 ₹) und die sündhaften Schoko-Brownies (65 ₹) sind zum Abheben gut. In Bandra West (Karte S.^s64) wurde noch eine zweite größere Filiale eröffnet.

Wich Latte CAFÉ **$$**

(Karte S. 48; Western Breeze Bldg, Colaba; Sandwiches 120–175 ₹) Hier wird zwar auch aus-

Zentrale Vororte

Sehenswertes
1 Wall Project B6

Aktivitäten, Kurse & Touren
2 Khatwara Institute B4
3 Yoga Institute B3

Schlafen
4 Citizen Hotel A2
5 Hotel Columbus C2
6 Hotel Suba Galaxy C1
7 Hotel Suba International C2
8 Iskcon A1
9 ITC Maratha D2
10 Juhu Residency A2
11 Sun-n-Sand A1

Essen
12 Culture Curry B6
Five Spice .... (siehe 21)
Goa Portuguesa .... (siehe 12)
13 Just Around the Corner B4
14 Lemongrass A4
15 Mahesh Lunch Home A2
Peshawri .... (siehe 9)
Prithvi Cafe .... (siehe 23)
16 Salt Water Cafe A5
17 Sheesha B4
18 Theobroma B4

Ausgehen
Elbo Room .... (siehe 18)
19 Mocha Bar B2
20 Olive Bar & Kitchen A4
21 Toto's Garage B4
22 WTF! B4

Unterhaltung
Bonobo .... (siehe 18)
23 Prithvi Theatre A1
24 Trilogy A2

Shoppen
25 Azaadbazaar B4
Biba .... (siehe 2)
26 Fabindia B3
27 Shrujan B1

Praktisches
28 Französisches Konsulat C4
29 Humsafar Trust C3
30 Malaysisches Konsulat A4
31 Konsulat von Neuseeland C4
32 Britisches Konsulat C4

Transport
33 Qantas C1

gezeichneter Kaffee gebrüht, aber in puncto Essen übertrumpft das Wich Latte das Café Coffee Day und das Barista bei Weitem. Das Wich Latte bezeichnet sich selbst als Indiens erstes Sandwich-Café. Die Bagels zum Frühstück sind ein ausgezeichnetes Mittel gegen Heimweh, genauso wie die tagsüber servierten Salate, Sandwiches und Pizzas. Der günstig gelegene Ableger in Kala Ghoda (Karte S. 50) öffnet seine Tore allerdings erst mittags.

New Laxmi Vilas SÜDINDISCH $
(19A Ram Mansion, Nawroji F Rd; Hauptgerichte 23–85 ₹) Preiswertes Lokal mit fantastischen südindischen Spezialitäten.

KALA GHODA & FORT

LP TIPP **Khyber** NORDINDISCH $$$
(Karte S. 50; ☎40396666; 145 MG Rd, Fort; Hauptgerichte 225–450 ₹; ⏲mittags & abends) Wie das Bukhara in Delhi ist auch das Khyber ein Kultrestaurant – allein der Gedanke daran lässt einem noch Jahre nach dem Besuch das Wasser im Mund zusammenlaufen. Die in dunklen Orangetönen gehaltenen, afghanisch inspirierten Räumlichkeiten erstrecken sich über mehrere Ebenen und bilden ein höhlenartiges Labyrinth mit stimmungsvoller, in die unverputzten Mauern eingelassener mogulartiger Kunst, geschmackvollen Öllampen und -gefäßen und Holzbalkendecken. Hier verputzt die Elite Mumbais köstliche Kebabs (aus dem Punjab bzw. Nordindien), Biryanis und Currys. Die Geschmacksknospen sind im Glück – bis man entmutigt feststellt, dass es hier einfach zu viel Essen gibt, im Magen aber zu wenig Platz. Eines der Highlights auf der recht fleischlastigen Karte ist Reshmi Kebab Masala, ein himmlisches, in Sahne und Joghurt mariniertes Hähnchen in einer traumhaften roten Masalasauce. Das Aushängeschild ist aber *raan* (eine langsam gegarte Lammkeule).

Five Spice INDOCHINESISCH $$
(Karte S. 50; 296A Perin Nariman St, Sangli Bank Bldg, Fort; Hauptgerichte 220–275 ₹; ⏲mittags & abends) Eine halbe Stunde anstehen ist vor diesem Geschenk des Himmels mit seinen indochinesischen Speisen nichts

DABBA-WALLAHS

Es ist ein kleines Wunder der Logistik: In Mumbai gibt es 5000 *dabba*-Wallahs (*dabba* ist ein Behälter mit Essen), die auch *tiffin*-Wallahs (*tiffin* ist ein Henkelmann) genannt werden und unermüdlich arbeiten, um den Büroangestellten in der ganzen Stadt ein warmes Mittagessen zu liefern.

Jeden Tag werden Lunchboxen, die von Restaurants, Müttern und Ehefrauen gefüllt wurden, auf dem Kopf getragen, mit dem Fahrrad oder dem Zug zu einer zentralen Sammelstelle gebracht, wo sie sortiert werden. Ein ausgeklügeltes System mit Zahlen und Farben (viele Wallahs sind Analphabeten) weist auf den Zielort einer Box hin. Mehr als 200 000 Mahlzeiten werden auf diese Weise Tag für Tag ausgeliefert – immer pünktlich, egal ob es in Strömen gießt (Monsun) oder brütend heiß ist.

Dieses Liefersystem gibt es schon seit Jahrhunderten. Auf 6 Mio. Lieferungen kommt im Schnitt nur ein Irrläufer – darauf sind die *dabba*-Wallahs zu Recht stolz.

Ungewöhnliches. Das Essen ist so gut, dass man schon fast sauer ist, weil man zu Hause nicht auch so fantastisch chinesisch essen kann. Die Speisekarte ist übervoll mit Hühnchen-, Lamm-, Shrimps- und Vegi-Gerichten, die alle so verlockend sind, dass die Wahl eine echte Qual wird. Besonders empfehlenswert ist das Hähnchen in scharfer Chili-Sauce (235 ₹) mit scharfem Chili-Reis (185 ₹) – höchstwahrscheinlich das Beste seit der Erfindung des Glückskekses. In Bandra gibt's einen Ableger (Karte S. 64).

Trishna SEAFOOD **$$$**

(Karte S. 50; ☎22614991; Sai Baba Marg, Kala Ghoda; Hauptgerichte 170–575 ₹; ⏲mittags & abends) Hervorragendes, familiäres Fischrestaurant, das viele Gerichte aus Mangalore kredenzt. Das Krebsfleisch mit Butter, schwarzem Pfeffer und Knoblauch und das Hyderabad-Fisch-Tikka sind die Spezialitäten des Hauses und echt umwerfend. Das Personal ist zurückhaltend, freundlich und hilfsbereit. Eines der besten Fischrestaurants von ganz Mumbai! Wer vor 20 Uhr kommt, braucht nicht zu reservieren.

Brittania PARSI **$$**

(außerhalb der Karte S. 50; Wakefield House, 11 Sprott Rd, Ballard Eatte; Hauptgerichte 100–250 ₹; ⏲Mo–Sa mittags) Von dieser Institution, die es schon seit 1923 gibt, schwärmen Traveller noch zu Hause. Die Spezialität ist Beeren-*pulao* (250 ₹) – scharf gewürztes Lamm- oder Hühnchenfleisch (ohne Knochen) mit Basmatireis und sauren Berberitzenbeeren, von denen jährlich 1000 kg aus dem Iran importiert werden. Der reizende Besitzer, Boman Kohinoor, der in dem Jahr geboren wurde, als sein Vater das Lokal eröffnete, nimmt die Bestellungen entgegen und plappert Gästen was vor. Einfach, aber göttlich!

Café Moshe CAFÉ **$$**

(Karte S. 50; Fabindia, 1. Stock, Jeroo Bldg, MG Rd, Kala Ghoda; leichte Gerichte 120–270 ₹; ⏲mittags & abends) Nach dem Shoppen im Erdgeschoss kann man im Moshe's bei vorzüglichen Salaten, Sandwiches, Backwaren, Kaffee und Smoothies so richtig auftanken. Ein weiteres Café Moshe gibt's in Kemp's Corner (Karte S. 44) und in Colaba (Karte S. 48). In Letzterem ist die Speisekarte etwas länger. Unbedingt probieren sollte man eines der belegten Schwarzbrote mit mariniertem Knoblauch, Champignons, Lauch, Paprika und geschmolzenem Mozzarella.

Mahesh Lunch Home SEAFOOD **$$$**

(Karte S. 50; ☎22023965; 8B Cowasji Patel St, Fort; Hauptgerichte 150–600 ₹; ⏲mittags & abends) Ein ausgezeichnetes Lokal, um in Mumbai mal Seafood aus Mangalore zu probieren: Es ist berühmt für Frauenfisch, Seebrasse, Hummer und Krabben. Auch das *rawas tikka* (marinierter weißer Lachs) und die Tandoori-Seebrasse sind ein Genuss. Eine weitere Filiale befindet sich in der Juhu Tara Rd (Karte S. 64).

Badshah Snacks & Drinks INDISCH **$**

(Karte S. 44; Snacks 30–110 ₹) Das Badshah gegenüber vom Crawford Market serviert schon seit über 100 Jahren hungrigen Schnäppchenjägern Snacks, Fruchtsäfte und seine berühmten *falooda* (Getränk mit Rosengeschmack aus Milch, Sahne, Nüssen und Fadennudeln – Rosen einmal anders!)

Rajdhani INDISCH **$$**

(Karte S. 44; 361 Sheikh Memon St, Kalbadevi; Thalis 249 ₹; ⏲ Mo–Sa mittags & abends, So mittags) Das Rajdhani gegenüber vom Mangaldaas Market ist für Gujarat- und Rajasthan-Thalis bekannt. Sonntags gibt's kein Abendessen und die Thalis sind mittags 50 ₹ teurer.

CHURCHGATE

Die im Folgenden beschriebenen Lokale sind in der Karte S. 50 verzeichnet.

LP TIPP **Koh** THAI $$$
(InterContinental Marine Dr; ☎39879999; Hauptgerichte 495–925 ₹; ⏰mittags & abends) Indiens erste Adresse für alle, die fein thailändisch dinieren wollen. Der Starkoch, Ian Kittichai, verwandelt die ihm aus seiner Heimat bekannten Gerichte in eine internationale Geschmacksexplosion. Wie wär's vorab mit einem Gläschen aus seiner „flüssigen Gastronomie" – ein Jasmin-und-Honig-Martini oder eine Bloody Mary aus Wodka mit Zitronengras und scharfer Sriracha-Sauce? Danach sollte man sich dann eines der köstlichen Gerichte wie das zwölf Stunden gegarte Lammhüften-Massaman-Curry mit scharfem Knoblauchreis gönnen. Wer je Vorurteile gegenüber thailändischem Essen hatte, wirft diese hier über Bord.

Samrat SÜDINDISCH $$
(☎42135401; Prem Ct, J. Tata Rd; Thalis mittags/abends 220/260 ₹; ⏰mittags & abends) Wer hier sein erstes Thali isst, sollte sich auf einiges gefasst machen – sowohl Geschmack als auch Konsistenz veranlassen zu der Frage: Was passiert hier mit mir? Und *dann* kommt auch noch der Reis dazu! Die verwirrend vielen Leckereien sind so unterschiedlich wie Indien selbst. Das Samrat ist Dreh- und Angelpunkt eines rein vegetarischen Imperiums im gleichen Gebäude. Auch das **210°C**, ein Bäckereicafé im Freien, und das **Relish**, ein etwas flippiges Lokal mit asiatisch-mexikanisch-libanesischer Fusionküche gehören dazu.

K Rustom SÜSSIGKEITEN $
(87 Stadium House, Veer Nariman Rd; Desserts 40 ₹; ⏰mittags & abends) Hier gibt's zwar nur ein paar wenige Gefriergeräte aus Metall, aber die Eis-Sandwiches (40 ₹) verwöhnen die anspruchsvollen Gaumen der Mumbaier schon seit 1953. Einfach deliziös!

GIRGAUM CHOWPATTY

Die im Folgenden beschriebenen Lokale sind in der Karte S. 44 verzeichnet.

LP TIPP **New Kulfi Centre** SÜSSIGKEITEN $
(Ecke Chowpatty Seaface & Sardar V Patel Rd; Kulfi 100 g 20–40 ₹; ⏰9–13.30 Uhr) Hier gibt's das allerbeste *kulfi* (feste Eiscreme in umwerfenden Geschmacksrichtungen wie Pistazie, Rose und Safran)! Es haut mit Sicherheit jeden vom Hocker. Das bestellte *kulfi* wird auf ein Betelnussblatt gelegt und dann auf einer altmodischen Waage gewogen, was das Ganze noch besser macht.

Cream Centre CAFÉ $$
(Chowpatty Seaface; Hauptgerichte 100–249 ₹; ⏰mittags & abends) Dieser schicke, moderne, indische Diner ist berühmt für seine indischen, mexikanischen und libanesischen Vegi-Speisen und die verführerischen Eisbecher (195–220 ₹). Der mit Fondantkaramell- und Schokosauce ist himmlisch!

VON MAHALAXMI NACH WORLI

Die hier beschriebenen Lokale sind in der Karte S. 44 eingezeichnet.

Tote on the Turf FUSION $$$
(Karte S. 44; ☎61577777; bei den Gates 5 & 6, Mahalaxmi Racecourse, Mahalaxmi; Hauptgerichte 485–985 ₹; ⏰mittags & abends) Abgefahrene Räumlichkeiten, in denen man glaubt, in einem Wald voller weißer Bäume zu stehen. Das hippe, neue Restaurant wird von den gleichen Leuten betrieben wie das Indigo. Aus der Küche kommen Euro-Fusion-Gerichte. Zur Auswahl steht Vegetarisches wie grünes Knoblauchrisotto mit Palmherzen, Kirschtomaten, Chili und Feta und Nicht-vegetarisches wie mit Bhavnagri-Chili gefülltes Grillhähnchen mit Senfsauce. Unbedingt probieren sollte man die dünnen Pizzas aus dem Holzkohleofen, bei deren Anblick einem schon das Wasser im Mund zusammenläuft.

Cafe Noorani NORDINDISCH $$
(Tardeo Rd, Haji Ali Circle; Hauptgerichte 120–180 ₹; ⏰mittags & abends) In diesen fast schon altmodisch anmutenden Diner sollte man vor oder nach dem Besuch der Haji-Ali-Moschee gehen. Auf der Speisekarte stehen viele gute, preiswerte Moghlai- und Punjab-Gerichte. Das Hähnchen-Tikka-Biryani ist so gut, dass man das eine oder andere Knochenstück darin gern verzeiht.

VORORTE

Die trendigsten Restaurants im Norden der Stadt konzentrieren sich auf Bandra West und Juhu. Die im nächsten Abschnitt beschriebenen Lokale sind in der Karte S. 64 verzeichnet.

LP TIPP **Peshawri** NORDINDISCH $$$
(☎28303030; ITC Maratha, Sahar Rd; Hauptgerichte 700–1675 ₹; ⏰mittags & abends) Dieses Restaurant mit Speisen aus der äußersten Nord-West-Ecke Indiens befindet sich am internationalen Flughafen und sollte die erste oder letzte kulinarische An-

laufstelle in Mumbai sein. Es ist wirklich verdammt teuer, aber man wird den 2700 ₹ für das köstliche *Sikandari raan* (in Malzessig, Zimt und Schwarzkümmel geschmorte Lammkeule – reicht dicke für zwei Personen) bestimmt nicht nachtrauern. Danach wird man in puncto Lammfleisch wohl neue Maßstäbe setzen müssen. Aber auch das mit viel Butter verfeinerte Dhal-Bukhara (dickes, schwarzes Dhal, das einen Tag lang gekocht wird; 700 ₹) wird man so schnell nicht wieder vergessen.

Culture Curry SÜDINDISCH **$$**
(Kataria Rd, Matunga West; Hauptgerichte 209–459 ₹; ⌚ mittags & abends) Wie die Leute vom Culture Curry ganz richtig betonen, hat südindisches Essen mehr zu bieten als nur *idli* und Dosas. Erlesene Speisen aus dem ganzen Süden von Andhra und Coorg bis Kerala sind hier die Spezialität. Vegetarier werden besonders verwöhnt: Das Kooru Curry (rote und grüne Bohnen in Kokossauce; 179 ₹) ist ausgesprochen lecker. Dem Besitzer gehört auch das **Goa Portuguesa** (nebenan), das auf feurige Gerichte aus Goa spezialisiert ist. Das „Chicken Chilly Fry" (299 ₹) haut einen buchstäblich vom Hocker. Von der Haltestelle Matunga muss man ca. 750 m auf der Kataria Rd nach Westen laufen. Das Restaurant ist auf der linken Seite.

Sheesha NORDINDISCH **$$**
(☎66770555; 7. Stock, Shoppers Stop, Linking Rd, Bandra West; Hauptgerichte 145–295 ₹; ⌚mittags & abends) Das Sheesha hat vermutlich das schönste Ambiente aller Lokale der Stadt. Das Restaurant auf der Dachterrasse hat Glaslaternen, die an Holzbalken baumeln, gemütliche Sofas und viele bunte Glaslämpchen. Hier, hoch oben über der Stadt und weit weg vom Shoppingwahnsinn unten auf der Straße, vergisst man fast das Essen, was aber ein Fehler wäre. Die unzähligen Kebabs und Currys sind wirklich köstlich. Ansonsten sind hier Wasserpfeifen angesagt (kein Alkohol). Man sollte einen Doppel-Apfel bestellen. Der ist „um Längen besser als Apfel", wie eine Desi-Schönheit richtig feststellte. Am Wochenende unbedingt reservieren!

Lemongrass SÜDOSTASIATISCH **$$**
(Carlton Ct, Ecke Turner Rd & Pali Rd, Bandra West; Hauptgerichte 215–400 ₹; ⌚mittags & abends) Vom Lemongrass aus kann man gut das Straßengeschehen in Bandra beobachten. Auf den Tisch kommen leckere südostasiatische Speisen, die Palette reicht von Myanmar (Burma) bis nach Indonesien. Das *khowsuey* mit oder ohne Fleisch (burmesische Nudeln mit Kokossauce; 400 ₹) schmeckt traumhaft. Der Service ist für ein Restaurant dieser Preisklasse super: Das Personal streckte den Preis für unsere Rikscha-Fahrt vor, weil wir kein Kleingeld hatten, und der Besitzer sagte uns: „Wenn Sie das Essen nicht mögen, können Sie es zurückgehen lassen". Und er wusste nicht, wer wir sind, ehrlich!

Salt Water Cafe FUSION **$$$**
(87 Chapel Rd, Bandra; Hauptgerichte 180–500 ₹) Dieses Feinschmeckerrestaurant serviert wahrscheinlich die gehobensten Speisen Mumbais. Es machte sich einen Namen durch die ungewöhnliche Verwendung von gegensätzlichen Geschmacksrichtungen (Huhn mit grünen Pfefferkörnern, Traubenjus, Kardamom und Karottenpüree). Ansonsten stehen hauptsächlich köstliche Fusion-Gerichte auf der Speisekarte. Das coole Design ist ein echter Kontrast zu Indien, genau wie einige der Gerichte. In der Mittagszeit ist der Service zwar schleppend, aber dennoch ist dieser nette Ort genau das Richtige, wenn einem nach einer Überdosis Curry der Sinn nach etwas anderem steht.

Prithvi Cafe CAFÉ **$**
(Karte S. 64; Juhu Church Rd, Juhu; leichte Gerichte 70–140 ₹) Was soll man sagen? Das unkonventionelle Café, das zum Prithvi Theatre gehört, ist ein Kulturtreff für Intellektuelle, Künstler und Theaterleute, die sich an dem üppig grünen Plätzchen mit den vielen Bambusgewächsen zu einem späten Frühstück versammeln. Auf der Karte stehen außerdem preiswerte Kebabs, Sandwiches und knusprige Croissants. Die nichtvegetarischen Speisen sind Durchschnitt, das macht der Vibe aber wieder wett. Am besten bestellt man einfach einen Irish Coffee.

Ausgehen

Dank Mumbais lockerer Einstellung zum Alkohol gibt's hier massig Möglichkeiten zum Ausgehen – von der winzigen Bierbar über mondäne Lounges bis hin zu wilden, mehrstöckigen Superclubs. Achtung: Die Alkoholsteuer von 25% kann die Preise ganz schön treiben!

Barista und Café Coffee Day warten in der ganzen Stadt auf Koffeinfreaks.

Kala Ghoda Café CAFÉ
(Karte S. 50; 10 Ropewalk Ln, Fort) Modernes, künstlerisch angehauchtes, winziges

Café, das gern von Journalisten oder Kreativen besucht wird, die ein Tässchen Arabica- oder Robusta-Kaffee aus biologisch nachhaltigem Anbau schlürfen wollen. Außerdem gibt's Bio-Tee, kleine Sandwiches und Salate sowie leckeres Frühstück. Wer einen der wenigen Tische ergattern will, muss Kampfgeist zeigen. Selbst der *jaggery* (Rohrzucker) ist Bio. Das Café liegt gegenüber vom Trishna, verwendet aber den englischen Straßennamen.

Mocha Bar CAFÉ
(⊙10–1.30 Uhr); Churchgate (Karte S. 50; 82 Veer Nariman Rd); Juhu (Karte S. 64; 67 Juhu Tara Rd) Das stimmungsvolle Café im arabischen Look ist meist voller Künstler und Studenten, die in esoterische Gespräche oder den üblichen Klatsch und Tratsch vertieft sind oder die einfach eine Wasserpfeife genießen. Gemütliche, niedrige Polstersitze (u.a. ein paar alte Kinostühle), exotische Kaffeesorten, Shakes, verschiedene Teesorten und Snacks aus aller Welt sorgen für eine chillig-relaxte, intellektuelle Stimmung.

First Floor CAFÉ
(Karte S. 44; Sitaram Bldg, Dr. Dadabhai Naoroji Rd; ⊙19–4 Uhr) Ein Geheimtipp der Einheimischen: Es gibt zwar keinen Alkohol, aber dennoch endet hier fast jede Party – vor allem mittwochs und samstags –, wenn coole Leute zwischen 1.30 und 4 Uhr das Café belagern und ihren Rausch mit Burgern, Mexikanischem, Italienischem und Wasserpfeifen bekämpfen. Das Café ist über dem Zaffran, einem netten Muglai-Restaurant.

Haji Ali Juice Centre SAFTBAR
(Lala Lajpatrai Rd, Haji Ali Circle; ⊙Mo–Sa 5–1.30 Uhr) Riesiger Stand mit ausgezeichneten Säften in strategisch guter Lage am Eingang zur Haji-Ali-Moschee. Genau das Richtige, um sich von den Anstrengungen der Moscheebesichtigung zu erholen!

Samovar Café CAFÉ
(Karte S. 50; Jehangir Art Gallery, 161B MG Rd, Kala Ghoda; Gerichte 60–90 ₹; ⊙So geschl.) Dieses traute Plätzchen in der Kunstgalerie bietet einen schönen Blick über die Gärten des Prince of Wales Museum.

Cha Bar TEEHAUS
(Karte S. 50; Oxford Bookstore, Apeejay House, 3 Dinsha Wachha Marg, Churchgate; Tee 30–80 ₹; ⊙10–21.30 Uhr) 13 Seiten voller exotischer Teesorten, u.a. Bio- und Ayurveda-Tees sowie leckere Snacks inmitten von unzähligen Büchern.

SOUTH MUMBAI

Die hier genannten Locations sind – sofern nicht anders vermerkt – auf der Karte S. 48 verzeichnet.

Cafe Mondegar BAR
(☎22020591; Metro House, 5A Shahid Bhagat Singh Rd, Colaba) Wie das Leopold's ist auch das „Mondys" meistens voller Traveller. Hier treffen sich aber auch freundliche Inder, die es sich in der kleinen Bar gemütlich machen und die Musikbox bearbeiten, von denen es in Mumbai nicht allzu viele gibt. Gute Musik, nette Leute.

Busaba BAR, LOUNGE
(☎22043779; 4 Mandlik Marg) Rote Wände und moderne Kunst mit Buddha-Motiven verleihen diesem Restaurant mit Lounge etwas *Nouveau Tao*. Es liegt neben dem Indigo und hat entsprechend das gleiche schicke Publikum, serviert aber preiswertere und stärkere Cocktails (330–480 ₹). Mittwochs bis sonntags gibt's ab 20.30 Uhr gedämpfte Musik vom Plattenteller. Oben im Restaurant bekommt man panasiatische Speisen (Hauptgerichte 350–575 ₹); das Hinterzimmer wirkt wie ein edles Baumhaus. Wer einen Tisch will, sollte rechtzeitig reservieren.

Leopold's Café BAR
(Ecke Colaba Causeway & Nawroji F Rd) Ob man es liebt oder hasst: Es gibt kaum einen Traveller, der nicht früher oder später in dieser Touristeninstitution landet. Schon seit 1871 gibt's das Leopold's mit seinen klapprigen Deckenventilatoren, der lockeren Bestuhlung und der besonderen Atmosphäre, die dazu führen kann, dass man plötzlich mit wildfremden Menschen plaudert. Auch wenn die Speisekarte riesig ist, ist doch das Feierabendbier – vor allem das 3L Yards – der eigentliche Grund, hierher zu kommen.

Café Universal BAR
(Karte S. 50; 299 Shahid Bhagat Singh Rd; ⊙Mo–Sa 9–23, So 16–23 Uhr) Ein Stück Frankreich in der Nähe des CST: Das Universal mit dem Jugendstil-Look, den karamellfarbenen Wänden, Balkendecken und Marmorlüstern ist ein gemütlicher Ort für einen Happy-Hour-Drink oder Kingfisher vom Fass (100 ₹).

Dome BAR
(Karte S. 50; Hotel InterContinental, 135 Marine Dr, Churchgate) Die durch und durch weiße Dachlounge bietet einen grandiosen Blick auf die schön geschwungene Küste Mumbais. Die Cocktails locken jeden Abend die jungen Hippen der Stadt an.

VORORTE

LP TIPP **Aer** BAR/LOUNGE

(Außerhalb der Karte S. 44; Four Seasons Hotel, 33. Stock, 114 Dr E Moses Rd, Worli) Auf der einen Seite hat man einen tollen Blick auf die Stadt, auf der anderen einen nicht minder schönen aufs Meer. Das Aer ist eine mondäne Dachterrassenlounge mit bequemen Sofas und unbequemen, aber nett anzuschauenden „Lounge-Stühlen" aus Kunststoff. Wer hier einen Cocktail (600 ₹) trinken will, muss vorher wahrscheinlich einen Kredit aufnehmen. Ein Kingfisher für 250 ₹ ist für den Blick von hier oben aber ein Schnäppchen. Ab 21 Uhr legt ein DJ gedämpfte House- und Techno-Musik auf. Das interessiert hier aber keinen. Hier geht es nur um den Blick – auch um den auf andere Gäste.

Shiro LOUNGE

(☎66156969; Bombay Dyeing Mills Compound, Worli) Böse Zungen behaupten, das Shiro sei überteuert, zu protzig. Das Personal sei schnippisch, das Essen nicht gut. (*Vielleicht* ... aber wir mochten die knusprigen, scharf gewürzten Avocado-Sushi-Rollen). Außerdem ist es gutes Fleckchen für einen Cocktail. Hier fließt Wasser aus den Händen einer hoch aufragenden japanischen Steingöttin in Lotusblütenteiche, das das Licht schimmernd an die Wände reflektiert. Alles total überkandidelt, aber die Drinks sind ausgezeichnet! Samstags legt ein DJ House und freitags Retro auf.

Olive Bar & Kitchen BAR

(Karte S. 64; ☎26058228; Pali Hill Tourist Hotel, 14 Union Park, Khar West; ⏲19.30–1.30 Uhr) Schick, edel und etwas versnobt ist dieses seit Langem bestehende mediterrane Restaurant mit zugehöriger Bar. Zu dem leichten, köstlichen Essen (Hauptgerichte 525–950 ₹) gibt's beruhigende DJ-Klänge. Hier trifft Ibiza-Deko auf Mykonos-Schick (der Wirt ist Grieche). Donnerstags und an den Wochenenden brummt der Laden. An der Mahalaxmi-Rennbahn gibt's einen Ableger.

WTF! BAR

(Karte S. 64; 8 Vora Bldg, 3rd Khar Rd, Khar) Der Name passt: Im wilden WTF! *(what the f...)* verbringt man eine gute Zeit. Diese kleine Bar ist in zwei Bereiche unterteilt – einen knallroten Raum mit Popkulturkitsch und Resopal und einen einfachen Raum mit Kricket-Utensilien und Großleinwand. Der DJ neben dem Eingang legt lauten, aufdringlichen internationalen Pop-Trash auf. Das Personal war nicht bereit, uns am Ende des Abends ein Taxi zu rufen – schon klar, WTF ...?

Toto's Garage BAR

(Karte S. 64; ☎26005494; 30 Lourdes Heaven, Pali Naka, Bandra West; ⏲18–1 Uhr) Nichts für die Reichen und Schönen: Das Toto's ist ein Lokal für Einheimische im Stil einer Autowerkstatt, in das man auch mal in nicht ganz sauberen Klamotten rein darf, um ein Bier zu trinken und Musik aus der Zeit vor Savage Garden, Linkin Park, AC/DC zu hören. Wer einen Platz will, muss früh kommen.

Elbo Room KNEIPE

(Karte S. 64; St Teresa's Rd, Khar West) Eine echte Kneipe mit einem Touch Restaurantlounge, die aber glücklicherweise noch weit davon entfernt ist, wirklich eine zu sein. Die Kneipe erinnert eher an zu Hause, wo man es sich mit einem guten Wein (Glas 275–700 ₹) bei einem Bundesliga-Spiel vor dem Fernseher gemütlich macht. Die italienisch-indischen Gerichte sollte man auf der Terrasse genießen, die Hardcore-Trinker, darunter auch viele Expats, bleiben allerdings lieber drinnen.

☆ Unterhaltung

Dem täglich erscheinenden englischsprachigen Boulevardblatt *Mid-Day* liegt eine Broschüre mit dem aktuellen Unterhaltungsprogramm in Mumbai bei. Zeitungen und *Time Out Mumbai* (S. 75) haben ein komplettes Veranstaltungs- und Kinoprogramm, unter www.nh7.in findet man Infos zu Livemusikveranstaltungen. Das topaktuelle **Bombay Elektrik Projekt** (www.bombayelektrik.com) bietet alles von Live-DJs über Poetry Slams bis hin zu Kurzfilmvorführungen.

Es wäre ein Fehler, in Indiens Filmmetropole nicht ins Kino zu gehen. Leider werden Hindi-Filme aber nicht untertitelt. Die im Folgenden aufgeführten Kinos zeigen englischsprachige Filme und einige Bollywoodproduktionen.

Die großen Clubfeten steigen (seltsamerweise) mittwochs sowie freitags und samstags. An diesen Tagen wird normalerweise auch Eintritt verlangt. Es gibt einen Dresscode, also nicht in Shorts und Sandalen dort aufkreuzen! Der neueste Trend in Mumbai geht in Richtung Restaurantlounges und nicht so sehr in Richtung Nachtclubs. Die Leute sind clever geworden, die Steuern für Lounges und Restaurants sind niedriger als die für Diskos.

LP TIPP **Bluefrog** LIVEMUSIK

(außerhalb der Karte S. 44; ☎6158; www.bluefrog.co.in; D/2 Mathuradas Mills Compound, NM Joshi Marg, Lower Parel; Eintritt So & Di–Do nach 21 Uhr 300 ₹, Fr & Sa 500 ₹; ⌚Di–So 19–1 Uhr) Die spannendste Location in Mumbai ist seit Langem das Bluefrog, eine Konzerthalle mit dazugehörigem Aufnahmestudio und Restaurant – kurz: einer der Orte, an dem in Mumbai am meisten los ist. In dem spacigen, orange-glitzernden Hauptraum mit der coolen Bestuhlung treten außergewöhnlich gute indische und internationale Künstler auf.

Valhalla RESTAURANTLOUNGE

(Karte S. 50; ☎67353535; 1. Stock, East Wing, Eros Theatre Bldg, Churchgate) In dieser dezenten Restaurantlounge mit den auberginefarbenen Wänden und dem barocken Dekor treffen sich freitags und samstags die Reichen und Schönen von Mumbai, wenn alle anderen Locations schon geschlossen haben (inoffiziell ist hier bis 4 Uhr morgens auf). Es ist aber nicht einfach, reinzukommen – man muss vorher anrufen und sich auf die Gästeliste setzen lassen. Wer das geschafft hat, amüsiert sich Seite an Seite mit der High Society.

Not Just Jazz By the Bay LIVEMUSIK

(Karte S. 50; ☎22851876; 143 Marine Dr; Eintritt wochentags/Wochenende 100/300 ₹; ⌚12–3.30 Uhr) Dies ist der beste und, offen gesagt, auch der einzige Jazzclub in South Mumbai. Er macht seinem Namen alle Ehre. An fast jedem Abend gibt's ab 22 Uhr neben Livejazz auch Pop, Blues und Rock. Sonntag, Montag und Dienstag sind aber für Karaoke reserviert. Tagsüber wird ein gutes *All you can eat*-Buffet (325 ₹) angeboten.

Trilogy NACHTCLUB

(Karte S. 64; Hotel Sea Princess, Juhu Tara Rd, Juhu; Eintritt nach 23 Uhr 1000 ₹/Paar; ⌚Di geschl.) Zum Zeitpunkt der Recherchen war das Trilogy Mumbais neuester Club, von dem es hieß, dass das Personal die Gäste von Kopf bis Fuß abchecke und dann entsprechende Eintrittspreise verlange. Gut für diejenigen, die es schaffen, an der Gesichtskontrolle vorbeizukommen! Der auf drei Ebenen verteilte Club mit einem Dancefloor aus schwarzem Granit und 1372 LED-Lichtwürfeln, die wie eine epileptische Lichterkette an- und wieder ausgehen, ist einfach der pure Wahnsinn. Das importierte Sound-System gibt House und Hip-Hop von sich, und die Barkeeper sehen so aus, als seien sie von Ed Hardy persönlich hierher geschickt worden.

Polly Esther's NACHTCLUB

(Karte S. 48; Gordon House Hotel, Battery St, Colaba; Eintritt Mi, Fr & Sa 800–1500 ₹/Paar) Mumbais Modefreaks schütteln sich, wenn sie nur den Namen hören, aber der verspiegelte, kitschige Nachtclub mit Retro-Pomp ist und bleibt eine gute Location, um sich unter Einheimische aus Mumbais Mittelklasse zu mischen. Die im Stil von *Saturday Night Fever* beleuchtete Tanzfläche ist gestopft voll mit tratschenden jungen Leuten um die 20 und gaffenden Travellern. Mittwochs ist der Eintritt für Mädels frei, ansonsten kann der ganze Eintritt bis auf 200 ₹ an den meisten Abenden in Drinks umgesetzt werden.

Wankhede-Stadion SPORT

(Mumbai Cricket Association; Karte S. 50; ☎22795500; www.mumbaicricket.com; D Rd, Churchgate) In der Saison (Okt.–April) finden hier ein paar Mal Testspiele und One Day Internationals statt. Informationen zu Tickets gibt's bei der Cricket Association. Auch wer nur ein Testspiel sehen will, muss vermutlich für alle fünf Spieltage zahlen.

Cooperage Football Ground SPORT

(Karte S. 48; ☎22024020; MK Rd, Colaba; Tickets 20–25 ₹) Heimstätte von FC Air India, Mumbai FC und ONGC FC. Zwischen Oktober und Februar finden hier Spiele der nationalen indischen Liga und von lokalen Mannschaften statt. Tickets gibt's am Eingang.

National Centre for the Performing Arts THEATER

(NCPA; Karte S. 50; ☎66223737, Theaterkasse 22824567; www.ncpamumbai.com; Ecke Marine Dr & Sri V Saha Rd, Nariman Point; Tickets 200–500 ₹; ⌚Theaterkasse 9–19 Uhr) Mit seinen 800 m² ist dieses Kulturzentrum das Herz der Mumbaier Musik-, Tanz- und Theaterszene. Hier können in ein und derselben Woche neben klassischer indischer Musik, Dichterlesungen und Kunstausstellungen auch Marathi-Theater, Bihari-Tanzgruppen und europäische Ensembles zu sehen sein. Das Experimental Theatre hat manchmal Stücke in englischer Sprache im Programm. Bei vielen Vorstellungen ist der Eintritt frei. Die Theaterkasse befindet sich am Ende der NCPA Marg.

Prithvi Theatre THEATER

(Karte S. 64; ☎26149546; www.prithvitheatre.org; Juhu Church Rd, Juhu) Gutes Theater am Juhu

GEHEIMTIPP

PRAMOD SIPPY: DJ PRAMZ

DJ Pramz, ein DJ-Veteran aus Mumbai, steht schon sein halbes Leben am Plattenteller und spielt mit Vinylscheiben. Dies hier sind seine Lieblingslocations:

Gemütlichster Club

Bonobo (Karte S. 64); Kenilworth, Phase 2, abseits der Linking Rd, Bandra West) ist wie ein zweites Zuhause. Hier gibt's keinen Dress-Code und der Eintritt ist frei. In diesen Club kann man einfach reinspazieren und gute Cocktails zu sehr guten Preisen genießen. Hier fühlt sich bestimmt jeder schnell wohl. Ich als DJ liebe es, in diesem Club aufzulegen, denn hier will man keine „Mainstream-Mucke" hören. Außerdem sind mir die Betreiber irgendwie ähnlich – junge Unternehmer, die globale Trends verstehen und Lust haben, herumzuexperimentieren und die Dinge anders anzugehen.

Umwerfendster Club

Wink (außerhalb der Karte S. 48; Vivanta by Taj – President Hotel, 90 Cuffe Pde, Cuffe Parade) ist eine wunderschön gestylte Bar mit einem abgegrenzten Bereich für einen schnellen Imbiss. Drinks und Service suchen in Mumbai ihresgleichen. Die Winktinis sind weltberühmt und die Musik ist wirklich grandios. Ich lege hier gern auf, die Leute sind aufgeschlossen, und obwohl der Club in einem Fünf-Sterne-Hotel ist, wird nicht verlangt, dass ich die Gäste hier anders als gewohnt unterhalte. Der Club wird von vielen Expats, die meistens auch Hotelgäste sind, besucht. Obgleich der Raum recht hell ist und keinen wirklichen Clubcharakter hat, ist die Stimmung hier an den Wochenenden ziemlich groovy.

Gefeiertster Club

Zenzi Mills (außerhalb der Karte S. 44; Mathuradas Mills Compound, Senapati Bapat Marg, Lower Parel; ⏲So geschl.) ist ein Paradies für Fans alternativer Musik. Eigentlich handelt es sich um einen Ableger des legendären Zenzi (Bandra), das den Grundstein für alternative Unterhaltung in Mumbai gelegt hat. Das Zenzi wollte seinen Horizont erweitern und rief das Mills ins Leben, und das hat alles, was dem Original fehlt – ein hochmodernes Soundsystem, tolle Monitore und zwei getrennte Ebenen. Der Club ist offen gegenüber Experimenten jeder Art, sodass sich hier Künstler aller Genres wohlfühlen. Unzählige tiefe Gefühle sind mit dieser Location verbunden, sie ist in den Herzen vieler unsterblich geworden. Es heißt aber, dass der Club ein neues Image, eine neue Form und ein neues Feeling bekommen soll – wie das allerdings aussehen soll, ist und bleibt ein Mysterium.

Beach, um sowohl Hindi-Stücke als auch Aufführungen in englischer Sprache zu sehen. Außerdem findet hier alljährlich ein tolles internationales Theaterfestival statt. Ein nettes Café fehlt natürlich auch nicht.

Regal KINO
(Karte S. 48; ☎22021017; gegenüber Regal Circle, Shahid Bhagat Singh Rd, Colaba; Tickets 100–200 ₹) Man beachte hier die Art-déco-Architektur!

Eros KINO
(Karte S. 50; ☎22822335; MK Rd, Churchgate; Tickets 80–120 ₹)

Metro Big KINO
(außerhalb der Karte S. 50; ☎39894040; MG Rd, New Marine Lines, Fort; Tickets 100–600 ₹) Die Grande Dame des Tonfilms wurde erst kürzlich zu einem Multiplexkino umgebaut.

Sterling KINO
(Karte S. 50; ☎66220016; Marzaban Rd, Fort; Tickets 120–180 ₹)

Shoppen

Mumbai ist der große Marktplatz Indiens mit einigen der besten Einkaufsmöglichkeiten des Landes.

In den vollgestopften Basaren nördlich des CST (Karte S. 44) kann man so ziemlich alles kaufen. Zum Hauptgelände gehören der Crawford Market (Obst und Gemüse), der Mangaldas Market (Seide und Bekleidung), der Zaveri Bazaar (Schmuck), der Bhuleshwar Market (Obst und Gemüse) und der Chor Bazaar (Antiquitäten und Möbel). In der Dhabu St gibt's jede Menge feiner Lederwaren. Die Mutton St ist auf Antiquitäten, Nachbildungen und verschiedenen Edelkram spezialisiert. Der Crawford Market (Mahatma Phule Market) ist der letzte Außenposten von British Bombay, danach fängt das Gewusel der Zentralbasare an. Flachreliefs von Lockwood Kipling, dem Vater Rudyard Kiplings, schmücken seine normannisch-gotischen Außenwände.

Schnäppchen für den Backpacker-Kleiderschrank sind in der Fashion Street zu finden, jenen unzähligen Straßenständen entlang der MG Rd zwischen Cross Maidan und Azad Maidan (Karte S. 50) oder in der Bandras Linking Rd nahe der Waterfield Rd (Karte S. 64) – hier kann man sich in der hohen Kunst des Feilschens üben. In Kemp's Corner gibt's viele gute Läden für Designerklamotten.

Verschiedene staatliche Warenhäuser verkaufen in der World Trade Centre Arcade (außerhalb der Karte S. 48) unweit der Cuffe Parade Kunsthandwerksartikel. Kleine Antiquitäten- und Kuriositätengeschäfte säumen die Merewether Rd hinter dem Taj Mahal Palace (Karte S. 48). Sie sind nicht gerade günstig, aber die Qualität ist um einiges besser als alles, was man in den Government Emporiums kriegt. Wer Schnickschnack aus der Ära der britischen Herrschaft sucht, ist im Chor Bazaar (Karte S. 44) richtig. Am meisten los ist in der Mutton St, wo es eine Reihe von Läden gibt, die Antiquitäten (und viele verdammt gut gemachte Imitate, also Augen auf!) sowie allen möglichen Trödel anbieten.

Fabindia BEKLEIDUNG

(Karte S. 50; Jeroo Bldg, 137 MG Rd, Kala Ghoda) Das Fabindia wurde gegründet, um die Waren der traditionellen Stoffhersteller auf den Markt zu bringen. Entsprechend finden sich in diesem Laden à la „Moderne trifft Tradition" all die leuchtenden Farben des Landes in Form von trendiger Baumwoll- und Seidenmode und von Stoffen. Wer für echt indische Klamotten zu cool ist, findet hier bestimmt etwas Passendes. Die Filiale in Santa Cruz (Karte S. 64) ist auch gut.

Bombay Electric BEKLEIDUNG

(Karte S. 48; www.bombayeletric.in; 1 Reay House, Best Marg, Colaba) Haute Couture ist das Motto dieser trendigen Boutique für Sie und Ihn in der Nähe des Taj Mahal Palace. Im Angebot sind Textilien (der eigenen hippen Marke Gheebutter), gewebte Schals und Jacken von NGOs in Madhya Pradesh und Gujarat sowie exquisite Antiquitäten und Kunsthandwerksgegenstände. Toller Laden für *kurtas* (lange Hemden), Hemdblusen und schicke T-Shirts!

Phillips ANTIQUITÄTEN, KURIOSES

(Karte S. 48; www.phillipsantiques.com; Wodehouse Rd, Colaba) Im 150 Jahre alten Phillips bekommt man königliches Silber aus der Nizam-Ära, zeremonielle Holzmasken, viktorianisches Glas und viele andere wunderbare Dinge, von denen man bislang gar nicht wusste, dass man sie haben möchte. Auch hochwertige Nachdrucke von alten Fotos, Landkarten und Gemälden sind hier erhältlich. Außerdem gibt's einen Lagerverkauf für große Antiquitäten.

Shrujan KUNSTHANDWERK

Breach Candy (Karte S. 44; Sagar Villa, Warden Rd, gegenüber Navroze Apts; ⌚So geschl.); Juhu (Karte S. 64; Hatkesh Society, 6th North South Rd, JVPD Scheme; ⌚So geschl.) Angeboten werden aufwendige Stickarbeiten von Frauen aus 114 Dörfern in Kutch, Gujarat. Das Shrujan ist ein Non-Profit-Laden, der versucht, den Frauen ein kleines Zubrot zu ermöglichen und gleichzeitig die spektakuläre Sticktradition dieser Gegend aufrechtzuerhalten. Die anspruchsvollen Kleidungsstücke, Wandbehänge und Geldbeutel sind tolle Mitbringsel.

Biba BEKLEIDUNG

(Karte S. 44; 1 Hughes Rd, Kemp's Corner; ⌚Mo–Sa 10.30–21 Uhr) In L.A .oder London wird man in diesen Sommerkleidern Furore machen! In Khar West (S. 64) gibt's eine Filiale.

Bombay Store KUNSTHANDWERK

(Karte S. 50; Western India House, Sir PM Rd, Fort; ⌚Mo–Sa 10.30–20, So 10.30–18.30 Uhr) Klassische Auswahl von Teppichen, Klamotten, Tees, Schreibwaren, Aromatherapieartikeln, Kupferskulpturen und – was echt interessant ist – biologisch abbaubaren Ganesha-Figuren für das Ganesh Chaturthi Festival.

Good Earth KUNSTHANDWERK

(Karte S. 48; 2 Reay House, Colaba) Dieser Laden mit Hauptsitz in Delhi verkauft fantastische, möglichst nachhaltig erzeugte Haushaltswaren, Kerzen, Kosmetik, Glaswaren, witzige Untersetzer, handbemaltes Porzellan und stylische Kaffeepötte – alles von guter und kunstvoller Qualität.

Oxford Bookstore BUCHLADEN

(Karte S. 50; www.oxfordbookstore.com; Apeejay House, 3 Dinsha Wachha Marg, Churchgate; ⌚8–

GREAT WALL OF MUMBAI

Das **Wall Project** (Karte S. 64; www.thewallproject.com), eine Künstlerinitiative ähnlich der Berliner East Side Gallery – jedoch ohne 28-jährige Unterdrückung und Isolation – wurde von einer Gruppe ehemaliger Kunst- und Designstudenten ins Leben gerufen, die beschlossen hat, die Hauswände in ihrem Kiez mit aktuellen Themen und Kunstgraffiti aufzuhübschen. Daraus wurde schnell ein öffentliches Projekt und jetzt gibt es in ganz Bandra an Privathäusern genauso wie an Krankenhäusern farbenfrohe Wandgemälde. Die Idee verbreitete sich in einem Affenzahn und der Sprayer-Virus hat verfallende Gebäude und vernachlässigte Mauern in ein lebendiges Museum zeitgenössischer urbaner Kultur verwandelt. Zum Zeitpunkt der Recherchen hatten Hunderte Künstler (und Nichtkünstler) um die 600 Wandgemälde gemalt, der längste Abschnitt geht von der Mahim Station (West) in der Tulsi Pipe Rd (Senapati Bapat Marg) entlang der Western Railway bis zur Matunga Rd Station und hat den Spitznamen Great Wall of Mumbai.

Jeder kann sich die Mauer ansehen und auch bemalen – aber Achtung: Sexuelle, politische, religiöse oder kommerzielle Anspielungen sind verboten! Also einfach ein paar Acryl-Tempera-Farben kaufen, die sind für das hiesige Wetter am besten geeignet, und dann nichts wie ran!

22 Uhr) Mumbais bester Buchladen hat auch eine eigene Teebar.

Crossword BUCHLADEN
(Karte S. 44; Mohammedbhai Mansion, NS Patkar Marg, Kemp's Corner) Riesig!

Khadi & Village Industries Emporium BEKLEIDUNG
(Khadi Bhavan; Karte S. 50; 286 Dr. Dadabhai Naoroji Rd, Fort; ⌚Mo–Sa 10.30–18.30 Uhr) Ein Besuch des Khadi Bhavan – total verstaubt und sehr Old School – kommt einer Zeitreise in die 1940er-Jahre gleich. Hier gibt's traditionelle indische Kleidung von der Stange, Stoffe, Schuhe und Handarbeiten, allesamt so alt, dass sie schon wieder modern sind.

Cotton Cottage BEKLEIDUNG
(Karte S. 50; Agra Bldg, 121 MG Rd, Kala Ghoda; ⌚10–21 Uhr) Hier gibt's einfache Baumwoll-*kurtas* und verschiedene Hosen – *salwars, churidars, patiala* – für unterwegs.

Mini Market/Bollywood Bazaar ANTIQUITÄTEN, KURIOSES
(Karte S. 44; ☎23472427; 33/31 Mutton St; ⌚Sa–Do 11–20 Uhr) Verkauft werden alte Bollywood-Poster und andere Film-Memorabilia sowie eigenartiger und interessanter Modeschmuck. Wer sich verlaufen hat, kann im Laden anrufen.

Kala Niketan BEKLEIDUNG
(Karte S. 50; 95 MK Rd; ⌚Mo–Sa 9.30–19.30 Uhr) Sari-Wahnsinn in der Queens Rd.

Mélange BEKLEIDUNG
(Karte S. 44; 33 Altamount Rd, Kemp's Corner; ⌚So geschl.) Haute Couture für die Dame von über 100 indischen Designern in einem schicken, edlen Verkaufsraum mit Backsteinwänden.

Chimanlals KUNSTHANDWERK
(Karte S. 50; 210 Dr Dadabhai Naoroji Rd, Fort; ⌚Mo–Fr 9.30–18, Sa 9.30–17.30 Uhr) Hier bekommt man wunderschöne Schreibwaren aus traditionellem indischem Papier. Eingang in der Wallace St.

Rhythm House MUSIKLADEN
(Karte S. 50; ⌚22842835; 40 K Dubash Marg, Fort; ⌚Mo–Sa 10–20.30, So 11–20.30 Uhr) Keine Raubkopie-CDs; Konzert-. Theater- und Festivaltickets.

BX Furtado & Sons MUSIKLADEN
(außerhalb der Karte S. 50; www.furtadosonline.com; Jer Mahal, Dhobitalao; ⌚Mo–Sa 10–20 Uhr) Der beste Musikinstrumentenladen Mumbais führt Sitars, Tablas, Akkordeons sowie einheimische und importierte Gitarren. In der Filiale um die Ecke in der Kalbadevi Rd gibt's nur Klaviere und Notenblätter.

Central Cottage Industries Emporium KUNSTHANDWERK, SOUVENIRS
(Karte S. 48; ☎22027537; Chhatrapati Shivaji Marg, Colaba; ⌚So geschl.) Begrenztes Souvenir-Shoppen zu staatlich festgesetzten Preisen.

Standard Supply Co FOTO
(Karte S. 50; ☎22612468; Image House, Walchand Hirachand Marg, Fort; ⌚Mo–Sa 10–19 Uhr) Ob Digital- oder Analogkamera – hier bekommt man einfach alles, was man zum Fotografieren brauchen kann.

ℹ Praktische Informationen

Geld

Geldautomaten gibt's so gut wie überall. Auch Wechselstuben, die Bargeld umtauschen und Reiseschecks einlösen, finden sich in großer Zahl.

Akbar Travels Colaba (Karte S. 48; ☎22823434; 30 Alipur Trust Bldg; ⏰10–19 Uhr); Fort (Karte S. 50; ☎22633434; Terminus View, 167/169 Dr. Dadabhai Naoroji Rd; ⏰Mo–Fr 10–19, So 10–18 Uhr)

Thomas Cook (⏰Mo–Sa 9.30–18 Uhr) Colaba (Karte S. 48; ☎22882517-20; Colaba Causeway); Fort (Karte S. 50; ☎61603333; 324 Dr. Dadabhai Naoroji Rd)

Internetzugang

Portasia (Kitab Mahal, Dr. Dadabhai Naoroji Rd, Fort; 25 ₹/Std.; ⏰Mo–Sa 9–21 Uhr) Der Eingang ist ein Stückchen weiter hinten in einer kleinen Gasse, dort wo das Schild „Cybercafe" am Baum hängt.

Sify iWay (100 ₹/2 Std.) Churchgate (Prem Ct, J Tata Rd; ⏰8.30–21.30 Uhr); Colaba (Donald House, 1. Stock, Colaba Causeway; ⏰8.30–21.30 Uhr) Der Eingang zur Filiale in Colaba ist in der JA Allana Marg.

Medien

Was in Mumbai los ist, erfährt man aus dem kostenlosen Heft *burrp! Know Your City* (www.mumbai.burrp.com), das in fast allen Hotels erhältlich ist, aus der Beilage **Café** in der *Hindustan Times* oder aus **Time Out Mumbai** (www.timeoutmumbai.net; 50 ₹).

Medizinische Versorgung

Bombay Hospital (Karte S. 50; ☎22067676, Rettungswagen 22067309; www.bombayhospital.com; 12 New Marine Lines)

Breach Candy Hospital (Karte S. 44; ☎23672888; www.breachcandyhospital.org; 60 Bhulabhai Desai Rd, Breach Candy) Das beste Krankenhaus in Mumbai, vielleicht sogar in ganz Indien.

Royal Chemists (Karte S. 50; ☎22004041-3; 89A Maharshi Karve Rd, Churchgate; ⏰Mo–Sa 8.30–20.30 Uhr)

Sahakari Bhandar Chemist (Karte S. 48; ☎22022399; Colaba Causeway, Colaba; ⏰10–20.30 Uhr)

Post

Die **Hauptpost** (Karte S. 50; ⏰Mo–Sa 10–18 Uhr) befindet sich in einem imposanten Gebäude hinter dem Chhatrapati Shivaji Terminus (CST; Victoria Terminus). **Postlagernde Sendungen** (⏰Mo–Sa 9–20 Uhr) kann man am Schalter 1 abholen. Postlagernde Briefe sollten wie folgt adressiert sein: c/o Poste Restante, Mumbai GPO, Mumbai 400 001. Beim Abholen benötigt man seinen Reisepass. Der **Paketschalter von EMS Speedpost** (⏰Mo–Fr 11.30–19.30 Uhr) befindet sich gegenüber von den Briefmarkenschaltern. Gegenüber der Post warten unter einem Baum Paket-Wallahs, die für 40 ₹ Pakete verschnüren.

Postamt Colaba (Karte S. 48; Henry Rd) Günstig gelegene Zweigstelle.

Blue Dart/DHL Churchgate (Karte S. 50; www.bluedart.com; Khetan Bhavan, J Tata Rd; ⏰Mo–Sa 10–20 Uhr); Nariman Point (Karte S. 44; www.dhl.co.in; Embassy Centre; ⏰Mo–Sa 9–20.30 Uhr) Private Express-Zusteller.

Reisebüros

Akbar Travels (Karte S. 50; ☎22633434; www.akbartravelsonline.com; Terminus View, 167/169 Dr. Dadabhai Naoroji Rd, Fort; ⏰Mo–Fr 10–19, So 10–18 Uhr)

Magnum International Travel & Tours (Karte S. 48; ☎61559700; 10 Henry Rd, Colaba; ⏰Mo–Fr 10–17.30, Sa 10–16 Uhr)

Thomas Cook (Karte S. 50; ☎22048556-8; 324 Dr. Dadabhai Naoroji Rd, Fort; ⏰Mo–Sa 9.30–18 Uhr)

Telefon

Justdial (☎69999999; www.justdial.com) und ☎197 bieten jeweils Telefonauskunft.

Touristeninformation

Government of India, Touristeninformation (Karte S. 50; ☎22074333; www.incredibleindia.com; 123 Maharshi Karve Rd; ⏰Mo–Fr 8.30–19, Sa 8.30–14 Uhr) Hier gibt's Infos über das ganze Land.

Government of India, Touristeninformation am Flughafen Inlandterminal (☎26156920; ⏰7–24 Uhr); Internationales Terminal (☎26813253; ⏰24 Std.)

Maharashtra-Tourism-Development-Corporation-Schalter (MTDC; Karte S. 48; ☎22841877; Apollo Bunder; ⏰Di–So 8.30–16, Wochenende 5.30–20 Uhr) Stadtrundfahrten.

MTDC-Reservierungsbüro (Karte S. 50; ☎22841877; www.maharashtratourism.gov.in; Madame Cama Rd, gegenüber LIC Bldg, Nariman Point; ⏰Mo–Sa 9.45–17.30 Uhr) Erteilt Informationen über Maharashtra und nimmt auch Reservierungen für MTDC-Hotels und den Zug *Deccan Odyssey* vor. Das einzige MTDC-Büro, das Kreditkarten akzeptiert.

Visumsverlängerungen

Foreigners' Regional Registration Office (FRRO; Karte S. 50; ☎22620446; Annexe Bldg No 2, CID, Badaruddin Tyabji Rd, nahe Special Branch) Verlängert offiziell keine Touristenvisa; selbst Notfälle werden nach Delhi (S. 543) verwiesen. Manche Traveller haben es aber nach langer Wartezeit und mit viel Reden geschafft, eine Notfallverlängerung zu kriegen.

An- & Weiterreise

Bus

Viele private und staatliche Unternehmen fahren mit Fernbussen von bzw. nach Mumbai.

Die Busse privater Anbieter sind meist komfortabler und unkomplizierter zu buchen, dafür aber auch oft deutlich teurer als die staatliche Konkurrenz. Abfahrt ist in der Dr. Anadrao Nair Rd in der Nähe des Hauptbahnhofs von Mumbai (Karte S. 44). Die Preise für Fahrten zu beliebten Zielen (wie Goa) sind in der Ferienzeit bis zu 75 % höher. Infos zu Abfahrtzeiten und aktuellen Preisen bekommt man bei **National CTC** (Karte S. 44; ☎23015652; Dr. Anadrao Nair Rd; ⌚7–22 Uhr).

Für Fahrten nach Goa und zu anderen Zielen im Süden sind die Busse von **Chandni Travels** (Karte S. 50; ☎22713901) am besten. Sie starten dreimal täglich vorm Azad Maidan, südlich vom Metro-Kino. Tickets gibt's nahe der Haltestelle.

Die staatlichen Fernbusse starten am **Busbahnhof Mumbai Central** (Karte S. 44; ☎23074272/1524) beim Mumbaier Hauptbahnhof. Sie fahren die wichtigsten Städte in Maharashtra und in den benachbarten Unionsterritorien an. Diese Busse sind preiswerter und fahren öfter als die privater Unternehmen, können aber sehr voll und schlechter ausgestattet sein.

Preise für beliebte Fernbusstrecken (*sleeper* bedeutet „Schlafbus"):

ZIEL	PRIVATBUS OHNE/MIT KLIMAANLAGE; SLEEPER ₹	STAATLICH; OHNE KLIMAANLAGE ₹	DAUER (STD.)
Ahmedabad	250/600	–	13
Aurangabad	250/600	368	10
Mahabaleshwar	450/500*	270	7
Paniji	300/700	N/A	14–18
Pune	200*	170–250	4
Udaipur	350/1400	–	16

* Sitzplatz, klimatisiert

Flugzeug

FLUGHÄFEN Mumbai ist der internationale Verkehrsknotenpunkt für Südindien und bietet das dichteste Inlandsflugnetz. Der **Chhatrapati Shivaji International Airport** (☎in Indien 26264000, international 26813000; www.csia.in), ca. 30 km vom Stadtzentrum entfernt, wird seit 2006 für 2 Mrd. US$ modernisiert. Zum Recherchezeitpunkt hatte der Flughafen drei Inlandsterminals (1A, 1B und 1C) und einen internationalen (2A). Der Zugang zum Inlandsflughafen liegt in Vile Parle. Bei den Einheimischen ist er als Santa Cruz Airport bekannt. Das internationale Terminal mit seinem im 4 km entfernten Andheri gelegenen Eingang läuft unter dem Namen Sahar. In allen Terminals gibt's Geldautomaten, Wechselstuben und Touristeninformationen. Ein für Fluggäste kostenloser Shuttlebus pendelt alle 30 Minuten zwischen den Terminals. 2014 soll das schicke Terminal T2 seine Tore öffnen. Von hier werden Ziele im In- und Ausland angeflogen, das Santa Cruz Terminal dient dann als Luftfrachtterminal.

INTERNATIONALE FLUGLINIEN Internationale Flüge bucht man oft besser in Reisebüros, da die Airlines ihre Kunden zunehmend an Callcenter verweisen. Die folgenden Gesellschaften erreicht man in Mumbai noch „persönlich":

Air India (Karte S. 50; ☎27580777, Flughafen 26156633; www.airindia.com; Air India Bldg, Ecke Marine Dr & Madame Cama Rd, Nariman Point; ⌚Mo–Fr 9.15–18.30, Sa & So 9.15–17.15 Uhr)

Cathay Pacific (außerhalb der Karte S. 44; ☎66572222, Flughafen 66859002/3; www.cathaypacific.com; 2 Brady Gladys Plaza, Senapati Bapat Marg, Lower Parel; ⌚Mo–Sa 9.30–18.30 Uhr)

Emirates Airlines (Karte S. 50; ☎40974097; www.emirates.com; 3 Mittal Chambers, 228 Nariman Point; ⌚Mo–Sa 9–17.30 Uhr)

El Al Airlines (Karte S. 50; ☎66207400, Flughafen 66859425/6; www.elal.co.il; 6. Stock, NKM International House, BM Chinai Marg, Nariman Point; ⌚Mo–Fr 9.30–17.30, Sa 9.30–13 Uhr)

Qantas (Karte S. 50; ☎61111818; www.qantas.com.au; 4. Stock, Sunteck Centre, 37–40 Subhash Rd, Vile Parle; ⌚Mo–Fr 9–13.15 & 14.30–17.30 Uhr)

Swiss (Karte S. 50; ☎67137240; www.swiss.com; 2. Stock, Vashani Chambers, 9 New Marine Lines; ⌚Mo–Sa 9–17.30 Uhr)

Thai Airways (Karte S. 50; ☎61395599; www.thaiair.com; 2A Mittal Towers A Wing, Nariman Point; ⌚Mo–Fr 9.30–17.30. Sa 9.30–16 Uhr)

Wichtige Nonstop-Inlandsflüge ab Mumbai:

ZIEL	TIEFSTER PREIS EINFACH (₹)	DAUER (STD.)
Bengaluru	2533	1½
Chennai	3482	1¾
Delhi	3483	2
Goa	2532	1
Hyderabad	2282	1¼
Jaipur	2533	1¾
Kochi	3483	1¾
Kolkata	3882	2¾

INLANDSFLUGLINIEN Die folgenden Fluglinien haben Ticketschalter am Inlandsflughafen; die meisten sind rund um die Uhr geöffnet.

GoAir (☎Callcenter 1800 222111, Flughafen 26264789; www.goair.in)

Indian Airlines (Karte S. 50; ☎22023031, Callcenter 1800 1801407; www.indian-airlines.nic.in; Air India Bldg, Ecke Marine Dr & Madame Cama Rd, Nariman Point)

IndiGo (☎Callcenter 1800 1803838; www.goindigo.in)

Jet Airways (Karte S. 48; ☎ Callcenter 39893333, Flughafen 26266575; www.jetairways.com; Amarchand Mansion, Madame Cama Rd; ⏲Mi–Fr 9.30–18, Sa 9.30–13 Uhr)

JetLite (☎Callcenter 1800 225522; www.jetlite.com)

Kingfisher/Kingfisher Red (Karte S. 50; ☎ Callcenter 1800 2331310, Flughafen 26262605; www.flykingfisher.com; Nirmal Bldg, Marine Dr, Nariman Point; ⏲Mo–Sa 9–19, So 10–14 Uhr)

SpiceJet (☎Callcenter 1800 1803333, Flughafen 26156155; www.spicejet.com)

Zug

Es gibt drei Zugsysteme in Mumbai. Die wichtigsten Anbieter für Traveller sind Central Railways und Western Railways. Tickets können an jedem Bahnhof mit elektronischer Fahrkartenausgabe in South Mumbai oder in den Vororten gekauft werden.

Central Railways (☎134) fährt nach Osten und nach Süden, ein paar Züge fahren auch gen Norden. Abfahrt ist am CST. Das **Reservierungscenter** (Karte S. 50; ☎139; ⏲Mo–Sa 8–20, So 8–14 Uhr) befindet sich in der Nähe des Taxistands vorm CST. **Touristentickets** (Schalter 52) kann man bis zu 90 Tage im Voraus kaufen, sie müssen aber in einer ausländischen Währung oder in Rupien unter Vorlage einer Umtausch- oder Geldautomatenquittung bezahlt werden. Indrail-Pässe (S. 25) sind ebenfalls am Schalter 52 erhältlich. Normale Tickets können wesentlich schneller mit einer Visa- oder Mas-

DIE WICHTIGSTEN ZUGVERBINDUNGEN AB MUMBAI

ZIEL	ZUGNUMMER & -NAME	PREISBEISPIEL (₹)	DAUER (STD.)	ABFAHRT
Agra	12137 *Punjab Mail*	410/1098/1501/2533	22	19.40 Uhr CST
Ahmedabad	12901 *Gujarat Mail*	232/594/802/1350	9	21.50 Uhr MC
Aurangabad	17057 *Devagiri Express*	176/463/632/1061	7	21.05 Uhr CST
	17617 *Tapovan Express*	102/363*	7	6.10 Uhr CST
Bengaluru	16529 *Udyan Express*	363/991/1364/2298	25	8.05 Uhr CST
Bhopal	12137 *Punjab Mail*	325/857/1167/1958	14	19.40 Uhr CST
Chennai	11041 *Chennai Express*	383/1046/1440**	27	14 Uhr CST
Delhi	12951 *Rajdhani Express*	1495/1975/3305†	16	16.40 Uhr MC
	12137 *Punjab Mail*	442/1187/1623/2743	25½	19.10 Uhr CST
Margao	10103 *Mandavi Express*	288/782/1073/1799	11½	6.55 Uhr CST
	12051 *Shatabdi Express*	283/787/1073/1799	9	5.10 Uhr CST
Hyderabad	12701 *Hussainsagar Express*	312/823/1119/1876	14½	21.50 Uhr CST
Indore	12961 *Avantika Express*	320/847/1151/1931	14½	19.05 Uhr MC
Jaipur	12955 *Jaipur Express*	383/1021/1394/2348	18	18.50 Uhr MC
Kochi	16345 *Netravati Express*	430/1178/1624***	26½	11.40 Uhr T
Kolkata	12859 *Gitanjali Express*	508/1883*	30½	6.00 Uhr CST
	12809 *Howrah Mail*	508/1374/1883/3190	33	20.35 Uhr CST
Pune	12125 *Pragati Express*	76/267*	3½	17.10 Uhr CST
Varanasi	11093 *Mahanagari Express*	422/1157/1593***	2½	12.10 Uhr CST
Trivandrum	16345 *Netravati Express*	1277/1762#	30	11.40 Uhr T

Abkürzungen der Bahnhöfe: CST (Chhatrapati Shivaji Terminus); MC (Mumbai Central); T (Lokmanya Tilak); D (Dadar)

Die Preise gelten für Sleeper/3AC/2AC/1AC, außer: * mit/ohne Klimanlage, ** Sleeper/3AC/2AC, *** Ohne Klimaanlage/3AC/2AC, # 3AC/2AC, † 3AC/2AC/1AC

terCard an den Kreditkartenschaltern (10 und 11) erworben werden (Gebühr 30 ₹). Erstattungen gibt's für Inder und Ausländer an Schalter 8.

Einige Züge von Central Railways fahren in Dadar (D), nördlich des CST, oder in Churchgate/Lokmanya Tilak (T), 16 km nördlich vom CST ab.

Western Railways (☎131, 132) fährt in den Norden (u. a. nach Rajasthan und Delhi), Abfahrt ist am Mumbai Central (MC bzw. Hauptbahnhof; ☎23061763, 23073535), der oft noch Bombay Central (BCT) genannt wird. Im **Reservierungscenter** (Karte S. 50; ⏰Mo–Sa 8–20, So 8–14 Uhr) gegenüber vom Bahnhof Churchgate gibt's einen Schalter für **Touristentickets** (Schalter 14). Hier gelten dieselben Regeln wie am CST. An Schalter 6 kann man mit Kreditkarte bezahlen.

ℹ Unterwegs vor Ort

Auto

Autos werden für einen Acht-Stunden-Tag und mit einem Limit von 80 km vermietet; weitere Stunden und Kilometer kosten extra. Der günstigste Preis für ein Auto mit Klimaanlage ist 1000 ₹.

Die Händler an den Tickethäuschen am Apollo Bunder in der Nähe des Gateway of India können einen Maruti ohne Klimaanlage mit Fahrer für einen halben Tag Sightseeing (bis nach Mahalaxmi und Malabar Hill) für 1000 ₹ organisieren. Offizielle Taxifahrer nehmen oft ähnliche Preise.

Bus

Die Stadtbusse sind für kürzere Strecken ganz o. k. Eine Fahrt in South Mumbai kostet 3 ₹ pro Zone; gezahlt wird beim Fahrer. Das Unternehmen **BEST** (Karte S. 48; www.bestundertaking.com) hat sein Depot in Colaba (die Website hat eine Suchfunktion für Busstrecken innerhalb der Stadt). Eine Tour mit einem Doppeldecker (z. B. mit der Linie 103) ist eine preiswerte Möglichkeit, South Mumbai kennenzulernen. Tageskarten kosten 25 ₹.

Die Tabelle nennt einige gute Routen, die an der Haltestelle am südlichen Ende des Colaba Causeway beginnen und den Flora Fountain passieren:

ZIEL	BUS
Breach Candy	132, 133
CST & Crawford Market	1, 3, 21, 103, 124
Churchgate	70, 106, 123, 132
Girgaum Chowpatty	103, 106, 107, 123
Haji Ali	83, 124, 132, 133
Hanging Gardens	103, 106
Mani Bhavan	123
Mohammed Ali Rd	1, 3, 21
Bahnhof Mumbai Central	124, 125

Vom/zum Flughafen

INTERNATIONALES TERMINAL Der Prepaid-Taxistand am internationalen Terminal hat Fixpreise für jeden Stadtteil. Nach Colaba, Fort und zum Marine Dr kostet die Fahrt im Taxi mit/ohne Klimaanlage 495/395 ₹, nach Bandra West 310/260 ₹ und nach Juhu 235/190 ₹. Hinzu kommen eine Servicegebühr von 10 ₹ und weitere 10 ₹ pro Gepäckstück. Die Fahrt nach Colaba dauert nachts etwa 45 Minuten, tagsüber eineinhalb bis zwei Stunden. Trinkgeld wird nicht erwartet.

Autorikschas warten ein bisschen weiter vom Ankunftsterminal entfernt. Man sollte nicht versuchen, mit einer Rikscha nach South Mumbai zu fahren – Rikschas dürfen nicht weiter als bis Mahim Creek. Man kann aber eine Autoriksch a (ca. 40 ₹) zum Bahnhof Andheri nehmen und dort in einen Vorortzug (7 ₹, 45 Min.) nach Churchgate oder zum CST umsteigen. Das ist aber nur ratsam, wenn man außerhalb der Rush-„Hour" (6–11 Uhr) ankommt und mit leichtem Gepäck unterwegs ist.

Vor dem Ankunftsterminal stehen Minibusse und bieten einen kostenlosen Shuttleservice zum Inlandsflughafen und zu den Hotels in Juhu an.

Eine Taxifahrt von Südmumbai zum internationalen Terminal sollte zwischen 350 ₹ und 400 ₹ kosten, wenn man mit dem Fahrer vorab einen festen Preis aushandelt. Die regulären Gepäckkosten betragen 10 ₹ pro Gepäckstück. Zwischen Mitternacht und 5 Uhr morgens wird ein Aufschlag von 25 % fällig. Die altmodischen schwarz-gelben Taxis sind zwar ein Erlebnis, es gibt aber auch Taxis von **Meru** (☎44224422; www.merucabs.com): Ruftaxis mit Klimaanlage und Taxameter. Der erste Kilometer kostet 20 ₹, jeder weitere 14 ₹ (25 % Nachtzuschlag). Die Strecke wird nach Navi gefahren, sodass man nicht abgezockt werden kann.

INLANDSTERMINALS Taxen und Autorikschas warten vor den beiden Inlandsterminals. Der Prepaid-Schalter ist vor dem Ankunftsterminal. Eine Fahrt im Taxi ohne/mit Klimaanlage nach Colaba oder Fort kostet rund um die Uhr 350/400 ₹ plus 10 ₹ pro Gepäckstück. Nach Juhu muss man mit 150/200 ₹ rechnen.

Ein preiswertere Alternative ist es, mit einer Autorikscha vom Flughafen zum Bahnhof in Vile Parle (20–30 ₹) und von dort mit dem Zug nach Churchgate (7 ₹, 45 Min.) zu fahren. Aber bitte nicht in der Rushhour zwischen 6 und 11 Uhr!

Schiff/Fähre

Sowohl **PNP** (☎22885220) als auch **Maldar Catamarans** (☎22829695) fahren regelmäßig nach Mandwa (einfache Strecke 110 ₹). Von dort aus kommt man ganz gut nach Murud-Janjira und in andere Orte an der Konkan-Küste, ohne die lange Busfahrt aus Mumbai heraus auf sich nehmen zu müssen. Das Fahrkartenhäuschen ist am Apollo Bunder (in der Nähe des Gateway of India; Karte S. 48).

Metro

Der erste Spatenstich für das 8,17 Mrd. US$ teure Metroprojekt in Mumbai ist getan. Die Linie Colaba–Bandra–Flughafen wird hauptsächlich Travellern zugute kommen. Bis zur Fertigstellung werden die sich aber noch ein paar Jährchen gedulden müssen.

Motorrad

Allibhai Premji Tyrewalla (Karte S. 44; www.premjis.com; 205/207 Dr. D Bhadkamkar Rd; ⌚Mo–Sa 10–19 Uhr) gibt es schon fast 100 Jahre. Hier werden neue und gebrauchte Motorräder mit Rückkaufgarantie verkauft. Für eine zwei- bis dreiwöchige „Miet"-Dauer muss man also den vollen Preis für das Motorrad vorstrecken. Das Unternehmen hat aber eher Interesse an längeren Mietzeiten von zwei Monaten und mehr, was im Endeffekt ohnehin günstiger ist. Eine gebrauchte 150er- oder 225er-Hero Honda Karizma kostet zwischen 25 000 und 80 000 ₹. Der Rückkaufpreis nach drei Monaten beträgt ca. 60 % (manchmal gibt es auch stärkere Enfield-Maschinen). Die Preise für ein kleineres Motorrad (100–180 ccm) beginnen bei 25 000 ₹. Der Laden kann auch die Verschiffung von Motorrädern nach Übersee organisieren (nach Großbritannien kostet das z. B. 24 000 ₹).

Taxi & Autorikscha

Jedes zweite Auto auf Mumbais Straßen scheint ein schwarz-gelbes Premier-Taxi (die indische Version eines Fiats aus den 1950er-Jahren) zu sein. Ein Taxi ist die bequemste Art der Fortbewegung innerhalb der Stadt – und in South Mumbai stellen die Fahrer fast immer freiwillig das Taxameter an. Autorikschas dürfen nur in den Vororten nördlich des Mahim Creek fahren.

Nicht alle Fahrer sind mit den Straßennamen Mumbais vertraut – vor allem nicht mit den neuen. Deshalb sollte man sich zu bekannten Orten oder Sehenswürdigkeiten in der Nähe des seines Ziels bringen lassen. Seit der Preiserhöhung von 2010 beginnt das Taxameter jetzt mit 16 ₹ tagsüber (20 ₹ nach Mitternacht) für die ersten 1,6 km, jeder weitere Kilometer kostet 10 ₹ (12 ₹ nach Mitternacht). Wer ein Taxi mit einem altmodischen Zähler erwischt, muss grob den 16-fachen Zählerstand hinblättern. Der Mindestpreis für eine Autorikschafahrt beträgt 11 ₹.

Zug

Das System der Vorortzüge in Mumbai funktioniert zwar gut, doch sind die Züge meistens übervoll.

Es gibt drei Hauptlinien, sodass es recht einfach ist, sich zu orientieren. Die wichtigste Bahnstrecke führt von Churchgate nach Norden über Bahnhöfe wie Charni Rd (Girgaum Chowpatty), Mumbai Central, Mahalaxmi (Dhobi Ghat; S. 52), Vile Parle (Inlandsflughafen), Andheri (internationaler Flughafen) und Borivali (Sanjay Gandhi National Park). Andere Vorortzüge fahren vom CST nach Byculla (Veermata Jijabai Bhonsle Udyan, ehemals Victoria Gardens), nach Dadar und bis nach Neral (Matheran). Die Züge fahren von 4 Uhr morgens bis 1 Uhr nachts. Eine Fahrkarte von Churchgate nach Mumbai Central kostet in der 2./1. Klasse 4/41 ₹, nach Vile Parle oder Andheri 7/78 ₹ und nach Borivali 9/104 ₹.

„Touristentickets" für unbegrenzt viele Fahrten in der 2./1. Klasse kosten für einen Tag 50/170 ₹, für drei Tage 90/330 ₹ oder für fünf Tage 105/390 ₹.

In der Rushhour sind die Züge selbst in der 1. Klasse hoffnungslos überfüllt. Generell sollte man auf seine Wertsachen aufpassen. Frauen sollten nur in den Damenabteilen fahren.

> **IMMER ÄRGER MIT DEM TAXI**
>
> Wir wollen keine Namen nennen, aber Mumbais Taxi- und Rikschafahrer nehmen manchmal die Gelegenheit wahr, Ausländer über den Tisch zu ziehen. Wer in einem Gefährt mit einem altmodischen Taxameter (am Armaturenbrett außen links) sitzt, hat schon fast verloren. Aber zum Glück gibt es die praktischen Umrechnungstabellen von der **Mumbai Traffic Police** (www.trafficpolicemumbai.org/Tariffcard_Auto_taxi_form.htm), die man sich ausdrucken und dabei haben sollte – so ist Schluss mit der Debatte (zumindest bis zur nächsten Fahrt).

GROSSRAUM MUMBAI

Elephanta Island

Die **Elephanta Island** (http://asi.nic.in/; Inder/Ausländer 10/250 ₹; ⌚Höhle Di–So 9–17.30 Uhr) mit ihren Felsentempeln liegt 9 km nordöstlich vom Gateway of India mitten im Hafen von Mumbai. Das Unesco-Weltkulturerbe ist den Trip übers Wasser auf jeden Fall wert. Das Labyrinth von Höhlentempeln, die in den Basaltfelsen der Insel geschlagen wurden, beherbergt einige der beeindruckendsten Tempelreliefs ganz Indiens. Der Haupttempel – eine umwerfende Kombination aus Höfen, Hallen, Säulen und Schreinen – ist Shiva geweiht. Die

ABSTECHER

SANJAY GANDHI NATIONAL PARK

Es ist kaum vorstellbar, dass man in nur 90 Minuten dem Gewimmel der Metropole entkommen kann und sich mitten in einem 104 km² großen, **unter Naturschutz stehenden Tropenwald** (☎28866449; Erw./Kind 30/15 ₹, 2-/4-Radfahrzeuge 15/50 ₹; ⏲7.30–18 Uhr) wiederfindet. Umgeben von bewaldeten Hügeln am nördlichen Ende der Stadt, treten hier eine üppige Flora, Vögel, Schmetterlinge und wild lebende Leoparden an die Stelle von Schmutz und Menschenmassen. Die wachsende Metropole und die Barackensiedlungen drängen sich immer dichter an den Rand dieses Naturschutzgebiets heran, doch der Status als Nationalpark sorgt dafür, dass es hier grün und ruhig bleibt.

Neben den ausgetretenen Wanderwegen zum Shilonda-Wasserfall und den Seen Vihar und Tulsi gibt es noch eine Löwen- und Tigersafari und die Kanheri-Höhlen – beliebte Ziele, wenn man die Hektik Mumbais für einen Tag hinter sich lassen will. Am nördlichen Haupteingang befindet sich ein Informationszentrum mit einer kleinen Ausstellung über die im Park lebenden Tiere. Vögel lassen sich am besten zwischen Oktober und April, Schmetterlinge zwischen August und November beobachten.

Hauptattraktion ist die 6 m hohe Statue des Sadhashiva – ein dreiköpfiger Shiva als Zerstörer, Schöpfer und Bewahrer des Universums. Der Anblick der gewaltigen Shivabüste – ihre Augen sind in ewiger Einkehr geschlossen – ist sicherlich eines der beeindruckendsten Erlebnisse einer Indienreise.

Die Tempel wurden wahrscheinlich zwischen 450 und 750 n. Chr. angelegt. Zu dieser Zeit hieß die Insel noch Gharapuri (Ort der Höhlen). Wegen des großen Steinelefanten in Ufernähe tauften die Portugiesen die Insel Elephanta. Die Trümmer des 1814 in sich zusammengefallenen Standbilds haben die Briten in den Jijamata Udyan in Mumbai gebracht.

Die englischsprachigen Führungen (im Preis des Deluxe-Bootstickets enthalten) sind recht interessant. Los geht's stündlich (jeweils zur halben Stunde) am Ticketstand. Vor Schleppern, die am Anleger warten und ihre Dienste anpreisen, muss man sich in Acht nehmen – die Führer für die im Ticketpreis enthaltenen englischsprachigen Führungen warten am Tempeleingang. Wer Zweifel hat, sollte sich den offiziellen Ausweis zeigen lassen.

Wer die Insel lieber auf eigene Faust erkunden möchte, holt sich am besten an einem der Stände entlang der Treppe die nützliche Broschüre *A Guide to the Elephanta Caves* von Pramod Chandra. Das kleine **Museum** der Insel erklärt anhand von informativen Schaubildern die Geschichte der Höhlen.

An- & Weiterreise

Barkassen (Touristen-/Luxusklasse 105/130 ₹) fahren dienstags bis sonntags zwischen 9 und 15.30 Uhr im Halbstundentakt vom Gateway of India zur Elephanta Island. Fahrkarten gibt's an den Ticketbuden am Apollo Bunder. Die Fahrt dauert eine gute Stunde.

Die Boote legen am Ende eines Betonpiers an. Von hier aus kann man zu den **Treppen** (Eintritt 5 ₹), die zu den Höhlen führen, laufen (ca. 3 Min.) oder den **Minizug** (10 ₹) nehmen. An der Treppe reihen sich Buden mit Kunsthandwerk aneinander. Außerdem streifen nervtötende Affen umher. Feste Schuhe sind auf der Insel ein Muss.

Maharashtra

Inhalt »

Gut essen

» Malaka Spice (S. 114)
» Biso (S. 107)
» Khyber (S. 87)
» The Grapevine (S. 118)
» Prem's (S. 114)

Schön übernachten

» Verandah in the Forest (S. 106)
» Hotel Sunderban (S. 113)
» Lemon Tree (S. 89)
» Beyond (s. Kasten S. 86)
» Osho Meditation Resort Guesthouse (S. 113)

Auf nach Maharashtra!

Von allen Bundesstaaten Indiens hat Maharashtra die drittgrößte Fläche und die zweitgrößte Einwohnerzahl. Idyllische Strände, erhabene Berge, unberührte Wälder und historische Attraktionen werden hier durch die unglaublichen Eindrücke, Geräusche, Gerüche und Aromen des Subkontinents ergänzt.

Rund um Nasik im äußersten Norden lässt sich ein seltsamer Mix aus Spiritualität, Meditation und Chardonnay feststellen. Dann folgt die kosmopolitische Großstadt Pune, die wegen ihres Sexgurus und für ihre Gastroszene bekannt ist. Im Westen locken einsame Küsten am Arabischen Meer mit vielen goldenen Sandstränden, langsam verfallenden Forts und smaragdgrünen Wäldern. Wer's ungewöhnlich mag, steuert den Osten an und beobachtet pirschende Tiger im dichten Tropendschungel oder geht nach Süden, wo tolle Tempel, abgefahrene Paläste und muskelbetonte Ringkampfaction warten. Genau der richtige Schmelztiegel? Dann nichts wie hinein!

Reisezeit

Nasik

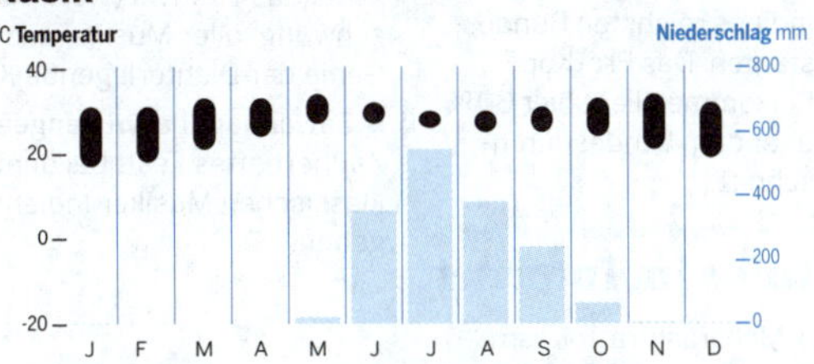

Januar Auf Nasiks Weingütern wird mit gut besuchten Banketten die Traubenernte gefeiert.

September Das energiegeladene Festival Ganesh Chaturthi erreicht seinen wilden Höhepunkt.

Dezember Der Winter ist ideal zum Besuch der Strände von Murud, Ganpatipule und Tarkarli.

VIELE FORTS

In puncto Forts kommt Maharashtra hinter Rajasthan auf Platz zwei. Am schönsten ist Fort Daulatabad (S. 93), das einst eine kurze Phase als Regierungssitz hatte. Faszinierend ist vor allem die Inselfestung Janjira (S. 104) aus dem 12. Jh., die ein Außenposten afrikanischer Händler war. Am tollsten aber sind die vielen Forts mit enger Verbindung zum Leben des Chhatrapati Shivaji – z. B. Fort Raigad (S. 119) oder Fort Shivneri (S. 117) als Geburtsort des Marathenführers.

Kurzinfos

» Bevölkerung: 112,4 Mio.

» Fläche: 307 690 km²

» Hauptstadt: Mumbai

» Hauptsprachen: Marathi, Hindi, Englisch

» Zimmerpreise: **$** unter 1000 ₹, **$$** 1000–4000 ₹, **$$$** ab 4000 ₹

Geld zählt

Maharashtra gehört zu Indiens reichsten Bundesstaaten: Das Pro-Kopf-Einkommen liegt hier 60 % über dem Landesdurchschnitt.

Infos im Internet

» Maharashtra Tourism Development Corporation (MTDC; www.maharashtratourism.gov.in)

» Maharashtra State Road Transport Corporation (MSRTC; www.msrtc.gov.in)

Top-Yoga- & Meditationszentren

Die **Vipassana International Academy** in Igatpuri (S. 88) ist seit Langem ein Ziel für alle, die durch strenge buddhistische Meditation ihren Geist über den Körper siegen lassen möchten. Das **Ramamani Iyengar Memorial Yoga Institute** in Pune (S. 112) und das **Kaivalyadhama Yoga Hospital** in Lonavla (S. 107) erweitern hingegen ständig die Grenzen des Yoga. Eine etwas großzügigere und sanftere Form der spirituellen Beschäftigung gestattet das äußerst luxuriöse **Osho International Meditation Resort** in Pune (S. 109): Dort kann man stilvoll meditieren und sich beim einzigartigen „Zennis" (Zen-Tennis) ein bisschen bewegen.

NICHT VERSÄUMEN!

Die uralten Höhlen von **Ellora** und **Ajanta** zählen zu Indiens architektonischen bzw. künstlerischen Highlights. Die Felskunst und die Höhlenmalerei dieser Welterbestätten stehen für erhabene Schönheit in größtmöglicher Perfektion.

Top-Feste in Maharashtra

» Naag Panchami (Aug.; Pune, S. 109, und Kolhapur, S. 119) Fest mit traditioneller Schlangenverehrung.

» Ganesh Chaturthi (Sept.; Pune, S. 109) Wird in ganz Maharashtra mit Inbrunst gefeiert, Pune aber verehrt die elefantenköpfige Gottheit besonders intensiv.

» Dussehra (Sept. & Okt.; Nagpur, S. 101, und Aurangabad, S. 89) Hinduistisches Fest; zudem feiern Buddhisten den Jahrestag der buddhistischen Bekehrung des berühmten Humanisten und Dalit-Führers B. R. Ambedkar.

» Ellora Ajanta Aurangabad Festival (Nov.; Aurangabad, S. 88) Das Kulturevent präsentiert die besten Klassik- und Folklorekünstler der Region. Nebenbei wirbt es für Kunsthandwerk und einige künstlerische Traditionen.

» Kalidas-Festival (Nov.; Nagpur, S. 101) Erinnert mit schwungvoller Musik, Tanz und Theater an das literarische Genie der Dichterlegende Kalidas.

» Sawai Gandharva Sangeet Mahotsav (Dez.; Pune, S. 109) Zauberhaftes Fest, bei dem ein paar der bekanntesten klassischen Musiker Indiens unvergessliche Vorstellungen geben.

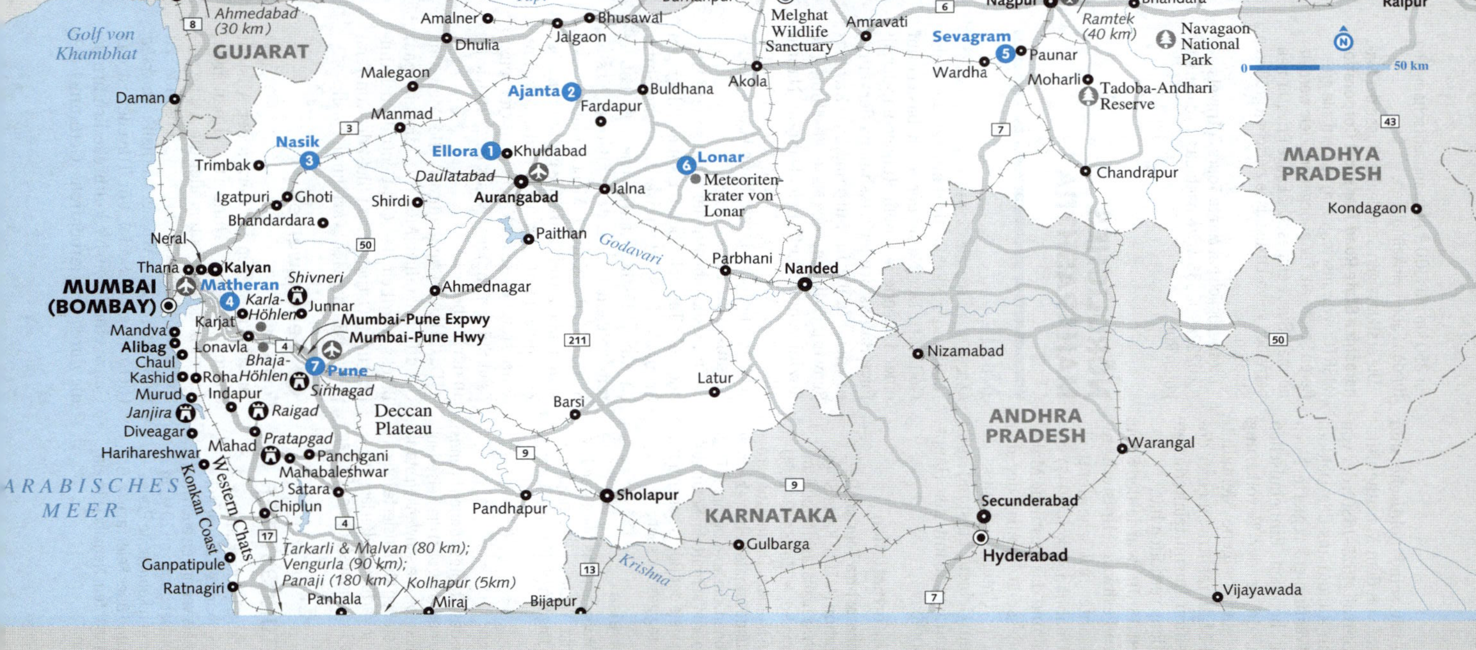

Highlights

1 Das Highlight der Höhlen von Ellora (S. 93) bewundern: die eindrucksvolle Schönheit des imposanten **Kailasa-Tempels**

2 In **Ajantas** (S. 96) Höhlengalerien über alte buddhistische Kunst staunen

3 In **Nasik** (S. 84) Zinfandel oder Sauvignon schlürfen und in Glauben und Ritualen schwelgen

4 In **Matheran** (S. 106) zum Echo Point reiten – oder nur die Minibahn überholen

5 Im **Sevagram Ashram** (Sevagram; S. 102) Gandhis Lebensweise neu entdecken

6 Am urzeitlichen **Meteoritenkrater von Lonar** (S. 101) sein Astronomiewissen auffrischen

7 In **Punes** (S. 109) Museen mehr über Indiens Kulturen und Traditionen lernen

Geschichte

Maharashtra erhielt seine politische und ethnische Identität von dem Marathenfürsten Chhatrapati Shivaji (1627–1680), der von seiner Residenz in Raigad aus den Dekkan und große Teile Westindiens regierte. Noch heute ist Shivaji bei den Einheimischen hoch angesehen, da er der Bevölkerung der Region eine starke eigene Mentalität eingehaucht und Maharashtra zu einer dominierenden Position im mittelalterlichen Machtgefüge Indiens verholfen hat.

Ab dem frühen 18. Jh. wurde der Staat von verschiedenen Peshwas (Ministern) regiert, bis er 1819 unter britische Kontrolle geriet. Nach der Unabhängigkeit (1947) vereinte man Gujarat und das westliche Maharashtra zum Bundesstaat Bombay, der aber nur kurz existierte: Unter Ausschluss der gujaratisprachigen Gebiete entstand 1960 das heutige Maharashtra mit der Hauptstadt Mumbai (Bombay).

ℹ Praktische Informationen

Die Zentrale der **Maharashtra Tourism Development Corporation** (MTDC; Karte S. 44; ☎02222845678; www.maharashtratourism.gov.in; Madame Cama Rd; ⏲Mo–Sa 10–17.30 Uhr) befindet sich in Mumbai. Die meisten größeren Städte des Bundesstaats haben ebenfalls Touristeninformationen, die aber oft nur MTDC-Unterkünfte und -Touren vermitteln. Sonntags ist überall Ruhetag; viele der Büros haben auch jeden zweiten Samstag geschlossen.

ℹ An- & Weiterreise

Mumbai (S. 76) ist Maharashtras bedeutendster Verkehrsknotenpunkt. Wichtige Rollen spielen auch Pune (S. 116), Jalgaon (S. 101) und Aurangabad (S. 93).

ℹ Unterwegs vor Ort

Aufgrund der Größe des Staates können Inlandsflüge (z. B. von Pune nach Nagpur) die Reisedauer verkürzen. Die Ticketpreise schwanken stark und täglich. Überall stehen klimatisierte Indica-Taxis (ca. 7 ₹/km) zur Verfügung. Bei langen Trips sollte man pro Tag mindestens den Betrag für 250 km plus 100 ₹ Aufwandsentschädigung für den Fahrer einkalkulieren.

Die erstklassigen Semideluxe-Busse der **Maharashtra State Road Transport Corporation** (MSRTC; www.msrtc.gov.in) steuern alle größeren Städte an. Für entlegenere Ziele werden normale Busse eingesetzt. Einige Privatfirmen betreiben Volvo-Luxusbusse zwischen größeren Städten.

Diesbezüglich hat **Neeta Tours & Travels** (☎02228902666; www.neetabus.in) einen sehr guten Ruf.

ÜBERNACHTUNGSSTEUER

Maharashtra besteuert Unterkünfte unter 1200 ₹ mit 4 %, teurere Zimmer mit 10 %. Manche Hotels verlangen auch noch eine extra Aufwandsabgabe von 10 %. In Touristenhochburgen können die Preise am Wochenende und über Feiertage (z. B. Diwali, Holi, Weihnachten, Neujahr) um ein Vielfaches steigen.

NÖRDLICHES MAHARASHTRA

Nasik

☎0253 / 1,2 MIO. EW. / 565 M

Nasik (oder Nashik) liegt am heiligen Fluss Godavari. Der Name der Stadt basiert auf einer Legende aus dem Ramayana, derzufolge Ramas Bruder Lakshmana der dämonischen Zauberin Surpanakha (Ravanas Schwester) die *nasika* (Nase) abschlug. Die faszinierende Stadt macht ihrem Namen alle Ehre: Alle paar Meter erinnern exotische Tempel oder bunte Bade-Ghats an das hinduistische Epos.

Zu Nasiks spiritueller Atmosphäre trägt auch die Tatsache bei, dass hier Pilger gen Trimbak (S. 88; 33 km westlich) und Shirdi (79 km südöstlich) aufbrechen. In Letzterem lebte einst der erste Sai Baba (s. Kasten S. 88). Mit der Kumbh Mela findet in Nasik zudem alle zwölf Jahre die größte religiöse Zusammenkunft der Welt statt. Alle drei Jahre steigt diese im Wechsel an vier religiösen Stätten Indiens. Nasik ist 2015 wieder an der Reihe.

Das Handelszentrum ist die Mahatma Gandhi Rd (alias MG Rd), die ein paar Blocks nördlich des Old-Central-Busbahnhofs liegt. Östlich davon fließt der von Tempeln gesäumte Godavari durch Nasik.

👁 Sehenswertes

Ramkund GHAT

Zu diesem Becken im Herzen der Altstadt strömen täglich Hunderte Hindupilger, um zu baden, zu beten oder die Asche verstorbener Angehöriger bzw. Freunde zu verstreuen: Das Wasser verheißt *moksha* (Befreiung der Seele). Für Traveller ist das Ganze eine intensive kulturelle Erfahrung, die durch das farbenfrohe Getümmel des

Nasik

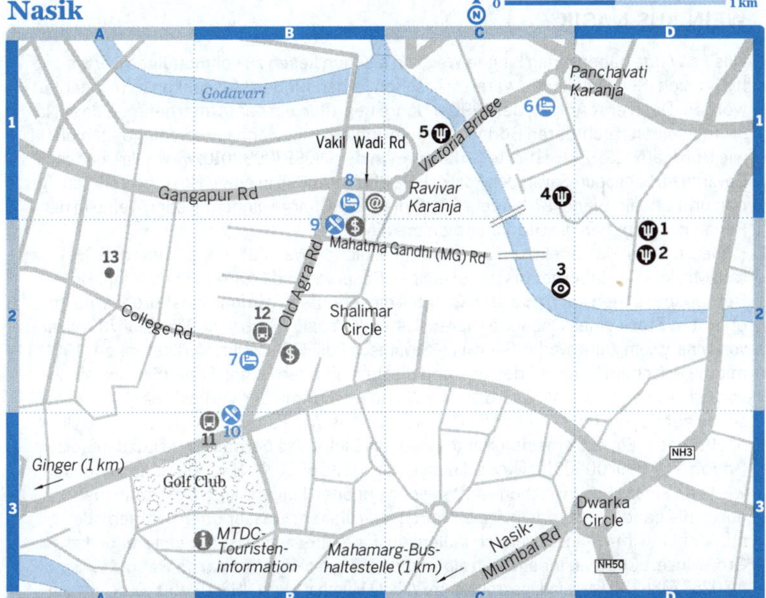

Marktes weiter flussabwärts noch verstärkt wird. Fotografieren ist erlaubt, sollte aber angemessen diskret geschehen.

Tempel HINDUTEMPEL

Nach einem kurzen Fußmarsch bergauf stößt man östlich des Ramkund auf den **Kala-Rama-Tempel** von 1794. Nasiks heiligster Schrein beherbergt außergewöhnliche Darstellungen von Rama, Sita und Lakshmana aus schwarzem Stein. Er steht an dem Ort, an dem Lakshmana die Nase der Surpanakha abschlug. Im nahen **Gumpha Panchavati** soll sich Sita vor den Angriffen des bösen Ravana versteckt haben.

Der baufällige **Sundar-Narayan-Tempel** am Westende der Victoria Bridge beherbergt drei schwarze Vishnus. Rund 7 km südöstlich der Stadt findet man in Bahnhofsnähe den modernen **Muktidham-Tempel,** dessen Innenwände mit Bildern aus 18 Kapiteln der Bhagavadgita verziert sind.

Alle genannten Tempel sind von 6 bis 21 Uhr geöffnet.

Schlafen & Essen

Panchavati HOTEL $$

(www.panchavatihotels.com; 430 Chandak Wadi, Vakil Wadi Rd) Wer nicht langwierig nach einem bequemen Bett in der Stadt suchen möchte, begibt sich direkt zu diesem tollen Komplex aus vier Hotels und einigen beliebten Restaurants. Der ist jede Rupie wert und hat für jeden Geldbeutel etwas zu bieten. Am günstigsten ist das **Panchavati Guest House** (☎2578771; EZ/DZ ab 500/600 ₹; ❄) mit fixem Service und etwas beengten, aber sauberen Zimmern.

Nasik

WEIN AUS NASIK

Nasiks Weine haben einen langen Weg von laschen Lesen zu vollmundigen Sorten hinter sich. Seit Ewigkeiten waren hier schon Reben für den Massenkonsum angebaut worden. Doch erst Anfang der 1990er-Jahre begriffen ein paar Unternehmer, dass Nasik mit seinen fruchtbaren Böden und dem kühlem Klima ähnliche Bedingungen bietet wie Bordeaux. 1997 investierte **Sula Vineyards** (☎09970090010; www.sulawines.com; Govardhan, Gangapur–Savargaon Rd; ⏲11–22 Uhr) furchtlos in einen Bestand von Sauvignon und Chenin Blanc. So landete 2000 die erste Charge einheimischer Weine in den Regalen. Das haben die Branchenpioniere nie bereut.

Heute reicht das Spektrum der meisten örtlichen Weingüter von Zinfandel, Syrah, Merlot und Cabernet bis hin zu einigen Réserve- und Champagnersorten. Bei Betriebsbesuchen kann man den Großteil dieser guten Tropfen selbst probieren. Im obersten Stock eines Gebäudes veranstaltet die **York Winery** (☎02532230700; www.yorkwinery.com, Gangavarhe, Gangapur–Savargaon Rd; ⏲15–22 Uhr) Verkostungen (100 ₹) mit malerischem Blick auf den See und die umliegenden Hügel. Etwa 15 km westlich von Nasik rundet Sula Vineyards seine Weinbergtour mit der Verkostung (150 ₹) von sechs der besten hauseigenen Sorten ab. Manche Weingüter ermöglichen auch Übernachtungen. Ein extrem entspanntes Erlebnis bietet das bezaubernde Luxusresort **Beyond** (☎09970090010; www.sulawines.com; DZ ab 6000 ₹; ❄🏊), das 3 km landeinwärts an einem See zwischen sanft geschwungenen Hügeln liegt. Dort kann man durch die Landschaft radeln, Kajaktouren auf ruhigem Wasser unternehmen oder stundenlang im Wellnessbereich faulenzen. Eine Alternative ist ein weiterer örtlicher Großwinzer: Chateau Indage betreibt mit dem **Tiger Hill Vineyards Resort & Spa** (☎02532336274; www.indagegroup.com; Vilholi, Mumbai–Agra NH3; DZ ab 3500 ₹; ❄) ein stilvolles Refugium inklusive Weinbar rund 10 km südlich von Nasik. Die Gäste können den Genuss des charakteristischen Chardonnay mit einer entspannenden Traubenkernölmassage kombinieren.

Während der Weinernte (Jan.–März) organisieren manche Betriebe auch äußerst ausgelassene Wettbewerbe im Traubenstampfen, die meist auf der jeweiligen Website angekündigt werden.

Das etwas einladendere **Panchavati Yatri** (☎2578782; EZ/DZ ab 1100/1350 ₹; ❄) hat einen zuverlässigen Service, hilfsbereites Personal, ein eigenes Fitnessstudio und super Zimmer mit Warmwasserduschen. Die noblen Quartiere des teureren **Hotel Panchavati** (☎2575771; EZ/DZ ab 1299/1499 ₹; ❄) im vorderen Bereich des Komplexes sind vor allem für Geschäftsreisende vorgesehen. Und schließlich wäre da auch noch das opulente, stimmungsvolle **Panchavati Millionaire** (☎2312318; EZ/DZ 1600/1950 ₹; ❄) mit fürstlichen Zimmern und behaglichen Sitzbereichen, in denen man prima eine dampfende Tasse Morgentee genießen kann.

Hotel Samrat HOTEL $$

(☎2577211; www.hotelsamratnasik.com; Old Agra Rd; EZ/DZ ab 900/1175 ₹; ❄) Hier, direkt neben dem Busbahnhof, gibt's kaum was zu meckern: Die einladenden Zimmer in geschmackvollen Beige- und Brauntönen besitzen große Fenster sowie Mobiliar mit Elementen aus Kiefernholz. Das tadellose vegetarische Restaurant hat rund um die Uhr geöffnet und ist daher auch immer gut besucht.

Hotel Abhishek HOTEL $

(☎2514201; www.hotelabhishek.com; Panchavati Karanja; EZ/DZ 345/450 ₹, EZ/DZ mit Klimaanlage 600/675 ₹; ❄) Diese angenehme Budgetoption hinter dem Panchavati-Karanja-Kreisverkehr hat gepflegte Zimmer mit gutem Preis-Leistungs-Verhältnis. Hinzu kommen Warmwasserduschen, TV und appetitliches vegetarisches Essen. Das Ganze liegt nur wenige Gehminuten oberhalb des Godavari und so mitten im spirituellen Rummel. Super Ausgangspunkt, um sich komplett von der besten (und lautesten) Seite des heiligen Indiens überwältigen zu lassen!

Ginger HOTEL $$

(☎6616333; www.gingerhotels.com; Plot P20, Satpur MIDC, Trimbak Rd; EZ/DZ 1799/2299 ₹; ❄📶) Während das Ginger woanders sicher eine Topadresse wäre, verliert es in Nasik gegen seine Konkurrenz – vor allem, weil es ein paar Kilometer westlich der Innenstadt steht. In erster Linie ist dies ein Businesshotel mit Do-it-yourself-Service, das aber mit vielen luxuriösen Extras und Einrichtungen punktet. Zudem sind die Zimmer luftig wie eine Herbstbrise.

LP TIPP **Khyber** AFGHANISCH $$ (Panchavati Hotel Complex; Hauptgerichte 180–230 ₹) Wer hier nur einen saftigen Bissen von einer beliebigen Hausspezialität kostet, wähnt sich wahrscheinlich sofort in Kandahar. Das Khyber zählt zweifellos zu Nasiks besten Spitzenlokalen. Hierfür sorgen tolles Ambiente (Schummerlicht, glänzende Glaswaren, Teakholzmöbel) und eine großen Anzahl von Köstlichkeiten. Absolut Pflicht ist das *murgh shaan-e-khyber*: Die saftigen Hühnchenfleischstücke werden mit Kräutern mariniert und in cremiger Sauce gekocht.

Annapoorna Lunch Home FAST FOOD $ (MG Rd; Hauptgerichte 50 ₹) Wie am Fließband serviert dieser hektische Laden nonstop alle üblichen Imbissgerichte. Somit gibt's keine Überraschungen, aber auch kaum Grund zur Beschwerde: Das supergünstige Essen kommt frisch aus der Pfanne. Zur betriebsamen Mittagszeit sind freie Plätze häufig Mangelware.

Talk of the Town INTERNATIONAL $$ (Old Agra Rd; Hauptgerichte 150–180 ₹) Dass das gehobene Restaurant neben dem New-Central-Busbahnhof mehr Zechbrüder als Hungrige anzieht, sagt nichts über die Essensqualität aus. Die gute Menüauswahl im zweistöckigen Speiseraum deckt die Küchen Nordindiens, Chinas und der Küste ab. Dazu passt ein erfrischendes Lager.

Praktische Informationen

Cyber Café (Vakil Wadi Rd; 20 ₹/Std.; ⏲10–22 Uhr) Nahe dem Panchavati-Hotelkomplex.

MTDC (☎2570059; T/I, Golf Club, Old Agra Rd; ⏲Mo–Sa 10.30–17.30 Uhr) Touristeninfos ca. 1 km südlich des Old-Central-Busbahnhofs.

State Bank of India (Old Agra Rd; ⏲Mo–Fr 11–17, Sa 11–13 Uhr) Gegenüber vom Old-Central-Busbahnhof; hat einen Geldautomaten und tauscht Bargeld sowie Reiseschecks um.

HDFC Bank (MG Rd) Mit Geldautomat (24 Std.).

Anreise & Unterwegs vor Ort

Bus

Nasiks **Old-Central-Busbahnhof** (CBS) ist nützlich, wenn man eine Tour nach Trimbak (27 ₹, 45 Min.) machen möchte. Vom **New-Central-Busbahnhof** geht's einen Block weiter südlich nach Aurangabad (Semideluxe 199 ₹, 4½ Std.) und Pune (Semideluxe/Deluxe 213/360 ₹, 4½ Std.). An der **Mahamarg-Bushaltestelle** südlich der Stadt besteht Verbindung nach Mumbai (Semideluxe 211 ₹, 4 Std.) und Shirdi (90 ₹, 2½ Std.).

Die **privaten Busfirmen** nahe dem CBS bedienen Pune, Mumbai, Aurangabad und Ahmedabad nur unwesentlich günstiger als staatliche Linien. Achtung: Diese Privatbusse starten an der Old Agra Rd! Bei Ziel Mumbai endet die Fahrt meist am Dadar.

Zug

Der Bahnhof an der Nasik Rd liegt 8 km südöstlich vom Zentrum. Allerdings gibt es 500 m westlich vom CBS ein praktisches **Zugreservierungsbüro** (1. Stock, Commissioner's Office, Canada Corner; ⏲Mo–Sa 8–20 Uhr). Der *Panchavati Express* rollt am schnellsten nach Mumbai (2. Klasse/Chair Class 75/263 ₹, 3½ Std., 7 Uhr). Der *Tapovan Express* ist der einzige brauchbare Direktzug nach Aurangabad (2. Klasse/Chair Class 66/233 ₹, 3½ Std., 9.50 Uhr). Eine Autorikscha zum Bahnhof kostet ca. 70 ₹.

Rund um Nasik

BHANDARDARA

Rund 70 km von Nasik entfernt liegt das malerische Dorf Bhandardara tief in den Tälern der Sahyadris. Dieser wenig besuchte Ort inmitten schroffer Berge ist bis heute einer von Maharashtras besten Geheimtipps für Traveller: Mangels Massentourismus verspricht er super Erholung vom Trubel des städtischen Indiens. Allerdings kann man sich ja denken, dass die hiesige Atmosphäre in naher Zukunft ganz anders sein wird – also nichts wie hin!

Die meisten Ortsansässigen wohnen rund um den spektakulären, hufeisenförmigen **Arthur-Stausee.** Dieser wird vom Pravara gespeist, dessen Wasser der kolonialzeitliche **Wilson-Damm** von 1910 auf einer Seeseite am Abfließen hindert. Für Wanderfreunde empfiehlt sich der Aufstieg zum Gipfel des **Mt. Kalsubai** (1646 m), der den Marathen einst als Beobachtungspunkt diente. Eine Alternative ist der Marsch zu einem weiteren Ex-Bollwerk des Shivaji: Die Ruinen von **Fort Ratangad** punkten mit herrlichem Blick auf die umliegenden Gebirgszüge.

Das charmante, umweltfreundliche **Anandvan Resort** (☎9920311221; www.anandvanresorts.com; DZ ab 5500 ₹; ❄) vermietet gemütliche Hütten bzw. Villen mit Blick auf den Arthur-Stausee – sehr stilvoll. Etwas weiter bergab liegt das ähnlich gute **MTDC Holiday Resort** (☎02424257032; DZ ab 1200 ₹; ❄).

Um herzukommen, einfach von der Mahamarg-Bushaltestelle in Nasik per Regionalbus nach Ghoti (30 ₹, 1 Std.) fahren und dort eine Autoriksha (60 ₹) nach Bhandardara nehmen. Wer will, kann auch ein Taxi ab Nasik direkt zum gewählten Resort nehmen (1200 ₹).

IGATPURI

Interesse an *vipassana?* Dann auf zum Dorf Igatpuri! Etwa 44 km südlich von Nasik kann man nämlich selbst erleben, wo und wie das Ganze vonstatten geht. Mit der **Vipassana International Academy** (☎02553244076; www.dhamma.org) befindet sich hier der Hauptsitz des weltgrößten *vipassana*-Meditationszentrums. Man kann Unterricht in dieser strengen Meditationsform nehmen, die erstmals im 6. Jh. v. Chr. von Gautama Buddha vermittelt und während der 1960er-Jahre vom Lehrmeister S.N. Goenka erneut in Indien eingeführt wurde. Vor Ort finden ganzjährig Kurse mit Übernachtung statt. Eine Teilnahme muss immer im Voraus gebucht werden, und die Kursleiter warnen, dass extreme Disziplin vonnöten ist – ein vorzeitiger Ausstieg wird nicht gern gesehen. Meditationsunterricht plus einfache Unterkunft und Essen gibt's gratis. Spenden nach dem erfolgreich absolvierten Kurs sind jedoch willkommen.

TRIMBAK

Einer der heiligsten Tempel Indiens, der **Trimbakeshwar-Tempel**, steht 33 km westlich von Nasik im Zentrum Trimbaks. Mit dem *jyoti linga* beherbergt er einen der zwölf wichtigsten Shiva-Schreine. Nur Hindus haben Zutritt, Andersgläubige dürfen aber in den Hof hineinspähen. In der Nähe strömt das Wasser des Godavari in das **Gangadwar-Badebecken**, das jeden zum Abwaschen seiner weltlichen Sünden einlädt. Ansonsten kann man auch den **Brahmagiri-Hügel** besteigen (hin & zurück 4 Std.) und dabei der Quelle des Godavari einen Besuch abstatten.

Vom CBS in Nasik fahren regelmäßig Busse nach Trimbak (26 ₹, 45 Min.).

Aurangabad

☎0240 / 892 400 EW. / 515 M

Im turbulenten mittelalterlichen Indien war Aurangabad eine ganz kleine Nummer. Zwischen 1653 und 1707 rückte es unter dem letzten Großmoguls Aurangzeb nur kurz als Hauptstadt ins Rampenlicht. Mit dem Tod des Herrschers schwand Aurangabads Bedeutung schnell wieder. Von der kurzen Ruhmeszeit zeugen dennoch faszinierende Bauten, u. a. ein Nachbau des Tadsch Mahal (Bibi-qa-Maqbara), die bis heute einen kleinen, aber beständigen Besucherstrom anlocken. Auch weitere historische Relikte wie eine Reihe uralter buddhistischer Höhlen machen Aurangabad zu einem lohnenden Ziel für Wochenendausflüge. Der Hauptgrund für den langen Weg hierher besteht jedoch darin, dass die Stadt ein super Startpunkt für Trips zu den Welterbestätten Ellora und Ajanta ist.

Der wichtigste Wirtschaftsfaktor hier war einst die Seidenproduktion. Noch heute ist Aurangabad weltweit für seine handgewebten Himroo- und Paithani-Saris bekannt (s. „Shoppen", S. 92).

Der Bahnhof, die Budgethotels und die günstigen Restaurants sind vor allem entlang der Station Rd East bzw. West im Süden der Stadt zu finden. Der MSRTC-Bus-

SAI BABA VON SHIRDI

Sein Kultstatus als Guru ist legendär, manche sind von seiner Göttlichkeit überzeugt. Doch trotz seiner Popularität bleibt Sai Baba eine der rätselhaftesten Figuren Indiens: Niemand kennt seine Herkunft, seinen wirklichen Namen, sein Geburtsdatum oder Fakten zu seiner Kindheit. Mitte der 1800er-Jahre erschien Sai Baba als ca. 16-Jähriger erstmals in der Stadt Shirdi bei Nasik. Dort predigte und praktizierte er religiöse Toleranz, indem er abwechselnd in einer Moschee und in einem Hindutempel übernachtete bzw. betete. So wurde Sai Baba schnell sehr beliebt. Als er 1918 starb, hatten ihm die vielen ihm zugeschriebenen Wunder zahllose Anhänger eingebracht. Heute wird seine Tempelanlage in Shirdi pro Tag von ca. 40 000 Pilgern besucht. Interessanterweise starb in Andhra Pradesh kürzlich ein anderer angesehener Guru, Sathya Sai Baba (1926–2011) – die selbsternannte Reinkarnation von Sai Baba (s. S. 259).

bahnhof liegt 1,5 km nördlich vom Bahnhof. Nordöstlich vom Busbahnhof befindet sich die belebte Altstadt mit ihren engen Straßen und dem muslimischen Viertel. Interessant: Aurangabad hat auch eine große buddhistische Gemeinde, die im Geist des Humanisten und sozialen Führers B.R. Ambedkar agiert. Zu Dussehra feiert sie dessen Bekehrung zum Buddhismus.

Sehenswertes

Bibi-qa-Maqbara DENKMAL

(Inder/Ausländer 5/100 ₹; Sonnenaufgang–22 Uhr) Aurangzebs Sohn Azam Khan errichtete das Bibi-qa-Maqbara 1679 als Mausoleum für seine Mutter Rabia-ud-Daurani. Vier Minarette flankieren den zentralen Bau mit seiner zwiebelförmigen Kuppel. Weithin als „Taj Mahal für Arme" bekannt, sieht das weiße Grabmal dem Original in Agra verblüffend ähnlich. Allerdings ist es deutlich kleiner und besteht, abgesehen von ein paar Marmorverzierungen, größtenteils aus Kalkmörtel. Nach Vorbild des Tadsch wollte der Prinz das ganze Mausoleum offenbar ursprünglich aus weißem Marmor errichtet. Diesen Plan durchkreuzte jedoch sein sparsamer Vater, der gar nichts davon hielt, Staatsgelder für solch einen extravaganten Bau zu verschwenden. Doch trotz des günstigeren Materials und der unübersehbaren Verwitterung wirkt das Ganze deutlich eindrucksvoller als eine x-beliebige Grabstätte. Zum Recherchezeitpunkt wurde die zentrale Zwiebelkuppel gerade restauriert. Mittlerweile sollte sie wieder ganz im alten Glanz erstrahlen.

Höhlen von Aurangabad HÖHLE

(Inder/Ausländer 5/100 ₹; Sonnenaufgang–Sonnenuntergang) Rein vom architektonischen Gesichtspunkt können die Höhlen von Aurangabad keinesfalls mit denen von Ellora oder Ajanta konkurrieren. Dennoch sind sie ein Stück frühbuddhistische Architekturgeschichte und punkten in erster Linie mit friedvoller Ruhe. Die zehn durchweg buddhistischen Höhlen wurden im 6. oder 7. Jh. n.Chr. aus dem Fels geschlagen. Sie bilden zwei Gruppen, die 1 km voneinander entfernt liegen und mit demselben Ticket besichtigt werden können. Besonders kunstvoll wirkt Höhle 7 mit Skulpturen spärlich bekleideter Liebespaare in anzüglichen Positionen. Die Höhlen liegen ca. 2 km nördlich des Bibi-qa-Maqbara. Von dort aus sollte eine Fahrt mit der Autorikscha höchstens 150 ₹ (hin & zurück) kosten.

Panchakki GARTEN

(Inder/Ausländer 5/20 ₹; 6.15–21.15 Uhr) Das Gartengelände von Panchakki (wörtl. „Wasserrad") ist nach der Mühle benannt, die einst als Wunder der Technik galt und Getreide für die Pilger zerkleinerte. Die schlichte Anlage funktioniert heute noch und wird durch Wasser angetrieben, das durch tönerne Leitungen vom 6 km entfernten Fluss hierherfließt.

Vor Ort findet man auch das Grab des Sufi-Heiligen Baba Shah Muzaffar, der Aurangzeb spirituell begleitete. Nahe einem großen, schattigen Banyan-Feigenbaum wird sein **Gedenkgarten** von einer Reihe fischreicher Teiche flankiert.

Shivaji Museum MUSEUM

(Dr. Ambedkar Rd; Eintritt 5 ₹; Fr–Mi 10.30–18 Uhr) Das schlichte Museum widmet sich dem Leben des Marathen-Helden Shivaji. Es zeigt z.B. ein 500 Jahre altes Kettenhemd und die Kopie eines Koranexemplars aus Aurangzebs eigener Feder.

Geführte Touren

Classic Tours (S. 92) sowie die **Indian Tourism Development Corporation** (ITDC; 2331143) veranstalten täglich Bustouren zu den Höhlen von Ajanta (400 ₹) und Ellora (270 ₹). Der Tourpreis beinhaltet jeweils einen Führer, aber nicht den eigentlichen Eintritt. Die Ellora-Tour führt auch zu allen anderen Attraktionen Aurangabads sowie zu Fort Daulatabad und Aurangzebs Grabstätte in Khuldabad – ganz schön viel für einen einzigen Tag! Alle Touren starten am MTDC Holiday Resort. Wenn nicht viel los ist, arbeiten die Anbieter oft zusammen und setzen ihre Kunden in einen einzigen Bus.

Tipp für individuelle Trips: **Ashoka Tours & Travels** (S. 92) betreibt eigene, anständige Taxis für maßgeschneiderte Fahrten durch Aurangabad bzw. nach Ajanta und Ellora.

Schlafen

LP TIPP **Lemon Tree** HOTEL $$$

(6603030; www.lemontreehotels.com; R7/2 Chikalthana, Airport Rd; EZ/DZ inkl. Frühstück ab 3499/4499 ₹;) Frisch wie Limo: Diese noble und komplett neue Boutiquehotelanlage umgibt den (unserer Meinung nach) besten Pool des Dekkan. Sie animiert sogar reine Sightseeing-Touristen dazu, in Aurangabad zu bleiben. In den extrem behaglichen Zimmern bilden fröhliche, tropische Farbtöne einen Kontrast zu

Aurangabad

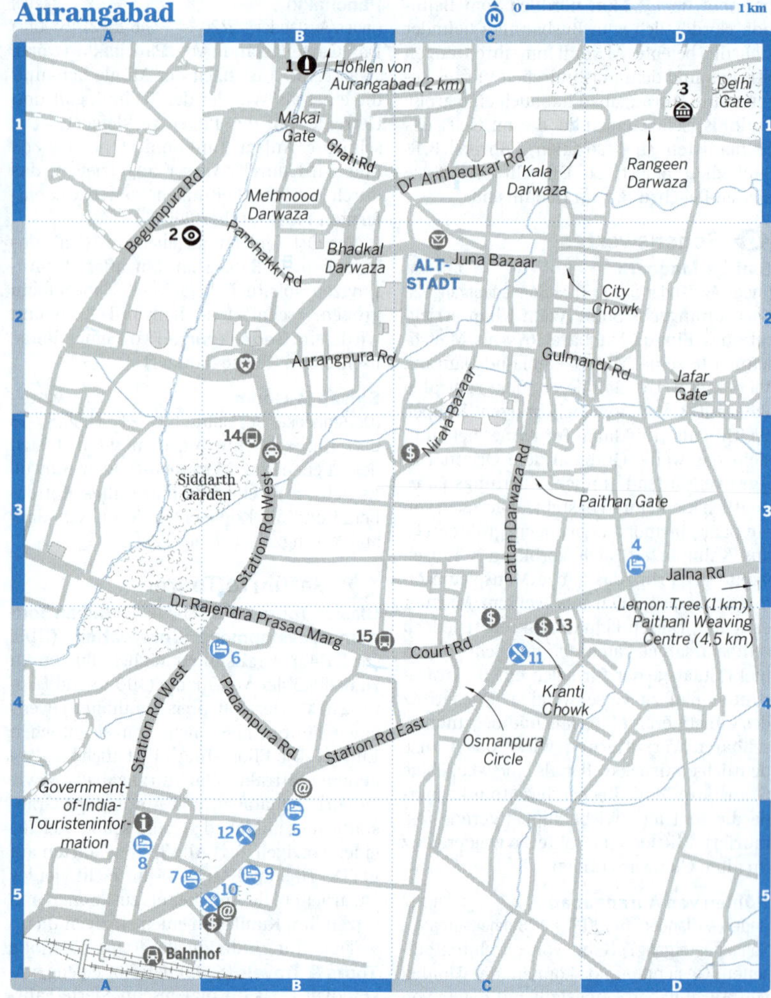

den schneeweißen Wänden. Für noch mehr Klasse sorgen das formelle Citrus Café und die Bar Slounge, in der man Mitreisende beim Bechern zu einer Partie Poolbillard auffordern kann. So wird ein Aufenthalt hier garantiert angenehm.

MTDC Holiday Resort HOTEL $$
(☎2331513; Station Rd East; DZ ohne/mit Klimaanlage ab 1100/1300 ₹; ❄) Das seltsam chaotische Resort mit flottem Service und anständigem Restaurant zählt zu Maharashtras besseren staatlichen Hotels. Es umgibt eine reizende, beschattete Rasenfläche. Die großen, kürzlich renovierten Wohngebäude beherbergen etwas charakterlose, aber geräumige und saubere Zimmer. Zudem gibt's hier eine gut bestückte Bar sowie einige Reisebüros und Souvenirshops. Von März bis Juli bezahlen Gäste 20 % weniger.

Hotel Panchavati HOTEL $
(☎2328755; www.hotelpanchavati.com; Station Rd West; EZ/DZ 525/625 ₹, EZ/DZ mit Klimaanlage 775/900 ₹; ❄) Das Panchavati ist meist bis zum Anschlag belegt und etabliert sich gerade schnell unter den besseren Hotels der Stadt – ein ziemlicher Gegensatz zu der Zeit, in der es noch herbe Kritik von Travellern erntete. In den kompakten, aber um-

Aurangabad

Sehenswertes
1 Bibi-qa-Maqbara B1
2 Panchakki A2
3 Shivaji Museum D1

Schlafen
4 Hotel Amarpreet D3
5 Hotel Nandanvan B5
6 Hotel Panchavati B4
7 MTDC Holiday Resort A5
8 Tourist's Home A5
9 VITS B5

Essen
China Town .... (siehe 4)
Kailash .... (siehe 5)
10 Prashanth B5
11 Swad Veg Restaurant C4
12 Tandoor B5

Praktisches
Ashoka Tours & Travels .... (siehe 6)
Classic Tours .... (siehe 7)
MTDC-Büro. .... (siehe 7)
13 State Bank of India C4

Transport
14 MSRTC-Busbahnhof B3
15 Private Busfirmen B4

sichtig ausgestatteten Zimmern mit bequemen Betten liegen gemusterte Läufer, die zu den Polstermöbeln und pastellfarbenen Wänden passen. Auch dank dem freundlichen, tüchtigen Management dominiert diese Unterkunft die Preis-Leistungs-Skala.

VITS HOTEL $$$
(☎2350701; www.vitshotelaurangabad.com; Station Rd East; EZ/DZ inkl. Frühstück 5500/6500 ₹; ❄📶🏊) Das bahnhofsnahe VITS mit seiner todschicken Lobby hat das Motto „Guest. Rest. Best". Das bedeutet im Grunde: Hier warten tolle Luxuszimmer mit allen üblichen Top-Extras eines Spitzenklassehotels. Ein lokaler Ableger der Wellnesskette Four Fountains steigert den Genussfaktor noch.

Hotel Nandanvan HOTEL $
(☎2338916; Station Rd East; EZ/DZ 450/550 ₹, EZ/DZ mit Klimaanlage 650/750 ₹; ❄) Die ungewöhnlich großen, sauberen Zimmer punkten mit super Lage nahe dem Kailash Restaurant. Highlight: In dem gut geführten Hotel sind die Toiletten sauberer als in vielen anderen örtlichen Budgethotels. Allerdings hört man den Hauptstraßenlärm.

Hotel Amarpreet HOTEL $$
(☎6621133; www.amarpreethotel.com; Jalna Rd; EZ/DZ ab 2800/3600 ₹; ❄@) Man muss es dem Amarpreet lassen: Man gibt sich hier große Mühe. Die Zimmer erwecken mitunter den Eindruck, dass das Preis-Leistungs-Verhältnis woanders besser sein könnte. Dafür entschädigt das stets lächelnde Management mit höflichem Service, super Haushaltsführung sowie einer feinen Auswahl von Gerichten und alkoholischen Getränken. Am besten nach einem Westflügelzimmer mit prima Aussicht auf das Bibi-qa-Maqbara fragen!

Tourist's Home HOTEL $
(☎2337212; Station Rd West; DZ ohne/mit Klimaanlage 400/1000 ₹; ❄) So einfach wie es nur geht: Trotz kürzlich erfolgter Renovierung sind die meisten Zimmer zwar gut belüftet, aber sehr spartanisch. Gemäß dem Aushang am Eingang sind hier einige Regeln und Bestimmungen zu beachten. Pluspunkte: das freundliche Management und die Nähe zum Bahnhof.

Essen

China Town CHINESISCH $$
(Hotel Amarpreet, Jalna Rd; Hauptgerichte 180–200 ₹) Für eine Stadt wie Aurangabad serviert das Hausrestaurant des Hotels Amarpreet überraschend hochwertiges chinesisches Essen. Die gute Nudelauswahl passt hervorragend zu den vielen Hühnchen- und Lammvariationen. Alles kommt appetitlich angerichtet und in schönen Räumlichkeiten auf den Tisch.

Swad Veg Restaurant INDISCH $
(Kanchan Chamber, Station Rd East; Hauptgerichte 70–80 ₹) Seit seinen Entwicklungsjahren hat es dieses ordentliche und saubere Kellerlokal mittlerweile weit gebracht: Neben einer tollen Auswahl von indischen Standardgerichten bzw. Snacks tischt es auch diverse Pizzas, Eiscremesorten und Shakes auf. Empfehlenswert ist der gujaratische Thali (110 ₹) mit zahllosen Einzelgerichten, die unter dem wohlwollenden Blick des Schutzheiligen Swami Yogiraj Hanstirth vertilgt werden. Dessen Porträt ziert eine Wand des Restaurants.

Tandoor NORDINDISCH $$
(Shyam Chambers, Station Rd East; Hauptgerichte 160–180 ₹) Eines von Aurangabads besten eigenständigen Restaurants serviert tolle Tandoori-Gerichte und nordindische Köstlichkeiten mit oder ohne Fleisch in schrä-

ger „pharaonischer“ Atmosphäre. Hinzu kommen ein paar chinesische Variationen. Gäste bevorzugen aber ganz klar Essen aus dem - genau - Tandoor.

Kailash INDISCH $

(Station Rd East; Hauptgerichte 70–80 ₹) Das geschäftige, rein vegetarische Lokal neben dem Hotel Nandanvan empfängt Gäste in schickem Ambiente. Nach einem langen Sightseeing-Tag kann man sich hier zwischen Glas und Chrom zurücklehnen, um verschiedene lokale Leckereien zu verputzen. Die werden von schnieke gekleideten Kellnern an den Tisch gebracht.

Prashanth INDISCH $

(Siddharth Arcade, Station Rd East; Hauptgerichte 70–90 ₹) Das bahnhofsnahe Prashanth liegt genau gegenüber vom MTDC Holiday Resort. Bis heute loben Traveller beständig seine rein vegetarischen Köstlichkeiten, grandiosen Fruchtsäfte und netten Tische auf der Terrasse. Da heißt's nach Herzenlust genießen!

Shoppen

Aurangabad ist für sein traditionell handgewebtes Himroo bekannt (wobei man über die optische Qualität dieses Materials aus Baumwolle, Seide und Silberfäden geteilter Meinung sein kann). Es wurde als billigere Alternative zum prächtigeren Brokatstoff Kam Khab entwickelt, der für die Königshäuser des 14. Jhs. aus Seide und Goldfäden gewebt wurde. Heute entstehen die meisten Schals und Saris aus Himroo als Massenartikel auf mechanischen Webstühlen. Dennoch produzieren ein paar örtliche Geschäfte ihre Ware immer noch in traditionellen Werkstätten und erhalten so diese aussterbende Kunst am Leben.

Saris aus Himroo gibt's ab 1000 ₹. Hochwertigere Paithani-Varianten kosten 5000 bis 300 000 ₹. Über die Preise muss man sich nicht wundern: An manchen Stücken wird über ein Jahr gearbeitet. Wer etwas kauft, sollte darauf achten, dass er echtes Himroo kriegt und keine „Aurangabad-Seide“.

Das **Paithani Weaving Centre** (Jalna Rd; ⌚11.30–20 Uhr) hinter dem Büro von Indian Airlines zählt zu den besten Orten, an denen Besucher den Webern zuschauen können.

Praktische Informationen

Geld

ICICI, State Bank of India (SBI), State Bank of Hyderabad (SBH) und HDFC Bank betreiben mehrere Geldautomaten entlang der Station Rd East, der Court Rd, dem Nirala Bazaar und der Jalna Rd.

State Bank of India (Kranti Chowk; ⌚Mo–Fr 11–17, Sa 11–13 Uhr) Geldwechsel.

Internetzugang

Internet Browsing Hub (Station Rd East; 15 ₹/Std.; ⌚8–22 Uhr)

Sai Internet Café (Station Rd East; 15 ₹/Std.; ⌚8–22 Uhr)

Post

Post (Juna Bazaar; ⌚Mo–Sa 10–18 Uhr)

Reisebüros

Ashoka Tours & Travels (☎9890340816; Hotel Panchavati, Station Rd West) Maßgeschneiderte Touren durch Stadt oder Umland, Autovermietung und Abholung vom Hotel. Das Unternehmen wird vom ehemaligen Autorikschafahrers Ashok T. Kadam geleitet, der von uns schon als Chauffeur empfohlen wurde.

Classic Tours (☎2337788; www.classictours.info; MTDC Holiday Resort, Station Rd East) Vertrauenswürdige Buchungsoption für Verkehrsmittel und geführte Touren.

Touristeninformation

Government-of-India-Touristeninformation (☎2331217; Krishna Vilas, Station Rd West; ⌚Mo–Sa 8.30–18 Uhr) Freundliche, hilfsbereite Touristeninformation mit einer anständigem Broschürenauswahl.

MTDC (☎2331513; MTDC Holiday Resort, Station Rd East; ⌚Mo–Sa 10–17.30 Uhr)

An- & Weiterreise

Bus

Vom **MSRTC-Busbahnhof** (Station Rd West) fahren Busse regelmäßig nach Pune (Semideluxe/Deluxe 228/390 ₹, 5 Std.) und Nasik (Semideluxe 199 ₹, 5 Std.). **Private Busfirmen** haben ihren Standort im Bereich der Straßenecke, an der die Dr. Rajendra Prasad Marg zur Court Rd wird. Ein paar weitere sind näher am Busbahnhof ansässig. Deluxe-Nachtbusse gehen z. B. nach Mumbai (ohne/mit Klimaanlage 220/280 ₹, Sleeper Class 610 ₹, 8 Std.), Ahmedabad (410 ₹, 15 Std.) und Nagpur (390 ₹, 12 Std.).

Vom MSRTC-Busbahnhof rollen zudem normale Busse alle halbe Stunde nach Ellora (28 ₹, 45 Min.) sowie stündlich über Fardapur (80 ₹, 2 Std.) nach Jalgaon (122 ₹, 4 Std.). An der T-Kreuzung bei Fardapur besteht Anschluss nach Ajanta (weitere Details auf S. 100).

Flugzeug

Der **Flughafen** liegt 10 km östlich der Stadt. Auf dem Weg dorthin findet man die Büros von

Indian Airlines (☎2485241; Jalna Rd) und **Jet Airways** (☎2441392; Jalna Rd). Mit Zwischenstopp in Mumbai gehen täglich Flüge nach Delhi. Tickets gibt's ab ca. 1500 ₹.

Zug

Obwohl Aurangabads **Bahnhof** (Station Rd East) nicht an einer Hauptstrecke liegt, passieren ihn täglich zwei (überfüllte) Direktzüge nach bzw. ab Mumbai: der *Tapovan Express* (2. Klasse/Chair Class 102/338 ₹, 7½ Std., 14.35 Uhr) und der *Janshatabdi Express* (2. Klasse/Chair Class 127/420 ₹, 6½ Std., 6 Uhr). Nach Hyderabad (Secunderabad) gelangt man mit dem *Devagiri Express* (Sleeper Class/2AC 224/822 ₹, 10 Std., 4.05 Uhr). Wer nach Nord- oder Ostindien will, reist per Bus nach Jalgaon und nimmt da den Zug.

 Unterwegs vor Ort

Vor Ort sind Autorikschas so häufig wie Moskitos in einem Sumpf im Sommer. Am **Taxistand** neben dem MSRTC-Busbahnhof starten auch Sammeljeeps zu Zielen rund um Aurangabad (z. B. Ellora, Daulatabad). Ganztagstouren kosten ca. 600 ₹ per Autorikscha und 900 ₹ per Taxi.

Rund um Aurangabad

DAULATABAD

Die wirklich schöne Hügelfestung Daulatabad aus dem 12. Jh. scheint Tolkiens Fantasie entsprungen. Ihre Ruinen liegen ca. 15 km von Aurangabad entfernt auf dem Weg nach Ellora. Die Zitadelle wurde als uneinnehmbares Bollwerk von den Yadava-Königen erbaut. Ihre Blüte erlebte sie 1328, als sie von Sultan Mohammed Tughlaq aus Delhi auf den Namen Daulatabad (Stadt des Glücks) getauft und zur Hauptstadt erklärt wurde. Um sie zu bevölkern, ließ der exzentrische Tughlaq alle Einwohner Delhis 1100 km gen Süden zwangsumsiedeln. Die Ironie dabei: Daulatabad lag zwar strategisch günstiger als Delhi, eignete sich wegen Wassermangels aber bald nicht mehr als Hauptstadt. So zwang Tughlaq die erschöpfte Bevölkerung zum langen Rückweg nach Delhi, das inzwischen zur Geisterstadt geworden war.

Daulatabads Hauptbastion thront auf einem 200 m hohen, schroffen Felsen namens Devagiri (Götterhügel), der von einer 5 km langen **Festungsmauer** (Inder/Ausländer 5/100 ₹; ⌚6–18 Uhr) umgeben wird. Der Aufstieg zum Gipfel (ca. 1 Std.) passiert eine Reihe ausgeklügelter Verteidigungsanlagen. Dazu zählen mehrere Portale, die Elefantenangriffe durch schiefe Winkel und dornenbesetzte Torflügel abwehren sollten. Auf der rechten Anlagenseite erhebt sich der 60 m hohe Siegesturm **Chand Minar** (Mondturm) von 1435, der aber für Besucher gesperrt ist. Weiter oben kann man den **Chini Mahal**, das Gefängnis von Abul Hasan Tana Shah, betreten: Der König von Golkonda war dort zwölf Jahre eingesperrt, bis er 1699 starb. Die 6 m lange **Kanone** in der Nähe wurde aus fünf verschiedenen Metallen gegossen, und man hat Aurangzebs Namen eingraviert.

Der Aufstieg führt teilweise durch einen völlig finsteren, gewundenen Tunnel mit vielen Fledermäusen und Wasser auf dem Boden. Nahe dem Ticketschalter warten Guides (450 ₹), deren fackeltragende Assistenten einen gegen ein kleines Trinkgeld durch den dunklen Durchgang geleiten. Da man beim Abstieg aber auf sich allein gestellt ist, sollte man unbedingt eine Taschenlampe mitbringen. Achtung: Die verfallenden Treppen und steilen Wände sind problematisch für ältere Menschen, Kinder und Leute mit Höhen- oder Platzangst!

KHULDABAD

Wenn es der Zeitplan zulässt, empfiehlt sich ein Zwischenstopp im malerischen und fröhlichen Khuldabad (Himmlische Bleibe). Das muslimische Pilgernest mit den leicht maroden Gemäuern liegt nur 3 km von Ellora entfernt. An diesem geschichtsträchtigen Ort wurden einige historische Persönlichkeiten wie Aurangzeb begraben. Obwohl der letzte bedeutende Großmogul so reich wie der legendäre König Salomon war, lebte er asketisch: Für seine Beerdigung bestand Aurangzeb auf einer schlichten Grabstätte – ausschließlich gebaut mit dem Geld, das er selbst mit dem Nähen muslimischer Kopfbedeckungen verdient hatte. So erhielt er ein schnörkelloses, schlichtes Marmorgrab in einem Hof des **Alamgir Dargah** (⌚7–20 Uhr).

Jeden April überschwemmen Pilger das sonst ruhige Khuldabad. Dann ist hier öffentlich ein Gewand Mohammeds zu sehen, das ansonsten im Dargah (Schrein) aufbewahrt wird. Ein weiterer Schrein gegenüber vom Alamgir Dargah beherbergt Barthaare des Propheten und Stücke eines Baums aus massivem Silber, der hier wundersamerweise nach dem Tod eines Heiligen wuchs.

Ellora

☎02437

Man gebe einem Mann Hammer und Meißel, und er wird Kunst für die Nachwelt erschaffen. Besucher der **Höhlentempel von Ellora** (Inder/Ausländer 10/250 ₹; ⌚Mi–Mo Sonnenaufgang–Sonnenuntergang) werden verstehen, was damit gemeint ist. Diese Welterbestätte in 30 km Entfernung zu Aurangabad ist der Inbegriff uralter indischer Felsenarchitektur: Über fünf Jahrhunderte schlugen Generationen von buddhistischen, hinduistischen und jainistischen Mönchen die Räume mühsam aus dem Fels. Die Höhlen dienten als Klöster, Kapellen oder Tempel. Zudem verzierte man sie stilvoll mit einer Unmenge bemerkenswert detailreicher Skulpturen. Im Gegensatz zur ebenfalls gemeißelten Ajanta-Anlage (S. 96) in einer steilen Felswand säumen die Höhlen von Ellora einen 2 km langen Geländeabbruch mit sanfter Neigung. So konnten die Architekten vor den Schreinen kunstvolle Höfe anlegen und diese mit Skulpturen von surrealer Qualität versehen.

Mit zwölf buddhistischen (600–800 n. Chr.), 17 hinduistischen (600–900 n. Chr.) und fünf jainistischen (800–1000 n. Chr.) Varianten umfasst Ellora insgesamt 34 Höhlen. Am prächtigsten wirkt die größte monolithische Skulptur der Welt: Insgesamt 7000 Arbeiter hämmerten den großartigen Kailasa-Tempel (Höhle 16) in über 150 Jahren von oben nach unten in einen Felshang. Der Tempel ist Shiva geweiht und gehört zu den absoluten Highlights der alten indischen Architektur.

In historischer Hinsicht steht die Stätte für das Wiedererstarken des Hinduismus unter den Dynastien der Chalukya und Rashtrakuta, den darauffolgenden Niedergang des indischen Buddhismus und eine kurze, offiziell geförderte Renaissance des Jainismus. Die Fertigungsart der Skulpturen reflektiert den wachsenden Einfluss tantrischer Elemente auf die drei großen Glaubensrichtungen Indiens. Deren Nebeneinander an einem Ort zeugt von einer langen Periode religiöser Toleranz.

Am Schalter vor dem Kailasa-Tempel können offizielle Führer (700 ₹) engagiert werden, die sich meist bestens mit Höhlenarchitektur auskennen und ihr Geld daher wert sind. Wenn die Zeit nur für Ellora oder Ajanta reicht, unbedingt Ellora wählen!

Sehenswertes

Kailasa-Tempel — HINDUTEMPEL

Als Mix aus Höhle und religiösem Schrein entstand dieser **Felsentempel** 760 n. Chr. unter König Krishna I. aus der Rashtrakuta-Dynastie. Er soll den Berg Kailasa (Kailash), Shivas Sitz im Himalaja, versinnbildlichen. Das Bauprojekt als gewagt zu bezeichnen, wäre eine glatte Untertreibung: Mit Hammer und Meißel schlug man zuerst drei riesige Schächte in die steile Felswand, die bereits grob der Endform entsprachen. Dabei mussten 200 000 t Gestein entfernt werden. Zudem war wichtig, dass die Felsbereiche unversehrt blieben, die zu Skulpturen werden sollten. Dieses Architekturwunder ist doppelt so groß und um die Hälfte höher als der Athener Parthenon. Seine Ausführung entsprang direkt den Planerköpfen und bot keinerlei Raum für Fehler. Heutige Konstrukteure könnten hier wohl noch einiges lernen!

Außer durch Größe beeindruckt der Tempel auch mit wunderbaren Bildhauerarbeiten. Er beherbergt kunstvolle Wandreliefs, die Szenen aus dem Ramayana bzw. Mahabharata und Abenteuer Krishnas darstellen. Gleichermaßen bewundernswert sind die gewaltigen **monolithischen Säulen** im Hof, die den Eingang beiderseits flankieren – ebenso die zehn tollen Riesenreliefs der südöstlichen Galerie, die die verschiedenen Erscheinungsformen Vishnus zeigen. Der Kailasa-Tempel wird bis heute intensiv genutzt. Vor dem Betreten des Hauptschreins sind die Schuhe auszuziehen.

Nach der Besichtigung der Hauptanlage lässt man die Scharen snackender Tagesausflügler am besten hinter sich, um die vielen vergessenen Reliefs in den zahlreichen feuchten Tempelecken voller Fledermausurin zu erkunden. Danach empfiehlt sich der ansteigende Pfad zum „Höhlengipfel" im Süden des Komplexes: Von dort schweift der Blick über die ganze Anlage.

Buddhistische Höhlen — HÖHLEN

Die südlichen zwölf Höhlen sind buddhistische *viharas* (Klöster); eine Ausnahme bildet Höhle 10, bei der es sich um eine *chaitya* (Versammlungshalle) handelt. Während die frühen Höhlen eher einfach sind, wurden die Höhlen 11 und 12 eindrucksvoller gestaltet und nehmen es locker mit den Hindu-Tempeln auf.

Höhle 1, die einfachste *vihara*, war wohl ein Kornspeicher. In **Höhle 2** sind die verzierten Säulen und die imponierende Buddhafigur ein Hingucker. Sie schaut zur untergehenden Sonne. **Höhle 3** und **Höhle 4** sind unvollendet und weniger gut erhalten. **Höhle 5** ist die größte *vihara* in dieser Gruppe, ca. 18 m breit und 36 m lang; die

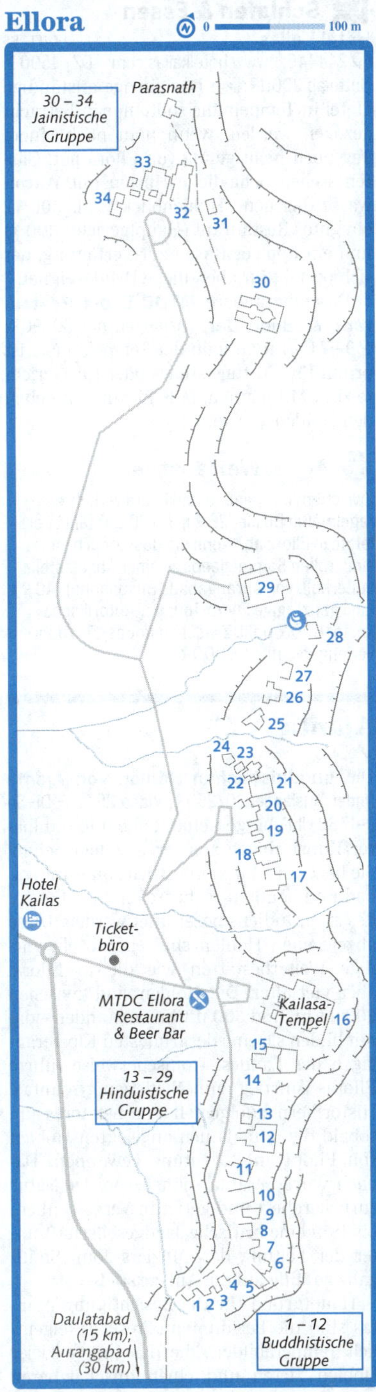

Reihen von Steinbänken lassen vermuten, dass diese Höhle als Versammlungshalle genutzt wurde.

Höhle 6 ist eine reich verzierte *vihara* mit wunderschönen Bildern von Tara, der Gemahlin von Bodhisattva Avalokitesvara, und von der buddhistischen Göttin des Lernens, Mahamayuri, die Saraswati (ihrem hinduistischen Gegenstück) bemerkenswert ähnelt. **Höhle 7** ist eine schmucklose Halle mit Durchgang zu **Höhle 8**, der ersten Höhle, in der das Heiligtum frei vor der hinteren Wand steht. **Höhle 9** ist wegen ihres verzierten Gesimses bemerkenswert.

Höhle 10 ist die einzige *chaitya* der buddhistischen Gruppe und eine der schönsten in Indien. Ihre Felsdecke weist Rippen auf; die Rillen wurden einst mit Holztafeln bestückt. Der Balkon und die obere Galerie bieten einen besseren Blick auf die Decke und den Fries, auf dem liebende Paare dargestellt sind. Ein dekoratives Fenster beleuchtet sanft die riesige Figur eines lehrenden Buddhas.

Höhle 11, die Do-Thal-(Zwei-Stockwerke-)Höhle, wird durch ein drittes Stockwerk betreten, das erst 1876 entdeckte Kellergeschoss. Wie Höhle 12 verdankt sie ihre Größe wohl dem Wettbewerb mit den eindrucksvolleren hinduistischen Höhlen aus derselben Zeit.

Höhle 12, die riesige Tin-Thal-(Drei-Stockwerke-)Höhle, erreicht man durch einen Hof. Im (verschlossenen) Schrein im obersten Stockwerk thront eine große Buddhafigur, die von ihren sieben früheren Inkarnationen umgeben ist. Die Wände sind mit Reliefs geschmückt, die denen in den hinduistischen Höhlen ähneln.

Hinduistische Höhlen — HÖHLEN

Die buddhistischen Höhlen sind von Ruhe und Besinnung geprägt. Ganz anders die hinduistische Höhlengruppe (Höhlen 13–29), die vor Dramatik und Spannung nur so strotzt. Die Höhlen sind eine Klasse für sich – egal ob in Sachen Größe, Ideenreichtum oder meisterhafte Ausführung.

Mit dem Bau der Tempel wurde oben begonnen, sodass keine Gerüste benötigt wurden – die Arbeiter fingen mit dem Dach an und arbeiteten sich zum Fußboden runter.

Höhle 13 ist eine schlichte Höhle und war wahrscheinlich ein Kornspeicher. **Höhle 14**, die Ravana-ki-Khai, war zunächst eine buddhistische *vihara* und wurde im 7. Jh. in einen Shiva geweihten Tempel umgewandelt.

Höhle 15, die Avatara-(Zehn-Inkarnationen-Vishnus-)Höhle, ist eine der prächtigsten in Ellora. Der zweistöckige Tempel beherbergt einen faszinierenden Shiva Nataraja und einen aus einem Lingam (einer phallischen Form) hervortretenden Shiva, dem Vishnu und Brahma ihre Ehrerbietung erweisen.

Die **Höhlen 17** bis **20** und **22** bis **28** sind einfache Klöster. **Höhle 21** ist als Rameswara-Höhle bekannt und zeigt interessante Variationen der bekannten shivaistischen Szenen aus den älteren Tempeln. Die Figur der Göttin Ganga, die auf ihrer *makara* (mythisches Seeungeheuer) steht, ist besonders bemerkenswert.

Die große **Höhle 29**, die Dumar Lena, ist wohl eine Art Übergangsmodell zwischen den einfachen aus dem Felsen geschlagenen Höhlen und den prachtvoll ausgestatteten Tempeln wie dem Kailash-Tempel. Hier hat man einen Blick auf den nahen Wasserfall, zu dem man hinuntergehen kann.

Jainistische Höhlen HÖHLEN

Die fünf jainistischen Höhlen können sich vielleicht in puncto künstlerischer Kraft und schierer Größe nicht mit den besten hinduistischen Tempeln messen, dafür bieten sie tolle Details, an denen man sich kaum sattsehen kann. Sie befinden sich 1 km nördlich des letzten Hindu-Tempels (Höhle 29) am Ende der Asphaltstraße.

Höhle 30, die Chhota Kailasa (Kleiner Kailash), ist eine armselige Kopie des großen Kailash-Tempels und enttäuscht selbst im Vergleich zu den anderen jainistischen Tempeln.

Im Gegensatz dazu ist **Höhle 32**, die Indra Sabha (Indras Versammlungshalle), der prächtigste der jainistischen Tempel. Ihr Grundriss gleicht dem des Kailash-Tempels. Das Obergeschoss ist reich verziert und dekoriert, das Untergeschoss dagegen nur schlicht. Es sind Bildnisse der jainistischen *tirthankar* (große Lehrer) Parasnath und Gomateshvara zu sehen, Letzterer ist von wilden Tieren umgeben. Im Schrein befindet sich eine sitzende Figur von Mahavira, letzter *tirthankar* und Gründer des Jainismus.

Höhle 31 ist eine Erweiterung von Höhle 32. **Höhle 33**, die Jagannath Sabha, ähnelt Höhle 32, hat aber einige gut erhaltene Skulpturen, genau wie der letzte Tempel, die kleine **Höhle 34**. Auf dem Hügel über den jainistischen Tempeln steht eine 5 m hohe Statue von Parasnath, die auf Ellora herabschaut.

Schlafen & Essen

Hotel Kailas HOTEL **$$**

(☎244446; www.hotelkailas.com; DZ 1500 ₹, Hütte ab 2000 ₹; ❄) Das einzige anständige Hotel in Tempelnähe sollte nur in Betracht gezogen werden, wenn man nach einem Tag noch nicht genug von Ellora hat. Gästen stehen behagliche Hütten mit Warmwasserduschen (Höhlenblick zzgl. 500 ₹), ein gutes Restaurant (Hauptgerichte 100 ₹) und ein üppiger Rasen zur Verfügung, der sich perfekt für abendliche Drinks eignet.

Das blitzsaubere **MTDC Ellora Restaurant & Beer Bar** (Hauptgerichte 60–90 ₹; ⌚9–17 Uhr) innerhalb der Tempelanlage ist prima fürs Mittagessen – oder für Gerichte zum Mitnehmen, falls Picknicken neben den Höhlen geplant ist.

An- & Weiterreise

Zwischen Aurangabad und Ellora verkehren regelmäßig Busse (28 ₹). Um 20 Uhr fährt der letzte in Ellora ab. Wenn die Busse voll besetzt sind, rollen Sammeljeeps zu einer Absetzstelle außerhalb von Aurangabads Busbahnhof (40 ₹). Eine ganztägige Ellora-Tour per Autorikscha kostet 600 ₹ (inkl. Zwischenstopps). Taxifahrer verlangen dafür ca. 900 ₹.

Ajanta

☎02438

Die **buddhistischen Höhlen von Ajanta** (Inder/Ausländer 10/250 ₹; Video 25 ₹; ⌚Di–So 9–17.30 Uhr) bergen eine Reihe unbezahlbarer Kunstschätze aus vergangenen Zeiten. Sie liegen 105 km nordöstlich von Aurangabad und könnten recht treffend als Louvre des alten Indiens bezeichnet werden. Diese abgelegenen Höhlen sind ebenso ehrwürdige Welterbestätten wie die in Ellora, aber viel älter. Die Höhlen sind zwischen 200 v. Chr. und 600 n. Chr. entstanden – damit bilden sie eine der frühesten Klosteranlagen des Landes. Ironischerweise führte Elloras Aufstieg zum Niedergang Ajantas: Historikern zufolge gab man Letzteres auf, sobald die damals neu angelegten Höhlen von Ellora an Bedeutung gewannen. Danach wurde Ajanta schnell von der Natur zurückerobert und geriet in Vergessenheit, bis 1819 eine britische Jagdgesellschaft unter der Leitung des Offiziers John Smith ganz zufällig auf die Anlage stieß.

Hauptgrund für die Besichtigung Ajantas sind die berühmten „Fresken" (eigentlich Temperabilder), die das Innere vieler Höhlen zieren und einen unschätzbaren historischen Wert haben: Nur wenige andere Beispiele aus uralter Zeit können mit der künstlerischen Klasse und atemberaubenden Ausführung dieser Malereien konkurrieren. Damit sie auf der trockenen Oberfläche hafteten, wurden die natürlichen Farbpigmente wohl mit tierischem Leim und pflanzlichem Gummi gemischt. Die kleinen, kraterähnlichen Löcher in vielen Höhlenböden dienten den Künstlern als Paletten.

Trotz ihres Alters sind die meisten Malereien in den Höhlen bis heute gut erhalten. Dies wird oft auf ihre jahrhundertelange relative Abgeschiedenheit von jeglicher Zivilisation zurückgeführt. Dennoch hat zweifellos der Verfall eingesetzt. Am Eingang des Komplexes befinden sich daher Schilder mit Verhaltensregeln, die menschliche Einflüsse auf diese sensible Stätte mindern sollen – bitte befolgen!

Offizielle Guides führen Besucher für ca. 600 ₹ herum.

Sehenswertes & Aktivitäten

Die Höhlen HÖHLEN

Die 30 Höhlen von Ajanta breiten sich über die steile Front einer hufeisenförmigen Felsschlucht oberhalb des Waghore aus. Mit Ausnahme der Höhlen 29 und 30 sind alle von einem Ende der Schlucht zum anderen durchnummeriert. Mit dem Entstehungsdatum der Höhlen hat die Nummerierung nichts zu tun; die ältesten liegen in der Mitte und werden an beiden Seiten von den neueren eingerahmt.

Die Höhlen 3, 5, 8, 22 und 28 bis 30 bleiben geschlossen oder sind gar nicht zugänglich. Weitere Höhlen sind möglicherweise vorübergehend während der Restaurierungsarbeiten geschlossen. Höhle 10, die größte Höhle von allen, war während ihrer Erforschung außen mit einem Gerüst versehen. Herrscht großer Andrang, darf man sich in jeder Höhle nur 15 Minuten aufhalten. Einige dürfen nur barfuß betreten werden (Socken sind erlaubt).

Fünf der Höhlen sind *chaityas*, die anderen 25 *viharas*. Bei den Höhlen 8, 9, 10, 12 und 13 sowie bei Teilen von 15 handelt es sich um Höhlen des frühen Buddhismus, die anderen stammen etwa aus dem 15. Jh. (der Mahayana-Zeit). In der einfacheren, strengeren Lehre des frühen Buddhismus wurde Buddha nie direkt dargestellt; seine Anwesenheit wurde vielmehr durch Symbole angedeutet, etwa durch den Fußabdruck oder das Gesetzesrad.

Höhle 1, eine *vihara* aus der Mahayana-Zeit, gehört zu den zuletzt freigelegten und am schönsten geschmückten Höhlen. Hier ist eine Wiedergabe des Bodhisattva Padmapani zu bewundern – das bekannteste ikonenhafte Kunstwerk Ajantas. Eine Veranda an der Vorderseite führt zu einer großen Versammlungshalle, die Skulpturen und illustrative Wandbilder schmücken. Diese sind für die beindruckende Perspektive sowie die kunstvolle Darstellung der Kleidung, des alltäglichen Lebens sowie der Gesichtszüge bekannt. Die Farben der Bilder entstanden aus Mineralien aus der Gegend; eine Ausnahme bildet das kräftige Blau, das aus zentralasiatischem Lapislazuli hergestellt wurde. Blickt man nach oben, entdeckt man ein Relief von vier Hirschen, die zusammen einen Kopf besitzen.

Höhle 2 ist ebenfalls eine *vihara* aus der späten Mahayana-Zeit. Die Pfeiler und Kapitelle sind mit aufwendigen Verzierungen und kunstvollen Malereien geschmückt, und die Decke zieren geometrische und florale Muster. Die Wandbilder zeigen Szenen aus den *Jataka*-Erzählungen, darunter auch den Traum der Mutter Buddahs, der dessen Empfängnis ankündigte: Er handelte wohl von einem Elefanten mit sechs Stoßzähnen.

Höhle 4 ist die größte *vihara* in Ajanta und wird von 28 Säulen getragen. Obwohl sie nie fertiggestellt wurde, finden sich in der Höhle einige beeindruckende Skulpturen. Dazu gehört die Darstellung von Menschen, die vor den „acht großen Gefahren" fliehen und bei Avalokitesvara Schutz suchen.

Höhle 6 ist die einzige zweistöckige *vihara* in Ajanta, Teile der unteren Etage sind jedoch bereits eingestürzt. Im Inneren befindet sich eine sitzende Buddhafigur. Eine kunstvoll beschnitzte Tür schützt den Schrein. Die Halle in der oberen Etage ist von Zellen mit schönen Malereien über den Türen umgeben.

Höhle 7 ist ungewöhnlich gestaltet: Vor der Veranda stehen Portale, die direkt zu den vier Räumen und dem kunstvoll ausgearbeiteten Schrein führen.

Bei **Höhle 9** handelt es sich um eine der ältesten *chaityas* in Ajanta. Obwohl sie aus der frühen buddhistischen Zeit stammt, sind die beiden Figuren vor dem Eingang wahrscheinlich erst in der Mahayana-Zeit dazugekommen. An beiden Seiten der Höhle entlang und um die 3 m hohe Dagoba am Ende des Raumes verlaufen Säulenreihen.

Ajanta

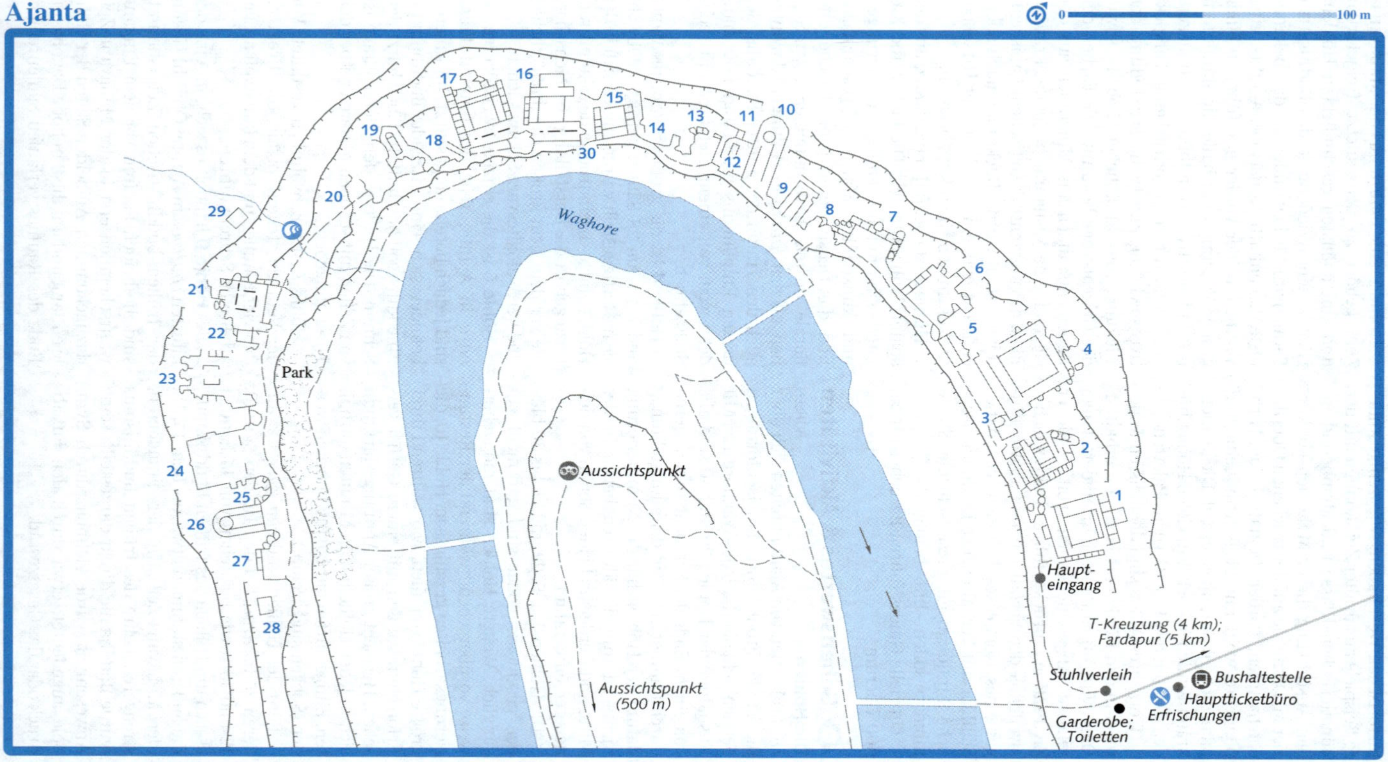

0
100 m
Waghore
Park
Aussichtspunkt
Aussichtspunkt (500 m)
Haupt-eingang
T-Kreuzung (4 km); Fardapur (5 km)
Stuhlverleih
Bushaltestelle
Hauptticketbüro
Erfrischungen
Garderobe; Toiletten
1
2
3
4
5
6
7
8
9
10
11
12
13
14
15
16
17
18
19
20
21
22
23
24
25
26
27
28
29
30

Das gewölbte Dach zeigt angedeutete Holzbalken.

Höhle 10 gilt als die älteste Höhle (um 200 v. Chr.) und war die erste, die von der britischen Jagdgesellschaft erspäht wurde. Sie gleicht Höhle 9 und ist die größte *chaitya*. Die Fassade ist eingestürzt, und die Wandmalereien im Inneren sind beschädigt, teilweise durch Schmierereien, die aus der Zeit kurz nach ihrer Wiederentdeckung stammen. Auf einer der Säulen auf der rechten Seite hat sich auch Smith mit seinem Namen für die Nachwelt verewigt.

Höhle 16, eine *vihara*, enthält einige der schönsten Malereien Ajantas und war wohl der ursprüngliche Eingang des Komplexes. Das berühmteste Bild ist die „sterbende Prinzessin" – Sundari, die Frau von Buddhas Halbbruder Nanda, die in Ohnmacht gefallen sein soll, als sie hörte, dass ihr Ehemann auf alle materiellen Annehmlichkeiten und auch auf sie verzichtete, um Mönch zu werden. Aus dem Stein gehauene Figuren scheinen die Decke zu tragen und erinnern an Details aus der Holzarchitektur. Außerdem gibt's noch eine Buddhastatue, die auf einem Löwenthron sitzt und den Edlen Achtfachen Pfad lehrt.

Höhle 17 mit aus dem Fels geschlagenen Zwergen, die die Säulen tragen, hat die besterhaltenen und vielfältigsten Wandmalereien von Ajanta. Zu den berühmten Bildern gehört eine Prinzessin, die Makeup auflegt, ein Prinz, der seine Geliebte auf altbewährte Weise mit Wein verführt, und Buddha, der nach der Erleuchtung nach Hause zurückkehrt und bei seiner Frau und seinem erstaunten Sohn bettelt. Eine aufwendige Malerei erzählt die Geschichte von Prinz Simhalas Expedition nach Sri Lanka. Mit seinen 500 Gefährten strandete er auf einer Insel, wo Riesinnen als zauberhafte Frauen auftraten – nur um die Gestrandeten einzufangen und zu verschlingen. Simhala entkam auf einem fliegenden Pferd und kehrte zurück, um die Insel zu erobern.

Höhle 19, eine prächtige *chaitya*, hat eine tolle Fassade mit vielen Einzelheiten; besonders auffällig ist ein beeindruckendes hufeisenförmiges Fenster. Zwei prächtige Buddhafiguren stehen am Eingang. Innen wartet eine dreistufige Dagoba mit einer Buddhafigur auf der Vorderseite. Außerhalb der Höhle findet man in westlicher Richtung ein Bild des Nagakönigs mit sieben Kobras rund um den Kopf. Seine Frau, von einer Kobra beschirmt, sitzt neben ihm.

Höhle 24 wäre, wenn man sie denn fertiggestellt hätte, die größte *vihara* Ajantas. Hier lässt sich gut nachvollziehen, wie die Höhlen entstanden: Lange Gänge wurden in den Fels gehauen, dann schlug man den Stein dazwischen heraus.

Höhle 26 ist eine weitgehend zerstörte *chaitya,* die heute auf dramatische Weise beleuchtet wird, mit einigen schönen Skulpturen. Man sollte sie unbedingt besuchen. An der linken Wand ist die riesige Figur des sterbenden Buddha zu sehen, der auf dem Rücken liegt und das Nirvana erwartet. Andere Szenen illustrieren die Versuchung Buddhas durch Maya.

Höhle 27 ist eigentlich eine *vihara,* die eine Verbindung mit der *chaitya* von Höhle 26 hat.

Aussichtspunkte AUSSICHTSPUNKT

Zwei Aussichtspunkte bieten einen traumhaften Blick auf die ganze hufeisenförmige Anlage. Der erste liegt ein paar Gehminuten jenseits des Flusses, der sich über eine Brücke unterhalb von Höhle 8 überqueren lässt. Ein weiterer Anstieg (40 Min.) führt zu dem Punkt, von dem aus die britischen Jäger die Höhlen erstmals erspähten. Achtung: Diese Route ist während des Monsuns zu gefährlich!

Schlafen & Essen

Da das Unterkunftsangebot in Höhlennähe begrenzt ist, empfehlen sich Quartiere in Aurangabad oder Jalgaon.

MTDC Holiday Resort HOTEL $

(☎244230; Aurangabad-Jalgaon Rd, Fardapur; DZ ohne/mit Klimaanlage 700/900 ₹; ❄) Das staatliche Hotel hat endlich die dringend nötige Renovierung hinter sich. Nahe Fardapurs Hauptstraße steht es nun hübsch zwischen Rasenflächen. Die Zimmer sind anständig, und die Bierbar im Freien macht den Deal perfekt. Bei Weitem die beste Unterkunft in dieser Ecke!

MTDC Ajanta Tourist Complex HOTEL $$

(☎09422204325; T-Kreuzung; Hütte 1200 ₹; ❄) Diese Anlage in frischem Minzgrün liegt direkt hinter der Einkaufs-„Plaza" und dem Busbahnhof. Ihre fünf charmanten und gut gepflegten Hütten stehen an grünen Rasenflächen mit Hügelblick. Gäste müssen sich ihr Essen jedoch selbst bei den Ständen in der Nähe besorgen.

Apropos Essen: Eine Reihe nicht sonderlich einladender Billiglokale säumt die Plaza an

PRAKTISCHE INFORMATIONEN

» Fotografieren mit Blitzlicht ist in den Höhlen streng verboten, da es den Naturfarben der Bilder schadet. Die Behörden haben inzwischen Reihen von pigmentschonenden Minilampen installiert, die ein sanftes Licht erzeugen. Wer winzige Details erkennen möchte, braucht aber eine zusätzliche Lichtquelle. Die Belichtungszeit muss sehr lang sein.

» Die meisten Busse mit lärmenden Touristen erreichen Ajanta nicht vor 12 Uhr. Somit sollte man entweder vor dem Besuch in Fardapur übernachten oder Aurangabad früh verlassen, um die Höhlen in der angenehm menschenleeren Ruhe des Morgens zu erkunden.

Fardapurs T-Kreuzung. So stellt man besser ein Picknick zusammen und genießt dieses im schattigen Park unterhalb der Höhlen 22 bis 27. Der stets belebte Imbiss an Ajantas Hauptticketschalter serviert überteuertes Vegi-Thali (80 ₹) und warmes Bier.

Praktische Informationen

Die Garderobe neben den Toiletten beim Hauptticketschalter bewahrt auch Gepäck sicher auf (4 Std. 5 ₹/Stück) – praktisch, wenn man Ajanta auf dem Weg von Aurangabad nach Jalgaon (oder umgekehrt) besucht. Vom Ticketschalter führt ein kurzer, steiler Anstieg zu den Höhlen. Lauffaule können einen Tragstuhl mit vier Trägern mieten (400 ₹).

Recht verblüffend: Zum Recherchezeitpunkt bauten die Behörden nahe der T-Kreuzung gerade einen brandneuen Hotelkomplex. Hier sollen die Haupthöhlen in modernen, klimatisierten Kuppeln nachgebaut werden.

An- & Weiterreise

Busse aus Richtung Aurangabad (S. 93) oder Jalgaon (S. 101) halten 4 km von Ajanta entfernt an der T-Kreuzung zwischen dem Highway und der Straße zu den Höhlen. Dort heißt's eine „Komfortgebühr" (7 ₹) bezahlen und dann hinüber zur Haltestelle der grünen „schadstofffreien" Busse (ohne/mit Klimaanlage 7/12 ₹) hasten. Die rollen hinauf zu den Höhlen und kehren regelmäßig (alle 30 Min., letzte Fahrt 18.15 Uhr) zur T-Kreuzung zurück.

Auf dem Weg durch Fardapur stoppen alle MSRTC-Busse an der T-Kreuzung. Nachdem die Höhlen geschlossen haben, starten Busse nach Aurangabad bzw. Jalgaon vor dem MTDC Holiday Resort in Fardapur, das 1 km entlang der Hauptstraße nach Jalgaon liegt. In Fardapur gibt's Taxis, die für 900 ₹ nach Jalgaon fahren.

Jalgaon

☎0257 / 368 000 EW. / 208 M

Jalgaon eignet sich bestens als Ausgangspunkt für Ausflüge zu den 60 km entfernten Höhlen von Ajanta und ist somit nicht viel mehr als eine praktisch gelegene Durchgangsstadt. Der ziemlich verwahrloste Ort liegt direkt an einer Eisenbahnlinie und verbindet das nördliche Maharashtra mit allen wichtigen Städten Indiens. Jalgaon ist also die ideale Zwischenstation für Trips nach Nordindien (oder von Nordindien hierher).

Schlafen & Essen

Bei den meisten örtlichen Hotels kann rund um die Uhr ausgecheckt werden. Wegen häufiger Stromausfälle ist eine Taschenlampe für den Notfall ratsam.

Hotel Plaza HOTEL **$**
(☎2227354; hotelplaza_jal@yahoo.com; Station Rd; DZ ohne/mit Klimaanlage 500/900 ₹; ❄@) Erstaunlich, wie das Plaza weiterhin Traveller nach einem anstrengenden Tag beeindruckt: Es ist nichts Besonderes, hat aber ein super Preis-Leistungs-Verhältnis. Die Zimmer sind tadellos sauber, die Bettlaken frisch. Zudem hat der Eigentümer viele nützliche Infos.

Hotel Royal Palace HOTEL **$$**
(☎2233555; Jai Nagar, Mahabal Rd; DZ ab 975 ₹; ❄📶) Die 15 Rikschaminuten vom Bahnhof zu diesem netten Hotel lohnen sich. Für örtliche Verhältnisse herrscht hier Luxus: Die makellos sauberen Zimmer werden durch ein anständiges internationales Restaurant ergänzt, das Gerichte aus Nordindien, China, Europa und von der Küste serviert.

Hotel Arya INDISCH **$**
(Navi Peth; Hauptgerichte 50–80 ₹) Hier gibt's nur Vegetarisches, z.B. empfehlenswerte Köstlichkeiten aus dem Punjab. Zur Essenszeit muss man manchmal auf einen Tisch warten.

Praktische Informationen

Ein paar Banken, Geldautomaten und Internetcafés säumen die Nehru Rd oberhalb der Station Rd.

An- & Weiterreise

An Jalgaons **Bahnhof** halten mehrere Expresszüge, die zwischen Mumbai (Sleeper Class/2AC 211/721 ₹, 8 Std.), Delhi (Sleeper Class/2AC 375/1362 ₹, 18 Std.) und Kolkata (Sleeper Class/2AC 442/1623 ₹, 26 Std.) verkehren. Der *Sewagram Express* rollt nach Nagpur (Sleeper Class/2AC 207/709 ₹, 8 Std., 22 Uhr).

Vom **Busbahnhof** gehen Busse nach Fardapur (40 ₹, 1½ Std., alle 30 Min., ab 6 Uhr) und von dort aus weiter nach Aurangabad (122 ₹, 4 Std.).

Jalgaons Bahn- und Busbahnhof liegen ca. 2 km auseinander (Autorikscha 20 ₹). An der Railway Station Rd gibt's Luxus-Busfirmen, die nach Aurangabad (140 ₹, 3½ Std.), Mumbai (275 ₹, 9 Std.), Pune (275 ₹, 9 Std.) und Nagpur (Normal/Sleeper Class 330/360 ₹, 10 Std.) fahren.

Meteoritenkrater in Lonar

Wer außergewöhnliche Abenteuer liebt, sollte sich nach Lonar begeben, um ein urzeitliches Naturwunder zu erkunden: Vor ca. 50000 Jahren hinterließ ein Meteorit dort einen riesigen Einschlagkrater von 2 km Breite und 170 m Tiefe. Die Fachwelt spricht vom weltweit einzigen Krater in Basaltgestein, der durch einen natürlichen Aufschlag mit extrem hoher Geschwindigkeit entstand. Weniger wissenschaftlich: Dieser Ort mit seinem flachen grünen See inmitten von Wildnis ist zauberhaft ruhig und entspannend. Das Wasser des Sees soll alkalisch und somit gut für die Haut sein. Forscher vermuten, dass der Meteorit bis heute ca. 600 m tief unter dem südöstlichen Kraterrand im Boden steckt.

Neben mehreren **Hindutempeln** beheimatet der Kraterrand auch Tiere wie Languren, Pfauen, Hirsche und allerlei Vögel.

Der **MTDC Tourist Complex** (☎0726 0221602; DZ ohne/mit Klimaanlage 900/1100 ₹; ❄) punktet mit super Lage gegenüber dem Krater. Für diese Ecke haben die acht Zimmer ein gutes Preis-Leistungs-Verhältnis.

An- & Weiterreise

Täglich verkehren mehrere Busse zwischen Lonar und Aurangabad (125 ₹, 3½ Std.). Wer sich nicht am hohen Mietpreis für ein Auto mit Fahrer (ca. 2200 ₹) stört, kann Lonar auch in einem Tag ab Aurangabad oder Jalgaon besuchen.

Nagpur

☎0712 / 2,1 MIO. EW. / 305 M

Im Herzen von Indiens wichtigstem Orangenanbaugebiet, fernab der touristischen Hauptrouten, liegt Nagpur. Abgesehen von den Feierlichkeiten zu Dussehra hat die Stadt an sich nichts Interessantes zu bieten. Aber sie ist ein super Startpunkt für Trips in den äußersten Osten Maharashtras: Nagpur liegt nahe bei den Tempeln von Ramtek (S. 102) und zu den Ashrams von Sevagram(S. 102).Zudemfungiertesalspraktischer Halt auf dem Weg zur abgeschiedenen **Tadoba-Andhari Tiger Reserve**. Etwa 150 km südlich der Stadt werden dort einige der dichtesten Wälder Indiens von vielen Tierarten wie den berühmten Bengaltigern bevölkert.

Wer abends etwas Zeit übrig hat, kann durch Nagpurs Verwaltungsbezirk bummeln. Dort stehen einige tolle Gebäude bzw. Villen aus der Zeit der britischen Herrschaft, die heute Behörden beherbergen.

Schlafen & Essen

Die meisten örtlichen Hotels sind eher auf Geschäftsleute als auf Traveller eingestellt und daher logischerweise furchtbar überteuert. Wer wenig Geld hat oder in aller Frühe einen Zug erwischen muss, sollte im Bereich der Central Ave übernachten. Eine Alternative wäre Ramdaspeth, das näher zum Stadtzentrum liegt.

Hotel Centre Point HOTEL **$$**
(☎2420910; Fax 2446260; www.centrepointgroup.org; 24 Central Bazar Rd, Ramdaspeth; EZ/DZ ab 3750/4250 ₹; ❄📶🏊) Seit einiger Zeit definiert diese vertrauenswürdige Adresse den Standard für Luxus in Nagpur. Die vornehmen Zimmer im Herzen des Geschäfts- und Unterhaltungsviertels warten mit kuscheligen Betten, Highspeed-Internet sowie fröhlichen Gemälden an den Wänden auf.

Hotel Blue Diamond HOTEL **$**
(☎2727461; www.hotelbluediamondnagpur.com; 113 Central Ave; EZ/DZ 400/500 ₹, EZ/DZ mit Klimaanlage 1250/1350 ₹; ❄) Die Spiegeldecke der Rezeption scheint direkt aus einem Nachtclub der 1970er-Jahre zu stammen. Auch die Zimmer entsprechen diesem Bild. In den klimatisierten gibt's LCD-Fernseher und wellige Linoleumböden. Das Zwischengeschoss beherbergt eine kerkerartige Bar.

The Pride Hotel HOTEL **$$$**
(☎2291102; Fax 2290440; www.pridehotel.com; Wardha Rd, gegenüber Flughafen; EZ/DZ ab 5500/6250 ₹; ❄📶🏊) Das geschniegelte Businesshotel steht abseits vom urbanen Trubel in Flughafennähe und ist daher eine gute Zwischenstation für alle, die nur auf

der Durchreise sind. Für Entspannung am Abend sorgen die Lobbybar Royal Lancers und das Puran Da Dhaba als aufgemotzte Version eines Punjab-Traditionslokals.

Krishnum SÜDINDISCH $
(Central Ave; Hauptgerichte 40–50 ₹) Dieses populäre Restaurant mit mehreren örtlichen Ablegern serviert südindische Snacks und Fruchtsäfte von annehmbarer Qualität.

Picadilly Checkers FAST FOOD $
(VCA Complex, Civil Lines; Hauptgerichte 60–80 ₹) Die gute und rein vegetarische Snackauswahl steht bei Nagpurs Studenten hoch im Kurs.

Gegenüber vom Bahnhof erwachen abends viele *dhabas* (Snackbars), Imbiss- und Obststände zum Leben. Die berühmten Orangen probiert man am besten im Sommer.

Praktische Informationen

Computrek (18 Central Ave; 20 ₹/Std.; ⏲10–22 Uhr) Internetzugang an der Hauptstraße.

MTDC (☎2533325; nahe MLA Hostel, Civil Lines; ⏲Mo–Sa 10–17.45 Uhr) Hilfsbereit.

State Bank of India (Kingsway; ⏲Mo–Fr 11–14 Uhr) Zwei Gehminuten westlich vom Bahnhof; Geldwechsel.

An der Central Ave sowie in Ramdaspeth gibt's Geldautomaten von State Bank of India, ICICI Bank, Axis Bank und HDFC Bank.

An- & Weiterreise

Bus

Der **MSRTC-Hauptbusbahnhof** liegt 2 km südlich von Bahnhof und Hotelzone. Normale Busse rollen regelmäßig nach Wardha (57 ₹, 3 Std.) und Ramtek (35 ₹, 1½ Std.). Weitere gehen nach Jalgaon (326 ₹, 10 Std., 2-mal tgl.) und Hyderabad (317 ₹, 12 Std., 3-mal tgl).

Flugzeug

Inlandsfluglinien wie **Indian Airlines** (☎2533962) oder **Jet Airways** (☎5617888) starten meist täglich gen Delhi (ab 3500 ₹, 1½ Std.), Mumbai (ab 2500 ₹, 1½ Std.) und Kolkata (ab 2500 ₹, 1½ Std.). Zudem verbinden sie Hyderabad, Ahmedabad, Bengaluru, Chennai und Pune. Taxis (350 ₹) und Autorikschas (200 ₹) fahren vom Flughafen zum Zentrum.

Zug

Von Nagpurs **Bahnhof** geht's mit dem *Vidarbha Express* nach Mumbai (Sleeper Class/2AC 140/1159 ₹, 14 Std., 17.15 Uhr). Nordwärts nach Kolkata rattert der *Gitanjali Express* (Sleeper Class/2AC 379/1378 ₹, 17½ Std., 19.05 Uhr). Auf dem Weg nach Delhi oder Mumbai stoppen mehrere Expresszüge in Jalgaon (Sleeper Class/2AC 207/709 ₹, 7 Std.), dem Tor zu Ajantas Höhlen.

Rund um Nagpur

RAMTEK

Dem Ramayana-Epos zufolge soll Rama einen Teil seines Exils mit Ehefrau Sita und Bruder Lakshmana in Ramtek verbracht haben, das rund 40 km nordöstlich von Nagpur liegt. Hier stehen mehrere **Tempel** (⏲6–21 Uhr) auf dem Rama-Hügel. Sie sind ca. 600 Jahre alt und werden von einheimischen Affen bevölkert. Autorikschas fahren vom Busbahnhof zum Tempelkomplex (50 ₹, 5 km). Auf dessen Rückseite führen 700 Stufen zurück in die Stadt. Die Straße zu den Tempeln passiert das reizende **Ambala-Wasserbecken**, das von kleinen Schreinen flankiert wird. Auf dem See sind Bootsfahrten (20 ₹/Pers.) möglich.

Nahe den Haupttempeln steht das **Rajkamal Resort** (☎07114202761; DZ ohne/mit Klimaanlage 900/1200 ₹; ❄) mit einfacher Restaurantbar und TV in großen, schlichten Zimmern.

Busse pendeln zwischen Ramtek und dem MSRTC-Busbahnhof in Nagpur (35 ₹, 1½ Std., alle 30 Min.). Die letzte Fahrt nach Nagpur erfolgt um 19 Uhr.

SEVAGRAM

☎07152

Rund 85 km von Nagpur entfernt, erkor Mahatma Gandhi das „Dorf des Dienstes" zur Basis seiner Unabhängigkeitsbewegung. Während des gesamten Freiheitskampfs kamen diverse Nationalistenführer regelmäßig nach Sevagram, um Mahatma in seinem **Sevagram Ashram** (☎284753; ⏲6–17.30 Uhr) zu besuchen.

Zwischen Bäumen belegt der friedvolle Ashram etwa 40 ha Ackerland. Die Originalhütten, in denen Gandhi einst lebte und arbeitete, wurden von den Grundstücksverwaltern sorgsam restauriert und erhalten. Heute beherbergen sie ein paar persönliche Gegenstände Mahatmas – darunter Holzsandalen, Schreibutensilien und ein Spazierstock. Der Ashram liegt zwar etwas weit ab vom Schuss, ist aber alles in allem ein super Ziel für einen Tagesausflug.

Gegenüber vom Eingangstor befindet sich das **Yatri Nivas** (☎284753; DZ 100 ₹) mit sehr einfachen Unterkünften (Reservierung ratsam). Auf Voranmeldung serviert der Speisesaal des Ashrams schlichte vegetarische Kost.

Nur 3 km von Sevagram entfernt liegt das Dorf Paunar mit dem **Brahmavidya Mandir Ashram** (☎288388; ⏲4–12 & 14–20 Uhr), der von dem Nationalisten und Gandhi-Schüler Vinoba Bhave gegründet wurde. Der Ashram steht heute fast komplett unter weiblicher Leitung und folgt dem Prinzip der *swaraj* (Autarkie): Es gibt kein zentrales Führungsorgan, Entscheidungen werden immer einvernehmlich getroffen.

Von Nagpur ist Sevagram mit Bussen in Richtung Wardha erreichbar (50 ₹, 3 Std.).

TADOBA-ANDHARI RESERVE

Dieser kaum erkundete Nationalpark mit seinem gesunden Bengaltiger-Bestand liegt 150 km südlich von Nagpur. Er wird heute vom indischen Project Tiger verwaltet und verzeichnet weniger Besucher als die meisten anderen Wälder des Landes. So kommt man hier nahe an Tiere wie Gauren, Axishirsche, Nilgauantilopen und Lippenbären heran, ohne sich durch Scharen knipswütiger Touristen kämpfen zu müssen. Kleiner Nachteil: Besucher müssen mit einfachen Einrichtungen und wenig Komfort auskommen. Der Park ist fast ganzjährig geöffnet.

Das **MTDC Resort** (DZ ohne/mit Klimaanlage 1200/1500 ₹) im nahen Moharli besitzt einige Zimmer und Speiseräume. Zudem arrangiert es Dschungelsafaris per Jeep oder Minibus. Das MTDC-Büro in Nagpur (S. 102) nimmt Buchungen entgegen. Für mindestens sechsköpfige Gruppen hat die MTDC pauschale All-Inclusive-Übernachtungstrips ab Nagpur (3750 ₹/Pers.; vorher anrufen!) im Programm – empfehlenswert, da dann alles Organisatorische übernommen wird!

Mehrere staatliche Busse verkehren ganztägig zwischen Nagpur und Chandrapur (110 ₹, 3½ Std.).

SÜDLICHES MAHARASHTRA

Konkanküste

Die Konkanküste wird an beiden Enden von zwei der größten urbanen Ballungsräume Indiens flankiert. Dennoch hat sie sich ihre Ursprünglichkeit bis heute bewahrt. Ab Mumbai verläuft der wenig erkundete Küstenstreifen südwärts bis hinunter nach Goa – ein malerisches Fleckchen Erde mit makellosen Stränden, tropisch-grünen Reisfeldern, sanften Hügeln und verfallenden Forts. Trips durch diese friedvolle Idylle können das reine Glück sein. Andererseits gibt's vor Ort nur wenig Unterkünfte und kulinarische Abwechslung (trotz leckeren Essens), und die Einheimischen sind nicht an Reisegruppen und vor allem nicht an Ausländer gewöhnt. Zudem sind Verkehrsmittel hier rar und unzuverlässig. So bietet es sich an, in Mumbai ein Taxi zu mieten und der Küste bis hinunter nach Goa zu folgen. Gegenwert: ein unbezahlbares Erlebnis.

MURUD

☎02144 / 12 500 EW.

Auch wenn man nicht die ganze Küste erkunden will, sollte das verschlafene Fischernest Murud unbedingt auf dem Reiseplan stehen. Denn wer dort in 165 km Entfer-

DIE LEGENDE VON „BABA" AMTE

Unter Humanisten in aller Welt wird die Legende von Murlidhar Devidas „Baba" Amte (1914–2008) oft erzählt. Als Spross einer vornehmen Bramahnenfamilie aus Wardha genoss Amte alle Vorzüge materialistischen Reichtums und schickte sich an, ein erfolgreicher Rechtsanwalt zu werden. Doch als er eines Nachts einen Leprakranken allein auf der Straße sterben sah, sollte sich sein Leben für immer verändern.

Kurz nach diesem Vorfall entsagte Amte allem Weltlichen zugunsten der Enthaltsamkeit. Fortan engagierte er sich aktiv für Leprakranke und Menschen am Rand der Gesellschaft. In den zivilisationslosen Wäldern des östlichen Maharashtra errichtete Amte seinen Ashram namens Anandwan (Wald der Freude). Als aufrechter Anhänger Gandhis glaubte er fest an die Selbstbestimmung und erhielt mehrere Auszeichnungen (z. B. 1985 den Ramon Magsaysay Award) für sein lebenslanges Engagement.

Amtes Werk wird von seinen Söhnen Vikas und Prakash sowie von deren Frauen weitergeführt. Prakash und dessen Frau bekamen 2008 ebenfalls den Magsaysay Award. Heute kümmern sich drei Ashrams der Familie um menschliche und tierische Bedürftige in abgelegenen Gebieten. Interessenten für Freiwilligenjobs kontaktieren den Ashram am besten per E-Mail (mss@niya.org or lbp@bsnl.in).

nung zu Mumbai einen idyllischen Strand betritt und die Gischt an den Füßen spürt, wird froh sein, hergekommen zu sein.

In Sachen Sehenswürdigkeiten wartet Murud mit der herrlichen Inselfestung **Janjira** (Eintritt frei; ⏲7–17.30 Uhr) auf, die ca. 500 m vor der Küste liegt und 1140 von den Siddis errichtet wurde. Diese Nachkommen seefahrender Händler vom Horn von Afrika ließen sich hier nieder und bestritten ihren Lebensunterhalt angeblich als Piraten. Kein Angreifer konnte je die 12 m hohen Festungsmauern überwinden, die bei Flut scheinbar direkt aus dem Meer ragen. Doch was in Janjiras Geschichte keinem Menschen gelang, schaffte schließlich die Natur: Heute verfällt das Bollwerk allmählich, und die Wildnis erobert es zurück.

Janjira ist nur per Boot ab dem Hafen Rajpuri Port erreichbar (hin & zurück 20 ₹, 15 Min., tgl. 7–17.30 Uhr, min. 20 Pers.). Alternativ kann man ein ganzes Boot mieten (400 ₹), wobei der Ruderer meist auch als Führer (350 ₹; verhandelbar) fungiert. Von Murud nach Rajpuri geht's entweder per Autorikscha (50 ₹) oder mit einem Leihrad (50 ₹/Std.) des Golden Swan Beach Resort.

Zurück in Murud kann man tagelang am Strand faulenzen, Karate trainieren oder Kricket mit einheimischen Jugendlichen spielen. Wer will, kann auch durch die Tore des **Ahmedganj-Palasts** (für Besucher gesperrt) in den Landsitz des Siddi Nawab von Murud hineinspähen. Im Süden der Stadt lassen sich Gräber und eine verfallende Moschee besichtigen.

Schlafen & Essen

Golden Swan Beach Resort HOTEL $$
(☎274078; www.goldenswan.com; Darbar Rd; DZ inkl. Vollpension ohne/mit Klimaanlage 2000/3500 ₹; ❄) Nur ein kleiner Palmenhain trennt dieses gehobene Hotel vom Strand. Die gemütlichen Zimmer und Hütten mit Meerblick werden durch nicht klimatisierte Quartiere in einem alten Bungalow ergänzt. Von dem sind es fünf Gehminuten bis zum Hauptgebäude.

Sea Shell Resort HOTEL $$
(☎09833667985; www.seashellmurud.com; Darbar Rd; DZ ohne/mit Klimaanlage 2000/2500 ₹; ❄🏊) Diese superschicke Adresse mit luftigen Meerblickzimmern steht bei Wochenendausflüglern aus Mumbai sehr hoch im Kurs. Der Minipool am Eingang ist ein willkommenes Extra. Auf vorherige Anfrage werden Delfinsafaris organisiert.

Hotel Shoreline HOTEL $$
(☎02232258882; www.ajinkyaholidays.com; Darbar Rd; DZ ab 3000 ₹; ❄) Verglichen mit seiner Umgebung wirkt das Shoreline leicht kastenförmig und gewöhnlich. Es liegt jedoch zentral und eignet sich ganz gut für eine oder zwei Übernachtungen. Nur die teureren Zimmer liegen auf der Seeseite.

New Sea Rock Restaurant FAST FOOD $
(Rajpuri; ⏲9–21 Uhr) Dieser Fast-Food-Laden klebt auf einer Strandklippe bei Rajpuri. Perfekt: Zum Preis eines Chai (10 ₹) hat man hier einen super Blick auf das davor liegende Janjira und den atemberaubenden Sonnenuntergang. In der Hauptsaison arrangieren die Inhaber auch Kajaktrips und andere Arten des Wassersports.

Vinayaka Restaurant INDISCH $
(Darbar Rd; Hauptgerichte 100 ₹) Prima Adresse für leckeres, pikantes Thali auf Malvani-Art. Dazu gibt's rosa Kokam-Sirup, der die Schärfe reduziert.

An- & Weiterreise

Vom Gateway of India in Mumbai schippern klimatisierte Katamarane zum Anleger in Mandva (100 ₹, 2 Std., 6–19 Uhr). Das Ticket beinhaltet einen Gratis-Busshuttle nach Alibag (30 Min.). Eine Autorikscha kostet ca. 150 ₹. Von Alibag aus folgen klapprige Lokalbusse der Küste bis nach Murud (35 ₹, 2 Std.). Dorthin fahren ansonsten auch Busse ab Mumbais Zentralbusbahnhof (Normal/Semideluxe 117/158 ₹, ca. 6 Std.).

Zugfahren ist wenig ratsam: Der nächste Bahnhof befindet sich im zwei Stunden entfernten und schlecht angebundenen Roha.

GANPATIPULE

☎02357

Ganpatipule liegt ca. 375 km von Mumbai entfernt und ist in erster Linie eine Tempelstadt. Zudem lockt es mit sauberem Wasser und makellosem Sand bis zum Horizont seit Jahren einen stetigen Strom von Meeresfans an. Den Großteil des Jahres über ist es ein verschlafenes Dorf – nur nicht während indischer Feiertage wie Diwali oder Ganesh Chaturthi: Dann fallen hier Horden von lärmenden „Touristen" ein, um den **Ganesha-Tempel** (⏲6–21 Uhr) am Meer zu besuchen. Dieser beherbergt einen monolithischen Ganesha in grellem Orange, der angeblich vor 1600 Jahren entdeckt wurde.

Rund 40 km weiter südlich liegt die größte Stadt an Maharashtras Südküste: Dank seiner Lage an der Konkan Railway fungiert Ratnagiri auch als Hauptbahnhof für Ganpatipule. An der hiesigen Hauptstraße gibt's auch mehrere Geldautomaten. Doch sobald man die Geldbörse gefüllt und alles Nötige eingekauft hat, wartet außer einem schmutzigen Strand nur eine einzige Sehenswürdigkeit: die Überreste des **Thibaw-Palasts** (Thibaw Palace Rd; Eintritt frei; ⌚Di–So 10–17.30 Uhr), in dem Birmas letzter König Thibaw von 1886 bis zu seinem Tod 1916 in britischer Gefangenschaft lebte.

Schlafen & Essen

MTDC Resort HOTEL $$

(☎235248; DZ ohne/mit Klimaanlage ab 1300/1500 ₹; ❄) Das erstklassige, elegante und gut gepflegte Hotel gleich hinter Ganpatipules Strand ist die beste Unterkunft vor Ort. Hier gibt's verschiedene Zimmer bzw. Hütten, eine Bierbar und eine Filiale der **Bank of Maharashtra**, die Reiseschecks einlöst. Toll sind Übernachtungen in den Konkan-Hütten, die im Stil ländlicher Malvan-Häuser gestaltet sind.

Hotel Vihar Deluxe HOTEL $$

(☎02352222944; Main Rd, Ratnagiri; DZ ohne/mit Klimaanlage 1000/1800 ₹; ❄) Diese riesige Option zählt zu den zweckmäßigen, aber nichtssagenden Hotels an Ratnagiris Hauptstraße. Die Zimmer sind ordentlich, die Toiletten recht gut und die Gerichte – vor allem die Meeresfrüchte – o.k. Der Preis beinhaltet ein herzhaftes südindisches Frühstück.

Tarang Restaurant INDISCH $

(MTDC Resort; Hauptgerichte 80–100 ₹) Abgesehen von Ständen am Strand ist dies eines der wenigen anständigen Lokale vor Ort.

An- & Weiterreise

Normale Busse pendeln zwischen Ganpatipule und Ratnagiri (40 ₹, 1½ Std.). Um 8.45 Uhr fährt ein MSRTC-Bus nach Mumbai (Semideluxe 369 ₹, 10 Std.), der dort um 20 Uhr wieder abfährt. Von Ratnagiris **Bahnhof** rollt der *Janshatabdi Express* nach Mumbai (2. Klasse/Chair Class 142/460 ₹, 5½ Std., 17.50 Uhr). In Gegenrichtung geht's nach Goa (2. Klasse/Chair Class 122/390 ₹, 3½ Std., 10.45 Uhr). An Ratnagiris **Altem Busbahnhof** starten Semideluxe-Busse gen Goa (221 ₹, 7 Std.) und Kolhapur (135 ₹, 4 Std.).

TARKARLI & MALVAN

☎02365

Eine staatliche Werbebroschüre vergleicht diese Ecke selbstbewusst mit Tahiti – ausnahmsweise ist dies aber nicht übertrieben! Das unberührte Tarkarli liegt ca. 200 km hinter Ratnagiri, nur einen Katzensprung von Goa entfernt. Seine weißen Sandstrände und strahlend blauen Gewässer erinnern an die Andamanen oder Ko Phi Phi in Thailand. Nicht vorhanden sind eine funktionierende Tourismusindustrie und städtischer Komfort. Aber wer braucht das schon?

1664 errichtete Shivaji die riesige **Festung Sindhudurg** auf einer Insel vor der Küste, die regelmäßig von Fähren ab Malvan (30 ₹) angesteuert wird. Die MTDC organisiert Schnorcheltrips zu den klaren Gewässern rund um das Bollwerk.

Das gute, alte **MTDC Holiday Resort** (☎252390; DZ ab 1800 ₹; ❄) ist immer noch die beste Adresse unter den wenigen Hotels und Resorts. Die tollen **Hausboote** (Standard/Luxus inkl. VP 6500/7500 ₹) ermöglichen Touren durch die Backwaters – nachfragen!

Der nächste Bahnhof befindet sich im 38 km entfernten Kudal. Dorthin fahren regelmäßig Busse (25 ₹, 1 Std.) ab Malvans **Busbahnhof** (☎252034), an dem auch mehrmals täglich Verbindung nach Panaji (70 ₹, 3 Std.) und Ratnagiri (130 ₹, 5 Std.) besteht. Eine Autorikscha von Kudal nach Malvan oder Tarkarli kostet ca. 400 ₹.

ABSTECHER

EINSAME STRÄNDE

Zu den berühmten Sandstreifen der Konkanküste kommen noch einige unbekanntere Traumstrände, die sich jederzeit locker mit den Malediven messen können. Das herrliche **Kashid** liegt ca. 17 km nördlich von Murud und ist prima per Sammel-Autorikscha (50 ₹) erreichbar – perfekt zum Relaxen mit dem Lieblingstaschenbuch, wobei man zarte Kokosmilch schlürft. Südlich von Murud befinden sich **Diveagar** mit zahllosen Sandkrabben-Kolonien, das malerische **Harihareshwar** mit seinem berühmten Küstentempel und das ruhige **Vengurla** – hier, 10 km von Tarkarli entfernt, würde es einem wohl nicht viel ausmachen, gestrandet zu sein. Die Orte sind durch Nebenstraßen miteinander verbunden, auf denen kaum öffentliche Verkehrsmittel fahren. Daher lassen sie sich am besten per Miettaxi besuchen. Eventuell muss man nach dem Weg fragen oder bei Dorfbewohnern übernachten – dabei bitte nicht knausern!

Matheran

☎02148 / 5100 EW. / 803 M

Nur einen Steinwurf von Mumbais Hitze und Schmutz entfernt, thront das kleine Matheran (wörtl. „vom Dschungel bekrönt") auf einem schroffen Gipfel der Sahyadri-Berge. Schattige Wälder mit Wanderpfaden und atemberaubenden Aussichtspunkten machen es zur wohl schönsten Hill Station Maharashtras.

1850 entdeckte Hugh Malet – einstiger Steuereintreiber des Bezirks Thane – dieses kleine Juwel zufällig während einer seiner Expeditionen. Kurz darauf entstand hier eine Hill Station, in der Parsenfamilien unter britischer Verwaltung lebten.

Die Anreise macht bereits die Hälfte des Reizes aus: Zwar geht sie über die Straße schneller vonstatten, aber nichts kann die Fahrt mit der Schmalspurbahn („Toy Train") toppen. Diese tuckert nach 21 mühsamen, aber malerischen Kilometern mitten ins Herz Matherans. Vor Ort sind motorgetriebene Fahrzeuge verboten – ideal, um Ohren bzw. Lunge eine Auszeit und den Füßen etwas Training zu gönnen.

Sehenswertes & Aktivitäten

In Matheran kann man super stressfrei spazieren gehen: Über schattige Waldwege sind die meisten Aussichtspunkte in wenigen Stunden zu Fuß erreichbar. Um den Sonnenuntergang zu genießen, empfiehlt sich der **Panorama Point**. Der **Porcupine Point** (alias Sunset Point) ist zwar am beliebtesten, aber auch am vollsten. **Louisa Point** und **Little Chouk Point** punkten ebenfalls mit super Aussicht auf die Sahyadri-Berge. Beim **Echo Point** ist der Name Programm – ausprobieren! Auf dem Rückweg vom Echo Point bietet sich ein Halt am **Charlotte-See** an, in dem Baden und Waten streng verboten sind: Dies ist das Hauptwasserreservoir des Orts. Zum Tal unterhalb des **One Tree Hill** führt ein Weg namens **Shivajis Leiter**, den der Marathenfürst einst selbst benutzt haben soll.

An der MG Rd werden Pferde (ca. 250 ₹/Std.; verhandelbar) für Ausritte zu den Aussichtspunkten vermietet.

Schlafen & Essen

Matherans Hotels sind von schlechter Qualität und zudem übel überteuert. Wer nicht gerade Spendierhosen anhat, unternimmt daher einen Tagesausflug ab Mumbai. Die Zeiten für's Auschecken (z.T. schon um 7 Uhr) sind so verschieden wie die Haupt- und Nachsaisonpreise. Während des Monsuns macht Matheran den Laden dicht.

LP TIPP Verandah In The Forest HISTORISCHES HOTEL $$
(☎230296; www.neemranahotels.com; Barr House; DZ inkl. Frühstück ab 3000 ₹) Dieser wunderbar erhaltene Bungalow aus dem 19. Jh. lebt von purer Nostalgie. Einmal über die Türschwellen seiner altmodischen Luxuszimmer bzw. -suiten getreten, fühlt man sich in vergangene Zeiten versetzt. Hierfür sorgen kunstvolle Kronleuchter, alte Teakholzmöbel, viktorianische Gemälde, Standuhren und viele andere Erinnerungsstücke. Die namengebende Veranda ist das wohl schönste Fleckchen, um die umliegenden Wälder zu bewundern. Eine gute Speisen- und Getränkeauswahl versüßt die faulen Stunden.

Lord's Central Hotel HISTORISCHES HOTEL $$
(☎230228; www.matheranhotels.com; MG Rd; DZ inkl. VP ab 3600 ₹; ❄@🏊) Seit mehr als sechs Generationen gehört das charmante Hotel im Kolonialstil einer freundlichen Parsenfamilie. Als eine von Matherans renommiertesten Unterkünften garantiert es einen angenehmen Aufenthalt hinter altmodischen Portalen. Die Zimmer sind behaglich, und die Poolterrasse wartet mit grandiosem Blick auf das Tal und die Gipfel in der Ferne auf. Das Monsterschachbrett auf dem Rasen ist ein nettes Plätzchen für ein Bier vor dem tollen parsischen Mittagessen.

Hope Hall Hotel HOTEL $$
(☎230253; MG Rd; DZ ab 2000 ₹) Auf einer Tafel an der Rezeption steht „Seit 1875" – und das Alter sieht man! Trotzdem wirkt das Hope Hall fröhlich. Den vielen Dankesbezeugungen im Gästebuch zufolge muss man hier wohl recht angenehm wohnen.

Hookahs & Tikkas INDISCH $$
(MG Rd; Hauptgerichte 50–110 ₹) Auf einem Balkon mit Blick auf die Hauptstraße kredenzt dieses Lokal neben verschiedenen Kebabs und pikanten indischen Gerichten auch Hookahs (Wasserpfeifen) mit aromatisiertem Tabak.

Rasna INDISCH $
(MG Rd; Hauptgerichte 80–100 ₹) Gegenüber vom Naoroji Lord Garden serviert das Rasna sein leckeres vegetarisches Essen. Tipp: das beliebte punjabische bzw. nordindische Thali (90 ₹).

Praktische Informationen

Der Eintritt nach Matheran (Erw./Kind 25/15 ₹) wird bei Ankunft am Bahnhof oder am Dasturi-Parkplatz fällig.

Vishwas Photo Studio (MG Rd; ⌚9.30–22 Uhr) an der Hauptstraße in den Ort verkauft Fotozubehör plus nützliche Miniführer (25 ₹) und fungiert auch als Touristeninformation. Die **Union Bank of India** (MG Rd; ⌚Mo–Fr 10–14, Sa 10–12 Uhr) hat einen Geldautomaten.

An- & Weiterreise

Taxi

Sammeltaxis fahren von Neral zum Dasturi-Parkplatz bei Matheran (60 ₹, 30 Min.). Von dort bringen Pferde (180 ₹) und von Hand gezogene Rikschas (200 ₹) Besucher in einer roten Staubwolke zum Hauptbasar des Orts. Ein Fußmarsch dauert etwas über eine Stunde.

Zug

Der Toy Train (Schmalspurbahn; 2./1. Klasse 35/210 ₹, 5-mal tgl.) pendelt tuckernd zwischen Matheran und Neral Junction. Zur Monsunzeit wird der Betrieb eingestellt. Auf der Route Mumbai–Neral Junction verkehren Expresszüge wie der *Deccan Express* (7.10 Uhr) oder der *Koyna Express* (2. Klasse/Chair Class 46/165 ₹, 1½ Std., 8.40 Uhr). Andere Expresszüge ab Mumbai stoppen hinter Neral in Karjat, wo Regionalzüge die Rückreise ermöglichen. Von Pune aus ist Karjat mit dem *Sinhagad Express* (2. Klasse/Chair Class 47/165 ₹, 2 Std., 6.05 Uhr) erreichbar.

Unterwegs vor Ort

Neben Pferden und von Hand gezogenen Rikschas sind in Matheran nur die eigenen Füße als Fortbewegungsmittel erlaubt.

Lonavla

☎02114 / 55 600 EW. / 625 M

Das verbaute und überteuerte Lonavla gibt sich frech als Hill Station aus. Die Handelsstadt liegt ca. 106 km südöstlich von Mumbai und ist alles andere als attraktiv: Ihre Hauptstraße besteht fast nur aus grell beleuchteten Läden, die *chikki*, eine süße Regionalspezialität aus steinhartem Krokant, verkaufen.

Der einzige Grund herzukommen, sind die nahen Höhlen von Karla und Bhaja, die nach denen von Ellora und Ajanta zu den schönsten in Maharashtra zählen.

Hotels, Restaurants und die Hauptstraße zu den Höhlen befinden sich nördlich des Bahnhofs (Ausgang von Bahnsteig 1 nehmen!). Südlich davon liegen die meisten Wohnviertel und Märkte von Lonavla.

Die Zapfsäule gegenüber vom Hotel Rama Krishna wurde mit drei Geldautomaten ausgestattet. Internetzugang gibt's im **Balaji Cyber Café** (1. Stock, Khandelwal Bldg, New Bazaar; 15 ₹/Std.; ⌚12.30–22.30 Uhr) gleich südlich des Bahnhofs.

Aktivitäten

Das 1924 gegründete **Kaivalyadhama Yoga Hospital** (☎273039; www.kdham.com; Inder/Ausländer inkl. VP 9000 ₹/320 US$) kombiniert Yogakurse mit naturheilkundlichen Behandlungen. Es liegt ca. 2 km hinter Lonavla an der Straße zu den Höhlen von Karla und Bhaja. In einem siebentägigen Pauschalpaket sind Unterkunft, Yogakurse, Aktivitätenprogramme und Vorträge enthalten. Zwei-, drei- und vierwöchige Pakete können ebenfalls gebucht werden.

Nirvana Adventures (☎022-26053724; www.flynirvana.com) aus Mumbai veranstaltet verschiedene Gleitschirmkurse (Inder/Ausländer inkl. VP ab 6500 ₹/250 €) und Tandemflüge (2000 ₹/10 Min.), bei denen jeweils 25 km von Lonavla entfernt bei Kamshet gestartet wird.

Schlafen & Essen

Lonavlas Hotels bieten wenig Qualität zu happigen Preisen. Bei folgenden Adressen müssen Gäste um 10 Uhr auschecken.

Hotel Adarsh HOTEL $$
(☎272353; Nähe Busbahnhof; DZ ab 2500 ₹; ❄🏊) Zentrale Lage, fesche Zimmer und guter Service sorgen hier ganz klar für das beste Preis-Leistungs-Verhältnis der Stadt. Dies wird scheinbar von einheimischen Yuppies geschätzt. Auch der Terrassenpool ist ein guter Grund für einen Aufenthalt.

Hotel Lonavla HOTEL $$
(☎272914; Mumbai-Pune Rd; DZ ab 1195 ₹) Die Zimmer besitzen nur Ventilatoren, sind aber für örtliche Verhältnisse günstig. Weil sich hier oft Reisegruppen einmieten, sind die Zimmer häufig ausgebucht – daher rechtzeitig anfragen! Die Rechnung muss alle drei Tage beglichen werden. Doch wer bleibt hier schon so lange?

LP TIPP **Biso** ITALIENISCH $$
(Citrus Hotel, DT Shahani Rd, Hauptgerichte 180–220 ₹) Dieses Freiluftlokal der Spitzenklasse könnte einem den Trip nach Lonavla versüßen. Rund 15 Minuten östlich des Busbahnhofs säumt das Biso die Ra-

Lonavla & Umgebung

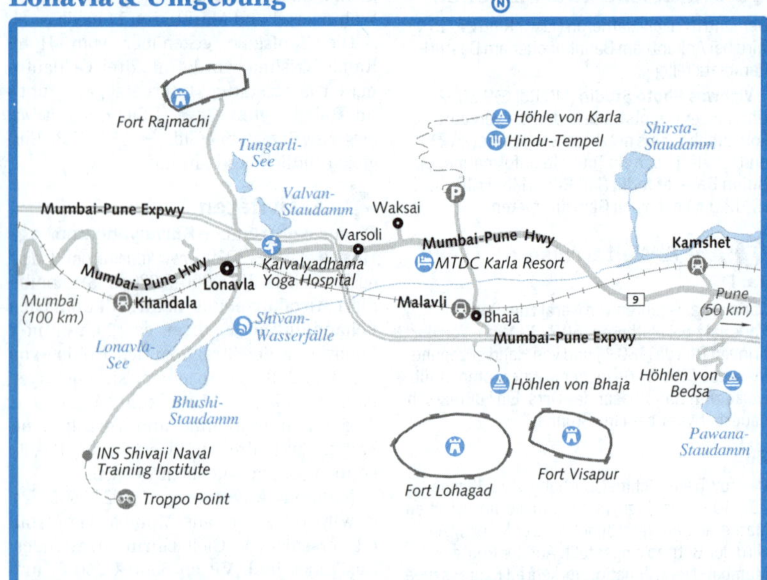

senflächen eines geschniegelten Businesshotels. Es bewirtet seine vornehmen Gäste mit einer super Auswahl von Nudelgerichten, Pizzas und Nachspeisen. Die Penne in Basilikumsauce oder die Pizza nach Bauernart vergisst man nicht so schnell.

Hotel Rama Krishna INDISCH **$$**
(Mumbai-Pune Rd; Hauptgerichte 120–150 ₹) Das Rama Krishna ist für seine Fleischgerichte (vor allem für Kebabs) berühmt und wird zur Essenszeit manchmal von Reisegruppen überschwemmt.

An- & Weiterreise

Von Lonavlas **Busbahnhof** fahren MSRTC-Busse nach Mumbai (Dadar; Normal/Semideluxe 65/94 ₹, 2 Std.) und Pune (Normal/Semideluxe 55/80 ₹, 2 Std.). Beide Städte werden auch von klimatisierten Deluxe-Bussen (ca. 130 ₹) bedient.

Alle Expresszüge von Mumbai nach Pune (2. Klasse/Chair Class 57/195 ₹, 3 Std.) halten an Lonavlas **Bahnhof**. Der ist auch stündlich mit Shuttlezügen ab Pune (15 ₹, 2 Std.) erreichbar.

Höhlen von Karla & Bhaja

Die aus dem Fels geschlagenen Höhlen, die ungefähr aus dem 2. Jh. v. Chr. stammen, können dem Vergleich mit Ajanta oder Ellora zwar nicht standhalten, sind jedoch trotzdem durchaus ansehnliche Beispiele buddhistischer Höhlenarchitektur in Indien. Außerdem eignen sich von Touristen eher ignorierte Anlagen wunderbar für einen entspannten Ausflug. In Karla lässt sich die beeindruckendste einzelne Höhle besichtigen, Bhaja ist ruhiger und die Erkundung der Anlage macht mehr Spaß.

Höhle von Karla HÖHLEN
(Inder/Ausländer 5/100 ₹; ⌚9–17 Uhr) Nach einer 20-minütigen Kletterpartie von einem kleinen Basar am Fuß des Hügels aus hat man die **Höhle von Karla**, die größte frühbuddhistische *chaitya* Indiens, erreicht. 80 v. Chr. fertiggestellt, ist diese *chaitya* rund 40 m lang und 15 m hoch und erinnert von der Architektur her an die *chaityas* in Ajanta und Ellora. Neben dem Kailash-Tempel in Ellora ist dies wohl der eindrucksvollste Felsentempel des Bundesstaats.

Die Höhle von Karla ist außerdem der einzige Ort in Maharashtra, an dem die Originalholzarbeiten (immerhin mehr als 200 Jahre alt) erhalten geblieben sind. Durch ein halbrundes „Sonnenfenster" fällt Licht in die Dagoba bzw. auf den Stupa (dieser soll Buddha darstellen), der von einem geschnitzten Schirm, dem einzigen erhalten gebliebenen Exemplar dieser Art, geschützt wird. Die Decke der Höhle ist außerdem mit alten Teakholzbalken abgestützt. Die

37 Pfeiler an den Seiten sind von knieenden Elefanten bekrönt. Die geschnitzten Elefantenköpfe an den Seiten des Vorraums hatten einst Stoßzähne aus Elfenbein.

Es gibt einen **Hindu-Tempel** direkt vor dem Höhleneingang, der jede Menge Pilger anzieht, welche die Szenerie etwas beleben.

Höhlen von Bhaja HÖHLE
(Inder/Ausländer 5/100 ₹; ⌚8–18 Uhr) Jenseits der Autobahn sind es von der Hauptstraße aus noch 3 km bis zu den Höhlen von Bhaja, die schöner, grüner und ruhiger liegen als ihr Pendant in Karla. Die Anlage entstand angeblich um 200 v.Chr. Zehn der 18 Höhlen sind *viharas*. Höhle 12 mit ihrer einfachen Dagoba ist eine offene *chaitya* und älter als die in Karla. Dahinter befindet sich ein seltsames Chaos aus 14 Stupas, von denen fünf innerhalb und neun außerhalb einer kleineren Höhle stehen.

Nach der Besichtigung kann man zu den Ruinen der Zwillingsfestungen **Lohagad** und **Visapur** wandern. Ebenfalls sehenswert ist der malerische **Pawana-Staudamm**, der ca. 20 km östlich des Zugangs zu Bhaja und Karla am Ende einer Straße liegt.

Schlafen & Essen

MTDC Karla Resort HOTEL $$
(☎02114-282230; DZ ohne/mit Klimaanlage ab 900/1300 ₹; ❄) Abseits der Autobahn liegt dieses Resort nahe dem Zugang zu Karla und Bhaja. Es hat gepflegte Zimmer bzw. Hütten und ein gutes Restaurant.

An- & Weiterreise

Karla und Bhaja lassen sich im Rahmen eines Tagesausflugs ab Lonavla besuchen. Lokalbusse fahren zum Zugangspunkt (10 ₹, 30 Min.). Von dort aus führt ein Rundweg (hin & zurück 6 km) in beiden Richtungen zu den zwei Stätten. Eine Autorikscha ab Lonavla kostet inklusive Wartezeit für Hin- und Rückfahrt ca. 450 ₹.

Pune

☎020 / 3,7 MIO. EW. / 535 M

Mit seiner gesunden Mischung aus Kleinstadtidylle und Großstadtblues verkörpert Pune (alias Poona) das neue Indien. Einst war die Metropole nicht viel mehr als eine Seniorensiedlung mit Militärstützpunkt. Heute wirkt sie mit ihren fröhlichen Einwohnern jedoch so unprätentiös wie kosmopolitisch. Pune ist ein blühendes Hochschul- und Wirtschaftszentrum, das zudem weltweit für seinen berühmtesten „Export" bekannt ist: Bhagwan Shree Rajneesh (1931–1990) und dessen Ashram, das Osho International Meditation Resort (S. 109).

Zu ersten Ehren kam Pune durch Shivaji und die hier herrschenden Peshwa, die es zu ihrer Hauptstadt erkoren. Nach der Einnahme durch die Briten (1817) nutzte die Präsidentschaft Bombays die Stadt aufgrund des kühlen und trockenen Klimas schon bald als Residenz während der Monsunzeit. Nachdem die Globalisierung in den 1990er-Jahren an Punes Tür geklopft hatte, wandelte sich das Image der Stadt. Alte Gebäude und Wohngebiete wurden aber erhalten, sodass sie sich ihren kolonialzeitlichen Charme bewahrt hat. Trotz Luftverschmutzung und hohem Verkehrsaufkommen macht dieser angenehme Mix von Alt und Neu die Metropole zu einem lohnenden Ziel. Das **Ganesh Chaturthi** (Sept.) sorgt hier überall für Festivalstimmung und ermöglicht einen tollen Einstieg in die örtliche Kultur.

Pune liegt am Zusammenfluss von Mutha und Mula. Rund 1 km südlich des Bahnhofs verläuft die Mahatma Gandhi (MG) Rd als Hauptgeschäftsstraße. Der Koregaon Park nordöstlich vom Bahnhof ist das Erholungsgebiet Nr. 1. Neben ein paar der besten Hotels, Restaurants und Cafés befindet sich dort natürlich auch Oshos Ashram.

Sehenswertes & Aktivitäten

LP TIPP **Osho International Meditation Resort** MEDITATION
(☎66019999; www.osho.com; 17 Koregaon Park) Entweder man hasst oder man liebt diesen opulenten Ashram in einem grünen Nobelvorort im Norden der Stadt. Seit Oshos Tod im Jahr 1990 (s. Kasten S. 112) sind Tausende von – oft westlichen – *sanyasins* (Suchenden) hierhergeströmt. Mit idyllischem Pool, Sauna, Buchladen, Feldern für „Zennis" oder Basketball, Massage- bzw. Schönheitssalon und einem luxuriösen Boutiquegasthaus (S. 113) ist die Anlage für manche der ideale Ort, um sich der Stressreduktion durch Meditation zu widmen. Andere kritisieren das Ganze für die unverhohlene Kommerzialisierung: Sie werfen den Ashram-Betreibern vor, naiven Abendländern eine verzerrte Version des mystischen Orients zu verkaufen.

Das Osho Auditorium ist der Hauptort für Meditation und den spirituellen Abendtanz in weißen Gewändern – also bitte hier nicht mal husten oder niesen! Das Osho

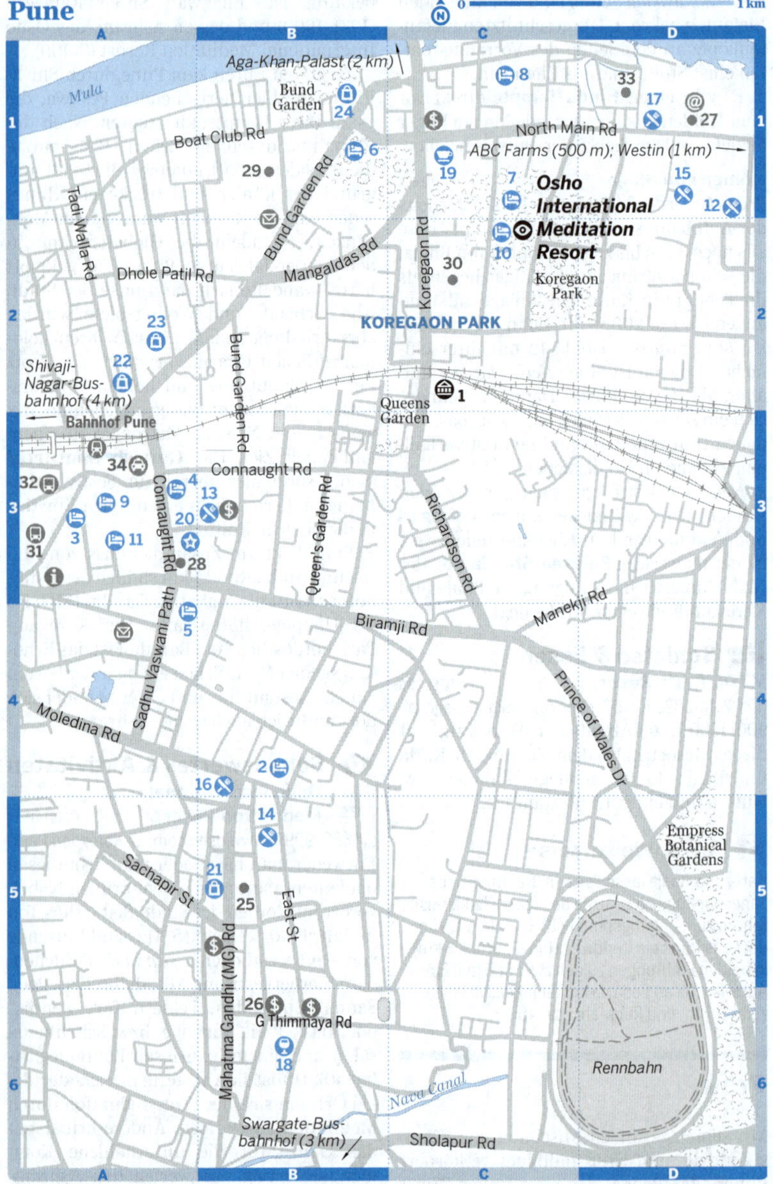

Samadhin berherbergt die Asche des Gurus und steht Meditierenden ebenfalls offen. Die „Multiversity" der Gemeinschaft veranstaltet zahllose Kurse in Meditation und esoterischen Techniken. Wer teilnehmen oder lediglich meditieren möchte, muss eine Gebühr (Inder/Ausländer 1150/1550 ₹) bezahlen. Diese beinhaltet die Anmeldung, einen obligatorischen HIV-Schnelltest mit sterilen Nadeln, Einführungsveranstaltungen und einen Meditationspass mit eintägiger Gültigkeit. Zudem werden ein kastanienbraunes und ein weißes Gewand (jeweils ab 200 ₹) benötigt. Weitere Medi-

Pune

Highlights
Osho International Meditation Resort ... C2

Sehenswertes
1 Tribal Cultural Museum ... C2

Schlafen
2 Grand Hotel ... B4
3 Homeland ... A3
4 Hotel Ashirwad ... A3
5 Hotel Ritz ... A4
6 Hotel Srimaan ... B1
7 Hotel Sunderban ... C1
8 Hotel Surya Villa ... C1
9 National Hotel ... A3
10 Osho Meditation Resort Guesthouse ... C2
11 Samrat Hotel ... A3

Essen
12 Arthur's Theme ... D1
Dario's ... (siehe 7)
13 Flag's ... B3
14 Juice World ... B5
15 Malaka Spice ... D1
16 Place: Touche the Sizzler ... B4
17 Prem's ... D1

Ausgehen
18 1000 Oaks ... B6
19 Mocha ... C1

Unterhaltung
20 Inox ... A3

Shoppen
21 Bombay Store ... B5
22 Crossword ... A2
Either Or ... (siehe 22)
23 Fabindia ... A2
24 Pune Central ... B1

Praktisches
25 Rokshan Travels ... B5
26 Thomas Cook ... B6
27 Yatra.com ... D1

Transport
28 Brright Travels ... A3
29 Jet Airways ... B1
30 Kingfisher Airlines ... C2
31 PMT-Depot ... A3
32 Pune-Train-Station-Busbahnhof ... A3
33 Simran Travels ... D1
34 Taxistand ... A3

tationspässe kosten extra (Inder/Ausländer pro Tag 300/700 ₹), wobei man nach Belieben kommen und gehen kann. Interessenten für längere Aufenthalte dürfen auch am Programm „Work as Meditation" (Arbeit als Meditation) teilnehmen.

Neugierige können sich im Besucherzentrum eine Videopräsentation ansehen und sich danach schweigend durch die Anlage führen lassen (10 ₹/10 Min.; nur für Erw., Kameras und Handys verboten; tgl. 9.15 & 14 Uhr). Tickets sind spätestens am Vortag zu buchen (9.30–13 & 14–16 Uhr). Ebenfalls interessant ist der **Osho Teerth** (Eintritt frei; ⌚6–9 & 15–18 Uhr) hinter dem Ashram. Inhaber eines Meditationspasses dürfen diesen 5 ha großen Garten nach Wunsch betreten.

LP TIPP Raja Dinkar Kelkar Museum — MUSEUM

(www.rajakelkarmuseum.com; 1377–1378 Natu Baug, Bajirao Rd; Inder/Ausländer 20/200 ₹; ⌚9.30–17.30 Uhr) Das faszinierende Museum zählt zu Punes absoluten Highlights und ist es wert, einen ganzen Tag dafür zu veranschlagen. Es zeigt nur einen Bruchteil der ca. 20 000 indischen Alltagsgegenstände, die von Dinkar Kelkar (gest. 1990) akribisch zusammengetragen wurden. Unter den skurrilen Objekten aus ganz Indien sind Hunderte von Hookahs (Wasserpfeifen), Schreibgeräte, Lampen, Textilien, Spielzeuge, ganze Türen und Fenster, Küchenutensilien, Möbel, Marionetten, Schmuck, Betelnussschneider und eine beeindruckende Reihe von Musikinstrumenten. Zum Recherchezeitpunkt suchte das Museum gerade nach neuen Räumlichkeiten mit größerer Ausstellungsfläche. Diese sollen dem riesigen Teil der Sammlung gerecht werden, der im Moment noch ungezeigt in Stahlkammern lagert.

Tribal Cultural Museum — MUSEUM

(28 Queens Garden; Eintritt 10 ₹; ⌚Mo–Sa 10.30–17.30 Uhr) Das kleine, aber feine Museum steht ca. 1,5 km östlich vom Bahnhof in der Nähe des Militärstützpunkts. Die ausgestellten Stammesgegenstände (Schmuck, Geräte, Musikinstrumente und sogar schwarzmagische Utensilien) kommen aus entlegenen Regionen Indiens. So erhält man einen tollen Eindruck von den regionalen Stammestraditionen und -kulturen.

Pflicht ist der hintere Bereich mit den aufwändigen Festmasken aus Pappmaché.

Aga-Khan-Palast PALAST

(Ahmednagar Rd; Inder/Ausländer 5/100 ₹; ⌚9–17.45 Uhr) Jenseits des Mula steht der prächtige Aga-Khan-Palast auf einem 6,5 ha großen Parkgelände in Yerwada. Er beherbergt die **Gandhi-Nationalgedenkstätte** und ist der bei Weitem größte Publikumsmagnet Punes. Sultan Aga Khan III. errichtete den erhabenen Bau im Jahr 1892. Hier wurden Gandhi und andere bekannte Nationalistenführer etwa zwei Jahre lang von den Briten festgehalten, nachdem der Mahatma 1942 den sofortigen Abzug der Kolonialmacht gefordert hatte. Während dieser Gefangenschaft starben hier sowohl Gandhis Frau Kasturba als auch Mahadeobhai Desai, der 35 Jahre lang sein Sekretär gewesen war. Die beiden Schreine mit ihrer Asche stehen in einem friedvollen Hintergarten.

Im Hauptpalast können Besucher einen Blick in Gandhis bevorzugten Aufenthaltsraum werfen. Eine eher schlecht präsentierte Ausstellung zeichnet sein außerordentliches Leben mit Fotos und Gemälden nach.

Shaniwar Wada FORT

(Shivaji Rd; Inder/Ausländer 5/100 ₹; ⌚8–18 Uhr) Die Ruinen dieses befestigten Peshwa-Palastes von 1732 stehen in Punes Altstadt. Der Shaniwar Wada brannte 1828 nieder. Übrig blieben die massiven Mauern bzw. Sockel und die robusten Portale mit ihren abschreckenden Stacheln. Abends gibt's eine einstündige **Sound- & Lightshow** (Eintritt 25 ₹; ⌚Do–Di 20.15 Uhr).

Katraj Snake Park & Zoo ZOO

(Pune-Satara Hwy; Erw./Kind 3/2 ₹; ⌚Do–Di 10.30–18 Uhr) Dieser Zoo an Punes äußerstem Südrand gibt einen mittelmäßigen Einblick in Indiens Tierwelt. Allerdings lohnt sich der Weg, wenn man sich für Schlangen interessiert: Davon leben hier jede Menge.

Pataleshvara-Höhlentempel TEMPEL

(Jangali Maharaj Rd; ⌚6–21.30 Uhr) Der kleine und unvollendete (aber dennoch genutzte) Höhlentempel wurde am anderen Flussufer aus dem Fels geschlagen. Er stammt aus dem 8. Jh. und ähnelt der größeren Anlage auf Elephanta Island vor der Küste bei Mumbai. Der benachbarte **Jangali-Maharaj-Tempel** (⌚6–21.30 Uhr) ehrt einen hinduistischen Asketen, der hier 1818 starb.

Ramamani Iyengar Memorial Yoga Institute YOGA

(☎25656134; www.bksiyengar.com; 1107 B/1 Hare Krishna Mandir Rd, Model Colony) Wer 7 km

OSHO, DER SEXGURU

Spiritualität plus natürliche Instinkte gewürzt mit einem kräftigen Schuss Effekthascherei, fertig ist eine potente Mixtur. Das war das Rezept von Bhagwan Shree Rajneesh (1931–90). Osho, wie er sich lieber nennen ließ, war einer von Indiens schillerndsten und zweifellos umstrittensten „Exportgurus". Er vermarktete den mystischen Orient international und wirkte ursprünglich in Pune, wobei er keiner bestimmten Religion oder Philosophie folgte. Die Welt empörte sich vielerorts über seine Ansicht, dass Sex ein Weg zur Erleuchtung sei. Als Liebling der internationalen Presse erhielt Osho schnell den Spitznamen „Sexguru". 1981 exportierte er den kruden Mix aus kalifornischer Pop-Psychologie und indischer Mystik in die USA, wo er in Oregon eine landwirtschaftliche Kommune gründete. Doch die Unbeliebtheit des Ashrams wuchs so schnell wie Rajneeshs (materielle und daher eigentlich wertlose!) Rolls-Royce-Flotte. Schließlich war die örtliche Erregung über sein Wirken so groß, dass die Behörden den Inder der illegalen Einwanderung beschuldigten. So wurde der Guru zu 400 000 US$ Geldstrafe verurteilt und ausgewiesen. Um ein neues Hauptquartier zu finden, begannen Osho und sein Gefolge zu reisen und wurden aus 21 Ländern ausgewiesen bzw. gar nicht erst hineingelassen. 1987 kehrte Osho zum Ashram in Pune zurück, wo sich bald Tausende Ausländer zu seinen abendlichen Vorträgen und Meditationskursen einfanden.

Auch heute kommen sie noch in Scharen. Um diese beherbergen zu können, wurde 2002 das riesige Osho Auditorium eröffnet. Zudem hieß das Zentrum statt „Osho Commune International" fortan „Osho International Meditation Resort". Es ist so populär, dass die Preise ständig steigen und die Ausstattung täglich luxuriöser wird. Interessant: Trotz Oshos Aussage, dass niemand arm sein sollte, geht der Gewinn aus dem Resortbetrieb nicht an Bedürftige – laut Management sollen denen andere helfen.

nordwestlich vom Bahnhof an Kursen dieses berühmten Instituts teilnehmen möchte, muss Yoga schon seit mindestens acht Jahren praktizieren.

Schlafen

Die Unterkünfte der Stadt liegen größtenteils rund um den Bahnhof und den Koregaon Park. Die meisten Mittelklassehotels akzeptieren Kreditkarten und bestehen auf einem Check-out um 12 Uhr. Auch einheimische Familien vermieten teilweise Zimmer (ohne/mit Bad ca. ab 400/bis 700 ₹) – Rikschafahrer geben Tipps.

LP TIPP **Hotel Sunderban** HOTEL **$$**
(26124949; www.tghotels.com; 19 Koregaon Park; EZ/DZ inkl. Frühstück ab 2500/3000 ₹; ❄📶) Der renovierte Bungalow im Art-déco-Stil direkt neben dem Osho Resort flankiert einen gepflegten Rasen. Dabei kombiniert er mühelos altmodische Eleganz mit luxuriösem Reiz. Die durchweg urigen, nicht klimatisierten riesigen Zimmer im Hauptgebäude sind mit verschiedenen alten Möbeln eingerichtet. Die teureren Varianten befinden sich jenseits des Rasens in einem schmucken Bau mit Glasfassade. Weiterer Pluspunkt: das tolle Spitzenrestaurant Dario's (S. 114).

LP TIPP **Osho Meditation Resort Guesthouse** HOTEL **$$$**
(66019900; www.osho.com; Koregaon Park; EZ/DZ 3900/4400 ₹; ❄) Das ultraschicke Designerhotel nimmt nur Meditationsgäste des Osho International Meditation Resort (S. 109) auf. Als elegantes Beispiel für moderne Ästhetik sind die Zimmer und Gemeinschaftsbereiche dieser stilvollen Unterkunft minimalistisch und attraktiv. Hinzu kommen weitere extrem luxuriöse Extras wie gereinigte Frischluft in allen Zimmern! Man sollte unbedingt rechtzeitig reservieren, da das Haus momentan schwer gefragt ist!

Hotel Surya Villa HOTEL **$$**
(26124501; www.hotelsuryavilla.com; 294/2 Koregaon Park; EZ/DZ ab 1200/1500 ₹, EZ/DZ mit Klimaanlage 1600/2000 ₹; ❄@) Helle, luftige und geräumige Zimmer und blitzsaubere Toiletten machen das fröhliche Surya Villa ganz klar zu Punes bestem Mittelklassehotel. Dank direkter Nähe zur Backpackerszene im Koregaon Park wissen Traveller hier stets über alles Coole Bescheid, das in der Stadt gerade so abgeht. Im darunterliegenden Bücherkiosk gibt's Gratis-Internet für Gäste des Hauses.

Homeland HOTEL **$$**
(26123203; www.hotelhomeland.net; 18 Wilson Garden; EZ/DZ 900/1100 ₹, EZ/DZ mit Klimaanlage ab 1300/1500 ₹; ❄) Das überraschend ruhige Homeland versteckt sich abseits des Bahnhofslärms und hat ein super Preis-Leistungs-Verhältnis. Seine labyrinthartigen Flure führen zu Zimmern mit sauberer Bettwäsche und frisch gestrichenen Wänden. Im Restaurant im Untergeschoss werden abends Filme gezeigt.

Hotel Srimaan HOTEL **$$**
(26136565; srimaan@vsnl.com; 361/5 Bund Garden Rd; EZ/DZ 2200/2900 ₹; ❄@) Das zentral gelegene Srimaan hat die Preise gesenkt und ist nun in der Tat ein ziemliches Schnäppchen. Gemälde im Stil Jackson Pollocks bringen Farbe in die kleinen, aber luxuriösen Zimmer. Durch die reizenden Fenster der teureren Quartiere fällt der Blick auf beruhigendes Grün im Freien. Das gute italienische Hausrestaurant heißt La Pizzeria.

Samrat Hotel HOTEL **$$**
(26137964; thesamrathotel@vsnl.net; 17 Wilson Garden; EZ/DZ inkl. Frühstück ab 1800/2200 ₹; ❄📶) Im modernen Samrat mit dem höflichen und zuvorkommenden Personal fühlt man sich sofort zu Hause. Die schönen, gepflegten Zimmer liegen rund um ein Foyer mit Oberlichtern und erfüllen alle Erwartungen an ein Hotel dieser Preisklasse.

Westin HOTEL **$$$**
(67210000; www.starwoodhotels.com; 36/3B Koregaon Park Annexe; DZ inkl. Frühstück ab 6000 ₹; ❄📶🏊) Dieses topmoderne Businesshotel erstreckt sich wie eine riesige Luxusjacht am Ostrand des Koregaon Park. Es kombiniert größtmöglichen Luxus und Freizeitwert mit tadellosem Service. Die Zimmer bieten eine nette Aussicht auf den darunter liegenden Flusslauf.

Hotel Ritz HOTEL **$$**
(26122995; Fax 26136644; 6 Sadhu Vaswani Path; EZ/DZ inkl. Frühstück ab 2550/2750 ₹; ❄) Vornehm, freundlich, atmosphärisch – diese drei Worte genügen für eine Beschreibung des Ritz. Das Gebäude aus britisch-indischer Zeit ist vor Ort eine feste Größe. Die teuren Zimmer befinden sich im Hauptbau, die günstigeren in einem Anbau neben dem Gartenrestaurant. Letzteres serviert gute Gerichte aus Gujarat und Maharashtra.

National Hotel HOTEL **$**
(26125054; 14 Sasoon Rd; EZ/DZ/4BZ 750/850/1100 ₹, Hütte EZ/DZ/4BZ 650/750/

950 ₹) Was dem National an Komfort fehlt, gleicht es mit altmodischem Charme aus. Die verfallende Kolonialvilla gegenüber vom Bahnhof hat teilweise stickige Budgetzimmer, die möglicherweise nicht der üblichen Vorstellung von „sauber" entsprechen ... Die einladenderen Gartenhütten besitzen geflieste Terrassen.

Grand Hotel HOTEL $
(☎26360728; grandhotelpune@gmail.com; MG Rd; DZ ab 770 ₹, EZ ohne Bad 290 ₹) „Grand" ist hier gar nichts: Die günstigsten Betten der Stadt stehen in winzigen Kammern neben der Bar dieser Budgetoption. Die Doppelzimmer in umgebauten Familienwohnhäusern wirken auch nicht gerade luxuriös. Doch der Preis ist unschlagbar und der Innenhof ein prima Plätzchen für ein Abendbier.

Hotel Ashirwad HOTEL $$
(☎26128687; hotelashir@gmail.com; 16 Connaught Rd; EZ/DZ ab 3500/4000 ₹; ❄📶) Das große, gut organisierte Hotel punktet mit gepflegten (wenn auch langweiligen) Zimmern und dem beliebten Restaurant Akshaya, das im Untergeschoss eine gute Auswahl von vegetarischen Gerichten aus dem Punjab und der Mogulküche auftischt.

Essen

Pune ist ein prima Pflaster für abenteuerlustige Gaumen. Wie nicht anders zu erwarten, gibt's hier eine Reihe von günstigen und guten Lokalen, von denen viele rund um den Koregaon Park liegen. Sofern nicht anderweitig vermerkt, haben alle folgenden Optionen täglich von 12 bis 15 und von 19 bis 23 Uhr geöffnet (letzte Bestellung 22.45 Uhr).

LP TIPP **Malaka Spice** ASIATISCH, FUSION $$
(Lane 5, North Main Rd, Koregaon Park; Hauptgerichte 220–250 ₹) Das gehobene Freiluftrestaurant ist eine Pflichtadresse in Punes Gastroszene. Seine südostasiatischen Köstlichkeiten werden von ziemlich kreativen Sterneköchen zubereitet. In die Gerichte mit Tintenfisch und Brokkoli oder mit Reis, geröstetem Knoblauch und Garnelen könnte man sich reinsetzen! Wer eine Erinnerung an sein herzhaftes Mahl möchte, kann etwas im hauseigenen Souvenirshop kaufen.

LP TIPP **Prem's** INTERNATIONAL $$
(North Main Rd, Koregaon Park; Hauptgerichte 180–220 ₹; ⌚8–23 Uhr) Hinter einer Einkaufsstraße versteckt sich das Prem's in einem ruhigen Hof unter Baumkronen. Somit eignet es sich perfekt für die Art von gediegenen und bierlastigen Mittagsmahlzeiten, die einen tollen Urlaub ausmachen. Das relaxte Ambiente lockt den ganzen Tag über Stammgäste an, die sich an den Tischen lümmeln, zahllose Humpen kippen und dann ihre „übliche" Bestellung vertilgen. Jeder liebt die laut brutzelnden Pfannengerichte – auf jeden Fall probieren!

Dario's ITALIENISCH $$
(Hotel Sunderban; Hauptgerichte 250–280 ₹) Dieses Bistro serviert nur feinste italienische Küche aus ausgewählten Bio-Regionalprodukten und handverlesenen Zutaten, die direkt aus Italien eingeflogen werden. Zur Auswahl stehen leckere, hausgemachte Penne, Gnocchi und Spaghetti. Gerichte wie die *torta bombardino* (Zwiebel-Quiche mit frischem Salat) erzeugen im Gaumen ein wahres Aromafeuerwerk.

Flag's INTERNATIONAL $$
(G2 Metropole, Bund Garden Rd; Hauptgerichte 230–250 ₹) Der extrem beliebte Laden kredenzt zeitlose Klassiker aus aller Welt: Libanesisches Hühnchen, mongolischen Blumenkohl, Seafood-Teller à la New Orleans und *yakisoba* (japanische Bratnudeln) gibt's hier alle unter einem Dach – ebenso ein superheißes Mittagsbuffet für supercoole 249 ₹.

Vaishali FAST FOOD $
(FC Rd; Hauptgerichte 40–70 ₹; ⌚10–22 Uhr) Ältere Semester schwärmen ununterbrochen von dieser Institution, die für ihre leckeren Snacks und Gerichte bekannt ist. Die populäre Lokalspezialität *sev potato dal puri* (45 ₹) hat schon Generationen von Studenten satt gemacht und erntet immer noch rundum Anerkennung.

Arthur's Theme EUROPÄISCH $$
(Lane 6, North Main Rd, Koregaon Park; Hauptgerichte 200–230 ₹) Los geht's mit Don Quixote (frittierte Käsekroketten) oder Kleopatra (gegrillte Hähnchenwürfel). Dann folgen König Morgan (Langostinos in Kräutern und Olivenöl) oder Lanzelot (Hühnchen in Moosbeerensauce). Eine verrückte und schmackhafte Methode, das eigene Geschichtswissen aufzupolieren!

Juice World CAFÉ $
(2436/B East St; Snacks 50–60 ₹; ⌚8–23.30 Uhr) Das zwanglose Café mit Freilufttischen schenkt leckere, frische Fruchtsäfte und -shakes aus. Hinzu kommen günstige, nahrhafte Snacks wie Pizza oder *pav bhaji* (pikantes Gemüse mit Brot).

The Place: Touche the Sizzler INTERNATIONAL $$
(7 Moledina Rd; Hauptgerichte 180–200 ₹) Altmodisch, aber heimelig: Im Place im Herzen von Punes Geschäftsbezirk werden dampfende Pfannengerichte und diverse andere Kost aus Indien serviert. Das Gesamterlebnis entschädigt mehr als genug für das leicht angestaubte Ambiente.

Swiss Cheese Garden EUROPÄISCH $$
(ABC Farms; Hauptgerichte 250–300 ₹) Rund 1 km östlich des Koregaon Parks liegt ein grünes Gelände namens ABC Farms. Dort ist dieser Laden einer von mehreren schicken Restaurants, von denen sich viele der Bio-Küche verschrieben haben. Er serviert u.a. gute Nudelgerichte und Käsefondues.

Ausgehen & Unterhaltung

In puncto Nachtleben gibt sich Pune große Mühe. Da die Bars so schnell schließen wie sie eröffnet werden, fragt man besser vor Ort nach den hippsten Optionen. Die meisten haben von 19 bis ca. 1.30 Uhr geöffnet.

1000 Oaks NACHTCLUB
(2417 East St) Das 1000 Oaks mit gemütlicher, kneipenartiger Bar und kleiner Tanzfläche ist bei Punes Feierwütigen schon ewig beliebt. Wer's ruhiger mag, wählt den netten grünen Freiluft-Sitzbereich mit stimmungsvoller Beleuchtung. Sonntags wird zum Lieblingsdrink Livemusik serviert.

Mocha CAFÉ
(North Main Rd, Koregaon Park) In dem schrägen Café mit der schrillen Deko und dem freundlichen Personal wird ein tolles Spektrum von internationalen Kaffeespezialitäten gebraut – vom Blue Mountain aus Jamaika bis hin zum indischen Peaberry. Hookahs (Wasserpfeifen) mit Aromatabak sind ebenfalls vorhanden. Am Eingang muss man sich irgendwie ausweisen.

Arc Asia BAR
(ABC Farms) Die sehr elegante Bar rundet einen Besuch in der Stadt mit einer Spitzenauswahl von Malt-Whisky, Scotch und Bier ab. Dazu läuft groovige Musik.

Inox KINO
(Bund Garden Rd) Topmodernes Multiplexkino, das aktuelle Blockbuster aus Holly- oder Bollywood zeigt.

Shoppen

In Pune existieren ein paar gute Shopping-Adressen.

Bombay Store SOUVENIRS
(322 MG Rd; Mo–Sa 10.30–20.30 Uhr) Beste Option, um Souvenirs aller Art zu shoppen.

Pune Central BEKLEIDUNG
(Bund Garden Rd, Koregaon Park) Glasverkleidetes Einkaufszentrum mit westlicher Massenware und indischen Edelmarken.

Crossword BUCHLADEN
(1. Stock, Sohrab Hall, RBM Rd, 10.30–21 Uhr) Super Auswahl von Belletristik, Sachliteratur und Zeitschriften.

Either Or BEKLEIDUNG
(24/25 Sohrab Hall, 21 Sasoon Rd; Fr–Mi 10.30–20 Uhr) Beliebte Boutique, die moderne Klamotten und Accessoires indischer Designer anbietet.

Fabindia BEKLEIDUNG
(Sakar 10, Sasson Rd, 10–20 Uhr) Saris, Seiden- oder Baumwollbekleidung aus Indien plus diverse Accessoires und Handwerksprodukte.

Praktische Informationen

Geld

Der Citibank-Geldautomat an der North Main Rd ist rund um die Uhr in Betrieb. Die HSBC-Hauptfiliale an der Bund Garden Rd zahlt Bargeld aus. Weitere Geldautomaten: ICICI Bank und State Bank of India (jeweils am Bahnhof), Axis Bank (MG Rd) und HDFC Bank (East St).

Thomas Cook (66007903; 2418 G Thimmaya Rd; Mo–Sa 9.30–18 Uhr) Löst Reiseschecks ein und tauscht ausländische Währungen um.

Internetzugang

Mehrere Internetcafés säumen Punes Hauptverkehrsstraßen.

Arihant Communications (North Main Rd, Koregaon Park; 30 ₹/Std.; 9–23 Uhr) Superschnelle Breitbandverbindungen gegenüber von Lane 5.

Karten & Stadtpläne

Der *Destination Finder* (65 ₹) enthält einen tollen Stadtplan und ein paar wichtige Reiseinfos.

Post

Hauptpost (Sadhu Vaswani Path; Mo–Sa 10–18 Uhr)

DHL (Bund Garden Rd; Mo–Sa 10–20 Uhr)

Reisebüros

Rokshan Travels (26136304; rokshantra vels@hotmail.com; 1. Stock, Kumar Plaza, MG Rd; 10–18 Uhr) Die Leute hier sind echt gut darin, die passende Bus-, Zug- oder Flugverbindung zu vermitteln, und buchen Taxis.

Yatra.com (☎65006748; www.yatra.com; North Main Rd; ⌚Mo–Sa 10–19 Uhr) Örtliche Filiale der renommierten gleichnamigen Online-Ticketagentur.

Touristeninformation

MTDC (☎26126867; I Block, Central Bldg, Dr. Annie Besant Rd; ⌚Mo–Sa 10–17.30 Uhr) Versteckt sich in einem Behördenkomplex südlich vom Bahnhof und unterhält an letzterem auch einen **Infoschalter** (⌚Mo–Sa 9–19, So 9–15 Uhr).

An- & Weiterreise

Bus

Die Stadt hat drei Busbahnhöfe: Einen am **Bahnhof Pune** (Ziele: Mumbai, Goa, Belgaum, Kolhapur, Mahabaleshwar, Lonavla), den **Shivaji-Nagar-Busbahnhof** (Ziele: Aurangabad, Ahmedabad, Nasik) und den **Swargate-Busbahnhof** (Ziele: Sinhagad, Bengaluru, Mangalore). Vom Busbahnhof am Bahnhof fahren Deluxe-Busse stündlich nach Mumbai (Dadar; 260 ₹, 4 Std.).

Mehrere Privatfirmen schicken Busse nach Panaji bzw. Panjim (Goa; Normal/Sleeper Class 330/450 ₹, 12 Std.), Nasik (Semideluxe/Deluxe 180/280 ₹, 5 Std.) und Aurangabad (170 ₹, 6 Std.). Für Tickets empfiehlt sich **Brright Travels** (☎26114222; Connaught Rd).

Flugzeug

Kontaktinfos zu Fluglinien in Pune:

GoAir (IATA-Code G8; ☎9223222111; www.goair.in)

Indian Airlines (IATA-Code IC; ☎26052147; www.indian-airlines.nic.in; 39 Dr. B. Ambedkar Rd)

IndiGo (IATA-Code 6E; ☎9910383838; www.goindigo.in)

Jet Airways (IATA-Code 9W; ☎02239893333; www.jetairways.com; 243 Century Arcade, Narangi Baug Rd)

Kingfisher Airlines (IATA-Code IT; ☎1800 2333131; www.flykingfisher.com; Gera Garden, Koregaon Rd)

SpiceJet (IATA-Code SG; ☎1800 1803333; www.spicejet.com)

Die genannten Fluglinien verbinden Pune täglich mit Delhi (ab 3100 ₹, 2 Std.), Bengaluru (ab 2200 ₹, 1½ Std.), Nagpur (ab 2100 ₹, 1½ Std.), Goa (ab 3500 ₹, 1½ Std.), Chennai (ab 2300 ₹, 1½ Std.) und Kolkata (ab 3500 ₹, 4 Std. inkl. Zwischenlandung).

Taxi

Sammeltaxis (500 ₹/Pers., 2½ Std.; max. 4 Pers.) fahren rund um die Uhr von der Stadt zum Flughafen von Mumbai. Sie starten am **Taxistand** vor Punes Bahnhof. Einige Touranbieter wie **Simran Travels** (☎26153222; North Main Rd, Koregaon Park) vermieten Langstreckentaxis tage- oder sogar wochenweise für Trips innerhalb des Unionsterritoriums.

Zug

Der computergestützte **Buchungssaal** liegt links von Punes Hauptbahnhof. *Deccan Queen* (7.15 Uhr), *Sinhagad Express* (6.05 Uhr) und *Indrayani Express* (18.35 Uhr) sind schnelle Pendlerzüge, die nach Mumbai rollen (2. Klasse/Chair Class 67/237 ₹, 3½ Std.). In dem untenstehenden Kasten sind noch weitere Fernverbindungen aufgelistet.

Unterwegs vor Ort

Der Flughafen hat ein schickes neues Gebäude und liegt 8 km nordöstlich der Stadt (Autorikscha/Taxi ca. 100/250 ₹).

Autorikschas lassen sich überall finden.

Eine Fahrt vom Bahnhof zum Koregaon Park kostet ca. 35 ₹ (nachts 60 ₹).

Am PMT-Depot gegenüber vom Bahnhof Pune starten extrem lahme Stadtbusse in Richtung Swargate (Bus 4), Shivaji Nagar (Bus 5) und Koregaon Park (Bus 159).

WICHTIGE ZUGVERBINDUNGEN AB PUNE

ZIEL	ZUGNUMMER & -NAME	PREIS (₹)	DAUER (STD.)	ABFAHRT
Bengaluru	16529 *Udyan Exp*	330/1232	21	11.45 Uhr
Chennai	12163 *Chennai Exp*	371/1348	19½	12.10 Uhr
Delhi	11077 *Jhelum Exp*	430/1624	27	17.20 Uhr
Hyderabad	17031 *Hyderabad Exp*	246/910	13½	16.35 Uhr
Mumbai CST	12124 *Deccan Queen*	67/237	3½	7.15 Uhr

Bei Expresszügen beziehen sich die Preise auf Sleeper Class/2AC, beim *Deccan Queen* gelten sie für 2. Klasse/Chair Class. Infos zur Berechnung von 1.-Klasse- und sonstigen Tarifen stehen auf S. 555.

Manche Reparaturwerkstätten in Koregaon Park verleihen Motorräder (300 ₹/Tag zzgl. Benzin). Beim Hotel Surya Villa hängen Jungs ab, die dazu Näheres wissen.

Rund um Pune

SINHAGAD

Rund 24 km südwestlich von Pune liegen die Ruinen von **Sinhagad** (Eintritt frei; ⌚Sonnenaufgang–Sonnenuntergang). Der Marathenführer Shivaji entriss die „Löwenfestung“ 1670 den Königen von Bijapur. Bei dieser epischen Schlacht verlor er seinen Sohn Sambhaji und ließ Warane mit Seilen versehen, um die unregelmäßigen Mauern des Bollwerks zu vermessen. Heute ist Sinhagad nur noch ein trauriges Abbild seiner selbst, aber aufgrund der weiten Aussicht dennoch einen Besuch wert.

Bus 50 verbindet Swargate regelmäßig mit dem Dorf Sinhagad (20 ₹, 45 Min.). Von dort rollen Sammeljeeps zum Fuß des Festungshügels (40 ₹, 10 km).

SHIVNERI

Rund 90 km nordwestlich von Pune wird der **Festung Shivneri** (Eintritt frei; ⌚Sonnenaufgang–Sonnenuntergang) die Ehre zuteil, der Geburtsort Shivajis zu sein. Die zerstörten Wälle oberhalb des Dorfes Junnar umgeben die alten königlichen Stallungen, eine Moschee aus der Mogulzeit und in den Fels geschlagene Wasserspeicher. Der bedeutendste Bau ist der Pavillon Shivkunj, in dem Shivaji geboren wurde.

Etwa 4 km von Shivneri entfernt findet man auf der anderen Seite Junnars eine interessante Höhlengruppe des Hinayana-Buddhismus: **Lenyadri** (Inder/Ausländer 5/100 ₹; ⌚Sonnenaufgang–Sonnenuntergang) besteht aus ca. 30 Höhlen, von denen Nr. 7 am eindrucksvollsten ist und interessanterweise ein Abbild des Hindugotts Ganesha beherbergt.

Vom Shivaji-Nagar-Busbahnhof in Pune rollt ein Bus nach Junnar (70 ₹, 2 Std., 7.15 Uhr). Um 11.30 Uhr fährt ein anderer Bus wieder zurück. Ein Taxi-Tagestrip ab Pune kostet ca. 1600 ₹.

Mahabaleshwar

☎02168 / 12 700 EW. / 1372 M

Hoch droben in den Western Ghats wurde Mahabaleshwar 1828 vom britischen Gouverneur Sir John „Boy“ Malcolm gegründet. Die einstige Sommerhauptstadt der Präsidentschaft Bombay war früher schmuck und mit viel altmodischem Charme gesegnet. Heute jedoch ist sie ein Dschungel aus gedankenlosen Bauprojekten, der zu allem Übel noch von lärmigen Urlauberscharen überflutet und komplett ins Chaos gestürzt wird. Mahabaleshwars einziger Pluspunkt ist die herrliche Aussicht, die aber eigentlich nicht halb so toll ist, wie sie sein könnte: Wer sie genießen möchte, muss sich mit den tobenden Touristen herumschlagen.

Wenn hier während der Monsunzeit (Juni–Sept.) unglaubliche 6 m Regen fallen, wird die Hill Station quasi zur Geisterstadt.

Der meiste Betrieb herrscht entlang des Hauptbasars (Main bzw. Dr. Sabane Rd), einer kitschigen Touristenmeile von 200 m Länge. Der Busbahnhof liegt am westlichen Ortsrand. Bei Ankunft werden 20 ₹ „Touristensteuer“ fällig.

Sehenswertes & Aktivitäten

Aussichtspunkte AUSSICHTSPUNKT

„The hills are alive with the sound of music ...“ Die Musik dröhnt jedoch meist aus den Autoradios von Leuten, die alle Aussichtspunkte so schnell wie möglich abklappern möchten. Um dem Trubel zu entgehen, bricht man besser in aller Frühe auf – dann kann man tolle Ausblicke vom **Elphinstone, Babington, Kate's, Lodwick** oder **Wilson's Point** (Sunrise Point) genießen. Letzterer liegt nur einen kurzen Fußmarsch vom Ort entfernt.

Den atemberaubenden Sonnenuntergang am **Bombay Point** bewundert man garantiert (!) nicht alleine. Wesentlich ruhiger – da 9 km vom Ort entfernt – ist **Arthur's Seat** am Rand einer 600 m hohen Steilkante. Zu den tollen Wasserfällen rund um Mahabaleshwar zählen die **Chinaman-, Dhobi-** und **Lingmala-Fälle**. Eine nette Wanderung durch die Umgebung führt zuerst zum Bombay Point (2 Std.) und dann entlang des **Tiger Trail** zurück zum Ort. Karten gibt's bei der MTDC-Touristeninformation.

Geführte Touren

Ab 14.15 Uhr beginnen am Busbahnhof insgesamt drei MSRTC-Sightseeingtouren durch den Ort (80 ₹, 4½ Std.), die im Rahmen einer Rundfahrt neun Aussichtspunkte und Old Mahabaleshwar abklappern. Eine Alternative sind dreistündige Taxitrips (ca. 500 ₹). Weitere Touren führen nach Panchgani (450 ₹, 3 Std.), zum Fort

Pratapgad (500 ₹, 3 Std.) oder zu Aussichtspunkten südlich des Ortes (400 ₹, 2½ Std.).

Schlafen & Essen

Am Wochenende und in der Hauptsaison (Nov.–Juni) schießen die Zimmerpreise in die Höhe. Zu anderen Zeiten sind kräftige Rabatte drin. Die meisten Hotels stehen rund um den Hauptbasar, und Dutzende resortartiger Lodges verteilen sich über ganz Mahabaleshwar. Check-out ist meist um 8 oder 9 Uhr.

Hotel Panorama HOTEL $$
(☎260404; www.panoramaresorts.net; Main Rd; DZ ohne/mit Klimaanlage ab 3000/3500 ₹; ❄≋) Das renommierteste Luxushotel in Mahabaleshwars Zentrum vereint Business und Freizeit. Das sehr professionell geführte Haus hat saubere, behagliche und geschmackvoll dekorierte Zimmer. Hinzu kommen ein Restaurant mit super Essen, ein großer Pool und ein Wasserkanal, durch den Gäste mit schwanenköpfigen Paddelbooten schippern können.

MTDC Resort HOTEL $
(☎260318; Bombay Point Rd; DZ ab 700 ₹) Das große Hotel liegt 2 km südwestlich des Ortes und daher in ruhigerer und grünerer Umgebung. Das Zimmerdesign mutet leicht institutionsmäßig an, was angesichts der günstigen Preise aber zweitrangig ist. Ein Taxi ab dem Ortskern kostet ca. 80 ₹.

Hotel Vyankatesh HOTEL $$
(☎260575; hotelvkt@yahoo.com; Main Rd; DZ 1500 ₹) Auch diese typisch überteuerte Unterkunft schlägt Profit aus Mahabaleshwars Tourismusboom. Sie steht hinter einem Souvenirshop und hat langweilige Zimmer – wie viele andere örtliche Hotels.

LP TIPP **Grapevine** INTERNATIONAL $$
(Masjid Rd; Hauptgerichte 140–160 ₹) Wer in Mahabaleshwar ist und das winzige Lokal in angenehmer Entfernung zur Hauptstraße nicht besucht, hat wirklich etwas verpasst. Neben Köstlichkeiten aus Indien, Europa und Thailand gibt's hier auch feinste parsische Gerichte wie das charakteristische *dhansak*. Das charmante Arrangement der schmiedeeisernen Tische verleiht der geschmackvollen Einrichtung einen mediterranen Touch. Zudem ergänzt eine recht attraktive Weinkarte das Menü.

Hotel Rajmahal INDISCH $
(Main Rd; Hauptgerichte 50–70 ₹) Prima für leckere vegetarische Kost.

Aman Restaurant INDISCH $
(Main Rd; Hauptgerichte 80–100 ₹) Das Aman ist nicht viel mehr als ein Imbissstand, kredenzt aber klasse Kebabs und andere Fleischgerichte.

Praktische Informationen

State Bank of India (Main Rd; ⌚Mo–Fr 11–17, Sa 11–13 Uhr) Geldwechsel.

Bank of Baroda Mit Geldautomat an der Masjid Rd.

RB Travels (☎260251; Main Rd) Touren durchs Umland, Ticketbuchungen, Miettaxis und Busverbindungen.

Joshi's Newspaper Agency (Main Rd; 50 ₹/Std.; ⌚10–19 Uhr) Lahmer Internetzugang.

MTDC (☎260318; Bombay Point Rd) Touristeninfos im MTDC Resort südlich der Stadt.

An- & Weiterreise

Vom **Busbahnhof** fahren staatliche Busse regelmäßig über Panchgani (15 ₹, 30 Min.) nach Pune (Semideluxe 123 ₹, 3½ Std.). Mit einem normalen Bus geht's über Kolhapur (139 ₹, 5 Std.) nach Goa (274 ₹, 8 Std., 8.30 Uhr). Sieben weitere Busse rollen zur Central Station in Mumbai (Normal/Semideluxe 174/234 ₹, 7 Std.).

Private Agenturen im Basar buchen Deluxe-Busverbindungen zu Zielen in Maharashtra oder Goa (Sitzplatz/Sleeper Class 600/800 ₹, 12 Std. inkl. Umsteigen in Surur). Unbedingt das genaue Ziel erfragen: Busse nach Mumbai (450 ₹, 6½ Std.) fahren meist nur bis Borivali, Trips nach Pune (230 ₹) enden oft in Swargate.

Unterwegs vor Ort

In Busbahnhofsnähe starten Taxis und Maruti-Vans, die die wichtigsten Aussichtspunkte oder Panchgani ansteuern. Die Preise sind Verhandlungssache.

Radeln ist ebenfalls möglich, doch Vorsicht: Vor allem am Stadtrand besteht Gefahr durch Raser hinterm Steuer. Der **Vasant Cycle Mart** (Main Rd; ⌚8–20 Uhr) verleiht Drahtesel für 50 ₹ pro Tag.

TIPP FÜR ALLEINREISENDE

Alleinreisende können nicht in Mahabaleshwar übernachten: Die hiesigen Gesetze verbieten die Zimmervermietung an (insbesondere männliche) Einzelpersonen. Selbst bei Tagestrips sollte die Rückfahrt daher unbedingt rechtzeitig geplant werden!

Rund um Mahabaleshwar

FORT PRATAPGAD

Seit seiner Errichtung durch Shivaji im Jahr 1656 thront **Fort Pratapgad** (Instandhaltungsgebühr 5 ₹; ⌚7–19 Uhr) 24 km westlich von Mahabaleshwar auf einem Bergrücken. Um eine Pattsituation zu beenden, stimmte Shivaji 1659 einem Treffen mit Afzal Khan (General der Bijapuri) zu. Es war vereinbart worden, dabei keine Waffen zu tragen. Doch gleich nach der Begrüßung schlitzte Shivaji den Bauch seines Feindes mit einem Satz eiserner *baghnakh* (Tigerkrallen) auf. Khans nicht zugängliches Grab markiert den Schauplatz dieser blutigen Begegnung am Fuß der Festung.

Über 500 Stufen mit herrlicher Aussicht geht's hinauf nach Pratapgad. Touristenführer verlangen 150 ₹. Ein staatlicher Bus (hin & zurück 80 ₹, 1 Std., 9.30 Uhr) fährt täglich ab Mahabaleshwar zum Fort und nach einer Wartestunde wieder zurück. Die Hin- und Rückfahrt per Taxi kostet ca. 500 ₹.

FORT RAIGAD

Rund 80 km hinter Mahabaleshwar steht das entlegene **Fort Raigad** (Inder/Ausländer 5/100 ₹; ⌚8–17.30 Uhr) einsam auf einem hohen Hügel. Von 1648 bis zu Shivajis Tod im Jahr 1680 diente es dem Marathenfürsten als Hauptstadt. Später wurde es von den Briten eingenommen und im Kolonialstil erweitert. Dennoch blieben Bauten wie Königshof, Hauptmarkt, das Grab Shivajis und einige Sockel der königlichen Gemächer erhalten. Ein Tagesausflug lohnt sich!

Wer statt dem Aufstieg über 1475 Stufen ein „freischwebendes" Erlebnis bevorzugt, nimmt die schwindelerregend hohe **Seilbahn** (⌚8.30–17.30 Uhr; hin & zurück 160 ₹). Die flitzt flott die Steilwand hinauf und bietet dabei einen Panoramablick auf die Schluchten darunter. Das **Sarja Restaurant** (Hauptgerichte 30 ₹) an der Talstation ist prima für Snacks oder ein Mittagessen. Innerhalb des Forts stehen Führer (200 ₹) zur Verfügung.

Da öffentliche Verkehrsmittel nur unregelmäßig nach Raigad fahren, mietet man am besten ein Taxi in Mahabaleshwar (1300 ₹). Wenn Pratapgad und Raigad an einem Tag besucht werden, gibt's Rabatt.

Kolhapur

☎0231 / 505 500 EW. / 550 M

Das kaum besuchte Kolhapur mit seinen freundlichen Einwohnern eignet sich perfekt, um Indiens bunte Seite hautnah zu erleben. Diese historische Stadt liegt nur wenige Stunden von Goa entfernt und hat einen ungemein faszinierenden Tempelkomplex. Im August ist sie am lebendigsten, wenn beim **Naag Panchami** Schlangen gefeiert werden (es gibt ein parallel stattfindendes Fest in Pune). Feinschmecker aufgepasst: Die Küche Kolhapurs ist pikant und vor allem für Hühnchen- und Lammgerichte berühmt.

Die Altstadt rund um den Mahalaxmi-Tempel liegt 3 km südwestlich von Bahnhof und Busbahnhof. Der „neue" Palast steht etwa gleich weit entfernt in Richtung Norden. Südwestlich der Bahnhöfe findet man mit dem Rankala-See ein beliebtes Ziel für Abendspaziergänge.

Sehenswertes

LP TIPP **Shree Chhatrapati Shahu Museum** MUSEUM

(Inder/Ausländer 13/30 ₹; ⌚9.30–17.30 Uhr) Der „neue" Palast ist ein indosarazenisches Monstrum, das der britische Architekt „Mad" Charles Mant 1884 für die Könige von Kolhapur entwarf. Der Begriff „bizarr" bekommt hier eine ganz neue Bedeutung: Das skurrile Museum im Untergeschoss zeigt zahllose Jagdtrophäen, die der schießwütige Namensgeber von seinen königlichen Dschungelsafaris mitbrachte und kreativ verwerten ließ. Darunter sind z. B. Spazierstöcke aus Leopardenwirbeln und Aschenbecher aus Tigerschädeln oder Nashornfüßen. Die Waffen in der Rüstkammer reichen locker für einen Miniputsch. Das

LECKERE BEEREN

Als Indiens Zentrum des Beerenanbaus produziert Mahabaleshwar einige der tollsten Erdbeeren, Himbeeren und Stachelbeeren des Landes. Während der Erntezeit (Nov.–Juni) sind die Erträge im Februar am höchsten. Frische Ware gibt's auf dem örtlichen Basar. Säfte, Süßigkeiten, Bonbons und Marmelade bzw. Konfitüre verkaufen auch renommierte Obstfarmen wie die **Mapro Gardens** (☎02168240112; ⌚10–13 & 14–18.30 Uhr) auf halbem Weg zwischen Mahabaleshwar and Panchgani.

Horrorkabinett wird durch eine Sammlung ausgestopfter Tiere komplettiert. Nicht verpassen sollte man auch die recht prächtige Durbar-Halle, in der der König einst Hofversammlungen abhielt. Fotografieren ist strengstens verboten!

Altstadt STADTVIERTEL

Kolhapurs atmosphärische Altstadt umgibt den belebten und farbenfrohen **Mahalaxmi-Tempel** (⌚5–22.30 Uhr), der die Muttergottheit Amba Bai ehrt und landesweit zu den bedeutendsten seiner Art zählt. Die Anlage hat ihre Ursprünge im Jahr 10 n. Chr. und heißt auch Nicht-Hindus willkommen. In der Nähe würdigt der **Bhavani Mandap** (⌚6–20 Uhr) die Göttin Bhavani hinter einer Eingangshalle des alten Palasts.

Kolhapur ist auch für seine erfolgreichen Ringer bekannt. Neben dem Eingang zum Bhavani Mandap liegt ein Hof namens **Motibag Thalim**, in dem junge Sportler ihr Schlammgrubentraining absolvieren. Wer sich nicht an schwitzenden, halbnackten Männern und stechendem Uringeruch aus den Toiletten stört, darf jederzeit zusehen. Ein paar Gehminuten südlich des Motibag Thalim finden Profikämpfe (Juni–Dez.) im **Kasbagh Maidan** auf roter Arena-Erde statt.

Shoppingsüchtige können nach Kolhapurs berühmten Ledersandalen Ausschau halten, die weltweit wegen ihrer aufwändigen Nähte gepriesen werden und meist 300 bis 500 ₹ kosten. Die Blasen beim Einlaufen gibt's gratis dazu.

Schlafen & Essen

Hotel Tourist HOTEL **$**

(☎2650421; www.hoteltourist.co.in; Station Rd; EZ/DZ inkl. Frühstück ab 700/900 ₹; ❄) Das kürzlich renovierte Hotel Tourist zählt zu den attraktivsten Hotels an der Hauptstraße und erntet Lob für seinen super Service. Vor allem die klimatisierten Varianten der minimalistischen, aber gemütlichen Zimmer haben ein hervorragendes Preis-Leistungs-Verhältnis. Das exzellente Restaurant serviert tolles vegetarisches Essen.

Hotel Pavillion HOTEL **$$**

(☎2652751; www.hotelpavillion.co.in; 392 Assembly Rd; EZ/DZ 950/1150 ₹, EZ/DZ mit Klimaanlage ab 1300/1450 ₹; ❄@) Am Ende einer grünen Parkanlage mit Büros garantiert das Pavillion ruhige Aufenthalte in sauberen und geräumigen Zimmern. Man hat einen grandiosen Blick auf die (saisonal) blühende Natur. Die MTDC-Touristeninformation liegt in nächster Nähe.

Hotel Pearl HOTEL **$$**

(☎6684451; hotelpearl@yahoo.com; New Shahupuri; EZ/DZ inkl. Frühstück ab 1900/2100 ₹; ❄@) Nach dem Vorbild großstädtischer Businesshotels gibt's hier gute Zimmer, einen Wellnessbereich, einen Reiseschalter und ein anständiges Restaurant mit internationaler Küche.

Surabhi INDISCH **$**

(Hotel Sahyadri Bldg; Hauptgerichte 70–80 ₹) Das Surabhi ist super, um Thalis, Lassis oder Kolhapurs legendäre Snacks (z. B. pikantes *misal*; ähnelt *bhelpuri*) zu probieren. Die benachbarte Saawan Dining Hall tischt nicht-vegetarische Gerichte auf.

Praktische Informationen

Axis Bank Geldautomat (24 Std.) nahe dem Mahalaxmi Tempel.

SBI Geldautomat (24 Std.) an der Indumati Rd (Parallelstraße zur Station Rd).

Internet Zone (Kedar Complex, Station Rd; 20 ₹/Std.; ⌚8–23 Uhr) Internetzugang.

MTDC (☎2652935; Assembly Rd; ⌚Mo–Sa 10–17.30 Uhr) Touristeninfos gegenüber vom Collector's Office.

State Bank of India (Udyamnagar; ⌚Mo–Sa 10–14 Uhr) Liegt südwestlich vom Bahnhof unweit des Hutatma Parks (kurze Autorikschafahrt) und tauscht ausländische Währungen in Rupien um.

Anreise & Unterwegs vor Ort

Die Fahrer von Kolhapurs zahlreichen Autorikschas kalkulieren meist korrekte Preise. Dabei verwenden sie größtenteils Umrechnungstabellen und veraltete Taxameter.

Am **Busbahnhof** besteht regelmäßig Verbindung nach Pune (Semideluxe/Deluxe 228/390 ₹, 5 Std.) und Ratnagiri (Normal/Semideluxe 100/135 ₹, 4 Std.). Die meisten privaten Busunternehmen sind gegenüber vom Busbahnhof bzw. in den Mahalaxmi Chambers am westlichen Rand des Platzes ansässig. Über Nacht kann man in Bussen mit Klimaanlage nach Mumbai (Sitzplatz/Sleeper Class 380/650 ₹, 9 Std.) oder ohne nach Panaji (210 ₹, 5½ Std.) fahren.

Der **Bahnhof** liegt zehn Gehminuten westlich vom Busbahnhof. Pro Tag flitzen der *Sahyadri Express* (22.50 Uhr) und zwei weitere Expresszüge über Pune (161/574 ₹, 8 Std.) nach Mumbai (Sleeper Class/2AC 227/832 ₹, 13 Std.). Der *Rani Chennama Express* macht sich auf den langen Weg nach Bengaluru (Sleeper Class/2AC 294/1097 ₹, 17½ Std., 14.20 Uhr).

Mitte 2010 stellte der Flughafen Kolhapur den Betrieb aus Sicherheitsgründen ein.

Goa

Inhalt »

Gut essen

» Upper House (S. 132)
» Le Poisson Rouge (S. 145)
» Thalassa (S. 152)
» Saisonale Strandhütten (überall)
» Plantain Leaf (S. 145)

Schön übernachten

» Nilaya Hermitage (S. 145)
» Mayfair Hotel (S. 131)
» Marbella Guest House (S. 141)
» Backwoods Camp (S. 138)
» Dunes (S. 154)

Auf nach Goa!

Es ist grün, es glitzert, und es ist wunderschön: Das sind nur drei Gründe, weshalb Goa schon seit Jahrzehnten Traveller in seinen Bann zieht. Jährlich sind es 2 Mio. Besucher, die wegen des samtweichen Sandes, des kristallklaren Wassers, der Kokoshütten und des *susegad* – ein vom Portugiesischen abgeleitetes Wort, das grob übersetzt so viel heißt wie Entspanntheit – hierher kommen.

Es gibt aber weitaus mehr zu entdecken als das angenehme Gefühl warmen Sands unter den Füßen. Goa ist nicht nur schön und reich an Kultur, es ist auch winzig klein und stressfrei. So kann man in einem von Schmetterlingen bevölkerten Wald Vögel beobachten, über Kathedralen staunen, Wasserfälle erkunden oder durch die Gassen seiner Hauptstadt schlendern – und immer ein paar faule Strandtage einlegen. Dazu eine Portion Architektur und Gerichte mit portugiesischem Touch, ein Spritzer religiöser Traditionen, eine Prise Partystimmung und fertig ist die Mischung, die Goa so liebenswert und den Abschied schwer macht.

Reisezeit

Goa (Panaji)

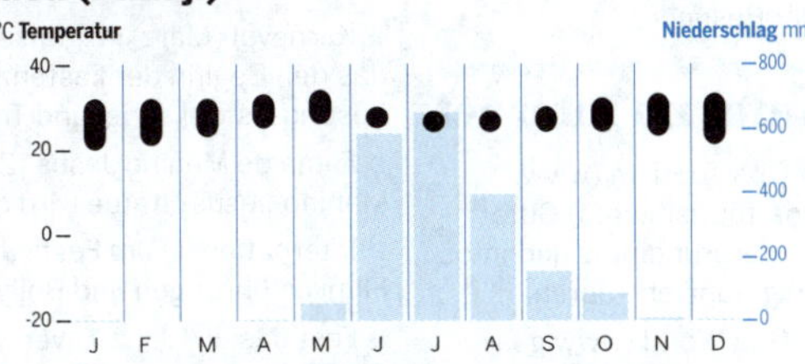

Anfang November Der Regen ist vorbei, die Wasserfälle rauschen und die Strände sind leer.

Anfang Dezember Feste und tolles Wetter, kurz bevor die Preise steigen und die Massen einfallen.

März Karneval. Das sagt alles.

EINREISE

Auf dem winzigen Flughafen Dabolim starten und landen alle Flüge von und nach Goa, Margao ist der größte und am besten angeschlossene Bahnhof Goas, und die Busterminals Mapusa und Panaji fertigen die meisten Langstreckenbusse ab.

Kurzinfos

» Einwohner: 1,5 Mio.

» Fläche: 3701 km²

» Hauptstadt: Panaji (Panjim)

» Vorwahl: ☎0832

» Hauptsprachen: Konkani, Marathi, Englisch, Hindi

» Übernachtungspreise: **$** unter 1000 ₹, **$$** 1000–2500 ₹, **$$$** über 2500 ₹

Top-Tipp

Auf keinen Fall unter Alkoholeinfluss oder gar nach Drogenkonsum schwimmen! Und Weihnachten und Neujahr am besten meiden. Zwar erreichen die Partys dann ihren Höhepunkt, Gleiches gilt aber auch für die Preise und die Anzahl der Besucher.

Infos im Internet

» Goa Tourism (www.goa-tourism.com) Gute Hintergrundinfos und Infos zu geführten Touren.

» Goa World (www.goa-world.com) Allgemeine Infos über Goas Kultur.

» Goas Englischsprachige Tageszeitungen (www.navhindtimes.in, www.oheraldo.in) Nachrichten.

Essen

In Goa liebt man herzhafte Fleisch- und Fischgerichte, Seafood ist Grundnahrungsmitteln, ebenso wie das obligatorische Mittagsgericht „Fish-Curry-Rice“: gebratene Makrelen mit Kokos, Tamarinde und Chili. Eine unverfälschte Küche kann in den Touristengebieten schwer zu finden sein, die Jagd danach lohnt sich aber und man bekommt das beste Andenken überhaupt: die Erinnerung an ein himmlisches Vindaloo (feuriges Gericht in einer Essig-Knoblauch-Marinade) oder ein *xacuti* (scharfes Hühnchen- oder Fleischgericht, gekocht in einer roten Kokossauce).

NICHT VERSÄUMEN!

Die Wahrscheinlichkeit, den **Strand** zu verpassen, ist gering – er ist spektakulär und einfach überall. Dennoch sollte man der Versuchung widerstehen, sich ununterbrochen faul an ihm zu räkeln. **Yoga** ist in Goa weit verbreitet – selbst für Anfänger der perfekte Ausgleich zum Faulenzen am Strand. In Palolem bieten sich **Trekking**-Möglichkeiten, selbst Canyoning wird angeboten, und im Landesinneren erwartet einen eine große Vielfalt an **Vögeln, Wäldern** und **Wasserfällen**. Goa hat zudem eine faszinierende **Geschichte**, die auf keinem Programm fehlen sollte: Für die Erkundung der Orte Panaji (Panjim), Old Goa, Quepem und Chandor lohnt es sich, einige Stunden Zeit abzuzwacken.

Top-Feste in Goa

» Dreikönigsfest (6. Jan., Chandor, S. 159) Einheimische Jungen spielen die Geschichte der Heiligen Drei Könige nach, die dem Christuskind Geschenke bringen.

» Shigmotsav (Shigmo) of Holi (Feb./März, im ganzen Staat) Bei Goas Version des Hindu-Festivals Holi wird bunter Puder geworfen und in fast allen Orten gibt's Umzüge.

» Sabado Gordo (Feb./März, Panaji, S. 129) Am Samstag vor Beginn der Fastenzeit ziehen Umzugswagen durch die Stadt und es wird ein lärmendes Straßenfest gefeiert.

» Karneval (März, im ganzen Staat) Ein viertägiges Fest, das den Beginn der Fastenzeit markiert. In Panaji wird mit besonders viel Jubel und Trubel gefeiert.

» Fama de Menino Jesus (2. Mo im Okt., Colva, S. 161) Die Menino-Jesus-Statue wird durch Colva getragen.

» International Film Festival of India (Nov., Panaji, S. 129) Filmvorführungen und Bollywood-Stars.

» Fest des hl. Franz Xaver (3. Dez., Panaji, S. 129, Old Goa, S. 135) Zu Ehren von Goas Schutzheiligem werden alle zehn Jahre (das nächste Mal 2014) die sterblichen Überreste des Heiligen durch die Straßen Goas getragen.

» Fest Unserer Lieben Frau der Unbefleckten Empfängnis (8. Dez., Margao, S. 156, Panaji, S. 129) Jahrmarkt, Konzerte und ein schöner Gottesdienst in der Church of Our Lady of the Immaculate Conception in Panaji.

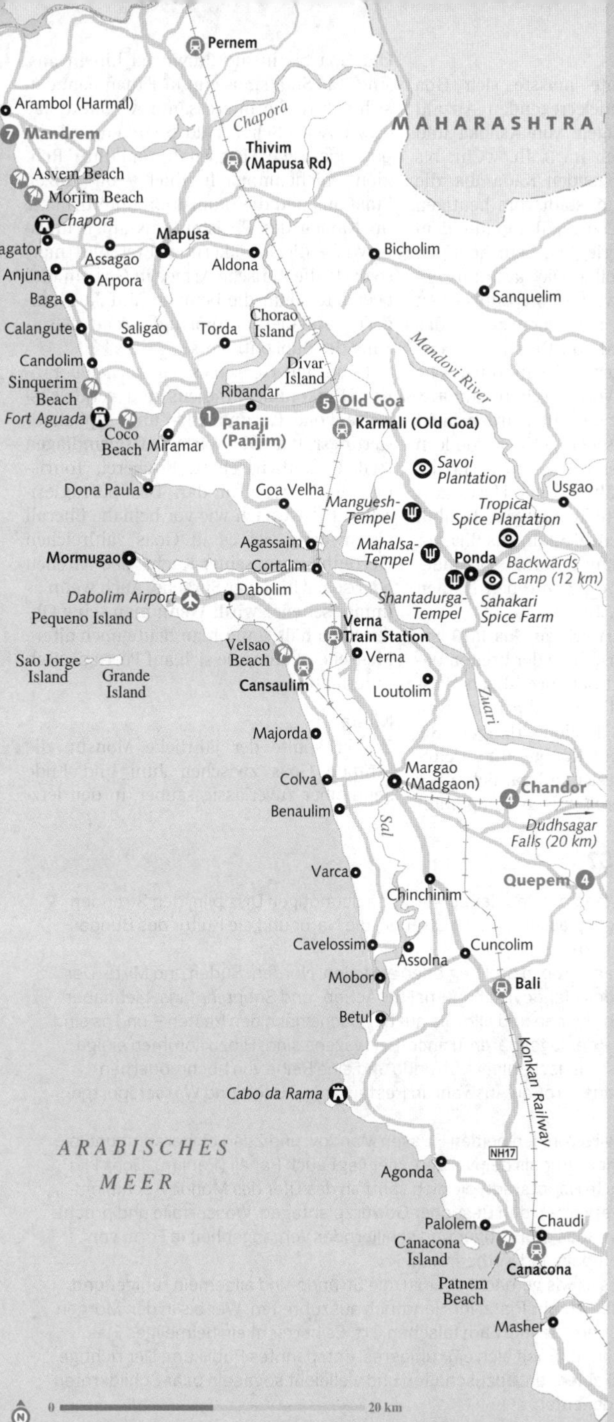

Highlights

1. Durch die portugiesischen Viertel von **Panaji** (Panjim; S. 127) schlendern und sich in einem der netten Restaurants ein Mittagessen gönnen

2. Im verschlafenen Süden des Bundesstaats die Füße im Luxus der beruhigenden weißen **Sandstrände** baden

3. Beim **Yoga** zum Takt der Wellen und wogenden Palmen seine Chakras aktivieren

4. In den Herrenhäusern von **Quepem** (S. 160) und **Chandor** (S. 158) von längst vergangenen Zeiten träumen

5. Im Schatten der großartigen Kathedralen von **Old Goa** (S. 135) erschauern und die Umgebung von einer kleinen Kapelle auf einem Hügel überblicken

6. Bei der **Fahrt mit dem Rad oder dem Roller** durch Palmenhaine und Reisfeldplantagen den Wind in den Haaren spüren

7. Fernab der Massen im Norden am wunderschönen Strand von **Mandrem** (S. 153) die Sonne anbeten

Geschichte

In seiner Geschichte musste sich Goa schon einer schwindelerregenden Anzahl von Herrschern beugen, von Ashoka und seinem Maurya-Reich im 3. Jh. v. Chr. bis zu den lange herrschenden Kadamba, die 1054 n. Chr. ihre Hauptstadt vom heutigen Chandor in eine neue Siedlung mit dem Namen Govepuri verlegten, dem heutigen kleinen Dorf Goa Velha. Die darauffolgenden Jahrhunderte waren von zahlreichen Konflikten geprägt, bei denen zuerst das muslimische Sultanat von Delhi, dann das Bahmani-Sultanat gegen das hinduistische Vijayanagar um die Vorherrschaft kämpfte. In diesen Zeiten der Gewalt wurden nicht nur zahlreiche Menschen getötet, sondern auch viele Hindu-Tempel zerstört. (Lediglich der winzige, während der Herrschaft der Kadamba erbaute Tempel von Tambdi Surla überlebte.) Die Adil Shahi aus Bijapur, einst Teil des Bahmani-Sultanats, gründeten die Hauptstadt, die heute den Namen Old Goa trägt, im 15. Jh.

Die Portugiesen erreichten Goa 1510. Sie wollten mit der Übernahme der breiten natürlichen Häfen und der unzähligen Wasserwege die Kontrolle über die lukrativen Gewürzstraßen der Region erlangen. Sie besiegten die Bijapur-Könige und dehnten ihren Machtbereich allmählich über die Grenzen ihrer großartigen Hauptstadt Old Goa bis in die Provinzen hinein aus. (In Goas Staatsmuseum in Panaji befinden sich zahlreiche interessante Artefakte aus dieser Zeit.) Schon bald breiteten sich die portugiesische Herrschaft und ihre Religion – nicht immer friedlich – im ganzen Staat aus und die Inquisition unterdrückte im Namen des Christentums auf brutalste Weise die Bevölkerung. Erst 1961 marschierte die indische Armee in Goa ein und beendete somit die beinahe fünf Jahrhunderte andauernde portugiesische Besetzung des Subkontinents.

Heute hat Goa eines der höchsten Pro-Kopf-Einkommen Indiens und vergleichsweise hohe Gesundheits- und Alphabetisierungsraten. Die Wirtschaftsgrundlagen stellen Landwirtschaft, Fischerei, Tourismus und Erzabbau dar. Das portugiesische Erbe ist nach wie vor beinahe überall gegenwärtig, sei es in Goas zahlreichen Herrenhäusern, seiner Küche, den Kirchen oder sogar in seiner Sprache. Auch wenn es immer seltener wird: Wenn man seine Ohren offen hält, kann man heute noch ältere Menschen hören, die sich auf Portugiesisch unterhalten.

Klima

Früher spülte der jährliche Monsun die Strände Goas zwischen Juni und Ende September zuverlässig sauber, in den letz-

WOHIN GOAT'S?

Goa ist winzig. Mit einem guten Zeitpolster (und der nötigen Disziplin, den Stränden auch mal zu entsagen) lassen sich die Strände, die Natur und die Kultur des Bundesstaats ausführlich erkunden.

Goa lässt sich ganz grob in drei Regionen aufteilen: Norden, Süden und Mitte. Der Norden, oberhalb des Mandovi, ist optimal für Action- und Shoppingfans, Liebhaber sonstiger Unternehmungen und alle, die auf der Suche nach den Resten – und es sind wirklich nur Reste – der legendären Trance-Partyszene sind. Hinzu kommen einige wunderschöne, fast menschenleere Strände und eine Reihe von hochmodernen Urlaubsorten mit einer großen Auswahl an Restaurants, Hotels und Wassersportgeschäften.

Die Mitte Goas wird von den beiden Flüssen Mandovi und Zuari eingerahmt und bietet bedeutend mehr Kultur als der Norden. Hier liegt auch Panaji (Panjim), Goas kleine, aber liebenswerte Hauptstadt, die sich sanft an das Ufer des Mondovi schmiegt. Im Landesinneren erwarten den Besucher Gewürzplantagen, Wasserfälle und prachtvolle Überreste von Goas großartiger und schillernder Vergangenheit in Form von Herrenhäusern, Tempeln und Kathedralen.

Im Süden geht es etwas gemächlicher zu, die Strände sind allgemein ruhiger und Sonnenanbeter haben mehr Platz, ihr Handtuch auszubreiten. Wer bis in den Morgen hinein feiern will, ist hier definitiv am falschen Ort. Es herrscht ein heimeliges Flair und an den Stränden tummelt sich ein ruhigeres, entspanntes Publikum. Der richtige Ort, um sich zurückzulehnen, abzuschalten und vielleicht sogar ein paar Schildkröten beim Brüten zu beobachten.

ten Jahren spielt das Wetter jedoch zunehmend verrückt und manchmal endet die Regenzeit erst im November. Im Allgemeinen dauert die Touristensaison jedoch von Mitte November bis Mitte April, wobei Dezember und Februar die angenehmsten (und vollsten) Monate sind. Ab März steigen Temperaturen und Luftfeuchtigkeit und in der Zwischensaison (April–Okt.) sind die meisten Küstenorte menschenleer. In Städten wie Panaji, Mapusa und Margao allerdings geht alles ganz normal weiter.

Aktivitäten

Goa wandelt sich in letzter Zeit immer mehr zu einem Aktivsportzentrum und bietet ein großes Spektrum an Yoga und alternativen Therapien, Wassersport und Tierbeobachtungen. Viele Anbieter wechseln jährlich, weshalb in diesem Kapitel nur die schon länger etablierten Einrichtungen angeführt sind. Um aus dem Vollen zu schöpfen, fragt man sich an seinem Lieblingsstrand durch oder wirft einen Blick auf die schwarzen Bretter.

YOGA & ALTERNATIVE THERAPIEN

Jede nur denkbare Form von Yoga, Meditation, Reiki, ayurvedischen Massagen und anderen spirituell orientierten Gesundheitsmaßnahmen werden in Goa praktiziert, gelehrt und genossen. In Palolem und Patnem im Süden sowie in Arambol (Harmal), Mandrem, Anjuna und Calangute im Norden Goas werden Kurse in Ayurveda, Yoga, Reiki und vielem mehr angeboten. Mandrem und Arambol haben renommierte Yogazentren und in Calangute befindet sich eine hervorragende Ayurveda-Klinik.

TIERE BEOBACHTEN

Goa ist ein Paradies für jeden Naturliebhaber und dank seiner schillernden Vielfalt an Vögeln und einer wunderbaren (jedoch meist gut verborgenen) Fauna – mit Sambarhirschen, Muntjaks und dem einen oder anderen Leoparden – das perfekte Ziel für Tierbeobachtungen. Im Cotigao Wildlife Sanctuary oder Backwoods Camp kann man Vögel und andere Tiere beobachten. Day Tripper in Calangute bietet diverse Naturtouren an, während John's Boat Tours in Candolim mit dem Boot zur Vogelbeobachtung aufbricht und auch Krokodil- und Delfinbeobachtungen im Programm hat. An fast jedem Strand findet sich allerdings jemand mit einem Boot, der ganz scharf darauf ist, Besuchern diese liebenswerten grauen Meeressäuger zu zeigen.

WASSERSPORT

Barracuda Diving mit Sitz in Baga hat Tauchkurse und -ausflüge im Programm. Möglichkeiten zum Parasailing und Jetskifahren finden sich problemlos an den Stränden von Baga, Benaulim und Colva, und wer sich schon immer mal im Paragliding versuchen wollte, ist in Anjuna und Arambol richtig.

Gefahren & Ärgernisse

Eine der größten – und auch trügerischsten – Gefahren in Goa befindet sich direkt vor seiner wunderschönen Küste: Die starken Strömungen und gefährlichen Soge des Arabischen Meers fordern jedes Jahr Dutzende Menschenleben, und darunter sind immer viele Ausländer, die sehr wohl schwimmen konnten. Obwohl einige von Goas Stränden tagsüber mittlerweile von Rettungsschwimmern bewacht werden, sollte man unbedingt die örtlichen Warnhinweise für Schwimmer beachten und nie, unter gar keinen Umständen, ins Wasser gehen, wenn man Alkohol getrunken oder gar Drogen konsumiert hat.

Die anderen Gefahren und Ärgernisse sind eher der üblichen Art, ebenso die Gegenmaßnahmen. Wertsachen sind immer wegzuschließen, vor allem wenn man in einer Kokoshütte übernachtet, die einfach aufzubrechen ist. Zudem sollte, wer alleine unterwegs ist, nachts einsame Strandabschnitte meiden.

DROGEN

Acid, Ecstasy, Kokain, *charas* (Haschisch), Marihuana und alle sonstigen Arten von Partydrogen sind in Indien illegal, in Goa aber nach wie vor leicht zu bekommen. Dennoch ist der Kauf oder Besitz von Drogen extrem gefährlich. Goas Gefängnis im Fort Aguada ist voll von Häftlingen, viele von ihnen Ausländer, die jahrelange Strafen wegen Drogendelikten verbüßen. Selbst wer nur mit einer kleinen Menge illegaler Substanzen geschnappt wird, teilt sich unter Umständen zehn Jahre lang eine Zelle mit zahlreichen Kakerlaken.

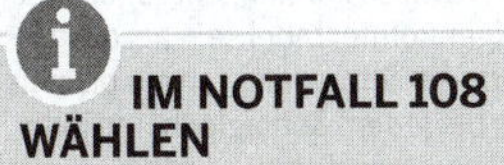

IM NOTFALL 108 WÄHLEN

Bei jeder Art von Notfall gilt in Goa die Notrufnummer 108, über die man die Polizei, Feuerwehr oder den Notarzt erreichen kann.

Praktische Informationen

Die **Goa Tourism Development Corporation** (GTDC; www.goa-tourism.com) hält Karten und Informationen bereit, unterhält überall im Bundesstaat (nicht gerade tolle) Hotels und bietet eine ganze Reihe von ein- bzw. mehrtägigen Ausflügen an. Die Hauptfiliale befindet sich in Panaji, eine der Touren buchen und eine einfache Landkarte von Goa mitnehmen kann man aber in jedem GTDC-Hotel. Das Indiatourism-Büro in Panaji hat auch Infos rund um den Bundesstaat.

UNTERKÜNFTE Die Preise für Unterkünfte sind in Goa generell höher als in den meisten anderen indischen Staaten und variieren je nach Saison gewaltig. In der Hauptsaison (Anfang Dez.–Anfang Feb.) steigen die Preise oft auf das Doppelte der Zwischensaison an, während man in den extrem geschäftigen Tagen rund um Weihnachten und Neujahr (ca. 22. Dez.–3. Jan.) sogar noch tiefer in die Tasche greifen muss. Die Zwischensaison dauert von Ende Oktober bis Ende November (dann werden die meisten Strandhütten erst gebaut), und von Februar bis April. Als Nachsaison gilt die Monsunzeit von April bis Oktober. Alle in diesem Kapitel genannten Übernachtungskosten gelten für die Hochsaison, wobei die Preise von einem Jahr aufs andere extrem stark schwanken können und manche Hotels ihre Tarife in der Hochsaison höher schrauben als andere. Deshalb vorher am besten telefonisch nachfragen! Zusätzlich erhebt die goanische Regierung eine Hotelsteuer von 5 % (für Zimmer unter 750 ₹), 7 % (750–1500 ₹), 10 % (1500–3000 ₹) bzw. 12 % (über 3000 ₹).

In den meisten Unterkünften ist Checkout bis 12 Uhr, nur in Panaji wollen die meisten Hotels grausamerweise die Zimmerschlüssen schon um 9 Uhr zurück.

An- & Weiterreise

BUS Es gibt jede Menge Langstreckenbusse – sowohl staatliche als auch private – die zwischen den Bundesstaaten verkehren und Panaji, Margao, Mapusa und Chaudi bei Palolem anfahren. Die Preise der privaten Unternehmen sind höher als die der staatlichen Busse und schwanken das Jahr über stark; in der Hochsaison können sie schon mal dreimal so teuer sein wie die des staatlichen Konkurrenten. (Manche behaupten, sie sind auch dreimal so komfortabel, was aber nicht immer der Fall ist.) Ein Hinweis für Nachtfahrten: Sleeper-Busse können, entgegen jeder Intuition, weniger komfortabel sein als die normalen Busse, da ein Sitz wenigsten ein bisschen davor schützt, bei jedem Schlagloch und jeder Kurve hin- und hergeworfen zu werden.

FLUGZEUG Goas einziger, winziger Flughafen ist der Dabolim Airport. Er befindet sich im Zentrum des Bundesstaates, 29 km südlich von Panaji, 30 km nördlich von Margao und eine kurze Taxi- bzw. Busfahrt von jedem Strand des Staates entfernt. Es gibt nur wenige internationale Direktflüge hierher und wenn, dann sind es meistens gecharterte Maschinen mit Pauschalurlaubern aus Russland oder Großbritannien. Individualurlauber können es bei **Condor** (www.condor.de) versuchen, wo man auch Flüge ohne Hotel bekommt. Im Allgemeinen führt der schnellste Weg aus dem Ausland mit dem Flugzeug über Mumbai (Bombay), von wo es dann mit einer indischen Fluggesellschaft (1 Std. Flugzeit) hinunter nach Goa geht. Täglich gibt es zahlreiche Inlandsflüge ab 3500 ₹ (wer weit im Voraus bucht, fliegt günstiger).

Im Dabolim Airport gibt es eine Wechselstube, einen Schalter des GTDC, Büros verschiedener Charterfluglinien, einen Geldautomaten und zwei Prepaid-Taxihäuschen.

ZUG Die **Konkan Railway** (www.konkanrailway.com) verläuft zwischen Mumbai und Mangalore, und ist die wichtigste Bahnlinie durch Goa. Der größte Bahnhof Goas ist Madgaon in Margao, von dem aus es täglich mehrere gute Zugverbindungen nach Mumbai gibt. Weitere kleinere und dennoch praktische Bahnhöfe unterwegs sind Pernem (für Arambol), Thivim (für Mapusa und die Strände im Norden), Karmali in Old Goa (für Panaji), und Canacona (für Palolem).

Von Margao aus gibt es weitere Zugverbindungen nach Chennai, Pune, Ahmedabad (Amdavad) und Vadodara (Baroda) in Gujarat, Ernakulam (für Kochi) und Thiruvananthapuram (Trivandrum) in Kerala, Hubli in Karnataka und selbst Delhi.

Fahrkarten kauft man online (s. S. 553), am Bahnhof Madgaon, im Reservierungsbüro für Zugtickets am Busbahnhof Kadamba in Panaji oder in jedem Reisebüro, das Zugtickets verkauft (auch wenn hier vermutlich eine kleine Gebühr fällig wird). Lediglich die Bahnhöfe von Margao und Vasco da Gama (in der Nähe des Dabolim Airports) haben Schalter, an denen man Tickets aus dem Kontingent für ausländische Touristen bekommen kann. Schlafwagenplätze sollte man so weit wie möglich im Voraus buchen, da sie schnell ausverkauft sind.

Detailliertere Infos zu Zügen finden sich auf S. 158.

Unterwegs vor Ort

AUTO & MOTORRAD In Goa ist es leicht für einen längeren Ausflug ein Privatauto mit Fahrer zu organisieren. Die Preise hierfür schwanken, liegen aber etwa zwischen 1000 ₹ (wenn man Glück hat) und 1500 ₹ für einen vollen Tag (meist 8 Std. bzw. 80 km). Wer starke Nerven hat und in sein Fahrkönnen vertraut, kann auch ein Auto ohne Fahrer bekommen. Einen kleinen Maruti gibt's zwischen 600 und 900 ₹ pro Tag, einen Jeep für etwa 1000 ₹, jeweils ohne Sprit. Mietwagenanbieter gibt es nur selten, deshalb hört man sich am besten um, wer ein Auto hat und auch noch bereit ist, es zu vermieten. Auf

Goas wichtigster Schnellstraße, dem größtenteils einspurigen National Highway 17 (NH17), ist es schwer, bei der etwas verwirrenden Beschilderung, die für verschiedene Fahrzeugtypen unterschiedliche Geschwindigkeitsbegrenzungen vorschreibt, den Überblick zu behalten.

Wer in Goa unterwegs ist, wird überall Touristen auf Rollern oder Motorrädern vorbeidüsen sehen und tatsächlich ist es kinderleicht, sich ein Zweirad zu leihen – das Fahren ist eine andere Sache. Für einen Roller werden pro Tag zwischen 200 und 300 ₹ fällig, bei einer kleineren Yamaha sind es um die 400 ₹, und eine Royal Enfield Bullet gibt's für etwa 500 ₹. Wer das Fahrzeug länger als einen Tag oder außerhalb der Hauptsaison mietet, bekommt meist einen bedeutend besseren Preis.

Die Straßen Goas sind tückisch und nicht zu unterschätzen. Überall trifft man auf Menschen, Rinder, Hunde, Katzen, Federvieh und andere (mechanische) Hindernisse sowie zahlreiche Schlaglöcher und Haarnadelkurven. Man sollte es langsam angehen lassen, Fahrten bei Nacht wenn möglich vermeiden (schwarze Kühe sind dann nämlich eine echte Gefahr), und nicht den Versuch starten, die Nord-Süd-Route mit dem 50er-Roller an einem Tag zurückzulegen. Wer sich dann sogar noch einen Helm aufsetzt, eigentlich gesetzlich eh vorgeschrieben, ist in Sachen Sicherheit gut unterwegs.

BUS Goa hat ein weit verzweigtes Busnetz, an das so gut wie jede Stadt und jeder Ort angeschlossen ist. Sie fahren häufig, sie fahren zahlreich und sie kosten selten mehr als 30 ₹. Die Busse sind in einem relativ guten Zustand und sind meistens optimal ausgelastet.

VOM/ZUM FLUGHAFEN Dabolim hat zwei Prepaid-Taxistände – einen in der Ankunftshalle, den anderen gleich davor –, was das Ankommen angenehm einfach macht. Ticket hier kaufen und einfach ins zugewiesene Taxi steigen!

TAXI Taxis gibt es für kurze Fahrten innerhalb der Städte so gut wie überall. Für einen vollen Tag Sightseeing bezahlt man, ebenso wie für ein gemietetes Auto mit Fahrer, je nach Entfernung etwa 1500 ₹. Motorräder, so genannte *pilots*, sind in Goa ebenfalls zur Mitnahme von Passagieren zugelassen. Sie sind preiswert, überall zu finden und durch das gelbe Schutzblech vorn leicht zu erkennen. Selbst die dicksten Rucksäcke scheinen für die Fahrer kein Problem zu sein.

ZENTRAL-GOA

Panaji (Panjim)

98 915 EW.

Panaji (besser bekannt als Panjim) ist anders. Da sind die gelben Häuser mit lilafarbenen Türen, die mit Austernschalen verzierten Fenster neben denen Fahrräder parken, vor denen wiederum Katzen faulenzen, und Schaufelraddampfer, die gemächlich auf dem Fluss dahintuckern, der die Stadt im Norden begrenzt. Ach, und eine gigantische Kirche auf einem Hügel, die wie eine schicke weiße Hochzeitstorte aussieht, gibt's hier auch. Es ist eine freundliche und überschaubare Stadt, die man auch zu Fuß

ANPASSUNG IST TRUMPF

Wer sich etwas abseits der Touristenpfade wagt, wird sicher Einheimische treffen, die mit einem traurigen Kopfschütteln bestätigen, dass sich Goa zum Schlechten hin verändert hat. Der steigende Konsum harter Drogen unter den Einheimischen, eine zu schnelle Entwicklung, Umweltschäden und die Tatsache, dass Goa innerhalb Indiens immer mehr zum Sinnbild für schlechtes Benehmen wird, sind die dunklen Seiten dieses tropischen Paradieses. Jeder kann durch das Beachten von ein paar einfachen Regeln dazu beitragen, Goas Image wieder zu verbessern:

» Abseits der Strände sollte dieselbe zurückhaltende Kleiderordnung gelten wie in anderen Teilen des Landes. Im Allgemeinen bedeutet dies, die Schultern und Knie zu bedecken und sein T-Shirt anzubehalten. Seit Kurzem ist in Goa das Sonnenbaden oben ohne und nackt verboten und kann zu Geldstrafen führen.

» Seine unartigsten Verhaltensweisen sollte man nur im angemessenen Rahmen ausleben. Es könnte vielleicht sein, dass es die Besitzer der familiengeführten Pension, in der man untergekommen ist, stört, wenn man bis tief in die Nacht hinein illegale Drogen nimmt und feiert – sagen werden sie oft nichts.

» Frauen sollten beim Feiern vorsichtig sein, denn leider nimmt in Goa die Zahl der Vergewaltigungen in letzter Zeit zu. Obwohl man dafür sicher nicht den Bikini verantwortlich machen kann (wie viele meinen), ist es sinnvoll, seine Umgebung im Blick zu haben.

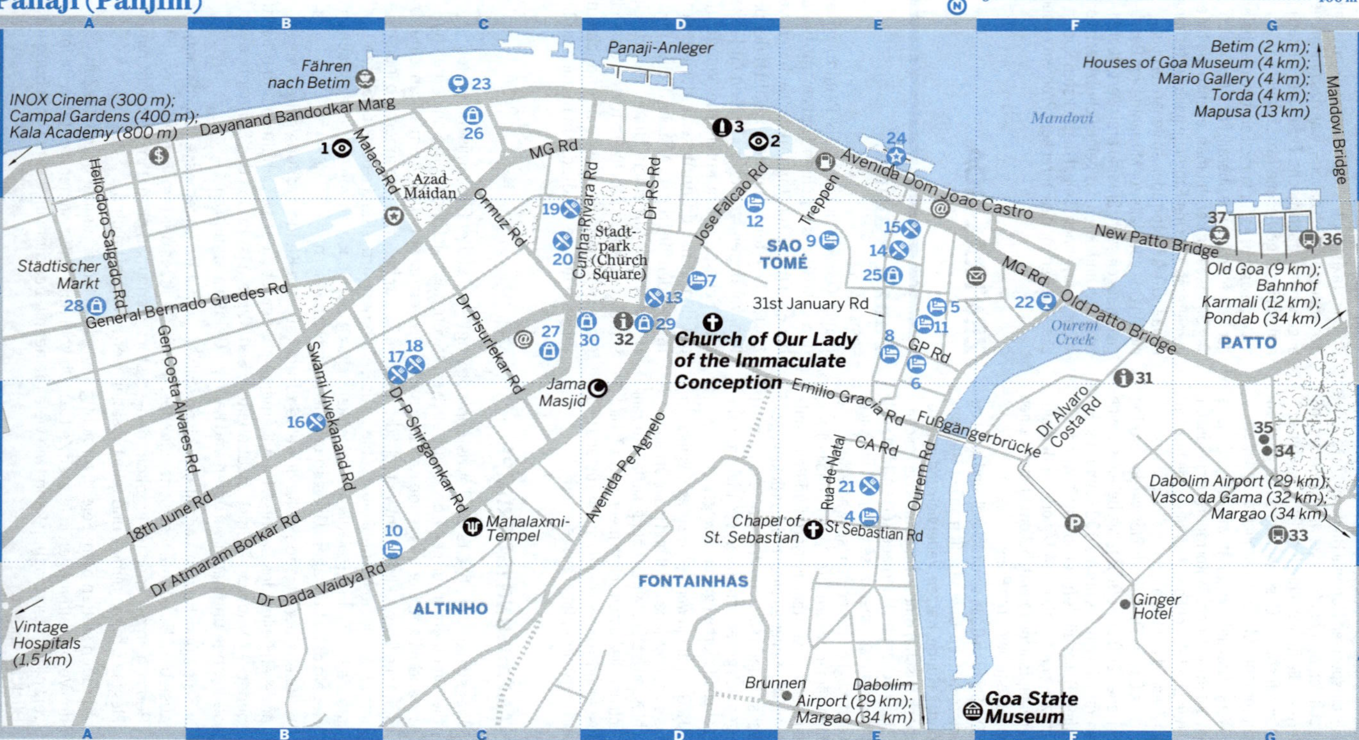
Panaji (Panjim)
0
400 m
N
Panaji-Anleger
Fähren nach Betim
INOX Cinema (300 m);
Campal Gardens (400 m);
Kala Academy (800 m)
Dayanand Bandodkar Marg
Malaca Rd
Azad Maidan
MG Rd
Ormuz Rd
Cunha-Rivara Rd
Dr RS Rd
Stadtpark (Church Square)
Jose Falcao Rd
Treppen
Avenida Dom Joao Castro
SAO TOMÉ
New Patto Bridge
MG Rd
Old Patto Bridge
Ourem Creek
Mandovi
Betim (2 km);
Houses of Goa Museum (4 km);
Mario Gallery (4 km);
Torda (4 km);
Mapusa (13 km)
Mandovi Bridge
Old Goa (9 km);
Bahnhof
Karmali (12 km);
Pondab (34 km)
PATTO
Städtischer Markt
Heliodoro Salgado Rd
General Bernado Guedes Rd
Gen Costa Alvares Rd
Swami Vivekanand Rd
Dr P Shirgaonkar Rd
Dr Pisurlekar Rd
31st January Rd
GP Rd
Church of Our Lady of the Immaculate Conception
Emilio Gracia Rd
Fußgängerbrücke
Dr Alvaro Costa Rd
Jama Masjid
Avenida Pe Agnelo
CA Rd
Rua de Natal
Ourem Rd
Chapel of St. Sebastian
St Sebastian Rd
Dabolim Airport (29 km);
Vasco da Gama (32 km);
Margao (34 km)
18th June Rd
Dr Atmaram Borkar Rd
Dr Dada Vaidya Rd
Mahalaxmi-Tempel
FONTAINHAS
ALTINHO
Ginger Hotel
Vintage Hospitals (1,5 km)
Brunnen
Dabolim Airport (29 km);
Margao (34 km)
Goa State Museum

Panaji (Panjim)

Highlights
Church of Our Lady of the Immaculate Conception D2
Goa State Museum E4

Sehenswertes
1 Menezes Braganza Institute B1
Panaji Central Library ..... (siehe 1)
2 Secretariat Building D1
3 Abbé-Faria-Statue D1

Aktivitäten, Kurse & Touren
Flussfahrten ..... (siehe 37)

Schlafen
4 Afonso Guest House E3
5 Bharat Lodge E2
Casa Morada ..... (siehe 6)
6 Casa Nova E2
7 Casa Paradiso D2
8 Comfort Guest House E2
9 Crown E2
10 Mayfair Hotel C3
11 Pousada Guest House E2
12 Republica Hotel D2

Essen
13 George Bar & Restaurant D2
14 Hospedaria Venite E2
15 Hotel Vihar E2
16 Legacy of Bombay B3
17 Satkar Vegetarian Restaurant C2
18 Sher-E-Punjab C2
19 Sher-E-Punjab C2
20 Upper House C2
21 Viva Panjim E3

Ausgehen
22 Down the Road F2
23 Quarterdeck C1

Unterhaltung
24 Casino Royale E1

Shoppen
25 Barefoot E2
26 Book Fair C1
27 Khadi Gramodyog Bhavan C2
28 Municipal Market A2
29 Singbal's Book House D2
30 Vision World Book Depot D2

Praktisches
31 Goa Tourism Development Corporation (GTDC) F2
32 Indiatourism D2

Transport
33 Bushaltestelle Kadamba G3
Konkan-Railway-Reservierungsbüro ..... (siehe 33)
34 Paulo Travels G3
35 Privates Busunternehmen G3
36 Private Bushaltestelle G2
37 Santa-Monica-Anleger G2

erkunden kann – vielleicht ist sie sogar Indiens hübscheste Hauptstadt. Der koloniale Charme aus der Zeit der Portugiesen macht sie jedenfalls zum perfekten Ort für ein oder zwei entspannte Tage, die man mit einem Spaziergang durch die friedvollen Straßen, einer kitschigen Bootsfahrt auf dem Fluss, einem leckeren Vindaloo oder einem schönen Abend in einer gemütlichen Bar verbringen kann.

Panaji ist auch ein toller Ausgangspunkt für Erkundungstouren in Goas historisches Hinterland und, bei richtigem Timing, der perfekte Ort für zahlreiche Feste. Zu Panajis Feierlichkeiten gehören eine Straßenparade am **Sabado Gordo**, dem letzten Samstag vor der Fastenzeit, ein absolut abgefahrener **Karneval** und, im Dezember, das **Fest des hl. Franz Xaver** und das **Fest unserer Lieben Frau der Unbefleckten Empfängnis**. Wer zufällig im November in der Gegend ist kann auch beim hervorragenden **International Film Festival of India** (www.iffi.gov.in, www.iffigoa.org), dem größten und schillerndsten Filmfestival Indiens, in Panaji vorbeischauen. Die Einwohner der Stadt wissen, wie man feiert – sie wissen aber auch, was eine Siesta ist: Zwischen 13 und 15 Uhr wird fast alles dicht gemacht.

Sehenswertes & Aktivitäten

Panaji ist eine Stadt für ausgedehnte, gemächliche Spaziergänge. Dafür eignen sich die verschlafenen Bezirke Sao Tomé, Fontainhas und Altinho, die noch aus der portugiesischen Kolonialzeit stammen, die Shopping-Meile der 18th June Rd und der träge dahinfließende Mandovi.

Church of our Lady of the Immaculate Conception KIRCHE

Panajis spirituelles und geografisches Zentrum ist diese glänzend-malerische **Kirche**, die 1541 geweiht wurde. Als Panaji noch wenig mehr als ein verschlafenes Fischerdorf war, war das wichtigste lokale Gotteshaus die erste Anlaufstelle für die Seeleute aus Lissabon: Sie stiegen zur Kirche hinauf und dankten für ihre sichere Überfahrt, bevor sie zum weiter östlich am Fluss gelegen Old Goa weiterfuhren, das bis zum 19. Jh. die Hauptstadt des Staates war.

Wer zufällig am 8. Dezember hier ist, sollte sich das Fest unserer Lieben Frau der Unbefleckten Empfängnis vormerken, bei dem ein spezieller Gottesdienst abgehalten wird und das mit einem lebendigen Straßenfest rund um die Kirche gefeiert wird.

GRATIS **Goa State Museum** MUSEUM

(☎2438006; www.goamuseum.nic.in; EDC Complex, Patto; ⏲Mo–Sa 9.30–17.30 Uhr) Dieses große Museum, in einer seltsam unzentralen Lage südwestlich der Bushaltestelle Kadamba mutet etwas verschlafen an, bietet jedoch ein faszinierendes Sammelsurium an Ausstellungsstücken. Neben den üblichen hinduistischen und jainistischen Skulpturen und Bronzen gibt es außerdem eine gute Sammlung von christlichen Holzskulpturen, einen Raum, der der Geschichte des Buchdrucks in Goa gewidmet ist (inklusive klobiger, antiker Pressen), eine Ausstellung über die goanischen Freiheitskämpfer und einige hübsche Möbel aus der portugiesischen Ära, u.a. ein aufwendig geschnitzter Tisch, der während der für ihre Brutalität bekannten Zeit der goanischen Inquisition benutzt wurde.

Houses of Goa Museum MUSEUM

(☎2411276; Torda; Erw./Kind 100/25 ₹; ⏲Di–So 10.30–19.30 Uhr) Dieses kleine Museum wurde von einem bekannten aus der Region stammenden Architekten, Gerard da Cunha, entworfen, um die Geschichte der goanischen Architektur zu erzählen. Interessante Darstellungen über Baumethoden und europäische und einheimische Bauweisen werfen ein neues Licht auf die alten Häuser, die im ganzen Staat in verschiedenen Stadien zwischen Pracht und Verfall zu sehen sind. Gleich nebenan befindet sich die **Mario Gallery** (☎2410711; Eintritt frei; ⏲Mo–Fr 10–17.30, Sa bis 13 Uhr), in der die Werke eines des beliebtesten Cartoonisten Indiens, Mario Miranda, zu sehen sind. Das Museum und die Galerie liegen nördlich von Panaji im Stadtteil Torda. Busse in Richtung Mapusa kommen hier vorbei. Am Okukora Circle, auch unter dem Namen Kokeru bekannt, aussteigen; von hier kostet eine Rikscha hin und zurück mit Wartezeit 100 ₹. Für ein Taxi oder eine Rikscha aus dem Zentrum Panajis bezahlt man für den einfachen Weg um die 300 ₹.

Secretariat Building HISTORISCHES GEBÄUDE

(Avenida Dom Joao Castro) Dort, wo früher der Sommerpalast des Sultans von Bijapur, Yusef Adil Shah, stand, befindet sich heute dieses koloniale Gebäude aus dem 16. Jh, das ab 1759 offizielle Residenz des portugiesischen Vizekönigs war. Heute beherbergt es die weit weniger aufregenden Regierungsbüros, als ältestes und eines der schönsten Gebäude der Stadt lohnt es aber nach wie vor einen Besuch – wenn nicht gerade renoviert wird. Unmittelbar westlich steht die fesselnde **Statue** eines Mannes, der eine auf dem Rücken liegende weibliche Gestalt zu bedrohen scheint. Dargestellt ist hier der goanische Priester Abbé Faria, der „Vater der Hypnose" und ein Freund Napoleons.

Institute Menezes Braganza HISTORISCHES GEBÄUDE

(Malaca Rd) Ein kurzer Besuch dieses wunderschönen Gebäudes aus dem frühen 20. Jh lohnt schon aufgrund der hübschen blauweißen *azulejos* (Wandbilder aus glasierten Kacheln) in der Eingangshalle. Die **Zentralbibliothek Panajis** (⏲Mo–Sa 9.30–13.15 & 14–18.30 Uhr) ist ein angenehm altmodischer Ort, wo man prima eine Zeitung oder Zeitschriften lesen kann.

Campal GEBIET

Das Viertel Campal liegt westlich des eigentlichen Panaji. Hier gibt es einige Grünflächen, die zu einem entspannten Nachmittag einladen. Goas wichtigstes Kulturzentrum, die **Kala Academy** hat hier einen netten Campus mit Snackbar, Kunstgalerie, Leuchtturm, einer Anlegestelle und Bänken am Wasser und eine Bibliothek mit tollen Büchern über indische Kunst. Östlich von hier liegen die **Campal Gardens** (Bhagwan Mahaveer Bal Vihar), ein friedlicher, weitläufiger Park mit Spielplätzen, von dem man über den Fluss blickt.

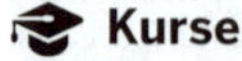

Kurse

Holiday on the Menu KOCHEN

(www.holidayonthemenu.com; Kurse ab 149 US$) Dieser Londoner Veranstalter bietet eine Reihe von goanischen Koch-Abenteuern an, vom samstäglichen „Currymorgen" bis hin zu einwöchigen Kursen, bei denen auch ein Ausflug zu einer Gewürzplantage und der

Besuch des einheimischen Markts im malerischen Dörfchen Betim (auf der anderen Seite des Flusses, nördlich von Panaji) auf dem Programm stehen.

Geführte Touren

Die Goa Tourism Development Corporation (GTDC) organisiert eine Reihe von Bootsausflügen auf dem Mandovi, darunter auch täglich stattfindende einstündige **Rundfahrten** (150 ₹; 18 & 19.15 Uhr) und zweistündige **Dinnerfahrten** (450 ₹; 20.45 Uhr) an Bord der *Santa Monica*. Immer sorgen eine Liveband und Tänzer für – mal mehr, mal weniger – Stimmung und führen goanische Volkslieder und -tänze auf. Das Boot legt von der Anlegestelle Santa Monica neben der New Patto Bridge ab, wo man am **GTDC-Bootsschalter** (2437496) auch Tickets bekommt.

Drei Privatanbieter haben auch einstündige **Nachtfahrten** (Erw./Kind 150 ₹ /frei; 18, 19 & 20.30 Uhr) auf dem Programm, die ebenfalls am Santa-Monica-Anleger starten. Die GTDC-Touren sind ruhiger, während es bei den anderen schon mal etwas ruppiger zugehen kann: Hier sind oft Männergruppen einheimischer Touristen dabei. Vielleicht liegt's ja an den Bars und DJs.

GTDC veranstaltet außerdem eine zweistündige **Busrundfahrt „Goa By Night"** (200 ₹; Di & So 18.30 Uhr), die auch an der Anlegestalle startet und eine Tour auf dem Fluss beinhaltet. Auch hier wird so viel wie möglich ins Programm gepackt.

Auf den lokalen Fähren, die regelmäßig (sobald sie voll sind) am Hafenbecken neben der Quarterdeck-Bar ablegen, gibt's diese Touren sozusagen kostenlos – Einheimische wollen hier abends schon Delfine gesehen haben. Die Hauptverkehrszeit besser meiden, denn dann sind die Boote voll bis obenhin!

Schlafen

Wie im restlichen Goa variieren auch in Panaji die Preise gewaltig und orientieren sich an Angebot und Nachfrage. In der 31st January Rd gibt's einige spottbillige Absteigen, in denen man für eine meist karge Zelle mit Check-out um 9 Uhr 500 ₹ oder weniger bezahlt. Sich vorher etwas umzuschauen, lohnt sich. In manchen Unterkünften wohnen fast ausschließlich Junggesellen, was für Frauen unangenehm – wenn nicht sogar eine potenzielle Gefahr – sein könnte. Wer sich nicht sicher ist fragt an der Rezeption nach, ob dies ein „Familienhotel" ist.

LP TIPP **Mayfair Hotel** HOTEL $$
(2223317; Dr Dada Vaidya Rd; EZ/DZ ab 900/1200 ₹;) Die hellen Zimmer in diesem freundlichen Hotel in Familienbesitz sind mit Akzenten in schickem Mangogelb gehalten, haben mit Holzschnitten bedruckte Vorhänge und entweder Balkons zur Straße hin oder Fenster mit Blick über den Garten hinterm Haus (also: Palmen, Blumen und Katzen auf Schmetterlingsjagd). Die wunderschönen, mit Austernschalen verzierten Fenster im Erdgeschoss und ein guter Service nach alter Schule verleihen dem Hotel Flair, und dank der Liebe zum Detail, z.B. Lampions auf den Balkonen währen der Diwali-Zeit, fühlt man sich hier wie zu Hause. Die Mutter und Töchter sind sehr redselig und geben gerne Tipps. Man beachte außerdem das witzige Mosaik von Mario Miranda im Eingangsbereich! Wer länger als zwei Nächte bleibt bekommt einen Rabatt.

Casa Nova PENSION $$$
(9423889181, 7709886212; www.goaholidayaccommodation.com; Gomes Pereira Rd; Suite 3100 ₹) Das ist die Chance, in einem der großartigen alten Häuser im portugiesischen Stil auch wirklich mal zu übernachten – wenn man einen Platz ergattert! Die Casa Nova hat stilvolle, ausgesprochen komfortable Suiten mit Bogenfenstern, Holzbalkendecke und modernen Annehmlichkeiten wie einer Küchennische. Eine kleine Gasse führt hierher. Gleich nebenan liegt die **Casa Morada** (9822196007, 9881966789; agomes@tbi.in; Gomes Pereira Rd; EZ/DZ mit Frühstück 5000/10 000 ₹), die so schick ist, wie die Casa Nova modern ist. Die zwei Schlafzimmer und das Wohnzimmer sind bis obenhin voll mit antiken Möbeln und Kunstgegenständen (daher das Kinder- und Haustierverbot), mit echten Kunstwerken an den Wänden und einem elegantem, blassgrünen Marmorfußboden.

Crown HOTEL $$$
(2400060; www.thecrowngoa.com; Jose Falcao Rd; DZ/Suite mit Frühstück ab 5000/10 000 ₹;) Hoch über Panaji erhebt sich das Crown mit einem tollen Ausblick vom coolen und ruhigen Poolbereich. Eine tolle Option für alle, die sich etwas Luxus gönnen wollen. Das Hotel wurde kürzlich erst renoviert und kann sich nun mit luftigen, geschmackvoll eingerichteten und in senffarben und weiß gehaltenen Zimmern sehen lassen. Einige haben einen Balkon, alle haben supermoderne Badezimmer. Das Personal ist kompetent, aber nicht überkor-

rekt. Im Preis sind das Frühstück und, bei mehr als zwei Nächten Aufenthalt, ein Abhol- und Bringservice vom/zum Flughafen oder Bahnhof inbegriffen.

Afonso Guest House HOTEL $$
(☎2222359, 9764300165; St Sebastian Rd; Zi. 1500 ₹) Die freundliche Jeanette führt dieses in einem hübschen Stadthaus aus portugiesischer Zeit untergebrachte Hotel mit großen, gut instand gehaltenen Zimmern. Sie sind mit Holzdecken ausgestattet und haben Persönlichkeit. Die kleine Dachterrasse eignet sich bei Sonnenschein hervorragend zum Frühstücken (Gerichte 20–30 ₹). Eine einfache und ruhige Unterkunft im Herzen des stimmungsvollsten Teils der Stadt mit nur zwei Makeln: Check-out ist um 9 Uhr und es werden keine Reservierungen angenommen.

Pousada Guest House HOTEL $
(☎2422618; sabrinateles@yahoo.com; Luis de Menezes Rd; DZ/3BZ/FZ 420/735/900 ₹, mit Klimaanlage 630/840/1000 ₹; ❄) Die vier Zimmer in dieser kleinen Unterkunft im Zentrum sind nichts Besonderes – die zwei Doppelzimmer unten sind sogar eher dunkel und etwas klein –, aber sauber sind sie auf jeden Fall. Es geht zivilisiert zu und die Besitzerin Sabrina ist freundlich und sachlich und, nicht zu vergessen, der Preis stimmt.

Republica Hotel HOTEL $
(☎2224630; Jose Falcao Rd; EZ/DZ ab 400/700 ₹, DZ mit Klimaanlage 1000 ₹; ❄) Das Republica ist eines dieser Hotels mit ungenutztem Potenzial, mit einer architektonischen Schönheit, die den Naturgewalten überlassen wurde – wobei dieser Verfall auch wieder seinen Charme hat. Der Empfang ist nicht gerade herzlich und die schon leicht abgewohnten Zimmer sind recht teuer. Jedoch hat das alte, baufällige Gebäude Balkons mit kunstvollen schmiedeeisernen Geländern und in manchen Zimmern sind gleich drei der Wände mit Buntglas verziert. Hier sind die Pracht vergangener Zeiten und die *saudade* irgendwie immer noch zu spüren.

Casa Paradiso HOTEL $$
(☎2230092; www.casaparadisogoa.com; Jose Falcao Rd; Zi. 2000–2500 ₹; ❄) Nur ein paar Schritte von Panajis Church of Our Lady of the Immaculate Conception entfernt befindet sich dieses recht neue Hotel in zentraler Lage. Es ist ein klitzekleines bisschen überteuert, das Personal ist aber freundlich und die Zimmer sind hell.

Bharat Lodge PENSION $$
(☎2224862, 9890193688; Sao Tomé St; DZ ohne/mit Klimaanlage 1000/1600 ₹; ❄) Eine gute und saubere Option in einem kürzlich renovierten alten Gebäude. Die Zimmer sind mit TV ausgestattet, könnten aber günstiger sein.

Comfort Guest House PENSION $
(☎6642250; 31st January Rd; Zi. 500 ₹) Das Comfort war zur Zeit der Recherche noch nicht geöffnet, man hört aber viel Gutes.

Essen

In Panaji muss keiner Hunger leiden – hier isst man gerne, gut und oft. Bei einem Spaziergang in der 18th June Rd oder der 31st January Rd eröffnen sich viele fantastische und günstige Optionen im Kantinenstil; weitere findet man auf einem Rundgang durch den Stadtpark.

LP TIPP **Upper House** GOANISCH $$
(Cunha-Rivara Rd; Hauptgerichte 95–295 ₹; ⏲11–22 Uhr) Fans von goanischen Meeresfrüchten *und* Vegetarier werden das Angebot dieses neuen, auf gut-bürgerliche Küche aus der Region spezialisierte Restaurants lieben. Ein echter Knüller sind die bei Einheimischen sehr beliebten, nach alter Tradition zubereiteten Gerichte wie Krabben-*xec-xec* (in einer Bratensoße aus gerösteten Kokosnüssen gekochte Krabben), Schweine-Vindaloo und Fish-Curry-Rice (der hat als Beilage sogar eine eingelegte Mango-Gurke, die man außerhalb der echten goanischen Küche nur selten findet), und selbst die vegetarischen Variationen (z. B. gemischtes Gemüse-*xacuti* mit Pilzen) sind einsame Spitze. Im Upper House gibt's außerdem das beste *pav* (Brot nach portugiesischer Art) überhaupt, während das *alebale*-Dessert (Crêpes mit Palmzucker und Kokosnuss gefüllt) so lecker ist, dass man vor lauter Glück weinen möchte. Das Restaurant befindet sich im ersten Stock des Gebäudes neben der Hindu Pharmacy.

Sher-E-Punjab NORDINDISCH $$
(18th June Rd; Hauptgerichte 70–140 ₹; ⏲10.30–23.30 Uhr) Das Sher-E-Punjab ist eine Kategorie besser als ein gewöhnlicher Mittagstisch und zählt gut gekleidete Einheimische zu seinen Kunden. Die typischen Punjabi-Gerichte sind großzügig und nicht zu scharf. Selbst ein einfaches *mattar paneer* (ungegorener Käse und Erbsencurry) schmeckt hier unvergesslich. Hinterm Haus gibt es zudem eine hübsche Garten-

terrasse, die je nach Saison offen hat. Das Essen im schickeren Ableger von **Sher-E-Punjab** (Hotel Aroma, Cunha-Rivara Rd; Hauptgerichte 120–270 ₹; ⌚11–15 & 19–22.30 Uhr) ist ebenso lecker.

George Bar & Restaurant GOANISCH $$
(Church Sq; Hauptgerichte 75–160 ₹; ⌚9.30–22.30 Uhr) Die etwas eng gestellten Holztische und eine gesunde Mischung aus Betrunkenen und Familien verleihen diesem Ort einen angenehmen einheimischen und bodenständigen Charakter. Meeresfrüchte stehen hier ganz hoch im Kurs und schmecken in Form eines *pilau* (in Brühe gekochter Reis; in Goa oft auch *pulao* geschrieben) und anderer goanischer Klassiker am leckersten. Das George gehört auch zu den wenigen Restaurants in Goa, die gute vegetarische Gerichte anbieten; das Biryani oder das leckere vegetarische *pilau* sind besonders zu empfehlen.

Hotel Vihar VEGAN $
(MG Rd; Hauptgerichte 50–80 ₹, Thalis 45–70 ₹; ⌚7.30–22 Uhr) Eine umfangreiche Karte mit rein vegetarischen Gerichten, leckere und riesige Thalis und eine Vielzahl frischer Säfte machen das saubere, schlichte Vihar zu einer bei Einheimischen wie Besuchern gleichermaßen beliebten Option. Man kann Chai schlürfen, seine eigene Saftmischung kreieren oder bei einem frischen Thali oder einem Mittagessen so richtig reinhauen.

Viva Panjim GOANISCH $
(31st January Rd; Hauptgerichte 65–120 ₹; ⌚Mo–Sa 11–15.30 & 19–22.30, So 19–22.30 Uhr) Auch wenn es mittlerweile extrem touristisch ist, bietet dieses kleine Restaurant, das in einer Seitenstraße liegt und auch Tische im Freien hat, noch immer köstliche goanische Klassiker – eine komplette Seite der Speisekarte ist nur Gerichten mit Schweinefleisch gewidmet – sowie die übliche indische Standardküche. Vegetarier werden hier jedoch nicht fündig.

Hospedaria Venite GOANISCH $$
(31st January Rd; Hauptgerichte 180–260 ₹; ⌚9–22.30 Uhr) Das stimmungsvolle Venite ist schon lange bei Travellern äußerst beliebt. Seine winzigen, wackeligen Tische auf dem Balkon laden zu einem gemütlichen Mittagessen ein. Allerdings scheint dem Venite der Erfolg zu Kopf gestiegen zu sein: Toll war das Essen noch nie, und mittlerweile sind die Preise sogar noch exorbitant hoch. Deshalb schaut man besser auf ein kühles Bier oder eine Kleinigkeit zu essen vorbei und lässt es sich auf dem Balkon gut gehen, bevor man sich ins Nachtleben stürzt.

Legacy of Bombay INDISCH $$
(Hotel Fidalgo, 18th June Rd; Hauptgerichte 90–150 ₹) Etwas nobel, etwas teurer, aber wirklich leckere rein vegetarische Gerichte.

Satkar Vegetarian Restaurant INDISCH $
(18th June Rd; Thalis 55–70 ₹, Hauptgerichte 50–80 ₹) Lässig, billig und ganz gute, rein vegetarische Gerichte.

Ausgehen

Panaji bietet, vor allem in Sao Tomé und Fontainhas, jede Menge Gelegenheiten für einen belebenden Boxenstopp. Meist sind es einfache kleine Bars mit ein paar Plastiktischen und -stühlen, die aber eine tolle Möglichkeit sind, mit Einheimischen ins Gespräch zu kommen.

Down the Road BAR
(MG Rd; ⌚11–2 Uhr) Vom Balkon dieses Restaurants blickt man auf den Fluss und die Old Patto Bridge. Ein gutes und gemütliches Plätzchen für einen Cocktail. Die Bar im Erdgeschoss ist auch die einzige Option, will man in Panaji mal etwas länger feiern. Gelegentlich gibt's Livemusik.

Quarterdeck BAR
(Dayanand Bandodkar Marg; ⌚11–22.45 Uhr) Relativ teuer; die tolle Location am Wasser macht das aber wieder wett.

Unterhaltung

Kala Academy KULTURPROGRAMME
(☎2420451; www.kalaacademy.org; Dayanand Bandodkar Marg) Auf der Westseite der Stadt, in Campal, liegt Goas wichtigstes Kulturzentrum, in dem das ganze Jahr über Tanz-, Theater- und Musikaufführungen sowie Kunstausstellungen zu sehen sind. Viele Shows sind auf Konkani, ab und zu gibt's aber auch englischsprachige Produktionen. Am besten ruft man schon vor der Ankunft an und informiert sich, was geboten wird während man in der Stadt ist.

INOX KINO
(☎2420999; www.inoxmovies.com; Old GMC Heritage Precinct; Karten 180–200 ₹) Dieses komfortable Multiplexkino zeigt sowohl Hollywoodstreifen als auch Bollywoodfilme. Programmwechsel ist immer freitags.

Jede Nacht treiben Kasinoschiffe auf dem Mandovi, die ihren Gästen den üblichen „Verlier all dein Erspartes"-Spaß anbieten. Das **Casino Royale** (☎6519471/2; www.casino

royalegoa.com; Eintritt 3500 ₹; ⌚18–8 Uhr) ist das größte von ihnen. Es gelten diverse Altersbeschränkungen und Dresscodes.

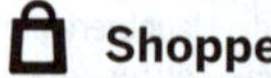

Shoppen

Panajis **städtischer Markt** ist der perfekte Ort zum Leute beobachten und um notwendige Einkäufe zu erledigen.

Khadi Gramodyog Bhavan KUNSTHANDWERK
(Dr Atmaram Borkar Rd; ⌚Mo–Sa 9–12 & 15–19 Uhr) Goas einzige Außenstelle der staatlichen Khadi & Village Industries Commission hat eine hervorragende Auswahl an handgewebten Baumwollartikeln (besonders gut sind die Handtücher und Kurtas für Männer), aber auch viele Öle, Seifen, Gewürze und andere handgemachte Produkte werden hier angeboten. Sie kommen direkt aus den Dörfern der Region, die auch unmittelbar vom Verkauf profitieren.

Barefoot KUNSTHANDWERK
(31st January Rd; ⌚Mo–Sa 10–20 Uhr) In Panaji gibt es mittlerweile eine ganze Reihe neu eröffneter Geschäfte der obersten Preiskategorie, die sich auf die eine oder andere Art auf „Design" spezialisiert haben. Barefoot ist eines von ihnen und bietet einige hübsche, wenn auch nicht gerade billige Geschenke, von traditionellen Weihnachtsmalereien auf Holz bis hin zu Schmuck und mit Perlen verzierten Untersetzern.

Panaji hat mehrere gute Buchläden, die alle eine Reihe von Büchern über Goa und die Region im Sortiment haben.

Book Fair BUCHLADEN
(Hotel Mandovi, Dayanand Bandodkar Marg; ⌚9–21 Uhr) Ein kleiner Buchladen mit großer Auswahl in der Lobby des Hotel Mandovi. Hier gibt's das Umweltbuch *Fish Curry & Rice* von der Goa Foundation (s. S. 140).

Singbal's Book House BUCHLADEN
(Church Sq; ⌚Mo–Sa 9.30–13 & 15.30–19.30 Uhr) Viele Bücher und Zeitungen und jede Menge Charakter. Ein etwas muffiger Laden, der übrigens eine kleine Nebenrolle in der *Bourne Verschwörung* hatte.

Vision World Book Depot BUCHLADEN
(Church Sq; ⌚9.30–20 Uhr) Neben anderen Dingen auch eine große Auswahl an spirituellen Büchern und Selbsthilferatgebern.

Praktische Informationen

Überall in der Stadt gibt's Geldautomaten, vor allem in der 18th June Rd und rund um die Thomas-Cook-Filiale.

Cozy Nook Travels (18th June Rd; 35 ₹/Std.; ⌚9–21 Uhr) Sehr freundliches Internetcafé mit einer ruhigen Kabine für Auslandsgespräche.

Goa Tourism Development Corporation (GTDC; ☎2424001/2/3; www.goa-tourism.com; Dr Alvaro Costa Rd; ⌚Mo–Sa 9.30–13.15 & 14–17.45 Uhr) Hier gibt's Karten von Goa und Stadtpläne von Panaji und zudem kann man eine Tour mit einem GTDC-Führer buchen.

Hauptpost (MG Rd; ⌚Mo–Sa 9.30–17.30 Uhr)

Indiatourism (Touristeninfo der indischen Regierung; ☎2223412; www.incredibleindia.com; 1. St., Communidade Bldg, Church Sq; ⌚Mo–Fr 9.30–18, Sa bis 14 Uhr) Das hilfsbereite Personal hat eine Liste von qualifizierten Tourguides für Ausflüge und Touren in ganz Goa. Eine Halb-/Ganztagestour für bis zu fünf Personen kostet 600/750 ₹.

Oliveira Fernandes & Sons Business Centre (MG Rd; 30 ₹/Std.; ⌚9–24 Uhr) Das beste Internetcafé mit dem abgefahrensten Namen.

Thomas Cook (☎2221312; Dayanand Bandodkar Marg; ⌚Mo–Sa 9.30–18 Uhr) Löst gebührenfrei Reisechecks ein. Zudem kann man Geld wechseln, Überweisungen vornehmen, Flugtickets bestellen und man bekommt auf seine Kreditkarte Bargeld ausbezahlt.

Vintage Hospitals (☎6644401-05, Krankenwagen 2232533; www.vintage3.com; Cacula Enclave, St. Inez) Einige Kilometer südwestlich von Panaji befindet sich das angesehene, mit allem Notwendigen ausgestattete Krankenhaus.

An- & Weiterreise

BUS Alle staatlichen Nahverkehrsbusse fahren am **Kadamba-Busbahnhof** (☎Auskunft zu Zielen in Goa 2438034) ab, wobei alle paar Minuten ein anderer Bus startet. Um zu den Stränden im Süden Goas zu gelangen, nimmt man den Bus nach Margao und steigt dort um. Die Busse nach Ponda halten auch in Old Goa.

Calangute 14 ₹, 45 Min.

Candolim 12 ₹, 30 Min.

Mapusa 10 ₹, 20 Min.

Margao Express; 26 ₹, 45 Min.

Old Goa 8 ₹, 15 Min.

Auch die staatlichen Langstreckenbusse fahren an der **Bushaltestelle Kadamba** (☎Auskunft zu Zielen außerhalb Goas 2438035; ⌚Reservierungen 8–20 Uhr) ab. Private Anbieter haben ihre Tickethäuschen vor dem Eingang zum Busbahnhof, sie fahren aber an der Haltestelle für überregionale Busse (mit Zielen außerhalb Goas) ab, die sich an der New Patto Bridge befindet. Ein zuverlässiges Unternehmen ist **Paulo Travels** (☎2438531; www.paulotravels.com; Kardozo Bldg). Hier einige Ticketpreise des staatlichen Unternehmens in der Hauptsaison sowie der privaten Anbieter für Langstreckenverbindungen:

Bengaluru 550–800 ₹, 15 Std., 5-mal tgl.
Bengaluru privat; 800–1300 ₹, 14–15 Std.
Hampi privat; 700–800 ₹, 10–11 Std.
Hubli 150 ₹, 6 Std., stündl.
Mumbai privat; 600–1500 ₹, 12–14 Std.
Pune 450 ₹, 11 Std., 9-mal tgl.
Pune privat; 700–1200 ₹, 10–11 Std.

An der Bushaltestelle Kadamba gibt's einen Geldautomaten, ein Internetcafé – und einen Ganeshatempel.

FLUGZEUG Eine Taxifahrt von Panaji zum Dabolim Airport dauert eine Stunde und kostet 500 ₹.

ZUG Von Panaji aus liegt der nächste Bahnhof 12 km östlich in Karmali (Old Goa). Dort halten viele Langstreckenzüge. Das **Reservierungsbüro der Konkan Railway** (☎2712940; ⏲Mo–Sa 8–20 Uhr) befindet sich im 1. Stock des Kadamba-Busbahnhofs. Weitere Details zu Zügen ab Margao mit Stopp in Karmali finden sich auf S. 158.

Unterwegs vor Ort

Panaji ist ganz einfach zu Fuß zu bewältigen und es ist unwahrscheinlich, dass man überhaupt einen *pilot* (Mototaxi) oder eine Autorikscha braucht. Und das ist auch gut so, denn sie sind ganz schön teuer. Eine Autorikscha von Kadamba in die Stadt kostet um die 50 ₹. Zwischen dem Busbahnhof und dem städtischen Markt fahren aber auch zahlreiche Nahverkehrsbusse (5 ₹).

Für ein Taxi nach Old Goa werden um die 300 ₹ fällig, für eine Fahrt in einer Autorikscha sind es 150 ₹. Am Stadtpark warten jede Menge Taxis, während die Autorikschas und *pilots* eher vor dem Postamt, in der 18th June Rd und unmittelbar südlich der Kirche zu finden sind.

Old Goa

Vom 16. bis zum 18. Jh., als Old Goa mehr Einwohner hatte als Lissabon oder London, wurde Goas Hauptstadt auch als „Rom des Ostens" bezeichnet. Wenn man hier zwischen den hoch aufragenden Kirchen, der Kathedrale und den majestätischen Klöstern umherwandelt, ist diese Pracht immer noch zu erahnen. Unter portugiesischer Herrschaft begann ab 1510 der rasante Aufstieg Old Goas, Cholera- und Malariaepidemien zwangen die Bevölkerung Anfang des 17. Jhs. aber, die Stadt aufzugeben. Die Hauptstadt wurde 1843 offiziell nach Panaji verlegt.

Einige der Kirchen, die Kathedrale und das eine oder andere Kloster sind immer noch in Gebrauch, viele der übrigen historischen Gebäude sind mittlerweile aber Museen – ein faszinierendes Ziel für einen Tagesausflug. Da es hier sehr schnell sehr voll werden kann, bietet sich ein Besuch morgens unter der Woche an, wenn man auch an einer Messe in der Sé-Kathedrale oder der Basilika Bom Jesus teilnehmen kann (daran denken, in den Kirchen und der Kathedrale immer die Schultern und Beine zu bedecken!). Am 3. Dezember wird das **Fest des hl. Franz Xaver** begangen. Wer zufällig in den zehn Tagen davor in der Gegend ist, sollte unbedingt vorbeischauen.

Sehenswertes

Sé — KIRCHE

Die größte Kirche in Old Goa, die Sé de Santa Catarina, ist gleichzeitig auch die größte Kirche in ganz Asien. Sie ist über 76 m lang und 55 m breit. Der Bau begann im Jahr 1562 auf Befehl des portugiesischen Königs Sebastian I., die letzten Feinarbeiten endeten 90 Jahre später. Insgesamt eher schlicht, verfügt die Kathedrale über drei ganz besonders eindrucksvolle Merkmale: Oben im Glockenturm hängt die **Goldene Glocke**, die größte Glocke in Asien, in der abgeschirmten Kapelle rechts im Innern, die als **Kapelle des Wunder bringenden Kreuzes** bekannt ist, befindet sich ein im Jahr 1619 von einer Gruppe einheimischer Schäfer hergestelltes Kreuz, das auf wundersame Weise angeblich immer größer wurde, und das dritte interessante Detail ist das massiv vergoldete *reredos* (Altaraufsatz), das das Leben der hl. Katharina zeigt, der die Kathedrale geweiht ist. Ihr Leben fand im ägyptischen Alexandria ein unschönes Ende – sie wurde geköpft.

Neben der Kathedrale ist im ehemaligen Haus des Erzbischofs die **Kunstgalerie Kristu Kala Mandir** (Eintritt 10 ₹; ⏲Di–So 9.30–17.30 Uhr) untergebracht. Hier ist eine bunte Mischung aus moderner christlicher Kunst und religiösen Objekten ausgestellt, darunter auch alte Beichtstühle und Altargemälde. Die dekorativen Wandfresken sind wohl die schönsten Stücke des Museums.

Kirche des hl. Franz von Assisi — KIRCHE

Das prächtige Innere dieser Kirche, die 1661 über einer Kapelle aus dem 16. Jh. erbaut wurde, ist mit vergoldeten Holzschnitzereien verziert und zeigt Wandmalereien, die das Leben des hl. Franziskus nacherzählen. Auch dekorative Blumenfresken und verschiedene Engel, ein portugiesischer Grabstein aus dem 16. Jh. und ein weiteres beeindruckendes *reredos* sind zu sehen.

Old Goa

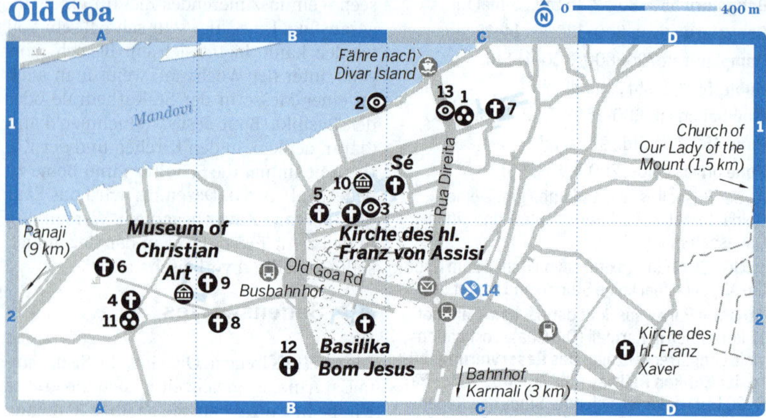

Unmittelbar hinter der Kirche ist im ehemaligen Kloster das **archäologische Museum** (Eintritt 10 ₹; ⌚8–17 Uhr) untergebracht, zu dessen kleiner, aber interessanter Sammlung eine Porträtgalerie portugiesischer Vizekönige, einige Bronzestatuen, Fragmente einer Skulptur aus einem Hindu-Tempel und einige interessante „Heldensteine" zählen. Letztere wurden zu Ehren der einst im Kampf gefallenen Hindu-Krieger behauen.

LP TIPP **Museum of Christian Art** MUSEUM
(http://christianartmuseum.goa-india.org; Erw./Kind 30 ₹ /frei; ⌚9.30–17 Uhr) Dieses exzellente Museum ist in einer atemberaubenden Ecke des 1627 restaurierten **Convent of St. Monica** untergebracht und zeigt eine ausgewählte Sammlung christlicher Kunst aus dem 16. und 17. Jh., die aus Old Goa und dem ganzen Bundesstaat stammt. Das stimmungsvolle Innere stiehlt den hervorragenden Ausstellungsstücken – goldene und mehrfarbige Holzskulpturen, Prozessionslampen, Tabernakeltüren und weitere religiöse Objekte aus der Blütezeit Old Goas – beinahe die Show. Vier Stockwerke hohe Wände, freiliegende Holzverstrebungen und Terrakotten – die Schönheit dieses Ortes ist allein schon einen Besuch wert.

Basilika Bom Jesus KIRCHE
In der gesamten römisch-katholischen Welt ist sie für ihren schon ziemlich angegrauten Langzeitbewohner berühmt: Das weitläufige, vergoldete Innere der Basilika ist die letzte Ruhestätte von Goas Schutzheiligem, des hl. Franz Xaver (abgesehen von seinem mit Diamanten überzogenen Fingernagel, der in Chandor ruht). Der Heilige hatte sich 1541 auf eine Missionsreise begeben, um das sündig-rauschhafte Leben von Goas portugiesischer Kolonialgesellschaft zu verändern.

Die imposante Basilika aus rotem Stein wurde 1605 fertiggestellt; Franz Xaver selbst liegt in einem **Mausoleum** auf der rechten Seite in einem Sarg mit Glaswand inmitten eines wahren Regens aus goldenen Sternen.

Church of Our Lady of the Mount KIRCHE
Einen wundervollen Blick über die Stadt hat man von dieser auf einem Hügel gelegenen Kirche, die auch die **Capela de Monte** genannt wird. Sie liegt 2 km östlich der Sé und lohnt den Anstieg vor allem wegen der spektakulären Sonnenuntergänge (Einheimische warnen davor, alleine hinaufzugehen, da es hier recht abgeschieden ist). Die Kirche ist fast immer geschlossen, wurde kürzlich aber restauriert und beherbergt nun mit ihrer außergewöhnlichen Akustik viele Konzerte, z. B. während des Fests des hl. Franz Xaver im Dezember, während des Monte-Musikfestivals im Februar und zu anderen Anlässen rund ums Jahr.

Augustinerkloster HISTORISCHE STÄTTE
Die melancholischen und bewegenden Ruinen dieses einst weitläufigen und eindrucksvollen Augustinerklosters sind alles, was von der riesigen Anlage übrig ist. Sie wurde 1572 erbaut und 1835 verlassen. Die Fassade des Gebäudes stürzte 1942 ein und alles, was inmitten der ganzen Trümmer geblieben ist, ist das Skelett des hoch aufragenden Glockenturms. Um die Glocke zu retten, wurde sie in die Church of Our Lady

Old Goa

Highlights

	Basilika Bom Jesus	B2
	Kirche des hl. Franz von Assisi	B1
	Museum of Christian Art	A2
	Sé	C1

Sehenswertes

1	Adil Shah Palace Gateway	C1
2	Albuquerque's Steps	B1
3	Archäologisches Museum	B1
4	Chapel of St. Anthony	A2
5	Chapel of St. Catherine	B1
6	Church of Our Lady of the Rosary	A2
7	Church of St. Cajetan	C1
8	Convent & Church of St. John	B2
9	Convent of St. Monica	B2
10	Kristu Kala Mandir Art Gallery	B1
11	Augustinerkloster	A2
12	Sisters' Convent	B2
13	Viceroy's Arch	C1

Essen

14	Sanjay Cafe	C2

of the Immaculate Conception in Panaji gebracht, wo sie bis heute hängt.

Es gibt zahlreiche weitere Baudenkmäler in Old Goa, die einen Besuch lohnen, so z. B. die **Church of St. Cajetan**, der **Viceroy's Arch**, das **Adil Shah Palace Gateway**, die **Chapel of St. Anthony**, die **Chapel of St. Catherine**, die **Albuquerque's Steps**, der **Convent & Church of St. John**, der **Sisters' Convent** und die **Church of Our Lady of the Rosary**.

Essen

Überall im Ort gibt es kleine Touristen-Restaurants, die Chai und Snacks anbieten. Das beste Essen gibt's im schlichten **Sanjay Cafe** (Old Goa Rd; Thalis 35 ₹, Tiffins 25–30 ₹).

An- & Weiterreise

Von Old Goa fahren häufig Busse zum Busbahnhof Kadamba in Panaji (8 ₹, 25 Min.), die an der Old Goa Rd direkt neben dem Tourist Inn und am wichtigsten Kreisverkehr im Osten halten.

Ponda & Umgebung

Das 29 km südöstlich von Panaji im Landesinnern gelegene Ponda ist eine gewöhnliche Stadt mit zwei großen Attraktionen in der Nähe: Hindu-Tempel und Gewürzplantagen. Dafür lohnt es sich, einen Strandtag zu opfern. Echte Tempelfans könnten allerdings ein wenig enttäuscht sein, denn das meiste wurde nach der Zerstörung durch die Portugiesen wieder neu aufgebaut oder nachgebaut. Die Tempel hier sind also nicht so alt wie in anderen Teilen Indiens.

Der auf einem Hügel stehende **Mangueshi-Tempel** aus dem 18. Jh. liegt bei Priol, 5 km nordwestlich von Ponda, und ist Manguesh gewidmet, einem Gott, der nur in Goa bekannt ist. Der 1 km entfernte **Mahalsa-Tempel** in Mardol ist ebenfalls zu Ehren einer speziellen goanischen Gottheit erbaut, während der unmittelbar westlich von Ponda gelegene **Shantadurga-Tempel** von 1738 der Friedensgöttin Shantadurga gewidmet ist. Er ist einer der berühmtesten Schreine Goas.

Die 5 km nordöstlich von Ponda gelegene **Tropical Spice Plantation** (☎2340329; www.tropicalspiceplantation.com; Eintritt inkl. Mittagessen 400 ₹; ⌚9–16 Uhr) ist zwar etwas touristisch, ein Besuch hier schließt aber eine kurzweilige 45-minütige Tour durch den „Vorführgarten" der fast 50 ha großen Plantage und ein Mittagsbuffet ein. Für weitere 600 ₹ kann man auch auf Elefanten reiten oder sie baden, der Anblick der an unbequem kurzen Stricken angebundenen Tiere macht diesen Teil allerdings weniger verlockend. Die **Sahakari Spice Farm** (☎2312394; www.sahakarifarms.com; Eintritt inkl. Mittagessen 400 ₹; ⌚9–16 Uhr) liegt 2 km von Ponda entfernt. Für sie gilt praktisch dasselbe.

Ganz in der Nähe befindet sich die **Savoi-Plantage** (☎2340272, 9423888899; www.savoiplantation.com; ⌚9–16.30 Uhr), ein 200 Jahre altes Familienunternehmen mit dem Motto „von Beginn an Bio". Hier geht es entspannter, weniger touristisch und elefantenfrei zu. Man wird von erfahrenen Führern herzlich begrüßt und in individuellem Tempo mit Begeisterung über die 40 ha große Plantage geführt. Es gibt heimisches Kunsthandwerk zu kaufen und zur Begrüßung frischen *kokum*-Saft, Kardamom-Bananen und andere Bio-Leckereien. Savoi bietet seit Kurzem auch einige **Cottages** (DZ mit Vollpension 5000 ₹) an.

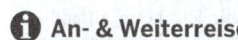

Von Panaji (18 ₹, 45 Min.) und Margao fahren regelmäßig Busse nach Ponda. Von dort muss man sich für den Besuch der Tempel oder Gewürzplantagen ein Taxi organisieren. Wer sich in Panaji ein Taxi für eine Tagestour in die Umgebung nimmt, bezahlt 1000 ₹ (bis zu 8 Std. & 80 km).

Dudhsagar-Wasserfälle

An der östlichen Grenze zu Karnataka liegen die Dudhsagar-Wasserfälle (603 m), Goas eindrucksvollste und Indiens zweithöchste Wasserfälle. Am besten besucht man sie gleich nach dem Ende der Monsunzeit. Mit dem Zug geht's um 8.13 Uhr von Margao nach Colem (vorab schon die Zeiten für die Rückfahrt ausfindig machen; es gibt täglich nur drei Züge in jede Richtung), von wo aus man dann nach 40 holprigen Minuten im Jeep zu den Wasserfällen gelangt (hin & zurück 300 ₹/Pers., bzw. 1800 ₹ für einen Jeep mit Platz für sechs Passagiere). Dort angekommen liegt noch ein kurzer aber steiniger Anstieg zum Rande des Wasserfalls vor einem. Eine einfachere, aber teurere Option ist eine ganztägige **GTDC-Tour** (700 ₹; ⏲Mi & Ss 9–18 Uhr) ab Panaji, Mapusa oder Calangute (im Büro in Panaji buchen!). Auch die Reisebüros Day Tripper in Calangute und Speedy Travels in Anjuna bieten Ausflüge hierher an.

NORD-GOA

Mapusa

40 100 EW.

Die angenehm geschäftige Marktstadt Mapusa („Mapsa" ausgesprochen) ist die größte Stadt in Nord-Goa. Ihre Hauptattraktion ist der belebte **Freitagsmarkt** (⏲8–18.30 Uhr), der unzählige Käufer und Verkäufer aus den Nachbarstädten und -dörfern anzieht. Die Traveller, die von den Stränden im Norden herkommen, bereichern die bunte Mischung – der perfekte Ort, um sich mit der üblichen bestickten Bettwäsche und Ähnlichem einzudecken, zudem sind die Preise hier niedriger als in den Strandorten! Früher oder später kommt vermutlich eh jeder Traveller hier durch, da Mapusa ein wichtiger Verkehrsknotenpunkt für die Busse in Richtung Nord-Goa ist.

In Mapusa ist auch der unglaublich geniale **Other India Bookstore** (☎2263306; www.otherindiabookstore.com; Mapusa Clinic Rd; ⏲Mo–Fr 9–17, Sa bis 13 Uhr) zu Hause, ein Buchladen, der auf „abweichende Weisheiten" spezialisiert ist – eine kleine, aber spektakuläre Auswahl an Büchern über die Natur, die Landwirtschaft, Politik, Bildung und die natürliche Gesundheit. Wenn man die Mapusa Clinic Rd herunterkommt, rechts die Treppe hinaufgehen und dann den Schildern folgen. Der Laden liegt am Ende eines recht schäbigen Gangs.

Es gibt nicht viele Gründe, in Mapusa zu übernachten, wenn die Strände des Nordens doch so nah sind. Wer aber eine Bleibe sucht, sollte das **Hotel Vilena** (☎2263115; Feira Baixa Rd; DZ ohne/mit Klimaanlage 525/725 ₹, ohne Bad 420 ₹; ❄) nehmen. Rund um den Markt gibt es zahlreiche nette, altmodische Cafés, exzellente Thalis bekommt man im betriebsamen **Ashok Snacks & Beverages** (Thalis & Hauptgerichte 35–70 ₹; ⏲Mo–Sa 6–22.30, So bis 16 Uhr), das den Markt über-

ABSTECHER

BACKWOODS CAMP

In einem von vielen Schmetterlingen und Vögeln bevölkerten Wald im Naturschutzgebiet Mahaveer befindet sich, etwa 1 km vom Tempel Tambdi Surla entfernt, das **Backwoods Camp** (☎9822139859; www.backwoodsgoa.com). Man kann sich kaum einen magischeren und friedlicheren Ort vorstellen, und für begeisterte Vogelbeobachter mangelt es wahrlich nicht an gefiederten Freunden. Dies ist eine der besten Gegenden Goas für Vogelbeobachtungen: Von Ceylonfroschmaul bis Elfenblauvogel, Streifenbrusttimalie und Bengalenpitta ist hier alles (und gar nicht so selten) dabei. Untergebracht wird man in komfortablen Zelten auf erhöhten Plattformen, in Bungalows oder in einfachen Zimmern im Farmhaus-Stil (alle mit angeschlossenem Bad). Das Camp bemüht sich sehr, diesen zerbrechlichen Teil von Goas Ökosystems durch verschiedene Maßnahmen zu schützen: Abwasser wird recycelt, heimische Baumarten werden wieder angepflanzt und die Dorfbewohner finden hier Arbeit. Die Preise für ein-, zwei- bzw. dreitägige Vogelbeobachtungstouren mit Guide, Transport, Unterkunft im Lager und sämtlichen Mahlzeiten beginnen bei 4000 ₹, 6000 ₹ bzw. 8000 ₹ pro Person.

blickt. Diese einfache Option ist voller einheimischer Familien und Angestellter, die ihre Mittagspause hier verbringen. Auch das **Hotel Vrundavan** (Thalis 38–55 ₹, Tiffins 12–50 ₹; ⌚Mi–Mo 7–22 Uhr), ein rein vegetarisches Restaurant, das an den Stadtpark angrenzt, ist eine tolle Option mit gutem Chai und Snacks.

Praktische Informationen

Es gibt überall in der Stadt Geldautomaten.

Mapusa Clinic (☎2263343; ⌚Sprechstunde Mo–Sa 10.30–13.30, Mo, Mi & Fr 15.30–19 Uhr) Eine gut geführte Klinik mit einem 24-Std.-Notfalldienst. Man sollte nicht versehentlich in die „alte" Klinik gehen, denn die „neue" Mapusa Clinic liegt dahinter.

Pink Panther Travel Agency (☎2250352, 2263180; panther_goa@sancharnet.in; ⌚Mo–Fr 10–18, Sa bis 13.30 Uhr) Zug- und Flugtickets (national und international), Geldwechsel und Beratung bei Immobilienkäufen.

Softway (☎2262075; 20 ₹/Std.; Chandranath Apts; ⌚Mo–Sa 9–22, So 10–21.30 Uhr) Hier gibt's, in einem Einkaufszentrum gleich neben der Post und gegenüber der Polizeiwache, schnelles Internet und Eiscreme.

An- & Weiterreise

Wer von Mumbai aus mit dem Bus nach Goa kommt, kann von Mapusas **Kadamba-Busbahnhof** (☎2232161) direkt weiter zu den Stränden im Norden reisen. Nahverkehrsbusse fahren alle paar Minuten, wichtig ist einerseits, die richtige Richtung zu erwischen – sie steht auf den Schildern an der Windschutzscheibe – und andererseits, wenn möglich, einen Express-Bus zu nehmen. Wer zu den Stränden im Süden unterwegs ist, der fährt mit dem Bus bis nach Panaji, von dort nach Margao, und steigt in Margao dann noch mal um.

Nahverkehr:

Anjuna 10 ₹, 20 Min.

Arambol 20 ₹, 1½ Std.

Calangute/Candolim 10/12 ₹, 20/35 Min.

Panjim 10 ₹, 20 Min.

Thivim 10 ₹, 20 Min.

Die Busverbindungen zwischen den Bundesstaaten sind alle sehr ähnlich, die Büros der privaten Anbieter befinden sich aber neben dem Busbahnhof. Preise, Komfort und Reisedauer unterscheiden sich im Allgemeinen zwischen den einzelnen Privatanbietern nicht.

Fernverkehr:

Bengaluru staatlich; 500 ₹, 12 Std., 1-mal tgl. um 17 Uhr

Bengaluru privat; ohne Klimaanlage 1500 ₹, mit Klimaanlage 1600–2000 ₹

Mumbai privat; ohne Klimaanlage 1500 ₹, mit Klimaanlage 1600–2000 ₹

Pune staatlich; ohne Klimaanlage 380–500 ₹, mit Klimaanlage 600 ₹, 3-mal tgl., abends

Pune privat; ohne Klimaanlage 1200 ₹, mit Klimaanlage 1200–1500 ₹

Außerhalb des Busterminals gibt es einen Prepaid-Taxistand mit praktischem Schild, auf dem die Preise aufgelistet sind. Taxis nach Anjuna oder Calangute kosten 200 ₹, nach Arambol 400 ₹ und nach Margao 800 ₹; für Autorikschas bezahlt man allgemein 50 ₹ weniger als für Taxis.

In Thivim, etwa 12 km nordöstlich der Stadt, befindet sich der nächstgelegene Bahnhof der Konkan Railway. Nahverkehrsbusse orientieren sich an den Zeiten der Züge; eine Autorikscha von Thivim nach Mapusa kostet um die 150 ₹.

Candolim, Sinquerim & Fort Aguada

8600 EW.

Candolims weitläufiger Strand, der sich bis zum kleineren Strand von Sinquerim im Süden erstreckt, ist vor allem das Hoheitsgebiet älterer Pauschaltouristen aus Großbritannien, Russland und Skandinavien, die sich in der Sonne brutzeln lassen. Eine endlose Kette von Strandhütten bieten Liegestühle und Schatten, wenn man bereit ist, seine Individualität dafür zu opfern. Diese Gegend ist aber vor allem bekannt für das mächtige Wrack des Tankers *River Princess*, der hier in den späten 1990er-Jahren auf Grund lief. Das riesige Technikmonstrum liegt nur ein paar Dutzend Meter vor der Küste, und der Anblick von Touristen, die sich mit dem Schiff im Hintergrund in der Sonne räkeln, ist surreal, irgendwie aber auch wieder hübsch.

Candolims Strand ist liebenswürdig, die Stadt ganz entspannt und es gibt auch einige großartige Hotels. Allerdings verblasst es langsam und kann nicht mit der Persönlichkeit anderer Strandorte mithalten. Postamt, Supermärkte, Reisebüros, Internetcafés, Apotheken und zahlreiche Banken mit Geldautomaten befinden sich in der Hauptstraße, der Fort Aguada Rd, die parallel zum Strand verläuft.

Sehenswertes & Aktivitäten

Fort Aguada FESTUNG

(⌚8.30–17.30 Uhr) Fort Aguada wurde 1612 von den Portugiesen erbaut und ist die beeindruckendste der noch erhaltenen Festungen in Goa. Sie bewacht die Mündung des Mandovi und ist bei indischen

GRÜNES GOA?

Goas Umwelt hat in den letzten 40 Jahren unter dem Touristenstrom und unter den Auswirkungen von Abholzung, Bergbau und lokaler Bräuche gelitten – so gelten z. B. die Eier seltener Schildkröten als Delikatesse. Ungeachtet dessen, was die lokale Infrastruktur oder das Ökosystem noch aushalten können, geht die Bebauung weiter, während sich überall Berge von Plastikflaschen türmen. Es gibt jedoch einige simple Wege, die Auswirkungen des eigenen Aufenthalts auf Goas Ökologie zu minimieren:

» Wo immer möglich, die eigene Einkaufstasche mitnehmen und Wasserflaschen mit gefiltertem Wasser auffüllen. Auf die 5-l-Wasserflaschen der Marke Bisleri wird Pfand erhoben, sodass sie zurückgegeben und wiederverwendet werden können. Sofern sie angeboten werden, sollte man diese kaufen. Noch besser ist es natürlich, seinen eigenen Wasserfilter dabei zu haben.

» Anstelle eines Rollers auch mal ein Fahrrad leihen und herumfragen, falls sich im ersten Moment kein Fahrradverleih findet. Sie werden nämlich aufgrund der Roller-Vernarrtheit der Traveller immer seltener, bei entsprechender Nachfrage erhöht sich ihre Anzahl aber wieder.

» Zigarettenkippen sind nicht biologisch abbaubar. Deshalb gehören sie in den Mülleimer. Vögel und Meerestiere halten sie für Nahrung und ersticken daran.

Schildkröten stehen momentan unter dem Schutz des **Forest Departments** (www.goaforest.com), das an den Stränden, an denen die Tiere ihre Eier ablegen (etwa in Agonda), Infohütten aufgestellt hat. Man sollte entweder dort vorbeischauen oder sich auf der Website über die Arbeit des Departments informieren. Auch Goas wichtigste Interessenvertretung in Sachen Umweltschutz, die **Goa Foundation** (☎2256479, 2263305; www.goafoundation.org; St Britto's Apts, G-8 Feira Alta, Mapusa), leistet sehr gute Arbeit. Seit ihrer Gründung 1986 hat sie bereits einige Umweltschutzprojekte ins Leben gerufen und auf ihrer Website kann man sich über die Umweltprobleme Goas informieren. Ihr hervorragendes Buch *Fish Curry & Rice* (400 ₹) bietet einen umfassenden Überblick über Lebensweise und Umwelt in Goa. Zu kaufen ist es im Other India Bookstore in Mapusa. Die Stiftung betreut gelegentlich auch Freiwilligenprojekte. Wer darüber mehr Infos möchte, ruft am besten an oder schaut vorbei.

Touristen sehr beliebt. Der tolle Ausblick vom Hügel aus ist es wert, den Massen von Besuchern und Straßenhändlern, die die von einem Graben umgebenen Ruinen einnehmen, zu trotzen. Zum Zeitpunkt der Recherche war der vierstöckige **portugiesische Leuchtturm** der Festung, 1894 erbaut und der älteste seiner Art in Asien, leider geschlossen. Etwas weiter die Straße hinunter befindet sich aber der aktive **Leuchtturm** (Inder/Ausländer/Kind 10/25/3 ₹; ⌚15–17.30 Uhr) der Halbinsel, der erklommen werden kann und mit einer außergewöhnlichen Aussicht belohnt. Die nette, 2 km lange Fahrt zur Festung führt über eine hügelige Asphaltstraße. Alternativ kann man den steilen Anstieg vorbei am Marbella Guest House aber auch zu Fuß wagen. Unterhalb der Festung liegen das **Fort-Aguada-Gefängnis**, dessen Zellen ursprünglich die Lagerräume der Festung waren, und **Johnny's Mansion**, das einer berühmten, wohlhabenden goanischen Familie gehört und oft als Schauplatz für indische Filme genutzt wird. Beide sind der Öffentlichkeit nicht zugänglich.

Calizz MUSEUM

(☎3250000; www.calizz.com; Fort Aguada Rd; Erw./Kind 300 ₹ /frei; ⌚10–19 Uhr) Diese beeindruckende Anlage mit zahlreichen traditionellen goanischen Häusern und rund 75 000 Artefakten ist eines der Highlights Candolims. Das Museum hat für seine Innovationskraft den National Tourism Award gewonnen, es sind aber die hübschen Häuser, die auf die Besucher so umwerfend wirken. Ortsansässige Historiker bieten 45-minütige Führungen an, die die kulturelle Vergangenheit des Staates zu neuem Leben erwecken.

Bootsfahrten BOOTSFAHRTEN

Einige der beliebtesten Bootstouren der Stadt werden von **John's Boat Tours** (☎6520190, 9822182814; www.johnboattrips.com) angeboten. Auf dem Programm stehen z. B. Delfinbeobachtungen (900 ₹), Bootsausflüge zum Markt von Anjuna (600 ₹), eine Schnorchelexkursion zur Grand Island (1200 ₹), und selbst Hausbootfahrten mit Übernachtung (5000 ₹/Pers., VP). Einfachere (sprich: billigere) Optionen finden sich am **Landungssteg für Ausflugsboote** am Ufer des Nerul, wo unabhängige, einheimische Bootsführer Ausflüge nach Anjuna (300 ₹) und Delfintouren (200 ₹; Delfine garantiert) vorbei am Coco Beach, Fort-Aguada-Gefängnis, der Festung und Johnny's Mansion anbieten.

Schlafen

Candolim hat eine überraschend große Auswahl an tollen Unterkünften. Die meisten der besseren (und die billigsten) Budgetunterkünfte befinden sich im üppig grünen Gebiet des nördlichen Teils Candolims, zwischen Straße und Strand. Wer sich auf den winzigen Pfaden auf die Suche begibt, wird sicher auch fündig. An der kleinen Straße hinauf zum Marbella Guest House stehen einige Privathäuser, die Doppelzimmer für etwa 500 ₹ pro Nacht anbieten.

LP TIPP **Marbella Guest House** HOTEL $$$
(☎2479551; www.marbellagoa.com; DZ/Suite ab 3000/4100 ₹; ❄) Der Name mag vielleicht etwas abschrecken, in diesem Haus findet sich aber kein Fünkchen der spanischen Costa del Sol. Die atemberaubende Villa aus portugiesischer Zeit ist voller Antiquitäten und hat einen friedlichen, üppig grünen Garten im Hinterhof. Das Marbella ist ein romantisches Überbleibsel, in dem man sich nach Europa zurückversetzt fühlt. Die Küche serviert kreative Gerichte und die Penthousesuite ist ein Traum aus polierten Kacheln und Himmelbetten. Traurig für alle Kinder mit Sinn für Stil: keine Gäste unter zwölf Jahren erlaubt.

Beach Nest PENSION $
(☎2489866; DZ 800–1000 ₹) Eine unglaublich freundliche und tadellos saubere Unterkunft – selbst der Sand im Hof wird jeden Tag fein säuberlich zur Seite gekehrt. Nur ein kurzer Fußweg durch den Urwald trennt diese kleine Pension vom Strand. Die Zimmer im oberen Stock haben Balkone, Küchennischen und Kühlschränke und die hilfsbereiten Besitzer immer ein Lächeln auf den Lippen. In dieser ruhigen Atmosphäre fühlt man sich schnell wie zu Hause.

D'Mello's Sea View Home HOTEL $$
(☎2489650; dmellos_seaview_home@hotmail.com; DZ 1200–1800 ₹) Die hübschen, luftigen Zimmer sind die Hauptattraktion des D'Mello's, das angenehmerweise nur einen Steinwurf vom Strand entfernt liegt. Die Zimmer in dem Gebäude, das dem Meer zugewandt ist, sind einfach himmlisch. Sie haben nur drei Wände – die vierte Wand ist der Balkon, von dem aus man einen tollen Blick aufs Meer hat. Aber auch die Zimmer ohne Meerblick sind sehr stylish. Sie sind in frechen Farben gehalten und haben Moskitonetze. Hier geht's sehr professionell (wenn nicht sogar etwas unpersönlich) zu.

Villa Ludovici Tourist Home PENSION $
(☎2479684; Fort Aguada Rd; DZ mit Frühstück 1000 ₹) Sehr abgewohnte, knarrende Zimmer in einem großartigen alten Herrenhaus aus der Zeit der Portugiesen.

Candolim Villa Horizon View HOTEL $$
(☎2489105; www.candolimvilla.com; DZ mit Klimaanlage 1500–2250 ₹; ❄@🛜🏊) Die einfachen Zimmer mit Klimaanlage sind rund um einen kleinen Swimmingpool angeordnet. Eine freundliche und professionelle Option.

Vivanta by Taj HOTEL $$$
(☎6645858; www.vivantabytaj.com; Sinquerim, Zi. mit Klimaanlage ab 10 000 ₹; ❄@🛜🏊) Ein gehobenes Hotel der Taj-Kette.

Essen & Ausgehen

Candolims Strandhütten sind beliebte Essensoptionen; die eleganteste von ihnen ist wohl die am nördlichen Ende gelegene **Pete's Shack** (Hauptgerichte 90–230 ₹).

LP TIPP **Café Chocolatti** CAFÉ, BÄKEREI $$
(Fort Aguada Rd; Backwaren 40–100 ₹, Hauptgerichte 120–180 ₹; ⊙Mo–Sa 9–19 Uhr) Wer keine Thalis mehr sehen kann oder einfach mal seine Ruhe möchte, kann sich im grünen Garten dieser hübschen Teestube, Lichtjahre entfernt vom Trubel der Strände, genussvoll entspannen. Im Café gibt's auch Sandwiches und Salate, eigentlicher Star ist hier aber die Schokolade. Ein Stück Double-Chocolate Cake bestellen und im siebten Schokoladenhimmel schweben.

Stone House MULTICUISINE, BAR $$
(Fort Aguada Rd; Hauptgerichte 90–300 ₹; ⊙10–15 & 18–24 Uhr) Surf'n'Turf ist das Motto dieses altehrwürdigen Etablissements, das in einem Steinhaus mit grünem Vorgarten untergebracht ist. Ganz oben auf der Speisekarte steht der in Bier gekochte „schwedische Hummer", gefolgt von anderen wagemutigen Gerichten wie dem „flachgedrückten" Rindersteak mit Pilzen und Zwiebeln

in einer scharfen Goa-Sauce (250 ₹). An den meisten Abenden gibt's gute Livemusik.

Republic of Noodles ASIATISCH, FUSION $$$
(Fort Aguada Rd; Hauptgerichte 375–450 ₹; 11–15.30 & 19–23 Uhr) Wer niveauvoll essen möchte, ist im RoN mit seiner dunklen Bambuseinrichtung und den Buddhaköpfen und Schwimmkerzen genau richtig. Die köstlichen und riesigen Nudel-, Wok- und Tontopf-Gerichte sind jeden Tag erste Sahne. Der Red Snapper mit Kokos-Kurkuma-Curry ist eine gute Wahl, und auch für Vegetarier gibt's einige aufregende Optionen.

Bob's Inn MULTICUISINE, BAR $$
(Fort Aguada Rd; Hauptgerichte 90–200 ₹; 10.30–16 & 18.30–24 Uhr) Tolle Fischgerichte, ein entspanntes Ambiente und ein schon älteres Publikum (sowohl Einheimische als auch Ausländer), das gemeinsam lässig am Tisch sitzt und relaxt. Die afrikanischen Wandbehänge, das Strohdach und die Terrakotta-Skulpturen sind die perfekte Kulisse für in *rava* (Weizengrieß) frittierte Muscheln oder die feurig scharf gebratenen Garnelen mit Kartoffeln.

An- & Weiterreise

Es gibt zahlreiche Busse nach Panaji (12 ₹, 30 Min.) und Mapusa (12 ₹, 35 Min.), die an der Abzweigung in der Nähe von John's Boat Tours halten. Busse nach Calangute (5 ₹, 15 Min.) fahren an der Haltestelle am Fort Aguada ab und können entlang der Fort Aguada Rd einfach herangewunken werden.

Calangute & Baga

15 800 EW.

Einst war Calangute Rückzugsort wohlhabender Goaner, dann, in den 1960er-Jahren, ein berauschender Hotspot für nackte, ausgelassene Hippies. Heute ist es vor allem bei einheimischen Großfamilien, indischen Junggesellen und feiernden Ausländern beliebt. Wer einmal die indische (in diesem Fall eher russische) Tourismusszene erleben will, der ist in Calangute genau richtig. Die nördlichen Strände können ganz schön voll werden – ebenso wie das Wasser, das sich mit Menschen, Booten und Jetskis füllt –, während es im Süden entspannter zugeht. Baga im Norden hingegen ist die Trink- und Tanzhochburg, wobei Nord-Baga wiederum, auf der anderen Seite des Flusses Baga gelegen, überraschend ruhig ist und entlang der Küste einige gute und günstige Übernachtungsmöglichkeiten bietet.

Wassersport

An den Stränden von Baga und Calangute findet man zahlreiche Jetski- und Parasailinganbieter; der etablierteste von ihnen ist H20 Adventure. Eine Runde Parasailing kostet um die 600 ₹, fürs Jetskiing bezahlt man für 15 Minuten 1000 ₹ und Wasserskifahren kann man für etwa 1200 ₹ pro zehn Minuten haben.

Barracuda Diving TAUCHEN
(2279409-14, 9822182402; www.barracudadiving.com; Sun Village Resort, Baga; Kurse ab 4000 ₹) Diese wohl etablierte Tauchschule bietet eine breite Palette an Tauchausflügen und Kursen an, etwa das kostenlose „Try Scuba"-Familienangebot, bei dem man jeden Montag mal reinschnuppern kann. Auch ihr „Project A.W.A.R.E" ist außergewöhnlich: Es beinhaltet Initiativen zur Erhaltung des Meeres und alljährliche Unterwasser- und Strandsäuberungen.

Yoga & Ayurveda

Ayurvedic Natural Health Centre AYURVEDA, YOGA
(2409275; www.healthandayurveda.com; Chogm Rd, Saligao; Massagen ab 1200 ₹; 7.30–19.30 Uhr) Das hoch angesehene Zentrum liegt 5 km im Landesinneren und bietet Massagen und andere ayurvedische Behandlungen, die zwischen einer Stunde und drei Wochen dauern können. Es gibt außerdem Heilkräuter zu kaufen und man kann sich von einem ayurvedischen Arzt behandeln lassen. Wer ernsthaft etwas lernen möchte, kann hier an einem professionellen Kurs in Ayurveda, Yoga und verschiedenen anderen Therapien teilnehmen; dafür sollte man sich weit im Voraus anmelden. Wer spontan ist, kann auch unangemeldet am täglichen Yogaunterricht (300 ₹) teilnehmen. Einige, aber nicht alle Busse von Baga/Calangute nach Mapusa halten in Saligao in der Nähe des Zentrums; vor dem Einsteigen prüfen!

Bootsausflüge

Die Fischer scharen sich um das Nordende des Strandes in Baga und bieten Delfinbeobachtungen (400 ₹/Pers.), Marktbesuche in Anjuna (200 ₹/Pers.) und Ganztagesausflüge nach Arambol und Mandrem (1000 ₹/Pers.) an. Der freundliche **Eugenio** (9226268531) hilft gerne weiter.

 Geführte Touren

Day Tripper (2276726; www.daytrippergoa.com; Gaura Vaddo, Calangute; Nov.–April Mo-

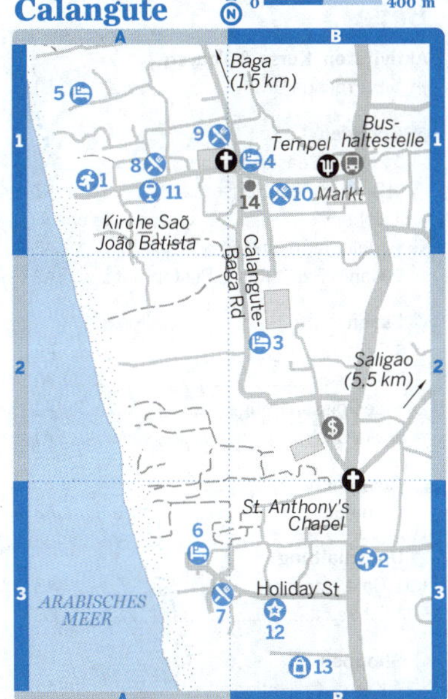

Calangute

Sa 9–17.30 Uhr) gehört zu den besten Touranbietern in Goa und organisiert viele Ausflüge im ganzen Bundesstaat, darunter eine Exkursion zu den Dudhsagar-Wasserfällen (1175 ₹, alle 2 Wo.) sowie ein Segeltörn durch die Mangroven des Cumbarjua (1300 ₹) und auch längere Touren.

GTDC-Touren können online (www.goa-tourism.com) oder in der **Calangute Residency** (☎2276024) am Strand gebucht werden.

Schlafen

Die Unterkünfte in Calangute und Baga sind ebenso zahlreich wie unterschiedlich. Allgemein gilt, dass die ruhigsten Hotels im Süden Calangutes und auf der anderen Seite der Brücke im Norden Bagas liegen.

CALANGUTE

Casa de Goa HOTEL **$$$**

(☎2277777/9999; www.casadegoa.com; Tivai Vaddo; Zi./Suite/Cottage 5000/6000/7000 ₹; ❄@🛜≋) Die wunderschöne Casa de Goa ist bei indischen Familien sehr beliebt und ist schon Monate im Voraus ausgebucht – und das mit gutem Grund. Die im portugiesischen Stil erbauten ockerfarbenen Gebäude liegen um einen hübschen Hof mit Swimmingpool herum und die Einrichtung ist hell und frisch. Die großen, sauberen Zimmer sind mit Safes, Flachbild-TV, neuen Kühlschränken und weiteren hochwertigen und durchdachten Extras ausgestattet. Auf der anderen Straßenseite, gegenüber vom eigentlichen Hotel, stehen die Cottages, die nicht immer WLAN empfangen.

Ospy's Shelter PENSION **$**

(☎2279505; oscar_fernandes@sify.com; DZ 600–700 ₹) Auf einem ruhigen, üppig grünen Gelände voller Palmen und von sandigen Wegen durchzogen, liegen zwischen dem Strand und der St. Anthony's Chapel eine Reihe von Pensionen in Familienbesitz. Die liebenswerteste ist das Ospy's, das zu Fuß nur zwei Minuten vom Strand entfernt ist. Die tadellos sauberen Zimmer im oberen Stock haben Kühlschränke und Balkone, sehen aus wie neu (obwohl sie das nicht sind) und das gesamte Guesthouse versprüht eine gemütliche, familiäre Atmosphäre. Die alten Bodenfliesen im Erdgeschoss sind großartig und einen Blick wert.

Johnny's Hotel HOTEL **$**

(☎2277458; EZ 400 ₹, DZ 600–900 ₹) Die zwölf einfachen Zimmer dieses bei Backpackern sehr beliebten Hostels garantieren einen äußerst geselligen Aufenthalt. Es werden regelmäßig Kurse in Yoga und Reiki, und für Übungen mit dem spannenden Namen

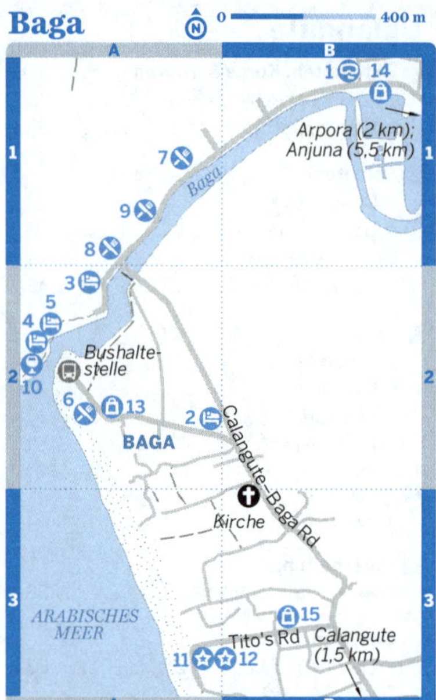

Baga

Aktivitäten, Kurse & Touren

1 Barracuda Diving B1

Schlafen

2 Cavala Seaside Resort A2
3 Divine Guest House A2
Johnny's .... (siehe 4)
4 Melissa Guest House A2
5 Nani's Bar & Rani's Restaurant A2

Essen

6 Britto's A2
7 J&A's A1
8 Le Poisson Rouge A1
9 Lila Café A1

Ausgehen

10 Sun Set A2

Unterhaltung

11 Café Mambo A3
12 Tito's B3

Shoppen

13 Karma Collection A2
14 Mackie's Saturday Nite Bazaar B1
15 Tara Travels B3

„Metamorphosetechnik“ angeboten. Außerdem sind eine Reihe von Apartments und Häusern für Langzeitgäste verfügbar. Zum Johnny's gehört ein beliebtes Café, in dem es z.B. leckere Baked Beans auf Toast zum Frühstück (100 ₹) oder mittags ein scharfes goanisches „Vegi-Vindaloo“ (70 ₹) gibt.

Garden Court Resort PENSION $

(☎2276054; luarba@dataone.in; Zi. 500–600 ₹, mit Klimaanlage 700–800 ₹, Apt. mit 1/2/3 Schlafzi. 1000/1500/2500 ₹; ❄) Die Zimmer der Pension, die sich hinter einem Wohnhaus im portugiesischen Stil versteckt, sind von einem hübschen Garten umgeben und haben Balkone und Fenster, die irgendwie an Kathedralen erinnern. Wenn die Apartments frei sind, können sie auch nur für einen kurzen Zeitraum gemietet werden.

BAGA

Cavala Seaside Resort HOTEL $$

(☎2276090; www.cavala.com; EZ/DZ/Suite mit Frühstück ab 850/1300/2200 ₹; ❄ 📶 🏊) Das stilvolle, von Efeu umrankte Cavala verzaubert schon seit über 30 Jahren, und es vermietet noch immer saubere, einfache und hübsch möblierte Zimmer, die rund um eine große Anlage mit zwei Swimmingpools (150 ₹ für Nicht-Gäste) liegen. Dieser Ort versprüht ein tolles Flair, das Personal ist freundlich und im Bar-Restaurant wird fast jeden Abend groß gekocht; oft spielt Livemusik.

Divine Guest House PENSION $$

(☎2279546, 9370273464; www.indivinehome.com; EZ/DZ ab 700/1000 ₹; ❄ @ 📶) Die „göttliche“ Pension grüßt schon an der Eingangstür mit einem „Lobet den Herren“-Türpfosten und im ganzen Haus geht's mit solchen munteren Sprüchen weiter. Wer keine Lust auf vergnügliche Bekehrungsversuche hat, ist hier eher falsch. Die Zimmer sind nett und heimelig, in bunten Farben und mit jeder Menge Kitsch eingerichtet, und haben hier und da auch eine ganz persönliche Note. Friedvolle Lage am Fluss.

Nani's Bar & Rani's Restaurant PENSION $$

(☎2276313; www.naniranigoa.com; Zi. ohne/mit Klimaanlage 1300/1500 ₹; ❄ @) Das Nani's ist extrem charmant und extrem gut gelegen. Es hat saubere und einfach eingerichtete Zimmer (mit neuem Anstrich und einem funktionierenden Telefon), die rund um einen Garten mit einem hübschem Bungalow aus der Kolonialzeit liegen, von dem aus man auf das Wasser blicken kann.

Melissa Guest House PENSION $

(☎2279583; DZ 500 ₹) Diese ruhige, kleine und preiswerte Unterkunft liegt unmittelbar am Wasser, ist von jeder Menge Grün umgeben und hat ordentliche, kleine Zimmer, die alle mit angrenzendem Bad und Warmwasserduschen ausgestattet sind. Das **Johnny's** (☎2914000; DZ 600 ₹) liegt obendrüber und ist fast genauso gut.

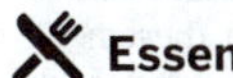

Essen

In Calangute und Baga findet man alles, vom frischen Fisch, der noch am Strand zubereitet wird, bis zum feinsten schottischen Räucherlachs. An der Strandpromenade drängen sich Stände mit gegrilltem Mais, *pav bhaji* (gut gewürztem Gemüse mit Brot) und leuchtend-bunter Zuckerwatte, aber auch die üblichen Strandhüttensnacks sind erhältlich. Je weiter man nach Norden bzw. Süden kommt, desto stilvoller werden die Dinneroptionen. Die Gegend rund um den Markt ist voller Chai- und Thali-Läden, und Straßenverkäufer bieten rund um Bagas Bushaltestelle billig Chai, Omelettes und andere nichtvegetarische Snacks an.

CALANGUTE

LP TIPP **Plantain Leaf** INDISCH $
(Thalis 70–90 ₹, Hauptgerichte 75–150 ₹) Im ersten Stock über einer Kreuzung befindet sich, in einigem Abstand vom geschäftigen Treiben, dieses rein vegetarische Restaurant. Die zahlreichen indischen Familien, die sich hier an den Tischen tummeln, wissen, was gut ist: der Tee ist köstlich, die Räumlichkeiten gemütlich, betriebsam und hell, und das vegetarische Thali ist vielleicht das beste in Goa.

Infantaria BÄCKEREI, ITALIENISCH $$
(Calangute-Baga Rd; Backwaren 50–100 ₹, Hauptgerichte 110–275 ₹; ⏲7.30–24 Uhr) Neben der Kirche São João Batista liegt diese Mischung aus köstlicher Bäckerei und genialem italienischen Restaurant, wo jede Menge hausgemachte Croissants, kleine Blätterteigteilchen, echter Kaffee, goanische und italienische Spezialitäten und viel, viel Alkohol angeboten werden. Am Schwarzen Brett hier steht alles, was man wissen muss.

A Reverie EUROPÄISCH $$$
(Holiday St; Hauptgerichte 315–575 ₹; ⏲19–2 Uhr) Eine tolle Lounge-Bar mit Ohrensesseln, coolem Jazz und glitzerndem Kristall – hier kann man es sich so richtig gutgehen lassen, z.B. mit köstlichem Serranoschinken, gegrilltem Spargel, französischen Weinen und italienischem Käse. Das köstlich-sahnige Garnelen-Velouté mit Fenchelsuppe (250 ₹) sollte man probiert haben, aber auch die geräucherte französische Stockentenbrust in Madeirajus mit Sauerkirschen (995 ₹) ist ein echter Genuss.

Casandré GOANISCH, MULTICUISINE $$
(Hauptgerichte 60–140 ₹; ⏲8.30–15 & 18–24 Uhr) Das dunkle, friedliche Lokal in einem alten Bungalow im portugiesischen Stil wirkt zwischen all dem Touri-Treiben rund um Calangutes Hauptstrand fehl am Platz. Die lange, altmodische Speisekarte gibt so gut wie alles her, von „Gebrutzeltem" bis zu goanischen Spezialitäten, und auf der Cocktailkarte stehen Drinks wie der gute alte Gimlet – eine liebenswerte Zeitmaschine!

BAGA

Le Poisson Rouge FRANZÖSISCH $$$
(Hauptgerichte 310–390 ₹; ⏲19–24 Uhr) Baga schafft es souverän, Dinneroptionen der Spitzenklasse zu präsentieren. Dieses französisch angehauchte Restaurant gehört zu den besten dieser Kategorie. Mit einfachen einheimischen Zutaten werden überzeugende Gerichte komponiert, wie etwa Rote-Bete-Carpaccio (185 ₹) und Red-Snapper-Masala (390 ₹). Serviert wird das Ganze unter freiem Himmel.

ABSTECHER

NILAYA HERMITAGE

Wer hier absteigt, verbringt die Nacht im vielleicht elegantesten Luxushotel Goas und kann sich neben Größen wie Sean Connery, Manish Arora und Kate Moss ins Gästebuch eintragen. Das **Nilaya Hermitage** (☎2276793/94; www.nilaya.com; Arpora; DZ mit Frühstück, Abendessen & Wellness 350 €; ❄@🛜🏊) liegt 5 km vom Strand entfernt auf einem grünen Hügel in Arpora. Hier stehen rund um einen Pool wunderschöne Lateritbauten aus rotem Stein und die zehn Luxuszimmer und vier atemberaubenden Zelte könnten eleganter kaum sein. Alles ist in der Farbe Lapislazuli oder in warmen Weißtönen gehalten und alt anmutende Messingelemente, Massivholz und der gewisse Touch runden die ganze Sache ab. Das Essen ist ebenso traumhaft wie die Umgebung, und das Wellnessangebot ist einfach überragend.

J&A's ITALIENISCH $$$
(Hauptgerichte 305–445 ₹) Ein hübsches Café auf dem Gelände eines wunderbaren Herrenhauses im portugiesischen Stil. Dieses kleine Stück Italien ist schon ein echter Hit, bevor das köstliche, wenn auch etwas überteuerte Essen aufgetischt wird. Überall im Garten ist Jazz zu hören und die blinkenden Lichter am Abend sorgen noch dazu für eine romantische Atmosphäre. Außerdem gibt's dreifach gefiltertes Wasser, ein Elektroauto und die Essensreste werden kompostiert – und schon ist man selbst ein Teil einer Erfahrung, die ebenso umweltfreundlich wie lecker ist.

Lila Café CAFÉ $$
(Hauptgerichte 110–270 ₹; ⌚Mi–Mo 8.30–18 Uhr) Ein von Deutschen geführtes Café mit hausgemachtem Brot, perfekt geschäumtem Cappuccino und deftigen Hauptgerichten wie Gulasch mit Spätzle.

Britto's MULTICUISINE, BAR $$
(Hauptgerichte 95–260 ₹; ⌚8.30–24 Uhr) Eine echte Institution in Baga. Kleiner Tipp: Man sollte sich an die goanischen Gerichte mit Meeresfrüchten halten.

Ausgehen & Unterhaltung

Bagas Clubszene feiert munter weiter, auch wenn die Partys im Norden schon lange dicht gemacht haben. Wer auf eine lange Nacht mit gepflegten Trinkgelagen und Tanzorgien auf den Tischen aus ist, der ist hier richtig. Wer eine maßvollere Alternative sucht, wird in den Bars entlang Calangutes Hauptstraße am Meer fündig.

Jerry's Place BAR
Die auch als JJJ bekannte nette kleine Restaurant-Bar in Calangute ist gerade noch annehmbar schäbig. Hier gibt's Snacks und einfache indische Gerichte (ab 50 ₹) und die Zimmer gleich obendrüber sind überraschend anständig (800 ₹).

Café Mambo NACHTCLUB
(☎9822765002; www.titos.in; Paar 500 ₹; ⌚22.30–3 Uhr) Das Mambo ist Bagas Club der Stunde und fast schon etwas elegant (für Bagas Verhältnisse). Jeden Abend legen DJs vorrangig kommerziellen House und Hip Hop auf, und gelegentlich werden (westliche) Retro-Abende veranstaltet. Gleich nebenan befindet sich das **Tito's**, das früher der angesagteste Club Bagas war. Ein Besuch hier lohnt sich auch heute noch, vor allem an den Bollywood-Abenden. Hier gelten dieselben Eintrittspreise, Regeln und Öffnungszeiten wie im Mambo, und in beiden Clubs haben Frauen freien Eintritt. Männer, die alleine unterwegs sind, haben keine Chance, eingelassen zu werden.

Kerkar Art Complex KULTURPROGRAMM
(☎2276017, 9923958016; www.subodhkerkar.com; Holiday St; ⌚10–19 Uhr) In diesem Gebäudekomplex in Calangute werden die Arbeiten des einheimischen Künstlers Dr. Subodh Kerkar ausgestellt. Die Anlage ist vor allem für ihre bemerkenswerten Musik- und Tanzaufführungen im Freien bekannt, die dienstags und donnerstags und manchmal auch am Wochenende stattfinden. Ausgerichtet werden sie vom dazugehörigen Multicuisine-Restaurant **Waves** (Hauptgerichte 300–500 ₹; ⌚11–15 & 19–2 Uhr).

Sun Set BAR, MULTICUISINE
(⌚7.30–22.30 Uhr) Nur eine kleine Bar, um den Sonnenuntergang zu genießen und bei einem Drink die Boote zu beobachten. Bei Ebbe kann man durch das Wasser zu Fuß zurück zum Strand von Baga gehen.

Shoppen

Sowohl **Mackie's Saturday Nite Bazaar** (www.mackiesnitebazaar.com) in Baga als auch der größere **Ingo's Saturday Nite Bazaar** (www.ingosbazaar.com) in Arpora, etwa 2 km nordöstlich von Baga, beginnen gegen 18 Uhr und sind vergnügliche Alternativen zu Anjunas Mittwochsmarkt. Zum Zeitpunkt der Recherche wurden sie noch abgehalten, sind in den letzten Jahren aber schon öfter aus unbekanntem Grund geschlossen worden. Am besten fragt man herum, um zu erfahren, ob sie gerade mal wieder zu haben.

Karma Collection SOUVENIRS
(www.karmacollectiongoa.com; ⌚9.30–22.30 Uhr) In diesem Laden in Baga gibt es die übliche bunte Mischung von Wandbehängen zum Festpreis, aber auch Antiquitäten aus ganz Südasien.

Literati Bookshop & Cafe BUCHLADEN
(☎2277740; www.literati-goa.com; ⌚Mo–Sa 10–18.30 Uhr) Ein erfrischend andersartiger Buchladen im Wohnhaus des Besitzers in Calangute. Auf Anfrage erfährt man, ob und wann Lesungen und andere Veranstaltungen anstehen.

Tara Travels BUCHLADEN
(⌚Mo–Sa 9–24 Uhr) Der Laden in Baga bietet eine gute Auswahl an neuen und gebrauchten Büchern, bietet Büchertausch an und ist gleichzeitig auch noch ein Reisebüro.

Praktische Informationen

Wechselstuben, Geldautomaten, Apotheken und zahllose Internetcafés scharen sich rund um Calangutes größten Markt und im Gebiet rund um den Busbahnhof und außerdem entlang der Hauptstraßen nach Candolim bzw. Baga.

MGM International Travels (www.mgmtravels.com; Umta Vaddo, Calangute; ⌚Mo–Sa 9.30–18.30 Uhr) Ein lang etabliertes und vertrauenswürdiges Reisebüro mit günstigen Preisen für In- und Auslandsflüge.

Thomas Cook (☎2282455; Calangute-Anjuna Rd, Calangute; ⌚Mo–Sa 9–18 Uhr) Geldwechsel und ähnliche Dienste.

Anreise & Unterwegs vor Ort

Es gibt regelmäßig Busse nach Panaji (14 ₹, 45 Min.) und Mapusa (10 ₹), die von den Haltestellen in Baga und Calangute abfahren. Zwischen den Busbahnhöfen von Baga und Calangute verkehrt alle paar Minuten ein Stadtbus (5 ₹); man kann unterwegs überall in ihn einsteigen. Ein Prepaid-Taxi vom Flughafen Dabolim nach Calangute kostet 645 ₹.

Anjuna

Das gute alte Anjuna, ein fester Bestandteil der indischen Hippieszene, fährt immer noch jeden Mittwoch Sarongs und Sandelholz auf seinem berühmten – und einst auch berüchtigten – Flohmarkt. Obwohl er nach wie vor scharenweise Backpacker und Langzeit-Hippies anzieht, kommen auch immer mehr Mittelklassetouristen hierher. Die Stadt selbst ist mittlerweile an den Rändern ein wenig ausgefranst, aber das ist Teil ihres gemütlichen Charmes, und Anjuna ist und bleibt einer der Lieblingsorte, von Langzeitgästen wie auch von Ersttätern.

Aktivitäten

Anjunas charismatischer, felsiger **Strand** erstreckt sich vom Stadtgebiet im Norden über beinahe 2 km bis zum Flohmarkt. Bei Flut verschwindet das Nordende fast völlig, bei Ebbe offenbart sich aber ein hübsches und überraschend ruhiges Stückchen Strand. Mehr Action gibt's beim **Paragliding** (Tandemflug 1500 ₹), das an Markttagen teilweise an der Landzunge am südlichen Ende des Strands angeboten wird.

Wer sich während seines Aufenthalts in der Stadt verschönern lassen möchte, kann dies in **Andy's Tattoo Studio** (www.andys-tattoo-studio-anjuna-goa.com; ⌚Mo–Sa 12–19 Uhr) tun. Es liegt hinter dem Restaurant San Francisco und hat Klasse. Einfach vorbeischauen, um einen Termin zu machen und um sich einen Kostenvoranschlag für das permanente Souvenir abzuholen.

Yoga

In Anjuna werden überall Yoga, Reiki und ayurvedische Massagen angeboten; im Café Diego und in der German Bakery gibt's häufig Aushänge dazu. **Avalon Sunset** (www.yogainternationalorganisation.com; Kurse 300–400 ₹) organisiert Kurse, die man ohne Anmeldung besuchen kann; das gilt auch für **Brahmani Yoga** (☎9370568639; www.brahmaniyoga.com; Kurse 500 ₹) gleich neben dem Hotel Bougainvillea. Eine weitere Möglichkeit ist, sich im Yoga Magic oder dem Ashtanga Purple Valley Yoga Retreat einzumieten. Beides sind hübsche Ferienresorts mit Yogaprogrammen für Besucher, die länger bleiben.

Schlafen

Die meisten Unterkünfte und weitere nützliche Dienstleistungen liegen am Strand oder in den schattigen Gassen, die vom Strand wegführen. Zimmer der Kategorie „Betonzelle" reihen sich auf den Klippen im Norden Anjunas dutzendweise aneinander; die meisten kosten 400 bis 600 ₹ pro Nacht. Außerdem gibt es viele kleine, familiengeführte Pensionen, die etwas versteckt abseits der großen Strandpromenade liegen und wo man für einen ähnlichen Preis schönere Doppelzimmer bekommt. Seinen Favoriten kann jeder selbst hinter den Dutzenden von „Zimmer zu vermieten"-Schildern ausfindig machen.

Hotel Bougainvillea HISTORISCHES HOTEL **$$**
(Granpa's Inn; ☎2273270/71; www.granpasinn.com; DZ/Suite mit Frühstück & Steuer ab 2200/2950 ₹; ❄📶🏊) Dieses altmodische Hotel, in einem 200 Jahre alten, gelben Herrenhaus untergebracht, ist einfach unbeschreiblich schön. Die eleganten Zimmer verbinden Charme mit Luxus, eine Kombination, die man selten antrifft, und der Poolbereich ist auch fantastisch, mit jeder Menge Bäumen ringsherum. Das ganze Grundstück ist mit so vielen grünen und schattenspendenden Bäumen übersät, dass es hier locker ein paar Grad kühler zu sein scheint als im restlichen Anjuna.

Vilanova PENSION **$**
(☎6450389, 9225904244; mendonca90@rediffmail.com; DZ ohne/mit Klimaanlage 700/900 ₹; ❄) Die großen, sauberen Zimmer sind mit Kühlschrank, TV, Warmwasser rund um

Anjuna

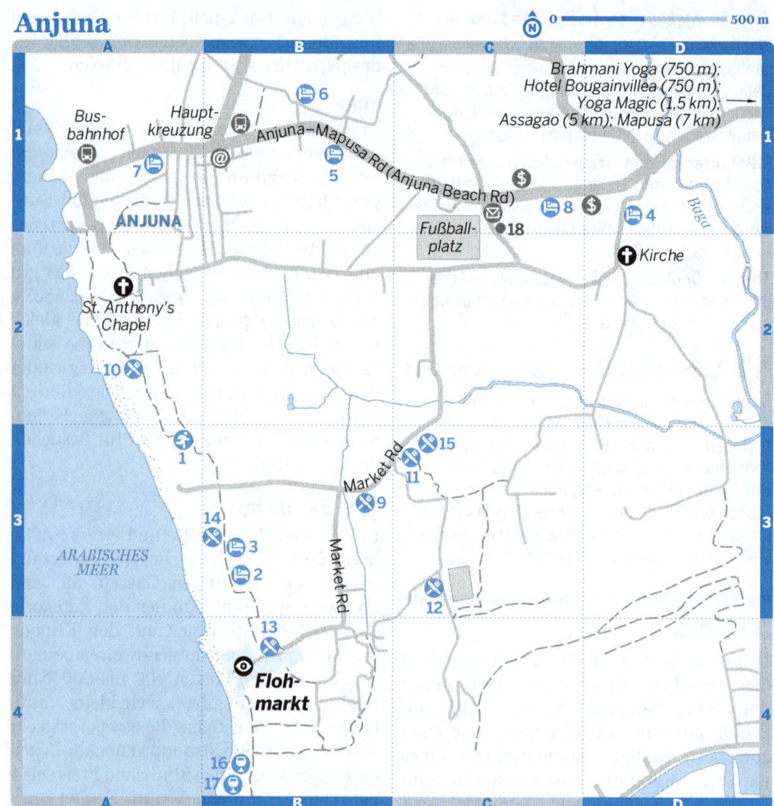

die Uhr und Insektengitter am Fenster ausgestattet. Sie sind in drei Bungalows im portugiesischen Stil untergebracht, die auf einem netten kleinen Grundstück stehen. Hier herrscht gute Stimmung, eine familienfreundliche Atmosphäre, das Personal ist nett und das Restaurant preiswert. Eigentlich fast schon schade, dieses Geheimnis preiszugeben!

Yoga Magic PENSION **$$$**
(☎6523796; www.yogamagic.net; EZ/DZ Hütte 4500/6000 ₹, Suite 6000/8000 ₹; 📶) Solarlampen, Gemüseanbau und Komposttoiletten sind nur einige der sinnvollen Initiativen dieses ultraluxuriösen Yoga-Dorfs, in dem handbedruckte Stoffe, Möbel aus wiederverwertetem Holz und eine vegetarische Bio-Gourmet-Küche das Gebot der Stunde sind. Die „Hütten" sind im Stil Rajasthans atemberaubend und dramatisch abwechslungsreich gestaltet. Das Frühstück ist im Preis inbegriffen; tägliche Yogastunden kosten pro Sitzung 400 ₹ extra.

Faiz'd PENSION **$**
(☎9619855350; Zelt 800 ₹) Die großen, modernen Zelte sind mit bestickten Stoffen verziert, haben Fliesenböden, angrenzende Bäder und stehen auf einem hübschen Grundstück, durch das sich von Laternen erhellte Wege schlängeln. Auch an der Lage, gerade mal einen Steinwurf vom Strand entfernt, ist nichts auszusetzen.

Palacete Rodrigues HISTORISCHES HOTEL **$$**
(☎2273358, 9422056467; www.palacetegoa.com; EZ/DZ ab 850/1000 ₹, DZ/Suite mit Klimaanlage 1550/1750 ₹; ❄) Cooler und schrulliger könnte ein altmodisches Herrenhaus voller Antiquitäten, skurriler Ecken, Spaß und kitschigen Charmes kaum sein. Die Zimmer sind in chinesischem, vietnamesischem, portugiesischem oder, natürlich, Goa-Stil eingerichtet.

Paradise PENSION **$**
(☎9922541714; janet_965@hotmail.com; Anjuna-Mapusa Rd; DZ 600–800 ₹, mit Klimaanlage

Anjuna

Hightlights
Flohmarkt B4

Aktivitäten, Kurse & Touren
1 Andy's Tattoo Studio A3

Schlafen
2 Faiz'd B3
3 Florinda's Guest House B3
4 Palacete Rodrigues D1
5 Paradise B1
6 Peace Land B1
7 Sea Wave Inn A1
8 Vilanova C1

Essen
9 6Pack Bar & Restaurant B3
10 Avalon Sunset A2
11 Café Diogo C3
12 German Bakery C3
13 Maria's Tea Stall B4
14 Shore Bar B3
15 Whole Bean Tofu Shop & Vegetaria C3

Ausgehen
16 Curlie's B4
17 Shiva Valley B4

Praktisches
18 Speedy Travels C1

1500 ₹; ❄) Das freundliche und heimelige Paradise mit seinen sauberen Zimmern ist direkt hinter einem alten portugiesischen Wohnhaus auf einem rustikalen Gelände untergebracht, auf dem überall krähende Hähne und schlafende Katzen zu Hause sind. Die Besitzerin Janet und ihre geschäftstüchtige Familie betreiben außerdem einen Gemischtwarenladen, ein Restaurant, ein Internetcafé (40 ₹/Std.), ein Reisebüro und einen Schönheitssalon (250 ₹ für eine Kopfmassage) und bieten Geldwechsel und Western-Union-Dienste an. Janet findet für jeden Wunsch eine Lösung.

Florinda's Guest House PENSION $
(☎9890216520, 9762331032; Zi. 400–900 ₹) Eine der besten Budgetoptionen in Strandnähe. Die sauberen Zimmer haben rund um die Uhr warmes Wasser und Insektengitter an den Fenstern. Sie liegen in einem Garten mit dem wohl winzigsten Pool der Welt.

Peace Land PENSION $
(☎2273700; EZ/DZ 450/600 ₹; 📶) Die Zimmer, die hier in einem ruhigen Innenhof rund um einen Garten liegen, sind nicht gerade groß. Es gibt auch Billardtische, einen Bereich zum Chillen und einen kleinen Laden, in dem man sich mit dem Wichtigsten eindecken kann. Die Betreuung der Gäste könnte jedoch besser sein.

Purple Valley Yoga Retreat PENSION $$$
(☎2268364; www.yogagoa.com; 142 Bairo Alto, Assagao; ❄) Das beliebte Yogadorf im nahe gelegenen Assagao bietet seinen Gästen ein- und zweiwöchige Ashtanga-Yogakurse. Wochenpreise beinhalten Unterkunft, Kurse und Verpflegung und beginnen bei etwa 550 € pro Person.

Sea Wave Inn HOTEL $
(Sea Queen; ☎2274455; seaqueenanjuna@gmail.com; Anjuna-Mapusa Rd; Zi. ohne/mit Klimaanlage 800/1000 ₹; ❄) Die Zimmer sind gut, das Personal ist freundlich und das Restaurant im Freien zeigt Filme und Sportevents auf einer großen Leinwand; ein echter Garant für einen lustigen Abend!

Essen & Ausgehen

An Markttagen (mittwochs) lohnt es sich, auf dem Flohmarkt nach dem winzigen **Maria's Tea Stall** (Snacks ab 10 ₹) Ausschau zu halten. Maria, eine bunt gekleidete ältere indische Dame, verkauft köstlichen Chai und selbst zubereitete Snacks. **Curlie's** (Hauptgerichte 80–250 ₹; ⏱9–3 Uhr) und **Shiva Valley** (Hauptgerichte 80–240 ₹; ⏱8–24 Uhr) sind große, laute Bar-Restaurants und die richtige Adresse für einen Drink bei Sonnenuntergang mit alternativem Publikum und der einen oder anderen Spontanparty. Einfach mal vorbeischauen und sehen, was gerade geboten wird!

Shore Bar MULTICUISINE $$
(Hauptgerichte 120–400 ₹) An den Klippen von Anjuna reihen sich zahlreiche Cafés mit den üblichen Traveller-Menüs, Happy Hours und einer atemberaubenden Aussicht auf die Küste – das Essen ist dabei eher atemberaubend mittelmäßig. Die Shore Bar ist eine Ausnahme: Die gegrillten Baguettes, Meeresfrüchte und vor allem die Kaffeegetränke sind supergut (und haben ihren Preis), die Wände zeigen schicke Kunst und auf den gemütlichen Liegen und Sofas tummeln sich Scharen von fröhlichen, lässigen Gästen mit Dreadlocks. Das Shore ist gleichzeitig auch eine kommissionsfreie Kunstgalerie und hat im hinteren Teil einige Zimmer. Zum Zeitpunkt der Recherche gab es Gerüchte, dass die Bar umziehen

GOAS FLOHMARKT: GONE WITH THE HIPPIES?

Ein Besuch auf dem jeden Mittwoch stattfindenden Flohmarkt in Anjuna gehört ebenso zur echten Goa-Erfahrung wie ein Tag an einem menschenleeren Strand. Noch vor etwas mehr als zwei Jahrzehnten war dieser Markt die letzte Bastion von Hippies, die Riesenjoints rauchten und sich über ihre Erfahrungen auf ihrer berauschenden Tour durch Indien austauschten. Heute geht's hier viel seriöser und massentauglicher zu, und Pauschaltouristen scheinen Individualreisende sowohl zahlenmäßig als auch mit ihrer Kaufkraft abzuhängen. Ein paar Stunden hier und man hat für immer genug von Tagesdecken mit Spiegeln, Messingfiguren oder wallenden indischen Baumwollkleidern. Trotz alledem ist ein Besuch dennoch eine lohnende Erfahrung, und zwischen dem ganzen Touri-Kitsch findet sich durchaus das eine oder andere originelle Souvenir oder Kleidungsstück. Nicht vergessen, eisern zu feilschen und jede Menge Geduld und Stehvermögen mitzubringen! Das gilt sowohl für das Handeln mit einheimischen als auch mit zugewanderten Händlern.

würde. Hoffentlich haben es sich die Besitzer anders überlegt.

German Bakery MULTICUISINE $$
(Backwaren 30–50 ₹, Hauptgerichte 70–170 ₹; 📶) Schön grün, mit Gebetsfahnen, fröhlichen Lichtern und stimmungsvollen, mit Tüchern abgehängten Ecken – der perfekte Ort für ein entspanntes Abendessen. Spezialität sind innovative Tofugerichte, und so ist dies eine einzigartige Gelegenheit, ein Tofu-Tikka (150 ₹) zu kosten. Es wird Livemusik gespielt und mittwochabends treten ab und zu orientalische Tänzer auf. WLAN gibt's rund um die Uhr (100 ₹/Std.).

Café Diogo CAFÉ $
(Market Rd; Snacks 30–100 ₹; ⏲8–17 Uhr) Der vermutlich beste Obstsalat der Welt wird im Diogo serviert, einem kleinen, von Einheimischen betriebenen Café auf dem Weg zum Markt. Die großzügig belegten Sandwiches mit gegrillter Avocado, Käse und Pilzen sind auch nicht übel.

Whole Bean Tofu Shop & Vegetaria CAFÉ
(Market Rd; Hauptgerichte 60–150 ₹; ⏲8–17 Uhr) Einer der einzigen Orte in Goa, wo Veganer wirklich gut essen können. In diesem tofuschwangeren Gesundheits-Café dreht sich alles um die wandlungsfähigste aller Bohnen. Zum Frühstück gibt's Eier (für Nicht-Veganer) oder ein überraschend gutes „Rühr-Tofu" mit Zwiebeln und Toast (130 ₹).

6Pack Bar & Restaurant MULTICUISINE, BAR $$
(Market Rd; Hauptgerichte 60–200 ₹; ⏲9–24 Uhr) Alle lieben das 6Pack für seine tollen „traditionellen" – das ist hier das Codewort für Rindfleisch – Cheeseburger (170 ₹), seinen Billardtisch und die ausgelassene Stimmung bei Sportevents, die oben auf der Großbildleinwand gezeigt werden.

Avalon Sunset MULTICUISINE $
(Hauptgerichte 50–140 ₹; 📶) Ein schöner Ausblick, dafür nur mittelmäßiges Essen. Es taucht hier eigentlich nur wegen des WLANs (40 ₹/Std.) auf.

ℹ Praktische Informationen

Anjuna hat drei Geldautomaten, die sich alle etwa 100 m östlich der **Bank of Baroda** (⏲9.30–14.30 Uhr) befinden. In der Bank bekommt man gegen Vorlage seiner Visa-Karte oder MasterCard Bargeld.

Om Sai Internet (Anjuna-Mapusa Rd; 40 ₹/Std.; ⏲Mo–Sa 10.30–23 Uhr)

Speedy Travels (☎2273266; ⏲Mo–Sa 9–18.30, So 10–13 Uhr) Zuverlässiges Reisebüro für Zug- und Flugtickets und eine Reihe von geführten Touren (z. B. zu den Dudhsagar-Wasserfällen); gibt gegen Vorlage der Kreditkarte Bargeld aus und wechselt Fremdwährungen.

ℹ An- & Weiterreise

Etwa jede halbe Stunde gibt es Busse nach Mapusa (10 ₹), die an der wichtigsten Haltestelle im Ort in der Nähe des Strandes abfahren. Einige Busse, die von Mapusa kommen, fahren weiter nach Vagator oder Chapora. An der Hauptkreuzung fährt zweimal täglich ein Bus nach Calangute ab. An beiden Abfahrtspunkten finden sich zahlreiche Taxis und *pilots*, und an der Kreuzung kann man problemlos einen Roller oder ein Motorrad ausleihen.

Vagator & Chapora

Dramatische rote Felsklippen, dichte grüne Wälder und eine verfallene **portugiesische Festung** aus dem 17. Jh. bilden für Vagator und seinen winzigen Nachbarn Chapora eine der schönsten Kulissen an Goas Nord-

Vagator & Chapora

küste. Einst für ihre wilden Trance-Partys und den berauschenden Hippie-Lebensstil bekannt, haben sich die Dinge in den letzten Jahren entschieden verlangsamt, obwohl Chapora – das irgendwie an die Mos-Eisley-Kantine in Star Wars erinnert – noch immer ein Lieblingsziel für Kiffer ist und der Geruch von *charas* wie eh und je schwer in der Luft hängt. Es hat auch etwas mehr Persönlichkeit als Vagator, dafür aber weniger Restaurants und Unterkünfte.

Wer gern die Überbleibsel der Trance-Szene sehen möchte, muss einfach nur lange genug in Vagator rumhängen. Dort bekommt man garantiert irgendwann einen Flyer für eine Party (oft mit internationalem DJ) in die Hand gedrückt. Da reicht das Spektrum aber von himmlisch bis katastrophal. Manchmal erfährt man von Partys, die an einem geheimen Ort stattfinden; mit ein wenig Glück hat man sie gefunden, bevor sie gesprengt wird.

Schlafen

VAGATOR

Entlang der Ozran Beach Rd und in vielen Nebenstraßen wird man an privaten Wohnhäusern und Pensionen zahlreiche „Zimmer zu vermieten“-Schilder sehen. Die meisten verlangen um die 500 ₹ für ein Doppelzimmer.

LP TIPP **Shalom** PENSION $
(☎2273166; DZ 800–1000 ₹) Das Shalom ist um einen beschaulichen Garten herum gebaut und liegt nicht weit vom Pfad, der zum Little Vagator Beach führt. Die Unterkunft, die von einer freundlichen Familie geführt wird (die selbst hier wohnt), bietet einige extrem gut instand gehaltene Zimmer sowie ein Apartment mit zwei Schlafzimmern für Langzeitgäste.

Janies PENSION $
(☎2273635, 9850057794; janiesricardo@yahoo.com; DZ 800 ₹, Bungalow mit 1/2 Schlafzi. 1200/1500 ₹) Das von einer sehr freundlichen Dame geführte Janies ist eine tolle Option für Langzeitgäste und hat ein einfaches, aber gemütliches Flair. Die zwei Doppelzimmer sind jeweils mit Kühlschrank und TV ausgestattet, die drei großen Bungalows haben ein oder zwei Schlafzimmer und eine komplette Küche.

Bean Me Up Soya Station HOTEL $
(☎2273479; www.myspace.com/beanmeupindia; DZ 680 ₹, ohne Bad 475 ₹; WLAN) Die Zimmer rund um einen begrünten und mit Seide beladenen Innenhof sehen von außen vielleicht ein wenig wie Zellen aus. Hat man aber erst einen Blick hineingeworfen, erkennt man, dass die wogenden Seidenstoffe und die sanften Erdtöne von draußen auch hier vertreten sind. Roller stehen zum Verleih bereit und es gibt ein tolles vegetarisches Restaurant.

Paradise on the Earth STRANDHÜTTEN $
(☎2273591; www.moondance.co.nr; Hütte mit Bad 500–1000 ₹) Oberhalb des Little Vaga-

Vagator & Chapora

Highlights
Chapora Fort A1

Schlafen
1 Alcove Resort A2
2 Bean Me Up Soya Station B2
3 Casa de Olga A1
4 Garden Villa A2
5 Janies A2
6 Paradise on the Earth A2
7 Shalom A2

Essen
Bean Me Up Soya Station .... (siehe 2)
8 Jai Ganesh Fruit Juice Centre B1
9 Mango Tree Bar & Café A2
10 Scarlet Cold Drinks B1
11 Sunrise Restaurant B1
12 Thalassa A2
13 Yangkhor Moonlight A2

Ausgehen
14 Nine Bar A2

Shoppen
15 Rainbow Bookshop B2

tor Beach schmiegen sich einfache Bambushütten (in dieser Gegend gar nicht so weit verbreitet) an die Klippen. Angesichts ihrer Nähe zum Strand sind sie ein echtes Schnäppchen, auch wenn der Name vielleicht etwas übertrieben ist.

Garden Villa PENSION $
(☎6529454, 9822104780; Vagator Beach Rd; Zi. 250–500 ₹) Groß, sauber, billig, freundlich und auf einem hübschen Grundstück in der Nähe von Vagator Beach gelegen. In Zimmer 14 steht ein altes Himmelbett.

CHAPORA

An der Straße zum Hafen gibt's jede Menge Zimmer und sogar ganze Häuser zu mieten. Man sollte sich ein paar Optionen anschauen, bevor man sich entscheidet.

Casa de Olga PENSION
(☎2274355, 9822157145; Zi. 1500 ₹, ohne Bad 500 ₹) Diese äußerst einladende familiengeführte Pension bietet in einem hübschen Garten saubere Zimmer von verschiedener Größe an. Die billigeren sind einfach ausgestattet (aber dennoch komfortabel und sauber), während die teureren eine warme Dusche, eine Küchennische mit Kühlschrank und einen Balkon haben. In einer netten Ecke in der Nähe des Hafens gelegen.

Essen

VAGATOR

Am Zugang zum Little Vagator Beach gibt's ein paar Restaurants und die üblichen unzähligen Strandhütten direkt am Strand.

LP TIPP **Thalassa** GRIECHISCH $$
(☎9850033537; Hauptgerichte 180–400 ₹; ⌚16–24 Uhr) Authentische und einfach unsagbar leckere griechische Gerichte werden hier auf einer luftigen Terrasse zum Rauschen des Meeres direkt darunter serviert. Die Tagesgerichte sind immer eine gute Wahl. Bei unserem Besuch waren es ein Rinder-Stifado (270 ₹) und Fleischbällchen aus Lammfleisch in roter Sauce (320 ₹). Noch besser sind aber die vegetarischen Gerichte wie das *spanakorizo* (Spinat mit Reis, mit griechischem Olivenöl und Kräutern zubereitet, obendrauf ein Stück Feta; 230 ₹), das deftig und nur scheinbar simpel ist: Erst die frischen Zutaten und die Zubereitung durch Expertenhand machen es umwerfend köstlich. Reservierung erforderlich! Das Thalassa hat auch **Hütten** (1000 ₹) im Angebot, die fast so erstklassig sind wie das Restaurant.

LP TIPP **Yangkhor Moonlight** TIBETISCH, MULTICUISINE $$
(Hauptgerichte 70–200 ₹) Bei den tibetischen und selbst den italienischen Gerichten hier werden frische Zutaten ganz groß geschrieben. Soll's die fleischlose *momo*-Suppe (mit tibetischen Klößen; 80 ₹) sein? Die hauen einen um. Die Pasta? Verdammt lecker. Die Stühle und Tischdecken sind aus Plastik und die Wände in lindgrün gehalten, aber – vielleicht liegt das am freundlichen Service und der sanften chinesischen Popmusik – es ist selbst so noch unglaublich gemütlich.

Mango Tree Bar & Café MULTICUISINE $$
(Hauptgerichte 90–210 ₹; ⌚9–4 Uhr) Laute Reggae-Musik, schlechter Service, die Einrichtung aus dunklem Holz, mangofarbene Wände, eine manchmal wilde Bar-Atmosphäre, Lampen aus Terrakotta und ein positives Flair – all dies und das richtig gute Essen machen den „Mangobaum" schon seit jeher zur allseits beliebten Location. Fast jeden Abend werden Filme oder Sport gezeigt.

Bean Me Up Soya Station MULTICUISINE, VEGAN $$
(Ozran Beach Rd; Hauptgerichte 120–250 ₹; ⌚8–16 & 19–23 Uhr) Vegetarier und Veganer können sich freuen: Nach einer langen

WO GEHT'S HIER BITTESCHÖN ZUR PARTY?

Obwohl Goa dank seiner nächtelangen Freiluft-Trance-Partys unter Besuchern aus dem Westen lange als legendär galt, wurde die für ihre Drogenfülle berüchtigte Partyszene durch ein Gesetz gegen „Lärmverschmutzung" gezügelt, das laute Musik auf öffentlichen Plätzen zwischen 22 und 6 Uhr verbietet. Die Folge daraus: Goas Partys sind einfach nicht mehr das, was sie mal waren. Da aber auch die Tourismusindustrie gehegt werden muss, drücken die Behörden bei Partys in der absoluten Hochsaison zwischen Weihnachten und Neujahr meistens ein Auge zu. In geschlossenen Räumen darf weiterhin bis in die Puppen gefeiert werden, was erklärt, weshalb die Clubs keine Probleme haben. Wer nach den Überbleibseln der echten Partyszene sucht, wird allerdings viel Glück brauchen, muss Augen und Ohren offen halten und hoffen, dass er in Vagator oder Anjuna zufällig etwas zugeflüstert bekommt.

Durststrecke durch Goa ist hier der richtige Ort, um in einem Garten voll mit hohen Bäumen und Pfeffersträuchern zu relaxen und sich ein Tofu-Thai-Curry (230 ₹) oder Seitan mit gebratenen Zwiebeln (130 ₹) zu genehmigen. Zum Nachtisch gibt's köstliche Desserts ohne Ei. Das rein vegetarische Restaurant bietet auch Frühstück und verschiedene Säfte und hat sogar eine Bar. Der dazugehörige Laden verkauft Tofu-Mayonnaise und Soja-Würstchen.

CHAPORA

Die Auswahl an Essensoptionen ist in Chapora bei Weitem nicht so groß wie in Vagator. Im Zentrum (wenn man von einem Zentrum sprechen kann) gibt's ein paar kleine Restaurants, die aber nur zum Hungerstillen taugen. Das **Sunrise Restaurant** (Hauptgerichte 70–150 ₹) ist nichts besonderes, aber auch nicht schlecht und hat einen freundlichen Service. Das sehr beliebte **Scarlet Cold Drinks** (Säfte & Snacks 20–80 ₹) und das **Jai Ganesh Fruit Juice Centre** (Säfte 20–70 ₹) machen vor allem durch ihre dicken *charas*-Rauschschwaden von sich reden. Das Scarlet hat ein gutes Schwarzes Brett, während man im Jai Ganesh Eiskaffee und Avocado-Lassis bekommt.

Ausgehen & Unterhaltung

Abgesehen von geheimen Partys ist in Vagator und Chapora heutzutage nicht mehr viel los. Vorbei die Zeit der durchfeierten Nächte und auch der Trance am Strand wird um Punkt 22 Uhr abgedreht. Chapora hat allerdings ein paar winzige, extrem entspannte Bars, die irgendwie auch ganz unterhaltsam sind. Die **Nine Bar** (⏲18–4 Uhr) und **Hill Top** in Vagator, an der Straße nach Anjuna, sind immer noch gut dabei und es scheint zudem, als seien die Russen, die den Israelis den Rang als Partykönige abgelaufen haben, an verschiedenen Orten dabei, eine Art Nachtleben entstehen zu lassen.

Shoppen

Rainbow Bookshop BUCHLADEN

(⏲10–14 & 15–19 Uhr) In Vagator hält dieser liebenswerte kleine Laden, der von einem charmanten älteren Herren geführt wird, eine gute Auswahl an Secondhand- und neuen Büchern bereit.

Praktische Informationen

Vagators einziger Geldautomat befindet sich in der **Corporation Bank** an der Straße nach Anjuna. Überall im Ort liegen Internetläden verstreut. Der beste ist **Mira Cybercafe 2000** (Ozran Beach Rd; ⏲9–14 & 15–23 Uhr; 40 ₹/Std.).

An- & Weiterreise

Den ganzen Tag über fahren zahlreiche Busse von Chapora über Vagator nach Mapusa (10 ₹); viele von ihnen halten auch in Anjuna. Die Busse fahren im Ortskern von Chapora ab, es gibt aber noch eine Reihe anderer Haltestellen sowohl in Chapora als auch in Vagator. Zum Zeitpunkt der Recherche war hier, leider, nirgendwo ein Fahrradverleih aufzutreiben (trotzdem herumfragen; das Angebot folgt der Nachfrage); die Preise für einen Roller/ein Motorrad liegen in der Hauptsaison normalerweise bei etwa 200/300 ₹ pro Tag.

Morjim & Asvem

Der hübsche und größtenteils menschenleere Küstenstreifen zwischen Morjim und Asvem gehört zu den wenigen Stränden, an denen Sonnenanbeter nicht von Scharen von Straßenhändlern, Hunden und Spannern belagert werden. Die Wasserqualität hier leidet allerdings etwas unter dem Abwasser des weiter südlich ins Meer fließenden Flusses und kann nicht gerade als kristallklar beschrieben werden. Dessen ungeachtet nisten zwischen September und Februar seltene Oliv-Bastardschildkröten am südlichen Ende des Strandes. Aus diesem Grund wurde hier auch ein Schutzgebiet eingerichtet, was, theoretisch, die weitere Erschließung und herumliegenden Müll unterbindet. In Morjim und Asvem finden sich eine Handvoll einfacher Strandhütten und einige Übernachtungs- und Essensoptionen. Das **Goan Café** (☎2244394; www.goancafe.com; Hütte 1150–1350 ₹, ohne Bad 800 ₹, Apt. ab 1250 ₹; ❄) direkt am Strand ist eine von ihnen und die drei Brüder, denen der Laden gehört, sind die vielleicht freundlichsten und hilfsbereitesten Gastgeber in ganz Goa. Auch das **Meems' Beach Resort** (☎3290703; www.meemsbeachresort.com; Hütte für 2/4 Pers. ab 1500/3500 ₹; 📶) hat eine Reihe von Hütten und Zimmern am Strand, hinzu kommen kostenloses WLAN und ein stimmungsvolles Restaurant. Das **La Plage** (Hauptgerichte 215–315 ₹) ist für seine hochkarätige französische Küche bekannt.

Mandrem

Das friedliche, ruhige, versteckte Mandrem hat sich in den letzten Jahren zu einem Zufluchtsort für all diejenigen entwickelt, die eine Pause von der anstrengenden Travellerszene in Arambol und Anjuna brauchen – und jene, die sie schon von vornherein meiden. Der Strand ist wunderschön, und außer Faulenzen gibt's hier nicht viel tun. Kokoshütten können schon ab 500 ₹ gemietet werden, allerdings ist Mandrem mit öffentlichen Verkehrsmitteln nur schwer zu erreichen. Am besten man leiht sich in Arambol einen Roller oder nimmt sich ein Taxi.

Das Yoga-Angebot ist hier während der Saison riesig; die meisten Kurse werden von Ausländern gegeben. Das **Himalaya Yoga Valley** (☎9922719982; www.yogagoaindia.com) hat sich auf Kurse für angehende Hatha- und Ashtanga-Lehrer spezialisiert, bietet aber zweimal täglich auch Kurse ohne vorherige Anmeldung (300 ₹).

Schlafen & Essen

LP TIPP **Dunes** STRANDHÜTTEN $
(☎2247219; www.dunesgoa.com; Hütte für 2/4 Pers. 950/1500 ₹; @) An einer Allee, die durch einen kleinen Palmenhain verläuft und zum Strand führt, liegen ein paar hübsche Hütten verstreut. Nachts, wenn das Grundstück mit Kugellampen erleuchtet wird, fühlt man sich hier wie im Palmenwunderland. Das Dunes hat freundliches und hilfsbereites Personal, eine gutes Strandrestaurant und saubere, gemütliche, mit Musselin ausgekleidete Hütten mit Moskitonetzen und Balkonen, auf denen bequeme Stühle oder Sofas stehen. Ein friedlicher Ort zum Wohlfühlen, mit Kursen für Yogaschüler und angehende Yogalehrer. Die Gäste hier entspannen, trinken gesunde Säfte und freuen sich über die wohltuende Abwesenheit von Trancemusik.

Cuba Retreat HOTEL $$
(☎2645775; www.cubagoa.com; DZ ohne/mit Klimaanlage 1250/1550 ₹; ❄) Die Betten werden hier mit allergrößter Akkuratesse gemacht und die Zimmer sind so sauber und ordentlich wie das restliche Hotel. Was das Cuba allerdings wirklich zu etwas Besonderem macht, sind sein äußerer, grün-weißer Retro-Look, das nette Personal und das gute Bar-Restaurant im Hof, in dem übrigens auch eine Hollywoodschaukel steht.

Oasis on the Beach STRANDHÜTTEN $$
(☎9822163886; Zi./Hütte 1500/2000 ₹) Das Oasis bietet tolle, etwas höherklassige Strandhütten, einige davon haben einen Balkon mit Meerblick, und ein hervorragendes Ayurveda-Massagecenter (Massagen ab 1000 ₹). Auch das Strandrestaurant bekommt ausschließlich begeisterte Kritiken, besonders für seine Meeresfrüchte und Tandoori-Gerichte.

Villa River Cat PENSION $$$
(☎2247928; www.villarivercat.com; DZ 2000–3800 ₹; ❄) Diese ungewöhnliche, kreisrunde Pension ist bis oben voll mit Kunst und Antiquitäten aller Art. Für diesen Preis könnte sie aber einen Funken mehr Charakter (und freundlicheres Personal) haben.

Arambol (Harmal)

Arambol erschien erstmals in den 1960er-Jahren als entspanntes Paradies für langhaarige Langzeiturlauber auf der Bildfläche. Bis heute zieht die Hippie-Atmosphäre viele Traveller in diese unbekümmerte Ecke Goas, die hier ihre Zelte aufschlagen und teilweise den Ort nie mehr verlassen. Als Folge davon können der Strand und die Zufahrtsstraße zum Strand (der Ort besteht praktisch nur aus einer Straße) in der Hauptsaison schon mal recht voll werden. Dann drängen sich überall Hütten, Menschen und Stände, die den üblichen Touristenkram verkaufen. Wer nach einem Ort mit echtem Traveller-Flair sucht, ist hier genau richtig; um dagegen entspannte Trägheit zu erleben, sollte man es vielleicht lieber ein Stück die Küste runter in Mandrem oder Morjim versuchen.

Aktivitäten

Himalayan Iyengar Yoga Centre YOGA
(www.hiyogacentre.com) Eine beliebte Adresse für Iyengar-Yoga, mit Fünftageskursen (Beginn immer freitags; 3000 ₹), Intensivworkshops, Kinderkursen und Lehrertraining. Das Centre ist vom Strand zu Fuß in fünf Minuten zu erreichen und liegt etwas abseits der Hauptstraße. Das große Banner weist den Weg. Das HI hat für seine Schüler auch **Hütten** (EZ/DZ ohne Bad 250/300 ₹).

Arambol Hammocks PARAGLIDING
(☎9822389005; www.arambol.com; 1800 ₹/20 Min.; ⏲9–18 Uhr) Paragliding und Kitesurfen sind in Arambol auf dem Vormarsch und mehrere Veranstalter bieten am Südende des Strandes Unterricht und Leihausrüstung an. Arambol Hammocks befindet sich am Nordende und ist schon länger im Geschäft. Außerdem kann man hier, wie der Name ahnen lässt, Hängematten kaufen.

Schlafen

Die meisten Unterkünfte in Arambol sind auf budgetbewusste Traveller zugeschnitten, und es lohnt sich sowohl nördlich als auch südlich des Hauptstrandes an den Klippen entlangzugehen und nach den besten Hütten Ausschau zu halten. Eine Vorabreservierung ist hier so gut wie unmöglich – einfach schon recht früh auftauchen um abzuchecken, wer auscheckt. Rund um den Narayan-Tempel (am Ortseingang von der Hauptstraße nach links abbiegen) gibt es auch einige Pensionen ähnlicher Kategorie.

Chilli's HOTEL $
(☎9921882424; EZ/DZ 300/400 ₹) Diese saubere und einfache Unterkunft wird vom freundlichen Derick Fernandes geführt und gehört abseits des Strandes zu den besten Schnäppchen in Arambol. Es liegt ganz in der Nähe des Strandes, an der Straße die eben dorthin führt, und bietet zehn nette, schnörkellose Zimmer, alle mit eigenem Bad, Ventilator und warmer Dusche. Auf Vertrauensbasis kann man in Selbstbedienung Wasserflaschen aus dem Kühlschrank am Treppenabsatz kaufen.

Shree Sai Cottages STRANDHÜTTEN $$
(☎3262823, 9420767358; shreesai_cottages@yahoo.com; Hütte ohne Bad 1000 ₹) Einen kurzen Fußweg nördlich vom Hauptstrand in Arambol liegt das Shree Sai, das mit einem lockeren Flair und echt hübschen Hütten aufwartet. Sie haben kleine Balkons und einen tollen Meerblick. Vielleicht die beste Option des ganzen Strandhütten-Sammelsuriums.

Om Ganesh STRANDHÜTTEN $
(☎9404436447; Zi. & Hütte 800 ₹) Der freundliche Sudir betreibt diese beliebten Hütten direkt am Wasser und bietet auch Zimmer an. Das dazugehörige Restaurant liegt ebenfalls am Meer und ist sowohl mittags als auch abends eine prima Option. Bezeichnend ist, dass alle in der Gegend behaupten, ihr Restaurant sei das Om Ganesh; ein Familienunternehmen eben … Zur Sicherheit vorher anrufen!

Lamuella PENSION $
(☎9822486314; EZ/DZ 600/900 ₹) Reizende, bezaubernde Zimmer mit aus Saris genähten Vorhängen und Einbauschränken in Form von Kirchenbögen, hübschen Spiegeln mit Mosaikverzierung und kleinen Balkonen. Aber weit vom Strand entfernt.

Essen & Ausgehen

Funkelnde und mit Fallschirmseide dekorierte Restaurants sind in Arambol überall zu finden. Viele wechseln jährlich, das **21 Coconuts** (für Meeresfrüchte) und das **Relax Inn** (für italienische Küche) sind sozusagen Langzeitgäste. Einfachere Gerichte gibt's im Dorf rund um die Bushaltestelle, wo kleine einheimische Lokale ihren Gästen Thalis (40 ₹) und Chai (4 ₹) zubereiten.

Shimon NAHÖSTLICH $
(leichte Gerichte 60–120 ₹; ⏲9–23 Uhr) Wer mit dem unwirschen Service und dem Fehlen jeglicher Atmosphäre im von Israelis geführten Shimon zurechtkommt, der kann sich hier mit hervorragendem Falafel (90 ₹) den Bauch voll schlagen, bevor es zum Strand geht. Etwas ungewöhnlicher ist das *sabikh* (100 ₹), Auberginenscheiben in Pitabrot mit gekochtem Ei, Kartoffeln, Salat und würzigen Saucen. Als Abschluss passt immer ein Mokka (35 ₹).

Fellini ITALIENISCH $$
(Hauptgerichte 140–280 ₹; ⏲11–23 Uhr) Pizza ist hier der Renner – es gibt sage und schreibe 41 verschiedene Sorten –, aber auch Pasta, Calzone und Panini, vor allem die mit Meeresfrüchten, sind sehr lecker. An das Tiramisu (60 ₹) wird man noch tagelang schwärmerisch zurückdenken.

Double Dutch MULTICUISINE $$
(Hauptgerichte 110–290 ₹) Dank seiner Steaks, Salate, thailändischen und indonesischen Gerichte und seines berühmten Apfelkuchens ist die Popularität des Double Dutch ungebrochen. Die Gartenanlage ist auch wirklich toll. Es lohnt sich außerdem, das Schwarze Brett nach aktuellen Infos zu durchforsten – vielleicht während man einen Teller Kekse oder ein riesiges Sandwich verputzt?

German Bakery BÄCKEREI, MULTICUISINE $
(Welcome Inn; Backwaren 20–60 ₹, Hauptgerichte 40–75 ₹) Das eher düstere und schäbige Eckcafé ist überraschend beliebt und bietet mittelmäßige Backwaren (z. B. Zitronen-Käsekuchen, 50 ₹), große Frühstücksportionen (100–140 ₹) und den besten Masala Chai im Ort.

Outback Bar MULTICUISINE $$
(Hauptgerichte 70–150 ₹) In diesem versteckten kleinen Restaurant abseits des Trubels sind Meeresfrüchte die Spezialität.

Praktische Informationen

Internetläden, Reisebüros und Wechselstuben gibt's an der Straße, die hinunter zum Strand von Arambol führt, so häufig wie Sand am Meer. Außerdem findet man in Richtung des oberen Endes der Straße mehrere Agenturen, die Pakete per Post, mit Federal Express oder DHL verschicken. Den nächsten Geldautomaten gibt's etwa 12 km südlich in Siolim.

JBL Enterprises (40 ₹/₹; ⏲8.30–22.30 Uhr) Ein echter Alleskönner: Internetcafé, Reisebüro, Geld und Auslandsgespräche.

Anreise & Unterwegs vor Ort

Busse nach Mapusa (20 ₹, 1½ Std.) fahren alle halbe Stunde in Arambols Zentrum ab. Es liegt zwar nur etwa 1,5 km vom Hauptstrand entfernt, man muss aber Glück haben, um ein Taxi oder eine Autorikscha für 50 ₹ zu bekommen. Ein Prepaid-Taxi vom Dabolim Airport nach Arambol kostet 975 ₹; von Mapusa aus sind es 400 ₹.

Überall in Arambol können Roller und Motorräder geliehen werden (200/300 ₹ pro Tag). Dericks Maschinen im Chilli's machen irgendwie den besten Eindruck.

SÜD-GOA

Margao (Madgaon)

94 400 EW.

Die Hauptstadt der Provinz Salcete, Margao (auch Madgaon), ist das größte Zentrum in Süd-Goa – eine freundliche und lebendige Marktstadt von überschaubarer Größe und praktisch für alle, die Dinge zu erledigen haben, und als Ein- und Ausreisepunkt für Goa. Wer sein Basislager im Süden des Staates aufschlagen möchte, kann hier geschickt einkaufen, seine Weiterreise organisieren oder einfach die geschäftige Energie des großstädtischen Indiens im Rahmen einer angenehm kleinen Stadt genießen. Zudem ist dies der beste Ausgangspunkt für einen Ausflug nach Chandor, Quepem oder zu den Dudhsagar-Wasserfällen.

Sehenswertes

Margao bietet viele Einkaufsmöglichkeiten, und der überdachte **MMC New Market** (⏲Mo–Sa 8.30–21 Uhr) ist einer der farbenprächtigsten Märkte in ganz Goa. Ein Spaziergang durch den hübschen kleinen Bezirk **Largo de Igreja** lohnt sich ebenfalls. Dort kann man atmosphärisch bröckelnde, aber auch wunderbar renovierte alte portugiesische Wohnhäuser bestaunen und die altertümliche, reich verzierte **Church of the Holy Spirit** aus dem 17. Jh. besuchen, die während der Messe am Sonntagmorgen besonders eindrucksvoll ist. Unter der Woche wird hier außerdem um 16 Uhr ein Gottesdienst abgehalten, zu anderen Zeiten ist sie allerdings nur unregelmäßig geöffnet.

Das Herz der städtischen Verwaltung ist das Rathaus, in dem auch die ebenso verstaubte wie geniale **Stadtbibliothek** (⏲Mo–Fr 8–20, Sa & So 9–12 & 16–19 Uhr) untergebracht ist, die einige großartige Bücher über Goa und einen Retro-Leseraum bietet. Dort kann man mit zahlreichen Hemdenträgern Zeitung lesen.

Schlafen

Hotel Tanish HOTEL $

(☎2735656; Reliance Trade Centre, Valaulikar Rd; EZ/DZ 600/850 ₹, EZ/DZ/Suite mit Klimaanlage 750/1050/1600 ₹; ❄) Dies ist die beste Übernachtungsoption der Stadt – in einer etwas ungewöhnlichen Lage im obersten Stock eines Einkaufszentrums. Das Personal ist wirklich äußerst freundlich und die Zimmer sind sauber, gut ausgestattet und bieten einen tollen Blick auf das Umland. Die Suiten haben Badewannen, große Fernseher und einen Ausblick, der bis nach Colva reicht. Allerdings darf man nicht vergessen, nach einem Zimmer mit Blick nach außen zu bitten, sonst überblickt man das Innere des Einkaufszentrums. Das Hotel liegt in der Nähe der Grace Church.

Om Shiv Hotel HOTEL $$

(☎2710294; www.omshivhotel.com; Cine Lata Rd; EZ/DZ/Suite mit Klimaanlage ab 1100/1400/2500 ₹; ❄) In einem hellgelb angestrichenen Gebäude hinter der Bank of India versteckt sich das Om Shiv, das sich auf Geschäftsreisende spezialisiert hat. Alle Zimmer haben Klimaanlage, einen Balkon und sind penibel hergerichtet. Empfehlenswert ist es aber vor allem wegen seiner Suiten mit dem sensationellen Ausblick und falls das Tanish mal nichts mehr frei hat.

Essen

SwaD INDISCH $

(New Market; veg. Thalis 40–75 ₹, Hauptgerichte 60–85 ₹) Das mit Abstand beste vegetarische Essen in Margao gibt's in diesem familienfreundlichen Restaurant, das vor allem um die Mittagszeit extrem gut besucht ist; es befindet sich gegenüber vom Lotus Inn. Die Thalis sind immer köstlich – ebenso wie die Snacks, die südindischen Tiffins, die Hauptgerichte und eigentlich alles, was an Fabelhaftigkeiten auf der zwölfseitigen, rein vegetarischen Speisekarte steht.

Longhuino's GOANISCH, MULTICUISINE $$

(Luis Miranda Rd; Hauptgerichte 60–150 ₹) Seit 1950 serviert das urig alte Longhuino's (Bar und Restaurant zugleich) mit seinen alten

Margao (Madgaon)

Highlights
- Church of the Holy Spirit B2
- MMC New Market B4

Sehenswertes
- 1 Municipal Library A4

Schlafen
- 2 Hotel Tanish B4
- 3 Om Shiv Hotel B4

Essen
- 4 Café Tato B4
- 5 Longhuino's A4
- 6 SwaD B4

Shoppen
- 7 Golden Heart Emporium A3

Praktisches
- 8 DHL B4
- 9 Margao Residency A4
- Reliance Cybercafe .... (siehe 2)

Transport
- 10 Paulo Travel Masters A4

Holzstühlen und dem langsamen Service leckere goanische, indische und chinesische Gericht und ist bei Einheimischen und Touristen gleichermaßen beliebt. Empfehlenswert sind das Schweinevindaloo (90 ₹) oder die gebratenen Muscheln mit Salat (120 ₹).

Café Tato INDISCH $
(Valaulikar Rd; Thalis 50 ₹, Hauptgerichte 50–80 ₹; ⌚Mo–Sa) Zum Mittagessen sehr beliebt. Hier werden in einer lebhaften Kantine in einer Seitenstraße leckere vegetarische Gerichte serviert.

Shoppen

Golden Heart Emporium BUCHLADEN
(Confidant House, Abade Faria Rd; ⌚Mo–Sa 10–13.30 & 16–19 Uhr) Das Golden Heart ist einer der besten Buchläden in Goa und er ist bis obenhin vollgestopft mit Romanen, Sachbüchern und Bildbänden über das Essen, die Architektur und die Geschichte des Bundesstaates.

Praktische Informationen

Überall in der Stadt, vor allem in der Nähe des Stadtparks und in der Luis Miranda Rd, findet man Banken, die Geld wechseln und 24-Stunden-Geldautomaten haben.

Apollo Victor Hospital (☎2728888; Station Rd, Malbhat) Verlässliche medizinische Versorgung.

Cyberlink (Abade Faria Rd; 20 ₹/Std.; ⌚Mo–Sa 8.30–19.30 Uhr) Nicht die beste Verbindung, aber für ein bisschen Surfen reicht's.

DHL (Gurusai Plaza, Isidoro Baptista Rd; ⌚Mo–Sa 10–19 Uhr)

Hauptpost (⌚Mo–Sa 9–13.30 & 14.30–17 Uhr) An der Nordseite des Stadtparks.

Margao Residency (☎2715096; www.goa-tourism.com) Hier kann man GTDC-Touren buchen.

Reliance Cybercafe (1. Stock, Reliance Trade Centre, Valaulikar Rd; 30 ₹/Std.; ⌚9.30–19 Uhr) Am schnellsten und am freundlichsten.

Thomas Cook (Mabai Hotel Bldg; ⌚Mo–Sa 9.30–18 Uhr)

Anreise & Unterwegs vor Ort

BUS Staatliche und private Langstreckenbusse fahren an der **Bushaltestelle Kadamba** ab, etwa 2 km nördlich des Stadtparks. Die Busse der Privatunternehmen bieten mehrmals täglich Routen in andere Bundesstaaten an; Tickets für ihre Verbindungen bekommt man überall

WICHTIGE ZUGVERBINDUNGEN AB MARGAO (MADGAON)

ZIEL	ZUG-NR. & -NAME	PREIS (₹)	DAUER (STD.)	ABFAHRTEN
Ahmedabad (via Vadodara)	6338 Okha Express	371/1013/1394	20	Do & Sa 10.45 Uhr
Chennai (Madras)	7312 Vasco-da-Gama-Chennai Express	343/936/1286	21	Do 15.15 Uhr
Delhi	2431 Rajdhani Express	2035/2615	27	Di, Do & Fr 10.15 Uhr
Hubli	7312 Vasco-da-Gama-Chennai Express	124/316/427	6	Do 15.15 Uhr
Ernakulum	2618 Lakshadweep Express	325/857/1167	14½	19.25 Uhr
	6345 Netravati Express	345/827/1137	15½	10.40 Uhr
Mangalore	2618 Lakshadweep Express	214/544/732	5	19.30 Uhr
Mumbai (Bombay)	0112 Konkan Kanya Express	288/782/1073	12	18 Uhr
	0104 Mandovi Express	288/782/1073	12	9.30 Uhr
	2052 Jan Shatabdi Express	197/680	9	14.30 Uhr
Pune	2779 Goa Express	264/688/930	13	15.45 Uhr
Thiruvananthapuram	2432 Rajdhani Express	1355/1770	17	Mo, Di & Do 12.40 Uhr
	6345 Thiruvananthapuram-Netravati Express	347/947/1302	18	22.40 Uhr

Rajdhani: 3AC/2AC; Shatabdi: 2S/CC; Express: Sleeper/3AC/2AC.

in der Stadt, z. B. bei **Paulo Travel Masters** (☎2702922; 1. St., Bella Vista Apt, Luis Miranda Rd; ⏰8–19.30 Uhr). Hier einige Beispiele für Langstreckenverbindungen in der Hauptsaison:

Bengaluru 400 ₹, 14 Std., 1-mal tgl. abends

Bengaluru privat; ohne/mit Klimaanlage 1000/1500 ₹, 13 Std.

Gokarna 95 ₹, 1-mal tgl.

Hampi privat; 1000–1200 ₹, 9 Std.

Hospet 240 ₹, 10 Std., 1-mal tgl. abends

Mumbai privat; ohne/mit Klimaanlage 800/1400 ₹, 14 Std.

Palolem 27 ₹, 1 Std., alle 30 Min.

Panaji Express; 26 ₹, 45 Min., alle paar Min.

Pune 400 ₹, 12 Std., 1-mal tgl. abends

Pune privat; ohne/mit Klimaanlage 800/1100 ₹, 11 Std.

Vasco da Gama „Shuttle"; 35 ₹, 45 Min., stündl. (hält auf Wunsch in der Nähe des Dabolim Airport)

Nahverkehrsbusse nach Benaulim (7 ₹), Betul (15 ₹), Colva (10 ₹) und Palolem (27 ₹) kommen auch in etwa alle 15 Minuten an der Haltestelle an der Ostseite des Stadtparks vorbei.

TAXI Taxis gibt's rund um den Stadtpark, den Bahnhof und die Bushaltestelle Kadamba zuhauf, und sie sind bereit, einen innerhalb Goas überall hin zu bringen, z. B. nach Palolem (700 ₹), Panaji (700 ₹), Calangute (900 ₹), Anjuna (1100 ₹) und Arambol (1600 ₹). Der Preis muss mit dem Fahrer ausgehandelt werden – außer am Bahnhof, dort gibt's einen Prepaid-Stand.

Die beliebtesten Fortbewegungsmethoden innerhalb der Stadt sind die Autorikschas und *pilots*. Eine Fahrt kostet meist 50 bzw. 30 ₹.

ZUG Von Margaos gut organisiertem Bahnhof aus, etwa 2 km südlich der Stadt, werden sowohl die Routen der Konkan Railway als auch andere Verbindungen bedient. Das **Reservierungsbüro** (☎Infos allg. 2712790, Infos zur Reservierung 2700730; ⏰Mo–Sa 8–14 & 14.15–20, So 8–14 Uhr) befindet sich im oberen Stock. Am häufigsten fahren Busse nach Mumbai, Mangalore, Ernakulum und Thiruvananthapuram. Mehr Infos zum Thema Zugfahren finden sich auf S. 135.

Chandor

Das herrlich grüne Dorf Chandor, 15 km östlich von Margao gelegen, ist perfekt für einen Tagesausflug abseits der Strände. Besser als irgendwo sonst im Bundesstaat kann man hier an den langen Reihen leise vor sich hin bröselnder Kolonialvillen noch immer den einst opulenten Lebensstil der ehemaligen goanischen Landbesitzer erahnen, denen die portugiesischen Aristokraten wohlgesonnen waren. Am 6. Januar wird in Chandor das farbenfrohe **Dreikönigsfest** gefeiert, in dessen Verlauf einheimische Jungen die Ankunft der Heiligen Drei Könige aus der Weihnachtsgeschichte nachspielen.

Das im 17. Jh. erbaute **Braganza House** ist vielleicht das beste Beispiel dafür, was heute aus Goas einst großartigen und prachtvollen Herrenhäusern geworden ist. Auf Land erbaut, das durch den König von Portugal vergeben worden war, war das Haus von Anfang an in zwei Flügel unterteilt, um zwei Teile einer Großfamilie unterzubringen. Der **Westflügel** (2784201; 9–17 Uhr) gehört den Nachkommen der Familie Menezes-Bragança. Er ist mit wunderschönen Kronleuchtern, italienischen Marmorböden, 250 Jahre alten, in der Region hergestellten Möbeln aus Rosenholz und antiken Schätzen aus Macao, Portugal, China und Europa eingerichtet. Die ältere Dame, Frau Aida Menezes- Bragança, lebt heute ganz alleine hier, führt Besucher aber gerne mithilfe ihrer Assistentin herum. Gemeinsam kämpfen sie wacker, um das wunderschöne, aber pflegebedürftige Haus, dessen Wände, Böden und Möbel nur so vor Geschichte strotzen, in Schuss zu halten. Der **Ostflügel** (2784227, 2857630; 10–18 Uhr) nebenan gehört der Familie Braganza-Pereiras, den Nachkommen der anderen Hälfte der Familie. Er ist nicht annähernd so grandios wie der Westflügel. Von den Fenstern blättert die Farbe ab, die Decken hängen durch und die Antiquitäten mischen sich mit billigem Schnickschnack und Souvenirs von Strandurlauben. Aber dieser Teil des Hauses ist auf seine eigene Art schön, er ist bewohnt (auf den mit Kerosin betriebenen Kühlschrank achten!) und hat eine kleine, aber beeindruckende Familienkapelle, in der (sehr gut versteckt) ein Fingernagel des hl. Franz Xaver (s. S. 136) liegt. Beide Häuser sind täglich geöffnet und es ist fast immer jemand da, der einen einlässt. Aufgrund der enormen Kosten für die Instandhaltung verlassen sich die Besitzer auf Spenden. Wer etwas beisteuern möchte: 100 ₹ pro Besucher und pro Haus sind angemessen, größere Beträge sind aber natürlich herzlich willkommen.

Weiter die Straße hinunter, etwa 1 km östlich der Kirche, steht das ursprüngliche **Fernandes House** (2784245; ranferns@yahoo.co.in; Eintritt 200 ₹; 9–18 Uhr), das über 500 Jahre alt ist. Der portugiesische Teil wurde 1821 von der Familie Fernandes hinzugefügt. Das geheime Versteck im Keller, voller Einschusslöcher und mit einem Fluchttunnel, der zum Fluss führte, wurde von der Familie genutzt, wenn sie vor Angreifern fliehen musste.

Am besten kommt man mit dem Taxi von Margao aus hierher. Für den Weg hin und zurück bezahlt man inklusive Wartezeiten 350 ₹.

Colva & Benaulim

10 200 EW.

Colva und Benaulim gehören mit ihren breiten, offenen Stränden nicht zu den Lieblingszielen der Backpacker – die meisten Touristen sind Einheimische oder schon etwas betagte Europäer –, aber gerade aus diesem Grund geht es hier etwas entspannter zu als in Palolem oder in den Strandorten weiter nördlich. Benaulim hat von den beiden Orten den größeren Charme, außerhalb der absoluten Hauptsaison allerdings versprüht es manchmal das traurige Flair eines verlassenen Strandorts. Der beste Grund für einen Aufenthalt in einem der beiden Orte ist die Erkundung dieses Teils der Südküste, die sich im Norden bis nach Velsao und im Süden bis zur Mündung des Sal in Mobor erstreckt; sie ist in weiten Teilen menschenleer und wunderschön. Auf der Straße ins Landesinnere hinein kann man großartige entspannte Touren mit dem Rad oder dem Motorroller unternehmen, die an zahlreichen malerischen Herrenhäusern aus portugiesischer Zeit und weiß getünchten Kirchen vorbeiführen.

Sehenswertes & Aktivitäten

LP TIPP **Goa Chitra** MUSEUM

(6570877; www.goachitra.com; St John the Baptist Rd, Mondo Vaddo, Benaulim; Eintritt 200 ₹; Di–So 9–18 Uhr) Dem Künstler und Restaurator Victor Hugo Gomes fiel schon als Kind in Benaulim auf, dass traditionelle Gegenstände – von landwirtschaftlichen Geräten bis zu Küchenutensilien und Altarbildern – langsam, aber sicher von der Bildfläche verschwanden. Aber erst als er älter wurde, verstand er, dass mit den traditionellen und vor allem landwirtschaftlichen Geräten auch das Wissen darüber unterging. So gründete er mit über 4000 ausrangierten Objekten, die er in über 20 Jahren im ganzen Bundesstaat gesammelt hatte, dieses ethnographische Museum. Oft musste er ältere Leute suchen, die ihm den Nutzen der Gegenstände erklären konnten. Neben der traditionellen Bio-Farm hinterm Haus kann man unzählige Werkzeuge und Haushaltsgegenstände, christliche Artefakte und einige faszinierende landwirtschaftliche Geräte bestaunen. Dazu zählt beispielsweise eine gigantische Mühle zur Herstellung von Kokosöl, an die genialerweise ein Bulle gespannt werden konnte, der dann die ganze harte Arbeit erledigte. Das Goa Chitra liegt 3 km östlich der Kreuzung Maria Hall.

An den Zugängen zu den Stränden von Colva und Benaulim warten massenweise junge Typen, die einem unbedingt **Parasailing** (600 ₹/Flug), **Jetski-Fahrten** (700 ₹/15 Min.) und einstündige **Delfinbeobachtungstouren** (300 ₹/Pers.) verkaufen wollen.

Schlafen

COLVA

Sam's Cottages HOTEL $

(☎2788753; Zi. 500 ₹) Abseits des Trubels liegt nördlich von Colvas Hauptstraße dieses freundliche Hotel mit äußerst zuvorkommenden Besitzern. Die geräumigen, wie aus dem Ei gepellten Zimmer – zum Zeitpunkt der Recherche wurden sie gerade renoviert – liegen auf einem hübschen und friedlichen Grundstück.

Skylark Resort HOTEL $$

(☎2788052; www.skylarkresortgoa.com; Zi. ohne/mit Klimaanlage ab 2300/3000 ₹; ❄🏊) Die sauberen und frischen Zimmer hier sind mit hübschen, im Ort hergestellten Teakholzmöbeln und von Hand bedruckten Tagesdecken ausgestattet, die ihnen weitaus mehr Flair verleihen, als das einfache Äußere des Hotels erahnen lässt. Der Pool im Freien ist auch toll, und wer zu faul für den dreiminütigen Fußweg zum Strand ist, der kann einfach hier abhängen.

Casa Mesquita PENSION $

(☎2788173; Zi. 300 ₹) Hier gibt es nur drei Zimmer, die etwas mehr als „einfach" sind, und eine Telefonnummer, die nicht immer funktioniert. Gerade deshalb ist dieses alte Herrenhaus an der Hauptküstenstraße die richtige Adresse für alle, die auf der Suche nach Flair sind. Gott allein weiß, wann die Zimmer zum letzten Mal geputzt wurden und passend dazu blättert die Farbe überall schon etwas ab. Die älteren Bewohner sind aber sehr freundlich und der Geist einer besseren Zeit liegt immer noch in der Luft.

Soul Vacation HOTEL $$$

(☎2788144/47; www.soulvacation.in; Zi. mit Frühstück 6300–7000 ₹; ❄📶🏊) Die geschmackvoll eingerichteten Zimmer liegen im edlen Soul Vacation, 400 m vom Strand in Colva entfernt, rund um einen Garten und einen

DER GRÜNDERVATER VON QUEPEM

Wenn Vater José Paulo de Almeida aus seinen mit Austernschalen verzierten Fenstern und Türen herauslugte, sah er vorne durch die Palmen seine Kirche des Heiligen Kreuzes und den Fluss, der ihm als Straße diente. Hinter dem Haus lagen, etwas tiefer und außerhalb des Waldes, üppig grüne Gärten, die nach Kreuzmustern angelegt waren. Der portugiesische Priester und Adelige erreichte Goa 1779 und gründete wenig später den Ort Quepem. Heute sieht der **Palácio do Deão** (☎2664029, 9823175639; www.palaciododeao.com; ⌚Sa–Do 10–17 Uhr) vermutlich nicht viel anders aus als damals, als Vater José Paulo noch dort wohnte. Das ursprüngliche Gebälk, die Möbel und der religiöse Eindruck bleiben, und selbst das Muster der Gärten wurde liebevoll vom goanischen Paar Ruben und Celia Vasco da Gama wieder hergerichtet. Sie sind extra nach Portugal gereist, um sich in der Heimatstadt des Dekans das Original des Herrenhauses anzusehen. Die Vasco da Gamas bieten auf ihrer Veranda hinterm Haus auch Mittagessen und Mittagssnacks an; Preisauskunft und Reservierungen sind telefonisch möglich. Alle Spenden, die der Palácio erhält, werden für die weiteren Restaurierungsarbeiten verwendet, und irgendwann soll hier auch ein Kulturzentrum entstehen.

Wer schon einmal hier ist, sollte sich auch die kleine, niedliche Kirche des Heiligen Kreuzes auf der anderen Seite ansehen. Ein Taxi aus dem 14 km entfernten Margao kostet hin und zurück inklusive Wartezeit 550 ₹. Allerdings hält der Bus (10 ₹, alle paar Min.) auch nicht weit von hier. Zu Fuß sind es ein paar Minuten die Straße entlang.

COLVAS MENINO JESUS

In der im 18. Jh. erbauten Kirche **Our Lady of Mercy** in Colva sollen Erzählungen zufolge schon zahlreiche Wunder geschehen sein. Im Innern befindet sich, wohl behütet und hinter Schloss und Riegel, eine kleine Statue, die als „Menino" (Baby) Jesus bekannt ist. Sie kann angeblich auf wundersame Weise Kranke heilen und erblickt nur einmal im Jahr, am zweiten Montag im Oktober, während des **Fama de Menino Jesus Festivals**, das Tageslicht. Dann wird die kleine Figur in einer Parade durch die Straßen getragen, in den Fluss getaucht und auf dem Hochalter der Kirche aufgestellt, wo die Pilger dann zu ihr beten können. Das Jahr über ist die Kirche am frühen Abend geöffnet. Wer ein Gebrechen hat, der möchte dann vielleicht am Eingang eine Votivgabe aus Plastik in der Form des betroffenen Körperteils kaufen (ähnlich wie jene, die in den mexikanischen und orthodoxen Kirchen verwendet werden) und sie dem Jesus-Baby als Opfergabe bringen.

großartigen Poolbereich herum. Die neuen Luxuszimmer sind riesig und hochwertig, in coolem Blau und Weiß gehalten und sind ihr zusätzliches Geld auf jeden Fall wert. Ein fantastischer, wenn auch leicht protziger Ort zum Entspannen.

La Ben HOTEL **$$**
(☎2788040; www.laben.net; Colva Beach Rd; Zi. ohne/mit Klimaanlage 1100/1400 ₹; ❄) Ordentlich, sauber und nicht ganz ohne Charme. La Ben ist besonders für sein Dachterrassenrestaurant bekannt.

BENAULIM

Überall im Ort finden sich Privathäuser, die einfache Zimmer zu vermieten haben. Diese Optionen und einige ganz annehmbare Budgetunterkünfte machen Benaulim für Backpacker zur besseren Wahl als Colva.

Palm Grove Cottages HOTEL **$$**
(☎2770059/411; www.palmgrovegoa.com; DZ ohne/mit Klimaanlage mit Steuern ab 1600/2000 ₹; ❄) Unter dem dichten Blätterdach der Palm Grove Cottages findet man altmodischen Charme und Abgeschiedenheit. Die Anlage liegt versteckt in einem kleinen Wäldchen an der Straße, die sich langsam gen Süden aus Benaulim hinausschlängelt. Die Zimmer haben Flair (manche sogar einen Balkon) und im hübschen Garten steht das beliebte Palm Garden Restaurant. Zum Zeitpunkt der Recherche wurden gerade neue Zimmer (2700 ₹) – größer und gemütlicher – angebaut.

D'Souza Guest House PENSION **$**
(☎2770583; DZ 600 ₹) Das traditionelle blaue Haus wird von einer unglaublich freundlichen goanischen Familie geführt und bietet eine heimelige Atmosphäre, einen hübschen Garten und gerade mal drei geräumige, saubere Zimmer – also am besten vorab buchen! Es gibt ein weiteres **D'Souza Guest House** (☎2771307; Vasvaddo Beach Rd; DZ 500 ₹), das sich den Namen geklaut hat und nicht annähernd so gemütlich ist. Trotzdem ist es eine gute Option mit kompakten, aber luftigen und sauberen Zimmern.

Blue Corner STRANDHÜTTEN **$$**
(☎9850455770; www.blue-cnr-goa.com; Hütte 1600 ₹) Das freundliche (aber überteuerte) Blue Corner bietet an einem gemütlichen Fleckchen direkt am Strand einfache Hütten (bei denen manchmal der Strom oder das fließende Wasser ausfallen). Das Restaurant (Hauptgerichte 80–150 ₹) bekommt von seinen Gästen sehr gute Kritiken.

Rosario's Inn PENSION **$**
(☎2770636; Zi. ohne/mit Klimaanlage 350/600 ₹; ❄) Am anderen Ende eines Fußballplatzes, der vor jungen Spielern und Libellen nur so wimmelt, steht das große motelartige Rosario's mit sehr sauberen und einfachen Zimmern. Die Bettwäsche ist blütenweiß, das Bett akkurat gemacht, im Garten spielen Kinder und überall herrscht eine positive Atmosphäre.

Taj Exotica HOTEL **$$$**
(☎6683333; www.tajhotels.com; Zi. ab 20 500 ₹; ❄@≋) In einem 23 ha großen tropischen und atemberaubenden Garten steht das luxuriöse Exotica. Allerdings ist es nicht gerade das neueste Mitglied der Taj-Kette.

✕ Essen & Ausgehen

COLVA

Am Strand von Colva stehen zahlreiche Strandhütten, in denen es die üblichen Gerichte gibt. Rund um den Kreisverkehr in der Nähe der Kirche gibt es Chai- und Thali-Läden, Obst-, Gemüse- und Fischstände und abends bauen die *bhelpuri*-Verkäufer ihre Buden auf.

Sagar Kinara INDISCH $

(Colva Beach Rd; Thalis 65–85 ₹, Hauptgerichte 70–120 ₹) Ein rein vegetarisches Restaurant, dessen Leckereien sogar den eingefleischtesten Fleischliebhabern schmecken. Der Service in diesem großartigen Lokal ist äußerst effizient und tischt günstige und leckere nord- und südindische Gerichte auf. Es ist nicht auszuschließen, dass man nicht gleich einen Tisch bekommt. Dann wartet man mit unzähligen indischen Familien, die eben wissen, was gut ist.

Leda Lounge & Restaurant EUROPÄISCH, BAR $$

(Hauptgerichte 125–200 ₹; ⌚7.30–24 Uhr) In der komfortablen, weltoffenen Café-Lounge gibt's für relativ teures Geld westliche Klassiker – Pizzas, Salate, Sandwiches – und schicke Drinks (Mojito, Long Island Iced Tea). Die Location ist hip (für Colvas Verhältnisse) und die neumodisch bedruckten Sofas werden von kunstvoll geflochtenen Kork-Kronleuchtern angestrahlt. Oft wird Livemusik gespielt.

BENAULIM

Malibu Restaurant INDISCH, ITALIENISCH $$

(Hauptgerichte 80–180 ₹) In einem versteckten Garten mit Blumen, einer kühlen Brise und Schmetterlingen liegt etwas abseits vom Strand das Malibu. Es gehört zu den köstlicheren und gehobeneren Dinneroptionen in Benaulim und bietet großartige italienische Klassiker. Dienstagabends gibt's live gespielten Jazz und Blues.

Pedro's Bar & Restaurant GOANISCH, MULTICUISINE $$

(Vasvaddo Beach Rd; Hauptgerichte 70–220 ₹; ⌚9–24 Uhr) In einem großen, schattigen Garten direkt am Strand liegt das Pedro's, das bei indischen und ausländischen Reisenden gleichermaßen beliebt ist. Hier werden die üblichen indischen, chinesischen und italienischen Gerichte sowie ein paar gute goanische Alternativen und großartige gebrutzelte Leckereien geboten.

Johncy Restaurant GOANISCH, MULTICUISINE $$

(Vasvaddo Beach Rd; Hauptgerichte 75–195 ₹; ⌚9.30–1 Uhr) Ebenso wie das Pedro's gleich nebenan bietet auch das Johncy die üblichen Strandhütten-Klassiker unmittelbar am Strand. Das Personal ist zuvorkommend und das Essen vielleicht nicht gerade aufregend, dafür aber frisch und sättigend.

ℹ Praktische Informationen

In Colva gibt's viele Banken und Geldautomaten in der von Osten nach Westen verlaufenden Colva Beach Rd und eine Post in der Straße, die an der Ostseite der Kirche vorbeiführt. Benaulim hat nur einen Geldautomaten. Der gehört zur Bank of Baroda und ist theoretisch rund um die Uhr in Betrieb, manchmal ist aber auch abgeschlossen. Die meisten anderen nützlichen Einrichtungen (Apotheken, Supermärkte, Reisebüros) liegen alle im Dorf Benaulim verstreut, das sich entlang der von Ost nach West verlaufenden Vasvaddo Beach Rd erstreckt. Internetcafés:

Click Nooks (Vasvaddo Beach Rd; 30 ₹/Std.; ⌚9–22 Uhr)

Sify Cyber Café (Colva Beach Rd; 30 ₹/Std.; ⌚9–23 Uhr)

ℹ Anreise & Unterwegs vor Ort

COLVA Bis etwa 19 Uhr fahren alle paar Minuten Busse von Colva nach Margao (10 ₹, 20 Min.).

BENAULIM Busse von Benaulim nach Margao fahren ähnlich häufig (7 ₹, 15 Min.); sie halten an der Kreuzung Maria Hall. Einige der Busse von Margao fahren weiter Richtung Süden bis nach Varca und Cavelossim. Rikschas und *pilots* nach Margao kosten zwischen 150 und 200 ₹, für die fünfminütige Fahrt ans Meer bezahlt man 50 bis 60 ₹. Benaulim bekommt für seine zahlreichen Fahrradverleihe (50 ₹/Tag) einen ökologischen Pluspunkt. Ein Roller kostet 200 ₹.

TIERFREUNDE AUFGEPASST!

Im **Goa Animal Welfare Trust Shop** (⌚Mo–Sa 9.30–13 & 16–19 Uhr) in Colva, gleich neben dem Skylark Resort, kann man sich mit Mitbringseln eindecken, Kleidung oder andere Dinge spenden, die man nicht mehr braucht, und sich aus der Bücherei ein paar Bücher ausleihen. Der **GAWT** (☎2653677; www.gawt.org; alte Polizeiwache, Curchorem; ⌚9–16 Uhr) unterhält in Curchorem (bei Margao) ein Tierasyl; ein weiteres **Tierasyl** (☎9665636264) befindet sich hinter der Bushaltestelle in Chaudi bei Palolem. An beiden Orten wird kranken, streunenden und verletzten Tieren geholfen und der GAWT informiert gerne über seine Arbeit mit den Vierbeinern. Freiwillige sind in den Tierasylen immer willkommen, selbst wenn man nur ein paar Stunden vorbei kommt und mit den Hunden spazieren geht oder mit ihnen spielt.

Von Benaulim nach Palolem

Unmittelbar südlich von Benaulim liegen die Strandorte **Varca** und **Cavelossim**. Sie locken beide mit weiten, unberührten Sandstränden und einer Reihe von großen Fünf-Sterne-Hotels, die auf riesigen, gepflegten Grünanlagen mit Blick auf den Strand stehen. Den größten Luxus bietet das (etwas versnobte) **Leela Goa** (☎6621234; www.theleela.com; Zi. ab 25 000 ₹; ❄@📶🏊) in Mobor, 3 km südlich von Cavelossim. Direkt dahinter, am Ende der Halbinsel, liegt einer der malerischsten Orte in ganz Goa. Die einfachen Strandhütten bieten leckere Gerichte an. Der **Cafe Beach Hut** (Hauptgerichte 70–200 ₹) ist eine weitere schöne Strandhütte; die Abzweigung hierher ist auf halbem Weg zwischen Cavelossim und Mobor, gegenüber dem Old Anchor Dalmia Resort.

Wer hier mit dem eigenen Fahrzeug unterwegs ist, kann in Cavelossim mit der **Fähre** (eigentlich eine rostige Blechwanne) den Sal überqueren. Sie wird noch so lange in Betrieb sein, bis so etwa gegen Ende 2012 die nahe gelegene Brücke fertig gestellt sein wird. Zwischen 6.15 und 20.30 Uhr legt die Fähre ungefähr alle 30 Minuten ab. Für Fußgänger ist sie kostenlos, Autos bezahlen 7 ₹. Ansonsten kann man jederzeit auch die ganze Fähre chartern und bezahlt dafür dann 55 ₹. Der Weg dorthin führt über die Abzweigung in der Nähe der weiß getünchten Kirche von Cavelossim (am Schild mit der Aufschrift „Village Panchayat Cavelossim"). Von dort sind es weitere 2 km in Richtung Fluss. Auf der anderen Seite liegt das bezaubernde Fischerdorf **Betul**.

Von Betul aus windet sich die Straße durch eine wunderbare, sanft gewellte Hügellandschaft mit dichten Palmenhainen in südlicher Richtung nach Agonda. Es lohnt sich, am trostlos wirkenden alten portugiesischen Fort von **Cabo da Rama** anzuhalten (die grünen, roten und weißen Straßenschilder weisen den Weg). Dort gibt's innerhalb der Festungsmauern eine kleine Kirche, einen atemberaubenden Ausblick und mehrere alte Gebäude, die schon fast gänzlich von Bäumen und Grünzeug überwuchert sind. Cabo da Rama kann auch aus Chaudi bei Palolem mit dem Bus erreicht werden; er hält 5 km von der Festung entfernt.

Wieder zurück auf der Hauptstraße, führt eine Abzweigung nach **Agonda**, einem kleinen Dorf mit einem weiten, menschenleeren Strand, an dem die seltene Oliv-Bastardschildkröte manchmal ihre Eier ablegt. Das Gewässer kann hier zum Schwimmen teilweise zu gefährlich sein, wodurch Agonda vom ganz großen Touristenansturm verschont geblieben ist – allerdings ist der Ort auch nicht mehr der idyllische Geheimtipp Süd-Goas, der er einst war. Und dennoch gehen die Uhren hier immer noch langsamer und entspannter als anderswo. Es gibt zahlreiche Übernachtungsoptionen, darunter auch gefühlte 10 000 Strandhütten. Eine Kategorie darüber angesiedelt ist das **Chattai** (☎9822481360; www.chattai.co.in; Hütte 1600 ₹) am Nordende des Strandes, das herrliche Hütten mit angrenzenden Bädern und Veranden vermietet.

Agonda hat ein großes Angebot an Yoga und Ayurveda (auf Aushänge achten!) und die zahlreichen Strandrestaurants servieren die üblichen Standardgerichte. In einer Reihe von winzigen Lokalen neben der Kirche werden *pav bhaji* und Chai angeboten. Das ursprünglich aus Palolem stammende hervorragende Bio-Restaurant **Blue Planet** zog zum Zeitpunkt der Recherche gerade nach Agonda um.

Palolem & Umgebung

Palolems beeindruckender, halbmondförmiger Strand war vor gerade einmal 15 Jahren noch eines dieser unentdeckten goanischen Juwele mit nur wenigen Besuchern, denen noch weniger Annehmlichkeiten geboten wurden. Heute ist es zwar nicht mehr so ruhig und versteckt, aber mit seiner freundlichen, entspannten Atmosphäre und zahlreichen Budgetunterkünften am Strand gehört es noch immer zu den schönsten Fleckchen in Goa. Das Nachtleben ist nach wie vor recht verschlafen – es gibt keine richtigen Clubs, und wenn um 22 Uhr die Musik ausgeht, geht der ganze Ort schlafen. Wer jedoch ein nettes Plätzchen zum Erholen und Durchatmen sucht, mal im ruhigen Meer baden oder aus einem unendlich großen Angebot an Yoga, Massagen und Behandlungen wählen möchte, der ist hier genau richtig.

Und wem selbst Palolems minimales Ausmaß an Trubel noch zu bunt ist, der geht in Richtung Süden, entlang der kleinen felsigen Bucht namens **Colomb Bay** mit einer Reihe von schlichten Unterkünften, bis zum **Patnem Beach**. Dort findet sich eine schöne Auswahl an Strandhütten

Palolem

Aktivitäten, Kurse & Touren

Bhakti Kutir .... (siehe 1)

Schlafen

1 Bhakti Kutir B2
2 Ciaran's A1
3 My Soulmate A1
4 Palolem Guest House B2

Essen

5 Café Inn A1
6 Casa Fiesta A1
7 German Bakery B2
8 Shiv Sai A1

Shoppen

9 Butterfly Book Shop A1

und ein etwas weniger hübscher, dafür aber sehr viel ruhigerer Sandstrand.

Zu beachten ist, dass in Palolem, noch mehr als in anderen Strandorten, nur in der Saison was los ist. Viele Lokalitäten sind bis November dicht.

Aktivitäten

Yoga

Palolem und Patnem sind die Adressen schlechthin, wenn man sich die Zeit mit Yoga, Bauchtanz, Reiki, Tai Chi oder Tarot vertreiben möchte. Im ganzen Ort werden Kurse und Unterrichtsstunden angeboten, wobei die Veranstaltungsorte und die Lehrer jede Saison wechseln. Bhakti Kutir (S. 165) bietet täglich Yogaunterricht ohne Anmeldung sowie längere Kurse für seine Gäste an. Dies ist aber nur ein winziger Yoga-Tropfen im lokalen Meer der sich ständig wandelnden alternativen Therapien. Infos zu Yoga- und sogar Kochkursen im Ort gibt's im Butterfly Book Shop (S. 166).

Strandaktivitäten

Kajaks können sowohl in Patnem als auch in Palolem am Strand geliehen werden; eine Stunde paddeln inklusive Trockentasche kostet 200 bis 300 ₹. Am Strand finden sich zahlreiche Fischer und andere Bootsinhaber, die Ausflüge zum wunderschönen **Butterfly Beach** nördlich von Palolem anbieten (800–1000 ₹ für 2 Pers. inkl. 1 Std. Wartezeit).

Wandern

Cotigao Wildlife Sanctuary NATURSCHUTZGEBIET
(☎2965601; Eintritt/Kamera 5/25 ₹; ⌚7–17.30 Uhr) Etwa 9 km südlich von Palolem liegt dieses wunderschöne Naturschutzgebiet, das sich wunderbar abgelegen anfühlt. Man sollte nicht erwarten, zufällig gleich mal auf seine exotischeren Bewohner wie Gaure, Sambarhirsche, Leoparden und Axishirsche zu treffen, aber grell-bunt gefiederte Vögel, Frösche, Schlangen und Affen sind alles andere als selten. Die Wege sind ausgeschildert. Für die besten Chancen, wirklich viele Tiere zu sehen, sollte man sich schon früh morgens zu einem der beiden Wachtürme im Wald aufmachen. Diese liegen 6 bzw. 9 km vom Eingang entfernt. Eine Rikscha/ein Taxi von Palolem zum Schutzgebiet kostet etwa 500 bis 600 ₹ inklusive ein paar Stunden Wartezeit. Es gibt auch zwei Busse (13 & 18.15 Uhr), die von Chaudi aus hierher fahren. In diesem Fall sind die zwei Hütten (400 & 750 ₹) eine gute Option.

Goa Jungle Adventure OUTDOORAKTIVITÄTEN
(☎9850485641, 9922173517; www.goajungle.com; Wanderungen/Canyoning-Ausflüge ab 1200/1500 ₹) Dieser auf Abenteuer spezialisierte Anbieter wird von ein paar sehr professionellen und sehr netten Franzosen geführt. Die Rückmeldungen von Travellern zu den angebotenen Wanderungen und Canyoning-Ausflügen sind überwältigend. (Emmanuel, einer der Inhaber, beschreibt Canyoning als „ein bisschen Jumpen, ein bisschen Abseilen und ein bisschen Rutschen" – und zwar eine Felswand hinunter.) Von Halbtagesausflügen bis zu mehrtägigen Touren ist alles im Programm, und je nach Jahreszeit wird teilweise auch Rafting angeboten. Die passenden Schuhe kann man sich für 150 ₹ am Tag leihen.

Schlafen

PALOLEM

Die meisten Unterkünfte in Palolem fallen in die Kategorie einfache Strandhütten. Da die Hütten in jeder Saison ab- und wieder neu aufgebaut werden, können die Standards von einem Jahr zum anderen stark abweichen. Am besten schlendert man erst mal den Strand entlang und schaut sich um, bevor man wählt; eine einfache Hütte ohne angrenzendes Bad kostet normalerweise um die 600 ₹.

Palolem Guest House HOTEL $$
(☎2644879; www.palolemguesthouse.com; Zi. 750–2300 ₹; ❄) In die Handtücher ist hier „Palolem Guest House" eingestickt – ein Hotel der alten Schule also (obwohl dem Personal am Empfang eine Lektion in Sachen Freundlichkeit nicht schaden könnte). Die komfortablen Zimmer liegen rund um einen grünen Garten, nur einen Katzensprung vom Meer entfernt. Das Essen im Restaurant im Hof ist hervorragend.

Bhakti Kutir HOTEL $$$
(☎2643472; www.bhaktikutir.com; Cottage 2500–4000 ₹; @) Versteckt in einem Wäldchen zwischen den Stränden von Palolem und Patnem, sind die gut ausgestatteten rustikalen Cottages des Bhakti zwar etwas teurer, bieten aber einen einzigartigen Zufluchtsort – und das quasi mitten im Urwald. Täglich werden Yogakurse (ohne Voranmeldung; 200 ₹) und Ayurveda-Massagen angeboten, und im Restaurant im Freien (Hauptgerichte 120–240 ₹) gibt's unter einem Dach aus wogender Fallschirmseide köstliche, fantasievolle, gesunde Gerichte.

Ordo Sounsar STRANDHÜTTEN $$
(☎9822488769; www.ordosounsar.com; Hütte 2000–2500 ₹, mit Bad 1500 ₹) Es sind zwar nur Strandhütten, sie liegen aber am allernördlichsten Zipfel des Strandes von Palolem und sind über eine wackelige Brücke, die über einen breiten Bach führt, zu erreichen. Dieses versteckte kleine Paradies ist eine luftige, ruhige Alternative zu den dicht an dicht gedrängten Hütten weiter unten am Strand. Der freundliche Besitzer Serafin ist besonders auf die goanischen Gerichte des Restaurants stolz.

Ciaran's STRANDHÜTTEN $$$
(☎2643477; www.ciarans.com; Hütte mit Frühstück 4000 ₹; ❄📶) Als „Hütten" kann man diese himmlischen Unterkünfte in einem friedlichen Garten direkt am Strand kaum mehr bezeichnen. Mit echten Fenstern, Steinböden, Ganzkörperspiegeln, Holzverzierungen und schöneren Bädern als sie die meisten Hotels haben, fühlt man sich hier eher wie in einem kleinen Chalet. Die perfekte Mischung aus rustikal und elegant. WLAN ist kostenlos.

Dreamcatcher STRANDHÜTTEN $$
(☎2644873; www.dreamcatcher.in; Hütte ab 2000 ₹, ohne Bad 1000 ₹) In einem üppig grünen Garten direkt am Strand liegen hier stilvolle Hütten verstreut; jeden Tag wird Yoga angeboten. Mindestaufenthalt ist vier Tage (früher möchte man hier sowieso nicht abreisen).

My Soulmate HOTEL $
(Shirley's Residency; ☎9823785250; mysoulmate@gmail.com; Zi. 700–800 ₹, mit Klimaanlage 1000 ₹; ❄) Eine gute Unterkunft nicht weit vom Strand (hinter Rainbow Travels) mit dem besten Hotelnamen („Mein Seelenverwandter") überhaupt.

PATNEM

Langzeitgäste können sich über Patnems große Auswahl an privaten Zimmern und Apartments freuen. Ein ganz einfaches Haus kostet 10 000 ₹ Miete pro Monat, während ein komplett ausgestattetes Apartment bis zu 40 000 ₹ kosten kann.

Papaya's STRANDHÜTTEN $$
(☎9923079447; www.papayasgoa.com; Hütte 2000–3500 ₹; 📶) Hinter dem beliebten Papaya's-Restaurant steht mitten in einem Palmenhain eine Reihe hübscher Hütten. Jede ist liebevoll gehegt und gepflegt, mit viel Holz, wallendem Musselin, einer Veranda und unglaublich aufmerksamem Personal.

Micky Huts & Rooms STRANDHÜTTEN $
(☎9850484884; Hütte/Zi. 400/600 ₹) Wer nicht zu viel Wert auf hohen Standard legt, der hat den besten Deal am ganzen Strand von Patnem gefunden. Besitzer ist die freundlichste und zuvorkommendste einheimische Familie, die man sich vorstellen kann. Eine Ausschilderung sucht man vergebens: Neben einem kleinen Bach kurz vor dem nördlichen Ende des Strandes findet sich ein kleiner Bambushain; dort am Restaurant nachfragen!

Sea View Resort HOTEL $$
(☎2643110, 9850477147; www.seaviewpatnem.com; Zi. 1000–2500 ₹, mit Klimaanlage 2800–3500 ₹; ❄@) Das Management ist freundlich, die Zimmer sind sauber (viele davon mit Balkon, einige mit Küche) und der

Garten, in dem das Ganze liegt, versprüht eine nachbarschaftliche Atmosphäre. All dies macht das Sea View, nur einen Katzensprung vom Strand von Patnem entfernt, zu einer komfortablen Option.

Essen

Die Strände in Palolem und Patnem sind jeweils von Strandhütten gesäumt, in denen man den ganzen Tag über etwas zu essen bekommt. Abends, wenn die Sonne untergeht und die Fischerboote zurückkehren, sind die Meeresfrüchte hier frischer als frisch. Viele der Strandhütten wechseln jede Saison, zum Zeitpunkt der Drucklegung war **Ma-Rita's** klarer Liebling der Leser.

LP TIPP **Café Inn** CAFÉ $$
(leichte Gerichte 70–240 ₹) Ein riesiges, unterhaltsames Café (halb drinnen, halb draußen) mit lauter Musik, Bedienungen in Saris und einem positiven Cafeteria-Flair. Die Snacks, Burger und Salate sind großartig, der echte Renner ist aber das abendliche Barbecue (18–22 Uhr). Dabei wählt man das Fleisch, den Belag, die Saucen und das Brot aus und stellt sich somit sein eigenes gegrilltes Meisterwerk nach Belieben zusammen.

German Bakery BÄCKEREI, MULTICUISINE $$
(Gebäck 25–80 ₹, Hauptgerichte 95–170 ₹) Gebackene Köstlichkeiten und hervorragender Kaffee sind in dieser „deutschen" Bäckerei (von Nepalesen geführt) der Hit. Aber auch das Frühstück (nach westlicher Art) und die italienischen und indischen Abendgerichte sind super. Manchmal gibt's auch Yak-Käse aus Nepal – wie cool ist das denn? Abgerundet wird das Ganze vom friedlichen, mit Fahnen geschmückten Garten.

Casa Fiesta MEXIKANISCH, MULTICUISINE
(Hauptgerichte 70–200 ₹) Wie in allen Restaurants hier hat auch die Speisekarte des Fiesta ein bisschen von allem zu bieten. Seine Spezialität ist jedoch die mexikanische Küche, an die es sich mit großer Tapferkeit heranwagt. Das Resultat ist überraschend gut. Das entspannte Hütten-Flair und die abendlichen Barbecues tun ihr Übriges.

Home EUROPÄISCH $$
(☎2643916; www.homeispatnem.com; Hauptgerichte ab 100 ₹) Dieses angesagte, entspannte vegetarische Restaurant vermietet auch hübsch dekorierte, helle Zimmer (1000–2500 ₹); zum Reservieren anrufen oder im Restaurant nachfragen!

Shiv Sai MULTICUISINE $
(Thalis 40–50 ₹, Hauptgerichte 40–100 ₹) Das Shiv Sai ist vor allem um die Mittagszeit herum sehr beliebt. Hier werden leckere Thalis mit goanischem Fisch oder die vegetarische Variante davon serviert. Zudem gibt es eine gute Auswahl an westlich orientierten Frühstücksangeboten wie Bananen-Pancake (40 ₹).

Shoppen

Butterfly Book Shop BUCHLADEN
(☎9341738801; ⌚Mo–Sa 9–21.30 Uhr) Ein großartiger Buchladen mit einigen hübschen Geschenkideen und Büchern über Yoga, Meditation und Spiritualität.

Praktische Informationen

Die Hauptstraße von Palolem ist von Reisebüros, Internetcafés und Wechselstuben gesäumt. Geldautomaten sucht man vergebens. Man findet sie im nahe gelegenen Chaudi, wo es auch einen Supermarkt, mehrere Apotheken und weiteren nützliche Annehmlichkeiten gibt. Eine Autorikscha von Palolem nach Chaudi kostet 50 ₹, man kann die flachen 2 km aber auch gemütlich in 45 Minuten zu Fuß zurücklegen.

Sun-n-Moon Travels (40 ₹/Std.; ⌚8–24 Uhr) Schnelles Internet.

Anreise & Unterwegs vor Ort

BUS Busse nach Margao (27 ₹, 1 Std., alle 30 Min.) und Chaudi (5 ₹, alle 15 Min.), die nächstgelegene Stadt, fahren an der Bushaltestelle am Strand ab und halten an der Abzweigung nach Patnem. Chaudi ist gut ans Busnetz angebunden, Reisende nach Panaji fahren aber besser nach Margao und steigen dort in einen Express-Bus um. Busverbindungen nach Chaudi:

Agonda 9 ₹, halbstündl.

Cabo da Rama 18 ₹, 9 Uhr (Abfahrt in die andere Richtung ist um 15 Uhr in Cabo da Rama)

Gokarna 70 ₹, 14 Uhr

Karwar 30 ₹, halbstündl.

Mangalore 200 ₹, 2-mal tgl.

Margao 24 ₹, alle 10 Min.

Mysore 310 ₹, 1-mal tgl.

Panaji 50 ₹, 18.20 Uhr und 19.15 Uhr

TAXI & AUTORIKSCHA Eine Autorikscha von Palolem nach Patnem kostet 50 ₹, der gleiche Preis wird für eine Autorikscha von Palolem nach Chaudi fällig. Für ein Prepaid-Taxi vom Dabolim Airport nach Palolem bezahlt man 1000 ₹, wer von Palolem zum Flughafen fährt, muss unter Umständen nur 800 ₹ berappen.

ZUG Viele Züge, die von Margao aus gen Norden oder Süden fahren (s. S. 158), halten am **Bahnhof von Canacona** (☎2643644, 2712790).

Karnataka & Bengaluru

Inhalt »

Gut essen

» Karavalli (S. 178)
» Koshy's Bar & Restaurant (S. 180)
» Mango Tree (S. 217)
» Malgudi Café (S. 191)
» Namaste Café (S. 212)

Schön übernachten

» Kabini River Lodge (S. 200)
» Taj West End (S. 176)
» Parklane Hotel (S. 190)
» Green Hills Estate (S. 203)
» SwaSwara (S. 210)

Auf nach Karnataka & Bengaluru!

Das ausgedehnte Karnataka, das den Süden des Dekkan-Plateaus abrundet, ist ungemein vielfältig. Die Tourismusindustrie ist professionell, die Menschen sind freundlich. Karnataka ist ein Paradies für Traveller, die hier garantiert überall eine fröhliche und stressfreie Zeit verbringen.

Der Lebensnerv des Bundesstaats ist die Computerhauptstadt Bengaluru, die vom guten Leben übersättigt ist. Um die genusssüchtige Stadt verstreut liegen sanfte Hügel mit Gewürz- und Kaffeeplantagen und ein paradiesisches Naturreservat. Die Altstadt ist mit majestätischer Pracht geschmückt und eine Gruppe aus den Felsen gehauener Tempel datiert zurück bis ins Mittelalter. Nur einen Steinwurf entfernt befindet sich die Küste Karnatakas mit schimmernden Stränden und farbenfrohen Tempelstädten. In Hampi und Pattadakal stehen Baudenkmäler, die zum Unesco-Welterbe gehören, und in Bijapur und Bidar warten vergessene Befestigungsanlagen und Ruinen.

Reisezeit

Bengaluru

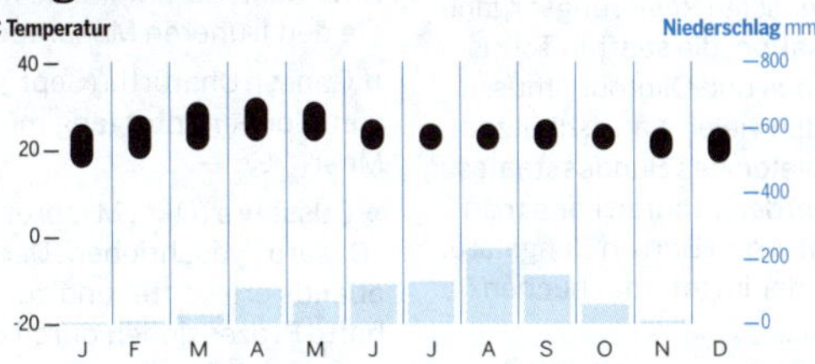

Januar Die beste Zeit, um in Karnatakas Nationalparks Tiger und Elefanten zu beobachten.

Oktober Bei Mysores Dussehra-Karneval gibt's nächtelang Party und eine riesige Parade.

Dezember Die kühlste Zeit, um entspannt die Forts, Paläste, Höhlen und Tempel zu erkunden.

DIE FELSEN

Felsen und Steinblöcke erheben sich in ganz Karnataka. In Anegundi (S. 218) und Hampi (S. 212) gibt's Felsen für einfache Kletterpartien. In Badami(S. 220),Ramnagar, 40 km südlich von Bengaluru, Savandurga, 50 km westlich der Hauptstadt und in Turahalli im Süden Bengalurus gibt es anspruchsvollere Wände.

Kurzinfos

» Einwohner: 61,1 Mio.

» Fläche: 191791 km^2

» Hauptstadt: Bengaluru (Bangalore)

» Hauptsprachen: Kannada, Hindi, Englisch

» Übernachtungspreise: **$** unter 1000 ₹, **$$** 1000–4000 ₹, **$$$** über 4000 ₹

Urwaldtouren

Jungle Lodges & Resorts Ltd (Karte S. 176; ☎080-25597944; www.junglelodges.com; Shrungar Shopping Complex, MG Rd, Bengaluru; ⏲Mo–Sa 10–17.30 Uhr) Erstklassige Regierungsorganisation, die sanften Tourismus und Ökotourismus in den vielen Naturschutzgebieten des Bundesstaates fördert. Touren kann man in ihrem Büro in Bengalaru oder im Internet buchen.

Infos im Internet

» Karnataka Tourism (KSTDC) (www.karnatakatourism.org)

» Tipps zu Bengaluru (www.discoverbangalore.com)

Pikanter Süden

Die vielfältige und köstliche Küche Karnatakas ist vielleicht schon Grund genug für einen Besuch in diesem Staat. Die erfolgreichste aller hiesigen Delikatessen ist das würzige *pandhi*-(Schweinefleisch-)Masala, ein typisches und sehr leckeres Kodava-Gericht. In Mangalore an der Küste gibt es viele scharfe Gerichte, vor allem mit Meeresfrüchten. Das knusprige gebratene Krabben-*rawa* (Grieß) und das sündhaft gute Ghee-Brathähnchen sind zwei der vielen Gerichte aus Mangalore, die in ganz Indien Freunde gefunden haben. Und dann sind da auch noch die klassischen Steak- und Bierlokale in Bengalaru!

NICHT VERSÄUMEN!

Die **Tempel** von Hampi, Pattadakal, Belur und Halebid sowie Somnathpur gehören zu den besten archäologischen Stätten Indiens und sind mit Skulpturen von herausragender Qualität gestaltet.

Top-Feste in Karnataka

» Udupi Paryaya (Jan., Udupi, S. 209) Findet in Jahren mit gerader Jahreszahl statt. Neben Prozessionen gibt es ein Ritual um den Wechsel der Swamis im Krishna-Tempel der Stadt.

» Festival des klassischen Tanzes (Jan./Feb., Pattadakal, S. 222) Einige der besten klassischen Tanzaufführungen Indiens.

» Vijaya Utsav (Jan., Hampi, S. 212) Eine dreitägige Extravaganza der Kultur, des historischen Erbes und der Künste am Fuße des Matanga Hill in Hampi.

» Tibetisches Neujahr (Feb., Bylakuppe, S. 204) Lamas in tibetischen Flüchtlingssiedlungen wechseln sich bei den ununterbrochenen Gebeten ab, die über die gesamten einwöchigen Feierlichkeiten andauern.

» Vairamudi-Festival (März/April, Melkote, S. 195) Vishnu wird im Cheluvanarayana-Tempel mit Juwelen geschmückt, darunter eine mit Diamanten besetzte Krone, die den früheren Maharadschas von Mysore gehört.

» Ganesh Chaturthi (Sept., Gokarna, S. 209) Familien laufen zum Sonnenuntergang mit ihren Ganesh-Figuren ans Meer.

» Dussehra (Okt., Mysore, s. Kasten S. 188) In Mysore auch „Dasara" geschrieben. Der Maharadscha-Palast wird abends erleuchtet und zur Freude Tausender ziehen lebhafte Prozessionen durch die Stadt.

» Lakshadeepotsava (Nov., Dharmasthala, S. 208) Abertausende Lampen werden in dieser Jain-Pilgerstadt entzündet und bieten spektakuläre Fotomotive.

» Huthri (Nov./Dez., Madikeri, S. 201) Die Kodava-Gemeinschaft feiert eine Woche lang den Beginn der Erntesaison mit Zeremonien, Musik, traditionellem Tanz und viel Schlemmerei.

Geschichte

Karnataka war schon immer ein weitläufiger Tummelplatz der Religionen, Kulturen und Königreiche und wurde im Laufe der Geschichte von einer Reihe charismatischer Führer regiert. Indiens erster großer Herrscher Chandragupta Maurya zog sich in diesen Staat zurück, als er sich im 3. Jh. v. Chr. in Sravanabelagola dem Jainismus zuwandte. Vom 6. bis zum 14. Jh. wurde das Land von mehreren Dynastien wie den Chalukyas, Cholas, Gangas und Hoysala beherrscht, die sich in erstaunlichen Höhlen und Tempeln in ganz Karnataka verewigten.

1327 plünderte Mohammed Tughlaqs Armee Halebid. 1347 führte Hasan Gangu, ein persischer General aus Tughlaqs Armee, eine Rebellion an, um ein Bahmani-Königreich zu errichten, das später in fünf Dekkan-Sultanate unterteilt wurde. Mittlerweile gewann das Hindu-Königreich Vijayanagar mit seiner Hauptstadt Hampi immer mehr an Bedeutung. In den frühen 1550er-Jahren erreichte es seine Blüte und fiel 1565 an die Sultanate, die gemeinsam darum gekämpft hatten.

In den folgende Jahren erstarkten die hinduistischen Wodeyar von Mysore und dehnten ihre Herrschaft auf einen großen Teil Südindiens aus. Lange regierten sie unangefochten, bis sie von Hyder Ali, einem ihrer Generäle, 1761 gestürzt wurden. Die Franzosen unterstützten Hyder Ali und seinen Sohn Tipu Sultan, die ihre Hauptstadt in Srirangapatnam errichteten und ihre Macht festigten. 1799 besiegten jedoch die Briten Tipu Sultan und brachten die Wodeyar wieder an die Macht. Das war der historische Beginn der territorialen Expansion der Briten in Südindien.

Mysore blieb bis zur Unabhängigkeit unter der Herrschaft der Wodeyar – nach 1947 wurde der regierende Maharadscha der erste Gouverneur. 1956 wurden die Grenzen des Bundesstaates entlang der Sprachgrenzen neu gezogen, so entstand der erweiterte Bundesstaat Mysore mit seinen Kannada sprechenden Bewohnern. 1972 wurde er in Karnataka umbenannt und Bangalore (heute Bengaluru) wurde die Hauptstadt.

ℹ Praktische Informationen

Auf der Website von **Karnataka Tourism** (KSTDC; www.karnatakatourism.org) gibt's viele wichtige Informationen.

Mehrere Regierungsbehörden bleiben in Karnataka an jedem zweiten Samstag geschlossen.

UNTERKUNFT In Karnataka wird auf Zimmer eine gestaffelte Luxussteuer erhoben: 4 % auf Zimmer zwischen 151 und 400 ₹, 8 % auf Zimmer zwischen 401 und 1000 ₹ und 12 % auf alle Zimmer, die mehr als 1000 ₹ kosten. Einige Mittel- und Spitzenklassehotels schlagen sogar noch eine Servicegebühr drauf.

ℹ An- & Weiterreise

Das wichtigste Tor nach Karnataka ist Bengaluru, das von den meisten Inlandsfluggesellschaften und einigen internationalen Airlines bedient wird.

Mangalore an der Küste ist ein Drehkreuz für Reisende, die weiter nach Goa im Norden oder nach Kerala im Süden wollen. Hubli in Zentral-Karnataka ist ein bedeutendes Eisenbahnkreuz für Züge nach Maharashtra und Nordindien.

ℹ Unterwegs vor Ort

Die **Karnataka State Road Transport Corporation** (KSRTC) betreibt in ganz Karnataka ein hervorragendes Busnetz. In vielen größeren Städten findet man problemlos Taxis mit Fahrern. Die meisten Taxis verlangen für längere Fahrten etwa 7 ₹ pro km bei mindestens 250 km und eine tägliche Aufwandsentschädigung für den Fahrer von 150 ₹.

SÜD-KARNATAKA

Bengaluru (Bangalore)

☎080 / 5,7 MIO. EW. / 920 M

Bangalore war für Traveller immer ein angenehmes Reiseziel, auch wenn *to bangalore* heute zu einem Begriff für das Outsorcing von Arbeitsplätzen aus den Industriestaaten geworden ist. Das kosmopolitische Bengaluru ist das Zentrum der boomenden indischen IT-Industrie und die Nummer eins unter den Städten im tiefen Süden. Es lockt mit seinem angenehmen Klima, einigen interessanten Sehenswürdigkeiten und einer progressiven Restaurant-, Bar- und Shoppingszene. Da es nicht weit von Kerala und Tamil Nadu entfernt liegt, bietet es sich auch als Ausgangspunkt für Reisen durch Südindien an.

In jüngster Zeit erlebte Bengaluru eine geradezu manische Entwicklung, die mit Verkehrsproblemen und zunehmender Umweltverschmutzung einherging. Doch die Stadt hat auch darauf geachtet, seine Grünzonen und das koloniale Erbe zu bewahren. Während die Urbanisierung immer neue Gebiete erfasst, blieb das Zentrum der Stadt, das auf die Raj-Zeit zurückgeht,

Highlights

1 Über den umwerfenden Königspalast und den bunten Devaraja Market in **Mysore** (S. 185) staunen

2 Feinen Kaffee im kühlen Hochland der **Kodagu-Region** (S. 200) genießen und dabei neue Kraft tanken

3 Sich selbst unter den Tisch trinken oder in der erstklassigen Küche in **Bengaluru** (S. 169) schlemmen

4 In der Festung von **Bidar** (S. 226) aus dem 15. Jh. durch die verlassenen Anlagen streifen

5 In **Hampi** (S. 212) die Felsen bestaunen, die der Schwerkraft trotzen, und durch die melancholischen Ruinen wandeln

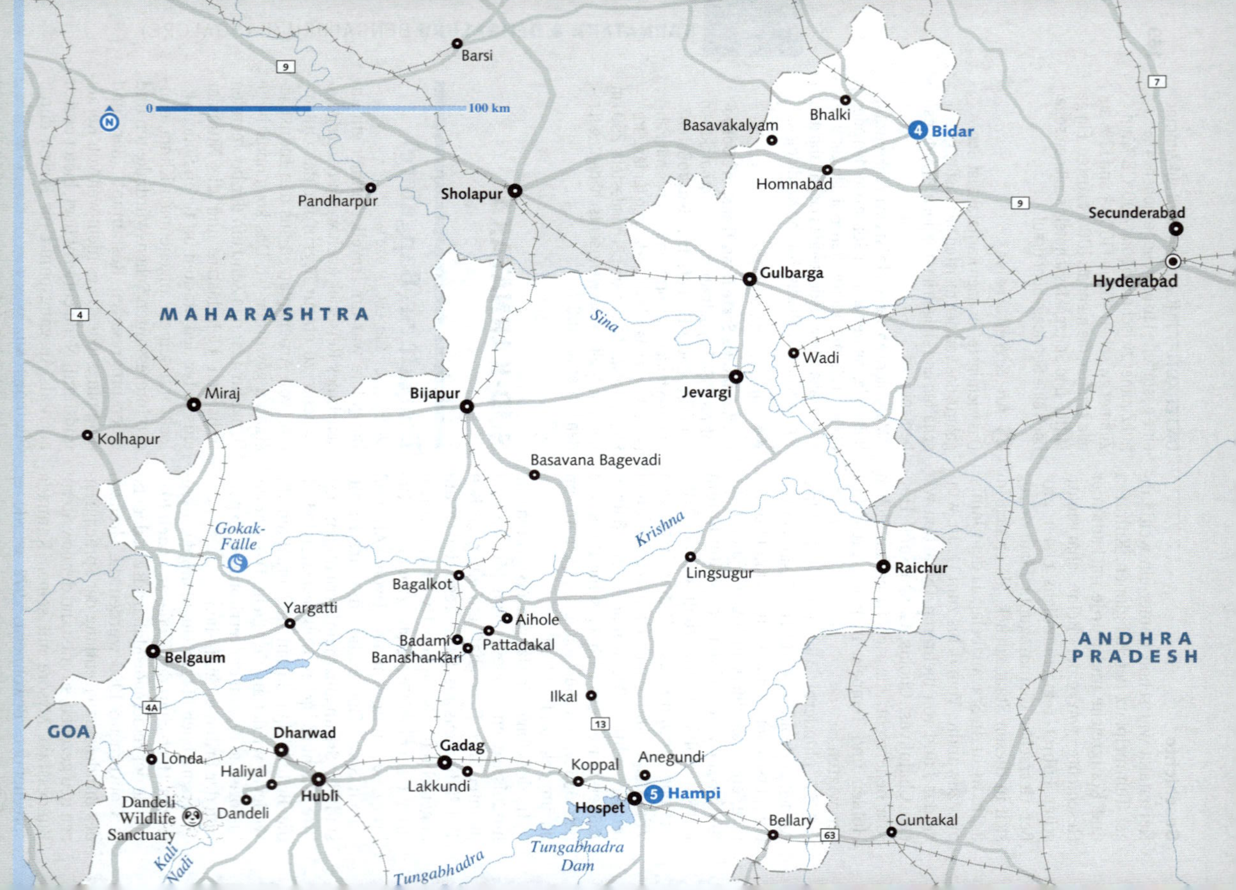

6 Die vielfältige Atmosphäre des Krishna-Tempels in **Udupi** (S. 208) in sich aufsaugen

7 Schwerfällige Elefanten beobachten und exotischen Vögeln zuhören, die in dem Wald leben, der an den stillen **Kabini Lake** (S. 200) grenzt

mehr oder weniger unverändert. Interessant für Besucher sind Gandhi Nagar (die alten Stadtviertel), die Mahatma Gandhi (MG) Rd, das Herz der britischen Ära in Bangalore, und der Central Business District (CBD) nördlich der MG Rd, gegenüber von den Grünanlagen.

Gandhi Nagar, von den Einwohnern „Majestic" genannt, ist eine überfüllte Gegend, in der sich der zentrale Busbahnhof von Bengaluru und der Hauptbahnhof befinden. Ein paar historische Sehenswürdigkeiten befinden sich im Süden, darunter die Lalbagh Botanical Gardens und der Palast von Tipu Sultan.

Etwa 4 km östlich liegen die Hauptstraßen, die von den Mahatma Gandhi (MG), Brigade, St. Mark's und Residency (FM Cariappa) Rds begrenzt werden. Dies ist Bengalurus kosmopolitisches Zentrum mit Parks, von Bäumen gesäumten Straßen, Kirchen, prächtigen Häusern und militärischen Einrichtungen. Dazwischen liegen der Golfclub, die Rennbahn und das Cricketstadion.

Es ist nicht immer leicht, sich in Bengaluru zurechtzufinden. In einigen Gegenden sind die Straßen nach ihrer Breite benannt (z.B. 80ft Rd). Die Stadt benutzt auch ein System aus Haupt- und Querstraßen, so bezieht sich die Angabe „3rd cross, 5th main, Residency Rd" z.B. auf die dritte Querstraße an der fünften Straße, die von der Residency Rd abzweigt.

Geschichte

Wörtlich bedeutet Bengaluru „Stadt der gekochten Bohnen", der Name soll von einem Zwischenfall herrühren, bei der eine alte Dorfbewohnerin einem verirrten und hungrigen Hoysala-König gekochte Hülsenfrüchte serviert hat. Der feudale Herrscher Kempegowda war der erste, der Bengalurus Gebiet markierte, als er 1537 ein Lehmfort baute. Bis 1759 blieb die Stadt unbedeutend, dann machte der Maharadscha von Mysore sie Hyder Ali zum Geschenk.

1809 trafen die Briten ein. Sie erklärten die Stadt 1831 zu ihrem regionalen Verwaltungssitz und benannten sie in Bangalore um. Während der Raj-Ära kamen viele britische Offiziere in die Stadt, unter ihnen Winston Churchill, der hier in seinen Anfangsjahren das Leben genoss und dem Club von Bangalore eine Schuld von 13 ₹ hinterließ, die noch immer in den Büchern steht.

Heute ist die Stadt Sitz zahlloser Software-, Elektronik- und anderer Firmen, die Bereiche „outgesourct" haben. Bengaluru hat seinen Hang zur Technologie schon früh entwickelt. 1905 war es die erste in-

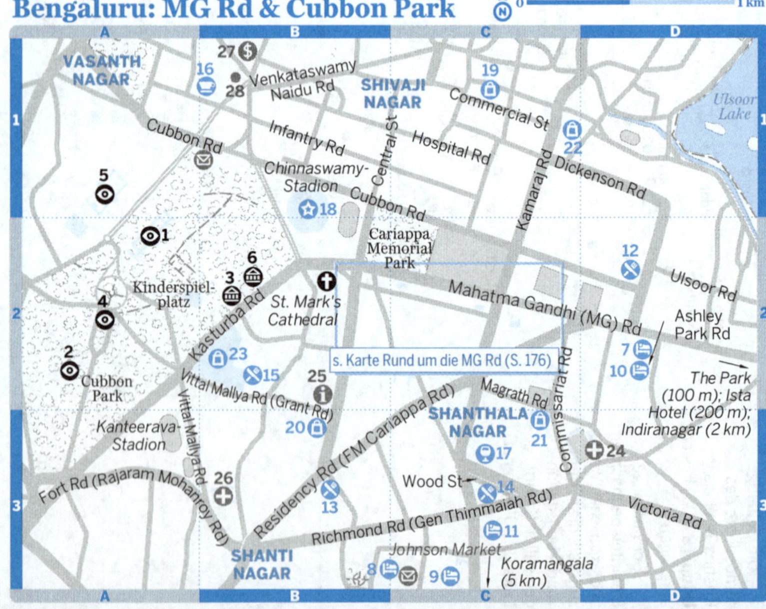

dische Stadt mit elektrischer Straßenbeleuchtung. Seit den 1940er-Jahren hat die Hindustan Aeronautics Ltd (HAL), Indiens größtes Raumfahrtunternehmen, hier ihren Sitz. Und wer ohne E-Mail nicht leben kann, muss einem Einwohner von Bangalore dankbar sein: Sabeer Bhatia, der Erfinder von Hotmail, wuchs hier auf.

Der Name der Stadt wurde im November 2006 wieder in Bengaluru geändert, doch nur wenige benutzen diesen Namen.

Sehenswertes

Cubbon Park GARTEN

(Karte S. 172) Im Herzen des Business Districts der Stadt liegt der Cubbon Park, ein ausgedehnter, 120 ha großer Garten, der nach dem früheren britischen Kommissar Mark Cubbon benannt ist. Unter den belaubten Zweigen treffen sich die Einwohner von Bengaluru, um für einen Moment der Hektik des Alltags zu entfliehen. Müßiggänger, Denker, Verliebte, Träumer und Gesundheitsfanatiker – alle kommen her, um ihren Angelegenheiten nachzugehen.

Am Rand des Cubbon Parks befinden sich die im gotischen Stil gebaute, rot angemalte **State Central Library** und zwei kommunale Museen. Technisch Interessierte können das **Visvesvaraya Industrial and Technical Museum** (Karte S. 172; Kasturba Rd; Eintritt 15 ₹; Mo–Sa 10–18 Uhr) besuchen, das eine breite Palette an elektrischen und technischen Exponaten zeigt, von einer Nachbildung des Flugapparats der Brüder Wright aus dem Jahr 1903 bis zu Virtual-Reality-Spielen des 21. Jhs. Das **Government Museum** (Kasturba Rd; Eintritt ₹4; Di–Sa 10–17 Uhr) südlich davon beherbergt eine Sammlung von Skulpturen und Relikten. In der angeschlossenen **Venkatappa Art Gallery** (Eintritt frei; Di–Sa 10–17 Uhr) sind verschiedene Arbeiten und Erinnerungsstücke von K. Venkatappa (1887–1962), dem Hofmaler der Wodeyear, zu sehen.

Am nordwestlichen Ende des Cubbon Parks stehen die kolossale, 1954 im neodrawidischen Stil gebaute **Vidhana Soudha** und das neoklassische **Attara Kacheri**, in dem sich der High Court befindet. Beide sind nicht öffentlich zugänglich.

Bengaluru-Palast PALAST

(außerhalb der Karte S. 174; Palace Rd; Inder/Ausländer 100/200 ₹, Foto/Video 500/1000 ₹; 10–18 Uhr) Der Bengaluru-Palast, die private

Bengaluru: MG Rd & Cubbon Park

Sehenswertes
1 Attara Kacheri (High Court) A2
2 Cubbon Park A2
3 Government Museum B2
4 State Central Library A2
Venkatappa Art Gallery .... (siehe 3)
5 Vidhana Soudha A1
6 Visvesvaraya Industrial and Technical Museum B2

Schlafen
7 Ashley Inn D2
8 Casa Piccola Cottage B3
9 Casa Piccola Service Apartments C3
10 Hotel Ajantha D2
11 Tom's C3

Essen
12 Caperberry D2
13 Harima B3
14 Olive Beach C3
15 Sunny's B2

Ausgehen
16 Infinitea B1
17 Plan B C3
Shiro .... (siehe 23)

Unterhaltung
INOX .... (siehe 21)
18 M Chinnaswamy Stadium B1

Shoppen
19 Fabindia C1
20 Ffolio B3
21 Garuda Mall C3
22 Mysore Saree Udyog C1
23 UB City B2

Praktisches
24 Hosmat D3
25 Karnataka State Tourism Development Corporation B2
26 Mallya Hospital B3
Skyway .... (siehe 25)
STIC Travels .... (siehe 27)
27 TT Forex B1

Transport
28 Kingfisher Airlines B1
KSRTC Booking Counter .... (siehe 13)

Residenz der Wodeyear, der ersten Maharadschas des Bundesstaates, bewahrt ein kleines Stück der vergangenen königlichen Pracht auf. Ältere Angestellte führen einen durch das Gebäude, das nach dem Vorbild von Schloss Windsor entworfen wurde. Im Inneren besticht es mit üppigem Interieur, Galerien voller Jagdtrophäen, Familienfotos und einer Sammlung von Aktfotos. Ehe man selbst losknipst, sollte man fragen! Das Palastgelände ist heute interessanterweise der angesagteste Ort für Konzerte in Bengaluru, hier haben schon Rockgrößen wie Iron Maiden, die Rolling Stones, Aerosmith und Deep Purple gespielt.

Lalbagh Botanical Gardens GARTEN

(außerhalb der Karte S. 174; Eintritt 10 ₹; ⌚5.30–19.30 Uhr) Die ausgedehnten Lalbagh Gardens, die sich über fast 40 ha landschaftlich gestaltetes Gelände erstrecken, wurden 1760 von Hyder Ali angelegt. Man kann an geführten Touren in umweltfreundlichen Buggys mit zehn Sitzen (100 ₹/Pers.) teilnehmen und viel über die jahrhundertealten Bäume und Pflanzensammlungen aus der ganzen Welt lernen. Im wunderschönen Gewächshaus, das nach dem Vorbild des berühmten Londoner Kristallpalasts gebaut wurde, finden in den Wochen vor dem Tag der Republik (26. Januar) und dem Unabhängigkeitstag (15. August) Blumenausstellungen statt. Sonntagmorgens spielt die Polizeiband in ihrem Musikpavillon.

Karnataka Chitrakala Parishath KUNSTGALERIE

(Karte S. 174; www.karnatakachitrakalaparishath.com; Kumarakrupa Rd; Eintritt ₹10; ⌚Mo–Sa 10.30–17.30 Uhr) Diese Galerie für bildende Kunst ist Bengalurus führende Kunsteinrichtung. In ihren Ausstellungsräumen (geöffnet 10.30–19.00 Uhr) ist eine breite Palette indischer und internationaler moderner Kunst zu sehen; die Dauerausstellungen zeigen dagegen üppige Blattgoldarbeiten auf Gemälden im Stil von Mysore sowie Volks- und Stammeskunst aus ganz Asien. Eine Abteilung ist den Arbeiten des russischen Künstlers Nicholas Roerich, der für seine lebendigen Himalaja-Gemälde bekannt ist, und seines Sohnes Svetoslav gewidmet.

Tipu Sultans Palast PALAST

(Karte S. 174; Albert Victor Rd; Inder/Ausländer 5/100 ₹, Video 25 ₹; ⌚8.30–17.30 Uhr) In der Nähe des lebhaften Krishnarajendra-

Bengaluru: Chickpet & Gandhi Nagar

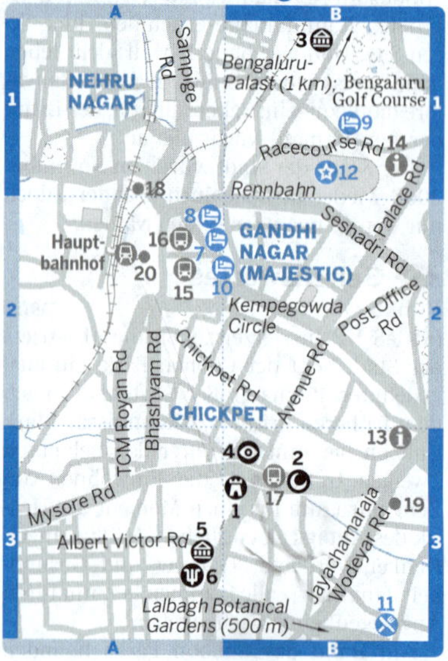

Markts steht der elegante Palast von Tipu Sultan, der vor allem wegen seiner Teakholzsäulen und ornamentalen Freskos bemerkenswert ist. Er ist zwar nicht so schön (und gut erhalten) wie Tipus Sommerpalast in Srirangapatnam, doch ein interessantes Baudenkmal ist er auf jeden Fall. Der Besuch lohnt sich, wenn man ihn mit anderen Sehenswürdigkeiten in der Nähe kombiniert, wie dem **Krishnarajendra-Markt (Stadtmarkt)** (Karte S. 174), der massiven **Jama Masjid** (Karte S. 174; Silver Jubilee (SJ) Park Rd; Eintritt frei), den Ruinen von Kempegowdas **Fort** (Karte S. 174) und dem schön verzierten **Venkataraman-Tempel** (Karte S. 174; Krishnarajendra Rd; ⌚8.30–18 Uhr).

Bull-Tempel & Dodda-Ganesha-Tempel HINDU-TEMPEL

(Bull Temple Rd, Basavangudi; ⌚7–20.30 Uhr) Kempegowda baute den Bull-Tempel im 16. Jh. im drawidischen Stil. Er enthält einen riesigen Nandi-Monolithen aus Granit und ist einer der atmosphärischsten Tempel Bengalurus. In der Nähe befindet sich der **Dodda-Ganesha-Tempel** (Bull Temple Rd, Basavangudi; ⌚7–20.30 Uhr) mit einer nicht weniger gigantischen Ganesh-Figur. Die Tempel liegen etwa 1 km südlich vom Palast Tipu Sultans die Krishnarajendra Rd hinunter.

Bengaluru: Chickpet & Gandhi Nagar

Sehenswertes
- 1 Fort B3
- 2 Jama Masjid B3
- 3 Karnataka Chitrakala Parishath B1
- 4 Krishnarajendra- (Stadt-) Markt B3
- 5 Tipu Sultans Palast A3
- 6 Venkataraman-Tempel A3

Schlafen
- 7 Hotel Adora A2
- 8 JP Cordial A2
- 9 Taj West End B1
- 10 Tricolour Hotel A2

Essen
- 11 Mavalli Tiffin Rooms (MTR) B3

Unterhaltung
- 12 Bangalore Turf Club B1

Praktisches
- 13 Karnataka State Tourism Development Corporation B3
- 14 Karnataka Tourism B1

Transport
- 15 Hauptbusbahnhof A2
- 16 Busbahnhof A2
- 17 Bushaltestelle am Stadtmarkt B3
- 18 Divisional Railway Office A1
- Indian Airlines .... (siehe 19)
- 19 Jet Airways B3
- 20 Zugreservierungsbüro A2

ISKCON-Tempel HINDU-TEMPEL

(Hare Krishna Hill, Chord Rd; ⌚7–13 & 16–20.30 Uhr) Diesen leuchtenden Tempel, der 8 km nordwestlich vom Stadtzentrum liegt, baute die International Society of Krishna Consciousness (ISKCON), auch als Hare Krishnas bekannt. Er ist aufwendig in einer Mischung von hochmodernen und traditionellen Stilen dekoriert. Der Sri Radha Krishna Mandir hat einen beeindruckenden Schrein, der Krishna und Radha gewidmet ist. Mit der Autoriksha von der MG Rd in der Nähe des Bahnhofs Yeshvantpur dauert die Fahrt zum Tempel 20 Minuten.

HAL Aerospace Museum & Heritage Centre MUSEUM

(Airport-Varthur Rd; Eintritt 20 ₹, Foto/Video 25/45 ₹; ⌚Di–So 9–17 Uhr) In diesem wunderbaren Museum hinter dem alten Flughafen kann man einen Blick in die Luftfahrtgeschichte Indiens werfen und einige einheimische Flugzeugmodelle sehen, die die HAL entworfen hat. Interessante Ausstellungsstücke sind z. B. die berühmte MIG-21, indische Modelle wie die Marut und die Kiran und ein altes Canberra-Kampfflugzeug. In den Simulatoren im obersten Stock (10 ₹) kann man sich selbst in Luftkämpfe stürzen.

Aktivitäten

Ayurveda & Yoga

Die Mitarbeiter im **Chiraayu Ayurvedic Health & Rejuvenation Centre** (☎2550 0855; 6. Block, 17th D Main, Koramangala; ⌚8.30–18 Uhr) nehmen ihre Arbeit ernst, mit vagen Angaben wie „Ich möchte eine Massage!" sollte man also nicht ankommen. Man macht einen Termin, beschreibt seine Probleme und Experten im Haus verschreiben eine Therapie, die von eintägigen Anwendungen bis zu Langzeit-Programmen reichen kann. Behandelt werden können Allergien, Diabetes, Asthma und anderes.

Das renommierte ayurvedische Behandlungszentrum **Ayurvedagram** (☎27945430; www.ayurvedagram.com; Hemmandanhalli), das sich im östlichen Vorort Whitefield befindet, schnürt maßgeschneiderte Pakete gegen individuelle Störungen. Eine gediegenere Erfahrung kann man im **Soukya** (☎28017000; www.soukya.com; Soukya Rd, Samethanahalli, Whitefield; ⌚6–20.30 Uhr) machen, einer international bekannten Adresse. Es befindet sich auf einem mehr als 12 ha großen Biobauernhof wie aus dem Bilderbuch und bietet eines der besten Programme für ayurvedische Therapie und Yoga (Therapie pro Stunde Inder/Ausländer 2750 ₹/55 US$). Langzeitpakete gibt es ebenfalls.

Das stilvolle **Urban Yoga Centre** (☎32005720; www.urbanyoga.in; 100ft Rd, Indiranagar; ⌚6.30–21 Uhr) hat ein schickes Yogastudio und bietet eine Reihe von Kursen an, außerdem werden hier Yogakleidung, -zubehör und -bücher verkauft.

Outdoor-Abenteuer

Getoff ur ass (☎26722750; www.getoffurass.com; 858 1D Main Rd, Giri Nagar Phase II) hat die perfekten Ideen für Abenteuer in freier Wildbahn, darunter Rafting, Kajakfahren, Trekking und Bergsteigen in Karnataka und in anderen Gegenden. Der Anbieter verkauft und verleiht auch Ausrüstung für Outdoor-Aktivitäten.

Rund um die MG Rd

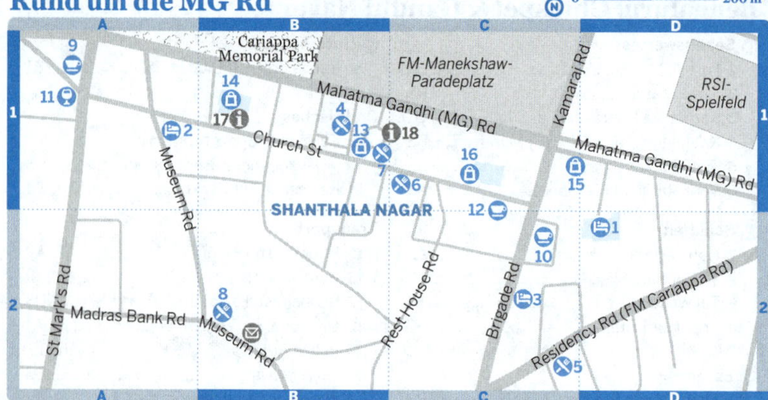

Geführte Touren

Bangalore Walks STADTSPAZIERGANG

(9845523660, 9845068416; www.bangalorewalks.com) Ein absolutes Muss! Interessierte haben die Wahl zwischen traditionellen Spaziergängen, mittelalterlichen Spaziergängen, Gartenspaziergängen und viktorianischen Spaziergängen, um Bengaluru hautnah zu erleben. Die Spaziergänge, die Samstag und Sonntag von 7 bis 10 Uhr stattfinden, drehen sich alle darum, Bengaluru auf eine Weise kennen und lieben zu lernen, die viele Einheimische vergessen haben. Unterwegs gibt's ein leckeres Frühstück. Im Voraus buchen, denn pro Spaziergang können höchstens 15 Personen mitgehen!

Bustouren SEHENSWÜRDIGKEITEN

Die Touristenorganisation des Bundesstaates veranstaltet verschiedene Bustouren, die alle am Badami House beginnen. Die Basistour durch die Stadt findet täglich um 7.30 und 14 Uhr statt (normaler Bus/Deluxe-Bus 170/190 ₹), und eine 16-Stunden-Tour nach Srirangapatnam, Mysore und zu den Brindavan Gardens startet täglich um 6.30 Uhr (normaler Bus/Deluxe-Bus 530/680 ₹). Es gibt auch längere Touren zu anderen Orten, Näheres wissen die Büros von Karnataka Tourist.

Schlafen

Die Hotelpreise in Bengaluru schießen in die Höhe, ohne dass ein Ende abzusehen ist. Anständige Zimmer sind ständig Mangelware, und um richtig gut zu schlafen, muss man mindestens 1000 ₹ blechen. Oft sind Apartments mit Service günstiger als viele Mittel- und Spitzenklassehotels. Die meisten Hotels haben einen 24-Stunden-Check-out. Am besten bucht man frühzeitig.

Es gibt viele Hotels in der Subedar Chatram (SC) Rd und östlich vom Busbahnhof und Bahnhof. Diese Gegend ist laut und schäbig, bietet sich aber an, wenn man nur auf der Durchreise ist. Für längere Aufenthalte lohnt es sich, in der Stadt zu wohnen, am besten nahe an der MG Rd. Alle hier aufgeführten Hotels haben warmes Wasser, zumindest am Morgen.

LP TIPP **Taj West End** HISTORISCHES HOTEL $$$

(Karte S. 174; 66605660; www.tajhotels.com; Racecourse Rd; EZ/DZ inkl. Frühstück ab 11600/12800 ₹;) Die Geschichte des Hauses geht zurück auf das Jahr 1887, als es von einer britischen Familie als Hotel mit zehn Zimmern für Armeeoffiziere gegründet wurde. Seitdem ist auf diesem zauberhaften Anwesen, das sich über mehr als 8 ha tropischer Gärten erstreckt, die Nostalgie zu Hause. Inzwischen ist das Hotel eine Ikone indischer Luxusgastlichkeit. In seinen himmlischen Häusern und Villen ergänzen sich Tradition und moderner Komfort ganz selbstverständlich, und von den Veranden schauen die Gäste auf die Grünanlagen, die jeden Morgen mit dem Zwitschern exotischer Vögel zum Leben erwachen. Antiquiert, aber das mit viel Stil!

LP TIPP **Casa Piccola Cottage** HISTORISCHES HOTEL $$

(Karte S. 172; 22270754; www.casapiccola.com; 2 Clapham Rd; Zi inkl. Frühstück ab 3600 ₹;) Dieses schön renovierte Cottage von 1915 in einer ruhigen Seitenstraße in Richmond Town ist eine friedliche Oase in der Hektik der Stadt. Auf erstaunliche Weise fühlt

Rund um die MG Rd

Schlafen

1 Brindavan Hotel ... D2
2 Hotel Empire International ... A1
3 Monarch ... C2

Essen

4 Ebony ... B1
5 Karavalli ... C2
6 Oye! Amritsar ... C1
7 Queen's Restaurant ... B1
8 The Only Place ... B2

Ausgehen

13th Floor ... (siehe 4)
9 Barista ... A1
10 Café Coffee Day ... C2
11 Koshy's Bar & Restaurant ... A1
12 Matteo ... C1

Shoppen

13 Blossom ... B1
14 Bombay Store ... B1
15 Cauvery Arts & Crafts Emporium ... C1
16 Magazines ... C1

Praktisches

17 Government of India Tourist Office ... B1
18 Jungle Lodges & Resorts Ltd ... C1
Monarch ... (siehe 3)

man sich hier sofort heimisch, und mit seiner ganz individuellen Art der Gastfreundschaft hat sich das Hotel einen guten Namen gemacht. Die Studioräume haben viel altmodischen Charme, und die Laube im Garten ist ein schönes Plätzchen für das im Preis enthaltene Frühstück.

Ashley Inn PENSION $$
(Karte S. 172; ☎41233415; www.ashleyinn.in; 11 Ashley Park Rd; EZ/DZ inkl. Frühstück ab 1800/2200 ₹; ❄📶) Immer mal wieder stößt man auf ein Hotel, in dem ohne viel Anstrengung alles zu stimmen scheint; das Ashley Inn ist so eins. Nur Sekunden vom Chaos der MG Rd entfernt, bietet diese reizende Pension mit acht freundlichen Zimmern in beruhigenden Farben die anheimelnde Atmosphäre, die man auf Reisen manchmal so vermisst.

Tom's HOTEL $$
(Karte S. 172; ☎25575875; 1/5 Hosur Rd; EZ/DZ inkl. Frühstück ab 1199/1399 ₹; ❄📶) Das fröhliche Tom's ist wegen seiner günstigen Preise schon lange beliebt: Hier kann man für einen Apfel und ein Ei mitten in der Stadt übernachten. Seit unserem letzten Besuch gab es ein paar Sparmaßnahmen, aber die Zimmer sind geräumig, die Bettwäsche ist makellos und das Personal professionell. Die nach Norden gehenden Zimmer sind am besten, denn sie haben Balkone.

Villa Pottipati HISTORISCHES HOTEL $$
(☎23360777; www.neemranahotels.com; 142 8th Cross, 4th Main, Malleswaram; EZ/DZ inkl. Frühstück ab 4000/4500 ₹; ❄@🏊) Dieses historische Gebäude, das ein wenig abseits vom Zentrum liegt, war einst die Gartenvilla einer ausgewanderten Familie aus Andhra Pradesh. Natürlich wimmelt es hier von zahlreichen Erinnerungsstücken, die in den Räumen verteilt sind. Zum altmodischen Flair tragen auch Elemente wie die alten Himmelbetten und die Bogentore bei, und das gesamte Ambiente gewinnt durch einen Garten mit zeitlosen Bäumen, jahreszeitlichen Blüten und einem kleinen Pool.

Hotel Ajantha HOTEL $
(Karte S. 172; ☎25584321; www.hotelajantha.in; 22A MG Rd; EZ/DZ ab 475/750, DZ mit Klimaanlage ab 999 ₹; ❄) Alte indische Tourismusposter und bergeweise Topfpflanzen begrüßen Gäste in diesem alten Hotel abseits der MG Rd. Die unterschiedlichen Zimmer auf dem halbwegs ruhigen Gelände sind so, wie man es bei dem Preis erwarten kann. Weil es so spottbillig ist, ist das Ajantha bei Budgetreisenden unglaublich beliebt, also lange im Voraus buchen!

Tricolour Hotel HOTEL $$
(Karte S. 174; ☎41279090; www.ibchotels-resorts.com; 15 Tank Bund Rd; EZ/DZ 1300/1600 ₹; ❄@) Dieses Pseudo-Boutiquehotel ist die erste Wahl, wenn man einigermaßen komfortabel übernachten und dabei in der Nähe des Busbahnhofs und des Bahnhofs bleiben will. Es ist zugleich elegant und modern und hat penibel eingerichtete Zimmer und fröhliche Foyers mit Oberlichtern. Nebenan in der glitzernden Mall gibt's die berühmten Brathähnchen von Col Sanders.

JP Cordial HOTEL $$
(Karte S. 174; ☎40214021; www.jpcordial.com; 68 SC Rd; DZ inkl. Frühstück Inder/Ausländer ab 3600 ₹/95 US$; ❄@) Das recht angenehme

Businesshotel im Designerstil, das unweit vom verrückten Tumult der SC Rd liegt, entspricht den Standards eines Luxushotels, und die liebenswerten Angestellten kümmern sich jederzeit um die Wünsche ihrer Gäste. Eines der besseren Mittelklassehotels in diesem Teil der Stadt.

Casa Piccola Service Apartments HOTEL **$$**
(Karte S. 172; ☎22270754; www.casapiccola.com; Wellington Park Apartments, Wellington St; Zi ab 2400 ₹; ❄) Eines der vielen schicken Apartments mit Service der Stadt. Die geschmackvoll in Pastelltönen dekorierten, gut ausgestatteten Apartments mit zwei oder drei Schlafzimmern befinden sich in einem Wohnkomplex und warten mit allen Annehmlichkeiten auf. Sie gehören der Oberoi-Familie, die auch das Casa Piccola Cottage auf der anderen Straßenseite betreibt.

Ista Hotel HOTEL **$$$**
(außerhalb der Karte S. 172; ☎25558888; www.istahotels.com; 1/1 Swami Vivekananda Rd, Ulsoor; DZ ab 8099 ₹; ❄@≋) Der Name bedeutet „heiliger Ort", und das Ista liefert eine angenehme Unterkunft in einem kühlen, minimalistischen Stil. Die etwas kleinen, aber eleganten Zimmer mit extra großen Fenstern bieten weite Blicke über den Ulsoor Lake. Die Bar und das Restaurant, das auf den Dachpool hinausgeht, sind toll, und das Spa verwöhnt seine Gäste mit diversen Behandlungen, die bei etwa 1300 ₹ losgehen.

Hotel Empire International HOTEL **$$**
(Karte S. 176; ☎25593743; www.hotelempire.in; 36 Church St; EZ/DZ inkl. Frühstück ab 1550/1850 ₹; ❄@) Das Empire steht für Beständigkeit. Die hellen, luftigen Zimmer sind sauber und gepflegt, die Rezeption ist professionell und höflich und die Atmosphäre insgesamt so fröhlich wie bei unseren früheren Besuchen. Angesichts der Lage im Zentrum des Geschehens und des Nachtlebens liegt man mit diesem Hotel garantiert richtig.

Monarch HOTEL **$$**
(Karte S. 176; ☎25591915; www.monarchhotels.in; 54 Brigade Rd; EZ/DZ inkl. Frühstück ab 2500/3500 ₹; ❄ᯤ) Ganz ehrlich, eine Nacht im Monarch müsste eigentlich doppelt so viel kosten. Aber das behält man lieber für sich, relaxt in einem der super komfortablen Zimmer und nutzt einfach die zahllosen Annehmlichkeiten (kostenloses WLAN, rund um die Uhr geöffneter Wechselschalter, Kurierservice und ein Dutzend andere). Danach kann man sich entspannt ins wilde Nachtleben der Stadt stürzen.

Brindavan Hotel HOTEL **$**
(Karte S. 176; ☎25584000; 108 MG Rd; EZ/DZ ab 750/900 ₹; ❄) Diese Budgetunterkunft, die sehr praktisch in der Nähe der Hauptstraße von Bengaluru liegt, ist ständig ausgebucht; man muss schon lange im Voraus anrufen, um eines der schlichten und charakterlosen, aber sauberen und luftigen Zimmer abzukriegen. Für Interessierte gibt's im Haus einen Wahrsager, der auch aus der Hand liest.

Hotel Adora HOTEL **$**
(Karte S. 174; ☎22200024; 47 SC Rd; EZ/DZ ab 425/650 ₹) Recht große und beliebte Budgetbleibe in der Nähe der Bahnhöfe mit schnörkellosen Zimmern und sauberen Laken. Unten ist das Indraprastha, ein gutes vegetarisches Restaurant. Reservierung nur persönlich.

The Park HOTEL **$**
(außerhalb der Karte S. 172; ☎25594666; 14/7 MG Rd; EZ/DZ inkl. Frühstück ab 15000/16000 ₹) Ein protziges Designerhotel mit Unmengen Glitzer und Glamour. Hier befindet sich auch das renommierte italienische Restaurant **i-t.ALIA.**

Essen

Bengalurus abenteuerlustige kulinarische Szene hält mit den Launen und wachsenden Ansprüchen der hungrigen, gut betuchten Massen Schritt. Wenn nichts anderes erwähnt ist, sind alle Restaurants von 12 bis 15 und von 19 bis 23 Uhr geöffnet. Am besten reserviert man unter den angegebenen Telefonnummern vorher einen Tisch.

Falls die Regierung Karnatakas ein viel diskutiertes Gesetz gegen das Schlachten von Kühen verabschiedet, könnte Rindfleisch von den Karten vieler Restaurants der mittleren Preisklasse verschwinden.

RUND UM DIE MG ROAD

LP TIPP **Karavalli** SEAFOOD **$$$**
(Karte S. 176; ☎66604545; The Gateway Hotel; 66 Residency Rd; Hauptgerichte 450–500 ₹) Das Arabische Meer ist zwar 500 km weit weg, doch man muss nur in dieses großartige Restaurant kommen, um Indiens beste Meeresfrüchte zu genießen. Das Lokal ist wie ein Dorf am Meer gestaltet und mit einer stilvollen Mischung aus Strohdächern und traditionellen Holzbal-

ken eingerichtet. Das saftige *balchao* ist ein ewiger Favorit, ebenso wie die feurigen Fischköstlichkeiten aus Mangalore. Und zum Dessert gibt es die göttliche *bebinca* mit Vanilleeis.

Oye! Amritsar NORDINDISCH $$
(Karte S. 176; 4. Stock, Asha Enclave, Church St; Hauptgerichte 150–180 ₹) Lust auf gute alte Punjabi-Gerichte in Südindien? Hier gibt es sie alle. Das Restaurant im *dhaba*-Stil mit schicker, aufgemotzter Dekoration serviert leckere Gerichte aus den Nordstaaten, zu denen am besten ein Glas des Joghurt-Getränks Lassi passt.

The Only Place STEAK $$
(Karte S. 176; 13 Museum Rd; Hauptgerichte 200–220 ₹) Saftige Steaks, kräftige Burger und der klassische Shepherd's Pie – nirgends sind sie besser als in diesem alteingesessenen Restaurant, das viele Stammgäste unter den hier lebenden Ausländern hat. Es ist allerdings kein guter Ort für ein Gespräch, dafür sind alle viel zu sehr mit dem Essen beschäftigt.

Queen's Restaurant INDISCH $
(Karte S. 176; Church St; Hauptgerichte 80–100 ₹) In diesem renommierten Lokal gibt es schnelle und geschmackvolle indische Happen, z. B. eine Auswahl an Gerichten mit Gemüse und Dhal, die mit lockeren, heißen *chapati* serviert werden. Das Innere ist rustikal, gemalte Motive schmücken die erdigen Wände.

Ebony INTERNATIONAL $$
(Karte S. 176; ☎41783344; 13. Stock, Barton Centre, 84 MG Rd; Hauptgerichte 150–180 ₹) Hier gibt's das beste Parsi-Essen der Stadt und einige köstliche französische, indische und Thai-Gerichte. Die Einrichtung ist stilvoll und die Lage auf dem Dach himmlisch.

Palm Grove SÜDINDISCH $
(Ballal Residency, 74/3 3rd Cross, Residency Rd; Hauptgerichte 80–100 ₹; ⏲7–22. 30 Uhr) Eines der besten Restaurants im Central District mit authentischem südindischen Essen wie *dosas*, *vadas* und mehrgängigen Thalis.

ANDERSWO

LP TIPP **Mavalli Tiffin Rooms** SÜDINDISCH $
(MTR; Karte S. 174; Lalbagh Rd; Hauptgerichte 40–60 ₹; ⏲6.30–11, 12.30–14.45, 15.30–19.30 & 20–21.30 Uhr) Das gemeinhin MTR genannte Restaurant ist für seine südindische Hausmannskost legendär und steht bei den Einwohnern von Bengaluru seit 1924 hoch im Kurs. Man geht hinauf in den Speisesaal und stellt sich an, bis man einen Tisch bekommt. Dann bewundert man die alten Bilder südindischer Schönheiten, die in Rauchglas radiert sind, während die Kellner einem das leckere regionale Essen bringen. Gekrönt wird das Mahl von schäumendem Filterkaffe in silbernen Kannen. Eine für Bengaluru typische Erfahrung, die man nicht verpassen sollte!

Caperberry EUROPÄISCH $$
(Karte S. 172; ☎25594567; 121 Dickenson Rd; Hauptgerichte 240–270 ₹) Die gekonnte Kombination aus europäischer Schlichtheit und glitzernder südindischer Golddekoration sorgt in diesem schicken, auf die spanische Küche spezialisierten Restaurant für ein elegantes Ambiente. Paella oder Birnen- und Spargelsalat? Die Karte bietet eine große Auswahl, dazu passt meistens Sangria.

Windsor Pub INTERNATIONAL $$
(7 Kodava Samaja Bldg, 1st Main Vasanthnagar; Hauptgerichte 220–280 ₹) Das großartige Filetsteak, das in diesem relaxten Lokal in der Nähe des Bengaluru-Palastes serviert wird, würden sich wohl viele Feinschmecker als Henkersmahl wünschen. Auch die leckeren gebratenen Fische aus Mangalore und das scharfe *pandhi*-(Schweinefleisch-) Masala aus den Hügeln von Kodagu sind sehr gut. Das Bier fließt in Strömen aus dem Hahn, während sich die Gäste vergnügt vollstopfen.

Harima JAPANISCH $$
(außerhalb der Karte S. 172; ☎41325757; 4. Stock, Devatha Plaza, Residency Rd; Hauptgerichte 250–280 ₹) Tempura, Sashimi, Sushi und ein erfrischender Schluck Sake: In diesem minimalistisch eingerichteten Restaurant gibt es vor allem leckere japanische Standardgerichte. Es dürfte zu den unterschätztesten Orten der Stadt gehören, doch wer hier gegessen hat, empfiehlt es garantiert weiter.

Olive Beach MEDITERRAN $$$
(Karte S. 172; ☎41128400; 16 Wood St, Ashoknagar; Hauptgerichte 350–400 ₹) In einer eleganten Villa im noblen Ashoknagar befindet sich dieses fantastische Restaurant für wunderbare Abendessen. Das Essen weckt Erinnerungen an die sonnige Toskana und andere Orte am Mittelmeer. Möchte jemand eine Pizza mit Spinat und Ziegenkäse? Oder Risotto mit Blumenkohl und Wurst? Auch die Ravioli mit geröstetem Kürbis und Salbei haben etliche Fans.

Sunny's ITALIENISCH $$
(Karte S. 172; ☎41329366; 34 Vittal Mallya Rd; Hauptgerichte 280–300 ₹) Die Kombination aus Käse und Olivenöl sorgt für mediterrane Wohlgerüche, die den Gästen in diesem beliebten, auf italienische Küche spezialisierten Restaurant das Wasser im Mund zusammenlaufen lassen. Es gibt eine große Auswahl an Pasta, Pizzas, Salaten und Desserts, die bei den in der Stadt lebenden Ausländern ein großer Erfolg sind.

Barbeque Nation MUGHLAI $$
(100Ft Rd, Indiranagar; Mahlzeiten 450 ₹) Gute Nachrichten für Kebab-Fans: Dieses stilvolle Lokal hat scheinbar endlose Vorräte der gegrillten Fleischleckereien. Die Mahlzeiten beinhalten unbegrenzte Portionen des täglich wechselnden Tagesmenüs. Und das Fleisch wird direkt am Tisch auf Wunsch zubereitet! Hier sollte man reinhauen, bis man nicht mehr kann.

Gramin INDISCH $$
(☎41104104; 20, 7th Block Raheja Arcade, Koramangala; Hauptgerichte 140–160 ₹) In diesem sehr beliebten vegetarischen Restaurant gibt es eine große Auswahl köstlicher nordindischer Gerichte. Empfehlenswert ist das tolle Angebot an Linsengerichten, die mit ofenfrischen *roti* oder vegetarischen Kebabs am besten schmecken.

Ausgehen

BARS & LOUNGES

Trotz des unerschütterlichen Rufs Bengalurus als Stadt, in der man sich stilvoll besaufen kann, müssen die Kneipen und Diskos nach den örtlichen Gesetzen schon um 23.30 Uhr schließen (geöffnet wird meistens um 19.30 Uhr). Angesicht der großen Auswahl schicker Bars kann man sich aber in dieser Original-Bierstadt Indiens in eine feurige Kneipentour stürzen. Die angesagtesten Nachtclubs verlangen in der Regel einen Grundpreis von ca. 1000 ₹ pro Paar, er wird aber oft mit Getränken oder Speisen verrechnet.

LP TIPP **Koshy's Bar & Restaurant** BAR
(Karte S. 176; 39 St Mark's Rd; ⏲9–23.30 Uhr) Es heißt, die Hälfte aller Gerichtsverfahren in Bengalaru wird an den kippligen Tischen des Koshy's diskutiert, und viele knallharte Zeitungsartikel werden hier bei einem dampfenden Kaffee geschrieben. Seit Jahrzehnten stillt die lebhafte und fröhliche Kneipe den Durst der Intelligenz der Stadt, und zwischen den hitzigen Diskussionen gibt es Pints und klassische britische Mahlzeiten (Hauptgerichte 170–200 ₹).

Plan B KNEIPE
(Karte S. 172; 20 Castle St, Ashoknagar) Schon die Poster im robusten Inneren dieses coolen Pubs machen klar, dass es hier in erster Linie ums Biertrinken geht. Bei dieser erfreulichen Beschäftigung helfen zahlreiche leckere Kleinigkeiten, von Erdnuss-Masala bis zu Schweinefleischtellern, und die zeitlose Musik (Wer erinnert sich noch an „My Shirona"?). An Formel-1-Tagen wimmelt es hier von Motorsportfans.

Shiro BAR
(Karte S. 172; UB City) In der kultivierten Bar mit ihrem eleganten Interieur, das mit kunstvollen Buddha-Büsten und *apsara*-Figuren dekoriert ist, kann man sich stilvoll betrinken. Die Gäste sind vom vorbildlichen Cocktail- und Getränkeangebot hellauf begeistert und bekämpfen ihren Kater von Samstagnacht oft, indem sie am Sonntag zum Brunch wiederkommen.

B Flat BAR
(100ft Rd, Indiranagar) In der Kneipe und Jazzbar treten oft einige der besten indischen Bands live auf, und jeder Jazz- und Bluesfan der Stadt hat das B Flat auf dem Plan. Der Eintritt kostet 200 ₹, dafür gibt's stimmungsvolle Gitarrensolos.

13th Floor BAR
(Karte S. 176; 13. Stock, Barton Centre, 84 MG Rd) Wer einen Platz auf der Terrasse erwischen will, wo einem ganz Bengaluru zu Füßen liegt, sollte zeitig da sein. Die Atmosphäre ist die einer entspannten Cocktailparty und es gibt eine gute Auswahl an Retro-Musik.

Beach BAR
(100ft Rd, Indiranagar) Nicht bis Goa gekommen? Dann sollte man zumindest diese coole Beach-Lounge besuchen und den Sand zwischen den Zehen spüren, während man zu toller Musik tanzt. Frauen trinken mittwochs umsonst, und bei gelegentlichen Quizabenden kann man mit seinem Wissen protzen.

CAFÉS & TEEHÄUSER

Überall in Bengaluru gibt es gute Cafés, die zu Ketten gehören. Solche wie das **Café Coffee Day** (Karte S. 176; Brigade Rd; ⏲8–23.30 Uhr) und das **Barista** (Karte S. 172; 40 St Mark's Rd; ⏲8–23.30 Uhr) haben in der ganzen Stadt

Filialen. Wer mal etwas anderes ausprobieren will, sollte es hier versuchen:

LP TIPP **Matteo** CAFÉ
(Karte S. 176; Church St; ⌚9–23 Uhr) Bengalurus hippstes und neuestes Café serviert erstklassige Kaffees und Tees (etwa aromatischen grünen Tee) und kleine Gerichte wie Pasta mit Krabben und Penne und Hühnchenbaguettes, die richtig satt machen. Der coolste Ort für ein Rendezvous im Stadtzentrum.

Infinitea CAFÉ
(Karte S. 172; 2 Shah Sultan Complex, Cunningham Rd; ⌚9–23 Uhr) Der Service lässt hier zwar manchmal etwas zu wünschen übrig, doch der dampfende Tee macht alles wieder wett, wenn er dann kommt. Auf der Karte stehen klassische Tees von den besten Teeplantagen und einige ausgefallenere Kreationen wie Schokoladen-Tee-Milchshakes.

☆ Unterhaltung

KINO

Filme in englischer Sprache sind beliebt, und Karten kosten zwischen 150 und 300 ₹, je nach Kino und Tageszeit.

INOX KINO
(☎41128888; www.inoxmovies.com; 5. Stock, Garuda Mall, Magrath Rd) Zeigt neue Bollywoodstreifen und Filme aus dem Westen.

PVR Cinema KINO
(☎22067511; www.pvrcinemas.com; Forum, 21 Hosur Rd) Ein Megakino mit elf Leinwänden, das indische und internationale Filme zeigt.

Nani Cinematheque KINO
(☎22356262; 5. Stock, Sona Tower, 71 Millers Rd) Hier laufen freitags, samstags und sonntags indische und europäische Filmklassiker.

SPORT

Bengalurus Pferdesportsaison dauert von November bis Februar und von Mai bis Juli. Einzelheiten erfährt man im **Bangalore Turf Club** (Karte S. 174; www.bangaloreraces.com; Racecourse Rd).

Um Indiens sportliche Leidenschaft aus der Nähe zu erleben, sollte man eines der regelmäßigen Cricketspiele im **M Chinnaswamy Stadium** (Karte S. 172; MG Rd) besuchen. Genauere Infos stehen auf www.cricketkarnataka.com.

THEATER

Ranga Shankara THEATER
(☎26592777; www.rangashankara.org; 36/2 8th Cross, JP Nagar) In diesem Kulturzentrum werden alle Arten interessanten Theaters unterschiedlicher Genres (in verschiedenen Sprachen) und Tanzaufführungen gezeigt.

Shoppen

Die Möglichkeiten zum Shoppen sind in Bengaluru schier endlos und reichen von wimmelnden Basaren bis zu glitzernden Malls. Gute Shopping-Gegenden sind u.a. die Commercial St (Karte S. 172), die Vittal Mallya Rd (Karte S. 172) und das Gebiet rund um die MG Rd.

UB City BEKLEIDUNG
(Karte S. 172; Vittal Mallya Rd; ⌚11–21 Uhr) Weltweite Haute Couture und hochwertige indische Mode gibt es in dieser gewaltigen Mall im Central District.

Cauvery Arts & Crafts Emporium SOUVENIRS
(Karte S. 176; 49 MG Rd; ⌚Mo–Sa 10–19 Uhr) Hat eine große Auswahl an Produkten aus Sandel- und Rosenholz und an Textilien.

Ffolio BEKLEIDUNG
(Karte S. 172; 5 Vittal Mallya Rd; ⌚10.30–20 Uhr) Eine gute Adresse für große indische Mode; eine Filiale befindet sich in der Leela Galleria (23 Airport Rd, Kodihalli).

Fabindia BEKLEIDUNG
(54 17th Main Koramangala; ⌚10–20 Uhr) Commercial St (Karte S. 172); Garuda Mall (McGrath Rd) In diesen Filialen gibt es das volle Angebot Fabindias an stilvoller Kleidung und Haushaltswäsche in traditionellen Baumwolldruck- und Seidenstoffen.

Magazines BUCHLADEN
(Karte S. 176; 55 Church St) Eine erstaunliche Auswahl internationaler Zeitschriften. Für ältere Ausgaben gibt es bis zu 70% Rabatt.

Blossom BUCHLADEN
(Karte S. 176; 84/6 Church St) Neue und Secondhand-Bücher zu tollen Preisen.

Bombay Store SOUVENIRS
(Karte S. 176; 99 MG Rd; ⌚10.30–20.30 Uhr) Geschenke von umweltfreundlicher Schönheitspflege bis zu Leinenwäsche.

Mysore Saree Udyog BEKLEIDUNG
(Karte S. 172; 1. Stock, 294 Kamaraj Rd; ⌚Mo–Sa 10.30–20.30 Uhr) Erstklassige Seidenstoffe und Saris in großer Auswahl.

Zu den guten Malls der Stadt gehören: **Garuda Mall** (Karte S. 172; McGrath Rd), **Forum** (Hosur Rd; Koramangala) und **Leela Galleria** (23 Airport Rd, Kodihalli).

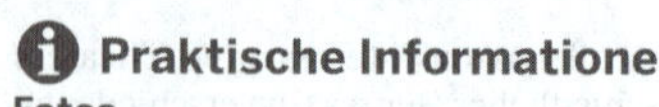

Praktische Informationen

Fotos

Was man für digitale Fotografie braucht, ist leicht zu finden.

GK Vale (89 MG Rd; ⌚Mo–Sa 10–19 Uhr) In diesem Fotoladen kann man alles bei einem Besuch erledigen.

Geld

Geldautomaten sind weit verbreitet.

Monarch (Karte S. 176; ☎41123253; 54 Monarch Plaza, Brigade Rd; ⌚Mo–Sa 10–20 Uhr) Wechseln ausländischer Währungen, Einlösung von Reiseschecks und Ticketbuchungen.

TT Forex (Karte S. 172; ☎22254337; 33/1 Cunningham Rd; ⌚Mo–Fr 9.30–18.30, Sa 9.30–13.30 Uhr) Geldwechsel und Einlösung von Reiseschecks.

Gepäckaufbewahrung

Am Hauptbahnhof („City", Karte S. 174) und am zentralen Busbahnhof (Karte S. 174) gibt es rund um die Uhr geöffnete Gepäckaufbewahrungen (10 ₹/Tag), wo man alles sicher verstauen kann.

Internetzugang

In der IT-Stadt Bengaluru gibt es zahlreiche Internetcafés, und viele Hotels haben WLAN-Zugang.

Das **Café Coffee Day** (Karte S. 172; Brigade Rd; ⌚8–23.30 Uhr) hat ein heißes Angebot für eine Stunde Internetzugang, Cappuccino und Kekse.

Karten & Stadtpläne

In den Touristeninformationen bekommt man ganz ordentliche Stadtpläne. Große Buchläden verkaufen die hervorragende *Eicher City Map* (200 ₹).

Medien

080 und *What's Up Bangalore* sind tolle Monatszeitschriften über das aktuelle gesellschaftliche Leben in Bengaluru. *Kingfisher Explocity Nights* (200 ₹) informiert über die besten Orte zum Feiern. Alle drei bekommt man in größeren Buchläden.

Medizinische Versorgung

Die meisten Hotels haben einen Bereitschaftsarzt.

Hosmat (Karte S. 172; ☎25593796; www.hosmatnet.com; 45 Magrath Rd) Für ernsthafte Verletzungen und andere allgemeine Krankheiten.

Mallya Hospital (Karte S. 172; ☎22277979; www.mallyahospital.net; 2 Vittal Mallya Rd) Hat eine rund um die Uhr geöffnete Apotheke und einen Notfalldienst.

Post

Hauptpost (Karte S. 172; Cubbon Rd; ⌚Mo–Sa 10–19, So 10–13 Uhr)

Reisebüros

Skyway (Karte S. 172; ☎22111401; www.skywaytour.com; 8 Papanna Lane, St Mark's Rd; ⌚Mo–Sa 9–18 Uhr) Ein durch und durch professionelles Unternehmen mit einer Filiale in Mysore. Die Büros sind zuverlässig für Buchungen von Taxis für lange Entfernungen und für Flugtickets.

STIC Travels (Karte S. 172; ☎22202408; www.stictravel.com; G5 Imperial Ct, 33/1 Cunningham Rd; ⌚Mo–Sa 9.30–18 Uhr) Ticketbuchungen, Fahrzeuge, Hotels und Urlaubspakete.

WICHTIGE BUSVERBINDUNGEN AB BENGALURU

ZIEL	PREIS (₹)	DAUER (STD.)	HÄUFIGKEIT
Chennai	274 (R)/472 (V)	7-8	15-mal tgl.
Ernakulam	484 (R)/598 (V)	10-12	7-mal tgl.
Hampi	316 (R)	8½	1-mal tgl.
Hospet	306 (R)/381 (V)	8	6-mal tgl.
Hyderabad	432 (R)/736 (V)	10-12	10-mal tgl.
Jog Falls	321 (R)	9	1-mal tgl.
Mumbai	1059 (V)	19	4-mal tgl.
Mysore	136 (R)/247 (V)	3	alle 30 Min.
Ooty	262 (R)/357 (V)	8	8-mal tgl.
Panaji	473 (R)/779 (V)	12-14	4-mal tgl.
Puttaparthi	71 (R)/185 (V)	4	3-mal tgl.

R – Rajahamsa Semideluxe, V – Airavath AC Volvo

TÄGLICHE FLÜGE AB BENGALURU

ZIEL	PREIS (₹)	DAUER (STD.)
Ahmedabad	3200	2
Chennai (Madras)	2300	1
Delhi	3700	2½
Goa	2600	1
Hyderabad	2400	1
Kochi	2300	1½
Kolkata (Kalkutta)	3500	3
Mangalore	2300	1
Mumbai (Bombay)	3000	2
Pune	2600	1½
Trivandrum	3300	1½

Touristeninformation

Government of India Tourist Office (Karte S. 176; ☎25585417; 48 Church St; ⏲Mo–Fr 9.30–18, Sa 9–13 Uhr)

Karnataka State Tourism Development Corporation (KSTDC); Badami House (Karte S. 174; ☎43344334; Badami House, Kasturba Rd; ⏲Mo–Sa 10–19 Uhr); Karnataka Tourism House (Karte S. 172; ☎41329211; 8 Papanna Lane, St Mark's Rd; ⏲Mo–Sa 10–19 Uhr). Hier kann man Stadtrundfahrten und Bustouren durch Karnataka buchen sowie Luxusferien wie im „Golden Chariot".

Karnataka Tourism (Karte S. 174; ☎22352828; 2. Stock, 49 Khanija Bhavan, Racecourse Rd; ⏲Mo–Sa 10–17.30 Uhr)

 An- & Weiterreise

Bus

Bengalurus riesiger, gut organisierter **zentraler Busbahnhof** (Karte S. 174; Gubbi Thotadappa Rd), der auch **Majestic** genannt wird, liegt direkt vor dem Hauptbahnhof. Busse der **Karnataka State Road Transport Corporation** (KSRTC; www.ksrtc.in) fahren nach ganz Karnataka und in die Nachbarstaaten. Weitere Busunternehmen, die in andere Bundesstaaten fahren, sind:

Andhra Pradesh State Road Transport Corporation (APSRTC; www.apsrtc.gov.in)

Kadamba Transport Corporation (☎22351958, 22352922) Busse nach Goa.

Maharashtra State Road Transport Corporation (MSRTC; www.msrtc.gov.in)

Tamil Nadu State Transport Corporation (SETC; www.tnstc.in)

Für die meisten Busse gibt's im Busbahnhof eine computergestützte Fahrkartenreservierung. **KSRTC** (Karte S. 172; Devatha Plaza, Residency Rd) hat auch günstig zu erreichende Buchungsschalter in der Stadt, darunter einen an der Devantha Plaza. Fahrten über lange Entfernungen sollte man im Voraus buchen.

Zahlreiche private Busunternehmen bieten komfortablere und nur wenig teurere Busverbindungen an. Ihre Büros säumen die Straße gegenüber vom zentralen Busbahnhof, Fahrten kann man aber auch bei Reisebüros buchen.

Wichtige KSRTC-Busverbindungen von Bengaluru stehen im Kasten auf S. 182.

Flugzeug

Die Büros der Fluggesellschaften sind in der Regel von Montag bis Samstag von 9 bis 17.30 Uhr geöffnet. Es gibt u. a. folgende Stadtbüros und 24 Stunden erreichbare Hotlines von Inlandsfluggesellschaften, die Bengaluru anfliegen:

GoAir (☎9223222111; www.goair.in)

Indian Airlines (Karte S. 174; ☎22277747; www.indian-airlines.nic.in; Unity Bldg, JC Rd)

IndiGo (☎9910383838; www.goindigo.in)

Jet Airways (Karte S. 174; ☎39893333, 39899999; www.jetairways.com; Unity Bldg, JC Rd)

Kingfisher Airlines (Karte S. 172; ☎18002333131, 41148190; www.flykingfisher.com; 35/2 Cunningham Rd)

SpiceJet (☎18001803333; www.spicejet.com)

Zug

An Bengalurus **Hauptbahnhof** („City", Karte S. 174; Gubbi Thotadappa Rd) kann man auch Fahrkarten reservieren. Am **Bahnhof Cantonment** (Station Rd) steigt man aus, wenn man in die Gegend um die MG Rd will, und vom **Bahnhof Yeshvantpur** (Rahman Khan Rd), der 8 km nordwestlich vom Zentrum liegt, fahren die Züge nach Goa.

Wenn ein Zug ausgebucht ist, können ausländische Reisende die Quote für ausländische Touristen nutzen. Man kauft ein Wartelistenticket und füllt dann im Gebäude des **Divisional Railway Office** (Karte S. 174; Gubbi Thotadappa Rd) direkt nördlich vom Hauptbahnhof ein Formular aus. Etwa zehn Stunden vor Abfahrt des Zuges erfährt man, ob man einen Platz bekommt (die Chancen stehen gut), wenn nicht, bekommt man den Ticketpreis zurück. Das computergestützte **Zugeservierungsbüro**(KarteS. 174; ☎139; ⏲Mo–Sa 8–20, So 8–14 Uhr) ist rechts, wenn man aus dem Bahnhof kommt, und hat verschiedene Schalter für Kreditkartenzahlung, Frauen und Ausländer. Gepäck kann man am Hauptbahnhof in der rund um die Uhr geöffneten Gepäckaufbewahrung auf Bahnsteig 1 lassen (10 ₹/Tag & Gepäckstück).

Infos zu wichtigen Zugverbindungen stehen im Kasten unten.

Unterwegs vor Ort

Autorickscha

Die Fahrer der Autorikschas müssen per Gesetz ihr Taxameter einschalten, doch nur wenige halten sich daran. Nach 22 Uhr werden 50 % auf den Taxameterpreis aufgeschlagen. Der Grundpreis beträgt 17 ₹ für die ersten 2 km, für jeden weiteren Kilometer werden 9 ₹ fällig.

Bus

Bengaluru hat ein umfangreiches städtisches Busnetz, das von der **Bangalore Metropolitan Transport Corporation** (BMTC; www.bmtcinfo.com) betrieben wird. Die roten, klimatisierten Vajra-Busse fahren kreuz und quer durchs Zentrum, die grünen Big10-Deluxe-Busse fahren in die Vororte. Normale Busse starten am zentralen Busbahnhof neben dem Majestic, ein paar fahren auch vom Busbahnhof am City Market (Karte S. 174) weiter südlich ab.

Um vom Hauptbahnhof in die Gegend der MG Rd zu kommen, nimmt man am zentralen Busbahnhof jeden Bus von Bahnsteig 17 oder 18. Zum City Market fahren die Busse 31, 31E, 35 und 49 von Bahnsteig 8.

Vom/Zum Flughafen

Der schicke **Flughafen** (☎66782251; www.bengaluruairport.com) ist in Hebbal, etwa 40 km nördlich vom Gebiet um die MG Rd. Prepaid-Taxis fahren vom Flughafen ins Stadtzentrum (700 ₹). Man kann auch den stündlichen klimatisierten Shuttlebus von Vayu Vajra zum Majestic oder zur MG Rd (180 ₹) nehmen.

Metro

Bengalurus schicke neue Metro mit Klimaanlage stand zum Redaktionsschluss kurz vor der Eröffnung. Die Züge sollen alle vier Minuten fahren und die Fahrt nur wenig mehr als eine Busfahrt kosten. Damit dürfte die Metro eine begrüßenswerte Alternative zum bisherigen überlasteten Nahverkehr der Stadt sein. Die aktuellsten Infos zur Metro gibt's auf der Seite www.bmrc.co.in.

Taxi

Verschiedene Unternehmen in Bengaluru bieten Miettaxis mit Fahrer an. Die Standardpreise

WICHTIGE ZUGVERBINDUNGEN AB BENGALURU

ZIEL	ZUGNR. & -NAME	PREIS (₹)	DAUER (STD.)	ABFAHRT
Chennai	12658 *Chennai Mail*	193/655	6	22.45 Uhr
	12028 *Shatabdi*	510/1105	5	Mi–Mo 6 Uhr
Delhi	12627 *Karnataka Exp*	546/2070	39	19.20 Uhr
	12649 *Sampark Kranti Exp*	536/2020	35	Mo, Mi, Fr–So 22.10 Uhr
Hospet	16592 *Hampi Exp*	191/725	9½	21 Uhr
Hubli	16589 *Rani Chennamma Exp*	203/745	8	21.15 Uhr
Kolkata	12864 *YPR Howrah Exp*	508/1900	35	19.35 Uhr
Mumbai	16530 *Udyan Exp*	363/1375	24	19.50 Uhr
Mysore	12007 *Shatabdi*	305/590	2	Mi–Mo 11 Uhr
	12614 *Tippu Exp*	62/225	2½	15 Uhr
Trivandrum	16526 *Kanyakumari Exp*	325/1217	22	21.40 Uhr

Shatabdi-Preise gelten für Chair Class/Executive Class; Express- und Mailpreise gelten für 2. Klasse/Chair Class in tagsüber verkehrenden Zügen und für Sleeper Class/2AC in Nachtzügen.

für einen Tata Indica für lange Entfernungen sind 7 ₹ pro Kilometer bei mindestens 250 km sowie eine tägliche Aufwandsentschädigung von 150 ₹ für den Fahrer. Für ein Miettaxi für acht Stunden muss man mit um die 1200 ₹ rechnen. Luxustaxis von Renault kosten 60 ₹ für 4 km und 15 ₹ für jeden weiteren Kilometer. Man kann es z. B. bei **Meru Cabs** (☎44224422) oder **Skyway** (☎22111401) versuchen.

Rund um Bengaluru

HESSARAGHATTA

In Hessaraghatta, 30 km nordwestlich von Bengaluru, befindet sich die führende Tanzakademie **Nrityagram** (☎080-28466313; www.nrityagram.org; ⌚Di–So 10–14 Uhr), die 1990 gegründet wurde, um den klassischen indischen Tanz wiederzubeleben und ihn populärer zu machen.

Die Akademie ist das geistige Kind und das lebendige Erbe der gefeierten Tänzerin Protima Gauri Bedi (1948–1998). Der Komplex wurde vom in Goa lebenden Architekten Gerard da Cunha in Form eines Dorfes entworfen. Für begabte Schüler werden Langzeitkurse angeboten, und sonntags werden die einheimischen Kinder kostenlos unterrichtet. Besichtigungen auf eigene Faust kosten 20 ₹, man kann aber auch eine Führung mit Vortrag, Tanzvorführung und vegetarischer Mahlzeit buchen (1250 ₹, min. 12 Pers.).

Das **Taj Kuteeram** (☎080-28466326; www.tajhotels.com; B 4000 ₹; ❄@) gegenüber vom Dorf ist ein Hotel, das Komfort mit rustikalem Charme verbindet. Es bietet auch Ayurveda- und Yogastunden an.

Our Native Village (☎080-41140909; www.ournativevillage.com; EZ/DZ inkl. VP 5000/6800 ₹; ≋) ist ein umweltfreundlicher Biobauernhof und ein Resort. Hier kann man sich stilvoll erholen, während man sich mit so vergnüglichen Dingen wie Drachensteigen, Ochsengespanne lenken und Kühe melken beschäftigt.

Vom City Market in Bengaluru fahren die Busse 253, 253D und 253E nach Hessaraghatta (25 ₹, 1 Std.), Bus 266 fährt weiter bis Nrityagram.

NANDI HILLS

Die **Nandi Hills** (Eintritt 5 ₹; ⌚6–22 Uhr), die 60 km nördlich von Bengaluru liegen und auf 1455 m ansteigen, waren einst die Sommerresidenz von Tipu Sultan. Heute sind sie das beliebteste Wochenendziel der Technikfreaks aus Bengaluru und damit samstags und sonntags vorhersehbar überfüllt. Dennoch, hier kann man sehr schön wandern, die Aussicht ist toll und es gibt zwei bemerkenswerte **Chola-Tempel**. Busse zu den Nandi Hills (50 ₹, 2 Std.) fahren vom zentralen Busbahnhof in Bengaluru.

JANAPADA LOKA FOLK ARTS MUSEUM

53 km südlich von Bengaluru liegt dieses **Museum** (Erw./Kind 10/5 ₹; ⌚9–17.30 Uhr), das sich der Bewahrung der ländlichen Kultur widmet und eine wunderbare Sammlung von Folkloreobjekten hat, darunter 500 Jahre alte Schattenpuppen, Festtrachten und Musikinstrumente. Busse nach Mysore (1 Std.) können Fahrgäste hier absetzen; man steigt 3 km hinter Ramnagar aus.

Mysore

☎0821 / 799 200 EW. / 707 M

Wer nicht in Mysore war, hat Südindien einfach nicht gesehen. So eingebildet, wie das auch klingen mag, ist es doch keine Übertreibung. Mysore, eine alte Stadt mit einem glorreichen Erbe, das mehr als 600 Jahre umfasst, ist einer der extravagantesten Orte Indiens. Es ist für sein schillerndes königliches Erbe, seine quirligen Märkte und seine freundliche Bevölkerung bekannt, doch es ist auch ein blühendes Zentrum der Produktion von erstklassiger Seide, Sandelholz und Weihrauch. Außerdem wirbt es mit seiner beträchtlichen Expertise in Yoga und Ayurveda und vermarktet diese beiden Gewerbe auch weltweit.

Der Bahnhof liegt nordwestlich vom Stadtzentrum, etwa 1 km von der Haupteinkaufsstraße entfernt, der Sayyaji Rao Rd. Der zentrale Busbahnhof ist in der Bengaluru-Nilgiri (BN) Rd. Der Maharaja's Palace befindet sich im Zentrum der lebhaften Viertel südöstlich vom Stadtzentrum. Der luftige Chamundi Hill ist ein von überall sichtbares Wahrzeichen der Stadt.

Geschichte

Mysore verdankt seinen Namen dem mythischen Mahisuru, einem Ort, wo der Dämon Mahisasura von der Göttin Chamundi getötet wurde. Die königliche Geschichte begann 1399, als die Wodeyear-Dynastie von Mysore gegründet wurde, die aber bis zur Mitte des 16. Jhs. im Dienst des Vijayanagar-Reiches stand. Mit dem Sturz der Vijayanagar im Jahr 1565 erklärten die Wodeyar ihre Unabhängigkeit, die sie – von

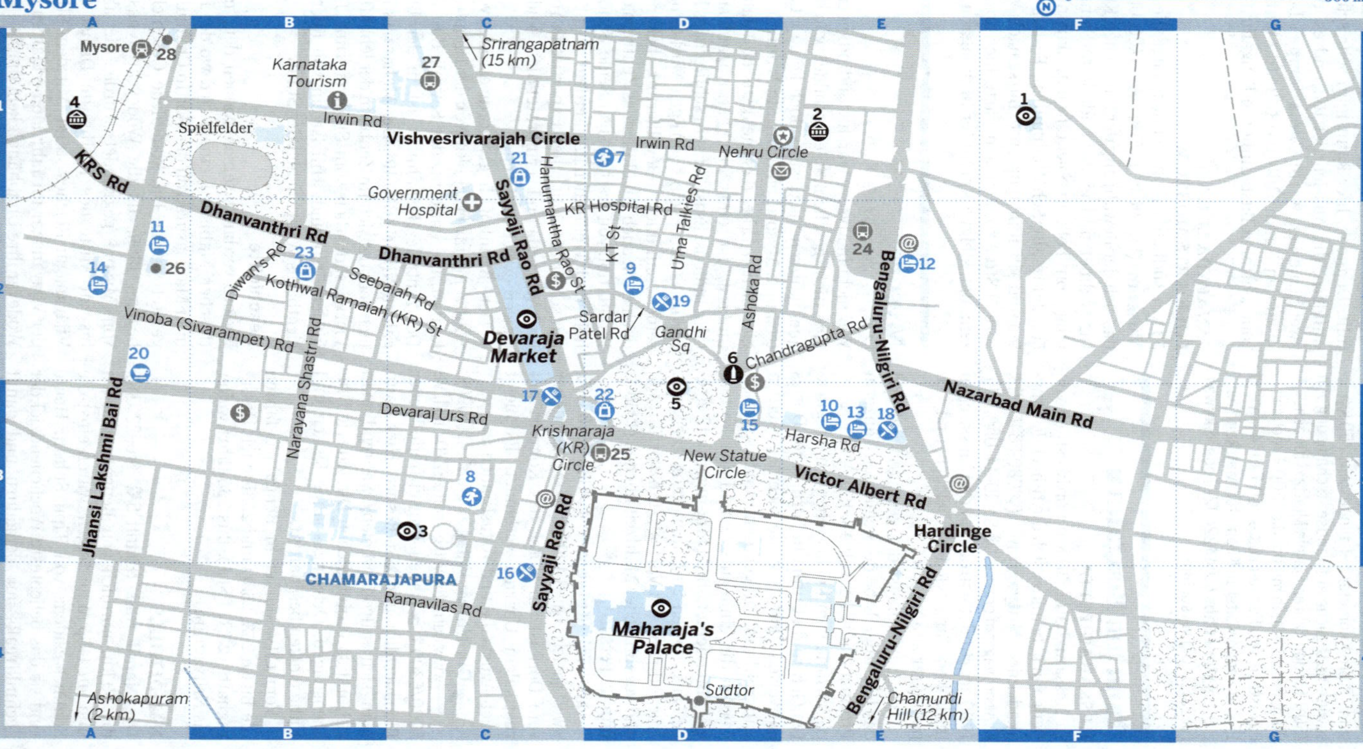
Mysore
0
500 m
Mysore
Karnataka Tourism
Srirangapatnam (15 km)
Spielfelder
Irwin Rd
Vishvesrivarajah Circle
Irwin Rd
Nehru Circle
KRS Rd
Government Hospital
Hanumantha Rao St
KR Hospital Rd
Uma Talkies Rd
KT St
Dhanvanthri Rd
Dhanvanthri Rd
Sayyaji Rao Rd
Diwan's Rd
Kothwal Ramaiah (KR) St
Seebaiah Rd
Ashoka Rd
Bengaluru-Nilgiri Rd
Vinoba (Sivarampet) Rd
Narayana Shastri Rd
Devaraja Market
Sardar Patel Rd
Gandhi Sq
Chandragupta Rd
Nazarbad Main Rd
Devaraj Urs Rd
Krishnaraja (KR) Circle
Harsha Rd
New Statue Circle
Victor Albert Rd
Hardinge Circle
Jhansi Lakshmi Bai Rd
Sayyaji Rao Rd
CHAMARAJAPURA
Ramavilas Rd
Maharaja's Palace
Bengaluru-Nilgiri Rd
Südtor
Ashokapuram (2 km)
Chamundi Hill (12 km)
1
2
3
4
5
6
7
8
9
10
11
12
13
14
15
16
17
18
19
20
21
22
23
24
25
26
27
28

Mysore

Highlights
Devaraja Market C2
Maharaja's Palace D4

Sehenswertes
1 Government House F1
2 Indira Gandhi Rashtriya Manav Sangrahalaya E1
Jaganmohan Palace .... (siehe 3)
3 Jayachamarajendra Art Gallery C3
4 Rail Museum A1
5 Rangacharlu Memorial Hall D3
6 Silver Jubilee Clock Tower D2

Aktivitäten, Kurse & Touren
7 Shruthi Musical Works D1
8 Sri Patanjala Yogashala C3

Schlafen
9 Hotel Dasaprakash D2
10 Hotel Maurya Residency E3
11 Hotel Mayura Hoysala A2
12 Pai Vista E2
13 Parklane Hotel E3
14 Royal Orchid Metropole A2
15 Viceroy D3

Essen
16 Café Aramane C4
17 Guru Sweet Mart C3
18 Hotel RRR E3
19 Hotel RRR D2
Parklane Hotel .... (siehe 13)
Tiger Trail .... (siehe 14)

Ausgehen
20 Café Coffee Day A2

Shoppen
21 Cauvery Arts & Crafts Emporium C1
22 Government Silk Factory Showroom D3
23 Sapna Book House B2
Shruthi Musical Works .... (siehe 7)

Transport
24 Zentraler Busbahnhof E2
25 City-Busbahnhof D3
26 Indian Airlines A2
27 Private Bushaltestelle C1
28 Zugreservierungsbüro A1

einer kurzen Periode der Übermacht Hyder Alis und Tipi Sultans im späten 18. Jh. mal abgesehen – bis 1947 bewahrten.

Sehenswertes

Maharaja's Palace PALAST
(www.mysorepalace.tv; Inder/Ausländer 20/200 ₹; ⌚10–17.30 Uhr) Dieser fantastische Palast, der zu den großartigsten königlichen Bauwerken Indiens zählt, war der frühere Sitz der Wodeyear-Maharadschas. Der alte Palast fiel 1897 einem Brand zum Opfer, der heutige wurde 1912 vom englischen Architekten Henry Irwin fertiggestellte und kostete 4,5 Mio. ₹.

Das Innere dieses indo-sarazenischen Traums, ein Kaleidoskop aus farbigem Glas, Spiegeln und knallbunten Farben, ist zweifellos übertrieben. Die Dekoration wird durch geschnitzte Holztüren, Mosaikfußböden und eine Reihe von Gemälden, die das Leben in Mysore während der edwardianischen Raj-Ära darstellen, ergänzt. Nicht verpassen sollte man die Waffenkammer mit einer beeindruckenden Sammlung von über 700 Waffen.

An allen Wochenenden, an nationalen Feiertagen und während des Dasara-Festivals wird der Palast von fast 100 000 Glühlampen beleuchtet, die sein majestätisches Profil vor dem Dunkel der Nacht noch betonen.

Von draußen darf man den Palast fotografieren, im Inneren ist das Fotografieren aber streng verboten. Fotoapparate müssen in Schließfächern (5 ₹) am Eingang des Palastes deponiert werden.

Auf dem Palastgelände wird auch eine geführte Audiotour durch den Palast in mehreren Sprachen angeboten. Sie ist im Preis des Tickets für Ausländer enthalten.

Devaraja Market MARKT
(Sayyaji Rao Rd; ⌚6–20.30 Uhr) Der fesselnde Devaraja Market aus der Regierungszeit Tipu Sultans ist ein lebhafter Basar, in dem sich das traditionelle und das moderne Indien treffen. Um den verfügbaren Platz kämpfen internationale Marken mit einheimischen Händlern, die traditionelle Dinge wie Blumengirlanden, Gewürze und kegelförmige Haufen *kumkum* (gefärbtes Pulver für die *bindi*-Punkte auf der Stirn) anbieten. Ihre einzigartige Koexistenz sorgt für tolle Fotomotive. Vor dem Shoppen sollte man sich im Feilschen üben!

Chamundi Hill
HEILIGE STÄTTE

Auf dem Gipfel des Chamundi Hill auf 1062 m steht der **Sri-Chamundeswari-Tempel** (⏲7–14 & 15.30–21 Uhr), der von einem 40 m hoch aufragenden *gopuram* (Eingangstor) dominiert wird. Er bietet tolle Aussichten auf die Stadt und eignet sich für einen schönen Halbtagsausflug. Bus 2010 (15 ₹, 30 Min.) rumpelt die schmale Straße zum Gipfel hinauf. Eine Hin- und Rückfahrt mit der Autorikscha kostet etwa 300 ₹.

Nach unten kann man auch den über 1000-stufigen Fußweg nehmen, auf dem Hindu-Pilger zum Tempel steigen. Nach einem Drittel des Weges hinab kommt man zu einer 5 m hohen **Nandi-Statue** (Shivas Reittier), die 1659 aus dem Fels gehauen wurde.

Jayachamarajendra Art Gallery
KUNSTGALERIE

(Jaganmohan Palace Rd; Erw./Kind 20/10 ₹; ⏲8.30–17 Uhr) Im **Jaganmohan Palace**, der gleich westlich vom Maharaja's Palace liegt und 1861 als königliches Auditorium gebaut wurde, befindet sich die Jayachamarajendra Art Gallery. Sie zeigt eine Sammlung kitschiger Objekte und königlicher Erinnerungsstücke, darunter seltene Musikinstrumente, japanische Kunst und Gemälde des bekannten Künstlers Raja Ravi Varma.

GRATIS Indira Gandhi Rashtriya Manav Sangrahalaya
MUSEUM

(National Museum of Mankind; www.igrms.com; Wellington Lodge, Irwin Rd; ⏲Di–So 10–17.30 Uhr) Dieses Museum ist in erster Linie ein Kultur- und Ausstellungszentrum, das Kunst aus dem ländlichen Indien zeigt. Das Zentrum veranstaltet hervorragende Wechselausstellungen und hat einen Souvenirshop. Außerdem organisiert es zweiwöchige Workshops für traditionelle Kunstformen, die öffentlich sind. Zur Zeit der Recherche wurde das Innere des Museums renoviert, doch die Arbeiten sollten inzwischen abgeschlossen sein. Auf keinen Fall darf man sich die tolle ständige Terrakotta-Ausstellung auf der Grünfläche vor dem Museum mit Exponaten aus dem ganzen Land entgehen lassen!

GRATIS Jayalakshmi Vilas Complex Museum
MUSEUM

(Campus der Mysore University; ⏲Mo–Sa 10–17.30 Uhr, jeden 2. Samstag geschl.) Dieses Museum, das sich in einer prächtigen Villa befindet, hat sich auf Folklore spezialisiert. Zu der fantastischen Sammlung gehören eine hölzerne Figur des zehnköpfigen Dämonen Ravana, Schattenpuppen aus Leder, ländliche Trachten und ein 300 Jahre alter Tempelwagen.

Rail Museum
MUSEUM

(KRS Rd; Erw./Kind 5/2 ₹, Foto/Video 10/25 ₹; ⏲Di–So 9.30–6.30 Uhr) Ein richtiges Juwel, das man nicht verpassen sollte! Das Open-Air-Museum hinter dem Bahnhof legt Zeugnis von den einstigen stilvollen Bahnfahrten der königlichen Familie ab.

DUSSEHRA-FESTIVAL

Das zehntägige Dussehra-Festival (regional „Dasara" geschrieben) im Oktober ist in Mysore ein rauschendes, karnevalartiges Fest. Jeden Abend wird der Maharaja's Palace dramatisch beleuchtet und die Stadt verwandelt sich in einen gigantischen Festplatz mit Konzerten, Tanzaufführungen, Sportvorführungen und kulturellen Veranstaltungen vor einem riesigen Publikum. Am letzten Abend werden die Feierlichkeiten in großem Stil beendet: Eine beeindruckende Prozession mit reich geschmückten Elefanten, mit Blumengirlanden verzierten Figuren, livrierten Bediensteten und Reitern setzt sich gegen 1 Uhr in Bewegung und marschiert zum Rhythmus der scheppernden Blaskapellen den ganzen Weg vom Palast zum Bannimantap-Paradeplatz. Eine Fackelparade im Bannimantap und ein spektakuläres Feuerwerk bilden den krönenden Abschluss des Festivals.

Während des Festivals ist Mysore total überfüllt mit Touristen, besonders am letzten Tag. Um dem Gedränge der Massen zu entgehen, kann man eine Dasara VIP Gold Card (6000 ₹ für 2 Pers.) kaufen. Sie ist zwar teuer, garantiert einem aber gute Sitzplätze bei der Abschlussgala, und bei den anderen Veranstaltungen und Vorführungen kann man damit einfach an den Schlangen am Eingang vorbeigehen. Außerdem gibt's Rabatte in Unterkünften und Restaurants sowie beim Shoppen. Es gibt auch Tickets, die nur für das Betreten des Palastes und des Bannimantap am letzten Tag gültig sind (250–1000 ₹). Genaueres erfährt man im Büro von Karnataka Tourism vor Ort und im **Dasara Information Centre** (☎2418888; www.mysore dasara.gov.in).

Das wichtigste Ausstellungsstück ist der Salonwagen einer Maharani aus Mysore, ein holzgetäfeltes Schmuckstück aus dem Jahr 1899. Auch fünf Dampfloks sind zu sehen, jede mit ihrer eigenen Geschichte und einer großen Sammlung von Instrumenten und Erinnerungsstücken an die bewegte Geschichte der indischen Eisenbahn. Ein halber Tag vergeht hier höchst vergnüglich.

Noch mehr Sehenswertes HISTORISCHE GEBÄUDE
Architekturfans finden in Mysore einige charmante Bauwerke. Das **Government House** (Irwin Rd) aus dem Jahr 1805, die frühere britische Residenz, ist ein toskanisch-dorisches Gebäude, das in 20 ha großen **Gärten** (⏲5–21 Uhr) steht. Gegenüber vom Nordtor des Maharaja's Palace befindet sich der **Silver Jubilee Clock Tower** (Ashoka Rd) aus dem Jahr 1927, und ganz in der Nähe steht die imposante, 1884 gebaute **Rangacharlu Memorial Hall**. Die Schönheit der hoch aufragenden neogotischen **St. Philomena's Cathedral** (St Philomena St; ⏲5–18 Uhr), die zwischen 1933 und 1941 gebaut wurde, wird durch ihre herrlichen Buntglasfenster noch betont.

Mysores **Zoo** (Indiranagar; Erw./Kind 30/15 ₹, Foto/Video 10/150 ₹; ⏲Mi–Mo 8.30–17.30 Uhr) von 1892 befindet sich in einem hübschen Garten am östlichen Stadtrand. Hier leben verschiedene Primaten, Tiger, Elefanten, Bären, Vögel und Nashörner.

Aktivitäten

Royal Mysore Walks STADTSPAZIERGANG
(9632044188; www.royalmysorewalks.com; 495 ₹/Pers.) Ein Stadtspaziergang ist eine tolle Möglichkeit, um die epische Geschichte von Mysore und sein Erbe kennenzulernen. Der ehemalige Nerd Vinay, der sich zum Historiker gewandelt hat, leitet das Unternehmen, das Wochenendspaziergänge mit speziellen Themen wie königliche Geschichte, Märkte oder Kunsthandwerk organisiert. Ausgefallenere Spaziergänge, z. B. eine spirituelle und Yogatour sind auch möglich, kosten aber mehr.

Emerge Spa AYURVEDA
(☎2522500; www.emergespa.co.in; Windflower Spa & Resort, Maharanapratap Rd, Nazarbad) Das außerhalb der Stadt gelegene Emerge Spa ist Mysores führendes Spa. Hier kann man sich mit einer Ayurveda-Sitzung (empfehlenswert: die einstündige Abhayanga-Massage für 1600 ₹), verschiedenen balinesischen Massagen, Hydrotherapie und Schönheitsanwendungen so richtig verwöhnen lassen.

Swaasthya Ayurveda Retreat Village AYURVEDA
(☎6557557, 9448056406; www.swaasthya.com; 69 Bommaru Agrahara; EZ/DZ inkl. VP 2000/3000 ₹; @) In diesem Ayurveda-Dorf im 12 km entfernten Srirangapatnam kann man einen außergewöhnlich friedlichen und erfrischenden Ayurveda-Urlaub erleben. Man verbringt einige Zeit mit stiller Meditation und genießt mit allen Sinnen das üppige Grün, die aromatischen Kräutergärten, das einfache vegetarische Essen und das Gurgeln des Flusses Cauvery. Die Preise beinhalten grundlegende Yogastunden, für ayurvedische Behandlungen sind besondere Pakete im Angebot. Lange im Voraus buchen!

Indus Valley Ayurvedic Centre AYURVEDA
(☎2473263; www.ayurindus.com; Lalithadripura; EZ/DZ inkl. VP 8400/14 090 ₹) Dieses elegante Zentrum, das von über 6 ha großen Gärten umgeben ist, leitet seine Therapie von alten Schriften und Rezepten ab. Im Angebot sind eine Vielzahl von Behandlungen und ein grundlegendes Schulungsprogramm. Das Übernachtungspaket beinhaltet je eine Yogastunde, eine Ayurveda- und eine Schönheitsbehandlung.

Karanji Lake Nature Park VOGELBEOBACHTUNG
(Indiranagar; Eintritt 10 ₹, Foto/Video 10/25 ₹; ⏲8.30–17.30 Uhr) Dieser Naturpark gleich neben dem Zoo ist der richtige Ort, um verschiedene Vogelarten, darunter große und kleine Kormorane, Purpur- und Graureiher, Fischreiher, Warzenibisse, Halsbandsittiche, Smaragdspinte und Buntstörche sowie verschiedene Schmetterlingsarten zu beobachten.

Kurse

Yoga

Die folgenden Einrichtungen haben Mysore auf die Landkarte des Yogas gesetzt. Im Gegensatz zu zwanglosen Yogazentren sind sie alle der Kunst des Yogas streng verpflichtet und erwarten, dass Besucher mindestens einen Monat bleiben. Man muss sich lange im Voraus anmelden, da sie oft ausgebucht sind. Um Näheres zu erfahren, sollte man anrufen oder hinschreiben.

Ashtanga Yoga Research Institute YOGA
(AYRI; ☎9880185500; www.kpjayi.org; 3rd Stage, 235 8th Cross, Gokulam) Wurde vom renommierten Ashtanga-Lehrer K. Pattabhi Jois

gegründet, bei dem Madonna Yoga-Unterricht nahm.

Atma Vikasa Centre YOGA
(☎2341978; www.atmavikasayoga.com; Kuvempunagar Double Rd) Yogacharya Venkatesh, der Experte der Rückbeuge, bietet Kurse in Yoga, Sanskrit und Meditation. Vorher anrufen, um zu klären, ob das Zentrum schon auf den 2 km entfernt liegenden neuen Campus gezogen ist!

Sri Patanjala Yogashala YOGA
(Yoga Research Institute; Sri Brahmatantra Swatantra Parakala Mutt, Jaganmohan Palace Circle; ⏲6–8 & 17–19 Uhr) Das Projekt des hoch angesehenen Ashtanga-Experten B.N.S. Iyengar (nicht zu verwechseln mit B.K.S. Iyengar, dem berühmten Vertreter des Iyengar-Yogas).

Musik

Jayashankar, der Musiklehrer von **Shruthi Musical Works** (☎9845249518; 1189 3rd Cross, Irwin Rd; ⏲Mo–Sa 10.30–21, So 10.30–14 Uhr), wird von Schülern für seinen Tabla-Unterricht empfohlen (200 ₹/Std.).

Geführte Touren

KSTDC veranstaltet täglich eine Stadtbesichtigung von Mysore (175 ₹), die die gesamte Stadt, Chamundi Hill, Srirangapatnam und Brindavan Gardens beinhaltet. Sie beginnt um 8.30 Uhr und endet um 20.30 Uhr; hinterher dürfte man wohl außer Atem sein.

Eine andere KSTDC-Tour führt dienstags und donnerstags von 7.30 bis 21 Uhr nach Belur, Halebid und Sravanabelagola (450 ₹). Sie findet nur bei mindestens zehn Teilnehmern statt, also vorher anrufen!

Es gibt auch eine dreitägige Fahrt nach Ooty, Kodaikanal, Doddabetta und Coonoor, die in Bengaluru startet; in Mysore kann man zusteigen. Sie beginnt montags, donnerstags und samstags (inkl. Übernachtung 2500 ₹/Pers.). Diese Touren werden in der Regel während der Hochsaison durchgeführt.

Alle Touren starten am Tourbüro im **Hotel Mayura Hoysala** (☎2423652; 2 Jhansi Lakshmi Bai Rd). Buchen kann man sie im nahe gelegenen **KSTDC Transport Office** (☎2423652; 2 Jhansi Lakshmi Bai Rd; ⏲8.30–20.30 Uhr) oder bei Reisebüros in der Stadt.

Schlafen

Mysore zieht das ganze Jahr über Touristen an, und zu Dussehra sind die Unterkünfte schnell voll. Es empfiehlt sich, im Voraus zu buchen. Bei der Touristeninformation kann man sich nach von der Regierung anerkannten Gastfamilien erkundigen, die Zimmer für um die 400 ₹ pro Person anbieten.

Die folgenden Unterkünfte haben warmes Wasser (zumindest morgens) und einen 24-Stunden-Checkout.

KEINE „TOURISTEN", BITTE!

Die Yoga-Institute verlangen ebenso wie die örtlichen Gesetze, dass alle Besucher, die zum Yoga-Unterricht nach Mysore kommen, ein Studentenvisum statt eines Touristenvisums besitzen. Sie müssen sich außerdem innerhalb von 14 Tagen nach der Ankunft bei der örtlichen Polizei registrieren lassen.

LP TIPP **Parklane Hotel** HOTEL $$
(☎4003500; www.parklanemysore.com; 2720 Harsha Rd; EZ/DZ ab 900/1200 ₹; ❄📶🍴) Wer sich in Mysore mal was gönnen will, der ist hier goldrichtig. Das direkt an der Touristenroute gelegene Parklane hat gemütliche und umsichtig eingerichtete Zimmer (sogar Ladegeräte für Handys stehen bereit), die durch die bunten Kacheln an den Wänden und die hübschen Aussichten aus den mit durchsichtigen Vorhängen geschmückten Fenstern belebt werden. Die Toiletten sind wohl die saubersten der Stadt. Und das Restaurant im ersten Stock ist abends ein fröhlicher Ort.

LP TIPP **Mysore Youth Hostel** HOSTEL $
(☎2544704; www.yhmysore.com; Gangothri Layout; B ab 60 ₹) Budgetreisende aufgepasst! Das hübsche, in einem Garten gelegene Hostel ist sauber, ordentlich und gepflegt, und die Mitarbeiter sind extrem professionell. Zwar ist um 23 Uhr Zapfenstreich, doch es gibt Frühstück für 25 ₹ und Abendessen für 35 ₹. Beim Einchecken muss man einen Ausweis mit Altersnachweis vorlegen.

Hotel Mayura Hoysala HOTEL $
(☎2426160; 2 Jhansi Lakshmi Bai Rd; EZ/DZ inkl. Frühstück ab 800/900 ₹; ❄) Das staatlich betriebene Hotel bietet nach wie vor altmodisches Ambiente (Vorhänge mit Spitzenbesatz, schwere Holztüren, diverse Rohrmöbel und alte Schwarz-Weiß-Fotos in den Fluren) zu bezahlbaren Preisen, und die Bar unten ist bei Mysores Zechern beliebt.

Ginger HOTEL $$
(☎6633333; www.gingerhotels.com; Nazarbad Mohalla; EZ/DZ 2499/2999 ₹; ❄📶) Das hochmoderne Geschäftshotel hat schicke und komfortable Zimmer in warmen Orangetönen. Neben der herzlichen Freundlichkeit der professionellen Mitarbeiter locken auch zahlreiche Extras wie ein Fitnessstudio, WLAN, ein rund um die Uhr geöffnetes Café, ein Geldautomat und Snack- und Saftautomaten. Das Spa im Hotel bietet Ayurveda-Behandlungen ab 1200 ₹ an.

Royal Orchid Metropole HISTORISCHES HOTEL $$$
(☎4255566; www.royalorchidhotels.com; 5 Jhansi Lakshmi Bai Rd; EZ/DZ inkl. Frühstück ab 4999/5999 ₹; ❄📶🏊) Mysores führendes historisches Hotel wurde ursprünglich von den Wodeyear als Residenz für die britischen Gäste des Maharadschas gebaut. Das faszinierende Gebäude aus der Kolonialzeit hat echten Charme und seine 30 Zimmer verströmen viel Atmosphäre. Verschiedene Extras wie gelegentliche Magiershows, Konzerte, Tanzaufführungen, Vorstellungen von Schlangenbeschwörern und Sitzungen von Astrologen ergänzen den Aufenthalt hier.

Hotel Maurya Residency HOTEL $$
(☎2523375; www.sangrouphotel.com; Harsha Rd; DZ ab 995 ₹; ❄📶) Zusammen mit seinem benachbarten Schwesterhotel Maurya Palace ist das Maurya Residency eine zuverlässige Adresse unter den Mittelklassehotels in der Harsha Rd. Es ist ein freundliches Hotel mit gut ausgestatteten Zimmern und Umweltschutzrichtlinien wohin man schaut. Im Restaurant **Veg Kourt** unten gibt's ein üppiges, All-you-can-eat-Frühstück für 65 ₹.

Hotel Dasaprakash HOTEL $
(☎2442444; www.mysoredasaprakashgroup.com; Gandhi Sq; EZ/DZ ab 275/520 ₹, DZ mit Klimaanlage 1200 ₹; ❄) Dieser Fixpunkt in Mysores Hotelszene ist besonders bei indischen Touristen und Pilgern beliebt. Die Räume sind gepflegt und manche haben mit ihren alten Holzmöbeln einen antiken Touch. Die Wartung kann aber manchmal zu wünschen übrig lassen. Im Komplex gibt es ein preiswertes vegetarisches Restaurant, eine Eisbar und einen Astrologen und Wahrsager.

Green Hotel HISTORISCHES HOTEL $$
(☎4255000; www.greenhotelindia.com; 2270 Vinoba Rd; Jayalakshmipuram; EZ/DZ inkl. Frühstück ab 2250/2750 ₹) Angesichts der Tatsache, dass das Hotel 3 km westlich der Stadt liegt, zahlt man hier hauptsächlich fürs Ambiente, das vor allem in den stimmungsvollen Themenzimmern im Hauptpalastgebäude spürbar ist. Die Zimmer mit Gartenblick sind ziemlich kahl, für den Preis zu schlicht ausgestattet und rufen kaum nostalgische Gefühle hervor.

Pai Vista HOTEL $$
(☎2521111; www.paihotels.com; 35A BN Rd; EZ/DZ inkl. Frühstück 3000/3500 ₹; ❄📶🏊) Ein richtig frisches Businesshotel gleich gegenüber vom Busbahnhof. Die Zimmer und Einrichtungen entsprechen allen anderen Hotels in dieser Kategorie. Es gibt eine Kneipe namens **Opium**, in der abends groovige Musik gespielt wird.

Viceroy HOTEL $$
(☎2425111; www.theviceroygroup.com; Harsha Rd; EZ/DZ ab 1895/2295 ₹; ❄@) Das Viceroy kann mit seinen recht günstigen Preisen im Wettbewerb der Mittelklassehotels in Mysore mithalten. Der Hauptgrund für eine Übernachtung hier ist aber der unbezahlbare Blick auf den Maharaja's Palace von den Zimmern und vom Restaurant auf dem Dach aus.

Essen & Ausgehen

In Mysore gibt es viele gute indische Restaurants. Wer westliches Essen möchte, geht am besten in die großen Hotels. Wenn nicht anders angegeben, sind die Restaurants von 12 bis 15 und von 19 bis 23 Uhr geöffnet.

LP TIPP **Malgudi Café** CAFÉ $
(Green Hotel, Hauptgerichte 60–80 ₹; 🕘9.30–19 Uhr) In diesem stimmungsvollen Café in einem Innenhof im Hauptgebäude des Green Hotel bekommt man einige der besten südindischen Kaffees sowie Tees aus dem Himalaja, dazu gibt's verschiedene leckere Snacks. Es fördert aktiv die Belange unterdrückter Gemeinschaften und schafft Arbeitsplätze für sie: Alle Angestellten kommen aus benachteiligten Schichten. Man kann selber auch etwas beitragen, indem man einfach eine zweite Tasse bestellt.

LP TIPP **Pelican Pub** KNEIPE $
(Hunsur Rd; Hauptgerichte 80–100 ₹; 🕘11–23 Uhr) Der Pelican ist ein wunderbarer Pub! Ob man Ogden Nash nun mag oder nicht – hier muss man einfach glücklich sein. Diese relaxte Kneipe im Freien, die auf dem Weg zum Green Hotel liegt, hat Bier für 50 ₹ pro Krug und ein paar sündige

Schweinefleisch-Chilis für 110 ₹ pro Teller. Das Glück ist gratis!

Parklane Hotel INTERNATIONAL $$
(Parklane Hotel, 2720 Harsha Rd; Hauptgerichte 100–140 ₹) Hier gibt's eine große Auswahl leckerer indischer, europäischer und chinesischer Gerichte. Essen kann man im lockeren, von vielen Laternen stimmungsvoll erhellten Garten des Parklane. An den Tischen drinnen können Gäste die Hausmusiker erleben, die beliebte indische und westliche Lieder auf Wunsch spielen. Ein schönes Restaurant, um sich mit anderen Travellern auszutauschen.

Tiger Trail INDISCH $$
(Royal Orchid Metropole, 5 Jhansi Lakshmi Bai Rd; Hauptgerichte 180–220 ₹) Das elegante Restaurant in einem nachts mit Fackeln und schönen Lichtern erhellten Hof bringt köstliche indische Gerichte auf den Tisch. Der beste Teil der Karte enthält exotische Dschungelrezepte, die in den verschiedenen Tigerreservaten in ganz Indien gesammelt wurden.

Hotel RRR SÜDINDISCH $
(Gandhi Sq; Hauptgerichte 50–70 ₹) Klassische Gerichte im Andhra-Stil gibt es in diesem immer vollen Restaurant; wahrscheinlich muss man erstmal für einen Tisch anstehen. Empfehlenswert ist das kochend heiße vegetarische Thali (50 ₹), das auf Bananenblättern serviert wird. In der Harsha Rd befindet sich eine zweite Filiale.

Vinayaka Mylari SÜDINDISCH $
(769 Nazarbad Main Rd; Hauptgerichte 30–50 ₹; ⌚7.30–11.30 & 16–20 Uhr) Für einheimische Gourmets ist dies eines der besten Lokale der Stadt, um typische regionale Gerichte wie *masala dosa* (hauchdünne Pfannkuchen aus Linsenmehl, gefüllt mit saisonalem Gemüse) und *idlis* (Reiskuchen) mit Kokoschutney zu essen.

Café Aramane SÜDINDISCH $
(Sayyaji Rao Rd, Hauptgerichte 40–60 ₹; ⌚7.30–22 Uhr) Dieses geschäftige Café ist eine weitere illustre Institution Mysores und versorgt die Büroangestellten der Stadt mit dampfenden Frühstückstellern am Morgen und aromatischem Filterkaffee und einer Vielzahl leckerer Snacks am Abend.

Café Coffee Day CAFÉ $
(CCD; Devaraj Urs Rd; Snacks 60–90 ₹; ⌚10–23 Uhr) Es gibt zwar in ganz Indien Unmengen Filialen dieser Kette, doch nur wenige andere sind so cool wie die hier. Auf der tollen Terrasse treffen sich Mysores College-Studenten zum Kaffee und verbreiten jugendliche Frische.

Shoppen

Mysore ist toll, um die berühmten Sandelholzprodukte, Seidensaris und Holzspielzeuge der Stadt zu kaufen. Es ist auch ein wichtiges indisches Zentrum der Weihrauchherstellung.

Souvenir- und Kunsthandwerksläden liegen rund um den Jaganmohan Palace und die Dhanvanthri Rd, Seidengeschäfte säumen die Devaraj Urs Rd. Beim Seidenkauf auf das schmetterlingsartige Zeichen „Silk Mark" achten: Es ist ein Siegel für Qualitätsseide!

Government Silk Factory BEKLEIDUNG
(Mananthody Rd, Ashokapuram; ⌚Mo–Sa 10–18.30 Uhr) Angesichts der Tatsache, dass Mysores berühmte Seide direkt hier produziert wird, ist dies der beste und preiswerteste Laden für den exklusiven Stoff. Hinter dem Laden befindet sich die Fabrik, wo man zwischen 7.30 und 16 Uhr zusehen kann, wie die Seide hergestellt wird. Es gibt auch eine **Filiale** (⌚ Mo–Sa 10.30–19.30 Uhr) am KR Circle.

Sandalwood Oil Factory SOUVENIRS
(Ashokapuram; ⌚Mo–Sa 9.30–11 & 14–16 Uhr) Hier gibt es Qualitätsprodukte aus Sandelholz wie Weihrauch, Seife, Kosmetikprodukte und das unglaublich teure reine Sandelholzöl (1350 ₹ für 5 ml!). Sandelholz ist gegenwärtig knapp, daher könnten die Preise in der Zukunft noch weiter steigen. Möglich sind auch geführte Touren durch die Fabrik, bei denen man erfährt, wie die Produkte hergestellt werden.

Cauvery Arts & Crafts Emporium BEKLEIDUNG
(Sayyaji Rao Rd; ⌚10–19.30 Uhr) Nicht gerade billig, doch die Auswahl ist groß, die Qualität garantiert hoch und es gibt keinen Kaufdruck.

Fabindia BEKLEIDUNG
(☎4259009; 451 Jhansi Lakshmi Bai Rd, Chamrajpuram; ⌚10–20 Uhr) Eine Filiale der zuverlässigen Kette für Kleidung und Haushaltswaren, liegt auf dem Weg zu den Seiden- und Sandelholzfabriken.

Shruthi Musical Works MUSIKLADEN
(1189 3rd Cross, Irwin Rd; ⌚Mo–Sa 10.30–20 Uhr) Verkauft verschiedene traditionelle Musikinstrumente, darunter Tabla-Sets und unterschiedliche Schlaginstrumente.

Sapna Book House BUCHLADEN
(1433 Narayan Shastry Rd; ⌚10.30–20.30 Uhr) Gute Auswahl an Zeitungen und Zeitschriften, Souvenirs gibt es auch.

Praktische Informationen

Fotos

Danthi (44 Devaraj Urs Rd; ⌚10–20 Uhr)

Rekha Colour Lab (142 Dhanvanthri Rd; ⌚9–21.30 Uhr)

Geld

HDFC Bank (Devaraj Urs Rd) Geldautomat.

ICICI Bank (BN Rd) Geldautomat, unter dem Hotel Pai Vista.

State Bank of Mysore (Ecke Irwin & Ashoka Rds; ⌚Mo–Fr 10.30–14.30 & 15–16 Uhr, Sa 10.30–12.30 Uhr) Tauscht Bargeld und Reiseschecks.

Thomas Cook (☎2420090; Silver Tower, 9/2 Ashoka Rd; ⌚Mo–Sa 9.30–18 Uhr) Für ausländische Währungen.

Gepäckaufbewahrung

Die Gepäckaufbewahrung im City-Busbahnhof ist von 6 bis 23 Uhr geöffnet; der Preis beträgt 10 ₹ pro Gepäckstück für zwölf Stunden.

Internetzugang

Benaka Graphics (Sayyaji Rao Rd; 20 ₹/Std.; ⌚10.30–19.30 Uhr) Internet und Möglichkeit zum Drucken, Brennen und Fotokopieren.

KSE Internet (Hotel Ramanashree Complex; BN Rd; 30 ₹/Std.; ⌚10–22 Uhr) Schnelle Internetverbindungen.

Medizinische Versorgung

Government Hospital (☎4269806; Dhanvanthri Rd) Mit ständig geöffneter Apotheke.

Post

DHL (Jhansi Lakshmi Bai Rd; ⌚Mo–Sa 9.30–20.30 Uhr)

Hauptpost (Ecke Irwin & Ashoka Rds; ⌚Mo–Sa 10–18 Uhr)

Touristeninformation

Karnataka Tourism (☎2422096; Old Exhibition Bldg, Irwin Rd; ⌚Mo–Sa 10–17.30 Uhr) Ausgesprochen hilfsbereit.

KSTDC Transport Office (☎2423652; 2 Jhansi Lakshmi Bai Rd; ⌚8.30–20.30 Uhr) KSTDC hat Schalter am Bahnhof und am zentralen Busbahnhof und dieses Transport Office neben dem KSTDC-Hotel Mayura Hoysala.

An- & Weiterreise

Bus

Vom **zentralen Busbahnhof** (BN Rd) fahren alle KSRTC-Fernbusse. Am **City-Busbahnhof** (Sayyaji Rao Rd) starten Stadtbusse und Busse nach Srirangapatnam und Chamundi Hill. KSRTC-Busse von Mysore fahren u. a. zu den im Kasten unten aufgeführten Zielen.

Busse nach Belur, Halebid und Sravanabelagola fahren in der Regel ab Hassan. Nach Hampi steigt man am besten in Hospet um.

Von der **privaten Bushaltestelle** (Sayyaji Rao Rd) verkehren Busse nach Hubli, Bijapur, Mangalore, Ooty und Ernakulam. In der Nähe befinden sich mehrere Ticketbüros.

Flugzeug

Mysores neuer Flughafen wurde inzwischen in Betrieb genommen. Gegenwärtig gibt es einen einsamen Kingfisher-Flug nach Bengaluru (1 Std.) und weiter nach Chennai (3 Std.). **Indian Airlines** (☎2426317; Jhansi Lakshmi Bai Rd; ⌚Mo–Sa 10–17 Uhr) hat ein Buchungsbüro

BUSSE AB MYSORE

ZIEL	PREIS (₹)	DAUER (STD.)	HÄUFIGKEIT
Bandipur	52 (O)	2	4-mal tgl.
Bengaluru	136 (R)/217 (V)	3	alle 30 Min.
Channarayapatna	56 (O)	2	stündl.
Chennai	829 (V)	12	4-mal tgl.
Ernakulam	388 (R)/530 (V)	11	4-mal tgl.
Gokarna	323 (O)	12	1-mal tgl.
Hassan	76 (O)	3	stündl.
Hospet	291 (O)	10	4-mal tgl.
Mangalore	252 (R)/350 (V)	7	stündl.
Ooty	123 (R)/184 (V)	5	8-mal tgl.

O – Ordinary, R – Rajahamsa Semideluxe, V – Airavath Volvo mit Klimaanlage

neben dem Hotel Mayura Hoysala für Flüge von anderen Städten. Andere Fluglinien kann man bei **Skyway** (☎2444444; 370/4 Jhansi Lakshmi Bai Rd; ⊙Mo–Sa 10–18 Uhr) buchen.

Zug

In Mysores Buchungsbüro der Bahn gibt es Fahrkarten für den *Chamundi Express* um 6.45 Uhr und den *Tippu Express* um 11 Uhr nach Bengaluru (2. Klasse/Chair Class 66/195 ₹, 3 Std.). Der *Shatabdi Express* um 14.15 Uhr fährt täglich außer dienstags ebenfalls nach Bengaluru (Chair Class /Executive Class 275/550 ₹, 2 Std.) und Chennai (Chair Class /Executive Class 695/1315 ₹, 7 Std.). Verschiedene Passagierzüge nach Bengaluru (35 ₹, 3½ Std.) halten in Srirangapatnam (15 ₹, 20 Min.). Der *Mysore Dharwad Express* um 22.15 Uhr fährt nach Hubli (Sleeper Class/2AC 206/750 ₹, 9½ Std.).

Unterwegs vor Ort

Agenturen in den Hotels und in der Stadt vermieten Taxis für ca. 7 ₹ pro Kilometer bei mindestens 250 km täglich, plus 150 ₹ pro Tag für den Fahrer.

Die Grundgebühr für Autorikschas beträgt 15 ₹, danach kostet jeder Kilometer 7 ₹. An der Harsha Rd kann man Autorikschas auch tageweise für Besichtigungstouren mieten (900 ₹).

Rund um Mysore

SRIRANGAPATNAM

☎08236

Die Geschichte der Festungsstadt Srirangapatnam, 16 km von Mysore entfernt, ist blutig. Sie wurde auf einer Insel im Cauvery errichtet und von hier aus beherrschten im 18. Jh. Haidar Ali und Tipu Sultan einen großen Teil Südindiens. Die glanzvollen Tage Srirangapatnams endeten mit den langen Kriegen zwischen den Briten und Tipu Sultan, der schließlich 1799 geschlagen wurde und bei der Verteidigung seiner Festung fiel. Die Wälle und Wehrgänge sowie einige Tore der Festung sind noch erhalten, genau wie ein paar weitere Denkmäler.

Nahe beim Busbahnhof steht die schöne, von zwei hohen Türmen gezierte Moschee, die Tipu errichten ließ. Innerhalb der Festungswälle befindet sich der Kerker, in dem britische Offiziere gefangen gehalten wurden, und der schöne **Sri-Ranganathaswamy-Tempel** (⊙7.30–13 & 16–20 Uhr). Die Hauptattraktion aber ist Tipus Sommerpalast, der **Daria Daulat Bagh** (Inder/Ausländer 5/100 ₹; ⊙9–17 Uhr). Der überwiegend aus Holz errichtete Palast liegt 1 km östlich der Festung und ist für sein üppiges Dekor berühmt, das innen praktisch jeden Zentimeter bedeckt. Die Decken sind mit prächtigen Blütenmotiven verziert, und die Malereien an den Wänden zeigen Szenen des höfischen Lebens und von Tipus Feldzügen gegen die Briten. Das kleine Museum im Palast stellt heute diverse Kunstwerke aus, darunter ein Bildnis des 30-jährigen Tipu Sultan, das 1780 von Johann Zoffany geschaffen wurde, einem deutschen Maler, der hauptsächlich in England, aber auch in Indien tätig war

Ungefähr 2 km weiter östlich erblickt man inmitten eines beschaulichen Parks den eindrucksvollen, von einer Zwiebelkuppel gekrönten **Gumbaz** (Eintritt frei; ⊙8–20 Uhr), in dem Haidar Ali, seine Frau und Tipu Sultan begraben liegen. Weitere 500 m östlich erreicht man das Flussufer, wo man den Ausflug mit einer erfrischenden Fahrt mit einem Coracle (kielloses, kleines Boot) beschließen kann (150 ₹/Boot, 15 Min.).

Nur 3 km stromaufwärts liegt auf einer von drei Inseln im Cauvery das **Ranganathittu Bird Sanctuary** (☎0821-2481159; Inder/Ausländer 25/75 ₹, Foto/Video 25/100 ₹; ⊙8.30–18 Uhr). Die hier lebenden Störche, Ibisse, Fischreiher, Nashornvögel und Kormorane bekommt man entweder früh morgens oder am späten Nachmittag bei einer kurzen **Bootsfahrt** (100 ₹/Pers.) am besten zu Gesicht. Vor Ort gibt's außerdem einen Irrgarten aus Kräuterpflanzen und ein Restaurant.

Schlafen & Essen

Mayura River View HOTEL $$

(☎252113; DZ ab 1750 ₹; ❄) Wenn doch alle Hotels der Regierung so schön wie dieses wären! Die gemütlichen Bungalows an einem ruhigen Uferstück sind wie gemacht dafür, sich im Schoß der Natur zu entspannen. Und im **Restaurant** (Hauptgerichte 90–120 ₹) kann man wunderbar draußen sitzen und auf den Fluss schauen, während man sich sein Bier schmecken lässt.

Royal Retreat
New Amblee Holiday Resort HOTEL $$

(☎9845002665; www.ambleeresort.com; DZ ab 1200 ₹; ❄≋) Eine Menagerie aus Kaninchen, Enten, Puten und Emus begrüßt die Gäste im Ablee, das mit recht guten Zimmern und einem Pool aufwartet. Es liegt schön gegenüber vom River View und hat ein Restaurant mit vernünftigen Preisen, in dem es allerdings keinen Alkohol gibt (man kann aber welchen mit aufs Zimmer nehmen).

An- & Weiterreise

Vom City-Busbahnhof in Mysore fahren die Busse 313 und 316 (14 ₹, 1 Std.) regelmäßig nach Srirangapatnam. Auch die Passagierzüge von Mysore nach Bengaluru (12 ₹, 20 Min.) halten hier. Die Bushaltestelle der privaten Busse zu den Brindavan Gardens (18 ₹, 30 Min.) befindet sich gleich gegenüber von Srirangapatnams zentralem Busbahnhof.

Unterwegs vor Ort

Die Sehenswürdigkeiten liegen ein bisschen verstreut, sind aber trotzdem zu Fuß erreichbar, besonders im Winter. Schneller geht eine Rundtour mit der Autorikscha von Mysore, die etwa 400 ₹ kostet (3 Std.).

BRINDAVAN GARDENS

Wer viele Bollywoodfilme gesehen hat, dem kommen diese ornamentalen **Gärten** (Erw./Kind 20/15 ₹, Foto/Video 50/100 ₹; 8–20.30 Uhr) vielleicht bekannt vor – tatsächlich dienten sie bei vielen Tanz- und Musikszenen als Hintergrund. Am schönsten sind sie abends, wenn die Fontänen beleuchtet werden und im Rhythmus beliebter Filmmelodien tanzen.

Eigentlich gibt es keinen Grund, hier zu übernachten. Für eine ausgefallene Nacht kann man aber im protzigen **Royal Orchid Brindavan Garden** (9945815566; www.royalorchidhotels.com; EZ/DZ inkl. Frühstück ab 4499/4999 ₹;) einchecken, einem riesigen Luxushotel oben auf einem Hügel mit Blick auf die Gärten. Die Zimmer sind üppig eingerichtet, und die strategisch platzierte Elephant Bar ist ein schöner Aussichtspunkt, von der man die Licht- und Soundshow bei einem Drink genießen kann.

Die Gärten liegen 19 km westlich von Mysore. Eine der KSTDC-Touren hält hier, und vom City-Busbahnhof fahren stündlich die Busse 301, 304, 305, 306 und 365 hierher (15 ₹, 45 Min.).

MELKOTE

Das Leben in der religiösen, hinduistischen Stadt Melkote, etwa 50 km nördlich von Mysore, dreht sich um den stimmungsvollen **Cheluvanarayana-Tempel** (Raja St; 8–13 & 17–20 Uhr) aus dem 12. Jh. mit seinem rosenfarbenen *gopuram* (Eingangstor) und den kunstvoll geschnitzten Säulen. Beim Fußweg zum auf einem Hügel gelegenen **Yoganarasimha-Tempel**, der schöne Aussichten auf die Hügel der Umgebung bietet, kann man gleich was für die Gesundheit tun. Während des **Vairamudi-Festivals** im März oder April erwacht die Stadt zum Leben.

Täglich fahren drei KSRTC-Busse von Mysore nach Melkote (45₹, 1½ Std.) und zurück.

SOMNATHPUR

Der unglaublich schöne **Keshava-Tempel** (Inder/Ausländer 5/100 ₹; 8.30–17.30 Uhr) ist eines der herrlichsten Beispiele der Hoysa-

ABSTECHER

ANGELN GEHEN

Lust zu angeln? Glück gehabt – 75 km von Mysore entfernt befinden sich an den dicht bewaldeten Ufern des Flusses Cauvery die malerischen Anglercamps **Bheemeshwari**, **Galibore** und **Doddamakali**, wo es von den hier lebenden Karpfen, Seewölfen und den ehrwürdigen Mahseer nur so wimmelt. Immer mehr Angler aus der ganzen Welt versammeln sich hier, um eines dieser über 45 kg schweren Biester (die so groß wie die Angler sind, wenn man den Trophäenfotos im Speisesaal Glauben schenkt) an den Haken zu bekommen. Hier wird grundsätzlich nach der Devise „Fangen und Freilassen" geangelt. Einiges an Ausrüstung kann man zwar leihen, wenn möglich sollte man aber sein eigenes Angelzeug mitbringen.

Wer nicht angelt, kann in der Zwischenzeit mit einem Kajak oder einem runden Coracle aufs Wasser, Rad fahren oder eine Ayurveda-Sitzung machen. Von den drei Camps hat Bheemeshwari die meisten Einrichtungen zu bieten und ist am leichtesten zu erreichen.

Übernachtet wird in verschiedenen umweltfreundlichen Hütten (pro Pers. inkl. VP Inder/Ausländer ab 2500 ₹/70 €), die von **Jungle Lodges & Resorts** (Karte S. 176; 080-25597944; www.junglelodges.com; Shrungar Shopping Complex, MG Rd, Bengaluru; Mo–Sa 10–17.30 Uhr) betrieben werden. Buchen kann man in Bengaluru oder online.

Am besten erreicht man die Camps mit dem Taxi. Man fährt an Malavalli vorbei und biegt dann in Sathanur rechts ab. Von Sathanur bis Bheemeshwari sind es 23 km, und von dort fahren Jeeps zu den anderen Camps.

la-Architektur, nur noch zu vergleichen mit den Meisterwerken in Belur und Halebid. Der Tempel mit dem sternförmigen Grundriss, der etwa 33 km von Mysore entfernt ist, wurde 1268 errichtet. Er ist mit wunderbaren Steinreliefs und -skulpturen geschmückt, die Szenen aus dem Ramayana, dem Mahabharata und der Bhagavadgita sowie Thron- und Alltagsszenen der Hoysala-Könige darstellen.

An einem Baum auf dem Tempelgelände hängt ein roter Briefkasten. Frankierte Briefe oder Postkarten, die hier eingeworfen werden, bekommen einen Sonderstempel mit dem Bild des Tempels – eine hübsche Idee für Sammler zu Hause!

Somnathpur liegt 12 km südlich von Bannur und 10 km nördlich von Tirumakudal Narsipur. Man nimmt einen der halbstündlichen Busse zu einem der beiden Dörfer (15 ₹, 30 Min.) und steigt dort um.

SIVASAMUDRAM

Ca. 60 km östlich von Mysore liegt Sivasamudram mit den Zwillingswasserfällen Barachukki und Gaganachukki. Hier befand sich Indiens erstes Wasserkraft (1902), doch heute kann man hier in Ruhe den Zauber der Natur genießen.

Ein paar Kilometer von hier liegt das Dorf Hebbani, wo das liebenswerte Paar Hatherell und ihre zehn Hunde das erholsame **Georgia Sunshine Village** (☎9448 110660; www.georgiasunshine.com; DZ inkl. VP ab 5000 ₹; ❄≋) betreiben, ein toller Rückzug für Familien mit gemütlichen Bungalowunterkünften, einem glitzernden Pool und köstlichem hausgemachtem Essen. Auf Wunsch können Wanderungen und Angelausflüge organisiert werden.

Von Mysore (30 ₹, 1 Std.) fahren regelmäßig Busse ins 14 km entfernte Malavalli. Die Hatherells können für 150 ₹ eine Autorikscha arrangieren, die einen abholt. Rechtzeitig im Voraus anrufen!

Hassan

☎08172 / 133 200 EW.

Mit einem guten Angebot an Hotels, einem Bahnhof und anderen Einrichtungen ist Hassan eine bequeme Ausgangsbasis für den Besuch von Belur (38 km), Halebid (33 km) und Sravanabelagola (48 km). Die lebhafte Stadt hat freundliche Bewohner und liegt nicht weit von Mysore und Bengaluru entfernt.

Schlafen

LP TIPP **Hoysala Village Resort** HOTEL $$$
(☎256764; www.hoysalavillageresorts.com; Belur Rd; Cottage inkl. VP 6300 ₹; ❄≋) Diese tolle Oase befindet sich in einem gepflegten Garten, um den herum komfortable Cottages mit großen Fenstern mit Blick auf die Palmen und Hecken angeordnet sind. Es gibt ein Baumhaus, in dem man den Abend bei einem Bier genießen kann, und einen schönen blauen Pool. Zudem ist das Essen im **Restaurant** neben dem Rezeptionsbereich einfach umwerfend lecker. Das Resort hat auch ein ayurvedisches Massagezentrum, Behandlungen beginnen bei 700 ₹. Es liegt 6 km von der Stadt entfernt an der Straße nach Belur.

Hotel Suvarna Regency HOTEL $$
(☎266774; www.suvarnaregencyhotel.com; BM Rd; DZ ab 750 ₹; ❄@) In diesem Hotel gleich südlich vom Gandhi Sq verkehren viele Geschäftsleute. Es zählt zu den bewährten alteingesessenen Unterkünften der Stadt. Oft ist es komplett für Konferenzen und Tagungen ausgebucht, besser man ruft frühzeitig an. Die Zimmer sind komfortabel, wenngleich der Stil etwas veraltet ist.

Jewel Rock HOTEL $
(☎261048; BM Rd; DZ ab 700 ₹; ❄) Dieses Hotel in der Nähe des Bahnhofs ist ein echtes Schnäppchen. Die geräumigen Zimmer mit geblümten Vorhängen sind komfortabel und gepflegt. In der Festhalle unten feiern die Einheimischen oft lärmende Partys. Wer Glück hat, erwischt ruhigere Tage.

Hotel Hassan Ashhok HOTEL $$
(☎268731; www.hassanashok.com; BM Rd; EZ/DZ ab 3000/3350 ₹; ❄Wi-Fi) Das Hassan Ashhok ist ohne Zweifel die stilvollste Unterkunft in Hassan. Das elegante Hotel bietet alle typischen Annehmlichkeiten der Luxusklasse wie Körbe voller pflanzlicher Toilettenartikel in der Dusche und jede Menge weicher, weißer Kissen. Im **Restaurant** gibt es eine gute Auswahl an indischen Gerichten, darunter einen Jumbo-Kebabteller (350 ₹).

Hotel Sri Krishna HOTEL $
(☎263240; BM Rd; EZ/DZ 350/725 ₹, DZ mit Klimaanalge 975 ₹; ❄) Bei indischen Touristen ist dieses Hotel mit recht geräumigen Zimmern in rot-schwarzer Karodekoration und großen Fenstern überaus beliebt. Unten gibt es ein gutes vegetarisches **Restaurant** (Hauptgerichte 40 bis 60 ₹). Lange im Voraus buchen!

Essen

Suvarna Gate INTERNATIONAL $$
(Hotel Suvarna Regency, BM Rd; Hauptgerichte 90–130 ₹; ⏲12–15.30 & 18.30–23.30 Uhr) In diesem stilvollen Restaurant hinter dem Hotel Suvarna Regency gibt es einige hervorragende indische, chinesische und europäische Standardgerichte; besonders lecker ist das Tandoori Chicken Masala.

Mayur INDISCH $$
(Hotel Jewel Rock, BM Rd; Hauptgerichte 80–110 ₹; ⏲12–15 & 19–23 Uhr) Jeden Abend strömen hungrige Mengen in dieses Lokal, um sich die köstlichen nichtvegetarischen Gerichte aus Süd- und Nordindien schmecken zu lassen. Das Personal ist geduldig und höflich.

Hotel GRR SÜDINDISCH $
(Bus Stand Rd; Hauptgerichte 30–60 ₹; ⏲11–23 Uhr) Erstklassige Thalis (35 ₹) im Stil von Andhra und ein beliebtes Hähnchen-Biryani (60 ₹) zeichnen dieses schlichte Lokal neben dem Busbahnhof aus.

Praktische Informationen

Der Bahnhof liegt 2 km östlich der Stadt an der Bengaluru Mangalore (BM) Rd. Der zentrale Busbahnhof befindet sich an der Ecke der AVK College und Bus Stand Rds. Die hilfsbereite **Touristeninformation** (☎268862; AVK College Rd; ⏲Mo–Sa 10–17.30 Uhr) ist 100 m östlich vom Busbahnhof. Die Banken SBI und HDFC haben Geldautomaten, ausländische Währungen sollte man aber in Bengaluru oder Mysore tauschen. Ein Internetcafé (20 ₹/Std.) befindet sich unter dem Hotel Suvarna Regency.

An- & Weiterreise

Bus

Ab 6 Uhr fahren Busse vom zentralen Busbahnhof nach Halebid (18 ₹, 1 Std.) und Belur (23 ₹, 1 Std.). Die letzten Busse fahren von beiden Orten gegen 20 Uhr zurück.

Um nach Sravanabelagola zu fahren, nimmt man einen der vielen Busse nach Channarayapatna (25 ₹, 45 Min.) und steigt dort um.

Nach Mysore (76 ₹, 3 Std.), Bengaluru (semi-deluxe/deluxe 179/246 ₹, 4 Std.) und Mangalore (166 ₹, 5 Std.) fahren häufig Busse.

Taxi

Taxis warten in der AVK College Rd nördlich vom Busbahnhof. Eine Tagestour nach Belur und Halebid oder Sravanabelagola kostet ca. 1000 ₹. Den endgültigen Preis vor der Abfahrt aushandeln!

Zug

Vom äußerst gut organisierten **Bahnhof** fahren drei Passagierzüge täglich nach Mysore (2. Klasse 120 ₹, 3 Std.). Nach Bengaluru fährt um 1.30 Uhr der *Yeshvantpur Express* (Sleeper 140 ₹, 5½ Std.).

Belur & Halebid

☎08177 / 968 M

Zusammen mit Somnathpur bilden die Hoysala-Tempel in Halebid (auch Halebeedu genannt) und Belur (auch Beluru genannt) den Höhepunkt einer der künstlerisch überschwänglichsten Perioden der antiken hinduistischen Kultur. Sie sind Südindiens architektonische Antwort auf Khajuraho in Madhya Pradesh und Konark bei Puri in Odisha (Orissa).

Belur und Halebid liegen nur 16 km voneinander entfernt, und zwischen 6.30 und 19 Uhr fahren häufig Shuttlebusse (20 ₹, 40 Min.). Details zu Bussen von/nach Hassan stehen in der linken Spalte. Wer nach Hampi will, fährt am besten über Hassan nach Bengaluru zurück und nimmt einen Nachtbus nach Hospet.

BELUR

Der **Channakeshava-Tempel** (Temple Rd; ⏲Sonnenaufgang–Sonnenuntergang) wurde 1116 gestiftet, um den Sieg der Hoysala über die benachbarten Chola zu feiern. Sein Bau zog sich über hundert Jahre hin. Heute ist er die einzige der drei wichtigen Hoysala-Kultstätten, die noch täglich genutzt wird; deshalb schaut man am besten zum *puja*-Ritual um 9, 15 oder 19.30 Uhr vorbei. Die Reliefverzierung wurde an einigen Teilen des Tempels, z.B. an den unteren Friesen der Außenfassade, nicht fertiggestellt und wirkt daher weniger kunstvoll als die an den übrigen Hoysala-Tempeln. Die Arbeiten am oberen Teil sind jedoch unübertroffen detailliert und kunstfertig und bilden ein wunderbares Zeugnis für menschliches Schaffen. Besonders betörend sind die Figuren der Konsolen, die Frauen in rituellen Tanzposen darstellen. An der Vorderseite des Tempels sind erotische Abschnitte aus dem Kamasutra illustriert, aber die Rückseite ist ausschließlich den Göttern vorbehalten. Das Dach des inneren Schreins wird von fein mit Reliefs übersäten Pfeilern getragen, von denen keiner dem anderen gleicht.

Rund um den Tempelkomplex findet man kleinere Tempel, eine Hochzeitshalle, die noch heute benutzt wird, und den siebenstöckigen *gopuram* mit sinnlichen Figuren tanzender Mädchen.

Führer bekommt man für 150 ₹, sie helfen, viele Details der Skulpturen zum Leben zu erwecken.

Das **Hotel Mayura Velapuri** (☎222209; Kempegowda Rd; DZ ab 900 ₹; ❄), ein staatliches Hotel, das nach der Renovierung neu erstrahlt, liegt auf dem Weg zum Tempel und ist die beste Unterkunft in Belur. Im Restaurant mit Bar gibt es verschiedene indische Gerichte und Snacks (70–90 ₹) und dazu Bier.

In der Nähe der Statue Kempegowdas steht das **Shankar Hotel** (Temple Rd; Hauptgerichte 35 ₹; ⏲7–21.30 Uhr). In dem geschäftigen Restaurant gibt es südindische Thalis, *masala dosas,* indische Süßigkeiten und Drinks.

HALEBID

Die Errichtung des **Hoysaleswara-Tempels** (⏲Sonnenaufgang–Sonnenuntergang), für den Halebid berühmt ist, begann um 1121 und zog sich dann über mehr als 80 Jahre hin. Fertig wurde der Tempel allerdings nie, aber er gilt heute dennoch als ein Meisterwerk der Hoysala-Architektur. Der Innenraum des inneren Schreins, der aus schwarzem Stein gemeißelt worden ist, ist überwältigend, und seine Außenwände sind über und über mit Reliefs bedeckt, die Hindu-Gottheiten, weise Männer, stilisierte Tiere und in den Friesen Szenen aus dem Leben der Hoysala-Herrscher darstellen. Eine gewaltige Statue von Nandi (Shivas Reittier) steht links vom Haupttempel vor dem inneren Schrein. Für 150 ₹ gibt' s Guides, die einen herumführen; wenn man die Tempel betritt, kann man seine Schuhe abgeben, dafür wird ein kleines Trinkgeld erwartet.

Der Tempel steht auf einem großen gepflegten Parkgelände. Direkt daneben befindet sich ein kleines **Museum** (Eintritt 5 ₹; ⏲Sa–Do 10–17 Uhr) mit einer Skulpturensammlung.

Wenn einem die aufdringlichen Schlepper auf die Nerven gehen, kann man sich zum nahe gelegenen, kleineren **Kedareswara-Tempel** oder in den wenig besuchten Bezirk um die drei **jainistischen Tempel** flüchten, die ebenfalls mit schönen Reliefs verziert sind.

Wer in Halebid strandet, für den bietet es sich an, die Nacht in ordentlichen Zimmern im **Hotel Mayura Shanthala** (☎273224; DZ 350 ₹) zu verbringen, das von einem Laubgarten umgeben ist und gegenüber vom Tempel liegt.

Sravanabelagola

☎08176

Lange bevor man die Pilgerstadt Sravanabelagola erreicht, kann man die 17,5 m hohe Statue der jainistischen Gottheit Gomateshvara (Bahubali) sehen, die auf dem kahlen Felsen des Vindhyagiri-Hügels steht. Sie ist angeblich die höchste aus einem einzigen Steinblock gehauene Statue der Welt. Sich die Statue aus der Nähe anzuschauen, ist der Hauptgrund für eine Reise in diese beschauliche Stadt, deren Name „Der Mönch des weißen Teichs" bedeutet.

Sehenswertes

Gomateshvara-Statue DENKMAL

(Bahubali; ⏲6–18.15 Uhr) Ein steiler Aufstieg über 614 Stufen bringt einen auf die Spitze des Vindhyagiri-Hügels, auf der sich die hohe, unbekleidete Statue des **Gomateshvara** erhebt. Sie wurde um das Jahr 981 vom Bildhauer Aristenemi aus einem einzigen Felsblock gehauen, im Auftrag eines militärischen Befehlshabers, der im Dienst des Ganga-Königs Rachamalla stand. Ihre Ruhe und Schlichtheit steht in deutlichem Kontrast zu den Hoysala-Stätten in Belur und Halebid.

Bahubali war der Sohn des Kaisers Rishabha, der später unter dem Namen Adinatha der erste jainistische *tirthankara* („verehrter Lehrer") wurde. Während heftiger Kämpfe mit seinem Bruder Bharatha um die Nachfolge seines Vaters erkannte er die Eitelkeit aller materiellen Gewinne und verzichtete auf das Königreich. Als Einsiedler meditierte er in vollständiger Unbeweglichkeit, bis er Erleuchtung erlangte – die Weinranken um seine Beine und der Ameisenhügel zu seinen Füßen sind Zeichen für die lange Dauer seiner Meditation.

Die Schuhe muss man am Fuß des Hügels zurücklassen, es ist aber erlaubt, Socken zu tragen. Wer es sich leicht machen will, kann sich zwischen 6.30 und 11.30 Uhr und zwischen 15.30 und 18.00 Uhr einen *dholi* (Tragsessel) samt Trägern mieten (4 ₹).

Alle zwölf Jahre strömen Millionen Pilger zur Mahamastakabhisheka-Zeremonie hierher, bei der die Statue mit heiligem Wasser, Salben, Puder, Gold und Edelsteinen behandelt und geschmückt wird. Die nächste Zeremonie findet 2018 statt.

Tempel JAIN-TEMPEL

Neben der Bahubali-Statue gibt's im Ort mehrere interessante jainistische Tempel.

Der **Chandragupta Basti** (⌚6–18 Uhr) auf dem Chandragiri-Hügel (gegenüber vom Vindhyagiri-Hügel) soll angeblich von Kaiser Ashoka errichtet worden sein. Der **Bhandari Basti** (⌚6–18 Uhr) im Südosten der Stadt ist der größte Tempel in Sravanabelagola. Im nahe gelegenen **Chandranatha Basti** (⌚6–18 Uhr) kann man gut erhaltene Malereien sehen, die jainistische Legenden darstellen.

Schlafen & Essen

Die hiesige Jain-Organisation **SDJMI** (☎257258; DZ/3BZ 135/160 ₹) wickelt die Buchungen für ihre 15 Gästehäuser ab. Das Büro befindet sich hinter dem Vidyananda Nilaya Dharamsala, am Postamt vorbei.

Hotel Raghu HOTEL $
(☎257238; DZ ab 500 ₹; ❄) Das einzige private Hotel hier bietet einfache, aber saubere Zimmer. Das beste daran ist sein vegetarisches **Restaurant** (⌚6–21 Uhr) unten, in dem es umwerfende vegetarische Thalis (50 ₹) gibt, die vom Personal und manchmal vom Besitzer selbst sehr sorgfältig serviert werden.

An- & Weiterreise

Es gibt keine Direktbusse von Sravanabelagola nach Hassan oder Belur – man muss nach Channarayapatna (15 ₹, 20 Min.) fahren und dort einen Anschlussbus nehmen. Vier Busse täglich fahren direkt nach Bengaluru (92 ₹, 3½ Std.) und Mysore (56 ₹, 2½ Std.). Die Fernbusse fahren alle vor 15 Uhr ab. Wenn man sie verpasst, sollte man einen lokalen Bus nach Channarayapatna nehmen und dort umsteigen.

Nilgiri Biosphere Reserve

Die Urwälder des **Nilgiri Biosphere Reserve** gehören zu den am besten erhaltenen in Indien und nehmen in den Bundesstaaten Karnataka, Kerala und Tamil Nadu mehr als 5500 km² ein. Zugänglich ist das Reservat über eine Reihe von Nationalparks wie das Wayanad Wildlife Sanctuary (s. S. 327) in Kerala oder den Mudumalai National Park (s. S. 425) in Tamil Nadu. In Karnataka sind die besten Zugangspunkte Bandipur und Nagarhole mit einer tollen, grünen Waldregion um den Kabini Lake. Hier befindet sich eines der besten Wildlife Camps der Region.

Das Reservat beherbergt mehr als 100 Säugetier- und etwa 350 Vogelarten. Vor allem ist es die Heimat der hochgeschätzten, aber gefährdeten bengalischen Tiger und indischen Elefanten. Die hier lebenden Dickhäuter stellen mehr als ein Fünftel des weltweiten Bestands von indischen Elefanten.

BANDIPUR NATIONAL PARK

Der **Bandipur National Park** (Inder/Ausländer 75/175 ₹, Video 100 ₹), der etwa 80 km südlich von Mysore an der Straße nach Ooty liegt, umfasst 880 km² und war einst ein privates Naturreservat der Maharadschas von Mysore. Der Park ist für seine Herden von Gaurs (indisches Wildrind), Axishirsche, Philippinenhirsche, Panther, Lippenbären und Languren sowie für Tiger und Elefanten bekannt. Der uneingeschränkte Verkehr auf dem Highway durch den Wald hält allerdings viele Tiere davon ab, in die Nähe der Safarigebiete zu kommen.

Kurze **Elefantenritte** (100 ₹/Pers.) sind bei mindestens vier Personen möglich. Für **Safaris** (pro Pers. Inder/Ausländer 75/175 ₹; ⌚6.30, 8.30, 15.30 & 17.30 Uhr) steht der rumpelnde Minibus des Forest Departments bereit, der genug Lärm macht, um scheue Tiere zu verschrecken. Die Fahrzeuge der Resorts dürfen auch in den Park fahren. Sie sind leiser, was die Chance erhöht, Tiere zu sehen.

Schlafen & Essen

Bandipur Safari Lodge CAMPING $$
(Mysore-Ooty Rd; pro Person inkl. VP Inder/Ausländer 3000 ₹/70 €; ❄) Am Rand des Parks liegt dieses recht große Ökotourismus-Camp der Regierung. Es bietet luxuriöse, aber umweltfreundliche Übernachtungen in gepflegten Cottages. Der Preis beinhaltet eine Safari, geführte Wanderungen, die Eintrittspreise, die Fotogebühr und gute indische und europäische Buffets zu den Mahlzeiten.

Tusker Trails CAMPING $$
(☎080-23618024, 09845326467; pro Pers. inkl. VP Inder/Ausländer 3000 /4200 ₹; 🏊) Der nette Campingplatz am östlichen Parkrand bietet Unterkünfte in einfachen Hütten am Waldrand. Das Essen ist gut und es gibt einen einladenden Pool. Der Preis beinhaltet eine Safari pro Tag, Wanderungen mit örtlichen Guides, Natur-Dokumentarfilme und ein Lagerfeuer.

An- & Weiterreise

Busse zwischen Mysore und Ooty lassen Fahrgäste in Bandipur (55 ₹, 3 Std.) raus. Man kann auch in Mysore ein Taxi für eine Tour mit Übernachtung mieten (ca. 2000 ₹).

NAGARHOLE NATIONAL PARK

Westlich des Flusses Kabini liegt ein 643 km² großes Wildschutzgebiet, der **Nagarhole National Park** (Rajiv-Gandhi-Nationalpark; Inder/Ausländer 50/150 ₹). In seinen dichten Wäldern hausen Tiger, Leoparden, Elefanten, Gauren, Muntjaks, Wildhunde, indische Hutaffen und Hanuman-Languren. Der Park kann zwischen Juli und Oktober für längere Zeit geschlossen sein, wenn Regenfälle den Wald in eine riesige Matschpfütze verwandeln.

Der Haupteingang liegt 93 km südwestlich von Mysore. Wenn man nicht in einem der Resorts in der Nähe wohnt, kann man den Park nur im Rahmen einer **Bustour** (100 ₹/Pers.; ⌚6–8 & 15–17.30 Uhr) der Forstverwaltung besuchen. Die beste Zeit, um Tiere zu beobachten, ist im April und Mai, allerdings ist es im Winter (Nov.–Feb.) angenehmer.

Ordentliche Unterkünfte beim Nagarhole National Park sind begrenzt. Besser sieht es in Kabini Lake aus. Eine brauchbare Option ist das **Jungle Inn** (☎08222-246022; www.jungleinn.in; Hunsur-Nagarhole Rd; Zi. inkl. VP pro Pers. Inder/Ausländer ab 1800 ₹/60 US$), das ca. 35 km vom Empfangszentrum des Parks an der Straße nach Hunsur liegt. Man findet hier eine gastfreundliche Atmosphäre, einfache, saubere Zimmer und ordentliche Biomahlzeiten. Abends werden Lagerfeuer angezündet. Safaris kosten extra.

KABINI LAKE

Der **Kabini Lake**, ein gewaltiges, von Wald umgebenes Staubecken ca. 70 km südlich von Mysore, ist durch die Eindämmung des Kabini entstanden. Seine reiche, unberührte Vegetation macht das Gebiet derzeit zu einem der besten Ziele für Naturausflüge in Karnataka. Er liegt auf halbem Weg zwischen den Parks von Bandipur und Nagarhole. Die Wälder um den Kabini Lake bieten vielen Wildtieren einen Lebensraum, die man hier aus der Nähe beobachten kann.

Touristen finden rund um den Kabini Lake ein paar Resorts, von denen die meisten Umweltschutz groß schreiben. Die Häuser bieten Urwaldsafaris und Aktivitäten wie Bootsfahrten und Vogelbeobachtungen an, im Allgemeinen zwischen 6.30 und 9.30 Uhr sowie zwischen 16 und 19 Uhr.

Schlafen & Essen

LP TIPP **Kabini River Lodge** CAMPING $$$
(☎08228-264402; Inder pro Pers. inkl. VP Zelt/Zi./Cottage 3750/4500/5250 ₹, Ausländer pro Pers. (Pauschale) 120 €; ❄) Dieses faszinierende, von der Regierung geführte Luxus-Ökocamp, das immer wieder als eine der besten Unterkünfte in der Wildnis weltweit eingestuft wird, liegt auf dem heiteren, von Bäumen umringten Gelände der Jagdhütte der früheren Maharadschas von Mysore neben dem Kabini Lake. In dem Vorzeigeresort, das eine opulente, aber trotzdem idyllische Erfahrung verspricht, waren zahlreiche Promis aus der ganzen Welt zu Gast (Goldie Hawn soll ein begeisterter Fan sein). Es ist mit hervorragendem Personal besetzt und bietet Unterkünfte in großen Leinwandzelten, normalen Zimmern und Cottages. Die Preise beinhalten Safaris, Bootsfahrten und die Eintrittsgebühr für die Wälder. Buchen kann man über **Jungle Lodges & Resorts Ltd** (Karte S. 176; ☎080-25597944; www.junglelodges.com; Shrungar Shopping Complex, MG Rd, Bengaluru; ⌚Mo–Sa 10–17.30 Uhr).

Cicada Kabini CAMPING $$$
(☎080-41152200, 9945602305; www.cicadaresorts.com; DZ inkl. VP 13 000 ₹; ❄@≋) Diese sehr gut bewertete Luxusunterkunft, ein weiteres hoch empfohlenes Ökoresort, bringt einen Hauch modernen Chic ans Seeufer. Das Resort hat sich der Minimierung der Umweltbeeinflussung verschrieben und fördert auch die ländlichen Gemeinden. Die Preise gelten nur für Unterkunft und Mahlzeiten; Safaris (Inder/Ausländer 750/1000 ₹) sowie Kajaks und Tretboote (100 ₹) kosten extra.

An- & Weiterreise

Täglich fahren ein paar Busse von Mysore und können Fahrgäste im Dorf Kabini rauslassen. Besser kommt man aber mit einem eigenen Taxi. Wenn man die Resorts bucht, kann man sich danach erkundigen.

Distrikt Kodagu (Coorg)

Inmitten der zeitlosen Hügel im äußersten Süden Karnatakas liegt der liebliche Distrikt Kodagu (Coorg) mit seiner Landschaft und hektarweise Plantagen. Das große, ländliche Gebiet ist ein wichtiges Zentrum des Kaffee- und Gewürzanbaus und zudem die Heimat der Kodava, eines einzigartigen Volks, das wohl von eingewanderten Persern, Kurden oder gar Griechen aus der Armee Alexanders des Großen abstammt. Das hügelige Gelände mit seinem kühlen Klima ist ideal zum Wandern, zur Vogelbeobachtung oder auch zum gemächlichen Schlendern über wenig frequentierte Wege, die sich durch die üppig bewachsenen Hügel ziehen. Insgesamt ist Kodagu ein erholsamer Jungbrunnen.

Die beste Zeit zum Wandern sind die Monate zwischen Oktober und März. Man kann Führer anheuern, die Verpflegung, Transport und Unterkünfte organisieren (s. S. 201). Unterwegs ist man dann zwischen einem Tag und einer Woche; die beliebtesten Strecken führen zu den Gipfeln des Tadiyendamol (1745 m) und des Pushpagiri (1712 m) sowie zum kleineren Kotebetta. Solche Abenteuertouren gibt's zwischen November und Mai, die übrigen Monate sind für Wanderungen zu nass.

Kodagu war bis zur Zusammenlegung mit Karnataka im Jahr 1956 ein eigener Staat. Die wichtigste Stadt der Region und ihr Transportzentrum ist Madikeri; wer aber das authentischere Kodagu kennenlernen möchte, muss die Plantagen besuchen. Das sollte man nur nicht am Wochenende tun, wenn die Wochenendausflügler aus Bengaluru in Massen dorthin strömen.

MADIKERI (MERCARA)

☎08272 / 32 400 EW. / 1525 M

Diese verstopfte Marktstadt, die auch Mercara genannt wird, liegt auf mehreren Höhenrücken. Der einzige Grund, um herzukommen, ist die Organisation von Trekkingtouren oder praktischen Reiseangelegenheiten. Eine schöne Zeit, um Madikeri zu besuchen, ist während des Huthri-Festivals, das irgendwann im November oder Dezember stattfindet.

Die meisten Hotels und Restaurants befinden sich im chaotischen Zentrum rund um den KSRTC- und den privaten Busbahnhof.

Sehenswertes

Madikeris **Fort**, heute Sitz der Stadtverwaltung, wurde 1812 von Radscha Lingarajendra II. gebaut. Hier gibt es eine alte Kirche, in der sich ein skurriles **Museum** (Eintritt frei; Di–So 10–17.30 Uhr) befindet, das staubige, schlecht beschriftete Exponate zeigt. Vom **Raja's Seat** (MG Rd; 5.30–19.30 Uhr) hat man schöne Aussichten auf die Hügel und Täler. Dahinter befinden sich Gärten, eine Kindereisenbahn und ein winziger **Tempel** im Kodava-Stil.

Zu den **Abbi-Wasserfällen** kann man eine nette, 7 km lange Wanderung vom Stadtzentrum aus unternehmen und unterwegs die friedlichen, schönen **Raja's Tombs**, besser bekannt als Gaddige, besuchen. Eine Autorikscha kostet hin und zurück ca. 200 ₹.

Aktivitäten

Trekkingtouren TREKKING

Um sich im Labyrinth der Waldwege zurechtzufinden, benötigt man auf jeden Fall einen Guide. Die meisten Plantagen in Kodagu bieten auch Trekkingprogramme an.

Die erfahrenen Guides Raja Shekhar und Ganesh von **V-Track** (☎229102, 229974; Crown Towers, College Rd; Mo–Sa 10–14 & 16.30–20 Uhr) können ein- bis zehntägige Trekkingtouren einschließlich Führer, Unterkunft und Essen organisieren. Sie kosten um die 750 ₹ pro Person und Tag, der Preis kann sich auch nach der Länge der Tour und der Zahl der Personen richten. Längere Touren, ungewöhnliche Routen und Touren mit großen Gruppen kündigt man am besten eine Woche im Voraus an.

Coorg Trails (☎9886665459; www.coorgtrails.com; Main Rd; 9–20.30 Uhr) ist ein weiteres empfehlenswertes Unternehmen, das Trekkingtouren rund um Madikeri für 500 ₹ pro Person und eine 22 km lange Trekkingtour nach Kotebetta inklusive Übernachtung in einem Dorf für 1500 ₹ pro Person arrangieren kann.

Coorg Planters' Camp OUTDOORAKTIVITÄTEN

(☎080-41159270; www.coorgplanterscamp.com) In Kirudale, 25 km von Madikeri entfernt, befindet sich das Coorg Planters' Camp, ein tolles Ökoresort mit Zeltunterkünften. Es bietet Aktivitäten wie Besuche von Kaffeeplantagen, Trekking, Vogelbeobachtung und Naturspaziergänge durch die dichten Wälder. Während der Recherchen wurde es aber gerade in großem Stil renoviert, anscheinend wird es irgendwann Anfang 2012 wieder öffnen. Hoffentlich hat sich das Warten dann gelohnt.

Ayurjeevan AYURVEDA

(Kohinoor Rd; 9–18 Uhr) Ayurjeevan, das einen kleinen Fußweg von der ICICI-Bank entfernt liegt, bietet eine ganze Reihe erfrischender Ayurveda-Pakete, 30-minütige Sitzungen gibt es ab 400 ₹.

Schlafen

In der Nebensaison (Juni–Sept.) senken viele Hotels ihre Preise. Alle hier genannten Unterkünfte haben warmes Wasser, zumindest am Morgen, und einen 24-Stunden-Checkout.

Hotel Mayura Valley View HOTEL $$
(☎228387; Nähe Raja's Seat; DZ inkl. Frühstück ab 1200 ₹; ❄) Obwohl das Hotel außerhalb der Stadt auf einem abgelegenen Hügel hinter dem Raja's Seat liegt, ist es ohne Frage die beste Unterkunft in Madikeri. Die großen, hellen Zimmer mit raumhohen Fenstern bieten phantastische Aussichten auf das Tal. Der Service ist nicht immer zuverlässig, ein kleines Trinkgeld kann da aber helfen. Das nagelneue **Restaurant & Bar** (Hauptgerichte 70–100 ₹, 7–22 Uhr geöffnet) hat eine Terrasse mit Talblick und ist der coolste Ort für einen Drink.

Hotel Hill View HOTEL $$
(☎223808; Hill Rd; DZ ab 950 ₹) Dieses gemütliche Hotel in einer abgelegenen Ecke der Neustadt hat kleine, aber gepflegte Zimmer. Die Farben der Wände und der gestutzten Hecken in den winzigen Sitzecken im Freien passen farblich perfekt zu den grünen Hügeln draußen. Geführte Touren und Lagerfeuer sind auf Anfrage möglich.

Hotel Chitra HOTEL $
(☎225372; www.hotelchitra.net; School Rd; DZ ab 600 ₹) Nur einen kurzen Fußweg von Madikeris wichtigster Verkehrskreuzung liegt dieses genügsame Hotel mit einem guten Preis-Leistungs-Verhältnis. Die billigen, nüchternen Zimmer haben saubere Bettwäsche, der Service ist effizient, dazu kommt die Lage mitten in der Stadt – eine gute Budgetunterkunft.

Hotel Cauvery HOTEL $
(☎225492; School Rd; EZ/DZ 350/800 ₹) Dieses altertümliche Hotel wurde gerade renoviert und verspricht eine ganz ungewöhnliche Erfahrung der Gastlichkeit. Die Zimmer sind immer noch die gleichen alten Löcher, in den meisten bringen saphirblaue Wände ein bisschen Farbe rein. Polster im Blumendekor schmücken die stabilen Betten und in den Fluren reihen sich Plastikgrünpflanzen aneinander. Wer es kitschig mag, dürfte sich hier wohlfühlen.

Hotel Coorg International HOTEL $$$
(☎228071; www.coorginternational.com; Convent Rd; EZ/DZ inkl. HP ab 3500/4500 ₹; ❄🏊) Im nobelsten Hotel der Stadt gibt es einen sauberen Pool, eine lockere Bar, ein gutes internationales Restaurant, ein Fitnesscenter und – das Wichtigste – komfortable Zimmer mit hellen Polstermöbeln und großen Fenstern. Im Preis inbegriffen sind das Frühstück und Abendessen (festes Menü) und den ganzen Tag lang Snacks.

Essen

Coorg Cuisinette INDISCH $
(Main Rd; Hauptgerichte 70–90 ₹; ⏲12–16 & 18.30–22 Uhr) Im zweiten Stock eines Geschäftshauses in der Main Rd befindet sich dieses Lokal, das zahlreiche Kodava-Spezialitäten bietet. Einige spezielle regionale Gerichte wie das *pandhi barthadh* (Schweinefleisch im eigenen Saft) und die *kadambuttu* (Reisklöße) können den ganzen Tag verschönern.

Hotel Capitol INDISCH $
(School Rd; Hauptgerichte 70–90 ₹; ⏲7–2.30 Uhr) Von der schäbigen Einrichtung sollte man sich genauso wenig abschrecken lassen wie die Einheimischen. Sie kommen wegen des tollen Essens her, das die Küche fabriziert, darunter das würzige und scharfe *pandhi*-(Schweinefleisch-)Curry, zu dem ein kühles Bier am besten schmeckt.

Athithi SÜDINDISCH $
(Hauptgerichte 30–50 ₹; ⏲7–22 Uhr) In diesem Lokal auf dem Bürgersteig kann man schlemmen wie die Einheimischen, z. B. ein scharfes, leckeres vegetarisches Thali (45 ₹) und danach einen Obstsalat, Saft oder Shake.

Popular Guru Prasad SÜDINDISCH $
(Main Rd; Hauptgerichte 30–40 ₹; ⏲7–22 Uhr) Die verschiedenen herzhaften vegetarischen Gerichte, darunter ein preiswertes vegetarisches Thali (40 ₹) und Frühstückssnacks, sind bei den Gästen schon lange beliebt.

Praktische Informationen

Ein halbwegs gut arbeitendes **KSTDC-Büro** (☎228580; in der Nähe des Raja's Seat; ⏲Mo–Sa 10–17.30 Uhr) bietet grundlegende touristische Informationen über die Region. Wer Geld will, kann es in der **State Bank of India** (☎229959; College Rd; ⏲Mo–Fr 10.30–17.30 Uhr) versuchen. In der Kohinoor Rd gibt es gegenüber von Ayurjeevan ein Internetcafé.

An- & Weiterreise

Täglich fahren sieben Deluxe-Busse vom **KSRTC-Busbahnhof** über Mysore (165 ₹, 3 Std.) nach Bengaluru (355 ₹, 6 Std.). Deluxe-Busse fahren auch nach Mangalore (170 ₹, 3 Std., 3-mal tgl.); nach Hassan (80 ₹, 3 Std.) und Shimoga (175 ₹, 8 Std.) fahren dagegen regelmäßig normale Busse.

Unterwegs vor Ort

Madikeri ist eine kleine Stadt, die sich leicht zu Fuß bewältigen lässt. Für Ausflüge in die Region vermieten verschiedene Unternehmen Motorräder, sie kosten ca. 350 ₹ pro Tag, außerdem wird eine rückzahlbare Kaution von 500 ₹ fällig. Versuchen kann man es bei **Spice's Mall** (gegenüber vom KSRTC-Busbahnhof) oder bei **Coorg the Guide** (Chethana Complex). Führerschein einstecken, auftanken und los geht's!

DIE PLANTAGEN

Rund um Madikeri liegen Kodagus idyllische grüne Gewürz- und Kaffeeplantagen. Zahlreiche Höfe bieten Unterkünfte an, von einfach bis recht luxuriös, und in letzter Zeit sind Luxusresorts hinzugekommen. Im Folgenden steht unsere Auswahl an Optionen, die von Madikeri aus leicht zu erreichen sind. Wenn es nicht anders angegeben ist, sind die Verpflegung und Wanderführer im Preis enthalten. Man sollte vorab reservieren. Einige Betriebe machen während des Monsuns dicht. Die meisten sorgen für den Transport von bzw. nach Madikeri – bei der Buchung nachfragen!

LP TIPP **Green Hills Estate** HISTORISCHES HOTEL **$$**

(☎08274-254790; www.neemranahotels.com; Virajpet; Zi inkl. Frühstück ab 3000 ₹) Diese Plantage, eine altehrwürdige und geschichtsträchtige Institution Kodagus, liegt im üppigen Grün der Plantagen auf halbem Weg zwischen Madikeri und Kakkabe. Das malerische frühere Haus des Plantagenbesitzers ist von einer schweren, nostalgischen Atmosphäre erfüllt. Die mit Rosenholz verkleideten Räume sind mit Erinnerungsstücken der Familie geschmückt und die Zimmer haben skurrile Namen wie Lord Jim und Lady Madcap. Sie sollen nach Vollblutpferden benannt sein, die einst der Familie des Plantagenbesitzers gehört haben. Mittag und Abendessen kosten jeweils 350 ₹.

Rainforest Retreat GASTFAMILIE **$$**

(☎08272-265636; www.rainforestours.com; Galibeedu; EZ/DZ inkl. VP ab 1500/2000 ₹) Die der Natur gewidmete gemeinnützige Organisation und das Refugium befinden sich auf einer Bioplantage. Das Rainforest Retreat hat sich der Förderung einer biologischen und umweltfreundlichen Lebensweise verschrieben. Biolandbau, nachhaltige Landwirtschaft und Abfallmanagement sind hier die Schlagworte, und die Gastgeber (die ein Quell des Wissens über die Region sind) informieren gerne über ihre fortschrittlichen Projekte. Übernachtet wird in Zelten und schicken ökologischen Cottages mit Solarduschen. Mögliche Aktivitäten sind u.a. Plantagentouren, Vogelbeobachtung und Wanderungen.

WÜRZE DES LEBENS

Wer noch Platz im Gepäck hat, sollte vom größten Markt in Madikeri unbedingt ein paar regionale Gewürze und Naturprodukte mitnehmen. In den Läden, die die Straßen säumen, gibt es eine ganze Palette an Gewürzen, darunter Vanille, Muskat, Zitronengras, Pfeffer und Kardamon sowie nicht gekennzeichnete aromatische Kaffeebohnen, die direkt von den Plantagen kommen. Auch Säfte und Fruchtsaftgetränke, hausgemachte Weine, Wildhonig aus den Wäldern in Flaschen und gebrauchsfertige Curry Masalas zum Würzen zu Hause sind im Angebot. Die meisten Produkte kosten zwischen 80 und 200 ₹.

Golden Mist GASTFAMILIE **$$**

(☎08272-265629; www.golden-mist.net; Galibeedu; inkl. VP ab 1500 ₹/Pers.) Die Bioplantage mit deutschen Besitzern ist eine der schönsten Unterkünfte in der Nähe von Madikeri. Man hat die Wahl zwischen loftartigen Cottages für Familien oder individuellen Zimmern. Außerdem gibt's hier tolles rustikales Essen für Vegetarier und Nichtvegetarier, das mit den Bioprodukten von der Plantage gekocht wird. Die Atmosphäre ähnelt der im Rainforest Retreat und es werden Naturspaziergänge und Plantagentouren angeboten.

Alath-Cad Estate Bungalow GASTFAMILIE **$$**

(☎08274-252190; www.alathcadcoorg.com; Ammathi; DZ inkl. Frühstück ab 2300 ₹) Die 26 ha große Kaffeeplantage, die 28 km von Madikeri entfernt liegt, ist ein Familienbetrieb und ist auch super, um unverfälschte Natur zu erleben. Zu den Aktivitäten zählen Plantagentouren, Trekking, Angeln, Vogelbeobachtung und sogar Kochkurse. Man übernachtet in einfachen, aber behaglich eingerichteten Cottages, und die Gastgeberfamilie ist ausgesprochen liebenswürdig.

Kadkani HOTEL **$$$**

(☎08274-254186; www.kadkani.com; Ammathi; DZ inkl. VP ab 6500 ₹; ❄🏊) Dieses mega-luxuriöse Refugium liegt in einem Tal zwischen ruhigen Wäldern am Cauvery. Das Kadkani verbindet in seinen eleganten und noblen ökologischen Cottages mühelos modernen Komfort mit rustikalem Charme. Es ist hervorragend geeignet, um stilvoll zu relaxen.

Einen 9-Loch-Golfplatz gibt es auch, und man kann sich anderen Aktivitäten wie Flussspaziergängen, Rafting und Trekking widmen. Die Abende gehören den Zikaden-Konzerten.

KAKKABE

☎08272

Das Dorf Kakkabe, etwa 40 km von Madikeri entfernt, ist eine ideale Ausgangsbasis, um den höchsten Gipfels Kodagus, den Tadiyendamol, zu besteigen. 3 km von Kakkabe entfernt liegt am Fuß des Gipfels der malerische **Palast Nalakunad** (Eintritt frei; ⌚9–17 Uhr), die restaurierte Jagdhütte eines Kodagu-Königs aus dem Jahr 1794. In der unmittelbaren Umgebung gibt es mehrere gute Plätze zum Zelten.

Misty Woods (☎238561; www.coorgmisty.com; Cottages ab 3500 ₹) liegt gleich oberhalb des Palastes auf der anderen Seite eines herabstürzenden Wasserfalls und passt wunderbar in die verträumte Landschaft ringsum. Die gefliesten Cottages aus roten Ziegeln, die den Prinzipien des *vastu shastra* (alte Wissenschaft ähnlich dem Feng Shui) folgen, sind komfortabel und stilvoll. Die Mahlzeiten sind nicht inklusive.

Honey Valley Estate (☎238339; www.honeyvalleyindia.in; DZ ab 800 ₹) ist ein wunderbarer Ort auf 1250 m Höhe mit kühler, frischer Luft. Die Freundlichkeit und das Umweltbewusstsein der Besitzer und das leckere Bio-Essen machen den Besuch hier noch erfreulicher. Unbedingt im Voraus reservieren!

Regelmäßige Busse nach Kakkabe fahren ab Madikeri (25 ₹, 1½ Std.) und ab Virajpet (18 ₹, 1 Std.)

DUBARE FOREST RESERVE

Auf dem Weg nach Kushalnagar, der zweitgrößten Stadt Kodagus, befindet sich am Ufer des Cauvery das Dubare Forest Reserve. Hier verbringt eine Gruppe Elefanten, die früher für das Forest Department gearbeitet haben, ihren Ruhestand. Wenn man den Fluss überquert hat (25 ₹), kann man an einem **Elefanteninteraktionsprogramm** (Inder/Ausländer 270/550 ₹; ⌚8.30–22.30 Uhr) teilnehmen und die Elefanten baden, füttern und dann reiten.

Buchungen sind über **Jungle Lodges & Resorts Ltd** (Karte S. 176; ☎080-25597944; www.junglelodges.com; Shrungar Shopping Complex, MG Rd, Bengaluru; ⌚Mo–Sa 10–17.30 Uhr) möglich. Sie betreiben auch das rustikale, aber gute **Dubare Elephant Camp** (☎9449599755; pro Pers. inkl. VP Inder/Ausländer 2400 ₹/70 €). Im Preis ist das Elefanteninteraktionsprogramm enthalten.

Auch **Rafting** (400 ₹/Pers.) auf einem 8 km langen Flussabschnitt mit Stromschnellen, die teilweise den Grad IV erreichen, wird hier angeboten.

BYLAKUPPE

☎08223

Das winzige Bylakuppe, 5 km südöstlich von Kushalnagar, war einer der ersten Standorte für die Flüchtlingslager, die in Südindien nach der chinesischen Invasion in Tibet (1959) Tausende Menschen aufnehmen sollten. Inmitten eines 1200 ha großen Gebiets mit Zuckerrohrfeldern, die im Wind rascheln. Überhaupt sieht es hier aus wie in einer typischen tibetischen Kolonie, und es hört sich auch so an: Man sieht Mönche in braunroten und gelben Roben, Einheimische bieten tibetische Speisen und tibetisches Kunsthandwerk feil, die Atmosphäre ist ausgesprochen gastfreundlich, und während des tibetischen Neujahrsfestes wird ausgiebig gefeiert.

Ausländer dürfen in Bylakuppe nur mit einer Genehmigung (Protected Area Permit; PAP) des Innenministeriums in Delhi übernachten. Einzelheiten erfährt man vom **Tibet Bureau** (☎26474798, 26439745; 10B Ring Rd, Lajpat Nagar IV, New Delhi).

Das Highlight der Gegend ist das **Namdroling-Kloster** (www.palyul.org) mit seinem atemberaubend prächtigen **Goldenen Tempel** (Padmasambhava Buddhist Vihara; ⌚7–20 Uhr), über den ein 18 m hoher, mit Goldblech überzogener Buddha wacht. Am eindrucksvollsten ist der Tempel, wenn Schule ist, denn dann werden Gongs und Trommeln geschlagen und Hunderte junger Novizen stimmen rituelle Gesänge an. Gäste sind eingeladen, sich niederzulassen und zu meditieren; für sie liegen kleine blaue Kissen bereit. Ähnlich reich dekoriert ist der **Zangdogpalri-Tempel** (⌚7–20 Uhr) gleich nebenan.

Gegenüber vom Goldenen Tempel befindet sich ein Einkaufszentrum, in dem auch das einfache **Paljor Dhargey Ling Guest House** (☎258686; pdguesthouse@yahoo.com; DZ 280 ₹) untergebracht ist.

Im selben Einkaufszentrum bietet das **Shanti Family Restaurant** (Hauptgerichte 50–70 ₹; ⌚7–21.30 Uhr) eine ordentliche Auswahl an indischen Gerichten und Tibetisches wie *momos* (Klöße) und *thukpa* (Nudelsuppe).

Autorikschas (Sammel-/Einzelrikscha 10/50 ₹) verbinden Kushalnagar mit Bylakuppe. Nach Kushalnagar bringen einen häufig fahrende Busse aus dem 34 km entfernt liegenden Madikeri (30 ₹, 1½ Std.) und aus Hassan (86 ₹, 4 Std.), und auch die meisten, die zwischen Mysore und Madikeri pendeln, halten in Kushalnagar.

KARNATAKAS KÜSTE

Mangalore

☎0824 / 539 300 EW.

Das entspannte Mangalore liegt am Arabischen Meer an der Mündung der malerischen Flüsse Netravathi und Gurupur. Es ist die größte Küstenstadt Karnatakas und seit dem 6. Jh. n. Chr. ein wichtiger Zwischenstopp auf internationalen Handelsrouten. Die Stadt ermöglicht eine angenehme Pause auf den langen Fahrten entlang der Westküste oder auf der Reise ins Landesinnere nach Bengaluru.

Mangalore war früher der wichtigste Hafen des Königreichs von Hyder Ali; heute wird von seinem modernen Hafen, der 10 km nördlich der Stadt liegt, ein Teil der Gewürz-, Kaffee- und Cashewernte der Region verschifft. In der Stadt herrscht eine angenehme kosmopolitische Atmosphäre, zudem sorgen einige fröhliche Kneipen und Restaurants für einen relaxten Aufenthalt.

Mangalore ist hügelig mit kurvenreichen und hektischen Straßen, in denen man sich schlecht orientieren kann. Zum Glück liegen die meisten Hotels und Restaurants, der Bahnhof und der Busbahnhof im Zentrum. Der KSRTC-Busbahnhof liegt 3 km weiter nördlich.

Sehenswertes

Ullal Beach STRAND

Der beste Strand in der Nähe von Mangalore ist der heitere Ullal Beach, ein Streifen mit goldenem Sand, den man von der Stadt in etwa einer Fahrstunde erreicht. Am schönsten lässt er sich im Summer Sands Beach Resort genießen. Eine einfache Fahrt mit der Autorikscha kostet 200 ₹, und vom City-Busbahnhof fährt häufig der Bus 44A (10 ₹), der direkt vor dem Eingang hält.

St. Aloysius College Chapel KIRCHE

(Lighthouse Hill; ⏲ Mo–Sa 8.30–18, So 10–12 & 14–18 Uhr) Die Wurzeln des Katholizismus reichen in Mangalore bis zu der Ankunft der Portugiesen Anfang des 16. Jhs. zurück, und die Stadt ist geradezu gespickt mit Kirchen. Eine der beeindruckendsten ist die Kapelle von St. Aloysius, die an die Sixtinische Kapelle in Rom erinnert – ihre Wände und Decken sind mit prächtigen Fresken ausgemalt. Einen Besuch lohnt auch die imposante **Milagres-Kirche** im römischen Stil (Falnir Rd; ⏲8.30–18 Uhr) im Stadtzentrum.

Sultan's Battery FESTUNG

(Sultan Battery Rd; ⏲6–18 Uhr) Das einzige, was von der Festung Tipu Sultans übrig ist, befindet sich 4 km vom Stadtzentrum auf der Landspitze des alten Hafens; mit Bus 16 kommt man hin.

Kadri-Manjunatha-Tempel HINDU-TEMPEL

(Kadri; ⏲6–13 & 16–20 Uhr) Dieser Tempel im Stil Keralas beherbergt eine 1000 Jahre alte Bronzestatue von Lokeshwara.

Schlafen

Nalapad Residency HOTEL $$

(☎2424757; www.nalapad.com; Lighthouse Hill Rd; EZ/DZ inkl. Frühstück ab 900/1000 ₹; ❄) Die beste Mittelklasseoption der Stadt hat schmucke Zimmer mit raumhohen Fenstern und schweren roten Vorhängen. Das Dachrestaurant Kadal verleiht dem Aufenthalt Würze. Nach einem Zimmer im 5. oder 6. Stock fragen, dort hat man tollen Meerblick!

Hotel Ocean Pearl HOTEL $$

(☎2413800; www.theoceanpearl.in; Navabharath Circle; EZ/DZ ab 3000/3600 ₹; ❄📶) Dieses nagelneue Designerhotel ist das Gesprächsthema der Stadt. Die ausgesprochen frischen Zimmer bieten alle üblichen Annehmlichkeiten eines Businesshotels. Für diesen Preis ist das ein richtiges Schnäppchen, allerdings könnte es teurer werden, wenn die Zeit der Eröffnungsangebote vorüber ist.

Summer Sands Beach Resort HOTEL $$$

(☎2467690; www.summersands.in; DZ ab 5000 ₹; ❄🏊) An einem entlegenen Streifen am Ullar Beach liegt das Summer Sands mit einer Reihe schicker Bungalows im Ethno-Stil, die hübsch in Erd- und Blumentönen dekoriert sind. Der ideale Ort für ein ruhiges Refugium! Das Restaurant namens Memories of Joanna ist sehr idyllisch eingerichtet und hat eine hervorragende Karte. Auf Wunsch organisiert das Resort Stadtbesichtigungen.

Mangalore

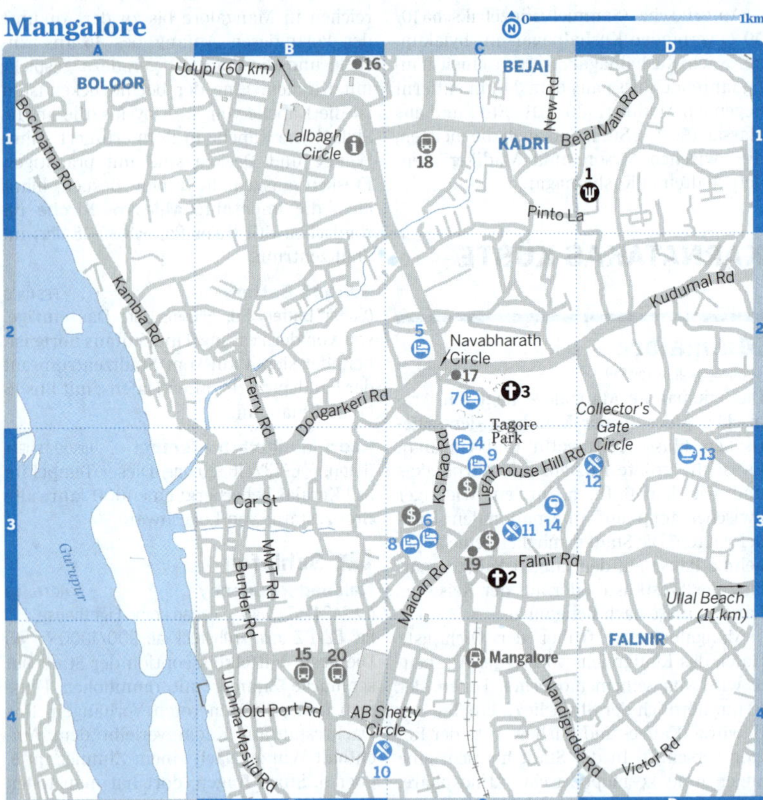

Hotel Poonja International HOTEL $
(☎2440171; www.hotelpoonjainternational.com; KS Rao Rd; EZ/DZ inkl. Frühstück ab 900/1000 ₹; ❄) Künstliche Grünpflanzen und Sonnenblumen schmücken die Lobby dieses gut geführten Hotels. Die Zimmer (sage und schreibe 154 Stück) sind gut ausgestattet, haben aber nicht viele Extras. Es gibt ein internationales Restaurant mit einer ordentlichen Auswahl an europäischen Gerichten.

Hotel Srinivas HOTEL $
(☎2440061; www.srinivashotel.com; GHS Rd; EZ/DZ ab 550/700 ₹; ❄) Zentral gelegen und relativ sauber. Unten ist eine Ausstellungshalle, in der oft Sonderverkäufe (alles von Schuhen bis Hemden) zu extremen Schnäppchenpreisen stattfinden.

Hotel Shaan Plaza HOTEL $
(☎2440313; KS Rao Rd, EZ/DZ ab 500/600 ₹; ❄) Musikberieselung und Fernseher sind in den gepflegten Zimmern dieses Budgethotels Standard.

Hotel Manorama HOTEL $
(☎2440306; KS Rao Rd; EZ/DZ ab 400/600 ₹; ❄) Eine anständige, zentral gelegene Budgetunterkunft mit sauberen und preiswerten Zimmern.

Essen & Ausgehen

Bei einem Besuch der Stadt sollte man sich solche Köstlichkeiten aus Mangolore wie *kane* (Frauenfisch), der als scharfes Kokos-Curry serviert wird, oder das fabelhafte frittierte Krabben-*rawa* nicht entgehen lassen!

Kadal SÜDINDISCH $$
(Nalapad Residency, Lighthouse Hill Rd; Hauptgerichte 150–220 ₹) Dieses Hochhaus-Restaurant ist elegant eingerichtet, warm beleuchtet und bietet einen tollen Rundblick. Empfehlenswert sind das scharfe *chicken varval* (ein Curry von der Küste) und die leckeren gebratenen Garnelen mit Ghee. Auf jeden Fall nach dem Seafood-Tagesangebot fragen!

Mangalore

Sehenswertes
1 Kadri-Manjunatha-Tempel D1
2 Milagres-Kirche C3
3 St. Aloysius College Chapel C2

Schlafen
4 Hotel Manorama C3
5 Hotel Ocean Pearl C2
6 Hotel Poonja International C3
7 Hotel Shaan Plaza C2
8 Hotel Srinivas C3
9 Nalapad Residency C3

Essen
10 Cochin Bakery B4
Janatha Deluxe (siehe 7)
Kadal (siehe 9)
11 Lalith Bar & Restaurant C3
12 Pallkhi D3

Ausgehen
13 Café Coffee Day D3
14 Liquid Lounge C3

Transport
15 City-Busbahnhof B4
16 Indian Airlines B1
17 Jet Airways C2
18 KSRTC-Busbahnhof C1
19 Büros der privaten Busunternehmen C3
20 Privater Busbahnhof B4

Lalith Bar & Restaurant SEAFOOD $$
(Balmatta Rd; Hauptgerichte 80–150 ₹) Im kühlen unterirdischen Inneren des Lalith kann man gut entspannen und sich zu den Krabben-, Garnelen- und Königsmakrelengerichten von der umfangreichen Karte ein kühles Bier schmecken lassen.

Liquid Lounge KNEIPE $$
(☎4255175; Balmatta Rd; ⏲7–23.30 Uhr) In diesem angesagten (und lauten) Pub gibt es alles, vom steifen Whisky-Cola bis zur guten alten Flasche Corona. Die schrägen Poster und das Neonlicht sorgen für eine coole Atmosphäre – ein toller Ort für ein schönes Besäufnis.

Janatha Deluxe SÜDINDISCH $
(Hotel Shaan Plaza, Hauptgerichte 50–70 ₹; ⏲7–23 Uhr) Dieses bei den Einheimischen sehr beliebte Lokal bietet ein tolles vegetarisches Thali (50 ₹) und eine Auswahl an vegetarischen Gerichten aus Nord- und Südindien.

Pallkhi SEAFOOD $$
(3. Stock, Tej Towers, Balmatta Rd; Hauptgerichte 140–170 ₹) Ein recht schickes und legeres Restaurant mit stilvoller Einrichtung und einem hervorragenden Ruf für seine Küstengerichte.

Cochin Bakery BÄCKEREI $
(AB Shetty Circle; Kuchen 20–30 ₹; ⏲Mo–Sa 9.30–21 Uhr) Die altmodische Bäckerei produziert köstliches Gebäck und Kuchen.

Café Coffee Day CAFÉ $
(Balmatta Rd; ⏲9.30–23 Uhr) Hier gibt es verschiedene gute Kaffees und Tees und ein paar leckere schnelle Happen.

Praktische Informationen

Geldautomaten haben die State Bank of Mysore in der Balmatta Rd, die Royal Bank of Scotland in der Lighthouse Hill Rd und die ICICI Bank in der GHS Rd.

Cyber Soft (Lighthouse Hill Rd; 20 ₹/Std.; ⏲10–20 Uhr) Schneller Internetzugang.

KSTDC Tourist Office (☎2453926; Lalbagh Circle; ⏲Mo–Sa 10–17 Uhr) Ziemlich nutzlos.

Trade Wings (☎2427225; Lighthouse Hill Rd; ⏲Mo–Sa 9.30–17.30 Uhr) Reisebüro, wechselt Reiseschecks.

An- & Weiterreise

Bus

Der **KSRTC-Busbahnhof** liegt 3 km vom Stadtzentrum entfernt in der Bejai Main Rd, eine Autorikscha kostet ca. 40 ₹. Täglich fahren mehrere Busse nach Bengaluru (495 ₹, 9 Std.) via Madikeri (190 ₹, 5 Std.) und Mysore (350 ₹, 7 Std.). Semideluxe-Busse fahren nach Hassan (175 ₹, 5 Std.). Um 22.30 Uhr gibt es einen Deluxe-Bus nach Panaji (399 ₹, 7 Std.). Gegenüber vom City-Busbahnhof fahren private Busse nach Udupi, Dharmasthala und Jog Falls. Tickets werden in den Büros in der Nähe der Falnir Rd verkauft.

Die Straßen rund um Mangalore sind mit Schlaglöchern übersät und die Fahrten können verdammt holprig sein. Die Fahrer der privaten Busse haben einen morbiden Hang zur Raserei.

Flugzeug

Der **Flughafen** liegt ziemlich beengt auf einem Plateau in Bajpe, 20 km nordöstlich der Stadt. **Indian Airlines** (☎2496809; Hathill Rd) und **Jet Airways** (☎2441181; Ram Bhavan Complex, KS Rao Rd) fliegen beide täglich nach Mumbai (1½ Std.). Jet Airways fliegt auch täglich nach Bengaluru (1 Std.).

Zug

Der größte **Bahnhof** liegt südlich vom Stadtzentrum. Der *Netravati Express* um 0.20 Uhr fährt über Margao in Goa (Sleeper/2AC 194/702 ₹, 5½ Std.) nach Mumbai (Sleeper/2AC 361/1348 ₹, 15 Std.). Der *Malabar Express* fährt um 18.15 Uhr nach Thiruvananthapuram (Trivandrum; Sleeper/2AC 257/941 ₹, 15 Std.). Der *West Coast Express* um 21.30 Uhr fährt nach Chennai (Sleeper/2AC 317/1184 ₹, 18 Std.).

Mehrere Züge der Konkan Railway nach Mumbai, Margao, Ernakulam und Trivandrum halten am **Bahnhof Kankanadi** 5 km östlich von Mangalore.

Unterwegs vor Ort

Zum Flughafen kommt man mit den Bussen 47B und 47C vom City-Busbahnhof oder mit dem Taxi (400 ₹).

Der City-Busbahhof liegt gegenüber von der State Bank of India. Die Grundgebühr für Autorikschas beträgt 15 ₹ und danach 11 ₹ für jeden Kilometer. Spätabends kommt ein Zuschlag von 50 % hinzu. Eine Autorikscha zum Bahnhof Kankanadi kostet etwa 60 ₹, die Busse 9 und 11B fahren ebenfalls dort hin.

Dharmasthala

In der Nähe von Mangalore befinden sich im Landesinneren mehrere Städte mit Jain-Tempeln, z.B. Venur, Mudabidri und Karkal. Die interessanteste von ihnen ist Dharmasthala, das 75 km östlich von Mangalore am Fluss Netravathi liegt. Jeden Tag kommen etwa 10 000 Pilger durch die Stadt. Zu Feiertagen und wichtigen Festivals wie **Lakshadeepotsava** können es auch zehnmal so viele sein.

Die wichtigste Pilgerstätte der Stadt ist der **Manjunatha-Tempel** (⏲6.30–14 & 17–21 Uhr), der dem Hindu-Gott Shiva geweiht ist. Männer müssen den Tempel mit entblößter Brust und bedeckten Beinen betreten. Einfache kostenlose Mahlzeiten gibt es in der **Tempelküche** (⏲11.30–14.15 & 19.30–22 Uhr) neben einem Saal, in dem bis zu 3000 Menschen Platz finden.

Andere Sehenswürdigkeiten in Dharmasthala sind die 12 m hohe **Statue von Bahubali** auf dem Ratnagiri Hill und das **Manjusha Museum** (Eintritt 2 ₹; ⏲Mo–Sa 10–13 & 16.30–19 Uhr), das Skulpturen, Schmuck und regionales Kunsthandwerk zeigt. Das fantastische **Car Museum** (Eintritt 2 ₹; ⏲8.30–13 & 14–19 Uhr) lohnt sich unbedingt: Es beherbergt 48 Oldtimer, darunter einen Renault aus dem Jahr 1903, einen Studebaker President aus den 1920er-Jahren, den Mahatma Gandhi benutzt hat, und einen riesigen Cadillac von 1954.

Wer hier übernachten möchte, wendet sich ans hilfsbereite **Tempelbüro** (☎08256-277121; www.shridharmasthala.org), das Unterkünfte in Pilgerherbergen (50 ₹/Pers.) arrangiert.

Von Dharmasthala fahren häufig Busse nach Mangalore (40 ₹, 2 Std.).

Udupi (Udipi)

☎0820

In Udupi befindet sich der stimmungsvolle **Krishna-Tempel** (Car St; ⏲3.30–22 Uhr) aus dem 13. Jh., der im Verlauf des Jahres Tausende hinduistische Pilger anzieht. Er ist von acht *maths* (Klöster) umgeben und ein Zentrum ritueller Aktivitäten: Am Eingang spielen Musiker, Elefanten stehen für die *puja* bereit und ein pausenloser Strom von Pilgern zieht hindurch. Nicht-Hindus können den Tempel besuchen, Männer müssen

BÜFFELRENNEN

Man könnte es als eine regionale Konkurrenz zum Grand Prix sehen: Kambla, das traditionelle Büffelrennen, ist bei den Dorfbewohnern an der Südküste Karnatakas außerordentlich beliebt. Die Idee zu den Rennen, die im frühen 20. Jh. populär wurden, stammt von der Angewohnheit der hiesigen Bauern, ihre Büffel nach einem Tag auf den Feldern eilig nach Hause zu treiben. Inzwischen sind die Rennen ein Riesenereignis mit Tausenden Zuschauern bei jeder Veranstaltung und Rennbüffeln, die wie Vollblutpferde gepflegt und trainiert werden – ein gutes Tier kann 300 000 ₹ kosten.

Kambla-Veranstaltungen finden zwischen November und März meistens an den Wochenenden statt. In Reisfeldern werden parallele Bahnen angelegt, auf denen die Büffel bis zur Ziellinie rasen. In den meisten Fällen steht der Reiter auf einem Brett, das an einer Pflugschar befestigt ist und surft hinter den Büffeln regelrecht über den Weg.

Die Kamera sollte bereit sein, aber bloß nicht versuchen, die Büffel beim Rennen von vorne zu knipsen – sie schaffen die 120 m lange Strecke in etwa 14 Sekunden!

ihn mit entblößter Brust betreten. Auch während des **Festivals Udupi Paryaya** werden hier aufwendige Rituale vollzogen.

Die **Touristeninformation** (☎2529718; Krishna Bldg, Car St; ⏰Mo–Sa 10–17.30 Uhr) befindet sich in der Nähe des Tempels über dem Geldautomaten der Corp Bank und hat viele nützliche Infos zu Uudpi und seiner Umgebung.

Udupi ist für sein vegetarisches Essen berühmt und in ganz Indien für seine üppigen Thalis bekannt. Ein guter Ort, um die lokale Küche zu probieren, ist das unterirdische **Woodlands** (Dr UR Rao Complex; Hauptgerichte 60–90 ₹; ⏰8–21.30 Uhr), zu Fuß ein kurzes Stück südlich vom Tempel.

Udupi liegt 58 km nördlich von Mangalore an der Küste, auf der Route fahren regelmäßig Busse (36 ₹, 1½ Std.).

Malpe

☎0820

Malpe, ein relaxter Fischerhafen 4 km westlich von Udupi, hat tolle Strände, die sich prima zum Baden in der Brandung eignen. Eine gute Unterkunft ist das **Paradise Isle Beach Resort** (☎2538777; www.theparadiseisle.com; EZ/DZ ab 3000/3500 ₹; ❄@≋) direkt am Stand, das komfortable Zimmer hat und Möglichkeiten zum **Wassersport** wie Wellenreiten, Jetski, Fluss-Rafting und Kajakfahren (500–1500 ₹) anbietet.

Von der Anlegestelle in Malpe kann man mit dem Boot (70 ₹/Pers.) um 10.30 und 15.30 Uhr zur winzigen **St. Mary's Island** fahren, wo Vasco da Gama 1498 gelandet sein soll. An den Wochenenden füllt sich die Insel mit Einheimischen, die die bizarren sechseckigen Basaltformationen untersuchen, die aus dem Sand ragen – unter der Woche kann es passieren, dass man ganz allein hier ist. Eine Autorikscha von Udupi nach Malpe kostet etwa 70 ₹.

Devbagh

Etwa 50 km nördlich von Gokarna befindet sich auf einer der vielen Inseln, die vor der Hafenstadt Karwar im Arabischen Meer liegen, das unverfälschte und himmlische **Devbagh Beach Resort** (☎08382-221603; pro Pers. inkl. VP Inder/Ausländer ab 2500 ₹/70 €; ❄). Es ist der perfekte Ort, um Robinson Crusoe zu spielen oder ziellose Strandwanderungen zu unternehmen. Man übernachtet in niedlichen und komfortablen Fischerhütten, Cottages, Holzhütten und Hausbooten. **Wassersport** wie Kajakfahren (300 ₹), Schnorcheln (700 ₹) und Parasailing (900 ₹) kostet extra.

Nach Karwar fahren langsame Busse von Gokarna (36 ₹, 1½ Std.) und Panaji (50 ₹, 3 Std.). Das Resort vorher anrufen, um eine Fähre ab ihres Büros in Karwar zu arrangieren! Buchen kann man bei **Jungle Lodges & Resorts Ltd** (Karte S. 176; ☎080-25597944; www.junglelodges.com; Shrungar Shopping Complex, MG Rd, Bengaluru; ⏰Mo–Sa 10–17.30 Uhr).

Jog Falls

☎08186

Die Jog Falls sind zwar die höchsten Wasserfälle Indiens, doch richtig zum Leben erwachen sie nur während des Monsuns. Das restliche Jahr über begrenzt der Linganamakki-Damm weiter oben am Fluss Sharavati die Wassermenge und verdirbt das Erlebnis. Der höchste der vier Wasserfälle ist der Raja mit 293 m.

Für einen guten Blick auf die Fälle umgeht man das rumplige Gebiet in der Nähe der Bushaltestelle und geht einen Pfad mit etwa 1200 Stufen nach unten. In der Regenzeit auf Blutegel achten!

Das **Hotel Mayura Gerusoppa** (☎244 732; DZ 650 ₹) in der Nähe des Parkplatzes hat ein paar riesige und verstaubte Doppelzimmer. Stände in der Nähe der Bushaltestelle verkaufen Omeletts, Thalis, Nudel- und Reisgerichte sowie warme und kalte Getränke.

Von Jog Falls fahren ungefähr stündlich Busse nach Shimoga (53 ₹, 3 Std.), außerdem gibt es drei Busse am Tag nach Karwar über Kumta (51 ₹, 3 Std.), von wo man nach Gokarna (16 ₹, 1 Std.) weiterfahren kann. Wer nach Mangalore will, steigt in Shimoga um. Eine Hin- und Rückfahrt mit dem Taxi ab Gokarna kostet um die 1500 ₹.

Gokarna

☎08386

Das idyllische, aber lebhafte Gokarna liegt etwa 60 km südlich von Karwar auf einem entlegenen Fleckchen Erde an der Küste. Das Dorf besticht mit einer verwirrenden Mischung aus hinduistischen Ritualen und mittelalterlicher Lebensweise. Besonders spürbar wird diese dramatische Atmosphäre bei **Festivals** wie Shivaratri und Ganesh

Chaturthi, wenn Tausende Pilger die uralten Tempel füllen. Das Hauptdorf ist eher konservativ eingestellt, doch einige Strände außerhalb der Stadt sind wie geschaffen für unbekümmertes Sonnenbaden.

Sehenswertes & Aktivitäten

Tempel HINDU-TEMPEL

Ausländer und Nicht-Hindus dürfen die Tempel in Gokarna nicht betreten. Farbenprächtige Rituale lassen sich aber überall im Ort beobachten. Am westlichen Ende der Car St steht der **Mahabaleshwara-Tempel** mit einem verehrten Lingam (phallisches Shiva-Symbol). In der Nähe befindet sich der **Ganapati-Tempel**, den **Venkataraman-Tempel** findet man am anderen Ende der Straße. Ungefähr 100 m weiter südlich liegt der **Koorti Teertha**, ein großes Tempelbecken. Hier an den Ghats (Stufen oder Anlegestellen) vollziehen Einheimische, Pilger und traditionell gekleidete Brahmanen ihre Waschungen, während neben ihnen Wäscher ihrer Arbeit nachgehen.

Strände STRÄNDE

Gokarnas „Dorfstrand" ist schmutzig und nicht für zwangloses Freizeitbaden gedacht. Die besten Sandstrände findet man südlich; man erreicht sie über einen Fußpfad, der südlich des Ganapati-Tempels beginnt und an der Küste entlangführt (wenn man beim Tempelbecken landet oder Felsen hinaufklettern muss, ist man falsch abgebogen).

Nach 20 Minuten erreicht man die Spitze einer kahlen Landzunge, von wo aus sich ein weiter Blick aufs Meer eröffnet. Im Süden liegt **Kudle** (ausgesprochen kud-leh), der erste der unberührten Strände Gokarnas. Hier bekommt man einfache Snacks, Getränke und Unterkünfte und es ist ein schöner Platz, um auszuspannen.

Südlich von Kudle Beach führt ein Pfad über die nächste Landzunge, über den man nach weiteren 20 Minuten am **Om Beach** ankommt; hier gibt's ein paar Teestuben, Schuppen und am Wochenende Massen an einheimischen Touristen. Wiederum südlich davon warten die noch abgelegeneren **Half-Moon Beach** und **Paradise Beach**, die in der Regel zwischen November und März zum Leben erwachen. Hin braucht man 30 Minuten bzw. eine Stunde.

Auf Anfrage bringen einen Fischerboote vom Dorfstrand zum Kudle (100 ₹) oder Om (200 ₹). Eine Fahrt mit der Autorikscha aus dem Ort zum Om kostet rund 200 ₹.

Auf den Pfaden sollte man nicht nach Einbruch der Dunkelheit und nie allein unterwegs sein: Man kann leicht ausrutschen oder sich verirren, und auch Überfälle sind schon vorgekommen. Gegen eine kleine Gebühr verwahren die meisten Unterkünfte in Gokarna Wertgegenstände und Gepäck für ihre Gäste, die am Strand entspannen wollen.

Ayurveda AYURVEDA

Die gut ausgebildeten Masseure bei **Ayur Kuteeram** (☎9480575351; Gokarna Beach; ⏲9–20 Uhr) können bei verspannten Muskeln Wunder bewirken. Eine *abhayanga*-Behandlung kostet nur 700 ₹.

Ayurvedische Therapien und Pakete von hoher Qualität bieten auch die professionellen Ayurveda-Zentren im SwaSwara Resort und im Om Beach Resort.

Schlafen

Von einigen wenigen Ausnahmen abgesehen haben Reisende die Wahl zwischen primitiven Hütten am Strand und einfachen, aber komfortableren Zimmern in der Stadt. Einige Pensionen sind auf Pilger eingestellt und haben bestimmte Regeln und Vorschriften. Während Festivals und in der Hochsaison können die Preise anziehen.

STRÄNDE

Sowohl am Kudle Beach als auch am Om Beach gibt es billige Hütten und Zimmer. Am Half-Moon Beach und am Paradise Beach sind die Unterkünfte von November bis März geöffnet. Die meisten haben zumindest Bettzeug, man sollte aber Laken oder einen Schlafsack mitbringen. Es gibt Vorhängeschlösser und die Hütten sind sicher. Die Gemeinschaftswaschräume und -toiletten sind sehr einfach.

LP TIPP **SwaSwara** HOTEL $$$

(☎257132, 0484-3011711; www.swaswara.com; Om Beach; DZ 7 Nächte Inder/Ausländer 115 000 ₹/2015 €; ❄@≈) Dieses erstaunliche Gesundheitsresort auf einem Hügel mit Blick auf den Om Beach ist ganz sicher eine Klasse für sich. Kurzaufenthalte sind hier nicht im Angebot, dafür kann man aber eine ganze Woche in diesem eleganten und toll designten Resort aus roten Laterit-Ziegeln relaxen und einen Urlaub rund um Yoga und Ayurveda-Behandlungen genießen. Es gibt eine interaktive Küche, und der Artist in Residence hilft dabei, die kreativen Fähigkeiten zu verbessern. Die Preise beinhalten Vollpension, Transport, Frei-

ABENTEUER WILDNIS

Etwa 100 km von Goa im Urwald der Western Ghats liegt **Dandeli**, eine tolle Oase in der Wildnis, die die Begegnung mit verschiedenen exotischen Tieren wie Elefanten, Panthern, Lippenbären, indischen Bisons, Wildhunden und Flughörnchen verspricht. Auch Vogelfreunde kommen auf ihre Kosten, denn hier leben Nashornvögel, Feuerrückenspechte, Schlangenweihe und Braunlieste. Außerdem werden hier zahlreiche Aktivitäten von Kajaktouren bis zu Rafting für Abenteuerlustige auf dem aufgewühlten Wasser des Flusses Kali angeboten.

Das **Kali Adventure Camp** (inkl. VP pro Pers. Inder/Ausländer ab 2300 ₹/70 €; ❄) bietet Übernachtungsmöglichkeiten in Zelt-Cottages und Zimmern, die aufwendig und zugleich umweltfreundlich ausgestattet sind. Buchen kann man über **Jungle Lodges & Resorts Ltd** (Karte S. 176; ☎080-25597944; www.junglelodges.com; Shrungar Shopping Complex, MG Rd, Bengaluru; ⌚Mo–Sa 10–17.30 Uhr).

Häufige Busse fahren von Dandeli sowohl nach Hubli (45 ₹, 2 Std.) als auch nach Dharwad (35 ₹, 1½ Std.), mit Anschlussverbindungen nach Goa, Gokarna, Hospet und Bengaluru.

zeitaktivitäten und tägliche Yogastunden. Einwöchige Ayurveda-Pakete beginnen bei 600 US$.

Namaste Café PENSION $
(☎257141; Om Beach; Hütten ab 700 ₹; ❄@) Ob in der Haupt- oder der Nebensaison, das Namaste ist der Ort zum Relaxen. Seit unserem letzten Besuch hat es sich sogar verbessert und bietet nun auf dem Gelände am heiteren Om Beach Klimaanlage und Internet. Die Restaurant-Bar kocht leckere Sachen und ist die Nummer eins am Om. In der Saison vermietet das Namaste auch einfache Hütten (150 ₹) am Paradise Beach und Cottages auf der Namaste Farm (ab 500 ₹) auf der Landzunge.

Hotel Gokarna International Kudle Resort HOTEL $$
(☎257843; Kudle Beach; DZ 1500 ₹; ❄) Diese Mittelklasseunterkunft, die vom gleichen Management geführt wird, dem das Hotel Gokarana International in der Stadt gehört, hat schicke Zimmer und einen reizenden Garten nach vorne raus. Bei Flut kommen die Wellen bis ans Eingangstor – ein Grund mehr, hier zu übernachten.

Nirvana Café PENSION $
(☎329851; Om Beach; DZ 300 ₹; Cottage 400 ₹) Am südlichen Ende des Om liegt diese angenehme Pension mit Hütten in einem schattigen Garten; die Renovierungsarbeiten sollten inzwischen abgeschlossen sein.

GOKARNA

Om Beach Resort HOTEL $$
(☎257052; www.ombeachresort.com; Bangle Gudde; DZ inkl. Frühstück Inder/Ausländer 2800 ₹/ 105 US$; ❄@) Dieses kleine Juwel befindet sich auf einer Landzunge 2 km außerhalb von Gokarna, nahe der Straße zum Om Beach. Das Hotel ist von Rasen und schattigen Bäumen umgeben, seine Cottages aus roten Ziegeln überzeugen mit tollem Design, und im Restaurant gibt's gute Meeresfrüchtegerichte und Alkohol. In der Anlage befindet sich ein professionelles Ayurveda-Zentrum, das siebentägige Behandlungspakete ab 490 US$ pro Person anbietet.

Kamat Lodge PENSION $
(☎256035; Kamat Complex, Main St; EZ/DZ 200/300 ₹, DZ mit Klimanlage 1200 ₹; ❄) Die sauberen Zimmer in diesem Hotel an der Hauptstraße von Gokarna haben frische Laken und große Fenster und sind ihr Geld wert. Zimmerservice und andere Extras darf man aber nicht erwarten.

Nimmu House PENSION $
(☎256730; nimmuhouse@yahoo.com; EZ/DZ ab 250/500 ₹; @) Eine angenehme Unterkunft am Hauptstrand von Gokarna, die von einer freundlichen Familie geführt wird.

Vaibhav Lodge PENSION $
(☎256714; abseits der Main St; DZ 250 ₹, EZ/DZ 150/200 ₹; @) Eine typische Backpacker-Absteige mit Moskitonetzen, Warmwasser am Morgen und einem Restaurant auf dem Dach.

Shastri Guest House PENSION $
(☎256220; Main St; EZ/DZ/3BZ 160/280/400 ₹) Eine hostelartige Unterkunft mit guten, luftigen Doppelzimmern im neuen Block hinten raus. Die Einzelzimmer sind aber sehr eng.

Essen

An allen Stränden gibt es Chai-Buden, die einfache Snacks und Gerichte anbieten.

LP TIPP **Namaste Café** CAFE $
(Om Beach, Hauptgerichte 80–100 ₹; ⏲7–23 Uhr) Im sozialen Zentrum am Om Beach gibt es einige hervorragende typisch westliche Gerichte wie Pizzas, Burger und Shakes. Das Beste sind aber die leckeren Meeresfrüchtegerichte, besonders die gegrillten Tintenfische und die Seebrassen-Gerichte. Und man sitzt beim Essen an einem der schönsten Fleckchen am Meer. Besonders erfreulich sind die Abendessen, nachdem die lauten Tagesbesucher sich auf den Heimweg gemacht haben.

Prema Restaurant INTERNATIONAL $
(Gokarna Beach; Hauptgerichte 80–110 ₹; ⏲10–20.30 Uhr) Eine ordentliche Karte mit improvisierten europäischen Gerichten und bunten Eissorten. An der Theke werden Gewürzpackungen und Pflanzenöle verkauft.

Pai Restaurant SÜDINDISCH $
(Main St; Hauptgerichte 50–80 ₹; ⏲6.30–21.30 Uhr) Serviert ein tolles vegetarisches Thali für 55 ₹.

Pai Hotel INDISCH $
(Car St) Ein beliebtes und frisch renoviertes Lokal mit einer hervorragenden vegetarischen Karte.

Praktische Informationen

SBI (Main St) Hat einen Geldautomaten.

Shama Internet Centre (Car St; 40 ₹/Std.; ⏲10–23 Uhr) Schnelle Internetverbindungen.

Postfiliale (1. Stock, Ecke Car & Main Sts; Mo–Sa 10–16 Uhr)

An- & Weiterreise

Bus

Vom rudimentären **Busbahnhof** fahren klapprige Busse nach Karwar (33 ₹, 1½ Std.), von wo es Anschluss nach Goa gibt. Häufige Direktbusse fahren nach Hubli (107 ₹, 4 Std.), wo man nach Hospet und Hampi umsteigt, und abends gibt es einen Bus nach Bengaluru (402 ₹, 12 Std.).

Zug

Expresszüge halten am **Bahnhof Kumta**, der 25 km entfernt liegt. Der *Matsyagandha Express* um 3.30 Uhr fährt nach Mangalore (Sleeper 166 ₹, 3½ Std.); in die entgegengesetzte Richtung fährt der Zug in Kumta um 18.20 Uhr nach Margao (Sleeper 140 ₹, 2½ Std.). Viele der Hotels und kleinen Reisebüros in Gokarna können Tickets buchen.

Autorikschas verlangen 250 ₹ bis zum Bahnhof Kumta, mit dem Bus kostet es 15 ₹.

ZENTRAL-KARNATAKA

Hampi

☎08394

Die unwirklichen verlassenen Ruinen von Hampi stehen in einer überirdischen Landschaft, die Besucher vom ersten Anblick an in ihren Bann zieht. Haufen riesiger Felsblöcke, die jeden Moment zu stürzen scheinen, erstrecken sich über Kilometer welligen Geländes, und jadegrüne Palmenhaine, Bananenpflanzungen und Reisfelder bilden einen Kontrast zu ihren rostigen Farbtönen. Der azurblaue Himmel mit seinen weißen Schleierwolken trägt ein Übriges zu der magischen Atmosphäre bei. In der Unesco-Welterbestätte Hampi können Besucher sich in den schwermütigen Ruinen verirren oder sich einfach von den Launen der Natur bezaubern lassen und sich fragen, wie viele Millionen Jahre der vulkanischen Aktivität und der Erosion diese so faszinierende Landschaft geschaffen haben.

Hampi ist ein wichtiger Stopp auf der Route aller Traveller, Hochsaison ist hier von November bis März. Man kann zwar die wichtigsten Stätten an ein oder zwei Tagen sehen, doch das läuft der relaxten Atmosphäre Hampis zuwider. Besser plant man etwas mehr Zeit ein.

Hampi Bazaar und das Dorf Kamalapuram im Süden sind die beiden wichtigsten Tore zu den Ruinen. Das Zentrum der Travellerszene ist aber Hampi Bazaar, ein Dorf voller Budgetunterkünfte, Geschäfte und Restaurants, über denen der majestätische Virupaksha-Tempel hoch aufragt. Die Ruinen sind in zwei Hauptgebiete unterteilt: das Sacred Centre rund um Hampi Bazaar und das Royal Centre in Richtung Kamalapuram. Im Nordosten auf der anderen Seite des Flusses Tungabhadra liegt das historische Dorf Anegundi.

Geschichte

Hampi und die Gebiete ringsum werden im Hindu-Epos Ramayana als Kishkindha, das Reich der Affengötter, erwähnt. Im Jahr 1336 wählte der Telugu-Fürst Harihara I. Hampi als Platz für seine neue Hauptstadt Vijayanagara, die während der nächsten Jahrhunderte zum Zentrum eines der größten Hindu-Reiche in der Geschichte

Indiens wurde. Im 16. Jh. war die Stadt eine blühende Metropole mit ca. 500000 Einwohnern und geschäftigen Basaren, auf denen Händler und Waren aus aller Welt, vor allem Edelsteine, zu finden waren. All das endete 1565, als die vereinten Heere der Dekkan-Sultanate Vijayanagara eroberten und plünderten. Von diesem Todesstoß erholte es sich nicht mehr.

Heute wird hier ein ganz anderer Kampf ausgefochten: Auf der einen Seite stehen die Schützer des architektonischen Erbes von Vijayanagara, auf der anderen Seite die Einwohner Hampis. Seit 2000 sieht ein Masterplan vor, alle Ruinen als geschützte Denkmäler einzustufen und die Dorfbewohner in ein neues Geschäfts- und Wohngebiet abseits der archäologischen Stätten umzusiedeln. Die Umsetzung dauert aber. Mehr Details über das bedrohte kulturelle Erbe Hampis erfährt man beim **Global Heritage Fund** (www.globalheritagefund.org).

Sehenswertes

Virupaksha-Tempel HINDU-TEMPEL

(Karte S. 216; Eintritt 2 ₹; Sonnenaufgang–Sonnenuntergang) Der Mittelpunkt von Hampi Bazaar ist der Virupaksha-Tempel, eines der ältesten Gebäude der Stadt. Der größte *gopuram* ist fast 50 m hoch und wurde 1442 gebaut, 1510 wurde ein kleinerer ergänzt. Der Hauptschrein ist Virupaksha gewidmet, einer Reinkarnation Shivas.

Wenn die **Tempelelefantin** Lakshmi mit ihrem Wärter da ist, gibt sie für eine Münze einen Stupser als Segen. Die bezaubernde Lakshmi wird morgens um 8.30 Uhr zum Baden geführt, gleich den Weg zu den Ghats am Fluss hinunter.

Auf dem **Hemakuta Hill** (Karte S. 216), der im Süden über dem Virupaksha-Tempel aufragt, stehen ein paar frühe Ruinen, darunter monolithische Skulpturen von Narasimha (Vishnu in der Inkarnation als Mann-Löwe) und Ganesh. Am östlichen Ende von Hampi Bazaar steht eine monolithische Nandi-Statue (Karte S. 216), um die herum sich die Kolonnaden des antiken Marktplatzes befinden. Über dieser Stätte erhebt sich der Matanga Hill, von dessen Gipfel sich bei Sonnenaufgang dramatische Blicke auf das Gebiet bieten. Im Januar findet am Fuß des Hügels das **Festival Vijaya Utsav** statt.

Vittala-Tempel HINDU-TEMPEL

(Karte S. 214; Inder/Ausländer 10/250 ₹; 8.30–17.30 Uhr) Das unbestrittene Highlight der Ruinen von Hampi, der Vittala-Tempel aus dem 16. Jh., steht 2 km von Hampi Bazaar entfernt inmitten von Felsblöcken. Es wurden zwar ein paar Zementgerüste errichtet, um den Hauptteil vor dem Einsturz zu bewahren, doch insgesamt ist die Stätte in ziemlich gutem Zustand.

Die Arbeit an dem Tempel begann möglicherweise während der Herrschaft von Krishnadevaraya (reg. 1509–1529). Er wurde niemals beendet oder geweiht, doch die unglaublichen Skulpturen sind bis heute der Gipfel der Vijayanagar-Kunst. Die äußeren „musikalischen" Säulen hallen wider, wenn man draufklopft, die Behörden haben aber dafür gesorgt, dass sie außer Reichweite der Touristen sind, um weitere Schäden zu verhindern. Nicht verpassen sollte man das Paradestück des Tempels, den kunstvoll verzierten **steinernen Wagen**, dessen Räder sich einst sogar drehten.

Das Ticket gut aufheben, es gilt am gleichen Tag als Eintrittskarte für die Zenana Enclosure und die Elefantenställe im Royal Centre sowie für das Archäologische Museum in Kamalapuram.

Sule Bazaar & Achyutaraya-Tempel HISTORISCHE STÄTTE

Auf halbem Weg von Hampi Bazaar zum Vittala-Tempel führt ein Weg nach rechts

ÄRGER VERMEIDEN

- Hampi Bazaar ist eine sichere Gegend, man sollte aber trotzdem nicht nach Einbruch der Dunkelheit oder allein in den Ruinen rumlaufen. Denn Gefahr droht dann, wenn man sich verläuft. Erfahrene Führer berichten davon, nachts sogar Lippenbären in der Nähe des Vittala-Tempels gesehen zu haben!
- Alkohol und Drogen sind in Hampi illegal, und schon der Besitz kann zu Problemen führen. Haschischverkäufer hängen am Fluss rum, wenn es dunkel wird, doch man tut gut daran, einen weiten Bogen um sie zu machen.
- Die örtlichen Gesetze verlangen, dass sich alle ausländischen Besucher bei der Ankunft mit ihrem Pass bei der Polizei melden und die Behörden über die beabsichtigte Dauer ihres Aufenthalts informieren.

Hampi & Anegundi

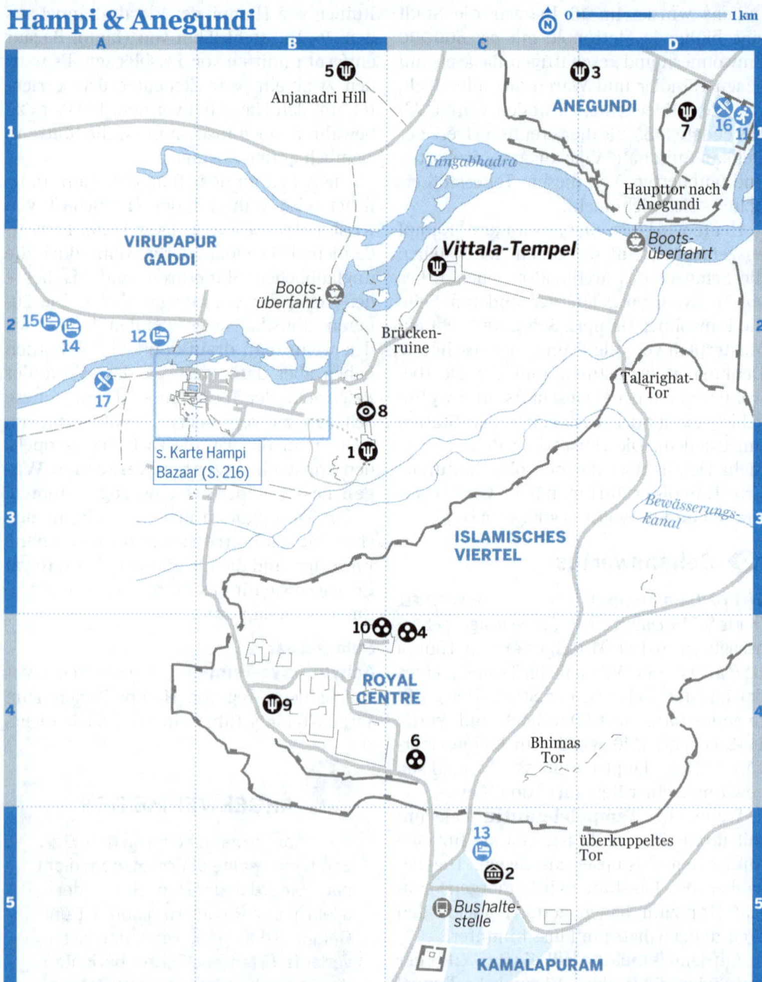

über die Steine zum verlassenen **Sule Bazaar** (Karte S. 214), einem der wichtigsten Handelszentren des alten Hampi. Am südlichen Ende dieses Gebiets steht der verlassene **Achyutaraya-Tempel** (Karte S. 214).

Royal Centre HISTORISCHE STÄTTE

(Karte S. 214) Das Royal Centre erreicht man über einen 2 km langen Fußweg vom Achyutaraya-Tempel aus oder über die Straße, die Hampi mit Kamalapuram verbindet. Verglichen mit dem übrigen Hampi ist das Gebiet flacher, weil hier Felsbrocken abgetragen und für die Steinwälle verwendet wurden. Einige der wichtigsten Stätten Hampis liegen in dem als **Zenana Enclosure** (Karte S. 214; Inder/Ausländer 10/250 ₹; ⌚8.30–17.30 Uhr) bezeichneten, ummauerten Frauenbezirk. Dazu gehört der **Lotus Mahal** (Karte S. 214), ein grazil gestalteter Pavillon, der wohl der Königin als Lustschloss diente. Der Lotus Mahal blickt hinunter auf die **Elefantenställe** (Karte S. 214), ein großartiges Gebäude mit überkuppelten Räumen, in denen einst die königlichen Elefanten untergebracht waren. Das Ticket für das Royal Centre berechtigt auch zum Eintritt in den Vittala-Tempel und das Archäologische Museum in Kamalapuram am gleichen Tag.

Hampi & Anegundi

Highlights
Vittala-Tempel C2

Sehenswertes
1 Achyutaraya-Tempel B3
2 Archäologisches Museum C5
3 Durga-Tempel D1
4 Elefantenställe C4
5 Hanuman-Tempel B1
Lotus Mahal .... (siehe 10)
6 Bad der Königin C4
7 Ranganatha-Tempel D1
8 Sule Bazaar B2
9 unterirdischer Shiva-Tempel B4
10 Zenana Enclosure B4

Aktivitäten, Kurse & Touren
11 Kishkinda Trust D1

Schlafen
12 Hema Guest House A2
13 Hotel Mayura Bhuvaneshwari C5
14 Mowgli A2
15 Shanthi A2

Essen
16 Hoova Craft Shop & Cafe D1
17 Mango Tree A2

Weiter südlich stehen verschiedene Tempel und aufwendige Bäderanlagen, darunter der **unterirdische Shiva-Tempel** (Karte S. 214; ⌚8.30–17.30 Uhr) und das **Bad der Königin** (Karte S. 214; ⌚8.30–17.30 Uhr), das außen schlicht, aber innen dafür umso prächtiger ist.

Archäologisches Museum MUSEUM
(Karte S. 214; Kamalapuram; Eintritt 5 ₹; ⌚Sa–Do 10–17 Uhr) Das Archäologische Museum zeigt Sammlungen von Skulpturen aus den Ruinen der Umgebung, jungsteinzeitliche Werkzeuge, Waffen aus dem 16. Jh. und ein großes Modell der Ruinen von Vijayana

Schlafen

Die vielen einfachen Pensionen in Hampi Bazaar und Virupapur Gaddi unterscheiden sich kaum voneinander. Einige haben in jüngster Zeit allerdings etwas modernisiert, um zahlungskräftigere Reisende anzuziehen. Zwischen April und September sind Schnäppchen drin, dann sollte man sich ein bisschen umschauen. Das einzige von der Regierung betriebene Hotel (mit einer legalen Bier-Bar und einem nichtvegetarischen Restaurant) befindet sich in Kamalpuram. Wenn die Nachfrage hoch ist, können die Preise steigen.

Die meisten Pensionen in Hampi Bazaar sind sehr klein und haben nur eine Handvoll Zimmer. In der Hochsaison könnte es daher ratsam sein, im Voraus zu buchen.

HAMPI BAZAAR

LP TIPP **Padma Guest House** PENSION $$
(Karte S. 216; ☎241331; padmaguesthouse@gmail.com; DZ ab 600 ₹; ❄) In einer ruhigen Ecke von Hampi Bazaar liegt das clevere und liebenswerte Padma, das seit unserem letzten Besuch still und leise expandiert ist. Die einfachen, aber blitzsauberen Zimmer sind eine schöne Abwechslung von den typischen Unterkünften in Hampi, und die im ersten Stock bieten eine schöne Aussicht auf den Virupaksha-Tempel. Im Westen wurden neue Zimmer angebaut, die in Hampi bis dato unbekannte Annehmlichkeiten wie Fernseher und Klimaanlage bieten. Alle Achtung!

Gopi Guest House PENSION $
(Karte S. 216; ☎241695; kirangopi2002@yahoo.com; DZ 350–1000 ₹; ❄@) Diese nette Unterkunft mitten im Gewimmel von Hampi Bazaar ist nach wie vor empfehlenswert. Im neuen Block, der für Hampi schon ziemlich vornehm ist, gibt es Zimmer mit eigenem Bad und einer sonnigen Terrasse. Die Dachterrasse mit schönem Blick auf den Virupaksha-Tempel eignet sich prima zum Relaxen.

Pushpa Guest House PENSION $
(Karte S. 216; ☎241440; DZ ab 500 ₹) Hier wurden während der Recherchen gerade die Arbeiten an den Terrassenzimmern beendet. Die Zimmer haben rosa Wände mit Blumendekor und geflieste Böden. Die Gastgeberfamilie ist ausgesprochen herzlich, und in der ersten Etage gibt es auch eine schöne Sitzecke.

Shanthi Guest House PENSION $
(Karte S. 216; ☎241568; EZ/DZ 300/350 ₹, ohne eigenes Bad 150/250 ₹) Im alten, aber angenehmen Shanti gibt's einen friedlichen Hof mit einer Schaukel, Kletterpflanzen aus Plastik und farbenfrohe Poster unzähliger Götter, die die schlichten Zimmer schmücken. Der kleine Souvenirladen am Eingang funktioniert auf Vertrauensbasis.

Ranjana Guest House PENSION $
(Karte S. 216; ☎241696; DZ mit/ohne Klimaanlage 800/600 ₹; ❄) Das Rajana ist dem Padma nebenan fast ebenbürtig. Es bietet ebenfalls

Hampi Bazaar

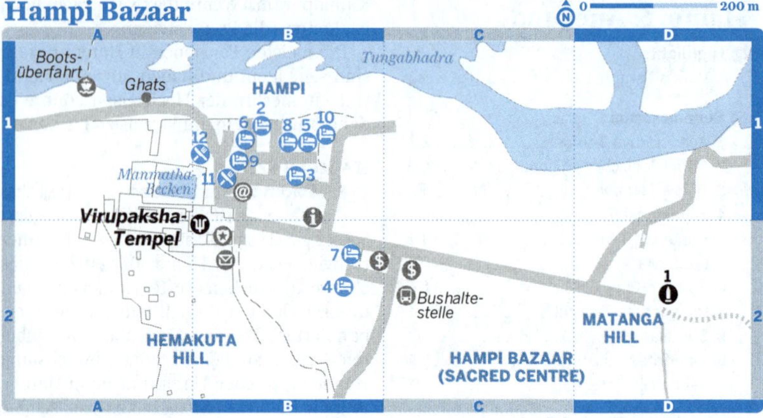

gut ausgestattete Zimmer; die auf der Terrasse haben eine fantastische Aussicht. Es gibt auch ein paar billigere Zimmer, die an die Wohnung der Familie im Erdgeschoss grenzen.

Rama Guest House PENSION $
(☎241962; DZ 400–600 ₹) Diese Pension in der Nähe des Flusses scheint besonders bei jungen Wochenendbesuchern aus Bengaluru beliebt zu sein. Einige Zimmer sind ein bisschen düster, für eine Budgetbleibe sind sie aber angemessen eingerichtet.

Vicky's PENSION $
(Karte S. 216; ☎241694; vikkyhampi@yahoo.co.in; DZ 350 ₹; @) Eine große Pension ganz in Violett und Grün, mit gekachelten Böden, Internetzugang und einem Dachcafé. Den Preis beim Buchen fest vereinbaren!

Rocky Guest House PENSION $
(Karte S. 216; ☎241951; rockyhampi@yahoo.co.in; DZ 400 ₹) Eine komfortable Option gegenüber vom Gopi mit sauberen Zimmern, freundlichen Managern und einem Infoschalter für Traveller.

Archana Guest House PENSION $
(KarteS. 216; ☎241547; addihampi@yahoo.com; DZ ab 500 ₹) Eine ruhige und fröhliche Unterkunft am Ende einer Gasse mit ordentlichen Zimmern.

VIRUPAPUR GADDI

Viele Traveller bevorzugen die friedliche Atmosphäre von Virupapur Gaddi, das gegenüber von Hampi Bazaar am anderen Flussufer liegt. Zwischen 7 und 18 Uhr fährt häufig ein kleines Boot (10 ₹) hin und her. Während des Monsuns steigt der Flusspegel und es kann passieren, dass der Fährdienst eingestellt wird.

Hema Guest House PENSION $
(Karte S. 214; ☎9449103008; DZ 250 ₹) Das relaxte und angesagte Hema ist eine der beliebtesten Unterkünfte in Virupapur Gaddi. Es bietet Reihen niedlicher und komfortabler Cottages in einem schattigen Wäldchen. Im entspannten Café mit Blick auf den Fluss hängen immer faulenzende Touristen ab.

Shanthi PENSION $
(Karte S. 214; ☎9449260162; shanthi.hampi@gmail.com; Cottage 500–800 ₹; @) Die strohgedeckten, in Erdtönen gestrichenen Cottages im Shanthi haben Veranden mit Schaukeln, von denen man den Blick auf die Reisfelder und den Sonnenuntergang genießen kann. Im Restaurant gibt es gute Thalis und Pizzas.

Mowgli PENSION $$
(Karte S. 214; ☎9448217588; hampimowgli@hotmail.com; DZ 500–1200 ₹; ❄@) Ein paar lila Cottages liegen in dieser weitläufigen Gartenanlage mit beruhigendem Blick auf Reisfelder. Das Mowgli ist ein erstklassiger Ort zum Chillen und kann an den Wochenenden schnell voll sein, darum besser im Voraus reservieren!

KAMALAPURAM

Hotel Mayura Bhuvaneshwari HOTEL $$
(Karte S. 214; ☎08394-241474; DZ ab 1200 ₹; ❄) Dieses ordentliche Haus der Regierung liegt etwa 3 km südlich vom Royal Centre und bietet gut ausgestattete Zimmer (mit kitschigen Wandbildern verziert), eine gern gesehen Bierbar, ein gutes internationales

Hampi Bazaar

Highlights
Virupaksha-Tempel B2

Sehenswertes
1 Nandi Statue D2

Schlafen
2 Archana Guest House B1
3 Gopi Guest House B1
4 Padma Guest House B2
5 Pushpa Guest House B1
6 Rama Guest House B1
7 Ranjana Guest House B2
8 Rocky Guest House B1
9 Shanthi Guest House B1
10 Vicky's B1

Essen
11 Durga Huts B1
12 New Shanthi B1

Restaurant und auf Anfrage Ayurveda-Behandlungen (ab 1500 ₹).

Essen

Wegen der religiösen Bedeutung von Hampi gilt in allen Restaurants striktes Fleischverbot, und auch Alkohol ist nicht erlaubt. Die Restaurants sind von 7 bis 22 Uhr geöffnet.

LP TIPP **Mango Tree** INTERNATIONAL $$
(Karte S. 214; Hauptgerichte 70–100 ₹) In diesem coolen Restaurant im ländlichen Stil, das sich unter dem namengebenden Mangobaum am Fluss ausbreitet, begegnen sich Kreativität und kulinarische Exzellenz. Der Weg zum Mango Tree führt durch Bananenplantagen. Besonders lecker sind das spezielle Gemüsecurry (100 ₹), die *banana fritters* (60 ₹) und die Spaghetti mit Cashewnüssen und Käse (100 ₹). Die Sitzgelegenheiten auf der Terrasse sind ideal für einen faulen Nachmittag mit einem Buch.

New Shanthi INTERNATIONAL $$
(Karte S. 216; Hauptgerichte 80–120 ₹) Trancemusik und blaues Licht tragen zum Hippie-Vibe in diesem beliebten Lokal bei. Hier gibt's mexikanische, italienische und indische Standardgerichte und nebenher Gebäck. Auch die Auswahl an Teesorten (Jasmintee, Zitronengrastee und Kräutertees) ist groß.

Durga Huts CAFÉ $
(Karte S. 216; Hauptgerichte 60–80 ₹) Ein klarer Erfolg bei Musikfans. Prem Joshuas Fusion-Klänge kommen aus den Boxen, und ein paar Gitarren und Trommeln stehen für spontane Jamsessions bereit.

Praktische Informationen

Aspiration Stores (⌚10–13 & 16–20 Uhr) Gutes Angebot an Reiseführern wie *Hampi* von John M. Fritz und George Michell: eine gute Architekturanalyse.

Canara Bank (Karte S. 216; ⌚Mo–Di & Do & Fr 11–14, Sa 11–12.30 Uhr) Wechselt Geld und hat einen Geldautomaten.

Hampi Heritage Gallery (⌚10–13 & 15–18 Uhr) Bücher und Fotoalben zur Geschichte und Architektur Hampis sowie Stadtspaziergänge für 250 ₹.

Sree Rama Cyber Café (Karte S. 216; 40 ₹/Std.; ⌚7–23 Uhr) Möglichkeiten zum Drucken und Brennen.

Touristeninformation (Karte S. 216; ☎241339; ⌚Sa–Do 10–17.30 Uhr) Arrangiert Führer für 300/600 ₹ pro halbem/ganzen Tag.

An- & Weiterreise

Ein Semideluxe-Bus fährt um 20.30 Uhr von Hampi Bazaar nach Bengaluru (372 ₹, 8 Std.). Private Sleeper-Busse fahren von November bis März von/nach Goa (600 ₹) und Gokarna (500 ₹). Viele Reisebüros in Hampi Bazaar buchen Tickets für die Weiterreise und arrangieren Taxis.

Der nächste Bahnhof ist in Hospet. Der erste Bus ab Hospet (12 ₹, 30 Min., halbstündl.) fährt um 6.30 Uhr, der letzte zurück fährt um 20.30 Uhr in Hampi Bazaar ab. Eine Autoriksch a kostet etwa 150 ₹. Infos zur Weiterreise s. S. 220.

Unterwegs vor Ort

Wer die wichtigsten Sehenswürdigkeiten in Hampi besucht hat, erkundet den Rest der Ruinen am besten mit dem Fahrrad. Die wichtigsten Monumente sind überall auf dem Gelände ziemlich planlos ausgeschildert. Die Beschilderung ist zwar nicht vollständig, aber ausreichend, um sich nicht zu verirren. Fahrräder gibt's in Hampi Bazaar für etwa 30 ₹ pro Tag. Mopeds werden für um die 250 ₹ vermietet, Benzin kostet 70 ₹ pro Liter. Für 10 ₹ kann man sein Zweirad im Boot über den Fluss mitnehmen.

Es empfiehlt sich, die Ruinen zu Fuß zu besuchen, allein um die wichtigsten Stätten zu erkunden, legt man aber schon mindestens 7 km zurück. Man kann auch Autorikschas und Taxis für Sightseeingtouren chartern, sie fahren so dicht wie möglich an die Ruinen heran. Eine fünfstündige Tour mit der Autorikscha kostet 500 ₹.

Organisierte Touren starten in Hospet, genauere Infos s. S. 219.

Rund um Hampi

ANEGUNDI

Etwa 5 km nordöstlich von Hampi Bazaar auf der anderen Seite des Tungabhadra liegt Anegundi, ein altes befestigtes Dorf, das zur Welterbestätte Hampi gehört, aber schon länger als Hampi bewohnt war. Die Landschaft ähnelt der von Hampi, doch das malerische Anegundi blieb von der Verschandelung durch die Kommerzialisierung verschont und hat sich so das Lokalkolorit ohne die touristische Atmosphäre bewahrt.

Sehenswertes & Aktivitäten

Tempel HINDU-TEMPEL

In den alten Mythen wurde Anegundi als Kishkinda, das Königreich der Affengötter, bezeichnet. Viele seiner historischen Monumente sind noch erhalten, etwa Teile der Wehrmauern und -tore und der Rama geweihte **Ranganatha-Tempel** (Karte S. 214; ⌚Sonnenaufgang–Sonnenuntergang). Der weiß getünchte **Hanuman-Tempel** (Karte S. 214; ⌚Sonnenaufgang–Sonnenuntergang) auf dem Anjanadri Hill, zu dem 570 steile Stufen führen, bietet schöne Aussichten auf die schroffe Umgebung. Viele glauben, dass hier der hinduistische Affengott Hanuman geboren wurde. Auf dem hübschen Weg nach oben wird man von schelmischen Affen belagert, und im Tempel stößt man auf einen Trupp *chillum* rauchender Sadhus, die hier leben. Der **Durga-Tempel** (Karte S. 214; ⌚Sonnenaufgang–Sonnenuntergang), ein alter Schrein näher am Dorf, lohnt ebenfalls einen Besuch.

Kishkinda Trust KULTURPROGRAMME, OUTDOORAKTIVITÄTEN

(TKT; Karte S. 214; ☎08533-267777; www.thekishkindatrust.org) Der Kishkinda Trust, eine Nichtregierungsorganisation, die den nachhaltigen Tourismus in Anegundi fördert, organisiert umweltfreundliche Aktivitäten wie Klettern, Camping, Trekking und Bootfahren rund um das Dorf. Die Ausrüstung und ausgebildete Anleiter werden bereitgestellt. Ab und zu werden auch verschiedene kulturelle Programme, darunter Vorführungen der darstellenden Künste und klassische sowie Volksmusikkonzerte aufgeführt. Mehr zum TKT steht im Kasten auf S. 219.

Schlafen & Essen

In Anegundi gibt es mehrere Unterkünfte bei Gastfamilien, die vom TKT gemanagt werden. Für Buchungen wendet man sich an den Trust. Die hier aufgeführten Pensionen können nach vorheriger Reservierung Mahlzeiten anbieten.

Naidile Guest House PENSION $$

(DZ 1500 ₹) In diesem renovierten Dorfhaus im Herzen Anegundis herrscht eine charmante rustikale Atmosphäre. Hier kann man alle Ansichten und Geräusche des alten Dorfs genießen. Es bietet bis zu fünf Personen Platz.

Peshagar Guest House PENSION $

(DZ inkl. Frühstück 600 ₹) Diese neue Pension bietet sechs einfache Zimmer im ländlichen Stil, die um einen netten Gemeinschaftsbereich liegen. Auch ein üppiger Frühstücksteller ist erhältlich.

TEMA Guest House PENSION $

(DZ inkl. Frühstück 700 ₹) Während der Recherchen wurden die beiden Zimmer in dieser Dorfpension gerade renoviert, inzwischen sollten sie fertig sein.

Champa Guest House PENSION $

(DZ inkl. Frühstück 700 ₹) Das Champa bietet zwei schlichte, aber freundliche Zimmer und wird von einer liebenswerten Familie aus dem Dorf geführt.

Hoova Craft Shop & Café CAFÉ $

(Hauptgerichte 40–60 ₹; ⌚Mo–Sa 9.30–17, So 9.30–14 Uhr) Ein reizender Platz für eine gemächliche Mahlzeit. Hier gibt es auch verschiedene Souvenirs, die die Frauenselbsthilfegruppe des Dorfes angefertigt hat.

An- & Weiterreise

Anegundi erreicht man mit einem Boot (10 ₹) von der Anlegestelle östlich vom Vittala-Tempel. Die neue Zementbrücke über den Fluss ist mysteriöserweise eingestürzt, damit sind auch alle Hoffnungen begraben worden, den Fluss mit dem Fahrrad zu überqueren.

Es fahren auch Busse von Anegundi (25 ₹, 1 Std.) nach Hospet.

Hospet

☎08394 / 164 200 EW.

Das geschäftige regionale Zentrum ist der Verkehrsknotenpunkt für Hampi. Während des muslimischen Festivals **Muharram** erwacht die ansonsten langweilige Stadt zum Leben. Da Hampi nur 30 Minuten entfernt liegt, bleibt kaum ein Tourist länger hier.

BÄRENSTARK

In einem hügeligen, buschigen Gelände ca. 15 km südlich von Hampi liegt das **Daroji Sloth Bear Sanctuary** (Eintritt 25 ₹; ⌚9.30–18 Uhr), das sich um etwa 40 frei lebende Lippenbären kümmert. Man kann durch das Schutzgebiet fahren und dabei nicht nur diese zotteligen Bären, sondern auch Leoparden, Wildschweine, Hyänen, Schakale und andere Vierbeiner sowie einige exotische Vögel sehen. Übernachten kann man in luxuriösen Cottages im **Daroji Sloth Bear Resort** (pro Pers. inkl. VP Inder/Ausländer ab 3000 ₹/70 €; ❄) am Rand des Schutzgebietes. Buchungen sind über **Jungle Lodges & Resorts Ltd** (Karte S. 176; ☎080-25597944; www.junglelodges.com; Shrungar Shopping Complex, MG Rd, Bengaluru; ⌚Mo–Sa 10–17.30 Uhr) möglich. Das Resort kann die Abholung von Hampi und die Rückfahrt dorthin arrangieren.

Schlafen & Essen

Hotel Priyadarshini HOTEL $

(☎227313; www.priyainhampi.com; Station Rd; DZ 800–950 ₹; ❄) Dieses alteingesessene Hotel liegt praktisch zwischen Busbahnhof und Bahnhof. Die frischen Zimmer haben Balkone und Fernseher, und im guten Restaurant plus Bar **Manasa** (Hauptgerichte 60–120 ₹) wird es abends lebendig.

Hotel Malligi HOTEL $$

(☎228101; www.malligihotels.com; Jabunatha Rd; DZ Inder/Ausländer 2800/3500 ₹; ❄@🏊) Hospets führende Luxusunterkunft gründet seinen Ruf auf saubere Zimmer mit gutem Service, einen aquamarinblauen Pool, ein Spa und ein gutes internationales Restaurant.

Udupi Sri Krishna Bhavan SÜDINDISCH $

(Busbahnhof; Hauptgerichte 30–50 ₹; ⌚6–23 Uhr) Dieses saubere Lokal gegenüber vom Busbahnhof wartet mit indischen vegetarischen Gerichten auf, darunter Thalis für 35 ₹.

Praktische Informationen

Die SBI, die HDFC Bank und die ICICI Bank haben an der Hauptstraße und am Shanbagh Circle Geldautomaten. Es gibt etliche Internetcafés, die Stunde kostet 40 ₹.

KSTDC Tourist Office (☎221008; Shanbagh Circle; ⌚Mo–Sa 10–17.30 Uhr) Bietet eine wenig inspirierende Hampi-Tour (250 ₹) für Gruppen ab zehn Personen an.

An- & Weiterreise

Bus

Am **Busbahnhof** fahren von Bahnsteig 10 alle halbe Stunde Busse nach Hampi (12 ₹, 30 Min.). Es gibt mehrere Express-Busse nach Bengaluru (normal/deluxe 212/306 ₹, 9 Std.). Ein Bus fährt um 6.30 Uhr nach Badami (155 ₹, 6 Std.), man kann aber auch einen Bus nach Gadag (76 ₹, 2½ Std.) nehmen und dort umsteigen. Es gibt häufig Busse nach Bijapur (148 ₹, 6 Std.) und Nachtbusse nach Hyderabad (355 ₹, 10 Std.). Wer nach Gokarna will, nimmt einen Bus nach Hubli (108 ₹, 4½ Std.) und steigt dort um. Um nach Mangalore oder Hassan zu kommen, fährt man morgens mit dem Bus nach Shimoga (203 ₹, 5 Std.) und steigt dort um.

Zug

Der **Bahnhof** von Hospet liegt eine kurze Autorikschafahrt (20 ₹) von der Stadt entfernt. Der *Rayalaseema Express* um 5.30 Uhr fährt nach Hubli (2. Klasse 120 ₹, 3½ Std.). Nach Bengaluru fährt der *Hampi Express* (Sleeper/2AC 187/720 ₹, 9 Std.) um 20.30 Uhr. Jeden Montag, Mittwoch, Donnerstag und Samstag fährt um 6.30 Uhr ein Expresszug nach Vasco da Gama (Sleeper/2AC 176/630 ₹, 8½ Std.).

Wer nach Badami will, nimmt von Hubli einen Zug nach Gadag und steigt dort um.

Hubli

☎0836 / 786 100 EW.

Das wohlhabende Hubli ist ein Eisenbahnknotenpunkt der Linien nach Mumbai, Bengaluru, Goa und Nord-Karnataka. Der Bahnhof liegt 15 Gehminuten vom alten Busbahnhof entfernt. Auf dieser Strecke befinden sich die meisten Hotels.

Schlafen & Essen

Ananth Residency HOTEL $$

(☎2262251; ananthresidencyhubli@yahoo.co.uk; Jayachamaraj Nagar; DZ ab 1100 ₹; ❄) Eine nagelneue Unterkunft mit dem Aussehen und der Atmosphäre eines schicken Businesshotels. Die Zimmer bieten ein gutes Preis-Leistungs-Verhältnis und effizienten Service.

Hotel Ajanta HOTEL $

(☎2362216; Jayachamaraj Nagar; EZ/DZ ab 250/330 ₹) Dieses gut geführte Hotel in der Nähe des Bahnhofs hat einfache, funktionelle Zimmer. Im beliebten Restaurant im

DER KISHKINDA TRUST

Der **Kishkinda Trust** (TKT; ☎08533-267777; www.thekishkindatrust.org) kümmert sich seit 1995 aktiv um die Entwicklung des ländlichen Tourismus, nachhaltige Entwicklung und die Förderung von Frauen in Anegundi sowie um den Schutz des architektonischen und kulturellen Erbes in der Welterbestätte Hampi. Sein erstes Projekt im Jahr 1997 war die Schaffung eines Heimgewerbes für Kunsthandwerk aus Stoff, Bananenfasern und Flussgras. Heute sind in diesem Gewerbe 600 Frauen beschäftigt, und ihre schönen kunsthandwerklichen Erzeugnisse werden in Läden für Ethno-Produkte in ganz Indien vermarktet.

Zum Nutzen der Touristen hat der TKT ein Team mit einigen der besten Guides in der Region, die fließend Englisch sprechen und ihr Gebiet in- und auswendig kennen. Es kann eine wirklich bereichernde Erfahrung sein, die Region als Sozius auf einem ihrer Motorräder zu erkunden. Die Guides kosten 300/600 ₹ für einen halben/ganzen Tag. Genauere Infos gibt's beim Trust.

Erdgeschoss gibt es köstliche Thalis im regionalen Stil für 35 ₹.

Sudarshan INDISCH **$$**
(Jayachamaraj Nagar; Hauptgerichte 90–100 ₹) Das nichtvegetarische Restaurant mit Bar in der Ananth Residency ist ein fröhliches Lokal mit gutem Essen und kühlem Bier.

Praktische Informationen

Gegenüber vom Busbahnhof gibt's einen SBI-Geldautomaten. Hier sind auch mehrere Internetcafés, wo die Stunde etwa 30 ₹ kostet.

An- & Weiterreise

Bus

Busse halten kurz am **alten Busbahnhof**, ehe sie zum 2 km entfernt liegenden **neuen Busbahnhof** fahren. Es gibt zahlreiche Semideluxe-Busse nach Bengaluru (304 ₹, 10 Std.), Bijapur (156 ₹, 6 Std.) und Hospet (108 ₹, 4½ Std.). Regelmäßige Verbindungen bestehen nach Mangalore (255 ₹, 10 Std., mehrmals tgl.), Borivali in Mumbai (Semideluxe/Sleeper 482/762 ₹, 14 Std., 4-mal tgl.), Mysore (299 ₹, 10 Std., 3-mal tgl.), Gokarna (110 ₹, 5 Std., 2-mal tgl.) und Panaji (204 ₹, 6 Std., 6-mal tgl.).

Private Deluxe-Busse nach Bengaluru (370 ₹) fahren gegenüber vom alten Busbahnhof ab.

Flugzeug

Vom schlichten **Flughafen** der Stadt fliegt Kingfisher Red nach Mumbai (ab 5500 ₹, 1½ Std.), Hyderabad (ab 6800 ₹, 3½ Std.) und Bengaluru (ab 5500 ₹, 1½ Std.).

Zug

Vom **Bahnhof** fahren Express-Züge nach Hospet (2. Klasse 120 ₹, 3½ Std., 3-mal tgl.), Bengaluru (Sleeper/2AC 203/910 ₹, 11 Std., 4-mal tgl.) und Mumbai (Sleeper/2AC 285/1057 ₹, 14 Std.). Der *Hubli-Vasco Link Express* um 23 Uhr fährt nach Goa (Sleeper 153 ₹, 6 Std.).

NORD-KARNATAKA

Badami

☎08357 / 25 800 EW.

Heute ist das heruntergekommene Badami Welten entfernt von den glorreichen Tagen, als es die Hauptstadt des mächtigen Chalukya-Reiches war. Die Chalukya-Könige verlegten zwischen dem 6. und 8. Jh. die Hauptstadt von Aihole hierher, Pattadakal wurde zu einer Satellitenhauptstadt. Der Umzug der Macht führte zum Bau mehrerer Tempel in Badami und vor allem zur Entstehung einer Gruppe prächtiger, aus den Felsen gehauener Tempel, die heute der Hauptgrund für einen Besuch des Dorfes sind.

Geschichte

Von etwa 540 bis 757 n. Chr. war Badami die Hauptstadt eines riesigen Königreichs, das sich von Kanchipuram in Tamil Nadu bis zum Fluss Narmada in Gujarat erstreckte. Es fiel schließlich an die Rashtrakutas und wechselte danach mehrmals den Besitzer, und jede Dynastie bereicherte Badami mit Skulpturen in ihrem eigenen Stil.

Zum bildhauerischen Erbe der Chalukya-Künstler in Badami gehören einige der frühesten und schönsten Beispiele drawidischer Tempel und aus dem Fels gehauener Höhlen. Während der Blütezeit von Badamai waren Aihole und Pattadakal die Experimentierstätten für neue Formen der Tempelarchitektur; Pattadakal ist Welterbe.

Sehenswertes

Höhlentempel HÖHLEN
(Inder/Ausländer 5/100 ₹; ⊙Sonnenaufgang–Sonnenuntergang) Badamis Highlights sind seine herrlichen Höhlentempel. Unauf-

dringliche und sachkundige Führer verlangen 200 ₹ für eine Höhlentour und 300 ₹ für die Tour durch die gesamte Stätte. Vorsicht vor aufdringlichen Affen!

Höhle 1 liegt gleich über dem Eingang zum Komplex und ist Shiva geweiht. Sie ist die älteste der vier Höhlen und entstand wahrscheinlich in der zweiten Hälfte des 6. Jhs. An der Wand rechts von der Vorhalle befindet sich eine hinreißende Darstellung von Nataraja in 81 Tanzposen. Rechts von der Vorhalle ist eine riesige Ardhanarishvara-Figur zu sehen. Die rechte Hälfte der Figur trägt Züge von Shiva, während die linke Hälfte Merkmale seiner Frau Parvati zeigt. Auf der Wand gegenüber befindet sich eine große Darstellung von Harihara – halb als Shiva und halb als Vishnu.

Die Gestaltung der Vishnu geweihten **Höhle 2** ist schlichter. Wie in den Höhlen 1 und 3 ist die Vorderseite der Plattform mit Bildern dickbäuchiger Zwerge in verschiedenen Posen geschmückt. Die Veranda wird von vier Säulen getragen, die oben in einem *yali* (mythische Löwengestalt) abschließen. Auf der linken Wand der Vorhalle ist ein stierköpfiger Varaha zu sehen, eine Inkarnation Vishnus, und das Emblem des Chalukya-Reiches. Zu seiner Linken befindet sich Naga, eine Schlange mit menschlichem Gesicht. Auf der rechten Wand ist eine große Skulptur von Trivikrama, einer anderen Inkarnation Vishnus.

Zwischen der 2. und der 3. Höhle liegen rechterhand zwei Treppen. Die erste führt zu einer **natürlichen Höhle**, in der Affen leben. An der Ostwand dieser Höhle befindet sich eine kleine Darstellung von Padmapani (eine Inkarnation Buddhas). Die zweite Treppe, die leider durch ein Tor verschlossen ist, führt zum auf einem Hügel liegenden **South Fort**.

In **Höhle 3**, die 578 n. Chr. entstanden ist, ist an der linken Wand eine Skulptur von Vishnu zu sehen, der auf einer Schlange sitzt und dem die Höhle geweiht ist. In der Nähe befindet sich eine Darstellung Varahas mit vier Händen. Die oberen Säulenenden haben die Form von *yalis*. Die Decke ist u.a. mit Darstellungen von Indra, der auf einem Elefanten reitet, von Shiva auf einem Stier und von Brahma auf einem Schwan verziert.

Die dem Jainismus geweihte **Höhle 4** ist die kleinste Höhle, sie wurde zwischen dem 7. und 8. Jh. geschaffen. Die Säulen, die mit röhrenden *yalis* abschließen, ähneln denen in den anderen Höhlen. An der rechten Wand befindet sich eine Darstellung von Suparshvanatha (dem siebenten jainistischen *tirthankar*), umgeben von 24 jainistischen *tirthankars*. Das innere Heiligtum enthält eine Skulptur von Adinath, dem ersten jainistischen *tirthankar*.

Noch mehr Sehenswertes HISTORISCHE STÄTTEN

Von den Höhlen aus sieht man das **Agastyatirtha-Becken** aus dem 5. Jh. und die am Wasser liegenden **Bhutanatha-Tempel**. Auf der anderen Seite des Wasserbeckens befindet sich ein **Archäologisches Museum** (Eintritt 5 ₹; ⏲Sa–Do 10–17 Uhr), das großartige Beispiele der hiesigen Skulpturenkunst zeigt, darunter eine bemerkenswert freizügige Lajja-Gauri-Darstellung eines Fruchtbarkeitskults, der in der Gegend einst weit verbreitet war. Die Treppe hinter dem Museum führt durch eine Sandsteinspalte und befestigte Tore zu den Ruinen des **North Fort**.

Es lohnt sich auch, Badamis **Gassen** zu erkunden, in denen alte Häuser mit geschnitzten Holztoren, vereinzelte Chalukya-Ruinen und Schwärme neugieriger Kinder zu finden sind.

Aktivitäten

Die Felsen und die hufeisenförmigen roten Sandsteinklippen von Badami bieten ein paar tolle Klettermöglichkeiten in niedriger Höhe. Mehr Infos findet man auf der Seite www.dreamroutes.org.

Schlafen

Viele Hotels in Badami bieten in der Nebensaison Rabatte an.

Mookambika Deluxe HOTEL $

(☎220067; Station Rd; DZ 850–1100 ₹; ❄) Falsch-antike Lampenschirme hängen in den Fluren dieses wirklich freundlichen Hotels. Sie führen zu komfortablen Zimmern in gedämpften Orange- und Grautönen. Dies ist die eigentliche Touristeninformation der Stadt und die beste Unterkunft dazu.

Hotel Mayura Chalukya HOTEL $

(☎220046; Ramdurg Rd; DZ ab 600 ₹) Dieses staatlich betriebene, renovierte Hotel liegt hinter Verwaltungsgebäuden abseits vom Getümmel und hat große und saubere, wenn auch etwas langweilige Zimmer. Im ordentlichen Restaurant gibt es indische Standardgerichte.

Hotel Rajsangam HOTEL $$
(☎221991; www.hotelrajsangam.com; Station Rd; DZ Inder/Ausländer ab 800 ₹/20 US$; ❄@) Das Mittelklassehotel hat etwas vollgestopfte Zimmer, die in dieser Liga ohne Konkurrenz sind. Es liegt gleich gegenüber vom Busbahnhof in einem Geschäftskomplex mit verschiedenen anderen nützlichen Einrichtungen.

Hotel New Satkar HOTEL $
(☎220417; Station Rd; DZ mit/ohne Klimaanlage 600/450 ₹; ❄) Die besten der mittelmäßigen Zimmer dieser Budgetabsteige sind im ersten Stock. Während der Recherchen waren gerade Renovierungsarbeiten im Gange, inzwischen könnten sich die Dinge hier also verbessert haben.

Hotel Badami Court HOTEL $$
(☎220231; Station Rd; DZ inkl. Frühstück ab 3750 ₹; ❄🏊) Dieses Luxushotel befindet sich 2 km außerhalb der Stadt in ländlicher Idylle. Die Zimmer sind eher funktionell als vornehm. Nichtgäste können für 150 ₹ den Pool nutzen.

Essen

Banashree INDISCH $
(Station Rd; Hauptgerichte 70–90 ₹; ⏲7–22.30 Uhr) Die tollen nordindischen Thalis (80 ₹) in diesem geschäftigen und beliebten Lokal vor dem Hotel Rajsangam sind bis zum letzten Bissen köstlich.

Golden Caves Cuisine INTERNATIONAL $
(Station Rd; Hauptgerichte 70–100 ₹; ⏲9–23 Uhr) Das schäbige Restaurant bringt leckere indische, chinesische und europäische Gerichte auf den Tisch und hat für das junge, durstige Publikum Bier im Angebot.

Hotel Sanman INDISCH $
(Station Rd; Hauptgerichte 70–90 ₹; ⏲10–23.30 Uhr) Es hat vielleicht etwas Zwielichtiges, aber irgendwie ist es auch nett, hinter einem Vorhang in den Nischen zu verschwinden und in aller Ruhe sein Bier zu trinken. Das Essen geht gerade so.

Geeta Darshini FAST FOOD $
(Station Rd; Snacks 15–20 ₹; ⏲7–21 Uhr) Die Nachfrage nach den typischen indischen Snacks lässt hier nie nach, dazu gibt's milchigen Tee.

Praktische Informationen

In der Station Rd, der Hauptstraße Badamis, befinden sich mehrere Hotels und Restaurants; zwischen dieser Straße und den Höhlen liegt das alte Dorf. Das **KSTDC Tourist Office** (☎220414; Ramdurg Rd; ⏲Mo–Sa 10–17.30 Uhr) neben dem Hotel Mayura Chalukya ist keine große Hilfe.

SBI-Geldautomaten stehen in der Ramdurg Rd und der Station Rd. Im Hotel Mookambika Deluxe können Gäste Geld tauschen, aber zu lausigen Kursen.

Internetzugang gibt's im **Hotel Rajsangam** (Station Rd; 20 ₹/Std.) im Stadtzentrum.

An- & Weiterreise

Busse fahren regelmäßig vom **Busbahnhof** in der Station Rd nach Gadag (52 ₹, 2 Std.), von dort gibt es dann Verbindungen nach Bijapur, Bengaluru und Hubli. Es verkehren drei Direktbusse nach Hospet (155 ₹, 6 Std.). Die Straßen auf dieser Strecke sind ziemlich schlecht und nichts für empfindliche Hintern.

Endlich ist die Breitspur-Eisenbahn auch in Badami angekommen. Der *Bijapur Express* um 7.35 Uhr fährt nun nach Bijapur (2. Klasse 120 ₹, 3½ Std.), und der *Hubli Express* um 2.30 Uhr fährt nach Hubli (2. Klasse 120 ₹, 3½ Std.). Nach Bengaluru fährt der *Gol Gumbaz Express* um 20 Uhr (2. Klasse 244 ₹, 13 Std.).

Unterwegs vor Ort

Regelmäßige und pünktliche lokale Busse erleichtern Besichtigungstouren in der Gegend. Aihole und Pattadakal kann man von Badami aus an einem Tag besuchen, wenn man früh aufbricht. Am besten beginnt man die Tour mit einer Fahrt nach Aihole (20 ₹, 1 Std.) und tuckert dann weiter nach Pattadakal (15 ₹, 30 Min.), von wo es schließlich nach Badami (18 ₹, 1 Std.) zurückgeht. Der letzte Bus von Pattadakal nach Badami fährt um 17 Uhr. Wasser und Essen sollte man mitnehmen.

Taxis/Autorikschas kosten um die 1000/600 ₹ für Tagestouren nach Pattadakal, Aihole und ins nahe gelegene Mahakuta. Die Hotels in Badami können Taxis arrangieren, oder man geht zum **Taxistand** vor dem Postamt.

Rund um Badami

PATTADAKAL

Pattadakal, die zweite Hauptstadt der Chalukya von Badami, ist für seine **Tempelgruppe** (Inder/Ausländer 10/250 ₹; ⏲6–18 Uhr) berühmt, die alle zusammen eine Welterbestätte bilden. Abgesehen von einigen, die noch aus dem 3. Jh. stammen, wurden die meisten im 7. und 8. Jh. errichtet. Die Historiker glauben, dass Pattadakal damals als eine Art Testgelände für die Entwicklung einer eigenständigen südindischen Tempelarchitektur fungierte.

Zwei Haupttypen von Tempeltürmen hat man hier offenbar ausprobiert: Gekrümmte Linien dominieren das Design der Türme des Kadasiddeshwara-, des Jambulinga- und des Galaganatha-Tempels, während der Mallikarjuna-, der Sangameshwara- und der Virupaksha-Tempel Türme mit stufenförmigem Aufbau und einem quadratischen, flachen Abschluss haben.

Der Haupttempel ist der **Virupaksha-Tempel**, ein massiver Bau, dessen Säulen mit feinen Reliefs geschmückt sind, die Szenen aus dem Ramayana und dem Mahabharata darstellen. Eine riesige Nandi-Skulptur findet man östlich von diesem Tempel. Der **Mallikarjuna-Tempel**, der direkt neben dem Virupaksha-Tempel steht, ist diesem vom Entwurf her sehr ähnlich. Ungefähr 500 m südlich des Hauptgebiets steht der jainistische **Papanatha-Tempel**, dessen Eingang von Elefantenskulpturen flankiert wird. Der Tempelkomplex bildet die Kulisse für das alljährliche Classical Dance Festival, das im Januar oder Februar stattfindet.

Pattadakal ist 20 km von Badami entfernt; Infos zu Transportmitteln stehen auf S. 222.

AIHOLE

Etwa 100 Tempel, die zwischen dem 4. und dem 6. Jh. n. Chr. gebaut wurden, gibt es in Aihole (*ai*-ho-leh), der alten regionalen Hauptstadt der Chalukya-Könige. Die meisten sind allerdings nur noch Ruinen oder wurden vom modernen Dorf verschlungen. Aihole dokumentiert die embryonalen Phasen der südindischen Hindu-Architektur, von den frühesten einfachen Schreinen wie dem uralten Ladkhan-Tempel bis zu späteren und komplexeren Bauwerken wie dem Meguti-Tempel.

Der beeindruckendste Tempel ist der **Durga-Tempel** (Inder/Ausländer 5/100 ₹; ⌚8–18 Uhr) aus dem 7. Jh., an dem vor allem die halbrunde Apsis (die von der buddhistischen Architektur inspiriert wurde) und die Reste des gekrümmten *sikhara* (Tempelturm) bemerkenswert sind. Im Inneren befinden sich kunstvolle Steinmetzarbeiten. Das kleine **Museum** (Eintritt 5 ₹; ⌚Sa–Do 10–17 Uhr) hinter dem Tempel zeigt weitere Skulpturen aus der Chalukya-Zeit.

Südlich vom Durga-Tempel befinden sich mehrere andere Tempelgruppen, unter ihnen frühe Bauwerke wie die Gandar-, Ladkhan-, Kontigudi- und Hucchapaya-Gruppen, die alle im Pavillonstil mit leicht geneigten Dächern gebaut wurden. Etwa 600 m südöstlich steht auf einem kleinen Hügel der jainistische **Meguti-Tempel**. Beim Aufstieg auf Schlangen achten!

Aihole liegt etwa 40 km von Badami entfernt. Infos zur An- & Weiterreise gibt es auf S. 222.

Bijapur

☎08352 / 253 900 EW. / 593 M

Das staubige Bijapur, ein faszinierendes Freiluftmuseum, das auf die islamische Ära der Dekkan-Region zurückgeht, erzählt eine glorreiche Geschichte von vor etwa 600 Jahren. Die mit zahlreichen Moscheen, Mausoleen, Palästen und Festungsanlagen geschmückte Stadt war von 1489 bis 1686 die Hauptstadt der Adil-Shahi-Könige und einer der fünf Splitterstaaten, die sich bildeten, nachdem das islamische Bahmani-Königreich 1482 auseinandergebrochen war. Trotz seines stark islamischen Charakters ist Bijapur zugleich ein Zentrum der Lingayat-Form des Shivaismus, der die Betonung auf einen einzigen, personalisierten Gott legt. Im Januar/Februar wird acht Tage lang das **Festival Lingayat Siddeshwara** gefeiert.

Bijapurs Hauptattraktionen, das Golgumbaz und das Ibrahim Rouza, befinden sich an entgegengesetzten Enden der Stadt. Dazwischen verläuft die als MG Rd bekannte Station Rd mit vielen Hotels und Restaurants. Zum Busbahnhof sind es fünf Gehminuten von der Station Rd, und der Bahnhof befindet sich 2 km außerhalb der Stadt.

Sehenswertes

Golgumbaz DENKMAL

(Inder/Ausländer 5/100 ₹, Video 25 ₹; ⌚6–17.40 Uhr) Das überwältigende Golgumbaz, das inmitten friedlicher Gärten liegt, ist groß genug, um optische Täuschungen hervorzurufen: Trotz der perfekten Konstruktion kann es schlecht proportioniert wirken. Das Golgumbaz ist ein Mausoleum aus dem Jahr 1659 und beherbergt die Gräber des Herrschers Adil Shah (reg. 1627–1656) und seiner beiden Ehefrauen, seiner Geliebten (Rambha), einer seiner Töchter und eines Enkelsohns.

An jeder Ecke des Bauwerks, das von einer riesigen Kuppel überdacht ist, stehen achteckige Türme mit sieben Etagen. Die Kuppel hat einen Durchmesser von erstaunlichen 38 m und soll nach der des

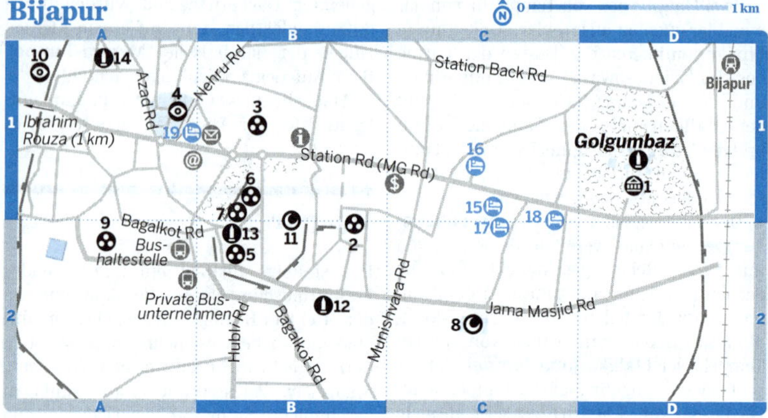

Petersdoms in Rom die zweitgrößte Kuppel der Welt sein. Über die steilen, engen Treppen, die einen der Türme hinaufführen, gelangt man zur „Flüstergalerie" in der Kuppel. Sie ist ein bauliches Meisterwerk mit perfekter Akustik: Flüstert jemand an einem Ende in die Mauer, so kann man es am anderen Ende der Galerie deutlich hören. Die meisten Besucher probieren dies leider ziemlich laut aus, am besten kommt man deshalb frühmorgens, wenn viele Touristen noch schlafen.

Auf dem Rasen vor dem Mausoleum befindet sich ein fantastisches **Archäologisches Museum** (Eintritt 5 ₹; Sa–Do 10–17 Uhr). Das Erdgeschoss kann man sich schenken und gleich nach oben gehen, wo eine großartige Sammlung mit persischen Teppichen, chinesischem Porzellan, Waffen, Rüstungen und Schriftrollen sowie viele alltägliche Gegenstände aus Bijapurs Blütezeit zu sehen sind.

Ibrahim Rouza DENKMAL

(Inder/Ausländer 5/100 ₹, Video 25 ₹; 6–18 Uhr) Das wunderschöne Ibrahim Rouza zählt zu den elegantesten und wohlproportioniertesten islamischen Monumenten in Indien. Seine Geschichte ist recht ergreifend: Es wurde vom Herrscher Ibrahim Adil Shah II. (reg. 1580–1627) als zukünftiges Mausoleum für seine Königin Taj Sultana gebaut. Aber dann starb er zuerst und war daher die erste Person, die hier zur Ruhe gebettet wurde. Außer ihm und der Königin liegen auch seine Tochter, seine beiden Söhne und seine Mutter Haji Badi Sahiba hier begraben.

Während das Golgumbaz durch seine immense Größe auffällt, liegt die Betonung hier eher auf Anmut und architektonischer Finesse. Die 24 m hohen Minarette sollen die des Taj Mahal inspiriert haben. Für ein Trinkgeld (150 ₹ sind o.k.) zeigen die Wärter Besuchern das Bauwerk, einschließlich des dunklen Labyrinths rund um die Ka-

Bijapur

Highlights

Golgumbaz D1

Sehenswertes

1 Archäologisches Museum D1
2 Asar Mahal B2
3 Bara Kaman B1
4 Zentraler Markt A1
5 Zitadelle B2
6 Gagan Mahal B1
7 Jala Manzil B1
8 Jama Masjid C2
9 Jod Gumbad A2
10 Malik-e-Maidan A1
11 Mecca Masjid B2
12 Mihtar Mahal B2
13 Sat Manzil B2
14 Upli Buruj A1

Schlafen

15 Hotel Kanishka International C1
16 Hotel Madhuvan International C1
17 Hotel Navaratna International C2
18 Hotel Pearl C1
19 Hotel Tourist A1

Essen

Hotel Madhuvan International (siehe 16)
Kamat Restaurant .... (siehe 15)
Swapna Lodge Restaurant ..... (siehe 19)

takomben, wo sich die eigentlichen Gräber befinden.

Zitadelle FESTUNG

Festungsmauern und ein Graben umgeben die Zitadelle, in der sich einst Paläste, Lustgärten und der *durbar* (Königshof) der Adil-Shahi-Könige befanden. Heute sind davon fast nur noch Ruinen übrig geblieben. Das Beeindruckendste unter den Überresten ist der **Gagan Mahal**, der um 1561 von Ali Adil Shah I. als Residenz und Sitzungssaal erbaut wurde.

Die Ruine des siebenstöckigen Palasts von Mohammed Adil Shah, der **Sat Manzil**, ist nicht weit entfernt. Auf der gegenüberliegenden Straßenseite erhebt sich der zierliche **Jala Manzil**, der früher ein Wasserpavillon war; ihn umgeben abgeschiedene Höfe und Gärten. Auf der anderen Seite der Station Rd sind die feingliedrig wirkenden Bögen des **Bara Kaman** zu bewundern, es sind Überreste des Mausoleums von Ali Roza.

Jama Masjid MOSCHEE

(Jama Masjid Rd; ⏲9–17,30 Uhr) Die wohlproportionierte Jama Masjid, die von Ali Adil Shah I. (reg. 1557–1580) gebaut wurde, hat anmutige Bögen, eine schöne Kuppel und einen riesigen Innenhof, in dem mehr als 2200 Gläubige Platz finden. Man kann einen schweigenden Rundgang durch die Versammlungshalle machen, in der noch einige der kunstvollen Wandbilder erhalten sind. Frauen sollten ihren Kopf bedecken und keine freizügige Kleidung tragen.

Noch mehr Sehenswertes HISTORISCHE STÄTTEN

Auf der Ostseite der Zitadelle liegt die winzige ummauerte **Mecca Masjid**, die vermutlich im frühen 17. Jh. gebaut wurde. Es gibt Spekulationen, dass dies eine Moschee für Frauen gewesen sein könnte. Weiter östlich befindet sich der **Asar Mahal**, der gegen 1646 von Mohammed Adil Shah als Gerichtshof gebaut wurde und in dem einst zwei Barthsträhnen des Propheten Mohammed aufbewahrt wurden. Die Räume der oberen Stockwerke sind mit Fresken geschmückt, und vor dem Gebäude liegt ein quadratisches Wasserbecken. Frauen sind hier nicht erlaubt. Der vom Zahn der Zeit gezeichnete, aber reich dekorierte **Mihtar Mahal** im Süden ist der monumentale Eingang zu einer kleinen Moschee.

Der **Upli Buruj** ist ein 24 m hoher Wachturm aus dem 16. Jh. in der Nähe der westlichen Mauern der Stadt. Von außen führt eine Treppe nach oben, wo zwei große Kanonen stehen. Ein kurzer Spaziergang Richtung Westen führt zum **Malik-e-Maidan** (Herrscher der Ebenen), einer riesigen Kanone, die mehr als 4 m lang ist, einen Durchmesser von fast 1,5 m hat und geschätzte 55 t wiegt. Sie wurde 1549 gegossen und wurde vermutlich als Kriegstrophäe nach Bijapur gebracht – mithilfe von zehn Elefanten, 400 Ochsen und Hunderten Männern!

Im Südwesten der Stadt, unweit der Bagalkot Rd, befinden sich die Doppelgräber **Jod Gumbad** mit schönen Zwiebelkuppeln. Ein General von Adil Shahi und sein spiritueller Ratgeber, Abdul Razzaq Qadiri, sind hier begraben.

Ein paar Stunden sollte man sich für Bijapurs farbenprächtigen **zentralen Markt** mit seinen Gewürzhändlern, Blumenverkäufern und Schneidern Zeit nehmen.

Schlafen

Hotel Pearl HOTEL $

(☎256002; Station Rd; DZ ab 550 ₹; ❄) Besser wird's in Bijapur nicht: Dieses hervorragende Hotel hat saubere und helle Zimmer, die um ein zentrales Atrium liegen. Es befindet sich ganz in der Nähe des Golgumbaz. Wegen des Straßenlärms sollte man nach einem Zimmer nach hinten raus fragen.

Hotel Kanishka International HOTEL $

(☎223788; Station Rd; EZ/DZ ab 550/700 ₹; ❄) Das Hotel ist eine der zuverlässigsten Unterkünfte Bijapurs und hat geräumige und saubere Zimmer, einige davon mit Balkon. Es gibt einen kleinen Fitnessraum für Gäste, und das Zünglein an der Waage ist das ausgezeichnete vegetarische Restaurant unten. Rechtzeitig buchen!

Hotel Madhuvan International HOTEL $

(☎255571; Station Rd; DZ 600–1000 ₹; ❄) Versteckt in einer Gasse, die von der Station Rd abgeht, liegt dieses hübsche Hotel mit lindgrünen Wänden, getönten Fenstern und einem freundlichen Management. Meistens ist es ruhig und friedlich, das ändert sich allerdings während der ausgelassenen Hochzeitsempfänge, die häufig im Gartenrestaurant stattfinden.

Hotel Navaratna International HOTEL $

(☎222771, Station Rd; DZ ab 700 ₹; ❄) Die billigsten klimatisierten Zimmer der Stadt gibt es in diesem gut geführten Hotel abseits der Station Rd. Gemälde im Stil von

Kandinsky und Chagall schmücken die Lobby, und die Zimmer sind blitzsauber und haben glänzende geflieste Böden.

Hotel Tourist HOTEL **$**
(☎250655; Station Rd; DZ 190–350 ₹) Mitten im Bazaar, mit bescheidenen (aber sauberen) Zimmern. Der Service ist ziemlich apathisch, hier muss man sich selbst kümmern.

Hotel Shashinag Residency HOTEL **$$**
(☎260344; www.hotelshashinagresidency.com; Sholapur-Chitradurga Bypass Rd; EZ/DZ inkl. Frühstück 2250/2750 ₹; ❄🏊) Wer nicht ohne Pool oder Snookerraum auskommt, sollte dieses Hotel in Erwägung ziehen. Es liegt 2 km außerhalb der Stadt.

Essen & Ausgehen

Kamat Restaurant SÜDINDISCH **$**
(Station Rd; Hauptgerichte 60–80 ₹; ⊙9–23 Uhr) Dieses beliebte Restaurant unter dem Hotel Kanishka International bietet diverse südindische Snacks und Mahlzeiten, darunter ein großartiges Thali mit regionalem Touch.

Swapna Lodge Restaurant KNEIPE **$**
(Station Rd; Hauptgerichte 80–100 ₹; ⊙12–23 Uhr) Hierher kommt man über eine schäbige Treppe neben dem Hotel Tourist. Es gibt gutes Essen, kühles Bier und die Atmosphäre einer Lounge der 1970er-Jahre. Auf der Terrasse im Freien kann man schön relaxen, auch wenn der Verkehr unten etwas laut ist.

Hotel Madhuvan International INDISCH **$**
(Station Rd; Hauptgerichte 60–80 ₹; ⊙9–23 Uhr) Das leckere *masala dosa* und der endlose Strom nordindischer Thalis, die Kellner mit roten Turbanen hier servieren, sind sehr empfehlenswert. Nachteil: Es gibt keinen Alkohol.

Im lebhaften Markt um den Gandhi Circle an der MG Rd gibt es zahlreiche Stände, die lokale Snacks, geröstete Maiskolben, frisches Obst und süße Leckereien wie *pedha* und *kalakandh* verkaufen.

Praktische Informationen

Cyber Park (Station Rd; 20 ₹/Std.; ⊙9–22 Uhr) Internetzugang.

Royal Internet Café (Station Rd, unter dem Hotel Pearl; 20 ₹/Std.; ⊙9–22 Uh) Internetzugang.

State Bank of India (Station Rd; ⊙Mo–Fr 10.30–16.30, Sa 10.30–13.30 Uhr) Tauscht ausländische Währungen und ist extrem effizient.

Touristeninformation (☎250359; Station Rd; ⊙Mo–Sa 10–17.30 Uhr) Ein sehr vernachlässigtes Infobüro im schäbigen Anbau des Hotels Mayura Adil Shahi.

An- & Weiterreise

Bus

Vom **Busbahnhof** fahren frühmorgens zwei Direktbusse nach Bidar (180 ₹, 7 Std.). Normale Busse fahren häufig nach Gulbarga (104 ₹, 4 Std.) und Hubli (160 ₹, 6 Std.). Es gibt Busse nach Bengaluru (normal/Sleeper 360/580 ₹, 12 Std., 7-mal tgl.) über Hospet (148 ₹, 5 Std.), Hyderabad (normal/semideluxe 239/348 ₹, 11 Std., 5-mal tgl.) und Mumbai (414 ₹, 12 Std., 2-mal tgl.) über Pune (293 ₹, 10 Std.).

Zug

Vom **Bahnhof Bijapur** fahren Expresszüge nach Sholapur (2. Klasse 80 ₹, 2½ Std., 3-mal tgl.), Bengaluru (Sleeper/2AC 288/1135 ₹, 17 Std., 3-mal tgl.), Mumbai (2. Klasse 149 ₹; 12 Std., 4-mal wöchentl.) und Hyderabad (Sleeper 121 ₹, 14 Std., 1-mal tgl.).

Unterwegs vor Ort

Autorikschas sind in Bijapur teuer, man sollte sich auf Feilschen gefasst machen. Für 80 ₹ kommt man vom Bahnhof ins Stadtzentrum. Die Fahrt vom Golgumbaz zum Ibrahim Rouza kostet um die 50 ₹, es sei denn, man fährt gemeinsam mit Einheimischen (10 ₹). Tonga-Fahrer sind zwar sehr auf Kundschaft erpicht, verlangen aber in etwa genauso viel. Für eine Sightseeing-Tour mit der Autorikscha fordern die Fahrer etwa 350 ₹.

Bidar

☎08482 / 174 200 EW. / 664 M

Die äußerste Ecke im Nordosten Karnatakas birgt Bidar, ein kleines Schmuckstück, das die meisten Traveller ignorieren. Niemand weiß so genau, warum das so ist, denn die alte ummauerte Stadt, die erst die Hauptstadt des Bahmani-Sultanats (1428–1487) und dann der Barid-Shahi-Dynastie war, hat eine reiche Geschichte zu bieten. Außerdem sind hier einige faszinierende Ruinen und Monumente zu bewundern, darunter die kolossale Festung Bidar – und das ist immerhin die größte Südindiens! Bidar verdient also wirklich viel mehr als nur etwas beiläufige Aufmerksamkeit.

Sehenswertes

Festung von Bidar FESTUNG
(⊙Sonnenaufgang–Sonnenuntergang) Für einen friedlichen Spaziergang durch die Über-

reste dieser großartigen Festung aus dem 15. Jh. sollte man sich ein paar Stunden Zeit nehmen. Die Festung, die sich 2 km östlich der Ugdir Rd auf hügeligem Gelände erstreckt, war einst die Verwaltungshauptstadt großer Teile Südindiens. Sie ist umgeben von einem dreifachen Burggraben, der aus dem festen roten Gestein gehauen wurde, und 5,5 km langen Verteidigungsmauern (den zweitlängsten Indiens). Wie aus dem Märchen wirkt der Eingang der Festung, der sich in einer kunstvollen Schikane durch drei Tore windet.

Im Inneren befinden sich viele atmosphärische Ruinen, darunter die des **Rangin Mahal** (Bemalter Palast) mit aufwendigen Kacheln, Holzarbeiten und Vertäfelungen mit Perlmutt-Intarsien, und die **Solah-Khamba-Moschee** (Sechzehn-Säulen-Moschee). Im früheren königlichen Bad ist heute ein kleines **Museum** (Eintritt frei; ⌚9–17 Uhr) untergebracht. Die Angestellten des **archäologischen Büros** hinter dem Museum werden oft als Führer tätig. Für ein kleines Trinkgeld (150 ₹ sind in Ordnung) zeigen sie Besuchern viele versteckte Orte in der Festung, die normalerweise nicht zugänglich sind.

Gräber der Bahmani-Sultane

HISTORISCHE STÄTTE

(⌚Sonnenaufgang–Sonnenuntergang) Die riesigen **Kuppelgräber** der Bahmani-Sultane in Ashtur, 3 km östlich von Bidar gelegen, strahlen eine verlassene, melancholische Schönheit aus, die ganz wunderbar mit den sonnigen Hügeln in ihrer Umgebung harmoniert. Die eindrucksvollen Grabmäler, in denen die sterblichen Überreste der Sultane ruhen – ihre Gräber werden noch immer mit Satinbändern und frischen Blumen geschmückt – stehen in einer langen Reihe am Straßenrand. Am eindrucksvollsten ist der bemalte Innenraum des Grabmals von Ahmad Shah I. Wali Bahmani; hier finden regelmäßig Gebete statt.

Ungefähr 500 m vor den Gräbern findet sich links von der Straße das **Chaukhandi** (Eintritt frei; ⌚Sonnenaufgang–Sonnenuntergang), das friedvolle Mausoleum des Sufi-Heiligen Syed Kirmani Baba, der während der Blütezeit des Bahmani-Sultanats aus Persien nach Bidar gekommen war. Unheimliche Stille herrscht in dem Monument und in dem polygonalen Hof mit mittelalterlichen Gräbern, an denen Frauen im Hidschab sitzen und fast lautlos Gebete murmeln. Man kann sich hinsetzen oder herumgehen und einfach die Stimmung auf sich wirken lassen.

Beide Orte besucht man am besten früh morgens, da es nach Einbruch der Dunkelheit schwierig ist, ein Transportmittel nach Bidar zurück zu finden.

Noch mehr Sehenswertes

HISTORISCHE STÄTTEN

Das Herz der Altstadt prägen die Ruinen der **Khwaja Mahmud Gawan Madrasa** (Eintritt frei; ⌚Sonnenaufgang–Sonnenuntergang), einer höheren Bildungseinrichtung, die Mahmud Gawan, der damalige Ministerpräsident des Reiches 1472 erbauen ließ. Später wurde sie vom Mughal-Herrscher Aurangzeb als Waffenarsenal genutzt; eine Explosion von Schießpulver zerriss das Gebäude damals in zwei Hälften. Eine Vorstellung von der früheren Erhabenheit des Bauwerks geben die Reste der farbigen Fliesen am Eingangstor und an einem der Minarette, das noch intakt ist.

Rund um den Busbahnhof liegen einige prächtige, fast vergessene **königliche Gräber**, darunter das von Ali Barid und seinem Sohn Kasim Barid.

Schlafen & Essen

Hotel Mayura

HOTEL $

(☎228142; Udgir Rd; DZ ab 400 ₹; ❄) Eindeutig das beste Hotel in Bidar: schick und freundlich mit fröhlichen, gut ausgestatteten Zimmern. Es liegt gleich gegenüber vom Busbahnhof, und im Erdgeschoss ist ein ausgezeichnetes **Bar-Restaurant**.

Hotel Mayura Barid Shahi

HOTEL $

(☎221740; Udgir Rd; DZ ab 350 ₹; ❄) Die eher gesichtslose Unterkunft mit einfachen, minimalistischen Zimmern und gutem Service punktet mit ihrer zentralen Lage. Im reizenden **Bar-Restaurant** im Garten hinter dem Haus geht es abends ausgesprochen fröhlich zu.

Sapna International

HOTEL $

(☎220991; Udgir Rd; DZ ab 400 ₹; ❄) Der Service in diesem Hotel ist ziemlich steif, doch die Zimmer sind für den Preis in Ordnung. Ein Vorteil sind auch die beiden Restaurants, das rein vegetarische Kamat und das nichtvegetarische Atithi, in dem es Fleischgerichte und Alkohol gibt (Hauptgerichte 80–100 ₹).

Nisarga Restaurant

INDISCH $

(Papanash-See; Hauptgerichte 60–100 ₹; ⌚12–22 Uhr) Wer sich ein wirklich denkwürdiges Essen gönnen will, der sollte sich zum friedlichen Papanash-See außerhalb der Stadt aufmachen. Hier gibt es eine große Auswahl an einheimischen Gerichten und Kombinationen (das Erbsen- und Pilzcurry ist lecker). Eine Hin- und Rückfahrt mit der Autoriksha kostet etwa 100 ₹, doch diese Extraausgabe lohnt sich garantiert.

Rasganga SÜDINDISCH **$**
(Udgir Rd, Hauptgerichte 30–50 ₹; ⌚9–22 Uhr) In diesem geschäftigen Lokal im Komplex des Hotels Mayura Barid Shahi gibt es ein leckeres südindisches Thali (37 ₹).

Praktische Informationen

Das moderne Stadtzentrum liegt an der Udgir Rd, in der sich auch der Busbahnhof befindet.

HDFC Bank (Udgir Rd) Der Geldautomat befindet sich gegenüber von Sapna International.

Nisarga Internet (20 ₹/Std.; ⌚9–21 Uhr) Internetzugang nahe Sapna International.

An- & Weiterreise

Vom **Busbahnhof** gibt es regelmäßige Busse nach Gulbarga (75 ₹, 3 Std.), von wo es nach Mumbai und Bengaluru weitergeht. Busse fahren auch nach Hyderabad (103 ₹, 4 Std.), Bijapur (180 ₹, 7 Std.) und Bengaluru (semideluxe/AC 359/580 ₹, 12 Std.).

Vom Bahnhof, der ca. 1 km südwestlich vom Busbahnhof liegt, fahren Züge nach Hyderabad (Sleeper 120 ₹, 5 Std., 3-mal tgl.) und Bengaluru (Sleeper 280 ₹, 17 Std., 1-mal tgl.).

Unterwegs vor Ort

Fahrräder kann bei **Sami Cycle Taxi** (Basveshwar Circle; 20 ₹/Tag; ⌚10–22 Uhr) gegen Vorlage eines Ausweises leihen. Eine Tagestour mit der Autoriksha kostet um die 350 ₹.

Andhra Pradesh

Inhalt »

Gut essen

» Waterfront (S. 241)

» Hotel Shadab (S. 241)

» Sandy Lane Restaurant & Bar (S. 252)

» Fusion 9 (S. 243)

» Lotus Food City (S. 255)

Schön übernachten

» Taj Mahal Hotel (S. 239)

» Taj Falaknuma Palace (S. 239)

» Golden Glory Guesthouse (S. 239)

» Sai Priya Resort (S. 252)

» Park (S. 252)

Auf nach Andhra Pradesh!

Andhra Pradeshs Sehenswürdigkeiten lösen auf den ersten Blick nicht gerade Begeisterungsstürme aus. Der Bundesstaat prahlt weder mit Tempeln noch mit ereignisreicher Geschichte. Die Paläste und die königliche Architektur sind größtenteils vergessen – aber man kann sie entdecken!

Andhras feinsinniger Charme fällt einem nicht einfach so in den Schoß. Man muss schon genauer hinschauen, wenn man der faszinierenden Geschichte, der Kunst und Kultur, der spirituellen Weisheit und der religiösen Harmonie auf die Spur kommen will. In Hyderabads Altstadt zeugen islamische Bauwerke von Persiens Architektur und der Ruf des Muezzin von der Geschichte dieser Stadt. Wer tiefer eindringt, entdeckt: Die Region war ab dem 3. Jh. v. Chr. jahrhundertelang ein Zentrum des Buddhismus.

Die Reise nach Andhra Pradesh lohnt sich, wenn man bereit ist, nach versteckten Schätzen zu graben. Wer die Augen offen hält, findet Dinge, die selbst die Einwohner Andhras in ihrer Bescheidenheit zu erwähnen vergaßen.

Reisezeit

Hyderabad

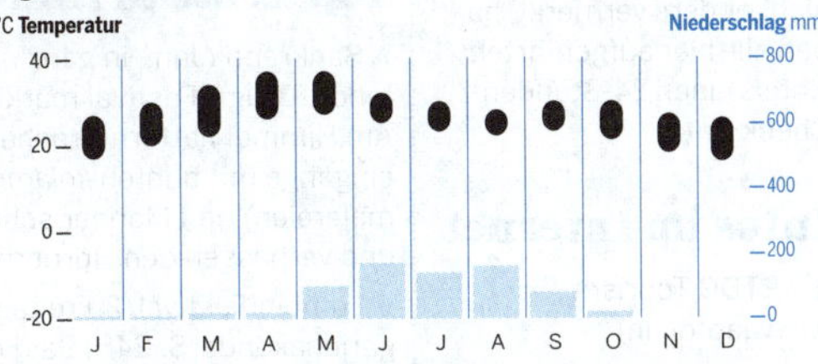

Dezember–Januar Hyderabads Sehenswürdigkeiten bei perfekten 20 bis 25 °C entdecken!

Ramadan (variiert) Mit den Einheimischen *haleem*, die beliebte Ramadanspeise, genießen.

Juni–September Der Monsun erschwert das Reisen, aber Surfen rund um Vizag macht Spaß.

ANKUNFT IN HYDERABAD

Mit dem Flieger kommt man auf Hyderabads neuem Rajiv Gandhi International Airport an. Die wichtigsten Bahnhöfe in Hyderabad sind Nampally und Secunderabad. Imlibun ist der Fernbusbahnhof.

Von Visakhaptnam aus fahren einmal im Monat Fähren nach Port Blair auf den Andamanen.

Kurzinfos

- » Bevölkerung: 84,7 Mio.
- » Fläche: 276 754 km²
- » Hauptstadt: Hyderabad
- » Sprachen: Telugu, Urdu, Hindi
- » Übernachtungspreise: **$** unter 800 ₹, **$$** 800–2500 ₹, **$$$** über 2500 ₹

Top-Tipps

Hotels erheben eine Art „Luxussteuer" in Höhe von 5 % auf alle Zimmer, die mehr als 300 ₹ kosten. Diese Steuer ist in den hier angegebenen Hotelpreisen nicht enthalten. Sofern nicht anders vermerkt, haben alle hier aufgeführten Hotels einen 24-Stunden-Check-out.

Infos im Internet

- » APTDC Tourism (www.aptdc.in)
- » Deccan Chronicle (www.deccanchronicle.com)
- » Fully Hyderabad (www.fullhyderabad.com)

Essen

Hyderabad ist eine Stadt, deren Bewohner gutes Essen lieben und die stolz darauf sind, was ihre Stadt in dieser Hinsicht zu bieten hat. Andhra Pradeshs Küche wird von zwei Haupteinflüssen geprägt. Den Moguln verdankt sie leckere Biryanis, *haleem* (gestampfte Mischung aus würzigem Weizen mit Ziegen- oder Hammelfleisch) und Kebabs. Die traditionelle Küche ist fleischlos und für ihre scharfen Gewürze bekannt.

Wer im Ramadan (von den Einheimischen auch Ramzan genannt) durch Andhra Pradesh reist, sollte nach Tonöfen, sogenannten *bhattis,* Ausschau halten, die man meistens mit den Ohren und nicht mit den Augen entdeckt: Männer versammeln sich um einen Ofen und stampfen abwechselnd in dem dafür vorgesehenen Gefäß kräftig das *haleem.* Bei Einbruch der Dunkelheit beginnt das große Festmahl – auf das es sich durchaus zu warten lohnt. Im September 2010 erreichte die Liebe zu diesem Gericht ihren Höhepunkt: „Hyderabadi haleem" wurde als Markenzeichen eingetragen und darf unter diesem Namen nur serviert werden, wenn die strengen Qualitätsvorschriften eingehalten werden.

NICHT VERSÄUMEN!

Die meisten Besucher kommen wegen der prächtigen Architektur aus **Hyderabads** glorreichen Tagen hierher.

Im 16. Jh. errichteten die Qutb Shahi meisterliche Gebäude, u. a. den imposanten **Charminar**, das **Golconda Fort** und ihre letzten Ruhestätten mit opulenten Grabmälern.

Der verschwenderische Lebensstil der Nizam im 18. Jh. ist an Gebäuden wie dem **Chowmahalla Palace**, **Nizams Museum** und dem **Falaknuma Palace**, der früheren Residenz des sechsten Nizams zu erkennen. Heute ist der Palast ein bombastisches Hotel.

Top-Feste in Andhra Pradesh

- » Sankranti (Jan., in ganz Andhra Pradesh) Das bedeutende Telugu-Festival markiert das Ende der Erntesaison. Am Himmel flattern Drachen, Frauen dekorieren die Hauseingänge mit bunten *kolams* (oder *rangolis* – Reismehlmalereien) und Männer schmücken die Rinder mit Glocken und verpassen den Hörnern frische Farbe.
- » Lumbini Festival (2. Freitag im Dez., Hyderabad, S. 232, Nagarjunakonda, S. 248) Das Fest zu Ehren des buddhistischen Erbes von Andhra dauert drei Tage.
- » Visakha Utsav (Dez./Jan., Visakhapatnam, S. 250) Unterhaltsames Fest in Visakhapatnam mit klassischem Tanz, Volkstanz und musikalischen Darbietungen. Einige Veranstaltungen finden am Strand statt.

Highlights

1 In **Sankaram** (S. 254), **Bavikonda** und **Thotlakonda** (S. 254) die meditativen Schwingungen vergangener Zeiten spüren

2 An Visakhapatnams **Stränden** die Karnevalsatmosphäre miterleben (S. 250)

3 Die unglaublichen Reliefs im **Veerbhadra-Tempel** in Lepakshi (S. 260) bewundern

4 Das geniale **Golconda Fort** (S. 233) bestaunen

5 Zusammen mit Millionen hinduistischer Pilgern in **Tirumala** (S. 256 einen *darshan* (Blick) auf die Gottheit werfen

6 Zurückgelehnt die Aussicht an der malerischen Zugstrecke nach **Araku** (S. 253) genießen

7 In den **Tribal Museums** in Hyderabad (S. 235) und Araku (S. 253) alles über die ethnische Vielfalt des Bundesstaates erfahren

Geschichte

Ab dem 2. Jh. v. Chr. herrschte die Satavahana-Dynastie – auch unter der Bezeichnung Andhra bekannt – über das Dekkan-Plateau. Hervorgegangen war die Dynastie aus dem Volk der Andhras, die in Südindien möglicherweise schon um 1000 v. Chr. gesiedelt hatten. Buddhistisches Gedankengut hat hier schon zur Zeit des Erleuchteten Wurzeln geschlagen, sodass die Andhras schließlich im 3. Jh. v. Chr. bereitwillig den buddhistischen Glauben annahmen und riesige Bauwerke zu Ehren ihres Religionsstifters errichteten. In den folgenden Jahrhunderten brachten es die Andhras zu einer blühenden Zivilisation, deren Einfluss sich in ganz Südindien ausbreitete.

Zwischen dem 7. und dem 10. Jh. herrschten in der Region des heutigen Andhra Pradesh die Chalukyas, die besonders an der Küste den drawidischen Architekturstil pflegten. Im 11. Jh. verschmolzen die Chalukya- und die Chola-Dynastie miteinander, um dann von den Kakatiyas zu Fall gebracht zu werden, die die südindische Sakralarchitektur um die Säulentempel ergänzten. Auf die Herrschaft der Kakatiyas folgte die der Vijayanagars. Diese errichteten eines der mächtigsten Reiche Indiens.

Bis zum 16. Jh. wurde Hyderabad von der islamischen Qutb-Shahi-Dynastie beherrscht. 1687 musste diese dem Reich des Großmoguls Aurangzeb weichen. Im 18. Jh. konnten die den Moguln folgenden Herrscher, die Nizams, Hyderabad mehr oder weniger kontrollieren – in einer Zeit, in der Briten und Franzosen um das Handelsvorrecht wetteiferten. Aber ihr Einfluss wurde immer schwächer. 1947 wurde die Region Teil des unabhängigen Indiens, und 1956 entstand dann der Staat Andhra Pradesh als Zusammenschluss der telugusprachigen Gebiete mit der urdusprachigen Hauptstadt.

Hyderabad & Secunderabad

📞040 / 5,5 MIO. EW. / 600 M

Hyderabad, die Stadt der Perlen, ist wie eine etwas betagte, aber immer noch tadellos gekleidete Prinzessin, die ihre beste Zeit schon hinter sich hat. Die Stadt, einst Sitz der mächtigen und reichen Adelsfamilien der Qutb Shahi und Asaf Jahi, war lange Zeit von Reichtum und Innovation geprägt. Heute lassen sich in der Altstadt jahrhundertealte islamische Monumente und noch ältere faszinierende Bauwerke besichtigen. Tatsächlich ist die gesamte Stadt mit architektonischen Juwelen gepflastert. Kunstvolle Gräber, Moscheen, Paläste und Häuser aus vergangenen Zeiten, die einen altehrwürdigen Charme versprühen, verstecken sich überall in der Stadt – Besucher sollten unbedingt die Augen offen halten!

Mit dem Aufstieg des westlichen Teils von Hyderabad – der beliebten sexy Enkelin der betagten Prinzessin – hat eine neue Dekadenz in der Stadt Einzug gehalten. Das sogenannte „Cyberabad“ ist zusammen mit Bengaluru (Bangalore) und Pune das Zentrum von Indiens mächtiger „Software-Dynastie“. Hier entstehen Arbeitsplätze und noble Bars, Wohlstand macht sich breit. Opulenter Reichtum wurde der Stadt wohl in die Wiege gelegt.

Hyderabad & Secunderabad

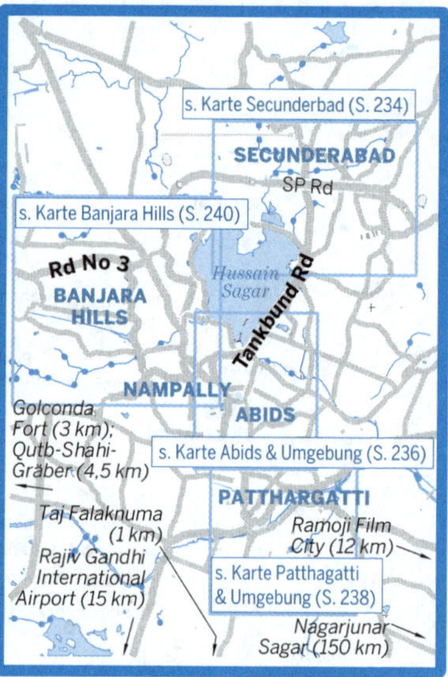

Geschichte

Ende des 16. Jhs. litt Golconda unter Wassermangel, und die Qutb-Shahi-Herrscher waren daher gezwungen, ihren Wohnsitz zu verlegen. Diesem Umstand verdankt Hyderabad seine Existenz. Zusammen mit der königlichen Familie verließ Mohammed Quli das Golconda-Fort und errichtete seine neue Residenz unter dem Namen Hyderabad am Ufer des Musi. Als neues

Wahrzeichen ließ er gleich zu Beginn den Charminar aus dem Boden stampfen.

1687 wurde die Stadt von den Truppen des Großmoguls Aurangzeb überrannt. Fortan hatten Vizekönige in Hyderabad das Sagen, die von der Mogulregierung in Delhi eingesetzt wurden. Als der Stern des Mogulreichs aber immer weiter sank, nutzte der damalige Vizekönig Asaf Jah die Gunst der Stunde: 1724 erklärte er Hyderabad zu einem unabhängigen Staat und sich selbst zu dessen Oberhaupt. So nahm die Nizam-Dynastie von Hyderabad ihren Anfang – und damit die Blütezeit der muslimischen Tradition, als deren indisches Zentrum Hyderabad ganz im Zeichen von Kunst, Kultur und Bildungswesen stand. Auch kostbare Edelsteine und Mineralien waren in Hülle und Fülle vorhanden. Dies verhalf den Nizams zu ihrem gewaltigen Reichtum. Beispielsweise stammt der weltberühmte Koh-I-Noor-Diamant ursprünglich von hier. William Dalrymples Buch *White Mughals* zeichnet ein faszinierendes Porträt von Hyderabad, wie es zur Zeit der Nizam-Dynastie ausgesehen haben musste.

Nachdem Indien 1947 seine Unabhängigkeit erlangt hatte, zog der damalige Nizam von Hyderabad, Osman Ali Khan, zunächst einen Zusammenschluss mit Pakistan in Betracht. Letztendlich entschied er sich aber doch für einen souveränen Fürstenstaat. Als die Spannungen zwischen den Hindus und den Muslimen immer weiter zunahmen, griff das Militär ein. Dadurch wurde Hyderabad 1948 gezwungen, der Indischen Union beizutreten.

Sehenswertes

Charminar DENKMAL

(Vier Türme; Karte S. 238; Inder/Ausländer 5/100 ₹; ⌚9–17.30 Uhr) Hyderabads bedeutendstes Wahrzeichen ließ Mohammed Quli Qutb Shah 1591 errichten, um der Gründung von Hyderabad und dem Ende der Epidemien, die durch den Wassermangel in Golconda ausgelöst worden waren, zu gedenken. Das 56 m hohe und 30 m breite Gebäude mit vier Türmen hat vier Torbögen, die jeweils in eine Himmelsrichtung weisen. Jeder Turm hat ein Minarett als Abschluss. Das zweite Stockwerk mit Hyderabads ältester Moschee und die oberen Bereiche der Türme sind für Besucher normalerweise gesperrt. Mit etwas Glück lässt einen der Hausmeister aber trotzdem hinauf. Das Bauwerk wird abends von 19 bis 21 Uhr angestrahlt.

Golconda Fort FESTUNG

(Außerhalb der Karte S. 232; Inder/Ausländer 5/100 ₹; ⌚9–17 Uhr) Größtenteils stammt die Festung aus dem 16. Jh. und damit aus der Zeit der Qutb-Shah-Herrscher. Teile der ursprünglich aus Lehm erbauten Anlage lassen sich jedoch auf die ältere Yadava- und Kakatiya-Epoche zurückdatieren.

Die Zitadelle wurde auf einem 120 m hohen Granithügel errichtet, rundherum befinden sich mit Zinnen versehene Schutzwälle aus großen Mauerblöcken. Die massiven Tore erhielten zur Abwehr von Angriffen mit Kriegselefanten lange Eisenstifte. Um die Zitadelle herum steht ein weiterer mit Zinnen bewehrter Wall, der einen Umfang von 11 km hat. Ihm wiederum ist ein dritter Mauerring vorgelagert. Beim Naya Quila (neuen Fort) neben dem Golfplatz steht ein gigantischer, 400 Jahre alter **Baobabbaum** (Hathiyan – Elefantenbaum) mit einem Umfang von 25 m. Die Setzlinge sollen von afrikanischen Regimentern aus Abessinien mitgebracht worden sein. Beim Erkunden der langsam vor sich hin bröckelnden Schutzwälle stößt man immer wieder auf Kanonen (einige mit schönen Inschriften). Außerdem hat man einen tollen Blick auf das Fort und die Gräber.

Dass die Menschen in der Festung überlebten, verdankten sie dem Wasser und der guten Akustik. In der Erde versteckte glasierte Tonrohre stellten eine zuverlässige Wasserversorgung sicher, und die Genialität der diamantenförmigen Decke des Großen Portikus sorgte dafür, dass selbst das Fallen einer Stecknadel in der gesamten Anlage zu hören war – ein großartiges Warnsystem. Die Führer demonstrieren gern die ebenfalls beeindruckende Akustik im königlichen Palast – wenn man in einer Ecke etwas flüstert, kann man durch die Mauern in der gegenüberliegenden Ecke jedes Wort verstehen. So kommt man Verschwörungen auf die Schliche.

Sachkundige **Führer** (1½-stündige Tour 600 ₹) organisiert das Personal am AP-Tourism-Tisch vor dem Eingang. Es sind auch Broschüren mit Beschreibungen der Festung erhältlich.

Morgens ist es hier am ruhigsten. Eine Autorikscha von Abids kostet etwa 150 ₹. Bus 119 von der Nampally-Haltestelle oder 66G vom Charminar bringt Fahrgäste in einer Stunde hierher.

Eine schräge **Sound-&-Light-Show** (Eintritt 50 ₹; ⌚auf Englisch Nov.–Feb. 18.30 Uhr, März–Okt. 19 Uhr) wird ebenfalls geboten.

Secunderabad

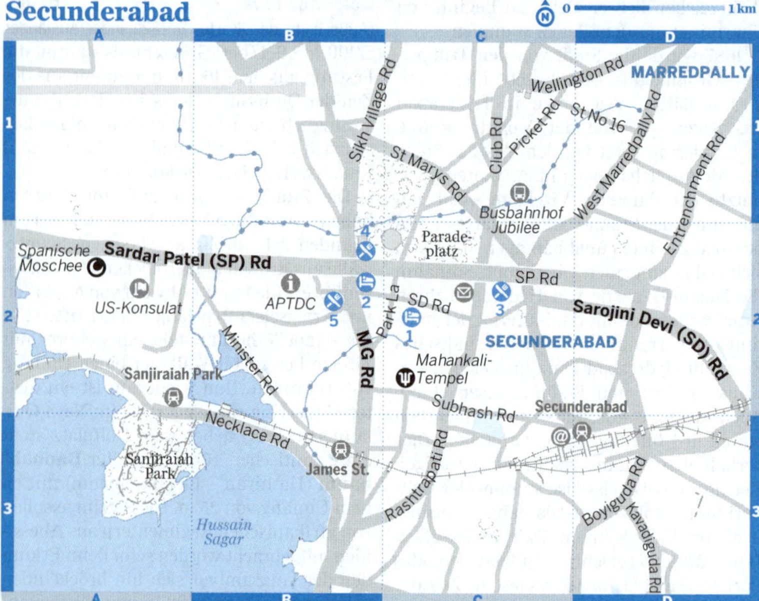

Laad Bazaar MARKT

(Karte S. 238) Westlich vom Charminar befindet sich der wuselige Laad Bazaar, ein perfekter Ort, um sich hoffungslos zu verlaufen. Hier gibt's so ziemlich alles: von feinen Parfüms, Stoffen und Schmuck bis hin zu Musikinstrumenten, Secondhand-Saris und Küchengerätschaften. Kunsthandwerker stellen Schmuck, Duftöle, große Töpfe und Burkas her. Die Gassen rund um den Charminar bilden außerdem das Zentrum von Indiens Perlenhandel. Wer Ahnung hat, kann hier ein wahrhaft gutes Schnäppchen machen.

Salar Jung Museum MUSEUM

(Karte S. 238; www.salarjungmuseum.in; Salar Jung Marg; Inder/Ausländer 10/150 ₹; ⌚So–Do 10–17 Uhr) Die riesige, abwechslungsreiche Sammlung hat Exponate aus dem 1. Jh. Sie wurde zusammengetragen von Mir Yusaf Ali Khan (Salar Jung III.), dem Großwesir des siebten Nizams Osman Ali Khan (reg. 1910–49). Zu den aus allen Ecken unseres Planeten stammenden 35 000 Ausstellungsstücken gehören Skulpturen, Holzschnitzereien, Elfenbein (u.a. geschnitzte traurig-ironisch dreinblickende Elefanten), Devotionalien, Miniaturgemälde aus Persien, illustrierte Handschriften, Waffen, Spielzeug und mehr als 50 000 Bücher. Gelegentlich kann man auch die eindrucksvolle Juwelensammlung der Nizams bewundern. Fotografieren ist verboten. Sonntags sollte man einen Bogen um das Museum machen, dann herrscht hier ein sagenhafter Trubel. Bus 7 fährt vom Busbahnhof in Abids bis zur **Haltestelle Afzal Gunj** (Karte S. 238) an der Nordseite der nahe gelegenen Brücke über den Musi.

Direkt westlich der Brücke befinden sich das spektakuläre **Osmania General Hospital** (Karte S. 238) an der Nordseite und der **High Court** (Karte S. 238) und das **Government City College** (Karte S. 238) an der Südseite. Alle Gebäude wurden vom siebten Nizam im indo-sarazenischen Stil errichtet.

Chowmahalla Palace MUSEUM

(Khilwat; Karte S. 238; www.chowmahalla.com; Inder/Ausländer 30/150 ₹, Foto 50 ₹; ⌚Sa–Do 10–17 Uhr) Die Nizam-Familie finanzierte die Restaurierung dieses prächtigen Palastes – oder fachmännisch ausgedrückt von vier *(char)* Palästen *(mahalla)*. Mit dem Bau wurde 1750 begonnen; in den folgenden 100 Jahren wurde die Anlage ständig erweitert, wobei persische, indo-sarazenische und europäische Architekturstile sowie Elemente aus Rajasthan einflossen. Im südlichen Innenhof befindet sich ein *mahal* mit Räumen, die im opulenten Stil der Nizams

Secunderabad

Schlafen

1 Minerva Grand C2
2 YMCA B2

Essen

3 Kamat Hotel C2
4 Kamat Hotel B2
5 Paradise Persis Restaurant B2

mit pompösen Möbeln eingerichtet sind. In einem zweiten *mahal* gibt's eine Ausstellung über den Alltag in den *zenanas* (Räume, die Frauen vorbehalten waren). Zu den Exponaten gehören Oldtimer und Kuriositäten wie Elefantensattel und eine Schreibmaschine der Marke Remington mit Urdu-Schriftzeichen.

Im nördlichen Innenhof befindet sich der **Khilwat Mubarak**, eine prächtige *durba*-Halle, in der Ausstellungen mit Fotos, Waffen und Kleidung untergebracht sind.

HEH Nizam's Museum MUSEUM
(Purani Haveli; Karte S. 238; Erw./Student 70/15 ₹, Foto 150 ₹; ⏲Sa–Do 10–17 Uhr) Im Purani Haveli aus dem 16. Jh. residierte der sechste Nizam Fath Jang Mahbub Ali Khan (reg. 1869–1911), von dem es heißt, dass er ein Kleidungsstück nie zweimal getragen habe. Sein 72 m langer, zweistöckiger Kleiderschrank aus burmesischem Teakholz (wenn man reinkommt gleich der erste Raum) scheint dieses Gerücht zu bestätigen. In den ehemaligen Räumen der Palastdienerschaft befinden sich persönliche Gegenstände des siebten Nizams Osman Ali Khan (1886–1967) und diverse Geschenke, die der Herrscher zu seinem Silbernen Thronjubiläum erhielt, u.a. eine Sammlung von silbernen Art-déco-Briefkästen. Die sehr guten Museumsführer erklären alles im Kontext.

Den Rest des Purani Haveli nimmt heute eine Schule in Beschlag. Dennoch kann man über das Gelände schlendern und einen Blick in das Verwaltungsgebäude im ehemaligen Wohnhaus des Nizams werfen.

Qutb Shahi Tombs GRÄBER
(Außerhalb der Karte S. 232; Eintritt 10 ₹, Foto/Video 20/100 ₹; ⏲9–17 Uhr) Die anmutigen, mit Kuppeldächern versehenen Grabmäler stehen in landschaftlich schön gestalteten Gärten 1,5 km nordwestlich des Balahisar-Tors des Golconda Forts. Sieben der neun Qutb-Shahi-Herrscher und Mitglieder der königlichen Familie sowie angesehene Einwohner von Entertainern bis Doktoren haben hier ihre letzte Ruhestätte. Man kann leicht einen halben Tag damit zubringen, Fotos zu machen und Mausoleen zu besichtigen. Von der über eine schmale Treppe zu erreichenden oberen Ebene des Grabmals von Mohammed Quli hat man einen schönen Blick auf die Umgebung. Das **Heftchen** The Qutb Shahi Tombs (20 ₹) ist am Ticketschalter erhältlich.

Vom Fort aus sind die Gräber gut zu Fuß zu erreichen. Die Fahrt mit der Autorikscha sollte nicht mehr als 25 ₹ kosten. Auch Bus 80S fährt vom Fort hierher.

Nehru Centenary Tribal Museum MUSEUM
(Karte S. 240; Masab Tank; Inder/Ausländer 10/100 ₹; ⏲Mo–Sa 10.30–17 Uhr) Die 33 Stammesgruppen in Andhra Pradesh, die hauptsächlich im Nordosten des Bundesstaates ansässig sind, zählen mehrere Millionen Menschen. Das erst kürzlich renovierte staatliche Museum steht unter der Leitung des Tribal Welfare Department. Zu den Exponaten gehören Fotografien, Dioramen des Dorflebens, Musikinstrumente und einige erlesene Masken der Naikpod. Das Museum ist recht schlicht, gewährt aber einen guten Einblick in die Kulturen der ethnischen Minderheiten. Es gibt auch eine ausgezeichnete Bibliothek mit 13 500 Büchern über indische Stammesgruppen. Nebenan befindet sich das winzige **Girijan Sales Depot**, das Produkte verkauft, die von Stammesangehörigen hergestellt worden sind.

GRATIS **Paigah Tombs** GRÄBER
(Außerhalb der Karte S. 232; Phisalbanda, Santoshnagar; ⏲Sa–Do 10–17 Uhr) Die aristokratischen Paigahs, angebliche Nachfahren des zweiten Kalifen, waren treue Anhänger der Nizams und dienten unter bzw. neben ihnen als Staatsmänner, Wohltäter und Generäle. Die Nekropole der Paigah-Familie liegt etwas abseits in einer ruhigen Wohngegend 4 km südöstlich vom Charminar. Es ist eine kleine Ansammlung von edlen Mausoleen aus Agra-Marmor mit viel Kalksteinstuck. Die Hauptanlage umfasst 27 aufwendig mit Intarsien verzierte Gräber, die von kunstvoll gemeißelten Wänden und Baldachinen sowie beeindruckenden, filigran gearbeiteten Paravents mit geometrischen Mustern umgeben sind. Auf ihnen thronen hohe, graziöse Türmchen. Die Gräber befinden sich am Ende einer kleinen Gasse gegenüber vom Owasi Hospital. Um hinzukommen, einfach

Abids & Umgebung

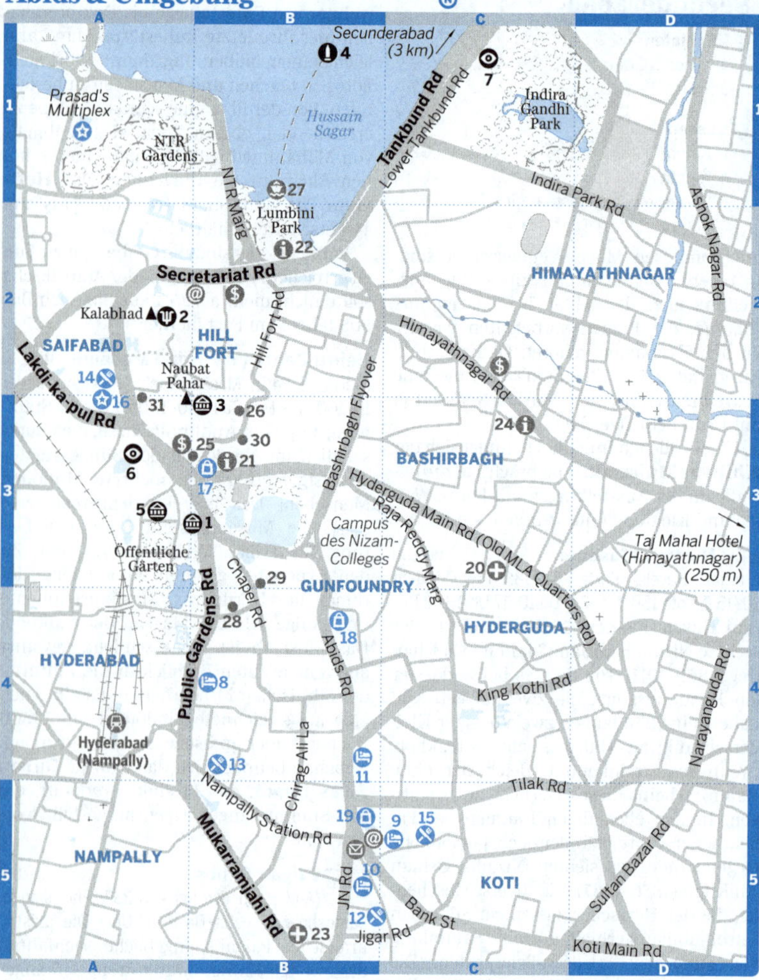

nach dem Schild zum Preston Junior College Ausschau halten! Die Heftchen *The Paigah Tombs* (20 ₹) kriegt man im AP State Museum, hier aber leider nicht.

Buddha-Statue & Hussain Sagar DENKMAL
In Hyderabad befindet sich eine der weltweit größten frei stehenden **Buddha-Statuen** (Karte S. 236) aus Stein. Sie wurde 1990 nach fünfjähriger Bauzeit vollendet. Als der 17,5 m hohe, 350 t schwere Monolith zu seinem Standplatz im Hussain Sagar gebracht werden sollte, sank der Frachtkahn. Glücklicherweise konnte die Statue 1992 unbeschädigt geborgen werden und steht seitdem auf einem Sockel mitten im See. Die abends angestrahlte Statue ist ein wunderbarer Anblick.

Es fahren regelmäßig **Boote** (Erw./Kind 50/25 ₹) zur Statue (hin & zurück 30 Min.). Los geht's an der **Eat Street** (Karte S. 240; ⌚14–20.40 Uhr) und am **Lumbini Park** (Karte S. 236; Eintritt 10 ₹; ⌚9–21 Uhr) – ein ideales Plätzchen, um den Sonnenuntergang zu genießen und den beliebten Springbrunnen, dessen Wasserspiel von musikalischen Klängen begleitet wird, zu bewundern. Von der Promenade Tankbund Rd am Ostufer des Hussain Sagar hat man einen tollen Blick auf die Buddha-Statue.

Abids & Umgebung

Sehenswertes

1	AP State Museum	B3
2	Birla Mandir	A2
	Birla Modern Art Gallery	(siehe 3)
3	Birla Planetarium & Science Museum	B3
	Birla-Tempel	(siehe 3)
4	Buddha-Statue	B1
5	Health Museum	A3
	ICCR Art Gallery	(siehe 16)
6	Parlamentsgebäude	A3
7	Snow World	C1

Schlafen

8	Hotel Harsha	B4
9	Hotel Mandakini Jaya International	C5
10	Hotel Suhail	B5
11	Taj Mahal Hotel	B4

Essen

12	Kamat Andhra Meals	B5
	Kamat Coffee Shop	(siehe 12)
13	Kamat Hotel	B4
14	Kamat Hotel	A2
	Kamat Jowar Bhakri	(siehe 12)
	Kamat Restaurant	(siehe 12)
15	Sagar Papaji Ka Dhaba	C5

Unterhaltung

16	Ravindra Bharati Theatre	A3

Shoppen

17	Kalanjali	B3
18	Lepakshi	B4
19	Meena Bazar	B5

Praktisches

20	Apollo Pharmacy	C3
21	APTDC	B3
22	APTDC	B2
23	Care Hospital	B5
24	Indiatourism	C3

Transport

25	Air India	B3
26	AirAsia	B3
27	Boats to Buddha Statue	B1
28	GSA Transworld Travels	B4
	Indian Airlines	(siehe 25)
29	IndiGo	B3
30	Jet Airways	B3
31	Neo Globe Tours & Travel	A3

AP State Museum MUSEUM

(Karte S. 236; Public Gardens Rd, Nampally; Eintritt 10 ₹, Foto/Video 100/500 ₹; ⌚Sa–Do 10.30–17 Uhr) Das ständig im Umbau befindliche State Museum beherbergt eine ziemlich angestaubte Sammlung bedeutender archäologischer Funde aus der Region sowie eine Galerie mit buddhistischen Skulpturen, diversen Buddhareliquien und einer Ausstellung zu Andhras buddhistischer Geschichte. Es gibt außerdem Galerien mit jainistischen und Bronzeskulpturen und mit ornamentaler Kunst sowie eine 4500 Jahre alte ägyptische Mumie. Genauso wie das prächtige **Parlamentsgebäude** (Karte S. 236) weiter unten in der Straße wird auch das Museum abends angestrahlt. (Beide Gebäude wurde übrigens vom siebten Nizam in Auftrag gegeben).

Mecca Masjid MOSCHEE

(Karte S. 238; Shah Ali Banda Rd, Patthargatti; ⌚9–17 Uhr) Diese Moschee ist eine der weltweit größten und bietet Platz für 10 000 Gläubige. Frauen haben keinen Zutritt.

Die Erde für die Herstellung einiger über dem Tor angebrachter Ziegelsteine stammt aus Mekka – so erklärt sich auch der Name. Auf dem Gelände links von der Moschee befinden sich die Grabstätten von Nizam Ali Khan und seinen Nachfolgern.

Nach einem Bombenanschlag 2007 sind die Sicherheitsmaßnahmen verschärft worden. Im Inneren sind beispielsweise keine Taschen erlaubt.

Birla Mandir & Planetarium HINDU-TEMPEL, MUSEUM

(Karte S. 236) Der **Birla Mandir** (⌚7–12 & 14–21 Uhr) wurde 1976 aus weißem Rajasthan-Marmor erbaut und ziert den Kalabahad (Schwarzer Berg), einen von zwei Felsen, die über dem Hussain Sagar aufragen. Der Tempel ist Venkateshwara geweiht und ein beliebtes Pilgerzentrum der Hindus. Vor allem bei Sonnenuntergang hat man von hier einen traumhaften Blick auf die Stadt. Die **Bibliothek** (⌚16–20 Uhr) lohnt ebenfalls den Besuch.

Gleich nebenan befinden sich das **Birla Planetarium & Science Museum** (Museum/Planetarium 20/35 ₹; ⌚Museum 10.30–20, Fr 10.30–15 Uhr, Shows im Planetarium 11.30, 16 & 18 Uhr) und die lohnenswerte **Birla Modern Art Gallery** (Eintritt 10 ₹; ⌚10.30–18 Uhr).

Patthargatti & Umgebung

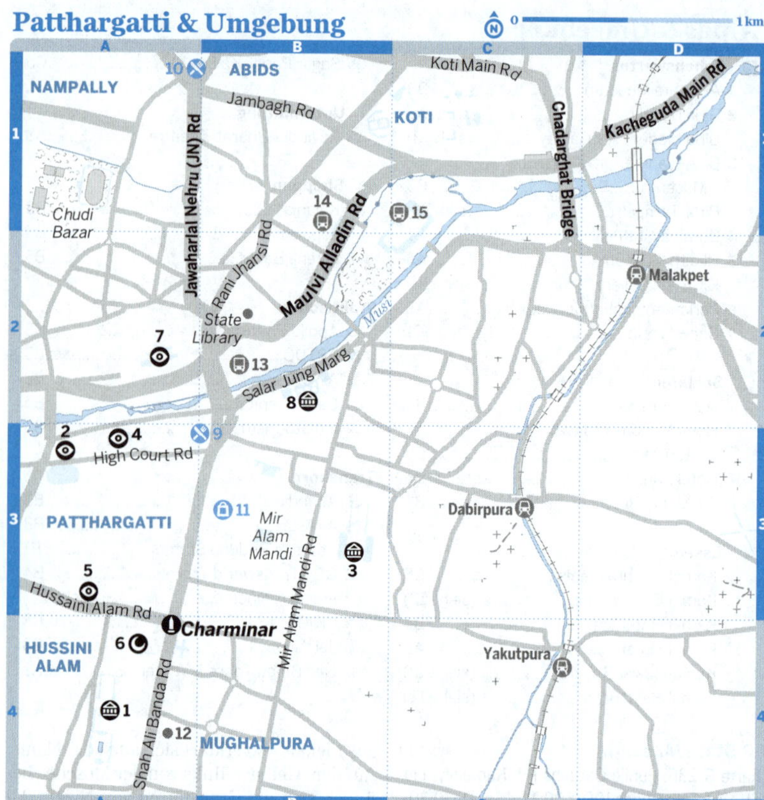

In Hyderabad gibt's eine wachsende Szene, die an zeitgenössischer Kunst interessiert ist:

ICCR Art Gallery KUNSTGALERIE
(Karte S. 236; ☎23236398; Ravindra Bharati Theatre, Public Gardens Rd; ⏲11–19 Uhr)

Kalakriti KUNSTGALERIE
(Karte S. 240; www.kalakriti.in; Rd No 10, Banjara Hills; ⏲11–19 Uhr)

Shrishti KUNSTGALERIE
(www.shrishtiart.com; Rd No 15, Jubilee Hills; ⏲11–19 Uhr)

Kurse

Vipassana International Meditation Centre BUDDHISTISCHE MEDITATION
(Dhamma Khetta; ☎24240290; www.khetta.dhamma.org; Nagarjuna Sagar Rd, km 12,6) Das Vipassana International Meditation Centre auf einem ruhigen Gelände 20 km vor der Stadt bietet zehntägige Intensivkurse in Meditation an. Anmelden kann man sich online oder über das **Büro** (☎24732569) in Hyderabad. Am ersten und letzten Kurstag verkehrt ein Shuttle zwischen dem Zentrum und Hyderabad.

Geführte Touren

APTDC (S. 245) veranstaltet Touren durch die Stadt (270 ₹), zur Ramoji Film City (600 ₹), zum Nagarjuna Sagar (an Wochenenden, 450 ₹) und nach Tirupathi/Tirumala (3 Tage, 1950 ₹). Zur Sound-&-Light-Tour (200 ₹) gehört ein Besuch der Hitec City, des botanischen Gartens und der Sound-&-Light-Show im Golconda Fort; bei dieser Tour verbringt man aber viel Zeit im Stau. Die Touren starten in der APTDC-Filiale in Secunderabad (Karte S. 234).

Der leidenschaftliche **Abbas Tyabji** (☎9391010015) ist ein erfahrener Führer/Fotojournalist, der seinen Gästen weniger touristische Attraktionen präsentiert, z.B. Toddy-Sammler bei der Arbeit oder Naturwanderwege vor den Toren der Stadt.

Patthargatti & Umgebung

Highlights
Charminar A4

Sehenswertes
1 Chowmahalla Palace A4
2 Government City College A3
3 HEH Nizam's Museum B3
4 High Court A3
5 Laad Bazaar A3
6 Mecca Masjid A4
7 Osmania General Hospital A2
8 Salar Jung Museum B2

Essen
9 Hotel Shadab B3
10 Mozamjahi Market A1

Shoppen
11 Hyderabad Perfumers B3
Bazaars .... (siehe 5)

Praktisches
12 COVA A4

Transport
13 Afzal-Gunj-Bushaltestelle B2
14 Koti-Bushaltestelle B1
15 Busbahnhof Mahatma Gandhi (Imlibun) C1

Society To Save Rocks WANDERN & TREKKEN
(☎23552923; www.saverocks.org; 1236 Rd No 60, Jubilee Hills) Diese nichtstaatliche Organisation veranstaltet einmal im Monat Wanderungen durch Andhra Pradeshs schöne Landschaft mit ihren surreal wirkenden Felsformationen. Weitere Informationen stehen auf der Website.

Schlafen

LP TIPP **Taj Mahal Hotel (Himayathnagar)** HOTEL $$
(Außerhalb der Karte S. 236; ☎27637836-9; tajcafe@gmail.com; Himayathnagar; EZ/DZ ab 900/1200 ₹; ❄📶) Trotz der etwas ungünstigen Lage gegenüber einer Überführung über die Himayathnagar Rd ist das Taj ein idyllisches, sonniges und stilvolles Plätzchen mit herzlichem, hilfsbereitem Personal und Fluren, die aussehen, als seien sie aus Jaipur-Marmor. Die Zimmer sind überraschend geschmackvoll mit schicken Lampen und klobigen, modernen Holzmöbeln eingerichtet. Komfort und Klasse zu einem außergewöhnlich günstigen Preis!

Golden Glory Guesthouse HOTEL $
(Karte S. 240; ☎23554765; www.goldengloryguesthouse.com; Rd No 3, Banjara Hills; EZ/DZ inkl. Frühstück ab 650/900 ₹, EZ inkl. Frühstück ohne Bad 290 ₹; ❄📶) Dieses Juwel versteckt sich zwischen den Villen des vornehmen Stadtteils Banjara Hills. Es liegt in einer ruhigen Wohnstraße – hier kann man das Chaos der Stadt schnell vergessen. Der erste Eindruck ist genial: glitzernde Lobby und Wendeltreppe. Die billigeren Zimmer sind recht klein, aber sehr sauber und ihr Geld unbedingt wert (außerdem ist das Frühstück im Preis enthalten). Die teureren Zimmer sind größer, sie haben Balkon und Badewanne.

Taj Falaknuma Palace HOTEL $$$
(Außerhalb der Karte S. 232; ☎24388888; www.tajhotels.com; Engine Bowli, Falaknuma; EZ/DZ ab 16 500/17 625 ₹) Auf kein anderes Hotel passt der Ausdruck „königlich" besser als auf das Falaknuma Palace, die ehemalige Residenz des sechsten Nizams. Die Restaurierungsarbeiten haben mehr als zehn Jahre in Anspruch genommen, aber es hat sich gelohnt, so lange auf das neueste Luxushotel der Taj Group zu warten. Die „billigsten" Zimmer haben Fußböden aus italienischem Marmor, Möbel im Kolonialstil und einen tollen Blick auf die Stadt. Die Presidential Suite (nur 500 000 ₹ pro Nacht!) war der Wohnbereich des Nizams. Hier hat man seinen eigenen Pool und Butler! Wer gerade keine halbe Million flüssig hat, kann sich mit einem Nachmittagstee im Jade Room begnügen und dort vielleicht einen der königlichen Gäste aus der ganzen Welt treffen.

Minerva Grand HOTEL $$$
(Karte S. 234; ☎66117373; www.minervagrand.com; SD Rd, Secunderabad; EZ/DZ inkl. Frühstück ab 4000/4400 ₹; ❄@📶) Es gibt nicht viele Hotels mit Stil, doch das Minerva ist eines davon. Die Standardzimmer (eins ist für Rollstuhlfahrer geeignet) haben wunderschöne, in tiefem Fuchsia gehaltene Wände, weiße Möbel, Tagesdecken mit Fransen und ganze Türme von Kissen. Die teureren Zimmer sind ähnlich exklusiv eingerichtet. Alle Zimmer haben Parkettfußboden, sanfte Beleuchtung und schicke, geräumige Bäder. Ein echtes Juwel in der rauen Sarojini Devi Rd.

Banjara Hills

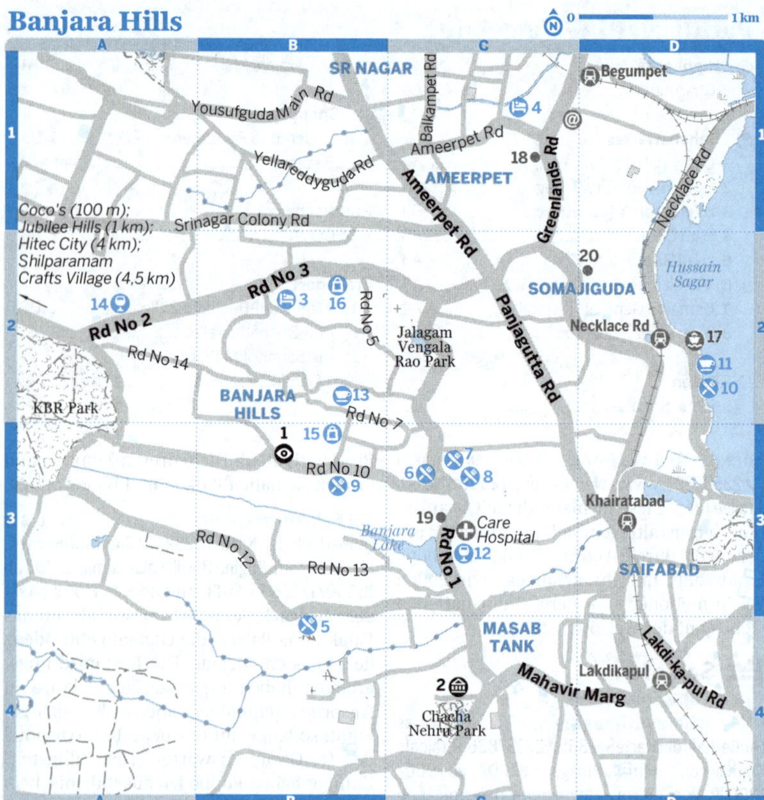

Hotel Mandakini Jaya International HOTEL $$
(Karte S. 236; ☎9810068858; www.mandakinijayaintl-hyderabad.com; Hanuman Tekdi Rd; EZ/DZ inkl. Frühstück ab 1690/1790 ₹; ❄📶) Die frühere Budgetunterkunft Jaya International hat ein neues Management und ist jetzt ein schickes, modernes Businesshotel geworden. Die komfortablen, ultramodernen Zimmer sind ihren Preis absolut wert. Ein Minuspunkt sind die muffigen Korridore.

Nand International HOTEL $
(☎24657511; www.nandhotels.com; Kacheguda Station Rd; EZ/DZ/3BZ ab 535/635/735 ₹; ❄) Das Nand in der Nähe des Bahnhofs Kacheguda ist eine angenehme Überraschung. Es gibt eine Dachterrasse, auf der man sich zwischen Geranientöpfen einen Tee genehmigen kann. Die mit Sitzecken und Trinkwasserspendern eingerichteten Zimmer sind gut gepflegt, haben pfirsichfarbene Wände und sind mit einem wilden Mix aus verschiedenen Kunststilen geschmückt.

YMCA HOSTEL $
(Karte S. 234; ☎27801190; secunderabadymca@yahoo.co.in; Ecke SP Rd & SD Rd, Secunderabad; Zi. mit/ohne Bad ab 500/350 ₹; ❄) Dieses nette, preiswerte Hostel in der Nähe des Uhrturms hat saubere Zimmer ohne jeden Schnickschnack, aber mit Balkon.

Hotel Suhail HOTEL $
(Karte S. 236; ☎24610299; www.hotel suhail.in; Troop Bazaar; EZ/DZ/3BZ ab 475/620/900 ₹; ❄@) Wären doch nur alle Budgetunterkünfte wie das Suhail! Das Personal ist freundlich, die großen, ruhigen Zimmer haben Balkone und es gibt Warmwasser rund um die Uhr. Das Hotel liegt versteckt in einer Gasse hinter der Hauptpost und dem Grand Hotel, also weitab vom Trubel Hyderabads. Nachts ist es allerdings etwas dunkel hier, was so mancher befremdlich finden wird.

Taj Mahal Hotel HOTEL $$
(Karte S. 236; ☎24758250; tajmahal_abid@rediffmail.com; Ecke Abids Rd & King Kothi Rd; EZ/DZ

Banjara Hills

Sehenswertes	
Girjan Sales Depot	(siehe 2)
1 Kalakriti	B3
2 Nehru Centenary Tribal Museum	C4
Schlafen	
3 Golden Glory Guesthouse	B2
4 Green Park	C1
Essen	
5 24-Lettered Mantra	B4
6 Angeethi	C3
7 BBQ Nation	C3
8 Fusion 9	C3
9 Ofen	B3
10 Waterfront	D2
Ausgehen	
Barista	(siehe 6)
11 Café Coffee Day	D2
12 Liquids Et cera	C3
13 Mocha	B2
14 Touch	A2
Shoppen	
15 Fabindia	B3
16 Meena Bazar	B2
Transport	
17 Boote zur Buddha-Statue	D2
Emirates	(siehe 6)
18 Kingfisher Airlines	C1
19 Qatar Airways	C3
20 Sri Lankan Airlines	D2
Thai Airways	(siehe 8)

mit Klimaanlage ab 1200/1650 ₹; ❄) Das weitläufige denkmalgeschützte Gebäude von 1924 hat eine prächtige Fassade, es gibt jede Menge Pflanzen und schöne, wenn auch überteuerte Zimmer. Da alle Zimmer unterschiedlich sind, sollte man sich vor dem Einchecken ein paar zeigen lassen. Die besseren haben Boudoirs, Kleiderschränke mit Kristallgriffen und Holzbalken an den Decken.

Hotel Harsha HOTEL **$$**
(Karte S. 236; ☎23201188; www.hotelharsha.net; Public Gardens Rd; EZ/DZ inkl. Frühstück ab 1600/1800 ₹; ❄📶) Die Zimmer sprühen nicht gerade vor Charme und können auch recht laut sein (um ein Zimmer bitten, das nach hinten raus liegt!), aber sie sind hell, haben Kühlschränke und recht geschmackvolle Möbel. Sie heben sich stilmäßig leicht von der grauen Masse ab. Alles in allem strahlt das Harsha eine auf Hochglanz polierte Gemütlichkeit aus. Die Lobby mit dem vielen Glas und Marmor ist schon etwas Besonderes. Außerdem bietet diese Unterkunft eines der besten Preis-Leistungs-Verhältnisse in der Stadt.

Green Park HOTEL **$$$**
(Karte S. 240; ☎66515151; www.hotelgreenpark.com; Greenlands Rd, Begumpet; EZ/DZ inkl. Frühstück ab 5500/6500 ₹; ❄@📶) Die Standardzimmer lassen hier keine Wünsche offen. Sie sind komfortabel, haben schicke, klassische Schreibtische, Bambusböden und Blumenschmuck in den Bädern. Die Lobby mit ihrem warmen Licht und dem freundlich lächelnden Personal ist eine Oase der Ruhe.

Secunderabad Retiring Rooms RUHERÄUME IN BAHNHÖFEN
(Karte S. 234; B/EZ/DZ ab 50/250/450 ₹; ❄) Wer zu später Stunde am Bahnhof in Secunderabad ankommt, kann gut in einem der Ruheräume übernachten.

Essen

Da der Gebrauch des Begriffs „Thali" in der Region unüblich ist, wurde er in diesem Kapitel durch „Gerichte" ersetzt.

ZENTRUM

LP TIPP **Waterfront** ASIATISCH, FUSION **$$$**
(Karte S. 240; ☎65278899; Necklace Rd; Hauptgerichte 175–650 ₹; ⌚12–14.30 & 19–23 Uhr) Die schwimmende Terrasse (auf der es nur Abendessen gibt) bietet das wahrscheinlich beste Ambiente in ganz Hyderabad: Sanfte Beleuchtung, in der Ferne die Buddha-Statue, der ganze Hussain Sagar und der Birla Mandir. Man kann aber auch drinnen hinter riesigen Panoramafenstern essen. Die eigentliche Attraktion ist die grandiose chinesische, indische und thailändische Küche – das *phad kea mou* (Nudeln mit leckerem Bok Choy) muss man einfach probiert haben!

Hotel Shadab INDISCH **$$**
(Karte S. 238; High Court Rd, Patthargatti; Hauptgerichte 60–250 ₹; ⌚12–24 Uhr) Wer einmal im Shadab gegessen hat, wird der leckeren Küche hoffnungslos verfallen sein. Das beliebte Restaurant ist *die* Adresse für Biryanis (95–200 ₹) und während des Ramzan (Ramadan) für *haleem*. Auch die vegetari-

KITSCHABAD

Unter Hyderabads Sehenswürdigkeiten von Weltklasse gibt's einige skurrile Attraktionen, die eine recht gute Abwechslung zum „eigentlichen" Sightseeing bieten.

Ramoji Film City FILMSTUDIO

(www.ramojifilmcity.com; Erw./Kind 500/450 ₹; ⌚9.30–17.30 Uhr) Hier ist Südindiens boomende Filmindustrie zu Hause. Die Ramoji Film City ist auch unter dem Namen Tollywood bekannt und zweifelsohne Kitsch vom Feinsten. Mit mehr als 670 ha ist dies der weltweit größte Filmproduktionskomplex. Hier werden Filme auf Telugu, Tamil, Hindi und manchmal auch ausländische Streifen gedreht. Auf der vierstündigen Bustour bekommt man zwar keine Dreharbeiten zu sehen, dafür aber Filmkulissen aus Pappe und protzige Springbrunnen sowie Tanzvorführungen und Stunts. Die Studios sind am Stadtrand, etwa 20 km von Abids entfernt. Hin kommt man mit Bus 205 oder 206 vom Koti Women's College, nordöstlich der Station Koti. Die Fahrt dauert etwa eine Stunde.

Health Museum MUSEUM

(Karte S. 236; Public Gardens Rd, Nampally; Eintritt frei; ⌚Sa–Do 10.30–17 Uhr) Ein Blick in ein Klassenzimmer aus den 1950er-Jahren gefällig? Dieses Museum beherbergt eine bizarre Sammlung von medizinischen Geräten. Hier kann man sich u. a. das Modell einer gigantischen, furchterregenden Filzlaus anschauen.

Snow World VERGNÜGUNGSPARK

(Karte S. 236; Lower Tankbund; Eintritt 300 ₹; ⌚11–20 Uhr) Snow World ist perfekt, um der Hitze zu entkommen, und die coolste Attraktion der Stadt. Es ist schon ein komisches

schen Biryanis (!) und all die anderen vegetarischen und nichtvegetarischen Speisen sind ein Gedicht. (Wer das Schokoladen-Hühnchen oder das Hammelfleisch mit Ananas probiert hat, kann uns hinterher gern mitteilen, wie es geschmeckt hat!) In angenehmer Atmosphäre speisen hier viele Familien aus der Altstadt.

Kamat Hotel INDISCH $

(Karte S. 234; SD Rd, Secunderabad; Hauptgerichte 45–75 ₹; ⌚7–22 Uhr) Was wäre die Welt ohne Kamat Hotel? Jedes Kamat ist anders, aber alle sind preiswert und gut. Es gibt zwei weitere Ableger in der SD Rd, die anderen sind in Saifabad und in der Nampally Station Rd (Karte S. 236). Die Gerichte sind überall gleichermaßen lecker (ab 36 ₹).

Kamat Andhra Meals INDISCH $

(Karte S. 236; Troop Bazaar; Gerichte ab 45 ₹; ⌚12–16 & 17–23 Uhr) Hier kommen ausgezeichnete, wirklich authentische Gerichte aus Andhra auf den Tisch. Die riesigen, in Bananenblättern servierten Portionen sind kaum zu schaffen. Zum Abschluss gibt's dann noch eine Banane. Auch die Schwesterlokale im gleichen Gebäudekomplex – das **Kamat Jowar Bhakri** (Maharashtran), das **Kamat Restaurant** mit Klimaanlage (nord- und südindische Küche) und der **Kamat Coffee Shop** – sind freundliche Familienrestaurants voller zufriedener Gäste. Trotz ihrer Namen hat keines etwas mit dem Kamat Hotel zu tun.

Weitere gute Restaurants:

Paradise Persis Restaurant INDISCH $$

(Karte S. 234; Ecke SD Rd & MG Rd, Secunderabad; Hauptgerichte 125–245 ₹; ⌚11.30–23 Uhr) Die Einwohner von Hyderabad sind sich einig: Die Biryanis im Paradise gehören zu den besten.

Mozamjahi Market MARKT $

(Karte S. 238; Ecke Mukarramjahi Rd & Jawaharlal Nehru Rd; ⌚6–18 Uhr) Toller Ort, um sich mit Obst und Gemüse (oder Eiscreme) einzudecken und dabei die beeindruckende Architektur des Steingebäudes zu bewundern, das vom siebten Nizam in Auftrag gegeben und nach dessen Sohn benannt wurde.

Sagar Papaji Ka Dhaba INDISCH $

(Karte S. 236; Hanuman Tekdi Rd; Hauptgerichte 45–110 ₹; ⌚12–16 & 19–23 Uhr) Hier herrscht immer Hochbetrieb. Im Papaji gibt's extrem leckere vegetarische und nichtvegetarische Biryanis, Currys und Tikkas. Während man auf einen Tisch wartet, kann man dem Küchenpersonal beim Kneten des *naan*-Teigs, der anschließend im Tandoor-Ofen gebacken wird, zuschauen.

Gefühl, wenn man plötzlich in Winterklamotten zwischen Menschen steht, die sich mit Schnee bewerfen, rodeln und Volleyball im Schnee spielen. Der Schnee fällt stündlich unter großem Gejubel. Eine Schnee-Disko und Lightshow fehlen natürlich auch nicht.

Sudha Car Museum MUSEUM

(www.sudhacars.net; Bahadurpura; Inder/Ausländer 30/150 ₹; ⌚9.30–18.30 Uhr) In diesem Museum kann man die Arbeiten von Sudhakar bewundern: fahrbereite Autos in Form einer Toilette, eines Computers, Kricketschlägers, Hamburgers oder Kondoms und andere völlig bekloppte Sachen. Das 12,8 m große Dreirad Sudhakars hat es ins Guinnessbuch der Rekorde geschafft. Wer will, kann seinen Kopf in die Werkstatt stecken und das neueste Projekt bewundern (zur Zeit der Recherchen arbeitete er an einem Auto in Form eines Stöckelschuhs). Das Museum befindet sich östlich des Nehru Zoological Park.

NTR Park PARK

(Karte S. 236; Kind/Erw. 10/20 ₹; ⌚14.30–20.30 Uhr) Hier kann man durch einen netten Garten mit schrägen Fahrgeschäften und Daddelhallen schlendern. Das i-Tüpfelchen ist das knallbunte Restaurant, das die Form einer gigantischen Obstschale hat.

Amrutha Castle HOTEL

(www.bestwesternamruthacastle.com; Saifabad; DZ ab 4800 ₹) Wer immer schon mal davon geträumt hat, in Hyderabad in einer bayerischen Burg zu übernachten, kann in diesem massiven Burghotel, das dem Schloss Neuschwanstein nachempfunden ist, sein müdes Haupt betten. Es ist aber nicht ganz billig.

BANJARA HILLS & JUBILEE HILLS

Wer auf der Suche nach edleren Restaurants ist, sollte sich in die Hills-Bezirke begeben, wo die Reichen von Hyderabad wohnen.

Fusion 9 EUROPÄISCH $$$

(Karte S. 240; ☎65577722; Rd No 1; Hauptgerichte 325–425 ₹; ⌚12–15.30 & 19–23 Uhr) Sanftes Licht und gemütliches Dekor bilden eine tolle Kulisse, um sich gebratenen norwegischen Lachs (650 ₹), ein Lammkotelett mit Rosmarin und knusprigen Kartoffeln (395 ₹) oder ein Schweinekotelett (425 ₹) schmecken zu lassen. Hier gibt's eine der besten internationalen Speisekarten, u.a. mit preiswerten Gerichten aus Mexiko und Thailand sowie Pizzas und Vegetarisches. Es sind auch zahlreiche ausländische Spirituosen im Angebot.

Angeethi PUNJABI $$

(Karte S. 240; 7 OG, Reliance Classic Bldg, Rd No 1; Hauptgerichte 180–290 ₹; ⌚12–15.30 & 19–23 Uhr) Die Einrichtung wurde einer alten *dhaba* (Snackbar) im Punjab-Stil nachempfunden. Die Wände sind mit alten Bollywood-Postern geschmückt. Das Angeethi serviert hervorragende Gerichte aus Nordindien und dem Punjab, z.B. *methi malai* (Zuckermaiseintopf mit Bockshornkleeblättern; 185 ₹).

Coco's INDISCH, EUROPÄISCH $$

(Außerhalb der Karte S. 240; ☎23540600; Rd No 2; Hauptgerichte 120–325 ₹; ⌚11.30–23.30 Uhr) Dieses lockere Dachterrassenrestaurant mit Bar erinnert an eine Bambushütte am Strand, obwohl die Lage über einem chinesischen Restaurant an einer verkehrsreichen Straße so gar nicht dazu passt. Das nette Coco's mit Blick über den KBR Park strahlt eine relaxte Atmosphäre aus und serviert anständige Gerichte aus Indien und der westlichen Küche.

Big Dosa Company INDISCH $

(Rd No 45, Jubilee Hills; Dosas 75–135 ₹; ⌚8–23 Uhr) In diesem Dosa-Lokal gibt's enorme Portionen mit leckeren Dosas – eben Gourmet-Dosas! Der Dosa mit „Feta und gebratenem Paprika", zu dem ein Chutney aus sonnengetrockneten Tomaten gereicht wird, oder der mit „Hühnergeschnetzeltem" lohnen allein schon die Fahrt nach Jubilee Hills.

24-Lettered Mantra LEBENSMITTELGESCHÄFT

(Karte S. 240; www.24lettermantra.com; Rd No 12; ⌚9.30–22 Uhr) Wer Wert auf seine Gesundheit legt, wird dieses winzige Lebensmittelgeschäft lieben, das Obst und Gemüse aus biologischem Anbau, Snacks und Säfte verkauft.

Ofen BÄCKEREI $$
(Karte S. 240; www.theofen.com; Rd No 10; Desserts 15–110 ₹; ⌚Mo–Fr 11–23, Sa & So 9–23 Uhr) Die Linzertorte ist himmlisch. Außerdem gibt's köstliche Desserts (manche sind sogar vegan und zuckerfrei), frisch gebackenes Brot und gute Sandwiches und Pasta (90–250 ₹). Kontinentales Frühstück wird den ganzen Tag über serviert.

BBQ Nation INDISCH, EUROPÄISCH $$
(Karte S. 240; www.barbeque-nation.com; Rd No 1; Mittagessen Mo–Sa 344 ₹, So 544 ₹, Abendessen 600 ₹; ⌚12–15 & 19–23 Uhr) All-you-can-eat-Restaurant mit Fleisch-, Seafood- und Vegi-Spießen vom Grill.

Little Italy ITALIENISCH $$
(☎64566692; Apollo Rd, Jubilee Hills; Hauptgerichte 200–500 ₹; ⌚12–15 & 19–23 Uhr) Klassische, vegetarische, italienische Küche und gute Weinkarte.

Ausgehen

Hyderabads Nachtleben ist zwar stark im Kommen, doch es gibt eine gesetzlich vorgeschriebene Sperrstunde – pünktlich um 23.30 Uhr ist Zapfenstreich. Wenn es nicht anders angegeben ist, haben die nachstehend aufgeführten Bars also bis 23.30 Uhr geöffnet (vor 21 Uhr ist aber nichts los). In allen gibt's auch etwas zu essen. An bestimmten Abenden wird Eintritt (500–1000 ₹) verlangt, und die Herren der Schöpfung haben nur in weiblicher Begleitung Zutritt. Bier gibt's ab 150 ₹, Cocktails ab 300 ₹.

LP TIPP **Coco's** BAR
(Außerhalb der Karte S. 240; ☎23540600; Rd No 2, Banjara Hills) Die Bar oben auf dem Dach eignet sich an lauen Abenden perfekt für ein kühles Bier oder einen coolen Cocktail. Livemusik.

Mocha CAFÉ
(Karte S. 240; Rd No 7, Banjara Hills; ⌚9–23 Uhr) Hier treffen sich hippe Mittzwanziger und rauchen Wasserpfeife (ab 225 ₹). Einrichtung, Garten und Kaffee sind großartig. Auf der Speisekarte stehen verschiedene Frühstücksvarianten, gute Paninis und Shakes.

Liquids Et cera BAR
(Karte S. 240; ☎66259907; Bhaskar Plaza, Rd No 1, Banjara Hills) Das Liquids ist Hyderabads angesagteste Bar und steht regelmäßig in den Klatschspalten der Lokalblätter. Es gibt kein Schild mit dem Namen, der sowieso fast jedes Jahr geändert wird.

Excess Club BAR
(☎23542422; Novotel, Madhavpur; ⌚Di–So 19–2 Uhr) Im Excess ist zurzeit am meisten los. Diese Bar ist am längsten geöffnet, hat die besten DJs und ist am weitesten weg – hinter der Hitec City.

Touch BAR
(Karte S. 240; ☎23542422; Trendset Towers, Rd No 2, Banjara Hills); ⌚Mi, Sa & So 19–24 Uhr) Hier dreht sich alles um den schönen Schein. Im stilvollen, gemütlichen Touch tummeln sich die Reichen und Schönen der Stadt. Außerdem gibt's hier eine „Eisbar" mit Temperaturen von –23 °C.

Café Coffee Day CAFÉ
(Karte S. 240; Eat Street, Necklace Rd; ⌚7.30–23 Uhr) Ordentlicher Kaffee und Snacks.

Barista CAFÉ
(Karte S. 240; Rd No 1, Banjara Hills; ⌚8–23 Uhr) Eine weitere zuverlässige Alternative für guten Kaffee.

Ravindra Bharati Theatre THEATER
(Karte S. 236; ☎23233672; www.artistap.com; Public Gardens Rd) Hier finden regelmäßig Musik-, Tanz- und Theatervorführungen statt. Die Lokalzeitungen informieren über das aktuelle Programm.

Shoppen

Die Basare rund um den Charminar (S. 233) sind das spannendste Shoppingrevier. Hier findet man erlesene Perlen, Seide, Goldschmuck, Textilien und Millionen von Armreifen.

Hyderabad Perfumers PARFÜMERIE
(Karte S. 238; Patthargatti; ⌚Mo–Sa 10–20.30 Uhr) Hyderabad Perfumers wird seit vier Generationen von ein und derselben Familie betrieben. Hier kann man sich spontan sein ganz persönliches Duftwässerchen kreieren lassen.

Meena Bazar BEKLEIDUNG
(Karte S. 236; www.meenabazarhyd.co.in; Tilak Rd; ⌚Mo–Sa 10.30–20.30 Uhr) Wunderschöne Saris, *salwars* (Hosenanzüge) und Stoffe zu Festpreisen. In Banjara Hills (Karte S. 240) befindet sich eine Zweigniederlassung.

Kalanjali KUNSTHANDWERK
(Karte S. 236; Hill Fort Rd; ⌚10–21.30 Uhr) Riesenauswahl an Kunst, Kunsthandwerk, Stoffen und Kleidungsstücken. Die Preise im (auf zwei Gebäude verteilten) Kalanjali sind höher als auf dem Basar, doch kann man sich hier in entspannter Atmosphäre

einen guten Überblick über das allgemeine Preisniveau verschaffen.

Shilparamam Crafts Village KUNSTHANDWERK
(Außerhalb der Karte S. 240; www.shilparamam.org; Madhapur; Erw./Kind 25/10 ₹; ⌚10.30–20.30 Uhr) In diesem auf eine Initiative der Regierung hin errichteten Dorf in der Nähe der Hitec City werden Kunsthandwerksgegenstände und Bekleidung aus ganz Indien verkauft. Ein Nachtbasar ist in Planung. Es macht Spaß, im hübschen Garten mit Teich herumzuschlendern.

Fabindia BEKLEIDUNG
(Karte S. 240; www.fabindia.com; Rd No 9, Banjara Hills; ⌚11–20.30 Uhr) Kleidung und Accessoires aus traditionellen Materialien.

Lepakshi KUNSTHANDWERK
(Karte S. 236; www.lepakshihandicrafts.gov.in; Gunfoundry; ⌚Mo–Sa 10–20 Uhr) Kunsthandwerk aus der Region.

Praktische Informationen

Internetzugang

Anand Internet (15 ₹/Std.; ⌚10.30–21.30 Uhr) Gegenüber vom Bahnhof Secunderabad.

Net World (Taramandal Complex, Saifabad; 15 ₹/Std.; ⌚Mo–Sa 9.30–19 Uhr)

Reliance Internet (Himayathnagar; 15 ₹/Std.; ⌚8.30–23 Uhr)

Reliance Web World (MPM Mall, Abids Circle; 100 ₹/4 Std.; ⌚Mo–Sa 10.30–21.30, So 12.30–21 Uhr)

Medien

Gute Infos darüber, was in der Stadt so alles los ist, liefern *Channel 6* (www.channel6magazine.com), *GO Hyderabad* und *City Info.* Besonders hip ist *Wow! Hyderabad* (www.wowhyderabad.com; 25 ₹). Das gute Lokalblatt *Deccan Chronicle* hat den Veranstaltungskalender *Hyderabad Chronicle* als Beilage.

Medizinische Versorgung

Apollo Pharmacy (Karte S. 236; ☎23431734; Hyderguda Main Rd; ⌚24 Std.) Lieferdienst.

Care Hospital Banjara Hills (Karte S. 240; ☎30418888; Rd No 1); Nampally (Karte S. 236; ☎30417777; Mukarramjahi Rd) Angesehenes Krankenhaus mit rund um die Uhr geöffneter Apotheke.

Geld

Den besten Wechselkurs bieten die Banken. Geldautomaten gibt's in der ganzen Stadt.

State Bank of India (☎23231986; HACA Bhavan, Saifabad; ⌚Mo–Fr 10.30–16 Uhr)

Post

Post (⌚Mo–Sa 8–20.30, So 10–14 Uhr) Secunderabad (Rashtrapati Rd); Abids (Abids Circle)

Touristeninformation

Andhra Pradesh Tourism Development Corporation (APTDC; ☎24-Std.-Infoservice 23450444; www.aptdc.in; ⌚7–20.30 Uhr) Bashirbagh (Karte S. 236; ☎23298456; NSF Shakar Bhavan, gegenüber vom Police Control Room); Secunderabad (Karte S. 234; ☎27893100; Yatri Nivas Hotel, Sardar Patel Rd); Tankbund Rd (Karte S. 236; ☎65581555; ⌚10.30–17 Uhr) Organisiert geführte Touren.

India Tourism (Government of India; Karte S. 236; ☎23261360, 23260770; Netaji Bhavan, Himayathnagar Rd; ⌚Mo–Fr 9.30–18, Sa 9.30–12 Uhr) Nützliche Infos über Hyderabad, Andhra Pradesh und andere Bundesstaaten.

BUSSE AB HYDERABAD

ZIEL	PREIS (₹)	DAUER (STD.)	HÄUFIGKEIT (PRO TAG)
Bengaluru	480–775	12–10	7 (abends)
Bidar	80	4	alle 30 Min.
Chennai	550–880	12–14	3 (abends)
Hospet	280	9	2
Mumbai	550–985	14–12	6 (abends)
Mysore	599	15	1
Nagarjuna Sagar	85–116	4	8
Tirupathi	435–735	12	12
Vijayawada	197–390	6	stündlich
Visakhapatnam	470–865	14	12
Warangal	77	3	alle 30 Min.

WICHTIGE INLANDSFLÜGE AB HYDERABAD

ZIEL	NIEDRIGSTER PREIS (EINFACHE STRECKE; ₹)	DAUER (STD.)	HÄUFIGKEIT (PRO TAG)
Bengaluru	3000	1	20
Chennai	3000	1	15
Delhi	5000	2	12
Kolkata	5500	2	5
Mumbai	3000	1¼	25
Tirupathi	2800	1	3
Visakhapatnam	3500	1	5

An- & Weiterreise

Bus

Hyderabads Fernbusbahnhöfe sind ein Musterbeispiel für Effizienz. Im **Busbahnhof Mahatma Gandhi** (Karte S. 238; ☎24614406), der meistens Imlibun genannt wird, gibt es **Reservierungsbüros** (☎23434269; ⏲8–22 Uhr). Nach Karnataka kommt man mit **KSRTC** (☎24656430). Fahrplan und Preise findet man im Internet unter www.apsrtc.co.in.

Von Secunderabads **Busbahnhof Jubilee** (Karte S. 234; ☎27802203) fahren klimatisierte Volvo-Busse nach Bengaluru (801 ₹, 11 Std., 6-mal tgl.), Chennai (844 ₹, 12 Std., tgl.) und Visakhapatnam (701 ₹, 13 Std., tgl.).

Private Unternehmen, die sich mit klimatisierten Bussen auf den Weg machen, sind in der Nampally High Rd, in der Nähe Bahnhofseingangs.

Flugzeug

Hyderabads riesiger, moderner **Rajiv Gandhi International Airport** (☎66546370; www.hyderabad.aero) liegt 22 km südwestlich der Stadt in Shamshabad.

Die günstigsten Tickets bekommt man online oder über ein Reisebüro. Empfehlenswert ist **Neo Globe Tours & Travels** (Karte S. 236; ☎66751786; Saifabad; ⏲Mo–Sa 10–19.30, So 11–14 Uhr) neben dem Nizam Club.

Die Büros der Fluglinien sind im Allgemeinen von montags bis freitags von 9.30 bis 17.30 Uhr (mit einstündiger Mittagspause) und samstags bis 13.30 Uhr geöffnet.

Inlandsfluglinien:

GoAir (☎Flughafen 9223222111, 1800222111; Rajiv Gandhi International Airport)

Indian Airlines (Karte S. 236; ☎23430334, Flughafen 24255161/2; HACA Bhavan, Saifabad)

IndiGo (Karte S. 236; ☎23233590, Flughafen 24255052; Interglobe Air Transport, Chapel Rd)

Jet Airways (Karte S. 236; ☎39893333, Flughafen 39893322; Hill Fort Rd; ⏲Mo–Sa 9–19 Uhr) Bucht auch Flüge für JetLite.

JetLite (☎30302020; Rajiv Gandhi International Airport)

Kingfisher Airlines (Karte S. 240; ☎40328400, Flughafen 66605603; Balayogi Paryatak Bhavan, Begumpet)

WICHTIGE BUSROUTEN AB HYDERABAD & SECUNDERABAD

BUS-NR.	ROUTE
65G/66G	Charminar–Golconda, via Abids
87	Charminar–Nampally
2/2V, 8A/8U	Charminar–Bahnhof Secunderabad
20D	Busbahnhof Jubilee–Nampally
142K	Koti–Golconda
119OR, 142M	Nampally–Golconda
1P/25	Bahnhof Secunderabad–Busbahnhof Jubilee
1K, 1B, 3SS, 40	Bahnhof Secunderabad–Koti
20P, 20V, 49, 49P	Bahnhof Secunderabad–Nampally

WICHTIGE ZÜGE AB HYDERABAD & SECUNDERABAD

ZIEL	ZUG-NR. & -NAME	PREIS (₹)	DAUER (STD.)	ABFAHRTSZEIT & BAHNHOF
Bengaluru	2430 *Rajdhani*	1025/1355 (A)	12	18.50 Uhr Secunderabad (Di, Mi, Sa & So)
	2785 *Secunderabad–Bangalore Exp*	274/715/970 (B)	11	19.05 Uhr Kacheguda
Chennai	2604 *Hyderabad–Chennai Exp*	297/779/1058 (B)	13	16.55 Uhr Hyderabad
	2760 *Charminar Exp*	312/837/1119 (B)	14	18.30 Uhr Hyderabad
Delhi	2723 *Andhra Pradesh Exp*	465/1252/1715 (B)	26	6.25 Uhr Hyderabad
	2429 *Rajdhani*	1725/2245 (A)	26	7.50 Uhr Secunderabad (Mo, Di, Do & Fr)
Kolkata	2704 *Falaknuma Exp*	442/1187/1623 (B)	26	16 Uhr Secunderabad
	8646 *East Coast Exp*	430/1178/1624 (B)	30	10 Uhr Hyderabad
Mumbai	2702 *Hussainsagar Exp*	312/823/1119 (B)	15	14.45 Uhr Hyderabad
	7032 *Hyderabad–Mumbai Exp*	297/792/1089 (B)	16	20.40 Uhr Hyderabad
Tirupathi	2734 *Narayanadri Exp*	284/794/1009 (B)	12	18.05 Uhr Secunderabad
	2797 *Venkatadri Exp*	277/723/979 (B)	12	20.05 Uhr Kacheguda
Visakhapatnam	2728 *Godavari Exp*	297/779/1058 (B)	13	17.15 Uhr Hyderabad

Preise: A – 3AC/2AC; B – Sleeper/3AC/2AC

SpiceJet (☎18001803333; Rajiv Gandhi International Airport)

Internationale Fluglinien:

Air India (Karte S. 236; ☎1800227722, Flughafen 66605163; HACA Bhavan, Saifabad)

AirAsia (Karte S. 236; ☎66666464, Flughafen 66605163; HACA Bhavan, Saifabad)

Emirates (Karte S. 240; ☎66234444; Rd No 1, Banjara Hills)

GSA Transworld Travels (Karte S. 236; ☎3298495; Chapel Rd) Für Flüge mit Qantas.

Lufthansa (☎4888888; Rajiv Gandhi International Airport)

Sri Lankan Airlines (Karte S. 240; ☎23372429/30; Raj Bhavan Rd, Somajiguda) Gegenüber vom Yashoda Hospital.

Qatar Airways (Karte S. 240; ☎01244566000, Flughafen 66605121; Rd No 1, Banjara Hills)

Thai Airways (Karte S. 240; ☎23333030; Rd No 1, Banjara Hills)

Zug

Die Bahnhöfe in Secunderabad (Karte S. 232), Hyderabad (Karte S. 236) – auch Nampally genannt – und Kacheguda (Außerhalb der Karte S. 236) sind die drei wichtigsten. Fast alle Durchgangszüge halten in Secunderabad und Kacheguda, von wo aus man bequem nach Abids kommt. Die wichtigsten Strecken sind im Kasten oben genannt. Tickets können an den Bahnhöfen in Hyderabad und Secunderabad montags bis samstags von 8 bis 20 Uhr (sonntags bis 14 Uhr) gekauft werden. In beiden Bahnhöfen befindet sich auch eine Touristeninformation. Allgemeine Auskünfte gibt's unter ☎139, reservieren kann man unter ☎135.

ℹ Unterwegs vor Ort

Auto

Rund um den Bahnhof Hyderabad gibt's mehrere Autovermieter. Bei **Links Travels** (☎9348770007) bekommt man tageweise zuverlässige Fahrzeuge sowohl für kurze als auch längere Strecken.

Autoriksch a

Der erste Kilometer kostet 12 ₹, jeder weitere 7 ₹. Zwischen 22 und 5 Uhr ist ein Aufschlag von 50 % zu zahlen. Leider funktionieren die neuen elektronischen Taxameter oft nicht, weswegen viele Fahrer sie nicht benutzen: Dann ist Verhandeln angesagt.

Bus

Die Linien vieler innerstädtischer Busse starten an der **Koti-Bushaltestelle** (Karte S. 238; ☎23443320; Rani Jhansi Rd), wer hier einsteigt, ergattert vielleicht einen Sitzplatz. Mit dem „Travel as you like"-Ticket (normal/Express 40/50 ₹), das beim Fahrer erhältlich ist, kann man am Tag des Kaufs unbegrenzt in der ganzen Stadt rumfahren. Der kleine *City Bus Route Guide* (10 ₹) ist in den Buchläden rund um die Koti-Bushaltestelle erhältlich.

Vom/Zum Flughafen

Der neue Flughafen ist sagenhaft, die Fahrt in die Stadt dauert 45 Minuten.

BUS Vom PTC fahren regelmäßig öffentliche Busse zu den Bahnhöfen Jubilee und Imlibun. Komfortabler sind die klimatisierten Busse von **Aeroexpress** (☎18004192008; ⌚24 Std.) (175 ₹), die halbstündlich nach Charminar, Secunderabad, Begumpet, Mehdipatnam und Hitec City fahren.

TAXI Prepaid-Taxis werden am Schalter im Terminal bezahlt und fahren am PTC ab. Die „Radiotaxis" von **Meru** (☎44224422) und **Easy** (☎43434343) warten vor der Ankunftshalle. Sie kosten 15 ₹ pro Kilometer, nachts 18,75 ₹. Die Fahrt nach Abids oder Banjara Hills sollte nicht mehr als 450 ₹ kosten. Zum Flughafen kommt man mit **Yellow Taxi** (☎44004400).

Zug

MMTS-Züge (www.mmts.co.in) erweisen sich insbesondere für Fahrten zwischen den drei Hauptbahnhöfen als praktisch. Es gibt zwei Hauptstrecken: Die Strecke von Hyderabad (Nampally) nach Lingampalli (nordwestlich von Banjara Hills) hat elf Haltestellen, u. a. Lakdikapul, Khairatabad, Necklace Rd, Begumpet und Hitec City, die Strecke von Falaknuma (südlich der Altstadt) nach Secunderabad führt u. a. durch Yakutpura, Dabirpura, Malakpet und Kachiguda. An den Zügen sind Schilder mit den jeweiligen Start- und Endhaltestellen angebracht: HL für Hyderabad–Lingampalli, FS für Falaknuma–Secunderabad, usw. Die Züge sind verlässlich, fahren aber nur alle 30 bis 40 Minuten. Fahrkarten kosten zwischen 3 und 10 ₹.

Nagarjunakonda

☎08680

Der „Hügel von Nagarjuna", 150 km südöstlich von Hyderabad, ist eine idyllische Insel mitten im Nagarjuna-Stausee, die alte buddhistische Bauwerke schmücken. Vom 3. Jh. v. Chr. bis zum 4. Jh. n. Chr. gab es im Krishna-Tal mächtige Königreiche. Sie unterstützten die *sanghas* (buddhistische Gemeinschaften von Mönchen und Nonnen) und damit auch die Ikshvakus, deren Hauptstadt Nagarjunakonda war. Schätzungen zufolge gab es allein in dieser Region rund 30 Klöster.

Die Überreste wurden 1926 von dem Archäologen A. R. Saraswathi im angrenzenden Tal entdeckt. 1953 wurde bekannt, dass im Rahmen eines großen Wasserkraftprojekts der **Sagar-Stausee** geschaffen und das Gebiet überflutet werden sollte. Um die vielen Ruinen zu retten, wurde eine sechs Jahre andauernde Ausgrabung in Angriff genommen. So hat man Stupas, *viharas* (Klöster), *chaitya-grihas* (Versammlungshallen mit Stupas) und *mandapas* (Säulenpavillons) sowie einige beeindruckende weiße Marmorplatten mit Szenen aus Buddhas Leben zutage gefördert. Die Funde wurden auf der Insel Nagarjunakonda wieder aufgebaut.

⊙ Sehenswertes & Aktivitäten

Nagarjunakonda Museum MUSEUM

(Inder/Ausländer 5/100 ₹; ⌚8–17 Uhr) Dieses sorgfältig auf einer Insel angelegte Museum erreicht man per Boot. Es beherbergt Buddhastatuen und mit wunderschönen Reliefs verzierte Kalksteinplatten, die einst die Stupas schmückten. Die meisten von ihnen stammen aus dem 3. Jh. n. Chr. und stellen Szenen aus Buddhas Leben dar; dazwischen befinden sich träumerisch dreinschauende *mithuna*-Figuren (Paare beim Liebesspiel). Die wieder aufgebauten **Monumente** stehen draußen auf der Hügelspitze.

Barkassen (90 ₹, 1 Std.) starten um 9.30, 11 und 13.30 Uhr in Vijayapuri am Ufer des Nagarjuna Sagar zur Insel, wo sie eine Stunde Aufenthalt haben. Wer sich alles in Ruhe anschauen möchte, sollte frühmorgens hin- und nachmittags zurückschippern. An den Wochenenden und in der Ferienzeit verkehren morgens meistens zusätzliche Barkassen. Die Fischer in ihren tellerrunden Coracle-Booten sind tolle Fotomotive.

Anupu HISTORISCHE STÄTTE

Das friedliche **Anupu**, eine weitere buddhistische Stätte mit Resten einer Stupa, einer Universität und eines Amphitheaters liegt 10 km vom Anleger entfernt. Auch Anupu wurde Stück für Stück vor dem Bau des Stausees an anderer Stelle wieder aufgebaut. Der Dalai Lama hat hier während seines Besuchs 2006 einen Baum gepflanzt.

Ethipophala Waterfall WASSERFALL
(Eintritt 20 ₹; ⌚8–18 Uhr) 18 km vom Anleger entfernt, befindet sich der 21 m hohe Ethipophala, der vor allem nach starken Regenfällen einen spektakulären Anblick bietet.

Kurse

Dhamma Nagajjuna MEDITATION
(Nagarjunasagar Vipassana Centre; ☎09440 139329; www.nagajjuna.dhamma.org; Hill Colony) Dieses Zentrum erhält das Vermächtnis des Buddhismus in der Gegend am Leben. Es bietet zehntägige Meditationsintensivkurse auf dem Gelände mit Blick über den Nagarjuna Sagar. Die Kurse finden auf Spendenbasis statt.

Schlafen & Essen

Nagarjunakonda ist ein beliebtes Ausflugsziel, sodass es an den Wochenenden und in der Ferienzeit schwierig werden kann, ein Zimmer zu finden. Den Ort kann man aber im Rahmen eines Tagesausflugs besichtigen. Die beiden nachstehend genannten Hotels haben ein Restaurant.

Nagarjuna Resort HOTEL $
(☎08642-242471; Zi. ab 750 ₹; ❄) Die komfortabelste Unterkunft liegt direkt gegenüber vom Anleger. Die Zimmer sind geräumig, wenn auch etwas schäbig, und verfügen über Boiler und Balkone mit guter Aussicht.

Vijay Vihar Complex HOTEL $$
☎277362; Fax 276633; Zi. mit Klimaanlage ab 1800 ₹; ❄ 🏊) Das nette, staatliche Hotel befindet sich 2 km vom Busbahnhof bergauf. Die Zimmer haben Balkone mit grandiosem Blick über den See.

Praktische Informationen

AP Tourism (☎276634; ⌚Mo–Sa 10–17.30 Uhr) hat ein Büro im Project House gegenüber von der Bushaltestelle.

An- & Weiterreise

Nach Nagarjunakonda kommt man aus Hyderabad am einfachsten mit **APTDC** (☎040-65581555). Die geführten Touren (450 ₹) starten an den Wochenenden um 7 Uhr, zurück ist man um 21.30 Uhr.

Man kann sich von Hyderabad oder Vijayawada aus auch auf eigene Faust auf den Weg machen. Von Hyderabad nimmt man einen Bus nach Nagarjuna Sagar (ab 85 ₹, 4 Std.). Von dort kommt man mit einer Sammelrikscha für 10 ₹ nach Pylon und für weitere 10 ₹ zum Bootsanleger. Der nächste Bahnhof befindet sich im 22 km entfernten Macherla, von wo aus regelmäßig Busse nach Nagarjuna Sagar fahren.

Warangal

☎0870 / 528 570 EW.

Warangal war früher Hauptstadt des Königreichs Kakatiya. Ab dem späten 12. Jh. erstreckte es sich über einen großen Teil des heutigen Bundesstaats Andhra Pradesh. Im frühen 14. Jh. wurde Kakatiya schließlich von den Tughlaqs von Delhi erobert. Die hinduistischen Kakatiyas waren begeisterte Baumeister. Gleichzeitig förderten sie die Telugu-Literatur und -Kunst im großen Stil. Während ihrer Herrschaft erreichte die Tempelarchitektur der Chalukyas ihren Höhepunkt.

Die meisten Busse und Züge halten 60 km von Hyderabad entfernt in **Bhongir**. Es lohnt sich, die Reise für ein paar Stunden zu unterbrechen und die märchenhafte **Hügelfestung** (Eintritt 3 ₹; ⌚9–18 Uhr) zu erkunden. Die Stadt ist nach diesem Chalukya-Bauwerk aus dem 12. Jh. benannt. Der Hügel ähnelt einem riesigen Steinei und ist größtenteils von Treppen umgeben.

Warangal, Hanamkonda und Kazhipet sind Schwesterstädte. Warangals Bahnhof und Busbahnhof liegen einander direkt gegenüber. Post und Polizei befinden sich in der Station Rd. Die Main Rd verbindet Warangal mit Hanamkonda. Der Ort lässt sich gut im Rahmen eines Tagesausflugs besuchen.

Sehenswertes

Fort FESTUNG
(Inder/Ausländer 5/100 ₹; ⌚9–18.30 Uhr) Warangals Fort war einst ein massiver Bau mit drei separaten runden Festungen, die von einem Festungsgraben umgeben waren. Vier nach den Himmelsrichtungen angeordnete Wege mit verzierten Toren führten zum Swayambhava, einem riesigen Shiva-Tempel. Die Tore sind noch zu erkennen, aber die restliche Festung besteht größtenteils aus Ruinen. Die Festung ist von Warangal aus recht leicht per Bus oder Autorikscha (hin & zurück 200 ₹) zu erreichen. Im Eintrittspreis enthalten ist auch der Eintritt in den nahe gelegenen **Kush Mahal**, eine königliche Halle aus dem 16. Jh. mit einigen Artefakten.

1000-Pillared Temple HINDU-TEMPEL
(⌚6–18 Uhr) Der 1163 erbaute 1000-Pillared Temple (Tempel der 1000 Säulen) liegt am Hang des Hanamkonda Hill, 400 m von der Hanamkonda-Kreuzung entfernt. Er ist ein prächtiges Beispiel für die Chalukyan-

Architektur inmitten einer friedvollen, grünen Anlage. Der den drei Gottheiten Shiva, Vishnu und Surya geweihte und sehr sorgfältig restaurierte Tempel besitzt aufwendig behauene Säulen und einen sehr beeindruckenden, aus schwarzem Granit gefertigten Nandi (Bulle; Shivas Reittier) in der Mitte.

3 km den Berg runter steht rechts der kleine **Siddheshwara-Tempel**. Der **Bhadrakali-Tempel** befindet sich hoch oben auf einem Hügel zwischen Hanamkonda und Warangal. In ihm ruht eine sitzende Steinstatue der Kali mit einer Waffe in jeder ihrer acht Hände.

Schlafen & Essen

Hotel Ashoka HOTEL $$

(☎2578491; Main Rd, Hanamkonda; Zi. ab 600 ₹; ❄@) Die Zimmer in diesem Hotel in der Nähe des Busbahnhofs Hanamkonda und des 1000-Pillared Temple haben ein gutes Preis-Leistungs-Verhältnis. Zur gleichen Anlage gehören ein Restaurant, eine Bar mit Restaurant, eine Kneipe und das vegetarische Lokal **Kanishka** (Hauptgerichte 75–125 ₹).

Vijaya Lodge HOTEL $

(☎2501222; Fax 2446864; Station Rd; EZ/DZ ab 150/240 ₹) Das Vijaya, das etwa 100 m vom Bahnhof entfernt ist, ist gut organisiert und hat hilfsbereites Personal. Die Zimmer sind allerdings etwas trist.

Praktische Informationen

In der Nähe des Hotels Ratna in der JPN Rd. gibt's zahlreiche Geldautomaten und **SGS Internet** (10 ₹/Std.). Das hilfreiche **Department of Tourism** (☎2459201; Hanamkonda-Kazhipet Rd, 3. OG; ⊙Mo–Sa 10.30–17 Uhr) versteckt sich in einer Nebenstraße gegenüber von Indian Oil.

Anreise & Unterwegs vor Ort

Vom **Busbahnhof Hanamkonda** (☎9959226056) fahren viele Busse nach Hyderabad (Express/Deluxe/Luxury 77/87/100 ₹, 4 Std.).

Warangal ist ein wichtiger Umsteigebahnhof. Von hier fahren regelmäßig Züge nach Hyderabad (2. Klasse/Chair 67/229 ₹, 3 Std.), Vijayawada (2. Klasse/Chair 79/278 ₹, 4 Std.) und Chennai (Sleeper/3AC/2AC 277/723/979 ₹, 11 Std.). Auch fahren täglich mehrere Züge nach Delhi.

Sammelautorikschas bedienen feste Routen rund um Warangal (auch zur Festung), Kazhipet und Hanamkonda. Eine Fahrt kostet zwischen 5 und 7 ₹.

Rund um Warangal

PALAMPET

Etwa 65 km nordöstlich von Warangal befindet sich der 1234 errichtete beeindruckende **Ramappa-Tempel** (⊙6–18.30 Uhr). Er ist ein herrliches Beispiel für die Kakatiya-Architektur, weist aber auch deutliche Einflüsse des Chalukya- und des Hoysala-Stils auf. Die Säulen sind kunstvoll gemeißelt, und die Dachvorsprünge bieten zarten Statuen mit weiblichen Formen Schutz.

Nur 1 km weiter südlich legten die Kakatiyas den **Ramappa Cheruvu** an, der als Tempelbecken diente. Zusammen mit dem 20 km südlich gelegenen Pakhal Lake ist er heute Lebensraum für Scharen von Zugvögeln.

Am besten kommt man mit dem eigenen Auto (1000 ₹) hierher. Es fahren aber auch regelmäßig Busse von Hanamkonda nach Mulugu (22 ₹) und weiter ins 13 km entfernt gelegene Palampet (10 ₹). Der Tempel ist dann noch etwa 500 m entfernt.

Visakhapatnam

☎0891 / 1,3 MIO. EW.

Während der Urlaubszeit kann man in Visakhapatnam, auch Vizag („*vie*-sag" ausgesprochen) genannt, eine interessante Form des einheimischen Tourismus bestaunen – Luftballons, Zuckerwatte und natürlich Hochzeiten –, die aber bestens in die eher kitschige Küstenlandschaft passt. Auf der abgetakelten Promenade am Ramakrishna Beach wird einiges geboten, und der Strand im nahen Rushikonda ist der beste in Andhra.

Vizag bewahrt sich das Flair eines in die Jahre gekommenen Urlaubsorts, obwohl die Stadt die zweitgrößte in Andhra Pradesh ist und für ihre Schiffswerften, Stahlwerke und mittlerweile auch für Callcenter, Softwarefirmen und die Filmindustrie bekannt ist. Die Stadt ist groß und staubig, bietet aber wahre Schätze, z. B. tolle Strände, einen wunderschönen Tempel und – etwas weiter entfernt – das Araku-Tal sowie mehrere alte buddhistische Stätten.

Aktuelle Veranstaltungstipps stehen in *Yo! Vizag* (25 ₹), erhältlich in den Buchläden.

Sehenswertes & Aktivitäten

Strände STRAND

Von den langen Stränden bei **Waltair** blickt man auf den Golf von Bengalen mit seinen

STAAT DES GUTEN KARMAS

Bescheidenheit ist ein typischer Charakterzug von Andhra Pradesh. Der Bundesstaat macht nicht viel Aufheben um seine zahlreichen archäologischen Funde und sein gutes Karma. Aber er ist voller Zeugen einer langen buddhistischen Geschichte. Nur ein Bruchteil von Andhras 150 Stupas, Klöstern, Höhlen und anderen historischen Stätten wurde bis heute freigelegt. Seltene Buddhareliquien (meist perlenartige Knochenfragmente) und Opfergaben wie goldene Blumen zählen zu den besonders bemerkenswerten Funden. Nagarjunakonda und Amaravathi waren blühende buddhistische Orte. In der Nähe von Visakhapatnam befanden sich die unglaublich friedlichen Anlagen Thotlakonda, Bavikonda und Sankaram, von wo aus man einen schönen Blick über das Meer und die üppig grüne Landschaft hat.

Sie stammen aus einer Zeit, in der Andhra Pradesh – oder Andhradesa – noch ganz im Zeichen des Buddhismus stand, als Mönche aus aller Welt hierher kamen, um von den berühmtesten Lehrern dieser Glaubensrichtung zu lernen. Andhradesas buddhistische Kultur nahm im 6. Jh. v. Chr. ihren Anfang. In den nächsten 1500 Jahren vereinte sie *sangha* (Gemeinschaft der Mönche und Nonnen), Laien und Adlige unter einem religiösen Dach. Angeblich soll Buddha sogar persönlich in der Region vorbeigeschaut haben, obwohl es dafür keine historischen Beweise gibt.

In Andhradesa wurde der Buddhismus höchstwahrscheinlich erstmals von den Schülern Bavaris praktiziert. Der Asket lebte einst am Ufer des Godavari und entsandte seine Anhänger nach Norden, um die Lehre Buddhas zurückzubringen. Doch erst im 3. Jh. v. Chr. schlug das *dharma* unter Ashoka richtig Wurzeln. Ashoka schickte Mönche in alle Winkel seines Reichs, wo sie neben ihrer Lehrtätigkeit auch Stupas errichteten, in denen Buddhareliquien aufbewahrt wurden. (Wer sich in der Nähe eines solchen Schreins aufhielt, kam auf dem Pfad der Erleuchtung angeblich schneller voran.)

Die auf Ashoka folgenden Satavahanas und Ikshvakus förderten ebenfalls den Buddhismus. Die Satavahanas ließen Ashokas schlichten Stupa in ihrer Hauptstadt Amaravathi mit eleganten Elementen verzieren. Außerdem errichteten sie Klöster im Krishna-Tal und exportierten das *dharma* über ihr ausgedehntes Handelsnetz übers Meer in alle Welt.

Nagarjuna lebte zur Zeit der Satavahana-Dynastie und betätigte sich zu gleichen Teilen als Logiker, Philosoph und Meditator. Viele bezeichnen ihn als Stammvater des Mahayana-Buddhismus. Seine Schriften trugen maßgeblich zur Entwicklung des Buddhismus in seiner heutigen Form bei. In den folgenden Jahrhunderten brachte die Region noch weitere bedeutende Philosophen hervor. Dank dieser Mönche wurde Andhradesa auf gewisse Weise zum Mutterland des Buddhismus im Süden.

Riesenschiffen und bunt angestrichenen Fischerbooten. Die **Beach Rd** direkt am Wasser wird von Parks und bizarren Skulpturen gesäumt. Sie eignet sich perfekt für lange Spaziergänge.

Der beste Badestrand ist in **Rushikonda**, 10 km nördlich der Stadt. Es ist einer der nettesten Küstenabschnitte auf dieser Seite Indiens. An den Wochenenden ist hier ziemlich viel los und es herrscht eine Stimmung wie anderswo nur zu Karneval. **Surfer** können sich beim lokalen Surfpionier Melville bei **SAAP** (Sports Authority of Andhra Pradesh, Rushikonda; (☎9848561052) ein einfaches Brett leihen. Um nicht zu viel Aufmerksamkeit zu erregen, sollten Frauen nicht allzu freizügig am Strand rumlaufen.

Auf dem Weg nach Rushikonda kommt man am **Kailasagiri Hill** mit seiner Seilbahn, seinen Gärten, Spielplätzen, seiner Minibahn und der gigantischen Doppelstatue, die Shiva und Parvati darstellt, vorbei.

Bheemunipatnam, 25 km nördlich von Vizag, ist eine ehemalige niederländische Siedlung und die älteste Gemeinde auf dem indischen Festland. Der Besuch ist wirklich lohnenswert. Hier kann man bizarre Skulpturen, einen Leuchtturm von 1861 und einen interessanten niederländischen Friedhof bewundern. Außerdem gibt's den **Bheemli Beach**, an dem Einheimische auf simplen, selbst gebauten Brettern surfen. Hin kommt man mit Bus 999 (19 ₹) oder mit einer Sammelautorikscha.

Submarine Museum MUSEUM
(Beach Rd, Erw./Kind 25/15 ₹; ⌚Di–Sa 14–20.30, So 10–12.30 & 14–20.30 Uhr) Eine faszinierende Möglichkeit, einen Blick in das 91 m lange indische U-Boot zu werfen. Die von den Sowjets gebaute *Kursura* wurde 1971 im Befreiungskrieg eingesetzt, in dem Indien an der Seite Ostpakistans für die Unabhängigkeit Pakistans kämpfte. Das Ergebnis war Bangladesch. Im Inneren des U-Boots gibt's einen irren Wirrwarr von Bedienknöpfen, Schaltern, Drähten, Ventilen, Messgeräten, Muttern, Bolzen und Einstellrädern.

Geführte Touren

APTDC veranstaltet ganztägige Stadttouren einschließlich Umgebung (ab 300 ₹) und ins Araku-Tal.

Schlafen

In der Beach Rd in Waltair befinden sich die meisten Hotels, von denen aber leider nur wenige preisgünstig sind.

LP TIPP **Sai Priya Resort** HOTEL $
(☎2856330; www.saipriyabeachresorts.com; Cottage/Zi. ab 700/1300 ₹; ❄@≋) Das Sai Priya am Strand von Rushikonda bietet moderne Zimmer, von denen einige Meerblick haben, und einfache Bambus-/Schilfhütten mit Strandfeeling. Die Anlage ist üppig begrünt, und es fehlt nicht viel zu paradiesischen Verhältnissen, doch leider schöpft das Resort sein Potenzial nicht voll aus. Und man muss um Punkt 8 Uhr auschecken. Gäste und Nichtgäste können den Pool für 100 ₹ zwei Stunden lang benutzen.

Park HOTEL $$$
(☎2754488; www.theparkhotels.com; Beach Rd; EZ/DZ ab 7000/9000 ₹; ❄@≋) Vizags einziges Fünf-Sterne-Hotel ist elegant und kann mit stilvollem Design punkten. Auch wer hier nicht übernachtet, sollte sich in dem Strandrestaurant Bamboo Bay einen Drink genehmigen. Check-out ist um 12 Uhr.

Haritha Hotel HOTEL $$
(☎2562333; Beach Rd, Appughar; Zi. inkl. Frühstück ab 900 ₹; ❄) Dieses APTDC-Hotel, das früher Punnami hieß, liegt in der Nähe von Kailasagiri Hill, direkt gegenüber vom Strand. Die günstigsten Zimmer (ohne Aussicht) sind so lala. Es lohnt sich, ein paar Rupien mehr auszugeben. Check-out ist um 10 Uhr.

YMCA Tourist Hostel HOSTEL $
(☎2755826; ymca_visakha@yahoo.com; Beach Rd; B/EZ/DZ ab 150/550/650 ₹; ❄) Diese Unterkunft bietet das beste Preis-Leistungs-Verhältnis in der Stadt und obendrein noch eine tolle Aussicht. Aber leider ist es immer ausgebucht. Einfach mal anrufen, vielleicht hat man ja Glück.

Gateway Hotel HOTEL $$$
(☎6623670; www.tajhotels.com/gateway; Beach Rd; EZ/DZ ab 7000/8000 ₹; ❄@≋) Typische Taj-Eleganz kombiniert mit grandiosem Meerblick. Check-out ist um 12 Uhr.

Am Bahnhof gibt's ein paar einfache Budgetunterkünfte:

Retiring Rooms RUHERÄUME IN BAHNHÖFEN $
(B/Zi. ab 100/350 ₹; ❄)

Sree Kanya Lodge HOTEL $
(☎5564881; Bowdara Rd; EZ/DZ ab 250/500 ₹; ❄) Zimmer ohne jeden Charme und leicht schmuddelig. Aber was Besseres gibt's rund um den Bahnhof nicht.

Essen & Ausgehen

Abends herrscht an den Imbissständen am Ramakrishna Beach und in den Strandrestaurants in Rushikonda neben dem Punnami Hochbetrieb.

LP TIPP **Sandy Lane Restaurant & Bar** INDISCH $$
(Beach Rd; Hauptgerichte 80–160 ₹; ⌚11–0.30 Uhr) Das Restaurant in einem Kolonialgebäude ein paar Schritte vom Park Hotel entfernt hat Tische am Strand. Hier kann man köstlichen, gut gewürzten Bratfisch (120 ₹) oder Riesengarnelen (160 ₹) genießen. Es ist auch genau das richtige Plätzchen für ein kühles Blondes mit Blick aufs Meer oder die großen Bildschirme unter freiem Himmel. Hier treffen sich vorwiegend männliche Gäste, aber dennoch herrscht keine zwielichtige Atmosphäre wie in einigen anderen indischen Bars.

New Andhra Hotel INDISCH $
(Sree Kanya Lodge, Bowdara Rd; Hauptgerichte 25–75 ₹; ⌚11–15.30 & 19–22.30 Uhr) In dem einfachen, kleinen Lokal kommt *wirklich* gutes, *wirklich* scharfes Essen aus Andhra auf den Tisch. Die Gerichte (veg./nichtveg. 50/130 ₹) und das Biryani sind Weltklasse.

Masala INDISCH $$
(Signature Towers, 1. Stock, Asilmetta; Hauptgerichte 60–180 ₹; ⌚11.30–15.30 & 19–23 Uhr) Das Masala in der Nähe des Sampath Vinayaka Tempels serviert himmlische Köstlichkeiten aus Andhra, China und dem Tandoor-Ofen. Unbedingt den *chepa pulusu* (Fisch nach Andhra-Art; 130 ₹) probieren!

Kebabri INDISCH $$
(Siripuram Junction; Kebabs 95–250 ₹; ⏲17.30–22.30 Uhr) Riesige Portionen Grillkebab. Außerdem gibt's hier von Tandoori-Hähnchen über Seafood bis zu schmackhaften Paneer-Spießchen so ziemlich alles. Eine Zweigstelle befindet sich in der Beach Rd.

Pastry, Coffee n' Conversation BÄCKEREI $
(PCC; Siripuram Junction; ⏲11–23 Uhr) Hier trifft sich Vizags hippe Jugend und verputzt leckere Pizzas, Burger und Kuchen.

Praktische Informationen

Geldautomaten gibt's überall. Im RTC Complex befinden sich mehrere Internetcafés (15 ₹/Std.), von denen einige rund um die Uhr geöffnet sind.

Apollo Pharmacy (☎2788652; Siripuram Junction; ⏲24 Std)

APTDC RTC Complex (☎2788820; ⏲6.30–21 Uhr); Bahnhof (☎2788821; ⏲6–21 Uhr) Informationen und geführte Touren.

Thomas Cook (☎2588112; Eswar Plaza, Dwarakanagar; ⏲Mo–Sa 9–18.30 Uhr) In der Nähe der ICICI Bank.

Anreise & Unterwegs vor Ort

Preise für Fahrten mit der Autorikscha müssen vorher mit dem Fahrer ausgehandelt werden. Die meisten Fahrten innerhalb der Stadt kosten um die 20 ₹. Bei **Guide Tours & Travels** (☎2754477) gegenüber vom „out gate" des RTC Complex kann man Autos mieten.

Bus

Von Vizags gut organisiertem **RTC Complex** (☎2746400) fahren regelmäßig Busse nach Vijayawada (Deluxe/Volvo 250/530 ₹, 8/7 Std.) und nachmittags nach Hyderabad (Superluxury/Volvo 470/870 ₹, 14/12 Std.).

Flugzeug

Zu Vizags Flughafen, 13 km westlich der Stadt, kommt man per Autorikscha (200 ₹), Taxi (270 ₹) oder Bus 38 (6 ₹).

Inländische Fluglinien und ihre täglichen Ziele:

Indian Airlines (☎2746501, Flughafen 2572521; LIC Bldg) Chennai, Delhi, Hyderabad und Mumbai.

Kingfisher (☎2503285, Flughafen 2517614; Ardee Bldg, Siripuram Junction) Bengaluru, Chennai, Hyderabad, Kolkata, Pune und Tirupathi.

SpiceJet (☎Flughafen 2010422) Delhi, Hyderabad, Kolkata und Mumbai .

Schiff/Fähre

Mindestens einmal im Monat fährt ein Schiff nach Port Blair auf den Andamanen. Tickets für die 56-stündige Überfahrt (ab 1960 ₹) gibt's beim **Shipping Office** (☎2565597, 9866073407; Av Bhanoji Row; ⏲Mo–Sa 9–17 Uhr) auf dem Hafengelände. Reisepass nicht vergessen!

Zug

Vizags Bahnhof befindet sich im Westen der Stadt in der Nähe des Hafens. Der Bahnhof Visakhapatnam Junction liegt an der Strecke Kolkata–Chennai. Es fahren täglich fünf Züge nach Kolkata, am schnellsten ist der Nachtzug *Coromandel Express* (Sleeper/3AC/2AC 333/881/1199 ₹, 13½ Std.). In Richtung Süden fährt er nach Chennai (Sleeper/3AC/2AC 310/817/1112 ₹, 14 Std.). Es fahren auch regelmäßig Züge nach Vijayawada, u. a. der 2717, auch *Ratnachalam Express* (2. Klasse/Chair 108/477 ₹) genannt.

Rund um Visakhapatnam

ARAKU-TAL

Andhras schönste Bahnstrecke führt quer durch die herrlichen Eastern Ghats ins **Araku-Tal**, 120 km nördlich von Vizag. In dieser Gegend leben Stammesgemeinschaften fernab der Zivilisation. Das kleine **Museum of Habitat** (Eintritt 10 ₹; ⏲10–13 & 14–17 Uhr) präsentiert Ausstellungsstücke über das Leben der indigenen Bevölkerung. Die APTDC veranstaltet geführte **Touren** (500 ₹) ab Vizag hierher. Die Teilnehmer kommen in den Genuss eines Dhimsa (Stammestanz) und besichtigen außerdem die Millionen Jahre alten **Borra-Kalksteinhöhlen** (Eintritt 40 ₹, Foto 100 ₹; ⏲10–13 & 14–17 Uhr), die 30 km von Araku entfernt sind.

Araku selbst ist ein kleiner, staubiger Ort. Dafür ist die Umgebung aber umso schöner. Es macht Spaß, die Gegend mit einem Fahrrad zu erkunden, das man sich beim Hill Resort Mayuri ausleihen kann (Std./Tag 50/250 ₹). Bevor man sich auf den Weg macht, sollte man aber die Lage in puncto Sicherheit checken, denn in dieser Gegend hat es schon Probleme mit den Naxaliten (den Mitgliedern der ultralinken Bewegung) gegeben.

Das 2 km südlich des Bahnhofs gelegene **Chandrika Guest House** (☎9490430989; EZ/DZ 1000/1500 ₹) ist eine ruhige, wenn auch überteuerte Bleibe. Von den Zimmern hat man einen schönen Blick über die Felder. Das **Hill Resort Mayuri** (☎958936-249204; Cottages ab 650 ₹; ❄) in der Nähe des Bahnhofs hat Cottages mit schöner Aussicht. Rund um den Bahnhof gibt's auch noch ein paar wenig reizvolle Unterkünfte. Eine bessere Alternative ist der Aufenthalt im **Jungle Bells** (Tyda; Cottages ab 800 ₹; ❄). Diese Anlage versteckt sich in der Wildnis, 45 km von Araku entfernt. Die Cottages stehen mitten im Wald. Reservierung nimmt die APTDC entgegen. Den Kaffee aus der Gegend kann man im **Araku Valley Coffee House** (⏲9–21 Uhr) neben dem Museum of Habitat probieren.

Der Personenzug *Kirandol* (20 ₹, 5 Std.) verlässt Vizag um 6.50 Uhr und Araku um 15 Uhr. Die gemächliche Fahrt ist spektakulär. Wer in Vizag startet, sollte sich einen Sitzplatz auf der rechten Seite sichern, um die Aussicht in vollen Zügen (haha!) genießen zu können. Wer ein Zimmer im Jungle Bells gebucht hat, steigt 500 m vor dem Resort am Bahnhof Tyda aus. Von Araku fahren bis 19 Uhr stündlich Busse (58 ₹, 4½ Std.) nach Vizag.

BAVIKONDA & THOTLAKONDA

Die natürlichen Häfen rund um Vizag luden schon immer dazu ein, vor Anker zu gehen. Mönche aus Sri Lanka, China und Tibet gingen hier an Land, um die Kunst der Meditation zu lernen und auszuüben. In den bekannten Klöstern **Bavikonda** (⏲9–18 Uhr) und **Thotlakonda** (⏲10–15 Uhr) auf einem Berghügel an der Küste lebten zeitweise 150 Mönche gleichzeitig; die Wasserversorgung stellten riesige Regenwassertanks und eine natürliche Quelle im Thotlakonda-Kloster sicher.

Die Klöster erlebten während der Periode des Theravada-Buddhismus ihre Blütezeit (Bavikonda 3. Jh. v. Chr.–3. Jh. n. Chr. & Thotlakonda 2. Jh. v. Chr.–2. Jh. n. Chr.). Damals gehörten geweihte Stupas, Gebetshallen, *chaitya-grihas*, *viharas* und Speisesäle zum Klostergelände. Heute sind nur noch die Ruinen der riesigen Klosteranlagen geblieben, die jedoch mit ihrer friedlichen, fast magischen Atmosphäre und zum Meditieren einladenden Ausblicken aufs Meer immer noch beeindrucken. Bavikonda und Thotlakonda liegen 14 km bzw. 16 km von Vizag entfernt an der Bheemli Beach Rd. Von Vizag aus zahlt man etwa 400 ₹ für die Hin- und Rückfahrt zu beiden Klöstern.

SANKARAM

40 km südwestlich von Vizag befindet sich diese beeindruckende **buddhistische Klosteranlage** (⏲9–18 Uhr), die unter den Namen von zwei Hügeln, Bojjannakonda bzw. Lingalakonda, bekannt ist. Der Komplex wurde vom 1. bis zum 9. Jh. n. Chr. von Mönchen genutzt (s. S. 251), und so finden sich hier in die Felsen gehauene Höhlen, Stupas, Klosterruinen und Reliefs aus der Zeit des Theravada-, Mahayana- und Vajrayana-Buddhismus. Auf dem Bojjannakonda gibt's zweistöckige, in die Felsen gehauene Höhlen, umrahmt von *dwarapalakas* (Wächtern). Drinnen sind ein Stupa und Wandbilder von Buddha (darunter einige restaurierte) zu bewundern. Auf dem Hügel thronen die Ruinen eines riesigen Stupas und eines Klosters. Die Kammern, in denen die Mönche meditierten, sind noch zu erkennen. Den Lingalakonda schmücken teils riesige Stupas.

Wer mit dem eigenen Auto nach Vizag fährt, zahlt etwa 800 ₹. Alternativ nimmt man einen Bus ins 3 km entfernte Anakapalle (24 ₹, 1 Std., alle 20 Min.) und fährt von dort aus per Autorikscha (hin & zurück 150 ₹, inkl. Wartezeit) zur Anlage.

Vijayawada

☎0866 / 1 MIO. EW.

Vijayawada, eine geschäftige, schnell wachsende Stadt, hat einen bedeutenden Hafen und liegt am Anfang des gewaltigen Krishna-Deltas. Die Stadt ist von Kanälen durchzogen und von Ghats umgeben und wird von Reisfeldern und Palmenhainen gesäumt. Die Landschaft rundherum ist üppig grün.

Viele bezeichnen Vijayawada als das kulturelle und sprachliche Herz Andhras. Darüber hinaus befindet sich hier ein bedeutender Durga-Tempel. Das nahe gelegene Amaravathi wiederum war jahrhundertelang ein Zentrum buddhistischer Lehren und Praktiken.

Stadtkarten sind bei **Om Art Print** (☎2578333; JD Hospital Rd, Ecke Besant Rd; ⏲Mo–Sa 10–20.30 Uhr) erhältlich.

Sehenswertes

Undavalli Cave Temples HINDU-STÄTTE

(Inder/Ausländer 5/100 ₹; ⏲8–17.30 Uhr) Die schöne Silhouette der prächtigen Höhlentempel 4 km südwestlich von Vijayawada hebt sich ganz wunderbar von den Palmen und Reisfeldern rundherum ab. Die Schreine sind der Trimurti – Brahma, Vishnu und Shiva – geweiht. Eine Höhle auf der dritten Ebene beherbergt eine riesige, wunderschöne Statue des liegenden Vishnu. Sitzende Gottheiten und Tiere halten vor dem Eingang Wache. In ihrer Hindu-Form stammen die Höhlen aus dem 7. Jh., es wird aber vermutet, dass sie schon 500 Jahre früher für buddhistische Mönche angelegt wurden. Hin kommt man mit Bus 301 (9 ₹, 20 Min.).

Victoria Jubilee Museum MUSEUM

(MG Rd; Eintritt Inder/Ausländer 20/100 ₹, Foto 3 ₹; ⌚Sa–Do 10.30–17 Uhr) Das Beste an diesem Museum ist das Gebäude selbst. Es wurde 1887 zum Gedenken an das Krönungsjubiläum von Königin Viktoria von England errichtet. 1921 trat hier der Kongress zusammen, im Rahmen der Sitzung wurde die neue, dreifarbige Fahne vorgestellt. Mahatma Gandhi fügte ein Rad hinzu und erklärte den Entwurf anschließend zur offiziellen Flagge des indischen Nationalkongresses.

Die interessante Architektur stellt die kleine Kunst- und Waffensammlung des Museums in den Schatten. Der **Garten** mit den Tempelskulpturen (aus dem 3. Jh.) aus dem ganzen Bundesstaat ist ein echtes Schmuckstück.

Kurse

Dhamma Vijaya MEDITATION

(Vipassana Meditation Centre; ☎08812-225522; www.dhamma.org; Eluru-Chintalapudi Rd) Hier werden zehntägige Kurse in *vipassana*-Meditation angeboten. Das Ganze ist kostenlos und findet auf dem dicht mit Palmen und Kakaobäumen bewachsenen Gelände statt. Das Zentrum ist 15 km von Eluru entfernt. Weitere Infos gibt's telefonisch.

Schlafen

Hotel Sri Ram HOTEL $

(☎2579377; Hanumanpet; EZ/DZ ab 360/450 ₹; ❄) Preiswertes Hotel in Bahnhofsnähe mit hellen, sauberen, nichts sagenden Zimmern. Gut gelegene, sichere Unterkunft.

Swarna Palace HOTEL $$

(☎2577222; swarnapalace@rediff.com; Eluru Rd, Governorpet; EZ/DZ mit Klimaanlage ab 1400/1500 ₹; ❄) Das Swarna gehört zusammen mit dem Ilapuram zu den beiden besten Mittelklassehotels Vijayawadas. Sie sind aber lange nicht so schick, wie sie vorgeben. Allerdings werden sie professionell geleitet und haben einen Touch von Eleganz.

Hotel Ilapuram HOTEL $$

(☎2571282; ilapuram@hotmail.com; Prakasam Rd; EZ/DZ mit Klimaanlage ab 1500/1700 ₹; ❄)

Gateway Hotel HOTEL $$$

(☎6644444; www.thegatewayhotels.com; MG Rd; EZ/DZ ab 3500/4250 ₹; ❄@) Die vornehmste Unterkunft in Vijayawada.

Retiring Rooms RUHERÄUME IN BAHNHÖFEN $

(B/EZ/DZ ab 75/180/375 ₹; ❄) Die sauberen, geräumigen Zimmer im Bahnhof sind eine tolle Alternative.

Bus Station Dorms HOSTEL $

(☎3097809; ab 100 ₹) Am Busbahnhof direkt nördlich des Flusses gibt's Schlafsäle für Männer.

Essen

Lotus Food City INDISCH $$

(www.lotusthefoodcity.com; Seethanagaram; Hauptgerichte 80–150 ₹) Restaurantkomplex des APTDC in wunderschöner Lage am Krishna. Hier kann man drinnen und draußen mit Blick auf das glitzernde Wasser essen.

LP TIPP **Minerva Coffee Shop** INDISCH $

(Museum Rd; Hauptgerichte 58–150 ₹; ⌚6.30–23 Uhr; ❄) Dieser Ableger der grandiosen Minerva-Kette befindet sich beim Big Bazaar direkt um die Ecke. Aus der Küche kommen gute nord- und südindische Gerichte, z. B. superleckere Dosas (33–58 ₹). Das Rava Masala Dosa (mit Grieß) ist einfach himmlisch.

Modern Café INDISCH $

(Sree Lakshmi Vilas; Besant Rd, Governorpet; Gerichte 58 ₹; ⌚6.30–22.30 Uhr) Mit dem schwarz-weiß karierten Fußboden und den unpassenden Holzstühlen versprüht das etwas düstere, bodenständige vegetarische Lokal ein gewisses Flair aus den 1940er-Jahren. Leckeres Essen und gute, frisch gepresste Obstsäfte (15 ₹).

Praktische Informationen

Apollo Pharmacy (Vijaya Talkies Junction, Eluru Rd; ⌚24 Std.)

APTDC (☎2571393; MG Rd, gegenüber PWD Grounds; ⌚9–19 Uhr) Der Weg hierher lohnt sich nur, wenn man Infobroschüren braucht.

Department of Tourism (Bahnhof; ⌚10–17 Uhr)

KIMS Hospital (☎2570761; Siddhartha Nagar)

MagicNet (Swarnalok Complex, Eluru Rd; 20 ₹/Std.; ⌚9.30–21 Uhr) Internetzugang.

State Bank of Hyderabad (1. Stock, Vijaya Commercial Complex, Governorpet; ⌚Mo–Fr 10.30–15 Uhr) Wechselt Bargeld und löst Reiseschecks ein.

Anreise & Unterwegs vor Ort

Am Busbahnhof gibt's einen hilfreichen **Infoschalter** (☎2522200). Es fahren regelmäßig Busse nach Hyderabad (Deluxe/Volvo

193/375 ₹, 6–7 Std.), Amaravathi (38 ₹, 2 Std.), Warangal (Deluxe 180 ₹, 5½ Std.) und Visakhapatnam (Deluxe/Volvo 270/540 ₹, 9 Std.).

Vijayawada liegt an der Hauptbahnstrecke von Chennai nach Kolkata bzw. Chennai nach Delhi. Der *Coromandel Express* (2841) fährt täglich nach Chennai (Sleeper/3AC/2AC 214/544/732 ₹, 7 Std.) und in die andere Richtung nach Kolkata (2842; Sleeper/3AC/2AC 395/1054/1440 ₹, 20 Std.). Der schnelle *Rajdhani* (Do & Sa) und der *Jan Shatabdi* (tgl. außer Di) bedienen ebenfalls die Strecke Vijayawada–Chennai. Es fahren massenhaft Züge nach Hyderabad (Sleeper/3AC/2AC 190/478/639 ₹, 6½ Std.) und Tirupathi (Sleeper/3AC/2AC 198/502/674 ₹, 7 Std.). Das **computergestützte Reservierungsbüro** (☎Infos 2577775, Reservierungen 2578955; ⏲Mo–Sa 8–20, So 8–14 Uhr) befindet sich im Untergeschoss.

Am Bahnhof gibt's einen Stand für Prepaid-Autorikschas; er heißt „Traffic Police".

Rund um Vijayawada

AMARAVATHI

Amaravathi war einst Andhras Hauptstadt und ein bedeutendes buddhistisches Zentrum. Hier steht Indiens mit 27 m größter **Stupa** (Inder/Ausländer 5/100 ₹; ⏲8–18 Uhr). Er wurde im 3. Jh. v. Chr. 60 km westlich von Vijayawada erbaut, als Kaiser Ashoka Mönche gen Süden schickte, um die buddhistischen Lehren zu verbreiten. Heute sind nur noch ein Erdhügel und ein paar Steine übrig. Im benachbarten **Museum** (Eintritt 5 ₹; ⏲8–17 Uhr) steht eine kleine Nachbildung des Stupas, den aufwendig behauene Säulen, eine mit Marmor verkleidete Kuppel und Schnitzereien mit Szenen aus dem Leben Buddhas schmücken. (Fotografieren ist im Museum verboten!) Im Hof befindet sich der Nachbau eines Teils des Tores – hier bekommt man eine ungefähre Vorstellung von der gewaltigen Größe des Stupas. Der Besuch lohnt sich, auch wenn viele von Amaravathis besten Skulpturen im British Museum in London und im Government Museum in Chennai, Tamil Nadu, stehen.

Etwa 1 km die Straße hinunter ragt der imposante sitzende **Dhyana Buddha** 20 m in die Höhe. Er wurde an der Stelle errichtet, an der 2006 ein Kalachakra mit dem Dalai Lama stattfand. Das Ganze verleiht dem Ort noch mehr Atmosphäre.

Ungefähr alle 30 Minuten fahren Busse von Vijayawada nach Amaravathi (24 ₹, 2 Std.). Es geht aber wahrscheinlich schneller, wenn man erst nach Guntur (12 ₹, 45 Min.) fährt und dort in einen anderen Bus umsteigt. Die Fahrt führt durch eine liebliche Landschaft und Dörfer, in denen man einen unvergesslichen Einblick in das Leben der Dorfbewohner bekommt.

KONDAPALLI

Das **Kondapalli-Fort** (Eintritt 5 ₹, Foto 100 ₹; ⏲10.30–17 Uhr) liegt strategisch günstig an der alten Handelsroute von Machilipatnam nach Golconda. Es wurde 1360 von den Reddy-Königen errichtet und wanderte im Laufe der Zeit durch die Hände der Gajapathis, der Qutb Shahis, der Moguln und der Nizams. 1767 richteten die Briten hier schließlich ein Militärlager ein. Heute herrschen in der schönen Ruine Ruhe und Frieden. Werktags ist man hier wahrscheinlich ganz allein und kann mehrstündige Wanderungen unternehmen, z. B. ins Dorf **Kondapalli**, das 1 km unterhalb des Forts liegt und für seine Holzpuppen bekannt ist. Das Fort ist 21 km von Vijayawada entfernt. Die Hin- und Rückfahrt in einer Autorikscha kostet ca. 400 ₹.

Tirumala & Tirupathi

☎0877 / 302 000 EW.

Auf dem heiligen Hügel von Tirumala tummeln sich an jedem Tag des Jahres Zehntausende Gläubige, von denen viele lange Pilgerreisen auf sich genommen haben, um dem mächtigen Venkateshwara hier, in seinem Zuhause, zu begegnen. Der Ort gehört zu Indiens meistbesuchten Pilgerzentren. Durchschnittlich kommen täglich 40 000 Pilger her (oft über 100 000), und ein *darshan* (Anblick des Göttlichen) ist rund um die Uhr möglich. 12 000 Menschen gehören zum Tempelpersonal, und der gut organisierte Verband **Tirumala Tirupathi Devasthanams** (TTD; ☎2277777; www.tirumala.org) weiß mit dem Ansturm von Gläubigen umzugehen. So herrscht hier – trotz der Menschenmassen – meistens eine gewisse Ordnung, Gelassenheit und Ruhe. So kann ein Besuch des heiligen Hügels durchaus zu einer bereichernden Erfahrung werden, selbst wenn man kein Pilger ist.

„Man sagt, dass Sri Venkateshwara Festlichkeiten genoss", so der TTD. Seine Anhänger tun es ihm nach: Die *darshan*-Schlangen während des Brahmotsavam-Festes im Oktober sind meist mehrere Kilometer lang.

In **Tirupathi** am Fuß des Berges finden Pilger Hotels, Restaurants und Transportmöglichkeiten. Eine ganze Busflotte bringt die Gläubigen die 18 km hoch und wieder runter. Auch für weltliche Bedürfnisse ist hier gesorgt, und zwar rund um den Tirupathi-Busbahnhof (TP Area) und den Bahnhof in ca. 500 m Entfernung.

Sehenswertes

Venkateshwara-Tempel HINDU-TEMPEL

Pilger strömen nach Tirumala, um Venkateshwara zu sehen. Der Inkarnation Vishnus werden viele Fähigkeiten nachgesagt, so soll sie u.a. die Macht besitzen, Wünsche zu erfüllen, wenn sie vor dem Abbild der Gottheit in Tirumala geäußert wurden. Viele Pilger bringen ihr Haar als Opfer dar und bedanken sich so für einen erfüllten Wunsch oder schwören ihrem Ego ab. Hunderte Friseure begleiten deshalb die Gläubigen – in Tirumala und Tirupathi wimmelt es nur so von kahlgeschorenen Männern, Frauen und Kindern. Hier wird viel Geld mit dem Export der Haarpracht an Perückenunternehmen in der westlichen Welt gemacht.

Legenden über den Hügel und seine Umgebung werden schon in den Puranas erzählt. Die Geschichte des Tempels reicht wahrscheinlich 2000 Jahre zurück. Der Haupttempel ist ein stimmungsvoller Ort, wenn man ihn erreicht, wird man sich aber zwischen den unzähligen Pilgern wie in einer Sardinendose fühlen. Das innere Heiligtum selbst ist dunkel und magisch. Hier riecht es nach Weihrauch und überall erklingen Gesänge – schon manch einer soll bei dieser Stimmung gläubig geworden sein. Venkateshwara ruht erhaben auf seinem Thron und spendet den Besuchern Segen und Liebe. Nun heißt es rasch einen Wunsch äußern, bevor man wieder nach draußen geschoben wird. Auf keinen Fall sollte man die leckeren *ladoo* (eine Süßigkeit aus Mehl, Zucker, Trauben und Nüssen) am Schalter vergessen!

Beim *ordinary darshan* verbringt man wohl oder übel zwei bis sechs Stunden wartend in einem engen Metallkäfig vor dem Tempel – diese Angelegenheit ist definitiv nichts für Menschen mit Klaustrophobie! Also ist es keine schlechte Idee, sich ein Ticket für das *quick darshan* (300 ₹) zu besorgen. Damit kommt man schneller rein. Man muss zwar trotzdem durch den Käfig – aber irgendwie gehört das ja auch dazu. Am Eingang muss man ein Formular unterschreiben, in dem man erklärt, dass man Vishnu verehrt.

Geführte Touren

Wer nicht viel Zeit hat, nimmt am besten an einer dreitägigen APTDC-Tour (1950 ₹) von Hyderabad nach Tirumala teil. KSTDC und TTDC bieten identische Touren von Bengaluru bzw. Chennai an. Das APTDC hat auch ganztägige Ausflüge (340 ₹) zu den Tempeln in der Umgebung von Tirupathi im Programm.

Schlafen & Essen

Das TTD betreibt in Tirumala und Tirupathi *choultries* (Pensionen) für Pilger. Die meisten nichthinduistischen Besucher übernachten aber in einem der vielen Hotels in Tirupathi.

Die riesigen **Schlafsäle** (B kostenlos) und **Pensionen** (Zi. 50–2500 ₹) rund um den Tempel in Tirumala sind eigentlich Pilgern vorbehalten. Wer dort übernachten will, muss beim Central Reception Office einchecken. In den gigantischen **Speisesälen** (Essen kostenlos) werden täglich Tausende Pilger verköstigt. In den vegetarischen Restaurants gibt's Gerichte für 15 ₹. Die folgenden Hotels und Restaurants sind alle in Tirupathi.

Hotel Bliss HOTEL $$

(☎2237773; www.blisstirupati.com; Reniguta Rd; EZ/DZ ab 1710/1980 ₹; ❄@☒) Die luxuriöseste Unterkunft der Stadt vermietet extrem behagliche Zimmer, sie hat professionelles Personal und dazu einen gläsernen Aufzug mit tollem Blick und dröhnender Pilgermusik.

Hotel Annapurna HOTEL $$

(☎2250666; Nethaji Rd; Zi. ab 850 ₹; ❄) Das Annapurna ist zwar etwas überteuert, aber komfortabel und gut geführt. Die praktischen, rosafarbenen Zimmer sind sauber und haben Warmwasser. Wegen der Lage an einer Ecke (gegenüber vom Bahnhof) kann es in den unklimatisierten Zimmern zur Straße recht laut sein. Im dazugehörigen vegetarischen **Restaurant** (Hauptgerichte 45–80 ₹) gibt's frische Säfte und das beste Essen der Stadt in angenehm klimatisierter Atmosphäre.

Hotel Mamata Lodge HOTEL $

(☎2225873; 1. OG, 170 TP Area; EZ/DZ/3BZ & 4BZ 200/300/400 ₹) Freundliche, blitzeblanke, preiswerte Unterkunft. Manche Bettlaken haben Löcher, sind aber mit reizenden weißen Flicken verziert. Um die gleichnamige Lodge im Erdgeschoss sollte man einen großen Bogen machen.

Retiring Rooms RUHERÄUME IN BAHNHÖFEN **$**
(B/Zi. ab 45/150 ₹, mit Klimaanlage 400 ₹; ❄) Die Ruheräume im Bahnhof haben ein fantastisches Preis-Leistungs-Verhältnis.

Diese beiden Lokale servieren herzhafte Gerichte und leckere Säfte:

Hotel Universal Deluxe INDISCH **$**
(49 G Car St; Hauptgerichte 35–65 ₹; ⏲5.30–24 Uhr) In Bahnhofsnähe.

Hotel Vikram INDISCH **$**
(☎2225433; TP Area; Hauptgerichte 43–85 ₹; ⏲5–23 Uhr) Am Busbahnhof.

Praktische Informationen

Anu Internet Centre (15 ₹/Std.; ⏲5.30–22.30 Uhr) In der Nähe des Busbahnhofs.

Apollo Pharmacy (G Car St; ⏲24 Std.)

APTDC (☎2289120; Sridevi Complex, 2. OG, Tilak Rd; ⏲8.30–20 Uhr) Hier bekommt man Infos und kann Touren buchen.

Polizei (☎2289006; Railway Station Rd)

An- & Weiterreise

Tirupathi kann man im Rahmen eines (sehr) langen Tagesausflugs von Chennai aus besuchen. Wer per Bus oder Bahn unterwegs ist, sollte sich ein „Link Ticket" kaufen, darin ist die Fahrt von Tirupathi nach Tirumala enthalten.

Bus

Von Tirupathis **Busbahnhof** (☎2289900) fahren Busse nach Chennai (Deluxe/Volvo 70/155 ₹, 4 Std.) und Hyderabad (Deluxe/Volvo 408/717 ₹, 12/10 Std.). Unmengen APSRTC- und KSTDC-Busse machen sich auf den Weg nach Bengaluru (Deluxe/Volvo 153/365 ₹, 6/5 Std.). Außerdem fahren täglich sieben Busse nach Puttaparthi (Express/Deluxe 165/227 ₹, 8 Std.).

Busse von Privatunternehmen starten in der TP Area gegenüber vom Busbahnhof.

Flugzeug

Indian Airlines (☎2283992; Tirumala Bypass Rd; ⏲9.30–17.30 Uhr; der Flughafen ist 2 km von der Stadt entfernt) fliegt täglich über Hyderabad nach Delhi. **Kingfisher Red** (☎9849677008) bedient dieselbe Route einschließlich Bengaluru und Visakhapatnam. Buchen kann man bei **Mitta Travels** (☎2225981; Prakasam Rd; ⏲Mo–Sa 9–19.30, So 9–0.30 Uhr) neben Manasa Fast Foods, 2 km vom Bahnhof entfernt.

Zug

Viele Expresszüge halten am Bahnhof in Tirupathi. Sie fahren nach Chennai (2. Klasse Chair/Chair (62/206 ₹, 3 Std.), Bengaluru (Sleeper/3AC/2AC 168/470/628 ₹, 7 Std.), Hyderabad/Secunderabad (Sleeper/3AC/2AC 284/764/1047 ₹, 12 Std.) und Vijayawada (Sleeper/3AC/2AC 198/502/674 ₹, 7 Std.). Das **Buchungsbüro** (☎2225850; ⏲Mo–Sa 8–20, So 8–14 Uhr) befindet sich auf der gegenüberliegenden Straßenseite.

Unterwegs vor Ort

Bus

Die Link-Busse nach Tirumala fahren von zwei Haltestellen in Tirupathi ab. Eine liegt neben dem zentralen Busbahnhof, die andere vor dem Bahnhof. Die 18 km lange Fahrt nach Tirumala führt durch eine idyllische Landschaft und dauert eine Stunde (hin & zurück 54 ₹). Wer keine Höhenangst hat, sollte einen Platz auf der linken Seite wählen und die Aussicht genießen. Ein Prepaid-Taxi kostet 350 ₹.

Zu Fuß

Manche Pilger gehen lieber zu Fuß nach Tirumala. Für sie hat der TTD den vermutlich besten Fußweg Indiens angelegt. Der 15 km lange Marsch von Tirupathi dauert vier bis sechs Stunden. In der Nähe der Hanuman-Statue in Alipiri ist eine Gebührenstelle, wo man sein Gepäck abgeben kann. Es wird dann kostenlos zum Empfangszentrum gebracht. Zum Zeitpunkt der Recherchen war es von 16 bis 6 Uhr verboten, nach Tirumala zu laufen, denn in der Vergangenheit wurden bereits mehrere Pilger von Leoparden angefallen. An der ganzen Strecke gibt es Ruhepunkte im Schatten und auch einige Kantinen.

Rund um Tirumala & Tirupathi

CHANDRAGIRI FORT

Vom **Fort** (Inder/Ausländer 10/100 ₹; ⏲8–17 Uhr) aus dem 15. Jh., das 14 km westlich von Tirupathi liegt, sind nur noch wenige Gebäude übrig. Dazu zählen der Rani Mahal und der Raja Mahal. Letzterer beherbergt ein kleines **Museum** (⏲Sa–Do 10–17 Uhr). Beide Paläste wurden unter der Herrschaft der Vijayanagar errichtet und erinnern architektonisch an das Royal Centre in Hampi. Der Bollywood-Star Amitabh Bachchan moderiert die allabendliche **Sound-&-Light-Show** (Eintritt 35 ₹; ⏲März–Okt. 20 Uhr, Nov.–Feb. 19.30 Uhr). Vom Busbahnhof in Tirupathi fahren alle 30 Minuten Busse nach Chandragiri (10 ₹). Die Hin- und Rückfahrt in einer Autoriksch a kostet etwa 200 ₹.

SRI KALAHASTI

Etwa 36 km östlich von Tirupathi liegt Sri Kalahasti mit dem bedeutenden **Sri-Kalahasteeswara-Tempel**. Neben Machilipatnam in der Nähe von Vijayawada ist auch Sri Kalahasti ein Zentrum der alten *kalamkari*-Kunst. Für diese Gemälde werden nur natürliche Materialien verwendet: Die Leinwand wird mit *myrabalam* (Harz) und Kuhmilch grundiert, dann werden darauf die Figuren mittels eines angespitzten Bambusstockes gezeichnet, der immer wieder mit eingedicktem Rohrzucker und Wasser benetzt wird. Als Basis für die Farben dienen Kuhmist, gemahlenes Saatgut, Pflanzen und Blumen. Die Werkstätten der Künstler liegen im Viertel Agraharam, 2,5 km vom Busbahnhof entfernt. **Sri Vijayalakshmi Fine Kalamkari Arts** (☎9441138380; Eingang Nr. 15-890) ist ein altes Familienunternehmen mit 40 dort beschäftigten Künstlern.

Busse fahren alle zehn Minuten von Tirupathi nach Sri Kalahasti (23 ₹, 45 Min.). Ein Prepaid-Taxi kostet hin und zurück 650 ₹.

Puttaparthi

☎08555

Prasanthi Nilayam (Ort des höchsten Friedens) ist der Hauptaschram des verstorbenen Sri Sathya Sai Baba (1926–2011). Der Guru mit der Afrofrisur hatte weltweit eine große Anhängerschaft. Er ließ den Aschram vor 60 Jahren in seiner Heimatstadt Puttaparthi errichten und lebte hier fast das ganze Jahr über. Seit seinem Tod am 24. April 2011 – er starb an einer Krankheit der Atemwege – sieht sich der Ort aber einer unsicheren Zukunft gegenübergestellt. Millionen Dollar wurden in das Krankenhaus, in Schulen und eine Universität gesteckt, sodass Puttaparthi auch weiterhin Nutzen aus seinem Erbe ziehen kann. Aber langfristig bleibt abzuwarten, ob seine Anhänger auch ohne die Anwesenheit des Gurus in Massen hierher kommen werden.

Mit 14 Jahren erklärte Sai Baba, er sei die Reinkarnation eines 1918 verstorbenen Heiligen gleichen Namens (S. 88). Seine Millionen Anhänger betrachteten ihn als wahren Avatar und glaubten, dass er Wunder vollbringen könne. Sie kamen zum *darshan* (hier bedeutete das, Baba zu treffen – obwohl sein Auftreten aufgrund seines schlechten Gesundheitszustands seit 2005 immer sporadischer wurde) und belagerten den Aschram zweimal täglich mit ihren Gesängen und Gebeten. Wenn man hier ankommt, wird man verblüfft sein über die sauberen, gepflegten Straßen mit Intercafés und die vielen ausländischen Anhänger in typischer Kleidung.

Alles, was mit Sai Baba zu tun hatte, war groß: seine Afrofrisur, die bedeutenden Namen unter seinen Anhängern und die hitzigen Debatten – durch Anschuldigungen wegen sexueller Belästigung haben einige seiner Anhänger ihren Glauben an ihn verloren. Andere betrachteten die Vorwürfe aber nur als eine weitere irdische Prüfung ihres Herrn und Meisters.

Sai Baba kündigte an, dass er im Bezirk Mandya in Karnataka als Prema Sai wiedergeboren würde. Das wäre dann die dritte und letzte Inkarnation von Sai Baba, die vermutlich acht Jahre nach seinem eigenen Tod stattfinden wird.

Die meisten Besucher wohnen im **Aschram** (☎287390; www.srisathyasai.org.in), einem kleinen Dorf mit allen Annehmlichkeiten. Die Unterkünfte sich einfach und preiswert. Reservieren kann man nicht. Gäste unter 25 Jahren dürfen nur in Begleitung ihrer Familien oder in einer Gruppe hier übernachten.

Alternativen außerhalb des Aschrams sind u. a. das saubere, einfache **Sai Surya Guest House** (☎288134; Gopuram Rd, 1st Cross; Zi. ab 350 ₹) und das **Sri Sai Sadan** (Meda's Guest House; ☎287507; srisaisadan@gmail.com; Gopuram Rd; Zi. ab 810 ₹; ❄) mit einem ausgezeichneten Preis-Leistungs-Verhältnis. Die Unterkunft in der Nähe des Venugopalaswamy-Tempels hat eine Dachterrasse und geräumige Zimmer mit Kühlschrank und Balkon.

Das Dachcafé **World Peace Café** (Deutsche Bäckerei; Main Rd; Hauptgerichte 95–145 ₹; ⏲7.30–21.30 Uhr) ist seit vielen Jahren wegen seiner Safran-Lassis, seines guten Filterkaffees und seines gesunden Essens beliebt. Das tibetische **Bamboo Nest** (1. Stock, Chitravathi Rd; Hauptgerichte 55–80 ₹; ⏲9.30–14 & 16.30–21 Uhr) serviert eine unvergesslich gute vegetarische Wantan-Suppe (60 ₹) und echt leckere *momos* (tibetische Klöße; 70 ₹).

ℹ Anreise & Unterwegs vor Ort

Puttaparthi erreicht man am einfachsten aus Bengaluru, 160 km südlich. Neun KSRTC-Busse (Express/Volvo 110/220 ₹, 4 Std.) und acht Züge (Sleeper/3AC/2AC 133/323/420 ₹, 3 Std.) fahren täglich hierher. Das **KSRTC-Büro** (☎288938) ist neben dem Busbahnhof.

Vom **APSRTC-Busbahnhof** (☎287313) fahren wenig komfortable Busse von/nach Tirupathi

(Express/Deluxe 160/200 ₹, 8 Std., 7-mal tgl.) und Chennai (342 ₹, 12 Std., 2-mal tgl.).

Am Busbahnhof gibt's einen **Zugreservierungsschalter** (⏲Mo–Sa 8–12 & 17–19, So 8–14 Uhr). Es fährt täglich ein Nachtzug zum Bahnhof Kacheguda in Hyderabad (7604; Sleeper/3AC/2AC 240/650/870 ₹, 10 Std.). Der Nachtzug 8564 fährt nach Visakhapatnam (Sleeper/3AC/2AC 340/940/1300 ₹, 20 Std.) und legt in Vijayawada einen Zwischenstopp ein. Der täglich verkehrende *Udyan Express* (6530) fährt nach Mumbai (Sleeper/3AC/2AC 350/950/1300 ₹, 21 Std.).

Für Besucher des Aschrams gibt es einen kostenlosen Shuttle-Service vom Bahnhof zum Aschram. Die Fahrt per Autorikscha kostet 80 ₹.

Lepakshi

Lepakshi mit dem **Veerbhadra-Tempel** (Eintritt frei) ist ca. 75 km von Puttaparthi entfernt. Es verdankt seinen Namen einer Ramayana-Legende: Als der Dämon Ravana Ramas Ehefrau Sita entführte, wurde er vom Vogel Jatayu angegriffen, der an der Stelle des Tempels verletzt zu Boden ging. Rama forderte den Vogel auf, wieder aufzustehen. „Lepakshi" bedeutet auf Sanskrit: „Erhebe dich, Vogel!".

Bemerkenswert ist der 9 m lange monolithische **Nandi**, der am Stadtrand steht. Es ist der größte seiner Art in ganz Indien. Von hier aus kann man den **Naga-lingam** (ein Phallussymbol des Shiva) des Tempels sehen, der von einer siebenköpfigen Kobra gekrönt wird. Der Tempel selbst ist für seine unvollendete **Kalyana Mandapam** (Hochzeitshalle), in der Parvati und Shiva zu sehen sind, wie sie sich ihr Jawort geben, und seine **Natyamandapa** (Tanzhalle) bekannt, in der Reliefs tanzende Gottheiten zeigen. Das Highlight sind aber die wunderbaren **Deckenfresken** in der Natyamandapa.

Um hierher zu kommen, fährt man von Puttaparthi aus zunächst mit dem Bus in Richtung Bengaluru und steigt am Kontrollposten Kodakonda (40 ₹) aus. Dann nimmt man entweder einen der Busse in Richtung Hindupur (14 ₹) oder eine Autorikscha (hin & zurück 250 ₹) nach Lepakshi. Für die Fahrt im Privatwagen ab Puttaparthi zahlt man 1000 ₹. Auch von Hindupur, einem größeren Bahnhof an der Bahnstrecke Puttaparthi-Bengaluru mit einigen Hotels, kommt man gut hin. Von hier ist der Tempel 11 km entfernt.

Kerala

Strände »
Backwaters »
Darstellende Künste »
Hill Stations »

Kettuvallam-Boot in den Backwaters von Kerala

Strände

Goldene Sandstrände mit Palmen im Hintergrund säumen die Küsten Keralas. Der größte Andrang herrscht an den südlichen Stränden, während weiter nördlich weniger erschlossene, wildere Alternativen auf Besucher warten.

Der wohl etablierteste Strandort ist Kovalam im Süden mit seinen beiden perfekt halbmondförmigen Stränden. Das einst beschauliche Fischerdorf steht heute im Schatten von unzähligen Hotels und Restaurants und einer Strandpromenade. Wem das zu viel Trubel ist, der findet südlich von Kovalam rund um Pulinkudi und Chowara ein paar hübsche Strände vor.

Weiter nördlich thront Varkala auf spektakulären, rostrot und golden schimmernden Klippen. Die Stimmung hier ist eine gänzlich andere, man wohnt hauptsächlich in kleinen Pensionen oder bei Gastfamilien, die vielen Cafés und Restaurants sind absolut entspannt. Einige schöne Strände finden sich auch rund um die historische Hafenstadt Fort Cochin. Der wahrscheinlich beste ist der Cherai Beach, hinter dem schon nach einigen hundert Metern die idyllischen Backwaters beginnen.

Noch weiter nördlich gelangt man zu verlassenen Stränden, vor allem rund um Bekal. Nahe der Ortschaft Kannur locken einige von Palmen gesäumte, auffällig karamellfarbene Strände. Und wer auf einer Tropeninsel Robinson Crusoe spielen will, kommt auf den Inseln des Unionsterritoriums Lakshadweep auf seine Kosten.

DIE SCHÖNSTEN STRANDORTE

» **Kovalam** (S. 278) Trotz der vielen Touristen und Straßenhändler ein malerischer Ort mit Spaßgarantie.

» **Varkala** (S. 283) Ein heiliger Ort für die Hindus und ein munteres, auf Backpacker eingestelltes Strandresort.

» **Kochi** (S. 305) Charisma und historisches Flair – die innerstädtischen Strände sind zwar weniger reizvoll, dafür aber gibt's in der Umgebung einige, die sich für einen Besuch lohnen.

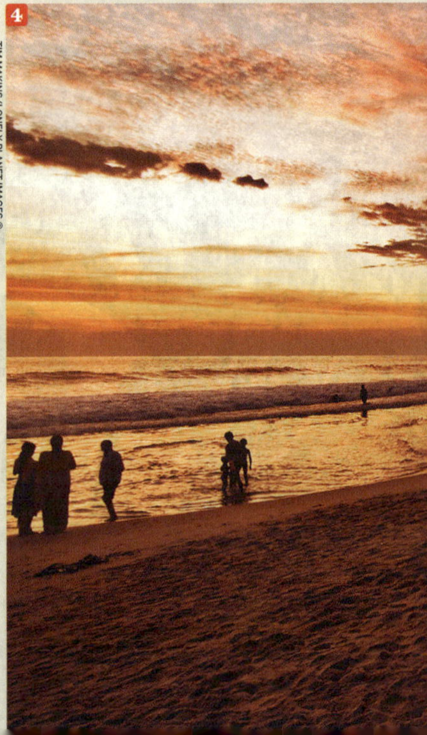

Von oben links im Uhrzeigersinn
1. Papanasham Beach 2. Strandhändler 3. Strand von Kovalam 4. Sonnenuntergang bei Kovalam

SARA-JANE CLELAND/LONELY PLANET IMAGES ©

2

MARK DAFFEY/LONELY PLANET IMAGES ©

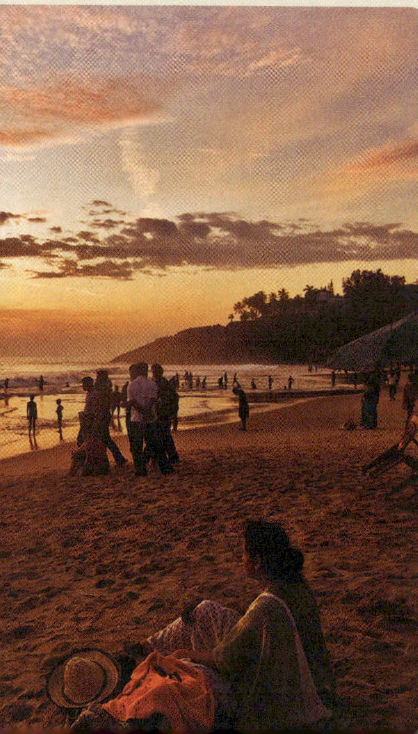

3

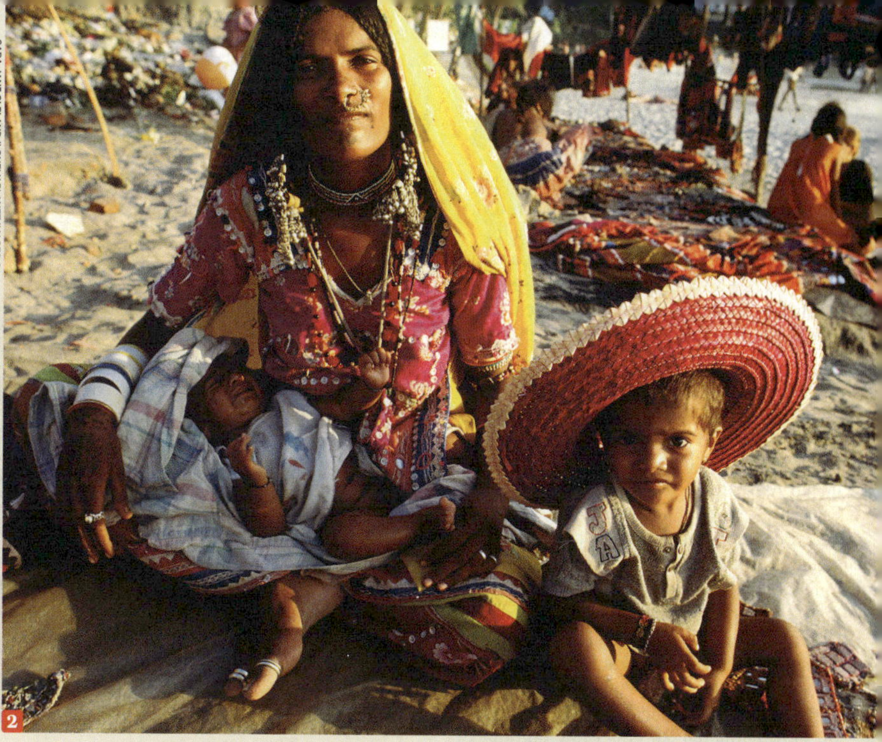

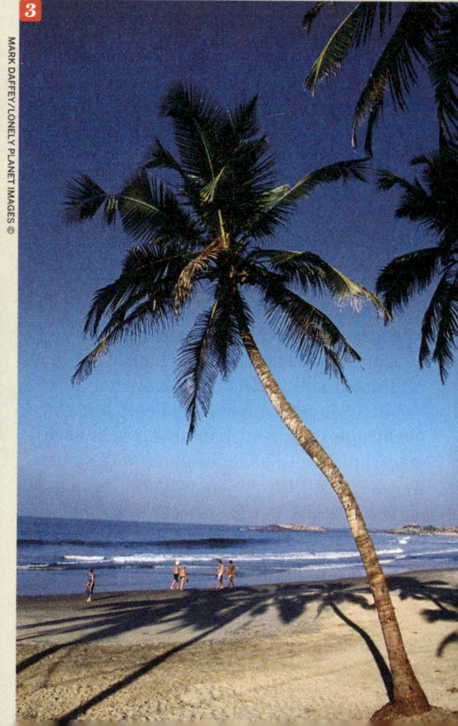

Backwaters

900 km Wasserwege schlängeln sich durch eine saftig grüne Landschaft. Schatten spendende Palmen säumen die Kanäle, an denen verstreut einzelne Dörfer liegen. Dort scheint die Zeit stehen geblieben zu sein, auch weil viele nur per Boot erreichbar sind.

In einem Kanu lautlos übers Wasser zu gleiten oder unter dem Sternenzelt auf einem Hausboot zu übernachten, gehört zu den bezauberndsten Erlebnissen, die Indien zu bieten hat. Die typischen Boote, die in den Zentren der Region, Alappuzha (Alleppey) und Kollam (Quilon), dicht an dicht im Wasser liegen, ähneln den traditionellen Reiskähnen (*kettuvallam* – „Boot mit Knoten" –, so genannt, weil die ausbauchenden Aufbauten von Kokosfasern zusammengehalten werden).

Es gibt verschiedene Optionen zur Erkundung der Backwaters. Die beliebteste ist ein ein- oder zweitägiger Trip mit einem gemieteten Hausboot. Darauf finden zwei bis 14 oder mehr Personen Platz, Ausstattung und Komfort unterscheiden sich erheblich. Im Preis enthalten sind die Crew und die Verpflegung mit traditionellen Gerichten (Fisch und Gemüse in Kokosmilch). Die Touren sind so beliebt, dass in der Hauptsaison die wichtigsten Wasserstraßen stark befahren, ja manchmal regelrecht verstopft sind. Die günstigste Möglichkeit, die Backwaters kennenzulernen, ist eine Fahrt mit öffentlichen Fähren. Sie schippern von Ort zu Ort, befahren aber kaum die kleineren Kanälen, in denen es himmlisch ruhig ist. Teurer, aber immer noch preiswert ist die touristische Ausflugsfahrt von Kollam nach Alappuzha – die malerische, gemächliche Tour dauert einen kompletten Tag.

Um tief ins Labyrinth der Kanäle vorzudringen und zugleich den größeren Schiffen zu entkommen, empfiehlt sich eine Paddeltour: Mit dem Kanu kann man auch die schmaleren Kanäle befahren und so das Dorfleben am Ufer in einer Weise kennenlernen, wie das mit Hausboot oder Fähre unmöglich ist. Sehr geruhsam und informativ sind zudem Ausflüge zu Dörfern unter Leitung eines kundigen Führers.

NACHHALTIGER TOURISMUS

Umweltverschmutzung und Neulandgewinnung bedrohen das Habitat der Backwaters und die dortigen Gemeinden. Schätzungen zufolge ist der Wasserspiegel seit Mitte des 19. Jhs. um zwei Drittel gesunken, viele Zugvögel sind verschwunden. Die vielen Hausboote tragen ihren Teil zur Problematik bei: Außenbordmotoren sind zwar verboten, doch nicht alle Betreiber vor allem von kleineren Booten halten sich daran. Seit einiger Zeit gibt es eine Zertifizierung „grüner" Betreiber. Empfehlenswert sind Veranstalter mit dem „Green Palm Certificate" – es bestätigt, dass an Bord Solarzellen und Sanitärtanks installiert sind. Zum Schutz der Umwelt sollte man auf die Strom fressenden Klimaanlagen verzichten. Am umweltverträglichsten sind die wenigen verbliebenen Kähne, die allein mit Stechpaddeln gesteuert werden.

Von oben links im Uhrzeigersinn

1. Chinesisches Fischernetz (S. 305), Kochi **2.** Boot bei Alleppey (S. 290) **3.** Bewohner der Backwaters

LINDSAY BROWN/LONELY PLANET IMAGES ©

2

3

Darstellende Künste

Kerala hat eine ungeheuer reiche Kultur – die darstellenden Künste werden in Schulen und Kunstzentren an die nächsten Generationen weitervermittelt.

Das Kathakali mit seiner komplizierten, ritualisierten Gestik und dem intensiven, maskenhaften Make-up erzählt dramatische Geschichten von Liebe, Leidenschaft und Machtkämpfen, die auf dem Ramayana, dem Mahabharata und den Puranas beruhen. Die Kunstform geht teilweise auf Tempelrituale des 2. Jhs. zurück, seine heutige Form bildete sich ums 16. Jh. heraus. Die Schauspieler erzählen die Geschichte mittels präziser *mudras* (Handgesten) und eines genau kalkulierten Gesichtsausdrucks. Traditionsgemäß beginnen die Darbietungen gegen 20 Uhr auf dem Gelände eines Tempels und dauern die ganze Nacht. Für Touristen mit weniger Ausdauer werden in vielen Touristenzentren Kurzfassungen gezeigt.

Theyyam ist eine noch ältere Kunstform; vielleicht ist sie noch in vorhinduistischer Zeit aus Volkstänzen beim Erntefest hervorgegangen. Die Aufführungen finden in *kavus* (heiligen Hainen) im Norden Keralas statt. Das Wort bezieht sich auf das Ritual wie auch auf die Gestalt des dargestellten Gottes oder der Helden, von denen es 450 gibt. Die Kostüme – u. a. Gesichtsbemalung, Rüstungen und opulenter Kopfschmuck – sind prachtvoll. Die Darsteller tanzen ekstatisch zu wilden Trommelschlägen.

EDDIE GERALD/LONELY PLANET IMAGES ©

1

Mit den beiden Kunstformen verwandt ist die Kampfkunst *kalarippayat*. Training und Aufführungen finden in einer *kalari* genannten Arena statt, die ein Zwischending aus Turnhalle, Schule und Tempel ist.

VERANSTALTUNGSORTE

» Im Frühjahr kann man bei zahlreichen Festen Kathakali-Aufführungen erleben, so beim Thirunakkara in Kottayam im März und beim Pooram-Fest in Kollam im April.

» Eine der besten Kathakali-Darbietungen zeigt das **Kerala Kalamandalam** (Thrissur, S. 324).

» Aufführungen finden auch in Kulturzentren statt, z. B. bei **Kerala Kathakali** und **See India** (Kochi, S. 317), bei **Mudra** (Kumily, S. 301) sowie in der Schule **Margi Kathakali** (Thiruvanthapuram, S. 273). In Kovalam und Varkala werden in der Hauptsaison Kurzfassungen gezeigt.

» Die Zentren in **Kochi** und **Kumily** zeigen auch *kalarippayat*-Demonstrationen. Vorführungen der Kampfkunst erlebt man auch in den Trainingszentren **CVN Kalari Sangham** (S. 273) in Thiruvanthapuram sowie **Ens Kalari** (S. 317) in Nettoor nahe bei Ernakulam.

» Die besten Gegenden, um *theyyam*-Aufführungen zu erleben, sind **Payyannur** und **Valiyaparamba** in der nördlichen Backwaters-Region, wo es mehr als 500 *kavus* gibt. Diese Rituale finden nur zwischen Oktober und Mai statt. Um zu erfahren, wo eine *theyyam*-Darbietung ansteht, wendet man sich an den **Tourist Desk** (S. 310) in Kochi.

Von oben links im Uhrzeigersinn

1. Elefantenfestival, Ernakulam **2. & 3.** Kathakali-Tänzer

2

3

Hill Stations

Enge Straßen schlängeln sich durch dichte Dschungelvegetation, durch die sich immer wieder berauschende Blick auf dunkelgrüne Teeplantagen ergeben. Spindeldürre Betelnusspalmen schwanken im Wind, während Malabar-Lackbäume rote Farbakzente setzen.

Keralas Hill Stations liegen in einer üppigen Landschaft. Ein paar Tage auf einer Plantage zu verbringen, ist eine unglaublich erholsame Erfahrung – hier lässt man wahrlich alle Nöte und Sorgen hinter sich.

Im Norden rund um das Wayanad Wildlife Sanctuary finden sich schimmernd grüne Reisfelder sowie Kaffee-, Kardamon-, Ingwer- und Pfefferpflanzungen, so weit das Auge reicht. In den sanft gewellten Hügeln duftet es nach wilden Gräsern, und immer wieder ragen riesige Bambusbäume aus der Landschaft. Wer Wildelefanten sichten möchte, hat in dieser Gegend mit die besten Chancen in ganz Indien. Abseits der Naturschutzgebiete und Parks locken außerdem zahllose Wandertouren, beispielsweise die auf den Chembra Peak, den mit 2100 m höchsten Berg in der Region.

Rund um Munnar, weiter im Süden, gibt's Tee, so weit das Auge blickt – die klumpigen grünen Büsche überziehen die Hügel, die wie aus dem Terrain gemeißelt wirken. Dies ist das Kernland des indischen Teeanbaus, darüber hinaus aber auch ein ideales Gelände für Wanderungen. Unterwegs wird man wunderbare Aussichtspunkte entdecken, von denen aus man das herrlich Bergpanorama genießen kann. Und wunderbar abgelegene Unterkünfte verstecken sich in den Hügeln tief in Gewürz- und Blumengärten, Kardamon- und Kaffeeplantagen.

Unten
Teepflückerinnen in Kerala

Kerala

Inhalt »

Gut essen

» Dal Roti (S. 315)
» Grand Pavilion (S. 316)
» Ayisha Manzi (S. 333)
» Pachyderm Palace (S. 330)
» Rose Gardens (S. 302)

Schön übernachten

» Malabar House (S. 310)
» Brunton Boatyard (S. 311)
» Varikatt Heritage (S. 273)
» Tranquil (S. 330)
» Neeleshwar Hermitage (S. 334)

Auf nach Kerala!

Keralas bedächtiger Rhythmus steckt an: Kaum in dem grünen Landstrich angekommen, verfällt man in ruhiges Schlendern. Kerala scheint Welten entfernt vom Trubel andernorts und ist einer der schönsten und erfolgreichsten Bundesstaaten Indiens. Es ist, als wäre Indien hinter den Spiegel getreten und zu einem relaxteren Land geworden.

Neben den berühmten Backwaters, Reisfeldern, Kokoshainen, Hausbooten und der pikanten, köstlichen Küche hat Kerala noch azurblaues Meer, weiße, halbmondförmige Sandstrände und Kolonialzeit-Handelsposten mit Flair zu bieten. Dann sind da die mit Gewürz- und Teeplantagen überzogenen Ghats, wo Elefanten, exotische Vögel und Tiger beheimatet sind. Hier liegen auch die Wurzeln bunter Traditionen wie des Kathakali, des *kalarippayat* (einer der Schwerkraft trotzenden Kampfkunst) und des *theyyam* (eine Trance erzeugendes Ritual). Das größte Problem der Besucher hier wird es wohl sein, sich zu entscheiden, wo sie am längsten bleiben sollen.

Reisezeit

Thiruvananthapuram

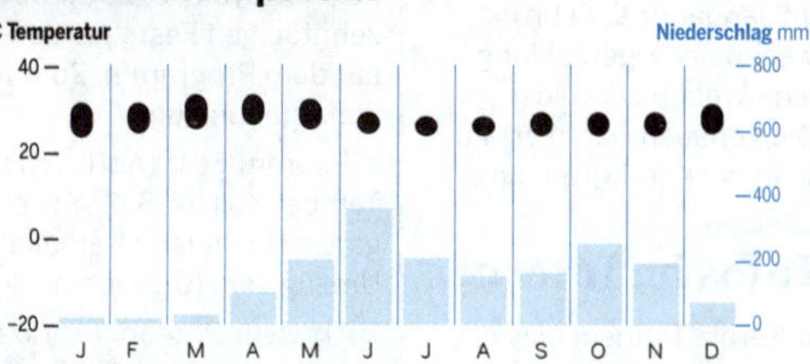

Jan.–Feb. Das Wetter ist perfekt. In Kochi findet das Fest Ernakulathappan Utsavam statt.

April In Kottayam und Kollam gibt's Kathakali und in Thrissur eine Elefantenprozession zu sehen.

Aug.–Sept. Das Ende des Monsuns ist die beste Zeit für Ayurveda-Anwendungen.

ANKUNFT

Thiruvanthapuram (Trivandrum), Kozhikode (Calicut) und Kochi (Cochin) haben die wichtigsten Flughäfen in Kerala. Diese und andere Städte des Bundesstaats sind von überall aus in Indien auch per Bus und Zug erreichbar.

Kurzinfos

» Bevölkerung: 33,4 Mio.

» Fläche: 38 864 km²

» Hauptstadt: Thiruvananthapuram (Trivandrum)

» Hauptsprache: Malayalam

» Übernachtungspreise: **$** unter 800 ₹, **$$** 800–3000 ₹, **$$$** mehr als 3000 ₹

Reiseplanung

» Die Hauptsaison in den Backwaters und Strandorten ist zwischen November und März. Von Mitte Dezember bis Mitte Januar sind die Preise noch höher. Angebote gibt's während des Monsuns (Juni–Sept.).

» Die meisten Nationalparks in Kerala sind im Januar oder Februar wegen der Tigerzählung eine Woche geschlossen. Die genauen Daten erfährt man bei Kerala Tourism.

Infos im Internet

» Kerala Tourism (www.keralatourism.org) Offizielle Touristikseite.

» Manorama Online (www.manoramaonline.com) Lokalzeitung mit englischsprachiger Online-Ausgabe.

Essen

In Kerala gibt es köstliches Frühstück, z.B. *puttu* (in einem Metall- oder Bambusgefäß gedämpftes Reispulver mit Kokos), das mit gedünsteten Bananen oder mit würzigem Curry gegessen wird, *idli* (runder, fermentierter Reiskuchen) und *sambar* (Dhal mit Gemüse), Dosa mit Kokos-Chutney, *idiyappam* (Reisnudeln) und *paalappam* (eine Art Pfannkuchen), serviert mit Fleisch- oder Fischeintopf. *Appam* ist ein weicher Reispfannkuchen, der in der Mitte schwammig und am Rand knusprig ist und ebenfalls zu mit Kokosmilch angereichertem Eintopf gegessen wird.

Die hiesigen Gewürzplantagen, Kokoshaine und die lange Küste haben die regionale Küche stark geprägt und solch köstliche Gerichte wie Fisch-*molee* (in Kokosmilch) oder das pikante Malabar-Hühnchen-Curry hervorgebracht. Die meisten Speisen werden mit Kokosöl zubereitet.

Payasam ist ein Dessert aus Zuckersirup, Kokosmilch und Gewürzen, garniert mit Cashewkernen und Rosinen.

NICHT VERSÄUMEN!

Fort Cochin ist ein außergewöhnlicher Ort, in dem sich 500 Jahre Kolonialgeschichte widerspiegeln.

Auf einem handgefertigten Hausboot im Stil der traditionellen Reiskähne oder auf einem Kanu **Keralas Backwaters** zu erkunden, ist eines der zauberhaftesten Erlebnisse in Indien.

Der Anblick der mit Plantagen übersäten Berge von **Munnar** hoch oben in den üppig bewachsenen Westghats Keralas ist einfach ergreifend.

Top-Feste in Kerala

» Ernakulathappan Utsavam (Jan./Feb., Shiva-Tempel, Ernakulam, Kochi, S. 310) Das achttägige Fest gipfelt in einem Umzug mit 15 reich geschmückten Elefanten, begleitet von Musik und Feuerwerk.

» Thirunakkara Utsavam (März, Thirunakkara-Shiva-Tempel, Kottayam, S. 295) Die dritte und die vierte Nacht dieses zehntägigen Fests werden durchgetanzt – Kathakali steht auf dem Programm. Zum Abschluss gibt's noch einen Elefantenumzug.

» Pooram-Fest (April, Asraman-Shri-Krishna-Swami-Tempel, Kollam, S. 288) Bei dem zehntägigen Fest werden die ganze Nacht lang Kathakali-Aufführungen gezeigt und ein Umzug von 40 geschmückten Elefanten findet statt.

» Thrissur Pooram (April/Mai, Vadakkumnathan-Kshetram-Tempel, Thrissur, S. 322) Hier bekommt man die ultimative Elefantenprozession zu sehen.

» Nehru Trophy Snake Boat Race (2. Sa im Aug., Alappuzha, S. 290) Das populärste Bootsrennen in Kerala.

» Onam (Aug./Sept., im ganzen Staat) Bei Keralas größter Kulturveranstaltung feiert zehn Tage lang der ganze Staat das goldene Zeitalter des mythischen Königs Mahabali.

Highlights

1 In **Alappuzha, Kottayam** oder **Kollam** an Bord eines Hausboots oder Kanus gehen und sich langsam durch die sagenhaften Backwaters treiben lassen (S. 292)

2 In **Wayanad** (S. 327) vor der spektakulären Kulisse aus Bergen und Gewürzfeldern Elefanten beobachten

3 Im atemberaubenden Strandort **Varkala** (S. 283) herumschlendern und den Tag verstreichen lassen und in **Kovalam** (S. 278) entspannt ein bisschen Spaß haben

4 Sich in ein herrlich abgelegenes Resort zurückziehen und eine Trekkingtour durch die Teeplantagen rund um **Munnar** (S. 301) machen

5 Rund um **Kannur** (S. 331) und **Bekal** (S. 334) die unberührten goldenen Sandstrände erkunden

6 In Kochi im hübschen, entspannten **Fort Cochin** (S. 310) der Vergangenheit nachspüren

Geschichte

Händler werden schon seit mehr als 3000 Jahren vom Duft der Gewürze Keralas angezogen. Phönizier, Römer, Araber und Chinesen kannten die Küste, die der Umschlagplatz für Gewürze von den Molukken (östliches Indonesien) war.

Bis ins frühe Mittelalter hinein beherrschte das Königreich der Cheras einen großen Teil Keralas. Mit anderen Königreichen und kleinen Fürstentümern konkurrierte man um Territorium und um Handelsanteile. Vasco da Gamas Ankunft im Jahr 1498 öffnete dem europäischen Kolonialismus die Tore. Portugiesen, Niederländer und Engländer kämpften zunächst mit arabischen Händlern und dann gegeneinander um die Kontrolle über den lukrativen Gewürzhandel.

Der heutige Bundesstaat Kerala entstand 1956, als man die früheren Staaten Travancore, Kochi und Malabar zusammenlegte. Eine Tradition, die Kunst und Bildung hoch schätzte, hat dazu beigetragen, dass Kerala heute zu den fortschrittlichsten Bundesstaaten Indiens gehört.

1957 hatte Kerala die erste frei gewählte kommunistische Regierung der Welt, die seither regelmäßig wiedergewählt wird. Das partizipatorische politische System hat zu einer gleichmäßigeren Verteilung von Land und Einkommen geführt, und die Gesundheits- und Bildungsstatistiken können sich wirklich sehen lassen (s. Kasten S. 283). Viele Malayalis (Sprecher der offiziellen Staatssprache Malayalam) arbeiten im Nahen Osten, und ihre Geldüberweisungen an die Familien zu Hause spielen eine bedeutende Rolle in Keralas Wirtschaft.

SÜD-KERALA

Thiruvananthapuram (Trivandrum)

☎0471 / 889191 EW.

Keralas Hauptstadt Thiruvananthapuram wird häufig bei ihrem kolonialzeitlichen Namen genannt: Trivandrum. Die meisten Traveller nutzen die Stadt nur als Sprungbrett zu den nahe gelegenen Strandorten Kovalam und Varkala. Allerdings verdient das entspannte, von Hügeln umringte Thiruvananthapuram mit seinen vielen viktorianischen Museen in prächtigen Gebäuden im neuen Stil Keralas mehr Aufmerksamkeit. Wer die Zeit erübrigen kann, braucht nur Thiruvananthapurams hektische Hauptstraße zu verlassen, um ins alte Kerala mit seinen pagodenförmigen Gebäuden, roten Ziegeldächern und engen, gewundenen Gassen einzutauchen.

Sehenswertes & Aktivitäten

LP TIPP Zoologischer Garten & Museen ZOO, MUSEEN

Yann Martel orientierte sich bei der Beschreibung der Tiere in seinem Roman *Schiffbruch mit Tiger* an seinen Beobachtungen im **zoologischen Garten** (☎2115122; Eintritt 10 ₹, Foto 25 ₹; ⏲Di–So 9–18 Uhr) von Thiruvananthapuram. Hier winden sich schattige Wege durch waldiges Gelände und um Seen herum. Die Tiere, z. B. Tiger, Makaken und eine Menge Vögel, leben in großen, offenen Gehegen, die ihren natürlichen Lebensräumen nachempfunden sind. Es gibt auch ein **Reptilienhaus**, in dem man die Kobras oft in Angriffshaltung beobachten kann – lieber nicht nachfragen, wozu die Meerschweinchen hier sind!

Im Park gibt es auch eine Galerie und zwei Museen. Das **Napier Museum** (Eintritt 10 ₹; ⏲Di & Do–So 9–17, Mi 13–17 Uhr) mit seiner bunten Sammlung von Bronzen, buddhistischen Skulpturen, Tempelwagen und Elfenbeinschnitzereien ist in einem Holzhaus von 1880 untergebracht, das vom britischen Architekten Robert Chisholm entworfen wurde. Seine bunte, kleinteilige Interpretation der traditionellen Kerala-Architektur zeigt seine Leidenschaft fürs einheimische Kunsthandwerk. Verblüffend und schon allein einen Besuch wert sind die knallbunt bemalten Innenräume. Das verstaubte **Natural History Museum** (Eintritt 10 ₹; ⏲Di & Do–So 9–17, Mi 13–17 Uhr) zeigt Hunderte ausgestopfter Tiere und Vögel und eine gute Skelettsammlung. Die **Shri Chitra Art Gallery** (Eintritt 5 ₹; ⏲Di & Do–So 9–17, Mi 13–17 Uhr) stellt Malereien der Rajput-, Mogul- und Tanjur-Schulen sowie Werke von Ravi Varma aus.

Shri-Padmanabhaswamy-Tempel TEMPEL

(⏲nur Hindus 4–19.30 Uhr) Der 260 Jahre alte Tempel ist Thiruvananthapurams spirituelles Zentrum. Die Anlage nimmt mehr als 2400 m² ein. Den Haupteingang bildet der 30 m hohe östliche *gopuram* (Torturm). Im inneren Heiligtum lehnt die Gottheit Padmanabha auf der heiligen Schlange. Das Bildwerk besteht aus über 10 000 *salagramam* (heiligen Steinen). Im Juli 2011 wurde

in dem Tempel ein Schatz – Gold, Juwelen u.v.m. – im Wert von über 15 Mrd. € gefunden! Deshalb ist rund um den Tempel mit strengen Sicherheitsvorkehrungen zu rechnen.

Vom Weg rechts neben dem Tor hat man eine ausgezeichnete Sicht auf den *gopuram*.

Puthe Maliga Palace Museum MUSEUM
(Inder/Ausländer 10/30 ₹; ⌚9–13 & 15–16.30 Uhr) Der 200 Jahre alte Palast der Maharadschas von Travancore besitzt mit Holzschnitzereien verzierte Decken, Marmorskulpturen und ist sogar mit importiertem Buntglas aus Belgien ausgestattet. Das Museum beherbergt Kathakali-Bilder, ein Zeughaus, Maharadscha-Porträts, prunkvolle Thronsessel und andere Artefakte.

Im Januar findet hier jedes Jahr das **Festival für klassische Musik** statt.

Ayushmanbhava Ayurvedic Centre AYURVEDA, YOGA
(☎4712556060; www.ayushmanbhava.com; Pothujanam) Die 3 km westlich vom Zentrum gelegene Einrichtung bietet diverse Anwendungen, z.B. 60-minütige **Massagen** (500 ₹) und täglich therapeutische **Yogasitzungen** (Anfänger 6.30 Uhr). Für das einwöchige Gesamtpaket zahlt man 4700 ₹.

Kurse

Margi Kathakali School KAMPFKUNST, SCHAUSPIEL
(☎2478806; Fort) Hier werden Kurse in Kathakali (S. 332) und *kootiattam* (traditionelles Sanskrit-Schauspiel) für Anfänger und Fortgeschrittene angeboten. Für einen zweistündigen Kurs zahlt man rund 300 ₹. Besucher können bei den Übungsstunden ohne Kostüme (Mo–Fr 10–12 Uhr) zuschauen. Das nicht ausgewiesene Gebäude befindet sich 200 m westlich vom Fort hinter der Fort School.

CVN Kalari Sangham KAMPFKUNST
(☎2474182; www.cvnkalari.in; South Rd; Kurs 15 Tage/1 Monat 1000/2000 ₹) Bietet dreimonatige Kurse in *kalarippayat* (S. 332) für ernsthaft Interessierte mit Kampfkunsterfahrung. Einzelheiten erfährt man bei **Sathyan** (☎2474182; sathyacvn@vsnl.net). Besucher können beim Training (Mo–Sa 6.30–8.30 Uhr) zuschauen.

Geführte Touren

Die KTDC (Kerala Tourist Development Corporation) veranstaltet diverse Touren, die alle vom Tourist Reception Centre im KTDC-Hotel Chaithram an der Central Station Rd starten. Bei der ganztägigen **Kanyakumari-Tour** (550 ₹/Pers.; ⌚Di–So 8–21 Uhr) stehen der Padmanabhapuram-Palast (S. 282), Kanyakumari im Süden Tamil Nadus und der nahe Suchindram-Tempel auf dem Programm. Bei der halbtägigen **Narsa-Darsan-Tour** (250 ₹/Pers.; ⌚Di–So 7.30–13 & 13.30–19 Uhr) besucht man die wichtigsten Sehenswürdigkeiten Thiruvananthapurams.

Schlafen

LP TIPP **Varikatt Heritage** GASTFAMILIE $$$
(☎2336057; www.varikattheritage.com; Punnen Rd; Zi. 4000–5000 ₹) Die charismatischste Unterkunft in Thiruvananthapuram ist das 250 Jahre alte Haus von Colonel Roy Kuncheria. Es handelt sich um einen wundervollen Bungalow mit angrenzenden Veranden, einem Zimtbaum und Orchideen in hängenden Blumentöpfen. Zu jeder Antiquität hier gehört auch eine Familiengeschichte. Auf Wunsch gibt's auch Mittag- und Abendessen (300 ₹).

Graceful Homestay GASTFAMILIE $$
(☎2444358; www.gracefulhomestay.com; Philip's Hill; unten EZ/DZ 1300/1500 ₹, oben EZ/DZ 2000/2500 ₹ inkl. Frühstück; @☜) In einem grünen Vorort von Thiruvananthapuram, direkt gegenüber der AJ Hall, befindet sich das reizende Haus mit einem einige Hektar großen Garten rundherum. Betrieben wird es von Sylvia und ihrem Bruder Giles. Das beste Zimmer hat eine tolle überdachte Terrasse mit Blick auf Palmen.

YMCA International Guesthouse HOSTEL $
(☎2330059; YMCA Rd; EZ/DZ 485/620 ₹) Das Preis-Leistungs-Verhältnis hier ist unschlagbar: Die Zimmer sind geräumig, makellos und haben TV und geflieste Bäder. Das Haus wirkt weniger institutionell als vergleichbare Unterkünfte und nimmt sowohl Männer als auch Frauen auf.

Wild Palms Home Stay GASTFAMILIE $$
(☎2471175; www.wildpalmsonsea.com; Mathrubhumi Rd; EZ 1495–1795 ₹, DZ 1795–2195 ₹; ❄) Die Unterkunft setzt auf ihr Flair und die ruhige Lage, ist aber trotzdem überteuert. Allerdings wird man sonst nirgendwo von einer Venus-von-Milo-Statue im Garten begrüßt. Das schmucke, komfortable Familienhaus hat gut möblierte, aber verwohnte Zimmer. Das beste hat eine Terrasse.

Sunday B&B PENSION $
(☎09746957056; gegenüber vom Flughafen; EZ/DZ 400/500 ₹) Früher war die Pension gegenüber vom alten internationalen Flug-

Thiruvananthapuram (Trivandrum)

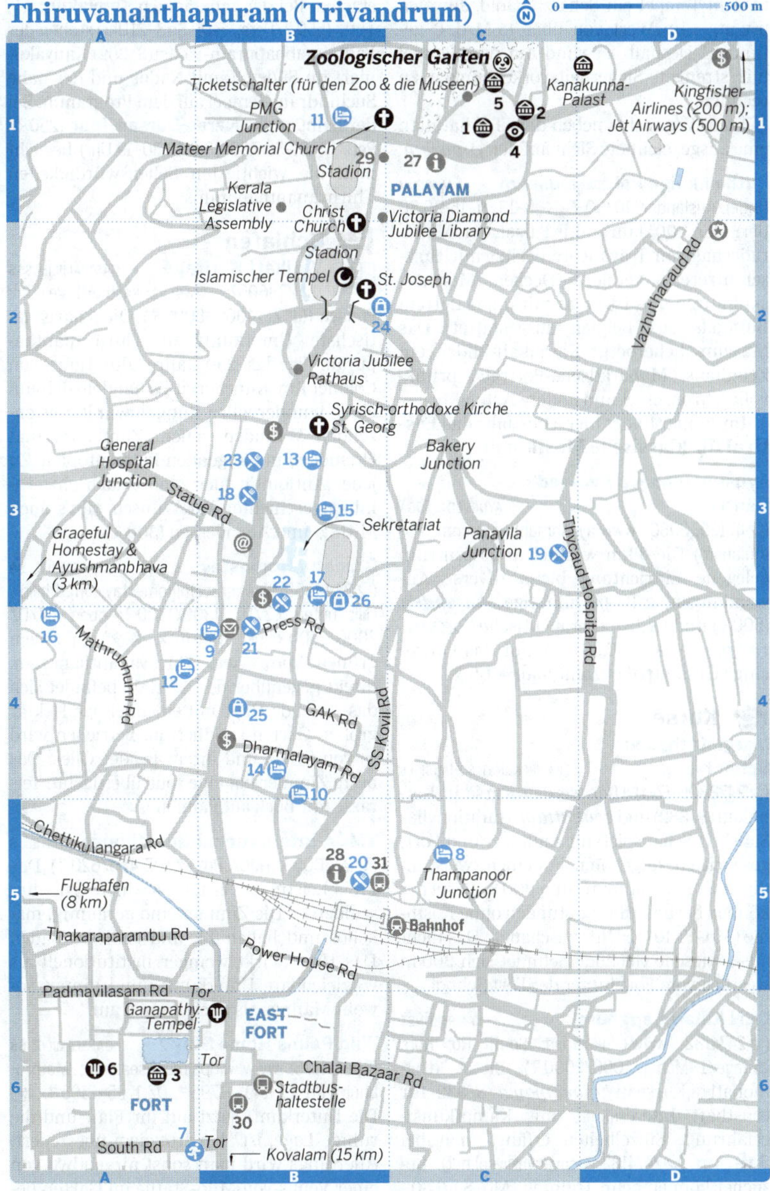

hafenterminal ideal, wenn man frühmorgens abfliegen wollte. Inzwischen wurde der Flughafen ein paar Kilometer weg verlegt, was nicht mehr ganz so praktisch ist. Aber trotzdem: Die Unterkunft ist freundlich und gepflegt, die Preise sind o.k., und die Zimmer verfügen über Warmwasser.

Muthoot Plaza HOTEL **$$$**
(☎2337733; www.themuthootplaza.com; Punnen Rd; EZ/DZ ab 5800/6700 ₹, Suite ab 9500 ₹; ❄@📶) Auch wenn die Klimaanlage selbst Pinguine zum Frösteln bringen würde, ist das ultraschicke Geschäftshotel eine tolle Unterkunft. Die feinen Zimmer sind mit

Thiruvananthapuram (Trivandrum)

Highlights

Zoologischer Garten C1

Sehenswertes

1 Napier Museum C1
2 Natural History Museum C1
3 Puthe Maliga Palace Museum A6
4 Reptilienhaus C1
5 Shri Chitra Art Gallery C1
6 Shri-Padmanabhaswamy-Tempel A6

Aktivitäten, Kurse & Touren

7 CVN Kalari Sangham A6

Schlafen

8 Greenland Lodge C5
9 Hotel Geeth B4
10 Hotel Regency B4
11 KTDC Hotel Mascot B1
12 Kukie's Holiday Inn A4
13 Muthoot Plaza B3
14 Princess Inn B4
15 Varikatt Heritage B3
16 Wild Palms Home Stay A4
17 YWCA International Guesthouse B3

Essen

18 Ananda Bhavan B3
Ariya Nivas .... (siehe 8)
19 Aroma C3
Connemara Market .... (siehe 24)
Indian Coffee House .... (siehe 27)
20 Indian Coffee House B5
21 Kalavara Family Restaurant B4
22 New Mubarak B3
23 Pizza Corner B3

Shoppen

24 Connemara Market B2
25 Sankers Coffee & Tea B4
26 SMSM Institute B3

Praktisches

27 Tourist Facilitation Centre C1
28 Tourist Reception Centre B5

Transport

Air India .... (siehe 11)
29 Airtravel Enterprises B1
30 East-Fort-Bushaltestelle (Busse & Taxis nach Kovalam) B6
31 KSRTC-Bushaltestelle B5

Kissen, Sofas und allen modernen Annehmlichkeiten ausgestattet.

Greenland Lodge HOTEL $
(☎2328114; Thampanoor Junction; EZ/DZ 323/485 ₹, mit Klimaanlage 900/990 ₹; ❄) In der Nähe des chaotischen Bahnhofs verströmt das Greenland mit seinen Pastellfarben gelassene Ruhe. Die geräumigen Zimmer haben z. T. Sitz-, z. T. Hocktoiletten. Das Hotel wird effizient geführt – man muss jedoch bei der Ankunft mit einer ordentlichen Anzahlung (2 Nächte) rechnen.

Princess Inn HOTEL $
(☎2339150; Manjalikulam Rd; EZ/DZ 290/480 ₹, Zi. mit Klimaanlage 650 ₹; ❄) Das moderne (sprich: aus den 1980er-Jahren stammende) Hotel mit Glasfassade verspricht einen relativ ruhigen Schlaf in sauberen Zimmern mit Satelliten-TV und makellosen, grün gefliesten Badezimmern.

KTDC Mascot Hotel HOTEL $$$
(☎2318990; www.ktdc.com; Mascot Sq; EZ/DZ ab 4000/4500 ₹; ❄@🛜🏊) Historische Details, gewaltige Korridore und eine imposante Rezeption verleihen diesem Hotel den Charme der alten Welt. Es gibt hier auch einen riesigen Pool und ein Ayurveda-Spa.

Hotel Regency HOTEL $
(☎2330377; www.hotelregency.com; Manjalikulam Cross Rd; EZ/DZ 540/788 ₹, mit Klimaanlage 900/1407 ₹; ❄) Hier warten kleine, gemütliche Zimmer mit Satelliten-TV, ein begrünter Eingangsbereich, jede Menge Ruhe und freundlich lächelnde Angestellte an der Rezeption auf Gäste.

Kukie's Holiday Inn PENSION $
(☎2478530; Lukes Lane; EZ/DZ 220/275 ₹) Am Ende einer kleinen Gasse liegt diese angenehm ruhige Pension um einen kleinen Innenhof. Sie bietet schlichte Unterkunft zu Tiefstpreisen: Zimmer mit harten Betten und im Bad nur einen Kaltwasserhahn.

Essen

Wer zum Essen ein ungewöhnliches Erfrischungsgetränk haben will, sollte *karikku* (Kokoswasser) oder *sambharam* (Buttermilch mit Ingwer und Chili) probieren.

Indian Coffee House INDISCH $
Bahnhof (Central Station Rd; Gerichte 12–50 ₹; ⏲7–23 Uhr); Zoo (Museum Rd; ⏲8.30–18 Uhr) Die Kaffeehauskette serviert leckeren Kaffee und Snacks. Die Filiale an der Central Station Rd ist in einem abgefahrenen

DIE GESCHICHTE DES INDIAN COFFEE HOUSE

Das Indian Coffee House wirkt, als sei hier die Zeit stehen geblieben. Die über ganz Indien verstreuten Filialen haben noch alte indische Preise, und die Kellner laufen mit gestärkten weißen Hemden und pfauenartigem Kopfschmuck herum. Die Geschichte der Kaffeehauskette beginnt Anfang der 1940er-Jahre während der britischen Kolonialherrschaft mit dem Coffee Board. In den 1950er-Jahren begann der Board, seine Cafés überall in Indien zu schließen, wodurch die Angestellten arbeitslos wurden. Der Kommunistenführer Ayillyath Kuttiari Gopalan Nambiar stellte sich hinter die Arbeiter und gründete mit ihnen die India Coffee Board Worker's Co-operative Society. Das Ziel war, den Arbeitern bessere Chancen zu ermöglichen und den Kaffeeverkauf zu fördern. Seitdem gibt es das Coffee House – voller Flair wie eh und je und immer mit preisgünstigen Snacks wie *idli* und Getränken wie indischem Filterkaffee und Rosenmilch. Es wird noch immer von seinen Angestellten betrieben, die alle Mitglieder der Genossenschaft sind.

Turm aus roten Backsteinen untergebracht, der von außen wie ein Taubenschlag aussieht, sich drinnen spiralförmig nach oben windet und mit Sitzbänken ausgestattet ist. Da kann man die Kellner nur bewundern. Das Café ist ein absolutes Muss! Eine durchschnittlichere Filiale befindet sich in der Nähe vom Museum.

Kalavara Family Restaurant INDISCH $$
(Press Rd; Gerichte 60–140 ₹; ⏲mittags & abends) Geschäftiger Favorit der Mittelschicht Thiruvananthapurams. Das Restaurant ist mit sonderbaren Markisen dekoriert und serviert leckere Fischspezialitäten aus Kerala. Wir empfehlen das Fisch-*molee* (Fisch in Kokossauce; 130 ₹).

Aroma INDISCH $$
(☎4076000; Magic Days, Vanross Jn; Gerichte 50–100 ₹; ⏲mittags & abends) Smartes Hotelrestaurant mit tollem Mittags- und Abendbuffet. Man kann auch *à la carte* bestellen.

New Mubarak MALABARISCH $
(abseits der Statue Rd; Gerichte 20–60 ₹) Ein großspuriger Name für ein recht unscheinbares Lokal, das sich in einer schmalen Seitengasse der Statue Rd versteckt. Ein Besuch hier lohnt sich aber wegen der schmackhaften muslimischen Malabar-Küche, zu der Gerichte wie Krabben-Masala oder frischer, in Kokosöl zubereiteter Fisch gehören.

Ariya Nivaas INDISCH $
(Manorama Rd; Gerichte 45 ₹; ⏲7–21 Uhr) In der Nähe des Bahnhofs und praktisch für einen schnellen Happen zwischen zwei Zügen. Das Thali (traditionelles *All you can eat*-Menü) erntet auch von Travellern großes Lob.

Pizza Corner PIZZERIA $
(MG Rd; kleine Pizza 85–170 ₹; ⏲11–23 Uhr) Hier trifft sozusagen Ost auf West: Die leckeren Pizzas bieten alles – von traditionellem Belag (Margherita) bis hin zu indischen Varianten (z. B. Punjab-Hühnchen-Tikka).

Ananda Bhavan INDISCH $
(☎2477646; MG Rd; Gerichte 22–31 ₹; ⏲mittags & abends) Typisch indisch: Hinsetzen und mit den Händen essen!

Shoppen

Auf dem **Connemara Market** (MG Rd) werden Gemüse, Fisch, Ziegen, Stoffe, Kleidung, Gewürze und mehr Bananen verkauft, als eine Horde hungriger Affen fressen könnte.

SMSM Institute KUNSTHANDWERK
(YMCA Rd; ⏲Mo–Sa 9–20 Uhr) Nein, hier geht's nicht um SMS! Das von Keralas Stadtverwaltung geführte Kunsthandwerkswarenhaus ist eine Schatzhöhle mit günstigem Angebot.

Sankers Coffee & Tea ESSEN & TRINKEN
(☎2330469; MG Rd; ⏲Mo–Sa 9–21 Uhr) Noch bevor man diesen kleinen Laden erreicht, nimmt man den Duft von frischem Kaffee wahr. Im Angebot sind der Blättertee von Nilgiri Export OP (260 ₹/kg) sowie eine Vielzahl von Kaffeesorten und Nüssen.

Praktische Informationen

ABC Internet (Capital Centre; MG Rd; 20 ₹/Std.; ⏲8.30–21 Uhr) Eines von mehreren guten Internetcafés in dem kleinen Einkaufszentrum.

Hauptpost (☎2473071; MG Rd)

KIMS (Kerala Institute of Medical Sciences; ☎2447676; Kumarapuram) Ungefähr 3 km nordwestlich von Thiruvananthapuram. Für medizinische Notfälle.

Thomas Cook (☎2338140-2; MG Rd; ⏲Mo–Sa 10.30–18 Uhr) Wechselt Bargeld und löst Reiseschecks ein.

Tourist Facilitation Centre (☎2321132; Museum Rd; ⏲24 Std.) Hat Karten und Prospekte.

Tourist Reception Centre (KTDC-Hotel Chaithram; ☎2330031; Central Station Rd; ⏲tgl. 7–21 Uhr) Vermittelt geführte KTDC-Touren.

An- & Weiterreise

Bus

Der Fahrplan für Busse, die von der **KSRTC-Bushaltestelle** (☎2323886) gegenüber dem Bahnhof abfahren, ist unten abgedruckt.

Die Busse der State Express Transport Corporation (SETC) nach Tamil Nadu fahren am östlichen Ende der KSRTC-Bushaltestelle ab.

Abfahrt der Busse zum Strand von Kovalam (15 ₹, 30 Min., 5.40–22 Uhr alle 20 Min.) ist am Südende der East-Fort-Haltestelle an der MG Rd.

Busse ab Thiruvananthapuram:

ZIEL	PREIS (₹)	DAUER (STD.)	HÄUFIGKEIT
Alleppey	97	3½	alle 15 Min.
Chennai	430	17	10-mal tgl.
Ernakulam (Kochi)	135	5	alle 20 Min.
Kanyakumari	56	2	6-mal tgl.
Kollam	42	1½	alle 15 Min.
Kumily (nach Periyar)	126	8	2-mal tgl.
Madrai	195	7	9-mal tgl.
Munnar	193	7	2-mal tgl.
Neyyar Dam	20-26	1½	alle 40 Min.
Puducherry	375	16	1-mal tgl.
Thrissur	187	7½	alle 30 Min.
Udhagamandalam (Ooty)	365	14	1-mal tgl.
Varkala	36	1¼	stündl.

Flugzeug

Air India (☎2317341; Mascot Sq), **Jet Airways** (☎2728864; Sasthamangalam Junction) und **Kingfisher Airlines** (☎18002333131; Star Gate Bldg; TC 9/888, Vellayambalam) fliegen nach Mumbai (ab 5200 ₹), Kochi (ab 2300 ₹), Bengaluru (Bangalore; ab 5400 ₹), Chennai (Madras; ab 3800 ₹) und Delhi (ab 7500 ₹).

Regelmäßig gehen Flieger von Thiruvananthapuram nach Colombo und Malé.

Buchungen für alle Fluglinien können beim effizient arbeitenden **Airtravel Enterprises** (☎3011412; www.ategroup.org; New Corporation Bldg, MG Rd) vorgenommen werden.

Zug

Die Züge sind oft ausgebucht; daher empfiehlt sich ein Besuch im **Reservierungsbüro** (☎139; ⏲Mo–Sa 8–20, So bis 14 Uhr) am Bahnhof. In der Tabelle unten sind die wichtigsten Fernverbindungen aufgeführt.

Innerhalb von Kerala gibt es häufig Züge nach Varkala (2. Klasse/AC Chair Class 36/279 ₹, 1 Std.), Kollam (40/309 ₹, 1 Std.) und Ernakulam (74/259 ₹, 4½ Std.). Die Züge fahren entweder über Alappuzha (59/347 ₹, 3 Std.) oder über Kottayam (62/396 ₹, 3½ Std.). Täglich gibt es auch zahlreiche Zugverbindungen nach Kanyakumari (Sleeper Class/3AC/2AC 140/272/396 ₹, 2½ Std.).

Unterwegs vor Ort

Der **Flughafen** (☎2501424) ist 8 km von der Stadt und 15 km von Kovalam entfernt. Hin kommt man mit Bus 14 von den Bushaltestellen East Fort und City (6 ₹). Eine Fahrt mit dem Prepaid-Taxi vom Flughafen zur Stadt kostet 250 ₹, nach Kovalam 400 ₹.

Am einfachsten kommt man mit Autorikschas herum (kurze Strecken 10–20 ₹).

WICHTIGE ZÜGE AB THIRUVANANTHAPURAM

ZIEL	ZUGNUMMER & -NAME*	PREIS (₹)	DAUER (STD.)	ABFAHRT (TGL.)
Bengaluru	6525 *Bangalore Express*	307/833/1144	18	12.55 Uhr
Chennai	2696 *Chennai Express*	166/799/1230	16½	17.10 Uhr
Coimbatore	7229 *Sabari Express*	191/505/691	9¼	7.15 Uhr
Delhi	2625 *Kerala Express*	595/1616/2220	50	11.15 Uhr
Mangalore	6347 *Mangalore Express*	257/693/949	14½	20.45 Uhr

*Sleeper Class/3AC/2AC

Rund um Thiruvananthapuram

NEYYAR DAM LION SAFARI PARK

Dieses Naturschutzgebiet, das umbenannt wurde in **Lion Safari Park** (☎2272182, 9744347582; Inder/Ausländer 140/230 ₹; ⏲Di–So 9.30–17 Uhr), liegt 35 km nördlich von Thiruvananthapuram rund um einen idyllischen See, der 1964 durch den Bau des Neyyar-Staudamms entstand. In dem üppigen Wald am Ufer leben Gauren, Sambarhirsche, Faultiere, Elefanten, Bartaffen und einige Tiger.

Normalerweise besucht man den Park im Rahmen der eineinhalbstündigen **Löwensafari** (⏲9.30–15.30 Uhr), zu der eine Boots- und Busfahrt sowie eine 20-minütige Wanderung gehören. Die Safari ist im Eintrittspreis inbegriffen; ebenso der Eintritt zum nahe gelegenen **Crocodile Protection Centre**. Zum Safaripark fahren häufig Busse ab der KSRTC-Bushaltestelle in Thiruvananthapuram (20–26 ₹, 1½ Std.). Eine Taxifahrt hin und zurück (mit zweistündigem Aufenthalt) kostet ab Thiruvananthapuram 800 ₹, ab Kovalam 1200 ₹. Das KTDC-Büro in Thiruvananthapuram veranstaltet auch Touren zum Neyyar-Staudamm (300 ₹). Wer ein eigenes Fahrzeug hat, kann den Park auf eigene Faust erkunden und hat auch größere Chancen, ein paar mehr Tiere zu sehen.

SIVANANDA YOGA VEDANTA DHANWANTARI ASHRAM

Vor dem Neyyar-Staudamm befindet sich in bester Lage dieser 1978 gegründete **Ashram** (☎/Fax 0471-2273093; www.sivananda.org/ndam), der für seine Hatha-Yoga-Kurse bekannt ist. Diese beginnen immer am 1. und am 16. des Monats, dauern mindestens zwei Wochen und kosten 700 ₹ pro Tag bei Unterbringung in einem Doppelzimmer (500 ₹ im Schlafsaal). In der Nachsaison (Mai–Sept.) bezahlt man 100 ₹ weniger. Es gibt einen genauen Stundenplan (5.30–22 Uhr), der Yoga-Übungen, Meditation, Gesang und Pausen regelt. Das Essen ist inklusive und den Schülern hier zufolge ein Genuss (Buchung erforderlich!). Wer will, kann sich in einem Monat zum Yogalehrer ausbilden lassen und Kurse in Ayurveda-Massage belegen.

Kovalam

☎0471

Früher war Kovalam ein ruhiges Fischerdorf hinter einigen halbmondförmigen Strandbuchten, heute ist es der am stärksten bebaute Ferienort in Kerala. Kovalam mag sehr touristisch und voller Hotelburgen an der Küste sein, hat aber noch einen gewissen Reiz. Am Wasser kann man viel Spaß haben. Natürlich gibt's aber auch jede Menge Schlepper und Touristenramsch.

Gefahren & Ärgernisse

Frauen im Bikini ziehen oft die Blicke der Männer auf sich – aber das ist wohl eher lästig als gefährlich. Wenn frau aus dem Wasser kommt, sollte sie sich also besser mit einem Sarong bedecken.

An beiden Enden des Lighthouse Beach gibt es starke Strömungen, denen jedes Jahr mehrere Schwimmer zum Opfer fallen. Daher nur in dem von Flaggen markierten und von Rettungsschwimmern bewachten Bereich baden! Die grüne Flagge markiert die sicheren Bereiche, die rote steht für Gefahr.

In Kovalam gibt es häufig Stromausfälle, und die Fußwege hinter dem Lighthouse Beach sind nicht beleuchtet – also nach Einbruch der Dunkelheit eine Taschenlampe dabeihaben!

Sehenswertes & Aktivitäten

Leuchtturm AUSSICHTSPUNKT
(Inder/Ausländer 10/25 ₹, Foto/Video 20/25 ₹; ⏲15–17 Uhr) Wer Kovalams Leuchtturm erklimmt, wird mit einem schier endlosen Ausblick über die Küste belohnt. Menschen mit Höhenangst und Kinder sollten auf den Aufstieg lieber verzichten.

Santhigiri MASSAGE
(☎2482800; www.santhigiriashram.org; nahe dem Lighthouse Beach; ⏲8–20 Uhr) Wen es nach ausgezeichneten Massagen und Ayurveda-Behandlungen gelüstet, der ist hier richtig. Für 750/900 ₹ pro 60/90 Minuten bekommt man eine vierhändige Massage, während man dem Rauschen der Wellen draußen lauscht. Die 21-tägige Panchakarma-Kur (innere Reinigung) kostet 64 250 ₹, inklusive Verpflegung und Unterbringung in großen, luftigen Zimmern.

Schlafen

In Kovalam gibt's zahllose Hotels. Trotzdem kosten die zunehmend seltener werdenden Budgetunterkünfte hier mehr als anderswo. Die teuersten Unterkünfte sind die Anlagen am Strand mit tollem Blick aufs Meer. Ein wesentlich besseres Preis-Leistungs-Verhältnis bieten die kleineren

Unterkünfte im Labyrinth der Gassen hinter dem Strand inmitten von Palmenhainen und Reisfeldern. Weitere Spitzenklassehotels sind im Abschnitt „Rund um Kovalam" aufgeführt.

LP TIPP **Beach Hotel II** HOTEL $$$
(☎2481937; www.thebeachhotel-kovalam.com; Zi. 3000 ₹, mit Klimaanlage 4000 ₹; ❄) Das superschicke Hotel mit dem besten Blick auf den Strand ist ein neuer Ableger des Beach Hotel. Die Zimmer haben Spiegelglasfenster, Terrassen und ein Dekor von schlichter Eleganz: bunte Bettdecken und Vorhänge und weiße Wände. In dem Hotel befindet sich auch das neue Terrassenrestaurant Oasia.

Treetops PENSION $$
(☎2481363; treetopsofkovalam@yahoo.in; Zi. 900 ₹; @) Die freundliche, von Ausländern geführte Pension liegt tatsächlich oben in den Bäumen und garantiert, versteckt vor dem Trubel da unten, schön frische Luft. Die drei hellen, blitzblanken Zimmer haben Hängesessel auf den Terrassen. Der Blick vom Dach ist einfach herrlich. Direkt daneben befindet sich ein Yoga-Zentrum.

Paradesh Inn PENSION $$
(☎9995362952; inn.paradesh@yahoo.com; Paradesh House, Avaduthura; EZ/DZ 1250/1350 ₹; @) Das neben dem Treetops gelegene, ruhige, von einem Italiener geführte Refugium in einem geweißten, blau verzierten Gebäude erinnert an Gebäude auf den griechischen Inseln. Alle Zimmer haben Ventilatoren und draußen einen Hängesessel. Der Blick von der Dachterrasse ist atemberaubend. Außerdem gibt's ein tolles Frühstück.

Beach Hotel PENSION $$
(☎2481937; www.thebeachhotel-kovalam.com; EZ/DZ 1500/2500 ₹) Das superschicke Strandhotel gehört zur inzwischen alteingesessenen German Bakery. Die ockerfarbenen, mit eleganten, künstlerischen Details veredelten Zimmer verströmen minimalistisches Flair. Obendrein befindet sich gleich darüber das Restaurant Waves.

Leela HOTEL $$$
(☎2480101; www.theleela.com; Zi. ab 14 000 ₹; ❄@🛜🏊) Das auf einem großen Grundstück auf der Landzunge nördlich des Hawah Beach gelegene Leela ist das einzige echte Spitzenklassehotel in der Stadt. Es gibt hier drei Swimmingpools, ein Ayurveda-Zentrum, einen Fitnessraum, zwei Privatstrände, mehrere Restaurants u. v. m. Die Zimmer sind aufwendig mit historischen Details, farbenfrohen Stoffen und Kunstwerken aus Kerala ausgestattet.

Sea Flower HOTEL $
(☎2480554; www.seaflowerbeachresort.com; Zi. unten 750 ₹, oben 900 ₹) Direkt neben dem Beach Hotel II bietet das etwas schlichtere Sea Flower einen ähnlichen Ausblick zu kleineren Preisen. Die Zimmer sind einfach und schlicht, aber frisch gestrichen.

Dwaraka Lodge PENSION $
(☎2480411; DZ 450–500 ₹) Die regelmäßige Überpinselung hilft dabei, die Kriegsverletzungen des altersschwachen Oldtimers zu vertuschen. Das freundliche Dwaraka ist die preisgünstigste Unterkunft am Strand. Drinnen ist nichts luxuriös, aber die Laken und das schlichte Bad sind sauber.

Hotel Greenland PENSION $
(☎2486442; hotelgreenlandin@yahoo.com; Zi. 500–1000 ₹) Überaus freundlicher Familienbetrieb. Die renovierten Zimmer in dem mehrstöckigen Komplex bekommen jede Menge Tageslicht ab, und manche haben sogar kleine Kochnischen für Selbstversorger. Auf Anfrage kocht Will für die Gäste leckeres Essen.

Green Valley Cottages PENSION $
(☎2480636; indira_ravi@hotmail.com; Zi. 500–1000 ₹) Die ruhige Anlage liegt etwas nach hinten versetzt inmitten von Bäumen. Hier lässt sich die Stille so richtig genießen. Die Zimmer sind schlicht, bieten aber von der Vorderterrasse einen schönen Ausblick. Ein klein wenig weiter oben am Hügel kann man auch ein ganzes Haus beziehen (1000 ₹/Tag).

Maharaju Palace PENSION $$
(☎2485320; www.maharajupalace.in; DZ 1800 ₹) Eher ein ruhiges Refugium als ein Palast. Die Pension hat mehr Charakter als vergleichbare andere Häuser – mit Holzmöbeln, darunter auch Himmelbetten, und verschiedenfarbigen Moskitonetzen. Die Frühstücksterrasse zieren kitschige Kandelaber.

Hotel Sky Palace PENSION $
(☎9745841222; Zi. unten/oben 500/900 ₹) Das kleine, zweistöckige Haus liegt an einer schmalen Gasse. Die verschiedenfarbigen Zimmer sind gepflegt. Im ganzen Haus sind dunkle, fast maskulin anmutende Fliesen verlegt. Die Zimmer im Erdgeschoss sind etwas billiger, ansonsten aber gleich ausgestattet.

Kovalam

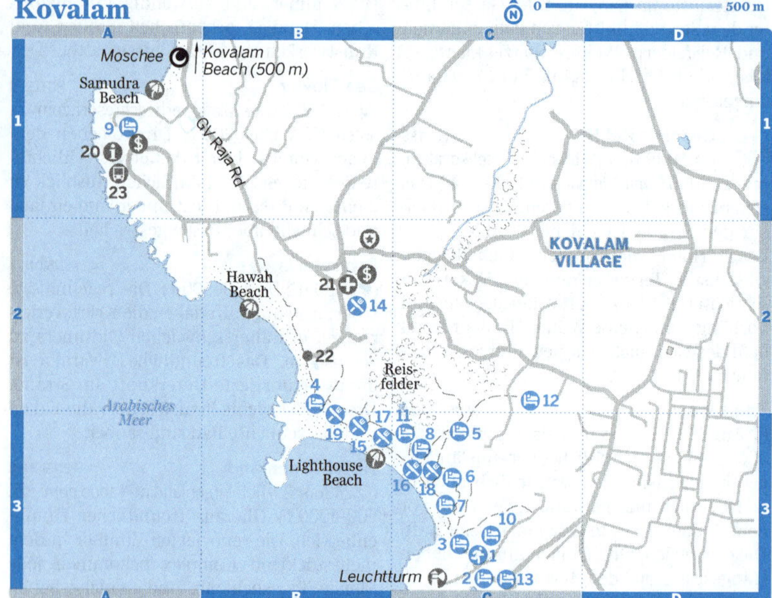

Varmas Beach Resort RESORT $$
(☎2480478; vijayavarmabeachresort@hotmail.com; Lighthouse Rd; EZ/DZ 1800/3000 ₹, mit Klimaanlage 2500/5500 ₹; ❄) Die Fassade ist auf Kerala-Art holzgetäfelt, und die luftigen Zimmer bieten einen hervorragenden Blick und bequeme Sitzbereiche auf den privaten Balkonen. Trotzdem sind die Preise überzogen – am besten versucht man's mal in der Nebensaison.

Jeevan Ayurvedic Beach Resort RESORT $$
(☎2480662; www.jeevanresort.net; DZ ab 2400 ₹, mit Klimaanlage 3700 ₹; ❄≋) Die Gäste erwarten unaufdringlich dekorierte Zimmer von ordentlicher Größe mit Badewannen sowie ein verführerischer, sauberer Pool. Die Zimmer oben haben Balkone mit Meerblick.

Moon Valley Cottage PENSION $
(☎9446100291; sknairkovalam@yahoo.com; DZ ab 500 ₹, Apt. oben 1000 ₹) Außer Palmen gibt's hier weit und breit nichts. Die Zimmer sind von ordentlicher Größe, und die ganze Anlage ist schön friedlich.

Aparna PENSION $$
(☎2480950; www.aparnahotelkovalam.com; EZ/DZ 1500/1750 ₹) Das Aparna besitzt eine Handvoll hübscher, seltsam geschnittener kleiner Zimmer – alle gemütlich mit eigenem Balkon, schönem Meerblick und willkommener Meeresbrise.

Essen

Jeden Abend kann man in Dutzenden Freiluftrestaurants am Strand den Fang des Tages bestaunen – einfach einen Fisch aussuchen, den Preis aushandeln und die Art der Zubereitung bestimmen (rund 150 ₹/Gericht, Riesengarnelen ab 400 ₹). Die Speisekarten und die Preise sind überwiegend gleich; es kommt also nur darauf an, welches Ambiente einem zusagt. Die Lokale ohne Schanklizenz servieren alkoholische Getränke nur in Tassen oder halten die Flaschen diskret versteckt.

Malabar Cafe INDISCH $$
(Hauptgerichte 90–300 ₹) Die voll besetzten Tische verraten es schon: In dem Lokal mit Plastikstühlen, abendlichem Kerzenschein und Blick zwischen Kübelpflanzen hindurch aufs Wasser ist das Essen lecker und der Service gut.

Suprabhatham KERALESISCH $
(Gerichte 45–80 ₹) Das gemütliche, kleine Vegetarierlokal tischt in rustikaler Umgebung ausgezeichnete authentische Kerala-Speisen zu Spottpreisen auf. Es liegt abgeschieden und traulich zwischen Palmenhainen,

Kovalam

Aktivitäten, Kurse & Touren
1 Santhigiri C3

Schlafen
2 Aparna C3
Beach Hotel .... (siehe 16)
3 Beach Hotel II C3
4 Dwaraka Lodge B2
5 Green Valley Cottages C3
6 Hotel Greenland C3
7 Hotel Sky Palace C3
8 Jeevan Ayurvedic Beach Resort C3
9 Leela A1
10 Maharaju Palace C3
11 Moon Valley Cottage C3
12 Paradesh Inn C2
Sea Flower .... (siehe 3)
Treetops .... (siehe 12)
13 Varmas Beach Resort C3

Essen
14 Devi Garden Restaurant B2
15 Fusion B3
16 Waves C3
17 Malabar Cafe B3
18 Suprabhatham C3
19 Swiss Cafe B3

Praktisches
20 Tourist Facilitation Centre A1
21 Upasana Hospital B2

Transport
22 Autorikscha- & Taxistand B2
23 Bushaltestelle A1

und man kann draußen unter den Sternen begleitet vom Zirpen der Grillen essen.

Waves INTERNATIONAL $$
(Hauptgerichte 100–480 ₹) Mit seinem breiten dunkelorangefarbenen Balkon, der stimmungsvollen Hintergrundmusik und der breit gefächerten Speisekarte mit allem Möglichen von Weißkraut mit Schinken bis hin zu Thai-Currys ist das Waves ein Magnet für ausländische Touristen.

Swiss Cafe CAFÉ $$
(Hauptgerichte 70–410 ₹) Die Location an sich ist zwar hübsch – es gibt einen Balkon oben und jede Menge Korbstühle –, aber die Speisekarte bietet nichts anderes als andere Lokale auch, mal abgesehen von ein paar Schweizer Gerichten (soll heißen: Es gibt Schnitzel).

Fusion FUSION $$
(Hauptgerichte 120–440 ₹) Das abgefahrene Lokal hat eine kreative Speisekarte, auf der Ost auf West trifft und es Gerichte wie im Ofen gebackene Tomaten mit Kräuterkruste auf Nudeln mit Ingwer und Cashewkernen oder in Wodka gedünsteten Hummer gibt. Hier bekommen durstige Traveller außerdem Kaffee aus der Press-Stempelkanne sowie Kräutertees.

Devi Garden Restaurant INDISCH $
(NUP Beach Rd; Hauptgerichte 50–150 ₹; ⌚7.30–23 Uhr) Der Begriff „Gartenrestaurant" ist ein bisschen übertrieben, aber der winzige Familienbetrieb bringt richtig tolle vegetarische und nichtvegetarische indische Speisen zu angenehm günstigen Preisen auf seine Tische.

☆ Unterhaltung

In der Hauptsaison wird fast jeden Abend irgendwo eine gekürzte Kathakali-Version aufgeführt – wo und wann, erfährt man im Tourist Facilitation Centre.

Praktische Informationen

Fast jedes Geschäft und Hotel wechselt Geld. In Kovalam gibt's einen Geldautomaten der National Bank of India und am Krankenhaus einen **Geldautomaten** von CBS, die beide Visa-Karten akzeptieren. Ansonsten findet man Geldautomaten der Federal Bank und von ICICI an der Kovalam Junction. Überall verstecken sich kleine **Internetcafés** (30–50 ₹/Std.).

National Bank of India (⌚Mo–Fr 10.30–13.30, Sa 10.30–12 Uhr) In der Nähe vom Resort Leela. Wechselt Geld.

Post (Kovalam Beach Rd; ⌚Mo–Sa 9–13 Uhr)

Tourist Facilitation Centre (☎2480085; ⌚9.30–17 Uhr) Die hilfreiche Touristeninformation befindet sich im Eingangsbereich des Kovalam Beach Resort.

Upasana Hospital (☎2480632) Hat englischsprachige Ärzte, die kleinere Erkrankungen behandeln.

An- & Weiterreise

BUS Busse verbinden Kovalam und Thiruvananthapuram (9 ₹, 30 Min., 5.30–22.10 Uhr alle 20 Min.); Abfahrt ist am Eingang vom Leela Resort. Täglich fahren zwei Busse nach Ernakulam (140 ₹, 5½ Std.), mit Zwischenhalt in Kallambalam (nach Varkala, 50 ₹, 1½ Std.), Kollam (70 ₹, 2½ Std.) und Alappuzha (110 ₹, 4 Std.). Es gibt um 6.30 Uhr noch einen Bus über Kottayam nach Ernakulam, der an Varkala vorbeifährt.

MOTORRADVERLEIH **Voyager Travels** (☎9847065093) vermietet Motorroller und Enfields (rund 400/550 ₹/Tag), hat aber kein eigenes Büro.

TAXI Eine Taxifahrt zwischen Thiruvananthapuram und dem Strand von Kovalam kostet ungefähr 400 ₹.

Rund um Kovalam

SAMUDRA BEACH

Am Samudra Beach, rund 4 km nördlich von Kovalam, schießen immer mehr Ferienanlagen aus dem Boden, wo bis vor Kurzem nur ein kleines Fischerdorf war. Hier ist es zwar relativ ruhig, aber der steile, raue Strand ist nur im Dezember und Januar zum Baden geeignet.

Auf einem mehr als 5 ha großen grünen Gelände befindet sich das **Taj Green Cove** (☎2487733; www.tajhotels.com; Zi. 12500–30000 ₹; ❄@📶🏊), das zu einer schicken indischen Hotelkette gehört. Gäste wohnen in überwältigenden einzelnen Chalets mit in den Boden eingelassenen Badewannen und können einen verführerischen Infinity Pool, mehrere Restaurants (eines davon am Strand) und ein Spa in Anspruch nehmen.

PULINKUDI & CHOWARA

Etwa 8 km südlich von Kovalam sind zwischen scheinbar unendlich vielen sich im Wind wiegenden Palmen, malerischen Dörfern und ein paar leeren goldenen Sandstränden einige verlockende Alternativen zum überfüllten Zentrum von Kovalam zu finden.

Wer ernsthaft an Ayurveda-Behandlungen interessiert ist, kann sich an das renommierte **Dr. Franklin's Panchakarma Institute** (☎2480870; www.dr-franklin.com; Chowara; EZ ab 38 €, DZ 55 €; @📶) wenden, das eine preisgünstigere Alternative zu den glitzernden Resorts ist. Die Tagesbehandlung mit Vollpension kostet 56 €. Die Unterkunft ist ordentlich und komfortabel, kommt aber nicht an ein Resortquartier heran. Es gibt Therapieangebote für alle möglichen Dinge, z. B. für Rückenprobleme, zur Reinigung bzw. Entgiftung, zur Entspannung und zum Stressabbau.

Eine erstklassige Rückzugsmöglichkeit bieten die in einem Palmenhain oberhalb der tosenden See gelegene **Surya Samudra Private Retreats** (☎2480413; www.suryasamudra.com; Pulinkudi; Zi. mit Frühstück 14100–42900 ₹; ❄🏊) mit 22 alten Kerala-Wohnhäusern, die hierher versetzt wurden und mit Himmelbetten und Bädern unter freiem Himmel ausgestattet sind. Es gibt einen Infinity Pool, der aus einem einzigen Granitblock gemeißelt wurde, Ayurveda-Behandlungen und tolle Yoga-Plattformen unter freiem Himmel.

Das paradiesische **Somatheeram** (☎2266501; www.somatheeram.org; Pulinkudi; EZ/DZ ab 72/80 €; ❄🏊) inmitten eines Gartens voller Pflanzen ist ideal für eine Auszeit mit Ayurveda und Yoga. Die Unterkünfte reichen von schlichten Hütten bis zu luxuriöseren Häusern. Wer nicht gleich ein ganzes Kurpaket (mit Verjüngungs- und Schlankheitskur usw.) buchen will, kann die einzelnen Anwendungen auch separat bezahlen.

🍃 **Bethsaida Hermitage** (☎2267554; www.bethsaidahermitage.com; Pulinkudi; EZ/DZ mit Klimaanlage ab 40/60 €, mit Meerblick ab 70/80 €; ❄) ist ein etwas anderes Resort. Die karitative Organisation unterstützt zwei nahe gelegene Waisenhäuser und ein Altersheim. Zugleich ist es ein einladendes, etwas altmodisches Refugium am Strand. Es gibt einen zurechtgestutzten Garten, freundliche Angestellte und perfekt grüne Rasenflächen. Zur Auswahl steht eine Reihe von Cottages – von großen Zimmern mit goldenen Friesen bis hin zu geräumigen, kühlen Hütten im Kerala-Stil.

Das direkt neben einem schönen Strand gelegene **Thapovan Heritage Home** (☎2480453; www.thapovan.com; EZ/DZ ab 2650/3100 ₹) ist eine Alternative der Mittelklasse. Einen Pool, Klimaanlagen oder Fernseher sucht man hier vergebens, aber man hat die Auswahl zwischen preisgünstigen, schlichten Zimmern (manche bieten Ausblick auf den nur ein paar Schritte entfernten Strand) und teureren Kerala-Teakhütten mit etwas altmodischen Holzmöbeln. Es gibt auch Ayurveda-Anwendungen von einstündigen Massagen bis zu 28-tägigen Kuren.

Padmanabhapuram-Palast

Dieser **Palast** (☎04651-250255; Inder/Ausländer 25/200 ₹, Foto/Video 25/1500 ₹; ⊙Di–So 9–13 & 14–16.30 Uhr) mit kunstvoll geschnitzten Decken und lackierten Teakholz-Balken gilt bis heute als bestes Beispiel der traditionellen Kerala-Architektur. Teile von ihm lassen sich auf das Jahr 1550 datieren, und da jeder einzelne Herrscher seine Spuren hinterlassen wollte, wurde der Komplex immer weiter und prunkvoller ausgebaut, bis er 14 Paläste umfasste, die heute noch erhalten sind.

Der weltweit größte aus Holz gefertigte Palastkomplex Asiens war einst der Sitz der Herrscher von Travancore, eines Fürstenstaats, der Teile von Tamil Nadu und Kerala umfasste. Das Innere ist prunkvoll: Teakholz und Granit, mit Schnitzereien verzierte Decken aus Rosenholz, Wandschirme im chinesischen Stil und tiefschwarz lackierte Böden.

Padmanabhapuram liegt ungefähr 60 km südöstlich von Kovalam. Man steigt in Kovalam (oder Thiruvananthapuram) in den Regionalbus Richtung Kanyakumari und steigt in Thuckalay aus. Von dort sind es nur noch 15 Minuten zu Fuß; man kann die kurze Strecke auch mit einer Autorikscha fahren. Als Alternative kann man an einer von der KTDC organisierten Tour ab Thiruvananthapuram teilnehmen oder mit dem Taxi (hin & zurück ab Thiruvananthapuram oder Kovalam ca. 1500 ₹) fahren.

Varkala

☎0470 / 42 273 EW.

Das gefährlich nah am Rand schwindelerregender Klippen thronende Varkala ist wunderschön gelegen und ein entspannter, auf Backpacker ausgerichteter Ferienort. An die Klippen schmiegt sich ein goldener Sandstrand, an dem Restaurants ununterbrochen elektronische Musik spielen und die Buden alles verkaufen, was Traveller brauchen könnten: folkloristische T-Shirts, Pluderhosen und Silberschmuck. Auch wenn diese Art von Kommerz ziemlich nervig sein kann, ist Varkala noch immer ideal, um Tage und Wochen zu vertrödeln. Der Strand ist für die Hindus ein heiliger Ort, wo sie mithilfe der Priester, die unter dem Hindustan Hotel ihr Geschäft betreiben, Opfergaben für ihre verstorbenen Liebsten darbringen. Traveller können die Tage verstreichen lassen und das bunte Treiben beobachten: die Fischer, die hinduistischen Rituale, die Volleyball spielenden Gäste, die Einheimischen am Strand und die umherstreifenden Backpacker, die den Strand belagern.

Gefahren & Ärgernisse

An den Stränden von Varkala herrschen starke Strömungen, die selbst gute Schwimmer schon abgetrieben haben. Der hiesige Strandabschnitt zählt zu den gefährlichsten in Kerala. Daher sollte man vorsichtig sein und nur innerhalb des von Flaggen markierten Bereichs schwimmen oder die Rettungsschwimmer nach der sichersten Badestelle fragen.

Frauen im Bikini oder Badeanzug könnten am Strand von Varkala unangenehmen Blicken ausgesetzt sein – die Einheimi-

KERALA GANZ VORN

Kerala war der weltweit erste Staat, in dem bei demokratischen Wahlen eine kommunistische Regierung gewählt wurde; das war 1957. Die einzigartige Verbindung von Demokratie und Sozialismus in Kerala hat eindrucksvolle Erfolge mit sich gebracht.

Der Wirtschaftswissenschaftler und Nobelpreisträger Amartya Sen bezeichnete Kerala als „den sozial fortschrittlichsten Staat Indiens". Eine große Rolle für Keralas Fortschritte spielen die Landreform und der Schwerpunkt auf Infrastruktur, Gesundheits- und Bildungswesen. Die Alphabetisierungsrate beträgt 91% und ist eine der höchsten in den Entwicklungsländern, wobei die starke Bildungstradition Jahrhunderte zurück bis in die Zeit philanthropischer Radschas und engagierter Missionare reicht. Die Kindersterblichkeitsrate in Kerala beträgt nur ein Fünftel des landesweiten Durchschnitts, und die Lebenserwartung liegt hier bei 73 Jahren – zehn Jahre höher als im Rest des Landes.

Trotzdem ist hier nicht alles so rosig. Weil es keinerlei industrielle Entwicklung gibt und ausländische Investitionen darum ausbleiben, bekommen viele gut ausgebildete junge Leute keine Chance, ihre ehrgeizigen Ziele zu verwirklichen. Das erklärt vielleicht, warum Kerala die höchste Selbstmordrate und den höchsten Alkoholkonsum des Landes hat. Große Hoffnungen setzt die Wirtschaft in den gegenwärtigen Touristenboom, von dem Kerala als eines der beliebtesten Reiseziele Indiens besonders profitiert. Also: Danke fürs Kommen und Gratulation dazu, Teil der Lösung zu sein!

Varkala

schen ziehen sich am Strand nicht aus. Um sich respektvoll gegenüber den hiesigen Sitten zu zeigen und unerwünschte Aufmerksamkeit zu vermeiden, sollte man sich beim Verlassen des Wassers in einen Sarong einwickeln. Trotzdem ist es gut zu wissen, dass die Polizei an den Stränden patrouilliert und die Gaffer und Straßenverkäufer zum Weitergehen bewegt. Es ist auch ratsam, sich angemessen zu kleiden, vor allem, wenn man in den Ort geht.

Es scheint, als hätte hier absolut jeder ein Ayurveda-Produkt bzw. Anwendungen im Angebot. Die meisten sind aber keine qualifizierten Fachleute. Daher Tipps einholen, ehe man sich in fremde Hände begibt!

Sehenswertes

Janardhana-Tempel HINDU-TEMPEL

Varkala ist eine Tempelstadt, und ihre Hauptattraktion ist der Janardhana-Tempel, der farbenfroh über die Beach Rd aufragt. Nicht-Hindus dürfen ihn nicht betreten. Manchmal dürfen Besucher aber auf das Gelände, wo eine riesige Banyan-Feige und Schreine für Ayyappan, Hanuman und andere hinduistische Gottheiten stehen.

Sivagiri Mutt HEILIGE STÄTTE

(☎2602807; www.sivagiri.org) Der Ashram ist Shri Narayana (1855–1928), dem prominentesten Guru in Kerala, geweiht und beherbergt gleichzeitig die Zentrale des Shri Narayana Dharma Sanghom Trust. Das Haus ist auch eine beliebte Pilgerstätte, und der ansässige Swami plaudert gerne mit den Besuchern.

Aktivitäten

Eine Reihe von Pensionen bietet für 200 bis 300 ₹ pro Sitzung **Yoga** an. **Bodyboards** können am Strand für 100 ₹ geliehen werden. Achtung: Es herrschen starke Strömungen!

Laksmi's MASSAGEN

(☎9895948080; Clafouti Beach Resort; Maniküre/Pediküre ab 400/600 ₹, Henna 300 ₹, Massage 800 ₹; ⌚9–19 Uhr) Das winzige Haus hat diverse Anwendungen im Angebot, u.a. Epilation mit Wachs oder mit einem Faden sowie Massagen (nur für Frauen).

Olympia House MASSAGEN

(☎9349439675; Massage 600 ₹) Mr. Omanakuttan ist ein qualifizierter Massagelehrer für Ayurveda und andere Techniken.

Eden Garden MASSAGEN

(☎2603910; www.eden-garden.net; Massage ab 1000 ₹) Bietet exklusivere Ayurveda-Anwendungen; es gibt Einzelbehandlungen und Pakete.

Varkala

Sehenswertes
1 Janardhana-Tempel D3

Aktivitäten, Kurse & Touren
Eden Garden ......(siehe 4)
2 Laksmi's A2
3 Olympia House B2

Schlafen
4 Eden Garden C3
5 Guest House Varkala C2
6 Jicky's B2
7 Kerala Bamboo House A2
8 New Heaven A1
Puthooram ......(siehe 9)
9 Santa Claus Village Resort A2
10 Sea Breeze A1
11 Sea Pearl Chalets B3
12 Taj Gateway Hotel C3
13 Villa Anamika A2

Essen
14 Café del Mar B2
15 Hungry Eye Kitchen A2
16 Juice Shack B2
17 Nothin' Doing B3
18 Oottupura Vegetarian Restaurant B2
19 Sreepadman D3
20 Trattorias A1

Transport
21 Autorikschastand D3
22 Autorikschastand B3

Schlafen

Die meisten Unterkünfte konzentrieren sich an den nördlichen Klippen. Manche öffnen nur während des Travelleransturms im November. Der weniger erschlossene Odayam Beach, von Varkalas schwarzem Strand aus ungefähr 1 km weiter nördlich, ist eine ruhige Alternative.

Das Schleppergeschäft floriert – also muss man aufpassen, dass einen der Rikschafahrer auch tatsächlich an den gewünschten Ort bringt.

LP TIPP **Pink Aana** RESORT $
(☎9746981298; www.pinkaana.at; Zi. 650–800 ₹) Der „Rosafarbene Elefant" am ruhigen Odayam Beach nördlich von Varkala hat nur vier aus Kokosholz und Bambus gefertigte Holzbungalows mit eigener Veranda. Sie sind sparsam, aber stilvoll eingerichtet und wegen ihres Preis-Leistungs-Verhältnisses die beste Alternative an diesem Strand. Es gibt hier auch ein Restaurant (Gerichte rund 200 ₹). Herkommen, solange der Strand noch nicht durch weitere Bauten ruiniert ist!

Villa Jacaranda PENSION $$$
(☎2610296; www.villa-jacaranda.biz; DZ mit Frühstück 4600–5600 ₹) Das romantische Refugium ist das Nonplusultra in Sachen dezentem Luxus. In dem großen Haus gibt's nur eine Handvoll riesiger, heller Zimmer mit Balkon und schicker Mischung aus minimalistisch-modernen und historischen Details. Das köstliche Frühstück wird auf der eigenen Veranda serviert.

Eden Garden RESORT $$
(☎2603910; www.edengarden.in; Zi. ab 1200 ₹, Luxussuite 5500 ₹) Das rund um einen üppigen Lilienteich gelegene Resort mit Blick auf friedvolle Reisfelder verfügt über Zimmer mit hohen Holzdecken und schönen Holzmöbeln. Die Suiten sind so geschnitten, dass sie aussehen wie außerirdische weiße Pilze, aber drinnen sind sie romantisch und fantastisch mit aufwändigen Anstrichen, runden Betten und mosaikverzierten, runden Bädern ausgestattet. Hier befindet sich auch ein empfehlenswertes Ayurveda-Zentrum.

Taj Gateway Hotel HOTEL $$$
(☎6673300; www.tajhotels.com/gateway; EZ/DZ 4400/5200 ₹; ❄@≋) Das umgebaute und renovierte frühere Taj Varkala sieht wirklich verführerisch aus – vor allem die neuen Zimmer: Die Betten sind mit schimmernden Bettdecken und mokkafarbenen Kissen bedeckt, und die Bäder haben Duschkabinen aus Glas und elektrisch betriebene Jalousien. Außerdem gibt's hier einen fantastischen Pool (Nicht-Gäste 400 ₹).

Jicky's PENSION $$
(☎2606994; www.jickys.com; EZ 400 ₹, DZ 600–1750 ₹, Cottage 900–1000 ₹) Das familienbetriebene, freundliche Jicky's liegt etwas zurückversetzt inmitten von Palmenhainen. Die hübschen, frischen Standardzimmer sind von viel Grün umgeben. Inzwischen gibt es auch zwei Doppelzimmer-Cottages und ein paar größere Zimmer für drei bis vier Personen in zwei kleineren geweißten Gebäuden mit Fensterläden aus Holz.

Puthooram RESORT $$
(☎3202007; www.puthooram.com; Zi. 500–2000 ₹, mit Klimaanlage 2500–3000 ₹) Wenn Gartenzwerge Ferien machen würden, kä-

men sie garantiert hierher. Die mit Holz vertäfelten Bungalows liegen rund um einen reizenden kleinen Garten. Die Zimmer mit Meerblick sind teurer.

Villa Anamika PENSION $$
(☎2600096; www.villaanamika.com; Zi. 500–2500 ₹, Cottages 3500 ₹; ❄) Die von einem keralesisch-deutschen Pärchen geführte Pension hat geräumige Zimmer, die gemütlich eingerichtet und mit Kunstwerken des Hausbesitzers Chicku dekoriert sind. Die teureren Zimmer bieten Meerblick. Ein Bonus ist der gepflegte kleine Garten hinter dem Haus.

Guest House Varkala PENSION $
(☎2602227; DZ 220 ₹, mit Klimaanlage 440 ₹) Das staatlich geführte Gästehaus mit mehreren Zimmern in riesigen Bungalows im Kerala-Stil gehörte früher zu einem Palastkomplex. Die günstigen Unterkünfte sind zwar spartanisch, aber mit viel lackiertem Holz eingerichtet und haben unglaublich hohe Decken.

New Heaven PENSION $$
(☎9846074818; newheavenbeachresort@yahoo.com; Zi. 900–1000 ₹) Das New Heaven verfügt über einen einfachen Zugang zum Black Beach und eine tolle Aussicht vom Obergeschoss aus. Die geräumigen Zimmer sind schlicht, etwas trist und haben blaue Badezimmer. Draußen hängen Korbstühle, in die man sich reinfallen lassen kann.

Sea Pearl Chalets RESORT $$
(☎2660105; www.seapearlchalets.com; DZ ab 1500 ₹) Umgeben von gepflegtem Rasen thronen gefährlich auf den südlichen Klippen Varkalas diese schlichten kleinen Hütten mit unschlagbarer Aussicht. Man sollte hier auf jeden Fall mal übernachtet haben – bevor sie ins Meer stürzen.

Kerala Bamboo House RESORT $$
(☎9895270993; www.keralabamboohouse.com; Hütte DZ 1500–2000 ₹) An diesem beliebten Fleckchen sorgen Dutzende hübscher Hütten im Bali-Stil, die sich mitten in einem getrimmten Garten auf einer Hügelspitze zusammendrängen, für das ultimative Bambushütten-Erlebnis. Manche Hütten sind hübscher als andere (sie sind beispielsweise holzvertäfelt und haben Duschen im Freien) – also sollte man sich ein paar zeigen lassen. Die billigeren haben kein Warmwasser.

Santa Claus Village Resort RESORT $$
(☎9249121464; www.santaclausvillageresort.com; Zi. ab 500 ₹, mit Meerblick 1000 ₹, mit Klimaanlage ab 1500 ₹; ❄📶) In dem kleinen, aber reizvollen Resort vor den Klippen kommen Gäste in kleinen Zimmern in traditionellen Kerala-Häusern mit bezaubernden Möbelstücken und viel Teakholz unter. Die vier Zimmer vorne mit Fenstern zum Meer sind ihren Preis wirklich wert.

Sea Breeze PENSION $$
(☎2603257; www.seabreezevarkala.com; Zi. 1500 ₹, mit Klimaanlage 2200–3000 ₹; ❄) Die großen, ordentlichen, wenn nicht sogar langweiligen Zimmer in dem rosafarbenen Gebäude sind alle zum Meer hin gelegen und teilen sich eine große Veranda – perfekt zum Plausch bei Sonnenuntergang!

Essen

Die meisten Restaurants in Varkala sind ungefähr zwischen 8 und 23 Uhr geöffnet und bieten den gleichen Mischmasch aus indischer, asiatischer und europäischer Küche, während im Hintergrund leichte Musik dudelt. Am besten schlendert man abends durch Varkala, bis man ein Plätzchen gefunden hat, das einem zusagt. Normalerweise servieren auch die Lokale ohne Schanklizenz Alkohol – aber sehr diskret.

Café del Mar INTERNATIONAL $$
(Gerichte 110–400 ₹) Dies ist die Art von Restaurant, in das man gerne wiederkommt. Der Service ist effizient, der Kaffee gut, die Ventilatoren surren, und eine tolle Lage mit Blick auf die Klippen hat es auch. Welche Tagesgerichte es gibt, steht draußen auf der Tafel angeschrieben.

Trattorias INTERNATIONAL $$
(Gerichte 80–200 ₹) Das Lokal ist smarter als die meisten anderen Trattoria-Filialen. Es gibt eine italienische Espressomaschine und die übliche Speisenauswahl. Das Lokal hat sich aber auf Pasta spezialisiert und sogar japanische Gerichte im Angebot.

Nothin' Doing INDISCH $$
(Hindustan Hotel; Hauptgerichte 120–280 ₹; ⏲7–22.30, 12–15 & 19–22.15 Uhr) Das Dachrestaurant oben in dem Hotel bietet einigermaßen leckeres vegetarisches und nichtvegetarisches Essen. Aber der eigentliche Grund herzukommen, ist der tolle Blick vom Balkon (auf dem nur ein paar Tische stehen) auf die Action am Strand.

Oottupura Vegetarian Restaurant INDISCH $
(Hauptgerichte ab 35 ₹) Das preisgünstige Lokal stemmt sich gegen den Trend und ser-

viert nur vegetarische Speisen. Es gibt eine ansehnliche Auswahl leckerer Gerichte, darunter *puttu* (Reismehl mit Milch, Bananen und Honig) zum Frühstück.

Sreepadman SÜDINDISCH $

(Thali 30 ₹) Wer Lust auf spottbillige, authentische Kerala-Spezialitäten wie Dosa (hauchdünne Pfannkuchen aus Linsenmehl) und Thali hat und dabei von Rikschafahrern statt von Touristen umgeben sein will, sollte dem unscheinbaren Sreepadman einen Besuch abstatten. Es bietet auch eine hübsche Aussicht und hinten einen netten Sitzbereich.

Hungry Eye Kitchen INTERNATIONAL $$

(Gerichte 70–160 ₹) Weil sich das Restaurant über mehrere Etagen erstreckt, haben alle Gäste einen uneingeschränkten Blick aufs Meer. Die Spezialität sind thailändische Gerichte – die Küche zaubert rote und grüne Currys sowie die üblichen für Varkala typischen Gerichte.

Juice Shack CAFÉ $

(Saft 50 ₹, Snacks 30–150 ₹; ⌚7–19 Uhr) Abgefahrene kleine Saftbar, in der mittwochs und samstags ein Buffet aufgebaut wird (250 ₹).

Unterhaltung

In der Hauptsaison gibt es ständig Kathakali-Aufführungen – auf die Aushänge vor Ort achten!

Praktische Informationen

Der Geldautomat an der Temple Junction akzeptiert Visa-Karten und ist rund um die Uhr zugänglich. Weitere Geldautomaten sind im Zentrum Varkalas zu finden. Viele der Reisebüros entlang der Klippen nehmen Barauszahlungen auf Kreditkarten vor und lösen Reiseschecks ein. Oben auf den Klippen gibt's diverse **Internetcafés** (rund 40 ₹/Std.). E-Mails öfter abspeichern, denn Stromausfälle sind keine Seltenheit!

Post (⌚Mo–Sa 10–14 Uhr) Nördlich der Temple Junction.

An- & Weiterreise

Züge nach Thiruvananthapuram (2. Klasse/ AC Chair Class 21/140 ₹, 1 Std.) und Kollam (17/140 ₹, 30 Min.) fahren häufig, nach Alappuzha (35/153 ₹, 2 Std.) dreimal am Tag. Es ist möglich, dass man rechtzeitig in Kollam ankommt, um mit der morgendlichen Flussfähre nach Alappuzha (S. 292) weiterzufahren. An der Temple Junction halten täglich drei Busse auf ihrem Weg nach Thiruvananthapuram (30 ₹, 1½–2 Std.), darunter einer nach Kollam (25 ₹, 1 Std.).

Unterwegs vor Ort

Vom Bahnhof zum Strand in Varkala sind es etwa 2,5 km, die man mit einer Rikscha (40–50 ₹) zurücklegen kann. Regelmäßig verkehren Busse zwischen Bahnhof und Temple Junction (4 ₹).

An den Klippen kann man überall Motorroller und Enfields mieten (250/350 ₹/Tag).

Kollam (Quilon)

☎0474 / 380 100 EW.

Das kleine und doch lebhafte, aber nicht touristische Kollam (Quilon) ist der südliche Zugang zu Keralas Backwaters. Als einer der ältesten Häfen am Arabischen Meer war es einst ein wichtiges Handelszentrum, das in Scharen römische, arabische und chinesische, später portugiesische, holländische und britische Händler anzog – allesamt gierig danach, Gewürze und die kostbaren Cashewkerne aus der Region in die Hände zu bekommen. Im Ortszentrum geht's ziemlich hektisch zu, aber in der Umgebung findet man die ruhigen Wasserläufe des Ashtamudi-Sees, deren Ufer Kokospalmen, Cashewplantagen und traditionelle Dörfer säumen.

Sehenswertes

Das Beste, was man in Kollam tun kann, ist, die Backwaters rund um **Munroe Island** (s. Geführte Touren, s. unten) zu erkunden. Am Strand von Kollam gibt's einen rustikalen **Fischmarkt**, auf dem die Kunden und Fischer um den Preis des Tagesfangs feilschen. Auch abends wird hier ein Fischmarkt abgehalten (17–21 Uhr). Der lange, aber nicht sonderlich spektakuläre **Strand** liegt 2 km südlich vom Ort; die Fahrt mit der Autorikscha kostet 30 ₹.

Aktivitäten

Janakanthi Panchakarma Centre AYURVEDA

(☎2763014; www.santhigiri.co.in; Vaidyasala Nagar, Asraman North) Das 5 km von Kollam entfernte Ayurveda-Zentrum hat eher Anstalts- als Spa-Flair. Es ist aber wegen seiner sieben- bis 21-tägigen Kuren beliebt. Eine Unterkunft ist für 500 ₹ pro Nacht zu haben. Man kann sich hier auch eine Verjüngungsmassage (750 ₹) verpassen lassen. Eine Autorikscha ab Kollam kostet ca. 140 ₹.

Geführte Touren

LP TIPP **Kanu-Touren** BOOTFAHREN

(400 ₹/Pers.; ⌚9–13.30 & 14–18.30 Uhr) Der DTPC (District Tourism Promoti-

Kollam (Quilon)

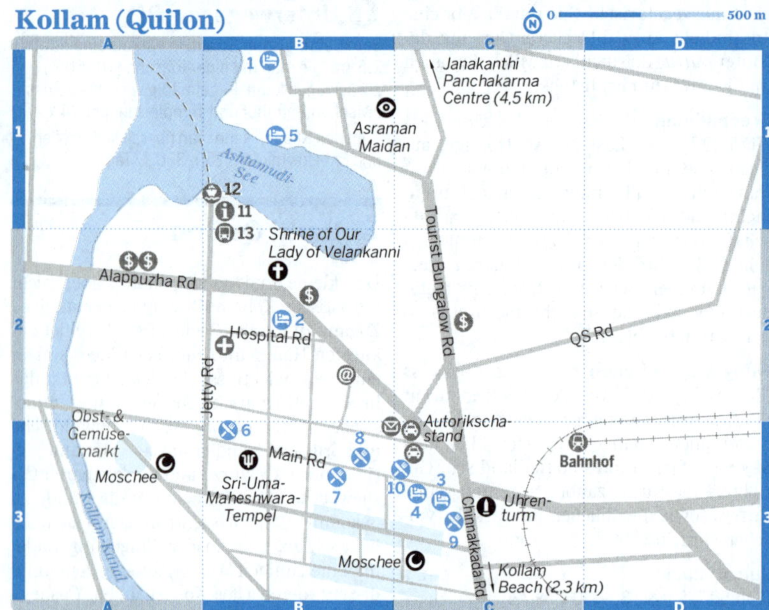

on Council) organisiert tolle Bootstouren durch die Kanäle von Munroe Island und über den Ashtamudi-See. Zunächst wird man 25 km bis zum Ausgangspunkt gefahren, wo der dreistündige Trip mit dem Stechkahn beginnt. Bei den Ausflügen (mit sachkundigen Führern) kann man den Dorfalltag, den Bau eines *kettuvallam* (Reiskahns), die Gewinnung von Toddy (Palmensaft), die Verarbeitung von Kokosfasern, die Krabben- und Fischzucht und im Gewürzgarten Vögel beobachten.

Hausboot-Touren BOOTFAHREN
(Rundfahrt 24 Std. 2/4 Pers. 4000/4500 ₹, Fahrt von Kollam nach Alappuzha 10 000/12 000 ₹) Organisiert vom DTPC.

Feste & Events

Jedes Jahr im April findet in Kollam das **Pooram-Fest** statt. Das **Ashtamudi Craft & Art Festival** (Dez./Jan.) wird alle zwei Jahre veranstaltet.

Schlafen

Das DTPC-Büro hat eine Liste mit **Privatunterkünften** in und rund um Kollam.

Valiyavila Homestay PENSION $$
(☎2701546, 9847132449; www.kollamlakeviewresort.com; Panamukkom; Zi. 1000–2000 ₹, mit Klimaanlage 2500 ₹; ❄@) Die Pension hat eine umwerfende Lage: Sie thront auf einer windumtosten Halbinsel, die auf drei Seiten von den gemächlich dahinplätschernden Backwaters umgeben ist. Die vier riesigen Zimmer haben viele Fenster zum Genießen der Aussicht und der kühleren Meeresbrise. Das Homestay ist auch eine gute Option für Familien. Wer mit dem Boot abgeholt werden möchte, kann vorher anrufen. In Kollam kann man auch die öffentliche Fähre (3 ₹) nehmen oder mit einer Autorikscha (100 ₹) hierher fahren. Das Touristenboot von Alappuzha macht hier einen Zwischenstopp, bevor es in Kollam anlegt.

2013 soll die Anlage geschlossen werden. Der Inhaber, Joseph Prabath, hat die **Ashtamudi Villas** (www.ashtamudivillas.com; DZ 1000 ₹) aufgebaut. Die schlichten Ziegelhütten am Ufer inmitten von Palmen liegen viel näher am Ort.

Nani Hotel HOTEL $$
(☎2751141; Chinnakada Rd; Zi. 1050 ₹, mit Klimaanlage 1600–3000 ₹; ❄@) Das von einem Cashewkern-Magnaten erbaute Boutique-Geschäftshotel in Kollams turbulentem Zentrum hat ein überraschend gutes Preis-Leistungs-Verhältnis. Es ist wunderschön gestaltet, und die Mischung aus traditionellen Kerala- und modernen Elementen

Kollam (Quilon)

Schlafen
1 Government Guest House B1
2 Hotel Sudarsan B2
3 Karuna Residency C3
4 Kodiylil Residency C3
Nani Hotel .... (siehe 9)
5 Tamarind B1

Essen
6 Fayalwan Hotel B3
7 Hotel Guru Prasad B3
8 Indian Coffee House B3
Kedar Restaurant .... (siehe 2)
9 Prasadam C3
10 Vijayalaxmi Cashew Co C3

Praktisches
11 DTPC-Informationszentrum B1

Transport
12 Bootsanleger B1
13 KSRTC-Bushaltestelle B2

sorgt für einen schicken Look. Selbst die billigeren Zimmer sind mit Flachbild-TV, Federkissen und großzügigen Bädern ausgestattet.

Tamarind HOTEL $$
(☎2745538; Zi. mit Klimaanlage 1400 ₹; ❄) Das Hotel mit Blick auf die Backwaters liegt gegenüber vom Fährhafen auf der anderen Seite des Sees und bietet große, luftige, hell orangefarbene, aber ein wenig verwohnte Zimmer mit tollem Ausblick.

Government Guest House PENSION $
(☎2743620; EZ/DZ 220/440 ₹) In einem Überbleibsel aus der Kolonialzeit mit weißen Wänden, hohen, lackierten Fensterläden und schon etwas angestaubter Grandezza ist dieses Gästehaus untergebracht. Die in die Jahre gekommenen Zimmer mit Dielen und hohen Decken sind ein Schnäppchen, aber das Haus liegt isoliert 3 km nördlich des Zentrums am Ashtamudi-See. Im Voraus buchen!

Hotel Sudarsan HOTEL $$
(☎2744322; Alappuzha Rd; www.hotelsudarsan.com; EZ/DZ mit Klimaanlage ab 900/1000 ₹, Deluxe 1200/1400 ₹; ❄) Das recht einladende Hotel rund um einen Innenhof, der als Parkplatz genutzt wird, hat schlichte und langweilige, aber ganz komfortable Zimmer. Die Unterkünfte nach vorne raus bekommen ziemlich viel Lärm ab. Es gibt auch ein gutes Restaurant.

Kodiylil Residency PENSION $
(☎3018030; Main Rd; EZ/DZ 440/550 ₹, mit Klimaanlage 800/900 ₹; ❄) Die knallroten Flure sind allenfalls schummrig beleuchtet, und die zitronengelben Zimmer könnten einen neuen Anstrich vertragen. Eine Schande, dass es so wenig Fenster gibt!

Karuna Residency PENSION $
(☎3263240; Main Rd; EZ/DZ 350/450 ₹, Zi. mit Klimaanlage 700 ₹; ❄) Die kleine Budgetunterkunft verrät langsam ihr Alter, ist aber noch immer in guter Verfassung. Die zentrale Lage in der Nähe vom Bahnhof ist möglicherweise der größte Pluspunkt.

Essen

Prasadam INTERNATIONAL $$
(☎2751141; Chinnakada Rd; Hauptgerichte 60–150 ₹) Das Restaurant im todschicken Nani Hotel hat durch aufwändig gefertigte Kupferreliefs, die Kollams Geschichte zeigen, ein angenehmes Ambiente. Die Speisen, darunter leckere Thalis, sind gut zubereitet.

Kedar Restaurant INDISCH $$
(Hotel Sudarsan; Gerichte 90–150 ₹; ⏲7–23 Uhr) Das kleine verglaste Lokal ist für seine leckere vegetarische und nicht vegetarische Küche bekannt. Die Spezialität ist Hühnchen-Masala.

Fayalwan Hotel INDISCH $
(Main Rd; Gerichte 10–40 ₹) Das ist ein echtes Arbeiterlokal, in dem sich mittags die berufstätigen Inder drängen. Es gibt Sitznischen aus Beton und lange Sitzbänke. Das Hammel-Biryani (45 ₹) probieren!

Hotel Guru Prasad INDISCH $
(Main Rd; Gerichte 24 ₹) In einem hübschen Gebäude aus der Kolonialzeit versucht dieses Lokal, mit den Überresten des einst fröhlichen Farbanstrichs zu punkten, und lockt mittags mit spottbilligem Essen die Leute an.

Indian Coffee House INDISCH $
(Main Rd) Bewährt für sein ordentliches Frühstück und den starken Kaffee.

Vijayalaxmi Cashew Co LEBENSMITTEL $
(Main Rd; ⏲10–19 Uhr) Ein großer Exporteur von Cashewkernen, für die Kollam berühmt ist. Qualitätskerne kosten rund 260 ₹ pro 500 g.

Praktische Informationen

DTPC-Infozentrum (☎2745625; info@dtpckollam.com; ⏲8–19 Uhr) Die hilfreiche Touristeninformation befindet sich in der Nähe der KSRTC-Bushaltestelle und des Bootsanlegers.

Post (☎2746607; Alappuzha Rd)

Silver Net (25 ₹/Std.; ⏰Mo–Sa 10.30–18.30 Uhr) Das bequemste unter zahlreichen Internetcafés im Bishop Jerome Nagar Complex.

UAE Exchange (☎2751240-1; Alappuzha Rd; ⏰Mo–Fr 9.30–18, Sa bis 16, So bis 13.30 Uhr) Wechselt Geld und löst Reiseschecks ein.

An- & Weiterreise

Bus

Kollam liegt auf der Strecke Thiruvananthapuram–Kollam–Alappuzha–Ernakulam. Die Express- bzw. Schnellbusse fahren alle zehn oder 20 Minuten nach Thiruvananthapuram (44/42 ₹, 1¾/2 Std.), Alappuzha (55/52 ₹, 2/2½ Std.) und Ernakulam (Kochi, 90/85 ₹, 3¼/3½ Std.). Abfahrt der Busse ist an der **KSRTC-Bushaltestelle** (☎2752008) nahe dem Bootsanleger.

Schiff/Fähre

Infos zu Bootsfahrten nach Alappuzha gibt's auf S. 292. Vom größten Bootsanleger tuckern häufig öffentliche Fähren über den Ashtamudi-See nach Guhanandapuram (1 Std.). Die Fahrt hin und zurück kostet rund 10 ₹, eine Kurzstreckenfahrt 3 ₹.

Zug

Häufig fahren Züge nach Ernakulam (2. Klasse/AC Chair Class 61/210 ₹, 3½ Std., 6-mal tgl.) und Thiruvananthapuram (40/165 ₹, 1 Std.) über Varkala (36/165 ₹, 30 Min.). Täglich gehen auch ein paar Züge nach Alappuzha (Alleppey; 59/202 ₹, 1½ Std.).

Rund um Kollam

PALASTMUSEUM KRISHNAPURAM

Der restaurierte **Palast** (☎0479-2441133; Eintritt 10 ₹, Foto/Video 25/250 ₹; ⏰Mo–Sa 9–13 & 14–17 Uhr) liegt 2 km südlich von Kayamkulam zwischen Kollam und Alappuzha und ist ein außerordentlich schönes Beispiel für die meisterhafte Kerala-Architektur. Das Museum zeigt Gemälde, Antiquitäten, Skulpturen und ein berühmtes 3 m hohes Wandbild, das die Gajendra Moksha (die Befreiung des Elefantenkönigs Gajendra) zeigt, wie sie im Mahabharata beschrieben ist. Das **Bharni-Utsavam-Fest** findet im Februar bzw. März im nahe gelegenen Chettikulangara-Bhaghavathy-Tempel statt.

Alle paar Minuten fährt ein Bus (25 ₹) von Kollam nach Kayamkulam. An der Bushaltestelle beim Tempeltor, 2 km vor dem Palast, heißt es aussteigen.

Alappuzha (Alleppey)

☎0477 / 282 700 EW.

Nun ja, der Vergleich mit Venedig könnte hinhauen, wenn Venedig schrumpfen, um ein paar Plattenbauten ergänzt und ein paar tutende Rikschas importieren würde.

Außerhalb des hektischen Zentrums ist Alappuzha einfach reizend, denn es ist von viel Grün und einem Netz von Kanälen umgeben. Wer die weitläufigen Wasserstraßen der Region erkundet, wird Kerala von einer seiner schönsten und entspannendsten Seite erleben.

Als Tor zu den berühmten Backwaters, einem umfangreichen Netz von Kanälen, ist dies der perfekte Ort, um eine Bootstour zu organisieren. Und während man gemächlich über das Wasser gleitet, bestaunt man die saftig grünen Reisfelder, die bauchigen Reiskähne und das Dorfleben am Ufer. Die meisten Leute im Ort helfen einem gern bei der Organisation eines Hausboot- oder Kanuausflugs. Übrigens findet hier auch das berühmte **Nehru Trophy Snake Boat Race** statt.

Aktivitäten

Shri Krishna Ayurveda Panchkarma Centre AYURVEDA
(☎3290728, 9847119060; www.krishnayurveda.com) Das in der Nähe des Ziels des Snake Boat Race gelegene Zentrum bietet Ayurveda-Anwendungen an. Die einstündige Entspannungsmassage kostet 600 ₹.

Geführte Touren

Wie die KTDC kann auch jedes der vielen Reisebüros, Gästehäuser und Hotels vor Ort Kanutouren in den Backwaters arrangieren (s. auch S. 292).

Schlafen

Wer entspannt am hübschen Kanalufer nächtigen will, sollte die Unterkünfte an den Backwaters ein paar Kilometer nördlich von Alappuzha probieren. Alle organisieren den Transport von der Stadt und zurück.

Achtung: Viele Rikschafahrer arbeiten auf Provision bestimmter Hotels. Wenn man Zweifel hat, dass sie einen ans gewünschte Ziel bringen, sollte man sich an einem Wahrzeichen in der Nähe des gesuchten Hotels absetzen lassen.

LP TIPP **Raheem Residency** HOTEL $$$
(☎2239767; www.raheemresidency.com; Beach Rd; EZ/DZ ab 140/170 €; ❄📶🏊) Schon

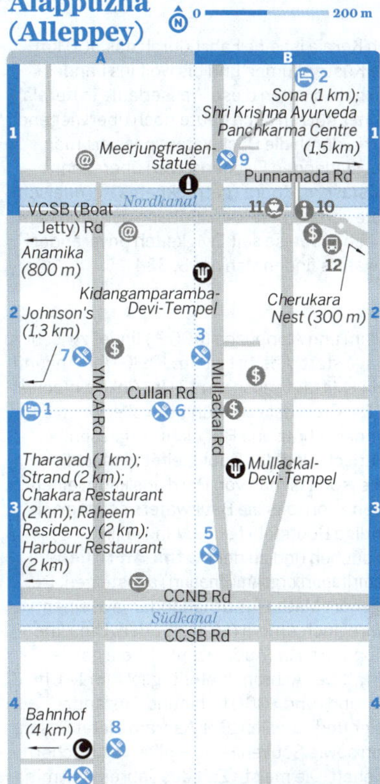

Alappuzha (Alleppey)

Schlafen

1 Dream Nest A2
2 Palmy Residency B1

Essen

3 Indian Coffee House B2
4 Indian Coffee House A4
5 Kream Korner B3
6 Kream Korner A2
7 Royale Park Hotel A2
8 Thaff A4
9 Thaff B1

Praktisches

10 DTPC Tourist Reception Centre B1

Transport

11 Bootsanleger B1
12 KSRTC-Bushaltestelle B2

der Anblick des mit Bedacht renovierten historischen Hauses aus den 1860er-Jahren ist ein Genuss – und erst die Übernachtung hier! Alle zehn Zimmer sind mit Badewanne, Antiquitäten und historischen Details ausgestattet und erstrahlen in alter Pracht. Außerdem gibt es luftige, gemütliche Gemeinschaftsbereiche, Innenhöfe, eine gut ausgestattete Bibliothek, einen tollen kleinen Pool und ein hervorragendes Restaurant.

Palmy Residency PENSION $

(☎2235938; www.palmyresort.com; gegenüber der Matha-Bootsanlegestelle, Finishing Point Rd; Zi. 350 ₹) Die von den freundlichen Leuten des Palmy Resort geführte Pension hat das beste Preis-Leistungs-Verhältnis vor Ort. Das neue Gebäude ist toll gelegen: von der Straße zurückgesetzt inmitten von üppigem Grün, aber vom Busbahnhof gleich hinter der neuen Matha-Fußgängerbrücke. Die geräumigen Zimmer sind mit italienischem Marmor ausgelegt.

Cherukara Nest GASTFAMILIE $

(☎2251509; www.cherukaranest.com; DZ mit Frühstück 750 ₹, mit Klimaanlage 1200 ₹; ❄@) Das hübsche historische Haus in einem gepflegten Garten mit einem Taubenschlag hinten hat eine angenehm familiäre Atmosphäre, bei der man richtig Sehnsucht nach der eigenen Großmutter bekommen könnte. Gästen stehen vier große, stilvolle Zimmer mit viel lackiertem Holz und historischen Türen mit schmucken Türklinken zur Verfügung. Richtig gutes Preis-Leistungs-Verhältnis!

Palmy Lake Resort GASTFAMILIE $

(☎2235938; www.palmyresorts.com; Punnamada Rd East; Cottage DZ 750 ₹) Die sechs hübschen Bambus- und Betonhütten strahlen viel Charme und Ruhe aus. Die preisgünstige Anlage befindet sich 3,5 km nördlich von Alappuzha inmitten von Palmenhainen in der Nähe der Backwaters. Der freundliche Inhaber Bigi und seine Frau Macy versorgen Traveller auf Anfrage auch mit leckerem Essen.

Tharavad GASTFAMILIE $$

(☎242044; www.tharavadheritageresort.com; westlich der Polizeiwache Nord; DZ 1000 ₹, mit Klimaanlage 2000 ₹; ❄) Das Familienhaus (der Großvater des Eigentümers war ein Ayurveda-Arzt) liegt zwischen Stadtzentrum und Strand auf einem ruhigen Grundstück am Kanalufer und hat viel glänzendes Teakholz, Antiquitäten, fünf ansprechende Zimmer und einen gepflegten Garten.

DIE BACKWATERS

Das unbestrittene Highlight jeder Reise durch Kerala ist eine Fahrt durch das 900 km umfassende Netz von Wasserstraßen, die die Küste säumen und bis weit ins Landesinnere hineinreichen. Lange bevor es Straßen gab, dienten diese Wasserläufe in Kerala als Hauptverkehrswege, und viele Dorfbewohner nutzen auch heute noch überwiegend Paddelboote als Transportmittel. Bei einem Trip durch die Backwaters passiert man gemächlich palmengesäumte Seen, die von ausladenden Fischernetzen überspannt sind, und schmale, schattige Kanäle, wo Kokosfasern, Kopra (getrocknetes Kernfleisch von Kokosnüssen) und Cashewkerne auf Boote verladen werden. Entlang der Ufer sieht man isolierte Dörfer, in denen die bäuerliche Lebensweise seit Ewigkeiten unverändert geblieben ist. Infos über die nördlichen Backwaters finden sich auf S. 334

Bootstouren für Besucher

Die beliebte Touristenbootstour zwischen Kollam und Alappuzha (400 ₹) findet zwischen August und März täglich und sonst alle zwei Tage statt. Abfahrt ist um 10.30 Uhr, Ankunft um 18.30 Uhr. Prinzipiell gibt's zwei Stopps: eine Mittagspause um 13 Uhr (inkl. einfacher Mahlzeit) und eine Teepause am Nachmittag. Die Crew hat eine Kühlbox voller Obst, Erfrischungsgetränke und Bier zum Verkauf. Sonnenschutz und Hut nicht vergessen!

Die Strecke zwischen beiden Orten ist malerisch, und das Boot gleitet gemächlich dahin – allerdings nur durch die großen Kanäle, sodass man von Bord aus kaum einen genaueren Blick auf das dörfliche Leben werfen kann, das die Backwaters so magisch macht. Manche Traveller fanden die achtstündige Bootsfahrt sogar langweilig.

Man kann auch nur die halbe Tour (200 ₹) buchen und an der **Matha-Amrithanandamayi-Mission** (☎0 476-2897578; www.amritapuri.org; Amrithapuri) aussteigen. Der unpassend rosafarben gestrichene Ashram gehört Matha Amrithanandamayi, einem der wenigen **weiblichen Gurus** Indiens. Sie wird auch Amma (Mutter) oder „Umarmende Mutter" genannt, weil sie bei ihren Marathon-*darshan* (Audienzen), die die ganze Nacht dauern, oft Tausende von Leuten umarmt. Der Ashram bietet täglich um 17 Uhr eine offizielle Führung an. Die Anlage ist riesig, und rund 2000 Inder und Ausländer leben hier dauerhaft: Mönche, Nonnen, Schüler und Familien. Der Ashram bietet Essen, Ayurveda-Anwendungen, Yoga und Meditation sowie Souvenirs an – alles von Büchern bis hin zu Postkarten mit Fotos von Ammas Zehen. Die meiste Zeit des Jahres ist Amma auf Reisen; wer eine Umarmung braucht, könnte also Pech haben.

Besucher sollten sich konservativ kleiden und die hier geltenden strikten Verhaltensregeln befolgen. Wer es vorher vereinbart, kann für 150 ₹ pro Tag (inkl. einfacher vegetarischer Kost) im Ashram übernachten und einen oder zwei Tage später mit dem Touristenboot weiter- oder zurückfahren. Oder man nimmt die kostenlose Fähre zum anderen Ufer des Kanals und fährt mit einer Rikscha zum 10 km entfernten Karunagappalli (rund 170 ₹), wo man Anschluss an den Bus nach Alappuzha (35 ₹, 1½ Std.) hat.

Hausboote

Wer in Indien ein Hausboot mietet, das wie ein *kettuvallam* (Reiskahn) gestaltet ist, muss tief in die Tasche greifen – aber das Erlebnis ist jede Rupie wert! Man gleitet über die ruhigen, von Kokospalmen gesäumten Kanäle, genießt leckere Kerala-Speisen, trifft Dorfbewohner und schläft auf dem Wasser – Welten entfernt vom Trubel andernorts.

Es gibt Hausboote für Paare (mit 1 od. 2 Doppelkabinen) und Gruppen (mit bis zu 7 Kabinen). Das Essen und die Dienste des Koch an Bord sind meist im Preis inbegriffen.

Gowri Residence PENSION $
(☎2236371; www.gowriresidence.com; Zi. 600–900 ₹, mit Klimaanlage 1200 ₹; ❄) Der weitläufige Komplex verfügt über traditionelle holzvertäfelte Zimmer im Haupthaus, diverse Bungalows aus Stein, Holz, Bambus oder Stroh sowie über ein Baumhaus. Außerdem wird gutes Essen serviert, und es gibt eine Voliere, in der sogar ein Emu herumläuft.

Sona PENSION $$
(☎2235211; www.sonahome.com; Lakeside, Finishing Point; Zi. 800 ₹, mit Klimaanlage 1100 ₹)

Private Hausbootverleiher gibt es viele in Kollam (im Voraus buchen, weil die Zahl der Boote begrenzt ist) und Alappuzha. Aber Vorsicht: Dies ist das größte Geschäft in Kerala, und einige Veranstalter sind skrupellos. Die Qualität der Boote variiert erheblich – von reinsten Schrottkähnen bis zu schwimmenden Palästen. Bevor man einem Preis zustimmt, sollte man also unbedingt das Boot gesehen haben. Manche Reisebüromitarbeiter versuchen einem sofort nach Ankunft in Kerala ein Hausboot aufzuschwatzen, aber es ist besser, sich nicht vorschnell festzulegen, sondern erst mal in die Backwater-Zentren zu fahren, denn die Auswahl ist in Alappuzha (wo es mehr als 500 Boote gibt) viel größer, und man kann den Preis eher runterhandeln, wenn man sich gut umschaut.

In der Hauptsaison gerät man leicht in einen „Backwater-Stau". Angesichts der vielen Boote auf dem Wasser sind manche Traveller enttäuscht. Außerdem ist es nicht möglich, mit einem Hausboot von Alappuzha nach Kollam oder nach Kochi zu fahren. Ein Boot für zwei Personen kostet für 24 Stunden ca. 4500 bis 6000 ₹, für vier Personen 5500 bis 8000 ₹; größere oder mit Klimaanlage ausgestattete Boote sind teurer. Man sollte sich umschauen, um einen guten Preis auszuhandeln – allerdings ist das in der Hauptsaison schwieriger. Zwischen 20. Dezember und 5. Januar verdreifachen sich die Preise.

Dorfbesichtigungen & Kanutouren

Immer mehr Traveller interessieren sich für Dorf- oder Kanutouren. Bei Letzteren werden Kleingruppen (5–6 Pers.) von einem sachkundigen Führer begleitet; meist fährt man in einem offenen Kanu oder einem überdachten *kettuvallam*. Die Ausflüge (ab Kochi, Kollam oder Alappuzha) dauern zweieinhalb bis sechs Stunden und kosten 300 bis 650 ₹ pro Nase. Man besucht Dörfer und beobachtet, wie Kokosfasern verarbeitet, Boote gebaut, Toddy (Palmensaft) gewonnen und Fische gezüchtet werden. Bei längeren Trips gibt's oft auch ein Kerala-Mittagessen. Eine super Tour ist der Trip von Kollam zur Munroe Island (S. 287). Die Touristeninformation in Ernakulam organisiert ebenfalls gute Touren.

In Alappuzha kann man auch kleine, überdachte Kanus für bis zu vier Personen (2 Pers. 2/4 Std. 150/600 ₹) mieten und die Kanäle auf eigene Faust erkunden – der perfekte Zeitvertreib für einen relaxten Nachmittag.

Fähren

Wer sich wie die Einheimischen auf den Backwaters bewegen will, kann die Fähren des State Water Transport zwischen Alappuzha und Kottayam (10–11 ₹, 2½ Std.) nutzen. Abfahrt in Alappuzha ist um 7.30, 9.35, 11.30, 14.30 und 17.15 Uhr, in Kottayam um 6.40, 11.30, 13, 15.30 und 17.15 Uhr. Man überquert den Vembanad-See und bekommt eine abwechslungsreichere Landschaft zu sehen als bei einer Alappuzha-Bootsfahrt.

Umweltschutz

Die Verschmutzung durch Bootsmotoren nimmt proportional zur Zahl der Hausboote zu. Deshalb haben die Behörden Keralas ein umweltfreundliches Akkreditierungssystem für Hausbootbetreiber eingeführt. Um das „Green Palm Certificate" zu bekommen, müssen die Betreiber u. a. Solarzellen installieren und Sanitärbehälter für die Abfallentsorgung bereitstellen. Einfach den Betreiber fragen, ob er das Zertifikat hat! Es gibt auch Pläne, die Boote mit saubererem Erdgas zu betreiben, aber deren Umsetzung steht noch in den Sternen. Darum sollte man eigentlich statt eines Motorboots lieber einen der wenigen verbliebenen Stechkähne mieten.

Das historische Haus wird vom freundlichen Joseph geführt. Die schon ein bisschen verwohnten Zimmer mit Blick auf einen gepflegten Garten besitzen hohe Decken und sind mit verblichenen Vorhängen mit Blumenmuster und Himmelbetten ausgestattet.

Malayalam RESORT **$$**
(☎2234591; malayalamresorts@yahoo.com; Punnamada; Zi. 1200 ₹) Der kleine Familienbetrieb ist einer der am besten gelegenen in Alappuzha. Die vier netten Cottages stehen praktisch mit einem Fuß in den Backwaters. Die Anlage ist etwas schwer zu finden

– an der Rezeption des Keraleeyam Resort vorbei und am Kanalufer entlanggehen.

Palm Grove Lake Resort RESORT $$
(☎2235004; www.palmgrovelakeresort.com; Punnamada; Cottage DZ 1750 ₹, mit Klimaanlage 3500 ₹) Die abgeschiedene Anlage befindet sich in der Nähe des Startpunktes des Nehru Trophy Snake Boat Race am Punnamada-See und hat schicke, luftige Doppelhütten inmitten von Palmen direkt am See. Alle sind schlicht, aber ansprechend möbliert und verfügen über geschützte Veranden und auffällige, wenn auch etwas abgenutzte Außenduschen und bieten einen schönen Blick auf den See.

Johnson's PENSION $
(☎2245825; www.johnsonskerala.com; Zi. 400–650 ₹) An einer ruhigen Straße gleich westlich vom Ort ist diese beliebte Backpackerunterkunft in einem eigenartigen modernen Herrenhaus untergebracht. Die weitläufige, vom engagierten Johnson Gilbert (der einem unbedingt seine teuren Hausboottouren andrehen will) geführte Residenz ist mit abgefahrenen Möbeln und unzähligen Pflanzen ausgestattet. Im Garten steht noch eine Bambushütte, die billiger zu mieten ist (250 ₹).

Dream Nest PENSION $
(☎9895543080; www.thedreamnest.com; Cullen Rd; DZ & 3BZ 500–600 ₹; ❄@) In der freundlichen Pension übernachten Gäste in recht sauberen, geräumigen, wenn auch etwas verwohnten Zimmern. Sie ist in einer zentral gelegenen. leicht klotzig anmutenden Villa untergebracht. Nach hinten hinaus gibt es eine Terrasse, die zwar nichts Besonderes ist, auf der man aber abhängen und die Brise genießen kann.

Essen

Royale Park Hotel INDISCH $$
(YMCA Rd; Gerichte 90–200 ₹; ⏲7–22 Uhr; 📶) Das schicke Hotelrestaurant hat eine lange Speisekarte, und das Essen ist exzellent, z. B. die leckeren vegetarischen Thalis für 100 ₹. Oben in der Bar kann man von der gleichen Karte bestellen und das Essen mit einem kalten Kingfisher runterspülen.

Chakara Restaurant INTERNATIONAL $$$
(☎2230767; Beach Rd; kleines Kerala-Gericht 350 ₹, Hauptgerichte 420 ₹; ⏲13–15 & 18–21.30 Uhr) Das Restaurant in der Raheem Residency ist das beste in Alappuzha. Man sitzt auf einer schmucken offenen Dachterrasse mit Blick auf den Strand. Die Speisekarte verbindet auf kreative Weise die traditionelle Küche Keralas mit der europäischen. Man bekommt auch indische Weine aus der Region.

Harbour Restaurant INTERNATIONAL $$
(☎2230767; Beach Rd; Gerichte 90–120 ₹; ⏲10–22 Uhr) Die gemütliche, kleine Ziegelhütte am Strand gehört zur schicken Raheem Residency. Das Lokal ist zwangloser und preisgünstiger als das Hotelrestaurant, serviert aber genauso gutes Essen, und man kann auch nur auf ein kaltes Bier (großes Kingfisher 110 ₹) reinschauen.

Kream Korner INTERNATIONAL $
(Mullackal Rd; Gerichte 20–80 ₹; ⏲8.30–22 Uhr) Das relaxte, luftige Lokal ist bei indischen und ausländischen Familien beliebt und tischt leckeres Essen auf. Es gibt noch eine winzige Filiale an der Cullan Rd.

Thaff INDISCH $
(YMCA Rd; Gerichte 35–110 ₹) Ein total beliebter Treff, in dem es tolle indische Häppchen gibt, manche mit arabischem Einschlag. Man bekommt z. B. saftiges Grillhähnchen, köstliches *schawarma* und herrliche Eisshakes. Eine weitere Filiale befindet sich an der Punnamada Rd.

Vembanad Restaurant INDISCH $
(Alleppey Prince Hotel; AS Rd; Hauptgerichte 50–170 ₹) Wer ordentlich am Pool essen will, kommt in dieses 3 km nordwestlich vom Ort gelegene Restaurant, in dem es manchmal auch Livemusik gibt.

Indian Coffee House CAFÉ $
(Snack rund 10 ₹) Hat Filialen an der Mullackal Rd, der YMCA Rd und der Beach Rd – letztere ist ein Pavillon in toller, luftiger Strandlage.

Praktische Informationen

DTPC Tourist Reception Centre (☎2253308; www.alappuzhatourism.com; ⏲8.30–18 Uhr) Dies ist eine bemerkenswert primitive Touristeninformation.

Mailbox (☎2339994; Boat Jetty Rd; 40 ₹/Std.; ⏲8–21.30 Uhr) Internetzugang.

National Cyber Park (☎2238688; YMCA Compound; 30 ₹/Std.; ⏲10–21 Uhr) Internetzugang.

Touristenpolizei (☎2251161; ⏲24 Std.) Neben dem DTPC.

UAE Exchange (☎2264407; Ecke Cullan & Mullackal Rd; ⏲9.30–18, Sa bis 16, So bis 13 Uhr) Hier kann man Geld wechseln und Reiseschecks einlösen.

An- & Weiterreise

Bus

Vom KSRTC-Busbahnhof fahren häufig Busse nach Thiruvananthapuram (97 ₹, 3½ Std., alle 20 Min.), Kollam (54 ₹) und Ernakulam (Kochi, 39 ₹, 1½ Std.). Der Bus nach Kottayam (30 ₹, 1¼ Std., alle 30 Min.) ist um vieles schneller als die Fähre. Täglich gibt's auch einen Bus nach Kumily (110 ₹, 5½ Std., 6.40 Uhr) und nach Varkala (97 ₹, 3½ Std., 10.40 Uhr).

Schiff/Fähre

Fähren pendeln von der Bootsanlegestelle an der VCSB Rd (Boat Jetty Rd) nach Kottayam (s. Kasten S. 292).

Zug

Es fahren mehrere Züge nach Ernakulam (2. Klasse/AC Chair Class 59/202 ₹, 1½ Std.) und Thiruvananthapuram (59/202 ₹, 3 Std.) über Kollam (45/165 ₹, 1½ Std.). Vier Züge pro Tag halten in Varkala (2. Klasse/AC Chair Class 50/178 ₹, 2 Std.). Der Bahnhof befindet sich 4 km westlich vom Ort.

Unterwegs vor Ort

Eine Autoriksch vom Bahnhof zur Bootsanlegestelle und zum KSRTC-Busbahnhof kostet rund 50 ₹. Mehrere Gästehäuser im Ort vermieten Motorroller (200 ₹/Tag).

Rund um Alappuzha

Keralas Backwaters schlängeln sich von Alappuzha aus in alle Richtungen. Zweifellos ist eine Hausboottour ein tolles Erlebnis, aber genauso lohnt es sich, einen Gang runterzuschalten und etwas Zeit in einem Dorf zu verbringen.

Das nur 10 km von Alappuzha entfernte **Green Palms Homes** (☎0477-2724497; www.greenpalmshomes.com; Chennamkary; Zi. mit Bad & VP 2250 ₹, Zi. 3250–4000 ₹) besteht aus einer Reihe von Privatunterkünften in einem malerischen Backwater-Dorf, in dem man sich wie in einer anderen Welt fühlt. Man schläft in einfachen Zimmern in Wohnhäusern der Dorfbewohner inmitten von Reisfeldern. Hier ist es herrlich ruhig, es gibt nicht mal richtige Straßen. Wer will, kann eine Führung (200 ₹) mitmachen, ein Fahrrad (50 ₹/Std.) oder ein Kanu (100 ₹/Std.) mieten oder aber bei seiner Gastfamilie Kochunterricht (150 ₹) nehmen. Im Voraus buchen!

Um herzukommen, ruft man vorher an und nimmt dann eine der stündlich verkehrenden Fähren von Alappuzha nach Chennamkary (5 ₹, 1¼ Std.). Dies ist ein traditionelles Dorf; also bitte angemessen kleiden!

Kottayam

☎0481 / 172 867 EW.

Eingezwängt zwischen den Westghats und den Backwaters liegt Kottayam, hauptsächlich bekannt als Keralas Zentrum des Gewürz- und Kautschukhandels und weniger für seine ästhetischen Reize. Für die meisten Traveller ist es lediglich ein Verkehrsknotenpunkt, von dem aus man eine gute Anbindung in die Berge und zu den Backwaters hat.

Kottayams Geschichte ist fest mit dem Buchdruck verbunden: Hier wurde in den 1820er-Jahren die erste Druckerpresse für Malayalam eingeführt, und es war der erste indische Distrikt, der eine Alphabetisierungsrate von 100 % erreichte. Kottayam, der Ort der Kirchen und Seminare, war im 16. Jh. eine Zuflucht für die traditionellen Thomas-Christen, als die Portugiesen begannen, die Christen Keralas zwangsweise zum Katholizismus zu bekehren.

Das **Thirunakkara-Utsavam-Fest** wird im März im Thirunakkara-Shiva-Tempel gefeiert.

Schlafen

Die Unterkünfte in Kottayam sind ziemlich miserabel. Man sollte besser nach Kumarakon weiterfahren, wo es ein paar tolle Spitzenklassehotels gibt. Alternativ kann man sich ans **DTPC-Büro** (☎2560479) wenden, das Privatunterkünfte vermittelt – von bescheiden (inkl. VP 1000 ₹/Pers.) bis luxuriös (bis zu 100 US$).

Homestead Hotel HOTEL **$**
(☎2560467; KK Rd; EZ/DZ ab 350/548 ₹, DZ mit Klimaanlage 1500 ₹; ❄) Dies ist zweifellos die beste Option für den schmalen Geldbeutel. Die sorgfältig gepflegten Zimmer sind in einem herrlich ruhigen Gebäude abseits der Straße untergebracht. Das Foyer ist im Stil der 1960er-Jahre dekoriert, der zufällig gerade wieder *en vogue* ist. Gleich vor der Tür liegen die Restaurants Thali und Meenachil. Im Voraus buchen!

Windsor Castle HOTEL **$$$**
(☎2363637; www.thewindsorcastle.net; MC Rd; EZ/DZ ab 80/100 US$, Cottage 155 US$; ❄≋) Das imposante Gebäude birgt einige der besseren Zimmer in Kottayam – geräumig, mit Badewanne und manche sogar mit

schönem Blick auf den Fluss –, aber sie sind überteuert. Wer will, kann auch eines der mit dunklen Holzmöbeln ausgestatteten Luxus-Cottages nehmen, die einen privaten Abschnitt der Backwaters säumen. Es gibt sogar ein hübsches Restaurant mit Blick auf die Wasserlandschaft.

Pearl Regency HOTEL $$
(☎2561123; www.pearlregencyktm.com; TB Junction, MC Rd; EZ/DZ ab 1900/2200 ₹; ❄@) Das auf Geschäftsleute ausgerichtete Hotel verfügt über geräumige, recht komfortable, aber langweilige Zimmer. Es arbeitet effizient, ist recht preiswert und alles in allem eine passable Unterkunft, wenn man in Kottayam gestrandet ist.

Ambassador Hotel HOTEL $
(☎2563293; KK Rd; www.fhrai.com; EZ/DZ ab 376/550 ₹) Respektable Budgetunterkunft: Die Zimmer sind spartanisch, aber recht sauber, geräumig und ruhig. Es gibt eine Bäckerei, eine Bar, ein ordentliches Restaurant und in der Lobby ein Aquarium in Form eines Bootes.

Essen

Thali SÜDINDISCH $
(1. Stock, KK Rd; Gerichte 53–63₹; ⏲8–20.30 Uhr) Der hübsche, tipptopp gehaltene Speiseraum im ersten Stock mit Lamellenfensterläden ist eine schickere Version eines typischen Kerala-Diners. Das Essen hier ist großartig, z.B. das Malabar-Fischcurry (45 ₹) und die Thalis (70–85 ₹).

Meenachil INTERNATIONAL $
(2. Stock, KK Rd; Gerichte 60–110 ₹; ⏲12–15 & 18–22 Uhr) Dies ist unser Lieblingslokal in Kottayam: Hier kann man sich mit leckerem indischen und chinesischen Essen vollstopfen. Die Atmosphäre ist freundlich-familiär, der Speiseraum modern und ordentlich und die Speisekarte sehr lang.

Nalekattu SÜDINDISCH $$
(Windsor Hotel; MC Rd; Gerichte 140–190 ₹; ⏲mittags & abends) Das traditionelle Kerala-Restaurant im Windsor Castle hat einen netten Blick auf die Backwaters und serviert köstliche keralesische Spezialitäten wie *chemeen* (Mango-Curry) und *tharavu mappas* (Ente in Kokossauce). Es gibt auch ein empfehlenswertes Buffet (249 ₹).

Hotel Suryaas INDISCH $
(Baker Junction, SB Rd; Gerichte 38–50 ₹; ⏲8–22 Uhr) Es überrascht nicht, dass das dunkle, gemütliche und mit altem Holz getäfelte Lokal zur Essenszeit von hungrigen Familien geradezu gestürmt wird, denn das nord- und südindische Essen hier ist exzellent.

Indian Coffee House CAFÉ $
(TB Rd) Von dieser südindischen Institution, die die ganze Bandbreite von leckeren indischen Snacks anbietet, kann man einfach nicht genug bekommen.

Praktische Informationen

Die KSRTC-Bushaltestelle befindet sich 1 km südlich vom Zentrum; der Bootsanleger ist 2 km weiter (in Kodimatha). Der Bahnhof liegt 1 km nördlich von Kottayam. In der Gegend gibt's eine Handvoll Geldautomaten.

DTPC-Büro (☎2560479; dtpcktm@sancharnet.in; ⏲Mo–Sa 10–17 Uhr) Am Anleger.

UAE Exchange (☎2303865; 1. Stock, MC Rd; ⏲Mo–Sa 9.30–18, So 9.30–13 Uhr) Wechselt Geld und löst Reiseschecks ein.

An- & Weiterreise

Bus

Von der **KSRTC-Bushaltestelle** fahren Busse nach Thiruvananthapuram (93 ₹, 4 Std., alle 20 Min.), Alappuzha (31 ₹, 1¼ Std., alle 30 Min.) und Ernakulam (Kochi, 42 ₹, 2 Std., alle 20 Min.). Häufig gehen auch Busse zum nahe gelegenen Kumarakom (8 ₹, 30 Min., alle 15 Min.), nach Thrissur (normal 79 ₹, 4 Std.), Kozhikode (162 ₹, 7 Std., 13-mal tgl.), Kumily (zum Periyar Wildlife Sanctuary, 69 ₹, 4 Std., alle 30 Min.) und Munnar (100 ₹, 5 Std., 5-mal tgl.). Außerdem fahren Busse nach Kollam (60 ₹, 4-mal tgl.) und Varkala (78 ₹, 3 Std.).

Schiff/Fähre

Es gibt Fähren nach Alappuzha (s. Kasten S. 292).

Zug

Kottayam ist ein Haltepunkt der häufig verkehrenden Züge zwischen Thiruvananthapuram (2. Klasse/AC Chair Class 62/214 ₹, 3½ Std.) und Ernakulam (40/165 ₹, 1½ Std.).

Unterwegs vor Ort

Eine Autorikscha von der Bootsanlegestelle zum KSRTC-Busbahnhof kostet rund 30 ₹ und vom Busbahnhof zum Bahnhof rund 20 ₹. Ein Trip durch die Stadt beläuft sich etwa auf 20 ₹.

Rund um Kottayam

KUMARAKOM

☎0481

Kumarakom liegt 16 km westlich von Kottayam am Ufer des Vembanad-Sees und ist ein gemütliches Backwater-Städtchen mit einer ganzen Reihe prachtvoller Spitzenklasseunterkünfte. Man kann auf Hausbooten in Kumarakoms wenig befahrenen Kanälen übernachten, muss aber deutlich mehr dafür blechen als in Alappuzha.

Arundhati Roy, die Autorin des 1997 mit dem Booker Prize ausgezeichneten Romans *Der Gott der kleinen Dinge*, wuchs in dem nahe gelegenen Dorf Aymanam auf.

Sehenswertes & Aktivitäten

Kumarakom Bird Sanctuary NATURSCHUTZGEBIET
(Inder/Ausländer 5/45 ₹; ⌚6–18 Uhr) Das Reservat liegt auf dem 5 ha großen Gelände einer ehemaligen Kautschukplantage und bietet Stand- und Zugvögeln eine Heimat. Oktober bis Februar ist die Zeit der Zugvögel, unter denen Garganey-Krickenten, Fischadler, Rohrweihen und Steppenadler sind, während von Mai bis Juli die heimischen Vogelarten wie Braunwangenscharben, Schopfreiher, andere Reiherarten und Schlangenhalsvögel hier brüten. Frühmorgens ist die beste Zeit zur Vogelbeobachtung.

Die Busse, die zwischen der KSRTC-Bushaltestelle in Kottayam und Kumarakom (8 ₹, 30 Min., alle 15 Min.) verkehren, halten auch am Eingang des Reservats.

Schlafen

Cruise 'N Lake RESORT $$
(☎2525804; www.homestaykumarakom.com; Puthenpura Tourist Enclave; Zi. 1000–1500 ₹, mit Klimaanlage 1500–2000 ₹; ❄) Wie jeder weiß, ist die perfekte Lage bereits die halbe Miete. Diese bezahlbare Ferienanlage krönt die Spitze einer kleinen Halbinsel, die auf der einen Seite von den Backwaters und auf der anderen Seite von Reisfeldern umgeben ist. Sie ist damit ein ideales Refugium. Die Zimmer sind schlicht, aber man wohnt hier draußen ganz reizend und abgeschieden, umgeben von idyllischen Dörfern, in denen Hausboote noch von Hand gefertigt werden. Um hierher zu gelangen, fährt man mehrere Kilometer an dem Naturschutzgebiet vorbei, biegt dann nach links ab und fährt noch 2 km die unbefestigte Straße entlang. Nach Absprache kann man von Kottayam abgeholt werden. Hier gibt es auch Hausboote.

Coconut Lagoon RESORT $$$
(☎0484-3011711; www.cghearth.com; Zi. inkl. Frühstück ab 13 000 ₹ inkl. Steuern; ❄@≋) Das luxuriöse Resort, das sich lässig über 9 ha erstreckt, bietet die ultimative Abgeschiedenheit, denn es ist nur mit einem Privatboot zu erreichen. Die unterschiedlichen *tharawad*-(Stammsitz-)Hütten, die von den Backwaters umgeben sind und perfekte Blicke auf die Sonnenuntergänge garantieren, sind individuell mit lackiertem Holz, eleganten Möbeln im Antikstil und netten Bädern im Freien ausgestattet. Wer Arundhati Roys *Der Gott der kleinen Dinge* gelesen hat, dem kommt dieser Ort vielleicht bekannt vor.

Tharavadu Heritage Home PENSION $$$
(☎2525230; www.tharavaduheritage.com; Zi. ab 1200 ₹, mit Klimaanlage 2000 ₹; ❄) Tharavadu bedeutet „großes Familienhaus", und das trifft es auch! Die Zimmer sind in einer stattlich restaurierten Teakholz-Familienvilla aus den 1870er-Jahren oder in gleichfalls gemütlichen einzelnen Cottages am Bach untergebracht. Alle Unterkünfte sind handwerklich von höchster Qualität und mit netten Details aufgehübscht – manche mit glänzenden Teakholzbalken, andere mit großen Erkerfenstern und Patios zum Erholen. Die Anlage ist 4 km vor dem Vogelschutzgebiet zu finden.

ETTUMANUR

Am **Shiva-Tempel** in Ettumanur, 12 km nördlich von Kottayam, finden sich Inschriften von 1542, aber Teile des Gebäudes sind vielleicht noch älter. Der Tempel ist bekannt für seine ausgezeichneten Holzschnitzereien und Wandmalereien, die denen im Mattancherry-Palast in Kochi ähneln. Jedes Jahr im Februar/März gibt es ein **Fest**, bei dem u. a. ein Götterbild (Shiva in seiner grimmigen Erscheinungsform) ausgestellt wird und Elefantenprozessionen stattfinden.

SRI-VALLABHA-TEMPEL

In dem 2 km von Tiruvilla entfernten Tempel bringen Anhänger ihre Verehrung mit traditionellen, regelmäßig die ganze Nacht dauernden **Kathakali**-Aufführungen zum Ausdruck. Das 35 km südlich von Kottayam gelegene Tiruvilla liegt an der Bahnstrecke Ernakulam-Thiruvananthapuram. Etwa 10 km östlich von hier findet im August/September das **Aranmula-Bootsrennen** statt.

DIE WESTGHATS

Periyar Wildlife Sanctuary

☎04869

Das **Periyar** (☎224571; www.periyartigerreserve.org; Inder/Ausländer 25/300 ₹; ⌚6–18 Uhr) mit einer Fläche von 777 km² ist Südindiens bekanntestes Naturschutzgebiet. 1895 legten die Briten hier einen 26 km² großen künstlichen See an. In dem riesigen Gebiet leben Bisons, Sambarhirsche, Wildschweine, Languren, 900 bis 1000 Elefanten und 35 bis 40 Tiger. Es ist ein sehr beliebtes Ziel von indischen und ausländischen Touristen und daher manchmal ziemlich überfüllt, aber die Bergkulisse und die Spazierwege durch den Urwald entschädigen. Warme und wetterfeste Kleidung mitbringen!

Kumily liegt 4 km vom Naturschutzgebiet entfernt und ist ein wachsender Streifen voller Hotels, Gewürzläden und Kaschmir-Verkaufsstellen. Der Ort Thekkady mit seinen KTDC-Hotels und einer Anlegestelle ist das Zentrum innerhalb des Parks. Verwirrenderweise sprechen die Leute oft von Kumily, Thekkady oder Periyar, wenn sie das Naturschutzgebiet meinen.

Sehenswertes & Aktivitäten

Diverse Touren und Trips sind für einen Besuch des Periyar Wildlife Sanctuary im Angebot. Die meisten Hotels und Reisebüros im Ort arrangieren ganztägige **Dschungelsafaris** (1600–2000 ₹/Pers.; ⌚5–18.30 Uhr) mit Geländewagen, die in dem an den Park angrenzenden Dschungel mehr als 40 km zurücklegen. Der Tourpreis beinhaltet auch die Verpflegung und eine Fahrt mit dem Tretboot.

Auch **Elefanten-Ausritte** (350 ₹/30 Min.) kann man bei den meisten Hotels und Reisebüros im Ort buchen. Wer von Elefanten nicht genug bekommt, kann für 2500 ₹ die zweieinhalbstündige Tour buchen, bei der man die Dickhäuter auch füttert und saubermacht. **Kochkurse** (rund 250 ₹) werden von vielen Privatunterkünften angeboten.

Bootstouren des Forest Department BOOTFAHREN

(Erw./Kind 40/20 ₹; ⌚Abfahrt 7.30, 10, 11.30, 13.30 & 15.30 Uhr) Im Vergleich zu den KTDC-Trips hat man mit den kleineren, etwas klapprigen Booten die Möglichkeit, etwas näher an die Tiere heranzukommen. Die Angestellten, welche die Boote steuern, liefern auch zusätzliche Infos. Der Eintritt in den Park garantiert keinen Platz auf dem Boot; man muss eineinhalb Stunden vor Abfahrt beim **Ticketbüro** (⌚6.30–16 Uhr) Fahrkarten kaufen. Beim ersten und beim letzten Trip sind die Chancen, Tiere zu sehen, am größten, und die beste Zeit zum Beobachten ist von Oktober bis März.

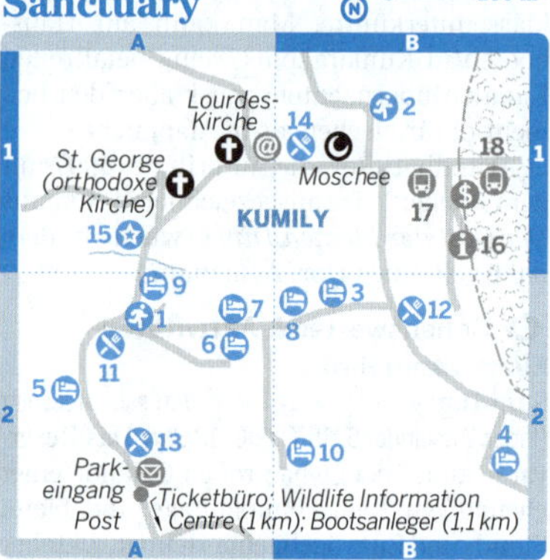

KTDC-Bootsausflüge BOOTFAHREN

(Unter-/Oberdeck 75/150 ₹) ⌚Abfahrt 2-stündige Tour 7.30 & 15.30 Uhr, 1-stündige Tour 10, 7, 11.30 & 13.30 Uhr) Die ein- oder zweistündigen Trips um den See sind die übliche Methode, das Naturschutzgebiet zu erkunden. Das *kann* ganz angenehm sein, aber die Boote sind oft überfüllt, und es ist laut – also nicht so ideal, um Tiere zu beobachten.

Ecotourism Centre OUTDOORAKTIVITÄTEN

(☎224571; www.periyartigerresereve.org; Thekkady Rd; ⌚9–17 Uhr) Das vom Forest Department betriebene Zentrum kann eine Reihe von Abenteuertouren vermitteln, z. B. Wanderungen am Parkrand (750 ₹; 8–17 Uhr), dreistündige „Wolkentouren" in der Höhe (200 ₹), 4 bis 5 km lange Wanderungen durch die Natur (100 ₹), ganztägige Touren mit Bambusflößen (1000 ₹) und in Begleitung eines ausgebildeten einheimischen Führers 4 bis 5 km lange Dschungelmärsche (500 ₹), bei denen man den Park super aus der Nähe erkunden kann. Normalerweise müssen mindestens vier oder fünf Teilnehmer zusammenkommen, damit der Trip stattfindet. Im Angebot sind auch zweitägige Touren auf den Spuren der Tiger (3000 ₹/Pers., Einzelpers. 5000 ₹) unter der Leitung ehemaliger Wilderer, bei denen man 20 bis 30 km zurücklegt. Für all diese Touren kann man sich einen auf Vogelbeobachtungen spezialisierten Führer vermitteln lassen.

Gewürzgärten & Plantagen GÄRTEN

Die meisten Hotels arrangieren interessante Touren (2–3 Std.) zum Thema Gewürze per Autorikscha bzw. Taxi (450/750 ₹). Wer sich informieren möchte, wie es in einer

Kumily & Periyar Wildlife Sanctuary

Aktivitäten, Kurse & Touren
1 Ecotourism Centre ... A2
2 Santhigiri Ayurveda ... B1

Schlafen
3 Chrissie's Hotel ... B2
4 Claus Garden ... B2
5 Coffee Inn ... A2
6 El-Paradiso ... A2
7 Green View Homestay ... A2
8 Mickey Homestay ... B2
9 Spice Village ... A2
10 Tranquilou ... B2

Essen
11 Ambadi Restaurant ... A2
Chrissie's Cafe ... (siehe 3)
Coffee Inn ... (siehe 5)
12 Ebony's Cafe ... B2
13 Periyar Cafe ... A2
14 Shri Krishna ... B1

Unterhaltung
15 Kerala Cultural Centre ... A1

Praktisches
16 DTPC-Büro ... B1
Ecotourism Centre ... (siehe 1)

Transport
17 Bushaltestelle ... B1
18 Tamil-Nadu-Bushaltestelle ... B1

Teefabrik zugeht, kann das hier tun – anders als in Munnar, wo Teefabriken öffentlich nicht zugänglich sind.

Traveller, die lieber unabhängig sein wollen, können außerhalb von Kumily auf eigene Faust ein paar tolle Gewürzgärten besuchen. Den 1 ha großen **Abraham's Spice Garden** (222919; Führung 100 ₹; 7–18.30 Uhr) gibt es schon seit 56 Jahren. **Highrange Spices** (222117; Führung 100 ₹; 7–18 Uhr) liegt 3 km von Kumily entfernt. Hier werden auf 4 ha ayurvedische Kräuter und Gemüse gezüchtet. Eine Rikscha zu diesen Gewürzgärten und zurück kostet rund 250 ₹. Ungefähr 13 km von Kumily entfernt liegt eine bewirtschaftete **Teeplantage** (8–17 Uhr). Man kann auf dem Gelände herumschlendern und kostenlos bei der Teeherstellung zuschauen.

Santhigiri Ayurveda AYURVEDA
(223979; Vandanmedu Junction) Ausgezeichnetes, authentisches Ayurveda-Zentrum, das erstklassige Massagen (650–1500 ₹), Shirovasti- (1200 ₹) und Langzeittherapien (bis zu 14 Tage) anbietet.

Schlafen

INNERHALB DES SCHUTZGEBIETS

Das Ecotourism Centre vermittelt Parkunterkünfte in einem einfachen **Zelt** bzw. einer schlichten **Bambushütte** (DZ inkl. Frühstück 1000/1500 ₹). Außerdem betreibt die KTDC drei ausgesprochen teure Hotels im Park. Es ist eine gute Idee, im Vorfeld in einem der KTDC-Büros zu reservieren, vor allem für Wochenenden. Besucher sollten beachten, dass in diesen Unterkünften eine Art Sperrstunde existiert: Gäste dürfen nach 18 Uhr nicht mehr im Schutzgebiet herumlaufen.

Lake Palace HOTEL $$$
(223888; www.ktdc.com; Zi. inkl. aller Mahlzeiten 16000–25000 ₹) Das mitten im Periyar-See auf einer Insel gelegene Hotel bietet das beste Preis-Leistungs-Verhältnis aller staatlich geführten Hotels im Park. Der atemberaubend restaurierte alte Palast hat sechs Zimmer voller Flair, die alle mit Antikmöbeln und bestimmten modernen Annehmlichkeiten (wie Flachbild-TV) ausgestattet sind. Die Übernachtung mitten im Schutzgebiet birgt die besten Chancen, von der eigenen Terrasse aus wildlebende Tiere zu sehen. Hin kommt man nur mit einem Boot, das einen über den See bringt.

KUMILY

Green View Homestay GASTFAMILIE $$
(224617; www.sureshgreenview.com; Bypass Rd; Zi. inkl. Frühstück 600–1750 ₹) Einst eine bescheidene Privatunterkunft, ist das Greenview heute praktisch auf Hotelgröße angewachsen. Das umwerfende Haus hat sich aber trotzdem seinen herzlichen und freundlich-familiären Charakter bewahrt, was es bei Travellern seit Jahren so beliebt macht. In den Gebäuden sind unterschiedliche, tipptopp gepflegte Zimmer mit Balkon, Bambus- oder Holzmöbeln und viel Grünzeug untergebracht. Zum Angebot gehören auch vegetarische **Speisen** (65 ₹) und **Kochkurse** (250 ₹).

Claus Garden GASTFAMILIE $$
(222320; www.homestay.in; Zi. 800–1000 ₹) Abseits vom Trubel und von einem üppi-

gen grünen Garten umgeben: Das reizende, große Gebäude ist in warmen, leuchtenden Farben gehalten und verfügt über sanft geschwungene Balkone. Die tollen, geräumigen Zimmer sind mit netten Details wie bunten Decken, Teppichen und Kunst eingerichtet. Die beiden Doppelzimmer, die sich ein Bad teilen, sind ideal für Familien (2000 ₹). Super Preis-Leistungs-Verhältnis!

Spice Village HOTEL $$$
(☎0484-3011711; crs@cghearth.com; Thekkady Rd; Villa 12 000–22 000 ₹; ❄) Auf der gepflegten und doch urtümlich wirkenden Anlage stehen bezaubernde, geräumige Hütten, die schick und gemütlich-rustikal zugleich sind. Das Restaurant baut mittags und abends ein großzügiges Buffet (je 1000 ₹) auf. Hier befindet sich auch das **Wildlife Interpretation Centre** (⏲7.30–21.30 Uhr), in dem ein ansässiger Naturforscher Dias zeigt und Fragen zum Park beantwortet.

Mickey Homestay PENSION $
(☎223196; www.mickeyhomestay.com; Bypass Rd; Zi. 350–850 ₹) Mickey hat in seinem Familienhaus nur eine Handvoll lauschiger Zimmer, die wegen der liebevollen Details zu den gemütlichsten im Ort zählen. Auf den Balkonen befinden sich Rattanmöbel und Bambushängesessel, und das ganze Haus ist von Grün umgeben.

Chrissie's Hotel PENSION $$
(☎224155; www.chrissies.in; Bypass Rd; Zi. 1600–2000 ₹) Das vierstöckige Gebäude hinter dem beliebten, von Ausländern geführten Restaurant gleichen Namens hat sich gut in die grüne Waldumgebung integriert. Die schicken Zimmer sind geräumig und hell und mit gemütlichen Möbeln, Lampen und bunten Kissen eingerichtet; die teureren haben Balkone und sind um vieles besser als die billigeren Zimmer im Erdgeschoss.

Coffee Inn PENSION $
(☎222763; coffeeinn@sancharnet.in; Thekkady Rd; Hütte 250–700 ₹, Zi. ab 1000 ₹) Hier gibt es nicht nur rustikale Bambushütten, Baumhäuser und Cottages im Garten mit Blick auf das Schutzgebiet, sondern auch elegantere Unterkünfte im Haupthaus – holzvertäfelte Zimmer mit gemütlicher Atmosphäre, manche mit Balkon und herrlichem Ausblick. Einige Traveller berichten allerdings, dass die Zimmer etwas muffig seien.

Tranquilou GASTFAMILIE $$
(☎223269; Bypass Rd; Zi. 1000–1200 ₹; @) Freundliche, familiäre Privatunterkunft, die viel Ruhe bietet. Die zwei Doppelzimmer teilen sich ein Wohnzimmer und sind eine gute Option für Familien.

El-Paradiso GASTFAMILIE $$
(☎222350; www.goelparadiso.com; Bypass Rd; Zi. 1250 ₹; @) Das Familienhaus besitzt frische Zimmer. Manche haben einen Balkon, der mit Hängesesseln ausgestattet ist, andere eine Terrasse nach hinten hinaus mit Blick ins Grüne.

Essen

In der Gegend um den Basar gibt's jede Menge guter und günstiger vegetarischer Restaurants.

Periyar Cafe INDISCH $
(Gerichte 40–140 ₹) In dem in kindergartenmäßig bunten Farben gestrichenen und mit pfiffiger Werbung verzierten, gemütlichen Lokal werden haufenweise nord- und südindische Gerichte zu vernünftigen Preisen serviert. Das nahe dem Parkeingang gelegene Periyar Cafe ist ideal fürs Frühstück oder Mittagessen zwischen den Tierbeobachtungstrips.

Chrissie's Cafe INTERNATIONAL $$
(Bypass Rd; Snacks 50–80 ₹, Gerichte 110–180 ₹) Das allzeit beliebte, luftige Café im ersten Stock versorgt die Traveller mit Kuchen und Snacks, ausgezeichnetem Kaffee und gut zubereiteten europäischen Speisen wie Pizza und Pasta.

Ebony's Cafe INTERNATIONAL $
(Bypass Rd; Gerichte 70–100 ₹) Der kleine, freundliche Treff im ersten Stock bietet eine Auswahl von leckeren indischen und europäischen Gerichten. Dazu bekommt man immer auch ein Lächeln und eine travellerfreundliche Hintergrundmusik.

Shri Krishna INDISCH $
(Bypass Rd; Gerichte 35–85 ₹) Das bei Einheimischen sehr beliebte Lokal serviert würzige vegetarische Gerichte, u.a. mehrere Thali-Versionen.

Coffee Inn INTERNATIONAL $$
(Gerichte 75–200 ₹) Das entspannte Restaurant serviert vor der Kulisse eines Gewürzgartens ein paar wenige indische und europäische Gerichte. Das Essen ist ganz gut, aber es kann dauern, bis es kommt – am besten bringt man ein Buch mit.

Ambadi Restaurant INDISCH $$
(Gerichte 80–100 ₹) Das beliebte Restaurant im gleichnamigen Hotel serviert ordentli-

che nord- und südindische Gerichte (und Kingfisher Bier, 100 ₹) in einem schicken, luftigen Speisesaal.

☆ Unterhaltung

Kerala Cultural Centre KULTUR
(☎9446072901; Eintritt 150 ₹) Wer eine **Kathakali**-Aufführung miterleben will, sollte dieses Kulturzentrum besuchen. Hier sind das Mudra Kathakali Centre mit Aufführungen um 16.30 und 19 Uhr (das Schminken beginnt jeweils 30 Minuten vorher; Besucher können dabei zuschauen und Fotos machen) und das Kerala Kalari Centre mit einstündigen **Kalaripayattu-Vorführungen** (Eintritt 200 ₹) täglich um 18 Uhr untergebracht.

ℹ Praktische Informationen

DTPC-Büro (☎222620; ⊙Mo–Sa 10–17 Uhr) Hinter dem Busbahnhof. Ist aber nicht so nützlich wie das Ecotourism Centre.

Ecotourism Centre (☎224571; ⊙9–17 Uhr) Organisiert Touren und Wanderungen im Park.

Kumily Internet (☎222170; Thekkady Junction; 40 ₹/Std.; ⊙9–21.30 Uhr)

State Bank of Travancore (⊙Mo–Fr 10–15.30, Sa bis 12.30 Uhr) Löst Reiseschecks ein und wechselt Bargeld. Hat auch einen Geldautomaten, der ausländische Karten annimmt.

Wildlife Information Centre (☎222028; ⊙6–18 Uhr) Oberhalb der Bootsanlegestelle in Thekkady.

ℹ An- & Weiterreise

Start- und Haltepunkt der Busse ab oder nach Periyar ist in Aranya Nivas; die Fahrzeuge halten aber auch am Kumily-Busbahnhof am östlichen Stadtrand.

Täglich pendeln acht Busse zwischen Ernakulam (Kochi) und Kumily (110 ₹, 5 Std.). Alle 30 Minuten fährt ein Bus nach Kottayam (69 ₹, 4 Std.), um 8.45 und um 11 Uhr ein Direktbus nach Thiruvananthapuram (145 ₹, 8 Std.) und um 13.10 Uhr ein Bus nach Alappuzha (85 ₹, 5½ Std.).

Die Busse Richtung Tamil Nadu fahren alle 30 Minuten nach Madurai (42–56 ₹, 4 Std.) vom Tamil-Nadu-Busbahnhof, gleich jenseits der Grenze.

ℹ Unterwegs vor Ort

Kumily liegt etwa 4 km vom Periyar-See entfernt. Man kann den Bus (der sich fast so selten blicken lässt wie die Tiger) oder eine Autorikscha (40 ₹) nehmen oder einen angenehmen Spaziergang durch den schattigen Park machen. Viele Pensionen verleihen **Fahrräder**.

Munnar

☎04865 / 1524 M / 68 000 EW.

Wenn man nur ein paar Kilometer aus der schmuddeligen kleinen Hill Station Munnar hinausgeht, taucht man in ein Meer aus Grünschattierungen ein: Die langgestreckten, mit einem Teppich aus Teepflanzen bedeckten Hügel rundherum und die Bergkulisse sind einfach atemberaubend. Oft liegt der ganze Ort über den Wolken, und man sieht von oben, wie der Nebelschleier sich unter den Berggipfeln festsetzt. Munnar, einst bekannt als High Range of Travancore, ist heute das Handelszentrum in einem der am höchsten gelegenen Teeanbaugebiete der Welt.

◉ Sehenswertes & Aktivitäten

Der Hauptanreiz für einen Aufenthalt in Munnar ist es, die üppig grünen, von Teepflanzen übersäten Hügel rundherum zu erkunden. Hotels, Privatunterkünfte, Reisebüros, Autorikschafahrer und so ziemlich jeder Passant können Travellern bei der Organisation eines Sightseeing-Trips helfen – Angebote und Preise vergleichen!

Tata Tea Museum MUSEUM
(☎230561; Erw./Kind 75/35 ₹; ⊙Di–So 10–16 Uhr) Das rund 1,5 km nördlich der Stadt gelegene Museum ist die einzige Möglichkeit, in der hiesigen Gegend etwas über die Teeproduktion zu erfahren. Das Ganze ist nur nachgestellt, aber immerhin wird der grundlegende Prozess gezeigt. Auch eine Sammlung von Relikten aus der Kolonialzeit mit Fotos und einer von 1905 stammenden Maschine zum Rollen der Teeblätter ist hier zu sehen. Der kurze Spaziergang von der Stadt hierher ist sehr hübsch und führt an den Teeplantagen vorbei, die von Munnar aus am besten zugänglich sind.

☞ Geführte Touren

Die DTPC veranstaltet eine Reihe ziemlich hektischer Tagestouren zu Orten rund um Munnar. Mit der **Sandal-Valley-Tour** (350 ₹/Pers.; ⊙9–18 Uhr) kommt man zum Chinnar Wildlife Sanctuary, zu mehreren Aussichtspunkten, Wasserfällen, Plantagen, Dörfern und einem Sandelholzwald. Die **Tea-Valley-Tour** (300 ₹/Pers.; ⊙10–18 Uhr) führt u.a. zum Echo Point, zur Top Station und nach Rajamalai (Ausgangspunkt für Trips zum Eravikulam National Park). Alternativ kann man vom Taxibüro in Munnar für rund 1100 ₹ ein Taxi für

Munnar

Schlafen

1 Kaippallil Homestay A2

Essen

2 Eastend B1
3 Rapsy Restaurant A1
4 SN Annexe B1

Praktisches

5 Forest Information Centre A2

Transport

Autorikschastand .... (siehe 9)
6 Busse nach Coimbatore A2
7 Busse nach Ernakulam, Kottayam & Trivandrum A2
8 Busse nach Kumily & Madurai B2
9 Busse zur Top Station B2

einen ganzen Tag mieten und sich zu den wichtigsten Sehenswürdigkeiten bringen lassen.

Schlafen

Die besten Unterkünfte finden sich überwiegend außerhalb des Stadtzentrums.

RUND UM DIE STADT

LP TIPP **Zina Cottages** GASTFAMILIE $
(☎230349; Zi. inkl. Steuern 800–1000 ₹) Direkt am Stadtrand, aber eingebettet in üppig grüne Teeplantagen ist diese gastfreundliche Privatunterkunft mit ihren zehn Zimmern ein super Deal! Liebevolle Details in den Zimmern und eine atemberaubende Aussicht sind hier Standard, genau wie der Tee und die vielen Infos, die der legendäre, namentlich in den Reiseführern von Devla Murphy und Bill Aitken genannte Besitzer Mr. Iype von der Touristeninformation liefert. Wegen der Wildschweine darf man sich allerdings nach 19 Uhr nicht mehr ins Freie wagen.

JJ Cottage GASTFAMILIE $
(☎230104; jjcottagemunnar@sancharnet.in; DZ 350–800 ₹) In der tollen Privatunterkunft kümmert sich die Familie rührend um die Gäste, um ihnen den Aufenthalt so angenehm wie möglich zu machen. Die unterschiedlichen, schlichten Zimmer sind blitzblank und hell und haben TV und Boiler. Das Luxuszimmer mit seinen rüschenbesetzten rosafarbenen Vorhängen bietet einen weiten Ausblick.

Green View PENSION $
(☎230940; greenview_munnar@sify.com; DZ 400–600 ₹) In dem gastfreundlichen, ordentlichen Haus direkt neben dem JJ Cottage übernachten Gäste in frischen Budgetzimmern. Der junge Inhaber baut außerhalb von Munnar inmitten von Teeplantagen noch eine weitere Budgetunterkunft auf: das **Green Woods Anachal** (DZ 750 ₹) mit vier Zimmern.

Westwood Riverside Resort RESORT $$$
(☎230884-6; www.westwoodmunnar.com; Alwaye-Munnar (AM) Rd; Zi. inkl. Frühstück & Abendessen 3000–5000 ₹) Von außen wirkt die Anlage nicht vielversprechend, aber drinnen ist sie mit ihren Parkettböden und rührenden Wandbildern überraschend hübsch. Die Zimmer sind schlicht, makellos und einladend (manche bieten Flussblick).

Kaippallil Homestay PENSION $
(☎230203; www.kaippallil.com; Zi. 200–600 ₹) Das Kaippallil oben auf dem Hügel und abseits des (schlimmsten) Basarlärms ist die beste Budgetoption in der Stadt, wenn auch gewiss kein anheimelnde Bleibe. Der neue Anbau ist noch nicht ganz fertig, wodurch das Ganze fast wie ein Rohbau aussieht, aber die Zimmer sind einigermaßen sauber und haben einen Balkon sowie einen weiten Ausblick. Am preisgünstigsten sind die zwei schlichten, aber stimmungsvollen kleinen Zimmer in dem benachbarten Cottage.

MUNNAR HILLS

LP TIPP **Rose Gardens** GASTFAMILIE $$$
(☎04864-278243; www.rosegardens.com; NH49 Rd, Karadipara; Zi. 3500 ₹) Trotz der Lage an der Hauptstraße mit guter Busanbindung ist die rund 10 km südlich

von Munnar gelegene Privatunterkunft ein friedvoller Ort mit Blick auf Tomys idyllische Baumschule, in der es mehr als 240 Pflanzenarten gibt. Die Zimmer sind groß und komfortabel, und die Familie ist charmant. Rajees hausgemachtes Essen ist köstlich, der Kaffee kommt aus eigenen Anbau und der Honig von den eigenen Bienenstöcken. Kochunterricht gibt's gratis, z.B. frische Kokospfannkuchen zum Frühstück und köstlich gewürzte Kerala-Gerichte zum Abendessen.

Dew Drops PENSION $$
(☎0484-2216455; wilsonhomes2003@yahoo.co.in, www.dewdropsmunnar.com; Kallar; Zi. inkl. Frühstück 1200 ₹) Diese fantastische Pension, die sich rund 20 km südlich von Munnar im dichten Wald versteckt, steht auf 97 ha Gewürzplantagen und Feldern. Das prächtige Gebäude ist meisterhaft angelegt und birgt sieben helle, einfache Zimmer. Jedes davon hat eine Veranda, auf der man sitzen und die Stille genießen kann, und vom kleinen Restaurant aus hat man einen weiten Ausblick. Die friedliche Ruhe hier ist einfach herrlich. Das Anwesen liegt 20 km von Munnar entfernt; man kann anrufen und sich abholen lassen (50 ₹/Pers.).

British County PENSION $$
(☎2371761; touristdesk@satyam.net.in; ET City Rd, Anachal; VP 2000 ₹/Pers.) Die reizende kleine Pension rund 11 km südöstlich von Munnar hat eine tolle Veranda mit atemberaubendem Panoramablick und zwei hübsche, frische Zimmer mit Ausblick. Es gibt auch ein schlichtes, kleines Baumhaus, das man mieten kann, und Stufen, die runter ins Tal führen. Eine Taxifahrt ab Munnar kostet 400 ₹. In dieser Pension übernachtet man auch bei der von der Touristeninformation organisierten Munnar-Hillstation-Tour ab Kochi.

Bracknell Forest PENSION $$$
(☎231555; www.bracknellforestmunnar.com; Ottamaram; Zi. 5000 ₹; 📶) In dem 9,5 km südlich von Munnar gelegenen, abgeschiedenen Haus verstecken sich hübsche Zimmer mit Balkonen und tollem Blick auf ein üppiges Tal. Das Anwesen ist an allen Seiten von dichtem Wald umgeben. Im Preis inbegriffen sind das Frühstück und eine mehrere Stunden lange Wanderung. Ansonsten kostet das Essen 350 ₹. Von dem kleinen Restaurant aus hat man einen tollen Rundumblick. Der Transfer ab Munnar kostet 400 ₹.

Windermere Estate RESORT $$$
(☎Reservierung 0484-2425237; www.windermeremunnar.com; Pothamedu; Zi. mit Klimaanlage 6900–14800 ₹; ❄) In dem 4 km südlich von Windermere gelegenen Resort trifft Boutique- auf Landhausstil. Es verfügt über Zimmer im Bauernhaus und neuere, elegantere Cottages mit spektakulärem Ausblick, umgeben von Stille und 26 ha voller Kardamom- und Kaffeeplantagen. Im Voraus buchen!

Essen

Frühmorgens versorgen einen diverse Stände im Basar mit Frühstücksnacks und günstigen Gerichten.

SN Annexe INDISCH $$
(AM Rd; Gerichte 55–130 ₹; ⌚7–22 Uhr) Die kleine Schwester des SN Restaurants ist in einem hübschen dunkelorangefarbenen Look eingerichtet und hat Lamellenfensterläden. Das Lokal ist wegen seiner großen Thali-Auswahl bei Familien total beliebt. Hier kann man sich richtig vollstopfen mit diversen Spezialitäten, Gerichten aus Rajasthan, Gujarat, dem Punjab und aus anderen Gegenden sowie vegetarischen Speisen.

Eastend INDISCH $$
(Temple Rd; Gerichte 120–170 ₹; ⌚12–15.30 & 18.30–22.30 Uhr) Das in dem gleichnamigen Hotel untergebrachte elegante Restaurant mit Rüschenvorhängen hat das beste nicht vegetarische indische Essen der ganzen Stadt. Auf der Karte stehen chinesische, nord- und südindische sowie Kerala-Spezialitäten.

Royal Retreat INDISCH $
(Kannan Devan Hills; www.royalretreat.co.in; Gerichte 50–75 ₹; ⌚7–21.30 Uhr) Der in einem Hotel mitten in einem Garten untergebrachte alteingesessene Favorit tischt leckere und frische indische Spezialitäten auf. Die Tische in den hübschen Räumen sind mit karierten Tischdecken dekoriert. Probieren sollte man die Spezialitäten, z.B. das Alappuzha-Fisch-Curry und *bhindi masala* (Okra-Curry).

Rapsy Restaurant INDISCH $
(Bazaar; Gerichte 30–80 ₹; ⌚6–22 Uhr) Das kleine Lokal ist mittags vollgestopft mit Einheimischen, die für Rapsys berühmte *paratha* oder Biryani (ab 40 ₹) anstehen. Hier gibt es auch gute, ausgefallene internationale Gerichte, z.B. spanisches Omelette und israelisches *shakshuka* (Rührei mit Tomaten und Gewürzen).

SN Restaurant INDISCH $
(AM Rd; Gerichte 35–90 ₹; ⏲6–22 Uhr) Das SN gleich südlich der Touristeninformation ist ein heiteres Restaurant mit attraktiver roter Innenausstattung. Es ist scheinbar immer voller Leute, die über die Masala-Dosas (35 ₹) und andere vegetarische bzw. nicht vegetarische Gerichte herfallen.

 Praktische Informationen

Geldautomaten befinden sich an der Brücke südlich vom Basar.

DTPC-Touristeninformation (☎231516; Alway-Munnar Rd; ⏲8.30–19 Uhr) Mäßig hilfreich.

Forest Information Centre (☎231587; enpmunnar@sify.com; ⏲8–17 Uhr)

Olivia Communications (35 ₹/Std.; ⏲9–22.30 Uhr) Überraschend schnelles Internet.

State Bank of Travancore (☎230274; ⏲Mo–Sa 10–15.30, So bis 12 Uhr) Hat einen Geldautomaten.

Touristeninformation (☎230349, 9447190954) Joseph Iype ist ein wandelndes Lexikon in Sachen Munnar. Er hat zwar kein Büro mehr in der Stadt, kann einen aber telefonisch mit Infos zum Wandern, zu Taxis usw. versorgen.

 An- & Weiterreise

Die Straßen rund um Munnar sind in grausigem Zustand und leiden unter dem Monsunregen immer mehr, sodass die Busfahrzeiten variieren. Der **KSRTC-Busbahnhof** (AM Rd) liegt südlich der Stadt; am besten fährt man aber von den Haltestellen im Ortszentrum von Munnar ab, wo auch häufiger verkehrende Privatbusse zu finden sind.

Es gehen ungefähr zehn Busse pro Tag nach Ernakulam (Kochi, 80 ₹, 5½ Std.) und ein paar nach Kottayam (85/101 ₹ normal/Express, 5 Std.) und Thiruvananthapuram (191 ₹, 9 Std.).

 Unterwegs vor Ort

Die DTPC vermietet Fahrräder (15/150 ₹ pro Std./Tag). **Gokulam Bike Hire** (☎9447237165; 250 ₹/Tag; ⏲7.30–19 Uhr) hat einige Leihmotorräder, genauso das SN Restaurant (250 ₹/Tag).

Autorikschas bedienen die Hügel rund um Munnar und verdienen sich dabei dumm und dämlich: Man bezahlt bis zu 650 ₹ für einen Tag Sightseeing.

Rund um Munnar

ERAVIKULAM NATIONAL PARK

Der **Eravikulam National Park** (Inder/Ausländer 15/200 ₹; ⏲März–Dez. 8–17 Uhr), 16 km von Munnar entfernt, ist die Heimat des vom Aussterben bedrohten, aber fast zahmen Nilgiri-Tahrs (einer Art Bergziege). Von Munnar kostet eine Autorikschafahrt hin und zurück 250 ₹ (Taxi 500 ₹); mit einem staatlichen Bus kann man die letzten 4 km vom Checkpoint aus zurücklegen (20 ₹).

CHINNAR WILDLIFE SANCTUARY

Rund 10 km hinter Marayoor und 60 km nordöstlich von Munnar liegt dieses **Naturschutzgebiet** (www.chinnar.org; Inder/Ausländer 10/100 ₹, Foto/Video 25/150 ₹; ⏲7–18 Uhr), in dem Hirsche, Leoparden, Elefanten und das vom Aussterben bedrohte Sri-Lanka-Riesenhörnchen leben. Im Schutzgebiet kann man **trekken** (3 Std. 150 ₹) und in einem **Baumhaus** (EZ/DZ 1000/1250 ₹) oder einer **Hütte** (EZ/DZ 1500/1800 ₹) nächtigen. Außerdem sind Ökotour-Programme wie Wanderungen am Fluss, kulturelle Touren und Wanderungen zu Wasserfällen (rund 150 ₹) im Angebot. Detaillierte Infos erhält man im Forest Information Centre in Munnar. Die von Munnar kommenden Busse können einen in Chinnar (35 ₹, 1½ Std.) absetzen. Es ist auch möglich, ein Taxi für einen ganzen Tag zu mieten (rund 1100 ₹).

TOP STATION

Hier an der Grenze zwischen Kerala und Tamil Nadu eröffnet sich ein spektakulärer Blick über die Westghats. Von Munnar aus schnaufen täglich vier Busse (35 ₹, ab 7.30 Uhr, 1½ Std.) den steilen, 32 km langen Anstieg in etwa einer Stunde hoch. Man kann auch ein Taxi mieten (hin & zurück 750 ₹).

THATTEKKAD BIRD SANCTUARY

Das **Thattekkad Bird Sanctuary** (☎0485-2588302; Inder/Ausländer 10/100 ₹, Foto/Video 25/150 ₹; ⏲6.30–18 Uhr) ist ein ländlicher, 25 km² großer Park in den Ausläufern der Westghats. Zwei Flüsse und zwei Bäche fließen durch das Gebiet. Hier leben mehr als 320 Vogelarten (und zwar Waldvögel, keine Wasservögel), darunter der Malabar-Grautoko (ein Nashornvogel), die Halsband-Zwergohreule, die Dschungel-Nachtschwalbe, der Graudrongo, Schlangenhalsvögel und seltenere Arten wie das Ceylonfroschmaul (eine Eulenart). Es gibt Eisvögel, Fliegenschnäpper, Sperlingsvögel, Nektarvögel und Mistelfresser (die nur 4 g wiegen). Außerdem leben noch viele andere Wildtiere hier, z. B. einige Elefanten, Leoparden, Bären, Schlangen (auch Kobras), Sambarhirsche, Affen, Gleithörnchen und 120 Schmetterlingsarten. Auf Wunsch werden zwei- oder dreistündige **Wanderungen** (bis 5/10 Pers. 500/250 ₹ pro Pers.) organisiert. Wer im Schutzgebiet im **Treetop Machan** (Inder/Ausländer B 80/150 ₹, DZ inkl. Mahlzeiten 1500–2500 ₹) übernachten möchte, muss sich an den **Wildhüter** (☎0485-2588302) in Kothamangalam wenden. Eine Option ist auch die Übernachtung in der **Privatunterkunft** (☎9947506188; inkl. Mahlzeiten 750 ₹/Pers.) von Ms. Sudah.

Etwas luxuriöser wohnt man im hübschen **Birds Lagoon Resort** (☎0485-2572444; www.birdslagoon.in; Palamatton, Thattekkad; EZ/DZ inkl. Frühstück 60/70 €, mit Klimaanlage ab 65/75 €; ❄☒). Das entspannte Resort liegt 16 km von Kothamangalam entfernt auf einem großen, gepflegten Grundstück an einem saisonalen See zwischen Dörfern nahe Thattekkad. Die schlichten Zimmer sind geräumig und komfortabel mit viel Holz und vielen Lampen ausgestattet. Die ganze Anlage wirkt erfrischend abgelegen und ist besonders bei Vogelfreunden beliebt. Rund 8 km von Thattekkad entfernt gibt es noch das **Hornbill Camp** (☎0484 2092280; www.thehornbillcamp.com; DZ inkl. VP 5000 ₹). Man wohnt hier in großen, fest verankerten und mit Ventilatoren ausgestatteten Zelten in herrlich friedvoller Umgebung direkt am Fluss Periyar. Im Preis inbegriffen sind Kajak-, Rad- und Gewürzgartentouren.

Thattekkad liegt an der Straße von Ernakulam nach Munnar. Um hinzukommen, nimmt man einen Direktbus von Ernakulam (29 ₹, 2 Std.) oder Munnar (50 ₹, 3 Std.) nach Kothamangalam, wo man für die letzten 12 km in den Bus nach Thattekkad (6 ₹, 25 Min.) umsteigt.

Parambikulam Wildlife Sanctuary

Das **Parambikulam Wildlife Sanctuary** (www.parambikulam.org; Inder/Ausländer 10/100 ₹, Video/Foto 100/25 ₹; ⏲7–18 Uhr) ist das wohl am besten abgeschirmte Stück Natur in ganz Südindien: Es schmiegt sich hinter drei Dämmen in ein Tal, das wiederum von anderen zu Kerala und Tamil Nadu gehörenden Schutzgebieten umgeben ist. Auf 285 km² kann man hier in dschungelartiger Landschaft super Tiere beobachten. Hier leben Elefanten, Bisons, Gauren, Faultiere, Sambarhirsche, Krokodile, Tiger und Leoparden. Zudem wachsen hier ein paar der höchsten Teakbäume Asiens. Während des Monsuns (Juni–Aug.) sollte man das Schutzgebiet meiden, und im März und April ist es manchmal gesperrt.

Das **Ecocare Centre** (☎04253-245025) in Palakkad organisiert Touren im Park, **Wanderungen** (1/2 Tage 3000/6000 ₹) und Übernachtungen auf der Süßwasserinsel im See (Zi. 5000 ₹). Im Park gibt es 150 Schlafplätze in **Baumhütten** (ab 2500 ₹); sie können über das Ecocare Centre gebucht werden. Boots- und Raftingtouren kosten 600 ₹ pro Stunde.

Zugang zum Park hat man nur von Pollachi in Tamil Nadu aus (40 km von Coimbatore und 49 km von Palakkad). Zwischen Pollachi und Parambikulam (über Annamalai, 15 ₹, 1½ Std.) fahren mindestens zwei Busse täglich in beide Richtungen. Der nächste Bahnhof ist Coimbatore in Tamil Nadu, wo man auch den Bus nach Pollachi kriegt.

ZENTRAL-KERALA

Kochi (Cochin)

☎0484 / 1,36 MIO. EW.

Das gelassene Kochi lockt schon seit mehr als 600 Jahren Händler und Entdecker an seine Küsten. Nirgendwo in Indien findet man eine solche Mischung: riesige Fischernetze aus China, eine 400 Jahre alte Synagoge, uralte Moscheen, portugiesische Herrenhäuser und zerfallende Überreste aus der Zeit Britisch-Indiens. Es ergibt sich ein unwirklich erscheinender, einzigartiger Mix aus mittelalterlichem Portugal, Holland und einem englischen Dorf, versetzt an die tropische Malabarküste. Das herrliche Kochi lädt dazu ein, ein bisschen zu verweilen und in den schönsten historischen Unterkünften des Landes zu übernachten.

Ernakulam auf dem Festland ist ein Verkehrsknotenpunkt und das kosmopolitische Zentrum von Kochi. Die idyllischen historischen Stätten Fort Cochin und Mattancherry bilden den Ausgleich – hier kann man die Vergangenheit förmlich riechen.

Die perfekte Lektüre für den Aufenthalt hier ist Salman Rushdies *Des Mauren letzter Seufzer*, das größtenteils rund um Mattancherry und die Synagoge spielt.

Sehenswertes

FORT COCHIN

LP TIPP **Mattancherry-Palast** PALAST
(Karte S. 310; Niederländischer Palast; ☎2226085; Bazaar Rd; Eintritt 5 ₹; ⏲8–17 Uhr)

Der Eintritt in das interessante Gebäude ist ein Schnäppchen. 1555 errichteten die Portugiesen den Mattancherry-Palast und machten ihn dem Radscha von Kochi, Veera Kerala Varma (1537–1561), großzügig zum Geschenk – angeblich als Geste des guten Willens. Wahrscheinlicher ist allerdings, dass der Palast als Bestechungsmittel diente, um sich Handelsprivilegien zu verschaffen. Die Niederländer renovierten den Palast im Jahr 1663 – daher der Beiname „Niederländischer Palast".

Die Hauptattraktionen hier sind die erstaunlich gut erhaltenen hinduistischen **Wandmalereien**, die in feinen Details Szenen aus dem Ramayana, dem Mahabharata und aus Purana-Legenden darstellen. Der zentrale Saal im 1. Stock enthält heute eine Galerie mit Porträts aller Maharadschas seit 1864. Es gibt auch eine eindrucksvolle Sammlung von handgefertigten Sänften und juwelenbesetzten Gewändern. Außerdem haben alle Räume mit prachtvollen Schnitzereien versehene Decken. Und im Schlafgemach der Damen unten sieht man die beeindruckende Darstellung eines vergnügten Krishnas, der mit seinen acht Händen und zwei Füßen acht Milchmädchen gleichzeitig beglückt und dabei noch Flöte spielt. Fotografieren ist verboten.

LP TIPP **Kerala Folklore Museum** MUSEUM

(☎0484-2665452; Folklore Junction, Thevara; Eintritt 200 ₹; ⌚9.30–19 Uhr) Das unglaubliche private Museum ist die Fahrt zum südöstlichen Rand von Ernakulam wirklich wert. Es zeigt Artefakte aus alten Tempeln und schönen alten Häusern, die der Inhaber, ein Antiquitätenhändler, in mehr als drei Jahren zusammengetragen hat. Zu sehen sind über 5000 Artefakte in drei unterschiedlichen Architekturstilen: Im Erdgeschoss steht alles aus Malabar, im 1. Stock finden sich die Gegenstände aus Kochi und im 2. Stock die aus Travanbur. Es sind 3000 Jahre alte *nannangadi*-Urnen ausgestellt, in denen die Toten in Embryo-Position beigesetzt wurden, und aus dem Holz von Jackfruchtbäumen geschnitzte Masken im Stil von *Wo die wilden Kerle wohnen*. Im Obergeschoss befindet sich ein schönes, holzgetäfeltes Theater mit einer Holzdecke aus dem 17. Jh., in dem jeden Abend **Vorstellungen** (Inder/Ausländer 100/350 ₹; ⌚Sept.–März 6.30–20 Uhr) gegeben werden. Eine Riksha hierher kostet 70 ₹. Man kann auch mit dem Bus nach Thivara fahren und von dort für 20 ₹ eine Rikscha nehmen. Eine Autorikscha ab Fort Cochin kostet 150 ₹.

Der Eigentümer des Museums hat in Mattancherry, in der Nähe der Synagoge, in einem großen alten *godown* (Lagerhaus) noch ein neues Kulturmuseum aufgebaut, das demnächst eröffnet werden soll.

LP TIPP **Pardesi-Synagoge & Jüdisches Viertel** SYNAGOGE

(Karte S. 310; Eintritt 5 ₹; ⌚So–Do 10–13 & 15–17 Uhr, an jüdischen Feiertagen geschl.) Die ursprünglich 1568 erbaute Synagoge wurde 1662 teilweise von den Portugiesen zerstört, aber zwei Jahre später wieder aufgebaut, als die Niederländer Kochi einnahmen. Das Gotteshaus enthält eine hübsche vergoldete Kanzel und aufwändig mit Weidenmustern handbemalte Bodenfliesen aus dem chinesischen Kanton, die 1762 verlegt wurden. Das Innere ist prachtvoll mit belgischen Kandelabern und Buntglaslampen beleuchtet. Der elegante Uhrenturm wurde 1760 errichtet. Oben gibt es einen Balkon für Frauen, die nach orthodoxem Ritus während der Gottesdienste von den Männern getrennt sitzen. Achtung: Kurze Hosen und ärmellose Tops sind drinnen nicht gestattet!

Jüdisches Viertel STADTVIERTEL

Die Synagoge liegt mitten im Jüdischen Viertel (Karte S. 310), einer geschäftigen Hafengegend und Kochis Zentrum des Gewürzhandels. Unzählige kleine Firmen drängen sich in den alten, verfallenden Gebäuden. In der Luft hängt der beißende Duft von Ingwer, Kardamom, Kreuzkümmel, Kurkuma und Gewürznelken. Heute gibt es in den Gassen rund um den Niederländischen Palast und die Synagoge allerdings eher Antiquitäten- und Souvenirläden für Touristen als Gewürzshops. An einigen Gebäuden stehen jüdische Namen.

An der Spitze von Fort Cochin findet man das inoffizielle Wahrzeichen der Backwaters von Kerala: die ausladenden **chinesischen Fischernetze** (Karte S. 308). Die riesigen, spinnennetzähnlichen Gebilde sind ein Vermächtnis der Händler vom Hof Kublai Khans aus dem 13. Jh. Man braucht mindestens vier Personen, um bei Flut die Ausgleichsgewichte der Netze zu betätigen. Leider machen moderne Fischereitechniken diese arbeitsintensive Methode immer unprofitabler und seltener.

Indo-Portugiesisches Museum MUSEUM

(Karte S. 308; ☎2215400; Inder/Ausländer 10/25 ₹; ⌚Di–So 9–13 & 14–18 Uhr) Das Mu-

Kochi (Cochin)

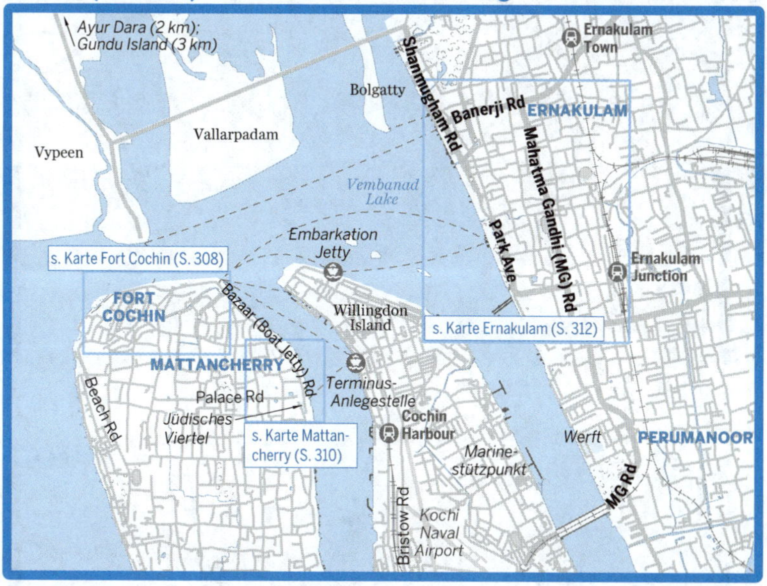

seum im Garten des Bischofshauses zeigt das Erbe einer der frühesten katholischen Gemeinden Indiens: Gewänder, silberne Prozessionskreuze und Altäre aus der Diözese Kochi. Der Keller birgt Relikte aus dem portugiesischen Fort Immanuel.

St. Francis KIRCHE
(Karte S. 308; Bastion St) Die angeblich erste von Europäern in Indien erbaute Kirche wurde 1503 von portugiesischen Franziskanermönchen errichtet. Das Gebäude, das heute hier steht, wurde aber Mitte des 16. Jhs. als Ersatz für die ursprüngliche Holzkonstruktion gebaut. Die sterblichen Überreste des Entdeckers Vasco da Gama, der 1524 in Kochi verstorben war, lagen 14 Jahre lang hier, bevor sie nach Lissabon überführt wurden – sein Grabstein steht immer noch.

Niederländischer Friedhof HISTORISCHE STÄTTE
(Karte S. 308; Beach Rd) Der 1724 geweihte Friedhof birgt die verwitterten Grabmäler niederländischer Händler und Söldner. Die Tore sind normalerweise verschlossen, aber man kann den Verwalter um Einlass bitten oder in St. Francis nachfragen.

Santa-Cruz-Basilika KIRCHE
(Karte S. 308; Ecke Bastion St & KB Jacob Rd) Die imposante katholische Basilika wurde ursprünglich 1506 an dieser Stelle errichtet; das derzeitige Gebäude stammt aber von 1902. Drinnen findet man einen bemerkenswerten pastellfarbenen Raum und Artefakte aus verschiedenen Epochen Kochis.

Kashi Art Cafe GALERIE
(Karte S. 308; Burgher St; ⌚8.30–19.30 Uhr) Kashi, der Pionier des Kunst-Revivals in Fort Cochin, präsentiert wechselnde Ausstellungen örtlicher Künstler. Es gibt noch eine weitere Galerie an der Bazaar Rd, die bei Ausstellungen geöffnet ist.

Aktivitäten

Grande Residencia Hotel SCHWIMMEN
(Karte S. 308; Princess St, Fort Cochin) Auch wer kein Gast ist, kann den kleinen Hotelpool nutzen (350 ₹/Pers.).

Cherai Beach (Vypeen) SCHWIMMEN
Wer ein Bad im Meer nehmen will, kann einen Tagesausflug zum hübschen weißen Sandstrand Cherai Beach (S. 321) auf der Insel Vypeen machen, die man mit einer kurzen Fährfahrt erreicht.

Ayur Dara AYURVEDA
(☎2502362; www.ayurdara.com; Murikkumpadam, Vypeen; ⌚9–17.30 Uhr) Das herrliche Behandlungszentrum am Wasser, das in dritter Generation vom Ayurveda-Spezia-

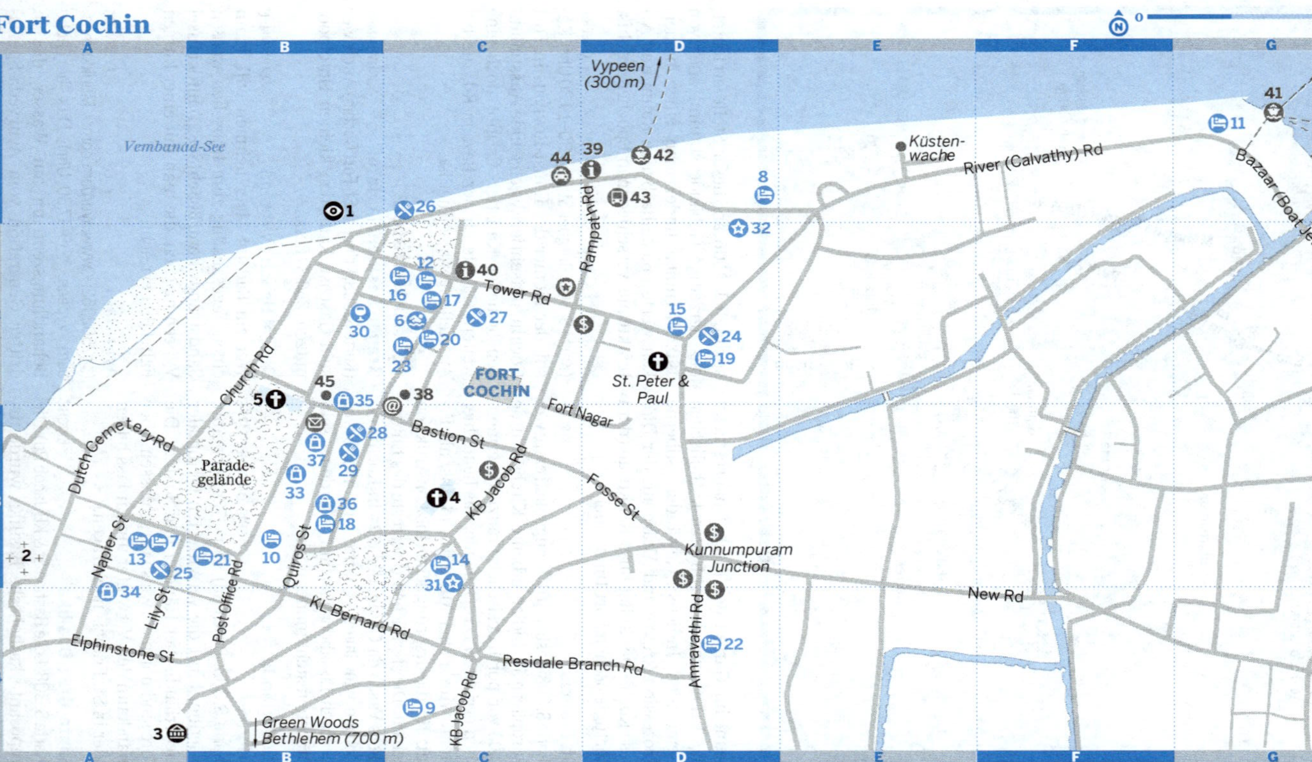
Fort Cochin
0
200 m
Vembanad-See
Vypeen (300 m)
Küsten-wache
River (Calvathy) Rd
Bazaar (Boat Jetty) Rd
Rampath Rd
Tower Rd
St. Peter & Paul
FORT COCHIN
Fort Nagar
Church Rd
Bastion St
Dutch Cemetery Rd
Parade-gelände
KB Jacob Rd
Fosse St
Kunnumpuram Junction
New Rd
Napier St
Quiros St
Post Office Rd
Lily St
KL Bernard Rd
Elphinstone St
Residale Branch Rd
Amravathi Rd
Green Woods Bethlehem (700 m)

Fort Cochin

Sehenswertes
1 Chinesische Fischernetze B1
2 Niederländischer Friedhof A3
3 Indo-Portugiesisches Museum A4
Kashi Art Cafe .... (siehe 27)
4 Santa-Cruz-Basilika C3
5 St. Francis B2

Aktivitäten, Kurse & Touren
Ayush .... (siehe 19)
6 Grande Residencia Hotel C2

Schlafen
7 Bernard Bungalow A3
8 Brunton Boatyard D1
9 Daffodil C4
10 Delight Home Stay B3
11 Fort House G1
12 Koder House C2
13 Malabar House A3
14 Mother Tree C3
15 Noah's Ark D2
16 Old Harbour Hotel C2
17 Princess Inn C2
18 Raintree Lodge B3
19 Royal Grace Tourist Home D2
20 Sonnetta Residency C2
21 Spencer Home B3
22 Tea Bungalow D4
23 Walton's Homestay C2

Essen
Arca Nova .... (siehe 11)
24 Casa Linda D2
25 Dal Roti A3
26 Fishmongers C1
27 Kashi Art Cafe C2
Malabar Junction .... (siehe 13)
Menorah Restaurant .... (siehe 12)
Old Harbour Hotel .... (siehe 16)
28 Shala B3
29 Teapot B3

Ausgehen
30 XL B2

Unterhaltung
31 Kerala Kathakali Centre C3
32 Kerala Kathakali Centre (Altes Theater) D2

Shoppen
33 Cinnamon B3
34 Fabindia A4
35 Idiom Bookshop B2
36 Niraamaya B3
37 Tribes India B3

Praktisches
38 Indoworld C2
39 KTDC Tourist Reception Centre D1
40 Tourist Desk Information Counter C2

Transport
41 Customs-Anlegestelle G1
42 Fähre nach Vypeen D1
43 Fort-Cochin-Bushaltestelle D1
44 Touristentaxistand C1
45 Vasco Tourist Information Centre B2

listen Dr. Subhash geführt wird, hat sich auf Langzeittherapien spezialisiert. Man braucht immer einen Termin. Eine Massage- und *sirodara*-Behandlung (bei der einem beständig Öl auf die Stirn gegossen wird) kostet 1000 ₹. Die Anlage befindet sich 4 km vom Fähranleger auf Vypeen entfernt (Autoriksch 35 ₹).

Ayush AYURVEDA
(Karte S. 308; ☎6456566; KB Jacob Rd, Fort Cochin; Massage ab 900 ₹; ⊙8–20 Uhr) Gehört zu einer landesweiten Kette von Ayurveda-Zentren und macht auch Langzeittherapien.

Kerala Ayurveda AYURVEDA
(Kerala Ayurveda Pharmacy Ltd; Karte S. 312; ☎2378198; www.kaplayurveda.com; AM Thomas Rd, Ernakulam; Massage ab 600 ₹; ⊙7–20 Uhr) Das staatlich geprüfte Zentrum wird für alle Arten von Ayurveda-Kuren empfohlen.

SVM Ayurveda Centre AYURVEDA
(Kerala Ayurveda Pharmacy Ltd; ☎9847371667; www.svmayurveda.com; Quiero St; Massage ab 600 ₹; ⊙9.30–19 Uhr) Das kleine Zentrum in Fort Cochin bietet Entspannungsmassagen und täglich um 8 Uhr Hatha-Yoga (400 ₹, 1½ Std.). Es gibt auch Angebote für längere Kuren.

Kurse

Das Kerala Kathakali Centre (S. 317) gibt Kurse in klassischem Kathakali: Tanz, Musik und Schminken (ab 350 ₹/Std.).

Einen Crashkurs in der Kampfkunst *kalarippayat* kann man im berühmten Trai-

Mattancherry

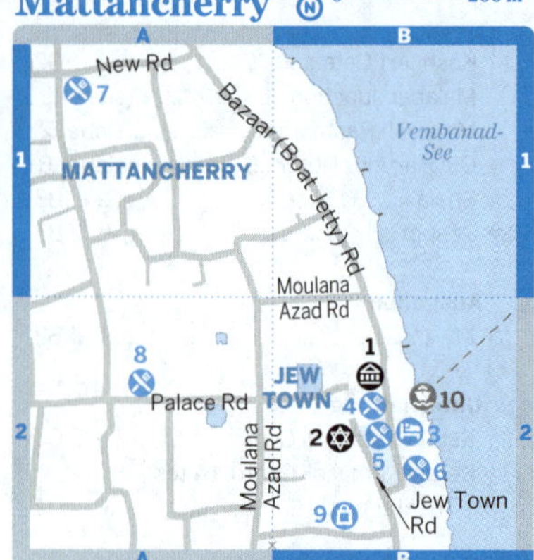

Mattancherry

Sehenswertes

Schlafen

Essen

Shoppen

Transport

ningszentrum Ens Kalari (S. 317) machen. Es werden Intensivkurse von einer Woche bis zu einem Monat abgehalten.

Cook & Eat KOCHEN
(☎2215377; simonroy@hotmail.com; Quiros St; Kurs 550 ₹; ⏲11 & 18 Uhr) Mrs. Leelu Roy veranstaltet in ihrer großen Familienküche den beliebten zweistündigen Kochkurs „Cook & Eat". Dabei bringt sie fünf bis zehn Teilnehmern die Zubereitung von fünf Gerichten bei. Einige der Privatunterkünfte in den Ortschaften organisieren ebenfalls gerne Kochkurse für ihre Gäste.

Geführte Touren

Die meisten Hotels und Touristeninformationen arrangieren Tagesausflüge zum **Elefanten-Trainingscamp** (⏲7–18 Uhr) in Kudanadu, 50 km von Kochi entfernt. Hier kann man auf den Dickhäutern reiten (200 ₹), und wer um 8 Uhr ankommt, darf sogar beim Waschen der sanften Riesen helfen. Der Eintritt ist frei, die Trainer erwarten aber ein Trinkgeld. Die Fahrt mit dem Taxi hin und zurück kostet 700 bis 1200 ₹.

Tourist Desk Information Counter BOOTFAHREN, NATUR
Der private Tourveranstalter (S. 318) organisiert die beliebte ganztägige **Water-Valley-Tour** (650 ₹) durch die Kanäle und Lagunen vor Ort. Enthalten sind eine Kanufahrt durch kleinere Kanäle und zu ein paar Dörfern, das Mittagessen und die Abholung vom Hotel. Im Angebot sind auch die **Wayanad-Wildlife-Tour** (2 Nächte 5500 ₹) und die **Munnar-Hillstation-Tour** (1 Nacht 2500 ₹). Im Preis inbegriffen sind Unterkunft, Transport und Verpflegung.

KTDC BOOTFAHREN
Die KTDC (S. 318) veranstaltet um 8.30 und 14 Uhr **Touren durch die Backwaters** (½ Tag 450 ₹) sowie touristische **Motorboottouren** (2½ Std. 150 ₹) um Fort Cochin um 9 und 14 Uhr. Bei den ganztägigen **Backwater-Trips mit Hausbooten** (800 ₹; ⏲8–18.30 Uhr) hält man unterwegs, um einheimische Webereien und Gewürzgärten zu besuchen und bei der Palmensaftgewinnung zuzuschauen.

Feste & Events

Das achttägige **Ernakulathappan-Utsavam-Fest** im Januar bzw. Februar gipfelt in einer Prozession von 15 geschmückten Elefanten, begleitet von Musik und Feuerwerk.

Schlafen

Fort Cochin ist ideal, um dem Lärm und dem Chaos auf dem Festland zu entfliehen, denn es bietet in ruhiger und romantischer Lage super Unterkünfte. Hier gibt es Hunderte von Gastfamilien, die in ihren Häusern fast identische, große und saubere Budgetzimmer vermieten, sodass dies locker die Homestay-Hauptstadt Indiens sein könnte.

Ernakulam ist preisgünstiger und praktischer für die Weiterreise. Das Ambiente und die Unterkünfte hier sind aber nicht so beeindruckend. Doch egal, wo man absteigen möchte – im Dezember und Januar heißt es im Voraus buchen.

FORT COCHIN

LP TIPP **Malabar House** HOTEL $$$
(Karte S. 308; ☎2216666; www.malabarhouse.com; Parade Ground Rd; Zi. 220 €, Suite

inkl. Frühstück 300–360 €; ❄@≋) Wohl eines der elegantesten Boutiquehotels in Kerala: Das Malabar trumpft ganz unangestrengt mit einer superschicken Mischung aus moderner Farbgebung und historischer Ausstattung auf. Es gibt auch ein Restaurant und eine Weinbar. Die riesigen Suiten sind großzügig ausgestattet; die Standardzimmer sind gemütlicher. Sehr verführerisch sind auch das hoteleigene üppige Refugium **Privacy at Sanctuary Bay** (Cottage/Suite 220/360 €) und das fabelhafte umweltfreundliche Hausboot **Discovery** (DZ inkl. VP 450 €).

LP TIPP **Brunton Boatyard** HOTEL $$$
(Karte S. 308; ☎2215461; bruntonboatyard@cghearth.com; River Rd; Zi. 18 700–25 000 ₹; ❄@≋) Die großartige Anlage dieses imposanten Hotels erweckt die niederländische und portugiesische Architektur des 16. und 17. Jhs. gekonnt zum Leben. Alle Zimmer haben Fenster zum Hafen, eine Badewanne und einen Balkon, auf dem eine frische Meeresbrise weht, die die Klimaanlage jederzeit schlägt.

Noah's Ark GASTFAMILIE $$
(Karte S. 308; ☎2215481; www.noahsarkcochin.com; 1/508 Fort Kochi Hospital Rd; Zi. 2750–2900 ₹; ❄@) Das elegante, riesige, moderne Haus mit einer eindrucksvollen Wendeltreppe, die vom Empfangsbereich nach oben führt, verfügt nicht nur über eine Reihe blitzblanker, reizender Zimmer (eines davon mit Balkon), sondern bietet auch herzliche Gastfreundschaft.

Walton's Homestay PENSION $$
(Karte S. 308; ☎2215309; www.waltonshomestay.com; Princess St; Zi. inkl. Frühstück 1200–2400 ₹, mit Klimaanlage 1600–2600 ₹; ❄) Der penible Mr. Walton bringt Gäste in seinem hübschen, alten, blau-weiß gestrichenen Haus in großen, mit Holzmöbeln ausgestatteten Zimmern unter. Unten gibt's einen großen Secondhand-Buchladen und nach hinten hinaus einen üppig grünen Garten voller Vögel mit einem klimatisierten **Gartenhäuschen** (DZ 1200 ₹), das man ebenfalls mieten kann.

Tea Bungalow HOTEL $$$
(Karte S. 308; ☎3019200; www.teabungalow.in; 1/1901 Kunumpuram; Zi. 7500 ₹; ❄@≋) Das senffarbene kolonialzeitliche Gebäude wurde 1912 als Zentrale eines britischen Gewürzhandelsunternehmens erbaut und dann von Brooke Bond Tea übernommen. Die eleganten Zimmer sind in kräftigen Farben gehalten und mit geschnitzten Holzmöbeln und gefliesten Badezimmern ausgestattet.

Raintree Lodge PENSION $$
(Karte S. 308; ☎3251489; www.fortcochin.com; Peter Celli St; Zi. 2300 ₹; ❄) Die traulichen und gemütlichen Zimmer machen das Raintree fast zu einem Boutiquehotel. In jedem Quartier wurden moderner Stil und geschnitztes Holzmobiliar gemischt – toll! Am besten lässt man sich eines der Zimmer im Obergeschoss mit (winzigem) Balkon geben.

Bernard Bungalow PENSION $$
(Karte S. 308; ☎2216162; www.bernardbungalow.com; Parade Ground Rd; Zi. 2500–3500 ₹; ❄) Das schöne, 350 Jahre alte Haus hat eine große Auswahl von interessanten Zimmern. Dielenböden, Fensterläden aus Holz, Balkone, Veranden und das hübsche historische Mobiliar verleihen dem Haus den Look eines Sommerhäuschens aus den 1940er-Jahren.

Sui House GASTFAMILIE $$$
(☎2227078; http://suihousecochin.com; Maulana Azad Rd; Zi. & Frühstück 4000 ₹ inkl. Steuern; ❄) Die prächtige Familienvilla ist das Wohnhaus des Antiquitätenhändlers, dem auch die wunderschöne Caza Maria in der Jew Town Rd gehört. Hier gibt es vier gigantische türkisblau gehaltene Zimmer, einen kostspielig mit Antiquitäten ausgestatteten Gemeinschaftsbereich und einen Hof, in dem das herzhafte Frühstück serviert wird.

Old Harbour Hotel HOTEL $$$
(Karte S. 308; ☎2218006; www.oldharbourhotel.com; Tower Rd; Zi. inkl. Steuern 8250–14 200 ₹; ❄@≋) Das rund um einen idyllischen Garten mit einem Seerosenteich und einem kleinem Pool gelegene ehrwürdige Old Harbour ist in einem 300 Jahre alten niederländisch-portugiesischen Gebäude untergebracht. Der elegante Mix aus historischen und modernen Stilrichtungen, gepaart mit hellen Farbakzenten strahlt Luxus aus, ohne dabei überladen zu wirken, und verleiht dem Hotel ein persönlicheres Flair, als es die meisten seiner bombastischen Konkurrenten haben. Es gibt hier 13 Zimmer, aus manchen blickt man direkt in den Garten, andere haben ein Bad im Freien mit lauter Pflanzen.

Mother Tree GASTFAMILIE $
(Karte S. 308; ☎9447464906; www.hotelmothertree.com; KL Bernard Master Rd; Zi. 700 ₹, mit

Ernakulam

Klimaanlage 1000 ₹; ❄) Es gibt nur ein paar winzige Zimmer in dieser kompakten Privatunterkunft, aber die makellose Sauberkeit und die tolle relaxte Dachterrasse sind ein guter Grund, um herzukommen.

Dream Catcher GASTFAMILIE **$**
(☎2217550; www.dreamcatcherhomestays.com; KB Jacob Rd; Zi. ab 600 ₹, DZ/3BZ mit Klimaanlage ab 2500/3500 ₹; ❄) Versteckt in einer schmalen Gasse steht dieses weitläufige, alte Haus aus der Kolonialzeit. Die herzliche portugiesischstämmige Familie gewährt ihren Gästen eine backpackerfreundliche Unterkunft: Budgetzimmer, ein stilvolles Wohnzimmer und Balkone voller Topfpflanzen.

Green Woods Bethlehem GASTFAMILIE **$$**
(außerhalb der Karte S. 308; ☎3247791; greenwoodsbethlehem1@vsnl.net; gegenüber dem ESI Hospital; DZ inkl. Frühstück 900 ₹) Die Besitzerin Sheeba wirkt, als würde sie Traveller gleich in der Minute, in der sie durch die Vordertür treten, adoptieren. Das wohl hübscheste Gästehaus in Kochi liegt in einer ruhigen Wohngegend, versteckt in seinem eigenen Dschungel aus dichten Pflanzen und Palmen. Die Zimmer sind bescheiden, aber gemütlich. Das Frühstück wird in dem

Ernakulam

Aktivitäten, Kurse & Touren
1 Kerala Ayurveda D5

Schlafen
2 Bijus Tourist Home B3
3 Government Guest House B3
4 Grand Hotel C4
5 John's Residency B3
6 Saas Tower B3

Essen
7 Andhra Meals C4
8 Aruvi Nature Restaurant C4
9 Frys Village Restaurant C1
Grand Pavilion .... (siehe 4)
10 South Star B2
11 Spencer's Daily C1
12 Subhiksha B5

Ausgehen
13 Coffee Beanz B3
14 Indian Coffee House C2
15 Indian Coffee House B3
16 Indian Coffee House C4

Unterhaltung
17 See India Foundation D5
18 Sridar Cinema A2

Shoppen
19 DC Books B1

Praktisches
20 KTDC Tourist Reception Centre B3
21 Medical Trust C5
22 Tourist Desk Information Counter B3

Transport
23 Bus nach Fort Cochin C5
24 KSRTC-Bushaltestelle D3
25 Hauptanleger B4
26 Fähre nach Vypeen A1

fantastischen Café auf der begrünten Dachterrasse serviert. Dort werden oft auch Kochkurse und -vorführungen abgehalten.

Princess Inn PENSION $
(Karte S. 308; ☎2217073; princessinnfortkochi@gmail.com; Princess St; Zi. 400–800 ₹) In der freundlichen Pension hält man an der einstigen Funktion des Hauses als Budgetunterkunft fest, indem man die kleinen, langweiligen Zimmer mit schönen, bunten Farben aufhübscht. Die gemütlichen Gemeinschaftsbereiche sind klasse, und die drei großen Zimmer nach vorne hinaus bieten ein gutes Preis-Leistungs-Verhältnis.

Sonnetta Residency PENSION $$
(Karte S. 308; ☎2215744; www.sonnettaresidency.com; Princess St; Zi. 1000 ₹, mit Klimaanlage 1500 ₹; ❄) In dem mitten im Zentrum des Geschehens in Fort Cochin gelegenen Gebäude aus der Zeit der Portugiesen wohnen Gäste in kleinen Zimmern mit hübschen, kitschigen Details, die sie heimelig machen sollen (z. B. Vorhänge und Topfpflanzen).

Delight Home Stay PENSION $$
(Karte S. 308; ☎2217658; www.delightfulhomestay.com; Post Office Rd; Zi. 1400–1800 ₹, mit Klimaanlage 2500 ₹; ❄) Hier wohnt man in der Tat herrlich! Von außen ist das prächtige Haus mit weißen Holzarbeiten verziert, die Zimmer drinnen sind geräumig und sauber. Das Haus bietet Ausblick auf einen Paradeplatz und hat einen charmanten, kleinen Garten sowie ein imposantes Wohnzimmer, das vollständig mit Teakholz verkleidet ist.

Koder House HOTEL $$$
(Karte S. 308; ☎2217988; www.koderhouse.com; Tower Rd; Zi. mit Klimaanlage ab 11300 ₹; ❄) Auf dem schönen alten Anwesen steht ein historisches Herrenhaus mit Blick auf die chinesischen Fischernetze. Es beherbergt atmosphärische Zimmer und ein stimmungsvolles Restaurant mit hohen Decken und surrenden Ventilatoren, in dem gutes Essen serviert wird. Während der Saison sind die Zimmer überteuert, aber zu anderen Zeiten lohnt sich der Aufenthalt.

Spencer Home PENSION $$
(Karte S. 308; ☎2215049; spencerhomstayfc@rediffmail.com; 1/298 Parade Ground Rd; DZ 1500–2500 ₹) Das wunderschön restaurierte historische Haus bietet erstklassige, gemütliche Zimmer rund um einen charmanten, kleinen Gartenhof. Großartig sind die historischen Highlights, z. B. die hohen, von Holzbalken gestützten Decken und die unglaublich aufwendigen Türschlösser. Das Frühstück wird im Garten vor dem eigenen Zimmer serviert.

Fort House Hotel HOTEL $$$
(☎2217103; www.hotelforthouse.com; 2/6A Calvathy Rd; Zi. ab 3800 ₹; ❄@) Das am Wasser gelegene Hotel mit üppigem Garten bietet

smarte, schicke Zimmer in sanften Erd- und Ockertönen, die mit massiven Holzmöbeln ausgestattet sind und auf eine lange Veranda hinausführen. Hier gibt es auch ein empfehlenswertes Restaurant am Wasser.

Costa Gama Home Stay GASTFAMILIE **$**
(☎2216122; www.stayincochin.com; Thamaraparambu Rd; EZ/DZ ab 400/650 ₹) Gemütliche, kleine Privatunterkunft, die hervorragende Kritiken bekommt. In einer südlichen Seitenstraße der KB Jacob Rd.

Homested GASTFAMILIE **$**
(☎9388600512; http://homestedcochin.com; 1386 A Thamarakulam Rd; EZ/DZ 600/700 ₹, DZ mit Klimaanlage 900 ₹; ❄) Das gepflegte Familienhaus mit drei tadellosen Zimmern versteckt sich abseits der Menschenmengen in einer der Seitenstraßen Fort Cochins.

Daffodil GASTFAMILIE **$$**
(Karte S. 308; ☎2218686; www.cochinhomestays.org; Njaliparambu Junction; EZ/DZ 1500/2000 ₹, mit Klimaanlage 2500/3000 ₹; ❄) Ein einheimisches Pärchen betreibt dieses Haus mit großen, bunt gestrichenen modernen Zimmern und einem aus Holz geschnitzten Balkon im Kerala-Stil im Obergeschoss.

Royal Grace Tourist Home PENSION **$**
(Karte S. 308; ☎2216584; Amaravathi Rd; Zi. 400–600 ₹) Dieses altehrwürdige Haus ist eine der wenigen Budgetunterkünfte, die es in Fort Cochin noch gibt. In dem großen, mehrstöckigen Gebäude gibt es haufenweise Zimmer, die kaum mehr als je ein Bett, vier Wände und ein winziges Bad haben.

MATTANCHERRY & JÜDISCHES VIERTEL

Caza Maria GASTFAMILIE **$$$**
(Karte S. 310; ☎3258837; cazamaria@rediffmail.com; Jew Town Rd; Zi. inkl. Frühstück 4500 ₹; ❄) Mitten im Herzen des Jüdischen Viertels bietet diese einzigartige historische Unterkunft zwei riesige, prächtige Zimmer mit Blick auf den Basar. Die Zimmer sind in einem eigentümlichen Stil ausgestattet, der eines Maharadschas würdig wäre: Sie sind mit Antiquitäten ausgestattet, bunt und haben hohe Decken sowie hohen Fenstern, aus denen man auf die geschäftige Marktstraße unten blickt.

ERNAKULAM

LP TIPP **Olavipe** GASTFAMILIE **$$**
(☎0478-2522255; www.olavipe.com; Olavipe; EZ/DZ inkl. Mahlzeiten 5100/8500 ₹) Das prächtige, traditionelle syrisch-christliche Wohnhaus aus den 1890er-Jahren gehört zu einer 16 ha großen Farm inmitten der Backwaters. 28 km südlich von Kochi kommen Gäste in dieser restaurierten Villa aus Rosen- und glänzendem Teakholz in mehreren großen und luftigen Zimmern unter, die wunderschön mit originalem historischen Mobiliar ausgestattet sind (nur die Deckenventilatoren sind neu). Es gibt viele Schatten spendende Markisen und Sitzbereiche sowie ein faszinierendes Archiv, das die Familiengeschichte von sechs Generationen enthält. Die herzlichen Besitzer behandeln einen eher wie einen willkommenen Freund als wie einen Gast. Eine Taxifahrt von bzw. nach Fort Cochin kostet weniger als 1000 ₹.

Grand Hotel HOTEL **$$**
(Karte S. 312; ☎2382061; www.grandhotelkerala.com; MG Rd; EZ/DZ ab 1900/2200 ₹; ❄) Das Hotel aus den 1960er-Jahren an der Mahatma Gandhi (MG) Rd ist mit glänzenden Original-Art-déco-Möbeln ausgestattet und verströmt jenes coole Retro-Feeling, für das andere moderne Hotels töten würden. Die geräumigen Zimmer besitzen glänzende Parkettböden und große, moderne Badezimmer, und das Foyer ist wunderschön historisch eingerichtet. Das elegante Hotel ist auf jeden Fall eine Übernachtung in Ernakulam wert.

John's Residency HOTEL **$**
(Karte S. 312; ☎2355395; TG Rd; EZ/DZ ab 310/380 ₹, mit Klimaanlage 1050 ₹; ❄) Mit seinem kühlen, gelben Foyer, das in puncto Einrichtung eine interessante Mischung aus alt (z.B. alte Ventilatoren) und neu aufweist, wirkt das Hotel sehr erfrischend, wenn man von der geschäftigen Straße aus hineintritt. Die Zimmer sind klein, aber mit schönen Farbakzenten dekoriert: Es gibt rote Vorhänge und Badezimmer, was den Zimmern ein witziges Flair verleiht – eine schöne Überraschung in dieser Preisklasse.

Government Guest House PENSION **$$**
(Karte S. 312; ☎2360502; Shanmughan Rd; EZ/DZ 980/1380 ₹; ❄) Insgeheim lieben wir die staatlichen Gästehäuser Keralas, denn in der Regel haben sie das beste Angebot in der Stadt. Dieser achtstöckige Block steht mitten im Herzen der Stadt und nahe am Meer und hat große, gepflegte Zimmer. Sicher wird die Pension keinen Preis für schönen Stil bekommen, aber einige der Zimmer in den oberen Etagen besitzen einen Balkon mit schönem Meerblick.

Bijus Tourist Home HOTEL $
(Karte S. 312; ☎2361661; www.bijustouristhome.com; Market Rd; EZ/DZ ab 475/725 ₹, DZ mit Klimaanlage 1350 ₹; ❄) Die freundliche, beliebte Option liegt praktischerweise nahe der Bootsanlegestelle und hat vernünftige, triste, aber saubere Zimmer und freundliches Personal. Ein **Tagesausflug** zum Elefanten-Trainingscamp kostet hier nur 700 ₹.

Saas Tower HOTEL $
(Karte S. 312; ☎2365319; www.saastower.com; Cannon Shed Rd; EZ/DZ 500/800 ₹, mit Klimaanlage ab 750/1400 ₹; ❄) Laut Eigenwerbung gibt es hier „Einrichtungen, die Träume wahr werden lassen". Das stimmt aber nur dann, wenn man von einem billigen Geschäftshotel mit sauberen, adretten Zimmern mit Holzmöbeln in der Nähe der Bootsanlegestelle träumt.

Essen & Ausgehen

In den meisten Lokalen in Fort Cochin kann man Bier nur heimlich trinken. In den Restaurants mit Schanklizenz ist das kühle Blonde teurer (100–165 ₹).

FORT COCHIN

Hinter den chinesischen Fischernetzen stehen mehrere **Fischhändler** (Karte S. 308; Meeresfrüchte 200–400 ₹/kg), bei denen man sich die Fische (oder Garnelen, Scampi, Hummer ...) aussuchen und kaufen kann. Danach gibt man das Gekaufte bei einer der vielen Buden dort ab und lässt es frisch zubereiten (die Zubereitung kostet extra; 100 ₹/kg).

LP TIPP **Dal Roti** INDISCH $$
(Karte S. 308; Lily St; Gerichte 70–170 ₹; ⏲mittags & abends) Angesichts der umfangreichen Speisekarte, die sogar ein Glossar hat, hilft einem der freundliche und sachkundige Inhaber Ramesh gerne dabei, unter all den nordindischen Gerichten zu wählen. Im Angebot sind köstliche vegetarische, ovo-vegetarische und nicht vegetarische Optionen. Und die schick-minimalistische Einrichtung mit weißen Wänden und Sitzbänken trägt dazu bei, dass man sich auch wirklich auf das leckere Essen konzentriert.

Teapot CAFÉ $
(Karte S. 308; Peter Celli St; Snacks 40–60 ₹, Gerichte 140–180 ₹) Das stimmungsvolle Café ist perfekt zur Teatime: Es gibt diverse Teesorten, Sandwiches und ganze Mahlzeiten, die in schicken, luftigen Räumlichkeiten serviert werden. Originelle Deko-Akzente zum Thema Tee sorgen für das passende Ambiente: jede Menge antike Teekannen, Teekisten als Tische und ein Glastisch mit einem Fuß aus knorrigem Teebaumholz. Der Käsekuchen ist himmlisch!

Shala KERALESISCH $$
(Karte S. 308; Peter Celli St; Gerichte 180–220 ₹; ⏲12–15.30 & 18.30–23 Uhr) Das von denselben Leuten wie das Kailah Art Cafe betriebene Shala hat eine hohe Decke, surrende Ventilatoren und weiße Wände, die mit superschönen Bildern geschmückt sind. Serviert werden hübsch angerichtete Speisen mit Gemüsebeilage und Reis, z. B. Fisch-Curry mit Kokos oder Gemüse des Tages. Zubereitet wird alles von ortsansässigen Frauen.

Solar Cafe CAFÉ $$
(Bazaar Rd; Gerichte 80–130 ₹; ⏲8–20 Uhr) Das künstlerische, abgefahrene Café tischt Bio-Frühstück und Mittagessen auf, z. B. Obst mit wildem Honig und Getränke wie Zimtkaffee. In dem freundlichen, lindgrünen Raum gibt es auch Regale mit Büchern.

Arca Nova SÜDINDISCH $$
(2/6A Calvathy Rd; Hauptgerichte 225–290 ₹; ⏲12.30–14.30 & 19.30–22.30 Uhr) In das im Fort House Hotel untergebrachte Restaurant am Wasser kommen die Leute gern, vor allem für ein entspanntes Mittagessen (abends können Mücken etwas nerven). Es hat sich besonders auf Fischgerichte spezialisiert, z. B. in Bananenblätter eingewickelten oder feurig gewürzten Fisch. Das Essen wird in einem ruhigen, geräumigen und überdachten Bereich im Garten serviert.

Casa Linda INTERNATIONAL $$
(Karte S. 308; Dispensary Rd; Hauptgerichte 85–300 ₹) Der moderne Speiseraum über dem gleichnamigen Hotel mag zwar nicht gerade berauschend wirken, aber das Essen ist erstklassig. Chefkoch Dipu hat einst bei einem Franzosen gelernt und zaubert nun köstliche Kerala-Gerichte und französische Delikatessen wie Poisson de la Provencale (Bratfisch in Öl und Kräutern der Provence) auf den Tisch. Lecker sind auch die ohne Öl gebratenen Garnelen in Kokossauce nach einem alten Familienrezept.

Kashi Art Cafe CAFÉ $$
(Karte S. 308; Burgher St; Frühstück & Snacks 60–95 ₹; ⏲8.30–19.30 Uhr) Eine Institution in Fort Cochin: Die Atmosphäre ist lässig-cool, und die massiven Holztische reichen hinaus bis zu dem halb im Hof liegenden

Bereich. Der Kaffee ist so stark, wie er sein soll, und die westlichen Frühstücks- und Mittagsspezialitäten sind exzellent. Eine kleine Galerie zeigt Werke lokaler Künstler.

Menorah Restaurant KERALESISCH $$
(Karte S. 308; Korder House; Gerichte 175–275 ₹; ⊙mittags & abends) Das Restaurant ist in der prächtigen Halle des Korder House Hotel untergebracht. Die hohe Holzdecke, der wie ein Schachbrett schwarz-weiß geflieste Boden und die surrenden Ventilatoren sorgen für ein passendes Ambiente. Serviert werden Wein und Bier sowie Kerala-Spezialitäten, die auf den Geschmack von Touristen abgestimmt sind.

Malabar Junction INTERNATIONAL $$$
(Karte S. 308; ☎2216666; Parade Ground Rd; Hauptgerichte 380–600 ₹) Das in einem offenen Pavillon untergebrachte Restaurant im Malabar House würde auch gut in einen Film passen: Die Tische mit blendend weißen Tischdecken stehen neben dem kleinen Pool im Hof. Die europäisch angehauchte Speisekarte verzeichnet hauptsächlich Meeresfrüchte, und es gibt süffige indische Weine vom Grover's Estate. Die Spezialität des Hauses ist die eindrucksvolle Meeresfrüchteplatte mit gegrilltem Gemüse (1500 ₹). Die im witzigen Stilmix gestaltete Bar im Obergeschoss serviert anspruchsvolle kleine Gerichte wie Tapioka-Bratlinge mit Kreuzkümmel.

Old Harbour Hotel INTERNATIONAL $$$
(Karte S. 308; ☎2218006; www.oldharbourhotel.com; Tower Rd; Hauptgerichte 400–500 ₹; ⊙10.30–22 Uhr) Das Old Harbour Hotel gehört zu den wohl bezauberndsten Fleckchen für ein Dinner, die man in Kochi finden kann: Man sitzt im Garten neben dem Pool bei Kerzenschein, und das Essen wird begleitet vom Spiel traditioneller Musikanten. Das Essen ist nicht weiter spektakulär, aber akzeptabel. Doch in Bezug auf Ambiente gibt's hier einfach nichts Besseres. Man kann im Old Harbour auch ganz offen Wein (ab 1350 ₹/Flasche) und Bier (175 ₹) bestellen.

XL BAR
(Karte S. 308; ⊙10–22.30 Uhr) Die etwas schmuddelige Bar mit Restaurant verfügt über surrende Ventilatoren und große Fenster und ist sehr beliebt. Man kann sich hier gut niederlassen und sich ein kühles Kingfisher genehmigen. Die Preise sind vernünftig, und es gibt appetitliche Snacks und Gerichte (z. B. frittiertes Rindfleisch).

MATTANCHERRY & JÜDISCHES VIERTEL

Ramathula Hotel INDISCH $
(Karte S. 310; Kayees Junction, Mattancherry; Biryani 40–45 ₹; ⊙mittags & abends) Die Einheimischen lieben das Restaurant wegen seiner Hühnchen- und Hammel-Biryanis. Früh kommen, sonst geht man leer aus! Das Lokal ist besser unter dem Namen des Chefkochs bekannt: als das Kayikka's.

Caza Maria INTERNATIONAL $$
(Karte S. 310; Bazaar Rd; Hauptgerichte 120–200 ₹) Das bezaubernde, hellblau gestrichene und mit Antiquitäten eingerichtete Restaurant bietet, untermalt von cooler Musik, ein täglich wechselndes Menü aus nord- und südindischen sowie französischen Gerichten. Die Köche wurden von einem herumreisenden Franzosen ausgebildet.

Ginger House INDISCH $$$
(Karte S. 310; Bazaar Rd; Gerichte 400–600 ₹) Um zu dem Restaurant zu gelangen, muss man das große Warenhaus voller Antiquitäten durchqueren. In dem Lokal mit der fantastischen Lage direkt am Wasser kann man es sich auf den zusammengewürfelten Stühlen (die direkt aus dem Laden kommen) gemütlich machen und die indischen Gerichte und Snacks genießen.

Shri Krishna INDISCH $
(Karte S. 310; Thali 24 ₹, Gerichte 4–23 ₹; ⊙7–21.30 Uhr) Hat einfache, aber leckere Thalis.

Café Jew Town CAFÉ $$
(Karte S. 310; Bazaar Rd; Snacks 100–200 ₹) Der Schweizer Inhaber betreibt neben einem teuren Antiquitätenladen noch dieses kleine Café mit ein paar Tischen und gutem Kuchen, Snacks und Kaffee.

ERNAKULAM

LP TIPP **Grand Pavilion** INDISCH $$
(Karte S. 312; MG Rd; Gerichte 90–350 ₹; ❄) Das Restaurant im Grand Hotel weist wie das Hotel einen stilvollen Retro-Look auf. Auf der umfangreichen Karte stehen Gerichte aus Europa, Nord- und Südindien sowie aus vielen anderen Teilen des asiatischen Kontinents. Das *meen pollichathu* (in Bananenblättern zubereiteter Fisch) ist eine echte Gaumenfreude.

Frys Village Restaurant KERALESISCH $
(Karte S. 312; Veekshanam Rd; Gerichte 50–100 ₹; ⊙12–15.30 & 19–22.30 Uhr; ❄) Das bunt dekorierte Frys Village mit seiner Gewölbedecke ist ein tolles Familienrestaurant, in dem

authentische Kerala-Speisen auf den Tisch kommen. Es gibt vor allem Meeresfrüchte wie *pollichathu* oder gebratene Krabben (je nach Größe 50–200 ₹). Zu Mittag bekommt man hier Thalis mit Fisch oder in vegetarischer Form und vieles andere.

Subhiksha INDISCH $
(Karte S. 312; Gandhi Sq, D.H. Road; Gerichte 30–100 ₹; 7.30–15.30 & 19–23 Uhr;) Beliebtes rein vegetarisch kochendes Hotelrestaurant, in dem man sich mit köstlichen Thalis (90 ₹) vollstopfen kann. Zum Frühstück und Mittagessen ist es hier gerammelt voll. Das Hotel besitzt auch ein geschäftiges, luftiges Café, in dem Dosa und dergleichen serviert werden.

Aruvi Nature Restaurant KERALESISCH $
(Karte S. 312; Chittoor Rd; Gerichte 10–25 ₹; 12–14.30 & 18–21 Uhr) Das Restaurant serviert eine interessante Abwandlung traditioneller Kerala-Tagesgerichte: Die Speisen werden streng nach Ayurveda-Prinzipien zubereitet und enthalten weder Milchprodukte noch scharfe Gewürze oder Salz. Und angesichts solch ausgefallener Gerichte wie Kürbis-Dosa lohnt sich der Besuch auf jeden Fall!

Andhra Meals INDISCH $$
(Karte S. 312; Gerichte 70–125 ₹; 11.30–15.30 & 19–23.30 Uhr) Dunkles, geschäftiges Lokal im ersten Stock, das würzige Gerichte der Andhra-Küche auf Bananenblättern auf die Tische bringt. Probieren sollte man die *All you can eat*-Thalis.

South Star INTERNATIONAL $$
(Karte S. 312; Shanmughan Rd; Gerichte 70–140 ₹;) In der gehobenen Version der Restaurantkette Bimbis isst man in einem stimmungsvoll beleuchteten Raum, der mit schönen Stühlen und dunklen Holztischen ausgestattet ist. Auf der langen Speisekarte stehen nord- und südindische sowie chinesische Gerichte.

Spencer's Daily SUPERMARKT $
(Karte S. 312; Veekshanam Rd; 7.30–22.30 Uhr) Gut sortierter Supermarkt.

Indian Coffee House CAFÉ
(Karte S. 312; Cannon Shed Rd) Hat auch Filialen an der Jos Junction und der MG Rd nahe der Padma Junction.

Coffee Beanz CAFÉ
(Karte S. 312; Shanmugham Rd; Snacks 40–140 ₹; 9–22.30 Uhr;) Hier bekommen Koffeinjunkies guten Kaffee.

Unterhaltung

Es gibt mehrere Stellen in Kochi, an denen man sich Kathakali (s. S. 332) anschauen kann. Die Shows sind in erster Linie für Touristen inszeniert, aber doch eine gute Einführung in diese faszinierende Kunstform. Das Standardprogramm beginnt mit dem aufwändigen Schminken der Darsteller, gefolgt von einer Demonstration der Tänze mit Kommentar und schließlich der eigentlichen Aufführung. Auch Demonstrationen der schnellen traditionellen Kampfkunst *kalarippayat* sind in Fort Cochin mittlerweile überall zu sehen.

See India Foundation KULTUR
(Karte S. 312; 2376471; devankathakali@yahoo.com; Kalathiparambil Lane, Ernakulam; Eintritt 150 ₹; Schminken 18 Uhr, Show 18.45–20 Uhr) Eines der ältesten Kathakali-Theater in Kerala. Die kleinen Vorführungen orientieren sich an den religiösen und philosophischen Wurzeln des Kathakali.

Kerala Kathakali Centre KULTUR
(Karte S. 308; 2217552; www.kathakalicentre.com; KB Jacob Rd, Fort Cochin; Eintritt 250 ₹; Schminken ab 17 Uhr, Vorführung 18–19.30 Uhr) In einem traulichen, holzgetäfelten Theater veranstaltet das Kulturzentrum gute Einführungen in die Kunst des Kathakali, bei denen auch umwerfende Augenbewegungen vorgeführt und praktischerweise auch Übersetzungen zur jeweiligen Geschichte, die an dem Abend aufgeführt wird, geliefert werden. In dem Zentrum finden auch Vorführungen der Kampfkunst *kalarippayat* (tgl. 16–17 Uhr), Konzerte mit traditioneller Musik (So–Fr 20–21 Uhr) und klassische Tanzaufführungen (Sa 20–21 Uhr) statt.

Ens Kalari KULTUR
(2700810; www.enskalari.org.in; Nettoor, Ernakulam) Wer echte *kalarippayat*-Profis erleben will, sollte zu dieser angesehenen *kalarippayat*-Schule, 8 km südöstlich von Ernakulam, hinausfahren. Montags bis samstags um 17.30 Uhr gibt es einstündige Demonstrationen (einen Tag vorher anmelden, Eintritt gegen Spende).

Sridar Cinema KINO
(Karte S. 312; Shanmugham Rd, Ernakulam) Zeigt Filme auf Malayalam, Hindi, Tamil und Englisch.

Shoppen

Der Broadway in Ernakulam (S. 312) mit Gewürz- und Bekleidungsläden ist das Richtige, um ein authentisches Einkaufserlebnis zu bekommen. Rund um die Convent Rd und die Market Rd finden sich ein Haufen Schneider und an der Jew Town Rd in Mattancherry viele Geschäfte, die von Leuten aus Gujarat geführt werden und echte Antiquitäten sowie Imitationen und Kopien verkaufen. Ein paar Läden nahe der Synagoge bieten exquisite Spitzen an. Die meisten Läden in Fort Cochin sind fast identisch: Sie werden von Leuten aus Kaschmir geführt, die eine bunte Mischung nordindischen Kunsthandwerks verkaufen. Nicht wenige Geschäfte rund um Fort Cochin und Mattancherry arbeiten auf lukrativer Kommissionsbasis mit Autorikschafahrern zusammen, die eine saftige Provision (die auf den Preis der Verkaufsstücke aufgeschlagen wird) kassieren, wenn sie Touristen vor der jeweiligen Ladentür absetzen.

Niraamaya BEKLEIDUNG

Fort Cochin (Karte S. 308; ☎3263465; Quiros St, Fort Cochin; ⌚Mo–Sa 10–17.30 Uhr); Mattancherry (Karte S. 310; VI/217 A.B. Salam Rd, Jüdisches Viertel) Der in ganz Kerala beliebte Laden verkauft „ayurvedische" Bekleidung und Stoffe – alles aus Biobaumwolle, die mit pflanzlichen Farben und Ayurveda-Ölen behandelt wurde.

DC Books BUCHLADEN

(Karte S. 312; ☎2391295; Banerji Rd, Ernakulam; ⌚Mo–Sa 9.30–19.30 Uhr) Hat eine große Auswahl englischsprachiger Belletristik und Sachbücher.

Idiom Bookshop BUCHLADEN

Fort Cochin (Karte S. 308; ☎2217075; Bastion St; ⌚Mo–Sa 10.30–21 Uhr); Mattancherry (☎2225604; gegenüber der Bootsanlegestelle; ⌚10–18 Uhr) Große Auswahl von guten neuen und gebrauchten Büchern.

Fabindia BEKLEIDUNG, HAUSHALTSWAREN

(Karte S. 308; ☎2217077; www.fabindia.com; Napier St, Fort Cochin; ⌚10.30–20.30 Uhr) Hat jede Menge feine indische Textilien, Stoffe, Bekleidung und Haushaltsleinen.

Cinnamon BEKLEIDUNG

(Karte S. 308; ☎2217124; Post Office Rd, Fort Cochin; ⌚Mo–Sa 10–19 Uhr) Verkauft herrliche, in Indien gefertigte Bekleidung, Schmuck und Haushaltswaren in einem ultraschicken weißen Verkaufsraum.

Tribes India KUNSTHANDWERK

(Karte S. 308; ☎2215077; c/o Head Post Office, Fort Cochin; ⌚Mo–Sa 10–18.30 Uhr) Versteckt hinter der Post, verkauft das vom TRIFED (Ministerium für Stammesangelegenheiten) betriebene Kaufhaus Artefakte, Malereien, Schals, Figuren usw. zu Festpreisen. Mit dem Profit werden die Kunsthandwerker der Stammesvölker unterstützt.

Praktische Informationen

Geld

UAE Exchange (⌚Mo–Fr 9.30–18, Sa bis 16 Uhr) Ernakulam (☎2383317; Perumpillil Bldg, MG Rd); Ernakulam (☎3067008; Chettupuzha Towers, PT Usha Rd Junction); Fort Cochin (☎2216231; Amravathi Rd) Wechselt ausländisches Geld und löst Reiseschecks ein.

Internetzugang

Net Park (Karte S. 312; Convent Rd, Ernakulam; 15 ₹/Std.; ⌚9–20 Uhr)

Sify iWay (Karte S. 308; 40 ₹/Std.; ⌚9–22 Uhr) Schnelle Computer in einem großen Café über dem Shop-n-Save.

Medizinische Versorgung

Lakeshore Hospital (☎2701032; NH Bypass, Marudu) Befindet sich 8 km südöstlich vom Zentrum Ernakulams.

Medical Trust (Karte S. 312; ☎2358001; www.medicaltrusthospital.com; MG Rd)

Post

College-Postamt (☎2369302; Convent Rd, Ernakulam; ⌚Mo–Sa 9–17 Uhr)

Ernakulam (☎2355467; Hospital Rd; ⌚Mo–Sa 9–20, So 10–17 Uhr) Weitere Filialen gibt's auch an der MG Rd und am Broadway.

Hauptpost (Post Office Rd, Fort Cochin; ⌚Mo–Fr 9–17, Sa bis 15 Uhr)

Touristeninformation

Die Touristeninformation hat einen Schalter am Flughafen. Vielerorts bekommt man kostenlos eine Broschüre mit einer Karte und dem Stadtspaziergang *Historical Places in Fort Cochin*.

KTDC Tourist Reception Centre (Karte S. 312; ☎2353234; Shanmugham Rd, Ernakulam; ⌚8–19 Uhr) Organisiert auch Touren.

Tourist Desk Information Counter Ernakulam (Karte S. 312; ☎2371761; touristdesk@satyam.net.in; ⌚8–18 Uhr); Fort Cochin (Karte S. 308; ☎2216129) Hilfsbereiter privater Tourveranstalter mit fundiertem Wissen über Kochi und Umgebung. Veranstaltet mehrere beliebte und empfehlenswerte Touren. Im Büro in Ernakulam gibt es eine Tafel, auf der empfehlenswerte Kulturveranstaltungen des Tages angeschlagen sind, und einen Büchertausch. Das Büro gibt auch den monatlichen kostenlosen Newsletter „Village Astrologer" mit Infos zu Kulturevents in Kerala heraus.

Touristenpolizei Ernakulam (☎2353234; Shanmugham Rd, Ernakulam; ⏱8–18 Uhr); Fort Cochin (Karte S. 308; ☎2215055; ⏱24 Std.)

An- & Weiterreise

Bus

Der **KSRTC-Busbahnhof** (Karte S. 312; ☎2372033; ⏱Reservierung 6–22 Uhr) in Ernakulam befindet sich neben den Bahngleisen auf halber Strecke zwischen den beiden Bahnhöfen. Viele Busse kommen aus anderen Städten und fahren durch Ernakulam – also muss man sich ins Gedränge stürzen, wenn der Bus einfährt. Für Busse, die in Ernakulam starten, können Reservierungen bis zu 20 Tage (für Tamil Nadu 30 Tage) im Voraus vorgenommen werden. Es gibt einen separaten Schalter für Reservierungen für Busse nach Tamil Nadu. Weitere Infos zu Bussen ab Ernakulam s. unten.

Mehrere private Busunternehmen betreiben superluxuriöse, klimatisierte und mit Videogeräten ausgestattete Busse nach Bengaluru, Chennai, Mangalore und Coimbatore; für Fahrten mit diesen Bussen zahlt man etwa 75 % mehr als für Fahrten in staatlichen. In ganz Ernakulam finden sich Stände, die Fahrkarten verkaufen. Der **Kaloor-Busbahnhof** ist der wichtigste private Busbahnhof; er liegt 1 km nördlich der Stadt.

Flugzeug

Folgende Fluglinien haben Büros in Kochi:

Air India (☎2351295; MG Rd)

Jet Airways (☎2358582; MG Rd)

Kingfisher Airlines (☎1800 2093030; Spencer Travels, 2. Stock, Sreekandath Rd)

Zug

Ernakulam besitzt zwei Bahnhöfe: **Ernakulam Town** und **Ernakulam Junction**. Das **Reservierungsbüro** (☎132; ⏱Mo–Sa 8–20, So 8–14 Uhr) an der Ernakulam Junction nimmt Reservierungen für Züge von beiden Bahnhöfen vor.

Es gibt Züge nach Thiruvananthapuram (2. Klasse/AC Chair Class 70/255 ₹, 4½ Std.), die entweder über Alappuzha (39/165 ₹, 1½ Std.) und Kollam (60/210 ₹, 3½ Std.) oder über Kottayam (40/165 ₹, 1½ Std.) fahren. Es gehen auch Züge nach Thrissur (43/165 ₹, 1½ Std.), Kozhikode (67/237 ₹, 4½ Std.) und Kannur (85/300 ₹, 6½ Std.). Infos zu Fernzügen finden sich auf S. 321.

Unterwegs vor Ort

Vom/zum Flughafen

Der **Kochi International Airport** (☎610125; http://cochinairport.com) befindet sich in Nedumbassery, 30 km nordöstlich von Ernakulam. Ein Taxi von/nach Ernakulam kostet rund 500 ₹, von/nach Fort Cochin rund 650 ₹. Für eine holprige Fahrt mit der Rikscha ab Ernakulam zahlt man 350 ₹. Wegen des heftigen Verkehrs in Ernakulam kann die Fahrt zum Flughafen tagsüber länger als eineinhalb Stunden

WICHTIGE BUSVERBINDUNGEN AB ERNAKULAM

Folgende Busse starten am KSRTC-Busbahnhof (Karte S. 312):

ZIEL	PREIS (₹)	DAUER (STD.)	HÄUFIGKEIT
Alleppey	34	1½	alle 20 Min.
Bengaluru	302 (AC 576)	14	4-mal tgl.
Calicut	120 (AC 190)	5	1–2-stündig
Chennai	465	16	1-mal tgl., 14 Uhr
Coimbatore	130	4½	9-mal tgl.
Kannur	170	8	2-mal tgl.
Kanyakumari	170	8	2-mal tgl.
Kollam	90	3½	alle 20 Min.
Kothamangalam	30	2	alle 10 Min.
Kottayam	40	2	alle 30 Min.
Kumily (for Periyar)	90	5	8-mal tgl.
Madurai	160	9	1-mal tgl., 19.45 Uhr
Munnar	86	4½	alle 30 Min.
Mangalore	286	12	1-mal tgl.
Thrissur	46	2	alle 10 Min.
Trivandrum	140	5	alle 30 Min.

INLANDSFLÜGE AB ERNAKULAM

ZIEL	AIRLINE	PREIS (₹)	DAUER (STD.)	HÄUFIGKEIT
Agatti	IT	10 000	1½	5-mal wöchentl.
Bengaluru	9W	2200	1¼	1-mal tgl.
	IT	3500	1¼	4-mal tgl.
Chennai	IC	2300	1	1-mal tgl.
	9W	2900	1½	3-mal tgl.
	IT	2800	1½	1-mal tgl.
Delhi	IC	5900	3	2-mal tgl.
	9W	6300	3	3-mal tgl.
Goa	IT	6200	5	1-mal tgl.
	SG	9350	5	1-mal tgl.
Kozhikode	IC	2000	3/4	2-mal tgl.
Mumbai	IC	5500	2	1-mal tgl.
	9W	5300	2	1-mal tgl.
	IT	4700	2	1mal tgl.
	SG	4900	2	2-mal tgl.
Trivandrum	IC	2300	¾	1-mal tgl.
	6E	2200	¾	1-mal tgl.

Achtung: Die Preise gelten für einen einfachen Flug. Fluglinien-Kürzel: IC – Air India; 9W – Jet Airways; IT – Kingfisher; 6E – IndiGo; SG – SpiceJet.

dauern, nachts braucht man normalerweise weniger als eine Stunde.

Schiff/Fähre

Die Fähre ist das schnellste Transportmittel zwischen Fort Cochin und dem Festland. Die Anlegestelle auf der Ostseite der Insel Willingdon heißt **Embarkation** (Karte S. 307), die auf der Westseite, gegenüber von Mattancherry, **Terminus** (Karte S. 307). Der wichtigste Halt in Fort Cochin ist **Customs**, ein weiterer Haltepunkt ist die **Mattancherry-Anlegestelle** nahe der Synagoge (Karte S. 310). Die einfache Strecke kostet 2,50 ₹ (zwischen Ernakulam und Mattancherry 3,50 ₹).

ERNAKULAM Alle 25 bis 50 Minuten (5.55–21.30 Uhr) verkehren Fähren von der **Hauptanlegestelle** (Karte S. 312) in Ernakulam zu beiden Anlegestellen in Fort Cochin (Customs und Mattancherry).

Etwa alle 20 Minuten (6–22 Uhr) gehen auch Fähren zu den Inseln Willingdon und Vypeen.

FORT COCHIN Die Fähren von der Anlegestelle Customs nach Ernakulam verkehren zwischen 6.20 und 21.50 Uhr. Pro Tag (Mo–Sa 6.40–21.30 Uhr) pendeln 18 Fähren zwischen der Anlegestelle Customs und der Insel Willingdon.

Die Auto- und Passagierfähren von Fort Cochin zur Insel Vypeen verkehren zwischen 6 und 22 Uhr nahezu ununterbrochen.

Nahverkehr

Es gibt keine richtigen Busverbindungen zwischen Fort Cochin und Mattancherry Palace, aber ein angenehmer 30-minütiger Spaziergang durch das geschäftige Lagerhausviertel entlang der Bazaar Rd bringt einen auch ans Ziel. Eine Autorikscha kostet 20 bis 30 ₹. Für die meisten Fahrten mit einer Autorikscha rund um Ernakulam sollte man nicht mehr als 25 ₹ zahlen.

Wenn keine Fähre mehr nach Fort Cochin geht, kann man in Ernakulam an der MG Rd, südlich der Durbar Hall Rd, den Bus nehmen (8 ₹, 45 Min.). In Fort Cochin fahren die Busse nach Ernakulam gegenüber der Fähranlegestelle zur Insel Vypeen ab. Die Taxifahrer zwischen den Inseln lassen sich immer die Hin- und Rückfahrt bezahlen, auch wenn man nur die einfache Strecke fährt – die Fahrt vom Bahnhof Ernakulam Town nach Fort Cochin sollte rund 200 ₹ kosten.

Das **Vasco Tourist Information Centre** (Karte S. 308; ☎2216267; vascoinformations@yahoo.co.uk; Bastion St, Fort Cochin) vermietet Motorroller bzw. Enfields (250/350–600 ₹ pro Tag).

WICHTIGE ZUGVERBINDUNGEN AB ERNAKULAM

Folgende Fernzüge starten am Bahnhof Ernakulam Town:.

ZIEL	ZUGNUMMER & -NAME*	PREIS (₹)	DAUER (STD.)	ABFAHRT (TGL.)
Bengaluru	6525 *Bangalore Express*	264/688/949	13	17.55 Uhr
Chennai	2624 *Chennai Mail*	289/758/1028	12	10.52 Uhr
Delhi	2625 *Kerala Express***	579/1572/2159	46	15.45 Uhr
Goa	6312 *Bikaner Express*	305/827/1137	15	20 Uhr (nur Sa)
Kanyakumari	6526 *Kanyakumari Express*	155/404/551	8	10.10 Uhr
Mangalore	6347 *Malabar Express*	187/496/679	10½	1.30 Uhr
Mumbai	6382 *Mumbai Express*	465/1277/1762	40	13.20 Uhr

*Sleeper Class/3AC/2AC

**Abfahrt ab Ernakulam Junction

Rund um Kochi

TRIPUNITHURA

Hill Palace Museum (☎0484-2781113; Eintritt 20 ₹; ⏲Di–So 10–12.30 & 14–16.30 Uhr) Dieses Museum in Tripunithura, 16 km südöstlich von Ernakulam auf dem Weg nach Kottayam gelegen, war früher die Residenz der Herrscherfamilie von Kochi. Der eindrucksvolle Palastkomplex aus 49 Gebäuden beherbergt heute die Sammlungen der Herrscherdynastien: Ölgemälde aus dem 19. Jh., alte Münzen, Skulpturen, Malereien und Tempelmodelle. In Ernakulam nimmt man von der MG Rd oder der Shanmugham Rd hinter dem Tourist Reception Centre den Bus nach Tripunithura (5–10 ₹, 45 Min.). Eine Autorikschafahrt kostet hin und zurück rund 300 ₹ (inkl. 1 Std. Aufenthalt).

CHERAI BEACH

Der Cherai Beach auf Vypeen, 25 km von Fort Cochin entfernt, ist das wohl am besten gehütete Geheimnis Kochis. Es handelt sich um einen hübschen, bislang noch unerschlossenen weißen Sandstrand, an den sich mehrere Kilometer stille Backwaters anschließen – und das nur ein paar Hundert Meter vom Meer entfernt. Und das Beste daran: Die Insel liegt so nah bei Kochi, dass man sie im Rahmen eines Tagesausflugs besuchen kann.

Wer länger als einen Tag bleiben will, kann in einem der folgenden ruhigen Resorts absteigen.

Im **Brighton Beach House** (☎9946565555; www.brightonbeachhouse.org; Zi. 1500 ₹, mit Klimaanlage 2000 ₹) werden Gäste in ein paar schlichten Zimmern in einem kleinen Gebäude direkt an der Küste untergebracht. Der Strand ist hier steinig, aber das Haus ist wundervoll abgelegen, und überall gibt es Hängematten, in denen man abhängen kann. In dem netten Restaurant auf Stelzen gibt's zum Abendessen gratis perfekte Sonnenuntergänge dazu.

Das **Cherai Beach Resort** (☎0484-2416949; www.cheraibeachresorts.com; Vypeen; Zi. ab 2500 ₹; ❄@) besteht aus einer tollen Ansammlung verschiedener Hütten, die sich rund um eine gewundene Lagune verteilen. Auf der einen Seite befindet sich ein Strand, auf der anderen liegen die Backwaters. Die mit natürlichen Materialien erbauten Bungalows sind unterschiedlich gestaltet – mal mit runden Wänden, mal mit verschiedenen Etagen oder mit Aussichtsplattformen auf die Backwaters. In einem Zimmer wächst sogar ein Baum! Am besten schaut man sich ein paar Quartiere an, um den eigenen Favoriten zu finden.

Von Fort Cochin aus nimmt man die Autofähre zur Insel Vypeen (2 ₹/Pers.) und dort von der Bootsanlegestelle entweder eine Autorikscha (rund 300 ₹) oder einen der häufig fahrenden Busse (14 ₹, 1 Std.).

PARUR & CHENNAMANGALAM

Nirgendwo ist das engmaschige Netz von Religionen, die Indien so sehr prägen, so deutlich spürbar wie in dem 35 km nördlich von Kochi gelegenen **Parur**. Hier befindet sich eine der ältesten **Synagogen** (Eintritt 5 ₹; ⌚Di–So 9–17 Uhr) Keralas, und zwar in **Chennamangalam**, 8 km von Parur entfernt. Die Synagoge wurde penibel saniert: Drinnen sind an den Türen und Decken schöne Holzreliefs in leuchtenden Farben zu sehen, draußen steht einer der ältesten Grabsteine Indiens – beschriftet mit einem hebräischen Datum, das dem Jahr 1269 entspricht. Von den Jesuiten, die 1577 erstmals nach Chennamangalam kamen, stammen die **Jesuitenkirche** und die Ruinen des Jesuitenkollegs. In der Nähe befindet sich ein **Hindu-Tempel** auf einem Hügel mit Blick auf den Fluss Periyar, eine **Moschee** aus dem 16. Jh. sowie muslimische und jüdische **Friedhöfe**.

Der **Agraharam** (Ort der Brahmanen) in Parur ist eine kleine Straße mit dicht an dicht stehenden, bunten Häusern, in denen ursprünglich einmal tamilische Brahmanen wohnten.

Parur ist kompakt, aber für Chennamangalam empfiehlt sich ein Führer. **Indoworld** (Karte S. 308; ☎9447037527; www.indoworldtours.com; Princess St) organisiert Touren; ein Tagestrip kostet 2200 ₹ inklusive Führer und Auto.

Busse nach Parur fahren vom KSRTC-Busbahnhof in Kochi ab (16 ₹, 1 Std., alle 10 Min.). Ab Parur kann man den Bus (3 ₹) oder eine Autorikscha (60 ₹) nach Chennamangalam nehmen.

Thrissur (Trichur)

☎0487 / 330 100 EW.

In ganz Kerala finden ständig Feste statt, aber das untouristische, geschäftige Thrissur ist zweifellos das kulturelle Sahnehäubchen des Bundesstaats. Die Liste der frenetischen Feste hier ist so lang wie ein Elefantenrüssel. Mit den vielen Festen unterstützt die Region diverse Institutionen, die den zu sterben drohenden traditionellen darstellenden Künsten Keralas neues Leben einzuhauchen versuchen. Im belebten Thrissur ist eine Gemeinde nestorianischer Christen beheimatet, deren Konfession auf das 3. Jh. zurückgeht. In der Nähe liegen die populäre Schule für darstellende Künste Kerala Kalamandalam (S. 324) und der Shri-Krishna-Tempel (S. 324). Die beste Zeit, Thrissur zu besuchen, ist die Saison der ausgelassenen Feste (Nov.–Mitte Mai).

Sehenswertes & Aktivitäten

Thrissur ist für seinen Tempel im Zentrum der Stadt und für seine zahlreichen eindrucksvollen Kirchen berühmt.

Vadakkunathan-Kshetram-Tempel — TEMPEL

Der Vadakkunathan-Kshetram-Tempel ist einer der ältesten im Bundesstaat und krönt den Hügel im Zentrum Thrissurs. Er weist eine vollendete klassische Kerala-Architektur auf. Zwar dürfen ihn nur Hindus betreten, aber der Hügel rund um den Tempel eröffnet einen berauschenden Blick auf die Stadt und ist ein beliebter Ort zum Verweilen.

Archäologisches Museum — MUSEUM

(Eintritt 6 ₹; ⌚Di–So 9–13 & 14–16.30 Uhr) Das Museum ist in dem wundervollen, 200 Jahre alten Sakthan-Thampuran-Palast untergebracht und stellt vielfältige Exponate aus: alte Schriften auf brüchigen Palmenblättern, keralesische Bronzeskulpturen aus dem 12. Jh., riesengroße Tontöpfe, in die ein ganzes Kind reinpassen würde, und eine außergewöhnliche, 1500 kg schwere Schatztruhe aus Holz, die übersät ist mit Schlössern und Eisennägeln.

Our-Lady-of-Lourdes-Kathedrale — KIRCHE

Diese riesige Kathedrale besitzt einen Schrein im Untergeschoss.

Puttanpalli-(Neue) Kirche — KIRCHE

Gut erkennbar an den hoch aufragenden blütenweißen Spitztürmen.

Chaldäische (Nestorianische) Kirche — KIRCHE

Die Kirche ist einzigartig, weil hier keinerlei bildliche Darstellungen von Jesus vorhanden sind.

Feste & Events

Selbst in einem Bundesstaat, in dem Feste quasi der Alltag zu sein scheinen, schafft es Thrissur noch, sich mit Tempelfestlichkeiten besonders hervorzutun. Die Highlights sind das **Thrissur Pooram** (April/Mai), das farbenfrohste und größte Tempelfest in Kerala mit wundervollen Elefantenprozessionen, das **Uthralikavu Pooram** (März/April), zu dessen Höhepunkt gleich 20 Elefanten den Schrein umrunden, und das **Thypooya Maholsavam** (Jan./Feb.) mit einer *kavadiyattam*-Prozession, einem rituellen Tanz, bei dem die Tänzer große, komplizierte Konstruktionen (sog. *kavadis*) tragen.

Schlafen

Hotel Luciya Palace HOTEL $$

(☎2424731; www.hotelluciyapalace.com; EZ/DZ mit Klimaanlage 1250/1400 ₹; ❄) Das cremefarbene, kolonial aufgemachte Hotel sieht toll aus und ist eines der wenigen hier, die zumindest ein bisschen Charakter ausstrahlen. Es liegt in einer ruhigen Sackgasse und verfügt über komfortable, geräumige Zimmer.

Joys Palace HOTEL $$

(☎2429999; www.joyshotels.com; TB Rd; EZ/DZ ab 2400/2900 ₹; ❄@) Das zehnstöckige Gebäude, das wie ein verzierter Baiser-Turm aussieht, ist auf Thrissurs Jet-Set ausgerichtet. Glücklicherweise sind die Zimmer aber nicht zu überkandidelt, sondern recht gemütlich und verfügen über große Fenster, die – zumindest von den oberen Stockwerken – einen weiten Ausblick bieten. Außerdem befindet sich im 2. Stock ein **Restaurant** mit einem offenen Balkon. In dem coolen Aufzug aus Glas, den es hier gibt, hat man das Gefühl, in einem Vergnügungspark zu sein.

Pathans Hotel HOTEL $

(☎2425620; www.pathansresidentialhotel.com; Round South; EZ/DZ ab 400/539 ₹, mit Klimaanlage 700/1000 ₹; ❄) Die wohl beste Budgetunterkunft im Ort hat Zimmer ohne Schnickschnack zu günstigen Preisen zu bieten. Die schlichten, sauberen Quartiere befinden sich im fünften und sechsten Stock des Gebäudes und verfügen über TV und manchmal auch Warmwasser.

Essen & Ausgehen

India Gate INDISCH $

(Town Hall Rd; Gerichte 30–60 ₹) Das Lokal ist im selben Gebäude untergebracht wie die HDFC Bank. Das helle, rein vegetarische Lokal mit traditionellem Flair serviert eine unschlagbare Auswahl von Dosas, u.a. welche mit Marmelade, Käse und Cashewkernen, sowie *uttapams* (dicke, herzhafte Reispfannkuchen, quasi die Tamil-Nadu-Version der Pizza).

Navaratna Restaurant NORDINDISCH $

(Round West; Gerichte 57–96 ₹; ⏲mittags & abends) Kühl klimatisiert, angenehm dunkel und heimelig präsentiert sich das nobelste Restaurant der Stadt, in dem man auf erhöhten Plattformen sitzt und während des Essens mit Musik berieselt wird. Auf der Speisekarte steht eine Vielzahl vegetarischer und nicht vegetarischer Gerichte aus Nordindien und ein paar Kerala-Spezialitäten.

Pathans Hotel INDISCH $

(1. Stock, Round South; Gerichte 30–40 ₹; ⏲7–21.30 Uhr) In das stimmungsvolle Lokal, das ein bisschen an eine Cafeteria erinnert, kommen Familien gerne zum Mittagessen (Thali 40 ₹). Unten gibt's eine Theke mit Süßwaren.

Ambady Restaurant INDISCH $

(Round West; Gerichte 30–40 ₹) In dem dunkelbraun eingerichteten Lokal etwas abseits der Straße lassen sich normalerweise bevorzugt Familien die verschiedenen Menüs schmecken.

Indian Coffee House CAFÉ

Hat Filialen in Round South und an der Railway Station Rd.

Praktische Informationen

Es gibt mehrere Geldautomaten in der Stadt.

DTPC-Büro (District Tourism Promotion Council; ☎2320800; Palace Rd; ⏲Mo–Sa 10–17 Uhr)

Lava Rock Internet Cafe (Kuruppam Rd; 30 ₹/Std.; ⏲8.30–21 Uhr)

UAE Money Exchange (☎2445668; TB Rd; ⏲Mo–Fr 9–18.30, Sa bis 13, So bis 16 Uhr)

An- & Weiterreise

Bus

Ungefähr alle 30 Minuten fährt ein KSRTC-Bus vom **KSRTC-Busbahnhof** nach Thiruvananthapuram (193 ₹, 7½ Std.), Ernakulam (Kochi, 51 ₹, 2 Std.), Kozhikode (80 ₹, 3½ Std.), Palakkad (43 ₹, 1½ Std.) und Kottayam (83 ₹, 4 Std.). Stündlich geht hingegen ein Bus nach Coimbatore (77 ₹, 3 Std.). Von hier aus fahren Busse nach Ponnani (35 ₹, 1½ Std., 4-mal tgl.) und Prumpavoor (37 ₹, 2 Std.), wo man Anschluss an die Busse nach Munnar hat.

Regelmäßig tuckern auch Busse nach Guruvayur (22 ₹, 1 Std.), Irinjalakuda (13 ₹, 1 Std.) und Cheruthuruthy (20 ₹, 1½ Std.). Von den beiden privaten Busbahnhöfen (**Sakthan Thampuran** und **Priyadarshini**) kann man theoretisch häufiger eine Verbindung zu diesen Zielen erwischen. Allerdings macht es einem das Chaos in den Busbahnhöfen ziemlich schwer, die Busse auch zu nutzen.

Zug

Regelmäßig fahren Züge nach Ernakulam (2. Klasse/AC Chair Class 43/165 ₹, 1½ Std.) und Kozhikode (53/180 ₹, 3 Std.) sowie über Shoranur nach Palakkad (Sleeper Class/3AC/2AC 120/265/306 ₹, 1½ Std.).

Thrissur (Trichur)

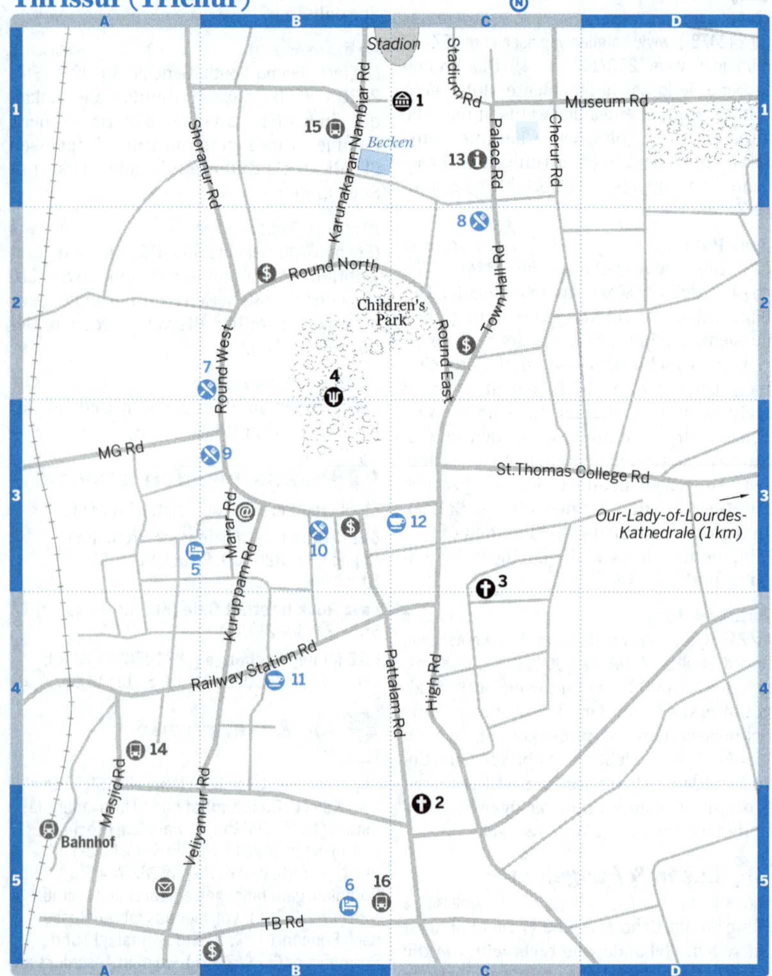

Rund um Thrissur

Der nur Hindus zugängliche **Shri-Krishna-Tempel** in Guruvayur, 33 km nordwestlich von Thrissur, ist der berühmteste in Kerala. Der angeblich von Guru, dem Lehrmeister der Götter, und Vayu, dem Gott des Windes, geschaffene Tempel soll aus dem 16. Jh. stammen und Heilkräfte besitzen. Jedes Jahr im Februar oder März findet in der Umgebung des Tempels ein spektakuläres **Elefantenrennen** statt.

Das **Kerala Kalamandalam** (☎04884-262305; info@kalamandalam.org; ⏲Juni–März), 32 km nordöstlich von Thrissur in Cheruthuruthy, ist Vorreiter in Sachen Wiederbelebung der traditionellen Künste Keralas. Gemäß der uralten Ausbildungsmethode Gurukula betreiben die Schüler hier ein intensives Studium in Kathakali, *mohiniyattam* (Tanz der Zauberin), *kootiattam*, Schlagzeug, Gesang und Violine. Traveller können organisierte **Besuche** (1000 ₹/Pers.; ⏲9.30–12.30 Uhr) mitmachen, darunter eine Führung durch das Theater und die Klassen. Auch maßgeschneiderte **Einführungskurse** (6–12 Monate; rund 2500 ₹/Monat) für je ein Fach werden angeboten. Die Schule kann einem bei der Organisation der Unter-

Thrissur (Trichur)

Sehenswertes
1 Archäologisches Museum C1
2 Chaldäische (Nestorianische) Kirche... C5
3 Puttanpalli- (Neue) Kirche C3
4 Vadakkunathan-Kshetram-Tempel B2

Schlafen
5 Hotel Luciya Palace A3
6 Joys Palace B5
Pathans Hotel .... (siehe 10)

Essen
7 Ambady Restaurant B2
8 India Gate C2
9 Navaratna Restaurant B3
10 Pathans Hotel B3

Ausgehen
11 Indian Coffee House B4
12 Indian Coffee House C3

Praktisches
13 DTPC-Büro C1

Transport
14 KSRTC-Busbahnhof A4
15 Priyadarshini-(Nord-) Busbahnhof B1
16 Sakthan-Thampuran-Busbahnhof B5

bringung in einer Gastfamilie helfen. Wer die Schule besuchen will, muss sich per E-Mail im Voraus anmelden.

Das **Natana Kairali Research & Performing Centre for Traditional Arts** (☎0480-2825559; natanakairali@gmail.com), 20 km südlich von Thrissur nahe Irinjalakuda, lehrt traditionelle Künste, darunter seltene Formen des Puppenspiels und des Tanzes. Für Ausländer gibt es manchmal kurze **Einführungskurse** (rund 400 ₹/Kurs), die bis zu einem Monat dauern. Jedes Jahr im Dezember finden in dem Zentrum fünf Tage lang *mohiniyattam*-**Aufführungen** (eine Form des klassischen Kerala-Frauentanzes) statt.

Das **River Retreat** (☎04884-262244; www.riverretreat.in; Palace Rd; Cheruthuruthy; DZ 2520–4725 ₹) ist nur 1 km vom Kerala Kalamandalam entfernt. Das Hotel ist in dem früheren Sommerpalast des Maharadschas von Kochi untergebracht. Die teureren Zimmer im Hauptgebäude bieten Ausblick auf den Fluss und sind viel schöner als die anderen (nach Ermäßigung fragen!).

Von Thrissur (S. 324) aus bestehen regelmäßige Busverbindungen zu jedem dieser Orte.

NORD-KERALA

Kozhikode (Calicut)

☎0495 / 880 168 EW.

Kozhikode, schon immer ein florierendes Handelszentrum, war einst die Hauptstadt der mächtigen Zamorin-Dynastie. Hier in der Nähe ging 1498 Vasco da Gama an Land, um sich für König und Vaterland (in dem Fall Portugal) einen Teil des Subkontinents unter den Nagel zu reißen. Heute besteht der Handel hier größtenteils darin, indische Arbeiter in den Nahen Osten zu exportieren. Für Traveller gibt es nicht viel zu sehen, aber die Stadt eignet sich gut zum Verschnaufen und als Sprungbrett zum Wayanad Wildlife Sanctuary.

Sehenswertes

Der **Mananchira-Platz** war einst der Innenhof eines Palasts der Zamorin-Herrscher. Dort ist noch das originale, von einer Quelle gespeiste Wasserbecken erhalten. Die 650 Jahre alte **Kuttichira-Moschee** ist ein schönes, vierstöckiges Holzgebäude, das von eindrucksvollen Holzpfeilern gestützt wird und in leuchtendem Hellblau, Dunkelblau und Weiß bemalt ist. Die Portugiesen brannten das Gebäude 1510 nieder, aber es konnte wieder aufgebaut werden. Die zentral gelegene **Church of South India** wurde 1842 von Schweizer Missionaren begründet und weist eine einzigartige Mischung aus europäischer und Kerala-Architektur auf. In Beypore, 10 km weiter südlich, kann man beobachten, wie von Hand traditionelle **Dau** (Boote) gebaut werden.

Schlafen

LP TIPP **Harivihar** GASTFAMILIE $$$
(☎2765865; www.harivihar.com; Bilathikulam; EZ/DZ ab 4800/6600 ₹) Im nördlichen Kozhikode befindet sich das Stammhaus der Kadathanadu-Dynastie, ein ruhiges, traditionelles Kerala-Familienanwesen mit makellosen Rasenflächen. Die großen Zimmer sind mit Antiquitäten aus dunklem Holz ausgestattet. Es gibt ein Ayurveda-

Kozhikode (Calicut)

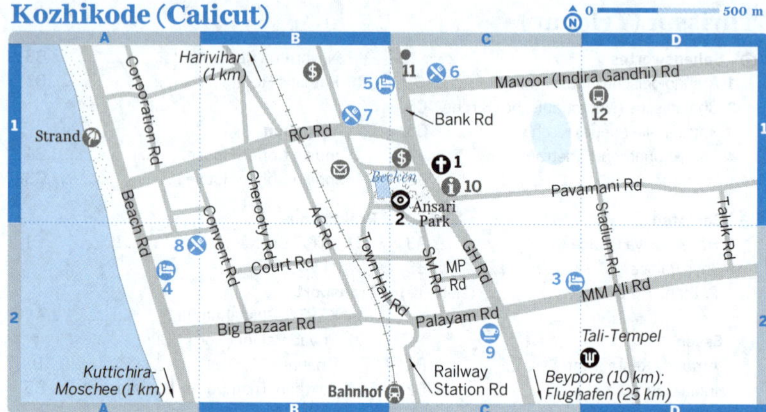

Zentrum, in dem man Behandlungen buchen kann. Das Essen ist sehr lecker.

Beach Hotel HOTEL $$
(☎2762055; www.beachheritage.com; Beach Rd; Zi. 2500 ₹; ❄) Das 1890 als Domizil des Malabar British Club erbaute Haus ist heute ein herrliches Hotel. Manche der zehn Zimmer haben Badewannen und lauschige Veranden, andere private Balkone und noch das Originalparkett. Alle sind geschmackvoll und mit Stil eingerichtet. Das Abendessen wird oft in dem kleinen Garten serviert.

Hyson Heritage HOTEL $$
(☎4081000; www.hysonheritage.com; Bank Rd; EZ/DZ ab 1800/2300 ₹; ❄📶) In dem freundlichen, auf Geschäftsleute ausgerichteten Hotel bekommt man für sein Geld Allerlei geboten. Alle Zimmer sind makellos, groß, komfortabel und unaufdringlich eingerichtet, und die riesigen Luxuszimmer eröffnen zudem einen weiten Blick über die Stadt.

Alakapuri HOTEL $
(☎2723451; www.alakapurihotels.com; MM Ali Rd; EZ/DZ ab 250/700 ₹, mit Klimaanlage 625/800 ₹; ❄) Die Unterkunft im Motelstil ist abseits der Straße rund um einen grünen Rasen (mit Springbrunnen!) positioniert und ist ruhiger als die meisten anderen. Die Zimmer haben verschiedene Größen und Preise, aber alle sind ordentlich (wenn auch etwas verwohnt) und für den Preis o.k.

Essen & Ausgehen

Paragon Restaurant INDISCH $$
(Kannur Rd; Gerichte 50–220 ₹) Das 1939 gegründete Restaurant ist immer voll und hat eine unerhört lange Speisekarte. Das Paragon ist für seine Fischgerichte berühmt, z. B. für Fisch in Tamarindensauce, und für sein legendäres Hühnchen-Biryani.

Zains INDISCH $
(Convent Cross Rd; Gerichte 60–100₹; ⏲12–23 Uhr) Das historische, authentische Mappila-Restaurant tischt köstliche Gerichte wie gebratene Rinder-*pathiri* (Pastete) und *unnakaya* (Kochbananen-Snack) auf.

Hotel Sagar INDISCH $
(Mavoor Rd; Gerichte 20–80 ₹) Mit der dunklen Holzinneneinrichtung und dem Gitterwerk an der Fassade ist dieses Lokal etwas eleganter als die Konkurrenz. Mittags werden vegetarische und nicht vegetarische Thalis, leckere Biryanis (u.a. Fisch) und andere Gerichte serviert.

Indian Coffee House CAFÉ $
(GH Rd) Leckere Snacks und toller Kaffee.

Praktische Informationen

Im Ort finden sich Geldautomaten der HDFC und der State Bank of India sowie mehrere Internetcafés.

KTDC-Touristeninformation (☎2373862; GH Rd; ⏲Mo–Sa 10.15–17.15 Uhr) Ziemlich unzulängliche Touristeninformation.

UAE Exchange (☎2762772; Bank Rd; ⏲Mo–Fr 9.30–18, Sa bis 16, So bis 13 Uhr) Nahe dem Hyson Heritage Hotel.

Thomas Cook (☎2762681; Bank Rd; ⏲Mo–Sa 9.30–18.30 Uhr)

An- & Weiterreise

Bus

Vom **Busbahnhof** (Mavoor Rd) fahren staatliche Busse nach Bengaluru (Bangalore; über Mysore, 226 ₹, AC 391 ₹, 8 Std., 10-mal tgl.), Mangalore

Kozhikode (Calicut)

Sehenswertes
1 Church of South India C1
2 Mananchira-Platz C1

Schlafen
3 Alakapuri C2
4 Beach Hotel A2
5 Hyson Heritage B1

Essen
6 Hotel Sagar C1
7 Paragon Restaurant B1
8 Zains A2

Ausgehen
9 Indian Coffee House C2

Praktisches
10 KTDC-Touristeninformation C1

Transport
11 Air India C1
12 Busbahnhof D1

(260 ₹, 7 Std., 3-mal tgl.) und Udagamandalam (100 ₹, 5½ Std., 4-mal tgl.). Es gehen häufig Busse nach Thrissur (81 ₹, 3½ Std.), Thiruvananthapuram (über Alappuzha und Ernakulam; normal/Express/Deluxe 260/300/335 ₹, 10 Std., 8-mal tgl.) und Kottayam (160 ₹, 7 Std., 13-mal tgl.). Zum Distrikt Wayanad fährt alle 15 Minuten ein Bus über Kalpetta (51 ₹, 2 Std.) nach Sultanbatheri (63 ₹, 3 Std.). Von dem Busbahnhof starten auch private Fernbusse zu diversen Zielen.

Flugzeug

Air India (☎2771974; Eroth Centre, Bank Rd) fliegt täglich nach Mumbai (ab 4700 ₹), Chennai (5600 ₹) und Kochin (6000 ₹), **Jet Airways** (☎2740518; 29 Mavoor Rd) einmal täglich nach Mumbai (2300 ₹) und **Kingfisher** (☎1800 2093030) nach Chennai (5700 ₹), Mangalore (6300 ₹) und Kochi (ab 6200 ₹).

Zug

Der Bahnhof befindet sich 1 km südlich vom Mananchira-Platz. Züge fahren nach Mangalore (Sleeper Class/3AC/2AC 130/330/448 ₹, 5 Std.), Kannur (2. Klasse/3AC/2AC 46/210/279 ₹, 2 Std.), Ernakulam (2. Klasse/AC Chair Class 67/237 ₹, 4½ Std.) über Thrissur (67/237 ₹, 3 Std.) und bis nach Thiruvananthapuram (Sleeper Class/3AC/2AC 181/500/680 ₹, 11 Std.).

Richtung Südosten fahren Züge über Palakkad (120/243/356 ₹, 3½ Std.) nach Coimbatore (Sleeper Class/3AC/2AC 120/292/394 ₹, 4½ Std.). Diese tuckern weiter nach Norden in die Ballungszentren Bengaluru, Chennai und Delhi.

Unterwegs vor Ort

In Kozhikode sind zahllose Autorikschas unterwegs, und die meisten benutzen das Taxameter bereitwillig. Die Fahrt vom Bahnhof zum KSRTC-Busbahnhof oder zu den meisten Hotels kostet rund 20 ₹.

Wayanad Wildlife Sanctuary

☎04936 / 780 200 EW.

Fragt man die Einwohner Keralas, welcher Teil ihres Bundesstaats der schönste sei, werden die meisten antworten: Wayanad. Das Naturschutzgebiet umfasst einen Teil eines abgelegenen Waldes, der sich bis nach Tamil Nadu erstreckt, und ist eine grüne Landschaft aus Reisfeldern, spindeldürren Betelnusspalmen, Bambushainen, roter Erde, Feldern voller Ingwerpflanzen sowie Kautschuk-, Kardamom- und Kaffeeplantagen. Langsam entsteht hier zwar eine touristische Infrastruktur, doch noch ist das Gebiet fantastisch unberührt und offenbart immer wieder idyllische Anblicke. Überraschend wenige Traveller kommen hierher. Das ist schade – nicht zuletzt, weil dies einer der wenigen Orte ist, an dem man fast garantiert ein paar wild lebende Elefanten zu Gesicht bekommt.

Das 345 km² große Naturschutzgebiet besteht aus zwei getrennten Abschnitten: **Muthanga** im Osten an der Grenze zu Tamil Nadu und **Tholpetty** im Norden an der Grenze zu Karnataka. Im Distrikt Wayanad gibt es drei größere Ortschaften, die ein guter Ausgangspunkt für Erkundungstouren im Schutzgebiet sind: **Kalpetta** im Süden, **Sultanbatheri** im Osten und **Mananthavadi** im Nordwesten.

Sehenswertes & Aktivitäten

LP TIPP Besuch des Schutzgebiets NATURSCHUTZGEBIET

Der Besuch der beiden Teile des **Schutzgebiets** (Eintritt zu jedem Abschnitt 110 ₹, Foto/Video 25/150 ₹; ⏰7–10.30 & 15–18.30 Uhr) ist nur im Rahmen einer geführten Wanderung oder einer Jeep-Safari gestattet; beides kann an den Eingängen des Schutzgebiets arrangiert werden. Tholpetty ist während des Monsuns geschlossen, Muthanga hingegen bleibt geöffnet.

Bei den großartigen, eineinhalbstündigen **Jeep-Touren** (7–9 & 15–17 Uhr) ab **Tholpetty** (☎04935-250853; Jeep 300 ₹, Führer 200 ₹; ⏰Sept.–März) kann man gut Tiere

AYURVEDA

Das aus dem Sanskrit stammende Wort Ayurveda setzt sich aus *ayus* (Leben) und *veda* (Wissen) zusammen, bedeutet also: das Wissen oder die Wissenschaft vom Leben. Die Prinzipien der ayurvedischen Heilkunde wurden erstmals vor rund 2000 Jahren in den Veden dokumentiert, aber möglicherweise schon Jahrhunderte vorher angewendet.

Ayurveda geht davon aus, dass die Welt eine innere Ordnung und Ausgewogenheit besitzt. Laut dieser Lehre bestehen wir aus drei *doshas* (Säften): *vata* (Wind oder Luft), *pitta* (Feuer) und *kapha* (Wasser und Erde) – alle zusammen werden als *tridoshas* bezeichnet. Ein Mangel oder Übermaß an einem der Säfte kann zu Krankheiten führen: So kann ein Übermaß an *vata* Benommenheit und Schwäche verursachen, ein Übermaß an *pitta* Fieber, Entzündungen und Infektionen. *Kapha* wiederum ist wesentlich für den Wasserhaushalt des Körpers.

Die Ayurveda-Behandlung zielt darauf ab, das Gleichgewicht der Säfte und damit die Gesundheit wiederherzustellen. Prinzipiell nutzt sie dazu zwei Methoden: Panchakarma (innere Reinigung) und Kräutermassagen. Panchakarma wird zur Behandlung ernsthafter Erkrankungen angewandt und ist eine intensive Entgiftungskur. Dazu werden fünf verschiedene Therapieformen (*panchakarma* bedeutet „fünf Handlungen") miteinander kombiniert, um den Körper von angestauten Endotoxinen zu reinigen: *vaman* (therapeutisches Erbrechen), *virechan* (Fasten), *vasti* (Einläufe), *nasya* (Ausscheiden der Toxine über die Nase) und *raktamoksha* (Aderlass). Vor dem Einsatz von Panchakarma wird der Körper zunächst mehrere Tage lang mit einer speziellen Diät, Ölmassagen (*snehana*) und Kräuterdampfbädern (*swedana*) vorbereitet. Das alles klingt ziemlich grausam, aber bei einer Panchakarma-Entgiftung werden nur einige dieser Behandlungen gleichzeitig eingesetzt, und nur in den seltensten Fällen wird zum Aderlass oder zu Blutegeln gegriffen. Dennoch ist Ayurveda kein Wellnessurlaub! Die beim Ayurveda eingesetzten Kräuter wachsen in Keralas feuchtem Klima im Überfluss. Als beste Zeit für eine Behandlung gilt die Monsunzeit, weil dann weniger Staub in der Luft liegt, die Poren offen sind und der Körper am besten auf die Behandlung anspricht. Jedes Dorf hat seine eigene Ayurveda-Apotheke.

in der Wildnis beobachten. Ranger organisieren von hier aus zudem **geführte Wanderungen** (bis zu 5 Pers. 1500 ₹, pro zusätzl. Pers. zzgl. 400 ₹).

In **Muthanga** (☎271010; Jeep 300 ₹, Führer 100 ₹) beginnen morgens und nachmittags zweistündige **Jeep-Touren**. Während der Monsunzeit können auch **Raftingtrips** (2½ Std. 800–900 ₹) arrangiert werden, wenn sich mindestens vier Interessenten zusammentun.

DTPC und die meisten Hotels arrangieren geführte **Jeep-Touren** (bis zu 5 Pers. mit/ohne Führer 2200/1700 ₹) durch das Muthanga-Schutzgebiet und zu den Sehenswürdigkeiten in Wayanad.

Kannur Ayurvedic Centre AYURVEDA
(☎0436-203001; www.ayurvedawayanad.com; Kalpetta; Massage ab 500 ₹) Ayurveda-Behandlungen können sich Traveller in dieser exzellenten kleinen, staatlich geprüften und von einer Familie geführten Klinik unterziehen, die versteckt in den grünen Seitenstraßen von Kalpetta liegt. Ayurvedische Massagen gibt's ab 500 ₹, längere Behandlungen wie die 21-tägige Panchakarma-Reinigungskur kosten rund 20 000 ₹ inklusive Verpflegung. Es gibt hier auch hübsche **Zimmer** (Zi. 500 ₹) – manche mit Balkon und Ausblick – und täglich **Yoga** (400 ₹/Woche; ⌚6–7 Uhr).

Trekking & Rafting OUTDOORAKTIVITÄTEN
Die Gegend bietet ein paar tolle Möglichkeiten, **Trekkingtouren** auf eigene Faust zu unternehmen; man kann z. B. auf den Chembra klettern, der mit 2100 m der höchste Berg in der Gegend ist, oder auf den Vellarimala, der einen tollen Ausblick und viele Tiere zum Beobachten zu bieten hat. Auch die Wanderung zum **Pakshipathalam**, einer Formation von großen Felsbrocken mitten im Wald, ist toll. Die dafür nötige Genehmigung bekommt man bei den Forstbehörden in Süd- oder Nord-Wayanad. Das **DTPC-Büro** in Kalpetta organisiert Trekkingführer (600 ₹/Tag), Campingausrüstung (rund 250 ₹/Pers.) und den Transport – kurz, so ziemlich alles, was man zum

Wandern braucht. Zudem veranstaltet es von Juni bis September vierstündige **Raftingtrips** (1000 ₹) auf Bambusbooten.

Thirunelly-Tempel TEMPEL
(⌚Sonnenaufgang–Sonnenuntergang) Der 10 km von Tholpetty entfernte Tempel soll einer der ältesten in Indien sein. Nicht-Hindus dürfen ihn zwar nicht betreten, aber allein der umwerfende Anblick der uralten, aufwändig hergestellten Säulen und Steinreliefs vor der Kulisse nebelverhangener Berge ist die Anreise wert.

Jainistischer Tempel TEMPEL
(⌚8–12 & 14–18 Uhr) Der aus dem 13. Jh. stammende jainistische Tempel in der Nähe von Sultanbatheri weist prächtige Steinreliefs auf und ist ein wichtiges Zeugnis für das umfangreiche historische jainistische Erbe in der Region.

Edakal-Höhlen HÖHLEN
(Eintritt 10 ₹; ⌚9–17 Uhr) Diese Höhlen unmittelbar am jainistischen Tempel in der Nähe von Ambalavayal beherbergen Petroglyphen, die mehr als 3000 Jahre alt sein sollen. Außerdem eröffnet sich von hier aus ein atemberaubender Blick auf Wayanad.

Wayanad Heritage Museum MUSEUM
(Ambalavayal; Eintritt 10 ₹; ⌚9–17 Uhr) Im selben Abschnitt wie die Höhlen befindet sich dieses Museum. Es zeigt Kopfschmuck, Waffen, Töpferwaren, Reliefs und andere Artefakte aus dem 15. Jh., die Aufschluss geben über die Bedeutung der Adivasi in Wayanad.

Uravu KUNSTHANDWERK
(☎04936-231400/275 443; Thrikkaippetta; www.uravu.net; ⌚Mo–Sa 8.30–17 Uhr) Rund 6 km südöstlich von Kalpetta fertigt eine Gruppe von Künstlern aus Bambus alle möglichen Artefakte an. Man kann die Künstler in ihren Werkstätten besuchen, sie beim Zeichnen, Malen und Schnitzen beobachten und ihre Arbeit unterstützen – mit dem Kauf einer Vase, eines Lampenschirms, eines Armreifs, eines Korbes oder irgendeines anderen Stückes aus dem kleinen Laden, der die Arbeiten günstig, aber zu Festpreisen anbietet. Die Fahrt mit einem Jeep von Kalpetta hierher und zurück kostet rund 250 ₹.

Pookot-See PARK, BOOTFAHREN
(Eintritt 10 ₹; ⌚9–18 Uhr) Der wunderschöne, spiegelglatte, von Wald umgebene See befindet sich 3 km vor Vythiri. Rundherum gibt es gut gepflegte Gärten, eine Cafeteria, einen Spielplatz und **Boote** (Tret-/Ruderboot 20 Min. 30/50 ₹) zum Ausleihen. Am Wochenende wird es sehr voll, aber werktags hat man hier seine Ruhe.

Wayanad-Distrikt

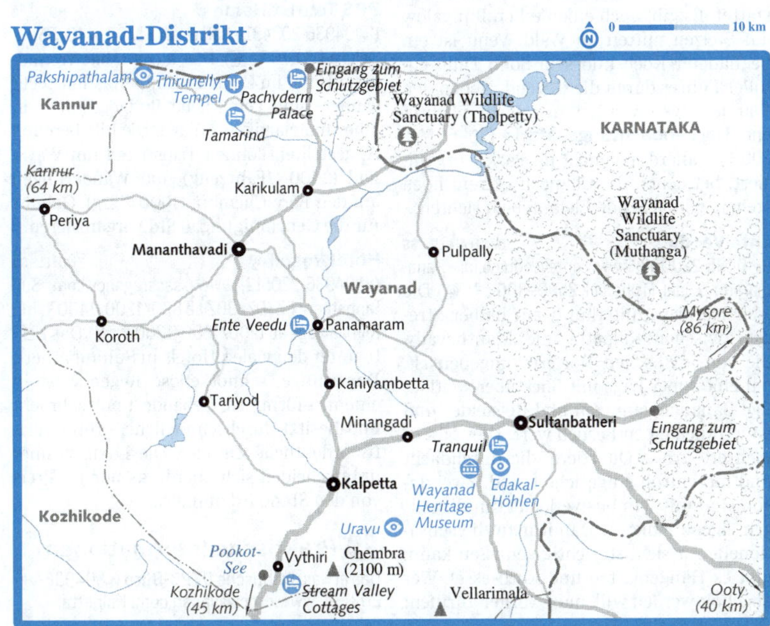

Schlafen & Essen

LP TIPP **Tranquil** GASTFAMILIE $$$
(☎04936-220244; www.tranquilresort.com; Kuppamudi Estate, Kolagapara; VP inkl. Steuern EZ/DZ ab 10101/13750 ₹, Baumvilla 14850/19500 ₹, Baumhaus 13000/17900 ₹; 🏊) Die wundervolle Privatunterkunft steht mitten auf einem 160 ha großen, unglaublich üppigem Gelände mit Pfeffer-, Kaffee-, Vanille- und Kardamomplantagen. Das elegante Haus hat wundervolle Veranden voller Pflanzen und hübscher Möbel. Es gibt auch zwei Baumhäuser, die wohl die schönsten in ganz Kerala sind – am romantischsten ist das Baumhaus ganz oben in schwindelerregender Höhe, durch dessen Bad ein Ast wächst. Victor, der Plantagenbesitzer, heißt Gäste wie alte Freunde der Familie willkommen. Zwölf ausgewiesene Wanderwege führen durch die Plantagen.

Pachyderm Palace PENSION $$
(☎Reservierung 0484-2371761; touristdesk@satyam.net.in; Tholpetty; Zi. inkl. Mahlzeiten 1250–1500 ₹/Pers.) Das schöne, alte Kerala-Haus steht gleich vor dem Tor zum Tholpetty Wildlife Sanctuary – praktisch, wenn man am frühen Morgen wandern, zu Touren aufbrechen oder Tiere beobachten möchte. Die verschiedenen Zimmer sind schlicht und ordentlich und mit lackierten Holzdecken, gefliesten Böden und Moskitonetzen ausgestattet. Es gibt auch einen tollen Bungalow auf Stelzen mitten im Wald. Venu ist ein begnadeter Koch und sein Sohn Dilip ein toller Führer durch die Gegend. Neben den Wanderungen werden hier auch nächtliche **Tierbeobachtungssafaris** (30–60 Min. 200 ₹) – allerdings nicht im Park – organisiert, bei denen die Chancen extrem hoch stehen, wild lebende Elefanten zu sichten.

Ente Veedu GASTFAMILIE $$
(☎0435-220008; www.enteveedu.co.in; Panamaram; Zi. inkl. Frühstück 2500–3000 ₹; @) Die isolierte Privatunterkunft auf halber Strecke zwischen Kalpetta und Manthavady, die von idyllischen Dörfern umgeben ist, hat eine super Lage mit Blick über weitläufige Bananenplantagen und Reisfelder und ist wirklich einen Besuch wert. Hier gibt es mehrere große Quartiere, die durchdacht und farbenfroh eingerichtet sind. Zwei davon sind mit Bambus verkleidet und besitzen eigene Balkone. Damit man die sensationelle Aussicht so richtig genießen kann, gibt es Hängematten und Korbsessel. Wer abgeholt werden will, muss vorher anrufen!

Stream Valley Cottages RESORT $$
(☎04936-255860; www.streamvalleycottages.com; Vythiri; DZ 2500–3000 ₹, Cottage für 8 Pers. 6000 ₹) Die schlicht-modernen Cottages liegen an einem kleinen Bach, mehrere Hundert Meter abseits der Hauptstraße (2,5 km vor Vythiri). Jede Hütte hat einen separaten Sitzbereich, eine Veranda und Einrichtung aus dunklem Holz. Als Hintergrundmusik dienen Vogelgezwitscher und Bachrauschen. Es gibt auch traditionelles Kerala-Essen (390 ₹).

Tamarind HOTEL $$
(☎0493-5210475; info@tamarindthirunelly.com; Thirunelly; DZ mit Klimaanlage 1400 ₹) Das idyllische KTDC-Anwesen in super Lage 750 m vom Thirunelly-Tempel entfernt steht völlig einsam mitten in der Landschaft. Es verfügt über große Zimmer mit Blick ins Grüne und ein gutes Preis-Leistungs-Verhältnis. Zusätzlich gibt es hier ein Restaurant.

Haritagiri HOTEL $$
(☎04936-203145; www.hotelharitagiri.com; Kalpetta; EZ/DZ 900/1200 ₹, Executive 1200/1600 ₹; ❄) Etwas abseits vom Trubel auf Kalpettas Hauptstraßen steht dieses gute, komfortable Hotel. Manche der in lebendigen Orange-, Grün- und Blautönen gehaltenen Zimmer bieten vom Balkon aus einen schönen Blick auf die Grünanlagen der Stadt.

PPS Tourist Home HOTEL $
(☎04936-203431; Kalpetta; EZ/DZ 440/550 ₹, Deluxe-DZ 670 ₹; ❄) Das akzeptable, freundliche Hotel im Zentrum Kalpettas hat recht saubere und gemütliche Budgetzimmer in einer motelartigen Anlage. Die hilfsbereiten Angestellten können Trips rund um Wayanad (2000 ₹/Fahrzeug) und Wanderungen auf den Berg Chembra (1000 ₹ zzgl. Gebühr für die Genehmigung, 6 Std.) organisieren.

Hotel Regency HOTEL $$
(☎04936-220512; www.issacsregency.com; Sultanbatheri; EZ/DZ/3BZ ab 800/1200/1400 ₹, mit Klimaanlage ab 1200/1600/1800 ₹; ❄) Das beste unter den vielen Hotels in Sultanbatheri: Das ruhige, schnörkellose Regency ist in einem u-förmigen Gebäude untergebracht und besitzt durchschnittliche, große, relativ ordentliche Zimmer. Die Luxuszimmer unterscheiden sich allerdings nur im Preis von den Standardzimmern.

Praktische Informationen

Das etwas chaotische **DTPC-Büro** (☎04936-202134; www.dtpcwayanad.com; Kalpetta;

(⏲Mo–Sa 10–17 Uhr) in Kalpetta organisiert Touren und Treks und erteilt Genehmigungen. In Kalpetta und Sultanbatheri gibt es jeweils ein Büro von UAE Exchange, und Geldautomaten der Federal Bank und der Canara Bank findet man in allen drei größeren Ortschaften. Internetcafés gibt's in Hülle und Fülle.

Anreise & Unterwegs vor Ort

Autorikscha & Jeep

Es stehen jede Menge Autorikschas und Jeeps für kurze Strecken innerhalb der Ortschaften zur Verfügung.

Autovermietung

Die DTPC hilft, wenn man einen Mietwagen braucht (ab 1700 ₹/Tag).

Bus

Busse bewältigen alle 15 Minuten die kurvenreichen Straßen zwischen Kozhikode und Sultanbatheri (normal/Express 62/70 ₹, 3 Std.) über Kalpetta (51 ₹). Privatbusse verkehren auch zwischen Kannur und Mananthavadi (62 ₹, 2½ Std., alle 45 Min.). Von Sultanbatheri fährt um 8 Uhr ein Bus nach Udagamandalam (56 ₹, 4 Std.), ein zweiter passiert die Stadt gegen 13 Uhr. Busse nach Mysore (78 ₹, 3 Std.) starten ungefähr alle 30 Minuten.

Tagsüber pendeln viele Privatbusse zwischen Mananthavadi, Kalpetta und Sultanbatheri (14–22 ₹, 45 Min.–1 Std., alle 10–20 Min.). Von Mananthavadi fahren auch regelmäßig Busse nach Tholpetty (14 ₹, 1 Std.), Mysore (70 ₹, 3 Std., 5 Busse) und Udagamandalam (82 ₹, 5–6 Std., 2-mal tgl.). Für jeweils rund 400 bis 600 ₹ kommt man mit einem Jeep von einem Ort zum anderen.

Kannur (Cannanore)

☎0497 / 498 200 EW.

Unter den Kolathiri-Radschas war Kannur eine wichtige Hafenstadt für den internationalen Handel. Der Entdecker Marco Polo nannte sie „ein großes Warenhaus des Gewürzhandels". Seitdem haben alle üblichen Verdächtigen aus der Kolonialzeit, u.a. die Portugiesen, Niederländer und Briten, versucht, ihren Einfluss auf die Region geltend zu machen. Heute ist die Stadt unspektakulär, aber nett und vor allem für die Weberei und den Handel mit Chashews bekannt. In der Nähe gibt es abseits ausgelatschter Wege ein paar herrliche Strände. Achtung: Während des Monsuns kann man wegen der rauen See hier nicht schwimmen! In dieser Region leben überwiegend Muslime. Daher sollte man unbedingt die lokalen Gepflogenheiten beachten und am Strand einen Sarong über den Bikini ziehen. Wer will, kann sich in der Stadt unglaubliche *theyyam*-Darbietungen ansehen.

Sehenswertes & Aktivitäten

Theyyam-Rituale KULTUR

Kannur ist der beste Ort, um das in Trance versetzende *theyyam*-Ritual (S. 332) zu erleben. An den meisten Abenden des Jahres findet hier irgendwo ein solches statt. Wer sich dafür interessiert, wendet sich am besten an Kurien in der Pension Costa Malabari. Als Alternative kann man der **Kerala Folklore Academy** (☎2778090) nahe Chirakkal Pond, Valapattanam, 20 km nördlich von Kannur, einen Besuch abstatten. Dort kann man Kostüme in lebhaften Farben aus der Nähe und manchmal auch eine Aufführung sehen.

GRATIS **Fort St. Angelo** FORT

(⏲9–18 Uhr) 1505 errichteten die Portugiesen ein paar Kilometer vom Ort entfernt auf einem Felsvorsprung diese Festung aus leuchtend rotem Lateritstein. Es gibt hier einen ruhigen Garten, und man hat einen ausgezeichneten Blick auf die von Palmen gesäumten Strände in der Nähe.

Loknath Weavers' Co-operative KUNSTHANDWERK

(☎2726330; ⏲Mo–Sa 8.30–17.30 Uhr) Die 1955 gegründete Genossenschaft ist eine der ältesten in Kannur und erfüllt 4 km südlich von Kannur ein großes Gebäude mit dem Geklapper der Webstühle. Interessierte können kurz reinschauen, eine Runde durchs Haus drehen und in dem kleinen Laden die Früchte der Arbeit der Künstler bewundern.

Kerala Dinesh Beedi Co-Operative KUNSTHANDWERK

(☎2835280; ⏲Di–Sa 8–17 Uhr) Die Region ist auch für die Herstellung von *bidis* bekannt. Das sind die winzigen indischen Zigaretten, die geschickt von Hand in grüne Blätter gerollt werden. Dies hier ist einer der größten und besten Hersteller, der 7 km südlich von Kannur in Thottada eine Fabrik betreibt. Die Fahrt mit einer Autorikscha zu jeder dieser Kooperativen kostet von Kannur aus hin und zurück 80 bis 100 ₹.

Kairail BOOTFAHREN

(☎0460-2243460; Reiskahn 1600 ₹/Std.) Kairail, 20 km nördlich von Kannur, bietet Trips auf Reiskähnen durch die unberührten Backwaters von Nord-Kerala. Man kann auch stundenweise einen Kahn mieten, aber es lohnt sich, einen Tagestrip in Erwägung zu ziehen.

Schlafen & Essen

LP TIPP **Ezhara Beach House** GASTFAMILIE $$ (☎0497-2835022; www.ezharabeachhouse.com; 7/347 Ezhara Kadappuram; Zi. inkl. Mahlzeiten 1500 ₹/Pers.; 📶) Neben dem unberührten Strand von Kizhunna Ezhara, auf halbem Weg zwischen den Bahnhöfen Kannur und Telicherry (jeweils 11 km entfernt), versteckt sich unter den Palmen inmitten von ähnlichen traditionellen Kerala-Häusern das blaue Ezhara Beach House, das von der umwerfenden, unverblümten Hyancinth geführt wird. Die Zimmer sind

TRADITIONELLE KUNSTFORMEN KERALAS

Kathakali

Die Kunstform Kathakali entstand ungefähr zur selben Zeit, als Shakespeare seine Stücke schrieb. Kathakali-Vorführungen stellen eine dramatisierte Handlung dar, die meistens auf den Hindu-Epen Ramayana, Mahabharata oder auf den Purana-Legenden basiert. Dabei werden alle großen Themen des Lebens behandelt: Gut und Böse, Schwäche und Mut, Armut und Reichtum, Krieg und Frieden.

Trommler und Sänger begleiten die Schauspieler, die die Geschichte durch sehr präzise Bewegungen vermitteln, durch besondere *mudras* (Gesten) und Mimik.

Die Vorbereitungen für die Aufführung sind langwierig und verlangen Disziplin. Durch Schminke, fantastische Kostüme, kunstvollen Kopfschmuck und Meditation verwandeln sich die Schauspieler äußerlich und mental in die Götter, Helden und Dämonen, die sie darstellen.

In den Touristenhochburgen überall im Bundesstaat kann man gekürzte Fassungen miterleben. Außerdem gibt es Kathakali-Schulen in Thiruvananthapuram und in der Nähe von Thrissur, die gerne Besucher empfangen.

Kalarippayat

Kalarippayat ist eine uralte Lehre von Kampfkunst und Disziplin, die noch heute überall in Kerala gelehrt wird. Manche Leute halten *kalarippayat* für den Vorläufer aller Kampfkünste, denn seine Wurzeln reichen zurück bis zu den Auseinandersetzungen zwischen Keralas kleinen Feudalstaaten im 12. Jh.

Die Meister des *kalarippayat* heißen Gurukkal. Sie lehren ihre Kunst in einer speziellen Arena, *kalari* genannt.

Kalarippayat-Bewegungen findet man in allen traditionellen darstellenden Künsten in Kerala, z. B. im Kathakali und im *kootiattam* sowie in Ritualen wie dem *theyyam*.

Theyyam

Keralas beliebteste rituelle Kunstform ist *theyyam*. Es wird angenommen, dass das Ritual älter ist als der Hinduismus und auf volkstümliche Tänze zurückgeht, die bei Erntefesten aufgeführt wurden. Das Ritual ist stark ortsgebunden und wird in *kavus* (heiligen Hainen) in ganz Nord-Kerala praktiziert.

Theyyam bezeichnet sowohl die Gestalt der dargestellten Gottheit bzw. des dargestellten Helden als auch das eigentliche Ritual. Es gibt rund 450 verschiedene *theyyams*, jeweils mit einem speziellen Kostüm. Gesichtsbemalung, Armreifen, Brustplatten, Röcke, Girlanden und besonders der Kopfschmuck, manchmal bis zu 6 oder 7 m hoch, sind elaboriert und fein gearbeitet.

Während der Aufführungen verlieren die Darsteller ihre eigene körperliche Identität und nehmen die Identität der jeweiligen Gottheit an, die sie darstellen. Sie sprechen zu den Anhängern, tanzen und segnen diese, als wären sie selbst die Gottheiten. Durch die ekstatischen Bewegungen und das wilde Trommeln entsteht eine Atmosphäre, in der sich die Gottheit, wenn sie denn will, in menschlicher Form zeigt.

Jedes Jahr von Oktober bis Mai finden in jedem der unzähligen *kavus* solche Rituale statt. Oft werden *theyyams* auch bei wichtigen Ereignissen wie Hochzeiten und Einweihungen als Glücksbringer abgehalten. Auf S. 331 gibt's Details, wo man solche Rituale erleben kann.

schlicht und klein, aber das Haus hat Charakter und eine Terrasse, auf der man sitzen, durch die sich wiegenden Palmen aufs Meer blicken und Seeadler beobachten kann. Damit man den Kontakt zur Außenwelt nicht verliert, gibt's hier auch WLAN.

Ayisha Manzil GASTFAMILIE $$
(☎0490-2341590; Court Rd, Tellicherry; DZ inkl. Mahlzeiten 9750 ₹ samt Steuern) Rund 25 km südlich von Kannur thront oben auf einem Felsvorsprung dieses 1862 errichtete, schöne Haus aus der Kolonialzeit mit dem atemberaubenden Blick aufs Meer und verblassten, mit Antiquitäten dekorierten Zimmern. C.P. Moosa und seine Frau Faiza Moosa sind perfekte Gastgeber. Sie ist eine bekannte Köchin und Kochlehrerin, die sich auf die Mopla-Küche (islamisch-keralesisch) spezialisiert hat. Nach Vereinbarung wird man auch abgeholt.

Costa Malabari PENSION $$
(☎Reservierung 0484-2371761; touristdesk@satyam.net.in; Thottada Beach; Zi. inkl. Mahlzeiten ab 1250 ₹/Pers.) In einem kleinen Dorf und zu Fuß nur fünf Minuten von einem idyllischen Strand entfernt steht das Costa Malabari, das dem Tourismus in dieser Gegend den Weg bereitet hat. Traveller wohnen hier in geräumigen Zimmern, untergebracht in einer ehemaligen Fabrik für Webstühle und umgeben von üppigem Grün. Es gibt einen riesigen Gemeinschaftsbereich und gemütliche Sitzbereiche im Freien. Noch mehr Zimmer stehen in zwei weiteren Gebäuden zur Verfügung. Eines davon thront dramatisch auf den Klippen über dem Strand, wo einen das Tosen der Wellen in den Schlaf wiegt und man über die Stufen ganz schnell unten am Wasser ist. Zu essen bekommt man eine große Auswahl von köstlicher Kerala-Hausmannskost. Kurien, der liebenswürdige Gastgeber, ist ein Experte für das erstaunliche *theyyam*-Ritual und kann helfen, wenn man sich eines ansehen möchte. Das Haus ist 8 km von Kannur entfernt. Die Fahrt mit einer Rikscha bzw. einem Taxi vom Bahnhof aus kostet rund 120 bzw. 200 ₹.

Kannur Beach House GASTFAMILIE $$
(☎0497-2708360, 9847184535; www.kannurbeachhouse.com; Thottada Beach; Zi. 2200–2500 ₹) In der Nähe vom Costa Malabari und in idyllischer Lage direkt hinter dem Strand wartet das traditionelle Kerala-Haus mit schönen Fensterläden aus Holz und repräsentativ möblierten Zimmern auf. Vier der Unterkünfte bieten Meerblick, und jede hat entweder einen Balkon oder eine Veranda, von wo aus man den sensationellen Sonnenuntergang über dem Meer hinter sich wiegenden Palmen genießen kann. In den nahen Mangroven kann man Kuckucksvögel und Brahminenweihe beobachten. Von Kannur aus sind es 8 km bis hierher.

Government Guest House PENSION $
(☎2706426; DZ 440 ₹; ❄) Die Pension hat ein stumpfsinniges Flair, wie es die Spezialität der staatlichen Gästehäuser ist. Aber die Zimmer im „neuen Block" sind riesig, schlicht möbliert, und die Balkone sind direkt zum Meer hin ausgerichtet. Ein richtig gutes Preis-Leistungs-Verhältnis!

Hotel Meridian Palace HOTEL $
(☎2761676; www.hotelmeridianpalace.com; Bellard Rd; EZ ab 200/250 ₹, DZ mit Klimaanlage 600–900 ₹) In der Marktgegend gegenüber vom Hauptbahnhof. Das hier ist zwar nicht gerade ein Palast, aber eine recht freundliche Unterkunft mit vielen Budgetzimmern. Egal, für welches man sich entscheidet, alle sind recht sauber und schlicht. Wer hier pennt, erwischt auch den Zug am frühen Morgen mühelos.

Mascot Beach Resort HOTEL $$
(☎2708445; www.mascotresort.com; DZ mit Klimaanlage ab 2200 ₹; ❄≋) Ein paar Hundert Meter südlich vom Government Guest House liegt das kleine, annehmbare Hotel, das von seinen 30 netten, komfortablen und klimatisierten Zimmern einen tollen Blick auf den Ozean bietet. Es lohnt sich, einen Rabatt auszuhandeln!

ℹ Praktische Informationen

Das **DTPC-Büro** (☎2706336; ⌚Mo–Sa 10–17 Uhr) gegenüber vom KSRTC-Busbahnhof gibt einfache Karten von Kannur aus. Geldautomaten der Federal Bank und der State Bank of India finden sich am Busbahnhof. Die Wechselstube von **UAE Exchange** (☎2709022; City Centre, Fort Rd; ⌚Mo–Sa 9.30–18, So 11–13 Uhr) löst Reiseschecks ein und tauscht Bargeld um. Sie befindet sich fünf Minuten vom Bahnhof entfernt im Einkaufszentrum City Centre.

ℹ An- & Weiterreise

Jeden Tag fahren Busse nach Mysore (normal/Deluxe 164/188 ₹, 8 Std., 5-mal tgl.), Mangalore (109 ₹, 4 Std., 2-mal tgl.), Ernakulam (187 ₹, 8 Std., 4-mal tgl.) und Kalpetta (nach Wayanad, 70 ₹, 4 Std., 2-mal tgl.). Täglich geht ein Bus

ABSTECHER

VALIYAPARAMBA-BACKWATERS

Wer dem aufkeimenden Kommerz rund um Alappuzha entgehen will, findet in den sogenannten nördlichen Backwaters eine faszinierende Alternative. Das große Gewässersystem wird von fünf Flüssen gespeist und hat eine wahnsinnig grüne Landschaft um sich herum, die von sich im Wind wiegenden Palmen begrenzt wird. Eine der am nächsten liegenden Ortschaften ist **Payyanur**, 50 km nördlich von Kannur. Ab Kotti, von wo die KSWTD Fähren zu den umliegenden Inseln betreibt, kann man losschippern. Es sind zu Fuß nur fünf Minuten vom Bahnhof Payyanur. Nach der zweieinhalbstündigen Fahrt mit der Fähre (9 ₹) ab Kotti landet man an der **Anlegestelle Ayitti** (☎0467-2213577), 8 km von Payyanur entfernt. Von dort geht die Fähre auch zurück.

Übernachten kann man im winzigen **Valiyaparamba Retreat** (☎2371761; touristdesk@satyam.net.in; DZ inkl. VP 3000 ₹). Die abgeschiedene Unterkunft befindet sich 15 km nördlich von Payyanur und 3 km von der Anlegestelle Ayitti entfernt. Im Angebot sind zwei einfache Zimmer und zwei Bungalows auf Stelzen mit einem menschenleeren, goldenen Sandstrand davor und den Backwaters dahinter. Auch das Tourist Desk in Kochi (über das Retreat oder in Kochi kontaktieren; S. 318) organisiert **Tagesausflüge** (inkl. Mittagessen 600 ₹/Pers.) für Gruppen (4–15 Pers.) auf traditionellen Hausbooten auf den Valiyaparamba-Backwaters.

Ansonsten ist das 22 km südlich von Bekal gelegene **Bekal Boat Stay** (☎0467-2282633; www.bekalboatstay.com; Kottappuram, Nileshwar) einer der wenigen Anbieter von **Hausboottrips** (2–4 Pers. 7000–9500 ₹/24 Std.) mit Übernachtung an Bord. Es gibt natürlich auch günstigere Hausboottouren tagsüber sowie bei Sonnenuntergang. Interessenten können ihr Glück auch bei Kairail (S. 331) in der Nähe von Kannur versuchen.

nach Udagamandalam (über Wayanad, 135 ₹, 9 Std., 22 Uhr).

Jeden Tag fahren außerdem mehrere Züge nach Mangalore (Sleeper Class/3AC/2AC 100/218/301 ₹, 3 Std.), Kozhikode (2. Klasse/AC Chair Class 31/140 ₹, 2 Std.) und Ernakulam (69/272 ₹, 6½ Std.).

Bekal & Umgebung

☎0467

Bekal und das nahe gelegene Palakunnu sowie Udma ganz im Norden Keralas besitzen einige lange, weiße Sandstrände, die sich für Erkundungstouren geradezu anbieten. In dem Gebiet entstehen langsam immer mehr glitzernde, unwirklich wirkende Fünf-Sterne-Resorts, die auf frisch vom Golf kommende Millionäre ausgerichtet sind. Trotzdem lohnt sich der Trip für Abenteurer, die die Strände noch sehen wollen, bevor sie in die Hände von Bauunternehmern geraten sind, die nur Dollarzeichen in den Augen haben. Da die Gegend überwiegend muslimisch ist, sollte man sich an die hiesigen Gepflogenheiten halten, vor allem am Strand.

Das aus Laterit-Ziegeln zwischen 1645 und 1660 erbaute **Fort Bekal** (Inder/Ausländer 5/100 ₹; ⏲8–17 Uhr) steht auf Bekals felsiger Landzunge und beherbergt einen kleinen Hindu-Tempel und jede Menge Ziegen. Der **Bekal Beach** (Eintritt 5 ₹) direkt daneben umfasst einen grasbewachsenen Park und einen langen, schönen Strand, der sich am Wochenende und an Feiertagen in einen Zirkus verwandelt, wenn die einheimischen Familien hier ihre Freizeit verbringen. Der isolierte **Kappil Beach**, 6 km nördlich von Bekal, ist ein wunderschöner, einsamer Strand mit feinem Sand und ruhigem Wasser. Achtung: Die Sandbänke verändern ihre Position!

Es gibt viele billige Hotels von minderer Qualität zwischen Kanhangad (12 km südlich) und Kasaragod (10 km nördlich), aber auch ein paar gute Ausnahmen, die man prima als Basislager nutzen kann.

LP TIPP **Neeleshwar Hermitage** (☎0467-2288876; www.neeleshwarhermitage.com; Neeleshwar; Zi. ab 8000 ₹) besteht aus 16 Fischerhütten, die in ein umweltfreundliches Resort umgewandelt wurden. Erbaut nach den Vastu-Prinzipien, gibt es hier einen Infinity-Pool mit Meerblick, fast 5 ha üppiger, nach Wachsblumen duftender Gärten, köstliches Bio-Essen und kleine moderne Annehmlichkeiten wie iPod-Docks.

Gitanjali Heritage (☎0467-2234159; www.gitanjaliheritage.com; EZ/DZ inkl. VP 2500/3500 ₹) Die hübsche Unterkunft liegt umgeben von Reisfeldern mitten zwischen den Dörfern um Kasaragod, nur 5 km von Bekal entfernt. Das trauliche historische Haus hat komfortable, sehr verschiedene Zimmer voller geerbter Möbel und lackiertem Holz. Wer abgeholt werden möchte, ruft vorher an.

Anreise & Unterwegs vor Ort

Ein paar Regionalzüge halten am Bahnhof Fort Bekal, direkt am Strand von Bekal. Kanhangad, 12 km südlich, ist der größte Bahnhof in der Gegend; Kasaragod, 10 km nördlich, ist die größte Stadt. Es gibt häufige Busverbindungen zwischen Bekal und Kanhangad sowie Kasaragod (rund 10 ₹, 20 Min.). Eine Autorikscha von der Bekal Junction zum Strand von Kappil kostet rund 40 ₹.

LAKSHADWEEP

60 700 EW.

Lakshadweep besteht aus einer Kette von 36 mit Palmen bewachsenen und von weißem Sandstrand gesäumten, hinreißenden, völlig abgelegenen Koralleninseln 300 km vor der Küste Keralas. Nur zehn der Inseln sind bewohnt, hauptsächlich von sunnitischen Fischern. Ausländer dürfen sich nur auf wenigen Inseln aufhalten. Die Fischerei und die Herstellung von Produkten aus Kokosfasern sind die Haupteinnahmequellen der Insulaner. Das Dorfleben auf den Inseln ist sehr traditionell geprägt. Es herrscht ein Kastensystem aus Koya (Landbesitzern), Malmi (Seeleuten) und Melachery (Bauern).

Die eigentliche Attraktion der Inseln liegt im Meer: Die 4200 km² umfassenden urtümlichen Lagunen mit unberührten Korallenriffen und warmem Wasser ziehen Traveller, die Delfine sehen wollen, und Taucher an. Die meisten Resorts können Tauch-, Schnorchel-, Kajak-, Boots- und Segeltouren sowie Ausflüge zu nahen Inseln arrangieren. Zum Zeitpunkt unserer Recherchen war das Resort auf der 20 ha großen, von weißem Sand gesäumten Insel Bangaram geschlossen – vor Ort nachfragen, ob es inzwischen wiedereröffnet ist!

Lakshadweep kann man nur im Rahmen einer vorher vereinbarten Pauschalreise besuchen. Alle angegebenen Unterkunftspreise beziehen sich auf die Hauptsaison (Okt.–Mai) und sind inklusive Besuchsgenehmigung und Verpflegung.

Praktische Informationen

SPORTS (Society for the Promotion of Recreational Tourism & Sports; ☎0484-2668387; www.

Lakshadweep

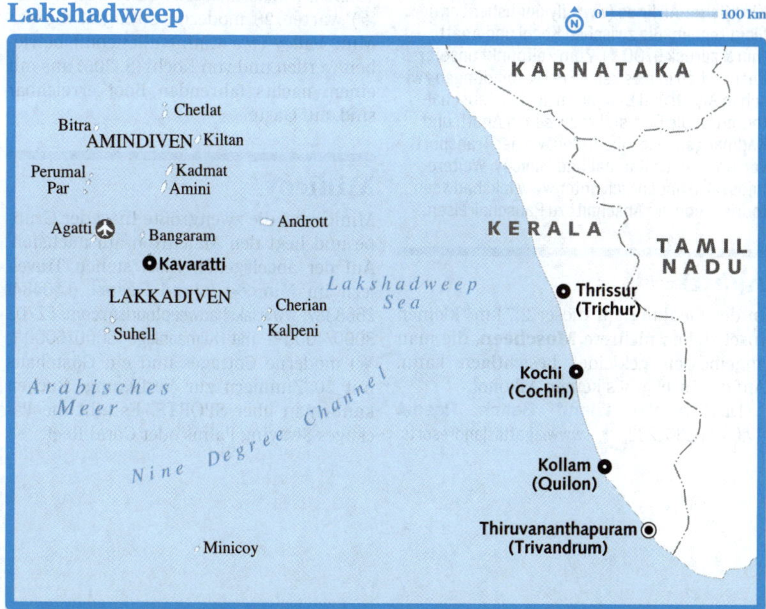

TAUCHEN

Für Taucher ist Lakshadweep mit seinen ausgezeichneten Sichtverhältnissen und der Vielfalt von Meereslebewesen, die sich um unberührte Korallenriffe tummeln, ein Traum. Am besten kommt man zwischen Mitte Oktober und Mitte Mai: Dann ist das Meer ruhig, und die Sichtweite beträgt 20 bis 40 m.

Lacadives (☎022-66627381; www.lacadives.com) betreibt Tauchzentren auf den Inseln Bangaram und Kadmat. Die Preise variieren: Ein viertägiger PADI-Open-Water-Kurs kostet 28 000 ₹, erfahrene Taucher zahlen pro Tauchgang 3000 ₹ (inkl. Ausrüstung); bei mehreren Tauchgängen gibt's Rabatt. Infos sind in Hotels oder direkt bei Lacadives erhältlich: 14C Bungalow, Boran Rd, gegenüber vom Elco Market, abseits der Hill Rd, Bandra (W), Mumbai.

Vor der Insel Kadmat kann man 9 bis 40 m tief tauchen. Zu den besseren Tauchstellen zählen North Cave, Wall, Jack Point, Shark Alley, Potato Patch, Cross Currents und Sting Ray City. Bei Bangaram sind z. B. das in 32 m Tiefe liegende Wrack der *Princess Royale*, Manta Point, Life, Grand Canyon und das eindrucksvolle versunkene Riff bei Perumal Par super Spots.

lakshadweeptourism.com; IG Rd, Willingdon Island; ⊙Mo–Sa 10–17 Uhr) ist die wichtigste Organisation für Touristeninfos.

GENEHMIGUNGEN Ausländer dürfen nur in den Resorts wohnen, Budgetunterkünfte gibt es nicht. Man braucht eine Sondergenehmigung (einen Monat im Voraus beantragen!), die von Tourveranstaltern, Hotels oder SPORTS in Kochi ausgegeben wird. Die meisten Inseln sind erst seit Kurzem auch Ausländern zugänglich. Das gilt für Bangaram, Agatti, Kadmat, Minicoy und Kavaratti.

An- & Weiterreise

Kingfisher Airlines (www.flykingfisher.com) fliegt regelmäßig zwischen Kochi und Agatti (hin & zurück 9700 ₹). Zum Zeitpunkt unserer Recherchen gab es keine Fährverbindungen zwischen Agatti und Bangaram. In den Pauschaltouren ist die Bootsfahrt zwischen Agatti und Kadmat genauso inbegriffen wie der Transport von Kochi nach Kadmat und Minicoy. Weitere Infos dazu finden sich unter www.lakshadweeptourism.com im Abschnitt zu Pauschalreisen.

Agatti

In der Siedlung auf dieser 2,7 km² kleinen Insel stehen mehrere **Moscheen**, die man angemessen gekleidet besichtigen kann. Auf der Insel gibt's keinen Alkohol.

Das **Agatti Island Beach Resort** (☎0484-2362232; www.agattiislandresorts.com; DZ inkl. VP 155 €, mit Klimaanlage 210 €; ❄) nimmt zwei Strände an der Südspitze der Insel ein und hat eine Reihe Pauschalangebote zu bieten. Es besitzt einfache, niedrige Strandhütten, die so entworfen sind, dass sie auch ohne Klimaanlage angenehm kühl bleiben. Es gibt auch ein Restaurant, in dem 20 Gäste Platz finden.

Kadmat

Im **Kadmat Beach Resort** (☎0484-4011134; www.kadmat.com; DZ ab 185 €/Pers.; ❄) warten 28 moderne Cottages, die von Mint Valley (www.mintvalley.com) betrieben werden und von Kochi (S. 305) aus mit einem nachts fahrenden Boot erreichbar sind, auf Gäste.

Minicoy

Minicoy ist die zweitgrößte Insel der Gruppe und liegt den Malediven am nächsten. Auf der abgelegenen Insel stehen Travellern im **Minicoy Island Resort** (☎0484-2668387; www.lakshadweeptourism.com; EZ/DZ 3000/4000 ₹, mit Klimaanlage 5000/6000 ₹; ❄) moderne Cottages und ein Gästehaus mit 20 Zimmern zur Verfügung. Buchen kann man über SPORTS. Es gibt die Packages Swaying Palms oder Coral Reef.

Tamil Nadu & Chennai

Inhalt »

Gut essen

» Alle Filialen des Hotels Saravana Bhavan (S. 351)

» Bangala (S. 396)

» Satsanga (S. 378)

Schön übernachten

» Calve (S. 377)

» Visalam (S. 396)

» 180 McIver (S. 415)

» Carlton Hotel (S. 409)

Auf nach Tamil Nadu!

In Tamil Nadu liegt die Heimat einer noch lebenden klassischen Zivilisation der Menschheit – die Kultur der hier lebenden Menschen ist seit der Zeit, als die alten Griechen Ziegen dem Zeus opferten, vielleicht gewachsen, hat sich aber in vielerlei Hinsicht nicht grundsätzlich verändert. Doch dieser Bundesstaat hat nicht nur eine lange, tief verwurzelte Kultur, sondern ist zugleich äußerst dynamisch: In den berühmten Tempeln machen sich die das Feuer verehrenden Gläubigen ein Tikala auf die Stirn, und eilen dann in ihre IT-Büros, wo sie neue Software-Apps entwickeln.

An Indiens südlichstem Punkt treffen drei Meere aufeinander. Sehenswert sind auch die Nilgiri-Berge, in denen Tiger umherstreifen, der Muttertempel der dreibrüstigen, fischäugigen Göttin und der Berg des Feuers. All das und vieles mehr bietet dieser Bundesstaat, der ein so musterhaftes Beispiel für die uralte Vergangenheit und zugleich den zukunftsfrohen Wagemut Indiens ist.

Reisezeit

Chennai

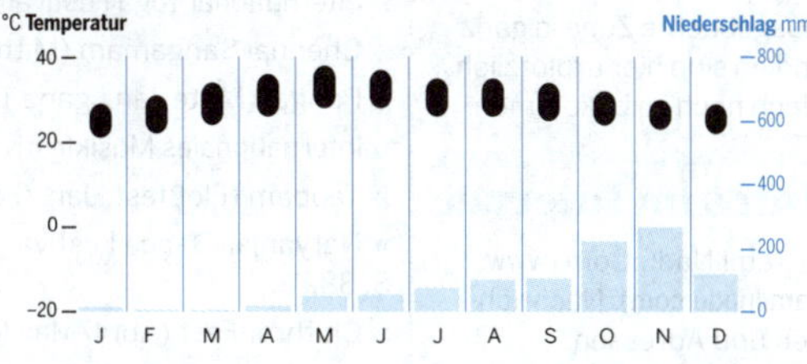

Januar Überall auf den Straßen wird Pongal (Erntedankfest) gefeiert.

Mai Zeit, die Hill Stations für eine Sommerfrische aufzusuchen.

November Zu Vollmond steht das Lichterfest an.

EINREISE

Aus dem Ausland kommend, wird man wahrscheinlich in Chennai landen, obwohl auch in Tiruchirappalli (Trichy) und Coimbatore ein paar internationale Flüge ankommen. Flughäfen für Inlandsflüge sind Chennai, Tiruchirappalli, Coimbatore und Madurai; in diesen vier Städten befinden sich auch die wichtigsten Bahnknotenpunkte.

Kurzinfos

» Bevölkerung: 72,1 Mio.

» Fläche: 130 058 km²

» Hauptstadt: Chennai

» Hauptsprache: Tamil

» Übernachtungspreise: **$** unter 1000 ₹, **$$** 1000–3000 ₹, **$$$** mehr als 3000 ₹

Top-Tipp

Wenn man ganz schnell ein Zugticket braucht, erweist sich die Foreign Tourist Assistance Cell in Chennais Central Station (S. 358) als ungeheuer hilfreich und effizient – Tickets für ausgebuchte Züge in ganz Indien sind hier urplötzlich doch noch zu bekommen.

Infos im Internet

» TamilNadu.Com (www.tamilnadu.com): Nachrichten und Adressen.

» Tamil Nadu Forest Department (www.forests.tn.nic.in): Infos über Nationalparks, Ökotourismus etc.

» Tamil Nadu Tourism (www.tamilnadutourism.org)

Essen

Tamil Nadus beliebteste Speisen sind ganz überwiegend vegetarisch und mit viel Kokosmilch und Chili abgeschmeckt. Überall gibt es Dosas, *idlis* (fermentierter Reiskuchen) und *vada* (frittierte Donuts aus Linsenmehl) und dazu immer Kokos-Chutney und *sambar* (Linsensauce). Gelegentlich sind diese Gerichte alles, was man bekommt, was aber meistens nichts schadet, da sie sehr lecker und im Allgemeinen selbst für Veganer geeignet sind. Auch Thalis („All You Can Eat"-Menüs mit Reis, Linsengerichten), *rasam* (sauerscharfe Tamarindensuppe) und Chutneys – sind gut, billig, sättigend und überall zu haben.

Die Ausnahme zu all den vegetarischen Gerichten ist die Chettinad-Küche, die eigentlich in der südlichen Region rund um Pudukkottai und Karaikkudi zu Hause ist, deren Gerichte aber auch in den Restaurants der meisten größeren Städte angeboten werden. Häufige Zutaten sind Lamm, Hähnchen und Fisch. Die Chettinad-Küche ist weniger scharf, dafür stehen frische Gewürze wie Zimt, Kreuzkümmel und Sternanis im Vordergrund.

Zwar wird in Tamil Nadu viel Tee angebaut, aber die Bewohner stehen eher auf Kaffee: Filterkaffee (natürlich mit Milch und Zucker) ist vielerorts eher zu bekommen als Tee.

NICHT VERSÄUMEN!

Der Hitze der Ebenen entkommt man, wenn man die **Schmalspurbahn** hinauf in die Nilgiri-Berge nimmt: Die Strecke führt vorbei an Palmen und Reisfeldern, dann durch den grünen Dschungel, über reißende Ströme und schließlich durch einen europäisch anmutenden Wald ins kühle Udagamandalam (Ooty).

In Tamil Nadu kommt kein Traveller daran vorbei, die antiken **Tempel** zu bewundern – auf S. 386 findet sich eine Auswahl der schönsten Bauten und Feste.

Top-Feste in Tamil Nadu

» International Yoga Festival (4.–7. Jan., Puducherry, S. 376)

» Chennai Sangamam (Mitte Jan., Chennai, S. 349)

» Pongal (Mitte Jan., ganz Tamil Nadu, S. 340)

» Internationales Musikfestival (Jan., Thiruvaiyaru, S. 388)

» Teppam (Floßfest; Jan./Feb., Madurai, S. 400)

» Natyanjali Dance Festival (Feb./März, Chidambaram, S. 382)

» Chithrai-Fest (April/Mai, Madurai, S. 401)

» Sommerfeste (Mai–Juni, ganz Tamil Nadu, S. 340)

» Erstürmung der Bastille (14. Juli, Puducherry, S. 376)

» Karthikai Deepam Festival (Nov./Dez., ganz Tamil Nadu, S. 340)

» Mamallapuram-Tanzfestival (Dez.–Jan., Mamallapuram, S. 364)

Highlights

1 In die **Westghats** (S. 407) hinaufklettern

2 Die Nacht in einem Chettiar-Haus im Bezirk **Pudukkottai** (S. 395) verbringen

3 In **Kanyakumari** (S. 404) den Sonnenuntergang über gleich drei Meeren erleben

4 Sehen, wie sich in **Tiruvannamalai** (S. 371) das Göttliche als ein Lingam aus Feuer manifestiert

5 Den französischen Wurzeln von **Puducherry** (Pondicherry; S. 373) nachspüren

Geschichte

Es ist schon irgendwie paradox, dass die Begründer der südindischen Identität ihre Wurzeln im Punjab und im heutigen Pakistan haben. Die frühen Indus-Zivilisationen wiesen Elemente der drawidischen Geisteswelt, Sprache, Kultur und Kunst auf, in der sich u.a. auch ein meditierender Gott im Lotussitz wiederfindet – vermutlich handelt es sich dabei um die erste Darstellung eines Yogis, der für viele zum Symbol asiatischer Spiritualität wurde.

Arische Nomaden trieben die Drawiden etwa 1500 v.Chr. in Richtung Süden, wo sie – geografisch abgeschirmt von der nordindischen Invasion – eine eigene Sprache und Zivilisation entwickelten. (Einer anderen These zufolge kamen die Drawiden auf dem Seeweg von Irak und Iran aus nach Südindien.) Um 300 v.Chr. teilten sich in der Region im Wesentlichen drei Dynastien die Macht: die Cholas im Osten, die Pandyas im Zentrum und die Cheras im Westen. In diese Zeit fällt die klassische Periode der tamilischen Literatur und Mythen – die sogenannte Sangam-Ära. Die Königreiche wurden beherrscht von sich befehdenden Dichterkönigen und romantischen Epen. Und ein Besucher in damaliger Zeit beschrieb die Tamilen als Menschen, die Rosenblütenblätter dem Gold vorziehen würden.

Die Tamilen entwickelten ihren eigenen ästhetischen Stil, bauten riesige Städte, die es mit Ballungszentren in China und Europa aufnehmen konnten, und prächtige Tempel, die auch an einer Maya-Stätte in Mittelamerika nicht fehl am Platz wären. Auch wenn jedes Königreich bemerkenswerte Errungenschaften hinterlassen hat, so stellen doch die der Cholas das Erbe der anderen in den Schatten. Die außergewöhnlichen Herrscher haben eines der größten maritimen Reiche der Geschichte behauptet und ihren Einfluss bis nach Kambodscha, Vietnam und Indonesien ausgedehnt. Tamilische Vorstellungen von Reinkarnation, Karma und Yogi-Praktiken verbreiteten sich bis nach Südostasien. Der daraus resultierende gegenseitige kulturelle Austausch machte sich bei architektonischen Wundern wie Angkor Wat sichtbar, im intellektuellen Gedeihen des balinesischen Hinduismus und in dem Großteil der mit dem klassischen Buddhismus verbundenen Philosophie.

Bevor die Moguln ihr Reich bis in den tiefen Süden Indiens ausdehnen konnten, nutzten ab 1640 britische Händler Madraspatnam (das heutige Chennai) als Stützpunkt. Später gab es immer wieder Konflikte mit Franzosen, Niederländern und Dänen, doch schließlich bauten die Briten die Region um Chennai, „Madras Presidency" genannt, zu einem Zentrum ihrer Herrschaft aus. In kleineren Landstrichen, darunter Puducherry (Pondicherry) und Karikal, hatten jedoch die Franzosen das Sagen.

Im 20. Jh. schließlich spielten viele Tamilen eine entscheidende Rolle im indischen Kampf um die Unabhängigkeit, die 1947 erreicht wurde. 1956 wurde die Madras Presidency aufgelöst: Der Bundesstaat Tamil Nadu war geboren.

Gefahren & Ärgernisse

Die Hauptattraktion in Tamil Nadu sind die über 5000 Tempel. Da es sich dabei aber um durch und durch religiöse Stätten handelt, dürfen Nicht-Hindus im Allgemeinen das Allerheiligste im Inneren nicht betre-

FESTE & EVENTS IN TAMIL NADU

Pongal wird Mitte Januar gefeiert. Mit überkochendem Reis in neuen Tontöpfen symbolisiert dieses Fest den mit einer guten Ernte einhergehenden Wohlstand und Überfluss. Für viele beginnen die Feiern mit Tempelriten vor dem Familienfest. Anschließend werden die Tiere, besonders die Kühe, für ihren Beitrag zur Ernte geehrt.

Sommerfeste gibt es im Mai und Juni überall in den Hügeln, vor allem aber in Udagamandalam (Ooty) und Kodaikanal. Zu den Veranstaltungen gehören Bootsrennen auf dem See, Pferderennen (in Udagamandalam), Blumenschauen und Musik.

Das zu Vollmond im November/Dezember im ganzen Staat mit Tonlampen und Feuerwerk gefeierte **Karthikai-Deepam-Fest** ist Tamil Nadus „Lichterfest". Der beste Ort zum Zuschauen ist Tiruvannamalai (s. Kasten S. 372), wo die damit verbundene Legende ihren Ursprung hat.

In den Städten des Bundesstaats gibt es viele weitere Tempelfeste; eine kurze Übersicht steht auf S. 338, weitere Informationen finden sich in den Abschnitten zu den einzelnen Städten.

ten. Das kann ziemlichen Frust zur Folge haben – große Teile der herrlichsten Tempel sind für viele Traveller einfach nicht zugänglich. Selbst im Ausland lebende Inder müssen sich möglicherweise einer strengen Kontrolle unterziehen. Und Hindus, die keine Inder sind, müssen ihre Zugehörigkeit zum hinduistischen Glauben belegen können. Schlepper sind rund um die Tempel an der Tagesordnung und können ziemlich nerven. Aber nicht jeder ist ein Betrüger. Es gibt viele hervorragende Führer, die ihr Geld wirklich wert sind. Es gelten die üblichen Verhaltensregeln. Man sollte andere Traveller fragen, welche Führer sie empfehlen. Offizielle Guides, die man an kleinen Schildchen erkennt, sind meistens eine ausgezeichnete Informationsquelle.

Es darf nicht erwartet werden, dass der Hindi-Slang, den man in Rishikesh aufgeschnappt hat, auch hier verstanden wird. Die Tamilen sind außerordentlich stolz auf ihre Sprache und einige setzen Hindi mit nordindischem Kulturimperialismus gleich. Nordindische Touristen sind in diesem Punkt oft genauso verwirrt wie Ausländer. Tatsächlich ist Englisch unter Tamilen verbreiteter als Hindi.

ℹ Praktische Informationen

Die staatliche Tourismusorganisation **Tamil Nadu Tourism** (www.tamilnadutourism.org) unterhält in den meisten Städten und größeren Ortschaften oft eher nutzlose Touristeninformationen und darüber hinaus eine verlässlich-durchschnittliche Hotelkette. Auf www.tamilnadu-tourism.com stehen auch Angebote für Pauschaltouren. In Tamil Nadu (nicht im Unionsterritorium Puducherry) wird für alle Unterkünfte, die mehr als 200 ₹ pro Nacht kosten, eine Luxussteuer fällig: Für Zimmer in der Preisklasse zwischen 200 und 500 ₹ beträgt sie 5 %, in der Preisklasse zwischen 501 und 1000 ₹ schon 10 % und bei Zimmern, die mehr als 1000 ₹ kosten gar 12,5 %. In Hotels der gehobenen Preisklasse kommt zudem noch eine „Servicesteuer" oben drauf. Sofern nicht anders vermerkt, sind in diesem Kapitel in den Preisangaben die Steuern nicht enthalten.

CHENNAI (MADRAS)

☎044 / 6,6 MIO. EW.

Chennai macht auf den ersten Blick nicht gerade einen guten Eindruck. Die Straßen sind verstopft, es ist drückend heiß, ein dicker Smog hängt in der Luft und wirklich interessante Sehenswürdigkeiten sind eher dünn gesät.

Den Charme der Stadt machen ihre Einwohner aus – deren Begeisterung für ihre Stadt steckt an, zumal die Menschen hier freundlicher und bodenständiger sind, als es sonst für Großstädter üblich ist. Chennai ist so entspannt, dass man gar nicht glaubt, dass die Stadt ein Wirtschaftsmotor ist – und die Rolle einer Königin im Showbusiness traut man ihr erst recht nicht zu. Denn Indiens viertgrößte Stadt ist ungeheuer bescheiden.

Als wichtigster Verkehrsknoten der Region präsentiert sich die 70 km² große Stadt als ein Knäuel aus Vierteln, die durch ein Labyrinth von Straßen verbunden sind, in denen hartgesottene Rikschafahrer den Ton angeben. Mit seiner zentralen Lage und ausgezeichneten Flug-, Zug- und Busverbindungen ist Chennai als Einreisepunkt nach Indien eine interessante Alternative. Und wenn man beim Umsteigen länger festsitzen sollte, ist es durchaus lohnend, sich auf den Märkten von George Town umzuschauen oder bei Sonnenuntergang am hübschen Marina Beach entlangzuschlendern.

Im Osten grenzt Chennai an den Golf von Bengalen. Die Stadt ist ein weitläufiges Konglomerat aus mehreren kleinen Vierteln. George Town mit seinem Gewirr aus engen Straßen, Basaren und Gerichtsgebäuden liegt im Norden nahe dem Hafen. Im Südwesten befinden sich die wichtige Verkehrsachse Anna Salai (Mount Rd) und die beiden Hauptbahnhöfe: die Egmore Station für den Regionalverkehr innerhalb Tamil Nadus und die Central Station für den Fernverkehr über die Grenzen des Bundesstaats hinaus.

Geschichte

Das Gebiet um Chennai lockt seit Jahrhunderten Seefahrer und Händler an. Vor mehr als 2000 Jahren trieben die hiesigen Einwohner bereits Handel mit Chinesen, Griechen, Phöniziern, Römern und Babyloniern. Im 16. Jh. mischten sich dann Portugiesen und Niederländer in dieses lukrative Geschäft ein. Die Briten begnügten sich anfangs damit, den Niederländern Gewürze und andere Waren abzukaufen. Als sie es sich dann doch anders überlegt hatten, gründeten sie 1639 im Fischerdorf Madraspatnam eine Siedlung; 1653 folgte das von der britischen Ostindien-Kompanie errichtete Fort St. George.

Im 18. Jh. waren die Franzosen die Hauptrivalen der britischen Ostindien-Kompanie. Robert Clive, ehrfurchtsvoll auch Clive of

Chennai (Madras)

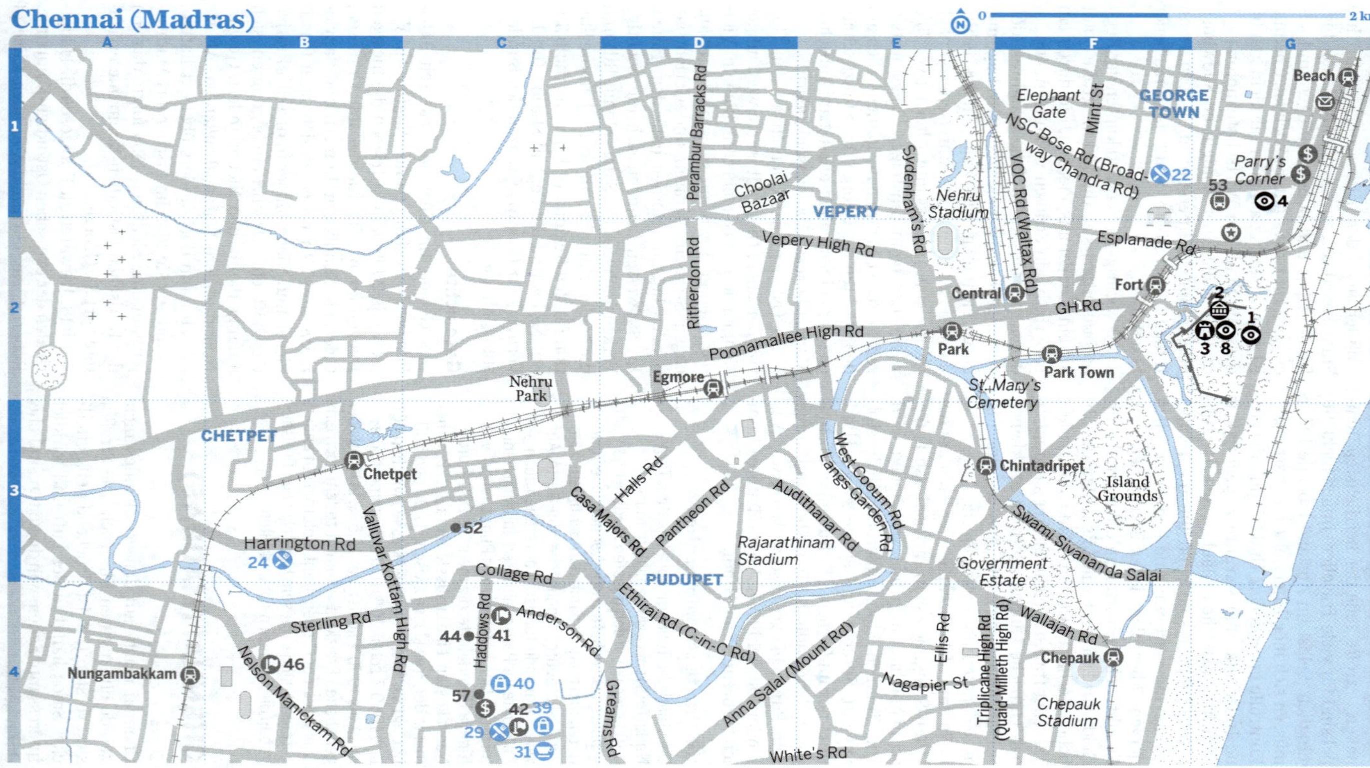

NUNGAMBAKKAM
Nungambakkam High Rd (MG Salai)
Tiruvallikani
Marina Beach
MGR Salai (Kodambakkam High Rd)
Peter's Rd
TRIPLICANE
Besant Rd
ROYAPETTAH
Anna Flyover
Kodambakkam
Cathedral Rd
Roytahape Bazaar
Westcott Rd
Bazullah Rd
GN Chetty Rd
North Usman Rd
Theagaraya Nagar (T Nagar)
Light House
TEYNAMPET
Anna Salai (Mount Rd)
Royapettah High Rd
(South Beach Rd)
Panagal Park
Pondy Bazaar
GOLF VON BENGALEN
St. Isabel's Hospital
Eldham's Rd
Flyover
Luz Church Rd
MYLAPORE
Natesan Park
Thanikachalam Rd
Mambalam
Usman Rd
Venkatanarayana Rd
ALWARPET
Boag Rd
Tirumailar
TTK Rd
(Mowbray's Rd)
CP Rama Swamy Rd
Kutchery Rd
Burkit Rd
South Usman Rd
Southwest Boag Rd
Chamiers Rd
St. Mary's Rd
Mada Church St
Anna Salai (Mount Rd)
Boat Club Rd
Adyar
Buckingham Canal
Kamaraj Salai
RK Mutt Rd
South Bank Rd
Santhome High Rd
Cosmopolitan Golf Course
Greenway's Rd

Chennai (Madras)

Sehenswertes

1 Eingang & Fahnenmast Fort ... G2
2 Fort Museum ... G2
3 Fort St. George ... G2
4 High Court ... G1
5 Kapaleeshwarar-Tempel ... E7
6 Ramakrishna-Mutt-Tempel ... E7
7 St.-Thomas-Kathedrale ... F7
8 Secretariat & Legislative Assembly ... G2
9 Valluvar Kottam ... B5
10 Vivekanandar Illam ... F5

Aktivitäten, Kurse & Touren

Amrit ... (siehe 39)

Schlafen

11 Lotus ... B6
12 Park Hotel ... C5
13 Raintree ... C7
14 Raj Park ... D6
15 Residency Towers ... B6

Essen

16 Big Bazaar ... B6
17 Chit Chat ... C6
18 Coconut Lagoon ... D6
19 Copper Chimney ... D6
20 Crust ... D7
21 Heritage Fresh ... D6
22 Hotel Saravana Bhavan ... F1
23 Hotel Saravana Bhavan ... E6
24 Kailash Parbat ... B3
Kryptos ... (siehe 29)
25 Kulfi Corner ... D6
26 Kumarakom ... C5
27 Murugan Idly Shop ... B6
28 Natural Fresh ... B6
29 Tuscana Pizzeria ... C4

Ausgehen

30 10D ... C6

India genannt, sollte zur Schlüsselfigur des britischen Feldzugs avancieren, als er eine Armee von 2000 Sepoys (indischen Soldaten in britischen Diensten) aufstellte und einige Militärexpeditionen startete, die in die Karnataka-Kriege mündeten. Die unterlegenen Franzosen zogen sich schließlich 1756 nach Pondicherry (heute Puducherry) zurück.

Im 19. Jh. wurde die Stadt Sitz der Madras Presidency, einer der vier Regierungsbezirke Britisch-Indiens. Nach der Unabhängigkeit wuchs die Stadt weiter zu dem, was sie heute ist: dem wichtigsten Verkehrsknotenpunkt im Süden Indiens.

Gefahren & Ärgernisse

Einen Autorikschafahrer in Chennai dazu zu bringen, den Taxameter anzustellen, wäre ein Wunder, das selbst der Vatikan anerkennen müsste. Die Fahrpreise gehen ins Astronomische und Streitigkeiten am Ziel über den vorab vereinbarten Preis sind keine Seltenheit. Man sollte auf jeden Fall nicht im Voraus bezahlen und niemals in eine Autorikscha einsteigen, ehe man sich über den Preis geeinigt hat.

Verlockende Angebote einer „Stadtrundfahrt 50 ₹“ klingen zu schön, um wahr zu sein – und das sind sie auch nicht. Wer sich drauf einlässt, wird von einem Geschäft oder Warenhaus ins nächste gekarrt. Immerhin berichten einige Traveller, es sei ihnen gelungen, einen günstigen Preis auszuhandeln, indem sie zustimmten, „einen und nur einen Laden“ auf der Tour zu besuchen.

Hat man einen ernstlichen Streit mit seinem Rikschafahrer, kann die Drohung, man werde die **Verkehrspolizei** (☎103) rufen, möglicherweise den Frieden wiederherstellen. Infos zu weiteren Verkehrsmitteln finden sich auf S. 359.

Sehenswertes

EGMORE & CENTRAL CHENNAI

Government Museum MUSEUM

(Karte S. 346; www.chennaimuseum.org; 486 Pantheon Rd, Egmore; Inder/Ausländer 15/250 ₹, Foto/Video 200/500 ₹; ⏲Sa–Do 9.30–17 Uhr) Das im sogenannten Pantheon Complex – mehreren, von den Briten errichteten Gebäuden – untergebrachte, ausgezeichnete Museum ist das beste in Chennai.

Im Hauptgebäude gibt es eine ansehnliche **archäologische Abteilung** mit Funden aus allen wichtigen südindischen Epochen, darunter aus den Reichen der Chola-, Vijayanagar-, Hoysala- und Chalukya-Dynastien. Unbedingt anschauen sollte man sich die feinen Marmorreliefs aus dem Amaravathi-Tempel in Andhra Pradesh und die anrührenden Sati-Steine zum Andenken für Frauen, die auf den Scheiterhaufen ihrer verstorbenen Männer lebendig verbrannten. Des Weiteren gibt es eine **naturkundlich-zoologische Abteilung** mit einer

31 Barista C4
32 Café Coffee Day C5
33 Dublin C7
Leather Bar .... (siehe 12)
Pasha .... (siehe 12)

Unterhaltung
34 Music Academy D6

Shoppen
35 Chennai Citicentre E6
36 Good Earth C5
Kumaran Textiles .... (siehe 38)
37 Landmark C5
38 Nalli Silks A6
39 Naturally Auroville C4
40 Oxford Book Store C4

Praktische Informationen
American Information Resource Center .... (siehe 50)
41 Britische Hochkommission C4
42 Kanadisches Hochkonsulat C4
43 Niederländisches Konsulat D7
44 Foreigners' Regional Registration Office C4
45 Deutsches Konsulat C8
46 Malaysisches Konsulat B4
47 Neuseeländisches Konsulat C6
48 Singapurisches Konsulat C6
49 Sri-lankisches Konsulat D6
50 US-Konsulat C5
51 Wildlife Warden's Office C5

Transport
52 Cathay Pacific Airways C3
53 Stadtbushaltestelle G1
54 Malaysia Airlines E6
55 Singapore Airlines E6
56 Sri Lankan Airlines C5
57 Thai Airways International C4

bunt zusammengewürfelten Sammlung von Skeletten, ausgestopften Tieren und Vögeln.

Die **Bronzegalerie** (Galerie 3) zeigt eine grandiose, hervorragend präsentierte Sammlung von Kunstwerken des Chola-Reiches. Zu den eindrucksvollsten Stücken zählt eine Statue von Ardhanarishvara, der androgynen Inkarnation Shivas und Parvatis.

Mit der gleichen Eintrittskarte kommt man auch in die **National Art Gallery**, das **Children's Museum** und die kleine **Modern Art Gallery**; die drei Museen sind ebenfalls in dem Komplex untergebracht.

Valluvar Kottam — DENKMAL

(Karte S. 342 f.; Valluvar Kottam High Rd, Kodambakkam; Erw./Kind 3/2 ₹; ⌚8–18 Uhr) Das Denkmal ehrt den tamilischen Dichterheiligen Tiruvalluvar und sein klassisches Werk, das *Tirukkural*. Tiruvalluvar soll als Weber wohl um Christi Geburt im Gebiet des heutigen Chennai gelebt haben. Sein berühmtes, aus 1330 Doppelversen bestehendes Gedicht ist noch heute für Millionen eine Anleitung zur moralischen Lebensführung. Das Denkmal ist eine Nachahmung antiker tamilischer Tempelarchitektur und prunkt mit einem riesigen, 35 m hohen Tempelwagen und einem gewaltigen Auditorium, in dessen Granitsäulen alle 1330 Sinnsprüche des Gedichts eingraviert sind. Die Anlage ist zeitweilig wegen Renovierungsarbeiten geschlossen, die inzwischen aber beendet sein dürften.

Vivekanandar Illam — MUSEUM

(Karte S. 342 f.; www.sriramakrishnamath.org; South Beach Rd; Erw./Kind 2/1 ₹; ⌚Do–Di 10–12 & 15–19 Uhr) Das Vivekananda-Haus ist nicht nur wegen seiner Ausstellung über den berühmten „reisenden Mönch" interessant, sondern schon allein wegen seiner halbkreisförmigen Gestalt. Swami Vivekananda hielt sich hier 1897 einige Zeit auf und hielt Predigten, in denen er seine asketische Philosophie darlegte. Das Museum beherbergt heute eine Sammlung von Fotos und Erinnerungsstücken zum Leben des Swami, eine Galerie mit historischen religiösen Malereien und den „Meditationsraum", in dem Vivekananda wohnte. Mittwochs gibt es um 19 Uhr kostenlose, einstündige Meditationskurse (Mindestalter 15 Jahre).

SÜD-CHENNAI

Kapaleeshwarar-Tempel — HINDU-TEMPEL

(Karte S. 342 f.; Kutchery Rd, Mylapore; ⌚5–12.30 & 16–22 Uhr) Chennais lebendigster und eindrucksvollster Tempel, der antike Shiva-Kapaleeshwarar-Tempel, wurde vor 300 Jahre durch einen Neubau ersetzt; von dem älteren Gebäude sind einige Inschriften erhalten. Die Tempelanlage ist im drawidischen Stil errichtet und zeigt die architektonischen Elemente – einen regenbogen-

Anna Salai, Egmore & Triplicane

farbigen *gopuram* (Torturm), *mandapas* (Hallen vor dem eigentlichen Tempel) und ein riesiges Wasserbecken –, die auch in den berühmten Tempelstädten Tamil Nadus zu finden sind.

Ramakrishna-Mutt-Tempel HINDU-TEMPEL

(Karte S. 342 f.; RK Mutt Rd; ⌚4.30–11.45 & 15–21 Uhr, Puja 8 Uhr) Auf dem grünen, ruhigen Gelände des Ramakrishna-Mutt-Tempels fühlt man sich Lichtjahre entfernt von dem draußen herrschenden Chaos und den wilden Rikschafahrern. Die Mönche bewegen sich lautlos durch die Anlage, in der eine feierliche Stimmung herrscht. Der Tempel selbst ist ein hübscher Sakralbau in einer Mischung aus hinduistischem, christlichem und muslimischem Stil, dabei aber wie der Belur Math in Kolkata in sich architektonisch stimmig. Er steht Anhängern aller Glaubensrichtungen zur Meditation offen.

St.-Thomas-Kathedrale KIRCHE

(Karte S. 342 f.; Kamarajar Salai) Die hoch aufragende römisch-katholische Kathedrale wurde 1893 zwischen dem Kapaleeshwarar-Tempel und dem Marina Beach im neugotischen Stil auf dem Gelände einer portugiesischen Kirche von 1504 errichtet. Im Untergeschoss befindet sich eine moderne

Anna Salai, Egmore & Triplicane

Sehenswertes
1 Government Museum ... A2
2 National Art Gallery ... A2

Schlafen
3 Broad Lands Lodge ... D4
4 Cristal Guest House ... D4
5 Fortel ... B1
6 Hotel Chandra Park ... B1
7 Hotel Comfort ... D4
Hotel Regal ... (siehe 8)
8 Masa ... B2
9 Paradise Guest House ... D4
10 Royal Regency ... C1
11 Salvation Army Red Shield Guest House ... B1
12 Vestin Park ... B3
13 YWCA International Guest House ... B1

Essen
14 A2B ... D4
Basil ... (siehe 5)
15 Hotel Saravana Bhavan ... B2
16 Hotel Saravana Bhavan ... A5
17 Hotel Saravana Bhavan ... D3
18 Jam Bazaar ... D4
19 Natural Fresh ... D4
20 Ponnusamy Hotel ... B3
21 Ratna Café ... D4
22 Sea Shell ... A5
23 Sparky's Diner ... A2
24 Spencer's Daily ... B1

Ausgehen
25 Café Coffee Day ... A3

Unterhaltung
26 Sathyam Cinemas ... B5

Shoppen
Fabindia ... (siehe 30)
27 Fabindia ... C4
28 Higginbothams ... C3
Landmark ... (siehe 30)
29 Poompuhar ... C3
30 Spencer Plaza ... B4

Praktische Informationen
31 Australisches Konsulat ... C4
32 India Tourism Development Corporation (ITDC) ... B3
33 Indiatourism ... B4
34 SP Travels & Tours ... C3
35 Tamil Nadu Tourism Complex (TTDC) ... D3

Transport
Air France ... (siehe 39)
36 Air India ... B3
37 Air Mauritius ... B2
Indian Airlines ... (siehe 36)
38 Jet Airways ... B3
Kingfisher Airlines ... (siehe 36)
39 KLM ... B2
Privatbushaltestelle ... (siehe 15)

Kapelle mit dem vermeintlichen Grabmal des Apostels Thomas – der „ungläubige Thomas" soll im 1. Jh. das Christentum nach Indien gebracht haben. Das Museum darüber birgt Artefakte zum hl. Thomas, deren historische Authentizität mehr oder weniger zweifelhaft ist.

Marina Beach STRAND

Früh morgens oder am Abend kann man einen Spaziergang am 13 km langen **Marina Beach** (Karte S. 342 f.) unternehmen – zu anderen Zeiten wird man gebraten – und Kricketspielern, Kindern, die Drachen steigen lassen, Wahrsagern, Fischverkäufern und Familien zuschauen, die sich die Meeresbrise um die Nase wehen lassen. An dem Strand hat der Tsunami 2004 besonders heftig zugeschlagen: Es gab um die 200 Opfer, die meisten davon Kinder. Aufgrund starker Strömungen kann man hier nicht baden.

Theosophical Society GARTEN, HISTORISCHE STÄTTE

(Karte S. 342 f.; Lattice Bridge Rd; ⌚Mo–Sa 8.30–10 & 14–16 Uhr) Das 100 ha große Gelände zwischen dem Adyar und der Küste bildet ein grünes, friedliches Refugium. Auf dem weitläufigen Grundstück, das sich gut für einen Spaziergang eignet, befinden sich eine Kirche, eine Moschee, ein buddhistischer Schrein und ein Hindu-Tempel. Der Garten prunkt mit einer großen Vielfalt an einheimischen und eingeführten Bäumen, darunter eine 400 Jahre alte **Banyan-Feige**, deren Zweige einer Fläche von mehr als 3700 m² willkommenen Schatten spenden. Die hiesige **Adyar Library** (⌚9–16.30 Uhr) besitzt eine riesige Sammlung von Büchern zu Religion und Philosophie, von denen einige ausgestellt sind, z. B. 1000 Jahre alte buddhistische Schriftrollen und fein verzierte, handgefertigte Bibeln aus dem 19. Jh.

DRAWIDISCHER NATIONALSTOLZ

Die Tamilen betrachten sich als die Bannerträger der drawidischen Kultur, die in die Zeit vor der Besiedlung Indiens durch indoarische Völker zurückreicht. Die Tamilen haben eine eigene, von Nordindien deutlich abweichende Kultur, Sprache und Geschichte – allerdings doch nicht so verschieden, wie manche tamilische Nationalisten behaupten – und es erfüllt die Tamilen mit Stolz, dass sie ihre Identität auf das klassische Altertum zurückführen können.

Gegen Ende der Indus-Kultur (2600–1900 v. Chr.) vertrieben nomadische Indoarier die Städte bewohnenden Drawiden in den Süden, nahmen aber Elemente von deren Glaubensvorstellungen in ihre heiligen Texte, die Veden, auf. Später nutzten die Briten die Gegensätze zwischen Norden und Süden und zwischen den Klassen, um ihre Macht mit einer Politik nach dem Prinzip „Teile und herrsche!" auszubauen.

Seit der indischen Unabhängigkeit im Jahr 1947 wettern tamilische Politiker gegen das Kastenwesen, das nach ihrer Ansicht die meist hellhäutigeren Brahmanen privilegiert, und gegen das indoarische Hindi als Sprache der Union (das näher mit dem Deutschen verwandt ist als mit Tamil). Die nach der Unabhängigkeit wachsende, marxistisch beeinflusste Self-Respect-Bewegung verband südindische kommunale Werte mit der Rhetorik des Klassenkampfs und brachte drawidische politische Parteien hervor, die auch heute noch in der Region großen Einfluss haben.

Viele tamilische Politiker verteidigten lauthals die Tamil Tigers, die Organisation der Tamilen in Sri Lanka, die für die Ermordung Rajiv Gandhis im Jahr 1991 verantwortlich war. (Man stelle sich eine zugelassene parlamentarische Partei in einem europäischen Land vor, die offen eine Gruppe verteidigt, die für die Ermordung des Präsidenten verantwortlich ist, um eine ungefähre Vorstellung davon zu bekommen, wie gering bei manchen tamilischen Parteien die Vorstellung einer gemeinsamen indischen Identität ausgeprägt ist.) Obwohl die Tamilen generell sehr tolerant sind, haben sie ausgeprägte Vorurteile gegen die Singhalesen, die größere, indoarische Volksgruppe in Sri Lanka. Überall in Tamil Nadu lassen sich Politiker, um ihren tamilischen Nationalstolz zu demonstrieren, gern mit weißem Hemd und weißem *mundu* (Sarong) sehen.

GEORGE TOWN

Fort St. George HISTORISCHES GEBÄUDE, MUSEUM
(Karte S. 342 f.; ⌚8–17 Uhr) Das gegen 1653 von der Britischen Ostindien-Kompanie errichtete Fort wurde viele Male umgestaltet. In einem Bereich innerhalb der gewaltigen Mauern residieren heute das **Secretariat & Legislative Assembly**. Der 46 m hohe **Fahnenmast** am Haupteingang stammt von einem Schiff, das im 17. Jh. untergegangen ist.

Im **Fort Museum** (Karte S. 342 f.; Inder/Ausländer 5/100 ₹, Video 25 ₹; ⌚8–17 Uhr) sind einige interessante Militaria aus der Zeit der Britischen und Französischen Ostindien-Kompanien, des British Raj sowie von muslimischen Herrschern ausgestellt. Auf faszinierenden Stichen des 18. Jhs. ist zu sehen, wie europäische Familien von den Schiffen mit Booten an Land gebracht werden: Die mit *lunghis* bekleideten Fischer ähneln verblüffend denen, die man heute hier noch auf den Straßen sieht.

High Court HISTORISCHES GEBÄUDE
Das rote, 1892 im indosarazenischen Stil errichteteGebäude(KarteS. 342 f.)anParry's Corner soll nach den Courts of London das zweitgrößte Gerichtsgebäude der Welt sein. Man kann durch den Komplex schlendern und sich auch eine Gerichtsverhandlung anschauen.

NOCH MEHR SEHENSWERTES

Little Mount & St. Thomas Mount HEILIGE STÄTTEN
Seit ungefähr dem Jahr 58 soll der hl. Thomas versteckt im **Little Mount** (Chinnamalai) gelebt haben. In der Höhle wird ein Handabdruck gezeigt, den der Apostel hinterlassen haben soll, als er durch eine Spalte floh, die sich plötzlich durch ein Wunder auftat. Möglicherweise wird einem auch Wasser angeboten, dass aus einer Quelle stammt, aus der der Jünger getrunken haben soll; auch sie wird auf ein Wunder zurückgeführt. 3 km weiter befindet sich **St. Thomas Mount** (Parangi Malai), wo Thomas im Jahr 72 angeblich sein Martyrium erlitt. In der Kirche auf dem Gipfel werden neben anderen Reliquien ein Knochensplitter des Apostels und ein Kreuz aufbewahrt, das er geschnitzt haben soll. Von hier oben

hat man einen wunderbaren Blick über die Stadt. Die beiden Hügel sind jeweils rund 1 km von den Bahnhöfen Saidapet bzw. St. Thomas Mount entfernt.

Aktivitäten

Eine 45-minütige *abhyangam* (Ölmassage; 750 ₹) oder eine ausführliche ayurvedische Anwendung gibt's bei **Amrit** (Karte S. 342 f.; ☎65195195; amrit.chennai@gmail.com; 6 Khader Nawaz Khan Rd, Nungambakkam; ⏲7–19 Uhr). Außerdem im Angebot sind einstündige Yogasitzungen (200 ₹) oder einmonatige Kurse (1200 ₹).

Kurse

International Institute of Tamil Studies SPRACHE

(☎22542781; www.ulakaththamizh.org; Central Polytechnic Campus, Adyar) Bietet ein- und dreimonatige Tamil-Intensivkurse. Ein Tamil-Lehrgang auf CD kann über die Website erworben werden.

Vivekanandar Illam MEDITATION

(Karte S. 342 f.; ☎28446188; Kamarajar Salai, Triplicane) Kostenlose einstündige Meditationssitzungen immer mittwochs um 19 Uhr (Mindestalter 15 Jahre).

Geführte Touren

TTDC (Karte S. 346; ☎25367850; www.tamilnadutourism.org; 2 Wallajah Rd, Triplicane; ⏲Mo–Fr 10–17.30 Uhr) veranstaltet halbtägige Stadtrundfahrten (ohne/mit Klimaanlage 140/200 ₹) sowie Tagesausflüge nach Mamallapuram (385/550 ₹), Puducherry (500/750 ₹) und Tirupathi (915/1135 ₹). Zu jedem Vollmond gibt es nachts eine Pilgerfahrt nach Tiruvannamalai (385/630 ₹).

Storytrails (☎9600080215, 42124214; www.storytrails.in) veranstaltet sehr empfehlenswerte Spaziergänge durch einzelne Viertel rund um Themen wie Tanz, Schmuck oder Basare sowie speziell auf Kinder ausgerichtete Touren.

Das klassische Motorrad Enfield Bullet wird in Indien seit 1955 produziert. Durch die Produktionshallen der **Enfield Factory** (☎42230208; www.royalenfield.com; Tiruvottiyur), 17 km außerhalb von Chennai, gibt es samstags von 10 bis 12 Uhr Werksführungen (600 ₹).

Feste & Events

Chennai Festival of Music & Dance MUSIK, TANZ

(Mitte Dez.–Mitte Jan.) Als eines der weltweit größten Festivals seiner Art steht es ganz im Zeichen des tamilischen Tanzes und der tamilischen Musik.

Chennai Sangamam KUNST

(Mitte Jan.; www.chennaisangamam.com) Das Kunst- und Kulturfestival findet an verschiedenen Schauplätzen in der Stadt gleichzeitig mit dem landesweit gefeierten Pongal statt.

Schlafen

Die Hotels in Chennai sind teurer als irgendwo sonst in Tamil Nadu und in aller Regel nicht besonders gut.

Die beste Adresse für Budgetunterkünfte ist die Gegend um die Triplicane High Rd. Ein paar gibt es auch in der Kennet Lane in Egmore, dem Stadtteil, wo sich auch die meisten Mittelklassehotels finden. Die Hotels der Spitzenklasse liegen weiter draußen im grünen Südwesten der Stadt.

Die Spitzenklassehotels verfügen über eine zentrale Klimaanlage, Bars sowie Restaurants mit internationaler Küche und akzeptieren auch Kreditkarten. Achtung: Viele Hotels in Chennai sind schon mittags belegt.

EGMORE

LP TIPP **Hotel Chandra Park** HOTEL $

(Karte S. 346; ☎28191177; info@hotelchandrapark.com; 9 Gandhi Irwin Rd; EZ/DZ mit Klimaanlage & Frühstück ab 899/999 ₹; ❄) Wie

VIERTEL MIT TRADITION

George Town, der Stadtteil, der um die Festung wuchs, hat viel von seinem ursprünglichen Charakter bewahrt. Noch immer hat hier der Großhandel von Chennai (Madras) seinen Sitz. Viele der Nebenstraßen im Bereich zwischen der NSC Bose Rd, der Krishna Koil St, der Mint St und der Rajaji Salai sind wie seit Jahrhunderten auf den Handel mit jeweils einer einzigen Ware spezialisiert: Papierwaren findet man beispielsweise in der Anderson St und Feuerwerk in der Badrian St. Selbst wenn man nichts kaufen will, kann man bei einem Spaziergang durch das Straßengewirr einen weiteren Aspekt des indischen Lebens entdecken, der nahtlos Vergangenheit und Gegenwart verbindet.

schaffen die das nur? Überall in Chennai steigen die Preise, aber die im Chandra Park bleiben seltsam niedrig. Die Standardzimmer sind klein, bieten aber saubere Handtücher und ordentliche weiße Bettlaken. Nimmt man dann noch die ordentliche Bar, das herzhafte Frühstücksbuffet und die Klasse ausstrahlende Lobby dazu, lässt sich nicht bestreiten, dass dieses Hotel für Chennai ein wirklich exzellentes Preis-Leistungs-Verhältnis bietet.

YWCA International Guest House PENSION $
(Karte S. 346; ✆25324234; ywcaigh@indiainfo.com; Poonamallee High Rd; EZ/DZ mit Frühstück ab 700/900 ₹; ❄@) Das YWCA auf einem großen, grünen und schattigen Gelände unweit vom Bahnhof Egmore bietet seinen Gästen eine große Dosis an Ruhe. Die Atmosphäre erinnert – aber nur in angenehmer Hinsicht – an ein Missionsgästehaus aus der Kolonialzeit und in Sachen Sauberkeit stellen die Zimmer auch pingeligste Ansprüche voll zufrieden. Es lohnt sich, auch gleich das auf Hausmannskost abgestellte Mittagsbuffet und/oder das Abendessen (für Vegetarier/mit Fleisch 150/225 ₹) mit zu buchen, das in dem hübschen Speisesaal serviert wird.

Fortel HOTEL $$$
(Karte S. 346; ✆30242424; info@cischennai.in; 3 Gandhi Irwin Rd; EZ/DZ mit Frühstück ab 3500/4000 ₹; ❄) Direkt gegenüber dem Bahnhof Egmore, aber trotzdem bemerkenswert ruhig für diese Lage. Das Fortel präsentiert sich als ein kühles, stilvolles Haus mit weiß getünchten Wänden, die mit dunklem Holz verkleidet sind; es hat Betten mit vielen bequemen Kissen und zwei gute Restaurants.

Vestin Park HOTEL $$$
(Karte S. 346; ✆28527171; vestinpark@vsnl.com; 39 Montieth Rd; EZ/DZ mit Frühstück ab 2800/3300 ₹; ❄@) Das Haus wirkt von außen charmanter als drinnen; als Hotel einer Kette bietet es genau die schmucklosen, aber verlässlich sauberen und komfortablen Zimmer, die man für diesen Preis erwarten darf. Die wirklichen Pluspunkte sind das ausgezeichnete Lunch- und Dinnerbuffet für 348 ₹ im Restaurant **Splendour** und die kostenlosen, schnellen Internetverbindungen.

Masa HOTEL $
(Karte S. 346; ✆28193344; 15/1 Kennet Lane; Zi. ab 460 ₹; ❄) Das einst siffige Masa hat neue Budgetzimmer gebaut, die zum Zeitpunkt der Recherche noch recht frisch wirkten. Das alte Masa nebenan heißt jetzt **Hotel Regal** – dort bekommt man in der Regel immer noch ein ziemlich grauenvolles Zimmer (EZ/DZ 340/420 ₹), wenn alle anderen Unterkünfte ausgebucht sind (was häufig vorkommt).

Salvation Army Red Shield Guest House HOSTEL $
(Karte S. 346; ✆25321821; 15 Ritherdon Rd; B 100–150 ₹, DZ 300–350 ₹) Die Billigherberge liegt in einem ruhigen Viertel nördlich vom Bahnhof Egmore. Sie ist schmuddelig und hässlich, aber wohl die sicherste Adresse vor Ort, wenn man bis auf 100 ₹ abgebrannt ist; die Bettlaken sind halbwegs annehmbar. Allerdings muss man sein Bett bis 9 Uhr geräumt haben und eine Reservierung ist hier keine Garantie, dass auch wirklich ein Bett frei ist, wenn man ankommt.

Royal Regency HOTEL $$
(Karte S. 346; ✆25611777; www.regencygroupch.com; 26-27 Poonamallee High Rd; EZ/DZ ab 2300/2600 ₹; ❄📶) Das Hotel liegt direkt zwischen den Bahnhöfen Central und Egmore und bietet beim besten Willen nicht das beste Preis-Leistungs-Verhältnis in Chennai. Wenn man aber auf Klimaanlage, WLAN und Nähe zum Bahnhof wert legt, ist das saubere und freundliche, wenn auch etwas ramponierte Haus durchaus zu empfehlen.

TRIPLICANE

Cristal Guest House HOTEL $
(Karte S. 346; ✆28513011; 34 CNK Rd; Zi. ab 250 ₹) Das moderne, saubere und überall weiß geflieste Haus verdient – wie schon in der letzten Auflage dieses Führers! – die Auszeichnung für die „preisgünstigsten Zimmer in Chennai“.

Broad Lands Lodge HOTEL $
(Karte S. 346; ✆28545573; broadlandshotel@yahoo.com; 18 Vallabha Agraharam St; Zi. 350–600 ₹) Das Haus ist schon seit Urzeiten ein Favorit der Dreadlocks-Fraktion. Die Zimmer – manche sind frischer als andere – verteilen sich über ein knarrendes, abblätterndes, kolonialzeitliches Gebäude mit einem gewissen, verwitterten Charme. Die Gäste scheinen sich an den kahlen, eigenwilligen Zimmern, den nackten Betonböden und den muffigen Gemeinschaftsbädern nicht zu stören, was vielleicht an dem grünen, relaxten Hof und der geselligen Stimmung liegt.

Paradise Guest House HOTEL $
(Karte S. 346; ☎28594252; paradisegh@hotmail.com; 17 Vallabha Agraharam St; DZ ab 400 ₹; ❄) Traveller meinen, dass die Zimmer im Paradise zu den besten in dieser Straße zählen. Hier erwarten einen einfache Zimmer mit sauberen Fliesen, eine luftige Dachterrasse, freundliches Personal und warmes Wasser in dampfenden Eimern.

Hotel Comfort HOTEL $$
(Karte S. 346; ☎28587661; reservations@hotelcomfortonline.com; 22 Vallabha Agraharam St; EZ/DZ ab 1000/1200 ₹; ❄) Recht kleine, aber saubere und frische Zimmer mit Flachbildfernsehern und Badezimmern in leuchtendem Orange. Absolut gemütlich.

SOUTH CHENNAI

LP TIPP **The Lotus** HOTEL $$
(Karte S. 342 f.; ☎28157272; www.thelotus.inn; 15 Venkatraman St, T Nagar; EZ/DZ mit Frühstück ab 2000/2700 ₹; ❄📶) Eine Perle mit ruhiger Lage abseits der Hauptstraßen, einem tollen vegetarischen Restaurant und frischen, stilvollen, blitzblanken Zimmern mit Holzböden und nettem Dekor. Es gibt gute Rabatte für Gäste, die eine Weile bleiben. Wer eine Kochnische mit allen Schikanen haben will, für den ist die Suite für 3800 ₹ eine ausgezeichnete Option.

Residency Towers HOTEL $$$
(Karte S. 342 f.; ☎28156363; www.theresidency.com; Sir Theagaraya Nagar Rd, T Nagar; EZ/DZ mit Frühstück ab 5200/5700 ₹; ❄@📶🏊) Bei diesen Preisen könnte es scheinen, das Hotel sei sich gar nicht bewusst, was es tolles bietet – nämlich Fünf-Sterne-Eleganz und Persönlichkeit. Jede Etage ist unterschiedlich gestaltet, alle Zimmer haben Schiebetüren vor den Fenstern, um Lärm und blendendes Licht abzuhalten, dunkle Holzmöbel und eine geschmackvolle Einrichtung. Kostenloses WLAN.

Park Hotel BOUTIQUEHOTEL $$$
(Karte S. 342 f.; ☎42676000; www.theparkhotels.com; 601 Anna Salai; EZ/DZ ab 10 500/11 500 ₹; ❄@📶) Wir lieben dieses todschicke Boutiquehotel, das mit stylishen Details wie gerahmten alten Bollywood-Plakaten, hohen Bambusgärten im Haus und übergroßen Türen aufwartet. Die Zimmer sind klein, haben aber hübsch kuschlige Betten und allen erdenklichen Komfort, darunter schrille Bäder, die durch eine Milchglaswand vom Boudoir getrennt sind. All das hat echte Klasse. Bei den teureren Zimmern gibt's als kostenloses Extra den Transport von und zum Flughafen.

Raintree HOTEL $$$
(Karte S. 342 f.; ☎24304050; www.raintreehotels.com; 120 St Mary's Rd, Mylapore; Zi. ab 8500 ₹; ❄@🏊) In dieser „umweltfreundlichen" Lodge sind die Fußböden aus Bambus, das Abwasser wird aufbereitet und zur Bewässerung des Gartens genutzt und auf den sparsamen Stromverbrauch kann man wahrlich stolz sein. Die schicken, minimalistischen Zimmer sind durch und durch stilvoll und komfortabel. Der Infinity-Pool auf dem Dach, der zugleich der Isolierung dient, besitzt eine tolle Holzterrasse mit Blick aufs Meer. Eine weitere, neuere Filiale befindet sich an der Anna Salai.

Raj Park HOTEL $$$
(Karte S. 342 f.; ☎42257777; www.rajpark.com; 180 TTK Rd, Alwarpet; EZ/DZ mit Frühstück ab 4200/4800 ₹; ❄📶🏊) Das Businesshotel hat zwar nicht das beste Preis-Leistungs-Verhältnis vor Ort, ist aber zweifellos komfortabel und luxuriös und kann mit freundlichem Personal und vielen kleinen Extras punkten. Die günstigeren Zimmer sind ziemlich klein. Ein weiteres Plus ist die Hotelbar, die zu den vergleichsweise ungezwungenen und erschwinglichen in Chennai zählt.

Essen

In Chennai gibt's jede Menge typische Speiselokale, in denen mittags und abends Thalis und zu anderen Zeiten Snacks wie *idlis* und Dosas angeboten werden. Es ist verlockend – und machbar –, stets in einem der Saravana-Bhavan-Restaurants zu essen, von denen es in Chennai ein gutes Dutzend gibt; dort kann man auf gutes vegetarisches Essen zählen. In dem muslimischen Viertel rund um die Triplicane High Rd finden sich an fast jeder Ecke tolle Biryani-Lokale, die durch die Bank empfehlenswert sind.

Die Spencer Plaza hat im 3. Stock einen eindrucksvollen Food Court, in dem einige westliche Ketten, natürlich eine Filiale von Hotel Saravana Bhavan, diverse Fast-Food-Stände und chinesische Imbisse vertreten sind.

EGMORE

LP TIPP **Hotel Saravana Bhavan** SÜDINDISCH $
Egmore (Karte S. 346; 21 Kennet Lane; ⏲6–22.30 Uhr); George Town (Karte S. 342 f.; 209 NSC Bose Rd); Mylapore (Karte S. 342 f.; 101 Dr Radhakrishnan Salai; ⏲7–23 Uhr); Thousand Lights (Karte S. 346; 293 Peter's Rd; ⏲mittags & abends); Triplicane

(Karte S. 371; Shanthi Theatre Complex, 48 Anna Salai; ⌚7–23 Uhr) Die immer leckeren „Meals" in den Saravana Bhavans kosten rund 50 ₹, in der Filiale in Mylapore werden aber auch „Special Meals" für 100 ₹ und mehr angeboten. Die „Thousand Lights" genannte Filiale ist etwas exklusiver – hier isst man mit Silberbesteck.

Ponnusamy Hotel INDISCH $

(Karte S. 346; Wellington Estate, 24 Ethiraj Rd; Hauptgerichte 80–110 ₹; ⌚mittags & abends) Das bekannte, nicht vegetarische Restaurant tischt Currys, Biryanis und Spezialitäten der Chettinad-Küche auf. Hier gibt's auch außergewöhnlichere Gerichte wie gebratenes Hirn oder Kaninchen-Masala. Die Gäste sind gehalten, sich die Hände zu waschen, bevor sie sich zu Tisch setzen.

Sparky's Diner US-AMERIKANISCH $$

(Karte S. 346; Ramanathan Salai, Spur Tank Rd; Gerichte 180–280 ₹; ⌚mittags & abends) Ein Expat aus den USA betreibt dieses amerikanisches Diner, an dessen Wänden US-Nummernschilder und Filmplakate hängen, während Sinatra aus der Stereoanlage tönt. Der Laden bietet verlässlich gutes westliches Essen, vor allem Pasta, und Eistee in wirklich großen Gläsern (45 ₹). Wen es allerdings nach einem richtig typischen amerikanischen Burger gelüstet, kommt nicht voll auf seine Kosten (sie sind aber durchaus nicht schlecht).

Basil INTERNATIONAL $$

(Karte S. 346; Fortel, 3 Gandhi Irwin Rd; Hauptgerichte 150–300 ₹) Das größere der beiden Restaurants im Hotel Fortel bietet in angenehmem Ambiente eine eindrucksvolle Palette westlicher Frühstücksgerichte, z. B. Hash Browns, und schmackhafte nordindische und europäische Gerichte.

TRIPLICANE

A2B SÜDINDISCH $

(Karte S. 346; Bharathi Salai; Hauptgerichte 20–50 ₹) Hier werden in einem sauberen, klimatisierten Ambiente typische südindische Gerichte, vegetarische Biryanis und eine große Auswahl an Süßspeisen und herzhaften Snacks geboten. Wer dann noch nicht pappsatt ist, kann sich Richtung Strand ein paar Türen weiter bei **Natural Fresh** (Karte S. 346; 35 Bharathi Salai) mit ausgezeichneter Eiscreme verwöhnen.

Ratna Café SÜDINDISCH $

(Karte S. 346; 255 Triplicane High Rd; Gerichte 30–60 ₹) Das oft überfüllte Ratna ist über Triplicane hinaus für seine schmackhaften *idlis* und die dazu gereichten mächtigen Portionen *sambar* bekannt.

NUNGAMBAKKAM & UMGEBUNG

Tuscana Pizzeria ITALIENISCH $$$

(Karte S. 342 f.; www.tuscanarestaurants.com; 19, 3rd St, Wallace Garden, Nungambakkam; große Pizzen 295–525 ₹; ⌚mittags & abends) Alle Pizzafreunde sind hier an der richtigen Adresse! Und Chennai lässt sich nicht lange bitten. Das Tuscana serviert authentische Pizzas mit dünner Kruste und Belägen wie Schinken, aber auch interessanten Varianten wie Hähnchen und Hoisin-Sauce. Auch die Pastagerichte und die Nachspeisen sind erstklassig. Der Expat, der den Laden betreibt, macht in Sachen Essen keine faulen Kompromisse. Er betreibt auch noch ein griechisches Restaurant, das **Kryptos**, gleich um die Ecke in der Kader Nawaz Khan Rd.

Kumarakom INDISCH $$

(Karte S. 342 f.; Kodambakkam High Rd, Nunganbakkam; Hauptgerichte 60–160 ₹; ⌚mittags & abends) In dem beliebten und eleganten Kerala-Restaurant mit dunkler Holzmöblierung, kühlender Klimaanlage und geschäftigen Kellnern muss man schon mal Schlange stehen. Die Meeresfrüchte – sehr zu empfehlen ist das Garnelen-Masala – sind das Markenzeichen, aber auch alles andere wird frisch und schmackhaft zubereitet.

Sea Shell NAHÖSTLICH, INDISCH $

(Karte S. 346; ☎28295788; 55 Greams Rd, Thousand Lights; Hauptgerichte 50–150 ₹; ⌚mittags & abends) Das muntere und sehr beliebte Lokal mit Nahost-Küche serviert Typisches wie Hummus und Schawarma, daneben aber auch viele Gerichte der nordindischen und chinesischen Küche. Man kann aus einer langen Liste von Mocktails mit so seltsamen Namen wie „Carbuncle", „Rolex" oder „Flosberry Flop" wählen.

Kailash Parbat NORDINDISCH $

(Karte S. 342 f.; 1. OG, 9 Harrington Rd, Chetpet; Hauptgerichte 60–130 ₹; ⌚mittags & abends) Eine große Auswahl an typischen Imbissgerichten wie *pani puri, chaat pav, bhaji* und andere wird hier in einem angenehm klimatisierten Speisesaal zu vernünftigen Preisen geboten. Das Lokal ist auf vegetarische Gerichte aus dem Sindh und Punjab spezialisiert, darunter auf Paneer, der auf verschiedene Art zubereitet wird. Eine winzige Filiale findet sich im Food Court der Ampa Skywalk Mall.

SOUTH CHENNAI

Copper Chimney NORDINDISCH $$$

(Karte S. 342 f.; 74 Cathedral Rd, Teynampet; Hauptgerichte 250–350 ₹; ⌚12–15 & 18–23.30 Uhr) Die vegetarischen Gerichte stehen hier nicht im Mittelpunkt, wer Fleisch mag, freut sich aber über die leckeren nordindischen Tandoori-Gerichte, die in einem eleganten Ambiente serviert werden. Das Fisch-Tikka – im Tandoor gebackene Fischspieße – ist exzellent.

Murugan Idly Shop SÜDINDISCH $

(Karte S. 342 f.; 77 GN Chetty Rd, T Nagar; Gerichte 25–60 ₹) Wer sich auskennt, stimmt generell der Ansicht zu, dass diese bestimmte Filiale einer kleinen Kette mit die besten *idlis* und südindischen Gerichte vor Ort serviert. Dem können wir uns nur anschließen. Zum Nachtisch gibt's gleich auf der anderen Straßenseite eine Filiale der sehr guten Eiscremekette **Natural Fresh**.

Crust CAFÉ $$

(Karte S. 342 f.; 18 Bheemanna Garden Rd, Abhiramapuram; Sandwichs 70–140 ₹, Pasta 150–180 ₹; ⌚mittags) In einem grünen Hof kann man hier Sandwichs mit einem Brot essen, wie man es sonst in Indien nicht bekommt, außerdem Quiches, frische Salate, köstliche Brownies, Kuchen und Tiramisu, für das die Marscapone extra aus Delhi eingeflogen wird. Es ist geplant, das Restaurant und Speisenangebot noch zu vergrößern.

Chit Chat CAFÉ $$

(Karte S. 342 f.; 532 Anna Salai, Teynampet; Hauptgerichte 100–250 ₹; ⌚mittags & abends) Zwangloses, sauberes Café westlicher Art mit einem großen Angebot an Sandwiches, Pizzas, Kebabs und feinen nordindischen Mittagsmenüs (140–190 ₹). Berühmt ist das Café für seine Milchshakes. Vorne befindet sich ein Kuchenverkauf.

Coconut Lagoon MEERESFRÜCHTE $$

(Karte S. 342 f.; Ecke Cathedral & TTK Rd, Alwarpet; Hauptgerichte 100–200 ₹; ⌚12–15 & 19–23.45 Uhr) Ausgezeichnete Gerichte aus Kerala und Goa mit Schwerpunkt auf Meeresfrüchten, z.B. *kari meen polli chathu* (in einem Bananenblatt gedämpftes Fisch-Masala). Wer noch ein Dessert braucht, findet auf der anderen Straßenseite gute Eiscreme bei **Kulfi Corner**.

Selbstversorger

Big Bazaar SUPERMARKT

(Karte S. 342 f.; Sir Theagaraya Nagar Rd, T Nagar) Amerikaner brauchen hier auf Oreo- und Australier auf Tim-Tam-Kekse nicht zu verzichten.

Heritage Fresh SUPERMARKT

(Karte S. 342 f.; TTK Rd, Alwarpet; ⌚9–20.30 Uhr)

Jam Bazaar MARKT

(Karte S. 346; Ecke Ellis Rd & Bharathi Salai, Triplicane) Ein munterer Markt mit Obst, Gemüse und Gewürzen.

Spencer's Daily SUPERMARKT

(Karte S. 346; Ritherdon Rd; ⌚9.30–21 Uhr)

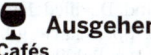

Ausgehen

Cafés

Filialen von Kaffeehausketten gibt's überall in Chennai. Vertreten sind u.a. **Barista** (Karte S. 342 f.; Rosy Towers, Nungambakkam High & D Khader Nawaz Khan Rd, Nungambakkam; ⌚7.30–23.30 Uhr) und **Café Coffee Day** (⌚10–23 Uhr): Aminjikarai (Ampa Skywalk Mall, Poonamallee High Rd; ⌚9–21 Uhr); Egmore (Karte S. 346; Alsa Mall, Montieth Rd); Nungambakkam (Karte S. 342 f.; 123/124 Nungambakkam High Rd).

Bars & Nachtclubs

In Chennais Nachtleben kommt Jahr für Jahr etwas mehr Schwung, wozu allerdings bestimmt nicht beiträgt, dass Bars und Clubs auf Hotels beschränkt sind und um Mitternacht schließen sollen. Die (wirklich) sehr teuren Bars in den Fünf-Sterne-Hotels sind praktisch die einzigen vor Ort, in denen man etwas trinken kann, ohne dass im Hintergrund die Bässe dröhnen.

Die an die Fünf-Sterne-Hotels angeschlossenen Nachtclubs ziehen die Massen an; zur Zeit der Recherche waren das das **Pasha** (Park Hotel, 601 Anna Salai; ⌚Mi–So 20.30–23.30 Uhr) und das **Dublin** (Sheraton Park, 132 TTK Rd; ⌚Mi–So 20.30–23.30 Uhr). Der Eintritt beträgt um die 1000 ₹ für Paare und männliche Singles; Frauen kommen in der Regel kostenlos hinein.

Geoffrey's Pub BAR

(Radha Regent, 171 Jawaharlal Nehru Salai, Arumbakkam; ⌚16–23 Uhr) Die als „English Pub" aufgezogene Kellerbar ist einer der wenigen Treffs in Chennai, wo es jeden Abend Livemusik gibt (außer sonntags, dann legt ein DJ auf). Die haut einen zwar nicht immer vom Hocker, aber Musik ist es allemal. Die Atmosphäre ist ungezwungen und gelegentlich lässt sich mal eine Kollywood-Größe blicken.

Leather Bar BAR

(Karte S. 342 f.; Park Hotel, 601 Anna Salai; ⌚20.30–23.30 Uhr) „Leder" bezieht sich hier nicht auf einen Fetisch, sondern nur auf den Boden und die Wände. In der kleinen, modischen Bar kredenzen kundige Barkeeper ausgefallene Drinks, während DJs Musik auflegen, zu der sich gut tanzen lässt. Wie am Freitag- und Samstagabend halb Chennai in den klitzekleinen Raum passt, bleibt ein ungelöstes Rätsel.

10D PUB
(Karte S. 342 f.; 10 Downing St; www.10ds.net; North Boag Rd, T Nagar; ⌚11–23 Uhr) Mit Bildern des Big Ben an der Wand und Devilled Eggs und Fish Fingers auf der Speisekarte gibt sich dieser Pub englisch. Das Publikum ist oft bunt gemischt. Mittwochs ist Ladies Night. (Kleiner Tipp: Die Devilled Eggs stehen lassen und lieber bei den leckeren Tandoori-Snacks zugreifen.)

☆ Unterhaltung

Klassische Musik & Tanz

Kalakshetra Arts Village TANZ, MUSIK
(☎24521169; kshetra@vsnl.com; Dr Muthulakshmi Rd, Tiruvanmiyu) Das 1936 gegründete Kalakshetra widmet sich der Wiederbelebung des klassischen Tanzes und der klassischen Musik Südindiens. Regelmäßig finden Vorführungen statt. Auch viermonatige Musik- und Tanzkurse werden angeboten.

Music Academy TANZ, MUSIK
(Karte S. 342 f.; ☎28112231; www.musicacademymadras.com; Ecke Roytthahape & Cathedral Rd) Chennais beliebtester Veranstaltungsort für klassische karnatische Musik und Bharata-Natyam-Tanz. Bei vielen Veranstaltungen ist der Eintritt frei. Was gerade auf dem Programm steht, kann man der Website entnehmen.

Kino

In Chennai gibt's mehr als 100 Kinos, kein Wunder angesichts der dynamischen lokalen Filmproduktion. In den meisten laufen denn auch tamilische Streifen. Englischsprachige Filme laufen im **PV Cinema** (www.pvrcinemas.com; Ampa Skywalk Mall, Poonamallee High Rd, Aminjikarai) und in den **Sathyam Cinemas** (Karte S. 346; www.sathyamcinemas.com; 8 Thiruvika Rd, Royapettah). Die Eintrittskarten kosten rund 120 ₹; man kann sie auch online buchen.

Shoppen

Auf der Theagaraya Nagar (auch T Nagar; Karte S. 342 f.) gibt's großartige Shopping-Möglichkeiten, besonders am Pondy Bazaar und rund um den Panagal Park. Die schattige D Khader Nawaz Khan Rd (Karte S. 342 f.) in Nungambakkam ist eine hübsche Straße mit Läden, Cafés und Galerien. An der Anna Salai gibt's eine gute Filiale der staatlichen Kette **Poompuhar** (Karte S. 346; ⌚Mo–Sa 10–20 Uhr), in der Kunsthandwerk zu Festpreisen verkauft wird.

Zu den besten Einkaufszentren gehören das **Spencer Plaza** (Karte S. 346; Anna Salai), das **Ampa Skywalk** (Poonamallee High Rd, Aminjikarai) und das **Chennai Citicentre** (Karte S. 342 f.; Dr Radhakrishnan Salai, Mylapore). Die schickste dieser Malls ist das Ampa Skywalk; in ihr sind überwiegend internationale Ketten vertreten, während man im Spencer Plaza etwas günstigere Läden vorfindet, darunter Souvenirshops mit Kaschmir-Ware und sehr viel Kleidung.

Fabindia HAUSHALTSWAREN & ESSEN
Spencer Plaza (Karte S. 346; Anna Salai; ⌚11–20 Uhr); Woods Rd (Karte S. 346; ⌚10–20 Uhr) Im Laden in der Woods Rd gibt's außer sagenhafter Kleidung auch eine Haushaltswaren- und eine Lebensmittelabteilung.

Naturally Auroville HAUSHALTSWAREN
(Karte S. 342 f.; D Khader Nawaz Khan Rd, Nungambakkam; ⌚Mo–Sa 10.30–20, So 11.30–19 Uhr) *Kunsthandwerkliches* (Töpferwaren, Bettdecken, Duftkerzen) und Feinkost (Bio-Kaffee, Brot und Käse) aus Auroville in der Nähe von Puducherry.

Good Earth HAUSHALTSWAREN
(Karte S. 342 f.; www.goodearth.in; 3 Rutland Gate, 4th St, Thousand Lights; ⌚Mo 11–20 Uhr) Tolle Einnrichtungsgegenstände, Möbel, echte Kunstwerke und mehr. Alles sehr indisch, und oft auch mit viel Witz – man schaue sich nur die Produkte an, die sich um Autorikschas drehen.

Seide

Viele der feinsten Seidenstoffe aus Kanchipuram kommen in Chennai auf den Markt. Wer Seide kaufen will, sollte es also hier tun. Viele Seidenläden finden sich in den Straßen um den Panagal Park. Wenn man das große Glück hat, an einer indischen Hochzeit teilzunehmen, kauft man sich hier seinen Sari. Empfehlenswerte Adressen:

Nalli Silks STOFFE
(Karte S. 342 f.; 9 Nageswaran Rd, T Nagar; ⌚9.30–21.30 Uhr) Der Urvater der Seidenläden. Gleich nebenan gibt's einen großen Laden mit Klamotten von der Stange, darunter prächtige *salwar kamiz*.

Kumaran Textiles STOFFE
(Karte S. 342 f.; 12 Nageswaran Rd, T Nagar; ⏲9–21.30 Uhr) Saris, Saris, Saris und jede Menge Seide aus Kanchipuram.

Buchläden

Higginbothams BUCHLADEN
(Karte S. 346; higginbothams@vsnl.com; 116 Anna Salai; ⏲Mo–Sa 9–20, So 10.30–19.30 Uhr) Hat eine große Auswahl englischsprachiger Bücher und eine Filiale am Flughafen.

Landmark BUCHLADEN
Aminjikarai (Ampa Skywalk Mall, Poonamallee High Rd; ⏲10–21 Uhr); Anna Salai (Karte S. 346; Spencer Plaza, Phase II; ⏲Mo–Sa 9–21, So 10.30–21 Uhr); Nungambakkam (Karte S. 342 f.; Apex Plaza, Nungambakkam High Rd; ⏲Mo–Sa 9–21, So 10.30–21 Uhr)

Oxford Book Stores BUCHLADEN
(Karte S. 342 f.; 39/12 Haddows Rd, Nungambakkam; ⏲9.30–21.30 Uhr) Große Buchauswahl, Maltische und -bücher für Kinder sowie ein Café.

ℹ Praktische Informationen

Geld

Geldautomaten gibt's überall, eine ganze Reihe allein vor der Central Station.

HDFC Bank (Karte S. 346; Poonamallee High Rd, Egmore; ⏲Mo–Fr 10–16, Sa 10–13 Uhr) Devisentausch und Geldautomat, in günstiger Nähe zum YWCA und dem Salvation Army Guesthouse.

State Bank of India Anna Salai (Karte S. 346; Anna Salai; ⏲Mo–Fr 10–16, Sa 10–13 Uhr); George Town (Karte S. 342 f.; 22 Rajaji Salai, George Town; ⏲Mo–Fr 10–16, Sa 10–13 Uhr)

Thomas Cook Anna Salai (Karte S. 346; Spencer Plaza, Phase I; ⏲9.30–18.30 Uhr); Egmore (Karte S. 346; 45 Montieth Rd; ⏲Mo–Sa 9.30–18, So 10–16 Uhr); George Town (Karte S. 342 f.; 20 Rajaji Salai; ⏲Mo–Sa 9.30–18 Uhr); Nungambakkam (Karte S. 342 f.; Eldorado Bldg, 112 Nungambakkam High Rd; ⏲Mo–Fr 9.30–18.30, Sa 9.30–12 Uhr) Devisentausch und gebührenfreie Einlösung von Reiseschecks.

Gepäckaufbewahrung

Eine Gepäckaufbewahrung findet man an den Bahnhöfen Egmore und Central sowie an den Flughäfen für Auslands- und Inlandsflüge.

Internetzugang

Internetcafés gibt's überall in der Stadt. Die meisten verlangen pro Stunde Surfen zwischen 20 und 30 ₹.

Cyber Palace (Karte S. 346; Bharathi Salai; 20 ₹/Std.; ⏲9–22 Uhr)

Dreamzzz Zone (Karte S. 346; Alsa Mall, Egmore; 20 ₹/Std.; ⏲8.30–22.30 Uhr) Sauber, schnelle Verbindungen, Klimaanlage.

Internet Zone (Karte S. 346; 1 Kennet Lane, Egmore; 30 ₹/Std.; ⏲8–22 Uhr)

Log In Net Cafe (Karte S. 346; 35 Triplicane High Rd, Triplicane; 15 ₹/Std.; ⏲9–23 Uhr)

SGee (Karte S. 346; ☎42310391; 20 Vallabha Agraharam St, Triplicane; 20 ₹/Std.; ⏲24 Std.)

Medizinische Versorgung

Apollo Hospital (Karte S. 346; ☎28293333, Notfall 28290792; www.apollohospitals.com; 21 Greams Lane) Hochmodernes Krankenhaus, das bei internationalen „Medizintouristen" hoch im Kurs steht.

St. Isabel's Hospital (Karte S. 342 f.; ☎24991081; 18 Oliver Rd, Mylapore)

Post

DHL (Karte S. 346; ☎4214886/7; 85 Pantheon Rd, Egmore; ⏲8–23 Uhr) Sicherer internationaler Paketdienst. Es gibt mehrere Filialen, darunter eine in der Esplanade Rd in George Town.

Post Anna Salai (Karte S. 346; ⏲Mo–Sa 8–20.30, So 10–16 Uhr, postlagernde Sendungen Mo–Sa 10–18 Uhr); Egmore (Karte S. 346; Kennet Lane; ⏲Mo–Sa 10–18 Uhr); George Town (Karte S. 342 f.; Rajaji Salai; ⏲Mo–Sa 8–20.30, So 10–16 Uhr)

Reisebüros

South Tourism (☎42179092; www.southtourism.in; 1 Z-Block, 19th St, Anna Nagar West) Empfehlenswertes Reisebüro für Touren und Buchungen.

SP Travels & Tours (Karte S. 346; ☎28604001; sptravels1@eth.net; 90 Anna Salai, Triplicane; ⏲Mo–Sa 9.30–18.30 Uhr)

Touristeninformation

Infos im Internet findet man unter **Chennai Best** (www.chennaibest.com) und **Chennai Online** (www.chennaionline.com).

India Tourism Development Corporation (ITDC; Karte S. 346; ☎28281250; www.attindiatourism.com; 29 Cherian Cres, Egmore; ⏲Mo–Sa 10–17.30 Uhr) Nur Hotel- und Tourbuchungen; das Personal ist nicht sonderlich hilfsbereit.

Indiatourism (Karte S. 346; ☎28460285; indtour@dataone.in; 154 Anna Salai; ⏲Mo–Fr 9–18, Sa 9–13 Uhr) Karten und Infos zu ganz Indien.

Tamil Nadu Tourism Complex (TTDC; Karte S. 346; ☎25367850; www.tamilnadutourism.org; 2 Wallajah Rd, Triplicane; ⏲Mo–Fr 10–17.30 Uhr) Staatliche Tourismusbüros aller indischen Bundesstaaten. Viele Broschüren.

Der Schalter für Tourbuchungen im Büro von Tamil Nadu (☎25383333) ist angeblich rund um die Uhr besetzt.

Visaverlängerung

Foreigners' Regional Registration Office (Karte S. 342 f.; ☎28251721; Shastri Bhavan, Haddows Rd, Nungambakkam; ⌚Mo–Fr 9.30–12.30 Uhr) Hier ist alles schrecklich kompliziert und erfordert unendliche Geduld – wir standen eine halbe Stunde an, nur um die Öffnungszeiten zu erfragen. Aber in der Regel bekommt man hier Verlängerungen für alle Visa (außer für Touristenvisa, die grundsätzlich nur bei medizinischen Notfällen verlängert werden). Theoretisch dauert die Prozedur zehn Tage.

 An- & Weiterreise

Bus

Die meisten staatlichen Busunternehmen – so auch das von Tamil Nadu (SETC) – fahren am chaotischen **Chennai Mofussil Bus Terminus** (CMBT; außerhalb von Karte S. 342 f.; Jawaharlal Nehru Salai, Koyambedu) ab, besser bekannt als Koyambedu CMBT; er liegt 7 km westlich der Stadt.

Zu erreichen ist er mit den Bussen 15 oder 15B ab Parry's Corner oder Central Station bzw. dem Bus 27B ab der Anna Salai oder dem Bahnhof Egmore (5 ₹, 45 Min.). Ein Autorikschafahrer verlangt für die gleiche Strecke rund 150 ₹.

Die Busse der staatlichen Unternehmen SETC, KSRTC (Karnataka) und APRSTC (Andhra Pradesh) fahren in der Regel morgens und am späten Nachmittag zu den in der Tabelle unten aufgeführten Zielen.

Mehrere Gesellschaften fahren mit klimatisierten Volvo-Bussen vom weniger erdrückenden privat betriebenen Busbahnhof gleich neben dem CMBT zu denselben Zielen. Es gibt noch einen weiteren, kleineren privaten Busbahnhof (Karte S. 346) gegenüber dem Bahnhof Egmore. Superdeluxe-Busse starten dort in der Regel nachts, ein Ticket kostet den zwei- bis dreifachen Preis im Vergleich zu normalen Bussen.

Flugzeug

FLUGHÄFEN Das internationale Terminal **Anna Terminal** (☎22560551) des Chennai Airport befindet sich in Tirusulam, 16 km südwestlich vom Zentrum; es arbeitet effizient und ist nicht allzu überlaufen, sodass sich Chennai gut als Start- oder Zielpunkt einer Indienreise eignet. Der **Kamaraj Terminal** (☎22560551) für die Inlandsflüge befindet sich gleich nebenan.

INLANDSFLUGLINIEN

Indian Airlines (Karte S. 346; ☎28578153/4, Flughafen 22561906; 19 Rukmani Lakshmi Pathy Rd (Marshalls Rd), Egmore)

IndiGo (☎22560286; Flughafen)

Jet Airways (Karte S. 346; ☎Inlandsflüge 39893333, Auslandsflüge 1800 225522; 41/43 Montieth Rd, Egmore; ⌚Mo–Sa 9–17.30 Uhr)

Kingfisher Airlines (Karte S. 346; ☎43988400; 19 Rukmani Lakshmi Pathy Rd (Marshalls Rd), Egmore)

SpiceJet (☎1800 1803333; Flughafen)

INTERNATIONALE FLUGLINIEN

Air France (Karte S. 346; ☎1800 1800033; Kuber's Bldg, 42 Pantheon Rd, Egmore)

BUSSE AB CHENNAI (MADRAS)

ZIEL	PREIS (₹)	DAUER (STD.)	HÄUFIGKEIT
Bengaluru	180–260	9	alle 30 Min.
Chidambaram	80–90	7	6-mal tgl.
Coimbatore	220–300	11½	9-mal tgl.
Ernakulam (Kochi)	420–600	16½	2-mal tgl.
Kodaikanal	200–230	13	tgl.
Madurai	160–190	10	alle 30 Min.
Mamallapuram	35	2	alle 15–30 Min.
Mysore	200–240	11	10-mal tgl.
Ooty	250–320	14	tgl.
Puducherry	45–90	3½	alle 30 Min.
Thanjavur	130–150	8½	stündl.
Tirupathi	60–70	3½	alle 30 Min.
Trichy	120–190	7	alle 15–30 Min.
Trivandrum	330–450	17	7-mal tgl.

FLÜGE AB CHENNAI (MADRAS)

ZIEL	FLUGLINIE	PREIS (₹)	DAUER (STD.)	HÄUFIGKEIT
Bengaluru	IC	2115	¾	3-mal tgl.
	9W	3333	1	4-mal tgl.
	6E	2033	1	tgl.
Delhi	IC	4071	2½	4-mal tgl.
	9W	5475	2½	6-mal tgl.
	SG	3432	2½	4-mal tgl.
	6E	3432	2½	4-mal tgl.
Goa	IC	2666	1¼	4-mal wöchentl.
	SG	2312	1¼	tgl.
Hyderabad	IC	2115	1	2-mal tgl.
	9W	3333	1	2-mal tgl.
	6E	2033	1	2-mal tgl.
	SG	2033	1	tgl.
Kochi	IC	2115	1	2-mal tgl.
	9W	3333	1	2-mal tgl.
Kolkata	IC	5971	2	2-mal tgl.
	9W	5844	2	2-mal tgl.
	SG	3033	2	tgl.
	6E	3033	2	3-mal tgl.
Mumbai	IC	3325	2	4-mal tgl.
	9W	5589	2	6-mal tgl.
	SG	3033	2	tgl.
	6E	3033	2½	2-mal tgl.
Port Blair	IC	6376	2	tgl.
	9W	5787	2	tgl.
Trivandrum	IC	2115	1½	2-mal tgl.
	9W	3700	1½	tgl.

Hinweis: Die Ticketpreise gelten für die einfache Strecke
Airline-Kürzel: 6E – IndiGo, 9W – Jet Airways, IC – Indian Airlines, SG – SpiceJet

Air India (Karte S. 346; ☎1800 1801407; 19 Rukmani Lakshmi Pathy Rd (Marshalls Rd), Egmore) Mit einem Schalter von Air India Express.

Air Mauritius (Karte S. 346; ☎43508811; Prince Plaza, Pantheon Rd, Egmore; ⏰Mo–Fr 9.30–17.30, Sa bis 13 Uhr)

Cathay Pacific Airways (Karte S. 342 f.; ☎18002091616; 47 Major Ramanathan Salai (Spur Tank Rd), Chetpet)

KLM (Karte S. 346; ☎1800 1800044; Kuber's Bldg, 42 Pantheon Rd, Egmore)

Lufthansa (☎22569393; Flughafen)

Malaysia Airlines (Karte S. 342 f.; ☎42199999; 90 Dr Radhakrishnan Salai, Mylapore)

Singapore Airlines (Karte S. 342 f.; ☎45921921; Westminster, 108 Dr Radhakrishnan Salai, Mylapore)

ZÜGE AB CHENNAI (MADRAS)

ZIEL	ZUGNR. & -NAME	PREIS (₹)	DAUER (STD.)	ABFAHRT
Bengaluru	2007 *Shatabdi Express**	510/995	4½	6 Uhr CC
	2609 *Bangalore Express*	108/380	6	13.35 Uhr CC
Delhi	2615 *Grand Trunk Express*	528/1429/1960	35	19.15 Uhr CC
	2621 *Tamil Nadu Express*	528/1429/1960	33	22 Uhr CC
Coimbatore	6627 *West Coast Express*	212/564/772	8½	11.30 Uhr CC
	2671 *Nilgiri Express*	232/594/802	8	21 Uhr CC
Goa	7311 *Vasco Express***	347/947/1302	22	13.40 Uhr CC
Hyderabad	2759 *Charminar Express*	312/823/1119	14	18.10 Uhr CC
	2603 *Hyderabad Express*	297/779/1095	13	16.45 Uhr CC
Kochi	6041 *Alleppey Express*	269/728/998	11¾	21.15 Uhr CC
Kolkata	2842 *Coromandel Express*	461/1242/1700	27	8.45 Uhr CC
	2840 *Howrah Mail*	461/1242/1700	28½	23.40 Uhr CC
Madurai	6127 *Guruvayur Express*	212/564/772	8¾	7.50 Uhr CE
	2635 *Vaigai Express*	132/471	8	12.40 Uhr CE
Mumbai	1042 *Mumbai Express*	383/1046/1440	26	11.55 Uhr CC
	2164 *Dadar Express*	403/1076/1470	23	6.50 Uhr CE
Mysore	2007 *Shatabdi Express**	655/1265	7	6 Uhr CC
	6222 *Kaveri Express*	212/564/772	10½	21.30 Uhr CC
Tirupathi	6053 *Tirupathi Express*	60/206	3	13.50 Uhr CC
Trichy	2605 *Pallavan Express*	104/367	5½	15.45 Uhr CE
Trivandrum	2695 *Trivandrum Express*	341/903/1230	16	15.25 Uhr CC

Bahnhofs-Kürzel: CC – Chennai Central, CE – Chennai Egmore

*tgl. außer Mi; ** nur Fr

Shatabdi-Preise gelten für Chair Class/Executive Class; Express- und Mail-Preise gelten für 2. Klasse/Chair Class bei tagsüber verkehrenden Zügen, für Sleeper Class/3AC/2AC bei Nachtzügen

Sri Lankan Airlines (Karte S. 342 ; ☎43921100; 4 Kodambakkam High Rd, Nungambakkam)

Thai Airways International (Karte S. 342 f.; ☎22561928; 31 Haddows Rd, Nungambakkam)

Schiff/Fähre

Passagierfähren fahren ungefähr alle fünf bis zehn Tage vom Hafen George Town nach Port Blair auf den Andamanen (s. S. 438). Tickets (1962–7642 ₹) für den 60-Stunden-Trip gibt's beim **Director of Shipping Services** (Karte S. 342 f.; ☎25226873; Fax 25220841; Shipping Corporation Bldg, Rajaji Salai, George Town; ⏲Mo–Sa 10–16 Uhr). Man braucht zwei Passfotos und drei Fotokopien der Identifikationsseite des Passes und des Visums. Was zum Lesen mitnehmen, eine Wartenummer ziehen und einen Platz in der Nähe eines Ventilators finden – der Vorgang kann sich in die Länge ziehen.

Zug

Die Züge in andere Bundesstaaten sowie in Richtung Westen starten im Allgemeinen an der Central Station (Karte S. 342 f.), die Züge Richtung Süden am Bahnhof Egmore (Karte S. 346). Der **Train Reservation Complex** (☎allgemeine Auskünfte 139; ⏲Mo–Sa 8–20, So 8–14 Uhr) befindet sich in einem separaten zehnstöckigen Gebäude gleich westlich der Central Station; die Foreign Tourist Assistance Cell (eine der besten überhaupt) ist im 1. Stock untergebracht. Das

Buchungsbüro (☎28194579) im Bahnhof Egmore hat die gleichen Öffnungszeiten.

Unterwegs vor Ort

Auto & Taxi

Für eine längere Fahrt sollte man den Fahrer über eine Reiseagentur oder ein großes Hotel organisieren. Das kann zwar etwas mehr kosten, der Fahrer dürfte dafür aber zuverlässig sein; außerdem hat man eine Anlaufstelle, wenn etwas schiefgeht. Die Preise für Autos ohne Klimaanlage liegen bei rund 600 ₹ pro halbem Tag (5 Std.) bei Fahrten innerhalb der Stadt.

Autorikscha

Die Rikschafahrer in Chennai knöpfen Einheimischen und Touristen gleichermaßen gewohnheitsmäßig horrende Preise ab. Da der Taxameter nie eingeschaltet wird, zahlt man schon für kurze Strecken mindestens 40 ₹. Eine Fahrt von Egmore nach George Town, Triplicane oder zur Anna Salai kostet rund 70 ₹, nach Nungambakkam 90 ₹. Nach 22 Uhr steigen die Preise um mindestens 25 %. Vor der Central Station kann man an einem Kiosk Prepaid-Tickets kaufen.

Bus

Es zahlt sich aus, Chennais Busnetz zu kennen. Die Haupthaltestelle der städtischen Busse (Karte S. 342 f.) ist Parry's Corner, die Fahrpreise liegen zwischen 5 und 12₹. Einige nützliche Routen sind in der Tabelle unten aufgelistet.

Vom/Zum Flughafen

Am billigsten kommt man zum Flughafen mit dem MRTS-Zug bis zum Bahnhof Tirusulam, der 300 m von den Terminals entfernt auf der anderen Straßenseite liegt. Die Fahrt mit einer Autorikscha kostet tagsüber mindestens 250, nachts mindestens 350 ₹. An beiden Terminals gibt's Kioske mit Prepaid-Taxiservice. Hier kosten die Tickets nach Egmore, zur Anna Salai/Triplicane oder hinaus zum CMBT (Hauptbusbahnhof) 500 ₹. Wer Chennai ganz links liegen lassen will, kann sich an den Kiosken ein Taxi organisieren, das einen gleich ins Umland bringt, etwa nach Mahabalipuram (2000 ₹) oder Puducherry (4000 ₹).

Zug

Effiziente MRTS-Züge fahren alle 15 Minuten vom Bahnhof Beach zu den Stationen Fort, Park (bei der Central Station), Egmore, Chetpet, Nungambakkam, Kodambakkam, Mambalam, Saidapet, Guindy, St. Thomas Mount, Tirusulam (Flughafen) und hinunter bis nach Tambaram. Die zweite Strecke zweigt an der Park Station ab und fährt Light House und Tirumailar (beim Kapaliswarar-Tempel) an.

NÖRDLICHES TAMIL NADU

Von Chennai nach Mamallapuram

Bei der Fahrt gen Süden über die Küstenstraße ziehen sich die Vororte Chennais noch ein, zwei Stunden hin. Danach besteht die Gegend nur noch aus offenen Straßen, rotem Staub, fahlem Sand und blauem Himmel. (Wenn man allerdings die Straße durchs Binnenland nimmt, die als „IT-Korridor" erschlossen wird, kommen noch riesige Neubauten hinzu.) Gegenwärtig ist dieser Sandstrand die einzige Region der 1076 km langen Küste von Tamil Nadu, der für den traditionellen Strandtourismus erschlossen wird.

Tropische Boheme-Stimmung herrscht rund um das Dorf Injambalkkam, wo sich

BUSSE IN CHENNAI

BUSLINIE	STRECKE
29K	Koyambedu CMBT–Guindy–Adyar–Mylapore
9, 10	Parry's–Central–Egmore–T Nagar
11/11A	Parry's–Anna Salai–T Nagar
15B	Parry's–Central–Koyambedu CMBT
18	Parry's–Saidapet
19G	Parry's–Central–Adyar
27B	Egmore–Chetpet–Koyambedu CMBT
31	Parry's–Central–Vivekananda Illam
32	Central–Triplicane–Vivekananda Illam
51M	T Nagar–St Thomas Mount

das **Cholamandal Artists' Village** (☎044-4926092; www.cholamandalartistsvillage.org; Eintritt frei; ⏲9.30–21 Uhr) befindet. Die 4 ha große Künstlerkommune (18 km südlich von Chennai) ist heiter und abgeschieden; hier kann man sich zeitgenössische indische Kunst in aller Ruhe anschauen und direkt bei den Künstlern kaufen. Es gibt zwei einfache Atelierwohnungen mit Pension, die allerdings für durchreisende Künstler reserviert sind (500 ₹; weit im Voraus buchen).

Während Cholamandal für moderne indische Kunst steht, widmet sich **DakshinaChitra** (☎044-27472603; www.dakshinachitra.net; Inder Erw./Student 75/30 ₹, Ausländer Erw./Student 200/75 ₹; ⏲Mi–Mo 10–18 Uhr) dem traditionellen Kunsthandwerk. Der rund 12 km südlich von Cholamandal gelegene Ort ist ein Zwischending aus Freiluftmuseum, Dorf und einer Ansammlung von Künstlerwerkstätten – ein weiterer lohnender Stopp (besonders für Kinder), erfährt man doch viel über das drawidische Kunsthandwerk in Tamil Nadu, Kerala, Karnataka und Andhra Pradesh. DakshinaChitra heißt „ein Bild des Südens" – und genau das wird in den Werkstätten der Töpfer, Seidenweber, Puppenmacher und Korbflechter, in den Künstlerateliers und bei den traditionellen Theateraufführungen vermittelt.

An diesem Straßenabschnitt betreibt der TTDC das **Muttukadu Boat House** (⏲9–18 Uhr), wo man eine 45-minütige Bootstour (ab 45 ₹) auf den Muttukadu Backwaters unternehmen kann.

Als eine der besten Einrichtungen ihrer Art in Indien ermöglicht **Crocodile Bank** (☎044-27472447; www.madrascrocodilebank.org; Erw./Kind 35/10 ₹, Foto/Video 20/100 ₹; ⏲Di–So 8.30–17.30 Uhr), 40 km südlich von Chennai, einen faszinierenden Einblick in die Welt der Reptilien und in die Arbeit der Artenschützer. Die Crocodile Bank leistet wichtige Arbeit beim Schutz des kritisch gefährdeten Gangesgavials, einer zwar sehr großen, aber für Menschen ungefährlichen Krokodilart mit langer spitzer Schnauze, die sich von Fischen ernährt. Es gibt hier Tausende weiterer Reptilien, darunter indische Sumpfkrokodile und Leistenkrokodile von den Andamanen und Nikobaren. Wenn man am Wochenende einen freien Abend hat, sollte man an einer **Nachtsafari** (Erw./Kind 60/20 ₹; ⏲Sa & So 19–20 Uhr) teilnehmen: Wenn man mit einer Taschenlampe aufs Wasser leuchtet, spiegelt sich das Licht in den tausenden, starrenden Augen der Bewohner der Crocodile Bank. In der Einrichtung gibt's auch Freiwilligenjobs; die Einzelheiten stehen auf der Website.

Ungefähr 5 km nördlich von Mamallapuram findet sich im Dorf Saluvankuppam neben der East Coast Rd die **Tiger Cave,** ein in den Fels gehauener Schrein, der wahrscheinlich aus dem 7. Jh. stammt. Er ist der Durga geweiht und besitzt einen kleinen Mandapa, der von gemeißelten *yali*-Köpfen bekrönt ist (Yalis sind mythische Löwenwesen).

All diese Orte erreicht man mit jedem Bus, der von Chennai aus südwärts nach Mamallapuram fährt. Man lässt sich einfach an der gewünschten Stelle absetzen. Eine weitere Option ist die **Bustour** (☎044-25383333; www.tamilnadutourism.org/hopontour.html; 250 ₹) des TTDC mit beliebigem Ein- und Ausstieg. Die Busse fahren zwischen 9 und 11 Uhr jeweils zur halben Stunde in Chennai Richtung Mamallapuram los und von dort zwischen 16.15 und 18 Uhr wieder zurück. Ein Taxi für eine ganztägige Tour bekommt man ab ungefähr 1600 ₹. Man kann an dieser Küste schwimmen, muss sich aber vor starken Strömungen hüten und die Gezeiten beachten – es gibt hier keine Rettungsschwimmer!

Mamallapuram (Mahabalipuram)

☎044 / 12 345 EW.

Die Welterbestätte war einst ein bedeutender Seehafen und die zweite Hauptstadt der Pallava-Könige. Ein Bummel durch die fantastische Stadt, vorbei an Reliefs und Tempeln, lässt die Herzen höher schlagen – ganz besonders bei Sonnenuntergang, wenn der Sandstein feuerorange und blutrot leuchtet, während moderne Bildhauer an ihren Werken hämmern und meißeln.

Abseits der antiken archäologischen Wunder gibt es das Touristenghetto der Othavadai Cross St. Überall dudeln die einschmeichelnden Songs von Jack Johnson, Bob-Marley-Flaggen hängen von den Balkonen und die Läden verkaufen Sachen aus Tibet, „indische" Kleider, die kaum ein Inder je tragen würde, Toilettenpapier, Hand-Desinfektionsmittel und gebrauchte Bücher – kurz, man ist hier wieder mitten drin in Backpackistan.

„Mal", wie viele Traveller den Ort nennen, ist mit dem Bus von Chennai aus in weniger als zwei Stunden zu erreichen. Kein Wunder, dass viele Traveller schnurstracks herkommen. Das Städtchen ist klein und relaxt; die interessanten Sehenswürdigkeiten in der Umgebung lassen sich bequem zu Fuß oder per Fahrrad erkunden.

Sehenswertes

Mit der Erkundung der Tempel, *mandapas* und Felsenreliefs rund um Mamallapuram kann man locker einen ganzen Tag verbringen. Lediglich für den Strandtempel und die Fünf Rathas muss Eintritt bezahlt werden. An den archäologischen Stätten warten offizielle Führer vom Archaeological Survey of India auf Kunden. Sie verlangen etwa 50 ₹ und sind ihr Geld wirklich wert. Wenn die Führung gut war, sollte man ein paar Rupien Trinkgeld geben.

Strandtempel HINDU-TEMPEL

(Kombiticket inkl. Fünf Rathas Inder/Ausländer 10/250 ₹, Video 25 ₹; ⏲6.30–18 Uhr) Mit prachtvoller, majestätischer und aus dem Fels gehauener Eleganz überblickt der **Strandtempel** das Meer. Wie kein anderes Bauwerk verkörpert er die Blütezeit der Pallava-Architektur und die maritimen Ambitionen der Pallava-Könige. Der relativ kleine Tempel besticht durch seine fantastischen Proportionen und die erstklassige Qualität der Reliefs, von denen viele durch die Erosion wie impressionistisch angehauchte Verzierungen aussehen. Er wurde ursprünglich im 7. Jh. errichtet, später von Narasimhavarman II. umgebaut und beherbergt heute zwei bedeutende Shiva-Schreine. Das Ganze sollte einem perfekten kosmischen Körper mit Kopf, Herz und einer alles dominierenden Spitze gleichen. Der ursprüngliche Lingam (Phallus, Symbol Shivas) war nach Osten und Westen ausgerichtet und wurde von den ersten und letzten Sonnenstrahlen des Tages beschienen. Der Tempel ist vermutlich das letzte einer Reihe von Gebäuden, die sich entlang des inzwischen vom Wasser eroberten Küstenstreifens befanden. Diese Theorie erhärtete sich während des Tsunamis 2004, als die zurückweichenden Wassermengen die Umrisse von möglichen Schwestertempeln freilegten.

Fünf Rathas HINDU-TEMPEL

(Five Rathas Rd; Kombiticket inkl. Strandtempel Inder/Ausländer 10/250 ₹, Video 25 ₹; ⏲6.30–18 Uhr) Die aus einem einzigen Fels gehauenen **Fünf Rathas** sind flache Monolithen, die durch ihre uralten, grandios gearbeiteten Reliefs faszinieren. Jeder Tempel ist einem Hindugott gewidmet und benannt nach einem der Pandavas, den fünf Heldenbrüdern des Epos Mahabharata, und ihrer gemeinsamen Frau Draupadi.

Die Schreine sollen Wagen ähneln (das Sanskrit-Wort *ratha* heißt Wagen). Sie waren bis zur Freilegung durch die Briten vor 200 Jahren vollständig im Sand verborgen. Jeder *ratha* wird von einem Fundament mit Tieren und Göttern getragen. Das Hauptthema – Gott, Pandavas und Tiere –, das sich in architektonischer Einheitlichkeit durch die ganze Anlage zieht, ist umso bemerkenswerter, wenn man bedenkt, dass alles aus einem einzigen Fels gehauen wurde.

Der erste *ratha,* **Draupadi Ratha** links vom Eingang, ist Draupadi und der Göttin Durga gewidmet, die die heilige Weiblichkeit und Fruchtbarkeit des indischen Bodens symbolisiert. Die Göttin blickt von einem Lotusthron auf ihre Verehrer hinunter. Draußen bewacht eine mächtige Löwenfigur den Tempel.

Hinter dem Schrein der Göttin kündigt ein riesiger Nandi (Shivas Stierwagen) den Wagen des bedeutendsten Pandavas an. Der **Arjuna Ratha** ist Shiva geweiht, der wichtigsten Gottheit der Pallavas. An den Außenwänden sind weitere Gottheiten abgebildet, u. a. auch der Vedische Indra.

Wenn man sich die Stürze des mittleren Tempels namens **Bhima Ratha** anschaut, entdeckt man ausgewaschene Gesichter, von denen einige Archäologen meinen, sie wiesen kaukasische Merkmale auf. Dies wiederum könnte man als Beweis für Mamallapurams enge Handelsbeziehungen mit dem antiken Rom deuten. Im Inneren befindet sich ein Schrein für Vishnu.

Führer erzählen gern, dass das Relief des Pallava-Königs Narasimhavarman am **Dharmaraja Ratha**, dem größten Wagen, einem ägyptischen Pharao ähnelt, was für noch frühere Handelsbeziehungen bis zur anderen Seite des Indischen Ozeans spräche. Die Theorie ist verlockend, aber nicht wirklich fundiert. Der letzte *ratha,* der **Nakula-Sahadeva Ratha**, ist Indra gewidmet. Ganz in der Nähe steht eine hervorragend gearbeitete Elefantenskulptur. Wenn man von Norden durch das Tor kommt, sieht man zuerst sein Hinterteil, daher auch der Name **Gajaprishthakara** (Elefantenhintern). Die lebensgroße Skulptur gilt als eine der perfektesten Elefantenskulpturen Indiens.

Mamallapuram (Mahabalipuram)

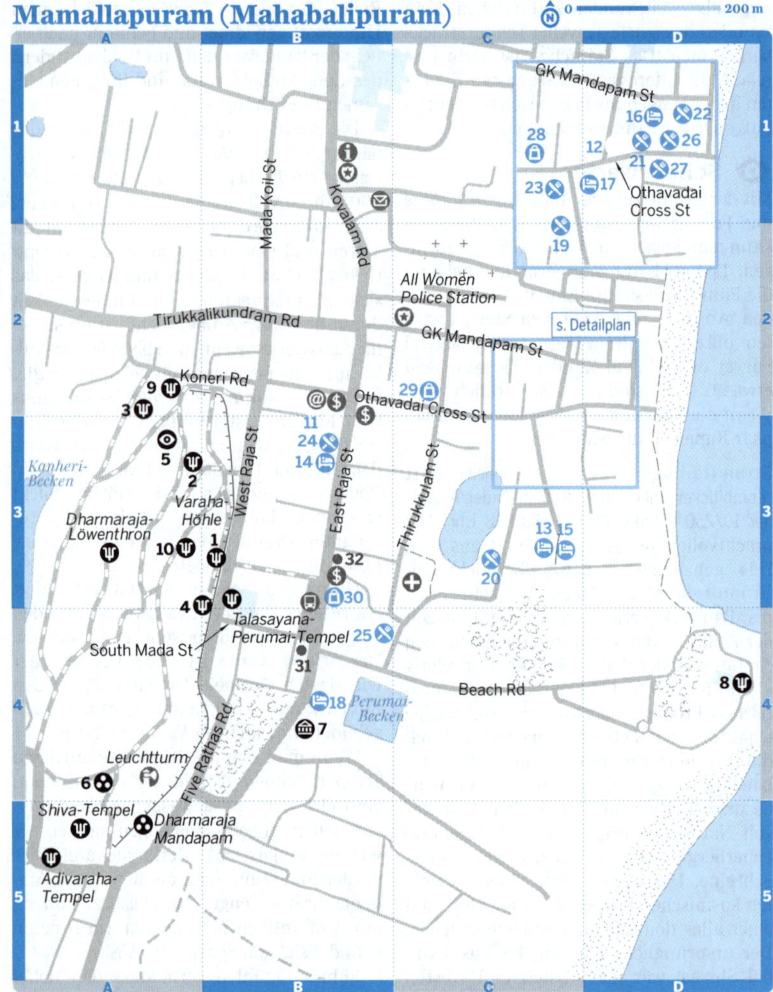

Arjunas Buße HISTORISCHE STÄTTE
(West Raja St) Und nach all diesen fantastischen Werken der Bildhauerei kommt dann auch noch dieses Relief, eines der bedeutendsten seiner Zeit und gewiss eines der überzeugendsten und zugleich verhaltensten Werke antiker indischer Kunst. Die in einen großen Felsen gemeißelte Darstellung quillt über von hinduistischen Mythen – sehenswert sind z.B. die *nagas* (Schlangenwesen), die in eine einst mit Wasser gefüllte, den Ganges symbolisierende Spalte hinabsteigen. Andere Szenen stellen das südindische Alltagsleben dar. Eine Elefantenherde marschiert unter den Armeen von Himmelswesen, während Arjuna sich kasteit, um Shivas mächtigste Waffe, das Götter vernichtende Pasupatastra zu gewinnen. Im Hinduismus ist eine solche Kasteiung keine Buße wegen begangener Sünden, sondern ein Schmerz, den der Gläubige auf sich nimmt, um den Segen der Götter zu erlangen. Nach einer anderen Interpretation zeigt die Szene den sich kasteienden weisen Bhagiratha, der die Flussgöttin Ganga anflehte, auf die Erde hinabzusteigen und die Asche seiner verstorbenen Verwandten zu reinigen, um sie so von ihren Sünden zu befreien (daher der alternative Name: „Herabkunft der Ganga"). Trotz der heiligen Sphäre

Mamallapuram (Mahabalipuram)

Sehenswertes
1 Arjuna's Buße ... B3
2 Ganesh Ratha ... A3
3 Kotikal Mandapa ... A2
4 Krishna Mandapa ... A3
5 Krishna's Butter Ball ... A3
6 Mahishamardini Mandapa ... A4
Olakkannesvara-Tempel ... (siehe 6)
7 Sculpture Museum ... B4
8 Strandtempel ... D4
9 Trimurti-Höhlentempel ... A2
10 Varaha Mandapa II ... A3

Aktivitäten, Kurse & Touren
11 Hi! Tours ... B3
12 Sri Chakra ... D1

Schlafen
13 Hotel Daphne ... C3
14 Hotel Mamalla Heritage ... B3
15 Hotel Sea Breeze ... C3
La Vie En Rose ... (siehe 18)
16 New Manoj Cottage ... D1
17 Tina Blue View Lodge & Restaurant ... D1
18 Try Residency ... B4

Essen
Blue Elephant ... (siehe 28)
Dreamlands ... (siehe 21)
19 Freshly 'N Hot ... C2
20 Gecko Café ... C3
21 Le Yogi ... D1
22 Luna Magica ... D1
23 Moonrakers ... C1
24 Nilgiris Supermarket ... B3
25 Rose Garden ... B4
26 Santana Beach Restaurant ... D1
27 Seashore Restaurant ... D1

Shoppen
JK Bookshop ... (siehe 12)
28 Ponn Readymade Tailoring ... C1
29 Shriji Art Gallery ... C2
30 Southern Arts and Crafts ... B3

Transport
31 Fahrradverleih ... B4
32 Southern Railway Reservation Centre ... B3

kommt der Humor nicht zu kurz: Man sieht eine Katze, die vor verständnisvollen Mäusen Buße tut.

Ganesh-Ratha & Umgebung HINDU-TEMPEL
Dieser *ratha* steht nordwestlich von Arjunas Buße. Der einstige Shiva-Tempel wurde zum Schrein von Ganesha, Shivas elefantenköpfigem Sohn, umfunktioniert, nachdem der ursprüngliche Lingam entfernt worden war. Direkt nördlich des *rathas* liegt ein riesiger Felsbrocken: **Krishna's Butter Ball**. Der unbewegliche, aber scheinbar sehr wacklig ausbalancierte Felsen ist ein begehrtes Fotomotiv. Der nahe gelegene **Kotikal-Mandapa** ist Durga gewidmet. Südwestlich von hier befindet sich der **Varaha-Mandapa II**, das von einem unglaublich lebendig wirkenden Relief mit Vishnu in der Inkarnation als Eber beherrscht wird. In der frühen Hindukunst wird Vishnu häufig als Tier dargestellt, ganz im Gegensatz zur heutigen Zeit, in der er hauptsächlich als Rama oder Krishna verehrt wird. Daraus schließen manche Forscher, dass diese frühe Phase der hinduistischen Theologie eng mit Stammesreligionen verbunden war. Nicht weit davon entfernt ehrt der **Trimurti-Höhlentempel** das hinduistische Dreiergespann – Brahma, Vishnu und Shiva – jeweils mit einem eigenen Bereich.

Mandapas HISTORISCHE STÄTTEN
Mamallapurams Haupthügel dominiert das Stadtbild und wird selbst wiederum von einem Leuchtturm aus rotem und braunem Sandstein beherrscht. Er eignet sich ausgezeichnet für einen Spaziergang – in ein bis zwei Stunden ist man oben. Besonders schön ist der Ausflug bei Sonnenuntergang. Über den Hügel verteilt liegen viele *mandapas,* u.a. auch der **Krishna-Mandapa**, einer der ersten Tempel der Gegend. Seine berühmten Reliefs zeigen Krishna, der in einer ländlichen Kulisse den Berg Govardhana in die Höhe hebt, um seine Anhänger vor dem Zorn Indras zu beschützen. Nur einige Meter südwestlich des Leuchtturms befindet sich der **Mahishamardini-Mandapa**, der mit Szenen aus den Puranas (Sanskrit-Erzählungen aus dem 5. Jh. n.Chr.) geschmückt ist; eine der schönsten Skulpturen verkörpert die Göttin Durga.

Oberhalb des *mandapas* befinden sich die Überreste des **Olakkannesvara-Tempels** aus dem 8. Jh. Von hier hat man einen fantastischen Blick auf Mamallapuram.

Sculpture Museum MUSEUM

(East Raja St; Erw./Kind 5/2 ₹, Foto 10 ₹; ⌚9.30–17 Uhr) Das Museum zeigt mehr als 3000 Skulpturen und Malereien von interessanten Steinskulpturen bis hin zu Stillleben, die Obstschalen darstellen. Teile des Gebäudes sind genauso interessant wie die ausgestellten Exponate.

Aktivitäten

Strand

Mamallapurams Strand – oder zumindest der Abschnitt direkt vor dem Ort – ist alles andere als sauber, ja vielmehr an einigen Stellen regelrecht verdreckt. Weiter nördlich und südlich vom Strandtempel verwandelt sich das Ganze dann aber in einen feinen Sandstrand. Und frau bleibt hier auch von den anzüglichen Blicken der Männerwelt verschont. Zum Baden ist die Gegend allerdings weniger ideal – es gibt gefährliche Klippen. Dafür kann man mit einem der Auslegerboote zum Angeln rausfahren. Der Preis muss mit dem Besitzer ausgehandelt werden.

Behandlungen

Zahlreiche Einrichtungen bieten Massagen, Reiki, Yoga und Ayurveda-Behandlungen an. Eine 30- bis 45-minütige Sitzung kostet rund 400 ₹. In den Hotels der gehobenen Kategorie gibt es in der Regel vertrauenswürdige Massageeinrichtungen, so im GRT Temple Bay Hotel eine Filiale des beliebten Massagezentrums Ayush aus Chennai.

Sri Chakra (Othavadai St; Massage 450 ₹; ⌚9–21 Uhr) bietet Ayurveda-Massagen sowie um 7 und 16 Uhr Yoga-Sitzungen (200 ₹) an; viele weitere Anbieter mit ähnlichen Preisen und Öffnungszeiten gibt's im Ort. Wie immer sollte man sich gerade bei derartigen Dienstleistungen unbedingt bei anderen Travellern umhören, den Therapeuten ausführlich befragen und auf eine Behandlung verzichten, wenn einem Zweifel kommen.

Geführte Touren

Hi! Tours (☎27443360; www.hi-tours.com; 123 East Raja St; ⌚9.30–18 Uhr) veranstaltet Fahrradtouren zu Sehenswürdigkeiten wie der Tigerhöhle. Die Ausflüge dauern von 8 bis 14 Uhr und kosten (inkl. Führer & Mittagessen) um die 350 ₹ pro Person. Hi! Tours organisiert auch Tagesausflüge nach Kanchipuram sowie zum Vedantangal Bird Sanctuary und zu bestimmten Zeiten im Jahr Angeltouren.

Feste & Events

Das **Mamallapuram Dance Festival** (Dez.–Jan.) ist ein vierwöchiges Tanzevent, bei dem Tänze aus ganz Indien zu sehen sind. Viele Vorführungen finden auf einer Open-Air-Bühne vor der imposanten Kulisse von Arjunas Buße statt. Zu den dargebotenen Tänzen gehören der Bharata Natyam aus Tamil Nadu, der Kuchipudi aus Andhra Pradesh und das Tanzdrama Kathakali aus Karela; ebenfalls auf dem Programm stehen Puppentheater und Aufführungen klassischer indischer Musik. Die Veranstaltungen finden ausschließlich freitags bis sonntags statt.

Schlafen

Neben den unten genannten Optionen gibt es eine Reihe billiger, von Familien geführten Unterkünfte und Budget-Lodges in der Nähe der Fünf Rathas.

Hotel Mamalla Heritage HOTEL $$

(☎27442060; www.hotelmamallaheritage.com; 104 East Raja St; EZ/DZ ab 1600/1800 ₹; ❄📶🏊) Im Ort bietet dieses standardmäßig eingerichtete Mittelklassehotel große, komfortable Zimmer mit Kühlschrank und blitzsauberen Bädern. Das Personal ist charmant und freundlich. Der Pool hat eine ordentliche Größe und auf dem Dach gibt's ein gutes vegetarisches Restaurant.

Tina Blue View Lodge & Restaurant HOTEL $

(☎27442319; 34 Othavadai St; Zi. 250–500 ₹) Eines der ältesten Hotels von Mamallapuram und das sieht man auch ein bisschen – so manches ist ausgeblichen oder franst aus. Trotzdem ist das Haus mit seinen geweißten Wänden mit blauen Farbtupfern und dem hübschen Tropengarten nach wie vor zu Recht beliebt. Dazu trägt auch der unermüdliche Betreiber Xavier bei – ein Original, das wert darauf legt, ein Jahrgang mit LP-Gründer Tony Wheeler zu sein.

Ideal Beach Resort RESORT $$$

(☎27442240; www.idealresort.com; EZ/DZ ab 4500/5000 ₹; ❄@📶🏊) Mit seiner schönen Gartenanlage, dem eigenen (recht hübschen) Uferstück und komfortablen Zimmern und Cottages ist dieses zwanglose wie relaxte Strandresort bei Familien und in Chennai lebenden Ausländern beliebt. Dabei ist die Anlage klein und abgeschieden genug, um eine intime Atmosphäre zu bieten. Am Pool findet sich ein hübsches Freiluftrestaurant, in dem manchmal live klassische Musik gespielt wird. Das Resort liegt rund 3,5 km nördlich vom Ort.

La Vie en Rose HOTEL $
(☎9444877544; East Raja St; DZ ab 450 ₹; ❄) Einfache, sehr saubere Zimmer von ordentlicher Größe, freundliches Personal und ein Restaurant, das ein paar nicht schlechte französische Gerichte auf der Karte hat.

GRT Temple Bay RESORT $$$
(☎27443636; www.radisson.com/mamallapuramin; EZ/DZ mit Frühstück ab 8000/9000 ₹; ❄@≋) Von den Luxusresorts nördlich der Stadt ist dieses das beste. Hier fühlt man sich wie ein Strandkönig dank 24-Stunden-Service, Spa, Sauna, Fitnessraum und Preisen, die alles in allem doch etwas überhöht sind. Im Dezember und Januar ist es übrigens noch erheblich teurer.

Bharath Guest House HOTEL $
(☎274434304; barathguesthouse@gmail.com; 6 Othavadai Cross St; DZ ab 400 ₹; ❄) Eines aus einer Reihe von Hotels mit ähnlichen Preisen in der Othavadai Cross St (das Siva Guest House und das Greenlands sind genauso gut). Das Bharath ist in sattem Gelb angestrichen und hat große, farbenfrohe, einfache Zimmer zu vernünftigen Preisen.

Galaxy Guest House HOTEL $
(☎9940171595; Othavadai St; Zi. 300–500 ₹) Mitten im Zentrum des Geschehens bietet dieses von einer Familie geführte Haus einfache, saubere Zimmer rund um einen Hof und die Treppen hinauf schickere (d.h. kitschiger dekorierte) und größere Zimmer.

Hotel Daphne HOTEL $
(☎27442811; hoteldaphne1@yahoo.com; 17 Othavadai Cross St; EZ/DZ ab 250/350 ₹; ❄) Als Teil des Moonrakers-Mini-Imperiums ist dieses Hotel nicht mehr so herausragend wie einst, bietet aber immer noch ein ordentliches Preis-Leistungs-Verhältnis: Die Wände und Bettlaken wirken frisch, die Möbel allerdings nicht. Das grüne Ambiente und das Gartenrestaurant auf dem Dach sammeln fleißig Pluspunkte.

Hotel Sea Breeze HOTEL $$
(☎27443035; www.nivalink.com/seabreeze; Othavadai Cross St; Zi. mit Frühstück ab 900 ₹; ❄≋) Das Sea Breeze ist ein schmuckloses, etwas überteuertes, typisches und bewährtes Strandhotel der Mittelklasse. Sein großer Pluspunkt ist der Pool, den Nicht-Hotelgäste für 150 ₹ nutzen können. Das Frühstück gibt's umsonst, was aber für die kalten *idlis* noch zu teuer ist.

Try Residency HOTEL $
(☎27442728; tryresidency@gmail.com; 7 Old College Rd; Zi. ab 800 ₹; ❄) Die Zimmer sind nicht gerade stilvoll, aber groß und sauber: Wer auf einige westliche Annehmlichkeiten wert legt, trifft hier keine schlechte Wahl. Es gibt einen winzigen Garten, in dem einige Enten herumwatscheln, und den wohl kleinsten Pool der Welt.

Guru Lodge HOTEL $
(☎27443093; East Raja St; Zi. ab 300 ₹) Gleich außerhalb des Othavadai-Touristenghettos bietet dieses Haus zu guten Preisen pfirsichfarben angestrichene einfache und saubere Zimmer.

New Manoj Cottage GASTFAMILIE $
(☎9840387095; newmanojcottage@yahoo.com; 136 Fisherman Colony; Zi. 400–600 ₹) In der freundlichen Unterkunft bei einer netten Familie gibt es drei gepflegte Zimmer.

Essen & Ausgehen

Die Restaurants im Umkreis der Othavadai Cross St bieten Freiluftambiente, passable westliche Gerichte und fade indische Currys. Wer lieber authentisches indisches Essen haben will, findet gute vegetarische und Biryani-Lokale in der Nähe der Bushaltestelle. Die meisten Lokale schenken Bier aus – Lizenz hin oder her. Halten sollte man sich jedoch an die örtliche Sperrstunde um 23 Uhr: Wer einen Restaurantbetreiber dazu überredet, einen länger über dem letzten Drink verweilen zu lassen, bringt diesen in die Bredouille, denn der Betreiber, nicht der Gast muss eine deftige Strafe blechen. Alle aufgeführten Lokale sind morgens, mittags und abends geöffnet.

Außer den unten vorgestellten Lokalen sind die am oder nahe dem Strand gelegenen Restaurants Dreamlands, Seashore, Santana Beach und Luna Magica mit ihren frischen Meeresfrüchten empfehlenswert; einen guten Fischteller gibt's dort für rund 150 bis 200 ₹.

Selbstversorger halten sich an den **Nilgiris Supermarket** (East Raja St; ⏲9.30–21 Uhr) zwischen Othavadai St und Bushaltestelle.

LP TIPP **Gecko Café** INTERNATIONAL $$
(www.gecko-web.com; abseits der Othavadai Cross St; Hauptgerichte 100–200 ₹) Zwei freundliche Brüder betreiben dieses nette kleine Lokal auf der schilfgedeckten Terrasse ihres Familienheims. Die Karte und die Preise unterscheiden sich zwar nicht sonderlich von anderen Touristenlokalen,

allerdings sind die zwei mit mehr Liebe dabei und das Dekor ist lustig: Die „Wand der Göttinnen", an der Laxmi neben der Jungfrau Maria hängt, ist schon ein Hingucker. Im Erdgeschoss gibt's Internetzugang und einen Büchertausch.

Le Yogi INTERNATIONAL $$
(Othavadai St; Hauptgerichte 90–160 ₹) Das westliche Essen zählt zu dem besten vor Ort: Die Steaks, Pasta und Pizzas sind authentisch und schmackhaft, wenn auch die Portionen etwas klein ausfallen. Der Service ist gut, der luftige Speisesaal sorgt mit Holzverzierungen und flackerndem Kerzenschein für eine romantische Stimmung.

Rose Garden INDISCH $
(Beach Rd; Hauptgerichte rund 50 ₹) Das ist eines der besseren Biryani-Lokale vor Ort: Erstaunlicherweise gibt es hier viele Lokale, die dieses schmackhafte Reisgericht aus Hyderabad servieren.

Freshly 'N Hot CAFÉ $$
(Othavadai Cross St; Hauptgerichte 50–180 ₹) Der Name des Cafés ist zwar sinnfrei, aber die Pizzas, Pasta und Sandwichs auf der recht kleinen Karte sind absolut in Ordnung. Und dazu gibt's eine große, große Auswahl an kalten und heißen Kaffeespezialitäten. Gerade die Eiskaffees sind ausgezeichnet.

Moonrakers INTERNATIONAL $$
(34 Othavadai St; Hauptgerichte 60–150 ₹) Ob es einem nun gefällt oder nicht, früher oder später landet jeder hier – das Moonrakers ist einer der Läden, die Traveller magnetisch anziehen und die die Backpacker-Ghettos dominieren. Das Essen ist o.k., das Ambiente besser und das Bier kann auf der Veranda im Obergeschoss genossen werden. Es bleibt ein Rätsel, wieso das Blue Elephant gegenüber trotz quasi gleichem Essen und hübscherem Dekor weniger beliebt ist. An den Wochenenden sind jedoch beide Lokale abends voll mit Besuchern aus Chennai.

Shoppen

Mamallapuram erwacht jeden Morgen mit den Bildhauern, die dem Granit mit dem Meißel zu Leibe rücken. Und unvermeidlich rücken einem Straßenhändler auf die Pelle, die einem alles Mögliche verkaufen wollen – von Steinanhängern für 100 ₹ bis hin zu einem Ganesh für 400 000 ₹, der nur mit einem Kran befördert werden könnte. Im Ort gibt es eine Menge guter Kunstgalerien, Schneidereien und Antiquitätenläden. Bei Kleidung empfehlen wir **Ponn Readymade Tailoring** (Othavadai St). Hübsche Drucke, Karten und originale Kunstwerke verkauft die **Shriji Art Gallery** (11/1 Othavadai St); teure, aber schöne Kuriositäten aus dem Besitz örtlicher Familien sind bei **Southern Arts and Crafts** (☎27443675; www.southernarts.in; 72 East Raja St) zu haben.

Eine Reihe von Läden verkaufen oder tauschen Bücher. Der **JK Bookshop** (☎9880552200; 143 Othavadai St; ⏲9–12.30 & 14–20.30 Uhr) ist ein kleiner Buchladen, in dem man Bücher in verschiedenen Sprachen (u.a. Englisch, Französisch und Deutsch) kaufen oder tauschen kann. Die Erlöse gehen in Bildungsprojekte für Kinder „unberührbarer" Kasten aus der Region.

Praktische Informationen

Internetzugang gibt's überall.

Indian Overseas Bank ATM (East Raja St)

KK Netscape (East Raja St; 30 ₹/Std.; ⏲9–22 Uhr)

Ruby Forex (East Raja St; ⏲Mo–Sa 9.30–19 Uhr)

South India Browsing Centre (Mango Leaf Restaurant, Othavadai St; 30 ₹/Std.; ⏲8–20 Uhr) Hat auch einen ordentlichen Büchertausch.

State Bank of India ATM (East Raja St)

Suradeep Hospital (☎27442390; 15 Thirukkulam St; ⏲24 Std.) Von Travellern empfohlen.

Touristeninformation (☎27442232; Kovalam Rd; ⏲Mo–Fr 10–17.45 Uhr) Das Personal betrachtet Besucher als lästige Störung. Irgendwann erbarmt sich einer, seufzt tief und deutet auf den Tisch mit den Karten und Broschüren.

An- & Weiterreise

Mindestens 30 Busse fahren täglich ab/nach Chennai (30 ₹, 2 Std.). Zum Flughafen von Chennai kommt man mit dem Bus 108B (25 ₹, 2 Std., tgl. 9 & 20 Uhr). Außerdem fahren mindestens neun Busse täglich nach Puducherry (35 ₹, 2 Std.) und Kanchipuram (24 ₹, 2 Std.) via Tirukkalikundram; täglich um 6 Uhr fährt ein schnellerer privater Bus direkt nach Kanchipuram. Zweimal täglich gibt es auch einen Bus nach Tiruvannamalai (36 ₹, 3 Std., 9.30 & 20 Uhr).

Taxis warten an der Bushaltestelle. Für Langstreckenfahrten muss man alle Verhandlungskünste aufbieten. Die Fahrt nach Chennai oder zum Flughafen kostet rund 1400 ₹.

Zugreservierungen sind im **Southern Railway Reservation Centre** (East Raja St) möglich.

Unterwegs vor Ort

Am leichtesten kommt man zu Fuß herum, was aber an heißen Tagen ganz schön strapaziös ist, wenn man alle Monumente sehen will. Fahrräder kann man in den meisten Hotels und an zahlreichen Ständen an der East Raja St leihen.

Vedantangal Bird Sanctuary

Das rund 52 km südwestlich von Mamallapuram gelegene **Schutzgebiet** (Eintritt 20 ₹; ⌚6–18 Uhr) ist ein wichtiges Brutgebiet für Wasservögel wie Kormorane, Reiher, Fischreiher, Ibisse, Löffler, Störche, Lappentaucher oder Pelikane, die sich hier von Oktober bis März niederlassen. Auf dem Höhepunkt der Brutsaison (Dez. & Jan.) können bis zu 30 000 Vögel in den Mangroven nisten. Die beste Gelegenheit zum Beobachten hat man frühmorgens und am späten Nachmittag – von dem Beobachtungsturm aus hat man einen guten Blick auf das geräuschvolle Treiben in den Nestern jenseits des Gewässers.

Einfache Zimmer gibt's im **Forest Department Resthouse** (DZ 525 ₹, mit Klimaanlage 725 ₹) 500 m vor dem Schutzgebiet. Prinzipiell muss man die Unterkunft vorab im **Wildlife Warden's Office** (WWO; Karte S. 342 f.; ☎22351471; 4. OG, DMS Office, 259 Anna Salai, Teynampet) in Chennai buchen. Das bereitet ein wenig Umstände – und man sollte auf alle Fälle auch erst einmal anrufen, da zum Zeitpunkt unserer Recherche davon die Rede war, das Büro werde demnächst umziehen. Leichter bekommt man hier ein Zimmer über einen Reiseveranstalter (z. B. Hi! Tours in Mamallapuram) oder wenn man einfach kommt, den Verwalter auftreibt und das Glück, dass noch ein Zimmer frei ist. Unangekündigte Gäste können nicht unbedingt damit rechnen, etwas zu essen zu bekommen. Wer einen fahrbaren Untersatz hat, muss bei Hunger rund 10 km bis zum nächsten abends geöffneten Imbiss fahren.

Mit öffentlichen Verkehrsmitteln nimmt man von Mamallapuram zunächst den Bus nach Chengalpattu (1 Std.). Von dort fährt ein Bus über Padalam (wo man an der Kreuzung eventuell in einen anderen Bus umsteigen muss) nach Vedantangal. Die meisten Busse nach Vedantangal fahren direkt zum Eingang des Schutzgebiets, andere zur Bushaltestelle im Dorf, von der aus man dann 1 km Richtung Süden laufen muss. Viele Besucher kommen auch zu einem Tagesausflug aus Mamallapuram; die Fahrt mit einem klimatisierten Taxi sollte rund 1400 ₹ kosten.

Kanchipuram

☎044 / 188 763 EW.

Die alte Hauptstadt der Pallava-Dynastie ist eine für Tamil Nadu typische Tempelstadt – einerseits tobt das moderne, indische Leben in aller Hektik, andererseits führen die Gotteshäuser einen steinernen Dialog mit der Geschichte. „Kanchi" ist darüber hinaus ein Zentrum der Seidenproduktion und berühmt für seine hochwertigen Saris. Traveller besuchen die Stadt in der Regel – und damit liegen sie richtig – nur im Rahmen eines Tagesausflugs von Mamallapuram oder Chennai aus, denn abseits der zu Recht berühmten Tempel gibt es hier nicht viel zu sehen. Nur wegen der Seide herzukommen, lohnt sich nicht: Die ist hier nicht billiger als in Chennai.

Die Stadt liegt 76 km südwestlich von Chennai an der Hauptstraße zwischen Chennai und Bengaluru. Eine Touristeninformation gibt es nicht, wohl aber Infos im Internet unter www.hellokanchipuram.com.

Sehenswertes

Alle Tempel sind von 6 bis 12.30 Uhr und von 16 bis 20.30 Uhr geöffnet. Der Eintritt ist frei, doch muss man hie und da für die Schuhaufbewahrung zahlen und/oder eine Fotogebühr entrichten.

Kailasanatha-Tempel HINDU-TEMPEL

Der älteste Tempel Kanchis ist zugleich auch der eindrucksvollste – nicht wegen seiner Größe, sondern wegen seiner geschichtlichen Bedeutung. Der Shiva geweihte Kailasanatha-Tempel wurde im 7. Jh. von dem Pallava-König Rajasimha errichtet. Der nicht besonders hohe Sandsteinkomplex besitzt faszinierende Reliefs, viele davon stellen halbmenschliche Gottheiten dar, die zur Zeit der frühen drawidischen Architektur in Mode waren.

Auch Nicht-Hindus dürfen das Tempelinnere betreten. Dort befindet sich ein prismaförmiger Lingam – der größte in der Stadt und der drittgrößte in ganz Asien.

Sri-Ekambareshvara-Tempel HINDU-TEMPEL

Der Shiva-Tempel gehört zu den größten der Stadt. Das Tempelgelände umfasst 12 ha und wird von einem 59 m hohen *gopuram* dominiert. Die feinen Reliefs wirken lebendig, obschon auf ihnen eine 500-jährige Geschichte lastet – schließlich wurden sie 1509 zur Zeit des Vijayanagar-Reiches in den Stein gemeißelt. Der Name

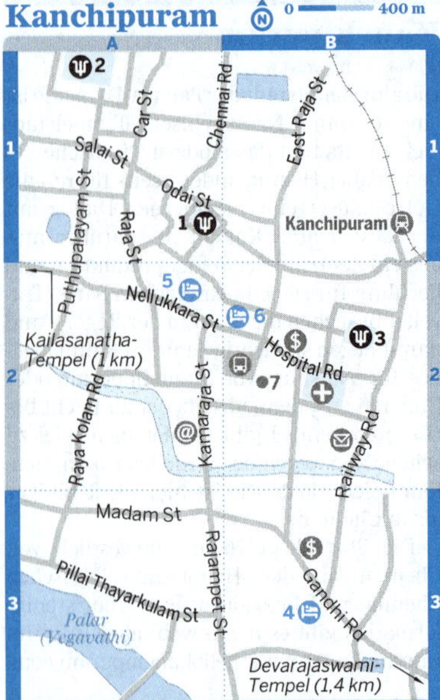

Kanchipuram

Sehenswertes

1 Kamakshi-Amman-Tempel A1
2 Sri-Ekambareshvara-Tempel A1
3 Vaikunta-Perumal-Tempel B2

Schlafen

4 GRT Regency B3
5 MM Hotel A2
6 Sri Sakthi Residency B2

Essen

Dakshin.................................... (siehe 4)
Saravana Bhavan..................... (siehe 4)

Transport

7 Fahrradverleih...................................... B2

des Tempels soll von Eka Amra Nathar – dem Herrn des Mangobaumes – abgeleitet sein. Die vier Äste eines alten hier stehenden Mangobaums symbolisieren die vier Veden, die heiligen Texte der Hindus. Von den fünf Shiva-Tempeln, die jeweils ein Element symbolisieren, steht dieser hier für die Erde.

Einer Legende zufolge verehrte die Göttin Kamakshi hier Shiva in Form eines Lingams aus Sand, der sich noch immer im Zentrum des Tempels befindet. Nicht-Hindus bleibt der Zutritt zu dem Spiegelsaal versagt, in den die Gläubigen mit Kerzen eintreten. Das in der Mitte stehende Bild Shivas spiegelt sich im Kerzenschein überall an den verspiegelten Wänden. Die zahllosen Spiegelbilder sind ein Symbol für die unendliche Gegenwart des Gottes.

Kamakshi-Amman-Tempel — HINDU-TEMPEL

Der imposante Tempel ist der Göttin Parvati in der Gestalt von Kamakshi („Sie, deren Augen Sehnsüchte wachruft") geweiht. Rechts vom Tempeleingang befindet sich die Hochzeitshalle mit herrlich verzierten Säulen, geradeaus geht's zum Hauptschrein mit dem goldenen *vimana* (legendärer, fliegender Wagen). Auch hier dürfen Nicht-Hindus das Heiligtum, in dem Kamakshi/Parvati im für sie untypischen Lotussitz dargestellt ist, nicht betreten. Im Februar oder März werden Wagen mit Götterstatuen in einer farbenprächtigen Prozession durch die Straßen geschoben. Wer in der Nähe ist, sollte dieses Ereignis nicht verpassen.

Devarajaswami-Tempel — HINDU-TEMPEL

(Foto/Video 5/100 ₹) Das riesige **Monument** ist Vishnu geweiht und wurde unter den Vijayanagars erbaut. Es gehört zu Kanchipurams eindrucksvollsten Tempeln. Im Inneren befinden sich die wunderschön gestaltete Halle der 1000 Säulen (Eintritt 1 ₹), von denen nur 96 noch erhalten sind, und eine Hochzeitshalle, die an die Hochzeit Vishnus und Lakshmis erinnert. Am bemerkenswertesten ist eine riesige Kette, die aus einem einzigen Felsblock gehauen wurde und in jeder Ecke des *mandapa* zu sehen ist. In dem Tempel wird man angeblich von Krankheiten geheilt, die man durch Eidechsen bekommen hat. Dafür sollen die versilberten und vergoldeten Zwillingsreptilien sorgen, die an der Tempeldecke lang kriechen.

Alle 40 Jahre wird das Wasser aus dem Tempelbecken abgelassen. Dann kommt eine riesige Vishnu-Statue aus Holz zum Vorschein, die dann 48 Tage lang verehrt wird. Das nächste Mal passiert dies 2019. Drei Mal im Jahr finden am Tempelbecken Floßfeste statt (die Gottheiten schwimmen buchstäblich im Becken herum).

Vaikunta-Perumal-Tempel — HINDU-TEMPEL

Der rund 1200 Jahre alte Tempel wurde kurz nach dem Kailasanatha-Tempel errichtet und ist Vishnu geweiht. Die Kreuzgänge innerhalb der Außenmauern bestehen aus Löwensäulen und spiegeln die erste

Phase der architektonischen Entwicklung der großen 1000-Säulen-Hallen wider. Der Hauptschrein, der sich in einzigartiger Weise über drei Ebenen erstreckt, zeigt Vishnu in stehender, sitzender und zurückgelehnter Haltung sowie auf seinem Lieblingstier, dem Garuda (halb Adler, halb Mensch). Eidechsensymbole gibt's auch.

Schlafen & Essen

Kanchis billige Pilgerherbergen sind schäbig, es gibt aber ein paar ordentliche Mittelklassehotels.

GRT Regency HOTEL $$
(☎27225250; www.grthotels.com; 487 Gandhi Rd; EZ/DZ mit Frühstück 2250/2750 ₹; ❄📶) Das Hotel liegt zurückgesetzt an der lauten Hauptstraße, bietet aber die wahrscheinlich saubersten und komfortabelsten Zimmer in Kanchi. Das angeschlossene Restaurant **Dakshin** (Hauptgerichte 180–375 ₹) ist etwas überteuert, aber ein elegantes, klimatisiertes Lokal mit einer großen internationalen Karte, auf der auch Frühstücksgerichte westlicher Art, gute Meeresfrüchte (besonders die indisch zubereiteten) und leckere Tandoori-Gerichte stehen.

Sri Sakthi Residency HOTEL $
(☎27233799; www.sreesakthiresidency.com; 71 Nellukkara St; EZ/DZ ab 800/900 ₹; ❄) Das Hotel ist für den Preis nicht schlecht. Die Möbel aus hellem Holz und die farbenfrohen Wände sorgen für ein modernes Aussehen, nur leichte Spuren von Abnutzung sind zu entdecken. Unter dem Hotel befindet sich ein gutes vegetarisches Restaurant.

MM Hotel HOTEL $
(☎27227250; www.mmhotels.com; 65 Nellukkara St; DZ ab 800 ₹; ❄) Das geschäftige und saubere Hotel mit blanken Böden und Flachbildfernsehern wird gern von indischen Geschäftsleuten frequentiert. Gleich nebenan gibt es ein vegetarisches Saravana-Bhavan-Restaurant mit einem einladenden und dankenswerterweise klimatisierten Speisesaal.

Praktische Informationen

Axis Bank ATM (Gandhi Rd)

Googly (144 Kamaraja St; 20 ₹/Std.; ⏲7.30–22.30 Uhr) Internetzugang.

State Bank of India ATM (Hospital Rd)

An- & Weiterreise

Von den Bahnhöfen Beach, Fort und Egmore in Chennai fahren regelmäßig Vorortzüge direkt nach Kanchipuram. Der stark frequentierte Busbahnhof liegt im Zentrum der Stadt. Von dort fahren Busse u. a. nach:

Bengaluru 110–160 ₹, 6 Std., 2-mal tgl.

Chennai 26 ₹, 2 Std., alle 15 Min.

Mamallapuram 27 ₹, 2 Std., 9-mal tgl.

Puducherry 36 ₹, 3 Std., 12-mal tgl.

Tiruvannamalai 38 ₹, 3 Std., stündl.

Tiruchirappalli (Trichy) 110 ₹, 7 Std., 4-mal tgl.

Vellore 26 ₹, 2 Std., alle 15 Min.

Unterwegs vor Ort

An Ständen rund um den Busbahnhof werden Fahrräder verliehen. Eine halbtägige Autorikschatour zu den fünf wichtigsten Tempeln (rund 400 ₹) wird unweigerlich einen Halt bei einem Seidenladen mit sich bringen.

Vellore

☎0416 / 386 746 EW.

Für eine staubige Basarstadt wirkt Vellore geradezu kosmopolitisch. Das ist einigen Hochschulen und dem Christian Medical College (CMC) Hospital, einem der besten Krankenhäuser Indiens, zu verdanken. Das Hospital zieht Medizinstudenten aus dem Ausland und Patienten aus ganz Indien an. Es lohnt sich, einen Tag in der Stadt zu verweilen, um das historische Ambiente – die gewaltige Vijayanagar-Festung verdient einen Spaziergang – und das kleinstädtische, aber internationale Flair auf sich wirken zu lassen. Zu dem neuen goldenen Sripuram-Tempel gleich außerhalb der Stadt strömen Pilgerscharen aus ganz Indien.

Sehenswertes

Goldener Sripuram-Tempel HINDU-TEMPEL
(Mahalakshmi-Tempel; Eintritt frei) Der Tempel wurde vor wenigen Jahren mit einer Goldauflage von 1,5 t auf dem Dach errichtet – Kritiker meinen, das Geld hätte sinnvoller ausgegeben werden können. Der Tempel steht in einer hübschen Gartenanlage 7 km südlich der Stadt und zieht viele Pilger an. Zweifellos hat es auch seinen Reiz, die Unmenge des getriebenen Golds aus der Nähe zu sehen. Hier herrschen strenge Sicherheitsvorschriften: Elektronische Geräte sind auf dem Gelände verboten, alle Taschen werden durchsucht und durchleuchtet. Ebenso streng wird auf die Kleiderordnung geachtet (keine Shorts; Beine und Schultern müssen bedeckt sein), zudem muss man sich strikt innerhalb des abgegrenzten Weges

halten, wo ständig Zitate des Tempelgurus und Spendenaufrufe ins Auge fallen. Wer gleich hineinwill, zahlt 250 ₹, alle anderen stehen in engen, stickigen Korridoren in der Schlange. Busse (8 ₹) fahren regelmäßig vom Neuen Busbahnhof hierher, die Fahrt mit einer Autorikscha kostet 80 ₹.

Vellore Fort FESTUNG

Die mächtigen Mauern und Gräben der imposanten Festung beherrschen den Westen der Stadt. Die Anlage wurde im 16. Jh. errichtet und kam 1676 kurz in den Besitz der Marathen und 1708 in den der Moguln. Die Briten bemächtigten sich der Festung endgültig 1799 nach der Zerstörung von Shrirangapattana und dem Tod Tipu Sultans. Heute befinden sich hier diverse Behörden, Paradeplätze, eine Universität, eine Kirche, eine alte Moschee und eine Polizeischule.

Im Westen des Festungskomplexes zeigt das kleine **Archeaological Survey Museum** (Eintritt frei; ⌚Sa–Do 9–17 Uhr) Skulpturen aus der Pallava- und Chola-Zeit. Gleich daneben steht die hübsche **St. John's Church** von 1846, die nur sonntags während des Gottesdiensts geöffnet ist. Im Osten befindet sich das **Government Museum** (Inder/Ausländer 5/100 ₹; ⌚Sa–Do 9.30–17 Uhr), in dessen Vorhof mit Schlachtszenen geschmückte „Heldensteine" des 8. Jhs. zu sehen sind. Die staubigen Exponate haben gewiss bessere Tage gesehen, aber immerhin ist die kleine Sammlung von Kleidung und Artefakten der Stammesvölker interessant. Unweit des Eingangs der Festung erhebt sich der **Jalakanteshwara-Tempel** (⌚6–13 & 15–20.30 Uhr), ein um 1566 errichtetes Schmuckstück der späten Vijayanagar-Architektur. Sehenswert sind die kleinen, fein gearbeiteten Skulpturen an den Wänden der Hochzeitshalle. Viele Jahrzehnte lang diente der Tempel als Garnison und die Tempelrituale unterblieben. Mitte der 1980er-Jahre wurde er dann neu geweiht und dient seitdem wieder als Kultstätte.

Schlafen & Essen

Vellores billige Hotels konzentrieren sich in den Straßen südlich und parallel zum Krankenhaus und sind meistens auf Gäste ausgerichtet, die sich in der Stadt einer Behandlung unterziehen. Die billigsten sind ziemlich scheußlich, wohingegen Spitzenklassehotels Mangelware sind. Wer aber einfach ein schmuckloses Zimmer der Budget- oder mittleren Kategorie sucht, wird in Vellore immer etwas finden.

Darling Residency HOTEL $$

(☎2213001; darling_residency@yahoo.com; 11/8 Officer's Line; EZ/DZ ab 1400/1700 ₹; ❄@📶) Gewiss kein Fünf-Sterne-Hotel, aber die Zimmer sind sauber und komfortabel, wenn auch uninteressant. Das Personal ist freundlich und es gibt sogar einen kleinen Fitnessraum mit Hometrainer. Das **Aranya Roof Garden Restaurant** (mittags & abends) auf dem Dach ist kühl und luftig.

Hotel Palm Tree HOTEL $

(☎2222960; hotelpalmtree@yahoo.in; 10 Thennamaram Rd; EZ/DZ ab 850/950 ₹; ❄@) In einer Gasse gleich abseits der Officer's Line, ein kleines Stück südlich der Festung, bietet dieses Hotel saubere, adrette Zimmer mit IKEA-artigen Möbeln und farbenfrohen Wänden. Hilfsbereites Personal.

Ismail Residency HOTEL $

(☎2223216; Ida Scudder Rd (Arcot Rd); EZ/DZ ab 600/700 ₹; ❄) Lodge mit fünf sauberen Zimmern, die etwas größer sind als die, die sonst in dieser Gegend vermietet werden.

Hotel River View HOTEL $$

(☎2225251; Katpadi Rd; DZ ab 1000 ₹; ❄) Nördlich vom Zentrum und nahe dem Neuen Busbahnhof profitiert das Hotel von einer relativ ruhigen Lage und dem hübschen Garten, auch wenn von einem „Blick auf den Fluss" nicht wirklich die Rede sein kann. Die Zimmer sind geräumig, beide Restaurants gut. Abzüge in der B-Note gibt's für das ziemlich unhöfliche Personal und die Badezimmerhygiene, die nicht ganz dem entspricht, was man bei diesen Preisen erwarten darf.

Meher Hotel HOTEL $

(☎2220992; Ida Scudder Rd; EZ/DZ 600/700 ₹) Direkt gegenüber dem Krankenhauseingang. Das Hotel ist eines aus einer Reihe von Häusern, die kleine, saubere, schmucklose Zimmer, in die ein wenig Straßenlärm dringt, zu ähnlichen Preisen vermieten.

Hotel Arthy INDISCH $

(Ida Scudder Rd; Hauptgerichte 10–50 ₹) In der Ida Scudder Rd finden sich einige billige vegetarische Restaurants – dieses hier ist eines der saubersten. Neben schmackhaften, typisch südindischen Gerichten gibt es auch günstige und leckere Biryanis, das ziemlich gute „Special Thali" kostet 50 ₹.

Praktische Informationen

Es gibt mehrere Internetcafés im Stadtgebiet, darunter ein paar gegenüber dem Krankenhaus in der Ida Scudder Rd (Arcot Rd).

Axis Bank (Officer's Line) Geldautomat, ein paar Blocks südlich der Festung.

Geo Wings Internet (Ida Scudder Rd; 30 ₹/ Std.; ⌚9–21 Uhr)

State Bank of India (Bangalore Rd) Außer diesem Geldautomaten gibt es einen weiteren der State Bank of India ein paar Blocks nördlich des Krankenhauses in der Katpadi Rd.

Touristeninformation (Vellore Fort; ⌚Mo–Fr 10–13 & 14–14.30 Uhr)

UAE Exchange (Ida Scudder Rd; ⌚Mo–Fr 9.30–18, Sa bis 16 Uhr) Die Wechselstube findet sich im gleichen Gebäude wie das Meher Hotel.

An- & Weiterreise

Bus

Der Neue Busbahnhof liegt ungefähr 500 m vom Hotel River View entfernt, 1,5 km nördlich der Stadt. Täglich fahren zwölf klimatisierte Volvo-Busse nach Chennai (145 ₹). Staatliche Busunternehmen fahren vom Neuen Busbahnhof u. a. folgende Ziele an:

Chennai 54 ₹, 3 Std., alle 15 Min.
Bengaluru 87 ₹, 5 Std., alle 30 Min.
Kanchipuram 26 ₹, 2 Std., alle 15 Min.
Tiruvannamalai 38 ₹, 2 Std., alle 30 Min.
Tiruchirappalli (Trichy) 120 ₹, 7 Std., 3-mal tgl.

Zug

Vellores Hauptbahnhof liegt 5 km weiter nördlich in Katpadi. Bus 192 pendelt zwischen dem Bahnhof und der Stadt. Täglich fahren mindestens sechs Expresszüge ab/zur Central Station in Chennai (2. Klasse/Sleeper Class 76/133 ₹).

Tiruvannamalai

☎04175 / 130 567 EW.

Es gibt Tempelstädte, es gibt Bergstädte und es gibt eine Tempelberg-Stadt, in der das Göttliche als ein Lingam aus Feuer erscheint: Tiruvannamalai. Rund 85 km südlich von Vellore liegt am mit Felsbrocken übersäten Berg Arunachala diese Stadt, in der Shiva in seiner feurigen Erscheinung als Arunachaleswar (s. Kasten S. 372) verehrt wird. Zu jedem Vollmond strömen Tausende von Pilgern zum Arunachala und umschreiten ihn. Und auch die übrige Zeit versammeln sich shivaitische Priester, Sadhus (Asketen) und Gläubige rund um den Tempel. In Tiruvannamalai befindet sich außerdem noch der Sri-Ramana-Ashram (bzw. Sri-Ramanasramam-Ashram).

Immer häufig kommen auch Budgettraveller und Traveller auf Sinnsuche, denen die Szene in Mamallapuram zu abgedroschen ist, nach Tiruvannamalai; darum gibt es in den Straßen in der Nähe des Ashrams ein paar auf Traveller eingestellte Cafés und Hotels und die obligatorischen Kaschmir-Souvenirläden.

Sehenswertes & Aktivitäten

Arunachaleswara-Tempel HINDU-TEMPEL

(⌚5–12.30 & 15.30–21 Uhr) Der Arunachaleswara-Tempel erstrahlt in goldenen Flammen. Überall liegt der Geruch von brennendem Ghee in der Luft, wie es sich für die feurige Inkarnation des Weltenzerstörers schickt. Mit einer Fläche von über 10 ha gehört die gewaltige Tempelanlage zu den größten Indiens. Vier große, unbemalte *gopurams* markieren die vier Himmelsrichtungen; der östliche Turm hat 13 Stockwerke und ragt beachtliche 66 m hoch.

In konzentrischen Ringen gelangt man aus dem profanen in den Sakralbereich: Zunächst passiert man die Bettler und Händler, die die Anlage umlagern, marschiert dann durch dunkle Korridore, in deren Nischen juwelenbesetzte Götterbilder hausen, und erreicht schließlich das Zentrum, wo Tempelbrahmanen vor dem Lingam einen bullernden Ofen hüten, der aussieht wie eine Feuer speiende Walnussschale. *Pujas* finden rund siebenmal pro Tag statt – ein Aushang informiert über die Zeiten. Erfreulicherweise hält sich in diesem Tempel das Gedränge in Grenzen, sodass man sich gut umschauen kann.

Arunachala BERG

Der auf Sanskrit Sonachalam (Roter Berg) genannte Arunachala ist ein 800 m hoher, erloschener Vulkan, der über Tiruvannamalai thront. Er gilt als eine Verkörperung des Elements Feuer, das im Herzen des Arunachala seinen sakralen Sitz haben soll. Zu Vollmond und an Festtagen umkreisen Tausende von Pilgern den Berg: eine 14 km lange Wanderung. Traveller, denen so viel Hingabe zu viel ist, können auch mit einer Autorikscha die Strecke zurücklegen. Das kostet an normalen Tagen rund 200 ₹, an Festtagen gut und gern das Doppelte. Alternativ kann man sich auch im Büro des Ashrams eine Wegekarte besorgen, an der Straße nahe beim Eingang ein Fahrrad mieten und um den Berg radeln.

Möglich ist eine „phallische Pilgertour", bei der man sich der Reihe nach die acht Lingams anschaut, die in alle Himmelsrichtungen rund um den Berg stehen. Sehenswert ist auch das Feld der tausend Lingams, die von indischen und ausländischen Spendern (von Malaysia bis zu den USA) „gepflanzt" wurden.

Besteigt man den Berg zur Hälfte oder Gänze (hin & zurück rund 4 Std.), hat man einen prächtigen Blick auf den Arunachaleswara-Tempel. An der nordwestlichen Ecke des Tempels führt ein ausgeschilderter Pfad hinauf, vorbei an Häusern und den beiden Höhlen **Virupaksha** und **Skandasramam**. Von 1899 bis 1922 lebte und meditierte Sri Ramana Maharshi in diesen Höhlen, danach bauten er und die wachsende Schar seiner Anhänger den Ashram auf.

Sri-Ramana-Ashram ASHRAM

(☎237200; www.sriramanamaharshi.org; ⏰Büro 7.30–12.30 & 14–18.30 Uhr) Dieser ruhige Ashram 2 km südwestlich von Tiruvannamalai wird von Anhängern des Sri Ramana Maharshi betrieben, eines Gurus, der hier 1950 nach fast 50 Jahren der Kontemplation starb. Es ist ein sehr entspannter Ort in grüner Umgebung. Besucher können meditieren oder vor dem Schrein beten, wo der Guru Samadhi (Erleuchtung) erlangte. Tagesbesucher sind willkommen, aber im Ashram wohnen dürfen nur *Gläubige*, die sich dazu mindestens drei Monate im Voraus schriftlich oder per E-Mail anmelden sollten.

Geführte Touren

Bougainvillea Tours (☎9500325159; www.bougainvilleatours.com) bietet eine Reihe von Wanderungen um den Berg und zu den Tempeln sowie Fahrten um den Berg in einem Ochsenkarren an. Das TTDC (S. 355) in Chennai veranstaltet Pilgerreisen zu Vollmond.

Schlafen & Essen

Tiruvannamalai lässt sich im Rahmen eines Tagesausflugs von Puducherry oder Chennai aus besuchen, aber immer mehr Traveller bleiben auch länger. Es gibt Budgetunterkünfte rund um den Tempel, aber die Qualität ist allgemein schlecht. In der Festzeit (Nov./Dez.) können die Preise um 1000 % in die Höhe schnellen!

Arunachala Ramana Home HOTEL $

(☎236120; www.arunachalaramanahome.com; 70 Ramana Nagar, Chengam Rd; EZ/DZ ab 300/400 ₹, DZ mit Klimaanlage 700 ₹; ❄) Die beliebte einfache, saubere und freundliche Unterkunft liegt unweit des Ashrams. Gleich nebenan befindet sich das ausgezeichnete Manna Café, das jedes Verlangen nach nicht indischem Essen u.a. mit Salaten, Pasta und Brot zu stillen weiß. In der Nähe gibt es viele Chai-Stände und vegetarische Cafés.

Hotel Ganesh HOTEL $

(☎2226701; 111A Big St; DZ 275–605 ₹; ❄) In der geschäftigen Basarstraße nördlich des Tempels ist das Ganesh eine kleine Oase der Ruhe, die ihr Geld wert ist. Manche Zimmer sind winzig, aber alle sind recht sauber und der Balkon zum Innenhof ist angenehm. Im Erdgeschoss gibt's ein ordentliches vegetarisches Restaurant.

Hotel Arunachala Residency HOTEL $

(☎228300; www.hotelarunachala.com; 5 Vada Sannathi St; EZ/DZ/3BZ ab 400/600/750 ₹; ❄) Das beste der Hotels am Tempel: Das Haus liegt gleich neben dessen Haupteingang und ist sauber und nett, ja erhebt mit unechten Marmorböden und hässlichen Möbeln Anspruch auf Luxus. Das vegetarische

DER FEUERLINGAM

Der Legende zufolge erschien Shiva auf dem Arunachala als Feuersäule und erschuf so das Symbol des Lingams. In ganz Indien wird im November oder Dezember zu Vollmond das **Karthikai Deepam Festival** im Zeichen dieser Legende gefeiert, ganz besonders aber in Tiruvannamalai. Tagelang brennt ein riesiges Feuer auf dem Gipfel des Arunachala – zu diesem Zweck wird ein 30 m langer Docht in 2000 l Ghee getaucht. In den Wohnungen der Stadt werden zu Ehren Shivas und seines feurigen Lingams Lampen angezündet. Das Feuer symbolisiert Shivas Licht, das die Dunkelheit und das Böse vertreibt.

Zur Zeit des Festivals kommen bis zu 500 000 Menschen nach Tiruvannamalai. Zu Ehren Shivas besteigen sie den Berg oder gehen um ihn herum. Auf dem Weg nach oben weichen die Stufen schnell schroffen und bröckeligen Felsen. Es gibt keinen Schatten, die Sonne brennt erbarmungslos und der Aufstieg muss – aus Respekt vor der Gottheit – barfüßig unternommen werden. Doch all das hält die Tausenden von Pilgern nicht davon ab, ruhig und heiter bergauf zu klettern, um die Heimstätte ihres Gottes zu erreichen.

Restaurant im Erdgeschoss bietet einfache, aber sehr gute südindische Gerichte. Dieses Hotel ist eine viel bessere Alternative als das unerklärlich beliebte Hotel Ramakrishna, das in der Nähe am Highway heruntergekommene Zimmer zu ähnlichen Preisen vermietet.

Shanti Internet Café CAFÉ **$**
(www.shanticafe.com; 115 Chengam Rd; 📶) Nahe beim Ashram findet sich dieses beliebte, relaxte Café mit Sitzkissen auf dem Boden und einer kleinen Karte, auf der Sandwichs, Salate, Shakes und Kuchen stehen. Im Erdgeschoss gibt's Internetzugang (25 ₹) und WLAN im Café.

An- & Weiterreise

Alle halbe Stunde fahren Busse nach Chennai (66 ₹, 3½ Std.) und Vellore (38 ₹, 2 Std.). Busse nach Puducherry (40 ₹, 3 Std.) gibt's mindestens 3-mal täglich. Ein Taxi nach Puducherry (über Gingee) kostet hin und zurück rund 1500 ₹,die einfache Strecke 900 ₹.

Am Bahnhof Tiruvannamalai halten nur Nahverkehrszüge – zwei kommen täglich auf der Fahrt zwischen Vellore und Villupuram durch; in Villupuram kann man nach Puducherry umsteigen.

Gingee (Senji)

☎04145

Rund 37 km östlich von Tiruvannamalai hat die Natur runde Felsblöcke und mächtige Steinbrocken in grauen, braunen und rötlichen Farbtönen in die von flachen grünen Reisfeldern geprägte Landschaft Tamil Nadus platziert. Schließlich verwandelten Menschen zwei dieser steinernen Erhebungen in die Befestigungsanlage **Rajagiri & Krishnagiri** (King & Queen Fort; Inder/Ausländer 5/150 ₹; ⏲9–17 Uhr). Die Gebäude wurden überwiegend im 16. Jh. von den Vijayanagars errichtet (einige stammen noch aus dem 13. Jh.). Sie wirken in der Ebene von Tamil Nadu so fehl am Platz, als habe sich ein Fan im Bayern-Trikot in die HSV-Kurve verirrt. Nach den Vijayanagars waren die Marathen, die Moguln, die Franzosen und schließlich die Briten die Herren der Festung.

Der Fußmarsch auf die Spitze beider Befestigungshügel ist ganz schön anstrengend, man kommt aber an diversen Monumenten (von *gopurams* bis zu Getreidespeichern) vorbei. Ein Spaziergang kann einen halben Tag in Anspruch nehmen, vor allem, wenn man die Straße überquert und den steilen Aufstieg auf den Krishnagiri nicht scheut. Zu den Gebäuden des Rajagiri-Komplexes (südlich der Straße) zählen ein Shiva-Tempel, eine Moschee und als Glanzstück die restaurierte Audienzhalle. Fast alle sind durch Graffiti verschandelt.

Tagesausflüge nach Gingee sind von Puducherry (67 km) oder Tiruvannamalai (37 km) aus problemlos möglich. Alle 30 Minuten fahren Busse von Tiruvannamalai (13 ₹, 1½ Std.) nach Gingee. Man sollte sich am „Fort“, 2 km vor der Ortschaft Gingee, absetzen lassen. Eine Fahrt mit der Autorikscha vom Ort zur Festung kostet rund 90 ₹ (einfache Strecke).

Puducherry (Pondicherry)

☎0413 / 220 749 EW.

Eines vorweg: Wer bei Puducherry, das früher Pondicherry hieß und immer noch liebevoll „Pondy“ genannt wird, an ein provenzalisches Dorf in Südindien denkt, wird enttäuscht werden. Überwiegend ist die Stadt typisches Tamil Nadu – hup, quietsch, kreisch, Chaos! Nur zwischendrin zieht sich ein Rinnsal des kolonialen Pondicherry hindurch: ein paar kopfsteingepflasterte Straßen, einige senffarbene Häuser und hie und da ein schattiger Boulevard, in dem man sich vorstellen könnte, wie französische Gendarmen in Saris gekleideten Schönheiten nachschauen – wenn nur das ewige Hupen nicht wäre!

Über all dem thronen Hotels, Restaurants und Lifestyle-Läden, die ein Bild des *vieux Asie* verkaufen wollen, das von cleveren Geschäftsleuten erdacht und von französischen Kreativen herausgeputzt wurde, die auf dem Hippie-Trail hier irgendwann einmal strandeten. Diese Kreativen zogen dann indische Künstler und Designer nach und so bildete sich die typische Atmosphäre heraus: Es entstand ein Travellerstützpunkt, der weniger altmodisch-kolonial wirkt und bei allen Reminiszenzen an die Alte Welt moderne Boheme-Züge annimmt (mit einem Hauch von New Age).

Auf dem Programm stehen Shoppen, französisches Essen (Steaks!) und Bier – Schluss mit den Alkoholsteuern von Tamil Nadu, Puducherry ist indisches Unionsterritorium. Wer mag, kann auch an Yogasitzungen und Meditationen im Sri-Aurobindo-Ashram teilnehmen.

Puducherry wird von Ost nach West von einer teilweise überbauten Kloake – Verzeihung, einem Kanal – durchzogen. Der

Puducherry (Pondicherry)

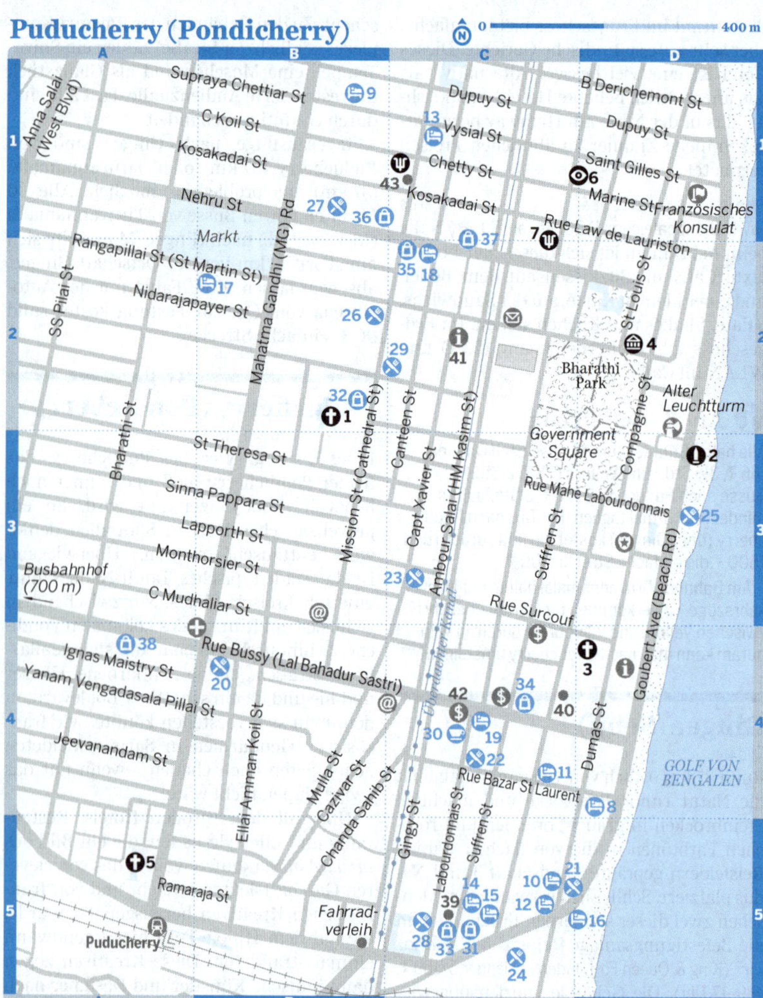

eher „französische" Stadtteil liegt im Osten (zum Meer hin), der indische im Westen. Die Nehru St und die Lal Bahadur Sastri, besser bekannt als Rue Bussy, sind die wichtigsten Ost-West-Straßen, die Mahatma Gandhi (MG) Rd und die Mission St (Cathedral St) bilden die Nord-Süd-Achsen. Pondys Stadtraster ist relativ übersichtlich, nur wechseln manche Straßen den Namen, andere bezeichnen sich als „Rue", nicht als „Street".

Sehenswertes & Aktivitäten

Französisches Viertel STADTVIERTEL
Im Osten liegt das Französische Viertel, eine Reihe von kopfsteingepflasterten Straßen und weißgelben Häusern in verschiedenen Stadien des romantischen Verfalls, die eine Erinnerung an vergangene französische Größe atmen. Die beste Art, diese Straßen kennenzulernen, ist der **Heritage Walk**. Los geht's am nördlichen Ende der Goubert Ave, der Uferpromenade, und weiter in südlicher Richtung vorbei am **Französischen Konsulat** und der **Gandhi-Statue**. Am **Hôtel de Ville** (Rathaus) rechts in die Rue Mahe Labourdonnais abbiegen und am schattigen **Bharathi Park** vorbeigehen. Von hier aus schlendert man weiter südwärts durch die Dumas, Romain Rolland und Suffren St. Auch die Vysial St

Puducherry (Pondicherry)

Sehenswertes
1 Notre Dame de la Conception Immaculée ... B2
2 Gandhi-Statue ... D3
3 Notre Dame de Agnes ... D4
4 Puducherry Museum ... D2
5 Église du Sacré Cœur ... A5
6 Sri Aurobindo Ashram ... D1
7 Sri-Manakula-Vinayagar-Tempel ... C1

Schlafen
8 Ajantha Beach Guest House ... D4
9 Calve ... B1
10 Dumas Guest House ... C5
11 Hotel De L'Orient ... C4
12 Hotel de Pondichery ... C5
13 Kailash Guest House ... C1
14 Les Hibiscus ... C5
Lotus Bay View Hotel ... (siehe 8)
15 New Guest House ... C5
16 Park Guest House ... D5
17 Raj Lodge ... B2
18 Santhi Inn ... C2
Sri Aurobindo Information Centre ... (siehe 41)
19 Villa Helena ... C4

Essen
20 Baker St ... B4
21 Café de Flore ... C5
22 Café des Artes ... C4
23 kasha ki aasha ... C3
24 La Terrasse ... C5
25 Le Café ... D3
Le Club ... (siehe 12)
26 Nilgiris Supermarket ... B2
Salle a Manger ... (siehe 9)
27 Saravana Bhavan ... B1
28 Satsanga ... C5
29 Surguru ... C2

Ausgehen
30 L'e-Space Coffee & Arts ... C4

Shoppen
31 Fabindia ... C5
32 Focus Books ... B2
33 French Bookshop ... C5
34 Geethanjali ... C4
35 Hidesign ... C2
36 Kalki ... B1
kasha ki aasha ... (siehe 23)
37 La Boutique d'Auroville ... C1
38 Libraire Kailash ... A4
Pondy Cre'Art ... (siehe 31)

Praktisches
39 Alliance Française ... C5
40 Shanti Travels ... C4
41 Sri Aurobindo Information Centre ... C2
42 Thomas Cook ... C4

Transport
43 Fahrrad- & Motorrollerverleih ... C1

zwischen MG Rd und Mission St sollte man sich anschauen: Einheimische meinen, dieser von Bäumen gesäumte Block sei eines der letzten noch original erhaltenen Reste des alten Pondicherry.

Sri-Aurobindo-Ashram ASHRAM
(Ecke Marine & Manakula Vinayagar Koil St) Dieser Ashram, der Yoga mit moderner Wissenschaft zu verbinden versucht, wurde 1926 von Sri Aurobindo und einer Französin gegründet, die als die „Mutter" bezeichnet wird und deren Porträt hier allgegenwärtig ist. Nach Aurobindos Tod gingen die spirituelle Autorität und eine gewisse religiöse Berühmtheit auf die „Mutter" über, die 1973 im Alter von 97 Jahren starb. Ein ständiger Besucherstrom bewegt sich durch das **Hauptgebäude des Ashrams** (8–12 & 14–17 Uhr), in dessen blumengeschmücktem Innenhof sich das Samadhi Aurobindos und der „Mutter" befindet. Für Gäste der diversen zum Ashram gehörenden Unterkünfte in der Stadt gelten längere Öffnungszeiten.

Puducherry Museum MUSUEM
(15 St Louis St; Erw./Kind 2/1 ₹; Di–So 9.40–13 & 14–17.20 Uhr) Man fragt sich, wie dieses niedliche, kleine Museum es schafft, seine Artefakte vor dem Verrotten zu schützen, schließlich gehört dazu eine ganze Etage mit französischen Möbeln, die der südindischen Feuchtigkeit ausgesetzt sind. Beim Schlendern durch das kolonialzeitliche Gebäude sollte man sich unbedingt die Skulpturen aus der Pallava- und Chola-Zeit anschauen, den Schnickschnack aus der Zeit der Union Française und nicht zuletzt die Münzen und Tonscherben, die in Arikamedu ausgegraben wurden. Dort, einige Kilometer südlich von Puducherry, lag einst ein bedeutender Seehafen, dessen Handelsverbindungen um die Zeitenwende bis ins Römische Reich reichten.

Kirchen KIRCHE

In Puducherry stehen, dank der Tätigkeit französischer Missionare, die prachtvollsten Kirchen und Kathedralen Indiens. Die 1791 fertiggestellte **Notre Dame de la Conception Immaculée** (Mission St), ist eine typische mittelblau-schneeweiße Jesuitenkirche, während die rotbraun-weiße, imposante **Église du Sacré Cœur** (Subbayah Salai) mit Buntglasfenstern und neugotischem Raumgefühl prunkt. Die 1858 im Stil der Neorenaissance erbaute blassrosa und cremefarbene **Notre Dame de Anges** (Dumas St) bietet im Licht des späten Nachmittags einen erhabenen Anblick. Für den Stuck, der innen die Kalksteinwände überzieht, wurden zerstoßene Eierschalen verarbeitet.

Sri-Manakula-Vinayagar-Tempel HINDU-TEMPEL

(Manakula Vinayagar Koil St; ⏲5.45–12.30 & 16–21.30 Uhr) In Puducherry mögen zwar mehr Kirchen stehen als in den meisten anderen Städten, aber man ist gleichwohl noch in Indien, wo sich die übergroße Mehrheit der Menschen zum Hinduismus bekennt. Man sollte unbedingt zuschauen, wenn Touristen, Pilger und Neugierige sich von dem Tempelelefanten, der vor dem Sri-Manakula-Vinayagar-Tempel steht, einen Klaps auf den Kopf abholen. Der Ganesh geweihte Tempel versteckt sich in einer Nebenstraße gleich südlich vom Sri-Aurobindo-Ashram und enthält mehr als 40 raffinierte gefertigte Friese.

Botanischer Garten GARTEN

(Eintritt frei; ⏲10–17 Uhr) Der von den Franzosen 1826 angelegte botanische Garten bildet eine grüne, wenn auch leicht vermüllte Oase im Südwesten der Stadt.

Strände STRÄNDE

Pondy liegt zwar am Wasser, was die Stadt aber nicht automatisch zu einem Badeort macht. Es gibt nur einen schmalen Streifen schmutzigen braunen Sandes und eine aus zerklüfteten Felsen bestehende Ufermauer. Ein Bummel auf der Goubert Ave (Beach Rd) lohnt sich aber allemal, besonders morgens und abends, wenn sich Jung und Alt hier tummeln und sich entweder fit hält oder Händchen halten. Nördlich und südlich der Stadt gibt's ein paar ordentliche Strände. Die Strände Quiet, Reppo und Serenity liegen nördlich des Zentrums und sind höchstens 8 km von Puducherry entfernt. In Chunnambar, 8 km südlich gelegen, befindet sich der Paradise Beach mit Wassersportmöglichkeiten; es sind auch Bootsfahrten in den Backwaters möglich. Die beiden Gebiete werden aber zusehends mit Luxusresorts zugepflastert. Mehr Infos gibt's in der Touristeninformation.

Yoga

In Puducherry gibt es alljährlich ein internationales Yogafestival. Das **Ayurvedic Holistic Healing Centre** (☎6537651; 6 Sengeniammal Koil St) bietet Entgiftungstherapien, Rückenbehandlungen, Varna-Punktmassagen, Hautanwendungen, Ayurveda-Massagen und Yogasitzungen an. Yoga praktizieren (und lernen) kann man im Sri-Aurobindo-Ashram. Das **International Centre for Yoga Education & Research** (ICYER; ☎2241561; www.icyer.com; 16A Mettu St, Chinnamudaliarchavady, Kottukuppam), auch bekannt als Ananda Ashram, veranstaltet jedes Jahr sechsmonatige Ausbildungskurse für Yogalehrer und einführende zehntägige Sommerkurse (500 €, inkl. Verpflegung & Unterkunft).

Geführte Touren

Die örtliche Touristeninformation veranstaltet halbtägige Sightseeing-Touren (100–150 ₹, 13.30–17 Uhr) zur Sacred Heart Church, nach Auroville und zum Sri-Aurobindo-Ashram. Bei den ganztägigen Touren (200–250 ₹, 9.45–17 Uhr) stehen zusätzlich der botanische Garten, das Puducherry Museum, der Sri-Manakula-Vinayagar-Tempel und der Wassersportkomplex in Chunnambar auf dem Programm.

Shanti Travels (Romain Rolland St; ⏲Mo–Sa 8–21, So 9–18 Uhr) veranstaltet empfohlene zweistündige **Stadtspaziergänge** (200 ₹/Pers.) durch Puducherry mit kundigen, mehrsprachigen Führern.

Feste & Events

International Yoga Festival YOGA

(4.–7. Jan.) Mit Workshops, Kursen und Musik- und Tanzdarbietungen stellen sich Puducherrys Ashrams vor. Zu dem Festival mit Events überall in der Stadt kommen Yogameister aus ganz Indien.

Erstürmung der Bastille UMZUG

(14. Juli) Mit Straßenumzügen und ein wenig französischem Pomp wird der Sturm auf die Bastille von 1789 gefeiert.

Schlafen

Wenn man für die besondere Gelegenheit gespart hat, sollte man hier zuschlagen –

bessere Unterkünfte als in Puducherry gibt es nirgendwo in Südindien. Die Betreiber der altehrwürdigen Häuser verbinden Kolonialromantik mit modernen Annehmlichkeiten und französischer Verspieltheit. Man findet hier beispielsweise alte Filmplakate als Wandschmuck und Farbschemata von monochrom bis neonbunt. Für Zimmer dieser Qualität müsste man in Europa wahrscheinlich einige Hundert Euro hinblättern.

Der Sri-Aurobindo-Ashram betreibt vor Ort eine Reihe von Budgetunterkünften. Diese sind sauber und man bewegt sich unter Gleichgesinnten (also preis- und karmabewussten Travellern). Es herrschen in diesen Häusern allerdings strenge Regeln: Sperrstunde ist um 22.30 Uhr, Alkohol und Nikotin sind verboten. Für weitere Infos und Reservierungen wendet man sich an das **Sri Aurobindo Information Centre** (☎2233604; bureaucentral@sriaurobindoashram.org; Cottage Complex, Ecke Rangapillai St & Ambour Salai; ⏲6–20 Uhr).

Kommt man am Wochenende, sollte man vorab reservieren, denn dann füllen sich die Hotels schnell mit indischen Touristen.

LP TIPP **Calve** BOUTIQUEHOTEL **$$$**
(☎2224261; www.calve.in; 36 Vysial St; Zi. mit Frühstück 3555–5355 ₹; ❄) Das ausgezeichnete, altehrwürdige Haus an einem ruhigen, mit Bäumen gesäumten Boulevard hat hohe Decken, mattweiße Wände, Fensterläden aus Holz, Flachbildfernseher, Bettnischen mit dicken Matratzen sowie Fußböden und Treppengeländer aus birmanischem Teakholz zu bieten. Zu dem tollen Ambiente tragen auch die prächtig gefliesten Böden, die schönen Möbel und die großen Badezimmer bei.

Dumas Guest House BOUTIQUEHOTEL **$$**
(☎2225726; www.dumasguesthouse.com; 36 Dumas St; DZ ab 2000 ₹; ❄) Mit den weißen Wänden und dem dunklen Holz zeigt dieses altehrwürdige, mit Antiquitäten ausgestattete Haus viel Charakter. Es hat geschnitzte Türen, einen ruhigen Garten, ein leicht skurriles Dekor und sehr freundliches, mehrsprachiges Personal.

Les Hibiscus BOUTIQUEHOTEL **$$**
(☎2227480; www.leshibiscus.com; 49 Suffren St; DZ mit Frühstück 2500 ₹; ❄@) Wie im Dumas herrschen auch in diesem altehrwürdigen Gebäude weiße Farbe und Holz vor. Das Hibiscus hat nur vier Zimmer mit hohen Decken, prächtigen antiken Betten und Flachbildfernsehern. Traveller rühmen den freundlichen, hilfsbereiten Betreiber und das leckere, im Preis enthaltene Frühstück, mit dem man gut in den Tag startet.

Kailash Guest House HOTEL **$**
(☎2224485; www.kailashguesthouse.in; Ecke Vysial & Mission St; EZ/DZ ab 500/750 ₹; ❄) Das Kailash ist in seiner Preisklasse das beste Haus. Es hat einfache, peinlich saubere Zimmer und ein freundliches Management. Mit Gemeinschaftsbereichen, einem gemeinsamen Kühlschrank, Wäschetrockner und Fahrradverleih ist hier an alle Traveller-Bedürfnisse gedacht.

Villa Helena BOUTIQUEHOTEL **$$**
(☎2226789; villahelena@satyam.net.in; 13 Lal Bahadur Shastri St; Zi. 2200–2800 ₹; ❄) Die Villa Helena zeichnet sich gegenüber den anderen Boutiquehotels durch eine Prise Humor hinter der altehrwürdigen kolonialen Fassade aus. Mit chinesischen Filmplakaten aus den 1930er-Jahren, schmiedeeisernen Betten und hohen Decken bewegt sich das Ambiente zwischen einem in den Kolonien spielenden Schwarz-Weiß-Film und der Fantasie eines modernen Innenarchitekten.

Hotel De L'Orient BOUTIQUEHOTEL **$$$**
(☎2343067; www.neemranahotels.com; 17 Romain Rolland St; Zi. 3000–6500 ₹; ❄) Prachtvoller geht's auch in Puducherry nirgendwo zu: In den Zimmern des restaurierten kolonialzeitlichen Herrenhauses fühlt man sich gleich wie ein Aristokrat mit Tropenhelm. Wer sich wie ein König fühlen will, für den sind die luftigen, ruhigen Veranden und die leise herumhuschenden und in weiße Uniformen gekleideten Bediensteten genau das Richtige. In dem zugehörigen Laden gibt es schöne, aber heftig überteuerte Souvenirs.

Park Guest House ASHRAM-HOTEL **$**
(☎2224644; 1 Goubert Ave; EZ/DZ ab 450/600 ₹) Wegen der wunderbaren Lage am Ufer ist diese Ashram-Herberge von allen die begehrteste. Alle vorderen Zimmer blicken aufs Meer und haben eine eigene Veranda oder einen Balkon. Darüber hinaus gibt es für die morgendliche Yogasitzung oder Meditation einen großen Gartenbereich. Von den klimatisierten Zimmern vor Ort haben diese das beste Preis-Leistungs-Verhältnis. Reservierung sind im Prinzip möglich, können sich aber als schwierig erweisen. Das Personal am Empfang tendiert zur Unfreundlichkeit, solange es sich nicht sicher ist, ob man die Hausordnung respektieren wird.

New Guest House ASHRAM-HOTEL $
(☎2221553; 64 Romain Rolland St; DZ 200 ₹, Zi. für bis zu 8 Pers. 480 ₹) Die spärlich möblierte, riesige Unterkunft ist sehr beliebt bei Ashram-Anhängern und genau das Richtige für Leute, die einmal mönchisch-spartanisch in kleinen Klosterzellen hausen wollen.

Santhi Inn HOTEL $
(☎2220946; 57 Nehru St; EZ/DZ 900/1000 ₹; ❄) Das mehrstöckige Santhi ist gewiss kein denkmalwürdiges Gebäude, bietet aber saubere, schmucklose Zimmer mit bequemen Betten, eine Dachterrassenbar und eine praktische, zentrale Lage.

Ajantha Beach Guest House HOTEL $$
(☎2338898; 1 Rue Bazar St Laurent; DZ mit Meerblick 1500 ₹; ❄) Die Lage direkt an der Uferpromenade ist der einzige wirkliche Pluspunkt. Die vier Zimmer mit Meerblick sind schlicht, aber komfortabel und haben Balkone; die übrigen sind trist und fensterlos. Gleich nebenan bietet das **Lotus Bay View Hotel** gepflegtere, viel luxuriösere, aber gleichermaßen uninteressant gestaltete Zimmer zu fast dem doppelten Preis.

Hotel de Pondichery BOUTIQUEHOTEL $$
(☎2227409; 38 Dumas St; EZ/DZ 1800/2500 ₹; ❄) Ein weiteres altehrwürdiges Boutiquehotel mit Zimmern im Kolonialstil und Freiluftterrassen. Die Zimmer sind eher altmodisch als luxuriös, aber intim und ruhig. Das Personal ist sehr nett.

Raj Lodge HOTEL $
(☎2337346; www.rajlodge.in; 57 Rangapillai St; EZ/DZ 300/450 ₹, DZ mit 750 ₹; ❄) Eine freundliche, zentral gelegene Unterkunft mit einfachen, düsteren, aber sauberen Zimmern.

Essen

Puducherry ist in kulinarischer Hinsicht das Highlight Tamil Nadus: Neben ausgezeichneter südindischer Küche gibt es hier mehrere Restaurants, die auf gut zubereitete französische und italienische Cuisine spezialisiert sind. Wer Käse oder Pasteten schmerzlich vermisst, kommt hier auf seine Kosten und praktisch überall im Französischen Viertel bekommt man Crêpes und guten Kaffee. In der Anna Salai und der Lal Bahadur Shastri St gibt es eine Reihe billiger Straßenimbisse, die auch noch nach 23 Uhr geöffnet sind. Weitere gute und billige indische Lokale finden sich rund um den Markt.

Für Selbstversorger hat der **Nilgiris Supermarket** (Ecke Mission & Rangapillai St; ⌚9–21 Uhr) eine große Auswahl an Lebensmitteln (und auch Toilettenartikel, Kinderbücher und Spielwaren).

LP TIPP **Satsanga** INTERNATIONAL $$
(☎2225867; 30-32 Labourdonnais St; Hauptgerichte 170–350 ₹; ⌚mittags & abends) Das zu Recht beliebte Gartenlokal serviert ausgezeichnete europäische Küche und, wie die meisten anderen Gartenrestaurants, auch die ganze Palette indischer Gerichte. Ein besonderer Genuss sind die vielen Würste, Pasteten, Steaks und das gute selbst gebackene Brot mit Butter. Die **Satsanga Epicerie** gleich nebean verkauft französische und italienische Feinkost: Pasta, Käse und sogar vakuumverpackten Schinken.

Salle a Manger INDOFRANZÖSISCH $$
(www.calve.in; Calve Hotel, 36 Vysial St; Hauptgerichte 150–300 ₹; ❄) Die hiesige Spezialität sind „kreolische" Gerichte nach Rezepten französisch-indischer Familien aus Puducherry, wobei Meeresfrüchte und Gewürze im Vordergrund stehen. Empfehlenswert ist beispielsweise Fisch Vindali mit frischer Geschmacksnote. Wie das Dekor – Teakholz und blaugrüne Wände – hat auch das Essen einen indochinesischen Einschlag.

kasha ki aasha CAFÉ $$
(www.kasha-ki-aasha.com; 23 Rue Surcouf; Hauptgerichte 125–225 ₹; ⌚Mo–Sa 8–19 Uhr) Leckere Pfannkuchen zum Frühstück, gute Mittagsgerichte (z. B. Thali auf europäische Art) und köstliche Kuchen werden auf der hübschen Dachterrasse eines kolonialzeitlichen Hauses serviert, in dem es außerdem noch einen Kunstgewerbeladen gibt. Der Mix aus indischen und europäischen Einflüssen zeigt sich in Gerichten wie Pommes mit Chutney oder Pizza-Dosa. In manchen Gerichten wurde die Schärfe etwas zurückgenommen, um sie dem europäischen Gaumen anzupassen – trotzdem sind alle köstlich.

Le Club INTERNATIONAL $$
(38 Dumas St; Hauptgerichte 120–330 ₹; ⌚mittags & abends) Hier sind drei Restaurants unter einem Dach vereint: Im Le Bistro gibt's echte französische Gerichte, Le Club ist eine einfache Gartenterrasse, wo man auch europäisches Frühstück bekommt, und das angeschlossene Indochine tischt vietnamesische und südostasiatische Gerichte auf.

Surguru SÜDINDISCH $
(99 Mission St; Hauptgerichte 40–100 ₹; ⌚mittags & abends) Einfache südindische Gerichte in schickem Ambiente. Das Surguru ist

die angesagte Adresse für alle Thali-Süchtigen, die ihr Gemüse gern unter dem Gebläse der stärksten Klimaanlage diesseits von Chennai verspeisen. Es gibt noch einige weitere Filialen in der Stadt.

Le Café CAFÉ $$

(Goubert Ave; Hauptgerichte 50–170 ₹; ⌚24 Std.) Das Café in der Nähe der Gandhi-Statue hat gute Sandwichs, Kuchen, Kaffee (heiß und kalt), eine angenehme frische Brise und einen unverstellten Blick auf den Golf von Bengalen zu bieten. Eines der schönsten Fleckchen vor Ort, wenn man warten muss – und das wird geschehen, denn die Bedienung ist seeehr langsam.

La Terrasse EUROPÄISCH $$

(5 Subbayah Salai; Pizzas 120–200 ₹; ⌚Do–Di morgens, mittags & abends) Das einfache, halb unter freiem Himmel liegende Lokal nahe dem südlichen Ende der Promenade hat eine große Karte, ist aber vor allem für seine guten Pizzas und Salate bekannt, während die indischen Gerichte hier sehr durchschnittlich sind. Kein Alkoholausschank.

Café des Artes CAFÉ $

(Labourdonnais St; ⌚früh, mittags & abends; 📶) Gutes Frühstück und Kaffee, WLAN und ein netter Sitzbereich im Freien bzw. auf der Veranda vor der kleinen Galerie.

Café de Flore CAFÉ $$

(Maison de Colombani, Dumas St; ⌚8.30–20 Uhr) Im Veranstaltungsgebäude der Alliance Française werden auf einer luftigen Veranda mit Blick in den Garten Mocktails, prima Kaffee, Sandwichs und Pommes serviert. Dazu kann man die *Monde* lesen.

Baker St BÄCKEREI $

(Rue Bussy; Gebäck 35–120 ₹) Die sehr beliebte, vornehme Bäckerei französischer Art verkauft Kuchen, Brownies, Baisers, Quiches, Baguettes und Croissants. Auch zum Mitnehmen.

Saravana Bhavan SÜDINDISCH $

(Nehru St; Hauptgerichte 30–50 ₹) Sauberes Ambiente und gute, billige, südindische Gerichte – in Sachen Thalis, Dosa und *vada* bleibt kein Wunsch offen.

Ausgehen & Unterhaltung

Zwar kann man in Puducherry besser als in Tamil Nadu schon mal ein Bier trinken, aber um 23 Uhr ist Schluss, daran ändert auch die französische Vergangenheit nichts. Nur freitags oder samstags kann man so richtig auf die Pauke hauen, denn dann geht der Ausschank weiter bis – 23.30 Uhr. Wegen der niedrigen Alkoholsteuern genießt Puducherry den Ruf als Trinkerparadies. Tatsächlich aber gibt's in den „Liquor Shops" und den zugehörigen schummrigen Bars gerade einmal billiges Bier. Viele Garten- und Dachterrassenrestaurants im Französischen Viertel habe nette Barbereiche, besonders das Satsanga und Le Club.

L'e-Space Coffee & Arts CAFÉ

(2 Labourdonnais St; ⌚8–23 Uhr) Das verwittert-urige Café halb unter freiem Himmel serviert Frühstück, Säfte, Kaffee, ein paar Speisen und einige feine Cocktails (160–180 ₹). Das Personal ist freundlich, Einheimische und Touristen kommen gleichermaßen gerne her. Insgesamt ist das Lokal der geselligste Traveller-Treff in Puducherry.

Shoppen

Angesichts der vielen Yoga-Yuppies vor Ort geben sich die Mode-, Accessoire- und Souvenirläden der Stadt als Zwischending aus schicker Boutique und indischem Basar. An jedem Sonntagabend ist das zentrale Einkaufsviertel in und rund um die Nehru St vollgepackt mit Ständen, an denen vor den geschlossenen Ladengeschäften Kleidung angeboten wird. Dort gibt's dann u. a. die Baumwollhosen und -hemden viel günstiger als in den Boutiquen von Puducherry.

Fabindia KLEIDUNG

(www.fabindia.com; 59 Suffren St; ⌚10–20 Uhr) Der Laden gegenüber der Alliance Française bietet eine große Auswahl an hochwertigen Webereierzeugnissen und Dekostücken, die traditionell hergestellt sind, aber dem modernen Geschmack entsprechen. Die Ladenkette besteht seit 1960 und wirbt damit, dass ihre Beziehung zu den dörflichen Produzenten „fair, von gleich zu gleich und auf Hilfe bedacht" sei. Gleich nebenan lohnt auch **Pondy Cre'Art** einen Blick. Hier gibt's Handtaschen, handgemachte Notizbücher und Kleidung.

Geethanjali ANTIQUITÄTEN

(20 Lal Bahadur Shastri St; ⌚10–19 Uhr) In dem Antiquitäten- und Trödelladen voller Statuen, Plastiken, Malereien und Möbel aus Puducherrys Kolonial- und Vorkolonialzeit würde selbst Indiana Jones feuchte Hände kriegen.

Kalki ACCESSOIRES

(134 Mission St; ⌚9.30–20.30 Uhr) Wunderschöne Seidenkleider, Schals und Schuhe in edlen Farben, außerdem Juwelen, Kerzen, Schnickschnack u. v. m.

kasha ki aasha KLEIDUNG, KUNSTHANDWERK
(www.kasha-ki-aasha.com; 23 Rue Surcouf; ⌚Mo–Sa 8–19 Uhr) Sagenhafte Stoffe, prächtige Gewänder, bequeme, handgefertigte Ledersandalen und Kunsthandwerk. Die Waren werden alle direkt von den Erzeugern bezogen und in dem hübschen kolonialzeitlichen Haus von dem ausschließlich weiblichen Personal verkauft. Auf der Dachterrasse gibt's ein luftiges Restaurant.

La Boutique d'Auroville KUNSTHANDWERK
(38 Nehru St; ⌚Mo–Sa 9.30–13 & 15.30–20 Uhr) Die Juwelen, Batiken, *kalamkari*-Muster, Teppiche und Holzschnitzereien, die hier angeboten werden, laden zum Herumstöbern ein. Wenn man an weiteren Produkten aus Auroville interessiert ist: Weiter westlich befindet sich die **Sri Aurobindo Handmade Paper Factory** (50 SV Patel Salai; ⌚Mo–Sa 8.30–12 & 13.30–17 Uhr), in der feine Papiere hergestellt werden. Am Tresen nach einer Werksführung fragen.

Hidesign TASCHEN
(Ecke Nehru & Mission St) Die in den 1970er-Jahren vor Ort gegründete Boutique verkauft schöne Designer-Handtaschen in verschiedenen Farben und „Taschen für Männer" zu Preisen, die angesichts der Qualität sehr bescheiden sind. Eine Tasche, die wir hier 1985 gekauft haben, ist immer noch gut in Schuss. Das Café im 3. Stock bietet Pasta, Burger und Tapas, prima Kaffee und kostenloses WLAN.

Buchläden

French Bookshop BUCHLADEN
(Suffren St; ⌚Mo–Sa 9–12.30 & 15.30–19.30 Uhr) In dem kleinen Laden neben der Alliance Française gibt's eine große Auswahl französischsprachiger Bücher.

Libraire Kailash BUCHLADEN
(169 Lal Bahadur Shastri St; ⌚Mo–Sa 9–20 Uhr) Hat ebenfalls eine große Auswahl französischsprachiger Bücher, u. a. luxuriöse Bildbände.

Focus Books BUCHLADEN
(204 Mission St; ⌚Mo–Sa 9.30–13.30 & 15.30–21 Uhr) Große Auswahl englischsprachiger Bücher, freundliches Personal, Reiseführer von Lonely Planet.

Praktische Informationen

In Puducherry hält man sich an europäische Öffnungszeiten und macht lange Mittagspause. Die meisten Geschäfte sind ungefähr von 13 bis 15.30 Uhr geschlossen.

Geld

Im Obergeschoss des Nilgiris Supermarket gibt es einen **Forex-Schalter** (⌚Mo–Sa 9–17.30 Uhr).

Citibank (Ecke Lal Bahadur Shastri & Suffren St) Geldautomat.

ICICI Bank (47 Mission St) Geldautomat.

State Bank of India (15 Suffren St)

Thomas Cook (Labourdonnais St; ⌚Mo–Sa 9.30–18.30 Uhr) Wechselstube neben dem L'e-Space Coffee & Arts.

UTI Bank (164 Rue Bussy) Geldautomat.

Internetzugang

Coffee.Com (236 Mission St; 30 ₹/30 Min.; ⌚10–22 Uhr) Man wird vielleicht gedrängt, ein Getränk zu bestellen; nicht darauf eingehen.

Wi Corner (1 Caziavar St, Ecke Lal Bahadur Shastri St; 30 ₹/Std.; ⌚Mo–Sa 10–22 Uhr)

Kulturzentren

Alliance Française (☎2338146; afpondy@satyam.net.in; 58 Suffren St; ⌚Mo–Sa 9–12 & 15–18 Uhr) Das französische Kulturzentrum betreibt eine Bibliothek, ein Computerzentrum und eine Kunstgalerie und bietet auch französischen Sprachunterricht an. Regelmäßig werden Filme gezeigt. Anstehende Events kann man dem monatlich erscheinenden *Petit Journal* entnehmen. Die Maison Colombani, die angeschlossene Ausstellungs- und Veranstaltungsstätte, befindet sich in der Dumas St.

Medizinische Versorgung

In der Lal Bahadur Shastri St zwischen Bharathi St und MG Rd gibt es viele Polikliniken, Apotheken und zwei rund um die Uhr geöffnete Krankenhäuser.

New Medical Centre (☎2225289; 470 MG Rd; ⌚24 Std.)

Reisebüros

Shanti Travels (Romain Rolland St; ⌚Mo–Sa 8–21, So 9–18 Uhr) Das hilfreiche, von Franzosen geführte Unternehmen bucht Bus-, Zug- und Flugtickets, veranstaltet Stadtspaziergänge, Tagestouren und längere Ausflüge und bietet einen Abholservice vom Flughafen Chennai.

Touristeninformation

Touristeninformation Puducherry (☎2339497; 40 Goubert Ave; ⌚9–17 Uhr)

An- & Weiterreise

Bus

Der Busbahnhof befindet sich 500 m westlich der Stadt. Details zu den Busverbindungen stehen im Kasten auf S. 381. Im Bahnhof gibt's ein **Buchungsbüro** (⌚7–14 & 16–21 Uhr).

BUSSE AB PUDUCHERRY (PONDICHERRY)

ZIEL	PREIS (₹)	DAUER (STD.)	HÄUFIGKEIT (TGL.)
Bengaluru	150	8	4
Chennai	56	3½	50
Chidambaram	36	2	50
Coimbatore	170	9	7
Kanchipuram	40	3	6
Kumbakonam	42	4	6
Mamallapuram	35	2	5
Tiruvannamalai	40	3	10
Trichy	80	5	4

Taxi

Die Fahrt mit einem klimatisierten Taxi von Puducherry nach Chennai (oder umgekehrt) kostet rund 3500 ₹; die Fahrt zum/vom Flughafen Chennai sollte weniger kosten.

Zug

Täglich gibt's zwei direkte Zugverbindungen zum Bahnhof Egmore in Chennai (52 ₹, 5 Std., 5.35 & 14.35 Uhr) sowie eine nach Tirupati (79 ₹, 9 Std., 13.40 Uhr). Im Bahnhof stehen Buchungscomputer für Züge, die im Süden verkehren.

 Unterwegs vor Ort

Am besten kommt man in Puducherry zu Fuß herum. Zwischen dem Busbahnhof und der Gingy St pendeln große Dreiräder (5 ₹), doch sind diese Gefährte hoffnungslos überfüllt. Autorikschas gibt's jede Menge – eine Fahrt durch die Stadt kostet rund 50 ₹.

Da die Straßen breit und eben sind, ist das Fahrrad das beliebteste Fortbewegungsmittel. Fahrradverleihe findet man in vielen Straßen, besonders in der MG Rd und der Mission St, aber auch in der Subbayah Salai und der Goubert Ave. Der übliche Preis liegt bei 10/50 ₹ pro Stunde/Tag.

Mopeds oder Motorräder sind praktisch, um an die Strände oder nach Auroville hinauszufahren. Man kann sie bei einer Reihe von Läden und Straßenständen mieten. Der übliche Preis beträgt rund 150 ₹ pro Tag für einen Ein-Gang-Roller und 200 ₹ für ein Motorrad.

Auroville

☎0413 / 1800 EW.

Auroville ist eine dieser Ideen, die jeder lieben wird, der auch nur einen Hauch von New Age in sich verspürt: Die internationale Gemeinde bekam bei ihrer Gründung Erde aus 124 Nationen geschenkt. Hingebungsvolle Seelen arbeiten ungeachtet von Religion, Hautfarbe und Staatsangehörigkeit an der Erschaffung einer universellen Stadt, um gegenseitige Unterstützung, Liebe und die gute alte menschliche Gemeinschaft zu verwirklichen.

Aber trotz hochgesteckter Ideale sieht die Realität in Auroville nicht immer rosig aus. Inmitten armseliger Landstriche Tamil Nadus umfasst Auroville mehr als 80 ländliche Siedlungen, in denen nach Harmonie gestrebt wird, die aber unter den 1800 Bewohnern – darunter rund 1200 Menschen aus fast 40 Ländern – nicht immer erzielt wird. Die Meinungen Außenstehender sind meistens positiv. Es gibt aber auch Kritiker, die die Stadt als eine Enklave für Ausländer betrachten, die nur einen bequemen Zufluchtsort auf dem Land suchen.

Letztendlich hat Auroville von allem etwas. Jeder, der sich für dieses Experiment interessiert, sollte den Ort im Rahmen eines Tagesausflugs von Puducherry aus besuchen. Man sollte sich auf viele Poster der „Mutter", der zum Guru gewordenen Französin und Gründerin des Sri Aurobindo Ashrams (S. 375), gefasst machen. Und Achtung: Auroville ist nicht unbedingt touristenfreundlich. Jede Siedlung hat ihr eigenes Arbeitsgebiet und die meisten Bewohner gehen einfach ihrem Tagwerk nach. Wer herausfinden will, wie das Ganze funktioniert, sollte das Besucherzentrum aufsuchen. Auch nach einem Besuch des **Matrimandir**, des spirituellen Zentrums Aurovilles, weiß man sicher mehr. Es ist eines jener Gebäude, das futuristisch aussehen will, aber mit seiner gigantischen goldenen Golfkugel-/Epcot-Center-Nachahmung schlussendlich doch nur veraltet anmutet. In der mit weißem Marmor ausgekleideten Innenkammer befindet sich ein einzelner Kristall (der größte weltweit) mit einem Durchmesser von 70 cm. Sehen wird man den Kristall allerdings nicht, da Tagesbesucher den Matrimandir nicht besichtigen dürfen. Zugänglich ist dafür ein schöner Teil des **Gartens** (⏲tgl. 10–13 & 14–16.30 Uhr, So nachmittags geschl.), von dem aus man das Gebäude betrachten kann. Dafür muss man sich beim Informationsdienst des Besucherzentrums einen (kostenlosen) Pass besorgen.

Schlafen & Essen

In Auroville kann man nur übernachten, wenn man bereit ist, einen Beitrag zu leisten. Vorzugsweise sollte man mindestens eine Woche bleiben. Es gibt keine Verpflichtung zur Arbeit, es wird aber gern gesehen, wenn man mit anpackt. Es ist jedoch nicht möglich, die Unterkunft mit Arbeitsstunden zu bezahlen; die Zimmerpreise liegen zwischen 300 und mehr als 1000 ₹ und die Gäste müssen zusätzlich einen Beitrag zur „Erhaltung" und zum „Ausbau" von Auroville leisten.

Es gibt mehr als 40 Pensionen in Auroville, die alle an Kommunen mit einer bestimmten Aufgabe (z. B. Frauenbildung, Landwirtschaft) angebunden sind. Um herauszufinden, in welcher sich die eigenen Interessen mit denen der Kommune am besten decken, empfiehlt sich vorab ein Blick auf die Website oder, besser noch, ein Kontakt zum **Auroville Guest Service** (☎2622704; avguests@auroville.org.in), mit dem man seine Arrangements vor der Anreise absprechen kann.

Obwohl es in Auroville Läden und kleine Straßenimbisse gibt und alle Kommunen eigene gemeinschaftliche Essbereiche haben, versammeln sich viele Einwohner Aurovilles bei der Solarküche, die tatsächlich von Sonnenenergie gespeist wird. Hier werden an der Theke täglich mehr als 400 Gerichte ausgegeben. Das Café im Besucherzentrum steht auch Tagesbesuchern offen.

Praktische Informationen

Im **Auroville Information Service** (www.auroville.org; Eintritt frei; ⏲9.15–13 & 13.30–17.30 Uhr) gibt's eine Fotoausstellung und einen Videoraum und außerdem die Gartenpässe für den Blick auf den Matrimandir (9.45–12.30 & 14–16 Uhr, So nachmittags geschl.). Im selben Komplex betreibt das **Besucherzentrum** (☎2622239; www.auroville.org; ⏲9–18 Uhr) einen Buchladen, ein nettes Café und die Boutique d'Auroville, die vor Ort hergestelltes Kunsthandwerk verkauft.

An- & Weiterreise

Am besten erreicht man Auroville von der Küstenstraße aus über das Dorf Periyar Mudaliarchavadi. Herumfragen, denn die Zufahrt ist nicht gut ausgeschildert. Eine Autorikscha ab Puducherry kostet hin und zurück ungefähr 300 ₹. Besser leiht man sich ein Moped oder Fahrrad – die Entfernung zwischen Puducherry und dem Besucherzentrum beträgt rund 12 km.

ZENTRALES TAMIL NADU

Chidambaram

☎04144 / 67 795 EW.

Für einen Besuch in Chidambaram gibt es nur einen Grund: den großartigen Komplex des Nataraja-Tempels, der Shiva als Herr des Weltentanzes geweiht ist. Der größte Nataraja-Tempel Indiens ist ein Highlight drawidischer Architektur und eine der heiligsten shivaitischen Stätten in Südindien. Man kann Chidambaram im Rahmen eines Tagesausflugs ab Puducherry oder als Zwischenstation auf dem Weg zwischen Puducherry und Kumbakonam oder Tiruchirappalli besuchen.

Von den vielen Festen, die hier gefeiert werden, sind die beiden zehntägigen **Wagenfeste** im April/Mai bzw. Dezember/Januar die größten. Im Februar oder März kommen Darsteller aus dem ganzen Land zum fünftägigen **Natyanjali Dance Festival**, um Nataraja (Shiva) als dem Herrn des Tanzes zu huldigen.

Die Kleinstadt liegt um den Nataraja-Tempel; ihre Straßen sind nach den Himmelsrichtungen benannt. Quartiere gibt es in der Nähe des Tempels, der Busbahnhof liegt fünf Gehminuten in südöstlicher Richtung. Der Bahnhof befindet sich rund 1 km weiter südlich.

Sehenswertes

Nataraja-Tempel HINDU-TEMPEL

(⏲Hof & Schreine 6–12 & 16.00–22.00 Uhr) Es war einmal in einem nahe gelegenen Wald, in dem Shiva und Kali in einem Tanzwettstreit gegeneinander antraten; als Schiedsrichter fungierten die versammelten Götter. Shiva beendete seinen Tanz mit einem Kick bis an den Kopf. Kali musste passen und seitdem schmückt sich Shiva mit dem Titel „König des Tanzes". Als dieser wird er in dem großen **Shiva-Tempel** verehrt, der regelmäßig Massen von Pilgern und Besuchern anzieht. Von 907 bis 1310 lag hier eine Hauptstadt der Chola. Der Tempel wurde in der Spätphase des Reichs errichtet, auch wenn einheimische Fremdenführer behaupten, dass Teile des Komplexes von den Pallavas im 6. Jh. gebaut wurden. Die 22 ha große Anlage ist von hohen Mauern und vier hoch aufragende *gopurams* umgeben, die über und über mit wunderschönen drawidischen Verzierungen versehen sind.

Der Haupteingang befindet sich am östlichen *gopuram* an der East Car St und ist mit den 108 heiligen Stellungen des klassischen Tamil-Tanzes verziert. Im Nordosten der Anlage liegt rechts vom Eingang die **Raja Sabha** (Königshalle) mit ihren 1000 Säulen; sie ist nur an Festtagen geöffnet. Links davon liegt das **Sivaganga** (Tempelbecken) mit unzähligen Schlammfischen; Gläubige vollziehen in dem Becken ihre rituellen Waschungen. Westlich des Eingangs zum inneren Heiligtum sind eine Abbildung von Shiva als Nataraja und ein offensichtlich europäisches Paar engelhafter Himmelsboten zu sehen. In der südwestlichen Ecke der zweiten Umfassung befindet sich die Tanzhalle, die mit 56 Säulen geschmückt ist. Genau an dieser Stelle hat Shiva Kali in Grund und Boden getanzt.

Fotografieren ist im Tempel verboten; Nicht-Hindus dürfen das innere Heiligtum nicht betreten. Auf das goldene Dach mit den 21600 Kacheln – eine für jeden Atemzug eines Menschen pro Tag – kann man aber einen Blick werfen. Es gibt unzählige Nataraja-Abbildungen, auf denen Shiva zu sehen ist, wie er in der einen Hand mit dem Taktstock den Rhythmus der Erschaffung schlägt und in der anderen das Feuer der Zerstörung hält, mit dem ein Zyklus der Erschaffung endet und der nächste beginnt. So werden alle Gegensätze miteinander verbunden – hell und dunkel, gut und böse.

Man sollte versuchen, sich eine der Feuerzeremonien anzuschauen, die sechsmal täglich gefeiert und von Hunderten von Gläubigen besucht werden. Seit Tausenden von Jahren ist das Ritual unverändert geblieben. Der ganze Komplex explodiert förmlich unter den Schlägen der Trommeln und dem Klang der Glocken. Feuerkelche mit geklärtem Öl und Butter werden unter den Bildnissen der Gottheit vorbeigetragen, um so sicherzustellen, dass der Zyklus der Erschaffung nicht unterbrochen wird.

Normalerweise führen die Brahmanen gegen eine Gebühr (30–300 ₹, je nach Sprachkenntnissen und Wissen) durch den Tempelkomplex. Da sie mit ihren Einnahmen den Tempel finanzieren, ist es sicher keine schlechte Idee, dieses wunderbare Gebäude mit einer Spende oder durch die Inanspruchnahme eines Führers zu unterstützen (man sollte sich aber nicht dazu verpflichtet fühlen).

Schlafen & Essen

In Chidambaram gibt es rund um den Tempel viele billige Pilgerherbergen, von denen einige aber ziemlich schmutzig sind. Falls es in Chidambaram eine wirklich schöne Unterkunft geben sollte, haben wir sie jedenfalls nicht entdecken können.

Hotel Saradharam HOTEL **$**
(☎221336; www.hotelsaradharam.co.in; 19 VGP St; DZ mit Frühstück 770 ₹, mit Klimaanlage 1400 ₹; ❄📶) Das gut besuchte und nette Saradharam ist noch das beste Hotel vor Ort und liegt bequem gegenüber dem Busbahnhof. Das Haus ist ein bisschen abgenutzt (Leser haben auch Bettwanzen gefunden, wir allerdings nicht), aber recht komfortabel und eine willkommene Erholung von dem Gedränge im Stadtzentrum. Das gute Frühstücksbuffet gibt Pluspunkte.

Hotel Akshaya HOTEL **$**
(☎220192; www.hotel-akshaya.com; 17-18 East Car St; DZ ab 600 ₹; ❄) Das ebenfalls etwas abgenutzte Hotel nahe beim Tempel bietet eine große Auswahl von Zimmern, von winzigen Einzelzimmern bis zu „Suiten“ mit Klimaanlage, die ihr Geld wert sind.

Das beste Essen gibt's in den Hotels. Das **Anuupallavi** (Hauptgerichte 50–120 ₹; ⏲mittags & abends) im Saradharam ist ein ausgezeichnetes, klimatisiertes Restaurant mit internationaler Küche, das **Golden Roof** (RK Residency, 30 VGP St; Hauptgerichte 30–50 ₹) liefert einfache, aber ordentliche indische und „chinesische“ Gerichte. Gleich gegenüber vom Busbahnhof serviert das vegetarische **Ishwarya** (Thalis 30 ₹; ⏲morgens, mittags & abends) gute Thalis. Rund um den Tempelkomplex gibt es zudem einige günstige, vegetarische Lokale.

Praktische Informationen

Bank of India (VGP St) Geldautomat.

Cybase (Pillaiyar Koil St; 30 ₹/Std.; ⏲9–21 Uhr) Schnelle Internetverbindungen.

ICICI Bank (Hotel Saradharam, VGP St) Geldautomat.

Touristeninformation (238739; Railway Feeder Rd; Mo–Fr 9–17 Uhr) Häufig unbesetzt.

UAE Exchange (Pillaiyar Koil St; So nachmittags geschl.) Beste Wechselstube vor Ort.

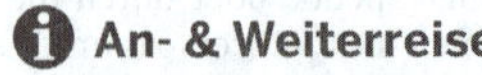

An- & Weiterreise

Der Busbahnhof liegt zentral: in Gehweite des Tempels und der Unterkünfte. Stündlich fahren Busse nach Chennai (98 ₹, 7 Std.) und regelmäßig Busse nach Puducherry (36 ₹, 2 Std.) und Kumbakonam (37 ₹, 2½ Std.). Fünfmal täglich gehen auch Direktbusse nach Madurai (155 ₹, 8 Std.).

Chidambaram liegt an der Schmalspur-Bahnstrecke Chennai–Tiruchirappalli. Züge fahren nach Kumbakonam, Thanjavur und einmal täglich nach Rameswaram (10 Std.). Der Bahnhof liegt 20 Gehminuten südöstlich vom Tempel (50 ₹ per Autorikscha).

Kumbakonam

0435 / 160 767 EW.

Auf den ersten Blick wirkt Kumbakonam wie eine x-beliebige indische Stadt, die als Verkehrsknotenpunkt dient – doch dann entdeckt man die Tempel, die in dieser geschäftigen Stadt wie Pilze aus dem Boden sprießen und bezeugen, dass hier im Mittelalter ein größeres südindisches Machtzentrum lag. Die Stadt ist im Rahmen einer Tagestour von Thanjavur aus zu erreichen und eignet sich gut als Ausgangspunkt zur Erkundung der Küstenstädte des Kaveri-Deltas (Chola Nadu).

Sehenswertes

Dutzende von kunterbunten *gopurams* ragen von Kumbakonams 18 Tempeln in den Himmel, von denen die meisten Shiva oder Vishnu geweiht sind. Nur eingefleischte Tempelfans werden wahrscheinlich mehr als eine kleine Auswahl davon besichtigen. Alle Tempel sind von 6 bis 12 und von 16 bis 22 Uhr zugänglich, der Eintritt ist frei.

Der größte Vishnu-Tempel in Kumbakonam ist der **Sarangapani-Tempel** mit seinem 50 m hohen Osttor in der Ayikulam Rd. Im 12. Jh. errichteten die Cholas den Schrein in Form eines Triumphwagens.

200 m weiter westlich liegt der **Kumbeshwara-Tempel**, in den man über einen neunstöckigen *gopuram* gelangt. Er enthält einen Lingam, der der Legende nach von Shiva selbst hergestellt wurde, als er den Nektar der Unsterblichkeit mit Sand vermischte.

Der **Nageshwara-Tempel** wurde im 12. Jh. unter den Cholas erbaut und ist Shiva in Gestalt des Schlangenkönigs Nagarajas geweiht. An drei Tagen im Jahr (April/Mai) fällt das Sonnenlicht direkt auf den Lingam. Der Hauptschrein hat die Form eines Triumphwagens.

Das **Mahamkham-Becken** in Form eines riesigen X liegt 600 m südöstlich vom Nageshwara-Tempel. Es ist das Heiligste, was Kumbakonam zu bieten hat. Man glaubt, dass alle zwölf Jahre das Wasser des Ganges in das Becken fließt. Zu diesem Anlass wird hier ein Festival gefeiert – will man das nächste Mal dabeisein, muss man sich bis 2016 gedulden.

Schlafen & Essen

Hotel Rayas HOTEL $
(2422545, 2423170; 18 Post Office Rd; DZ ab 800 ₹;) Dank des freundlichen Services sowie bewährt geräumigen (und sauberen) Zimmern ist das Rayas die beste Budgetunterkunft vor Ort.

Paradise Resort RESORT $$
(2416469; www.paradiseresortindia.com; Tanjore Rd, Darasuram; EZ/DZ ab 3200/3800 ₹;) Außerhalb der Stadt befindet sich dieses stimmungsvolle Resort inmitten denkmalwürdiger Gebäude und strohgedeckter Teakholzhütten. Die Zimmer haben kühle Fliesen und Veranden mit Blick in den ruhigen und großzügigen Garten. Außerdem sind jede Menge ayurvedischer Behandlungen im Angebot.

Hotel Kanishka HOTEL $
(2425231; www.hotelkanishka.in; Ayikulam Rd; DZ ab 700 ₹;) Das zur Zeit unseres Besuchs funkelnagelneue Hotel hat recht kleine, einfache, aber nette Zimmer mit gelben Wänden. Das junge Betreiberpaar möchte das Haus familienfreundlich gestalten.

Pandian Hotel HOTEL $
(2430397; 52 Sarangapani East St; EZ/DZ 190/300 ₹) Das Haus wirkt etwas trist, beherbergt aber ein Budgethotel, das recht saubere Zimmer mit ordentlichem Preis-Leistungs-Verhältnis vermietet.

Hotel Sri Venkkatramana INDISCH $
(TSR Big St; Thalis 30 ₹; morgens, mittags & abends) Liefert gute vegetarische Gerichte und ist bei den Einheimischen sehr beliebt.

Praktische Informationen

In Kumbakonam gibt's keine Touristeninformation und die Straßennamen und -schilder sind unverständlicher als anderswo.

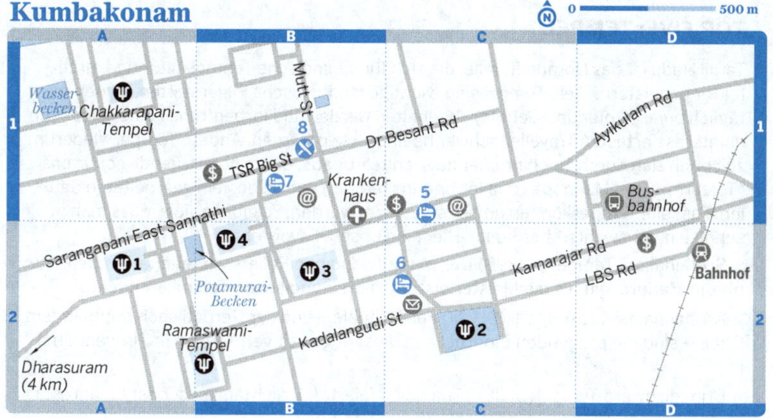

Kumbakonam

Sehenswertes

1 Kumbeshwara-Tempel A2
2 Mahamakham-Becken C2
3 Nageshwara-Tempel B2
4 Sarangapani-Tempel B2

Schlafen

5 Hotel Kanishka C1
6 Hotel Rayas C2
7 Pandian Hotel B1

Essen

8 Hotel Sri Venkkatramana B1

Ashok Net Café (24 Ayikulam Rd; 20 ₹/Std.; ⌚9–22.30 Uhr)

Axis Bank (Ayikulam Rd) Geldautomat.

Speed Browsing Centre (Sarangapani East St; 20 ₹/Std.; ⌚9–21 Uhr)

State Bank of India (TSR Big St) Geldautomat.

UAE Exchange (☎2423212; 134 Kamarajar Rd) Die beste Wechselstube vor Ort.

An- & Weiterreise

Der Bahnhof und der Busbahnhof liegen östlich vom Stadtzentrum.

Zu den Zügen vom/zum Bahnhof Egmore in Chennai zählen der Nachtzug *Rock Fort Express* (Sleeper Class/3AC 191/505 ₹) über Thanjavur und Tiruchirappalli und der schnellere *Chennai Egmore Express/Rameswaram Express* (158/413 ₹). Personenzüge fahren nach Chidambaram (2 Std.) und Thanjavur.

In die Region Chola Nadu (Kaveri-Delta) gelangt man mit Bussen, die alle 30 Minuten über Tharangambadi (Tranquebar) nach Karaikal (20 ₹, 2 Std.) und weiter nach Nagapattinam fahren. Staatliche Busunternehmen steuern vom Busbahnhof u. a. folgenden Ziele an:

Chennai 110 ₹, 7 Std., alle 30 Min.

Chidambaram 37 ₹, 2½ Std., alle 20 Min.

Coimbatore 140 ₹, 10 Std., tgl.

Madurai 72 ₹, 5 Std., 8-mal tgl.

Puducherry 42 ₹, 4 Std., alle 30 Min.

Thanjavur 15 ₹, 1 Std., alle 30 Min.

Rund um Kumbakonam

Nur 4 km westlich von Kumbakonam steht in der Kleinstadt Darasuram der von Rajaraja II. (1146–1163) errichtete **Airatesvara-Tempel** (⌚6–12 & 16–20 Uhr), ein meisterhaftes Beispiel der Chola-Architektur des 12. Jhs. Die Säulen vor dem Tempel sind über und über mit kleinen Skulpturen geschmückt. Dargestellt ist u. a. Shiva in der seltenen Inkarnation als Bettelmönch Kankalamurti.

35 km nördlich von Kumbakonam befindet sich in Gangaikonda Cholapuram der Shiva geweihte **Brihadishwara-Tempel** (⌚6–12 & 16–20 Uhr), den Rajendra I. errichten ließ. Er repräsentiert eine spätere, weiter fortgeschrittene Phase der Chola-Architektur. Bemerkenswert ist der 49 m hohe *vimana* (Turm), der den Tempel bekrönt: Seine elegante, leicht kurvige Form bildet einen deutlichen Gegensatz zu den kantigen Linien des Brihadishwara-Tempels in Thanjavur. Deshalb wird der Tempel in Gangaikonda Cholapuram häufig als weibliches Gegenstück des Tempels in Thanjavur beschrieben.

Busse fahren vom Busbahnhof in Kumbakonam alle halbe Stunde nach Gangaikonda

TOP FIVE: TEMPEL

Tamil Nadu ist das Dorado für alle, die sich für südindische Tempelkultur und -architektur begeistern. Viele Tempel sind wichtige hinduistische Pilgerstätten, an denen täglich *pujas* (Opfer und Gebete) abgehalten werden und farbenfrohe Feste selbst den uninteressiertesten Traveller schwer beeindrucken werden. Andere Tempel wiederum zeichnen sich durch ihre hinreißende Architektur aus, durch hochragende *gopurams* (Tortürme) und Mandapas (Halle vor dem Tempel) mit vielen, fein gearbeiteten Säulen. Fast alle Tempel können umsonst besucht werden. Es gibt so viele, dass man schon eine Auswahl treffen sollte. Hier sind unsere Favoriten:

» Sri-Minakshi-Tempel (S. 399) Der mit aufwendigen Reliefs versehene Tempelkomplex in Madurai gilt als die Meisterleistung der südindischen Tempelarchitektur.

» Arunachaleswara-Tempel (S. 371) Feuerrituale – und der Geruch nach brennendem Ghee – sind die prägenden Eindrücke in diesem gewaltigen Tempel in Tiruvannamalai.

» Brihadishwara-Tempel (S. 387) Thanjavur feierte kürzlich den tausendsten Jahrestag dieser wunderschönen Tempelfestung aus Sandstein.

» Sri-Ranganathaswami-Tempel (S.390), Tiruchirappalli (Trichy). Feine Reliefs und ein munteres Wagenfest bietet der stadtartige Komplex in Tiruchirappalli, einer der größten Tempel Indiens.

» Nataraja-Tempel (S. 382) Mit Feuerzeremonien wird Shiva in Chidambaram als Herr des Tanzes gehuldigt.

Cholapuram (18 ₹, 1½ Std.). Eine Fahrt mit der Autoriksch nach Darasuram kostet hin und zurück rund 90 ₹. Häufig fahren auch Busse nach Darasuram – am Busbahnhof fragen, da es sich dabei meist um Vorortbusse handelt, die einen auf dem Weg aus der Stadt am Tempel absetzen können.

Chola Nadu (Kaveri-Delta)

Der Fluss Kaveri (Cauvery) ist die Hauptarterie der südindischen Landwirtschaft. Einst erschloss er durch Kanäle die gesamte Region. Heute ist das Kaveri-Delta an der Ostküste Tamil Nadus eine der zugleich schönsten und ärmsten Gegenden im Bundesstaat. Diese grüne und bezaubernde Region lässt sich im Rahmen einer netten Tagestour erkunden (ein Taxi ab Kumbakonam kostet hin und zurück um die 3000 ₹) Rund 80 km südlich von Chidambaram liegt **Tharangambadi (Tranquebar)**, eine einst dänische Kolonie, die 1620 von der Dänischen Ostindien-Kompanie gegründet wurde. Am Meeresufer steht das **Danesborg Fort** mit einem kleinen Museum, das sich der dänischen Vergangenheit der Region widmet. Anfahrt mit dem Bus ab Chidambaram (32 ₹, 2½ Std.).

Gleich südlich der Distrikthauptstadt Nagapattinam ist die **Basilica of Our Lady of Good Health** die Hauptattraktion der Kleinstadt **Velankanni.** Sie wurde an der Stelle errichtet, wo einem Hirtenjungen im 16. Jh. die Jungfrau Maria erschienen sein soll. Hier sind stark hinduistisch angehauchte Formen der Verehrung beliebt, so bei dem neuntägigen Fest, das jedes Jahr seinen Höhepunkt am 8. September (Mariä Geburt) erreicht. Täglich fahren Busse von Velankanni nach Chidambaram, außerdem gibt es Busverbindungen nach Chennai, Coimbatore, Bengaluru und Thiruvananthapuram (Trivandrum).

Thanjavur (Tanjore)

☎04362 / 215 314 EW.

Hier liegt das ockerfarbene Fundament einer der bemerkenswertesten Abschnitte der drawidischen Geschichte, eines der wenigen Königreiche, das den Hinduismus über die Grenzen Indiens hinaus bekannt gemacht und dessen Kunst und Kultur von Madurai bis zum Mekong verbreitet hat. Im Mittelpunkt einer schwindelerregenden Vergangenheit steht Thanjavur, die ehemalige Hauptstadt des großen Chola-Reiche ... Heute ist der Ort aber nicht mehr als eine chaotische und schmutzige, moderne, indische Stadt. Die gute alte Zeit ist zwar vorbei, aber dennoch allgegenwärtig. Denn neben hupenden Bussen und in aller Öffentlichkeit urinierenden Männern gibt's hier auch noch den zum Weltkulturerbe gehörenden Brihadishwara-Tempel und den weitverzweigten Palastkomplex aus der Zeit der Marathen.

Sehenswertes

Brihadishwara-Tempel & Festung

HINDU-TEMPEL

(⌚6–12 & 16–20.30 Uhr) Den Tempel sollte man zweimal besuchen: morgens, wenn sich der gelbbraune Sandstein gegen die weiße Morgensonne absetzt, und abends, wenn die Steine in allen erdenklichen Rot-, Orange-, Gelb- und Rosa-Tönen leuchten. Der Brihadishwara-Tempel ist der strahlende Höhepunkt der Chola-Tempelarchitektur. Rajaraja – was wörtlich „König der Könige" bedeutet – ließ ihn 1010 errichten. Er war ein solcher Ordnungsfanatiker, dass er die Namen und Adressen all seiner Tänzerinnen, Musiker, Barbiere und Poeten auf die Tempelwand eingravieren ließ. 2010 wurde das 1000-jährige Jubiläum des Bauwerks und seine Renovierung gefeiert.

Besonders beachtenswert ist die überdachte Statue Nandis, des heiligen Stiers Shivas. Sie ist 6 m lang und 3 m hoch und steht vor dem inneren Heiligtum. Das Standbild wurde aus einem einzigen Felsblock gehauen, wiegt 25 t und ist eine der größten Nandi-Statuen Indiens. An den Seitennischen gibt es ein gut gemachtes Informationszentrum mit Skulpturen und Malereien, die von den Tempelmauern stammen. U. a. sieht man hier einen besonders energischen Shiva, der eine Armee von Dämonen erschlägt, während Buddha über der Szene schwebt. Nicht um Erleuchtung zu bringen: Die Dämonen waren Shiva-Anbeter, aber sie wandten sich Buddha zu, womit der Zerstörer eine Rechtfertigung hatte, sie zu vernichten.

Anders als in den meisten südindischen Tempeln, bei denen die *gopurams* die höchsten Türme sind, dominiert hier der 13-stöckige, 66 m *vimana* (Zentralturm). In der Anlage sind nicht viele Schlepper unterwegs, sodass man einige Zeit geruhsam auf dem Gelände verweilen kann.

Königspalast & Museen von Thanjavur

HISTORISCHES GEBÄUDE

Die rosafarbenen Mauern bieten den Krähen ein Domizil, der Hof der Königin ist von Unkraut überwuchert und die Korridore stinken nach Fledermauskot. Und trotzdem – inmitten all des Verfalls sind noch die fein gemeißelten Figuren von Göttern und Göttinnen zu sehen, himmelblaue Fliesen, erhaltene schokobraune massive Säulen aus Teakholz und die unglaublichen Wandmalereien einer der großen Herrscherdynastien Südindiens. Der labyrinthische Komplex wurde teils von den Nayakas von Madurai und teils von den Marathen errichtet.

An einer Schule vorbei betritt man die Haupthalle des **Palasts** (Inder Erw./Kind 10/5 ₹, Ausländer Erw./Kind 50/25 ₹ inkl. Eintritt Thronsaal & Glockenturm, Foto/Video 30/250 ₹; ⌚9–13 & 15–18 Uhr) und folgt der Ausschilderung zum elegant verfallenen **Thronsaal (Durbar Hall)**. Hier sieht man eine Fülle von verblassten und nicht restaurierten Wandmalereien voller geometrischer Muster, Szenen aus Hindu-Legenden und einer Schar halb indisch, halb europäisch wirkender Cherubim. Mit einer Taschenlampe kann man in einen 6 km langen Geheimgang hineinleuchten, der unter dem Palast verläuft und in dem es nach Fledermauskot stinkt.

Im ehemaligen Sadar-Mahal-Palast befindet sich die **Raja Serfoji Memorial Hall** (Eintritt 2 ₹) mit einer kleinen Sammlung von Thronsesseln, Waffen und Fotografien; eine ähnliche Sammlung zeigt auch das **Royal Palace Museum** (Eintritt 1 ₹, Foto/Video 30/250 ₹). Viele der Artefakte stammen aus dem frühen 19. Jh., als der aufgeklärte und weitblickende Gelehrtenkönig Serfoji II. regierte (seine Nachfahren leben in der sechsten Generation immer noch hier).

Eine weitläufige **Galerie** (Inder Erw./Kind 17/2 ₹, Ausländer 30 ₹) mit Chola-Bronzen nimmt den Raum zwischen dem Royal Palace Museum und dem Glockenturm ein. Letzterer lohnt den Aufstieg wegen des prachtvollen Blicks über die Stadt und den Palast. Die Wendeltreppe ist allerdings eng, dunkel und schlüpfrig – man kann hier leicht ausrutschen und sich auch den Kopf stoßen.

Die bedeutendste Hinterlassenschaft Serfojis II. für die Nachwelt ist die **Saraswati Mahal Library** (Eintritt frei; ⌚Di–Do 10–13 & 13.30–17.30 Uhr) zwischen der Galerie und dem Palastmuseum. Diese Bibliothek ist ein Denkmal für die universelle Gelehrsamkeit und für einen aufgeschlossenen Geist, der Drucke mit Darstellungen chinesischer Foltermethoden, Zeichnungen zur indischen Flora und Fauna im Stile Audubons, Stiche der Londoner Skyline und mehr als 60 000 Palmblatt- und Papierhandschriften in indischen und europäischen Sprachen zusammentrug.

Thanjavur (Tanjore)

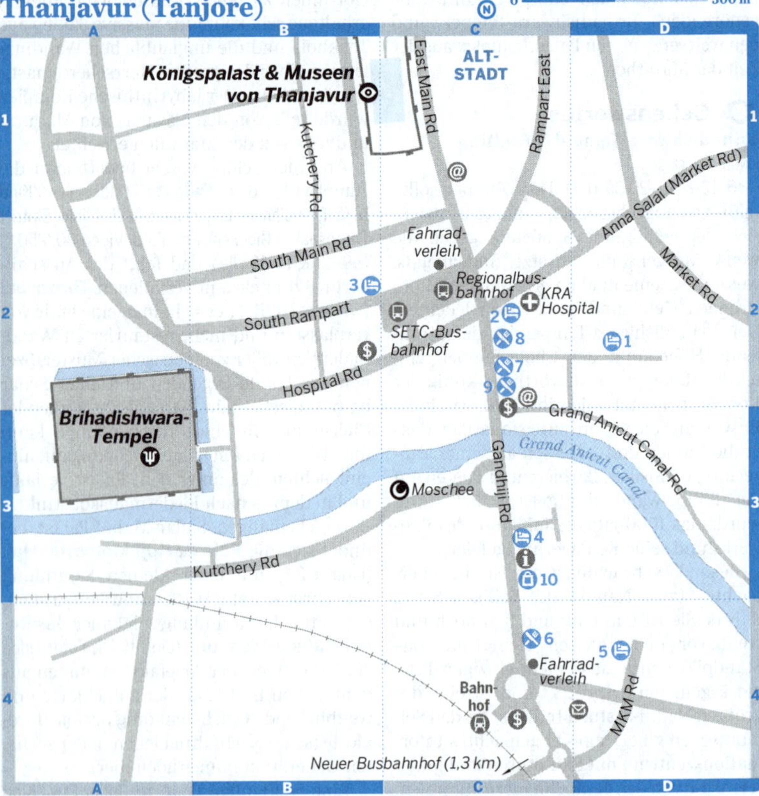

Feste & Events

Zwei wichtige Festivals finden 13 km nördlich von Thanjavur in Thiruvaiyaru statt. Das **International Music Festival** im Januar ehrt den Heiligen und Komponisten Tyagaraja. Und der Tyagararajaswami-Tempel veranstaltet im April/Mai ein zehntägiges **Wagenfest**, bei dem der größte Tempelwagen Tamil Nadus durch die Straßen gezogen wird.

Schlafen

Gegenüber dem SETC-Busbahnhof gibt es eine Reihe namenloser Billigunterkünfte.

Hotel Gnanam HOTEL $$
(☎278501; www.hotelgnanam.com; Anna Salai; EZ/DZ ab 1350/1550 ₹; ❄@📶) Das beste Hotel vor Ort hat stilvolle, komfortable Zimmer, die teureren haben Badewannen (die saubersten im ganzen Bundesstaat). Das Haus bietet WLAN und andere moderne Annehmlichkeiten und liegt mitten im Zentrum von Thanjavur. Die Gäste werden mit gekühlten Taschentüchern begrüßt – genau das Richtige in dieser schwül-heißen Stadt.

Hotel Valli HOTEL $
(☎231580; arasu_tnj@rediffmail.com; 2948 MKM Rd; EZ/DZ ab 340/360 ₹; ❄) Nahe beim Bahnhof befindet sich das innen wie außen grün angestrichene Valli, eine gute Wahl für Budgettraveller. Die Zimmer ohne Klimaanlage sind vom Preis-Leistungs-Verhältnis her besser als die teureren. Das Personal ist umgänglich und die Zimmer sind blitzsauber. Das Hotel hat eine vergleichsweise ruhige Lage hinter einer Reihe schmuddeliger Hinterhof-Werkstätten.

Hotel Tamil Nadu HOTEL $$
(☎231325; www.ttdconline.com; Gandhiji Rd; DZ ab 600 ₹; ❄) Das Tamil Nadu wirkt von außen ansprechend, ja von sultanesker Pracht – kein Wunder, handelt es sich doch um ein ehemaliges königliches Gästehaus. Der Eindruck wird von dem ruhigen, grünen Hof

Thanjavur (Tanjore)

Highlights
Brihadishwara-Tempel A3
Königspalast & Museen von Thanjavur B1

Schlafen
1 Ashoka Lodge D2
2 Hotel Gnanam C2
3 Hotel Ramnath B2
4 Hotel Tamil Nadu C3
5 Hotel Valli D4

Essen
6 Bombay Sweets C4
Sahana .... (siehe 2)
7 Sathars C2
8 Sri Venkata Lodge C2
9 Thevar's Biryani C2

Shoppen
10 Poompuhar C3

und den großen Balkonen noch verstärkt. Die Zimmer drinnen sind allerdings zwar groß, aber muffig und überteuert.

Hotel Ramnath HOTEL $
(☎272567; hotel_ramnath@yahoo.com; 1335 South Rampart; EZ/DZ ab 550/600 ₹; ❄) Gleich gegenüber dem SETC-Busbahnhof – der Lärm ist nicht so schlimm, wie man vielleicht glaubt. Die „gehobene Budgetunterkunft" vermietet frisch wirkende Zimmer.

Ashoka Lodge HOTEL $
(☎230022; 93 Abraham Pandithar Rd; B/EZ/DZ 150/195/325 ₹, Zi. mit Klimaanlage 700 ₹; ❄) Das Ashoka gibt es schon seit 44 Jahren – und so sieht es auch aus. Gleichwohl sind die Zimmer zwar etwas düster, aber für den Preis überraschend geräumig und sauber.

Essen

Eine Reihe einfacher vegetarischer Restaurants, die früh, mittags und abends geöffnet sind, finden sich nahe dem innerstädtischen Busbahnhof und in der Gandhiji Rd.

Sahana INDISCH $
(Hotel Gnanam, Anna Salai; Hauptgerichte 70–90 ₹; ⏲morgens, mittags & abends) Das Hotelrestaurant mit Klasse bringt frische und schmackhafte, hauptsächlich indische vegetarische Gerichte auf den Tisch. Wer sich an *idlis* zum Frühstück nicht gewöhnen kann, bekommt hier und nirgendwo sonst in der Stadt ein europäisches Frühstück. Das teurere, nicht vegetarische Hotelrestaurant **Diana** ist ebenfalls sehr gut und bietet eine große Auswahl an Tandoori- und weiteren nordindischen Gerichten.

Sri Venkata Lodge SÜDINDISCH $
(Gandhiji Rd; Thalis 30 ₹) Das vegetarische Lokal liegt ein paar Minuten vom innerstädtischen Busbahnhof entfernt und serviert ordentlich Thalis.

Bombay Sweets INDISCH $
(Gandhiji Rd; Snacks 15–30 ₹) Der saubere, beliebte Laden nahe beim Bahnhof hat gute Süßspeisen (Halwa, *burfi*) und Snacks (Samosas und *bhelpuri*).

Thevar's Biryani INDISCH $
(Gandhiji Rd; Hauptgerichte 50–150 ₹; ⏲Fr geschl.) Das Thevar's ist, wie der Name schon sagt, auf das Reisgericht der Mogulküche spezialisiert, wobei die Biryanis hier z. B. durch saure Tamarindensauce eine südindische Note bekommen. Auch die Hähnchen- und Fischgerichte sind lecker.

Sathars INDISCH $
(167 Gandhiji Rd; Hauptgerichte 45–100 ₹) Guter Service und hochwertiges Essen sind die Erfolgsgaranten dieses Restaurants. Im Erdgeschoss befindet sich ein vegetarisches Lokal, das mittags Thalis serviert, der Saal im Obergeschoss ist klimatisiert. Dort gibt es gute nicht vegetarische Gerichte.

Shoppen

Thanjavur ist ein guter Ort, um sich nach Kunsthandwerk umzuschauen, besonders in der Gegend um den Palast. Hüten sollte man sich, wenn Rikschafahrer einem unbedingt einen bestimmten Laden zeigen wollen – die Provision für den Schlepper wird unweigerlich auf den Preis draufgeschlagen. Zahlreiche Läden in der East Main und der Gandhiji Rd bieten alles: von hochwertigem Kunsthandwerk über Fertigkleidung bis hin zu billigem Kitsch. Fixpreise und ein Einkaufserlebnis ohne Drängelei findet man bei **Poompuhar** (Gandhiji Rd; ⏲Mo–Sa 10–20 Uhr).

Praktische Informationen

24Hrs Internet (Golden Plaza, Ganhiji Rd; 20 ₹/Std.) Dass der Laden wirklich rund um die Uhr geöffnet ist, wollen wir nicht beschwören.

ICICI Bank (Neuer Busbahnhof) Geldautomat.

Indian Bank (Bahnhof) Geldautomat.

Sify iWay (East Main Rd; 20 ₹/Std.; ⏲10–21 Uhr)

State Bank of India (Hospital Rd) Geldautomat.

Touristeninformation (☎230984; Gandhiji Rd; ⏲Mo–Fr 10–17 Uhr) An der Ecke des Hotel-Tamil-Nadu-Komplexes.

VKC Forex (Golden Plaza, Gandhiji Rd; ⏲9.30–21 Uhr) Tauscht Geld und löst Reiseschecks ein.

An- & Weiterreise

Bus

Es gibt in der Stadt zwei Busbahnhöfe für den Stadtverkehr bzw. für SETC-Busse. SETC hat eine **Ticketreservierung** (⏲7.30–21.30 Uhr). Vom SETC-Busbahnhof fahren Busse u. a. nach Chennai (120 ₹, 8 Std., 20-mal tgl.) und Udagamandalam (Ooty; 135 ₹, 10 Std., tgl.).

Der Neue Busbahnhof, 2,5 km südlich des Stadtzentrums, bedient den Regionalverkehr und Ziele im Süden. Die Buslinie 74 pendelt zwischen den drei Busbahnhöfen (4 ₹). Vom Neuen Busbahnhof fahren Busse u. a. nach:

Chidambaram 54 ₹, 4 Std., alle 30 Min.

Kumbakonam 15 ₹, 1 Std., alle 30 Min.

Madurai 56 ₹, 4 Std., alle 15 Min.

Tiruchirappalli (Trichy) 24 ₹, 1½ Std., alle 15 Min.

Zug

Der Bahnhof liegt bequem zentral am südlichen Ende der Gandhiji Rd. Thanjavur befindet sich abseits der Hauptstrecke Chennai–Madurai, weshalb es täglich nur einen Expresszug nach Chennai gibt: den Nachtzug *Rock Fort Express* (Sleeper Class/3AC 178/472 ₹, 9½ Std.), der um 20.30 Uhr abfährt. Anschluss an häufigere Züge nach Norden und Süden, auch nach Madurai, erhält man, wenn man mit einem Personenzug nach Tiruchirappalli (Trichy; 22 ₹, 1½ Std., 8-mal tgl.) fährt und dort umsteigt. Es gibt ein paar Expresszüge und täglich drei Personenzüge nach Kumbakonam (20 ₹, 1 Std.).

Der *Thanjavur–Mysore Express* fährt täglich um 19.15 Uhr nach Bengaluru (Sleeper Class/3AC 206/547 ₹, 10 Std.) und Mysuru (Mysore; Sleeper Class/3AC 237/627 ₹, 14 Std.).

Unterwegs vor Ort

Die Hauptattraktionen von Thanjavur liegen dicht genug beieinander, um sie zu Fuß zu erkunden, was allerdings zur Strapaze werden kann. Fahrräder kann man an Ständen gegenüber vom Bahnhof und dem Stadtbusbahnhof mieten (5 ₹/Std.). Die Fahrt mit einer Autorikscha vom Neuen Busbahnhof in die Stadt kostet rund 100 ₹.

Tiruchirappalli (Trichy)

☎0431 / 866 354 EW.

Willkommen in der – Pi mal Daumen – geografischen Mitte von Tamil Nadu. Glücklicherweise ist Tiruchirappalli, oft nur kurz Trichy genannt, mehr als ein bloßer Knoten- und guter Ausgangspunkt, um Zentral-Tamil-Nadu zu erkunden, sondern zudem eine muntere Basarstelle mit mehreren Tempeln, die man unbedingt gesehen haben muss.

Die lange Geschichte der Stadt reicht bis in die vorchristliche Zeit zurück, als sich hier eine Zitadelle der Cholas befand. Später kam sie unter die Herrschaft der Pallavas, Pandyas, Vijayanagars und der Dekkan-Sultanate. Die moderne Stadt und das Rock Fort mit seinem Tempel wurden von den Nayakas von Madurai errichtet.

Die Attraktionen Tiruchirappallis verteilen sich von Norden nach Süden über ein großes Gebiet. Für Traveller lässt es sich grob in drei Teile untergliedern: In der Gegend um Trichy Junction/Cantonment im Süden liegen die meisten Hotels und Restaurants, der Bahnhof, der Busbahnhof und die Touristeninformation; hier dürfte man aller Wahrscheinlichkeit nach ankommen und wohnen. 2,5 km nördlich davon befinden sich die Rock-Fort-Tempel und der Hauptbasar. Die weiteren bedeutenden Tempel schließlich liegen weitere 3 bis 5 km weiter nördlich in Srirangam jenseits des Kaveri. Glücklicherweise ist das gesamte Areal gut durch Busse verbunden.

Sehenswertes

Rock-Fort-Tempel HINDU-TEMPEL

(Karte S. 391; Eintritt 3 ₹, Foto/Video 20/100 ₹; ⏲6–20 Uhr) Die Anlage thront auf einem 83 m hohen Felsvorsprung und blickt stolz auf Tiruchirappalli hinab. Als erste machten sich die frommen Pallavas an dem Felsen zu schaffen und trieben kleine Höhlentempel in seine Südwand hinein, doch erst die kriegerischen Nayakas nutzten die natürliche Befestigung auch strategisch aus. In der Anlage gibt es zwei Haupttempel: den Shiva geweihten **Sri-Thayumanaswami-Tempel** auf halber Höhe – an dessen Decke dösen einige Fledermäuse – und den Uchi-Pillayar-Tempel **(Vinayaka-Tempel)** auf dem Gipfel, der Ganescha geweiht ist. Hinauf geht's über 437 in den Stein gehauene Stufen. Doch die Mühe lohnt sich: Die Aussicht ist traumhaft, Adler ziehen ihre Kreise und unten sieht man die ausgedehnte Stadt und das Kaveri-Delta. Das Innere der beiden Tempel ist für Nicht-Hindus tabu.

Sri-Ranganathaswami-Tempel HINDU-TEMPEL

(Karte S. 391; Foto/Video 50/100 ₹; ⏲6–13 & 15–21 Uhr) Für Tempelfans ein absolutes Highlight: der wohl größte Tempel Indiens. Er liegt ungefähr 3 km nördlich des Rock Fort und macht eher den Eindruck einer in sich geschlossenen Stadt als eines Gotteshauses. Und genau das ist auch gewollt: Um ins Innere zu gelangen, muss man durch sieben *gopurams* hindurch (der größte ist 73 m hoch). Innerhalb der vierten Mauer befindet sich ein Kiosk, in dem man ein Ticket (10 ₹) kaufen und die Mauer erklimmen kann, um einen Überblick über den Komplex zu gewinnen. Dessen Anlage symbolisiert die Ebenen der Existenz und des Bewusstseins. Man gelangt zunächst durch die konzentrisch angelegten Bereiche der Bettler, Kaufleute und Brahmanen, dann über Plätze mit *devas* (Himmelswesen) und minderen Gottheiten, bis man schließlich die innerste, Vishnu geweihte Kammer erreicht. Hier wird der Gott als Sheshashayana verehrt, als Vishnu, der auf einem von dem König der *nagas* geschaffenen Bett ruht.

Bemerkenswert sind auch die zahlreichen Reliefs und Statuen, die *vanaras* (wörtlich „Waldmenschen"), Affenkrieger und Prinzessinnen aus dem Ramayana oder Avatare (Inkarnationen) Vishnus in einer seiner Tiergestalten, z. B. als Löwenmensch Narasimha, darstellen. Dabei handelt es sich vielleicht um prähinduistische Stammesgötter, die in den Pantheon der neuen Religion integriert wurden, damit man sie weiter verehren konnte.

Wendet man sich vor dem Durchschreiten des fünften Torturms nach rechts, gelangt man zu einem kleinen, verstaubten **Kunstmuseum** (Eintritt 5 ₹; ⌚9–13 & 14–18 Uhr) mit einigen faszinierenden Exponaten, darunter Bronzestatuen, Stoßzähnen früherer Tempelelefanten und Kupfertafeln mit Gesetzesinschriften. Das Highlight ist eine Sammlung wunderschön gearbeiteter Elfenbeinschnitzereien aus der Nayaka-Zeit (17. Jh.). Dargestellt sind Gottheiten, Herrscher und Herrscherinnen (einige in erotischen Szenen), Dämonen und sogar ein portugiesischer Söldner. Die Werke wirken balinesisch, aber natürlich verlief der kulturellen Einfluss genau in die umgekehrte Richtung.

Im Januar findet alljährlich ein **Tempelwagenfest** statt, bei dem Götterbilder auf einem Prozessionswagen durch die Stadt geführt werden. Das wichtigste Fest ist aber das dreiwöchige **Vaikunta Ekadasi** (Paradiesfest), bei dem Mitte Dezember der berühmte vishnuistische Text Tiruvaimozhi vor einer Statue Vishnus rezitiert wird.

Bus 1 ab Trichy Junction oder dem Rock Fort hält direkt vor dem Tempel.

Sri-Jambukeshwara-Tempel HINDU-TEMPEL
(Tiruvanakoil; Karte S. 391; Foto/Video 20/150 ₹; ⌚6–13 & 15–21 Uhr) Wer die fünf Tempel besuchen

Trichy (Tiruchirappalli)

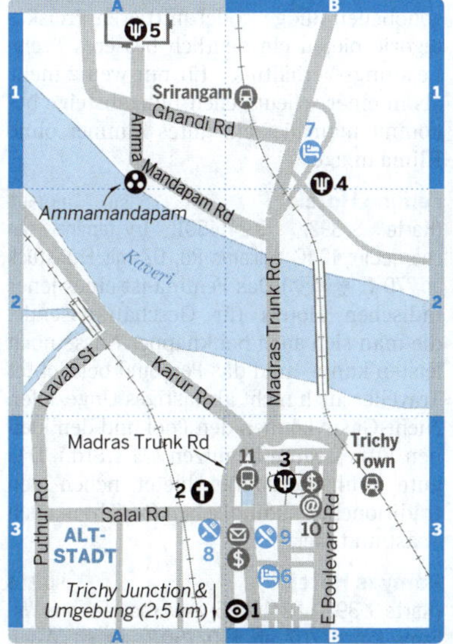

Trichy (Tiruchirappalli)

Sehenswertes
1 Hazrat Nathervali Dargah B3
2 Lourdes Church A3
3 Rock-Fort-Tempel B3
4 Sri-Jambukeshwara-Tempel B1
5 Sri-Ranganathaswami-Tempel A1
St. Joseph's College Museum ... (siehe 2)

Schlafen
6 Hotel Royal Sathyam B3
7 Hotel Temple In B1

Essen
8 Banana Leaf A3
9 Vasanta Bhavan B3

Shoppen
Poompuhar .... (siehe 6)

Praktisches
10 Sify iWay B3

Transport
11 Stadtbusbahnhof B3

will, wo sich Shiva in einem der fünf Elemente verkörpert, muss natürlich auch den Sri-Jambukeshwara-Tempel ins Programm aufnehmen. Er ist Shiva, Parvati und dem Element Wasser geweiht. Das Thema zeigt sich in dem zentralen Heiligtum an einem halb mit Wasser bedeckten Shiva-Lingam. Die äußeren Säle sind mit vielen Reliefs geschmückt, von denen mehrere zeigen, wie Shiva einen Elefanten aus einem Spinnennetz befreit und ihm daraufhin von dem Dickhäuter eine *puja* dargebracht wird.

Mit Bus 1 bis „Tiruvanakoil" fahren: der Tempel liegt ungefähr 100 m östlich der Hauptstraße.

St. Joseph College Church (Lourdes Church) KIRCHE
(Karte S. 391; Madras Trunk Rd) Diese Kirche ist ganz im französisch-katholischen Stil ausgeschmückt, von den neugotischen Turmspitzen bis hin zu den die Kreuzigung und Martyrien darstellenden Gemälden im Inneren der Kirche. Die feierliche Stille im Kirchenschiff bildet einen interessanten Kontrast zu dem hektischen Treiben in den hinduistischen Tempeln Tiruchirappallis. Das **Fest Unserer Lieben Frau von Lourdes** findet am 11. Februar statt. Der Eingang zur Kirche befindet sich in der Madras Trunk Rd – nach der Besichtigung kann man noch ein wenig in dem kühlen und grünen Campus des St. Joseph's College ausspannen. In dem Jesuitenkolleg gibt's Unterricht in allem Erdenklichen, von Einführung in Javascript bis zu vergleichender Religionswissenschaft. In dem exzentrischen, verstaubten **Museum** (Eintritt frei; ⏲Mo–Sa 10–12 & 14–16 Uhr) sind die naturkundlichen Sammlungen ausgestellt, die Jesuitenpatres in den 1870er-Jahren bei Sommerexkursionen in die Westghats zusammengetragen haben. Einfach anklopfen, dann lässt der Hausmeister einen hinein – wenn er da ist.

Hazrat Nathervali Dargah GRABMAL
(Karte S. 391) Aus der Ferne wirkt das Mausoleum des populären muslimischen Heiligen Natther mit seinem Minarett und den typisch arabischen meergrünen Verzierungen eindeutig islamisch, aber die Verehrung, die dem Heiligen hier entgegengebracht wird, erinnert an eine *puja* und hat ausgeprägt hindustische Untertöne. Will man den Weg finden, einfach nach dem „Muslim shrine" fragen, denn unter diesem Namen kennen die meisten Leute das Bauwerk.

Trichy (Tiruchirappalli) Junction

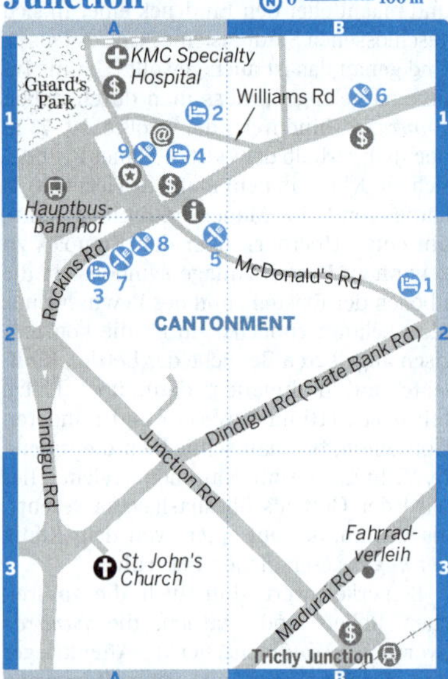

Schlafen

Die Mehrzahl der Hotels von Tiruchirappalli liegen in dem Junction/Cantonment-Areal um den Busbahnhof und etwas nördlich des Bahnhofs. Die meisten Budgethotels haben in den letzten Jahren entweder ihre Preise verdoppelt oder ihre Ausgaben fürs Saubermachen halbiert. Die Hotels der gehobenen Budget- oder mittleren Preiskategorie bieten ein deutlich besseres Preis-Leistungs-Verhältnis – für nur wenig mehr als in einer scheußlichen Billigabsteige bekommt man hier ein gutes Zimmer ohne Klimaanlage.

Femina Hotel HOTEL $
(Karte S. 392; ☎2414501; try_femina@sancharnet.in; 104C Williams Rd; DZ mit Frühstück ab 770 ₹; ❄🏊📶) Das Femina ist eines jener indischen Hotels für Geschäftsreisende, die man sich auch bei knapper Kasse noch leisten kann – und das Personal betrachtet Traveller auch nicht als lästiges Ungeziefer. Nicht-Gäste können den Pool und den kleinen Fitnessraum benutzen (75 ₹/Std.). Das gute Frühstücksbuffet bietet neben den traditionellen südindischen Gerichten auch Toast und Eier.

Ramyas Hotel HOTEL $
(Karte S. 392; ☎2412626; www.ramyas.com; Williams Rd; EZ/DZ ab 650/750 ₹; ❄📶) Auch

Trichy (Tiruchirappalli) Junction

Schlafen

1 Breeze Residency B2
2 Femina Hotel A1
3 Hotel Meega A2
4 Ramyas Hotel A1

Essen

5 Banana Leaf A2
Femina Food Court (siehe 2)
6 Marrybrown B1
7 Shree Krishnas A2
8 Vasanta Bhavan A2
9 Veg Tandoori A1

Transport

Sri Lankan Airlines (siehe 2)

dieses Businesshotel ist eine gute Option, obwohl man als Backpacker schon mal unhöflich behandelt wird. Die Zimmer in dem neuen Block sind sauber und stilvoll, einige haben nette Balkone mit Blick über die Bäume. Die Zimmer ohne Klimaanlage sind für ihren Preis gut, auch wenn manche etwas nach Rauch riechen. Vor Ort gibt es ein paar ordentliche Restaurants, darunter das **Meridien** mit ausgezeichneten Gerichten der örtlichen Chettinad-Küche.

Hotel Royal Sathyam HOTEL $$

(Karte S. 391; ☎4011414; www.hotelsathyam.co.in; 42A Singarathope; EZ/DZ ab 1200/1400 ₹; ❄) Dieses Hotel über einem schicken Juwelenladen hat die meiste Klasse, wenn man nahe beim Tempel und dem Marktgeschehen wohnen will. Die Zimmer sind klein, aber stilvoll. Mit den superbequemen Matratzen und der Mischung aus Holz und weißer Farbe wirken sie fast, aber nicht ganz wie die Zimmer eines Boutiquehotels.

Breeze Residency HOTEL $$

(Karte S. 392; ☎2414414; www.breezehotel.com; 3/14 McDonald's Rd; EZ/DZ ab 2300/2700 ₹; ❄@) Das riesige, halbwegs luxuriöse Haus in vergleichsweise ruhiger Lage erlebte bei unserer Visite gerade einen Namenswechsel und eine lärmige Renovierung. Die besten Zimmer befinden sich in den oberen Stockwerken, aber alle sind gut eingerichtet. An Einrichtungen gibt es einen Fitnessclub, das sehr gute Restaurant **Madras** (Hauptgerichte 90–250 ₹) und eine bizarre Wildwest-Themenbar.

Hotel Temple In HOTEL $

(Karte S. 391; ☎4250304; 139 Madras Trunk Rd; EZ/DZ ab 450/750 ₹; ❄) Das genau am Tag vor unserer Ankunft neu eröffnete Hotel in Srirangam nahe den beiden Tempeln präsentierte sich (noch) sehr sauber und als viel bessere Alternative gegenüber den Budgethotels im Cantonment – jedenfalls zum Zeitpunkt unserer Recherchen.

Hotel Meega HOTEL $

(Karte S. 392; ☎2414092; 3 Rockins Rd; DZ ab 425 ₹; ❄) Das Hotel ist freundlich und immer noch recht billig (wenn auch nicht so billig, wie es sein sollte). Die Zimmer allerdings sind abgenutzt und schmuddelig und der knarrende Aufzug ist nichts für schwache Nerven. Im Erdgeschoss findet sich ein beliebtes vegetarisches Restaurant. Das **Hotel Mathura** gleich nebenan ist eine weitere Budgetherberge mit abblätternden Wänden, die ihre Preise ohne guten Grund erhöht hat. Wenn man wirklich knapp bei Kasse ist, bleibt es eine Option, weil die Zimmer einigermaßen sauber und geräumig sind.

Essen

Femina Food Court INTERNATIONAL $

(Karte S. 392; Williams Rd; Hauptgerichte 60–135 ₹, Snacks 10–30 ₹; ⏲mittags & abends) Neben der „Shoppingmall" des Femina – zwei große Läden – befindet sich dieser schattige Sitzbereich im Freien mit einem chinesischen Restaurant, einer indischen Snackbar und einem Saft- und Kuchenverkauf. Besonders gut sind die chinesischen Speisen. An diesem Ort kann man schon mal ein Päuschen einlegen.

Banana Leaf INDISCH $

(Karte S. 391; ☎271101; Madras Trunk Rd; Hauptgerichte 30–90 ₹; ⏲mittags & abends) Auf der großen Karte stehen typische regionale Gerichte, die Spezialität sind die scharfen, leicht säuerlichen Speisen aus Andhra Pradesh. Eine weitere Filiale befindet sich gleich neben dem Hotel Tamil Nadu in Trichy Junction.

Shree Krishnas INDISCH $

(Karte S. 392; 1 Rockins Rd; Hauptgerichte 20–40 ₹; ⏲früh, mittags & abends) Das verlässliche Lokal im Erdgeschoss des Hotel Mathura bietet gute vegetarische Gerichte und milchige Süßspeisen zum Dessert. Von drinnen hat man einen Blick auf das Gewusel an der Bushaltestelle gegenüber.

Vasanta Bhavan INDISCH **$**
(Karte S. 391; West Blvd; Hauptgerichte 30–60 ₹; ⌚früh, mittags & abends) Wer statt Dosas und *idlis* (die man, wie auch ausgezeichnete Lassis, aber ebenfalls bekommt) einmal Lust auf nordindische vegetarische Spezialitäten wie Paneer und Naan hat, ist hier richtig. Eine weitere Filiale gibt's in Cantonment, neben dem Shree Krishnas.

Marrybrown FASTFOOD **$$**
(Karte S. 392; Williams Rd; Burger 70–150 ₹; ⌚11–23 Uhr) Die coolen Kids decken sich bei dieser populären Kette mit Burgern, Pommes und Hähnchen ein.

Shoppen

Der Hauptbasar vor dem Eingang zum Rock Fort ist chaotisch und überfüllt – ganz Trichy scheint sich hier zu versammeln. Im Angebot sind das übliche Plastikspielzeug und die stets zu findenden Seidensaris. Kunsthandwerk zu Festpreisen verkauft **Poompuhar** (Karte S. 391; West Blvd Rd; ⌚9–20 Uhr).

Praktische Informationen

Axis Bank (Karte S. 391; Chinnar Bazaar) Geldautomat.

Canara Bank (Karte S. 392; Royal Rd)

ICICI Bank Junction Rd (Karte S. 392); West Blvd Rd (Karte S. 391) Geldautomaten.

Indian Bank (Karte S. 392; Rockins Rd) Geldautomat.

Indian Panorama (☎4226122; www.indianpanorama.in) Der zuverlässige und professionelle Reise- und Tourveranstalter hat seinen Sitz in Tiruchirappalli, deckt aber ganz Indien ab. Die Inhaber sind ein indisch-australisches Ehepaar.

KMC Speciality Hospital (Karte S. 392; ☎4077777; Royal Rd) Großes Krankenhaus in Cantonment.

Sify iWay (30 ₹/Std.; ⌚9–21 Uhr) Chinnar Bazaar (Karte S. 391); Williams Rd (Karte S. 392) Internetzugang.

State Bank of India (Karte S. 392; Williams Rd) Geldautomat.

Touristeninformation (Karte S. 392; ☎2460136; 1 Williams Rd; ⌚Mo–Fr 10–17.45 Uhr) Eine der besseren Touristeninformationen im Bundesstaat.

An- & Weiterreise

Tiruchirappalli liegt praktisch in der geografischen Mitte von Tamil Nadu und ist gut an den Flug-, Bus- und Bahnverkehr angebunden.

Bus

Die meisten Busse fahren den **Hauptbusbahnhof** (Karte S. 392; Rockins Rd) in der Rockins Rd an. Eine gute Option für die Reise nach Kodaikanal ist es, einen der häufig fahrenden Busse nach Dindigul (25 ₹, 2 Std.) zu nehmen und dort umzusteigen. Infos zu den Busverbindungen ab Tiruchirappalli stehen im Kasten unten.

Flugzeug

Der Flughafen von Tiruchirappalli hat seit einigen Jahren neben Inlands- auch internationale Flüge im Flugplan. **Sri Lankan Airlines** (Karte S. 392; ☎2460844; ⌚Mo–Sa 9–17.30, So 9–13 Uhr) hat ein Büro im Femina Hotel und fliegt zehnmal pro Woche nach Colombo (8700 ₹). **Air Asia** (☎4540393) fliegt täglich nach Kuala Lumpur, und **Air India Express** (☎2341744; trzapt@airindiaexpress.in) fliegt nach Kulala Lumpur, Singapur und Abu Dhabi.

Zug

Tiruchirappalli liegt an der Hauptstrecke Chennai–Madurai. Entsprechend gibt es viele Züge in beide Richtungen. Von den neun täglichen

BUSSE AB TRICHY (TIRUCHIRAPPALLI)

ZIEL	PREIS (₹)	DAUER (STD.)	HÄUFIGKEIT
Bengaluru	160	8	3-mal tgl.
Chennai	120–190	7	alle 15 Min.
Chidambaram	55	3½	stündl.
Coimbatore	80	7	alle 30 Min.
Kodaikanal	65	5½	3-mal tgl.
Madurai	42	3	alle 15 Min.
Ooty	100	8	tgl.
Puducherry	80	5	3-mal tgl.
Thanjavur	24	1½	alle 15 Min.

Expresszügen nach Chennai sind die schnellsten der *Vaigai Express* (2. Klasse/Chair Class 104/367 ₹, 5½ Std., Abfahrt 8.50 Uhr) und der *Pallavan Express* (Abfahrt 6.30 Uhr). Der beste Nachtzug ist der *Rock Fort Express* (Sleeper Class/3AC 164/432 ₹, 7½ Std.; Abfahrt 22 Uhr).

Der beste Zug nach Madurai ist der *Guruvaya Express* (2. Klasse/Sleeper Class 62/120 ₹, 3 Std.; Abfahrt 13.15 Uhr). Der *Mysore Express* fährt täglich um 20.35 Uhr nach Bengaluru (Sleeper Class/3AC 187/496 ₹, 8½ Std.) und Mysuru (Mysore; 236/636 ₹, 12½ Std.).

 Unterwegs vor Ort

Bus

Das Stadtbusnetz in Tiruchirappalli ist übersichtlich. Bus 1 (mit jedem Buchstaben) fährt alle paar Minuten vom **Zentralen Busbahnhof** (Karte S. 392; Rockins Rd) einen Rundkurs über das Rock Fort, den Sri-Jambukeshwara-Tempel und den Haupteingang des Sri-Ranganathaswami-Tempels (5 ₹). Will man alle Attraktionen sehen, an jedem Punkt aus- und in den nächsten Bus wieder einsteigen, weil die Strecke nur in einer Richtung befahren wird. Den Schaffner oder Fahrer nach den jeweiligen Haltestellen fragen.

Fahrrad

Da Tiruchirappalli flach ist, kommt man gut mit dem Fahrrad herum. Von Trichy Junction zum Rock Fort ist es nur eine kurze, einfache Fahrt, während eine Radtour nach Srirangam und zurück schon recht anstrengend ist. In der Madurai Rd nahe dem Bahnhof gibt es mehrere Stände, die Fahrräder verleihen (5 ₹/Std.).

Vom/Zum Flughafen

Die 6 km lange Fahrt in die Stadt kostet mit dem Taxi rund 300 ₹, mit der Autorikscha 100 ₹; am Flughafen gibt's auch einen Stand mit Prepaid-Taxis. Außerdem kommt man mit den Buslinien 7, 59, 58 oder 63 vom/zum Flughafen (30 Min.).

SÜDLICHES TAMIL NADU

Von Trichy nach Rameswaram

Im Distrikt Pudukkottai zwischen Tiruchirappalli und Rameswaram findet man die schönsten Beispiele von Tempeln und Felskunst in Tamil Nadu. Hier ist die Heimat der bedeutendsten Kaufleute und Bankiers der Region. Dank einiger interessanter Stellen lohnt sich eine Rundfahrt (oder eine Tagestour ab Tiruchirappalli, Madurai oder Rameswaram).

PUDUKKOTTAI & UMGEBUNG

Rund 34 km südlich von Tiruchirappalli liegt die unscheinbare Stadt Pudukkottai. Deren heutige Bedeutungslosigkeit steht in diametralem Gegensatz zu ihrer historischen Rolle, war sie doch von 1680 bis 1947 die Hauptstadt eines der großen Fürstenstaaten in Südindien.

Pudukkottai Museum MUSEUM
(Inder/Ausländer 5/100 ₹; ⏲9.30–17 Uhr) Die Zeugnisse vergangener Größe zeigt dieses wundervolle Museum in einem renovierten Palastgebäude in Pudukkottai. Die bunte Sammlung umfasst Musikinstrumente, steinzeitliche Grabbeigaben und einige bemerkenswerte Malereien und Skulpturen.

Vijayalaya Cholisvaram HINDU-TEMPEL
(Natharmalai; Eintritt frei) Rund 16 km nördlich von Pudukkottai findet sich oberhalb des Dorfs Natharmalai ein kleiner, aber hinreißender, aus dem Fels gehauener Tempel des 10. Jhs., dessen Reliefs an die berühmten Bildhauerarbeiten in Mamallapuram erinnern. Der Tempel ist fast immer verlassen, Dorfbewohner können Besuchern aber die Stätte zeigen. Der Weg führt einen felsigen Hügel hinauf, von dem aus man einen herrlichen Blick auf die grüne, bukolische Landschaft hat. Falls der Tempelwächter da ist, gibt er eine begeisternde Führung, zeigt einem die Reste antiker Fresken in dem Tempel und nennt einem weitere Tempel, die in der Umgebung gerade restauriert werden. Fährt man die Straße weiter, gelangt man nach **Sittannavasal** (Eintritt 100 ₹). Dort befindet sich ein kleiner jainistischer Höhlentempel, in dem sich weitere Fresken und Statuen im Lotussitz versunkener Heiliger ruhen.

Tirumayam-Fort FESTUNG
(Inder/Ausländer 5/100 ₹; ⏲9–17 Uhr) Die renovierte, schlichte, aber imposante Festung rund 17 km südlich von Pudukkottai lässt die Mühen des Aufstiegs dank eines Panoramablicks schnell vergessen, der sich von den Befestigungsanlagen in die umliegende Landschaft bietet. Im Schatten eines Banyanbaums kann man sich umgeben von weidenden Ziegen ein wenig ausruhen.

KARAIKKUDI & UMGEBUNG

In den Nebenstraßen der Kleinstadt **Kanadukathan** stehen die an Hochzeitstorten erinnernden Häuser der Chettiars, eines miteinander verschwägerten Clans von Bankiers, Kaufleuten und Händlern. Die

Anwesen dieser Gemeinschaft sind mit all den kosmopolitischen Dingen ausgeschmückt, die sie von ihren ausgedehnten Handelsreisen mitbrachten – man sieht belgische Kandelaber, italienischen Granit, birmanisches Teakholz und Kunstwerke aus aller Herren Länder.

Will man einmal wie ein König wohnen, kann man eine Übernachtung in einem der folgenden historischen Häuser buchen – das kostet seinen Preis, ist aber ein fantastisches Erlebnis. Alle bieten zudem authentische Chettinad-Gerichte, die weniger stark mit Chili gewürzt sind als sonst in der südindischen Küche üblich; vegetarische Gerichte sind eher die Ausnahme. Das Visalam bietet eine „interaktive Küche", und im Bangala werden Kochkurse für Gruppen angeboten.

LP TIPP **Visalam** BOUTIQUEHOTEL **$$$**
(☎4564-273301; www.cghearth.com; Local Fund Rd, Kanadukathan; Zi.ab 10 700 ₹; ❄@≋) Das hinreißend restaurierte und von einer Malayali-Hotelkette professionell geführte Haus befindet sich zwar nicht mehr im Besitz der Erbauerfamilie, ist aber immer noch mit deren Fotos, Möbeln und Malereien ausstaffiert. Und die Angestellten können einem die traurige Geschichte der Frau erzählen, für die das Gebäude einst errichtet worden war. Der Garten ist schön und das Ambiente am Pool, an dem es auch ein zwangloses Café gibt, zauberhaft.

Bangala BOUTIQUEHOTEL **$$$**
(☎4565-220221; www.thebangala.com; Devakottai Rd, Karaikkudi; DZ 4500–5400 ₹; ❄@≋) Das hübsch restaurierte, geweißte Haus, der „Bungalow" ist skurril mit vor Ort aufgetriebenen antiken Möbeln, faszinierenden alten Fotos der Besitzerfamilie, Filmplakaten und traditionellem Kunsthandwerk dekoriert. Das Haus ist berühmt für seine Chettinad-Küche (Menü 500 ₹ – und jede Rupie wert) und hat einen schönen Speisebereich draußen und drinnen. Die Zimmer sind geräumig, komfortabel und individuell eingerichtet, das „Flitterwochen-Zimmer" hat eine private Veranda und ein geschnitztes Holzbett mit Spiegel an der Decke.

Chettinadu Mansion BOUTIQUEHOTEL **$$$**
(☎4564-273080; www.chettinadumansion.com; Kanadukathan; EZ/DZ 4700/6400 ₹; ❄@≋) Das Haus ist ein kleines bisschen abgenutzter als die anderen Chettiar-Hotels, dafür aber viel bunter dekoriert und immer noch im Besitz der Erbauerfamilie. Der Service ist erstklassig und alle Zimmer haben private Balkone mit Blick auf andere Landhäuser im Dorf.

An- & Weiterreise

Die Region ist als lockere Tagestour ab Tiruchirappalli (Taxi 1600 ₹) oder Madurai (etwas mehr) aus zu besuchen. Alternativ kann man einen der vielen Busse nehmen, die täglich von Tiruchirappalli nach Karaikkudi (56 ₹, 3 Std.) fahren, und an den Sehenswürdigkeiten aus- und in den nächsten Bus wieder einsteigen. Von Madurai aus nimmt man einen Bus nach Karaikkudi und von dort einen Nahverkehrsbus oder ein Taxi. Von der Hauptstraße bis nach Kanadukathan muss man übrigens ungefähr 500 m zu Fuß zurücklegen. Regelmäßig fahren Busse von Karaikkudi über Ramanathapuram nach Rameswaram.

Rameswaram

☎04573 / 37 968 EW.

Rameswaram war einst der südlichste Punkt des geheiligten Indiens: Wer seine Grenzen überschritt, gab seine Kaste auf und fiel auf einen Status noch unter den Schindern zurück, die den heiligen Kühen die Haut abzogen. Dann führte Rama, die Inkarnation Vishnus und der Held des Ramayana, eine Armee von Affen und Bären zum Meer und setzte mit ihnen nach (Sri) Lanka über, wo er den Dämonenkönig Ravana besiegte und seine Gemahlin Sita befreite. Anschließend erwiesen der Fürst und die Fürstin in Rameswaram Shiva ihre Dankbarkeit.

Solche Heldensagen mögen einem mythisch anmuten, für Millionen von Hindus handelt es sich aber um buchstäbliche Wahrheit. Deshalb strömen sie in Massen zum Ramanathaswami-Tempel, um dort ihre Verehrung zu erweisen, wo ein Gott einem Gott Verehrung erwies.

Abgesehen von diesen Pilgermassen ist Rameswaram ein verschlafenes Fischerstädtchen. Es liegt auf einer Insel, die mit dem Festland über die Indira-Gandhi-Brücke verbunden ist. Früher gab es auch eine Fährverbindung hinüber nach Sri Lanka.

Die meisten Hotels und Restaurants ballen sich um den Ramanathaswami-Tempel. Der Busbahnhof befindet sich 2 km weiter westlich. Von dort pendelt ein Shuttlebus zum Stadtzentrum und zurück.

Sehenswertes

Ramanathaswami-Tempel HINDU-TEMPEL
(Foto 25 ₹; ⏲4–13 & 15–20.30 Uhr) Als Rama Shiva anbeten wollte, meinte er, einen Lin-

gam zu benötigen, um den Ritus in angemessener Weise zu vollziehen. Als ein Gott sandte er einen fliegenden Affen aus, der ihm den größten verfügbaren Lingam – einen Berg des Himalaya – bringen sollte. Da der Affe aber zu lange brauchte, schuf Ramas Gemahlin Sita einen einfachen Lingam aus Sand, womit sich Shiva zufrieden gab. Dieser Sand-Lingam bildet heute den Mittelpunkt des Tempels. Neben dem heiligsten Sandhaufen der Welt ist das Gebäude aber auch für seine gewaltigen 1000-Säulen-Hallen und die 22 *theerthams* (Wasserbecken) berühmt, in denen die Pilger baden und von deren Wasser sie trinken sollen. Das innere Heiligtum dürfen nur Hindus betreten.

Auch wenn der Tempel geschlossen ist, kann man geruhsam durch die weitläufigen Korridore schlendern. Abends, kurz vor der Schließung des Tempels, lassen sich Tempelbrahmanen dabei beobachten, wie sie einige der Götterfiguren durch die Hallen des Ramanathaswami-Tempels tragen.

Gandamadana Parvatham HINDU-TEMPEL

Der Tempel 3 km nordwestlich von Rameswaram soll eine Fußspur Ramas bergen. Der zweistöckige *mandapa* steht auf einem kleinen Hügel – dem höchsten Punkt der Insel. Von dort hat man eine gute Aussicht auf die Küstenlandschaft. Pilger besuchen den Schrein zu Sonnenauf- und -untergang.

Dhanushkodi & Adamsbrücke (Rama Setu)

Kanyakumari mag zwar die eigentlich südlichste Landspitze Indiens markieren, **Dhanushkodi** spielt diese Rolle aber besser: Rund 18 km südwestlich von Rameswaram befinden sich heute ein langer, flacher Sandstrand, Sandtromben, Fischerhütten, Esel und grün schillernde Wellen. Alles verführt einen zum Baden, man muss sich aber vor starken Strömungen hüten. Wer nicht zweieinhalb Stunden (einfache Strecke!) marschieren will, den bringen Lastwagen für ein paar Rupien ans äußerste Ende – zur **Adamsbrücke (Rama Setu)**, jener Kette von Riffen, Sandbänken und Inselchen, die Indien fast mit dem hier nur 33 km entfernten Sri Lanka verbindet. Rama und seine Affenarmee sollen diese Verbindung geschaffen haben. Die Busse (5 ₹, stündl.) bringen einen von der Bushaltestelle in der East Car St bis ungefähr 4 km vor den Strand – den Rest des Weges muss man laufen. Eine Autorikscha kostet hin und zurück 300 ₹.

Der rund 10 km vor Dhanushkodi stehende **Kothandaraswami-Tempel** war das einzige Gebäude der alten Kleinstadt Dhanushkodi, die 1964 durch einen Zyklon vollständig zerstört und anschließend aufgegeben wurde. Laut der Legende soll Rama an der Stelle, wo später dieser Tempel errichtet wurde, aus Gewisssensqualen über die Tötung Ravanas eine *puja* dargebracht haben.

Feste & Events

Während des **Wagenfests** (Februar/März) wird ein gewaltiger, geschmückter und mit Götterbildern besetzter Prozessionswagen in einem munteren Umzug durch die Straßen der Stadt gezogen. **Thiru Kalyana** (Juli/August) ist ein Fest aus Anlass der himmlischen Hochzeit von Shiva und Parvati.

Schlafen & Essen

Traveller mit schmalem Budget sollten sich an die **Zimmerreservierung** (East Car St; ⌚24 Std.) gegenüber dem Haupteingang zum Tempel wenden, die Doppelzimmer schon für 300 ₹ pro Nacht vermitteln kann. Viele der hiesigen Hotels sind auf Pilger eingestellt. Deshalb ist das Personal häufig äußerst konservativ. Oft wird Alleinreisenden ein Zimmer verweigert. Das gilt gerade für die meisten Budgetunterkünfte (und auch für die Zimmerreservierung). Die billigsten Zimmer sind gräulich, es gibt aber eine Reihe ordentlicher Mittelklassehotels. Kurz vor den Festen sollte man unbedingt reservieren.

Hotel Royal Park HOTEL **$$**

(☎221680; Ramnad Hwy; EZ/DZ 1250/1650 ₹; ❄) Es klingt wie ein Widerspruch in sich, aber dieses Hotel an der Hauptstraße und in der Nähe der Bushaltestelle ist tatsächlich das friedvollste Haus vor Ort – denn es liegt eben ein paar Kilometer entfernt von dem Tempeltrubel und preist sich als „Budget-Luxushotel" an. Die Zimmer haben Mittelklassestandard mit ein paar netten künstlerisch angehauchten Details. Das zugehörige vegetarische Restaurant hat eine Klimaanlage, ein gutes Preis-Leistungs-Verhältnis und hauptsächlich südindische Gerichte; aber auch die Toastsandwichs mit Käse und Tomaten sind sehr zu empfehlen.

Hotel Sunrise View HOTEL **$$**

(☎223434; East Car St; DZ 1300 ₹; ❄) Das beste unter den recht neuen Mittelklassehotels in der Nähe des Tempels hat blitzblanke Fliesen und Holzmöbel, die etwas besser sind als in den anderen Häusern. Einige Zimmer bieten einen schönen Blick aufs Meer – auf das sollte man auch schauen und nicht auf den herumliegenden Abfall.

Hotel Sri Saravana HOTEL $
(☎223367; htl_saravana@yahoo.com; South Car St; Zi. ab 770 ₹; ❄) Ein freundliches, sauberes Hotel mit gutem Service und geräumigen Zimmern, in dem man auch Alleinreisenden gegenüber nicht abweisend ist. Die oberen Zimmer bieten Meerblick, sind aber auch teurer.

Hotel Shanmuga Paradise HOTEL $
(☎222984; www.shanmugaparadise.com; Middle St; DZ ab 500 ₹, mit Klimaanlage ab 800 ₹; ❄) Ein weiteres ordentliches Mittelklassehotel. Es liegt gleich neben dem östlichen Tempeleingang. Die Zimmer sind etwas abgenutzter als in den neueren Hotels.

Lodge Santhya HOTEL $
(☎221329) Diese schäbige Herberge bietet Einzelzimmer schon für 190 ₹. Und so sind sie auch. Aber wenn man total abgebrannt ist, zählt jede Rupie. Die **Santhana Lodge** nebenan ist ähnlich. Beide Herbergen nehmen keine alleinreisenden Traveller auf.

Guru Lodge HOTEL $
(☎221531; East Car St; DZ 475 ₹) Das Hotel direkt neben dem Haupteingang des Tempels bietet kein besonders gutes Preis-Leistungs-Verhältnis – es ist um keinen Deut sauberer als die ausgesprochenen Billigabsteigen. Immerhin war es bei unserer Recherche das billigste Hotel, das bereit ist, Zimmer auch an Alleinreisende zu vermieten.

Eine Reihe billiger vegetarischer Restaurants wie das **Ashok Bhavan** (West Car St) und das **Vasantha Bhavan** (East Car St) tischen Thalis für rund 40 ₹ auf. Wie zu erwarten, findet man hier überwiegend südindische Gerichte, aber das **Ram Nivas** (West Car St; Hauptgerichte 20–50 ₹) hat auch eine Reihe nordindischer vegetarischer Spezialitäten wie Paneer und Dhal zu bieten. In einigen wenigen Restaurants bekommt man auch Fischgerichte, Fleisch konnten wir jedoch nirgendwo auftreiben.

ℹ Praktische Informationen

Geld wechseln kann man nirgendwo, aber die **State Bank of India** (East Car St) hat einen Geldautomaten, der internationale Karten akzeptiert.

Siva Net (Middle St; 40 ₹; ⏲8–21 Uhr) Internetzugang.

Touristeninformation (☎221371; Busbahnhof; ⏲Mo–Fr 10–18 Uhr) Freundlich, aber nicht allzu hilfreich.

ℹ An- & Weiterreise

Bus

Busse fahren alle zehn Minuten nach Madurai (50 ₹, 4 Std.). SETC-Busse gibt es nach Chennai (248 ₹, 12 Std., tgl.), Kanyakumari (125 ₹, 10 Std., 2-mal tgl.) und Tiruchirappalli (90 ₹, 7 Std., halbstündl.). Vom Zentrum aus fahren Privat- und Kleinbusse nach Chennai und Madurai.

Zug

Der Nachtzug *Sethu Express* fährt täglich um 20 Uhr nach Chennai (Sleeper Class/3AC 246/665 ₹, 12 Std.).

ℹ Unterwegs vor Ort

Die Stadtbuslinien 1 und 2 pendeln von frühmorgens bis spätabends zwischen dem Tempel und dem Busbahnhof (2 ₹). Mit einem Fahrrad kommt man gut herum, an vielen Ständen werden alte Drahtesel verliehen (5 ₹/Std.).

Madurai

☎0452 / 1,2 MIO. EW.

Chennai mag das Herz Tamil Nadus sein, Madurai aber ist seine Seele. Es ist durch und durch tamilisch, eine der ältesten Städte Indiens, eine Metropole, die schon mit dem Römischen Reich Handel trieb und dessen Untergang überlebte.

Touristen, ob Inder oder Ausländer, kommen in der Regel, um den Sri-Minakshi-Tempel zu bestaunen, einen labyrinthischen Komplex, der zu den bedeutendsten Tempeln Indiens zählt. Ansonsten bietet Madurai schreiende Widersprüche, die zu Indien und dem Alter dieser Stadt passen: ein von einem mittelalterlichen Tempel beherrschtes Stadtzentrum, eine Wirtschaft, in der die IT-Branche eine immer bestimmendere Rolle spielt, und das energiegeladene Gewusel einer typisch indischen Stadt, die aber doch überschaubarer ist als das Chaos in Chennai.

Geschichte

Madurai wird erstmals in tamilischen und griechischen Quellen aus dem 4. Jh. v. Chr. erwähnt. Der einst besonders für Gewürze bekannte Umschlagplatz war die Heimat des *sangam*, der tamilischen Dichterakademie. Im Lauf der Jahrhundert wurde Madurai nacheinander von den Cholas, den Pandyas, den Muslimen, den hinduistischen

Vijayanagar-Königen und den Nayakas beherrscht. Während der Regierungszeit Tirumalai Nayakas (1623–1655) wurde der größte Teil des Sri-Minakshi-Tempels errichtet; Madurai stieg dadurch zum kulturellen Zentrum der Tamilen auf, das für die Blüte ihrer Sprache eine wichtige Rolle spielte.

1781 übernahm in Madurai die britische Ostinden-Kompanie das Ruder. 1840 ließ sie die Mauern, die bis dahin den Stadtkern umgeben hatten, schleifen und den Festungsgraben auffüllen. Vier breite Straßen, die Veli Streets, wurden auf den Aufschüttungen angelegt. Sie markieren noch heute die Grenzen der Altstadt.

Sehenswertes

Sri-Minakshi-Tempel HINDU-TEMPEL

(Foto 30 ₹; ⌚4–12.30 & 16–21.30 Uhr) Der Sri-Minakshi-Tempel, Sitz der dreibrüstigen, fischäugigen Göttin Minakshi Amman – „fischäugig" ist in der klassischen tamilischen Dichtung eine Metapher für vollkommen schöne Augen –, gilt vielen als der Höhepunkt der südindischen Tempelarchitektur und als ähnlich entscheidend für das ästhetische Erbe der Region wie der Taj Mahal für Nordindien. Die Anlage ist weniger ein Tempel als ein 6 ha großer Tempelkomplex. Er wird von zwölf *gopurams* abgeschlossen, dessen höchster 52 m über Madurai aufragt und die alle über und über mit den Figuren von Göttern, Göttinnen, Dämonen und Helden geschmückt sind.

Der Legende nach wurde die schöne Minakshi mit drei Brüsten und der Prophezeiung geboren, dass ihre überzählige Brust verschwinden würde, sobald sie ihren Gatten erblickte. So geschah es denn auch, als sie Shiva begegnete und den Platz als seine Gemahlin einnahm. Der Tempel dieses himmlischen Paars wurde 1560 unter Vishwanatha Nayaka entworfen und unter der Herrschaft Tirumalai Nayakas erbaut. Seine Geschichte reicht jedoch 2000 Jahre in die Zeit zurück, als Madurai die Hauptstadt des Pandya-Reichs war.

Große Teile des Tempels sind für Nicht-Hindus tabu, Andersgläubige können allerdings am östlichen *gopuram* in die Anlage. Von dort erblickt man die äußeren Ringe der kreisförmigen Korridore, die die inneren Heiligtümer von Minakshi und Shiva umschließen, der hier als Sundareswarar, der „schöne Herr", verehrt wird. Interessant sind die mit kleinen Butterbällchen überkrusteten Götterfiguren – die andächtigen Gläubigen bewerfen sie damit als Opfergabe.

Ebenfalls innerhalb des Tempelkomplexes, und zwar in der Halle der 1000 Säulen, befindet sich das **Temple Art Museum** (Erw./Kind/Ausländer 5/2/50 ₹, Foto/Video 50/250 ₹; ⌚7–19.30 Uhr). Es enthält bemalte Friese, Steinskulpturen und Messingplastiken sowie eine interessante Ausstellung zu den Göttern des Hinduismus.

Man sollte sich ausreichend Zeit nehmen, um sich den Tempel anzuschauen. Doch Achtung: Die Kleiderordnung wurde verschärft! Männer und Frauen müssen die Beine bedecken, die Frauen auch die Schultern. Wird man als ungebührlich bekleidet abgewiesen, sorgt ein geschäftstüchtiger junger Mann im Laden auf der anderen Straßenseite mit einem Dhoti für Abhilfe. Den Massen geht man aus dem Weg, wenn man frühmorgens oder spätabends kommt. An den Wochenenden werden irgendwo in dem Tempelkomplex häufig klassische Tänze vorgeführt. „Tempelführer" fordern verhandelbare Preise, die selten unter 200 ₹ liegen. Man sollte sich also aufs Feilschen verlegen und muss außerdem damit rechnen, dass die Führer versuchen, einen in irgendein Warenhaus oder eine Schneiderei zu schleppen.

Gandhi Memorial Museum MUSEUM

(Eintritt frei, Foto 50 ₹; ⌚10–13 & 14–17.30 Uhr) Im alten *tamukkam* (Ausstellungspavillon) innerhalb eines großzügigen, entspannenden Geländes ist das ausgezeichnete Museum untergebracht. In dem Labyrinth der Räume gibt es eine eindrucksvolle, bewegende und detailreiche Darstellung des indischen Unabhängigkeitskampfs von 1757 bis 1947 – die englischsprachige Ausschilderung lässt keinen Zweifel am Charakter des britischen Imperialismus. In der Ausstellung ist auch der blutbefleckte Dhoti (langes Beinkleid) zu sehen, den Gandhi trug, als er 1948 in Delhi ermordet wurde – die Reliquie wurde nach Madurai gebracht, weil Gandhi hier 1921 erstmals dieses Kleidungsstück als Zeichen des indischen Nationalstolzes anlegte. Der **Gandhian Literary Society Bookstore** (⌚Mo–Sa) befindet sich hinter dem Museum. Das **Madurai Government Museum** (Inder/Ausländer 5/100 ₹, Foto 20 ₹; ⌚So–Do 9.30–17 Uhr) liegt gleich nebenan auf dem gleichen Gelände. Die kleine Sammlung umfasst archäologische Funde, Skulpturen, Bronzen, Kostüme und Malereien.

Madurai

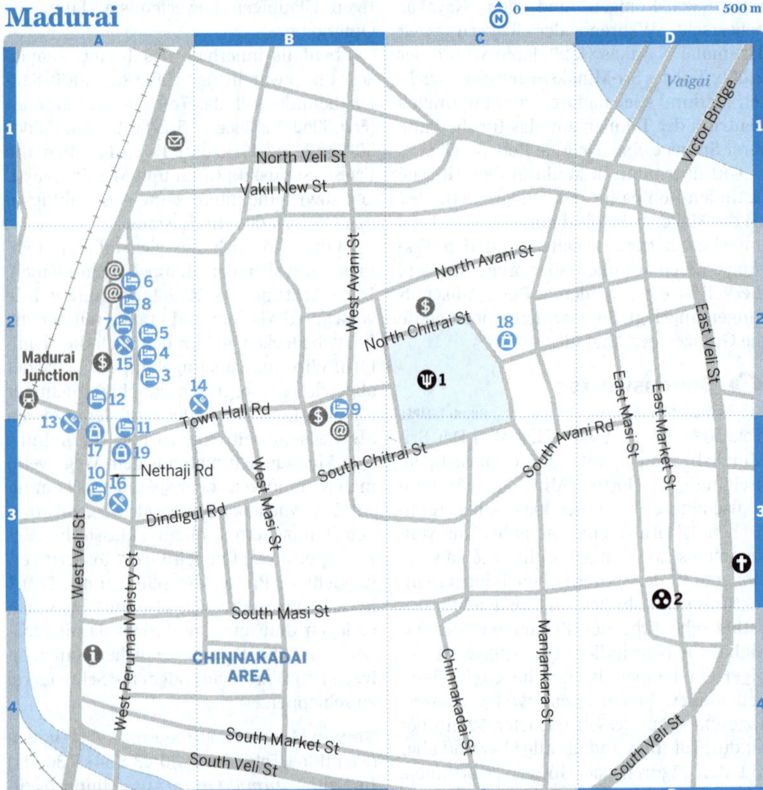

Tirumalai-Nayak-Palast HISTORISCHES GEBÄUDE

(Inder/Ausländer 10/50 ₹, Foto/Video 30/100 ₹; ⌚9–13 & 14–17 Uhr) Was der Sri-Minakshi-Tempel für die religiöse Architektur der Nayakas ist der Tirumalai-Palast für ihre weltliche Baukunst, auch wenn er heute weitgehend eine verwahrloste Hülle darstellt. Die Highlights sind das Eingangstor, der Hauptsaal und der Natakasala (Tanzsaal) mit dem verblassten gelben Stuck, den Löwen und *makara* (Mischwesen aus Krokodil und Elefant) darstellenden Skulpturen und einer Reihe von Wandmalereien, die von der einstigen Pracht am Hof der Nayakas künden. Der rechteckige Hof ist als Swargavilasa (Himmelspavillon) bekannt.

Mariamman-Teppakkulam-Becken HISTORISCHES BAUWERK

Das gewaltige Wasserbecken 5 km östlich der Altstadt bedeckt ein Areal von fast gleicher Größe wie das des Sri-Minakshi-Tempels und ist Schauplatz des unglaublichen Teppam-Fests (Floßfest). Die meiste Zeit des Jahres ist das Becken leer und dient in erster Linie den Kids aus der Gegend als Kricketfeld. Angelegt wurde das Reservoir, das über unterirdische Kanäle mit dem Fluss Vaigai verbunden ist, 1646 unter der Herrschaft Tirumalai Nayaks.

Feste & Events

Teppam- (Floß-) Fest TEMPELFEST

(Jan./Feb.) Das stets populäre Event findet zu Vollmond im tamilischen Monat Thai statt. Dann werden die Gottheiten aus dem Sri-Minakshi-Tempel in einem Umzug durch die Stadt geführt und mit einem Floß in dem riesigen Mariamman-Teppakkulam-Becken zu Wasser gelassen. Der Abend kulminiert in der Verführung Minakshis durch Shiva – anschließend werden die Bilder in den Tempel zurückgeführt, um sich der Liebe hinzugeben und damit das Universum zu erneuern. Nette Randnotiz: Minakshis

Madurai

Sehenswertes
1 Sri-Minakshi-Tempel C2
Temple Art Museum .... (siehe 1)
2 Tirumalai-Nayaka-Palast D3

Schlafen
3 Hotel Grand Central A2
4 Hotel International A2
5 Hotel Keerthi A2
6 Hotel Park Plaza A2
7 Hotel Rathna Regency A2
8 Hotel Supreme A2
9 Hotel West Tower B2
10 Madurai Residency A3
11 New College House A3
12 Royal Court Madurai A2

Essen
13 British Bakery A3
14 Dhivyar Mahal Restaurant B2
15 Emperor Restaurant A2
16 Jayaram Fast Foods A3
Shoppers Shop .... (siehe 11)
Surya Restaurant .... (siehe 8)

Shoppen
17 Malligai Book Centre A3
Poompuhar .... (siehe 17)
18 Puthu Mandapam C2
19 Turning Point Books A3

Diamant-Nasenring wird entfernt, um bei dem Stelldichein nicht zu stören.

Chithrai-Fest TEMPELFEST
(April/Mai) Das Hauptevent in Madurais gut bestücktem Festkalender ist die 14-tägige Feier anlässlich der Hochzeit Minakshis mit Sundareswarar (Shiva). Die Gottheiten werden in riesigen Prozessionswagen um den Sri-Minakshi-Tempel gezogen; es gibt noch viele weitere, farbenprächtige Umzüge.

Schlafen

Die meisten Unterkünfte Madurais konzentrieren sich in dem Gebiet zwischen dem Bahnhof und dem Sri-Minakshi-Tempel.

In der Town Hall Rd, die vom Bahnhof Richtung Osten verläuft, gibt es eine Reihe von Budgethotels, die Unterkünfte mit dem besten Preis-Leistungs-Verhältnis sind aber die fast identischen Mittelklassehotels in der West Perumal Maistry St nahe dem Bahnhof. Die Zimmer ohne Klimaanlage sind in der Regel ihren Preis wert, sodass es sich lohnt, den kleinen Aufpreis gegenüber einer Budgetunterkunft zu zahlen. In den meisten dieser Hotels gibt es Restaurants auf der Dachterrasse, von der aus man auf den Tempel und in den Sonnenuntergang blicken kann.

Madurai Residency HOTEL **$$**
(☎2343140; www.madurairesidency.com; 15 West Marret St; EZ/DZ mit Frühstück ab 800/1000 ₹; ❄@) Das überzeugende Hotel hat einen traumhaften Service, komfortable, frische Zimmer und das höchste Dachrestaurant in der Stadt. In der Lobby gibt's Internetzugang rund um die Uhr.

Hotel Keerthi HOTEL **$$**
(☎4377788; www.hellomadurai.in/hotelkeerthi; 40 West Perumal Maistry St; Zi. ab 990 ₹; ❄) Von der nichtssagenden Lobby sollte man sich nicht täuschen lassen. Die Zimmer in dem makellosen, funkelnden Hotel sind klein, aber mit schicken Bettdecken, abgefahrenen Wandspiegeln, Bildwänden und Flachbildfernsehern erstaunlich stilvoll und modern.

Royal Court Madurai HOTEL **$$$**
(☎4356666; www.royalcourtindia.com; 4 West Veli St; EZ/DZ ab 2800/3100 ₹; ❄@📶) Das Royal Court verbindet Anklänge an koloniale Eleganz (Hartholzböden, weiße Bettlaken) mit modernen Annehmlichkeiten wie W-LAN in allen Zimmern. Damit ist das Hotel in zentraler Lage eine ausgezeichnete Spitzenklasseoption für Traveller, die sich mal verwöhnen wollen.

Hotel Park Plaza HOTEL **$$**
(☎3011111; www.hotelparkplaza.net; 114 West Perumal Maistry St; EZ/DZ mit Frühstück 1900/2300 ₹; ❄) Die Zimmer im Plaza haben Mittelklassestandard: Sie sind komfortabel, einfach möbliert und haben einen modernen Fernseher. Die nach vorne gelegenen Zimmer bieten ab dem 3. Stock einen Ausblick auf den Tempel. Im Haus gibt es ein Dachterrassenrestaurant mit internationaler Küche und die (irreführend benannte) **Sky High Bar** im 1. Stock. Zusätzliche Extras sind das kostenlose Frühstück und die kostenlose Abholung vom Flughafen oder Bahnhof.

Hotel Supreme HOTEL **$$**
(☎2343151; www.hotelsupreme.in; 110 West Perumal Maistry St; DZ 720 ₹, EZ/DZ mit Klimaanlage ab 1320/1500 ₹; ❄) Noch ein großes, gut aufgemachtes Hotel, das bei indischen Touristen sehr beliebt ist. Anschauen sollte man sich das **Apollo**, eine wie ein Raumschiff gestaltete Bar, in der man sich fragen kann, ob ei-

nem gestern Abend irgendwer irgendwo etwas in den letzten Lassi getan hat. Das **Surya Restaurant** im Haus hat gutes Essen.

Hotel Rathna Residency HOTEL **$$**
(☎4374444; www.hotelrathnaresidency.com; 109 West Perumal Maistry St; EZ/DZ mit Frühstück ab 1150/1200 ₹; ❄) Wenig unterscheidet dieses schmucklose, saubere, vage an ein Geschäftshotel erinnernde Haus der Mittelklasse von seinen Nachbarn – nur der Wandschmuck ist hübscher (Mogul-Miniaturen) und außerdem haben alle Zimmer eine Klimaanlage.

Hotel West Tower HOTEL **$**
(☎2346908; West Tower St; EZ/DZ ab 450/650 ₹; ❄) Dieses Hotel liegt irgendwo im Bereich zwischen Budget- und Mittelklasse und hat durchaus saubere Zimmer und freundliches Personal. Das einzige Highlight ist die Lage (gleich beim Tempel).

Hotel Grand Central HOTEL **$**
(☎2343940; 82 West Perumal Maistry St; DZ ab 350 ₹; ❄) „Grand" ist das Grand wahrlich nicht, aber die günstigen Zimmer mit gefliesten Böden und Fernseher sind für ihren Preis nicht schlecht, die Bettlaken sauber und die Bäder recht sauber.

New College House HOTEL **$**
(☎4372900; collegehouse_mdu@yahoo.co.in; 2 Town Hall Rd; Zi. ab 275 ₹; ❄) Zur Info: Das Haus ist in riesigen Lettern als „Neww College House" ausgeschildert, also nicht verwirren lassen. Rund 250 Zimmer verteilen sich über den Betonkomplex. Einige sind ganz nett, andere weniger und oft stört der Straßenlärm. Am besten fragt man nach einem, das etwas abseits der Straße liegt.

Hotel International HOTEL **$**
(☎4377463; 46 West Perumal Maistry St; EZ/DZ ab 280/380 ₹) Schäbige Wände und sumpfige Badezimmer, aber saubere Bettlaken, Fernseher und winzige Balkone.

Essen

In den Dachterrassenrestaurants der Hotels an der West Perumal Maistry St genießt man abends beim Essen die kühle Brise und den Blick auf den Tempel (aber Mückenschutzmittel nicht vergessen!); die meisten Hotels haben darüber hinaus klimatisierte Restaurants, die morgens und mittags geöffnet sind. Straßenstände, an denen man süße Sachen, Dosas, *idlis* und dergleichen bekommt, gibt's überall, vor allem in der Nähe des Bahnhofs. **Shoppers Shop** (Town Hall Rd; ⌚8–23 Uhr) ist ein gut bestückter Lebensmittelladen, in dem es auch eine gute Auswahl westlicher Nahrungsmittel gibt.

British Bakery CAFÉ **$**
(West Velli St; Hauptgerichte 30–75 ₹; ⌚mittags & abends) Ein sauberer, beliebter Snack-Imbiss mit Shakes, Eiscreme, Eistee und anderen Erfrischungsgetränken, außerdem Fritten, Sandwichs, gebratenem Reis und indischen Snacks.

Surya Restaurant INTERNATIONAL **$**
(110 West Perumal Maistry St; Hauptgerichte 45–115 ₹; ⌚abends) Das Restaurant auf der Dachterrasse des Hotel Supreme bietet einen wunderbaren Blick über die Stadt, erstklassigen Service und gute, ausschließlich vegetarische Gerichte. Das absolute Highlight ist jedoch der Eiskaffee, der einfach himmlisch ist an einem staubigen und heißen Tag – und so ist das Wetter hier immer.

Jayaram Fast Foods INTERNATIONAL **$**
(5-8 Nethaji Rd; Hauptgerichte 45–90 ₹; ⌚mittags & abends) Im Erdgeschoss befindet sich eine geschäftige Bäckerei mit leckeren Sachen. Das frische und saubere Restaurant oben serviert gute indische Gerichte und außerdem auch Burger und Pizzas. Letztere sind zwar gewiss nicht hitverdächtig, aber besser gibt es sie in Madurai anderswo auch nicht. In dem kleinen Lokal ist immer viel los.

Dhivyar Mahal Restaurant INTERNATIONAL **$**
(☎2342700; 21 Town Hall Rd; Hauptgerichte 30–110 ₹; ⌚mittags & abends) Das Dhivyar Mahal ist sauber, hell und freundlich und eines der besseren, nicht an ein Hotel angeschlossenen Restaurants in Madurai. Die Currys sind prima; in diesem Restaurant gibt's als einzigem in der Stadt sogar geschmorte Lammhachse.

Emperor Restaurant INTERNATIONAL **$**
(☎2350490; Hotel Chentoor, 106 West Perumal Maistry St; Hauptgerichte 35–90 ₹; ⌚morgens, mittags & abends) Das Dachterrassenrestaurant im Hotel Chentoor hat ausschließlich vegetarische Gerichte, verwandelt sich nachts aber – Karma hin oder her – in eine sehr beliebte Bar.

Shoppen

Madurai wimmelt von Kleidungsläden und Schneidereien, was einem spätestens auffällt, wenn man das x-te Mal von einem Schlepper angesprochen wird. Ein großartiger Ort, um sich nach Baumwolle und bedruckten Stoffen umzuschauen, ist der

Puthu Mandapam, die pfeilerbestandene frühere Eingangshalle an der Ostseite des Sri-Minakshi-Tempels. Hier findet man jede Menge geschäftig herumwuselnder Schneider, die von allem, was man gerade trägt, in ein, zwei Stunden eine gute Kopie machen können. Qualität, Design und Preise sind sehr unterschiedlich, je nach Material und der Schwierigkeit des Entwurfs. Ein Hemd beispielsweise bekommt man schon für 200 ₹. Alle Fahrer, „Tempelführer" und Schneiderbrüder führen einen unweigerlich in die Kaschmir-Läden in der North Chitrai St, wo man doch vom Dach aus „einen schönen Blick auf den Tempel" habe – und die Aussicht ist auch so gut wie die Verkaufsmasche. Kunsthandwerk zu Fixpreisen bekommt man bei **Poompuhar** (West Velli St; ⌚Mo–Sa 10–13 & 15–20 Uhr).

In der Stadt gibt es ein paar gute Buchläden mit englischsprachigem Sortiment: empfehlenswert sind **Malligai Book Centre** (11 West Veli St; ⌚Mo–Sa 9–14 & 16.30–21 Uhr) und **Turning Point Books** (75 Venkatesh Towers, Town Hall Rd; ⌚10–21 Uhr) in einem Laden im 1. Stock gegenüber dem New College. Dieser Laden hat eine gute Auswahl an Büchern zu indischen Religionen.

Praktische Informationen

Geld

In der Stadt gibt's viele Geldautomaten.

ICICI Bank (North Chitrai St) Geldautomat.

State Bank of India (West Veli St) Schalter für Devisentausch und ein Geldautomat; fast direkt neben dem Hotel Royal Court.

VKC Forex (Zulaiha Towers, Town Hall Rd; ⌚9–18 Uhr) Zuverlässige Wechselstube, die auch Reiseschecks einlöst.

Internetzugang

Internetcafés begegnen einem auf Schritt und Tritt. Es gibt mehrere rund um die Uhr geöffnete Sify-iWays-Filialen, darunter ein paar gleich neben den Hotels in der West Perumal Maistry St.

Web Tower Internet (West Tower Rd; 20 ₹/Std.; ⌚10.30–22 Uhr) Im Erdgeschoss unter dem Hotel West Tower.

Touristeninformation

Madurai Tourist Office (☎2334757; 180 West Veli St; ⌚Mo–Fr 10–17.45 Uhr) Nicht sehr hilfreich. Immerhin bekommt man auf Nachfrage eine Broschüre und einen Stadtplan.

An- & Weiterreise

Bus

Die meisten Fernbusse nutzen den **zentralen Busbahnhof** (☎2580680; Melur Rd; ⌚24 Std.) 6 km nordöstlich der Altstadt. Er wirkt chaotisch, ist aber gut organisiert und rund um die Uhr in Betrieb. Alle paar Minuten fahren Regionalbusse von dort in die Stadt (3 ₹). Die Fahrt mit der Autorikscha zum Bahnhof – hier sitzen die meisten Hotels – kostet rund 100 ₹. Die im Kasten unten genannten Preise gelten für staatliche Busse; ein paar Expressbusse fahren nach Bengaluru, Chennai, Mysuru (Mysore) und Puducherry.

Vom Busbahnhof Arapalayam, der nordwestlich vom Bahnhof am Flussufer liegt, fahren regelmäßig Busse nach Coimbatore (76 ₹, 6 Std.), Kodaikanal (48 ₹, 4–5 Std., 2-mal tgl.) und Palani (38 ₹, 5 Std., alle 30 Min.).

Flugzeug

Indian Airlines (☎2341234, Flughafen 2690771; West Veli St; ⌚Mo–Sa 10–17 Uhr) fliegt täglich nach Mumbai und Chennai. Das gleiche gilt für SpiceJet, die außerdem auch Delhi anfliegt. Jet Airways fliegt täglich nach Chennai, Kingfisher Airlines ebenfalls täglich

BUSSE AB MADURAI

ZIEL	PREIS (₹)	DAUER (STD.)	HÄUFIGKEIT
Bengaluru	190	12	7-mal tgl.
Chennai	160–190	10	alle 30 Min.
Chidambaram	95	8	tgl.
Coimbatore	90	7	tgl.
Kochi	145	8	tgl.
Kanyakumari	94	6	stündl.
Mysore	280	16	tgl. (via Ooty)
Puducherry	110	8	2-mal tgl.
Rameswaram	58	4	alle 30 Min.
Trichy	42	3	alle 15 Min.

nach Chennai und Bengaluru. Die drei letztgenannten Fluglinien haben keine Büros in der Stadt, aber Schalter am Flughafen, die zu den Flugzeiten geöffnet sind.

Zug

Der Bahnhof Madurai Junction liegt an der Hauptstrecke Chennai–Kanyakumari. Pro Tag fahren mindestens neun Züge nach Chennai und drei nach Kanyakumari.

Darüber hinaus fahren Züge u. a. von Madurai nach Coimbatore (2. Klasse/Sleeper Class 74/155 ₹, 7 Std.) und Bengaluru (Sleeper Class/3AC 209/555 ₹, 11 Std.) sowie nach Trivandrum und Mumbai.

Unterwegs vor Ort

Der Flughafen liegt 12 km südlich der Stadt; eine Taxifahrt ins Stadtzentrum kostet 250 ₹, die gleiche Strecke mit der Autorikscha rund 130 ₹. Die Buslinie 10A fährt vom zentralen Busbahnhof zum Flughafen, auf ihre Pünktlichkeit ist aber kein Verlass.

Das Zentrum von Madurai ist klein genug, um zu Fuß herumzukommen.

Kanyakumari (Kap Komorin)

04652 / 19739 EW.

Das Ende Indiens zeichnet sich durch mehr aus als nur durch eine nicht weiterführende Straße. Eine Duftwolke (u.a. von getrocknetem Fisch) wabert über die Landspitze, dem spitz zulaufenden Kap mit seinen zu runden Blöcken erodierten Granitfelsen. Grüne Landschaften wechseln sich ab mit silber schimmernden Reisfeldern, hier und da erkennbar an sich langsam drehenden Windrädern. Wie an jedem Ende der Welt liegt auch hier etwas Surreales in der Luft. Über dem Tempel der jungfräulichen Meeresgöttin kann man kurz hintereinander den Sonnenuntergang und den Mondaufgang über den drei Meeren erleben, die hier aufeinandertreffen. Und schließlich ist Kanyakumari eine richtig freundliche Kleinstadt, in der man sich vom Staub der indischen Straßen erholen kann.

Der Haupttempel steht direkt am Kap Komorin, nördlich davon befindet sich ein kleiner Basar mit Restaurants, Straßenständen und Souvenirläden.

Sehenswertes & Aktivitäten

Kumari-Amman-Tempel HINDU-TEMPEL

(4.30–12.30 & 16–20 Uhr) Legenden zufolge besiegte die *kanya* (jungfräuliche) Göttin Kumari, eine Erscheinungsform der großen Göttin Devi, ganz allein Dämonen und rettete die Freiheit der Welt. Pilger danken ihr in dem intimen, wunderschön geschmückten Tempel, wo man im Dämmerschein der Ölfeuer und der vulvaförmigen Votivkerzen (eine Anspielung auf die sakrale Weiblichkeit der Göttin) hören kann, wie sich ganz in der Nähe die Wellen der drei Meere am Strand brechen. Männer müssen vor dem Betreten ihre Hemden ablegen, Fotografieren ist verboten.

Gandhi Memorial DENKMAL

(Eintritt gegen Spende; 7–19 Uhr) Das Gandhi, dem Vater der indischen Nation, gewidmete Denkmal steht passend am Ende des Landes. In seiner Form ähnelt es einem Tempel aus Orissa, zu seiner Ausgestaltung trugen hinduistische, christliche und muslimische Architekten bei. Auf dem mittleren Sockelstein ruhte die Urne mit der Asche des Mahatma, bevor sie ins Meer verstreut wurde. Zu Gandhis Geburtstag am 2. Oktober fallen die Sonnenstrahlen auf diesen Stein. Die Führer wollen vielleicht eine überzogene Spende, 10 ₹ sind aber durchaus ausreichend. Besucher sollten sich ruhig und respektvoll verhalten und nicht dem Beispiel mancher Einheimischer folgen.

Kamaraj Memorial DENKMAL

(7–19 Uhr) Gleich neben dem Gandhi-Denkmal steht der Schrein für den „Gandhi des Südens", Kumaraswami Kamaraj, nach dem der Inlandsflughafen von Chennai benannt ist. Als einer der mächtigsten Politiker in den ersten Jahren nach der Unabhängigkeit Indiens bekleidete er das Amt des Chief Minister im Bundesstaat Madras, der in seiner Regierungszeit verkleinert wurde und heute Tamil Nadu heißt. Die Gedenkstätte bietet leider nicht viel mehr als eine staubige, zusammenhangslose Sammlung vergrößerter Fotos ohne Erläuterungen.

Vivekananda Exhibition MUSEUM

(Main Rd; Eintritt 2 ₹; 8–12 & 16–20 Uhr) Die Ausstellung, die zur Zeit der Recherche gerade umgestaltet wurde und deswegen geschlossen war, widmet sich dem Leben und den ausgedehnten Pilgerreisen, die Swami Vivekananda (1863–1902), den „wandernden Mönch", durch ganz Indien führten. Der Philosoph entwickelte in seinen Werken eine Synthese aus den Lehren des Hinduismus und dem Konzept sozialer Gerechtigkeit. Eine weitere Ausstellung findet sich im **Vivekanandapuram** (247012; Eintritt frei; 9–

13 & 17–21 Uhr), einem Ashram 3 km nördlich der Stadt, die eine Übersicht über die indische Philosophie und Religiosität, ihre führenden Personen und Denker vermittelt.

Vivekananda Memorial DENKMAL

(Eintritt 10 ₹; ⏲8–17 Uhr) 400 m vor der Küste findet sich der Felsen, auf dem Swami Vivekananda meditierte und beschloss, seine Botschaft auch außerhalb Indiens zu verkünden. Das an ihn erinnernde Denkmal wurde 1970 errichtet und spiegelt Architekturstile aus ganz Indien wider. Es kann recht laut werden, wenn sich hier Touristenscharen drängen, eigentlich aber ist das Inselchen groß genug, um auch noch Augenblicke der Abgeschiedenheit zu genießen.

Die gewaltige **Statue** auf der kleineren Insel, die wie ein indischer Koloss von Rhodos aussieht, stellt nicht Vivekananda, sondern den tamilischen Dichterheiligen Thiruvalluvar dar. An der „indischen Freiheitsstatue" haben mehr als 5000 Bildhauer gewerkelt. Sie wurde im Jahr 2000 errichtet und ehrt das 133 Kapitel umfassende Lehrgedicht *Thirukural* – das Standbild ist daher exakt 133 Fuß (40,5 m) hoch.

Fähren pendeln von 8 bis 16 Uhr zwischen dem Hafen und den beiden Inselchen (hin & zurück 20 ₹).

Ufer STRAND

Vor Ort gibt es einen überlaufenen Strand. **Ghats** führen zu einem Lingam, der halb im Wasser eines den Wellen ausgesetzten Gezeitenbeckens steht. Hinter den Ständen, an denen Eiscreme und *chaat* (Snacks) verkauft werden, steht über dem Strand ein **Denkmal** für die Opfer des Tsunamis, der 2004 diesen Ort schwer heimsuchte.

Schlafen

Wie für ein Ferienziel angemessen, haben sich die Hoteliers von Kanyakumari in der Regel für bunte Farben und – sagen wir es offen – kitschig-lustige Dekoration entschieden. Aber nach den immergleichen schmucklosen Mittelklassehotels überall in dem Bundesstaat macht es wirklich Spaß, auf dem Kopfteil des Bettes einen aufgemalten neonbunten Tiger zu entdecken. Einige Hotels, besonders die der Mittelklasse rund um den Basar, haben saisonale Preise – sie steigen im April und Mai sowie von Ende Oktober bis Januar auf das Doppelte.

Manickhan Tourist Home HOTEL $

(☎246387; East Car St; DZ ab 770 ₹; ❄) Das sehr freundliche Hotel wird professionell geführt, sodass man hier prima übernachten kann. Die großen Zimmer bieten alle saubere Badezimmer, Fernseher und – gegen einen Aufpreis – einen erstklassigen Blick aufs Meer. Das **Hotel Maadhini** gleich nebenan hat fast identische Preise und identischen Service, darüber hinaus noch ein Gartenrestaurant, in dem es sich abends angenehm sitzt.

Santhi Residency HOTEL $

(☎247091; Kovalam Rd; DZ ab 700 ₹; ❄) Die Unterkunft in einem kleineren, älteren, restaurierten Haus hält sich in puncto Dekoration stärker zurück als die Hotels (sie beschränkt sich in allen, einfachen Zimmern auf ein Jesusbild). Das Haus ist ruhig, sehr sauber und hat einen hübschen grünen Garten.

Hotel Tri Sea HOTEL $$

(☎246586; triseahotel@yahoo.com; Kovalam Rd; Zi. ab 1600 ₹; ❄ 🏊) Beim Verlassen der Stadt Richtung Westen kann man das Tri-Sea-Hochhaus gar nicht übersehen. Das Hotel hat sehr große, makellose, luftige Zimmer, die meisten mit Balkon zum Ozean hin. Die Farbpalette ist grell, aber man findet hier große Flachbildfernseher, einen tollen Pool auf dem Dach und Aussichtsterrassen, auf denen sich der Sonnenauf- oder -untergang wunderbar genießen lassen.

Hotel Narmadha HOTEL $

(☎246365; Kovalam Rd; Zi. 250–400 ₹) In dem großen Betonklotz erwarten einen freundliches Personal und eine Menge billige Zimmer, von denen einige besser sind als andere: Die wirklich guten Doppelzimmer mit Meerblick (400 ₹) hatten bei unserem Besuch frische weiße Bettlaken, während die billigeren Zimmer nicht so prickelnd aussahen. Das bei Pilgern beliebte Hotel liegt westlich vom Hauptbasar nahe dem Hotel Tri Sea.

Hotel Tamil Nadu HOTEL $

(☎246257; www.ttdconline.com; Beach Rd; Zi. ab 800 ₹; ❄) Abgesehen von den üblichen Macken eines staatlich geführten Hotels (welch Überraschung: Es ist überteuert) hat dieses Haus eine großartige Lage, wenn man außerhalb des eigentlich nicht so schlimmen Gedränges im Zentrum wohnen will. In den Zimmern mit Balkon hat man einen Blick auf den Ozean, aber nicht auf den Tempel.

Saravana Lodge HOTEL $

(☎246007; Sannathi St; Zi. 200–600 ₹) Die Unterkunft gleich vor dem Tempeleingang ist einfach, aber man kann hier ein gutes

Kanyakumari (Kap Komorin)

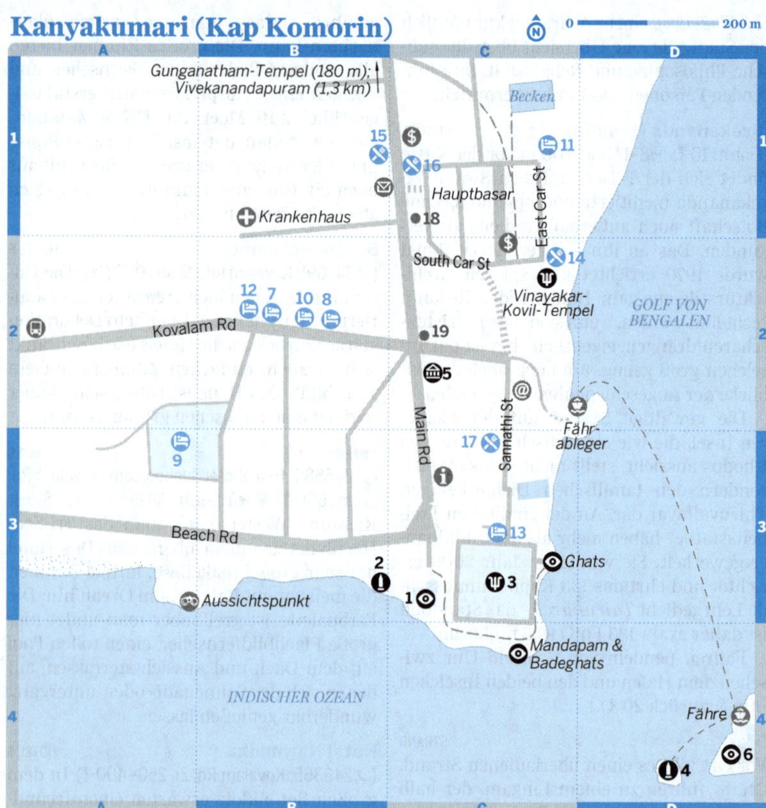

Schnäppchen machen. Alle Zimmer haben ein eigenes Bad mit Hocktoilette. Ein neuer Zimmerblock mit Terrasse auf dem Dach sollte inzwischen fertiggestellt sein.

Hotel Sun World HOTEL $$
(☎247755; hotelsunworld@sancharnet.in; Kovalam Rd; DZ ab 1500 ₹; ❄) Alles in diesem gehobenen Hotel ist sehr bunt und auf Hochglanz getrimmt. Die meisten Zimmer haben einen eigenen Balkon mit einem sagenhaften Ausblick auf die drei Meere.

Essen

Im Areal des Basars gibt es viele Obststände und einfache vegetarische Restaurants, die morgens, mittags und abends geöffnet sind. Im Hotel Saravana findet man zwei saubere, gut besuchte vegetarische Restaurants, die Thalis (30 ₹) anbieten.

Sangam Restaurant INTERNATIONAL $$
(Main Rd; Hauptgerichte 55–190 ₹) Es wirkt, als hätte das Sangam in Kaschmir angefangen und sich durch ganz Indien durchgearbeitet, um schließlich hier ein Restaurant mit Spitzengerichten aus allen Regionen des Subkontinents zu eröffnen. Das Essen ist gut, das Lokal sehr gut besucht. Abtörnend ist einzig der Wiegeautomat an der Eingangstür, der den BMI berechnet – da weiß man gleich, ob einem der Restaurantbesuch Übergewicht beschert hat.

Sri Krishna CAFÉ $
(Sannathi St; Hauptgerichte 30–90 ₹) Das saubere und geschäftige Eckcafé hat frische Säfte, gute Eiscreme, Pizzas auf indische Art, Fritten und Burger.

Hotel Seaview INTERNATIONAL $$
(East Car St; Hauptgerichte 60–200 ₹) Das Hotel hat ein ausgezeichnetes klimatisiertes Restaurant mit Gerichten aus verschiedenen Regionen. Empfehlenswert sind Meeresfrüchte und schicke Varianten typischer nord- und südindischer Gerichte. Das Ambiente ist elegant und die Kellner sind sehr aufmerksam.

Kanyakumari (Kap Komorin)

Sehenswertes
1 Gandhi Memorial ... C3
2 Kamaraj Memorial ... B3
3 Kumari-Amman-Tempel ... C3
4 Thiruvalluvar-Statue ... D4
5 Vivekananda Exhibition ... C2
6 Vivekananda Memorial ... D4

Schlafen
7 Hotel Narmadha ... B2
8 Hotel Sun World ... B2
9 Hotel Tamil Nadu ... A3
10 Hotel Tri Sea ... B2
11 Manickhan Tourist Home ... C1
12 Santhi Residency ... B2
13 Saravana Lodge ... C3

Essen
14 Hotel Seaview ... C2
15 Hotel Triveni ... B1
16 Sangam Restaurant ... C1
17 Sri Krishna ... C3

Transport
18 Autorikschastand ... C1
19 SETC-Buchungsbüro ... C2

Hotel Triveni SÜDINDISCH $
(Main Rd; Hauptgerichte 20–50 ₹) Die Ventilatoren könnten einen glatt ins Meer wehen. Das Restaurant hat saubere Tische, einen effizienten Service und gute, hauptsächlich südindische, vegetarische Gerichte. Ein guter Ort fürs Frühstück.

Praktische Informationen

Janaki Forex (Mo–Sa 9.30–18.30 Uhr) Abseits der South Car St. Wechselt Geld und löst Reiseschecks ein.

Tamil Mercantile Bank (Main Rd) Geldautomat.

Tony's Internet (Sannathi St; 50 ₹/Std.; 10–20 Uhr) Zu Frauen ohne Begleitung ist man hier freundlich – vielleicht schon zu freundlich (ohne dass eine Gefahr davon ausginge).

Touristeninformation (246276; Main Rd; Mo–Fr 8–18 Uhr)

An- & Weiterreise

Bus

Der überraschend ruhige Busbahnhof liegt zehn Gehminuten westlich vom Zentrum an der Kovalam Rd, ein praktisches **SETC-Reservierungsbüro** (7–21 Uhr) befindet sich in der Main Rd. Fast alle Busse fahren über Madurai; Ausnahme: der nach Rameswaram. Sie fahren u. a. nach:

Bengaluru 430 ₹, 15 Std., tgl.

Chennai 390 ₹, 16 Std., 7-mal tgl.

Kodaikanal 225 ₹, 10 Std., tgl.

Madurai 94 ₹, 6 Std., 8-mal tgl.

Rameswaram 145 ₹, 9 Std., 2-mal tgl.

Udagamandalam (Ooty) 330 ₹, 14 Std., 2-mal tgl.

Zug

Der Bahnhof liegt rund 1 km nördlich des Basars und des Tempels. Täglich fahren drei Züge nach Chennai; der schnellste von ihnen ist der *Kanyakumari Express* (Sleeper Class/3AC 305/801 ₹, 13 Std., Abfahrt 17.20 Uhr), der in Madurai und Tiruchirappalli (Trichy) hält.

Zwei Expresszüge fahren täglich nach Trivandrum (2. Klasse/3AC 30/238 ₹, 2 Std.).

Eingefleischte Fans langer Zugfahrten aufgepasst: Einmal pro Woche startet der *Himsagar Express*, der bis nach Jammu Tawi eine Entfernung von 3715 km zurücklegt – das dauert 70 Stunden und ist die längste Bahnlinie ohne Umsteigen in Indien. Abfahrt freitags um 14 Uhr (Sleeper Class/3AC 629/1741 ₹).

WESTGHATS

Willkommen in den nördlich von Mumbai beginnenden Ghats, die sich wie ein unpassierbares Bollwerk aus immergrünen Wäldern bis in den äußersten Süden von Tamil Nadu erstrecken. Die Hügellandschaft, auf durchschnittlich 915 m über dem Meer gelegen, ist das Zuhause von 27% aller in Indien vorkommenden Blütenpflanzen, 60% aller Heilpflanzen und einer unglaublichen Vielfalt einheimischer Wildtiere. Nicht nur die Bergluft, sondern auch die relativ geringe Luftverschmutzung garantieren einen angenehmen Aufenthalt. Zudem werden in den Bergen auch schrullige Eigenheiten und Spleens ohne Murren akzeptiert, was im Flachland nicht immer der Fall ist. Folglich werden Traveller hier Hippie-Cafés, schnauzbärtige Trekking-Führer und Basare vorfinden, die Ohrenschützer mit Tigermuster verkaufen. Doch es gibt auch eine Kehrseite der Medaille: Die hier ansässigen Stammesvölker leiden nicht nur unter dem Raubbau, sie passen sich auch mehr und mehr einer Mainstream-Zivilisation an, die ihren traditionellen Lebensstil zu verdrängen droht.

Kodaikanal (Kodai)

☎04542 / 32 969 EW. / 2100 M

Kodai ist klein, intim, diesig und bergig – in Tamil Nadu gibt es kaum etwas Erfrischenderes, als in der hitzegeplagten Ebene in einen Bus zu steigen und in Kodaikanal am Abend die Kühle zu genießen. Richtig kalt ist es dabei nicht: Tagsüber herrscht richtig angenehmes Klima, das eher an den Frühling als an einen frühen Winter erinnert.

Das in den Palani-Bergen rund 120 km nordwestlich von Madurai liegende Kodai schmiegt sich an einen Berghang, der mit einem *shola* (Wald) aus Kiefern, Gummibäumen und nur in den Westghats vorkommenden *kurinji*-Sträuchern bedeckt ist. Die Sträucher bringen nur alle zwölf Jahre auf einmal hellviolette Blüten hervor – das nächste Mal im Jahr 2018. Auch wer nicht so lange warten mag, sollte einen Abstecher hier machen: Die vielen Wanderwege vorbei an dunklen Felshängen und weiß glänzenden Wasserfällen sind allemal lohnend.

Die angesehene Kodaikanal International School sorgt mit Studierenden aus aller Welt für ein bisschen kosmopolitisches Flair. Verglichen mit Udagamandalam (Ooty) ist der Ort entspannt – die Reiseprospekte nennen den Ort die „Prinzessin unter den Hill Stations", während Udagamandalam die „Königin" ist. Bei indischen Touristen, besonders Flitterwöchnern, ist Kodaikanal aber durchaus sehr beliebt. Für eine Hill Station ist der Ort bemerkenswert kompakt bebaut; das Stadtzentrum lässt sich bequem zu Fuß erkunden.

Sehenswertes & Aktivitäten

Sacred Heart Natural History Museum
MUSEUM

(Sacred Heart College, Law's Ghat Rd; Eintritt 5 ₹; 9–17 Uhr) Ein paar Kilometer außerhalb der Stadt auf dem weitläufigen alten Kolleg-Gelände, das heute als „Öko-Schutzgebiet" vermarktet wird, zeigt dieses Museum eine bunt zusammengewürfelte Sammlung von Flora und Fauna, die im Verlauf von mehr als 100 Jahren von Jesuitenpatres zusammengetragen wurde. Der amateurhafte (und gerade deshalb bezaubernde) Charakter der Sammlung zeigt sich an zweifelhaften Tierpräparaten, Handzeichnungen, merkwürdigen Kommentaren und alten Schwarz-Weiß-Aufnahmen, auf denen ernst dreinschauende Priester mit großen Schlangen prahlen. Auf dem Gelände gibt es einige hübsche Wege.

Wandern

Wenn das Tal nicht gerade in dichtem Nebel liegt, hat man von dem gepflasterten **Coaker's Walk** (Eintritt 3 ₹, Foto 5 ₹; 7–19 Uhr) eine hervorragende Aussicht hinunter. Am Südende befindet sich ein kleines **Observatorium** (Eintritt 3 ₹) mit einem Teleskop. Los geht's in der Nähe des Greenlands Youth Hostel oder der Villa Retreat – in der Nähe erstrahlen die **Buntglasfenster** der nahen Kirche der Church of South India (CSI) im Morgenlicht. Der gesamte Spaziergang dauert nicht mehr als fünf Minuten. Der 5 km **Rundweg um den See** ist besonders am frühen Morgen schön, wenn man die Eisvögel zählen kann, bevor der Touristenstrom einfällt.

Die Aussicht von den **Pillar Rocks** ist exzellent – wiederum bei schönem Wetter. Die Wanderung geht über 7 km (einfache Strecke, Beginn am Bryant Park). Schöne Wanderwege führen durch Waldstücke, u. a. den **Bombay Shola** und den **Pambar Shola**, die sich rund um die Lower Shola Rd und die St Mary's Rd hinziehen. Man benötigt einen Führer. Am besten wendet man sich an das Personal des Greenlands Youth Hostel, aber auch andere Hotels können einem vielleicht weiterhelfen. Auf den Straßen wird man von Führern mit unterschiedlicher Qualifikation angesprochen.

Parks & Wasserfälle

Unweit des Ausgangspunkts des Coaker's Walk befindet sich der **Bryant Park** (Erw./Kind 20/10 ₹, Foto/Video 30/75 ₹; 9–18.30 Uhr), der von dem britischen Offizier angelegt und bepflanzt wurde, nach dem er benannt ist. Der **Chettiar Park** (Eintritt frei; 8.30–17 Uhr) liegt rund 1,5 km von der Stadt hügelauf auf dem Weg zum Kurinji-Andavar-Tempel; er ist klein, hübsch und landschaftsgärtnerisch gestaltet. Beide Parks sind oft von Schulklassen und turtelnden Pärchen überlaufen. Zu den Wasserfällen in der Nähe zählen die **Silver Cascade** außerhalb von Kodai an der Straße – hier wimmelt es oft von Touristen aus anderen indischen Bundesstaaten, die in den Felsteichen baden – und die kleinen **Bear Shola Falls** in einem Wäldchen, das rund 20 Gehminuten vom Ortszentrum entfernt ist.

Bootsfahrten & Ausritte

Wer so verliebt ist wie in einer Bollywood-Schnulze, mietet sich in Kodai am besten ein Tretboot (50 ₹/30 Min.), ein Ruderboot (120 ₹) oder eine *shikara* (überdachte Gondel oder „Flitterwöchnerboot"; 260 ₹ inkl. Bootsmann), zu haben beim Kodaikanal Boat and Rowing Club oder bei der Tamil Nadu Tourist Development Corporation. Ob man seine Liebste oder seinen Liebsten bei der Tour noch mit einem Liedchen anschmachtet, bleibt jedem selber überlassen.

An einigen Stellen am See kann man auch Pferde leihen (unbegleitet 300 ₹/Std.; mit Führer 400 ₹).

Schlafen

In der Hauptsaison (1. April–30. Juni) können die Übernachtungspreise um bis zu 300 % in die Höhe schnellen. Die hier genannten Preise sind die der Nebensaison. Es gibt ein paar hübsche, denkmalwürdige Häuser und eine Reihe von Mittelklassehotels, die ihren Preis wert sind, sofern man auf koloniales Ambiente verzichten kann.

In den meisten Hotels in Kodai muss man in der Hauptsaison um 9 oder 10 Uhr auschecken, in der Nebensaison geht das in der Regel zu jeder Zeit.

LP TIPP Carlton Hotel HOTEL $$$

(☎240056; www.krahejahospitality.com; Lake Rd; EZ/DZ/Cottage ab 6245/7130/10 695 ₹) Die Crème de la Crème unter den Hotels in Kodai ist das traumhafte koloniale Fünf-Sterne-Anwesen mit Blick auf den See und die internationale Schule. Die Zimmer sind hell und geräumig, einige haben einen eigenen Balkon mit Blick auf den See. Das ganze Anwesen und besonders die Lobby mit ihren Steinwänden, der dunklen Holztäfelung und den knisternden Kaminen lassen alte Kolonialzeiten aufleben – da möchte man die eifrige Dienerschaft gleich mit Nachdruck auffordern, mit einem Scotch anzutraben. Das Lunchbuffet und das Abendessen sind teuer, aber wunderbar.

Villa Retreat HOTEL $$

(☎240940; www.villaretreat.com; Club Rd; Zi. 1350–2813 ₹, Suite 3375 ₹) Die Gartenterrasse dieses hübschen alten, aus Stein errichteten Familienhotels am nördlichen Ende des Coaker's Walk bietet einen hinreißenden Blick ins Tal. Die meisten Zimmer haben einen Kamin und einen Fernseher; die neuen Zimmer sollten inzwischen fertiggestellt sein. Im Preis sind die Steuern enthalten.

Hotel Cokkers Tower HOTEL $

(☎240374; cokkers.tower@yahoo.com; Woodville Rd; B/DZ 125/750 ₹) Ganz in der Nähe der Church of South India liegt dieses saubere, schlichte Hotel, dessen einfache Zimmer in hellen Farben angestrichen sind (koloniale Holztäfelungen gibt's hier nicht). Die Stockbetten in den Schlafsälen sind so eng, dass man sich wie im Schlafwagen eines Zuges fühlt, das Gemeinschaftsbad allerdings ist blitzblank und der Preis nicht zu schlagen.

Hilltop Towers HOTEL $$

(☎240413; www.hilltopgroup.in; Club Rd; DZ ab 1200 ₹) Obschon das Hotel ein schlichter, funktionaler Kasten ist, erweist es sich dank rustikaler Akzente wie polierter Teakholzböden und Zierelementen aus Holz sowie wegen des freundlichen Personals und der ausgezeichneten Aussicht in den oberen Stockwerken als gute Mittelklasseoption.

Hotel Astoria HOTEL $

(☎240524; www.astoriaveg.com; Anna Salai; Zi. ab 700 ₹) Von außen fällt eigentlich nur das beliebte Restaurant ins Auge (dessen Curry-Düfte auch gelegentlich durch die unteren Flure ziehen). Das zentral gelegene Hotel hat saubere, sehr angenehme Zimmer mit Holzböden und Möbeln im Kolonialstil. Und das zu vernünftigen Preisen.

Greenlands Youth Hostel HOSTEL $

(☎240899; www.greenlandskodaikanal.com; Coaker's Walk; B 200 ₹, DZ 500–1800 ₹) Wir sind etwas gespalten in unserer Meinung über das beliebte, lange bestehende Hostel. Einerseits sind das Gelände und der Ausblick ausgezeichnet und in den gemütlichen, immer vollen Schlafsälen kann man prima mit anderen Budgettravellern in Kontakt kommen; auch Führer lassen sich über das Hostel organisieren. Andererseits aber sind die Zimmer überteuert (versuchen, einen Rabatt auszuhandeln), das Management tritt mitunter ruppig auf und warmes Wasser gibt's keineswegs so häufig wie versprochen.

RR Residency HOTEL $$

(☎244301; rrresidency@rediffmail.com; Boat House Rd; Zi. 1490 ₹; WLAN) Geschmackvolle künstlerische Dekoration, komfortable Betten und Badezimmer, die angesichts des Preises etwas miefig ausfallen.

Snooze Inn HOTEL $$

(☎240873; snoozeinnslaes@jayarajgroup.com; Anna Salai; Zi. ab 600 ₹) Das Äußere verspricht etwas mehr an Charakter, als die Zimmer tatsächlich besitzen. Davon abgesehen han-

Kodaikanal (Kodai)

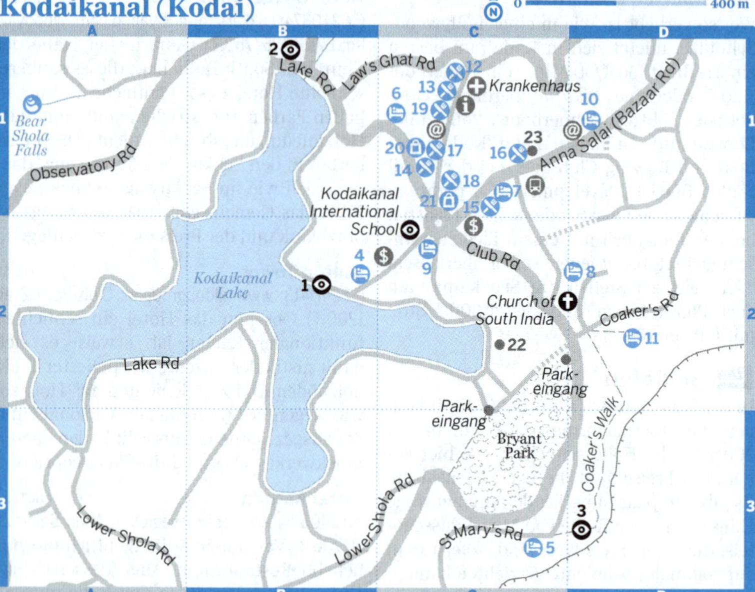

delt es sich aber um ein Budgethotel mit ordentlichem Preis-Leistungs-Verhältnis, sauberen Badezimmern und vielen Teppichen.

Essen

Die meisten billigen Restaurants finden sich in der PT Rd, wo sich denn auch die meisten Traveller und die Studierenden der internationalen Schule versammeln.

Hotel New Punjab NORDINDISCH $
(PT Rd; Hauptgerichte 30–100 ₹; ⊙mittags & abends) Das Lokal ist das beliebteste in Kodai, wenn es um nordindische Küche, Tandoori-Gerichte und allgemein um nicht vegetarische Currys geht. Nach Meinung von Einheimischen gibt's hier die besten Tadoori-Hähnchen in ganz Südindien.

Cloud Street INTERNATIONAL $$
(PT Rd; Hauptgerichte 50–200 ₹; ⊙Di–So mittags & abends, Sa & So früh) Ja, es gibt tatsächlich echte Holzofenpizzas. Und auch Hummus, Falafel, Nachos und Pasta stehen auf der Speisekarte. Kurz, tolles Essen in schlichtem, zwanglosem Ambiente. (Die Betreiber auch nach ihrer netten Homestay-Unterkunft 20 km außerhalb von Kodai fragen!)

Tava INDISCH $
(PT Rd; Hauptgerichte 40 ₹; ⊙Do–Di mittags & abends) Ein sauberes und flottes Lokal mit einem großen Angebot billiger vegetarischer Gerichte; versuchen sollte man das mit Blumenkohl gefüllte *gobi paratha* (würziges Blumenkohl-Brot) und das *sev puri* (aufgegangenes, knusprig gebratenes Brot mit Kartoffeln und Chutney).

Royal Tibet TIBETISCH $
(PT Rd; Hauptgerichte 40–80 ₹; ⊙mittags & abends) Wer tibetisches Essen vermisst, bekommt hier die weichen, aber schmackhaften *momos* (Klöße) und *thukpa* (Nudelsuppe). In der Nähe serviert **Tibetan Brothers** fast genau die gleichen Speisen. Beide Lokale sind gut.

Red Apple INTERNATIONAL $
(Anna Salai; Hauptgerichte 50–80 ₹; ⊙mittags & abends) Das rein vegetarische Restaurant mit internationaler Küche (nun ja, neben nord- und südindischen Gerichten gibt es auch ein paar chinesische) ist günstig, sauber und nett; es liegt gegenüber vom Busbahnhof. Das ausgezeichnete Thali kostet 60 ₹.

Pot Luck CAFÉ $
(PT Rd; Snacks 20–50 ₹; ⊙Mi–Mo 10.30–19 Uhr) Sandwichs, Pfannkuchen, Kaffee und Quesadillas (!) werden auf der kleinen, hübschen, zu einer Töpferei gehörenden Terrasse serviert. Es gibt auch köstliche Chutneys, Zitronenquark und Kekse zum Mitnehmen.

Kodaikanal (Kodai)

Sehenswertes

1 Bootverleih ... B2
2 Pferdeausritte ... B1
3 Sternwarte ... D3

Schlafen

4 Carlton Hotel ... B2
5 Greenlands Youth Hostel ... C3
6 Hilltop Towers ... C1
7 Hotel Astoria ... C1
8 Hotel Cokkers Tower ... D2
9 RR Residency ... C2
10 Snooze Inn ... D1
11 Villa Retreat ... D2

Essen

12 Cloud Street ... C1
13 Eco Nut ... C1
Hilltop Bake ... (siehe 6)
14 Hotel New Punjab ... C1
15 Pastry Corner ... C1
Pot Luck ... (siehe 20)
16 Red Apple ... C1
17 Royal Tibet ... C1
18 Tava ... C1
19 Tibetan Brothers ... C1

Shoppen

20 Cottage Crafts ... C1
21 Re Shop ... C1

Transport

22 Fahrradverleih ... C2
Fahrradverleih ... (siehe 2)
Taxistand ... (siehe 16)
23 Zugreservierung ... C1

Hotel Astoria INDISCH $
(Anna Salai; Hauptgerichte 30–50 ₹, Thalis 35–60 ₹; morgens, mittags & abends) Das vegetarische Restaurant ist stets gut von Einheimischen und Touristen besucht, besonders mittags, wenn es ausgezeichnete „All You Can Eat"-Thalis gibt.

Selbstversorger

Überall in der Stadt findet man ausgezeichnete hausgemachte Pralinen und Trockenfrüchte.

Eco Nut BIOPRODUKTE $
(243296; PT Rd; Mo–Sa 10–17 Uhr) Dieser interessante Laden bietet ein beachtliches Sortiment regional erzeugter Bioprodukte: Vollkornbrot, Muffins, Käse, grüne Salate außerdem Aromaöle, Küchen- und Heilkräuter.

Pastry Corner BÄCKEREI $
(Anna Salai; 9–21 Uhr) Hier kann man sich mit tollen Picknick-Sandwichs und leckeren Brownies eindecken oder sich mit einer Tasse Tee auf eine der Bänke quetschen und entspannt die Umgebung beobachten.

Hilltop Bake BÄCKEREI $
(Club Rd; Gebäck 18–40 ₹; 11–21 Uhr) Eine große Auswahl an frischem, herzhaftem Gebäck, darunter gute, wenn auch nicht echte Pizzas, zudem Kuchen und Brownies.

Shoppen

Die vielen Kunsthandwerksläden verkaufen gute Sachen; mehrere zeigen sich auch auf regional entspannte, aber nachhaltige Art sozialer Gerechtigkeit verpflichtet. In der PT Rd findet man kleine Kaschmir-Läden und Stände mit südindischem Kunsthandwerk.

Cottage Crafts KUNSTHANDWERK
(PT Rd; 10–19.30 Uhr) Der von der Freiwilligenorganisation Coordinating Council for Social Concerns in Kodai (Corsock) geführte Laden verkauft Kunsthandwerk, das benachteiligte Gruppen herstellen. Rund 80 % des Erlöses geht an die Produzenten.

Re Shop KUNSTHANDWERK
(Seven Roads Junction; Mo–Sa 10–19 Uhr) Modischer Schmuck, Taschen, Karten u. v. m. wird hier zu vernünftigen Preisen angeboten. Dorfbewohnerinnen stellen die Stücke aus Tamil Nadu her und profitieren auch vom Verkauf. Betreiber ist der **Blue Mango Trust** (www.bluemangoindia.com).

Praktische Informationen

Alpha Net (PT Rd; 50 ₹/Std.; 9–22 Uhr) Internetzugang.

Apollo Communications (Anna Salai; 40 ₹/Std.; 9.30–20 Uhr) Internetzugang.

Indian Bank (Anna Salai; Mo–Fr 10–14 & 14.30–15.30, Sa 10–12.30 Uhr) Hat einen Schalter für Devisentausch.

Kurinji Tours & Travel (240008; kodaikurinji@sancharnet.in; Club Rd; 9–21 Uhr) Zuverlässige Hilfe bei der Organisation der Weiterreise, tauscht auch Devisen.

State Bank of India (Anna Salai) Geldautomat.

Touristeninformation (241675; PT Rd; Mo–Fr 10–17.45 Uhr) Keine Broschüren, keine Stadtpläne, keine Touren. „Nur Informationen, die Dame!"

An- & Weiterreise

Der nächstgelegene Bahnhof ist Kodai Road; er liegt ungefähr zwei Stunden entfernt am Fuß des

Berges. Taxis (rund 1000 ₹) und Busse (17 ₹) bringen einen in den Ort. In Kodaikanal selber gibt's eine **Zugreservierung** (abseits der Anna Salai; ⌚Mo–Sa 9–17, So 13.30–17 Uhr).

Man darf nicht davon ausgehen, dass in Kodaikanal immer gleich ein Bus abfährt. Tickets für privat betriebene Busse kann man bei den Reisebüros in der Nähe des Busbahnhofs buchen. Von Kodai fahren Busse u. a. nach:

Bengaluru 283 ₹, 11 Std., tgl.
Chennai 230 ₹, 11 Std., tgl.
Coimbatore 74 ₹, 5 Std., 2-mal tgl.
Madurai 48 ₹, 4 Std., stündl.
Palani 34 ₹, 2 Std., 10-mal tgl.
Tiruchirappalli (Trichy) 65 ₹, 5½ Std., 4-mal tgl.
Udagamandalam (Ooty) 260 ₹, 8 Std., tgl.

Unterwegs vor Ort

Das Zentrum von Kodaikanal ist kompakt und sehr bequem zu Fuß zu erkunden. Es gibt hier – man will es kaum glauben – keine Autorikschas, aber viele Taxis, die einen zu den verschiedenen Attraktionen fahren wollen. Die Preise sind festgelegt: Sightseeing-Touren kosten zwischen 600 und 1200 ₹ für eine Tagestour. Ein Taxistand befindet sich gegenüber dem Busbahnhof.

Will man um den See radeln oder fühlt man sich gar fit genug, um die Hügel in Angriff zu nehmen, kann man an einem von mehreren **Fahrradständen** (20 ₹/Std.; ⌚8–18 Uhr) rund um den See ein Mountainbike ausleihen.

Rund um Kodaikanal

Eines der besseren Luxusrefugien in den Bergen ist das fabelhafte **Cardamom House** (☎0451-2556765, 09360-691793; www.cardamomhouse.com; Zi. ab 3300 ₹), das sich ungefähr drei Fahrstunden unterhalb von Kodaikanal abseits der Straße von Palani nach Dindigul befindet. Die komfortable Pension liegt am Ende einer malerischen Straße neben dem von vielen Vögeln besiedelten Lake Kamarajar und wurde von einem pensionierten Engländer mit Liebe und Sorgfalt geschaffen. Das Anwesen verwendet Solarstrom, hat einen sparsamen Wasserverbrauch, betreibt ökologischen Landbau und beschäftigt nur Einheimische, die es auch selber ausbildet. (Letztere zaubern auch köstliche Gerichte.) Überdies werden auch noch mehrere Dorfentwicklungsprojekte unterstützt. Man muss weit im Voraus buchen, für die Anfahrt einen Fahrer mieten und ganz auf Erholung eingestellt sein.

Coimbatore (Kovai)

☎0422 / 1,46 MIO. EW.

Coimbatore ist zwar eine der größten Städte in Tamil Nadu, für die meisten Traveller aber bloß eine Zwischenstation auf dem Weg hinauf nach Udagamandalam oder aus den Bergen hinunter nach Kerala. Und das zu Recht, ist doch die große Geschäftsstadt mit guter Verkehrsanbindung zwar recht freundlich und hat dank der Nähe zu den Bergen auch etwas gemäßigtere Temperaturen, ohne aber viele Attraktionen zu bieten. Zeitweilig galt Kovai wegen seiner Textilindustrie als das Manchester Indiens, inzwischen ist es jedoch auf dem Weg, ein bedeutendes Zentrum der IT-Branche zu werden. Wer hier eine Nacht verbringen will oder muss, findet viele Unterkünfte und Restaurants vor.

Schlafen

Legend's Inn HOTEL $$
(☎4350000; legends_inn@yahoo.com; Geetha Hall Rd; EZ/DZ ab 900/990 ₹; ❄) Das Hotel gehört zu den besten der Mittelklasse hier in der Stadt. Die Zimmer haben bequeme Möbel, Bambusjalousien und blitzblanke Bäder.

Residency HOTEL $$$
(☎2241414; www.theresidency.com; 1076 Avanashi Rd; EZ/DZ mit Frühstück ab 4750/5100 ₹; ❄@🛜🏊) Coimbatores feinstes Hotel hat allen Fünf-Sterne-Luxus, freundliches Personal und makellose Zimmer. Es gibt einen gut ausgestatteten Fitnessraum und einen Pool, zwei ausgezeichnete Restaurants, ein Kaffeegeschäft und einen Buchladen in der Lobby.

Sabari's Nest HOTEL $$
(☎4505500; nest.coimbatore@sabarihotels.com; 739A Avanashi Rd; EZ/DZ mit Frühstück ab 2000/2300 ₹; ❄🛜) Der Namens- und Besitzerwechsel hat dem alteingesessenen, sehr beliebten Hotel offensichtlich nichts anhaben können. Die Zimmer mit Holzböden sind sehr komfortabel, die Wände mit Stichen der heimischen Vogelwelt im Stil von Audubon geschmückt.

Hotel ESS Grande HOTEL $$
(☎2230271; hessgrande@gmail.com; Nehru St; EZ/DZ mit Frühstück ab 1300/1600 ₹; ❄@) Dieses Hotel ist das beste unter denjenigen am Busbahnhof. Die Zimmer sind klein, aber sehr sauber und frisch, die Bäder wahrscheinlich die funkelndsten in ganz Coimbatore.

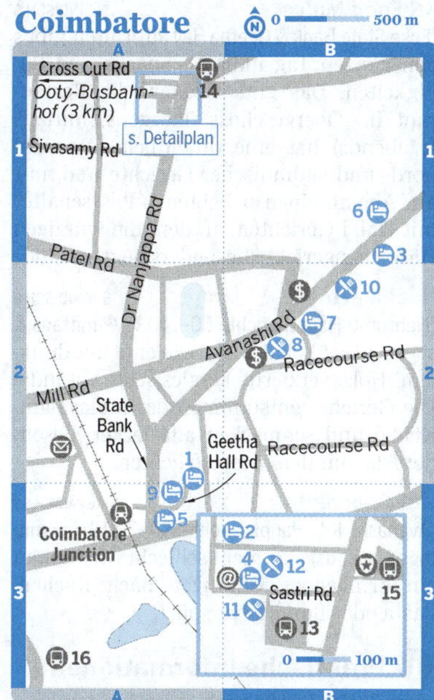

Coimbatore

Schlafen

1	Hotel AP	A2
2	Hotel ESS Grande	B3
3	Hotel Rathna Regent	B1
4	Hotel Shri Shakti	B3
5	Legend's Inn	A3
6	Residency	B1
7	Sabari's Nest	B2

Essen

8	Annalakshmi	B2
9	Annalakshmi Hotel	A3
10	Hot Chocolate	B2
	KR Food Mall	(siehe 5)
11	Malabar	B3
12	Naalukattu	B3

Transport

13	Zentraler Busbahnhof	B3
14	Thiruvalluvar-Busbahnhof	A1
15	Haltestelle städtische Busse	B3
16	Ukkadam-Busbahnhof	A3

Hotel Rathna Regent HOTEL $$$
(☎4294444; www.rathnaregent.com; Avanashi Rd; EZ/DZ mit Frühstück ab 2800/3300 ₹; ❄📶) Zwar nicht wirklich das Spitzenhotel vor Ort (letzteres steht genau gegenüber), aber doch ein sehr komfortables Haus für eine erholsame Nacht. Die teureren Zimmer gleichen eher Apartments. Außerdem findet man hier alle wichtigen Einrichtungen vor, darunter eine paar sehr gute Restaurants, eine Bar und ein Café.

Hotel Shri Shakti HOTEL $
(☎2234225; Sastri Rd; EZ/DZ ab 260/380 ₹; ❄) Das Hotel hat nicht viel Charme, dafür aber viele Zimmer und wahrscheinlich die günstigsten mit Klimaanlage in der ganzen Stadt. Wenn man eine preisgünstige, schlichte Unterkunft in der Nähe des Busbahnhofs sucht, ist man hier genau richtig.

Hotel AP HOTEL $
(☎2301773; hotelap@yahoo.com; EZ/DZ ab 420/510 ₹, DZ mit Klimaanlage 990 ₹; ❄) Das Hotel versteckt sich in einer Nebenstraße in der Nähe des Bahnhofs, ist aber an dem sonderbar kubistischen Äußeren leicht erkennbar. Es bietet einfache, recht saubere Zimmer. Die Einzelzimmer sind hier tatsächlich kleine, zellenartige Zimmerchen, nicht die sonst üblichen Doppelzimmer für Einzelgäste.

Essen

Unter dem Hotel Sabari's Nest gibt's einen Food Court mit Imbissständen und einen Supermarkt.

Malabar INDISCH $
(7 Sastri Rd; Hauptgerichte 60–120 ₹; ⏲mittags & abends) Das Restaurant im KK Residency Hotel ist auf keralesische und nordindische Gerichte spezialisiert. Das gebratene Hähnchen auf keralesische Art (halbes Hähnchen 150 ₹) ist eine würzige Gaumenfreunde; es gibt auch Meeresfrüchte, u.a. Krabben-Masala.

Annalakshmi INDISCH $$
(☎2212142; 106 Racecourse Rd; Menü 200 ₹; ⏲Di–So mittags & abends) Das beste vegetarische Restaurant vor Ort wird von Anhängern des Swami Shatanand Saraswati betrieben; der Erlös kommt der Hilfe für unterprivilegierte Kinder zugute.

Annalakshmi Hotel SÜDINDISCH $
(Geetha Hall Rd; Hauptgerichte 20–80 ₹) Das Lokal ist wesentlich bescheidener als das schicke Restaurant, dem es wohl den Namen entlehnt hat, ist aber preisgünstig und nett und wohl das beste unter den vielen hauptsächlich südindischen Restaurants in der Geetha Hall Rd. Besonders gut sind die Pilzgerichte, aber auch das Biryani ist nicht zu verachten.

KR Food Mall INDISCH $
(Ecke State Bank & Geetha Hall Rd) Unten gibt's den ganzen Tag indische Snacks und Süßigkeiten. Das gute vegetarische Restaurant im Obergeschoss (morgens, mittags & abends) hat eine ordentliche Auswahl nord- und südindischer Gerichte und, nur am Abend, einen beliebten Imbissschalter mit Halal-Gerichten, an dem die würzigen Hähnchengerichte besonders begehrt sind.

Naalukattu SÜDINDISCH $
(Nehru St; Hauptgerichte 50–140 ₹; ⌚mittags & abends) Das Lokal wirkt wie eine mit dunklem Holz verzierte keralesische Veranda. Die Gerichte entstammen der Malayalam-Küche und schmecken alle lecker, besonders die mit den Meeresfrüchten.

Hot Chocolate EUROPÄISCH $$
(Avanashi Rd; Hauptgerichte 80–200 ₹; ⌚mittags & abends) Gar nicht schlecht, wenn man ein dringendes Verlangen nach Kuchen, Pasta oder Burgern verspürt.

ℹ Praktische Informationen

In der Geetha Hall Rd gibt's gegenüber dem Bahnhof eine Reihe von Internetcafés, die fürs Surfen alle rund 20 ₹ pro Stunde verlangen.

HSBC (Racecourse Rd) Geldautomat. Neben dem Restaurant Annalakshmi.

Oscar Browsing Centre (Ecke Kalingaray & Sastri St; 20 ₹/Std.; ⌚9.30–22 Uhr) Internetcafé nahe dem Busbahnhof.

State Bank of India (Avanashi Rd) Geldautomat. Gegenüber vom Sabari's Nest.

VKC Forex (Raheja Centre, Avanashi Rd; ⌚Mo–Sa 9.30–18.30 Uhr) Wechselstube und Einlösung von Reiseschecks. Gleich neben dem Hotel Residency.

ℹ An- & Weiterreise

Bus

Im Stadtzentrum befinden sich drei Busbahnhöfe.

Vom zentralen Busbahnhof fahren Busse zu Zielen im Norden wie Salem oder Erode. Vom Thiruvalluvar-Busbahnhof fahren regelmäßig inner- und zwischenstaatliche Busse nach Bengaluru (180–230 ₹, 9 Std.), Mysuru (Mysore; 80–100 ₹, 5 Std.) und Chennai (300 ₹, 11½ Std.). Städtische Busse kommen nur im Nahverkehr zum Einsatz.

Vom Ukkadam-Busbahnhof südlich der Stadt fahren Busse zu nahegelegenen Zielen im Süden, darunter nach Palani (35 ₹, 3 Std.), Pollachi (16 ₹, 1 Std.) und Madurai (74 ₹, 5 Std.). Der Neue Busbahnhof (Ooty-Busbahnhof) liegt ein paar Kilometer westlich des Stadtzentrums an der Straße nach Mettupalayam; dort fahren regelmäßig Busse nach Mettupalayam (45 Min.), Udagamandalam (Ooty; 3½ Std.; über Coonoor) und Kotagiri.

Flugzeug

Der Flughafen befindet sich 10 km östlich der Stadt. Inlandsflüge gehen zu verschiedenen Zielen, u. a. Chennai, Delhi, Bengaluru, Mumbai und Kochi. SilkAir fliegt außerdem dreimal wöchentlich ab/nach Singapur. An Fluglinien sind u. a. **Air India** (☎2399833), **Jet Airways** (☎2243465), Kingfisher Airlines, **SilkAir** (☎4370271) und SpiceJet vertreten.

Taxi

Ein Taxi den Hügel hinauf nach Udagamandalam (2½ Std.) kostet rund 1500 ₹; da die Busse dorthin oft überfüllt sind, ist die Ausgabe eine Überlegung wert.

Zug

Der Bahnhof Coimbatore Junction liegt an der Hauptstrecke von Chennai nach Ernakulam (Kerala). Nach Udagamandalam nimmt man den täglich verkehrenden *Nilgiri Express* (12671) um 5.15 Uhr. In Mettupalayam hat man um 7.10 Uhr Anschluss an die Schmalspurbahn nach Udagamandalam (Ooty). Die gesamte Fahrt nach Udagamandalam dauert rund sieben Stunden. Weitere Zugverbindungen ab Coimbatore s. Kasten S. 415.

ℹ Unterwegs vor Ort

Zum Flughafen fährt vom städtischen Busbahnhof Bus 20, vom Bahnhof Bus 90. Viele Busse verkehren zwischen dem Bahnhof und dem städtischen Busbahnhof sowie zwischen dem zentralen Busbahnhof und dem Ooty/Ukkadam-Busbahnhof. Eine Fahrt mit der Autorikscha von einem der Busbahnhöfe zum Bahnhof kostet rund 50 ₹, die Fahrt vom Zentrum hinaus zum Ooty-Busbahnhof kostet – je nach Verhandlungskünsten – bis zu 100 ₹.

Rund um Coimbatore

Das **Isha Yoga Center** (☎0422-2515345; www.ishafoundation.org), ein Ashram in Poondi 30 km westlich von Coimbatore, ist zugleich ein Yoga-Refugium und ein Pilgerziel. Kern der Anlage ist ein multireligiöser Tempel mit dem Dhyanalingam, dessen Einzigartigkeit darin bestehen soll, dass er alle sieben Chakras spiritueller Energie in sich vereint. Besucher können im Tempel meditieren oder auch an Yogasitzungen teilnehmen, in letzterem Fall sollten sie sich vorab anmelden.

Die Handelsstadt **Mettupalayam** ist Startpunkt der Schmalspurbahn nach

ZÜGE AB COIMBATORE

ZIEL	ZUGNR. & -NAME	PREISE (₹)	DAUER (STD.)	ABFAHRT
Bengaluru	6525 *Island Express*	191/505	7½	22.50 Uhr
Chennai*	2672 *Kovai Express*	132/471	7½	14.20 Uhr
	2674 *Cheran Express*	232/594	8½	22.20 Uhr
Kochi	7230 *Sabari Express*	122/311	5	8.35 Uhr
Madurai	6610 *Nagercoil Express*	155/404	6	20.30 Uhr

*2. Klasse/AC Chair Class
Alle übrigen Sleeper Class/3AC

Udagamandalam (Ooty). Sonst bietet der Ort für Traveller nicht viel Sehenswertes. Wenn man aber erst mal ausschlafen will, bevor man den Zug nimmt, findet man jede Menge Unterkünfte vor. Diverse billige Herbergen liegen direkt am Bahnhof bzw. am Busbahnhof. Das **Hotel EMS Mayura** (☎04254-227936; 212 Coimbatore Rd; Zi. 700 ₹, mit Klimaanlage 1200 ₹; ❄), ein gutes, sauberes, wenn auch schmuckloses Mittelklassehotel mit ordentlichem Restaurant, ist nur 1 km vom Bahnhof entfernt.

Coonoor

☎0423 / 101000 EW. / 1850 M

Coonoor ist eine der drei Nilgiri Hill Stations – Udagamandalam, Kotagiri und Coonoor–, die oberhalb der südlichen Ebene liegen. Wie Kotagiri zeichnet sich auch Coonoor durch Ruhe und Abgeschiedenheit aus und entwickelt sich zu einem Ort für Gourmets und luxuriöse Homestays. Von den Unterkünften in Upper Coonoor, das in 1 bis 2 km Entfernung oberhalb des Ortszentrums liegt, blickt man auf das Meer aus roten Ziegeldächern und hinüber zu den dahinterliegenden Berghängen und genießt die Beschaulichkeit, das kühle Klima und die wunderschöne Landschaft. Aber Achtung: Im Zentrum von Coonoor erwartet einen nur hupendes, wuselndes Gedränge!

Sehenswertes & Aktivitäten

Um Coonoor herum gibt's mehrere beliebte Aussichtspunkte. Von **Dolphin's Nose,** rund 10 km außerhalb der Stadt, hat man einen weiten Rundblick bis hin zu den **Catherine Falls** am anderen Ende des Tals. **Lamb's Rock** ist eine beliebte Picknickstelle in einem hübschen Waldstück, benannt nach dem britischen Hauptmann, der den kurzen Weg zu der Stelle anlegte. Von dort hat man eine wunderschöne Aussicht über die Hügel und hinunter in die diesigen Ebenen. Am leichtesten gelangt man zu all diesen Stellen (die übrigens alle an der gleichen Straße liegen) bei einer Rikschatour für rund 500 ₹. Wer sich fit genug fühlt, kann von Lamb's Rock aus die ungefähr 6 km in die Stadt zurück auch laufen – es geht überwiegend, aber nicht durchgängig bergab.

Sim's Park PARK
(Erw./Kind ₹10/5, Foto/Video 25/250 ₹; ⏲8.30–18 Uhr) Der 12 ha große Park in Upper Coonoor ist eine friedliche Oase mit getrimmtem Rasen und mehr als 1000 Pflanzenarten, darunter Magnolien, Baumfarne und Kamelien. Die Busse nach Kotagiri können einen hier absetzen.

Schlafen & Essen

Wer zu den nachstehend genannten Hotels und Restaurants gelangen möchte, braucht eine Autoriksha oder muss sehr gut zu Fuß sein. Selbstversorger finden im **Green Shop** (Jograj Bldg, Bedford Circle) Honig und andere regionale Produkte. Eine Auswahl an abgepackten westlichen Lebensmitteln gibt's in dem gut sortierten Supermarkt in der **Tulsi Mall**.

LP TIPP **180 McIver** BOUTIQUE HOTEL $$$
(☎2233323; 180mciver@gmail.com; McIver Villa, Orange Grove Rd; DZ mit Frühstück 3000–4500 ₹) Ein französisches Ehepaar hat die vier Schlafzimmer dieses klassischen Nilgiri-Bungalows in etwas ganz Besonderes verwandelt: Wände in bunten Farben, antike Möbel und Dielen, knisternde Kamine und große, frische Badezimmer verbinden französischen und regionalen

Geschmack auf bestmögliche Weise. Das internationale Restaurant **La Belle Vie** verwendet Bioprodukte. Gäste nehmen lange Wege in Kauf, um sich hier indisch-französische Gerichten (Hauptgerichte 140–350 ₹) schmecken zu lassen.

Acres Wild FARMSTAY **$$**
(☎2232621; www.acres-wild.com; Upper Meanjee Estate, Kannimariamman Kovil St; Cottage mit Frühstück 2000–4000 ₹) Die prächtige, außerhalb von Coonoor gelegene Farm stellt einen Käse her, wie man ihn sonst in Indien vergeblich suchen wird. Sie lädt ihre Gäste ein, bei der Herstellung zu helfen. Die Cottages sind einfach und stilvoll. Sie haben Kamine für kühle Nächte und einen Ausblick über das Tal. Die Betreiber sind nett, das Essen schmeckt großartig. Wer unangemeldet hereinschneit, wird Pech haben – Zimmer muss man im Voraus reservieren.

Tryst PENSION **$$$**
(☎2207057; www.trystindia.com; EZ/DZ mit Frühstück & Abendessen 5500/6600 ₹) Wer eine gesellige Unterkunft sucht, die zugleich schrullig ist und Klasse hat, sollte auf die Website dieser ungewöhnlichen Pension gehen und im Voraus buchen. Die Zimmer befinden sich in einem schön gelegenen Bungalow, der früher dem Verwalter einer Teeplantage gehörte.

YWCA Wyoming Guesthouse HOSTEL **$**
(☎2234426; ywcacoonoor@gmail.com; EZ/DZ 500/700 ₹) Die verfallene Herberge, ein richtiges Hill-Station-Schmuckstück an einem Hang in Upper Coonoor, ist bei Budgettravellern sehr beliebt. Das 150 Jahre Kolonialhaus ist zwar zugig, hat aber mit seinen Holzterrassen und dem beschaulichen Blick auf Coonoor einen ganz besonderen Charme.

Hotel Vivek Coonoor HOTEL **$**
(☎2230658; www.hotelvivek.com; Figure of Eight Rd; Zi. ab 600 ₹) Eine gute Wahl in der „gehobenen Budgetklasse": Viele aus der großen Bandbreite an Zimmern haben – wegen der „Affengefahr" abgezäunte – Balkone, von denen aus man einen Blick in die Teeplantagen hat.

ℹ An- & Weiterreise

Coonoor liegt an der Schmalspurstrecke zwischen Mettupalayam (28 km) und Udagamandalam (Ooty; 18 km); s. S. 424. Bussefahren ungefähr alle 15 Minuten nach Udagamandalam (8 ₹, 1 Std.) und Kotagiri (10 ₹, 1 Std.).

Kotagiri

☎04266 / 29 184 EW.

Kotagiri, die älteste der drei Nilgiri Hill Stations, ist ungefähr 28 km von Udagamandalam (Ooty) entfernt. Der ruhige, bescheidene Ort hat ein nichtssagendes Stadtzentrum – wegen des Nachtlebens kommt jedoch ohnehin niemand hierher, sondern um sich von dem übermäßigen Tourismus in Udagamandalam zu erholen. Hier freut man sich an den roten Sandpisten, die durch die Kieferwälder führen, am blauen Himmel und an den hochragenden, grünen Wänden der Nilgiri-Berge.

Von Kotagiri aus kann man die **Catherine Falls** besuchen, die 8 km entfernt nahe der Straße nach Mettupalayam liegen (die letzten 3 km muss man laufen, und der Wasserfall führt nur nach Regen Wasser). Lohnende Ziele sind auch die **Elk Falls** (6 km) und der **Kodanad Viewpoint** (22 km), von wo aus man einen Ausblick über die Ebene der Ebene um Coimbatore und das Plateau von Mysuru (Mysore) hat. Eine halbtägige Taxitour zu allen drei Attraktionen kostet rund 800 ₹. Die Landschaft zu Seiten der Straße nach Mettupalayam ist prachtvoll – wer auf dem Rückweg von Udagamandalam ist, sollte den Umweg unbedingt machen.

Wer sich für die Geschichte der Nilgiris interessiert, sollte sich das **Sullivan Memorial** (Nilgiri Documentation Centre; ☎9486639092; Kannerimukku; ⏲Mo–Sa 10–17 Uhr) anschauen. Der Bungalow gehörte einst John Sullivan, dem Gründer von Ooty. Inzwischen wurde er renoviert und mit faszinierenden Fotos und Artefakten der örtlichen Stammesvölker, zur europäischen Besiedlung und zu Attraktionen wie der Schmalspurbahn bestückt. Anrufen, falls niemand da ist, oder um Besuche außerhalb der Öffnungszeiten zu vereinbaren.

Ebenfalls hier befinden sich auch die Büros der **Keystone Foundation** (☎272277; www.keystone-foundation.org; Groves Hill Rd), einer Nichtregierungsorganisation, die sich dem Umweltschutz in den Nilgiris widmet, indem sie mit indigenen Gemeinschaften zusammenarbeitet und sich um die Verbesserung von deren Lebensstandard bemüht. Im **Green Shop** (Johnstone Circle) der Stiftung findet man alles für ein Picknick, u.a. regionalen Biokäse und Honig.

Ein paar sehr einfache Unterkünfte liegen im kleinen Ortszentrum, und auch an *idlis* und Dosas herrscht kein Mangel. Das **Nahar Retreat** (☎273300; www.naharretreat.com; Zi. ab 2000 ₹) verbindet ein prachtvolles koloniales Herrenhaus von 1915 mit einem schicken neuen Block. Die Zimmer sind sehr komfortabel, die Aussicht ist toll und es gibt auch ein sehr einfaches vegetarisches Restaurant vor Ort. Nachteil: Jedes Extra lässt man sich hier nicht zu knapp bezahlen. Näher am Ortszentrum bietet das **Hope Park** (☎271229; www.hopeparkhotel.com; Zi. ab 1200 ₹) große, saubere Zimmer, ein ordentliches Restaurant und freundliches Personal.

Die Busse halten am Ortsrand, ungefähr 1 km außerhalb des Zentrums. Nach Udagamandalam fahren stündlich Busse (12 ₹, 1½ Std.), die dabei einen der höchsten Pässe in Tamil Nadu überwinden. Busse nach Mettupalayam fahren alle 30 Minuten, nach Coonoor alle 15 Minuten.

Udagamandalam (Ooty)

☎0423 / 93 921 EW. / 2240 M

Udagamandalam mag für manchen Geschmack etwas zu überlaufen sein, die meisten Traveller verlieben sich jedoch schnell in den von Kiefern eingerahmten Ferienort, in dem sich Wanderer vor knisternden Kaminfeuern versammeln, ehe sie in die traumhaft grüne Landschaft aufbrechen. Selbst das typische Chaos der indischen Städte wirkt im Schatten der Berge harmloser. Darin liegt Udagamandalams Charme. Der Ort hat zudem eine Menge Hindu-Tempel und pflegt einen Ökotourismus – und über allem liegt eine gewisse gepflegte britische Ästhetik.

Udagamandalam ist Südindiens berühmteste und sicherlich auch meistgenannte Hill Station. Die Briten legten die Stadt im frühen 19. Jh. als Sommersitz der Präsidentschaft Madras an und gaben ihr den denkwürdigen Spitznamen „Snooty Ooty" (versnobtes Ooty). Seit einigen Jahrzehnten pflügt die bauliche Erschließung durch die Stadt, wenngleich irgendwie das alte Ooty überlebt hat – jedenfalls wenn man ein wenig außerhalb des Stadtzentrums nach ihm auf die Suche geht.

Die Fahrt mit der Schmalspurbahn hinauf nach Udagamandalam ist romantisch, die Landschaft unterwegs hinreißend – unbedingt versuchen, einen Platz auf der linken Seite zu ergattern, wo man die schönste Aussicht auf die Berge hat. Und selbst die Anfahrt mit dem Bus ist recht eindrucksvoll, wenn auch lange nicht so entspannend. Von April bis Juni (die absolute Hauptsaison) bietet Udagamandalam willkommene Erholung von der Hitze in den Ebenen. In den kälteren Monaten (Okt.–März) braucht man warme Kleidung – die man hier billig kaufen kann –, da nachts die Temperaturen gelegentlich auf den Gefrierpunkt fallen.

Bahnhof und Busbahnhof befinden sich neben der Rennbahn, die von billigen Hotels umzingelt ist. Weiter unten liegt der von Hügeln eingefasste See, an deren Hängen Häuser aus der Kolonialzeit und Pensionen mit guter Aussicht locken. Vom Busbahnhof kommt man in zehn Gehminuten zum Basar und in 20 Gehminuten nach Charing Cross, dem Geschäftszentrum von Udagamandalam. Wie Kodaikanal hat auch Udagamandalam eine internationale Schule, deren Studenten häufig in der Stadt anzutreffen sind.

Sehenswertes

St. Stephen's Church KIRCHE

(Church Hill Rd; ⌚Mo–Sa 10–13 & 15–17 Uhr, Gottesdienst So 8 & 11 Uhr) Hoch über dem Stadtzentrum thront die makellose St. Stephen's Church. Sie wurde 1829 errichtet und ist damit die älteste Kirche in den Nilgiris. Zunächst beherbergte sie eine exklusive britische Gemeinde, wurde dann ein angloindisches Waisenhaus und dient heute der Church of South India als Gotteshaus. Sehenswert sind die hübschen Buntglasfenster und die gewaltigen Holzbalken, die Elefanten aus dem rund 120 km entfernten Palast Tipu Sultans hierher schleppten, ferner die teils kitschigen, teils rührenden Tafeln und Plaketten, die in der Kolonialzeit von Kirchgängern gespendet wurden. Auf dem ruhigen, überwucherten Friedhof erinnern Grabsteine an manch einen der einst in Ooty ansässigen Briten, so auch an die Frau und die Tochter von John Sullivan, dem Gründer der Stadt. Wer sich besonders für Friedhöfe der Kolonialzeit interessiert, für den lohnt auch der ruhige, auf den See blickende Kirchhof der **St. Thomas Church** (Racecourse Rd) einen Spaziergang.

Botanischer Garten GARTEN

(Erw./Kind 20/10 ₹, Foto/Video 30/75 ₹; ⌚7–18.30 Uhr) Der 1848 angelegte, herrliche Park ist ein lebendiges Freiluftmuseum der Flora in den Nilgiris. Sehenswert ist ein versteinerter Baumstamm, der rund 20 Mio. Jahre alt sein soll. An vielen Tagen ist der Park von indischen Touristen überlaufen.

Doddabetta Lookout AUSSICHTSPUNKT

(Eintritt 5 ₹; ⏲7–18 Uhr) Mit 2633 m der höchste Punkt der Nilgiris und einer der besten Aussichtspunkte in der Gegend, immer vorausgesetzt, dass das Wetter klar ist. Der Gipfel liegt etwa 10 km außerhalb der Stadt – früh aufbrechen, denn dann sind die Chancen auf klare Sicht am besten. Jeder Bus nach Kotagiri kann einen an der Abzweigung zum Dodabetta absetzen, von wo aus man einen recht anstrengenden, 3 km langen Fußmarsch oder eine kurze Jeepfahrt vor sich hat. Ein Taxi kostet ab Charing Cross hin und zurück 350 ₹.

Government Rose Garden (Centenary Rose Park) GARTEN

(Selbourne Rd; Erw./Kind 20/10 ₹, Foto/Video 30/50 ₹; ⏲9–18.30 Uhr) Mit seinen Rasenterrassen und bunten Blumenbeeten, die zwischen Mai und Juli am schönsten sind, lädt der kürzlich umbenannte Rosengarten zu einem netten Spaziergang ein. Von oben hat man einen schönen Blick auf Udagamandalam.

Thread Garden GARTEN

(☎2445145; North Lake Rd; Eintritt 10 ₹, Foto/Video 15/30 ₹; ⏲8.30–20 Uhr) Wenn die Erwartungen nicht allzu hoch gespannt sind, kann man das „Wunder" – wie es in der offiziellen Beschreibung etwas übertrieben heißt – schon genießen. 150 Pflanzenarten aus aller Welt wurden hier mit Fäden „in Handarbeit" sorgsam nachgebildet. Der Künstler, Anthony Joseph aus Kerala, perfektionierte die Technik; 50 Kunsthandwerker stellten die Anlage in zwölf Jahren fertig.

Tribal Research Centre Museum MUSEUM

(Muthorai Palada; Eintritt frei; ⏲Mo–Fr 10–17 Uhr) Es ist schwer zu sagen, was man an diesem Museum besonders schätzen soll: die ordentlich aufbereitete Ausstellung über die Stammesvölker der Nilgiris und der Andamanen oder die zerfallenden Präparate schlecht ausgestopfter Tiere aus Region – man sieht z.B. einen verrotteten Mungo, der offensichtlich aus dem tiefsten Höllenschlund geangelt wurde. Aber Spaß beiseite: Die Artefakte sind wirklich fantastisch – einen Bogen aus der Steinzeit wird man anderswo wohl kaum je in die Hand nehmen können – und die Erläuterungen zu den Stammesvölkern sind gut, wenn auch von Anthropologen verfasst, denen es nicht gelingen wollte, ihr Fachchinesisch in verständliches Englisch zu bringen. Das Museum liegt gleich hinter dem Dorf Muthorai Palada (M Palada), 11 km außerhalb von Udagamandalam an der Straße nach Emerald gelegen. Man nimmt einen der häufig verkehrenden Busse nach M Palada und läuft von dort. Eine Rikschafahrt

Nilgiri Hills

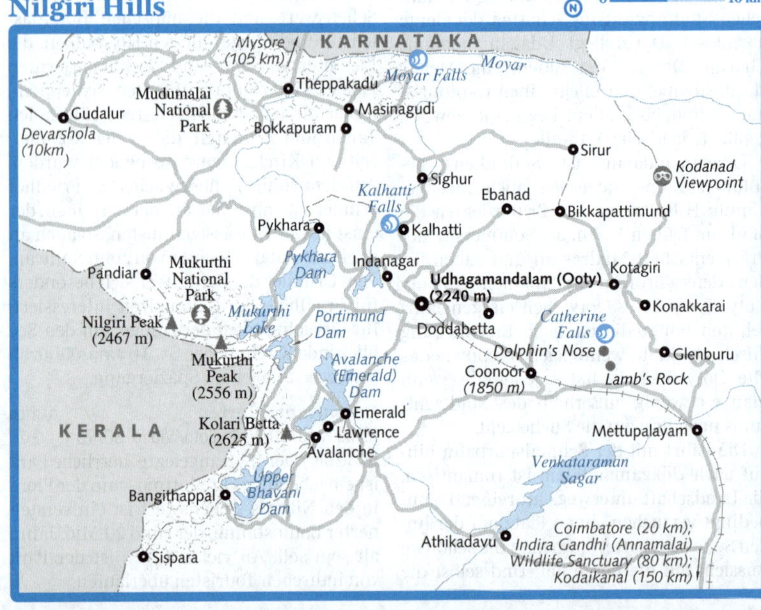

DIE BERGVÖLKER DER NILGIRIS

Seit Jahrhunderten sind die Nilgiri-Berge die Heimat indigener Stammesvölker. Sie bewahrten sich ihre Sitten, ihre Kleidung und ihre Sprache und waren ökonomisch, sozial und kulturell unabhängig. Das britische Prinzip des ausschließlichen Eigentumsrechts entrechtete viele Stammesangehörige, ebenso negativ wirkten sich ausbeuterische Wirtschaftspraktiken aus, die die auf Tauschhandel beruhende Ökonomie untergruben. Heute fristen viele Stammesmitglieder ein ärmliches Leben, indem sie sich als Honig- oder Kräutersammler in der Ayurveda-Branche verdingen.

» Im Mittelpunkt des gesellschaftlichen, wirtschaftlichen und spirituellen Systems der **Toda** steht der Wasserbüffel. Dessen Milch und das daraus gewonnene Ghee waren ein wesentlicher Bestandteil ihrer Nahrung und dienten auch als Tauschmittel, für das sie im Gegenzug Getreide, Werkzeuge und medizinische Hilfe bekamen. Vor allem aber diente das Ghee auch als Opfergabe an die Götter und als Brennstoff für den Scheiterhaufen, auf dem die Toten eingeäschert wurden. Die Toda, strikte Vegetarier, töteten nur anlässlich von Totenfeiern einen Wasserbüffel, aber nicht, um das Fleisch zu verzehren, sondern als Gesellschaft für den Verstorbenen.

» Man glaubt, dass die **Badaga** gegen 1600 n. Chr. auf der Flucht vor den vordringenden Muslimen in die Nilgiri-Berge kamen und folglich kein eigentliches indigenes Stammesvolk sind. Mit ihrer Kenntnis der Welt außerhalb der Berge wurden sie wirksame Repräsentanten der Stammesvölker. Als Bauern bauten sie besonders Getreide an und sorgten so für eine Ergänzung des Speiseplans der Bergbewohner.

» Die **Kota** lebten im Gebiet um Kotagiri und wurden von den anderen Völkern als Menschen von niedrigem sozialen Status betrachtet. Sie führen immer noch Zeremonien durch, in denen sie die Götter um Regen und eine reiche Ernte bitten.

» Die **Kurumba** bewohnten die dichten Wälder im Süden. Sie sammelten Bambus, Honig und Materialien zum Hausbau, wovon sie einen Teil anderen Stammesvölkern lieferten. Sie betrieben auch ein wenig Landwirtschaft; bei der Aussaat und der Ernte engagierten sie die Badaga, um für sie Rituale für eine reiche Ernte durchzuführen.

» Die **Irulu** lebten ebenfalls an den Berghängen im Süden. Sie stellten Werkzeuge her und sammelten Honig und andere Produkte des Waldes, die sie gegen Besen und Räucherwerk eintauschten. Sie sind Vishnuiten und führen oft Rituale für andere Stammesvölker durch.

Der britische Kolonialismus und die Einwanderung aus den Ebenen haben die Stammeskulturen so weit untergraben, dass sie schließlich zusammenbrachen. Den entwurzelten Völkern wurde vom indischen Staat Land „gewährt", aber für die Toda ist es beispielsweise tabu, Land zu bestellen, da sie sich als Hüter der Erde verstehen – Land umzugraben, bedeutet für sie, es zu entweihen. Heute haben sich viele Angehörige von Stammesvölkern bis zur Unkenntlichkeit assimiliert, andere sind in destruktive Muster verfallen, die mit Vertreibung und Entfremdung einhergehen, und wieder andere praktizieren immer noch einen kulturellen Spagat.

von Udagamandalam zum Museum kostet hin und zurück rund 300 ₹. Achtung: Die Öffnungszeiten sind nicht ganz verlässlich!

Aktivitäten

Wandern

Wandern ist in Udagamandalam schwer angesagt und für viele Traveller der Hauptgrund zum Kommen. Bei Tagestouren geht's durch Nadelwald und Teeplantagen, zu Aussichtspunkten und in die Dörfer der Umgebung. Zurück nimmt man in aller Regel einen Bus. Die meisten Pensionen können einem Führer vermitteln, man kann sie sich aber auch selbst organisieren, denn viele bieten ihre Dienste an. Je nach Größe der Gruppe zahlt man für eine ganztägige Wanderung zwischen 300 und 900 ₹. Als weitere Möglichkeiten zum Wandern kann man die Resorts in der Nähe des Mudumalai National Park in Betracht ziehen.

Ausritte

Am Bootshaus am nördlichen Ende des Sees kann man Pferde mit und ohne Führer leihen. Die Ausritte bestehen meist aus

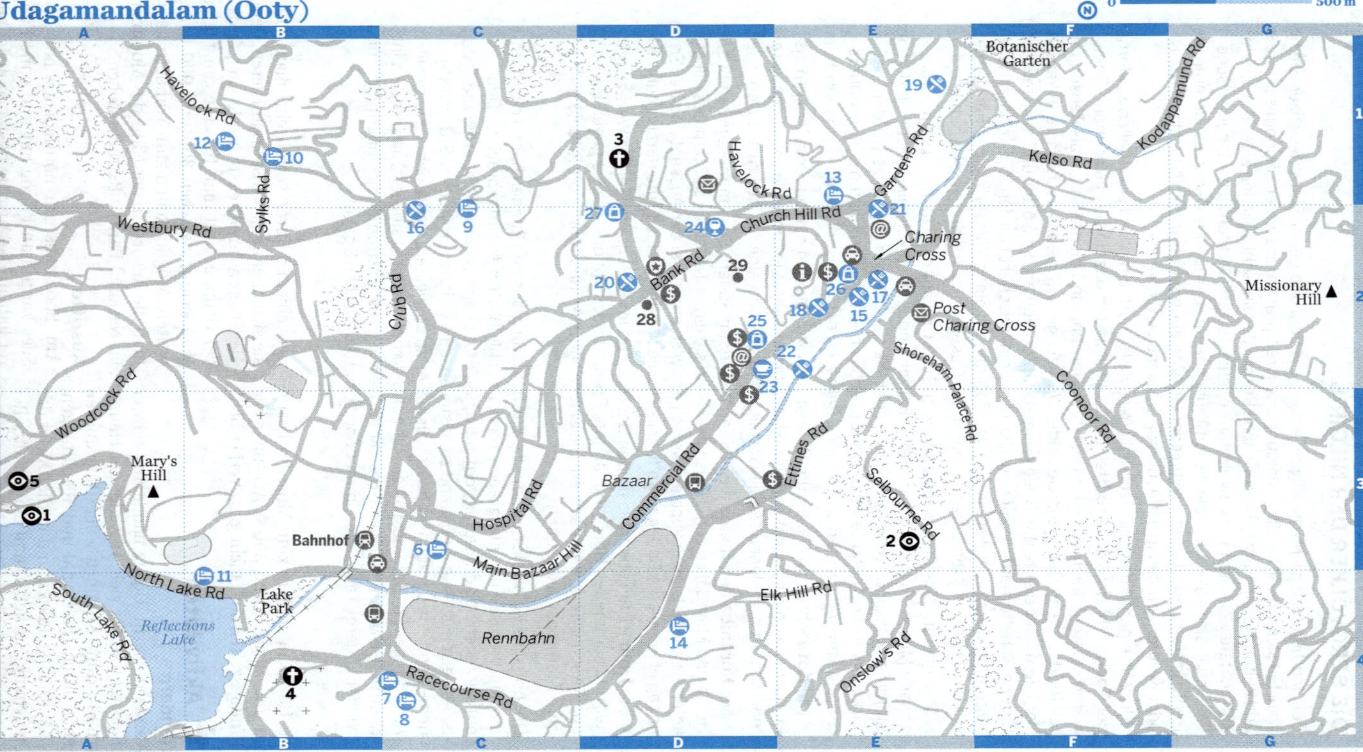
Udagamandalam (Ooty)
0
500 m
Botanischer Garten
Havelock Rd
Kodappamund Rd
Kelso Rd
Gardens Rd
Sylks Rd
Westbury Rd
Church Hill Rd
Charing Cross
Bank Rd
Club Rd
Missionary Hill
Post Charing Cross
Shoreham Palace Rd
Coonoor Rd
Woodcock Rd
Mary's Hill
Ettines Rd
Selbourne Rd
Bazaar
Commercial Rd
Hospital Rd
Bahnhof
Main Bazaar Hill
North Lake Rd
South Lake Rd
Lake Park
Reflections Lake
Rennbahn
Elk Hill Rd
Onslow's Rd
Racecourse Rd

Udhagamandalam (Ooty)

Sehenswertes
1 Bootshaus (Boots- & Pferdeverleih).... A3
2 Centenary Rose Park E3
3 St. Stephen's Church D1
4 St. Thomas Church B4
5 Thread Garden A3

Schlafen
6 Hotel Maneck C3
7 Hotel Mountview C4
8 Hotel Sweekar C4
9 Hotel Welbeck Residency C2
10 Lymond House B1
11 Reflections Guest House B4
12 Savoy Hotel B1
13 TTDC Youth Hostel E1
14 YWCA Anandagiri D4

Essen
15 Garden Restaurant E2
16 Green Shop C2
17 Hotel Blue Hills E2
18 Kabab Corner E2
19 Modern Stores E1
20 Shinkow's Chinese Restaurant D2
Sidewalk Café .... (siehe 15)
21 Virtue Bake E2
22 Willy's Coffee Pub E2

Ausgehen
23 Barista D2
Barista .... (siehe 9)
24 Café Coffee Day D2
Café Coffee Day .... (siehe 19)

Shoppen
25 Big Shop D2
26 Higginbothams E2
27 Higginbothams D2
Mahaveerchand .... (siehe 6)

Praktisches
28 Nilgiri Library D2
29 Office of the Field Director D2

einer kurzen Tour über Asphaltwege, für mehr Geld kann man aber auch die Wälder und Hügel erkunden. Die Preise pendeln zwischen 50 ₹ für einen kurzen Ritt und 100 bis 200 ₹ für eine einstündige Tour (mit Führer mehr), bei der man halb um den See herumkommt. Einige Pferde machen einen ziemlich traurigen Eindruck. Übrigens: Für einen Schimmel zahlt man mehr – mal bei einem Führer den Grund hierfür erfragen.

Bootsfahrten

Das **Bootshaus** (Eintritt 5 ₹; 9–17.30 Uhr) am 1824 künstlich angelegten See verleiht Ruder- und andere Boote. Die Preise liegen zwischen 80 ₹ für ein Zweier-Tretboot (30 Min.) und 280 ₹ für ein Motorboot mit 15 Plätzen (20 Min.).

Pferderennen

Udagamandalams Rennbahn ist die markante Attraktion im unteren Teil der Hill Station zwischen Charing Cross und dem See. Die Rennsaison dauert von Mitte April bis Juni; an Renntagen herrscht im Ort hektische Betriebsamkeit, sodass man das Event, wenn man zufällig in der Stadt ist, beim besten Willen nicht verfehlen kann. In der übrigen Zeit des Jahres verkommt der 2,4 km lange Parcours zu einem Zwischending aus Cricketfeld, Müllkippe und öffentlicher Toilette.

Geführte Touren

Die Touristeninformation kann einen mit Veranstaltern vernetzen, die Tagesausflüge über den Pykhara Dam zum Mudumalai National Park anbieten. Auch Ausflüge nach Coonoor und in die Umgebung sind möglich. Besser ist es jedoch, sich ein Taxi für eine Tagestour zu mieten und einfach zu fahren, wohin man will. Ein vierstündiger Trip rund um Udagamandalam kostet rund 800 ₹, eine Ganztagestour – je nachdem, wohin es gehen soll – zwischen 1600 und 1800 ₹.

Schlafen

In Udagamandalam gibt es einige gute, rustikale Lodges der Budget- und Mittelklasse, prächtige koloniale Herrenhäuser im Spitzensektor und sogar ein paar ordentliche Backpackerquartiere. Doch Achtung: In der Hauptsaison (1. April–15. Juni) haben die Anbieter das Heft in der Hand – viele Hotels verdoppeln ihre Preise und oft muss man schon um 9 Uhr auschecken! Die aufgelisteten Preise gelten in der Nebensaison – die meisten Unterkünfte haben dann ein gutes Preis-Leistungs-Verhältnis.

Hotel Sweekar HOTEL $
(☎2442348; Race View Rd; DZ 350–400) Das Hotel hat definitiv das beste Preis-Leistungs-Verhältnis vor Ort. Die Gäste wohnen in den einfachen, aber sehr sauberen Zim-

mern eines traditionellen Cottages, das am Ende eines von Lavendelbüschen gesäumten Weges steht. Das Haus wird von einem unglaublich freundlichen Bahai geführt.

Willow Hill HOTEL $$
(☎2223123; www.willowhill.in; 58/1 Havelock Rd; DZ 900–2000 ₹) Hoch über der Stadt bieten die großen Fenster des Willow Hill eine prächtige Aussicht. Die Zimmer haben Holzböden und den Schick einer Berghütte in den Alpen, die teuersten zudem einen eigenen Garten.

Fernhills Palace HOTEL $$$
(☎2443911; www.fernhillspalace.co.in; Fernhill Post; Pauschalpreis für 2 Übernachtungen 13250–33950 ₹) Der Sommerpalast des Maharadschas von Mysuru (Mysore) wurde liebevoll im prachtvoll-bunten, ja schon lächerlich überzogenen, fürstlichen Kolonialstil restauriert – wer sich den Aufenthalt leisten kann, sollte nicht auf ihn verzichten. Man kann Billard spielen, durch den Garten schlendern und sich alte Fotos von der Jagd in Ooty anschauen, während man in der stimmungsvollen **Fox Hunt Bar** an einem Scotch nippt.

YWCA Anandagiri HOTEL $
(☎2442218; www.ywcaagooty.com; Ettines Rd; B ab 99 ₹, Zi. ab 345 ₹) Das Gelände einer früheren Brauerei umfasst einen ausgedehnten Komplex mit Cottages und Blumengärten. Nimmt man noch die eleganten Lounges und die Kamine hinzu, hat man alle Komponenten für eine feine Budgetunterkunft. Die Decken sind hoch, da kann es in der Nacht richtig kalt werden. Darum bei Bedarf nach einer zusätzlichen Decke fragen.

Hotel Welbeck Residency HOTEL $$
(☎2223300; www.welbeck.in; Club Rd; Zi. ab 1800 ₹) Ein attraktives älteres Gebäude, dass mit sehr komfortablen Zimmern aufgepeppt wurde, ein Hauch kolonialer Klasse (Miniaturkanonen an der Vordertür) sowie ein gutes Restaurant. Das Personal ist sehr hilfsbereit.

King's Cliff HOTEL $$
(☎2224545; www.littlearth.in; Havelock Rd; DZ ab 1475 ₹) Hoch über Udagamandalam thront auf dem Strawberry Hill dieses prächtige Hotel, ein koloniales Haus mit Holztäfelung, alten Möbeln und gemütlicher Lounge. Wer im Kolonialstil auf großem Fuß wohnen möchte, sollte sich an die teureren Zimmer halten – die billigeren Doppelzimmer halten mit dem Charme der alten Zeit, der überall sonst herrscht, nicht ganz mit. Wenn man einmal richtig hinaus in die Berge will, sollte man sich beim Personal nach **Destiny** erkundigen, dem schönen, zum Hotel gehörenden, eine Fahrstunde von Ooty entfernten Anwesen mit Farmstay-Angebot.

Lymond House HOTEL $$
(☎2223377; www.serendipityo.com; 77 Sylks Rd; DZ ab 2250 ₹) Wenn sich Mucha und F. Scott Fitzgerald zusammengetan hätten, um ein Hotel in Ooty zu eröffnen, wäre wahrscheinlich so etwas Ähnliches wie diese restaurierte englische Villa dabei herausgekommen. Die Zimmer schwelgen in kolonialer Zwanziger-Jahre-Opulenz, der Speisesaal (mit einem begrenzten Angebot sehr guter Gerichte) und die Gartenanlage sind zauberhaft – man kann hier wirklich ganz in die glorreiche Vergangenheit abtauchen.

Savoy Hotel HOTEL $$$
(☎2444142; www.tajhotels.com; 77 Sylks Rd; EZ/DZ ab 5800/6800 ₹; 📶) Das Savoy ist eines der ältesten Hotels von Ooty, Teile der Bausubstanz stammen noch von 1829. Große Cottages verteilen sich auf einen wunderschönen Garten mit Blumenrabatten, Rasenflächen und gestutzten Hecken. Die idyllischen Zimmer haben große Bäder, polierte Böden, offene Kamine und Erkerfenster. Zu den modernen Annehmlichkeiten zählen eine rund um die Uhr geöffnete Bar, WLAN, ein Speisesaal mit toller internationaler Küche und ein Ayurveda-Zentrum.

Hotel Mountview HOTEL $
(☎2443307; Racecourse Rd; Zi. 660–1700 ₹) An einer ruhigen Zufahrt direkt über dem Busbahnhof. Der elegante, alte Bungalow hat acht einfache, etwas zugige, wahrhaftig riesige, holzverkleidete Zimmer mit hohen Decken und ungenutzten Kaminen. Einem Innenarchitekten kämen die Tränen, malte er sich aus, welches Renovierungspotenzial hier brach liegt.

Reflections Guest House HOTEL $
(☎2443834; North Lake Rd; DZ 500–700 ₹) Wenn man sich die Rückmeldungen der Leser anschaut, müsste es eigentlich zwei Reflections geben. Das eine hat hilfsbereites, einladendes Personal, gutes Essen und einen tollen Gemeinschaftsbereich, in dem man andere wanderlustige Traveller kennenlernen kann. Das andere hat kurz angebundenes Personal, das für all und jedes – von Klopapier bis Bettdecken einen Auf-

preis – fordert. Fest steht immerhin, dass das Ambiente nett und die Zimmer sauber und für ihren Preis ordentlich sind.

Hotel Maneck HOTEL $
(☎2443494; Main Bazaar; Zi. 600–800 ₹) Ein kleines, freundliches, von Jainas geführtes Hotel am Markt. Die etwas teureren Zimmer sind sauber und komfortabel.

TTDC Youth Hostel HOTEL $
(☎2443665; yhttdc@yahoo.in; Gardens Rd; B/DZ ab 100/350 ₹) Das staatliche Hostel ist wie zu erwarten mittelmäßig, sauber und gut ausgelastet. Wer in der Gegend ist und ein Bett haben will, sollte vorab telefonisch reservieren.

Essen & Ausgehen

In Udagamandalam gibt es je zwei Filialen von **Café Coffee Day** und **Barista**, die das übliche Angebot an verlässlich gutem Kaffee, Tee, Kuchen und Sandwichs haben; die Barista-Filiale in der Club Rd punktet mit einem netten Ausblick und bereitet ein gutes Frühstück mit Toast und Eiern. Die besseren Hotels haben alle stimmungsvolle Restaurants mit internationaler Küche.

Selbstversorger finden in dem Mini-Supermarkt **Modern Stores** (Garden Rd) alle möglichen verpackten Lebensmittel aus dem Westen sowie Brot und Käse aus den Nilgiris und im **Green Shop** (Club Rd) Honig, Käse und andere Lebensmittel aus der Region. **Virtue Bake** (Charing Cross) hat ausgezeichnetes Gebäck, Kuchen und Brownies zum Mitnehmen.

Kabab Corner NORDINDISCH $$
(Commercial Rd; Hauptgerichte 60–200 ₹; ⌚mittags & abends) Hier kommen Fleischesser, die die ewige vegetarische Kost in Südindien satt haben, endlich einmal auf ihre Kosten. Von außen wirkt das Lokal nicht eindrucksvoll, aber hier kann man sich auf eine perfekt gebratene und gewürzte Lammkeule stürzen, auf Hähnchen und auch, wenn man es mag, auf Panir. Am Ende kann man den Bratensaft mit weichen Naan-Dreiecken auftunken. Die Tandoori-Platte (450 ₹) ist ausgezeichnet, wenn man als Gruppe unterwegs ist – bei weniger als vier Personen könnte man überfordert sein.

Garden Restaurant SÜDINDISCH $
(Nahar Hotel, Commercial Rd; Hauptgerichte 50–90 ₹; ⌚mittags & abends) Hier gibt es in dem Ambiente eines sauberen Hotelrestaurants etwas teurere südindische Gerichte, Säfte, Eiscreme, Snacks und sogar Pizza; letztere stammt aus dem **Sidewalk Café** im Hotel, das gute westliche vegetarische Speisen zu ziemlich hohen Preisen anbietet.

Shinkow's Chinese Restaurant CHINESISCH $$
(☎2442811; 38/83 Commissioner's Rd; Hauptgerichte 50–150 ₹; ⌚mittags & abends) Das Shinkow's ist eine Institution in Udagamandalam. Die einfachen Hähnchen-, Schweinefleisch-, Rindfleisch-, Fisch-, Nudel- und Reisgerichte sind verlässlich gut und kommen fix auf den Tisch.

Hotel Blue Hills INDISCH $
(Commercial Rd; Hauptgerichte 20–80 ₹; ⌚mittags & abends) Unten im Blue Hills werden in schummeriger Beleuchtung und leicht anrüchig wirkender Atmosphäre schon seit Jahrzehnten gute Gerichte, große, knusprige Dosas und eine Reihe weiterer, typisch indischer Speisen serviert.

Willy's Coffee Pub CAFÉ $
(Hauptgerichte 30–80 ₹; ⌚mittags & abends) Das Café liegt die Stufen hinauf. Hier treffen sich ausländische Studenten und coole Kids aus der Stadt. Für den Zeitvertreib sorgen Brettspiele und Zeitschriften. Zu essen gibt's sehr günstige Pizzas, Pommes, getoastete Sandwichs, Kuchen und Kekse.

Shoppen

Die wichtigsten Shopping-Ziele finden sich in der Commercial Rd; hier sitzen Kashmir-Läden und Filialen der staatlichen Ketten Kairali und Khadi Gramodyog Bhavan. Im **Big Shop** (Commercial Rd) werden hübscher neuer und alter Schmuck sowie Schnickschnack zu heftig überzogenen Preisen angeboten. Preiswerteren, aber gleichermaßen schönen Silberschmuck und Schmuck des Volkes der Toda gibt's in einer Reihe von Läden am Hauptbasar, die sich zum Bahnhof hinziehen – **Mahaveerchand** (291 Main Bazaar) neben dem Hotel Maneck verkauft besonders hübsche Arbeiten. Nahe dem Eingang zum botanischen Garten verkaufen tibetische Flüchtlinge Pullover und Schals an – beides weiß man an einem kühlen Abend bestimmt zu schätzen.

Higginbothams Commercial Rd (☎2443736; ⌚Mo–Sa 9–13 & 15.30–19.30 Uhr); Commissioner's Rd (☎2442546; ⌚Mo–Sa 9–13 & 14–18 Uhr) Hat eine gute Auswahl zeitgenössischer englischsprachiger Belletristik aus Indien und aller Welt und verkauft auch Lonely Planet-Reiseführer.

Praktische Informationen

Bibliothek

Nilgiri Library (Bank Rd; befristete Mitgliedschaft 200 ₹; ⌚9.30–13 & 14.30–18 Uhr, Lesesaal Sa–Do 9.30–18 Uhr) Das urige kleine Refugium in einem verfallenen Gebäude von 1867 hat eine mehr als 40 000 Bände umfassende Sammlung, zu der seltene Werke über die Nilgiris und die Stammesvölker gehören. Wenn man kein Student ist und dennoch ein Buch ausleihen will, werden zusätzliche 500 ₹ für eine befristete Mitgliedschaft fällig.

Geld

Axis Bank (Commercial Rd) Geldautomat.

Canara Bank (Commercial Rd) Die einzige Bank vor Ort, die Bargeld auf Kreditkarten auszahlt.

State Bank of India (Bank Rd; ⌚Mo–Fr 10–16, Sa 10–13 Uhr) Löst Reiseschecks ein und hat einen Geldautomaten.

State Bank of India (Commercial Rd) Geldautomat.

UK Forex (137 Commercial Rd) Löst Reiseschecks ein und tauscht Devisen.

UTI Bank ATM (Ettines Rd) Geldautomat.

Internetzugang

Global Net (Commercial Rd; 30 ₹/Std.; ⌚9.30–21 Uhr)

Cyber Planet (Garden Rd; 30 ₹/Std.; ⌚10–19.30 Uhr)

Nationalpark-Informationen

Office of the Field Director (☎2444098; fdmtr@tn.nic.in; ⌚Mo–Fr 10–17.45 Uhr) Die Verwaltung des Mudumalai National Park nimmt Reservierungen für die Unterkünfte im Park an.

Touristeninformation

Touristeninformation (☎2443977; ⌚Mo–Fr 10–17.45 Uhr) Karten, Broschüren, Tourinfos.

An- & Weiterreise

Ohne Zweifel ist die Schmalspurbahn die romantischste Möglichkeit, um nach Udagamandalam zu reisen; in der Hauptsaison muss man einen Platz reservieren. Auch Busse fahren regelmäßig den Berg hinauf und hinunter, sie kommen aus anderen Teilen Tamil Nadus und aus Mysuru (Mysore) in Karnataka.

Bus

Alle staatlichen Busgesellschaften haben im geschäftigen Busbahnhof **Reservierungsbüros** (⌚9–17.30 Uhr). Es gibt zwei Hauptstrecken nach Karnataka: Die Hauptbusstrecke geht über Gudalur, die kürzere, aber kniffligere über Masinagudi. Letztere führt über 36 Haarnadelkurven und wird nur von Kleinbussen bedient. Häufig fahren Busse nach Mettupalayam und Coimbatore sowie täglich nach Chennai, Bengaluru und Mysuru (Mysore).

In Coimbatore hat man Anschluss an die Züge nach Chennai oder Kochi (Cochin) in Kerala.

Um zum Mudumalai National Park (30 ₹, 2½ Std., 11-mal tgl.) zu gelangen, entweder einen Bus nach Mysuru (Mysore) nehmen, der einen an der Parkzentrale in Theppakadu absetzt, oder einen der Kleinbusse, die über die enge und kurvenreiche Sighur Ghat Road fahren. Einige dieser rollenden Schrotthaufen fahren nur bis Masinagudi (16 ₹, 1½ Std.); dort hat man alle zwei Stunden Anschluss an einen Bus nach Theppakadu.

Regionalbusse fahren alle 30 Minuten nach Kotagiri (10 ₹, 1½ Std.) und alle 10 Minuten nach Coonoor (12 ₹, 1 Std.).

Zug

Mit der Schmalspurbahn – eine der Gebirgseisenbahnen, die die Unesco seit 2005 als Welterbe listet – hat man die schönste Anreise. Unterwegs hat man eine wunderschöne Aussicht auf Wälder, Wasserfälle und Teeplantagen, besonders von dem vorne fahrenden Waggon der 1. Klasse: Da die Dampflok den Zug nicht den Berg hinaufzieht, sondern -schiebt, bildet dieser Wagen die Spitze des Zugs. Achtung: In den letzten Jahren wurde die Strecke nach starken Regenfällen wegen Erdrutschen immer mal wieder gesperrt! Zum Zeitpunkt unserer Recherche fuhr der Zug jedoch wieder planmäßig.

Die Ankunfts- und Abfahrtszeiten in Mettupalayam ermöglichen einen Anschluss an den *Nilgiri Express*, der zwischen Mettupalayam und Chennai verkehrt. Die Schmalspurbahn nach Udagamandalam (1./2. Klasse 142/21 ₹, 5 Std.) fährt täglich um 7.10 Uhr in Mettupalayam ab. Will man einen Sitzplatz in einer bestimmten Richtung bekommen, sollte man mindestens 45 Minuten früher am Zug sein bzw. mindestens 24 Stunden im Voraus reservieren.

In die Gegenrichtung fährt der Zug Udagamandalam um 15 Uhr ab und erreicht sein Ziel in ungefähr dreieinhalb Stunden. Außerdem gibt es drei tägliche Personenzüge zwischen Udagamandalam und Coonoor (15 ₹, 1½ Std.).

Unterwegs vor Ort

Viele Autorikschafahrer warten rund um den Busbahnhof auf Kunden – eine Fahrt vom Bahnhof oder Busbahnhof nach Charing Cross kostet etwa 40 ₹. Eine Liste der Autorikscha-Fixpreise ist in der Commercial Rd an der Treppe zur Touristeninformation, am See und draußen vor dem botanischen Garten angeschlagen.

In der Stadt gibt es mehrere Taxistände. Für die meisten Ziele gelten Fixpreise, z. B. nach

Coonoor (600 ₹), Kotagiri (800 ₹), Gudalur (1200 ₹), zum Mudumalai National Park (900 ₹) und nach Coimbatore (1800 ₹).

Eine Jeepvermietung befindet sich neben dem Hauptbasar. Das Mieten von Geländewagen lohnt sich für Gruppen, die Preise betragen etwa das Anderthalbfache der örtlichen Taxikosten.

Mudumalai National Park

☎0423

Der 321 km² große Nationalpark liegt in den Ausläufern der Nilgiri-Berge und wirkt wie eine zum Leben erwachte, klassische indische Landschaftsminiatur: spindeldürre Bäume, ein vom Sonnenlicht durchflutetes Blätterdach, unter dem sich gefleckte Axishirsche und langsam dahertrottende Herden von Gauren (indischen Wildrindern) verstecken. Irgendwo in den Hügeln gibt es auch Tiger, aber die bekommt man nur mit sehr viel Glück zu Gesicht.

Als Teil des Nilgiri-Biosphärenreservats (3000 km²) ist der Park der beste Ort, um Wildtiere in Tamil Nadu zu sehen. Wenn man Pech hat, wird man sich allerdings mit ein paar Hirschen und Eisvögeln begnügen müssen. Die Vegetation reicht von Grasland über Mischwald bis hin zu Strauchwerk am Fuß der Berge. Neben den schon genannten Tieren streifen auch Leoparden, Wildschweine, Schakale und Lippenbären durch das Reservat. Im Moyar River leben Otter und Krokodile. Die Zahl wilder Elefanten im Park beläuft sich auf rund 600 Exemplare.

Am besten besucht man den Park zwischen Dezember und Juni, in der Trockenzeit (Feb.–März) kann er hingegen geschlossen sein. Im Oktober und November sind starke Regenfälle keine Seltenheit.

Die meisten Serviceeinrichtungen des Mudumalai befinden sich in Theppakadu an der Hauptstraße von Udagamandalam (Ooty) nach Mysuru (Mysore). Hier liegen auch das **Empfangszentrum** (☎2526235; ⏲6.30–9 & 15–17.30 Uhr) des Parks und einige vom Park betriebene Unterkünfte. Das nächstgelegene Dorf ist Masinagudi, das 7 km von Theppakadu entfernt ist.

Sehenswertes & Aktivitäten

Wandern ist im Park nicht erlaubt, die Touren beschränken sich auf Fahrten mit den parkeigenen Minibussen. Privatfahrzeuge sind im Park verboten und dürfen lediglich die durch ihn hindurchführende Hauptstraße von Udagamandalam nach Mysuru benutzen. Die meisten Besucher sehen den Park im Rahmen der netten 45-minütigen **Minibustouren** (35 ₹/Pers., Foto/Video 25/150 ₹), die zwischen 7 und 9 sowie 15 und 18 Uhr veranstaltet werden. Die in Tarnfarben lackierten Kleinbusse fahren eine 15 km lange Schleife durch einen Teil des Parks.

Man kann auch einen Führer für eine **Wanderung** außerhalb der Parkgrenzen engagieren. Sicher und legal geht das aber nur über eines der besseren Resorts. Deren Guides kennen sich aus und wissen, wo man wandern kann und darf. Bei miesen Touren haben sich sogar schon tödliche Unfälle ereignet, weil Touristen unwissend wilden Elefanten zu nahe kamen. Aus diesem Grund sind die Parkvorschriften erheblich verschärft worden.

Am frühen Morgen werden **Ausritte auf Elefanten** in den Dschungel angeboten; diese müssen vorab im Office of the Field Director in Udagamandalam (S. 424) gebucht werden – Kostenpunkt 460 ₹ für eine Vierergruppe.

Unweit des Empfangszentrums (gleiche Öffnungszeiten) befindet sich das **Elephant Camp** (15 ₹/Pers.), eine Stelle am Fluss, wo man morgens und abends zuschauen kann, wie die Elefanten gefüttert und gebadet werden.

Schlafen & Essen

Innerhalb des Parks gibt es Budget- und Mittelklasseunterkünfte in Theppakadu, außerdem Budgetzimmer und Mittelklasse-Cottages in Masinagudi sowie Dschungelresorts der Mittel- und Spitzenklasse in Bokkapuram, 4 km südlich von Masinagudi. Für Mahlzeiten in den Resorts zahlt man ab 400 ₹ pro Person und Tag.

INNERHALB DES PARKS

Die meisten Unterkünfte im Park muss man vorab persönlich beim Office of the Field Director (S. 424) in Udagamandalam (Ooty) buchen. Die ersten drei der hier aufgelisteten Unterkünfte werden vom Park betrieben und liegen am Flussufer in Gehentfernung vom Empfangszentrum des Parks.

Minivet Dormitory HOTEL $

(4BZ 310 ₹) Eine einfache Unterkunft mit zwei Vier-Bett-Zimmern, die jeweils ein eigenes Bad haben. Es gibt nur kaltes Wasser. Selbst für grundlegende Dinge werden hier wort- und gestenreich Aufpreise verlangt.

Theppakadu Log House HOTEL $$
(DZ/4BZ 1030/1500 ₹) Komfortable, gepflegte Zimmer.

Sylvan Lodge HOTEL $$
(DZ/4BZ 530/1080 ₹) Qualitativ fast so gut wie das Log House. Außerdem gibt es eine Küche, die für Gäste, die reserviert haben, Mahlzeiten zubereitet.

Hotel Tamil Nadu HOTEL $
(☎2526580; B/DZ/4BZ 125/550/950 ₹) Das nahe gelegene, staatlich betriebene Hotel hat einfache Unterkünfte und Mahlzeiten.

BOKKAPURAM

Im Gebiet südlich von Masinagudi gibt es eine Reihe schöner Resorts im Wald. Überwiegend handelt es sich um Familienbetriebe mit herzlicher, anheimelnder Atmosphäre, hohem Standard und atemberaubendem Ausblick. Nachts sollte man sich nicht außerhalb seines Resorts bewegen, da zahlreiche Wildtieren, darunter auch viele Leoparden, umherstreifen.

Jungle Retreat RESORT $$
(☎2526469; www.jungleretreat.com; B 525 ₹, Bambushütte/Standard-Zi. 969/2532 ₹, Baumhaus 4500 ₹; 🏊) Eines der stilvollsten Resorts in der Gegend mit hübschen, steingemauerten und klassisch möblierten Cottages und stabilen Bambushütten. Die Gebäude sind so weit verteilt, dass sich ein Gefühl der Abgeschiedenheit einstellt. Man kann hier auch zelten, zudem gibt es einen Schlafsaal, in dem Gruppen übernachten können. Der Gemeinschaftsbereich mit Bar und Restaurant ist prima geeignet, um mit anderen Travellern ins Gespräch zu kommen. Die Betreiber kennen sich aus und sind freundlich; ihnen gehört ein großes, privates Waldgebiet. Es gibt auch einen tollen Pool in wunderbarer Lage. Alle Preise enthalten bereits die Steuer.

Jungle Hut RESORT $$
(☎2526463; www.junglehut.in; EZ/DZ inkl. Steuern & 3 Mahlzeiten 2970/4000 ₹) Das Resort ist vom Stil her ähnlich wie das Jungle Retreat. Die Cottages verteilen sich über das Grundstück. Unter den Resorts in Bokkapuram ist es das mit dem besten Essen. (Warnung: Wer das Restaurant besucht und in einem anderen Resort wohnt, sollte nach Einbruch der Dunkelheit nie allein zurücklaufen!) Angler können sich an den Teichen entspannen, die von den Wasserfällen gespeist werden, die man in den fernen Hügeln sieht.

Safari Land Resort RESORT $$
(☎2526937; www.safarilandresorts.com; Zi. ab 1800 ₹, Baumhaus ab 3500 ₹; 📶) Dieser Komplex im Dschungel bietet komfortable Zimmer und Cottages sowie gut gestaltete Baumhäuser über einem Wildbach. Der Ausblick auf die von Dschungel überwucherten Hügel ist hinreißend, trotz der dramatischen Landschaft geht es hier aber ausgesprochen entspannt zu. Der Betreiber des Resorts ist ein Angehöriger des Fürstenhauses von Hyderabad und früherer Schützenmeister.

Forest Hills Guest House RESORT $$
(☎2526216; www.foresthillsindia.com; Zi. inkl. Steuern ab 1743 ₹) Das Forest Hills wird von einer Familie geführt und hat eine überschaubare Größe: Zehn Zimmer verteilen sich über 5 ha. Im Angebot sind ein paar niedliche Bambushütten, einige saubere und geräumige Zimmer und ein sagenhafter Aussichtsturm, von dem aus man prima Wildtiere und Vögel beobachten kann. Die Pavillon-Bar, das Spielezimmer und der Grillplatz sorgen für einen Hauch kolониales Flair. Das Resort ist bei indischen Familien beliebt.

Bear Mountain Jungle Resort RESORT $$
(☎2526505; www.bearmountainjungleresort.com; Cottages ab 2000 ₹) Das Resort eignet sich gut für Reisegruppen. Es bietet einen fabelhaften Blick in den Dschungel und in die Berge und einfache, saubere Zimmer.

ℹ Anreise & Unterwegs vor Ort

Alle zwei Stunden fährt ein Bus zwischen Theppakadu und Masinagudi (7 km); Sammeljeeps fahren ebenfalls auf dieser Strecke (7 ₹/Pers.), sofern genug Passagiere zusammenkommen; will man einen Jeep alleine mieten, kostet das 100 ₹. Ähnliche Preise gelten für die Jeeps, die zwischen Masinagudi und Bokkapuram verkehren.

Die Busse von Udagamandalam (Ooty) nach Mysuru (Mysore) und Bengaluru halten unterwegs in Theppakadu (2½ Std., 11-mal tgl.). Es gibt noch eine weitere, direktere Verbindung zwischen Udagamandalam und Masinagudi; auf der interessanten „Abkürzung" (13 ₹, 1½ Std., 36 km) gondelt man in einem staatlich betriebenen Kleinbus über die kurvenreiche, aber landschaftlich sehr reizvolle Sighur Ghat Road bergauf und bergab zu seinem Ziel. Die Kurven auf dieser Straße sind so eng und das Gefälle ist so steil, dass große Busse hier einfach keine Chance haben. Unfälle sind keine Seltenheit. Eine Taxifahrt von Udagamandalam nach Masinagudi über diese Straße dauert eine Stunde und kostet 750 ₹.

Andamanen

Inhalt »

Schön übernachten

» Eco Villa (S. 441)

» Aashiaanaa Rest Home (S. 434)

» Pristine Beach Resort (S. 445)

» Blue View (S. 446)

» Blue Planet (S. 444)

Schönste Strände

» Radha Nagar (S. 440)

» Merk Bay (S. 444)

» Ross & Smith Islands (S. 445)

» Beach 5 (S. 440)

» Butler Bay (S. 446)

Auf zu den Andamanen!

Auf alten Landkarten sind die Andamanen und Nikobaren als Inselgruppen verzeichnet, deren Bewohner hundsköpfige Menschen oder Acephale mit Gesichtern auf der Brust sind. Im sturmgepeitschten Meer drum herum, das die Inder als Kalapani (Schwarze Wasser) bezeichneten, wimmelten Seeschlangen. Irgendwer hatte mit zittriger Hand „Hier gibt es Ungeheuer" daneben geschrieben – vielleicht ein früher Traveller, der sein Paradies nicht preisgeben wollte.

Denn Traveller erwarten statt grausiger Monster schöne, tiefblaue Gewässer, Mangroven und unberührter Dschungel, strahlend weiße Strände und rot glühende Sonnenuntergänge. Übrigens: Geografisch gehören die Andamanen eher zu Südostasien. Sie sind nur 150 km von Indonesien und 190 km von Myanmar entfernt und auch deshalb ein sehr interessantes Reiseziel.

Auch wenn die Nikobaren für Touristen tabu sind, bleiben noch Hunderte von Inselchen zu entdecken.

Reisezeit

Port Blair

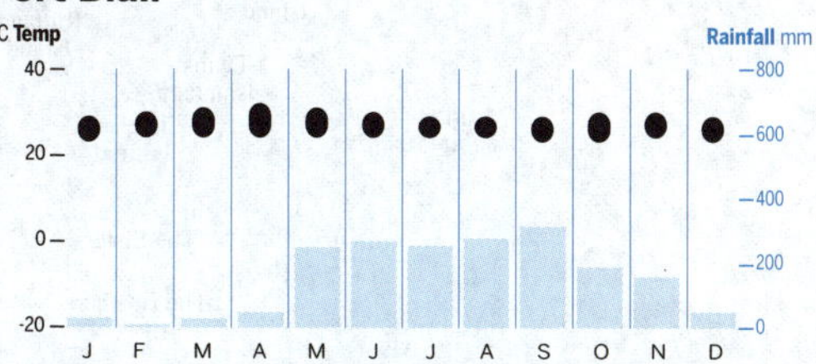

Dez.–April Hauptsaison: wunderbar sonniges Wetter, optimale Tauchbedingungen.

Okt.–Dez. & April–Mitte Mai Wechselhaftes Wetter, weniger Touristen und günstigere Preise.

Dez.–März Die beste Zeit, um Schildkröten bei der Eiablage zu beobachten.

Highlights

1. Auf **Neil Island** (S. 442) kindliche Ungezwungenheit und Freude wiederfinden
2. Auf **Havelock Island**(S. 439)tauchen, schnorcheln und Kontakte knüpfen
3. In Port Blair auf **Ross Island** (S. 438) Kolonialgeschichte schnuppern
4. In der Umgebung von **Mayabunder** (S. 444) und **Kalipur** (S. 445) im Herzen der Andamanen zu Dschungelausflügen starten
5. Auf **Little Andaman** (S. 445) die paradiesische Butler Bay entdecken

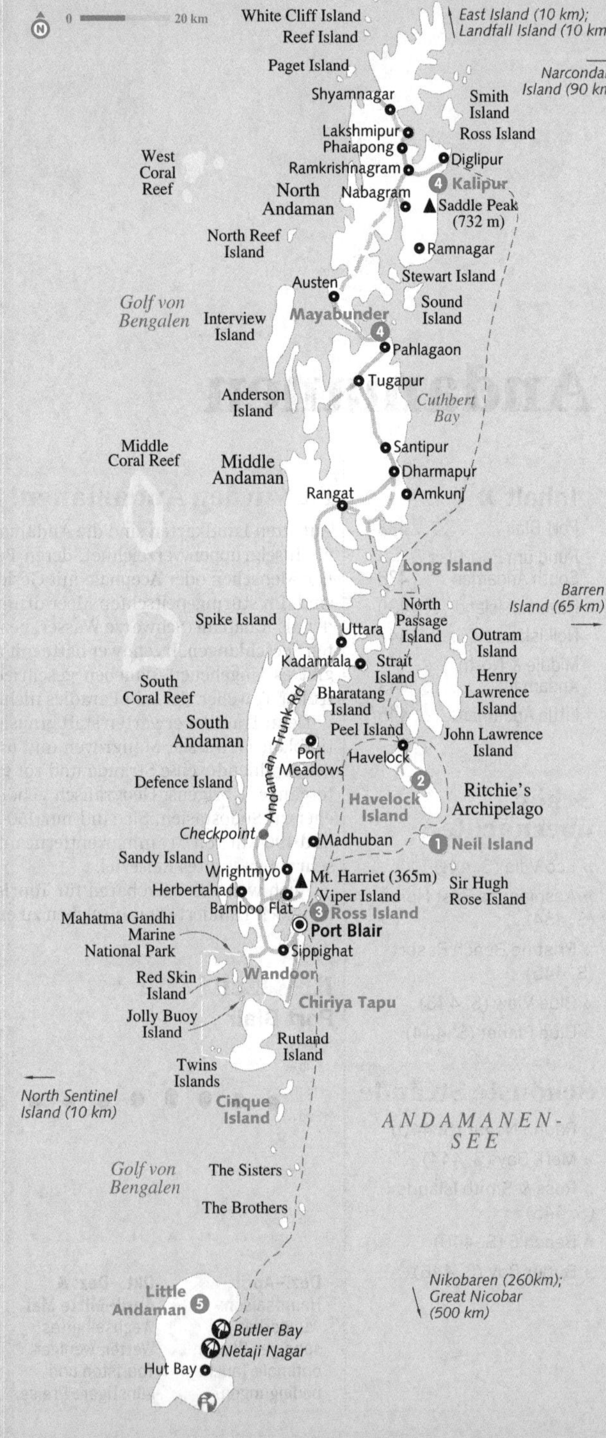

KURZINFOS

» Bevölkerung: 380 000

» Fläche: 8248 km²

» Vorwahl: ☎03192

» Hauptsprachen: Hindi, Bengali, Tamil

» Übernachtungspreise: **$** unter 800 ₹, **$$** 800–2500 ₹, **$$$** mehr als 2500 ₹

Geschichte

Wann die Andamanen und die Nikobaren zum ersten Mal besiedelt wurden, ist bis heute ein ungelüftetes Geheimnis. Einige Anthropologen vermuten, dass hier 2000 Jahre lang Menschen gelebt haben, die Steinwerkzeuge hergestellt haben. Eine genaue Datierung der ersten menschlichen Siedler ist allerdings nicht möglich. Die einheimischen Ureinwohner haben ihre Wurzeln wohl in den Ethnien der Negritos und der Malaysier in Südostasien. Darüber hinaus ranken sich unzählige Legenden um diese Fleckchen mitten im Meer, die von Auswärtigen mitgebracht wurden.

Der Name der Andamanen soll vom hinduistischen Affengott Hanuman abgeleitet sein, der die Inseln als Zwischenstation auf dem Weg von Indien nach Sri Lanka genutzt haben soll. Buzurg Ibn Shahriyar, ein persischer Kapitän des 10. Jhs., beschrieb eine Inselkette, die von Kannibalen bewohnt sei, Marco Polo fügte an, die Einwohner seien hundsköpfig. Auf Tafeln in Thanjavur (Tanjore) in Tamil Nadu heißt die Inselgruppe Timaittivu: „die unreinen Inseln".

Obschon das alles nicht gerade einladend klingt, kamen immer wieder Besucher auf die Inseln: die Marathen im späten 17. Jh. und 200 Jahre später die Briten, die die Andamanen als Strafkolonie für politische Strafgefangene aus Indien nutzten. Als im Zweiten Weltkrieg die Japaner die Inselgruppe besetzten, wurden sie von manchen Einwohnern als Befreier begrüßt; sie entpuppten sich jedoch als rüde Besatzer, auch wenn sie indische Politiker als Marionettenregierung einsetzten.

Im Anschluss an die indische Unabhängigkeit im Jahr 1947 wurden die Andamanen und Nikobaren in die Indische Union eingegliedert. Mit der Zuwanderung vom Festland – u. a. flohen Bengalen vor dem Chaos während der Teilung des Subkontinents –, schnellte die Einwohnerzahl von einigen Tausend auf mehr als 350 000 Menschen hoch. Damals wurden die Landrechte der Ureinwohner und der Umweltschutz häufig mit Füßen getreten; auch wenn sich die Verhältnisse in manchen Bereichen verbessert haben, geht die Zahl der Ureinwohner immer weiter zurück.

Die Inseln wurden 2004 von dem Seebeben im Indischen Ozean, den zahlreichen Nachbeben und dem sich anschließenden Tsunami verwüstet. Die Nikobaren wurden besonders schlimm getroffen: Nach Schätzungen kam ein Fünftel der Einwohner ums Leben, viele Menschen wurden nach Port Blair umgesiedelt und können zum Teil bis heute nicht auf ihre Inseln zurückkehren. Doch im Großen und Ganzen ist die Normalität zurückgekehrt und auch Touristen strömen wieder herbei. Auf einigen Inseln, z. B. Little Andaman, lassen sich aber praktisch noch keine Besucher blicken – also nichts wie hin!

Klima

Die Meeresbrise hält die Temperaturen ganzjährig im Bereich von 23 bis 31° C und die Luftfeuchtigkeit bei ca. 80%. Während des (feuchten) Südwestmonsuns zwischen ungefähr Mitte Mai und Anfang Oktober ist es sehr feucht, aber auch während des (trockenen) Nordostmonsuns im November und Dezember gibt es eine ganze Reihe regnerischer Tage.

Geografie & Natur

Die Inseln sind eigentlich Ausläufer des Arakan-Joma-Gebirges, einer Bergkette, die im westlichen Myanmar (Birma) beginnt und sich in den Ozean hinein bis nach Sumatra in Indonesien erstreckt.

Die isolierte Lage der Andamanen und Nikobaren hat zur Entwicklung vieler endemischer Pflanzen- und Tierarten geführt. Von den 62 bekannten Säugetierarten, die auf den Inseln leben, kommen 32 ausschließlich hier vor, darunter das Andamanen-Wildschwein, der Langschwanzmakak, der Larvenroller sowie Spitzhörnchen- und Fledermausarten. Auch fast die Hälfte der 250 Vogelarten der Inseln sind endemisch, darunter das Nikobarenhuhn, *hawabills* (Salanganen) und die smaragdgrüne Kragentaube. An den einsamen Stränden legen Schildkröten ihre Eier ab, in den Flüssen der Inseln lauern Leistenkrokodile und auch Delfine lassen sich häufig an den Küsten blicken, während die einst so zahlreichen Dugongs (Gabelschwanzseekühe) inzwischen nahezu verschwunden sind.

Mangroven bilden eine Schutzbarriere zwischen dem Land und dem Meer. In den Wäldern im Landesinneren finden sich wichtige Baumarten, etwa der berühmte Padouk-Baum, dessen Stämme ein Hartholz von abwechselnd heller und dunkler Maserung liefern.

Aktivitäten

Dank ihrer recht abgeschiedenen Lage, des kristallklaren Wassers, der herrlichen Korallen und der schillernd bunten Unterwasserwelt zählen die Andamanen zu einem der schönsten **Tauchgebiete** der Erde.

Die Hauptsaison fürs Tauchen sind die Monate November bis April, aber Tauchtrips werden auch während der Regenzeit im Sommer (Juni–Aug.) angeboten – allerdings dann näher am Strand. Auch im September und Oktober herrschen ordentliche Tauchbedingungen, sofern man sich mit dem Regen arrangieren kann.

Die Tauchcenter veranstalten Tauchtouren auf komplett ausgerüsteten Booten, Discover-Scuba-Diving- (ab 4000 ₹), PADI-Open-Water- (18000 ₹) und Advanced-Open-Water-Kurse (13500 ₹) sowie Training fürs Tauchlehrerzertifikat. Die Preise variieren je nach Tauchrevier, Teilnehmerzahl und Kursdauer; in der Regel zahlt man auf den Andamanen für einen/zwei Tauchgänge vom Boot aus rund 2000/3500 ₹. In den Nationalparks wird zusätzlich eine Gebühr von 500 ₹ pro Person und Tag fällig, die direkt an die Parkverwaltung zu entrichten ist.

Havelock Island ist das mit weitem Abstand bedeutendste Tauchzentrum auf den Inseln, auch wenn einige Veranstalter inzwischen Neil und South Andaman für sich entdeckt haben. Weitere Infos finden sich in den entsprechenden Abschnitten dieses Kapitels.

Sehr viel billiger und einfacher zu organisieren als ein Tauchgang und dabei dennoch absolut lohnend sind **Schnorchelausflüge**. Havelock Island gehört zu den besten Schnorchelgebieten und ganz gewiss zu den bequemsten, da viele Unterkünfte Bootstouren zu ansonsten unzugänglichen Korallenriffen und Inseln organisieren. Ausgezeichnete Schnorchelmöglichkeiten gibt es auch vor den Küsten von Neil Island und Kalipur.

Einige Riffe sind in jüngerer Zeit durch Korallenbleiche schwer in Mitleidenschaft gezogen worden, nichtsdestotrotz sind die Tauchspots immer noch Weltklasse, zumal immer wieder auch neue Gebiete erschlossen werden.

Praktische Informationen

Obwohl die Inseln 1000 km östlich des indischen Festlands liegen, gilt auf den Andamanen die indische Zeit. Deshalb kann es schon um 17 Uhr dunkel und um 4 Uhr hell werden – die Einheimischen sind dementsprechend in der Regel absolute Frühaufsteher. Alle Telefonnummern enthalten die Gebietsvorwahl 03192 – diese ist auch bei Ortsgesprächen mitzuwählen.

Andaman & Nicobar Tourism (IP&T; 232747; www.tourism.andaman.nic.in; Kamaraj Rd, Port Blair; Mo–Fr 8.30–13 & 14–17, Sa 8.30–12 Uhr) Hier oder in der kleinen Zweigstelle am Flughafen sollte man sich ein Exemplar der nützlichen Touristenbroschüre *Emerald Islands* (100 ₹) holen.

UNTERKUNFT Die angegebenen Preise in diesem Kapitel beziehen sich auf die Zwischensaison (1. Okt.–30. April, unter Ausschluss der Spitzenzeiten). Während der Hauptsaison (15. Dez.–15. Jan.) schnellen die Preise in die Höhe. Von Mai bis September ist Nebensaison. Auf den Inseln ist zur Zeit das Campen auf öffentlichem Land oder in Nationalparks nicht gestattet.

GENEHMIGUNGEN Die meisten Beamten werden nur für zwei Jahre vom Festland nach Port Blair entsandt. Wenn dieser Personalwechsel ansteht, ist immer mit plötzlichen Änderungen der Genehmigungsvorschriften und -regularien zu rechnen.

Alle Ausländer benötigen zum Besuch auf den Andamanen eine Genehmigung, die bei der

SCHÜTZT DIE KORALLEN!

Generell sollte man auf den Andamanen nur während der Flut schnorcheln: Bei Ebbe tritt man leicht auf die Korallen und fügt den fragilen Organismen irreparable Schäden zu. Schon starke Flossenschläge können sie beschädigen. Außerdem riskiert man einen schmerzhaften Seeigelstich, wenn man den Fuß auf den Meeresboden setzt. Taucher sollten ganz besonders vorsichtig sein, wenn sie in der Nähe eines Riffs tauchen: Ein Zusammenstoß mit einer Koralle bei hoher Geschwindigkeit und in voller Ausrüstung ist eine Katastrophe für die Umwelt.

Einreise kostenlos ausgestellt wird. Diese 30 Tage gültige Aufenthaltsgenehmigung gilt für Port Blair, South und Middle Andaman (ausgenommen die Gebiete der Ureinwohner), North Andaman (Diglipur), Long Island, North Passage, Little Andaman (ausgenommen die Gebiete der Ureinwohner) sowie für Havelock und Neil Island. Man kann diese Aufenthaltsgenehmigung bei der **Einreisebehörde** (03192-239247; Mo–Fr 8.30–13 & 14–17.30, Sa bis 13 Uhr) in Port Blair oder bei der Polizeistation auf Havelock um 15 Tage verlängern lassen.

Die Genehmigung ermöglicht außerdem Tagesausflüge nach Jolly Buoy, South Cinque, Red Skin, Ross, Narcondam, Interview und Rutland Island sowie zur Inselgruppe der Brothers und Sisters.

Um die Genehmigung zu erhalten, müssen Flugreisende bei der Ankunft auf dem Flughafen von Port Blair lediglich ihren Pass vorlegen und ein Formular ausfüllen. Die Genehmigungen werden in der Regel gleich für die zulässige Dauer von 30 Tagen ausgestellt (unbedingt nachprüfen).

Schiffsreisende werden normalerweise gleich im Hafen von einem Beamten der Einreisebehörde empfangen – falls nicht, sollte man umgehend die Einreisebehörde am Haddo Jetty aufsuchen. Die Genehmigung immer mitführen, denn ohne sie kommt man nicht weit. Polizisten lassen sie sich gern und häufig vorzeigen, besonders wenn man auf anderen Inseln an Land geht; und auch die Hotels benötigen die Angaben auf der Genehmigung. Die aktuellen Bestimmungen für Schiffsreisen sollte man bei einer der folgenden Stellen erfragen:

Andaman & Nicobar Tourism (03192-238473)

Foreigners' Registration Office Chennai (044-23454970, 044-28278210); Kolkata (033-22470549, 033-22473300)

Shipping Corporation of India (SCI; www.shipindia.com) Chennai (044-5231401; Jawahar Bldg, 6 Rajaji Salai); Kolkata (033-2482354; EG, 13 Strand Rd)

NATIONALPARKS & NATURSCHUTZGEBIETE Zum Besuch einiger Nationalparks und Schutzgebiete sind zusätzliche Genehmigungen erforderlich. In der Touristeninformation in Port Blair gibt es einen Schalter des **Forestry Department** (Mo–Fr 9–15, Sa bis 13 Uhr), an dem man erfährt, ob man eine Genehmigung benötigt, wie man sie bekommt – was nicht immer möglich ist – und was sie kostet.

Wer eine ausgedehnte Tour plant, wird zum **Chief Wildlife Warden** (CWW; 233321; Haddo Rd, Pt Blair; Mo–Fr 8.30–12 & 13–16 Uhr) verwiesen. Als Antrag legt man ein Schreiben vor, welches das Vorhaben erläutert und in dem der Name des Schiffs und der Zeitplan enthalten sind. Wenn alles läuft wie gehabt, hat man seine Genehmigung innerhalb einer Stunde.

Das Beantragen der meisten Tagesgenehmigungen kostet nicht viel Zeit, aber Geld. Für Areale wie den Mahatma Gandhi Marine National Park oder die Ross und die Smith Island in der Nähe von Diglipur liegt der Preis für Ausländer bei 500 ₹, für Inder bei 50 ₹. Die Gebühr für den Saddle Peak National Park, ebenfalls in der Nähe von Diglipur, beträgt 250 bzw. 25 ₹.

Studierende mit gültigem Studentenausweis zahlen nur geringe Gebühren, also den Ausweis unbedingt mitbringen.

Die Nikobaren sind für Ausländer unzugänglich. Inder können die Inseln lediglich im Rahmen von Forschungsprojekten, im Regierungsauftrag oder aus Handelsgründen besuchen.

An- & Weiterreise

FLUGZEUG Täglich gehen Flüge von Delhi, Kolkata und Chennai nach Port Blair, die Flugzeuge aus Delhi und Kolkata fliegen dabei oft über Chennai. Die Preise für einen Hin- und Rückflug liegen zwischen 250 und 500 US$, je nachdem, wie früh man bucht. Einige Fluglinien bieten auch einfache Flüge für ganze 80 US$ an, die man allerdings Monate im Voraus buchen muss. Zur Zeit der Recherche bot **Kingfisher Airlines** (1800 2093030; www.flykingfisher.com) die günstigsten Last-Minute-Flüge zu den Inseln an. Weitere Anbieter sind u. a. **Air India** (Chennai 044-28554747; Kolkata 033-22117879; Port Blair 03192-233108; www.airindia.com) und **JetLite** (Chennai 080-39893333; Kolkata 033-25110901; Port Blair 03192- 242707; www.jetlite.com).

Direktflüge von Port Blair in den südostasiatischen Raum gibt es nicht. Zur Zeit der Recherche war allerdings ein Charterflug aus Kuala Lumpur angesetzt. Aber große Hoffnungen sollte man sich nicht machen.

SCHIFF/FÄHRE Die berühmt-berüchtigten Boote nach Port Blair sind entweder die „einzig wahre Art, auf die Andamanen zu fahren" oder eine Tortur – je nachdem, wen man gerade fragt. Die Wahrheit liegt wohl irgendwo in der Mitte. Für gewöhnlich gibt's monatlich vier bis sechs Fahrten zwischen Port Blair und dem indischen Festland – alle vierzehn Tage ein Schiff ab/nach Kolkata (56 Std.), wöchentlich (während der Hochsaison) eines ab/nach Chennai (60 Std.) und eines monatlich ab/nach Vizag (56 Std.). In Chennai bucht man die Tickets beim **Assistant Director of Shipping Services** (044-25226873; Rajaji Salai, Chennai Port). Die Schiffe der **Shipping Corporation of India** (SCI; www.shipindia.com; 033-22482354 in Kolkata, 0891-2565597 in Vizag) legen in Kolkata und Vizag ab. Auf den Fahrplan sollte man sich nicht verlassen; also vorher bei der SCI anrufen. Alle Schiffe vom Festland legen am Haddo Jetty an.

Die Fahrtzeiten sind reine Glückssache: Traveller berichten von zwölfstündigen Wartezeiten im Hafen von Kolkata und von mehrstündigen Verzögerungen vor dem Anlegen in Port Blair. Mit derartigen Verzögerungen und angesichts wechselhaften Wetters und rauer See kann die Schiffsreise leicht drei bis vier Tage in Anspruch nehmen. Das Ticket für die Rückfahrt kann man sich im **Ticketbüro** in Phoenix Bay besorgen. Dazu braucht man zwei Passfotos und eine Fotokopie der Aufenthaltsgenehmigung. Die aktuellen Abfahrtszeiten und Preise finden sich unter www.and.nic.in/spsch/sailing.htm.

Die Klassen unterscheiden sich zwischen den einzelnen Booten ein bisschen, am billigsten fährt man in der „Kojen"-Klasse (bunk; 1700–1960 ₹), gefolgt von der 2. Klasse B (3890 ₹), der 2. Klasse A (5030 ₹), der 1.Klasse (6320 ₹) und schließlich den Deluxe-Kabinen (7640 ₹). Auf der MV *Akbar* gibt es auch Schlafkojen in klimatisierten Kajüten (3290 ₹). Tickets der höheren Preiskategorien kosten also so viel wie ein Flugticket, mitunter sogar mehr. Wenn man einen Kojenplatz nimmt, muss man schnarchende und spuckende Männer, den Verzicht auf Privatsphäre und Toiletten in Kauf nehmen, die im Verlauf von drei Tagen auf See ziemlich unappetitlich werden. Immerhin kommt man so aber in direkten Kontakt zu Einheimischen.

Die Verpflegung (Snacks zum Frühstück und Thalis zum Mittag- und Abendessen) kostet rund 150 ₹ pro Tag und besteht im Wesentlichen aus irgendeiner Pampe auf Reis. Es empfiehlt sich, selbst etwas mitzubringen (vor allem Obst), um diese Kost zu ergänzen. Etwas Bettzeug ist vorhanden, aber wer in der Billigklasse reist, sollte ein Laken dabeihaben. Viele Passagiere spannen auch die eigene Hängematte an Deck auf.

Zwischen Port Blair und Thailand gibt es keine offizielle Schiffsverbindung, man kann aber versuchen, im Hafen auf einer Yacht anzuheuern. Eine legale Einreise von den Andamanen über das Meer nach Myanmar (Birma) ist nicht möglich, aber angeblich fahren immer wieder Leute mit eigenen Booten hinüber. Davon sollte man die Finger lassen – wer erwischt wird, dem drohen in beiden Staaten Gefängnisstrafen oder Schlimmeres.

Schlechtes Wetter kann den Reiseplan ganz schön durcheinanderbringen: Bei zu rauer See werden die Überfahrten abgesagt. Also unbedingt einen Zeitpuffer von ein paar Tagen einplanen, damit man nicht abgeschnitten ist und seinen Flug verpasst (was allerdings manchmal auch wieder gar nicht so schlimm ist ...).

Unterwegs vor Ort

BUS Alle Straßen – und Schiffsverbindungen – führen nach Port Blair. Hier muss man immer ein, zwei Tage verbringen, um die Weiterreise zu organisieren. Die Hauptgruppe der Inseln, bestehend aus South, Middle und North Andaman, ist durch Straßen, Fährverbindungen und Brücken miteinander verbunden. Preiswerte staatliche und teurere private Busunternehmen fahren von Port Blair gen Süden nach Wandoor und nordwärts nach Bharatang, Rangat, Mayabunder und weiter bis ins 325 km von der Hauptstadt entfernte Diglipur. Die Straßen durch das Jarawa-Reservat werden gegen 15 Uhr fast für den gesamten Verkehr gesperrt; Busse, die durch das Reservat fahren, starten daher nur zwischen ca. 4 und 11 Uhr.

FLUGZEUG Ein subventionierter Helikopter-Flugdienst ist zwischen den Inseln unterwegs. Der Hubschrauber fliegt von Port Blair nach Little Andaman (1488 ₹, 35 Min., Di, Fr & Sa), Havelock Island (850 ₹, 20 Min.) sowie nach Diglipur via Mayabunder (2125 ₹ bzw. 1915 ₹ ab Mayabunder, 1 Std.). Für Touristen ist dieser Service kaum geeignet, da Regierungsbeamte Vorrang genießen und man nur 5 kg Gepäck mitnehmen darf. Man kann sein Glück versuchen und im **Sekretariat** (☎230093) in Port Blair einen Platz beantragen und dann um 16 Uhr noch einmal nachfragen, ob man mitfliegen kann.

PRIVATE JEEPS & KLEINBUSSE Solche Gefährte, in die man beliebig ein- und aussteigen kann, sind zwischen vielen Dörfern unterwegs. Man kann auch ein ganzes Fahrzeug mieten, zahlt dafür aber einen deutlich überhöhten Preis.

SCHIFF/FÄHRE Die meisten Inseln sind nur auf dem Wasserweg zu erreichen. So romantisch das klingt, der Ticketkauf kann zur Qual werden: langes Warten in brütender Hitze, lahmes Personal, Drängler in den Schlangen und Rangeleien um den Platz am Schalter. Um seinen Platz in der Schlange zu behaupten und voranzukommen, muss man schon robust auftreten (ohne es allerdings zu übertreiben) – oder eine Frau sein: Es gibt nämlich, jedoch nur in Port Blair, gesonderte Warteschlangen für Frauen. Tickets kann man am Reisetag auch direkt kaufen, wenn man sich eine Stunde vor Abfahrt am entsprechenden Pier einfindet. Aber das ist während der Hauptsaison ein Risiko und auf Havelock gar das ganze Jahr über ein reines Glücksspiel. In Orten wie Rangat sind die Schalteröffnungszeiten absolut unzuverlässig. Zur Zeit unserer Recherche brauchte man für den Ticketkauf eine Fotokopie seiner Aufenthaltsgenehmigung. Die sollte man schon dabeihaben, wenn man an den Schalter tritt.

Es gibt regelmäßige Fährverbindungen nach Havelock und Neil Island, außerdem nach Rangat, Mayabunder, Diglipur und Little Andaman. Wenn alle Stricke reißen, bleiben noch Fischer, die einen vielleicht von einer Insel auf eine andere bringen – für die Überfahrt von Port Blair nach Havelock nehmen sie um die 2000 ₹. Einen Fahrplan der Fährverbindungen zwischen den Inseln findet man unter www.and.nic.in/spsch/iisailing.htm.

ZUG Zugfahrten auf dem Festland können im **Railway Bookings Office** (☎233042; ⌚8–12.30 & 13–14 Uhr) gebucht werden, das sich im Sekretariat südlich vom Aberdeen Bazaar in Port Blair befindet; normalerweise können einem aber auch die Hotels in Sachen Zugfahrt weiterhelfen.

Port Blair

100186 EW.

Das grüne, entspannte und einigermaßen attraktive Port Blair ist die Hauptstadt der Andamanen und die Heimat einer bunt gemischten Bevölkerung aus den Ländern am Indischen Ozean: Bengalen, Tamilen, Nikobaresen, Birmanen und Telugus. Die meisten Traveller hängen hier nicht länger als nötig herum – typischerweise ein, zwei Tage kribbeligen Wartens, ehe sie dann auf die Inseln weiterkommen oder abreisen können. „PB" kann zwar gewiss nicht mit den Stränden von Havelock konkurrieren, bietet aber mit seiner faszinierenden Geschichte so manches, das eine Besichtigung lohnt.

Sehenswertes

Cellular Jail National Memorial HISTORISCHES GEBÄUDE

(GB Pant Rd; Eintritt 10 ₹, Fotos/Video 25/100 ₹; Di–So 8.45–12.30 & 13.30–17 Uhr) Das frühere britische Gefängnis ist heute ein Nationaldenkmal für die einst hier inhaftierten politischen Gegner der Kolonialherrschaft. Ein Besuch hilft einem zu verstehen, welch wichtige Rolle die Andamanen in der indischen Nationalgeschichte spielen. Mit dem Bau des Gefängnisses wurde 1896 begonnen, fertiggestellt war es 1906. In den ursprünglich sieben Trakten rund um einen Wachturm – mehrere wurden im Zweiten Weltkrieg von den Japanern zerstört –, waren 698 Zellen untergebracht. Wie viele Gefängnisse für politische Häftlinge wurde auch das Cellular Jail zu einer „Universität" für die Freiheitskämpfer, die hier trotz Mauern und Wärtern miteinander diskutierten und Bücher und Ideen austauschten.

Montags, dienstags und mittwochs gibt's um 18.45 Uhr eine **Sound-and-Light-Show** (Erw./Kind 20/10 ₹) in englischer Sprache.

Anthropologisches Museum MUSEUM

(232291; MG Rd; Eintritt 10 ₹; Fr–Mi 9–13 & 13.30–16.30 Uhr) Das beste **Museum** in Port Blair porträtiert umfassend und wohlwollend die Ureinwohner der Inseln. Die Schaukästen mögen altmodisch sein, wirken aber im Vergleich zu ihrem Inhalt geradezu hypermodern: Sie präsentieren z.B. einen Brustschutz der Jarawa mit eingravierten geometrischen Mustern, einen Totenschädel, der in einer Sentinelesen-Hütte gefunden wurde, und Schamanenskulpturen von den Nikobaren, die totemistische Geister verkörpern. Im Souvenirladen gibt's eine gute Infobroschüre (₹20) zur Kultur der Ureinwohner, die ein einheimischer Anthropologe geschrieben hat.

Samudrika Marine Museum MUSEUM

(Haddo Rd; Erw./Kind 20/10 ₹, Fotos/Video 20/50 ₹; Di–So 9–13 & 14–17 Uhr) Das von der indischen Marine betriebene Museum bietet eine große Vielzahl an interessanten Exponaten über das Ökosystem der Inseln Run, die indigenen Völker und die Tiere und Pflanzen zu Lande und im Wasser – es gibt sogar ein kleines Aquarium. Vor dem Museum ist das Skelett eines Blauwals aufgestellt, der auf der Nikobareninsel Kamorta an den Strand gespült wurde.

Chatham Saw Mill HISTORISCHE STÄTTE

(Eintritt 10 ₹; Mo–Sa 8.30–14.30 Uhr) Die auf der (über eine Straßenbrücke erreichbaren) Chatham Island stehende Sägemühle wurde 1836 von den Briten erbaut und war einst einer der größten holzverarbeitenden Betriebe Asiens. Die Mühle ist immer noch in betriebsfähigem Zustand und sicher – vor allem für Naturfreunde – kein erfreulicher Anblick, vermittelt aber einen interessanten Einblick in die Geschichte und Wirtschaft der Insel. Außerdem gibt es hier noch einen großen Bombentrichter, die eine japanische Fliegerbombe aus dem Zweiten Weltkrieg hinterlassen hat, und ein ziemlich tristes Waldmuseum.

Corbyn's Cove STRAND

Niemand kommt nach Port Blair, um sich an den Strand zu legen – doch ist man einmal hier und sehnt sich danach, ist Corbyn's Cove, 7 km südlich der Stadt, zweifellos die beste Option. An dem kleinen, sichelförmigen, von Palmen gesäumten Küstenstreifen tummeln sich Einheimische und indische Touristen; man kann gut baden und den Sonnenuntergang betrachten. Die Fahrt mit der Autorikscha aus der Stadt kostet rund 200 ₹. Man kann aber auch ein Motorrad mieten und über die Küstenstraße fahren. Unterwegs sieht man zahlreiche japanische Bunker aus dem Zweiten Weltkrieg.

Birmanisch-buddhistische Mission HEILIGE STÄTTE

Der kleine, glockenförmige Stupa ist zwar nicht besonders eindrucksvoll, aber immerhin ein seltenes Beispiel birmanisch-

Port Blair

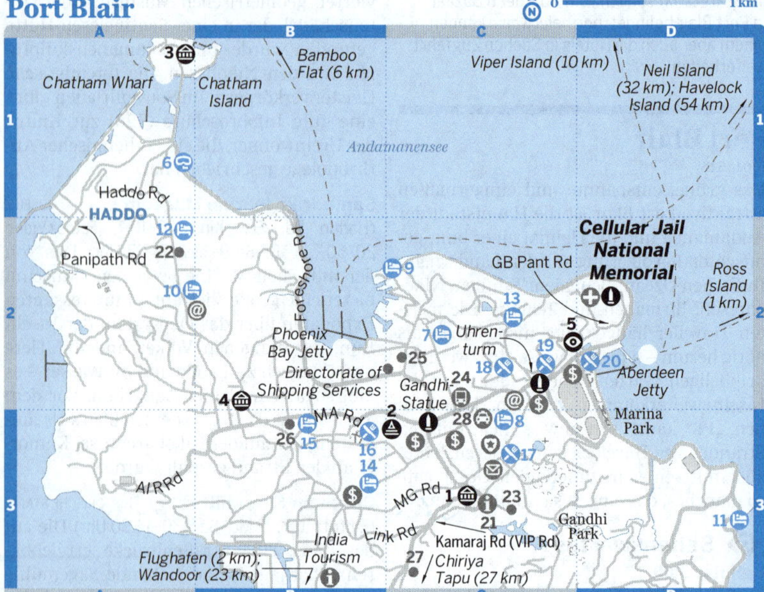

buddhistischer Architektur in Indien, das einen daran erinnert, dass man auf den Andamanen Südostasien näher ist als dem indischen Subkontinent.

Aktivitäten

Die folgenden Tauchveranstalter sind auf die Spots südlich von Port Blair spezialisiert. Alle sind ziemlich neu im Geschäft, bieten aber eine tolle Alternative zu den Tauchausflügen im Gebiet des Ritchie's Archipelago. Geeignet für Anfänger und erfahrene Taucher.

Planet Scuba India TAUCHEN
(☎242287; www.planetscubaindia.com; Foreshore Rd, Haddo) Der einzige Tauchveranstalter in Port Blair organisiert Tauchausflüge in den Mahatma Gandhi National Park und nach Cinque. Hat Tauchausrüstung vorrätig.

Lacadives TAUCHEN
(☎9679532104; www.lacadives.com) Das gleich außerhalb von Wandoor ansässige Unternehmen ist auf abgelegenere Stellen im Mahatma Gandhi National Park spezialisiert, sodass man den Massen auf Red Skin und Jolly Buoy aus dem Weg geht.

Infinity Scuba TAUCHEN
(☎281183; www.infinityscubandamans.com) Das in Chiriya Tapu ansässige Unternehmen organisiert vor allem Tauchausflüge nach Cinque Island, aber auch nach Rutland Island und zu einem Schiffswrack.

Geführte Touren

Andaman & Nicobar Tourism GEFÜHRTE TOUR
(IP&T; ☎232694; www.tourism.andaman.nic.in; Kamaraj Rd; ⏲Mo–Fr 8.30–13 & 14–17, Sa 8.30–12 Uhr) Im Angebot sind Stadtführungen durch Port Blair (52 ₹) sowie geführte Touren nach Ross Island (75 ₹), zum Mt. Harriet (157 ₹), durch Gewürz- und Gummiplantagen nach Wandoor (105 ₹), zur Corbyn's Cove (52 ₹) und Chiriya Tapu (105 ₹), Schnorchelausflüge zur Jolly Buoy und zur Red Skin Island (450 ₹) sowie eine Tour über Ross und Viper Island nach North Bay (360 ₹). Die Trips starten die ganze Woche über zu unterschiedlichen Zeiten.

Schlafen

Die meisten Hotels befinden sich im Gebiet rund um den Aberdeen Bazaar. Der Flughafen liegt ungefähr 4 km südlich der Stadt. Die Mittelklasseunterkünfte sind zwischen September und Dezember oft vollständig in der Hand indischer Pauschaltouristen.

LP TIPP **Aashiaanaa Rest Home** PENSION $
(☎09474217008; shads_maria@hotmail; Marine Hill; Zi. 300–900 ₹; ❄) Das von

Port Blair

Highlights
Cellular Jail National Memorial D2

Sehenswertes
1 Anthropologisches Museum C3
2 Birmanisch-buddhistische Mission...... C3
3 Chatham Saw Mill A1
4 Samudrika Marine Museum B2
5 Zweiter-Weltkrieg-Bunker................... C2

Aktivitäten, Kurse & Touren
6 Planet Scuba India A1

Schlafen
7 Aashiaanaa Rest Home C2
Amina Lodge ....(siehe 8)
8 Azad Lodge C3
9 Fortune Resort – Bay Island C2
10 Hotel Driftwood A2
11 Hotel Sinclairs Bayview D3
12 Hotel Tejas A2
13 Lalaji Bay View C2
14 Sai Residency B3
15 TSG Emerald.. B3

Essen
16 Adi Bengali Hotel B3
17 Annapurna C3
Bayview .... (siehe 11)
18 Gagan Restaurant C2
19 Lighthouse Residency C2
Mandalay Restaurant .... (siehe 9)
20 New Lighthouse Residency D2

Praktisches
21 Andaman & Nicobar Tourism (IP&T)...C3
22 Chief Wildlife Warden A2
Forestry Department Desk........(siehe 21)
23 Einreisebehörde C3

Transport
24 Bushaltestelle.......................................C2
25 Ferry Booking Office C2
26 Govindamma & Co. B3
Railway Booking Office .... (siehe 27)
27 Secretariat C3
28 Taxi- & Autorikschastand C3

dem ausgesprochen netten Shadab und seiner liebenswerten Familie geführte Haus hat viele As im Namen. Die Leute sind mit Liebe bei der Sache, die Zimmer makellos und geräumig, die teureren bieten zudem einen hübschen Blick auf die Stadt. Die Pension liegt bequem auf dem Hügel oberhalb des Phoenix Bay Jetty.

Hotel Sinclairs Bayview HOTEL **$$$**
(03192-227824; www.sinclairshotels.com; South Point; Zi. ab 5300 ₹;) Das 2 km außerhalb der Stadt an der Straße nach Corbyn's Cove gelegene Sinclairs hat große, komfortable Zimmer mit dem besten Ausblick vor Ort, nämlich direkt auf das Meer. Auf dem Hotelgelände gibt's hübsche Gartenanlagen am Ufer, wo man es sich in Hängematten gemütlich machen kann, und mehrere japanische Bunker aus dem Zweiten Weltkrieg.

Fortune Resort – Bay Island HOTEL **$$$**
(03192-234101; www.fortunehotels.in, reservations.frbi@fortunehotels.in; Marine Hill; EZ/DZ ab 5500/6200 ₹; @) Das Hotel hat eine schöne Lage hoch über dem Ozean – von seinen terrassenförmig angelegten Gärten und dem Panoramarestaurant bietet sich eine wunderschöne Aussicht auf den Ozean. Die Zimmer haben polierte Böden, Balkone und Inseldeko und sind komfortabel, aber klein. Unbedingt ein Zimmer mit Meerblick verlangen.

Hotel Tejas HOTEL **$$**
(03192-221698; www.hoteltejas.mobi; Haddo Rd; Zi. ab 750 ₹;) Die blitzblanken Zimmer haben Linoleumböden und einigermaßen bequeme Betten. Man wohnt auf einem Hügel mit einem weiten Blick über den dichten Dschungel auf die Haddo Jetty.

Azad Lodge PENSION **$**
(03192-242646; MA Rd, Aberdeen Bazaar; EZ/DZ ab 250/450 ₹, ohne Bad 150/250 ₹) Die Lodge gehört zu den besten Budgetoptionen vor Ort: Die Zimmer sind sauber und günstig, die Einzelzimmer ohne Bad ähneln allerdings Gefängniszellen.

Hotel Driftwood HOTEL **$$**
(03192-244044; hoteldriftwood@rediffmail.com; JN Rd, Haddo; Zi. ab 1600 ₹;) Dieses Mittelklassehotel ist eine gute Option, wenn man Komfort zu vernünftigen Preisen haben will. Die Zimmer sind sonnig und recht groß, die teureren haben einen hübschen Ausblick auf den üppigen Dschungel. Das Hotel hat freundliches Personal, ein gutes Restaurant mit angeschlossener Open-Air-Bar und Karaoke am Samstagabend sowie WLAN-Zugang in der Lobby.

DIE INDIGENE BEVÖLKERUNG DER INSELN

Die indigenen Völker der Andamanen und Nikobaren machen nur mehr 12 % der Gesamtbevölkerung aus, und die Zahl der Mitglieder der meisten Ethnien nimmt stetig ab. Die Onge, Sentinelesen, Andamanesen und Jawara sind alle Negritos und ähneln in ihrer äußeren Erscheinung Afrikanern. Tragischerweise sind im vorigen Jahrhundert zahlreiche Ethnien ausgestorben. Als im Februar 2010 der letzte Angehörige der Bo starb, erlosch mit ihm seine Sprache und eine 65 000 Jahre umfassende Geschichte.

Onge

Zwei Drittel von Little Andaman Island, auf der die Onge leben, wurden 1977 von der Forstverwaltung übernommen und zur Besiedlung freigegeben. Die rund 100 verbliebenen Angehörigen des Volks der Onge leben in einem 25 km² großen Reservat, das Dugong Creek und South Bay umfasst. Anthropologen führen den starken Rückgang der Zahl der Onge auf die Demoralisierung durch den Verlust ihres Territoriums zurück.

Sentinelesen

Im Gegensatz zu anderen Völker auf den Inseln verweigern die Sentinelesen jeden Kontakt zur Außenwelt. Über Jahre landeten immer wieder Kontaktsucher an den Stränden von North Sentinel Island, der letzten Bastion der Sentinelesen. Sie brachten Geschenke – Kokosnüsse, Bananen, Schweine und rote Plastikeimer –, wurden aber meist mit einem Pfeilhagel empfangen. Nur selten verliefen Begegnungen etwas weniger feindselig. Heute leben noch rund 150 Sentinelesen.

Andamanesen

Die Andamanesen zählen heute nur mehr rund 50 Personen, sodass ihr Untergang besiegelt scheint. Mitte des 19. Jhs. gab es noch rund 7000 Andamanesen, doch ihr

TSG Emerald HOTEL $$
(☎03192-246488; www.andamantsghotels.com; MA Rd, Haddo; Zi. ab 2000 ₹; ❄📶) Ein Hotel im Businessstil mag zwar nicht recht auf die Andamanen passen, aber das Haus ist recht schick und die Zimmer sind ziemlich elegant, blitzsauber und modern. Im Obergeschoss gibt's eine nautisch dekorierte Bar.

Weitere gute Budgetoptionen:

Amina Lodge PENSION $
(☎9933258703; aminalodge@ymail.com; Aberdeen Bazaar; EZ/DZ 300/400 ₹) Das von einem freundlichen Ehepaar geführte Amina bietet gute und günstige Zimmer mitten im Zentrum. Da es in der Gegend schon mal etwas laut wird, sollte man ein Zimmer abseits der Hauptstraße verlangen. Gäste können auch Fahrräder leihen.

Lalaji Bay View PENSION $
(☎9933222010; lalajibayviewbookings@gmail.com; RP Rd, Dugnabad; Zi. ab 250 ₹) Die Pension inmitten verfallener Gebäude aus der Kolonialzeit ist eine gute Budgetoption mit sauberen Zimmern und hübschen Bettdecken.

Sai Residency PENSION $
(☎9434262965; Zi. ab 400 ₹; ❄) Die kleine, von einer Familie geführte Pension in zentraler Lage bietet versteckt in einer Nebenstraße ein paar blitzblanke Zimmer.

Essen

LP TIPP Bayview INTERNATIONAL $$$
(Southpoint; Hauptgerichte ab 110–500 ₹; ⏲11–23 Uhr) Direkt am Wasser kann man in einer angenehm kühlen Meeresbrise prima zu Mittag essen. Der gegrillte Fisch ist köstlich und das Bier kalt – aber man kommt in erster Linie wegen der Lage, nicht wegen des Essens. Man sollte sich von dem freundlichen Personal die auf dem Gelände befindlichen japanischen Bunker aus dem Zweiten Weltkrieg zeigen lassen. Die Fahrt mit der Autorikscha hierher kostet 40 ₹.

Lighthouse Residency INDISCH $$
(MA Rd, Aberdeen Bazaar; Hauptgerichte 60–280 ₹; ⏲11–23 Uhr) Die Beleuchtung ist ein fluoreszierender Alptraum, aber die Klimaanlage funktioniert, das Bier ist kalt und die Meeresfrüchte (Malabar-Schnapper, Krabben, Riesengarnelen) sind frisch. Der gegrillte Fisch schmeckt sensationell gut. Im Ableger, dem **New Lighthouse Residency** weiter die Straße hinauf, kann man

freundlicher Umgang mit den Siedlern wurde ihnen zum Verhängnis. 1971 war ihre Zahl auf 19 gesunken, der größte Teil des Volkes war von den Masern, der Syphilis und Grippeepidemien dahingerafft worden. Die letzten Überlebenden wurden auf die winzige Strait Island umgesiedelt.

Jarawa

Die 350 verbliebenen Jarawa bewohnen ein 639 km² großes Reservat auf South und Middle Andaman Island. 1953 ließ der militärische Befehlshaber Jarawa-Siedlungen mit einem Wasserflugzeug bombardieren. Das Siedlungsgebiet wird von der Andaman Trunk Rd durchtrennt und ist durch Abholzung und das Eindringen von Siedlern und Touristen bedroht. Die meisten Jarawa reagieren auf Kontaktaufnahmen feindselig.

Shompen

Nur noch rund 250 Shompen leben in den Wäldern auf Great Nicobar. Die halbnomadischen Jäger und Sammler halten sich vor allem an den Flussufern auf. Sie trotzen Integrationsversuchen und meiden Gebiete, in denen indische Zuwanderer leben.

Nikobaresen

Die 30 000 Nikobaresen sind das einzige indigene Volk, dessen Zahl nicht abnimmt. Mehrheitlich sind sie Christen und haben sich teilweise an die moderne indische Gesellschaft assimiliert. Sie leben in Dorfgemeinden unter der Leitung eines Dorfvorstehers, züchten Schweine und bauen Kokosnüsse, Yams und Bananen an. Die Vorfahren der Nikobaresen kamen wahrscheinlich aus Malaysia und Myanmar. Heute bewohnen sie eine Reihe von Inseln der Nikobarengruppe rund um die Insel Car Nicobar, die von dem Tsunami im Jahr 2004 besonders schlimm verwüstet wurde.

unter freiem Himmel speisen, dort wird allerdings kein Alkohol ausgeschenkt.

Annapurna INDISCH **$**
(MG Rd; Hauptgerichte ab 40 ₹) Das Annapurna ist ein sehr beliebtes vegetarisches Restaurant mit der Einrichtung einer Schulcafeteria. Das immer gute Essen reicht von knusprigen südindischen Dosas bis zu nahrhaften Currys nordindischer Art.

Mandalay Restaurant INDISCH, EUROPÄISCH **$$$**
(Marine Hill; Büffet morgens & mittags/Hauptgerichte abends 200/350 ₹) Wer einmal richtig prassen will, ist mit den genialen Büffets gut bedient. Die indischen und europäischen Speisen werden auf der hübschen Terrasse oder in dem weniger ansprechenden, birmanisch dekorierten Innenraum serviert.

Gagan Restaurant INDISCH **$**
(Uhrenturm, Aberdeen Bazaar; Hauptgerichte ab 40 ₹; ⌚7–21 Uhr) Das bei Einheimischen beliebte Lokal serviert tolles, günstiges Essen, u.a. Meeresfrüchtecurrys, Hähnchen mit Kokosmilch und Dosas zum Frühstück.

Adi Bengali Hotel BENGALISCH **$**
(MA Rd; Hauptgerichte ab 30 ₹; ⌚7–15 & 18–22 Uhr) Diese dynamische Kantine verkauft jede Menge würzige Fischcurrys und weitere typisch bengalische Gerichte. Wer den Stammkunden, schweigsamen und zufriedenen Arbeitern aus Bengalen, beim Essen zuschaut, weiß, dass hier alles perfekt zubereitet ist.

ℹ Praktische Informationen

Port Blair ist der einzige Ort auf den Andamanen, wo man Bargeld tauschen und Reiseschecks einlösen kann. Überall in der Stadt gibt es Geldautomaten und neben der Post auch eine Western-Union-Filiale. Am Aberdeen Bazaar finden sich ein paar Internetcafés.

Andaman & Nicobar Tourism (IP&T; ☎232694; www.tourism.andaman.nic.in; Kamaraj Rd; ⌚Mo–Fr 8.30–13 & 14–17, Sa 8.30–12 Uhr) In der wichtigsten Touristeninformation für die Inseln kann man auch staatliche Unterkünfte buchen und Genehmigungen für den Besuch von Naturschutzgebieten einholen. Das Personal ist hilfsbereit, arbeitet aber recht gemächlich.

e-Cafe (Internet 30 ₹/Std.; ⌚8–24 Uhr) Auf dem Aberdeen Bazaar, unmittelbar vor dem Uhrenturm.

GB Pant Hospital (☎03192-233473, 232102; GB Pant Rd)

Hauptpost (MG Rd; ⌚Mo–Sa 9–19 Uhr)

Polizeiwache Aberdeen (☎03192-232400; MG Rd)

State Bank of India (MA Rd; ⊙Mo–Fr 9–12 & 13–15, Sa 10–12 Uhr) Hier kann man Devisen tauschen und Reiseschecks einlösen.

ℹ An- & Weiterreise

Der Flughafen liegt rund 4 km südlich der Stadt.

Bus

Ganztägig fahren Busse von der Haltestelle am Aberdeen Bazaar nach Wandoor (12 ₹, 1½ Std.) und Chiriya Tapu (10 ₹, 1½ Std.). Zwei Busse starten um 4 Uhr bzw. 4.30 Uhr nach Diglipur (170 ₹, 12 Std.) sowie um 5 bzw. 9.30 Uhr nach Mayabunder (130 ₹, 9Std.) via Rangat (95 ₹, 7 Std.) und Baratang (55 ₹, 3 Std.). Außerdem fahren auch bequemere Busse privater Unternehmen: Deren „Büros" – ein Mann mit einem Satz Tickets – finden sich gleich gegenüber der Hauptbushaltestelle.

Schiff/Fähre

Alle Fähren, die zwischen den Inseln verkehren, legen am Phoenix Bay Jetty ab. Tickets bekommt man im **Ferry Booking Office** (⊙Mo–Sa 9–13 & 14–16 Uhr). Für manche Boote kann man die Tickets auch an Bord kaufen, riskiert aber, dass in der Hochsaison kein Platz mehr frei ist. Die meisten Traveller reisen gleich schnurstracks nach Havelock (195 ₹, 2½ Std.) weiter, wohin täglich zwei oder mehr Fähren ablegen; wer also keine Lust hat, in Port Blair herumzuhängen, sollte gleich zum Kai gehen und ein Ticket kaufen – dafür unbedingt eine Fotokopie der Aufenthaltsgenehmigung mitbringen. Eine weitere Option ist die private Fähre **Makruzz Ferry** (www.makruzz.com), die in der Hochsaison dienstags, donnerstags und samstags fährt (ab 650 ₹, 2 Std.). Tickets für die Fähre bekommt man am Flughafen und bei den Reisebüros am Aberdeen Bazaar.

Vom Chatham Wharf fahren stündlich Passagierfähren nach Bamboo Flat (3 ₹, 15 Min.).

ℹ Unterwegs vor Ort

AUTORIKSCHA Die Fahrt vom Aberdeen Bazaar zum Phoenix Bay Jetty kostet rund 20 und zum Haddo Jetty rund 40 ₹.

BUS Im Zentrum kommt man gut zu Fuß herum, aber zu einem Besuch der Corbyn's Cove und von Haddo oder Chatham Island muss man schon auf irgendein Verkehrsmittel zurückgreifen.

MOTORRAD Leider kann man in Port Blair keine Fahrräder mehr mieten, jedoch bei **Govindamma & Co** (☎9732486858; MA Rd; 400 ₹/24 Std.) Motorräder und Motorroller, mit denen sich die Gegend südlich von Port Blair prima erkunden lässt.

VOM/ZUM FLUGHAFEN Die Fahrt vom Flughafen zum Aberdeen Bazaar mit einem Taxi oder einer Autorikscha kostet rund 50 ₹. Stündlich fahren auch Busse (5 ₹) zum/vom Flughafen. Die Busse fahren vom Halteplatz 100 m außerhalb des Flughafens zur Hauptbushaltestelle in der Stadt.

Rund um Port Blair & South Andaman

ROSS ISLAND

Ross Island (nicht zu verwechseln mit ihrem Namensvetter bei North Andaman) wirkt wie eine im Dschungel versteckte Lost City à la Angkor Wat, nur dass hier statt Überbleibseln aus dem Khmer-Altertum viktorianische Ruinen zu finden sind. **Ross** (Eintritt 20 ₹), der ehemalige Verwaltungshauptsitz der Briten für die Andamanen, liegt eine halbe Tagesreise von Port Blair entfernt. Zu seinen besten Zeiten wurde das kleine Ross liebevoll das „Paris des Ostens" genannt – genau wie Puducherry, Saigon ... Doch der nette Beiname ist genauso Vergangenheit wie das pulsierende Gesellschaftsleben und die tropischen Gärten. Schuld ist die doppelte Katastrophe im Jahr 1941 in Form eines schweren Erdbebens und des Einmarschs der Japaner. Diese ließen ein paar ehemalige Waffenlager zurück, die sogenannten „Machine Gun Nests", in denen man heute herumstöbern kann.

Die alten englischen Gebäuden stehen noch, wenn auch verborgen unter grünem, wucherndem Dschungeldickicht. Hübsch angelegte Pfade durchziehen Ross Island und die meisten Bauwerke sind ausgeschildert. Ein kleines Museum zeigt historische Exponate und Fotos von der Blütezeit der Insel und in einem Park knabbern Rehe an den Büschen.

Die Fähre nach Ross (75 ₹, 20 Min.) startet in Port Blair am Landungssteg hinter dem Aquarium (täglich außer Mi 8.30, 10.30, 12.30 & 14 Uhr). Da die Abfahrtszeiten auch von den Gezeiten abhängen, sollte man beim Ticketkauf aber lieber noch mal nachfragen.

WANDOOR & MAHATMA GANDHI MARINE NATIONAL PARK

Das winzige Dörfchen Wandoor liegt 29 km südwestlich von Port Blair und besitzt einen hübschen Strand, an dem allerdings zum Zeitpunkt der Recherche nicht gebadet werden konnte, weil Krokodile in der Gegend gesichtet wurden. Bekannter ist

Wandoor als Sprungbrett in den **Mahatma Gandhi Marine National Park** (Inder/Ausländer 50/500 ₹). Der 280 km² große Park umfasst 15 Inseln mit tropischem Regenwald, von Mangroven gesäumten Bächen und Riffe, in denen 50 Korallenarten leben. Als Schnorchelgebiete werden abwechselnd **Jolly Buoy** (⌚1. Nov.–15. Mai) und **Red Skin** (⌚16. Mai–30. Okt.) im Rahmen beliebter Tagestouren ab der Wandoor Jetty genutzt (450 ₹; Di–So). Wer Havelock oder Neil Island auf seinem Reiseplan hat, sollte sich das Unterwasserabenteuer aber lieber für dort aufsparen. Denn wenn man nicht gerade ganz tief in die Tasche greift, warten die Boote hier einfach nicht lang genug für ein wirklich schönes Schnorchelerlebnis. Will man die Gegend gründlich erkunden, sollte man sich an **Lacadives** (☎9679532104; www.lacadives.com) wenden. In Wandoor gibt's mehrere Unterkünfte. Die Genehmigung für den Park bekommt man an der Anlegestelle in Wandoor oder in der Touristeninformation in Port Blair.

Busse fahren von Port Blair nach Wandoor (12 ₹, 1½ Std.).

CHIRIYA TAPU

Chiriya Tapu, 30 km südlich von Port Blair, ist ein winziges Dorf mit Stränden, Mangroven und (ca. 2 km weiter gen Süden) einem der besten **Schnorchelgebiete** außerhalb von Havelock und Neil Island. Hier kann man prima idyllische Sonnenuntergänge erleben. Täglich fahren sieben Busse von Port Blair zu dem Dorf (10 ₹, 1½ Std.), außerdem kann man von hier aus Bootsfahrten nach Cinque Island unternehmen. Der neue **Biological Park** (Inder/Ausländer 20/50 ₹; ⌚Di–So 9–16 Uhr) ist noch in der Entstehung – die Fertigstellung ist für 2015 vorgesehen –, bietet aber schon jetzt ein hübsches Waldareal mit geräumigen, natürlichen Gehegen für Krokodile, Rehe und Warzenschweine.

CINQUE ISLAND

Die unbewohnten Inseln North und South Cinque sind über eine Sandbank verbunden und gehören zu dem Naturschutzgebiet südlich von Wandoor. Die von Korallenriffen umgebenen Eilande gehören zu den schönsten der Andamanen.

Auf den Inseln sind nur Tagesausflüge gestattet. Wenn der Tagesausflug nicht von einem Reisebüro organisiert wurde (solche Angebote sind selten), muss man für den Besuch vorab eine Genehmigung beim Chief Wildlife Warden (S. 431) einholen. Die Inseln sind per Boot von Chiriya Tapu aus in zwei, von Wandoor aus in dreieinhalb Stunden zu erreichen. Die **Genehmigung für den Mahatma Gandhi Marine National Park** (Inder/Ausländer 50/500 ₹) schließt sie mit ein. Mehr Informationen zu den Tauchmöglichkeiten um Cinque Island finden sich auf S. 434.

Havelock Island

Mit strahlend weißen Stränden, blaugrünen Untiefen, dunklen, von Dschungel bedeckten Hügeln und einer Küste voller Strandhütten und Backpackern aus aller Welt ist Havelock eines jener tropischen Paradiese für Budgettraveller, das in wenigen Jahren vermutlich den Ruf der thailändischen Insel Ko Pha-Ngan erreicht haben dürfte. In puncto Nachtleben geht es in den Gemeinschaftsbereichen der Strandresorts zwar recht gesellig zu, aber der Vollmondparty-Wahnsinn ist hier noch nicht gestrandet. Abgesehen von Faulenzen stehen auf Havelock Tauchen und Schnorcheln hoch im Kurs. Und so verbringen viele Traveller ihren gesamten Andamanen-Aufenthalt ausschließlich auf dieser einen Insel.

Sehenswertes & Aktivitäten

Havelock ist das beliebteste Ziel für **Taucher** auf den Andamanen – und das Tauchen ist sicher auch der Hauptgrund, warum die meisten Touristen gleich schnurstracks die Fähre zu der Insel nehmen. In der Haupttouristenzone gibt's jede Menge Tauchveranstalter; man sollte sich also ruhig ein paar anschauen und dann für den entscheiden, der das meiste Vertrauen erweckt.

Die Möglichkeiten zum **Schnorcheln** sind gleichermaßen ausgezeichnet. Zum Hinausfahren besorgt man sich am besten über sein Hotel ein *dunghi* (Holzboot mit Motor). Die Touren kosten zwischen 1000 und 2000 ₹, je nach Teilnehmerzahl, Entfernung usw.: Fährt man in einer größeren Gruppe, kann man die Kosten auf bis zu 250 ₹ pro Person senken. Überall auf Havelock kann man in den Resorts und kleinen Restaurants Schnorchelausrüstung leihen, die allerdings in der Regel recht minderwertig ist.

Eine weitere beliebte Freizeitspaß ist **Angeln.** Bei der Organisation von Angeltouren

KROKODILE

Als im April 2010 ein amerikanischer Tourist beim Schnorcheln vor Havelock von einem Leistenkrokodil getötet wurde, versetzte das der gesamten Community einen Schock. Denn Leistenkrokodile kommen zwar in vielen Gebieten auf den Andamanen vor, waren aber zuvor nie in der Neil's Cove bei Radha Nagar, wo sich der Unfall ereignete, gesichtet worden. Ein Angriff in einem Korallenriff im offenen Meer galt zudem als extrem ungewöhnlich. Man kann nur spekulieren, wie das Krokodil überhaupt dorthin gelangte: Wahrscheinlich wurde es bei Revierstreitigkeiten aus seinem Mangrovenhabitat an der Westseite der Insel vertrieben. Das Krokodil konnte übrigens schließlich eingefangen werden und wohnt heute im Zoo von Port Blair. Seither hat man keine Krokodile an der Stelle mehr gesichtet, man beobachtet die Lage aber weiterhin aufmerksam. Nach allgemeiner Ansicht handelte es sich um einen Einzelfall, weshalb es keinen Grund gibt, auf ein Bad zu verzichten. Man sollte sich jedoch unbedingt über die aktuelle Situation informieren, alle Warnungen der Behörden beachten und am Westufer der Insel nie allein und nie in der Morgen- oder Abenddämmerung ins Wasser gehen.

Dies gilt auch für weitere, von Touristen besuchte Badestellen, darunter die Corbyn's Cove, der Wandoor Beach, Baratang und die gesamte Insel Little Andaman.

hält man sich ebenfalls am besten an sein Hotel. Es gibt aber auch mehrere Anbieter von Angeltouren vor Ort.

Einige Resorts bieten auch geführte **Dschungeltouren** für eifrige Wanderer oder Vogelfreunde. Achtung: Bei Regen verwandelt sich der Waldboden in schweren Morast. Der Regenwald im Inselinneren ist eine spektakuläre, smaragdgrüne Höhle. Die Möglichkeiten, **Vögel zu beobachten**, sind ausgezeichnet – vor allem in den Randzonen des Waldes: Ausschau halten sollte man vor allem nach dem blau-schwarzen Flaggendrongo mit seinen herrlichen Schwanzfedern und – ein hübscher Kontrast – nach dem leuchtend gelben Pirol.

Ungefähr 5 km hinter No. 5 Village liegt Kalapathar, wo es ein **Elefantentrainingscamp** gibt; zum Recherchezeitpunkt war geplant, Schauvorführungen mit Arbeitselefanten im Einsatz auf die Beine zu stellen. Hinter Kalapathar führt die Straße an einem weiteren einsamen Strand vorbei und verliert sich schließlich im Wald.

Radha Nagar Beach — STRAND

Der schönste und beliebteste Sandstrand ist der von Kritikern gefeierte Radha Nagar Beach, der auch als **Beach No. 7** bezeichnet wird. Wunderbar gleichmäßige Wellen treffen auf den halbkreisförmigen Strand, hinter dem sich eine postkartenperfekte Urwaldkulisse erhebt. Malerische Sonnenuntergänge sind hier garantiert. Die Fahrt hinaus zu dem Strand, der im Nordwesten der Insel rund 12 km von der Fähranlegestelle liegt (Autorikschas rund 150 ₹), führt durch das grüne Paradies im Inselinneren. Ansonsten fährt auch gelegentlich vom No. 1 Village ein Bus hierher. In einer zehnminütigen Strandwanderung Richtung Nordwesten erreicht man die prächtige **„Lagune“** der Neils Cove, einen weiteren paradiesischen Ort mit geschütztem Sandstrand und kristallklarem Wasser. 2010 gab es hier einen Angriff durch ein Krokodil (s. Kasten S. 440), man sollte sich also vorab erkunden, ob man gefahrenlos schwimmen kann. In der Hochsaison werden **Elefantenritte** (Erw./Kind 25/15 ₹; ⌚Mo–Sa 11–14 Uhr) am Strand angeboten, sodass auch der kitschige Urlaubsschnappschuss garantiert ist.

Elephant Beach — STRAND

An dem weiter nördlich liegenden Elephant Beach kann man gut **schnorcheln**. Man gelangt zu ihm über eine 40-minütige Wanderung auf einem schlammigen Elefantenpfad, der von der quer durch die Insel führenden Straße aus gut markiert, aber nach Regen schwierig zu passieren ist. Der Strand selbst ist durch den Tsunami von 2004 praktisch verschwunden und bei Flut nicht mehr erreichbar – man sollte sich vor Ort erkundigen. Der Elephant Beach ist das Ziel vieler Schnorchel-Charterboote, außerdem gibt es hier Rettungsschwimmer, die – ein echter Segen – alle maßregeln, die ihren Müll zurücklassen.

Beach 5 — STRAND

Von Radha Nagar aus auf der anderen Seite der Insel liegt der paradiesische Beach No 5, der durch die Palmen, die ihn säumen, besonders idyllisch wirkt. Man findet hier auch schattige Stellen und wird weniger von Stechfliegen geplagt als am Radha Nagar Beach. Allerdings kann man hier bei Ebbe nur schlecht schwimmen, weil man kilometerweit nur flaches Wasser hat. Die meisten Unterkünfte der Insel liegen hier in der Gegend.

Dive India TAUCHEN
(☎091-9932082204; www.diveindia.com; zw. No 3 & 5 Village)

Andaman Bubbles TAUCHEN
(☎282140; www.andamanbubbles.com; No 5 Village)

Barefoot Scuba TAUCHEN
(☎282181; www.barefootindia.com; No 3 Village)

Schlafen & Essen

Die meisten Hotels auf Havelock sind Strandhüttenanlagen. Und alle geben sich als „öko" aus – was hier ungefähr so viel heißt wie „billig gebaut". Man bekommt aber viel für sein Geld, vor allem in der Nebensaison.

Alle aufgeführten Unterkünfte bieten eine passable Verpflegung mit europäischem und indischem Essen, das auf Backpacker abgestimmt ist. Wer lieber authentische indische Küche haben will, kann sich an die billigen Imbisse im Ort (No. 1 Village) oder auf dem Hauptbasar (No. 3 Village) halten. Im No. 1 Village verkauft ein sogenannter „Wine Shop" alkoholische Getränke.

Die meisten Unterkünfte liegen an der Küste zwischen dem No. 2 und dem No. 5 Village.

LP TIPP **Eco Villa** BUNGALOWS $$
(☎282212; www.havelock.co.in/ecovilla; Beach 2; Hütte 300–3000 ₹) Die erste und immer noch beste Anlage ist die einzige mit Hütten direkt am Strand. Sie bietet für jeden Geldbeutel Quartiere, von zweistöckigen Doppelhütten aus Bambus, die geschmackvoll mit Topfpflanzen dekoriert sind, bis hin zu einfachen Bambusbungalows, die ebenfalls alle einen offenen Zugang zum Wasser haben. Wenn abends der Mond über dem tiefblauen Ozean steht, ist es im Restaurant wunderbar romantisch. Kreditkartenzahlung möglich.

Orient Legend Resort PENSION $
(☎282389; Beach 5; Hütte 300–1000 ₹, ohne Bad 100–250 ₹) Die sehr beliebte, weitläufige Anlage bietet Unterkünfte fast aller Preisklassen und ist eine der wenigen Pensionen, in denen man von seinem Zimmer aus wirklich das Meer sieht.

Wild Orchid HOTEL $$$
(☎282472; www.wildorchidandaman.com; DZ-Cottage ab 3000 ₹; ❄@) Die ruhige, freundliche Unterkunft liegt hinter einem abgeschiedenen Strand und bietet geschmackvoll eingerichtete Cottages im traditionellen Andamanen-Stil. Das Restaurant **Red Snapper** (Hauptgerichte 100–350 ₹) ist das beste vor Ort und hat ein tolles Ambiente. Die Pasta mit frischem Thunfisch ist erstklassig und die Riesengarnelen sind ein Gedicht.

Emerald Gecko BUNGALOWS $$
(☎282170; www.emerald-gecko.com; Hütte 750–2250 ₹) Diese Anlage ist qualitativ ein Stück besser als die anderen. Es gibt hier vier komfortable, zweistöckige Hütten mit offenen Bädern, die liebevoll aus birmanischen Bambusflößen gezimmert wurden, die das Meer an den Strand gespült hatte. Daneben gibt es noch ein paar billige Hütten. Das Restaurant **Blackbeard** hat eine gute Karte, die von den gleichen Leuten wie das Restaurant im Wild Orchid gestaltet ist.

Barefoot at Havelock HOTEL $$$
(☎Reservierung 044-24341001; www.barefootindia.com; Cottages 7100–9700 ₹; ❄) Schon die lauschige Lage in einem Waldstück voller Vögel gleich hinter dem Radha Nagar Beach ist erstklassig, aber Havelocks luxuriösestes Resort punktet zudem mit wunderschön gestalteten, mit Bambus gedeckten Holzcottages. Das **Restaurant** (Hauptgerichte 180–450 ₹) hat einen italienischen Koch, bietet aber Gerichte aller Küchen von indisch bis thailändisch und ist ideal für einen romantischen Schlemmerabend.

Dreamland Resort PENSION $
(☎9474224164; Beach 5; Hütte 300 ₹) In erstklassiger Lage nur 50 m vom Radha Nagar Beach entfernt liegt diese Anlage mit einfachen, schilfgedeckten Bungalows und sehr freundlichen Betreibern.

Green Land Resort PENSION $
(☎9933220620; Hütte 200–250 ₹, ohne Bad 150–200 ₹) Die einfachen Hütten stehen in einem Dschungel von Obstbäumen und sind ideal für alle, die Ruhe und Frieden suchen. Bis zum Radha Nagar Beach sind es nur 15 Gehminuten.

Coconut Lodge PENSION $
(☎282056; Hütte 200–500 ₹) In der bei israelischen Travellern beliebten Coconut Lodge

geht immer die Party ab. Die Hütten stehen in einem kreisförmigen Wirbel rund um eine erhöhte Plattform, an der sich die Gäste abends zum Zechen versammeln.

Anju-coco Resto INDISCH, EUROPÄISCH $
(Hauptgerichte 120–250 ₹) Das charmante kleine Restaurant mit freundlichem Betreiber bietet in der Hochsaison eine abwechslungsreiche Karte und Fisch vom Grill. Das große Frühstück (60 ₹) ist wirklich groß und eine gute Wahl.

B3 – Barefoot Bar & Restaurant PIZZA $$
(Village No 1; Hauptgerichte 150–500 ₹; ⌚11–16 & 18–21.30 Uhr) Das Restaurant hat modernes Dekor und an den Wänden Plakate von Filmklassikern. Auf der Karte stehen vor allem europäische Gerichte, u.a. gibt's hier die besten Pizzas auf Havelock. Man sitzt nett im Freien, hat aber leider nur den Ausblick auf die unattraktive Anlegestelle.

Weitere Restaurants mit gutem westlichem Essen und entspannter Atmosphäre:

Full Moon Cafe EUROPÄISCH $
(Hauptgerichte 90–180 ₹) Bei Dive India.

Café Del Mar EUROPÄISCH $
(Hauptgerichte 70–200 ₹) Bei Barefoot Scuba.

Praktische Informationen

Im No. 3 Village finden sich direkt nebeneinander zwei Geldautomaten. Außerdem gibt's hier auch eine quälend langsame **Internetverbindung** (80 ₹/Std.).

An- & Weiterreise

Die Abfahrtszeiten der Fähren variieren; mindestens einmal täglich (häufig auch zweimal oder häufiger) gibt's eine Direktverbindung von Port Blair nach Havelock (Touristenfähre 195 ₹, 2½ Std.). Am besten bucht man das Ticket mindestens einen Tag im Voraus. Der Ticketschalter ist von 9 bis 11 Uhr geöffnet. Eine Alternative ist die komfortablere Makruzz (ab 650 ₹, 2 Std.).

Staatlich betriebene Fähren verkehren mehrmals wöchentlich zwischen Havelock und Neil Island (195 ₹). Havelock ist auch der bequemste Ausgangspunkt nach Long Island (195 ₹) auf dem Weg nach Rangat, von wo aus Busse nach North Andaman weiterfahren.

Unterwegs vor Ort

Ein Nahverkehrsbus (7 ₹) verbindet auf einem ungefähr einstündigen Rundkurs den Fähranleger mit den diversen Villages; trotzdem ist es empfehlenswert, ein eigenes Verkehrsmittel zu haben. Mopeds oder Motorräder (ab 250 ₹/Tag) und Fahrräder (40–50 ₹/Tag) kann man in den Hotels oder im No. 3 Village mieten.

Für eine Fahrt mit der Autorikscha von der Anlegestelle zum No. 3 Village zahlt man 30, zum No. 5 Village 50 und zum No. 7 Village zwischen 150 und 200 ₹.

Neil Island

Neil Island döst zufrieden im Schatten der berühmteren Nachbarinsel und bietet damit noch ein Quäntchen Entspannung mehr. Die Strände sind zwar nicht so üppig wie die auf Havelock, dennoch aber sehr malerisch und gerade weit genug entfernt, dass man sie prima per Fahrrad erkunden kann. Auf der Insel herrscht ein liebenswert geruhsames Tempo – fährt man mit dem Rad durch die idyllischen Dörfer, wird man von den einheimischen Kindern und Erwachsenen freundlich gegrüßt. Neil Island ist nur 40 km von Port Blair und eine kurze Fährfahrt von Havelock entfernt – und doch fühlt man sich, als sei man Lichtjahre von der Welt und ihren Sorgen entfernt.

Zum Zeitpunkt der Recherche gab es auf der Insel weder Internetzugang noch Möglichkeiten, Geld umzutauschen, immerhin aber eine Post auf dem Basar.

Sehenswertes & Aktivitäten

Die fünf (durchnummerierten) **Strände** auf Neil Island haben jeder ihren eigenen Zauber. Am hübschesten und am leichtesten zugänglich ist **Strand 1,** der sich 40 Gehminuten westlich der Anlegestelle und des Dorfs befindet. Die besten **Schnorchelmöglichkeiten** auf der Insel hat man bei Flut rund um das Korallenriff am westlichen Ende dieses Strandes. Eine schöne Stelle zum Blick in den Sonnenuntergang erreicht man über das Pearl Park Resort, wo sich am frühen Abend Touristen und Einheimische im Sand versammeln.

Strand 2 am Nordufer der Insel hat eine Felsformation namens **Natural Bridge** zu bieten, die nur durch eine Wanderung um die felsige Bucht während der Ebbe zu erreichen ist. Mit dem Fahrrad nimmt man zu diesem Strand die über den Basar führende Nebenstraße und hält sich dann an der Weggabelung links. Die besten Badestellen finden sich an **Strand 4,** dessen einziger Minuspunkt die Nähe zur Anlegestelle ist. **Strand 3** ist eine einsame, mit pulverigem Sand bedeckte Bucht, die sich am leichtesten über das Blue Sea Restaurant erreichen lässt. Weiter draußen (5 km vom Dorf entfernt) lockt der wildere und zerklüftete **Strand 5** zu einer Strandwanderung, auf der man kleine, bei Ebbe zugängliche Sandsteinhöhlen entdeckt. Man erreicht den Strand, wenn man die Dorfstrand zum Ostufer der Insel nimmt.

Tauchausflüge veranstaltet **India Scuba Explorers** (☎9474238646; www.indiascubaexplorers.com); Schnorchelausrüstung (150 ₹/Tag) kann man in seinem Hotel oder anderswo im Ort ausleihen. Mit sehr viel Glück kann man bei Flut an Strand 1 einen **Dugong** beim Äsen im flachen Wasser erspähen. Das Chartern eines Fischerbootes für Schnorchel- oder Angelausflüge vor der Küste kostet zwischen 1000 und 2000 ₹, abhängig von Entfernung und Dauer des Aufenthalts zum Schnorcheln oder Angeln. In aller Regel passen mehrere Personen auf ein Boot.

Der Hauptbasar hat eine entspannte Atmosphäre und ist am frühen Abend ein beliebter Treffpunkt. Im Gyan Garden Restaurant lassen sich **Kochkurse** (ab 200 ₹) vereinbaren. Hinter dem Restaurant führt ein Pfad den kleinen Hügel hinauf zu einem **Aussichtspunkt,** von dem aus sich ein weiter Blick über die Insel und das Meer bietet.

Schlafen & Essen

In der Nebensaison gibt's bei einfachen Strandhütten günstige Angebote. Die beliebtesten Unterkünfte sind das **Tango Beach Resort** (☎03192-282583; Hütte 50–350 ₹, Cottage 600–1000 ₹) und das **Pearl Park Resort** (☎03192-282510; Hütte 100–250 ₹, Cottage & Zi. 400–1600 ₹), beide an Strand 1. Die Anlagen befinden sich nebeneinander und gleichen sich wie ein Ei dem anderen: Beide haben hübsche, strohgedeckte Hütten und weniger interessante, aber komfortablere Zimmer in Betonbauten. Der Hauptunterschied ist, dass man im Tango den Blick aufs Meer und die Meeresbrise genießt, während das Pearl Park mit einem üppigen Garten und einem schönen Blick in den Sonnenuntergang punktet. Das **A-N-D Beach Resort** (☎214722; Hütte 300–700 ₹) liegt an Strand 4 und ist eine weitere gute Alternative.

Das Essen auf Neil Island ist überraschend gut. Auf dem Markt findet man preisgünstige, köstliche bengalische Gerichte.

Sehr beliebt bei Backpackern ist das **Moonshine** (Hauptgerichte 40–150 ₹) an der Straße zum Strand 1, das mit ausgezeichneter hausgemachter Pasta (besonders die Pasta mit Garnelen sind zu empfehlen) und kaltem Bier verwöhnt. Beliebt wegen des starken Filterkaffees und des gegrillten Fischs ist auch das **Chand Restaurant** (Hauptgerichte 50–200 ₹) auf dem Markt. Eine gute Auswahl an Meeresfrüchten bietet das **Gyan Garden Restaurant** (Hauptgerichte 50–20).

Anreise & Unterwegs vor Ort

Jeden Morgen fährt eine Fähre von der Phoenix Bay Jetty in Port Blair nach Neil und wieder zurück (195 ₹, 2 Std.). Täglich fährt auch eine Fähre nach Havelock (entweder morgens oder am frühen Nachmittag).

Am besten kommt man auf der Insel herum, wenn man sich ein Fahrrad ausleiht (ab 50 ₹/Tag); die Straßen sind eben und die Entfernungen kurz. Eine Fahrt mit der Autorikscha von der Anlegestelle zum Strand 1 kostet 50 ₹.

Middle & North Andaman

Die Andamanen bestehen aus mehr als Sonne und Sand. Es gibt auf den Inseln auch einen Dschungel, der so ursprünglich ist wie das Jurazeitalter und so dicht wie in Amazonien – ein grünes Gewirr aus uraltem Wald, das Mutter Natur anscheinend ganz instinktiv geschaffen hat. Diese raue, wilde Seite der Inseln erlebt man am besten während einer langen, kurvenreichen Busfahrt auf der Andaman Trunk Rd (ATR). Die Fahrt nach Diglipur führt über holperige, von urzeitlichen Bäumen gesäumte Straßen und mittels RoRo-Fähren über rötlich gefärbte Flüsse, in denen Leistenkrokodile lauern.

Die ATR hat aber auch eine Schattenseite: Die Straße führt mitten durch das Gebiet der Jarawa, sodass dieses Volk einem ständigen Kontakt mit der Außenwelt ausgesetzt ist. Das moderne Indien und das Stammesleben sind offenbar unfähig zu einer Koexistenz – jeder Kontakt zwischen den Jarawa und den Siedlern führt zu Missverständnissen, Spannungen, Irritationen und schlimmstenfalls zu Gewalttaten und Morden. Indische Anthropologen und Gruppierungen zum Schutz der Rechte indigener Völker wie Survival International fordern deshalb eine Schließung der ATR; derzeit wird geprüft, wie es mit der Straße weitergehen soll (s. S. 437). Zur Zeit der Recherche durften Fahrzeuge die Straße nur in Konvois und in der Zeit zwischen 6 und 15 Uhr benutzen. Unterwegs ist es strengstens verboten, zu fotografieren, anzuhalten oder mit den Jarawa – die immer mehr von „Geschenken" abhängig werden – Kontakt aufzunehmen.

Die erste interessante Stelle nördlich von Port Blair sind die eindrucksvollen **Kalksteinhöhlen** (⊙Mo geschl.) bei Baratang. Man erreicht sie von der Anlegestelle aus in einer 45-minütigen, malerischen Bootstour (200 ₹) durch dichten Mangrovenwald. Die erforderliche **Genehmigung** erhält man an der Anlegestelle.

Rangat ist die nächste größere Ortschaft: ein Verkehrsknoten, der sonst nicht viel zu bieten hat. Wenn man hier hängen bleibt, kann man im **Hotel PLS Bhawan** (EZ/DZ ab 150/250 ₹; ❄) absteigen, der noch besten unter einer Reihe schlechter Herbergen. In der Nähe gibt es einen Geldautomaten. Fähren verbinden Rangat mit Port Blair und Havelock Island (50/195 ₹, 9 Std.) sowie mit Long Island (7 ₹); Boote legen am Yeratta Jetty ab, der sich 8 km außerhalb der Stadt befindet. Täglich fährt auch ein Bus nach Port Blair (95 ₹, 7 Std.).

Zwischen Dezember und März legen Echte Karettschildkröten an den Stränden bei **Cuthbert Bay**, 45 Autominuten von Rangat, ihre Eier ab. Jeder Bus, der nach Norden fährt, kann einen dort absetzen. Das **Hawksbill Nest** (☎03192-279022; 4BZ 600 ₹, DZ 400 ₹, mit Klimaanlage 800 ₹; ❄) ist die einzige Unterkunft vor Ort; die Übernachtung muss man bei A&N Tourism in Port Blair buchen. Die Genehmigung (250 ₹) zum Besuch kann man sich in der Rangerstation in Betapur verschaffen.

LONG ISLAND

Mit netten Insulanern und einem hübsch geruhsamen Lebensstil ist Long Island für alle ideal, die einmal richtig ausspannen wollen. Auf der Insel gibt es keine motorisierten Verkehrsmittel und manchmal ist man sogar der einzige Tourist vor Ort.

Eine eineinhalbstündige Dschungelwanderung (nach starken Regenfällen nicht ratsam) führt zur einsamen **Lalaji Bay**, einem wunderschönen Badestrand mit weißem Sand. Wenn man ein *dunghi* (hin & zurück 1500 ₹) mietet, kommt man entspannter hin – vor allem, wenn man nicht allzu sehr auf Blutegel steht. Man kann auch ein *dunghi* zur North Passage Island mieten und dort in der atemberaubenden **Merk Bay** mit ihrem strahlend weißen Sandstrand in glasklarem Wasser schnorcheln. Auch Trips nach South Button sind möglich.

Blue Planet (☎9474212180; www.blueplanetandamans.com; Zi. mit/ohne Bad ab 300/700 ₹; @) ist nicht nur eine Unterkunft in toller Lage, sondern beeindruckt auch mit einer Architektur, bei der an Land gespülte Flaschen als Baumaterial Verwendung fanden. Die einfachen Zimmer verteilen sich um einen hübschen Padouk-Baum, an dem Hängematten befestigt sind. In der Unterkunft gibt's auch was zu essen und außerdem sehr langsame Internetverbindungen. Von der Anlegestelle einfach den blauen Pfeilen folgen. Zu der Anlage gehören noch private Cottages (2000–3000 ₹) auf einem Grundstück in der Nähe. Auf Long Island werden keine Alkoholika verkauft, man muss sich also vorab eindecken.

Dreimal pro Woche fahren Fähren nach Havelock und Port Blair (195 ₹) und täglich eine nach Rangat (8 ₹).

RUND UM MAYABUNDER

Im „oberen" Teil von Middle Andaman Island befinden sich mehrere Dörfer der Karen, Angehörige eines birmanischen Gebirgsvolks, deren Vorfahren während der britischen Kolonialzeit hierher umgesiedelt wurden. In Mayabunder bietet sich ein Halt bei **Sea'n'Sand** (☎03192-273454; thanzin_the_great@yahoo.co.in; Zi. ab 200 ₹; ❄) an. Die einfache Lodge hat ein Restaurant mit Bar und Blick aufs Wasser und befindet sich 1 km südlich vom Ortszentrum. Das von Titus und Elizabeth mit ihrer Karen-Großfamilie geführte Haus ist sehr entspannt und genau das richtige für Traveller, die einmal den Massen entfliehen wollen. Es gibt eine Auswahl von **Bootstagestouren** (Tour ab 500–2500 ₹), die je nach Jahreszeit variieren: Man kann etwa die **Forty One Caves** besuchen, in denen *hawabills* (Weißnestsalanganen) ihre hoch im Preis stehenden Nester bauen, die als Basis für Schwalbennestersuppen dienen. Vor **Avis Island** besteht die Möglichkeit zu schnorcheln, auf der unheimlichen **Interview Island** führen Wanderwege durch den Dschungel. Auf Interview lebt eine kleine Herde verwilderter Elefanten. Sie stammen von Tieren ab, die in den 1950er-Jahren freigelassen wurden, als das einst hier ansässige Holzfällerunternehmen seinen Betrieb einstellte. Hier ist man wahrlich abseits aller gebahnten Pfade. Für den Besuch ist eine Genehmigung (500 ₹) erforderlich, die man sich am besten über das Sea'n'Sand organisiert.

Mayabunder liegt 71 km nördlich von Rangat. Täglich gibt es einen Bus von/

nach Port Blair (130 ₹, 10 Std.) und dreimal wöchentlich (Di, Do & Fr) eine Fähre. Im Ort befindet sich ein unzuverlässiger Geldautomat.

RUND UM DIGLIPUR

Wer sich so weit in den Norden verirrt, wird in dieser Gegend mit einigen eindrucksvollen Attraktionen belohnt. Von **Diglipur**, der nördlichsten größeren Ortschaft auf den Andamanen, sollte man aber nichts erwarten – das ist nur eine verstreute Zersiedlung mit einem schmuddeligen Basar, einem Geldautomaten und langsamen **Internetverbindungen** (40 ₹/Std.). Man sollte also gleich nach **Kalipur** eilen, wo es Quartiere gibt und der Blick aufs Meer und vorgelagerte Inseln locken.

Die Fähren legen am Aerial Bay Jetty an. Von dort sind es 11 km in südwestlicher Richtung bis nach Diglipur, zur Bushaltestelle und zum Verwaltungsblock, wo man Schiffstickets buchen kann. Kalipur liegt an der Küste 8 km südöstlich des Fähranlegers.

Sehenswertes & Aktivitäten

An der Küste von Diglipur legen zwischen Dezember und April Lederschildkröten, Oliv-Bastardschildkröten, Suppenschildkröten und Echte Karettschildkröten ihre Eier ab. Touristen können mithelfen, Eier für Brutkästen einzusammeln; Infos dazu erhält man im Pristine Beach Resort. In der Gegend gibt es auch einige Höhlen.

Inseln STRAND, SCHNORCHELN

Eine schmale Sandbank verbindet die hübschen tropischen Nachbarinseln **Smith** und **Ross**. Da die Inseln zum Naturschutzgebiet erklärt wurden, braucht man zu ihrem Besuch eine Genehmigung, die das **Forest Office** (Inder/Ausländer 50/500 ₹; ⌚Mo–Sa 6–14 Uhr) gegenüber dem Aerial Bay Jetty ausstellt. Diese beiden Inseln gehören zu den schönsten der Andamanen, die dortigen Schnorchelmöglichkeiten sind ausgezeichnet. Eine Tagestour mit dem Boot vom Ort aus kostet 1000 ₹.

Craggy Island, eine kleine Insel vor Kalipur, bietet ebenfalls gute Schnorchelmöglichkeiten. Schwimmer mit guter Kondition schaffen es selbst hinüber, ansonsten fährt man mit einem *dunghi* (hin & zurück 200 ₹).

Saddle Peak WANDERN

Mit 732 m ist der Saddle Peak der höchste Gipfel auf der Andamanen. Die Wanderung von Kalipur auf den Gipfel und zurück führt durch subtropischen Wald und dauert ungefähr sechs Stunden. Oben hat man einen herrlichen Ausblick auf den Archipel. Für die Wanderung braucht man ebenfalls eine Genehmigung (Inder/Ausländer 25/250 ₹) vom Forest Office. Man sollte einen örtlichen Führer engagieren, um sich nicht zu verirren – im Pristine Beach Resort nachfragen. Wagemutige können aber auch den roten Pfeilmarkierungen auf den Bäumen folgen.

Schlafen & Essen

LP TIPP **Pristine Beach Resort** PENSION
(☎9474286787; www.andamanpristineresorts.com; Zelt 150 ₹, Hütte 250–1000 ₹, Zi. 2500 ₹; ❄@) Die hübsche, zwischen Reisfeldern und dem Strand unter Palmen versteckte Anlage bietet mehrere auf Stelzen stehende, einfache Bambushütten, romantischere „Baumhäuser" aus Bambus sowie hochwertigere Zimmer und ein Restaurant mit Bar. Alex, der superfreundliche Betreiber, hat jede Menge Infos auf Lager. Das Resort verleiht auch Fahrräder/Motorräder (60/250 ₹ pro Tag).

Anreise & Unterwegs vor Ort

Diglipur liegt rund 80 km nördlich von Mayabunder. Täglich fahren Busse ab/nach Port Blair (170 ₹, 12 Std.), Mayabunder (50 ₹, 2½ Std.) und Rangat (70 ₹, 4½ Std.). Täglich fährt auch eine Fähre von Port Blair nach Diglipur, die nachts wieder zurückfährt (Sitzplatz/Koje 100/295 ₹, 10 Std.).

Alle 30 Minuten fahren Busse von Diglupur nach Kalipur (10 ₹); die Fahrt mit der Autorikscha kostet rund 100 ₹.

Little Andaman

Die von den indigenen Onge Gaubolambe genannte Little Andaman Island ist der südlichste, für Traveller erreichbare Punkt auf den Andamanen. Hier fühlt man sich wahrlich in einem tropischen Paradies am Ende der Welt: Es gibt kaum Touristen, die Einheimischen begrüßen einen so freundlich, als gehörte man zur Familie, und die Insel präsentiert sich als ein prächtiger Mix aus Mangroven und Urwald – so blaugrün wie die Augen von Mutter Natur.

Little Andaman wurde von dem Tsunami am zweiten Weihnachtstag 2004 schwer getroffen. Der Wiederaufbau schreitet langsam voran. Es gibt noch keinerlei touristische Infrastruktur, neue Pensionen werden aber eröffnet. Die Hauptsiedlung liegt rund 120 km südlich von Port Blair und heißt **Hut Bay;** in dem angenehmen kleinen Städtchen leben überwiegend freundliche Bengalen und Tamilen. Nördlich vom Ort gibt es einsame, vollkommen unberührte Strände.

Sehenswertes & Aktivitäten

Der **Netaji Nagar Beach,** 11 km nördlich von Hut Bay, und die **Butler Bay,** weitere 3 km nördlich, sind traumhafte Strände, an die sich höchstens mal eine Kuh verirrt, und ideal für Surfer geeignet.

Im Binnenland locken der **White Surf** und der **Whisper Wave Waterfall** zu einer Waldwanderung (zu letzterem marschiert man jedoch 4 km durch den Dschungel und ein Führer ist dringend anzuraten). Die Wasserfälle sind wirklich schön und man könnte versucht sein, in den Felsbecken zu baden, muss sich dabei aber unbedingt vor Krokodilen hüten!

Ein weiterer lohnender Ausflug führt zum 14 km von Hut Bay entfernten **Little Andaman Lighthouse**. Der Leuchtturm ist 41 m hoch; exakt 200 Stufen führen nach oben, wo man eine prächtige Aussicht über die Küste und den Wald hat. Am leichtesten kommt man per Motorrad hierher, eine Fahrradtour ist ziemlich schweißtreibend. Man kann sich auch mit einer Autorikscha so weit bringen lassen, wie die Straße befahrbar ist, und dann eine Stunde auf dem schönen, einsamen Strand bis zu dem Bauwerk wandern.

Harbinder Bay und **Dugong Creek** sind ausgewiesene Reservate der Nikobaresen bzw. der Onge und für Besucher gesperrt.

Wagemutige Surfer schwärmen von Little Andaman, seit die Insel vor mehreren Jahren für Ausländer freigegeben wurde. Die Reef Breaks sind legendär, aber eigentlich nur etwas für erfahrene Surfer; außerdem muss man sich vor Haien und Krokodilen hüten. Wer Näheres über die Wellen rund um Little Andaman wissen will, setzt sich am besten mit dem surfbegeisterten **Muthu** (☎9775276182) in Havelock in Verbindung. Mehrere Anbieter veranstalten Jachttouren zum Surfen mit Übernachtung an Bord. Auf diesen Touren kommt man zu abgelegenen, sonst unzugänglichen Stellen. Zu empfehlen ist **Surf Andamans** (www.surfandamans.com).

Schlafen & Essen

Es gibt keinen wirklichen Grund, in Hut Bay zu übernachten, liegt die Stadt doch unbequeme 10 km von den schöneren Stränden entfernt. Wenn man hier doch übernachten will oder muss, findet man im **Nandhini Tourist Home** (☎9933259090; EZ/DZ 150/250 ₹) Zimmer mit Blick auf einen vom Tsunami verwüsteten Strand. Im Ort gibt's viele billige Thalirestaurants und Snackstationen – wir empfehlen das namenlose bengalische Lokal gegenüber der Polizeiwache.

LP TIPP **Blue View** (☎9531802037; km 11,5; EZ/DZ 150/250 ₹) Die Anlage liegt auf einem erstklassigen Gelände und ist vom Netaji Nagar Beach nur durch die Straße getrennt. Die Zimmer sind einfache, nebeneinander stehende Schuppen. Der freundliche Betreiber Azad verleiht auch Fahrräder/Motorräder (pro Tag 50/250 ₹). Auch das Essen ist gut. Alternativ kann man sich auch in der weniger ansprechenden **Ananta Lodge** (☎744207; km 16; EZ/DZ 200/300 ₹) einquartieren, deren Betonbauten am Basar gleich hinter Butler's Bay stehen.

Anreise & Unterwegs vor Ort

Die Fähren legen am Hut Bay Jetty an der Ostküste südlich von den Stränden an. Busse (10 ₹) fahren zur Butler Bay, wann sie gerade einmal wollen. Alternativ chartert man einen örtlichen Jeep (100 ₹).

Von Port Blair fährt täglich eine Fähre nach Little Andaman, und zwar abwechselnd nachts ein langsames (8 Std.) und am Nachmittag das „Schnellboot" (6 Std; Sitzplatz/Koje 25/70 ₹).

Wer mit dem Hubschrauber mitfliegen will, kann man hier sein Glück versuchen. Damit erspart man sich die langwierige siebenhalbstündige Schiffsreise und genießt den unglaublich eindrucksvollen Ausblick. Das Problem ist nur: was man mit dem Gepäck machen? Man darf nämlich nur 5 kg mitnehmen.

Südindien verstehen

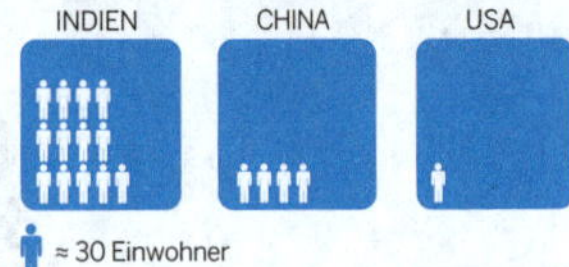

Südindien aktuell

Epische Reise durch Kaschmir

2010 war die Gewalt zwischen Unabhängigkeitskämpfern und indischen Sicherheitskräften im Kaschmir-Tal eskaliert. Die Demonstranten forderten den sofortigen Abzug der indischen Truppen aus Kaschmir. Während sie nach *azadi*, Freiheit, schrieen, bewarfen sie Polizisten und Paramilitärs mit Steinen und zündeten Polizeiautos an. Die Sicherheitskräfte reagierten mit Gewalt und erschossen mehr als 100 Protestler.

In Kaschmir leben in erster Linie Muslime. Das Tal wird von Indern, Pakistanern und von Kaschmiris selbst für sich beansprucht. Die Pattsituation belastet die Beziehungen zwischen Indien und Pakistan seit der Unabhängigkeit und Teilung Britisch-Indiens 1947 (s. S. 467). Nach drei indisch-pakistanischen Kriegen und diversen Scharmützeln ist immer noch kein Ende der Auseinandersetzungen in Sicht. Kaschmir beschäftigt ganz Indien, auch den Süden des Landes.

1989 hatte sich in Kaschmir bewaffneter Widerstand formiert. Eine militante Gruppe Kaschmiris begehrte gemeinsam mit afghanischen und pakistanischen Unterstützern gegen die indische Regierung auf. Indien verurteilte Pakistan dafür, den Rebellen zu helfen. Pakistan wiederum warf Indien vor, den Kaschmiris das Recht auf Selbstbestimmung vorzuenthalten. Dem Kaschmir-Konflikt sind Tausende von Zivilisten zum Opfer gefallen. Einen absoluten Tiefpunkt erreichten die diplomatischen Beziehungen zwischen Indien und Pakistan 1998, als die Bharatiya Janata Party (BJP; Indische Volkspartei) fünf nukleare Sprengköpfe in der Wüste Rajasthans zündete und Pakistan als Gegenreaktion genau dasselbe tat. Ein offener Grenzkonflikt konnte vereitelt werden, doch die Lage war ernst: Auf einmal waren Nuklearwaffen auf den Plan getreten.

» Bevölkerung: 1,21 Mrd.

» BIP: 1,4 Bio. US$ (2009)

» Arbeitslosigkeit: 10,8 %

» Angestellte in der Landwirtschaft: 52 %

» Alphabetisierungsrate (weibl./männl.): 65/82 %

» Geschlechterverhältnis (weibl./männl.): 940/1000

Etikette

» Konservativ kleiden. Eng anliegende Kleidung vermeiden, Schultern und Knie müssen bedeckt sein. Das gilt auch beim Schwimmen (Ausnahme: Goa).

» Küssen, Knuddeln oder Händchenhalten in der Öffentlichkeit wird nicht geduldet.

» Vorm Betreten von Wohnhäusern oder heiligen Stätten die Schuhe ausziehen.

» Niemandem die linke Hand reichen – sie ist die „Toilettenhand". Nur die rechte Hand wird zum Essen und Händeschütteln benutzt.

» Immer fragen, bevor man Fotos von Personen oder heiligen Stätten macht.

» Dieses Wackeln mit dem Kopf ... Es kann „Ja", „Vielleicht" oder „Keine Ahnung" bedeuten. Man sollte einfach schauen, was die Einheimischen machen.

Religion
(% der Bevölkerung)

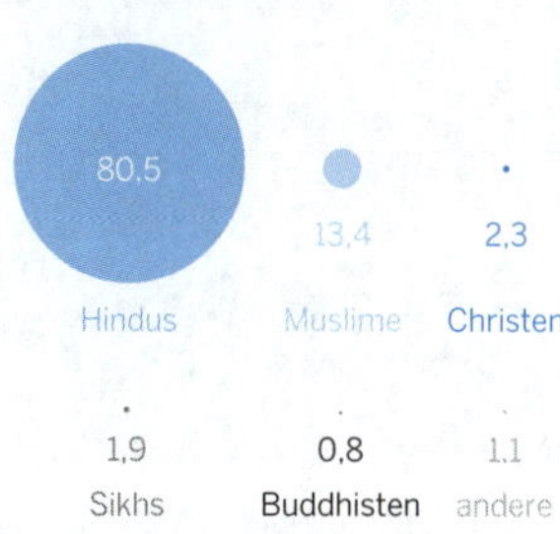

Gäbe es nur 100 Inder, würden ...

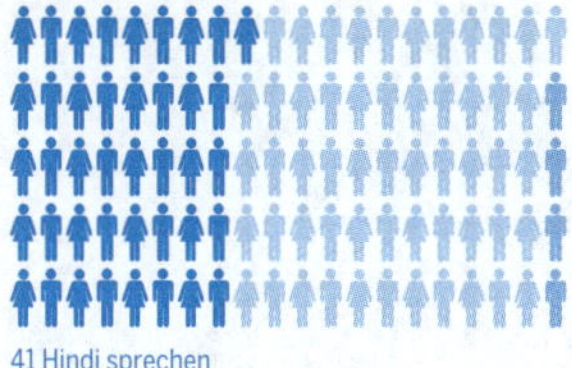

41 Hindi sprechen
55 eine der 21 anderen Amtssprachen sprechen
4 eine von ca. 400 anderen Sprachen sprechen
10 Englisch als Zweitsprache sprechen

Als die Kongresspartei von Premierminister Manmohan Singh 2004 an die Macht kam, war das Verhältnis zwischen Indien und Pakistan angespannt, aber herzlich. Dass der grenzüberschreitende Transport wieder fließt, war eine der Maßnahmen, die zur Entspannung der Situation beitrugen. Doch dann töteten Terroristen 2008 in Mumbai (Bombay) mindestens 163 Menschen (manche von ihnen wurden gefoltert) an zehn Orten in der Stadt. Drei Tage lang verübten sie gezielte Anschläge. Ein Scharfschütze wurde lebendig gefasst. Der Pakistani hatte Verbindungen zu Lashkar-e-Taiba, einer militanten Gruppe, die in den 1990er-Jahren gebildet wurde, um die pakistanische Armee in Kaschmir zu unterstützen. Pakistan stritt jegliche Beteiligung an den Anschlägen ab.

Indiens Nationalhymne „Jana Gana Mana" (Du bist der Beherrscher der Seelen aller Menschen) wurde vom bengalischen Dichter und Nobelpreisträger Rabindranath Tagore geschrieben und komponiert. Ein anderes Gedicht von ihm wurde die Nationalhymne von Bangladesch.

Regionale Spannungen

Der Kaschmir-Konflikt ist derjenige, der die Medien schon am längsten beherrscht. Häufig wird in überregionalen Zeitungen über die Situation berichtet. Die religiösen Spannungen im Süden sind weniger offensichtlich, aber tückischer. Besonders grausam war z. B. 1992 die Zerstörung der Moschee Babri Masjid in Ayodhya, Uttar Pradesh, durch hinduistische Glaubensfanatiker; die Stätte wird von Hindus als Geburtsort Ramas verehrt. Die hindu-nationalistische BJP, die größte Oppositionspartei, unternahm angeblich wenig, um die Akte der Zerstörung zu unterbinden. Bei den Aufständen im Norden starben Tausende von Menschen.

Die BJP hatte regen Zulauf und gewann die Wahlen 1998 und 1999. Premierminister Atal Bihari Vajpayee wirkte gemäßigt, doch es heißt, dass es innerhalb der Partei und darüber hinaus auch „aggressive Elemente" gab.

Begrüßungen

» „Namaste" mit aneinandergelegten Handflächen (wie beim Gebet) zu sagen ist eine traditionelle Begrüßungsformel der Hindus und die universell akzeptierte Form, „Hallo" oder „Auf Wiedersehen" zu sagen.

» Fremde umarmen sich nicht.

Top-Romane

Der weiße Tiger von Aravind Adiga. Mit dem Booker Prize prämiert.

Das Gleichgewicht der Welt Rohinton Mistrys fantastisch geschriebene tragische Erzählung spielt in den 1970er-Jahren in Bombay (Mumbai).

Der Gott der kleinen Dinge von Arundhati Roy. Gewann 1997 den Man Booker Prize.

Der Fremdenführer und **Der Schildermaler** Zwei Romanklassiker von R. K. Narayan. Sie spielen in der fiktionalen südindischen Stadt Malgudi.

2008 war eines der schwärzesten Jahre in der Geschichte Indiens. Bei Bombenanschlägen in Jaipur, Ahmedabad und Delhi kamen Dutzende von Menschen ums Leben. Die Ermittlungen führten zu islamistischen Hardlinern. Kaum hatte Delhi dem Terror offiziell den Kampf angesagt, ereigneten sich die Anschläge von Mumbai am 26. November, kurz als 26/11 bezeichnet.

Bei Redaktionsschluss hatte es den Anschein, als hätten die Spannungen etwas abgenommen und als klänge der Tonfall der Extremisten moderater. Als der Gerichtshof von Uttar Pradesh Ende 2010 verkündete, dass die Ayodhya-Stätte zwischen Hindus und Moslems aufgeteilt werden soll, waren die Reaktionen friedlich. Gegen das Urteil wurde zwar Berufung eingelegt, doch für den Moment atmet das gesamte Land erleichtert auf.

Die moderne Kongresspartei

Als die Kongresspartei 2004 wieder an die Macht kam, stand die gebürtige Italienerin Sonia Gandhi an ihrer Spitze. Sie war die Frau von Rajiv Gandhi, der von 1984 bis 1989 das Amt des Premiers bekleidet hatte (nachdem seine Mutter, die Premierministerin Indira Gandhi, ermordet worden war). Die von der BJP geplante nationale Hetzkampagne gegen Sonia Gandhi (als Grund wurden ihre ausländischen Wurzeln angeführt) wurde untergraben, indem sie zurücktrat und den Weg frei machte für Manmohan Singh. Er wurde als ihr Nachfolger vereidigt und es wird gemunkelt, dass Gandhi hinter den Kulissen nach wie vor die Fäden in der Hand hält.

Manmohan Singh (Kongresspartei) ist ein Sikh. Er ist der erste Premierminister Indiens, der einer religiösen Minderheit angehört.

Unter Singhs Führung begann ein wirtschaftlicher Liberalisierungsprozess und es wurden verschiedene Bildungs-, Gesundheits- und weitere Sozialreformen umgesetzt. 2006 machte der indische Premier

Mitternachtskinder Salman Rushdies Allegorie für Unabhängigkeit und Teilung.

Sachliteratur

India After Gandhi: The History of the World's Largest Democracy von Ramachandra Guha.

The Elephant, the Tiger and the Cellphone von Shashi Tharoor. Betrachtungen zum Indien des 21. Jhs.

Top-Filme

Fire – Wenn Liebe Feuer fängt (1996), **Earth** (1998) und **Water** (2005) Die Filmtrilogie von Deepa Mehta war im Ausland erfolgreich, wurde aber in Indien kontrovers diskutiert.

Schlagzeilen, als er ein ziviles Nuklearabkommen mit den USA schloss. Es ermöglicht Indien den Zugriff auf nukleare Brennstoffe und Technologien. Im Gegenzug muss sich der Subkontinent an die Bestimmungen der International Atomic Energy Agency halten. In den letzten Jahren ist Singh zunehmend wegen schlechten Führungsstils im Zusammenhang mit Korruptionsvorwürfen kritisiert worden, die gegen Mitglieder seiner Regierung erhoben worden sind.

Wirtschaftswunder

Indiens Wirtschaft wurde 1991 in ihren sozialistisch geprägten Grundfesten erschüttert, als Manmohan Singh, damals noch in seiner Funktion als Finanzminister, die folgenschwere Entscheidung fällte, die Rupie teilweise vom bis dato fixen Wechselkurs abzukoppeln. Die staatlichen Subventionen wurden schrittweise ausgesetzt und man öffnete die Wirtschaft für ausländische Investoren. Anreize für multinationale Unternehmen sind die gut ausgebildeten Arbeitskräfte und relativ niedrigen Löhne.

Seither hat die Nation enorme Fortschritte gemacht. In kaum einem Land wächst die Wirtschaft schneller als in Indien. Obwohl das Wirtschaftswachstum in den letzten Jahren jeweils um die 9% betragen hat, hat der Großteil der mehr als 1 Mrd. Einwohner kaum von diesem Boom profitiert. Die größte Herausforderung für die Regierung ist es, die gesamte Bevölkerung am Erfolg des Landes teilhaben zu lassen – gar keine leichte Aufgabe, bedenkt man, wie groß die Kluft zwischen Arm und Reich und wie ungeheuerlich die Zahl der Mittellosen ist.

Lagaan – Es war einmal in Indien (2001) spielt zu Zeiten der britischen Kolonialherrschaft. Den Höhepunkt bildet ein Cricketspiel. Drehbuchautor und Regisseur ist Ashutosh Gowariker.

Pyaasa (**Durst**; 1957) und **Kaagaz Ke Phool** (**Papierblumen**; 1959) Zwei bittersüße Streifen. Filmlegende Guru Dutt spielt mit und führte Regie.

Gandhi (1982) Oscar-prämierter Film mit Ben Kingsley.

Geschichte

Südindien hat immer Wert darauf gelegt, eine eigene, einzigartige Geschichte zu haben – vor allem deshalb, weil der Süden durch die große Entfernung von den politischen Entwicklungen im Norden weitgehend abgeschnitten war. Die Wurzeln der drawidischen Kultur vereinen eine lange, farbenfrohe und verworrene Geschichte von miteinander streitenden Dynastien und Reichen. Händler und Eroberer, die über das Meer ins Land kamen, taten ihr Übriges. Belege für menschliche Siedlungen reichen in Südindien bis in die Steinzeit zurück. In Tamil Nadu wurden Faustkeile gefunden und bei einer Ausgrabung im Vindhya-Gebirge entdeckte man die Statue einer Göttin aus verwittertem Kalkstein, deren Alter auf 15 000 bis 25 000 Jahre geschätzt wird.

Die erste bedeutende Zivilisation Indiens blühte um 2500 v. Chr. im Indus-Tal. Große Teile davon lagen im heutigen Pakistan. Diese als Harappa-Kultur bekannte Zivilisation hatte 1000 Jahre Bestand. Sie scheint aber nur der Höhepunkt einer Besiedlung gewesen zu sein, die sich über Jahrtausende erstreckte. Der Niedergang der Harappa begann Anfang des 2. Jts. v. Chr. Einige Historiker machen für das Ende dieses Reiches Überschwemmungen oder ausbleibende Niederschläge verantwortlich, was die landwirtschaftliche Grundlage der Harappa gefährdete. Eine unverwüstliche, wenn auch umstrittenere Theorie behauptet, dass eine Invasion der Arier die Harappa vernichtet habe. Dafür gibt es aber kaum archäologische Belege oder schriftliche Berichte in den alten indischen Quellen. Deshalb argumentieren einige nationalistische Historiker, dass die Arier – die Bezeichnung leitet sich von dem Sanskrit-Wort für „adelig" ab – in Wahrheit die ursprünglichen Einwohner Indiens gewesen seien und die Invasionstheorie von ausländischen Eroberern zu ihrem Nutzen erfunden wurde. Andere vermuten, die Ankunft der Arier sei eher in Form einer sukzessiven Einwanderung erfolgt, die die Harappa-Kultur schrittweise und nicht in Form einer Eroberung erfasst habe. Glaubt man den Vertretern der Invasionstheorie, so sind ab etwa 1500 v. Chr. ari-

Um mehr über die alten Zivilisationen im Indus-Tal zu erfahren, kann man auf Harappa (www.harappa.com) herumstöbern. Die Seite bietet einen illustrierten, wissenschaftlich fundierten Überblick.

ZEITLEISTE

2600–1700 v. Chr.

Hochphase der Zivilisation im Indus-Tal, die Teile von Rajasthan, Gujarat und der Sindh-Provinz des heutigen Pakistan umfasste. Zu ihr gehörten Stätten wie Harappa und Moenjodaro.

1500 v. Chr.

Die indo-arische Zivilisation fasst in den fruchtbaren Ebenen des Indus- und Gangesbeckens Fuß. Die Siedler sprechen eine Frühform des Sanskrit, aus dem sich später u. a. Hindi entwickelt.

1500–1200 v. Chr.

Das Rigveda, der älteste und längste der kanonischen Texte des Hinduismus, wird verfasst; drei weitere Schriften folgen. Die frühesten Formen des priesterlichen Brahmanen-Hinduismus entstehen.

sche Stämme von Afghanistan und Zentralasien kommend nach Nordwestindien eingesickert. Trotz ihrer militärischen Überlegenheit kamen sie nur langsam voran. Nacheinander eintreffende Stämme kämpften um Gebiete, Neuankömmlinge drängten sie weiter nach Osten bis in die Gangesebene. Am Ende kontrollierten diese Stämme das nördliche Indien bis zum Vindhya-Gebirge. Und die ursprünglichen Bewohner, die Drawiden, könnten demnach nach Süden vertrieben worden sein.

Einflüsse aus dem Norden

Die Zivilisation im Indus-Tal hat Südindien wohl nicht beeinflusst, die arische Invasion allerdings schon. Die Arisierung des Südens war ein langsamer Prozess, hatte aber starke Auswirkungen auf die Sozialstruktur der Region und die Gesinnung ihrer Bewohner. Die Neuankömmlinge aus dem Norden brachten ihre Literatur (die vier Veden – eine Sammlung heiliger Hindu-Hymnen), ihre Götter (Agni, Varuna, Shiva und Vishnu), ihre Sprache (Sanksrit) und ihre Sozialstruktur mit. Sie organisierten das Volk in Kasten mit den Brahmanen an der Spitze.

Über die Jahrhunderte hinweg folgten noch weitere Einflüssen aus dem Norden, u.a. durch den Buddhismus und den Jainismus. Sravanabelagola in Karnataka ist bis heute eine glücksverheißende Pilgerstätte. Hier war vor über 2000 Jahren der Herrscher Chandragupta Maurya auf dem Weg aus dem Norden zusammen mit seinem Guru angekommen, nachdem er den Jainismus angenommen und sein Königreich aufgegeben hatte. Dann nahmen die Händler den Jainismus an; dessen Dogma des *ahimsa*, der Gewaltlosigkeit, verbietet die Tötung und das Verletzen von Lebewesen – also auch Tieren – und förderte folglich die Ausbreitung eine vegetarischen Kultur in Südindien.

Ashoka, ein Nachfolger Chandraguptas, regierte ab etwa 272 v.Chr. 40 Jahre lang. Beim Übergreifen des Buddhismus auf den Süden war er die treibende Kraft. Zunächst als kriegsfreudiger Herrscher unterwegs, sollte er um 260 v.Chr. einen radikalen Wandel durchleben: Schockiert durch das schreckliche Massaker und das Leid, das sein Feldzug gegen das mächtige Königreich Kalinga verursacht hatte, verzichtete er von nun auf Gewalt und widmete sich dem Buddhismus. Er sandte buddhistische Missionare in die entlegensten Regionen. Seine Edikte – in Felsen oder extra aufgestellte Stelen gemeißelt – wurden in Andhra Pradesh und Karnataka gefunden. Auf seine Betreiben hin wurden auch Stupas errichtet, die meisten an der Küste von Andhra Pradesh (s. Kasten S. 251). Mindestens einer dieser kuppelförmigen Sakralbauten wurde jedoch weit im Süden in Kanchipuram (Tamil Nadu) errichtet.

Jainismus und Buddhismus verdankten ihre Attraktivität dem Umstand, dass sie die Veden ablehnten und das Kastensystem verurteilten. Dennoch verlor der Buddhismus allmählich die Unterstützung seiner

1000 v. Chr.

Indraprastha, die erste Siedlung an der Stelle des heutigen Delhi, entsteht. Ausgrabungen am Purana Quila dauern an und fördern bis heute neue Fakten über die antike Hauptstadt zutage.

599–528 v. Chr.

Mahavir: Der 24. und letzte *tirthankara* (erleuchteter Lehrer) begründet den Jainismus. Wie Buddha predigt er Barmherzigkeit und den Weg zur Erleuchtung für alle Kasten.

563–483 v. Chr.

Siddhartha Gautama: Der Prinz wird im heutigen Nepal geboren und erlangt die Erleuchtung unter einem Bodhi-Baum in Bodhagaya (Bihar) und wird dadurch zu Buddha (der Erleuchtete).

326 v. Chr.

Alexander der Große dringt nach Indien vor. Er besiegt König Porus im Punjab und betritt den Subkontinent, aber eine Rebellion seiner Armee hindert ihn daran, über den Beas in Himachal Pradesh einzumarschieren.

ASHOKA: EIN ERLEUCHTETER KAISER

Abgesehen von den Moguln und Jahrhunderte später den Briten kontrollierte keine andere Macht einen so großen Teil Indiens wie die Mauryas. Daher verwundert es nicht, dass Indien dem Herrschergeschlecht eine der historisch bedeutendsten Persönlichkeiten verdankt.

Kaiser Ashokas Regierungszeit war eine Periode florierender Kunst und Bildhauerei. Sein Ruf als Philosophenkönig wurde durch in Stein gemeißelte Edikte unterstrichen, die der Belehrung seiner Untertanen und der Demonstration der Größe seines Reiches dienten. Ashokas Herrschaft war aber auch unbestrittener Höhepunkt des Buddhismus in Indien. Bereitwillig konvertierte er 262 v. Chr. zum Buddhismus und erklärte seinen neuen Glauben zur Staatsreligion; gleichzeitig versetzte er damit dem spirituellen und gesellschaftlichen Wesen des Hinduismus einen schweren Schlag. In der Region ließ der Herrscher Tausende von Stupas und Klöstern errichten, ins Ausland entsandte er Missionare. Bis heute wird er auf Sri Lanka verehrt, weil er seinen Sohn und seine Tochter dorthin schickte, um die Lehren Buddhas einzuführen.

Der lange Schatten, den dieser Kaiser des 3. Jhs. v. Chr. immer noch über Indien wirft, findet z. B. in der indischen Nationalflagge seinen Ausdruck. Sie zeigt das Chakra Ashokas, ein Rad mit 24 Speichen als Symbol für die Herrschaft des Gesetzes. Das Kapitell, dass die vielen Säulen Ashokas krönte, bildet zudem das heutige Nationalsymbol und Wappen von Indien: Vier Löwen sitzen Rücken an Rücken auf einer Säulenplatte, die mit einem Fries und der Inschrift „Allein die Wahrheit siegt" verziert ist. Es wurde ausgewählt, um die alte Verpflichtung zu Frieden und Wohlwollen zu bekräftigen.

Anhänger und wurde durch eine neue Form des Hinduismus ersetzt, welche die Hingabe an einen persönlichen Gott betonte. Diese Bhakti-Bewegung (vom Sanskrit-Wort für „Hingabe") entwickelte sich um 500 n. Chr. in Südindien. Ihre Anhänger lehnten Jainismus und Buddhismus ab und beschleunigten so den Niedergang der beiden Glaubensrichtungen in Südindien.

Maurya-Reich & Königreiche im Süden

Chandragupta war der früheste einiger Maurya-Könige, die das erste wirkliche Großreich in Indien regierten. Die Hauptstadt des Imperiums war das heutige Patna in Bihar. Chandraguptas Sohn Bindusara gelangte um 300 v. Chr. auf den Thron. Er dehnte das Reich bis nach Karnataka aus. Dort scheint er jedoch seinen Vormarsch beendet zu haben, möglicherweise weil das Maurya-Reich mit den damaligen Stammeshäuptlingen im Süden freundschaftliche Beziehungen pflegte.

Die Identität und die Bräuche der Stammesfürstentümer konnte man aus verschiedenen Quellen rekonstruieren, z. B. aus archäologischen

321–185 v. Chr.

Die Herrschaft der Maurya-Könige: Das gesamtindische Reich wurde von Chandragupta Maurya begründet. Unter der Herrschaft Kaisers Ashoka wurde der Buddhismus für kurze Zeit zur Staatsreligion.

ca 235 v. Chr.

Beginn der Chola-Herrschaft: Die Tamilen-Dynastie ist für ihre Macht und ihr Territorium im 9. bis 13. Jh. bekannt. In Südindien regierte sie über 1500 Jahre lang.

3. Jh. v. Chr.

Das Satavahana-Reich hat seinen Ursprung in Andhra und regierte über ein riesiges Gebiet in Zentralindien. Es beeinflusste die künstlerische Entwicklung sowohl vor Ort als auch in Südostasien.

1. Jh. n. Chr.

Der internationale Handel blüht: Die Netzwerke des Überlandhandels haben Anschluss an die Häfen der Überseerouten. Der Handel mit Afrika, der Golfregion, Sokotra, Südostasien, China und sogar Rom floriert.

Funden und aus der alten Literatur der Tamilen. Diese schriftlichen Quellen beschreiben ein Land, das als „Heimstätte der Tamilen" bezeichnet wird und in dem drei herausragende Herrscherfamilien residierten: die Pandya (Madurai), die Chera (Malabarküste) und die Chola (Tanjavur und Kavari-Tal). Die Region, die in der zwischen 300 v.Chr. und 200 n.Chr. entstandenen Sangamliteratur beschrieben wird, war von der Sanskritkultur noch immer relativ abgeschnitten. Ab 200 v.Chr. begann sich dies aber zu ändern.

Es wird allgemein angenommen, dass die Null und die Unendlichkeit von herausragenden indischen Mathematikern zur Zeit der Herrschaft der Guptas entwickelt wurden.

Eine gewisse Rivalität kennzeichnete die Beziehungen zwischen den großen und den vielen kleineren Stammesfürstentümern. Außerdem gab es gelegentlich Zusammenstöße mit den Herrschern von Sri Lanka. Aus der Sangamliteratur lässt sich schließen, dass die Sanskrittraditionen der alten arischen Königreiche aus dem Norden in Südindien um 200 v.Chr. Fuß fassten. Schließlich hatten die Mächte im Süden alle unter den Kalabhra zu leiden. Über sie ist kaum mehr bekannt als ihre Herkunft aus einer Region irgendwo nördlich des Tamilengebiets.

Das Maurya-Reich begann bereits kurz nach dem Tod Ashokas (232 v.Chr.) zu zerfallen. Um 180 v.Chr. wurde es von einer Reihe rivalisierender Königreiche erobert, die ihrerseits von wiederholten Invasionen aus dem Norden, z.B. durch baktrische Griechen, betroffen waren. Trotz ihrer Instabilität brachte die Ära nach Ashoka mindestens ein Herrschergeschlecht hervor, dessen Förderung der Künste und dessen Fähigkeit, einen relativ hohen Grad an sozialem Zusammenhalt zu stiften, ein nachhaltiges Erbe schufen. Gemeint sind die Satavahana, die schließlich ganz Maharashtra, Madhya Pradesh, Chhatitsgarh, Karnataka und Andhra Pradesh kontrollierten. Während ihrer Herrschaft zwischen 200 v.Chr. und 200 n.Chr. blühten die Künste, vor allem die Literatur, Bildhauerei und Philosophie. Unter den Satavahana erreichte der Buddhismus in Maharashtra seinen Höhepunkt. Die größten der buddhistischen Höhlentempel bei Ajanta und Ellora wurden aber erst später von den Dynastien der Chalukya und Rashtrakuta gebaut.

Vor allem aber erlebte der Subkontinent eine Phase enormen Wohlstands. Südindien hatte zwar nicht so riesige und fruchtbare Agrarflächen wie Nordindien, doch wurde dies ausgeglichen, indem man strategisch günstige Handelsrouten über den Indischen Ozean erschloss.

Das wechselhafte Schicksal der Chola

Nachdem die Kalabhra die Stammesfürstentümer der Tamilen unterdrückt hatten, zerfiel Südindien in viele gegeneinander Krieg führende Königreiche. Die Chola verschwanden buchstäblich von der Bühne, während allem Anschein nach an der Westküste die Chera durch Handel zu Wohlstand gekommen sind – allerdings ist über sie nicht allzu viel bekannt. Erst nachdem im späten 6. Jh. n.Chr. die Kalabhra besiegt wur-

52 n. Chr.
Mögliche Ankunft des Apostel Thomas an der Küste von Kerala. Nach frühchristlicher Überlieferung hielt das Christentum mit seiner Tätigkeit als Missionar in Kerala und Tamil Nadu Einzug in Indien.

319–510
Goldene Ära der Gupta-Dynastie, nach den Maurya das zweite Großreich von Indien: Die Zeit ist durch eine kreative Schaffensperiode in Kunst und Literatur gekennzeichnet.

4.–9. Jh.
Die Pallava erscheinen auf der sich verändernden politischen Bühne Südindiens und üben von ihrer Basis in Kanchipuram ihre Dominanz in Andhra Pradesh und im Norden Tamil Nadus aus.

» Detail, Kanchipuram

den, beruhigte sich die politische Lage der Region allmählich. Die nächsten 300 Jahre lang wurden die Geschicke Südindiens von den Chalukya aus Badami, den Pallava aus Kanchi (Kanchipuram) und den Pandya aus Madurai geprägt.

Die Chalukya lebten weit verstreut. Zusätzlich zu ihrer Hauptstadt in Badami ließen sie sich in Bijapur, Andhra Pradesh und nahe des Godavari-Deltas nieder. Den Godavari-Zweig der Familie bezeichnet man oft als die „Östlichen Chalukya aus Vengi". Woher die Pallava ursprünglich kamen, ist unklar. Man nimmt aber an, dass sie von Kanchi aus nach Andhra Pradesh eingewandert sind. Nachdem sie die Kalabhra erfolgreich in die Flucht geschlagen hatten, dehnten die Pallava ihr Gebiet bis zum Kaveri im Süden aus. Im 7. Jh. hatten sie schließlich den Zenit ihrer Macht erlangt und errichteten Gebäude wie den Ufertempel und das Reliefbild Arjunas Buße in Mamallapuram (Mahabalipuram). Sie verzettelten sich aber auch in langwierigen Konflikten mit den Pandya, die sich wiederum im 8. Jh. mit den Gangas aus Mysore verbündeten. All dies – noch kombiniert mit dem Druck durch die Rashtrakuta (die die Östlichen Chalukya herausforderten) – sorgte dafür, dass die Pallava im Süden Indiens im 9. Jh. ihre Macht einbüßten.

Zur gleichen Zeit, als die Dynastie der Pallava endete, gelangte eine neue Chola-Dynastie an die Macht. Sie schuf die Grundlagen für eines der wichtigsten Reiche, das der Subkontinent je hervorbringen sollte. Von ihrer Hauptstadt in Tanjavur breiteten sich die Chola nach Norden aus; sie übernahmen das, was vom Gebiet der Pallava noch übrig war, und preschten Richtung Süden vor. Mit der Thronbesteigung von Rajaraja Chola I. (reg. 985–1014) begann sich das Königreich der Chola dann zu einem großen Imperium zu mausern. Rajaraja Chola I. führte erfolgreich Krieg gegen die Pandya im Süden, die Gangas aus Mysore und die Östlichen Chalukya. Außerdem startete er einige Flottenunternehmungen, die mit der Einnahme der Malediven, der Malabarküste und des Nordens von Sri Lanka endeten. Sri Lanka wurde zu einer Provinz des Chola-Imperiums. Dank der Eroberungen kontrollierten die Chola wichtige Häfen und Handelsverbindungen zwischen Indien, Südostasien, Arabien und Ostafrika. Damit strichen sie einen Teil der riesigen Profite ein, die durch den Verkauf von Gewürzen nach Europa erzielt wurden.

Rajaraja Cholas Sohn Rajendra Chola I. (reg. 1014–1044) führte die Vergrößerung des Chola-Territoriums fort, eroberte das restliche Sri Lanka und zog die Ostküste Indiens bis nach Bengalen und zum Ganges hinauf. Rajendra startete auch einen Feldzug in Südostasien gegen das Srivijaya-Königreich (Sumatra). Er erneuerte so Handelsverbindungen, die unterbrochen worden waren, und sandte Handelsmissionen bis ins ferne China. Doch das Chola-Reich war nicht nur in politischer und wirtschaftlicher Hinsicht äußerst erfolgreich, es hinterließ auch ein sagen-

Architektur der Pallava in Tamil Nadu

- Ufertempel, Mamallapuram (Mahabalipuram)
- Arjunas Buße, Mamallapuram
- Fünf Rathas, Mamallapuram
- Tempel, Kanchipuram
- Rock-Fort-Tempel, Trichy (Tiruchirappalli)

610

Der Prophet Mohammed begründet den Islam. Bald bekehrt er die Bewohner von Mekka zum neuen Glauben und den Gesetzen Allahs. Seinem Ruf wird mit Eifer gefolgt.

850

Die Chola erleben in Südindien eine Renaissance. Machtzentrum des aufstrebenden Reiches wird Tanjavur, reger Handel begründet einen sagenhaften Reichtum.

1014–1044

Unter Rajajara Chola I. und seinem Sohn Rajendra Chola I. erlangt die Dynastie in Asien eine wirtschaftliche und militärische Vormachtstellung, u. a. erobert sie Sri Lanka und unternimmt Feldzüge nach Sumatra.

12.–19. Jh.

Als Teil des Handels mit dem Persischen Golf werden Afrikaner an die Küste von Konkan verschifft; aus Sklaven werden Diener, Dockarbeiter und Soldaten. Sie sind als Siddis oder Habshis bekannt.

haftes Kunsterbe. Die Skulpturen, besonders jene aus Bronze, erreichten neue Sphären ästhetischer und technischer Raffinesse.

Musik, Tanz und Literatur erlebten eine Blütezeit und es entstand eine einzigartige tamilische Kunstrichtung, die in Südindien noch präsent war, als die Chola schon lange verschwunden waren. Handel war nicht das einzige, was die Chola an die Küsten Südostasiens brachten. Sie führten dort auch ihre Kultur ein. Dieses Erbe lebt bis heute in den Tänzen, der Religion und der Mythologie von Myanmar (Birma), Thailand, Bali (Indonesien) und Kambodscha fort.

Doch die ständigen Kriege überspannten die Kräfte der Chola, die schließlich unter dem Expansionsdruck der Hoysala aus Halebid und der Pandya aus Madurai zusammenbrachen. Im 13. Jh. wurden sie endgültig von den Pandya abgelöst. Die Hoysala ihrerseits wurden vom Vijayanagar-Reich verdrängt, das im 14. Jh. aufstieg. Die Pandya kamen zu Wohlstand, ihre Errungenschaften wurden von Marco Polo, der sie 1288 oder 1293 besuchte, außerordentlich bewundert. Ihr Ruhm aber war nur von kurzer Dauer. Der muslimischen Invasion aus dem Norden hatten sie nichts entgegenzusetzen.

Geschichte Indiens: Von der Induskultur bis heute von Hermann Kulke und Dietmar Rothermund ist ein kenntnisreicher Bericht über die Geschichte des Subkontinents – von der Harappa-Zivilisation bis zur indischen Unabhängigkeit.

Muslimische Invasion & Vijayanagar-Reich

1296 unternahmen die muslimischen Herrscher in Delhi eine Reihe von Kriegszügen gegen Südindien. Ihr Ziel war es, die Macht einiger lokaler Herrscher zu brechen, darunter die der Hoysala und Pandya. 1323 erreichten sie Madurai.

Mohammed Tughlaq, der Sultan von Delhi, träumte davon, über ganz Indien zu herrschen, was nicht einmal Kaiser Ashoka gelungen war. Er ließ zu diesem Zweck sogar die Festung von Daulatabad in Maharashtra wieder aufbauen und hoffte, Südindien von dort aus kontrollieren zu können. Mit seinem Ehrgeiz übernahm er sich jedoch: 1334 war er gezwungen, seine Armee zurückzurufen, um Aufstände an anderen Orten niederzuschlagen. Die muslimischen Herrscher in Madurai und Daulatabad nutzten die Gunst der Stunde und erklärten sich für unabhängig.

Zur gleichen Zeit wurden von hinduistischen Stammesfürsten in Hampi die Grundlagen für eines der Reiche geschaffen, das zu den größten Südindiens werden sollte, das Reich Vijayanagar. Die meisten Historiker gehen davon aus, dass das Vijayanagar-Reich von zwei Stammesfürsten und Brüdern gegründet wurde, die gefangen genommen und nach Delhi gebracht worden waren. Dort konvertierten sie – zumindest vordergründig – zum Islam und wurden als Gouverneure des Sultans wieder in ihre Heimat geschickt. Die Brüder hatten jedoch andere Pläne. Sie kehrten zum Hinduismus zurück und begannen 1336 damit, ein drawidisches Reich zu errichten, das am Ende den Süden Karnatakas, Tamil Nadu und Teile Keralas umfasste. Knapp sieben Jahrhunderte später ist

History and Society in South India von Noboru Karashima ist ein wissenschaftlicher Sammelband, der sich auf die Entwicklung der südindischen Gesellschaft zur Zeit des Chola-Reichs und der Herrschaft der Vijayanagars konzentriert.

13. Jh.

Die Pandya, eine Tamilen-Dynastie, die bis ins 6. Jh. v. Chr. zurückreicht, ergreift die Kontrolle über das Gebiet der Chola und erweitert es von seiner Hauptstadt Madurai bis nach Andhra Pradesh, Kalinga und Sri Lanka.

1336

Begründung des mächtigen Vijayanagar-Reichs. Es wurde nach seiner Hauptstadt benannt, deren Ruinen man heute in der Nähe von Hampi (im heutigen Karnataka) besichtigen kann.

1345

Im Dekkan wird nach einer Revolte gegen die Tughluqs von Dehli das Bahmani-Sultanat errichtet. Die Hauptstadt wird in Gulbarga gegründet, ihm heutigen Norden von Karnataka, und später nach Bidar verlegt.

1469

Guru Nanak, der Begründer des Sikhismus, der bis heute in und außerhalb von Indien Millionen von Anhängern hat, wird in einem Dorf in der Nähe von Lahore (im heutigen Pakistan) geboren.

das Zentrum dieses Königreichs mit den rätselhaften Ruinen und Tempeln von Hampi die großartigste Sehenswürdigkeit Südindiens.

Die Bahmani, die ursprünglich aus Daulatabad im Nordwesten Maharashtras kamen, machten derweil Kalburgi in Karnataka zu ihrer Hauptstadt und zogen im 15. Jh. nach Bidar um. Zu ihrem Königreich gehörten zuletzt Maharashtra, Teile des Norden Karnatakas und Andhra Pradesh. Und sie gaben sich reichlich Mühe, es vor äußeren Angriffen zu schützen.

A History of South India from Prehistoric Times to the Fall of Vijayanagar von Nilakanta Sastri ist der wohl ausführlichste Überblick über die Geschichte der Region – vor allem für diejenigen empfehlenswert, die Hampi besuchen wollen.

Es überrascht kaum, dass die Beziehungen zwischen dem Vijayanagar-und dem Bahmani-Reich von ständiger Rivalität gekennzeichnet waren – bis im 16. Jh. hier wie dort der Niedergang eingeläutet wurde. Das Reich der Bahmani wurde von internen Streitigkeiten zerrissen. Und die quirlige Hauptstadt des Vijayanagar-Reiches, Hampi, wurde in einer sechs Monate andauernden Plünderung durch die vereinten Streitkräfte der islamischen Sultanate von Bidar, Bijapur, Berar, Ahmednagar und Golkonda verwüstet. In den Konflikten ging es hauptsächlich um die Nutzung des fruchtbaren Ackerlandes und die Kontrolle über die Handelshäfen. Kurze Zeit war es den Bahmani 1347 gelungen, über den wichtigen Hafen Goa zu herrschen, doch schon 1378 gehörte die Stadt zum aufstrebenden Vijayanagar-Reich.

Das Reich der Vijayanagar erlangte einen bemerkenswerten Wohlstand. Er war das Ergebnis einer zielgerichteten Politik, die Händler von weit her in jeder Form begünstigte und dies mit der Entwicklung eines effektiven Verwaltungssystems verband. Außerdem sorgte man für einen Zugang zu den wichtigen Handelsverbindungen, etwa den Häfen an der Westküste. Hampi mauserte sich zu einer Weltstadt: In den Basaren der Stadt tummelten sich Besucher sowohl aus den unterschiedlichsten Regionen Indiens als auch aus dem Ausland.

Der portugiesische Chronist Domingo Paez besuchte das Reich während der Herrschaft eines seiner größten Könige, Krishnadevaraya (reg. 1509–29). Zu dieser Zeit verfügte Vijayanagar über nie zuvor dagewesenen Reichtümer und Machtmittel. Paez zeichnete die Errungenschaften der Vijayanagar auf und beschrieb, wie sie große Wasserbecken konstruierten und ihre Felder bewässerten. Er berichtete darüber, wie menschliche und tierische Opfer zur Besänftigung der Götter dargebracht wurden, nachdem eines der Becken wiederholt geborsten war. Paez lieferte außerdem Details über die schönen Häuser der reichen Händler und über die Basare voll wertvoller Rubine, Diamanten, Smaragde und Perlen, Stoffe und „allem anderen, was es auf der Erde gibt und man möglicherweise kaufen möchte".

Wie die Bahmani widmeten sich die Könige der Vijayanagar intensiv dem Schutz ihres Territoriums und ihrer Handelsverbindungen. Krishnadevaraya beschäftigte portugiesische und muslimische Söldner, um seine Festungen zu bewachen und sein Herrschaftsgebiet zu sichern.

1484

Als Folge einer Unabhängigkeitsbewegung beginnt das Bahmani-Sultanat zu zerfallen; als erstes rebelliert Berar. 1518 gibt es fünf Sultanate im Dekkan: Berar, Ahmadnagar, Bidar, Bijapur und Golconda.

1498

Vasco da Gama, ein portugiesischer Seefahrer, entdeckt die Route von Europa nach Indien. In Kerala geht er an Land und engagiert sich im Handel mit dem dortigen Adel.

1510

Unter der Führung von Alfonso de Albuquerque erobern die Portugiesen Goa. Sein erster Versuch war von Sultan Adil Shah von Bijapur vereitelt worden. Nach dem Tod des Shahs ist er erfolgreich.

1526

Nachdem er Delhi erobert hat, wird Babur der erste Großmogul. Bei seinen Siegen in Rajasthan profitiert die zahlenmäßig massiv unterlegene Armee von der Einführung von Luntenschloss-Musketen.

AUFTRITT: PORTUGAL

Als Krishnadevaraya den Thron bestieg, waren die Portugiesen bereits drauf und dran, in Goa Fuß zu fassen. Nur wenige Jahre zuvor hatten sie – als die ersten Europäer überhaupt – den Indischen Ozean per Schiff von der Ostküste Afrikas bis zu den Küsten Indiens überquert.

Am 20. Mai 1498 ließ Vasco da Gama vor der südindischen Küste in der Nähe der Stadt Calicut (heute Kozhikode) Anker werfen. Für die Strecke von der Ostküste Afrikas bis hierher hatte er 23 Tage gebraucht. Geführt worden war da Gama vom Steuermann Ibn Masjid, den der Herrscher Malindi aus Gujarat gesandt hatte.

Die Portugiesen suchten nach einem Seeweg von Europa nach Osten, um den Gewürzhandel ohne Zwischenhändler abwickeln zu können. Wohl hofften sie auch, alte christliche Gemeinden zu finden, die durch die muslimische Dominanz im Nahen Osten von Europa abgeschnitten worden waren. Außerdem dienten ihnen als willkommener Anlass ihrer Expeditionen die Suche nach dem legendären Königreich des christlichen Priesterkönigs Johannes, mit dem sie sich gegen die muslimischen Herrscher im Nahen Osten verbünden wollten. Tatsächlich fanden sie in Indien Gewürze sowie die syrisch-orthodoxe Kirche vor, aber keinen Johannes.

Vasco da Gama bat beim Herrscher von Calicut um eine Audienz, um sich zu erklären. Er scheint gut empfangen worden zu sein. Die Portugiesen engagierten sich in begrenztem Rahmen im Handel, wurden aber immer misstrauischer, weil sie glaubten, dass die muslimischen Händler den Herrscher von Calicut gegen sie einnehmen könnten. Sie entschieden sich dafür, Calicut zu verlassen, was sie im August 1498 auch taten.

Er unterhielt zudem gute Kontakte zu den Portugiesen, war er doch beim Zugriff auf Handelswaren von ihnen abhängig. Das galt vor allem für die arabischen Pferde, die er für seine Reiterei benötigte.

Ankunft der Europäer & das Christentum

Und so begann eine neue Ära. Vasco da Gamas Entdeckung des Seewegs nach Indien (1498) war der Auftakt für portugiesische Expeditionen, so von Francisco de Almeida, dem ersten Gouverneur des portugiesischen Estado da Índia, und Alfonso de Albuquerque. Dieser baute ein portugiesisches Imperium im Osten auf, zu dem auch Goa gehörte (erstmals 1510 eingenommen). Albuquerque führte einen ständigen Kampf gegen die einheimischen Muslime in Goa, in der er schließlich den Sieg davontrug. Sein größter Erfolg war aber vielleicht, zwei der gefährlichsten Bedrohungen gegeneinander auszuspielen: das Vijayanagar-Reich, für das der Zugang zu den Häfen von Goa äußerst wichtig war, und das Sultanat Bijapur, das sich im frühen 16. Jh. von den Bahmani abgespaltet hatte und inzwischen Teile Goas kontrollierte.

Tausende wurden während der über 200 Jahre währenden Inquisition in Goa auf dem Scheiterhaufen verbrannt. Die Gerichtsverfahren fanden vor der Kathedrale von Old Goa statt.

1542–1545

Erste Missionsreise des hl. Francisco de Xavier nach Indien. Er predigt in Goa, Tamil Nadu und Sri Lanka den Katholizismus und kehrt 1548/49 und 1552 zwischen Reisen in den Fernen Osten zurück.

1560–1812

Portugiesische Inquisition in Goa: Hindus und Muslime, die sich dem neuen Glauben widersetzen, werden angeklagt und hingerichtet.

» Portugiesische Kirche, Fort Aguada, Goa

Bijapur und Vijayanagar waren erbitterte Feinde. Albuquerque nutzte dies raffiniert aus, indem er die Versorgung mit arabischen Pferden übernahm. Da sie in alarmierend hoher Zahl starben, sobald sie sich auf indischem Boden befanden, mussten sie ständig importiert werden. Beide Königreiche kauften von den Portugiesen Pferde, um ihre Reiterei aufzustocken. So sorgten sie dafür, dass die portugiesischen Häfen in Goa beschäftigt waren und profitabel blieben.

Die Portugiesen hatten auch den Katholizismus mit im Gepäck. Die Ankunft der Inquisition 1560 markiert den Anfang einer 200 Jahre dauernden religiösen Unterdrückung in den von den Portugiesen kontrollierten Gebieten an der Westküste Indiens. Nicht lange nach dem Beginn der Inquisition änderten sich die Machtverhältnisse in Europa – mit erheblichen Auswirkungen auf die europäisch-indischen Beziehungen. 1580 annektierte Spanien Portugal. Bis es 1640 seine Unabhängigkeit wiedergewinnen konnte, waren die Interessen Portugals denen von Spanien untergeordnet. Und nach der Niederlage der spanischen Armada 1588 stand Engländern und Niederländern der Seeweg nach Osten offen.

Heute ist der portugiesische Einfluss in Goa noch immer am präsentesten (obwohl die Portugiesen auch in Kerala, z. B. in Städten wie Kochi, Spuren hinterließen): Kirchen tupfen kreideweiße Punkte in die Landschaft, und auch christliche Feste und eine einzigartige Küche bewahren das portugiesische Erbe. Mitte des 16. Jhs. war das alte Goa zu einer florierenden Stadt geworden, die es in ihrer Pracht mit Lissabon aufnehmen konnte. Auch wenn es sich heute nur noch als ein zerbröckelnder Schatten dieser Zeit präsentiert, erinnern seine Kirchen und Gebäude doch immer noch an die Herrschaft der Portugiesen. Erst 1961 gelang es dem indischen Militär – 14 Jahre nach der nationalen Unabhängigkeit –, die Portugiesen endgültig zum Abzug zu bewegen.

Die Niederländer schafften es noch vor den Briten nach Indien, waren aber im Gegensatz zu den Portugiesen mehr am Handel als an religiöser Überzeugungsarbeit interessiert. Indonesien war die Hauptquelle für Gewürze, während es beim Handel mit Südindien vor allem um Pfeffer und Kardamom ging. Darum errichtete die Niederländische Ostindische Kompanie eine Kette von Handelsstützpunkten (Manufakturen), was ihnen ermöglichte, ein komplexes Handelsgeflecht vom Persischen Golf bis nach Japan unterhalten zu können. Sie bauten Stützpunkte in Surat (Gujarat) und an der Koromandelküste in Südindien. Außerdem schlossen sie einen Vertrag mit dem Herrscher von Kozhikode. 1660 eroberten sie die portugiesischen Festungen in Cochin (heute Kochi) und Kodungallor.

Die Briten starteten ihr eigenes Handelsprojekt: die britische Ostindische Kompanie, der 1600 ein königliches Monopol gewährt wurde. Wie die Niederländer waren die Engländer zu diesem Zeitpunkt am Handel

VASCO DA GAMA

The Career and Legend of Vasco da Gama von Sanjay Subrahmanyam ist eine der besten neuen Untersuchungen zu der Person, die als „Entdecker" des Seewegs nach Indien Berühmtheit erlangte.

1600

Die britische Königin Elisabeth I. verleiht der Ostindischen Kompanie den ersten Handelsfreibrief. Die Jungfernfahrt findet 1601 unter dem Kommando von Sir James Lancaster statt.

1673

Die Compagnie française des Indes orientales (Französische Ostindische Kompanie) errichtet in Pondicherry (heute Puducherry) einen Außenposten, um den sich die Franzosen, Holländer und Briten streiten.

1674

Shivaji begründet das Marathen-Königreich, das Westindien, Teile der Dekkan-Region und Nordindien umfasst. Er nimmt den Herrschaftstitel Chhatrapati (Großer Beschützer) an.

1707

Der Tod von Aurangzeb, des letzten Großmoguls, läutet den schleichenden Untergang des Mogulreichs ein, in dem zunehmend Anarchie und Aufstände entstehen.

interessiert (vor allem am Gewürzhandel), weshalb auch sie vor allem Indonesien im Blick hatten. Dort aber erwiesen sich die Niederländer als zu stark – so wandten sich die Engländer stattdessen Indien zu und errichteten u.a. in Madras (Chennai) erste Handelsstützpunkte. Ab und zu trieben von 1616 an auch die Dänen Handel in Traquebar (an der Koromandelküste), während die Franzosen 1673 Pondicherry (heute Puducherry) erwarben.

Moguln gegen Marathen

Etwa im späten 17. Jh. starteten die aus Delhi kommenden Moguln Angriffe auf Südindien und eroberten die Sultanate von Ahmednagar, Bijapur und Golconda (einschließlich Hyderabad), bevor sie in Tamil Nadu einzogen. Doch hier traf Großmogul Aurangzeb (reg. 1658–1707) auf die Marathen. Diese nahmen in einer Reihe von Überfällen in Guerilla-Art Tanjavur ein und errichteten ihre Hauptstadt in Gingee unweit von Madras.

Obwohl das Mogulreich nach dem Tod von Aurangzeb nach und nach zerfiel, errangen die Marathen (die Bewohner von Maharashtra) immer größere Erfolge und richteten ihr Augenmerk auf Gebiete im Norden. Dies aber brachte sie in Konflikt mit den Herrschern von Hyderabad, den Asaf Jahi. Diese hatten sich hier verschanzt, als Hyderabad 1724 von den schwächer werdenden Mogulherrschern in Delhi abgefallen war. Die Marathen erfuhren, dass die Franzosen den Herrschern in Hyderabad im Austausch für Handelskonzessionen an der Koromandelküste militärische Unterstützung gewährten. Dennoch hatte Hyderabad um 1750 viel von seiner Macht eingebüßt und verlor den Zugang zum Meer, als die Briten einen großen Teile seiner Küste kontrollierten.

Im Süden meldeten Travancore (Kerala) und Mysore ihren Führungsanspruch an, als sie die Kontrolle über strategisch wichtige Küstenregionen gewannen und damit Zugang zu den Handelsverbindungen bekamen. Martanda Varma (reg. 1729–1758) aus Travancore baute eine eigene Armee auf und versuchte, die einheimischen syrisch-orthodoxen Händler auf seiner Seite zu halten, indem er die Aktivitäten der europäischen Händler einschränkte. Der Handel mit vielen Gütern – außer Pfeffer – wurde zum königlichen Monopol, vor allem in der Regierungszeit von Marthandas Sohn Rama Varma (reg. 1758–1798).

Mysore begann als ein vom Meer abgeschnittenes Königreich ins Rampenlicht zu rücken. Denn 1761 ergriff der Kavallerieoffizier Hyder Ali die Macht und begann damit, Gebiete an der Küste einzunehmen. Hyder Ali und sein Sohn Tipu Sultan regierten am Ende über ein Königreich, das den Süden Karnatakas und den Norden Keralas umfasste. Tipu trieb über die von ihm kontrollierten Häfen an der Westküste direkten Handel mit dem Nahen Osten. Die britische Ostindische Kompanie hinderte ihn

Von Amar Chitra Katha, einem beliebten Herausgeber von Comics zu indischer Folklore, Mythen und Geschichte, gibt's mehrere Bücher über Shivaji, z.B. *Shivaji: The Great Maratha* oder *Tales of Shivaji*. Bei *Tanaji, the Maratha Lion* steht Shivajis enger Freund und Kriegskamerad im Mittelpunkt.

1757
Die Ostindische Kompanie verzeichnet ihren ersten militärischen Erfolg auf indischem Boden. In der Schlacht von Plassey schlägt Robert Clive den Nawab von Bengalen, Siraj-du-Daulah.

1830er-Jahre
Englisch löst Persisch als offizielle Amtssprache ab. Dennoch gelingt es den Briten kaum, eine einheitliche, geordnete Verwaltung aufzubauen

1857
Indischer Aufstand: Da ein nationaler Anführer fehlt, überreden die Freiheitskämpfer den Mogul Bahadur Shah Zafar dazu, sich zum Kaiser von Indien auszurufen.

1858
Die britische Regierung ergreift die Kontrolle über Indien – wobei die Macht offiziell von der Ostinidischen Kompanie auf die Krone übertragen wird. Damit beginnt die Zeit des Britisch-Indien (British Raj).

DER MÄCHTIGE SHIVAJI

Chhatrapati Shivaji wird in vielen Städten Maharashtras mit Statuen verehrt, die den großen Kämpfer auf seinem Pferd zeigen. Aber auch Straßen und Monumente wurden nach ihm benannt oder umbenannt – so auch Mumbais (Bombay) ehemaliger Victoria Terminus.

Shivaji war in einer Zeit, als fast ganz Indien unter islamischem Einfluss stand, für die Geschicke der mächtigen Marathen-Dynastie verantwortlich – eines souveränen Hindu-Staats, der fast zwei Jahrhunderte lang die Dekkan-Region kontrollierte. Der mutige Kämpfer und charismatische Führer Shivaji wurde 1627 in eine prominente Marathenfamilie in Shivneri geboren. Als Kind wurde er mit seiner Mutter nach Pune geschickt. Dort erhielt er Land und Festungen, um als zukünftiger Führer ausgebildet zu werden. Mit einer sehr kleinen Armee eroberte Shivaji im Alter von 20 Jahren erstmals eine Festung. Die nächsten drei Jahrzehnte verbrachte er damit, die Macht der Marathen rund um seine Basis in Pune auszubauen und sich gegen die muslimischen Angreifer aus dem Norden (dem Mogulreich) und dem Süden (die Streitmächte von Bijapur) zu behaupten. Am Ende kontrollierte er den ganzen Dekkan. Raffiniert spielte er seine Feinde, darunter der Großmogul Aurangzeb, gegeneinander aus. Berühmt wurde ein Vorfall im Jahr 1659, bei dem er Afzal Khan, General Bijapurs, im Kampf Mann gegen Mann beim Fort Pratapgad (S. 119) tötete.

1674 wurde Shivaji bei der Festung Raigad zum Chhatrapati (König) der Marathen gekrönt. Sechs Jahre später starb er. Sein Nachfolger wurde sein Sohn Sambhaji – doch nahezu im selben Augenblick begann die Macht, die Shivaji aufgebaut hatte, wieder zu bröckeln.

jedoch daran, Zugang zu den Häfen an der östlichen Seeseite und dem fruchtbaren Hinterland zu gewinnen.

Die Briten übernehmen die Macht

Die britische Ostindische Kompanie war zu diesem Zeitpunkt angeblich nur am Handel, nicht aber an Eroberungen interessiert. Aber die Herrscher von Mysore wuchsen sich allmählich zu einer Art Plage für die Briten aus. 1780 vereinigten der Nizam von Hyderabad, Hyder Ali, und die Marathen ihre Kräfte, um die Armeen der Kompanie zu schlagen und die Kontrolle über Karnataka zu erlangen. Der Vertrag von Mangaluru, von Tipu Sultan 1784 unterzeichnet, sorgte zwischen den Parteien für eine unsichere Waffenruhe. Aber inzwischen wuchs innerhalb der Kompanie die Überzeugung, dass nur die Kontrolle über ganz Indien den Handelsinteressen der Briten wirklich entsprechen würde. Dies wurde noch durch die Sorge verstärkt, dass die Franzosen nach der ägyptischen Expedition Napoleons 1798/99 womöglich wieder Interessen in Indien verfolgen könnten. Der Gouverneur und General von Bengalen, Lord

1839 bot die britische Regierung Portugal eine halbe Million Pfund für Goa.

1869
Geburt von Mohandas Karamchand Gandhi in Porbandar (Gujarat) – die vielleicht bedeutendste Persönlichkeit Indiens wird bis heute als Mahatma (Große Seele) und „Vater der Nation" geehrt.

1869
Die Eröffnung des Sueskanals fördert den Handel aus Europa und macht Bombay zu Indiens wichtigstem Hafen. Die wirtschaftliche Bedeutung von Bombay nimmt drastisch zu.

1885
Der Indische Nationalkongress, die erste politische Organisation Indiens, wird gegründet. Sie ist eine Plattform gebildeter Inder und wird beim langen Kampf um Indiens Freiheit eine Schlüsselrolle einnehmen.

1891
Bhimrao Ramji Ambedkar, Aktivist, Ökonom, Anwalt und Autor, wird in eine arme, kastenlose Familie geboren. Er erringt mehrere höhere akademische Grade, wird Buddhist und verteidigt engagiert die Rechte der Dalits.

Richard Wellesley, startete schließlich einen Angriff gegen Mysore. Sein Verbündeter war der Nizam von Hyderabad, der seine von den Franzosen geschulten Truppen entlassen musste und dafür britischen Schutz erhielt. Tipu, der möglicherweise auf die Unterstützung der Franzosen gebaut hatte, wurde getötet, als die Briten 1799 die Festung auf der Flussinsel Seringapatam (das heutige Shirirangapattana in der Nähe von Mysore) erstürmten.

Wellesley setzte in einem Teilgebiet von Tipus Königreich die alte Herrschaftsfamilie der Wodeyar wieder ein. Der Rest ging an den Nizam von Hyderabad und die britische Ostindische Kompanie. Außerdem legte er den Grundstein für die Entstehung der Madras Presidency. Tanjavur und Karnataka wurden ebenfalls von den Briten einverleibt. Als die aktuellen Herrscher starben, schickten sie ihre Nachfolger in Pension. 1818 brach das Reich der Marathen, von inneren Kämpfen zermürbt, zusammen.

Inzwischen stand fast ganz Indien unter britischem Einfluss. Im Süden kontrollierten sie die Madras Presidency, die sich vom heutigen Andhra Pradesh bis zur südlichsten Spitze des Subkontinents und von der Ostküste bis zur westlichen Malabarküste erstreckte. Ein beträchtlicher Teil des Landesinnern bestand damals aus einem Flickenteppich vieler kleiner Fürstenstaaten. So gehörte zwar der Großteil von Maharashtra zur Bombay Presidency, doch gab es außerdem etwa ein Dutzend weit verteilter kleiner Fürstenstaaten wie Kolhapur, Sawantwadi, Aundh und Janjira. Travancore, Hyderabad und Mysore waren die wichtigsten Fürstenstaaten, was allerdings nichts daran änderte, dass auch sie streng vom „Residenten" überwacht wurden – de facto der Gouverneur der Briten, der offiziell nur die Gebiete kontrollieren sollte, die auch unter britischer Kontrolle standen.

Architektur der Dekkan-Sultanate

» **Bijapur** Zitadelle, Gol Gumbaz, Ibrahim Rauza, Jama Masjid

» **Bidar** Festung, Bahmani-Grabmale

» **Hyderabad** Festung Golconda, Qutb-Shahi-Grabmale, Charminar

Der Indische Aufstand von 1857

Bereits ein halbes Jahrhundert lang hatten die Briten Indien fest unter ihre Kontrolle, als sie einen schweren Rückschlag erlitten. Bis heute sind Gründe für den Aufstand – nationalistische Historiker deklarieren ihn heute als Unabhängigkeitskrieg – Gegenstand von Diskussionen. Ein wichtige Rollte spielte wohl die Einfuhr von Billiggütern wie Textilien aus England, wodurch die Lebensgrundlage vieler Inder zerstört wurde; aber auch die Enteignung der Territorien zahlreicher Herrscher und die Steuern, die von Landbesitzern erhoben wurden, schufen Konfliktpotenzial.

Das Ereignis, das heute allgemein als Auslöser der Rebellion gilt, fand jedoch am 10. Mai 1857 in einer Kaserne in Meerut in Uttar Pradesh statt. Es verbreitete sich das Gerücht, eine neue Art von Gewehrpatronen werde mit Fett geschmiert, von dem die Hindus behaupteten, es sei Kuhfett;

1919

Massaker vom 13. April an unbewaffneten indischen Demonstranten in Jallianwala Bagh in Amritsar (Punjab). Gandhi reagiert mit seinem Programm des zivilen (gewaltfreien) Ungehorsams gegen die britische Regierung.

1930

Mit dem Salzmarsch demonstriert Gandhi gegen das britische Salzmonopol. Mit 78 Anhängern marschiert er vom Sabarmati-Ashram zum Arabischen Meer und fordert seine Mitmenschen zum Gewaltverzicht auf

1940

Die Muslimliga nimmt ihre Lahore-Resolution an. Sie tritt für eine umfassendere Autonomie der Muslime in Indien ein. Es folgen Kampagnen für die Errichtung eines eigenen islamischen Staates.

1942

Mahatma Gandhi beginnt seine Quit-India-Kampagne und fordert die Briten dazu auf, Indien zu räumen und das Land in die politische Unabhängigkeit zu entlassen.

Muslime hingegen waren davon überzeugt, dass es sich um Schweinefett handelt (Schweine werden von den Muslimen als unrein angesehen, Kühe sind den Hindus heilig). Zum Laden eines Gewehres musste aber das Ende der eingewachsten Patrone abgebissen werden. Kein Wunder also, dass es durch die Gerüchte zu erheblichen Unruhen kam.

In Meerut ging man das Problem mit einem einzigartigen Mangel an Urteilsvermögen an. Der kommandierende Offizier ließ seine Soldaten antreten und befahl ihnen, das Ende der ausgegebenen Patronen abzubeißen. Wer sich weigerte, wurde sofort ins Gefängnis gesteckt. Am nächsten Morgen rebellierten die Soldaten der Garnison. Sie erschossen ihre Offiziere und marschierten nach Delhi. Von den 74 indischen Bataillonen der Bengalen-Armee blieben sieben (eine davon Gurkhas) loyal, 20 wurden entwaffnet, die übrigen 47 schlossen sich der Meuterei an. Die Soldaten und Bauern sammelten sich um den alternden Großmogul in Delhi, das die Aufständischen einige Monate halten konnten. Die britische Residenz in Lucknow wurde ganze fünf Monate lang belagert, bevor der Aufstand schließlich niedergeworfen wurde. Der Vorfall hinterließ auf beiden Seiten tiefe Wunden.

Nachdem die Ostindische Kompanie nahezu umgehend aufgelöst worden war, übernahm die britische Regierung selbst die direkte Kontrolle über zwei Drittel des Landes. Die restlichen Gebiete gehörten zu Fürstentümer, den sogenannten *Princely States,* deren Herrscher unterstützt wurden und ihre Angelegenheiten größtenteils selbst regeln sollten, so lange sie den Briten gegenüber loyal blieben.

Der Weg in die Unabhängigkeit

Der Wunsch nach Unabhängigkeit blieb indes in vielen Indern am Leben. Zu Beginn des 20. Jhs. nahm der Widerstand gegen die Briten allmählich zu. Speerspitze der sich formierenden Unabhängigkeitsbewegung war der Indische Nationalkongress (Kongresspartei), die älteste politische Partei des Landes. Der Kampf um Unabhängigkeit kam in Schwung, nachdem die britische Armee als Reaktion auf Aufstände in Amritsar (Punjab) im April 1919 Truppen entsandte, um die Unruhen zu beenden. Auf direkten Befehl des diensthabenden Offiziers feuerte die Armee schonungslos in eine Menge unbewaffneter Demonstranten. Dabei wurden schätzungsweise 1500 Menschen getötet. Die Nachricht von dem Massaker verbreitete sich in Windeseile und machte aus eigentlich unpolitischen Indern Anhänger der Kongresspartei, die zu diesem Zeitpunkt in Mohandas Gandhi einen neuen Anführer fand.

Nach drei Jahrzehnten erbitterten Kampfes für ein unabhängiges Indien wurde der Traum Gandhis endlich Wirklichkeit. Doch sein Appell für ein vereinigtes Indien blieb ungehört. Denn letztlich setzte sich Mohammed Ali Jinnah, der Führer der Muslimliga, mit seiner Forderung

1947

Am 14. August wird Pakistan unabhängig, Indien einen Tag später. Es folgen Massenmigrationen, da Hindus und Muslime in ihre jeweilige religiöse Heimat umsiedeln.

1947/48

Zum ersten Krieg zwischen Indien und Pakistan kommt es, als der Maharadscha von Kaschmir die Beitrittsurkunde unterzeichnet, mit der sein Fürstentum indisch wird..

1948

Mahatma Gandhi wird am 30. Januar in New Delhi von Nathuram Godse ermordet. Godse und sein Mittäter Narayan Apte werden später angeklagt, verurteilt und am Galgen hingerichtet.

» Statue Gandhis

nach einem eigenen islamischen Staat für den recht großen muslimischen Bevölkerungsteil durch. Das Land wurde in die Indische Union und Pakistan geteilt.

Die Teilung Indiens 1947 hatte alle Zutaten einer Katastrophe – aber das folgende Blutvergießen übertraf alle Befürchtungen noch. Ein massiver Bevölkerungsaustausch fand statt. Muslime flohen in völlig überfüllten Zügen nach Westen, nicht wenige wurden jedoch von aufgebrachten Hindus und Sikhs gestoppt und ermordet. Hindus und Sikhs, die ihr Heil im Osten suchten, erlitten das gleiche Schicksal. Als das Chaos endlich beendet war, hatten 17 Mio. Menschen eine neue Heimat gefunden – mindestens 750 000 waren auf der Suche nach dieser ums Leben gekommen.

Indien und Pakistan wurden im August souveräne Staaten des britischen Commonwealth. Aber Gewalt, Vertreibung und die offenen Konflikte in einigen Bundesstaaten, vor allem in der Region Kaschmir, hielten an. Im November 1949 wurde die Verfassung Indiens schließlich verabschiedet und trat am 26. Januar 1950 in Kraft. Nach nicht enden wollenden Kämpfen war das unabhängige Indien offiziell eine Republik.

Mahatma Gandhi

Einer der bedeutendsten Menschen des 20. Jhs. wurde als Mohandas Karamchand Gandhi am 2. Oktober 1869 in Porbandar, Gujarat, geboren. Nachdem er in London studiert hatte (1888–1891), arbeitete er als Anwalt in Südafrika. Durch die Diskriminierung, die er dort erlebte, wurde der junge Gandhi politisiert. Er wurde schnell zum Sprecher der indischen Gesellschaft und verlangte Gleichheit für alle.

Gandhi kehrte 1915 mit der Doktrin der *ahimsa* (Gewaltlosigkeit) als zentrale politische Idee nach Indien zurück und pflegte einen einfachen Lebensstil. Er errichtete in Ahmedabad den Sabarmati Ashram, der als Erster auch Dalits („Unberührbare") aufnahm.

Innerhalb eines Jahres hatte Gandhi seinen ersten Sieg errungen, als er Bauern in Bihar gegen Ausbeutung verteidigte. Angeblich schon damals verlieh ihm ein Bewunderer den Titel „Mahatma" (Große Seele). Die Verabschiedung der diskriminierenden Rowlatt Acts, die erlaubten, dass bestimmte politische Fälle ohne Geschworene verhandelt werden durften, spornte ihn 1919 zu weiteren Aktionen an und er organisierte einen nationalen Protest. In den Tagen, die auf diesen *hartal* (Streik) folgten, schlugen die Wogen der Erregung im Land hoch. Nach einem Massaker an unbewaffneten Demonstraten in Amritsa (Punjab) stoppte der zutiefst schockierte Gandhi die Proteste.

1920 stieg Gandhi zur Schlüsselfigur im indischen Nationalkongress auf. Er koordinierte eine landesweite Kampagne der Nicht-Kooperation (*satyagraha*, passiver Widerstand). Die Folge war ein wachsendes Na-

Der nicht mehr ganz neue, aber immer noch herrliche Film *Gandhi*, bei dem Richard Attenborough Regie geführt hat, ist einer der wenigen Filme, der es geschafft hat, Indiens steinigen Weg zur Unabhängigkeit gelungen auf die Leinwand zu bringen.

GANDHI

17. September 1948

Asaf Jah VII., der letzte Nizam von Hyderabad, unterwirft sich der indischen Regierung. Die muslimische Dynastie war von Pakistan unterstützt worden, hatte sich aber geweigert, einem der neuen Staaten beizutreten.

November 1949

Die Verfassung von Indien, die eine verfassungsgebende Versammlung mit 308 Mitgliedern erarbeitet hat, wird verabschiedet. Zur Versammlung gehören Dutzende von Mitgliedern der anerkannten Kasten.

26. Januar 1950

Indien wird eine Republik. Das Datum erinnert an die Purna Swaraj Declaration (Unabhängigkeitserklärung), die vom Indischen Nationalkongress 1930 verkündet wurde.

1961

Militäraktion „Operation Vijay": Die indische Regierung sendet Truppen nach Goa und beendet – nach überraschend wenig Widerstand – die dortige über 400 Jahre dauernde Kolonialherrschaft der Portugiesen.

tionalgefühl, was ihm die Feindschaft der Briten eintrug. Anfang 1930 erregte er die Aufmerksamkeit des Landes, als er den sogenannten Salzmarsch von mehreren Tausend Anhängern von Ahmedabad nach Dandi an der Küste von Gujarat anführte: Bei der Ankunft stellte er feierlich durch Verdampfen von Meerwasser Salz her und trotzte damit öffentlich der verhassten Salzsteuer. Nicht zum ersten Mal wurde er verhaftet. 1931 wurde er wieder freigelassen, um den indischen Nationalkongress bei der zweiten Round Table Conference in London zu vertreten. Er gewann zwar die Herzen der britischen Bevölkerung, konnte aber keine wirklichen Zugeständnisse der imperialistischen Regierung erreichen.

Desillusioniert von der Politik trat er 1934 sein Parlamentsmandat ab. 1942 kehrte er jedoch spektakulär mit der Kampagne Quit India („Raus aus Indien") in den Kampf zurück. Er forderte die Briten auf, Indien sofort zu verlassen. Man erachtete seine Aktionen als subversiv und sperrte ihn und die meisten Führer der Kongresspartei ins Gefängnis.

Von den Verhandlungen, die dem Ende des Zweiten Weltkrieges folgten, war Gandhi weitgehend ausgeschlossen. Er musste hilflos zusehen, wie Pläne für die Aufteilung seines Landes geschmiedet wurden – in seinen Augen eine Tragödie. Gandhi stand mit seinem Drängen zu Toleranz und zur Erhaltung eines geeinten Indien auf verlorenem Posten.

Sein Einsatz für alle Mitglieder der Gesellschaft brachte ihn in Konflikt mit einigen Hindu-Hardlinern. Am 30. Januar 1948 wurde Mahatma Gandhi auf seinem Weg zu einem Gebetstreffen von einem hinduistischen Extremisten ermordet.

Über 60 Jahre danach gilt Mahatma Gandhi in Indien immer noch als eine bedeutende Persönlichkeit. Überall wird er als „Vater der Nation" verehrt.

Die Aufteilung des Südens

Während das Chaos der indisch-pakistanischen Teilung besonders im Norden – und hier vor allem im Punjab und in Bengalen – präsent war, hatte der Süden seine eigenen Probleme. Die Unabhängigkeit von 1947 war zugleich das Ende der Fürstenstaaten und britischen Provinzen, Südindien wurde in Bundesstaaten reorganisiert, die sich an den Sprachengrenzen orientierten. Während die meisten Fürstenstaaten Indien friedlich beitraten, bildete der Nizam von Hyderabad eine Ausnahme. Obwohl nur er und rund 10 % seiner Untertanen Muslime waren, kämpfte er für einen Anschluss Hyderabads ans islamische Pakistan. Nach einer Phase der Gewalt zwischen den hinduistischen und islamischen Hardlinern rückte 1949 die indische Armee ein und errang gewaltsam die Kontrolle über Hyderabad.

The Nehrus and the Gandhis ist Tariq Alis scharfsinniges Porträt der zwei Familien und des Indiens, über das sie ihren langen Schatten geworfen haben.

Auch die Wodeyar in Mysore hatten bis zur Unabhängigkeit regiert und wurden nun in den Ruhestand geschickt. Sie waren bei ihren Unter-

1962
Indisch-chinesischer Krieg: Streitigkeiten um den Grenzverlauf eskalieren im Oktober zu einem Krieg, bei dem 2000 Menschen sterben. Er endet mit einem Sieg Chinas

1965
Geplänkel in Kaschmir und der Streit um den Rann von Kakchchh in Gujarat weiten sich zum zweiten Krieg zwischen Pakistan und Indien aus. Er endet mit einem Waffenstillstand unter UN-Mandat.

1966
Indira Gandhi, die Tochter Jawaharlal Nehrus, des ersten Ministerpräsidenten des unabhängigen Indiens, wird Ministerpräsidentin von Indien. Sie war bislang die einzige Frau, die dieses Amt in Indien innehatte.

1971
Ostpakistan strebt die Unabhängigkeit an. Es entzündet sich der dritte Krieg zwischen Pakistan und Indien. Westpakistan verliert den Krieg und die Herrschaft über Ostpakistan, das heutige Bangladesch.

DER KASCHMIR-KONFLIKT

Kaschmir ist das älteste Symbol der ungestümen Teilung Indiens. Auf dem Weg in die Unabhängigkeit wurde die heikle Aufgabe, eine indisch-pakistanische Grenze zu ziehen, dadurch erschwert, dass die Fürstenstaaten Britisch-Indiens nominell unabhängig waren. Deren Herrscher wurden daher gefragt, zu welchem Land sie gerne gehören wollten. Kaschmir war ein vorwiegend muslimischer Staat, hatte jedoch einen hinduistischen Mahardscha namens Hari Singh, der eine Entscheidung hinauszuschieben versuchte. Eine wild durchmischte Paschtunen-Armee überquerte die Grenze, um nach Srinagar vorzudringen und Kaschmir für Pakistan zu annektieren. Von deren Vormarsch in Angst und Schrecken versetzt, bat der Maharadscha Indien um bewaffnete Unterstützung. Die indischen Truppen trafen gerade noch rechtzeitig ein, um den Fall Srinagars zu verhindern – und der Maharadscha entschied sich für Indien und unterzeichnete im Oktober 1947 die Beitrittsurkunde. Das Dokument wurde von Pakistan unverzüglich angefochten. Und schon zwei Monate, nachdem sie ihre Unabhängigkeit erlangt hatten, führten die beiden jungen Nationen gegeneinander Krieg.

1948 forderte der neu gegründete UN-Sicherheitsrat ein Referendum (bis heute ein Grundelement pakistanischer Politik), das über den Status Kaschmirs entscheiden sollte. 1949 erreichte eine von den UN vermittelte Waffenruhe zwar, dass die beiden Länder auf ihrer Seite der Demarkationslinie, der so genannten Waffenstillstands-Linie, blieben (später wurde daraus die Line of Control, LOC), darüber hinaus konnte die UN jedoch nichts erreichen. Zwei Drittel von Kaschmir befinden sich auf der indischen Seite der LOC, die bis heute die Grenze darstellt, auch wenn sie von keiner der Konfliktparteien offiziell als solche anerkannt wird. Der indische Bundesstaat Jammu & Kaschmir, wie er seit damals besteht, umfasst Ladakh (aufgeteilt zwischen Muslimen und Buddhisten), Jammu (mit einer Hindu-Mehrheit) und das 130 km lange und 55 km breite Kaschmirtal, das mit seiner muslimischen Bevölkerungsmehrheit die meisten Einwohner des Bundesstaats beheimatet. Auf pakistanischer Seite leben über 3 Mio. Kaschmiri in Azad (Freies) Kaschmir. Seit die Grenze gezogen wurde, kommt es mit einer gefährlichen Regelmäßigkeit zu Übergriffen.

tanen allerdings so beliebt, dass der Maharadscha der erste Gouverneur des Bundesstaats Mysore nach der Unabhängigkeit wurde. Dessen Grenzen wurden 1956 nach sprachlichen Gesichtspunkten noch einmal neu gezogen. Daraus entstand der ausgedehnte Bundesstaat Great Mysore der Kannada-Sprecher, aus dem 1972 Karnataka wurde.

Das heutige Kerala entstand 1956 aus Travancore, Cochin (heute Kochi) und Malabar (früher ein Teil der Madras Presidency). Die Maharadschas von Travancore und Cochin hatten sich besonders um die Grundversorgung und die Bildung ihrer Untertanen gekümmert. Ihr Vermächtnis ist heute einer der Staaten Indiens mit dem höchsten Bil-

Mai 1974

„Operation Smiling Buddha": Indien führt den ersten unterirdischen Atomwaffentest durch. In den folgenden knapp 25 Jahren wird kein weiterer Test folgen.

1984

Premierministerin Indira Gandhi wird von zwei ihrer Sikh-Leibwächter ermordet, nachdem sie indische Truppen den Goldenen Tempel von Amritsar, den heiligsten Schrein der Sikhs, hatte stürmen lassen.

Mai 2004

Manmohan Singh, Sikhist und Politiker der Kongresspartei, wird als erster Anhänger einer religiösen Minderheit ins Amt des Ministerpräsidenten gewählt.

Dezember 2004

Am 26. Dezember trifft ein katastrophaler Tsunami auf Teile der Küste Ost- und Südindiens sowie der Andamanen und Nikobaren. Über 10 000 Menschen sterben, Hunderttausende werden obdachlos.

dungsniveau. Kerala machte zudem auf sich aufmerksam, als es 1957 zum ersten Bundesstaat der Welt wurde, der freiwillig eine kommunistische Regierung wählte.

Andhra Pradesh wurde 1956 zum Bundesstaat erklärt - entstanden aus der Verbindung von Andhra (früher ein Teil der Madras Presidency) und Teilen des ehemaligen Territoriums des Nizam von Hyderabad, in denen Telugu gesprochen wird.

Tamil Nadu entstand aus der alten Madras Presidency und war bis 1969 als „Madras“ bekannt. 1956 verlor es bei einer Reorganisation des Bundesstaates den Malabardistrikt und den Süden von Kanara an den flügge werdenden Bundesstaat Kerala an der Westküste. Im Gegenzug bekam es aber auch neue Gebiete im Distrikt Trivandrum (Thiruvananthapuram) dazu, z.B. Kanyakumari. 1960 wurden 1049 km² Land in Andhra Pradesh für ein ähnlich großes Territorium in den Distrikten Selem und Chengalpattu eingetauscht.

1997 wurde Kocheril R. Narayanan indischer Präsident – und zwar als erstes Mitglied der niedrigsten Hindu-Kaste (der Dalits, früher die Unberührbaren), das dieses Amt erreichte.

Maharashtra war eines der schwierigsten Themen bei der auf den unterschiedlichen Sprachen basierenden Grenzziehung in den 1950er-Jahren. Nach der Unabhängigkeit wurden Maharashtra und Gujarat zu dem Bundesstaat Bombay zusammengefasst. Nach Unruhen durch Marathi-Unterstützer wurde jedoch 1960 der heutige Bundesstaat Maharashtra geschaffen, zu dem nicht mehr Gujarat, dafür aber Teile von Hyderabad und Madhya Pradesh gehören.

Die Franzosen gaben 1954 Puducherry auf - 140 Jahre, nachdem sie das Gebiet von den Briten eingefordert hatten. Es ist Unionsterritorium (d.h. es steht unter der Kontrolle der Regierung in Delhi), obwohl es sich größtenteils selbst verwaltet. Lakshadweep erhielt 1956 den Status eines Unionsterritoriums, ebenso die Andamanen und die Nikobaren.

Während in Südindien die Grenzen neu gezogen wurden, stand Goa noch unter der Herrschaft der Portugiesen. Obwohl in Goa seit dem frühen 20. Jh. eine Unabhängigkeitsbewegung existierte, zögerte die indische Regierung, einzugreifen und Goa mit Gewalt zu befreien. Die Hoffnung, die Portugiesen würden aus freien Stücken abziehen, wurde jedoch ein ums andere Mal enttäuscht. Im Dezember 1961 schließlich überschritten indische Truppen die Grenze und annektierten das Gebiet - gegen überraschend geringen Widerstand. Goa wurde zunächst ein Unionsterritorium von Indien. Nachdem sich Daman und Diu (Gujarat) 1987 abgespaltet hatten, wurde es offiziell als 25. Bundesstaat der indischen Union anerkannt.

Oktober 2008

Am 22. Oktober startet die Raumsonde Chandrayaan-1 – Indiens erste unbemannte Mondmission – die zwei Jahre lange die Mondoberfläche untersuchen soll.

November 2008

Terroranschläge auf wichtige Stätten in Mumbai (vor allem im Südteil der Stadt): Die Angriffe dauern drei Tage, mindestens 174 Menschen verlieren dabei ihr Leben.

April/Mai 2009

Die Kongresspartei erringt bei Indiens Parlamentswahl einen deutlichen Sieg. Mammohan Singh wird erneut Ministerpräsident der weltweit größten Demokratie.

Juli 2011

In den Kellergewölben des Sri-Padmanabhaswamy-Tempel in Thiruvananthapuram (Kerala) wird ein sagenhafter Schatz gefunden. Experten schätzen dessen Wert auf mindestens 15 Mrd. €.

Südindische Lebensart

Reisenden durch Südindien wird wahrscheinlich schnell auffallen, wie eng hier das Spirituelle mit dem Alltag verflochten ist: von der Hausfrau, die jeden Morgen zu Hause andächtig ihre *puja* (Gebete) verrichtet, bis hin zum Ladenbesitzer, der sich – egal, wie viele kaufwütige Touristen sich gerade in seinem Laden tummeln – erst an die Arbeit macht, nachdem er die Götter um ihren Segen gebeten hat.

Neben der Religion ist die Familie das Herz der indischen Gesellschaft. Für die Mehrheit ist es undenkbar, mit Mitte 30 noch unverheiratet und kinderlos zu sein. Obwohl die Anzahl der Kleinfamilien steigt – vor allem in Großstädten wie Mumbai (Bombay), Bengaluru (Bangalore) und Delhi –, ist die Großfamilie noch immer ein Eckpfeiler der Gesellschaft, in der Stadt genauso wie auf dem Land. Im Allgemeinen verdient der Mann die Brötchen, er ist das Familienoberhaupt.

Weil Religion und Familie in Indien so hoch im Kurs stehen, darf niemand überrascht oder sauer sein, wenn er, besonders außerhalb der Großstädte, zu diesen Themen befragt wird und verwunderte (vielleicht sogar missbilligende) Blicke erntet, sollte er nicht ins Schema passen. Normalerweise möchten die Leute zuerst wissen, aus welchem Land man kommt. Danach folgt oft eine Reihe von Fragen zu Themen, die man vielleicht nicht ganz angemessen findet, vor allem, da sie von einem völlig Fremden gestellt werden. Außer nach Religion und Familienstand fragen Inder auch gern nach dem Alter, der Ausbildung, dem Beruf (und nicht selten auch nach dem Einkommen) und den Eindrücken, die man bisher von Indien bekommen hat. Mit Fragen dieser Art will in Indien keiner den anderen brüskieren.

Die indische Diaspora ist mit über 26 Mio. im Ausland lebenden Indern eine der größten weltweit. Die indischen Banken verwalten geschätzte 55 Mrd. US$ auf den Konten von Auslandsindern (Non-Resident Indian; NRI).

Die Inder sind seit jeher stolz auf ihr Land, doch in den letzten Jahren hat der Nationalstolz einen gewaltigen Schub bekommen, denn das Ansehen Indiens ist in verschiedenen Bereichen wie Informationstechnologie (IT), Wissenschaft, Medizin, Literatur, Film und natürlich

RANGOLIS

Rangolis, die auffälligen und atemberaubend kunstvollen Muster aus Kreide, Reismehlpaste oder Farbpulver (auch *kolams* genannt), die besonders in Südindien Türschwellen verzieren, haben sowohl glücksbringende als auch symbolische Bedeutung. *Rangolis* werden traditionell im Morgengrauen zum Sonnenaufgang gezeichnet und sind manchmal aus einer Reismehlpaste, die von einigen kleinen Tieren gefressen wird – das symbolisiert die Ehrfurcht vor selbst dem winzigsten Lebewesen. Schöne *rangolis* sollen Gottheiten anziehen, außerdem können sie ein Hinweis für Sadhus (Asketen) sein, dass sie in einem bestimmten Haus Essen bekommen. Manche Inder glauben, dass *rangolis* vor dem bösen Blick schützen.

Cricket weltweit gestiegen. Zwar gibt es an der Tennisfront einige Shootingstars, aber Cricket beherrscht die Sportwelt mit Superspielern, die den Status von Superhelden genießen.

Die stabile Wirtschaft des Landes – eine der weltweit am schnellsten wachsenden – ist noch ein Grund, stolz zu sein. Ein weiteres potenzielles Symbol für den Nationalstolz und die Souveränität Indiens sind die Errungenschaften in der Nuklear- und Weltraumtechnologie – 2008 schickte Indien die erste unbemannte Sonde in Richtung Mond und ist jetzt Mitglied im elitären „Mondclub".

Ehe, Geburt & Tod

Die Hochzeit ist für Inder ein höchst feierliches Ereignis; und obwohl die Zahl der „Liebesheiraten" in den letzten Jahren (vor allem in den Städten) enorm zugenommen hat, werden die meisten Hindu-Ehen noch immer arrangiert. Dazu schauen sich Inder diskret in der eigenen Gemeinde um. Falls man niemanden findet, werden möglicherweise professionelle Heiratsvermittler hinzugezogen. Auch Anzeigen in der Zeitung und/oder im Internet kommen in Betracht. Die Horoskope werden verglichen und wenn die Sterne günstig stehen, treffen sich die beiden Familien. Inder dürfen heiraten, sobald sie 18 Jahre alt sind.

Die Mitgift ist zwar illegal, spielt aber bei vielen arrangierten Hochzeiten immer noch eine Schlüsselrolle (vor allem in traditionsbewussten Gemeinden). Schon so manch eine Familie hat sich bis über beide Ohren verschuldet, um die erforderlichen Summen und Gegenstände (Autos, Computer, Waschmaschinen und Fernsehgeräte) aufzubringen. Gesundheitsexperten behaupten, dass die vielen Abtreibungen weiblicher Föten hauptsächlich auf die hohe Mitgift zurückzuführen sind, die die Familien für ihre Töchter aufbringen müssen (medizinische Tests zur Feststellung des Geschlechts des Kindes sind in Indien zwar verboten, werden aber dennoch in einigen Kliniken heimlich durchgeführt).

Ein Priester nimmt die hindustische -Trauzeremonie vor und die Heirat ist gültig, wenn das Brautpaar sieben Mal um ein heiliges Feuer gelaufen ist. Obwohl es inzwischen auch Kleinfamilien gibt, ist es für eine Frau immer noch normal, nach der Hochzeit mit der Familie des Mannes zusammenzuziehen und die Haushaltspflichten zu übernehmen, die ihre Schwiegermutter ihr aufträgt. Deshalb ist es kaum verwunderlich, dass das Verhältnis zwischen der Neuvermählten und der Schwiegermutter oft eher angespannt ist – zu sehen auch in verschiedenen indischen Seifenopern, in denen es meistens um dieses Thema geht.

PARTNERSUCHE

Das Computerzeitalter hat auch die Heiratsvermittlung erreicht. Beliebte Seiten sind www.shaadi.com, www.bharatmatrimony.com und neuerdings www.secondshaadi.com für alle, die erneut einen Partner suchen.

INDISCHE KLEIDUNG

Der elegante Sari ist bei indischen Frauen weit verbreitet. Er besteht aus einem einzigen Stück (zwischen 5 und 9 m lang) und wird raffiniert gefaltet und gesteckt, ohne dass Nadeln oder Knöpfe nötig wären. Zum Sari werden ein *choli* (enge Bluse) und ein Unterrock mit Kordel getragen. Der *palloo* ist der Teil des Saris, der über der Schulter drapiert wird. Auch der *salwar kameez* wird von vielen Frauen getragen, eine traditionelle, kleidartige Kombination aus Tunika und Hose, die von einer dupatta (langer Schal) ergänzt wird. Saris und *salwar kameez* gibt es in allen erdenklichen Stoffen, Mustern und Preisklassen.

Zur traditionellen Kleidung der Männer gehören der *dhoti* und im Süden oft auch der *lungi* und der *mundu*. Der *dhoti* ist ein lockerer, langer Lendenschurz, der um die Taille gebunden und an den Beinen hochgerafft wird. Der *lungi* ähnelt einem Sarong und ist am Ende meistens zu einer Röhre zusammengenäht. Der *mundu* sieht aus wie ein *lungi*, ist aber immer weiß.

Es gibt viele regionale und religiöse Varianten von Kleidung, so kann man etwa Muslimas in Burkas sehen, die den Körper komplett verhüllen.

Es gibt zwar auch in Indien immer mehr Scheidungen und Wiedervermählungen (vor allem in den größeren Städten), aber die Gerichte gewähren sie immer noch nicht routinemäßig und die Gesellschaft missbilligt sie im Allgemeinen. Für Witwen der höheren Kasten schickt es sich traditionell ohnehin nicht, noch einmal zu heiraten. Sie werden dazu gedrängt, Weiß zu tragen und ein frommes, zölibatäres Leben zu führen.

Sati: A Study of Widow Burning in India von Sakuntala Narasimhan beschäftigt sich mit der Geschichte des *sati* (dem Selbstmord der Witwe auf dem Scheiterhaufen bei der Leichenverbrennung des Mannes; heute verboten) auf dem indischen Subkontinent.

Die Geburt eines Kindes ist ein weiteres großes Ereignis. Es zieht gleich mehrere Zeremonien nach sich, die zu unterschiedlichen festlichen Anlässen in den ersten Lebensjahren des neuen Erdenbürgers gefeiert werden: die Erstellung des ersten Horoskops, die Taufe, die Fütterung der ersten festen Nahrung oder der erste Haarschnitt.

Hindus verbrennen ihre Toten, und Bestattungszeremonien sollen die Lebenden und die Verstorbenen reinigen und trösten. Ein wichtiger Aspekt der Zeremonie ist das *sharadda*, bei dem Inder ihren Vorfahren als Zeichen des Respekts Wasser und Reiskuchen anbieten. Dieser Brauch wird jedes Jahr am Todestag wiederholt. Nach der Verbrennung des Verstorbenen wird seine Asche eingesammelt und 13 Tage nach seinem Tod – die Blutsverwandten werden dann als rituell gereinigt betrachtet – von einem Familienmitglied in einen heiligen Fluss, etwa den Ganges, oder in den Ozean gestreut.

Das Kastensystem

Obwohl die indische Verfassung das Kastensystem außen vor lässt, hat es noch einen ziemlich großen Einfluss. Besonders im ländlichen Indien bestimmt die Kaste, in die man hineingeboren wird, immer noch entscheidend über den sozialen Rang des Einzelnen in der Gesellschaft. Sie kann auch die Berufs- und Heiratschancen beeinflussen. Das Kastensystem ist weiter unterteilt in Tausende von *jati* („Familiengruppen" oder soziale Gemeinschaften), die oft, wenn auch nicht immer, mit einer bestimmten beruflichen Laufbahn verbunden sind. Konservative Hindus heiraten ausschließlich jemanden aus derselben *jati*.

Wer mehr über das indische Kastensystem erfahren will, dem bieten diese beiden Bücher einen guten Einstieg: *Interrogating Caste* von Dipankar Gupta und *Translating Caste*, herausgegeben von Tapan Basu.

Traditionell ist die Kaste die grundlegende soziale Struktur der hinduistischen Gesellschaft. Wer ein rechtschaffenes Leben führt und seine *dharma* (moralische Pflicht) erfüllt, hat größere Chancen, in einer höheren Kaste und damit in besseren Lebensumständen wiedergeboren zu werden. Hindus werden in eine von vier *varnas* (Kasten) hineingeboren: Brahmana (Priester und Gelehrte), Kshatriya (Soldaten und Verwalter), Vaishya (Kaufleute) und Shudra (Arbeiter). Die Brahmanen sollen im Augenblick der Schöpfung aus dem Mund des Gottes Brahma geschaffen worden sein, die Kshatriyas aus seinen Armen, die Vaishyas aus seinen Oberschenkeln und die Shudras aus seinen Füßen.

Unterhalb der vier Kasten stehen die Dalits (früher „die Unberührbaren" genannt), die niedere Tätigkeiten verrichten und z. B. als Straßenkehrer oder Latrinenputzer arbeiten. Man nennt sie auch „Paria", abgeleitet vom Namen einer tamilischen Dalit-Gruppe, den Paraiyars. Einige Dalit-Führer, etwa der berühmte Jurist und Reformer Bhimrao Ramji Ambedkar (1891–1956), versuchten durch den Übertritt zu anderen Religionen, in Ambedkars Fall zum Buddhismus, ihren Status als Kastenlose zu verbessern. Ganz unten in der Gesellschaft sind schließlich die Denotified Tribes. Sie waren einst sogar unter der Bezeichnung Criminal Tribes bekannt, bis es 1952 eine Gesetzesreform gab und 198 Stämme und Kasten offiziell anerkannt wurden. Viele leben als Nomaden oder Halbnomaden, an den Rand der Gesellschaft gedrängt.

Mehr über die indischen Stammesgruppen findet man auf www.tribal.nic.in, einer Website des Ministeriums für Stammesangelegenheiten der indischen Regierung.

Um die Lage der Dalits zu verbessern, reserviert ihnen die Regierung ein beträchtliches Kontingent an Arbeitsplätzen im öffentlichen Sektor, Parlamentssitze und Universitätsplätze. Unter die Quotenregelung fallen heute fast 25 % der Jobs im Staatsdienst und der Studienplätze.

ADIVASI

Die Wurzeln der indischen Adivasi (Stammesgemeinschaften; auf Sanskrit bedeutet Adivasi „Ureinwohner") reichen in die Zeit bis vor dem Auftauchen der vedischen Arier und der Drawiden im Süden zurück. Dem Zensus von 2001 zufolge sind 84 Mio. Inder Adivasi, das sind 8,2 % der Bevölkerung; sie gehören über 400 verschiedenen Stammesgruppen an. Die Alphabetisierungsrate der Adivasi beträgt laut Zensus 29,6 %, verglichen mit 65,4 % der Gesamtbevölkerung.

Der Kontakt zwischen Adivasi und Hindu-Dorfbewohnern führte in der Geschichte nur sehr selten zu Spannungen, gab es doch nur wenig oder gar keinen Wettbewerb um Ressourcen und Land. In den vergangenen Jahrzehnten wurde jedoch das angestammte Land von immer mehr Adivasi enteignet, die deshalb zu verarmten Arbeitern abstiegen. Dank eines parlamentarischen Quotensystems sind die Adivasi zwar nach wie vor politisch repräsentiert, doch ihre Enteignung und Ausbeutung geschah angeblich manchmal mit stillschweigender Billigung der Behörden; die Regierung bestreitet diese Anschuldigungen jedoch. Wie auch immer die Wahrheit aussieht – solange nicht mehr unternommen wird, sehen die Adivasi einer unsicheren Zukunft entgegen.

Mehr über die Adivasi erfährt man in den Büchern *Archaeology and History: Early Settlements in the Andaman Islands* von Zarine Cooper, *The Tribals of India* von Sunil Janah und *Tribes of India: The Struggle for Survival* von Christoph von Fürer-Haimendorf.

ZIVILISATIONEN

The Wonder That Was India von A. L. Basham bietet Beschreibungen der indischen Zivilisationen, bedeutenden Religionen und sozialen Sitten – ein guter thematischer Ansatz, um die verschiedenen Fäden zusammenzuweben.

Die Situation variiert allerdings von Region zu Region, da verschiedene Politiker auf Stimmenfang gehen, indem sie Quoten versprechen. Das Reservierungssystem wird im Allgemeinen gelobt. Aber auch Kritik wird laut, da so eventuell Menschen mit guten Leistungen keinen Studien- oder Arbeitsplatz bekommen.

Pilgerfahrten

Mindestens einmal im Jahr sollten gläubige Hindus eine *yatra* (Pilgerfahrt) machen. Pilgerfahrten werden unternommen, um die Götter zu bitten, einen Wunsch zu erfüllen, um die Asche eines verstorbenen Verwandten zu einem heiligen Fluss zu bringen oder um spirituelle Würde zu erlangen. In Indien gibt es Tausende heilige Pilgerstätten; viele ältere Pilger wählen Varanasi als ihre letzte, denn wer in dieser heiligen Stadt stirbt, so heißt es, werde vom Kreislauf der Wiedergeburt befreit.

Die meisten indischen Feste sind religiösen Ursprungs und ziehen deshalb Pilger an. Das sollte man als Traveller bedenken, selbst bei Festen, die ein karnevalistisches Flair haben.

Frauen in Südindien

Südindische Frauen haben – speziell in Kerala – generell mehr Freiheiten als ihre Geschlechtsgenossinnen im Norden. Kerala ist in mancher Hinsicht einzigartig, beispielsweise ist es der Bundesstaat mit der höchsten Bildungsrate und bekannt für seine matrilineare Tradition. Man kann nur darüber spekulieren, warum die weibliche Verwandtschaft hier so wichtig ist. Ein Erklärungsversuch ist, dass sich dies aus den anhaltenden Kriegen im 10. und 11. Jh. entwickelt hat. Viele Männer waren in der Ferne und die Frauen übernahmen daheim die Verantwortung. Andere sagen, dass Männer eher lockere Verbindungen zu Frauen eingegangen sind und die daraus entstandenen Kinder in der Obhut der Familie der Mütter aufwuchsen. Egal, was die Gründe sind: Bis zum 14. Jh. war die matrilineare Gesellschaft in vielen Gemeinden Keralas fest etabliert und so blieb es ziemlich unverändert bis ins 20. Jh. hinein. Kerala war 1938 auch der erste Bundesstaat Indiens, der weibliche Polizisten ausbildete. 1973 gab es hier sogar die erste rein weibliche Polizeiwache.

Auch in anderen Teilen Südindiens, etwa Tamil Nadu, hatten Frauen immer mehr Freiheiten als im Rest des Landes. Das Matriarchat hat auch in tamilischen Gemeinden eine lange Tradition. Man verheiratete Cousins und Cousinen, was bedeutete, dass Frauen nicht fortgehen mussten, um mit Fremden zu leben. Die Ermordung von Frauen wegen der Mitgift und die Tötung weiblicher Babys waren bis vor nicht allzu langer Zeit in Indien fast unbekannt, aber die steigende Wichtigkeit von Konsum, der von den alten Traditionen Besitz ergreift, macht die Mitgift immer teurer – und so sind die belegten Fälle dieser Tötungen angestiegen.

Frauen dürfen in ganz Indien wählen und Eigentum besitzen. Obwohl der Prozentsatz der Frauen in der Politik in den letzten Jahren gestiegen ist, sind sie im Nationalparlament mit einem Anteil von ca. 10 % noch immer deutlich unterrepräsentiert.

Auch wenn die Berufswelt von Männern dominiert wird, so stoßen Frauen besonders in den Städten immer weiter in Männerdomänen vor. Die Frauen in den Dörfern haben es schon weitaus schwerer, sich durchzusetzen. Oft werden sie schon früh verheiratet, um ihre Versorgung zu garantieren. In einkommensschwachen Familien werden vor allem Mädchen als finanzielle Last empfunden, weil für sie bei der Heirat häufig eine Mitgift aufgebracht werden muss.

Chokher Bali, nach dem gleichnamigen Roman von Rabindranath Tagore, ist ein ergreifender Film des Regisseurs Rituparno Ghosh über eine junge Witwe, die Anfang des 20. Jhs. in Bengalen lebt und die „Regeln der Witwenschaft" in Frage stellt – etwas zur damaligen Zeit Undenkbares.

Stadtbewohnerinnen der Mittelschicht haben materiell ein viel komfortableres Leben, doch auch sie müssen sich bestimmten Zwängen unterwerfen. Im Großen und Ganzen ist es zwar wahrscheinlicher, dass eine Frau in der Stadt in den Genuss einer Hochschulausbildung kommt, aber sobald sie verheiratet ist, wird auch von ihr erwartet, dass sie sich an das Leben ihrer Schwiegereltern „anpasst" und in erster Linie Hausfrau ist. Wenn sie den Erwartungen nicht entspricht – sei es auch nur, weil sie keinen Enkel auf die Welt bringt – kann das für sie genauso wie für die Frauen in den Dörfern katastrophale Folgen haben. In extremen Fällen kommt es immer noch zur „Brautverbrennung", bei der Frauen mit einer brennbaren Flüssigkeit übergossen und angezündet werden. Zuverlässige Statistiken gibt es nicht, aber einige Frauenrechtsorganisationen behaupten, dass auf jeden registrierten Fall ungefähr 250 nicht registrierte kommen und dass weniger als 10 % der gemeldeten Fälle dann auch strafrechtlich verfolgt werden.

Auf anhaltende Frauenrechtskampagnen hin erließ das indische Parlament im Oktober 2006 ein bahnbrechendes Gesetz (als Erweiterung bereits bestehender Gesetze), das Opfern von häuslicher Gewalt mehr Schutz und Rechte verleiht. Nach dem neuen Gesetz haben missbrauchte Frauen das Recht, im ehelichen Haus zu bleiben. Außerdem verbietet das Gesetz emotionale und physische Schikane, mit der eine Mitgift erzwungen werden soll. Kritiker weisen darauf hin, dass viele Frauen – vor allem außerhalb der Großstädte – aus Angst vor sozialer Diskriminierung den gesetzlichen Schutz nicht in Anspruch nehmen.

Laut Verfassung dürfen Geschiedene (und Witwen) zwar wieder heiraten, doch nur relativ wenige tun dies, schlicht und einfach weil Geschiedene traditionell als gesellschaftliche Außenseiter angesehen werden, was außerhalb der großen Städte am deutlichsten wird. Die Scheidungsrate in Indien ist eine der niedrigsten in der Welt, obwohl sie von 0,7% im Jahr 1991 auf etwa 1,1% im Jahr 2009 gestiegen ist.

Cricket

In puncto Sport dreht sich in Indien alles um Cricket! Traveller, die auch nur das kleinste Fünkchen Interesse an diesem Spiel bekunden, werden wahrscheinlich von Einheimischen unterschiedlichster Cou-

Cricketfans werden von den Büchern *The Illustrated History of Indian Cricket* von Boria Majumdar und *The States of Indian Cricket* von Ramachandra Guha begeistert sein.

HIJRAS

Hijras sind eine Kaste der Tansvestiten und Eunuchen, die sich wie Frauen kleiden. Einige sind schwul, einige sind Hermaphroditen und einige wurden Opfer einer Entführung und Kastrierung. Da es traditionell missbilligt wird, in Indien offen als Schwuler zu leben, haben die *hijras* sich als eine Art drittes Geschlecht etabliert. Sie arbeiten überwiegend als uneingeladene Unterhalter bei Hochzeiten und bei Feiern zur Geburt von Söhnen, manchmal auch als Prostituierte.

Mehr über die *hijras* erfährt man in den Büchern *The Invisibles* von Zia Jaffrey und *Ardhanarishvara the Androgyne* von Dr. Alka Pande.

leur – von Taxifahrern oder IT-Yuppies – in eine leidenschaftliche Diskussion verwickelt. Cricket fasziniert alle Gesellschaftsschichten, es ist mehr als nur ein Sport – es ist eine Frage des Nationalstolzes, was sich besonders immer dann zeigt, wenn Indien gegen Pakistan antritt. Spiele zwischen diesen beiden südasiatischen Nachbarn, die seit der Unabhängigkeit ziemliche Probleme miteinander haben, ziehen Heerscharen von Fans an und die Spieler stehen unter einem kolossalen Druck, um die Erwartungen ihrer Landsleute zu erfüllen.

In Südindien hat auch Fußball eine große Fangemeinde, speziell in Goa und Kerala. Mitte 2011 belegte Indien den 158. Platz der Fifa-Weltrangliste.

Das erste dokumentierte Cricketspiel Indiens fand 1721 statt. 1952 gewann das Land in Chennai seine ersten Test-Matches gegen England. Das heutige Cricket, besonders die jüngste Spielform Twenty20 (www.cricket20.com) ist in Indien ein riesiges Geschäft, das den Spielern attraktive Sponsorenverträge und Promistatus beschert. Doch dieser Sport hatte immer auch seine Schattenseiten, immer wieder waren indische Cricketspieler in den letzten Jahren in Wettskandale verwickelt.

Internationale Spiele finden an verschiedenen Orten statt; Infos zu gerade stattfindenden Matches stehen in den indischen Zeitungen und im Internet. Wer in der Cricketwelt auf dem Laufenden bleiben will, der kann sich auf den Seiten www.espncricinfo.com (von vielen Cricketliebhabern äußerst geschätzt) und www.cricbuzz.com informieren.

Köstliches Südindien

Die legendäre Küche Südindiens präsentiert sich als kulinarischer Karneval, eine Sinfonie aus Farben, Aromen, Düften und Konsistenzen. Wie so vieles andere in Südindien ist auch die Küche nur schwer zu beschreiben, weil sie aus so vielen unterschiedlichen Gerichten besteht, jedes mit seiner eigenen Zubereitungsart und speziellen Zutaten. Und diese wunderbare Vielfalt wartet als köstliche Belohnung auf jeden, der sich durch den dampfigen Süden futtert.

Auch wenn südindische Mahlzeiten ab und zu recht einfach scheinen – jede Menge Reis, gewürztes Gemüse, Quark und ein Klecks indisches Pickle, manchmal auf einem Bananenblatt-Teller serviert – versteckt sich hinter dieser trügerischen Einfachheit ein sinnliches und vielschichtiges Repertoire von Geschmacksempfindungen. Dazu kommen die ausgeprägten regionalen Varianten, von den kolonial geprägten Speisen Goas bis zu Keralas traditionellen Spezialitäten aus dem Meer, zusammen mit jeder Menge exotischer Früchte und Gemüsesorten – mehr als genug, um die Geschmacksknospen zu reizen!

Dakshin Bhog (2007) von Santhi Balaraman bietet einen leckeren Mischmasch südlicher Sternstunden, von kultigen Dosas und *idlis* bis zu *kootan choru* (Gemüsereis).

Ein kulinarischer Karneval

Die kulinarische Geschichte Südindiens ist sehr lang. Die heutige Küche bildet eine außergewöhnliche Mischung aus regionalen und globalen Einflüssen ab. Von der traditionellen indischen Speise, in einfachen Dorfküchen gewissenhaft zubereitet, bis zu den hoch aufgetürmten Pizzas im italienischen Stil, die in den weltoffenen Restaurants der Städte serviert werden – der Karneval der Aromen in diesem Teil der Welt ist geradezu spektakulär.

Gewürze

Christoph Kolumbus war eigentlich auf der Suche nach dem berühmten schwarzen Pfeffer von Kerala an der Malabarküste, als er über Amerika stolperte.

Kurkuma gilt als Essenz nahezu aller indischen Currygerichte, während Koriandersamen das am häufigsten gebrauchte Gewürz sind und eigentlich allen pikanten Gerichten Aroma und Gehalt verleihen. Die meisten indischen Saucengerichte – die im Westen allgemein als Curry bekannt sind – beginnen mit brutzelndem Kreuzkümmel in Öl. Tamarinde – manchmal auch als indische Dattel bezeichnet – ist im Süden ein besonders beliebter saurer Aromageber. Der grüne Kardamom aus den Western Ghats Keralas gilt vielen als der beste der Welt. Er passt zu herzhaften Gerichten, Nachtisch und wärmendem Chai (Tee). Safran, der aus den getrockneten Stempelfäden der Krokosblüte besteht, wird in Kaschmir angebaut. Für 1 g Safran müssen über 1500 Blüten von Hand gepflückt werden! Oft im Kochtopf landen zudem Zimt, Curryblätter, Muskat und Knoblauch.

Fisch ist ein Nahrungsmittel der nichtvegetarischen Marathi-Küche; Das charakteristische Fischgericht in Maharashtra ist *bombil* (Bombay-Ente; eine Fehlbezeichnung für diesen glibberigen hechtähnlichen Fisch), der frisch oder getrocknet gegessen wird.

Ein *masala* (frei übersetzt: „gemischt") ist eine Mischung aus trocken gerösteten Grundgewürzen. Besonders beliebt ist das *garam masala* (heiße Mischung), eine Kombination von bis zu 15 Gewürzen, die je nach Jahreszeit verwendet werden.

Eine weitere gebräuchliche Zutat, der rote Chili, wird oft getrocknet oder eingelegt verwendet (in ländlichen Gegenden kann man Chili sehen, der am Straßenrand zum Trocknen ausgebreitet wird). Er dient natürlich der Schärfe, aber auch dem Geschmack eines Gerichts.

GEWÜRZE

Viele nützliche Tipps, etwa wie Gewürze am besten gelagert werden, enthält Monisha Bharadwajs *Die indische Küche. Symphonie der Gewürze, Düfte und Aromen.* Ein cleveres Kochbuch mit über 200 traditionellen Rezepten!

Reisparadies

Reis ist das bekannteste Nahrungsmittel Südindiens. Es ist Bestandteil nahezu jeder Mahlzeit und wird für alles und jedes verwendet, von lockeren *idlis* (vergorenen Reiskuchen) und Dosas (großen, würzigen Pfannkuchen) bis zu auserlesenen *mithai* (indischen Süßigkeiten).

Nach China ist Indien der zweitgrößte Reisproduzent und -konsument der Welt, und der größte Teil des Reises wird im Süden angebaut. Weißer Langkornreis wird am häufigsten verwendet und gekocht zu jedem „feuchten" Gericht serviert. Er wird in einem würzigen Biryani oder einem Pilau (oder Pilaf; in Brühe gekochter und gewürzter Reis) mitgekocht oder einfach mit einer Prise Kurkuma oder Safran aromatisiert.

Verdammt tolles Brot

Die traditionellen indischen Brotsorten stammen größtenteils aus dem Norden, viele Sorten werden aber auch in südindischen Gebieten angeboten. *Roti* und *chapati* sind die allgemein geläufigen Namen für Brot nach indischer Machart, beide beschreiben das Gleiche: ein unwiderstehliches, ungesäuertes rundes Brot aus Weizenkornmehl, das auf einer *tawa*, einer flachen heißen Pfanne, gebacken wird. *Puri* ist ein Brot, das sich im Fett ausgebacken zu einem knusprigen Ballon aufbläht. *Kachori* wird ähnlich zubereitet, der Teig aber mit Mais oder Dal angereichert, sodass das Brot dadurch wesentlich dicker wird. Das ungesäuerte blättrige *paratha* kann pur oder mit einer Füllung wie *paneer* (weicher indischer Frischkäse) gegessen werden. *Naan*, das die Form einer Träne aufweist, ist ein dickeres Fladenbrot, das in einem Tonofen (*tandoor*) gebacken wird. Es schmeckt besonders lecker mit Knoblauch gewürzt.

DAS GROSSARTIGE SÜDINDISCHE THALI

In Südindien ist Thali eine beliebte Mittagsmahlzeit. Billig, sättigend, gesund und unglaublich lecker steht es für die genial einfache indische Küche. Im Norden Indiens werden Thalis für gewöhnlich auf einer Metallplatte mit Vertiefungen für diverse Beilagen serviert (der Name Thali kommt von der Platte), im Süden dagegen wird ein Thali traditionell auf einer flachen Metallplatte gereicht, die mit einem frischen Bananenblatt bedeckt ist – oder aber gleich nur auf einem Bananenblatt.

Im Restaurant kann man dem heimischen Brauch folgen und etwas Wasser auf das Blatt gießen und dann mit der rechten Hand verteilen. Schon bald wird der Kellner mit einer großen Schüssel Reis kommen und Berge davon auf die Teller häufen, gefolgt von Dal, *sambar* (Sauce auf Linsenbasis), *rasam* (mit Tamarinde aromatisierte Dal-Brühe), Gemüsegerichten, Chutneys, Pickles und *dahi* (Quark/Joghurt). Mit den Fingern der rechten Hand werden die verschiedenen Beilagen mit dem Reis vermischt und zu mundgerechten Bällchen geformt, die dann mit Hilfe des Daumens in den Mund befördert werden. Es gilt als schlechter Stil, die Hand in den Mund zu stecken oder die Finger abzuschlecken. Die richtige Thali-Technik lernt man am besten durch Beobachten anderer Gäste. Zum Reinigen steht meist ein Wasserschälchen für die Finger auf dem Tisch. Die Kellner bringen solange Nachschub, bis man mit einer Abwehrgeste anzeigt, dass man genug hat.

TIEFSEEKÖSTLICHKEITEN

Bei etwa 7500 km Küstenlinie dürfte es niemanden überraschen, dass Meeresfrüchte ein wichtiges Nahrungsmittel auf dem Subkontinent sind, vor allem an der Westküste von Mumbai (Bombay) und bis hinunter nach Kerala. Besonders Goa ist unter Travellern bekannt für seine üppigen Garnelengerichte und feurigen Fischcurrys, aber man kann die gesamte Konkanküste Südindiens mit ihren vielen kleinen, vom Fischfang lebenden Dörfern für ihre einzigartigen Meeresfrüchte-Kreationen rühmen.

Dal-ikat!

Dal ist zusammen mit Reis eine der Hauptbestandteile südindischer Speisepläne. Die häufigsten Formen sind *sambar* und *tuvar* (gelbe Linsen). Es gibt nahezu 60 verschiedene Hülsenfrüchte, darunter *channa,* eine etwas süßere Variante der gelben Schälerbse, kleine gelbe oder grüne Ovale genannt *moong* (Mungobohnen), lachsfarbene *masoor* (rote Linsen), *rajma* (Kidneybohnen), *urad* (Urd- oder Linsenbohnen) und *lobhia* (Augenbohnen).

Dakshin: Vegetarian Cuisine from South India von Chandra Padmanabhan (2006) ist ein leicht zu lesendes und wunderschön illustriertes Buch mit südindischen Rezepten.

Früchte (und Gemüsesorten) von Mutter Natur

Jeder südindische Markt verwöhnt seine Besucher mit einem riesigen und bunt gemischten Sortiment von frischen Früchten und Gemüsesorten, die aus großen Körben quellen oder zu hübschen Pyramiden aufgebaut sind. Der Süden ist ganz besonders bekannt für seine Unmengen von tropischen Früchten wie Ananas und Papaya. Mangos sind in den Sommermonaten (besonders April und Mai) im Überfluss vorhanden; Indien kann mehr als 500 Varietäten vorweisen, das Highlight dieser Köstlichkeiten ist die süße Alphonso.

Bei so vielen Vegetariern in der Region nimmt *sabzi* (Gemüse) natürlicherweise einen großen Teil des Speiseplans ein. Gemüse kann gebraten, geröstet, in Currys verarbeitet, gebacken, zerstampft und in Dosas gefüllt oder in Teig gewickelt als *pakoras* frittiert werden. Kartoffeln sind überall erhältlich und werden gern mit verschiedenen Masalas gekocht, mit anderen Gemüsearten gemischt oder zerstampft und gebraten als Straßensnack *aloo tikka* (Kartoffelküchlein) verkauft. Zwiebeln werden mit anderem Gemüse gebraten, zu einer Paste für Fleischgerichte gemahlen und roh als Relish serviert. Blumenkohlköpfchen werden gewöhnlich trocken allein gegart, mit Kartoffeln zu *aloo gobi* (Kartoffel-Blumenkohl-Curry) verarbeitet oder mit anderem Gemüse wie Karotten und Bohnen gekocht. Ebenfalls beliebt ist *saag* (ein allgemeiner Ausdruck für Grünzeug) wozu auch Senfblätter, Spinat und Bockshornklee zählen. Etwas ungewöhnlicher ist die *karela* (Bittermelone) mit der zerfurchten Schale, die ebenso wie die köstliche *bhindi* (Okra) normalerweise trocken mit Gewürzen zubereitet wird.

In Küstengebieten, vor allem in Goa und Kerala, geht nichts über die Verkaufsstände am Strand, wenn man eine frische, günstige Fischmahlzeit genießen möchte – man bekommt gebratene Muscheln, Garnelen und Kalamari, aber auch gedämpften Fisch, Krabben und Hummer.

Vegetarier & Veganer

Südindiens vegetarische Küche ist absolut phänomenal. Es gibt nur wenig Verständnis für Veganismus (der Begriff *pure vegetarian*, „rein vegetarisch", bedeutet ohne Eier), und tierische Produkte wie Milch, Butter, Ghee und Quark sind in den meisten Gerichten enthalten. Für Veganer besteht das größte Problem wahrscheinlich darin, dem Koch die genauen Bedürfnisse verständlich zu machen.

Weitere Informationen gibt es im Internet – gute Seiten für den Anfang sind etwa Indian Vegan (www.indianvegan.com) und Vegan World Network (www.vegansworldnetwork.org).

Mangalore an der Küste Karnatakas ist berühmt für seine überaus aromatischen Meeresfrüchte-Gerichte. Die feurige Küche ist vielseitig, eigenständig und geprägt von der freigebigen Verwendung von Chili und frischer Kokosnuss.

Pickles, Chutneys & Relishes

Eine indische Mahlzeit ist nicht wirklich vollständig ohne eines der oben genannten Dinge – oder ohne alle drei. Ein Relish kann alles sein, von einer kleinen eingelegten Zwiebel bis zu einer filigranen Zusammenstellung aus Früchten, Nüssen und Gewürzen. Eine der beliebtesten Beilagen ist *raita* (gekühlt servierter, mild gewürzter Jogurt, häufig mit zerkleinerter Gurke oder gewürfelter Ananas), ein die Zunge kühlender Gegenpart zum würzigen Essen. *Chatnis* (Chutneys) gibt es in unzähligen Varianten (süß oder pikant) und sie können aus vielen verschiedenen Gemüsearten, Früchten, Kräutern und Gewürzen zubereitet werden. Man sollte allerdings Vorsicht walten lassen, bevor man dieses eingelegte Stückchen oben auf dem Thali verdrückt; es könnte das Schärfste sein, das einem jemals untergekommen ist.

Milchprodukte

Milch und Milchprodukte sind ein wesentlicher Bestandteil der indischen Küche: *Dahi* (Quark/Joghurt) wird gewöhnlich zu den Mahlzeiten serviert und hilft hervorragend gegen die Schärfe; *paneer* (oder *panir*) ist ein Geschenk des Himmels für die Mehrheit der Vegetarier; *lassi* ist eines von vielen nahrhaften süßen und herzhaften Getränken; *ghee* ist das traditionelle Speisefett der Wahl, und einige der feinsten *mithai* (indische Süßigkeiten) werden mit Milch hergestellt.

Ausgesprochen süß

Indien ist berühmt für seine überaus bunte Vielfalt von oft klebrigen und matschigen *mithai* (indische Süßigkeiten), die meisten davon sündhaft zuckrig. Die wichtigsten sind *barfi* (eine Art Toffee auf Milchbasis), weiche *halwa* (aus Gemüse, Getreide, Linsen, Nüssen oder Früchten), *ladoos* (süße Bällchen aus Erbsenmehl und Grieß) und süße Bällchen aus *chhana* (nicht gepresster Paneer) wie *rasgullas* (Bällchen aus Frischkäse, aromatisiert mit Rosenwasser). Es gibt auch einfachere – aber genauso leckere – Angebote wie knusprige *jalebis* (orangefarbene Teigringe, frittiert, in Zuckersirup getunkt und heiß serviert), die man im ganzen Land bekommt.

Payasam (im Norden *kheer* genannt) ist eine der beliebtesten Nachspeisen, ein cremiger Reispudding mit leichtem, köstlichem Aroma, angereichert mit Kardamom, Safran, Pistazien, Mandelblättchen, gehackten Cashewnüssen oder geschnittenen Trockenfrüchten. Ebenfalls beliebt sind *gulab jamuns,* frittierte Teigbällchen, getränkt in nach Rosen duftendem Sirup, und *kulfi,* harte Eiscreme aus eingedickter Milch und aromatisiert mit allen Arten von Nüssen (häufig Pistazien), Früchten oder Beeren. In den Bergregionen von Maharashtra gibt es *chikki,* ein steinhartes Karamellkonfekt.

Pappadams (gemeinhin auch *pappad* genannt) sind dünne, knusprige, runde Waffeln aus Linsen- oder Kichererbsenmehl, die vor oder zu einer Mahlzeit gereicht werden.

PAAN

Mahlzeiten werden häufig mit *paan* abgerundet, einer duftenden Mischung aus Betelnüssen (auch Arekanüsse genannt), Limettenpaste und Gewürzen, die in ein essbares seidiges *paan*-Blatt gewickelt wird. Angepriesen von Händlern, die strategisch günstig vor gut besuchten Restaurants stehen, werden *paans* als verdauungsförderndes Mittel und Munderfrischer gegessen. Die Betelnuss ist ein schwaches Narkotikum und manche Fans essen *paan* auf die gleiche Art wie schwere Raucher Zigaretten konsumieren – über die Jahre verfärben sich die Zähne dieser Leute und verfaulen.

Paan gibt es in zwei Ausführungen: *mitha* (süß) und *saadha* (mit Tabak). Ein Päckchen *mitha paan* ist bestens geeignet, eine gelungene Mahlzeit abzuschließen. Man schiebt sich das ganze Päckchen in den Mund und kaut langsam, damit sich die Wirkung entfalten kann.

UNTERWEGS ESSEN: TIPPS

Bei Straßenverkäufern zu essen, ist eines der besonderen Erlebnisse auf einer Reise durch Südindien. Hier kommen einige Tipps, um Magenprobleme zu vermeiden:

» Man sollte sich ein paar Tage Zeit gönnen, um sich an die Bedingungen anzupassen und allmählich zu akklimatisieren.

» Das Volk stimmt mit den Füßen ab: Wenn die Einheimischen um einen Stand einen großen Bogen machen, sollte man es ihnen gleichtun. Stets ein wachsames Auge auf die Kundschaft werfen – Orte, an denen man viele Familien antrifft, sind vertrauenswürdig!

» Checken, wie und wo der Verkäufer sein Kochgeschirr reinigt und seine Speisen lagert. Werden die Speisen in Öl gebrutzelt, genügt oft ein kritischer Blick, um sicherzugehen, dass es einigermaßen frisch ist. Sind Geschirr und Arbeitsflächen schmutzig, kleben Essensreste daran oder kreisen zu viele Fliegen um die Speisen, sollte man sich nicht scheuen, zügig den Rückzug anzutreten.

» Keine Panik, wenn der Koch einen bestellten frittierten Imbiss zurück in den Wok wirft. Es ist gang und gebe, die Snacks vorzugaren und sie, kurz bevor sie aufgetischt werden, zu Ende zu garen. Und: Durch das erneute Aufbacken werden etwaige Keime abgetötet.

» Fleisch sollte man auf der Straße eher nicht essen.

» Der Hygienestandard an Saftständen ist extrem unterschiedlich, also Vorsicht! Man sollte sich den Saft vor den eigenen Augen pressen lassen und auf saubere Krüge und Gläser achten.

» Nicht auf besonders glänzende vorgeschnittene Melonenstücke und andere Früchte hereinfallen – oft sind sie mit (unsauberem) Wasser bespritzt.

Jedes Jahr werden geschätzte 14 t reines Silber in die essbare Folie verwandelt, die viele indische Süßigkeiten dekoriert, besonders während des Diwali-Festes.

Straßensnacks

Egal zu welcher Tageszeit, die Straßenverkäufer braten, kochen, rösten, schälen, sieden, mischen, machen Saft oder backen immer irgendeine Art von Ess- oder Trinkbarem, um hungrige Fußgänger anzulocken. Kleine Stände bieten gewöhnlich den ganzen Tag nur eine Spezialität an, andere Verkäufer haben unterschiedliche Gerichte für Frühstück, Mittag- und Abendessen. Die Mahlzeiten unterscheiden sich je nach Stadtteilen, Städten und Regionen. Manches ist so einfach wie gepuffter Reis oder in heißem Sand geröstete Erdnüsse, manches so unerwartet wie ein gewürztes Spiegelei-Sandwich oder so komplex wie der Wildwuchs an verschiedenen Geschmacksrichtungen, den man *chaat* (würzige Snacks) nennt.

Verteufelt köstliche frittierte Snacks sind das Grundnahrungsmittel auf südindischen Straßen. Man findet sättigende Samosas (frittierte Teigdreiecke, gefüllt mit gewürztem Gemüse und seltener Fleisch) und *bhajia* (frittierte Gemüsesticks) in unterschiedlichen Würzgraden. In Maharasthra ist der *vada pao* sehr beliebt, eine Art Veggie-Burger, ein frittierter Kartoffeltaler im Brötchen, serviert mit scharfen Chilis und würzigen Chutneys. Großartige Kebabs mit weichem Quark und in warmes indisches Brot gewickelt findet man üblicherweise in Stadtteilen mit einer großen muslimischen Gemeinde.

CURRY

Technisch gesehen gibt es so etwas wie ein indisches „Curry" nicht – das Wort ist ein anglisierter Abkömmling des tamilischen *kari* (Sauce), das die Briten für jedes Gericht verwendeten, das Gewürze enthielt.

Sitten & Gebräuche rund ums Essen

Drei Hauptmahlzeiten am Tag sind die Norm. Die Menschen in Südindien frühstücken in der Regel zeitig, dann gibt es einen Thali zu

GROSSER BAHNHOF FÜR SNACKS

Für einen Nervenkitzel der besonderen Art sorgt eine Zugfahrt durch Indien: An nahezu jedem Bahnhof erwartet nämlich ein kulinarischer Zirkus die Reisenden. Fliegende Händler warten auf die ankommenden Züge, schreien und jagen in und aus den Wagen. Früchte, *namkin* (würzige Häppchen), Omelettes, Nüsse und Süßigkeiten werden durch die Fenstergitter gereicht. Auf dem Bahnsteig versuchen Köche, die Reisenden mit brutzelnden Köstlichkeiten wie frischen Samosas aus dem Zug zu locken. Versierte Zugfahrer wissen, welcher Bahnhof berühmt für welches Essen ist: Der Bahnhof Lonavla in Maharashtra etwa ist weithin bekannt für *chikki* (Karamellkonfekt).

Mittag und/oder einige *tiffin* (ein Allzweckbegriff aus der Ära der britschen Herrschaft für Zwischenmahlzeiten) über den Tag verteilt. Das Abendessen – üblich sind mehrere Gänge mit Reis, Gemüse, Quark und würzigen Beilagen – kann eine späte Angelegenheit sein (nach 21 Uhr), je nach persönlicher Vorliebe und Jahreszeit (z.B. spätes Essen in den wärmeren Monaten). In den Restaurants ist normalerweise erst nach 21 Uhr etwas los. Die Gerichte werden für gewöhnlich alle auf einmal und nicht als Gänge serviert. Nachtisch gibt es nach Wunsch und sehr häufig während Festen oder anderer besonderer Gelegenheiten. Obst schließt oft eine Mahlzeit ab.

Rezepte findet man im Internet etwa unter: www.indische-kueche.com, www.thokalath.com/cuisine (englisch), www.indianfoodforever.com (englisch).

Spirituelle Nahrung

Viele Menschen in Indien betrachten das Essen als ebenso ausschlaggebend für den Feinschliff der Seele wie für die Versorgung des Körpers. Grob gesagt, vermeiden Hindus traditionell Nahrungsmittel, die als hinderlich für die physische und geistige Entwicklung gelten, obgleich es nur wenige Patentrezepte gibt. Das Rindfleisch-Tabu (die Kuh ist für Hindus heilig) ist die strengste Einschränkung. Jainas meiden Speisen wie Knoblauch und Zwiebeln, weil sie glauben, dass sie (abgesehen davon, dass sie Insekten verletzen könnten, wenn man sie bei der Ernte aus der Erde zieht) das Blut erhitzen und sexuelles Begehren entfachen. Es gibt vegetarische Restaurants, die aus diesem Grund auf das Fehlen von Knoblauch und Zwiebeln in ihren Gerichten hinweisen. Strenggläubige Hindus meiden Knoblauch und Zwiebeln ebenfalls, auch aus den meisten Aschrams sind sie verbannt.

Einige Lebensmittel, etwa Milchprodukte, gelten als von Natur aus rein und werden gegessen, um Körper, Geist und Seele zu reinigen. Auch Ayurveda, die alte Wissenschaft von Leben, Gesundheit und Langlebigkeit, beeinflusst Essgebräuche (s. Kasten S. 328).

Wer neugierig auf ayurvedische Behandlungen ist, die auch Mahlzeiten einschließen, kann einen Blick in Anuradha Singhs *Healthy Living with Ayurveda* (2005) werfen.

Schweinefleisch ist für Muslime tabu und Stimulanzien wie Alkohol werden von den meisten Strenggläubigen gemieden. *Halal* ist der Begriff für alle zulässigen Nahrungsmittel, *haram* heißen die verbotenen. Fasten wird als Gelegenheit gesehen, Allahs Zustimmung zu erlangen, das Sündenregister zu löschen und das Leid der Armen zu verstehen.

Buddhisten und Jainas haben sich der Philosophie der *ahimsa* (Gewaltlosigkeit) verschrieben und sind überwiegend Vegetarier. Das zentrale Dogma des Jainismus ist ein Ultra-Vegetarismus und es gibt strenge Beschränkungen, um selbst die mögliche Verletzung eines lebenden Wesens zu vermeiden.

In den indischen Sikh-, Christen- und Parsigemeinden gibt es wenige oder keine Einschränkungen des Essverhaltens.

Die Festtafel

Obwohl die meisten Hindufeste einen religiösen Kern haben, sind viele auch großartige Gelegenheiten für begeistertes Schlemmen. Süßigkeiten zählen zu den luxuriösesten Lebensmitteln und jeder besondere

Anlass wird mit einer spektakulären Auswahl gefeiert. *Karanjis,* halbmondförmige Mehlpäckchen gefüllt mit süßen *khoya* (feste Milchstückchen) und Nüssen sind gleichbedeutend mit Holi, dem ausgelassensten Hindu-Fest. Und das wäre auch nicht dasselbe ohne die klebrigen *malpuas* (in Sirup getunkte Weizenpfannkuchen), *barfis* und *pedas* (bunte Stückchen *khoya* und Zucker). Pongal ist das bedeutendste Erntefest im Süden und aufs Engste verbunden mit dem Gericht gleichen Namens aus dem ersten Reis der Saison, mit Palmzucker, Nüssen, Rosinen und Gewürzen. Diwali, das Lichterfest, wird im ganzen Land gefeiert, und manche Regionen haben spezielle Diwali-Süßigkeiten; wer gerade in Mumbai ist, kann in den köstlichen *anarsa* (Reismehlkeksen) schwelgen.

Ramadan ist der islamische Fastenmonat, bei dem die Muslime von Tagesanbruch bis Sonnenuntergang weder essen noch trinken und nicht rauchen. Jeder Fastentag wird mit Datteln gebrochen – die Glück verheißen – gefolgt von Früchten und/oder Fruchtsäften. Am letzten Tag des Ramadan, dem Eid al-Fitr, wird die Fastenzeit mit einem üppigen Fest beendet, zu dem herzhafte nichtvegetarische Biryanis und eine ausufernde Fülle besonderer Süßigkeiten gehören.

Complete Indian Cooking (2010) von Mridula Baljekar, Rafi Fernandez, Shehzad Husain und Manisha Kanani enthält eine Menge Favoriten des Südens, darunter Hähnchen mit grüner Mango, Kartoffelpüree-Masala und Goa-Krabbencurry.

Hat jemand Durst?

Nichtalkoholische Getränke

Gujarat ist der einzige Bundesstaat Indiens, in dem Alkohol verboten ist, aber es gibt gegenwärtig im ganzen Land Alkoholgesetze, und in jedem Bundesstaat kann es regelmäßig „trockene" Tage geben, an denen der Verkauf von Alkohol in Spirituosenläden verboten ist. Wer vermeiden will, hohe Steuern zu zahlen, sollte nach Goa gehen, wo das Zechen nicht so exorbitanten Abgaben wie in anderen Bundesstaaten unterliegt. Nur sehr wenige vegetarische Restaurants schenken Alkohol aus.

In Südindien wird sowohl Tee als auch Kaffee angebaut, aber anders als in Nordindien, wo Cappuccino und Latte erst seit ganz kurzer Zeit der letzte Schrei sind, ist Kaffee unten im Süden schon seit langer Zeit ein beliebtes Getränk. In den größeren Städten wuchern die angesagten Kaffeehausketten wie Barista und Café Coffee Day immer weiter und nisten sich verbreitet in Chai-Hochburgen ein. An der Teefront findet man dagegen weiterhin ein breites Sortiment, von Pfefferminz zu Hagebutte und dem guten altmodischen indischen Chai – das ultrasüße milchige Gebräu steht immer noch unangefochten auf Platz eins.

Vor allem in größeren und kleineren Städten findet man allerorten Verkaufsstände für Zuckerrohr- und Fruchtsäfte – hier müssen Besucher auf die Hygienestandards achten. Manche Restaurants denken sich nichts dabei, dem Saft zur Geschmacksverstärkung Salz oder Zucker zuzufügen. Wer das nicht möchte, sollte den Kellner bitten, sie wegzulassen. Kokoswasser ist im Süden auch sehr beliebt, überall stehen Händler neben Bergen grüner Kokosnüsse, mit der Machete in der Hand. Schließlich gibt es noch Lassi, ein erfrischendes und köstliches Joghurtgetränk in süßen und herben Varianten oder mit Früchten vermischt

Informationen zum sicheren Wassergenuss in Indien liefert der Kasten auf S. 562.

Die Akte Alkohol

Geschätzte drei Viertel von Indiens Alkohol trinkender Bevölkerung stürzt einheimische Schnäpse wie den berüchtigten Arrak des Südens hinunter (die Spirituose wird aus Kokospalmsaft, Kartoffeln oder Reis destilliert). Er ist weithin als Drink des armen Mannes bekannt und Millionen sind nach dem Zeug süchtig. Jedes Jahr werden viele Men-

SCHÖNHEITEN DES SÜDENS

Dosas (auch Dosais), große, papierdünne Reismehlpfannkuchen, die gewöhnlich mit einer Schüssel heißem *sambar* (eine dünne Linsensuppe mit gewürfeltem Gemüse) und einer weiteren Schüssel mit kühlendem Kokosnuss-*chatni* (Chutney) serviert werden, sind eine südindische Spezialität, die zu jeder Tageszeit gegessen wird. Die beliebteste Variante ist der Masala Dosa (mit gewürzten Kartoffelscheiben gefüllt), aber es gibt noch viele fantastische Dosas – den Rava Dosa (aus Grieß), den Mysore Dosa (wie Masala Dosa, aber mit mehr Gemüse und Chili) und den Pessarettu Dosa (aus Mungobohnen-Dal) aus Andhra Pradesh.

Der einfache *idli*, ein traditioneller südindischer Snack, ist kalorienarm und nahrhaft und bietet eine willkommene Alternative zu Öl, Gewürz und Chili. *Idlis* sind luftige, runde, weiße fermentierte Reiskuchen, die in *sambar* und Kokosnuss-*chatni* getunkt werden. Dahi Idli ist ein *idli*, der in sehr leicht gewürzten Joghurt getaucht wird – ausgezeichnet für empfindliche Bäuchlein. Weitere tolle Snacks des Südens sind *vadas* (frittiertes Linsengebäck in Doughnut-Form) und *appams* oder *uttappams* (dicke, würzige südindische Reispfannkuchen mit fein gehackten Zwiebeln, grünen Chilis, Koriander und Kokosnuss).

Die Legende sagt, dass Buddha, nachdem er während einer Meditation eingeschlafen war, beschloss, sich zur Strafe die Augenlider abzuschneiden. Die Lider verwuchsen mit der Teepflanze, die aufgebrüht den Schlaf bannt.

Die Weinindustrie des Subkontinents entwickelt sich immer weiter – auf www.indianwine.com kann man sich einen Cyberschluck genehmigen. Prost!

schen vom Methanol in illegal gebranntem Arrak blind oder sie sterben sogar daran.

In Kerala, Goa und Teilen von Tamil Nadu gibt es einen Grog oder Palmwein, ein milchig weißes einheimisches Gebräu aus dem Saft der Kokospalme. Es wird in Töpfen gesammelt, die von den Grogtrinkern an den Bäumen befestigt werden und entweder sofort aus dem Topf getrunken oder destilliert. In Goa nennt man den Grog Feni und stellt ihn entweder aus Kokos her oder – die beliebtere und stärkere Version – aus der Frucht des Cashewbaums. Die fermentierte Flüssigkeit wird zweifach destilliert, was eine K.o.-Mischung mit bis zu 42% Alkoholanteil ergibt. Die Einheimischen trinken ihn normalerweise pur, doch sollten Feni-Jungfrauen ihn besser mit einem Softdrink mischen. Dekorative Feni-Flaschen finden sich in Goas Läden und eignen sich gut als Geschenk oder Souvenir.

Etwa ein Viertel der indischen Getränkeproduktion besteht aus Indian Made Foreign Liquors (IMFLs), in Indien auf einer Spiritusbasis hergestellte ausländische Spirituosen. In den letzten Jahren stieg der Konsum von importiertem Branntwein, und immer mehr Kneipen und Restaurants in der Stadt werben mit einer überwältigenden Vielzahl von einheimischen und ausländischen Labeln.

Bier geht überall gut und viele teurere Bars und Restaurants haben heimische und ausländische Marken auf Lager (Budweiser, Heineken, Corona und dergleichen). Die meisten der eigenen Marken sind unkomplizierte Pilse mit etwa 5% Alkoholgehalt – Kingfisher ist bei vielen Travellern beliebt

Wein ist stetig auf dem Vormarsch, auch wenn die einheimische Weinproduktion immer noch relativ neu ist. Die guten Klima- und Bodenbedingungen in bestimmten Gebieten – etwa Teilen von Maharasthra und Karnataka – haben einige empfehlenswerte Weingüter hervorgebracht, darunter Indage, Grover Vineyards (www.groverwines.com) und Sula Vineyards (www.sulawines.com). Zu den angebauten Trauben gehören Chardonnay, Chenin blanc, Sauvignon blanc, Cabernet sauvignon, Shiraz und Zinfandel. Mehr Infos gibt's im Kasten „Wein aus Nasik" auf S. 86.

Natürlich schön

Mit seinen vielfältigen Landschaften, von üppigen Reisfeldern und luftigen Kokoswäldchen bis hin zu Postkartenstränden und Gebirgszügen, bietet Südindien eine absolut spektakuläre Natur.

Das auffälligste geografische Merkmal der Region ist sein riesiger Gebirgszug. Das Vindhyagebirge, das sich fast über die gesamte Breite der Halbinsel Indien erstreckt und in etwa entlang des nördlichen Wendekreises verläuft, bildet die symbolische Grenze zwischen dem Norden und dem Süden. Südlich des Vindhyagebirges liegt das Dekkan-Plateau (Dekkan ist von *dakshina,* dem Sanskritbegriff für Süden, abgeleitet). Diese dreieckige Fläche uralten Gesteins fällt zum Golf von Bengalen hin sanft ab. Nach Osten und Westen wird das Plateau von den Eastern Ghats und den Western Ghats begrenzt. Einige Abschnitte der Ghats sind heute durch Waldreservate und Nationalparks geschützt.

Die grünen Impulse der indischen Regierung lassen sich auf der Seite des Ministeriums für Umwelt und Wälder, www.envfor.nic.in, verfolgen.

Die Western Ghats (in Goa und Maharashtra Sahyadris genannt) beginnen gleich nördlich von Mumbai (Bombay) anzusteigen und verlaufen parallel zur Küste. In Richtung Süden werden sie immer höher, bis sie die Spitze der Halbinsel erreichen. Die Flüsse des Südens, z.B. der Godavari und der Kaveri, haben ihre Quellgebiete in den oberen Regionen der Western Ghats und münden in den Golf von Bengalen.

Die Eastern Ghats sind nicht ganz so spektakulär. Sie bilden eine niedrigere, immer wieder unterbrochene Bergkette, die zuerst einen Bogen Richtung Chennai (Madras) beschreibt, bevor sie sich nach Norden wendet und fast parallel zur Küste am Golf von Bengalen verläuft. Am Ende verschmilzt sie im zentralen Odisha mit dem Hochland.

Mit 2695 m ist der Anamudi in Kerala der höchste Berg Südindiens. Die Western Ghats haben eine durchschnittliche Höhe von 915 m und sind mit immergrünen Wäldern der tropischen und der gemäßigten Zone und mit sommergrünem Mischwald bedeckt. Der westliche Küstenstreifen zwischen Mumbai und Goa, der Konkanküste genannt wird, ist von Flussmündungen durchzogen und hat viele Sandstrände. Weiter südlich bildet die Malabarküste eine Sedimentebene, in die sich die herrlichen Wasserstraßen und Lagunen eingegraben haben, die so charakteristisch für Kerala sind. Die östliche Küstenlinie (die auf ihrem Verlauf durch Tamil Nadu als Koromandelküste bekannt ist) ist breiter, trockener und auch flacher.

Vor der Küste Indiens gibt es eine Reihe von Inselgruppen, die zwar politisch ein Teil von Indien sind, geografisch aber zu den Landmassen von Südostasien bzw. zu den Inseln des Indischen Ozeans gehören. Die Andamanen und die Nikobaren liegen sehr weit draußen im Golf von Bengalen (sie setzen sich aus 572 Inseln zusammen und sind die Gipfel einer gigantischen Gebirgskette, die sich unter Wasser über fast 1000 km zwischen Myanmar und Sumatra erstreckt). Die Korallenatolle von Lakshadweep (300 km westlich von Kerala) sind dagegen die nördlichsten Ausläufer der Malediven und haben insgesamt eine Landfläche von nur 32 km^2.

Großartige Tiere & Pflanzen

Der indische Subkontinent gehört zu den Weltgegenden mit der größten Artenvielfalt: 2546 Fisch-, 125 Vogel-, 460 Reptilien-, 397 Säugetier- und 240 Amphibienarten, ganz zu schweigen von den Wirbellosen, wurden hier nachgewiesen – kaum ein Land der Erde kann da in puncto Vielfalt mithalten. So ist es kein Wunder, dass die Naturbeobachtung zu einer der wichtigsten touristischen Attraktionen des Landes geworden ist; Dutzende von Nationalparks bieten die Gelegenheit, seltene, ungewöhnliche Tiere in freier Wildbahn zu erleben. Wo und wann dies besonders lohnend ist, erklärt der Kasten am Ende des Kapitels.

Indien ist eines der etwa ein Dutzend „Megadiversity"-Länder, die zusammen, so schätzt man, etwa 70 % der Arten aufweisen, die es auf der Welt gibt. Südindien hat drei anerkannte biogeografische Zonen: die bewaldeten, feuchten und hoch gelegenen Western Ghats, die parallel zur Westküste von Mumbai bis Kerala verlaufen, außerdem das flache, trockene Dekkan-Plateau und die Inseln, zu denen die Andamanen, die Nikobaren und die Lakshadweep-Inseln gehören.

Wer bei den Themen Natur und Wildnis auf dem aktuellen Stand sein will, erforscht die indischen Urwälder (www.indianjungles.com).

Tiere, Tiere und noch mehr Tiere

Die meisten Menschen wissen, dass in Indien Tiger und Indische Elefanten heimisch sind, doch die Wälder, Urwälder, Küsten, Gewässer und Ebenen bieten darüber hinaus auch Lebensräume für viele weniger bekannte Arten.

In Südindien, in den tropischen Wäldern der Western Ghats, lebt eine der seltensten Fledermausarten der Welt, *Latidens salimalii*;

DER INDISCHE ELEFANT

Er wird in der Hindu-Mythologie verehrt und bewundert für seine Stärke und Widerstandskraft – in der Geschichte und Kultur Südindiens taucht der Elefant traditionell in unterschiedlichster Gestalt auf.

Heute jedoch werden die Indischen Elefanten ebenso ausgebeutet wie geehrt: Gezähmte Elefanten werden für religiöse Zeremonien gebraucht oder zur Holzgewinnung (obwohl sie hier zum großen Teil durch schwere Maschinen ersetzt wurden), und die Bauern fürchten die zerstörerischen Kräfte ihrer wilden Artgenossen. Indische Elefanten wiegen bis zu 5 t und leben in Familienverbänden, angeführt von den ältesten Weibchen. In der Pubertät verlassen die Männchen die Gruppe und leben als Einzelgänger. Elefanten leben in Wald- und Graslandschaften und haben einen unersättlichen Appetit; sie fressen bis zu 18 Stunden am Tag und vertilgen dabei etwa 200 kg Futter, hauptsächlich Gras, Blätter und Buschwerk. Es ist bekannt, dass Elefanten auf Futtersuche den Wald verlassen und schon mal die gesamte Ernte der Bauern zerstören und dabei in unwillkommenen menschlichen Kontakt geraten. Tatsächlich ist der Mensch der einzige Feind des Elefanten. Neben dem Verlust ihres Lebensraumes durch die Ausbreitung der Städte und die Abholzung werden die Elefanten weiterhin durch Wilderer bedroht. Die Stoßzähne des Männchens werden wegen des Elfenbeins geschätzt, und die illegale Wilderei hat ernsthafte Auswirkungen auf das Gleichgewicht der Geschlechter.

Die kulturelle Bedeutung des Elefanten wird in den Tempeln und während der Feste sichtbar, wenn sie farbenfroh dekoriert Prozessionen anführen. In den Schöpfungsmythen der Hindus ist der Elefant der Erhalter des Universums und die Grundlage des Lebens, und die elefantenköpfige Gottheit Ganesha ist der Gott des günstigen Geschicks und Überwinder von Hindernissen. Einige Tempel haben ihren eigenen Elefanten, der an Ritualen teilnimmt oder mit seinem Mahout (Hüter) geduldig am Eingang wartet und mit seinem Rüssel Gaben oder Geldstücke annimmt.

Auf Safaris durch Waldreservate kann man Elefanten in der Wildnis erleben, und manche Nationalparks bieten Elefantentrecks durch den Urwald an.

außerdem gibt es Flugdrachen, Lippenbären, Leoparden, Rohrkatzen, Nashornvögel, Papageien und Hunderte anderer Vogelarten.

Vor der Küste gibt es im Raum Lakshadweep im Indischen Ozean und rund um die Andamanen und Nikobaren im Golf von Bengalen das typische Ökosystem von Atollen. Tümmler, die Lebewesen der Korallenriffe, Meeresschildkröten und tropische Fische tummeln sich unter Wasser, während Seevögel, Reptilien, Amphibien und Schmetterlinge sich an Land wohlfühlen. Manche Exemplare der kleinen Elefantenpopulation auf den Andamanen sind in der Lage, schwimmend bis zu 3 km zwischen den Inseln zurückzulegen.

Wer mehr über die indischen Ökosysteme erfahren möchte, sollte einen Blick in *Ecosystems of India* werfen, herausgegeben von J.R.B. Alfred.

Bedrohte Arten

Trotz seiner erstaunlichen Artenvielfalt sieht sich Indien durch das rasante Anwachsen der menschlichen Bevölkerung einer Herausforderung gegenüber. Bei der letzten Zählung gab es in Indien 569 bedrohte Arten, darunter 247 Pflanzen, 89 Säugetiere, 82 Vögel, 26 Reptilien, 68 Amphibien, 35 Fischarten und 22 Wirbellose.

Bis 1972 besaß Indien nur fünf Nationalparks; aus diesem Grund wurde damals der Wildlife Protection Act erlassen, um neue Parks zu schaffen und den Missbrauch der Natur einzudämmen. Diesem Gesetz folgte eine ganze Reihe ähnlicher sehr ehrgeiziger Bestimmungen, die aber kaum durchzusetzen waren. Zu den wenigen Erfolgsgeschichten zählt das Project Tiger, das 1973 anlief, um Indiens große Raubkatzen zu schützen. Die schlimmsten Bedrohungen der Tierwelt stellen noch immer der Verlust von Lebensraum infolge menschlicher Besiedlung sowie die Wilderei dar, die nicht nur von Kriminellen, sondern auch von korrupten Beamten und angesehenen Geschäftsleuten betrieben wird. Man schätzt, dass zwischen 1994 und 2008 Wilderer rund 846 Tiger und 3140 Leoparden erlegten, während von 2000 bis 2008 insgesamt 320 Elefanten gewildert wurden.

Alle Großkatzen Indiens, vom Schneeleoparden über den Panther bis zur Rohrkatze, sind vom Aussterben bedroht – einerseits durch den Verlust ihres Lebensraums, andererseits durch die Wilderei, weil ihre Häute und einige Organe in der chinesischen Medizin als Heilmittel gelten. Vermutlich gibt es mittlerweile weniger als 1500 Tiger, 200 bis 600 Schneeleoparden und 300 Asiatische Löwen in freier Wildbahn. Sehr zweifelhafte Heilwirkungen werden außerdem allen Teilen des Tigers, von den Zähnen bis zum Penis, zugeschrieben; ein kompletter erlegter Tiger kann mehr als 37000 € einbringen. Amtlichen Schätzungen zufolge verliert Indien jedes Jahr 1 % seiner Tiger durch Wilderei.

Selbst die streng geschützten Nashörner werden wegen des Arzneihandels gejagt – ihr Horn wirkt angeblich als Aphrodisiakum, außerdem ist es in den Golfstaaten ein beliebtes Material zur Herstellung von Dolchgriffen. Elefanten werden wegen ihres Elfenbeins illegal gejagt – Reisende sollten deshalb unbedingt auf den Kauf von Elfenbeinsouvenirs verzichten. Verschiedene Hirscharten erlegt man wegen ihres Fleisches und der Trophäen; Chiru, die Tibet-Antilope, ist vom Aussterben bedroht, weil ihr Fell zu Wolle für teure Shahtoosh-Tücher verarbeitet wird.

Weitere gefährdete Tiere sind der Bartaffe, der schwarz glänzende Nilgiri-Langur und der Schlanklori, ein geschickter Insektenjäger, der riesige Augen besitzt, da er nachtaktiv ist. Leider wird in Südindien immer noch illegal mit lebendigen Loris gehandelt – manche glauben, dass man aus ihren Augen ein wirkungsvolles Medikament gegen Augenkrankheiten beim Menschen sowie Liebestränke herstellen kann. Die bergigen Regionen Südindiens sind außerdem das letzte erhaltene Refugium des bedrohten Nilgiri-Tahrs, einer Ziegenart.

Zu den indischen Nationalsymbolen gehören der Tiger, der Pfau und der Lotus. Indiens Wappen zeigt drei Asiatische Tiger auf einer Säule.

Rund um die Andamanen ist der Dugong (*Dugong dugon*; ein großer, pflanzenfressender Wassersäuger mit flossenähnlichen Vordergliedmaßen) fast verschwunden, obwohl er früher dort ziemlich häufig vorkam. Er wurde von den Siedlern auf dem Festland wegen seines Fleisches und Öls gejagt und hat außerdem darunter zu leiden, dass sein Lebensraum (die Seegrasfelder) mehr und mehr schwindet.

Vögel

Die Vogelwelt ist *die* Naturattraktion Südindiens. Es gibt einige Feucht- und Schutzgebiete, die einen großen Prozentsatz der Wasservögel des Landes beheimaten. Viele der Arten, z.B. den Silberreiher, den Saruskranich, den Wollhalsstorch und auch den Rosaflamingo, kann man in mehreren Schutzgebieten beobachten.

An Dorfweihern kann man häufig eine überraschende Vielfalt an Vögeln – vom Flussuferläufer bis zum Paddyreiher – dabei beobachten, wie sie ihr Revier überwachen. An und auf Wasserstraßen gibt es besonders viele Flattermänner. Elegante, weiße Reiher und bunte Eisvögel (wie die hübschen Storchschnabellieste mit ihrem großen, roten Schnabel) kommen sehr häufig vor, aber auch kleinere Arten wie Seeregenpfeifer, Purpurhuhn, Teichralle und Blässhuhn. Rotlappen- und Gelblappenkiebitze erkennt man gut an den bunten Hautauswüchsen an ihren Köpfen.

Über Artenschutz und Umwelt informiert *Sanctuary Asia* (www.sanctuaryasia.com), eine lobenswerte Publikation, die Indiens kostbares Naturerbe ins Bewusstsein rückt.

Greifvögel wie Weihe und Bussard gleiten über offenes Gelände und spähen nach unvorsichtigen Vögeln und kleinen Säugetieren. In der Nähe von Müllhalden oder Aas ist der Schwarzmilan ein häufiger Besucher. Zu den Vögeln, die in den Wäldern leben, gehören Spechte, Bartvögel und Buntschnabelkuckucke oder Malkohas (große, langschwänzige, im Wald lebende Kuckucke). Auch Weichfutterfresser gibt es: ein paar Taubenarten (wie die Nilgiri- und die Pompadourtaube), Papageien (z.B. den Tauben- und den Pflaumenkopfsittich), Kuckuckswürger und Stare.

Nashornvögel leben im Wald, ähneln den Tukanen und haben massive, gebogene Schnäbel. Der größte ist der Doppelhornvogel, er hat einen großen Schnabel mit einem hornartigen Auswuchs (Helm genannt) auf dem Kopf. Den Malabartoko gibt es nur in der Malabarregion.

Fische

Die immer noch unberührten Korallenriffe rund um die Inseln von Lakshadweep, die Andamanen und die Nikobaren bilden ein vielgestaltiges marines Ökosystem, in dem Unmengen von tropischen Fischen leben, z.B. Falterfische, Papageifische, der hässliche und sich aufblasende Igelfisch und der hellblaue Doktorfisch. Makrelen und Sardinen sind an den Küsten von Goa und Malabar weit verbreitet, obwohl die Überfischung mithilfe mechanisierter Trawler immer mehr zum Problem wird. Des Weiteren tummeln sich an den Küsten von Südindien noch Muränen, Krabben und Seegurken. Ab und zu kommen auch Pottwale vorbei.

Wirbellose

In Südindien gibt es ein paar wirklich sehenswerte Schmetterlinge und Nachtfalter, z.B. den gestreiften Malabar-Schwalbenschwanz (*Papilio liomedon*) und eine besondere Zipfelfalterart (*Thecla pavo*).

Auf den Andamanen und den Nikobaren begegnet man beispielsweise dem Kokoskrebs oder Palmendieb (*Birgus latro*), einem 5 kg schweren Wesen, das auf Bäume klettert und die Strände nach Kokosnüssen absucht.

Blutegel sind in den Wäldern häufig anzutreffen, vor allem während der Monsunzeit und direkt danach.

Säugetiere

Der nachtaktive Lippenbär (*Melursus ursinus*) hat kurze Beine und ein zottiges schwarzes oder braunes Fell mit einem Fleckchen Weiß auf der Brust. Er durchstreift die bewaldeten Gebiete in den hiesigen Nationalparks und in den Nilgiri-Bergen.

Den Gaur (*Bos gaurus*), ein Wildrind, das auch als indischer Bison bezeichnet wird, bekommen Besucher in den größten Nationalparks in Karnataka, Goa und Kerala vor die Linse. Das Tier, das bis zu 2 m hoch werden kann, wird mit hellem Fell geboren und mit den Jahren dunkler. Man erkennt den Gaur leicht an seinem massigen Körper und den weißen Beinen. Er lebt bevorzugt in den feuchten *sholas* (Urwäldern) und in den Bambusdickichten der Western Ghats.

Der Gemeine Delfin (*Delphinus delphis*) lässt sich an beiden Küstenlinien der indischen Halbinsel beobachten, und Dugongs (Gabelschwanzseekühe) kann man – auch wenn sie scheu sind – mit etwas Glück in den Seegraswiesen vor der Malabarküste und den Andamanen sichten.

Die Wildlife Protection Society of India (www.wpsi-india.org) ist eine führende Artenschutzorganisation, die sich über Aufklärung, Lobbyarbeit und legale Aktionen gegen Wilderer für den Tierschutz engagiert.

ANTILOPEN, GAZELLEN & HIRSCHE

In den Nationalparks Südindiens sind viele Grasfresser zu sehen; Ausschau halten sollte man aber besonders nach der Vierhornantilope (*Tetracerus quadricornis*): Sie ist das einzige Tier der Welt mit vier Hörnern. Ebenso ungewöhnlich ist die Nilgauantilope (*Boselaphus tragocamelus*), die größte asiatische Antilope.

Die Hirschziegenantilope (*Antilope cervicapra*) hat einzigartige spiralförmig gewundene Hörner und ein schönes dunkles Fell – das macht sie zu einer begehrten Beute für Wilderer. Die dominierenden Männchen sind dunkel, fast schwarz (in Südindien normalerweise dunkelbraun), während die etwa 20 Weibchen und die untergeordneten Männchen jeder Herde beigefarben sind.

Die schlanke, beschwingt laufende Chinkara (*Gazella gazella;* Indische Gazelle) mit ihrem hellbraunen Fell und dem weißem Bauch bevorzugt die trockeneren Gebirgsausläufer und Ebenen. Traveller können die kleinen Herden in den Nationalparks und Schutzgebieten in Karnataka und Andhra Pradesh zu Gesicht bekommen.

A Pictorial Guide to the Birds of the Indian Subcontinent von Salim Ali und S. Dillon Ripley, ist ein umfassendes Nachschlagewerk über die in Südindien vorkommenden Vögel.

KREUZZUG GEGEN PLASTIK

In vielen Gegenden Südindiens verstopfen Plastiktüten und -flaschen die Kanalisation, übersäen Straßen der Städte und Strände und hemmen sogar das Graswachstum in den Parks. Tiere ersticken an dem Müll, und das Plastik verstopft sogar Wasserläufe und erhöht damit das Risiko von Malaria und anderen durch verseuchtes Wasser verursachten Krankheiten. Aktivisten schätzen, dass etwa 75 % des verwendeten Plastiks innerhalb einer Woche entsorgt und nur 15 % recycelt werden.

Weil sie genug haben von den wirkungslosen Versuchen der Regierung, dem Plastikproblem beizukommen, nehmen sich immer mehr Initiativen vor Ort der Sache an. So gibt es etwa in Kodaikanal (Kodai) jetzt Einkaufstaschen aus Papier statt Plastik, und Goa hat verschiedene „plastikfreie" Zonen eingerichtet, auch an einigen seiner Strände.

Touristen können helfen, indem sie nichts in Tüten oder Flaschen aus Plastik kaufen und in Hotels und Geschäften nach umweltfreundlichen Alternativen fragen. Ladenbesitzer verpacken Einkäufe nahezu ausnahmslos in Plastiktüten und man könnte darum bitten – ohne es in einen Kampf ausarten zu lassen –, dass sie Papiertaschen verwenden oder eben selbst eine Tasche bereithalten. Es hilft auch, den Tee an Bahnhöfen in Terrakottabechern zu kaufen oder das Trinkwasser selbst zu reinigen (s. Kasten S. 562).

Der WWF (www.wwfindia.org) fördert Umwelt- und Tierschutzprojekte in ganz Indien.

Der kleine Fleckenkantschil (*Tragulus meminna*) wird nur 30 cm hoch. Er ist empfindlich und scheu. Sein olivbraun-graues Fell macht ihn in den Wäldern fast unsichtbar. Der Sambarhirsch (*Cervus unicolor*) ist der größte indische Hirsch. Er wirft seine beeindruckenden Hörner Ende April ab, die neuen beginnen dann einen Monat später zu wachsen. Auch der hübsche Axishirsch (*Axis axis;* Chital) ist in fast allen Nationalparks Südindiens vertreten, vor allem in denen mit feuchten, immergrünen Wäldern. Der Indische Muntjak (*Muntiacus muntjak*) ist ein kleiner Hirsch mit verlängerten oberen Eckzähnen und einem kleinem Geweih. Die Laute, die er von sich gibt, sollen so ähnlich klingen wie Hundegebell. In seinem natürlichen Lebensraum, den dichten Wäldern von Tamil Nadu, Karnataka und Andhra Pradesh, ist er nur schwer zu entdecken.

TIGER & LEOPARDEN

Einen Tiger (*Panthera tigris*) zu sichten ist für Naturliebhaber in Indien sicher das absolute Highlight. Aber da Tiger scheue Einzelgänger sind, bekommt man sie nur selten zu Gesicht. Indien hat die weltweit größte Tigerpopulation, aber die meisten der berühmten Tigerreservate befinden sich in Nordindien. Tiger halten sich bevorzugt im Schutz von hohem Gras oder Wäldern auf, und ihre Territorien können gigantische Ausmaße annehmen.

Der Leopard (*Panthera pardus*) bleibt zwar nicht im Dickicht der tiefen Wälder, wird aber trotzdem möglicherweise sogar noch seltener gesichtet als der Tiger. Leoparden sind goldbraun mit schwarzen Flecken, in den Western Ghats können sie aber auch ganz schwarz sein.

Insiderwissen zu Umweltthemen in Indien vermittelt Down to Earth (www.downtoearth.org.in), ein Online-Magazin, das sich in Themen vertieft, die von den etablierten Medien oft übersehen werden.

HUNDEARTIGE

Der Dhol (*Cuon alpinus*), auch Wild- oder Rothund genannt, ist ein gelblich-brauner Fleischfresser, der tagsüber in Rudeln jagt. Solche Rudel können sogar so große Tiere wie Büffel erlegen.

Der Wolf (*Canis lupus linnaeus*) hat in Indien sehr unter der Zerstörung seines Lebensraums und der Jagd zu leiden und ist heute in Südindien selten. Sein Fell ist beigefarben mit schwarzen Tupfen. Normalerweise wirkt er sehr viel hagerer als seine europäischen oder nordamerikanischen Vettern. Wer darauf hofft, einen indischen Wolf zu erspähen, muss sich auf den Weg zu dessen Lebensraum machen, in den trockenen, lichten Wald oder ins Buschland auf dem Dekkan-Plateau.

Der Bengalfuchs (*Vulpes bengalensis*) hat einen Schwanz mit schwarzer Spitze und ein graues Fell. Weil er bevorzugt Nagetiere frisst, kann er wesentlich unproblematischer in der Nähe von landwirtschaftlichen Gemeinden leben als andere Raubtiere.

PRIMATEN

Es ist eigentlich unmöglich, diesen Schlawinern nicht zu begegnen, ob man nun bei der Durchquerung der Western Ghats durch ausgewiesene *monkey zones* kommt oder an Tempeln aufdringliche Makaken abwehren muss.

Der kleine Indische Hutaffe (*Macaca radiata*) mit seinem blassen Gesicht hat seinen Namen wegen seines „Huts“ aus schwarzem Haar. Diese Makaken leben in stark durchstrukturierten Gruppen, in denen Rangordnungskämpfe an der Tagesordnung sind und lautstark ausgetragen werden. Sie fressen alles Erreichbare – ihren wachsamen Augen und flinken Fingern entgeht kaum mal eine Raupe, eine Beere oder ein Blatt –, und sie versammeln sich gern an Touristenplätzen, wo aufgeregte Familien ihnen Obst zuwerfen. Der Langschwanzmakak (*Macaca fascicularis*) lebt auf den Nikobaren und sieht fast wie der Rhesus- oder Hutaffe aus, hat aber einen längeren, dickeren Schwanz. Der Bartaffe

(*Macaca silenus*) hat dagegen einen dichten grauen Bart, der sich an seinen Schläfen und Wangen bauscht.

Weniger scheu ist der Graue Langur (*Presbytis entellus*) oder Hanumanlangur, den man an seinen langen Gliedmaßen und dem schwarzen Gesicht erkennt. Der am häufigsten gejagte Primat Indiens ist der Nilgiri-Langur (*Trachypithecus johnii*). Er lebt in den dichten Wäldern der Western Ghats, z.B. in den *sholas* des Nilgiri- und des Annamalaigebirges. Er ernährt sich vegetarisch und wird von Wilderern wegen der angeblich heilenden Eigenschaften seines Fleisches und seiner Eingeweide verfolgt.

Der Schlanklori (*Loris tardigradus*) mit seinem weichen, wolligen braunen oder grauen Fell und den riesigen Augen ist ein seltsamer Anblick. Als nachtaktive Jäger kommen diese gefährdeten Tiere nur von den Bäumen, um nach Insekten, Blättern, Beeren und Echsen zu suchen.

Das von der Goa Foundation publizierte Fish Curry & Rice ist eine prägnante Studie über Goas Umwelt und die Bedrohungen, denen sie ausgesetzt ist.

Reptilien & Amphibien

In Indien gibt es 32 Wasser- und Landschildkrötenarten, von denen man in den Gewässern Südindiens die Echte Karettschildkröte, die Lederschildkröte, die Unechte Karettschildkröte und die gefährdete Oliv-Bastardschildkröte findet. Schildkröten stehen unter Artenschutz. Aber in manchen Gebieten kann man sie bei der Eiablage beobachten, vor allem in Morjim in Goa. Wer Glück hat, kann die Indische Sternschildkröte (*Geochelone elegans*) über den Waldboden von Andhra Pradesh watscheln sehen.

Drei Krokodilarten sind in Indien zu finden, zwei davon in Südindien: das Sumpfkrokodil (*Crocodylus palustris*) und das Leistenkrokodil (*Crocodylus porosus*). Letzteres lebt auf den Inseln der Andamanen und Nikobaren, während das Sumpfkrokodil dank der Zuchtprogramme der Regierung in den Flüssen und Süßwasserseen Südindiens ziemlich verbreitet ist. Wer sie nicht in freier Wildbahn zu sehen bekommt, schaut sie sich auf der Crocodile Bank an, einer Brutfarm 40 km südlich von Chennai.

Das Pflanzenreich

Einst war Indien fast vollständig von Wald bedeckt; heute schätzt man die Waldfläche nur noch auf etwa 20%, allerdings hat die Forest Survey of India sich das optimistische Ziel von 33% gesetzt. Trotz weit verbreiteter Rodungen ursprünglicher Lebensräume rühmt das Land sich seiner 49219 Pflanzenarten, von denen etwa 5200 endemisch sind. Die Arten auf der südlichen Halbinsel weisen auf malaysischen Ursprung hin, während die Wüstenpflanzen in Rajasthan mehr dem nahöstlichen Raum zuzurechnen sind; die Nadelwälder des Himalaja besitzen paläarktische und sibirische Florenelemente, die von dort zum Teil bis Europa gewandert sind.

Südindien hat verschiedene Arten von Wald: Auf den Andamanen und den Nikobaren und in den Western Ghats wachsen tropische, feuchte und fast immergrüne Wälder. Ebenfalls auf den Andamanen, im südlichen Karnataka und in Kerala gibt es tropische sommergrüne Feuchtwälder. Große Teile des trockeneren Dekkan-Plateaus sind von tropischen Dornenwäldern bedeckt, und in den höheren Regionen von Tamil Nadu und Kerala findet sich feuchter Bergwald der gemäßigten Zonen.

Typisch für die Nilgiri- und Annamalei-Hügel in den Western Ghats sind die Gebiete mit niedrigen immergrünem Feuchtwald, der nur in den Tälern und an steilen, geschützten Hängen wächst. Diese als *sholas* bekannten dunkelgrünen Inseln sind von ausgedehntem, welligem Grasland umgeben, das die weniger geschützten Berge bedeckt. Die *sholas* bieten Tieren den notwendigen Schutz und Nahrung. Aber weil sie so klein sind und nur vereinzelt vorkommen, reagieren die *sholas* besonders empfindlich auf jede Art von Störung.

Die Bestände an Indischem Rosenholz (*Dalbergia latifolia*), Padouk (*Pterocarpus marsupium*) und Teak sind in einigen Teilen der Western Ghats nahezu verschwunden. Sandelholz (*Santalum album*) wird in ganz Indien immer seltener, weil es für die Weihrauch- und Holzindustrie illegal geschlagen wird. Eine große Bedrohung für den Wald ist die Brandrodung. Sie wird häufig von Kleinbauern ohne eigenes Land angewendet, die als staatliches Land ausgewiesene Gebiete besetzt haben.

Im Süden ist die Banyan-Feige mit ihren baumelnden Luftwurzeln weit verbreitet. Bambus wächst in den Western Ghats, und auf den Inseln und an den Küsten der Halbinsel gibt es Kokospalmen. Entlang der Küsten gedeihen der Indische Korallenbaum und in kleinen Buchten auch Mangroven. Etwa 2000 Orchideenarten sind in Indien beheimatet, etwa 10% aller Orchideenarten weltweit. Blumenfans, die z. B. die *Calanthe triplicata* sehen möchten, sollten es im Nilgiri-Gebirge versuchen, einem der schönsten Orte, um die Orchidee im schneeweißen Blütenkleid zu sehen.

Etwa 2000 Pflanzen werden im Ayurveda beschrieben, der traditionellen indischen Pflanzenheilkunde, und *amchi*, die traditionelle Heilkunst der Tibeter, verwendet an die 100 Arten.

Nationalparks & Naturschutzgebiete

Indien besitzt 97 Nationalparks und 486 Naturschutzgebiete, die insgesamt 5% der Gesamtfläche des Landes ausmachen. Weitere 70 Parks bestehen schon auf dem Papier, sind aber noch nicht wirklich eingerichtet worden. Es gibt außerdem 14 Biosphärenreservate, die häufig über Nationalparks oder Naturschutzgebiete hinausgehend angelegt sind und sichere Wege für Tiere bieten; darüber hinaus ermöglichen sie Wissenschaftlern, die Artenvielfalt zu überwachen. In Südindien entstanden die meisten der Parks, um die Tiere vor dem Verlust ihres Lebensraums zu schützen; deshalb ist der Zugang oft nur im Rahmen von Touren gestattet.

Man sollte bei einer Südindienreise unbedingt wenigstens einen Nationalpark oder ein Naturschutzgebiet besuchen – das Erlebnis, einem freilebenden Tier Auge in Auge gegenüberzustehen, ist eine bleibende Erfahrung, und gleichzeitig fördern Besucher ja auch die Bemühungen Indiens um seine Natur. Da Naturschutzgebiete oft abseits liegen und die Infrastruktur dort unzureichend sein kann, lohnt es sich, Verkehrsmittel und Unterkünfte im Voraus zu buchen, außerdem Öffnungszeiten, Zugangsbedingungen und Eintrittspreise vorab zu checken. Viele Parks schließen in der Nebensaison, um eine Zählung der Tiere durchzuführen; bei Monsunregen sind die Wege zu den Tieren nicht selten völlig unpassierbar.

Fast alle Parks bieten Jeep- oder Lkw-Touren an, aber Tierbeobachtungen sind auch bei geführten Trecks, Bootstouren oder Elefantensafaris möglich.

Umweltprobleme

Bei mehr als einer Milliarde Menschen, stetig expandierenden Industrie- und Stadtgebieten und einem Wachstum der intensiven, von Chemie bestimmten Landwirtschaft ist Indiens Umwelt enorm bedroht. Geschätzte 65% des indischen Bodens sind in irgendeiner Weise geschädigt, der größte Teil davon sogar schwer, während die Regierung kaum eines ihrer Umweltschutzziele erreicht, sei es wegen fehlender Möglichkeiten zur Durchsetzung oder aus mangelndem Interesse.

Es gibt zwar seit der Katastrophe von Bhopal 1984 (mehr Informationen dazu unter www.bhopal.org) eine Reihe von Umweltgesetzen, doch die verbreitete Korruption erleichtert die immer weitere Schädigung der natürlichen Lebensbedingungen – am besten zu erkennen an der eklatanten Missachtung der Umweltbestimmungen durch die Betreiber der Wasserkraftwerke, der Bergwerke und bei der Ausbeutung der Uran- und Erdöllager. Die Geschädigten gehören meist der niederen Kaste der Bauern und den Adivasis (Stammesvölker) an, die kaum politisch repräsentiert sind und denen keine Mittel zur Verfügung stehen, um das Big Business aus eigener Kraft zu bekämpfen.

Zwischen 11% und 27% der landwirtschaftlichen Produktion Indiens gehen verloren – aufgrund von Bodenverschlechterung durch zu intensive Nutzung, erhöhtem Salzgehalt, Verlust des Baumbestandes und schlechter Bewässerung. Die menschlichen Schicksale hinter diesen Zahlen sind beklagenswert, und hinter all dem steht die schreckliche Wahrheit: Es gibt in Indien zu viele Menschen, um sie beim heutigen Stand der Entwicklung ausreichend versorgen zu können.

Auch wenn die indische Regierung zweifellos mehr tun könnte, trifft die westliche Subventionierung der Landwirtschaft eine Mitschuld, weil diese Subventionen die Preise importierter Produkte künstlich niedrig halten, sodass die Preise der indischen Bauern unterboten werden.

Wie überall unternehmen Touristen eine Gratwanderung zwischen der Möglichkeit, eine Veränderung anzuregen, und der Gefahr, das Problem zu verschlimmern.

Der Kurinji-Strauch, der seine leuchtend blauviolett gefärbten Blüten nur alle zwölf Jahre präsentiert, kommt einzig in den Hügeln der südindischen Western Ghats vor. Leider wird die nächste Blüte erst 2016 erwartet!

Abholzung der Wälder

Seit der Unabhängigkeit wurden etwa 53000 km² der indischen Wälder wegen des Holzes oder zum Gewinnen von Farmland gerodet oder durch die Ausdehnung der Städte, den Bergbau, die Industrialisierung und große Staudammprojekte geschädigt. Die Zahl der Mangrovenwälder hat sich seit den frühen 1990er-Jahren halbiert; dadurch wurden die Laichgründe für die Fische des Indischen Ozeans und des Golfs von Bengalen stark verkleinert. Die Nachfrage nach Brennholz und Baumaterial, Waldbrände und Brandrodung, Rodung der Wälder für Bergbau oder Ackerflächen sowie der Schmuggel von Teak-, Rosen- und Sandelholz haben alle zur dramatischen Entwaldung beigetragen.

Eines der schlimmsten Beispiele für Abholzung sind die Inseln der Andamanen und Nikobaren. Hier waren einst 90% der Landfläche von Wald bedeckt – inzwischen sind es nur noch magere 20%. Auch wenn auf den meisten Inseln inzwischen Waldschutzgebiete eingerichtet wurden, geht das illegale Roden weiter und wird gebilligt.

Indiens erster Fünfjahresplan von 1951 erkannte die Bedeutung der Wälder für die Bodenerhaltung an und entwickelte verschiedene Pläne zur Aufforstung. Doch im Laufe der Jahre mehrten sich die Hinweise, dass diese Pläne von den zuständigen Beamten recht planlos umgesetzt wurden und dass einfache Leute die Wälder weiterhin als Quelle von Brennholz oder zur Gewinnung von Weideland rodeten. Reisende sollten deshalb darauf achten, möglichst wenig Öfen zu verwenden, in denen Holz verbrannt wird (in bergigen Gebieten mit rasch wachsenden Nadelwäldern ist das Problem der Entwaldung nicht so groß).

Die Foundation for Revitalisation of Local Health Traditions hat unter www.medicinalplants.in eine Suchmaschine für Medizinpflanzen eingerichtet. Für tiefer gehendes Interesse ist C.P. Khares *Encyclopedia of Indian Medicinal Plants* zu empfehlen.

Meeresnatur

Die Meeresflora und -fauna entlang der 3000 km langen Küstenlinie Südindiens und rund um die Inselgruppen vor der Küste ist ständig in Gefahr; Verschmutzung, Abwasser und ausbeutende Fischfangmethoden bedrohen sie. Häfen, Dämme und der Tourismus tragen zur Schädigung der marinen Welt Südindiens bei.

Die Meere um Indien wurden derartig überfischt, dass die Fischbestände merklich schwinden. Trawler mit raffenden Schleppnetzen und Fabrikschiffe haben die traditionellen Einbäume weitgehend ersetzt, und in manchen Gebieten – z.B. an der Küste von Kerala – müssen die

GROSSE NATIONALPARKS & NATURSCHUTZGEBIETE

SCHUTZGEBIETE	SEITE	REGION	ATTRAKTIONEN	REISEZEIT
Calimere (Kodikkarai) Wildlife & Bird Sanctuary	n/a	bei Thanjavur, Tamil Nadu	Küstenfeuchtgebiete: Delfine, Meeresschildkröten, Kokodile, Flamingos, Wasser- und Watvögel, Mainas & Bartvögel	Nov.–Jan.
Dubare Forest Reserve	S. 204	bei Madikeri, Karnataka	Camp für pensionierte Arbeitselefanten	Sept.–Mai
Indira Gandhi Wildlife Sanctuary (Annamalai)	n/a	bei Pollachi, Tamil Nadu	bewaldete Berge: Elefanten, Gauren, Tiger, Rohrkatzen, Bären, Flughörnchen, Zibetkatzen	Ganzjährig, außer in Trockenperioden
Mahatma Gandhi Marine National Park	S. 439	Andamanen & Nikobaren	Mangrovenwälder & Korallenriffe	Nov.–April
Nilgiri Biosphere Reserve (inkl. Wayanad Wildlife Sanctuary, Bandipur National Park, Nagarhole National Park & Mudumalai National Park)	Wayanad S. 327, Bandipur S. 199, Nagarhole S. 200, Mudumalai S. 425	Tamil Nadu, Karnataka & Kerala	Wald: Elefanten, Tiger, Hirsche, Gauren, Sambarhirsche, Muntjakhirsche, Hirschferkel, Axishirsche & Hutaffen	März–Mai (einige Gebiete ganzjährig)
Periyar Wildlife Sanctuary	S. 297	Kumily, Kerala	bewaldete Berge: Bartaffen, Elefanten, Gaure, Otter, Rothunde, Pythons, Eisvögel & Fischeulen	Okt.–Juni
Ranganathittu Bird Sanctuary	S. 194	bei Mysore, Karnataka	Fluss & Insel: Störche, Ibisse, Reiher, Löffler & Kormorane	Juni–Nov.
Sanjay Gandhi National Park	S. 80	bei Mumbai, Maharashtra	Idyllischer Stadtpark: Wasservögel, Flughunde & Leoparden	Aug.–April
Tadoba-Andhari Tiger Reserve	S. 103	südlich von Nagpur, Maharashtra	Laubwälder, Gras- & Feuchtgebiete: Tiger, Rothunde, Nilgauantilopen & Gauren	Feb.–Mai
Vedantangal Bird Sanctuary	S. 367	bei Chengalpattu, Tamil Nadu	Wald & See: Kormorane, Silber- und Fischreiher, Störche, Ibisse, Löffler, Lappentaucher & Pelikane	Nov.–Jan.

Gemeinden, die von der Fischerei gelebt haben, andere Einkommensquellen finden. In den letzten zehn Jahren hat die weltweite Nachfrage nach Garnelen dazu geführt, dass in Südindien eine immense Zahl neuer Garnelenfarmen angelegt wurden, was Umweltschäden an der Küste, in der Vogelwelt und auch auf dem Ackerland verursacht hat.

Heute gibt es zwar Gesetze, um die Auswirkungen der Garnelenzucht zu mindern, aber diese werden längst nicht immer befolgt.

Die Goa Foundation (http://goa-foundation.org) ist die führende Institution zur Überwachung der Umwelt in Goa.

Mangroven

Seit dem Jahr 1900 wurden in Indien etwa 2,5 Mio. ha Mangrovenwälder zerstört. Mangroven sind Lebensraum für Zugvögel und anderes marines Leben – und das beste Mittel gegen Bodenerosion. Sie helfen auch dabei, die Küsten vor Naturgewalten wie Flutwellen und Wirbelstürmen zu schützen. Die Mangroven Südindiens wurden durch Weidewirtschaft, Abholzung, Wasserverschmutzung und Garnelenzucht vernichtet. Auch die Veränderungen des Wasserstands während der Gezeiten, die auf die Erosion des Umlands zurückzuführen sind, hat einen Teil dazu beigetragen. An der Küste von Tamil Nadu und auf den Andamanen und den Nikobaren hat man versucht, rund um die Fischerdörfer wieder Mangroven anzupflanzen, als Schutzbarriere vor solchen Schäden, wie sie der verheerende Tsunami im Jahr 2004 angerichtet hat.

Korallenriffe

Drei größere Korallenriffe befinden sich rund um die Inseln von Lakshadweep: die der Andamanen und Nikobaren sowie im Golf von Mannar (bei Sri Lanka). Korallen sind ein unverzichtbarer Bestandteil des fragilen Ökosystems der Meere, aber durch Überfischung und Schleppnetzfischerei ständig in Gefahr. Auch die Schifffahrt, Verschmutzung, Abwässer, Wilderei und die extreme Verschlammung, die durch Abholzung und die städtische Entwicklung an Land verursacht wird, gefährden die Riffe.

Spirituelles Indien

Von der Mutter, die *puja* (Gebete) für das bevorstehende Examen ihres Kindes zelebriert, bis zum Mechaniker, der dem materiellen Leben abgeschworen und sich auf den Pfad der Selbstverwirklichung begeben hat – die Religion fließt beinahe in jeden Aspekt des indischen Lebens mit ein.

80,5% der Bevölkerung sind praktizierende Anhänger des Hinduismus, Indiens Hauptreligion. Neben dem Buddhismus, Jainismus und Zoroastrismus ist der Hinduismus eine der ältesten noch bestehenden Religionen der Welt, und seine Wurzeln reichen bis 1000 v.Chr. zurück.

Der Islam ist Indiens größte Minderheitenreligion: 13,4% der Bevölkerung sind Muslime. Man nimmt an, dass der Islam im Norden Indiens von einfallenden Armeen eingeführt wurde (im 16. und 17. Jh. standen weite Teile Nordindiens unter der Kontrolle des Mogulreichs), im Süden hingegen von arabischen Händlern.

Christen stellen etwa 2,3% der Bevölkerung, wobei ca. 75% in Südindien leben, während die Sikh, die auf etwa 1,9% der Bevölkerung geschätzt werden, hauptsächlich im nördlichen Bundesstaat Punjab zu finden sind. Ungefähr 0,8% der Bevölkerung sind Buddhisten, und Bodhgaya (Bihar) ist ein wichtiges Pilgerziel. Dem Jainismus hängen ca. 0,4% der Bevölkerung an, wobei die meisten Jainiten in Gujarat und Mumbai leben. Die Zahl der Parsen, der Anhänger des Zoroastrismus, beläuft sich heute etwa auf 60000 bis 69000 – nur ein kleiner Tropfen im Milliardenmeer der indischen Bevölkerung. Die Parsen siedelten sich einst als Bauern in Gujarat an, während der britischen Herrschaft wandten sie sich jedoch der Geschäftswelt zu und entwickelten sich in Mumbai zu einer wohlhabenden Gemeinde. Zeitungsberichten zufolge leben in Indien heute nur noch weniger als 5000 Juden, die meisten in Mumbai und in Teilen Südindiens.

Stammesreligionen sind inzwischen so sehr mit dem Hinduismus und anderen Hauptreligionen verschmolzen, dass nur noch sehr wenige eindeutig auszumachen sind. Man glaubt jedoch, dass einige grundlegende hinduistische Lehren ihren Ursprung in der Stammeskultur haben.

Näheres zu Indiens wichtigsten religiösen Festen gibt's im Kapitel „Monat für Monat".

Religiöse Konflikte

Religiöse Konflikte sind seit jeher ein blutiger Bestandteil der indischen Geschichte. Die Teilung des Landes in das hinduistische Indien und das muslimische Pakistan nach der Unabhängigkeit zog eine grauenvolle Zeit mit unzähligen Todesopfern und Vertreibungen von epischem Ausmaß nach sich (s. S. 465).

Auch später musste Indien Zeiten schrecklicher, sektiererischer Gewalt erleben, u.a. während der Aufstände der Hindus und Sikh im Jahr 1984, die zur Ermordung von Premierministerin Indira Gandhi führten, oder des politisch angeheizten Ayodhya-Konflikts 1992, bei dem Hindus und Moslems heftig aufeinanderprallten.

Auch der andauernde Streit zwischen Indien und Pakistan um Kaschmir ist auf verhängnisvolle Weise mit einem religiösen Konflikt verwoben. Seit der Teilung haben Indien und Pakistan bereits zwei Kriege um Kaschmir geführt und auch im Anschluss immer wieder Artilleriefeuer ausgetauscht, sodass sie 1999 einem erneuten Krieg gefährlich nahe kamen. Der schwelende Streit um dieses Binnengebiet stachelt die Animositäten zwischen Hindus und Moslems auf beiden Seiten der Grenze immer wieder aufs Neue an.

Hinduism: An Introduction von Shakunthala Jagannathan und *Hinduism: An Introduction* von Dharam Vir Singh entwirren die grundlegenden Lehren des Hinduismus.

Hinduismus

Der Hinduismus kennt keinen Stifter und ist auch keine missionierende Religion. Im Wesentlichen glauben Hindus an Brahman: Es ist ewig, unerschaffen und grenzenlos. Alles, was existiert, geht auf Brahman zurück und wird letzten Endes zu ihm zurückkehren. Die zahlreichen Götter und Göttinnen sind nichts weiter als Manifestationen – greifbare Teile dieses gestaltlosen Phänomens.

Hindus glauben, dass das irdische Leben einem Kreislauf unterliegt. Man wird immer und immer wieder geboren (ein Prozess, der Samsara genannt wird), wobei die Art dieser Wiedergeburten vom Karma (Verhalten oder Taten) in den bisherigen Leben abhängt. Wer ein rechtschaffenes Leben führt und sein Dharma (moralischer Verhaltenskodex; soziale Pflichten) erfüllt, erhöht seine Chancen, in einer höheren Kaste und unter besseren Bedingungen wiedergeboren zu werden. Andererseits kann die Wiedergeburt aber, falls sich genügend schlechtes Karma angesammelt hat, auch in tierischer Form erfolgen. Nur als Mensch kann man jedoch ausreichendes Selbstwissen erlangen, um dem Reinkarnationszyklus zu entkommen und Moksha (Befreiung) zu erlangen.

Dem hinduistischen Pantheon werden um die 330 Mio. Gottheiten zugerechnet. Welche man anbetet, hängt von persönlichen Vorlieben oder Traditionen ab.

Götter & Göttinnen

Alle Hindu-Gottheiten werden als Manifestationen von Brahman betrachtet, das oft durch seine drei Haupterscheinungen Brahma, Vishnu und Shiva (die Trimurti) dargestellt wird.

HINDU-GÖTTER

Brahman

Das Eine, die ultimative Realität. Brahman ist gestaltlos, unendlich und die Quelle sämtlicher Existenz. Brahman ist *nirguna* (ohne Eigenschaften) und steht damit im Gegensatz zu allen anderen Göttern und Göttinnen, die nur Manifestationen Brahmans und daher *saguna* (mit Eigenschaften) sind.

Brahma

Nur während der Erschaffung des Universums spielt Brahma eine aktive Rolle. Ansonsten meditiert er. Seine Gemahlin ist Saraswati, die Göttin der Gelehrsamkeit, sein Reittier ist ein Schwan. Er wird in manchen Abbildungen auf einer Lotusblüte sitzend dargestellt, die aus Vishnus Nabel emporwächst, womit die wechselseitige Abhängigkeit der Götter symbolisiert werden soll. Brahma wird im Allgemeinen mit vier Köpfen versinnbildlicht: Die identischen Häupter tragen Kronen und Bärte und blicken in die vier Himmelsrichtungen.

Vishnu

Der Bewahrer Vishnu wird mit „rechtem Handeln" verbunden. Er schützt und erhält das Gute in der Welt. Dargestellt wird er üblicherweise mit vier Armen, in den Händen hält er eine Lotusblüte, eine Muschel (da sie wie eine Trompete geblasen werden kann, symbolisiert sie die kosmische Schwingung, aus der alles Existierende hervorgeht), einen Diskus und eine Keule. Seine Gemahlin ist Lakshmi, die Göttin des Reichtums, sein Reittier Garuda, eine Mischung aus Mensch und Vogel. Es heißt, der Ganges sei seinen Füßen entsprungen.

Shiva

Shiva ist der Zerstörer, ohne den jedoch keine Schöpfung möglich wäre. Shivas schöpferische Bedeutung wird in der Darstellung des häufig angebeteten Lingams phallisch symbolisiert. Mit seinen 1008 Namen nimmt Shiva zahlreiche Gestalten an, u.a. die des Nataraja, des Herrn des *tandava* (kosmischer Siegestanz), der Schöpfung und Zerstörung des Kosmos im Gleichgewicht hält.

Shiva wird manchmal als Herrscher des Yogas dargestellt, als ein im Himalaya lebender Asket mit verfilztem Haar, mit Asche beschmiertem Körper und einem dritten Auge, das Weisheit symbolisiert.

Manchmal wird Shiva auch mit Schlangen um seinen Hals dargestellt und hält einen Dreizack (symbolisch für die Trimurti) als Waffe in der Hand, während er Nandi, seinen Stier, reitet. Nandi symbolisiert Kraft und Potenz, Gerechtigkeit und moralische Ordnung. Auch Parvati, Shivas Gattin, kann viele Gestalten annehmen.

Murugan

Murugan, einer der Söhne Shivas, ist eine beliebte Gottheit in Südindien, insondere in Tamil Nadu. Er wird manchmal mit Skanda, einem anderen Sohn Shivas gleichgesetzt, der in Nordindien eine starke Anhängerschaft hat. Murugans Hauptfunktion ist die eines Beschützers, auf Abbildungen wird er jung und siegreich dargestellt.

Ayyappan

Ayyappan ist ein weiterer Sohn Shivas, der ebenfalls die Funktion eines Beschützers hat. Es heißt, dass er aus der Vereinigung der beiden männlichen Gottheiten Shiva und Vishnu hervorging. Vishnu soll eine weibliche Form (Mohini) angenommen haben, um ihn zu gebären. Ayyappan wird häufig auf einem Tiger reitend und von Leoparden begleitet dargestellt, die Symbole seines Siegs über finstere Mächte sind. Heute ist die Gemeinde der Ayyappan-Verehrer zu einer Männerbewegung geworden, deren Anhänger Alkohol, Drogen, Zigaretten und schlechtem Benehmen abschwören müssen, bevor sie die Pilgerfahrt antreten.

Weitere wichtige Gottheiten

Der elefantenköpfige Ganesha ist der Gott des Glücks, Entferner von Hindernissen und Beschützer der Schreiber (mit dem abgebrochenen Stoßzahn, den er hält, wurden Teile des Mahabharata geschrieben). Sein Reittier ist Mooshak (eine rattenähnliche Kreatur). Die Geschichte, wie Ganesha zu seinem Elefantenkopf kam, ist in verschiedene Versionen überliefert. Eine Legende besagt, dass Ganesha von Parvati in Abwesenheit seines Vaters (Shiva) geboren wurde und daher aufwuchs, ohne ihn zu kennen. Eines Tages, als Ganesha Wache stand, während seine Mutter badete, kehrte Shiva zurück und bat, zu Parvati vorgelassen zu werden. Ganesha, der Shiva nicht erkannte, verweigerte ihm den Zutritt. Wutentbrannt hackte Shiva Ganesha den Kopf ab, nur, um später zu seinem großen Entsetzen zu erkennen, dass er seinen eigenen Sohn abgeschlachtet hatte. Er schwor, Ganeshas Kopf mit dem der ersten Kreatur zu ersetzen, der er begegnete – und das war eben ein Elefant.

Die Blut trinkende Kali ist eine andere Darstellungsform der Milch gebenden Gauri. *Myth = Mithya: A Handbook of Hindu Mythology* von Devdutt Pattanaik bringt Licht in diese und andere faszinierende Geschichten aus der Hindu-Folklore.

Krishna, eine weitere wichtige Gottheit, ist eine Inkarnation von Vishnu und wurde auf die Erde entsandt, um für das Gute zu kämpfen und das Böse zu zerstören. Seine Verbindung mit den *gopis* (Hirtenmädchen) und seine Liebe zu Radha waren Inspiration für unzählige Gemälde und Lieder. Der blauhäutige Krishna wird auch oft Flöte spielend dargestellt.

DIE HEILIGE SIEBEN

Der Zahl Sieben kommt im Hinduismus eine ganz besondere Bedeutung zu. Es gibt sieben heilige Städte in Indien, und jede von ihnen ist ein wichtiges Pilgerzentrum: Varanasi wird mit Shiva assoziiert; in Haridwar tritt der Ganges vom Himalaya in die Ebenen ein; Ayodhya ist die Geburtsstätte von Rama; Dwarka ist die legendäre Hauptstadt Krishnas, die vor der Küste von Gujarat vermutet wird; Mathura ist die Geburtsstätte von Krishna; in Kanchipuram stehen historische Shiva-Tempel; in Ujjain findet alle zwölf Jahre die Kumbh Mela statt.

Außerdem fließen in Indien sieben heilige Flüsse: Ganges (Ganga), Saraswati (der unter der Erde vermutet wird), Yamuna, Indus, Narmada, Godavari und Kaveri.

Hanuman ist der Held des Ramayana und loyaler Verbündeter von Rama. Er verkörpert das Konzept der Bhakti (Hingabe). Hanuman ist der König der Affen, kann aber auch andere Gestalten annehmen.

Von den Shivaiten (Anhänger der Shiva-Bewegung) wird Shakti – die Göttin als Mutter und Schöpferin – als eigenständige Kraft angebetet. Das Konzept der Shakti wird durch die antike Göttin Devi (Göttliche Mutter) verkörpert, die auch als Durga und, in einer wilderen, das Böse vernichtenden Inkarnation, als Kali dargestellt wird. Zu den weiteren von vielen Hindus angebeteten Göttinnen gehören auch Lakshmi, die Göttin des Reichtums, und Saraswati, die Göttin des Lernens.

Heilige Texte

Heilige Hindu-Texte sind in zwei Kategorien unterteilt: die, die als Wort Gottes betrachtet werden (*shruti*, „gehört"), und die, die durch Menschen entstanden sind (*smriti*, „erinnert"). Die Veden gelten als *shruti*-Wissen und werden als maßgebliche Grundlage des Hinduismus angesehen. Der älteste vedische Text, der Rigveda, wurde vor über 3000 Jahren verfasst. In seinen 1028 Versen sind Gebete für Wohlstand und ein langes Leben sowie eine Erklärung der Ursprünge des Universums enthalten. Die Upanishaden, der letzte Teil der Veden, behandeln das Rätsel des Todes und betonen die Einheit des Universums. Die ältesten vedischen Texte wurden in vedischem Sanskrit geschrieben, das mit dem Altpersischen verwandt ist. Spätere Texte sind in klassischem Sanskrit verfasst, aber viele von ihnen wurden auch in moderne Sprachen übersetzt.

Die *smriti*-Texte sind eine Literatursammlung, die mehrere Jahrhunderte umspannt und auch Abhandlungen über die Ausführung häuslicher Zeremonien sowie das angemessene Verhalten für Regierungen und Wirtschaft und in religiösen Belangen umfasst. Zu den bekanntesten Werken gehören das Ramayana und das Mahabharata sowie die Puranas, die epische Ausmaße erreichen und das Konzept der Trimurti befürworten. Im Gegensatz zu den Veden ist die Lektüre der Puranas nicht nur eingeweihten Männern der höheren Kasten vorbehalten.

Zwei empfehlenswerte Veröffentlichungen mit englischen Übersetzungen heiliger Hindu-Texte sind *The Bhagavad Gita* von S. Radhakrishnan und *The Valmiki Ramayana* von Romesh Dutt.

Das Mahabharata

Das Mahabharata ist wahrscheinlich um das 1. Jt. v. Chr. verfasst worden. Die Schrift konzentriert sich auf die Heldentaten Krishnas. Bis 500 v. Chr. hatte sich das Epos zu einem weitaus komplexeren Werk mit wichtigen Ergänzungen entwickelt, z. B. der Bhagavad-Gita (in der Krishna Arjuna vor der Schlacht seinen Rat anbietet).

Im Mittelpunkt der Geschichte steht der Konflikt zwischen den heldenhaften Göttern (Pandavas) und den Dämonen (Kauravas). Krishna, der menschliche Gestalt angenommen hat, verfolgt die Ereignisse und fungiert als Wagenlenker für den Pandava-Helden Arjuna, der schließlich in einer großen Schlacht über die Kauravas triumphiert.

Das Ramayana

Das Ramayana entstand im 3. oder 2. Jh. v. Chr. und gilt im Wesentlichen als das Werk eines einzelnen Mannes, des Dichters Valmiki. Wie im Mahabharata steht der Kampf zwischen Göttern und Dämonen im Mittelpunkt dieses Epos.

Die Geschichte ist folgende: Dasharatha, der kinderlose König von Ayodhya, rief die Götter an, ihm einen Sohn zu bescheren. Seine Ehefrau gebar daraufhin tatsächlich einen Sohn. Aber dieses Kind, Rama genannt, war in Wirklichkeit eine Inkarnation Vishnus, der menschliche Gestalt angenommen hatte, um Ravana, den Dämonenkönig von Lanka, zu stürzen. Als Rama erwachsen war, seine Nebenbuhler übertrumpft und um die Hand der Prinzessin Sita angehalten hatte, wurde er von seinem Vater zum Erben des Königreichs auserkoren. Doch in letzter Minute mischte sich Ramas Stiefmutter ein und forderte, dass ihr eigener Sohn, Barathan, an Ramas Stelle trete. Als Barathan die ungerechte Nachricht hörte, war er sehr verärgert und flehte Rama an, seinen rechtmäßigen Platz auf dem Thron einzunehmen. Rama lehnte es jedoch ab, sich den Wünschen seiner Eltern zu widersetzen. Deshalb regierte Barathan an seiner Stelle.

Rama, Sita und Ramas Bruder Lakshmana wurden verbannt und gingen in die Wälder, wo Rama und Lakshmana Dämonen und finstere Mächte bekämpften. Als Ramas Vater von dessen Exil hörte, starb er vor Kummer.

Ravanas Schwester versuchte nun, Rama zu verführen. Sie wurde zurückgewiesen, und aus Rache nahm Ravana Sita gefangen und verbannte sie durch Zauberkraft in sein Schloss in Lanka. Unterstützt von einem Affenheer unter der Führung des loyalen Affengotts Hanuman fand Rama das Schloss schließlich, tötete Ravana und befreite Sita. Siegreich kehrten alle nach Ayodhya zurück, wo Rama von Barathan empfangen und zum König gekrönt wurde.

Heilige Tiere & Pflanzen

Schon seit Jahrtausenden werden in Indien Tiere, vor allem Schlangen und Kühe, verehrt. Für Hindus symbolisieren Kühe Fruchtbarkeit und Nahrung, während Schlangen (vor allem Kobras) mit Fruchtbarkeit und Wohlstand in Verbindung gebracht werden. Naga-Steine (Schlangensteine) sollen Menschen vor Schlangen schützen und die Schlangengötter gnädig stimmen.

Auch mit bestimmten Pflanzen verbinden sich religiöse Vorstellungen – der Banyan zum Beispiel symbolisiert die Trimurti, während Mangobäume als Symbol der Liebe gelten, weil Shiva angeblich unter einem solchen Parvati geheiratet hat. Von der Lotusblume (Lotos) heißt es, sie sei dem urzeitlichen Weltenmeer entsprossen und durch ihren Stängel mit dem mythischen Erdzentrum verbunden. Der Lotus gedeiht oft in den schmutzigsten Gewässern und hat die bemerkenswerte Eigenschaft, noch auf den trübsten Tümpeln Blüten zu treiben. Für Hindus korrespondiert das Herzstück einer Lotuspflanze mit dem Mittelpunkt des Universums (Erdnabel), und alles wird zusammengehalten von ihrem Stiel und den ewigen Wassern. Dadurch werden Hindus stets daran erinnert, wie ihr eigenes Leben sein sollte – zerbrechlich, aber dennoch beharrlich, streng und schön zugleich. Das Seerosengewächs Lotus ist die indische Nationalblume.

Anbetung

Anbetung und rituelle Handlungen spielen im Hinduismus eine übergeordnete Rolle. In einem hinduistischen Zuhause findet man oft einen speziellen Anbetungsbereich, in dem die Familienmitglieder zu den

OM

Eines der am meisten verehrten Symbole des Hinduismus ist das „Om". Es wird wie „aum" ausgesprochen und ist ein äußerst Glück verheißendes Mantra (heiliges Wort oder Silbe). Die „Dreier"-Form symbolisiert die Schöpfung, Erhaltung und Zerstörung des Universums (und damit die heilige Trimurti). Das umgedrehte *chandra* (Halbmond) steht für den weitschweifigen Geist, das *bindu* (Punkt) darin für Brahman.

Buddhisten glauben, dass es zu einem Zustand glückseliger Leere führen kann, wenn es nur oft genug mit absoluter Konzentration wiederholt wird.

Gottheiten ihrer Wahl beten. Außerhalb der eigenen vier Wände beten Hindus in Tempeln. *Puja* ist ein zentraler Bestandteil hinduistischer Anbetung und kann vom stillen Gebet bis zu aufwendigen Zeremonien reichen. Die Gläubigen verlassen den Tempel mit einer Handvoll *prasad* (im Tempel gesegnetes Essen), das demütig mit Familie und Freunden geteilt wird. Zu weiteren Formen der Anbetung gehören auch *aarti* (das Glück verheißende Entzünden von Lampen oder Kerzen) sowie die wohltuenden *bhajans* (andächtigen Lieder).

Islam

Der Islam wurde im 7. Jh. in Arabien vom Propheten Mohammed begründet. Seine heilige Schrift ist der Koran, das angeblich Mohammed offenbarte Wort Allahs (Gottes). Islam bedeutet auf Arabisch „sich hingeben", und zwar dem Willen Allahs. Der Islam ist eine monotheistische Religion. Gottes Wort wird über Propheten (Gesandte) vermittelt, von denen Mohammed der letzte und entscheidende war.

Nach Mohammeds Tod spaltete sich die Bewegung in einem Nachfolgestreit; aus den beiden Parteien gingen die heutigen Sunniten und Schiiten hervor. Die Sunniten vertreten das Altbekannte, die orthodoxe Lehre. Die Schiiten glauben dagegen, dass nur Imame (vorbildliche Führer) die wahre Bedeutung des Korans offenbaren können.

Allen Muslimen gemeinsam ist der Glaube an die fünf Säulen des Islam: Shahadah (das Glaubensbekenntnis: „Es gibt keinen Gott außer Allah und Mohammed ist sein Prophet."), Salat (das idealerweise fünfmal am Tag zu verrichtende Gebet), Zakat (die Almosensteuer in Form einer verpflichtenden Abgabe oder Spende an eine Wohltätigkeitsorganisation), Saum (das Fasten im Ramadan, das für alle außer Kranke, junge Kinder, Schwangere, Alte und Menschen, die eine anstrengende Reise unternehmen, verbindlich ist) und die Hadsch (Pilgerfahrt nach Mekka, die jeder Muslim wenigstens einmal im Leben zu unternehmen versucht).

SADHU

Ein Sadhu ist eine Person, die sämtliche materielle Besitztümer aufgegeben und sich der Suche nach Spiritualität durch Meditation, das Studium heiliger Texte, Selbstkasteiung und Pilgerreisen verschrieben hat. Mehr dazu kann man in Dolf Hartsuikers *Sadhus: India's Mystic Holy Men* nachlesen.

Sikhismus

Der Sikhismus wurde von Guru Nanak im 15. Jh. im Punjab als Reaktion gegen das Kastensystem und gegen die brahmanische Betonung des Rituals begründet. Die Sikhs glauben an einen einzigen Gott, und obwohl sie die Verehrung von Götzenbildern ablehnen, sind ihnen Bilder ihrer zehn Gurus sehr wichtig. Die heilige Schrift der Sikhs, der Guru Granth Sahib, enthält u.a. die Lehren der zehn Sikh-Gurus. Wie die Hindus und die Buddhisten glauben auch die Sikhs an die Wiedergeburt und das Karma. Im Sikhismus gibt es aber keine asketische oder klösterliche Tradition, die den Kreislauf der Wiedergeburt unterbrechen kann.

Wesentlich für die Sikhs ist die Vorstellung von *khalsa*, d.h. der Glaube an eine Sikh-Bruderschaft heiliger Krieger, die nach den strengen Regeln der moralischen Lebensführung lebt (z.B. Alkohol, Tabak

GURU NANAK: DER ERSTE GURU DES SIKHISMUS

Im heutigen Pakistan geboren, ließen Guru Nanak (1469–1539), den Gründer des Sikhismus, sowohl die muslimischen als auch die hinduistischen religiösen Praktiken unbeeindruckt. Im Gegensatz zu vielen anderen heiligen Männern Indiens glaubte er an das Familienleben und den Wert von harter Arbeit – er war verheiratet, hatte zwei Söhne und arbeitete als Bauer, wenn er nicht gerade durch die Lande reiste, predigte und selbst komponierte *kirtan* (andächtige Lieder der Sikh) mit seinem muslimischen Musiker Mardana sang. Er vollbrachte Wunder und vertrat die Ansicht, die Mediation zu Gottes Namen sei der beste Weg zur Erleuchtung.

Nanak glaubte bereits Jahrhunderte, bevor sie zur Modeerscheinung wurde, an die Gleichheit aller Menschen und setzte sich für die Abschaffung des Kastensystems ein. Er war ein pragmatischer Guru – „ein Mensch, der seinen Lebensunterhalt ehrlich verdient und sein Einkommen mit anderen teilt, die den Weg zu Gott erkennen". Er ernannte seinen talentiertesten Schüler zu seinem Nachfolger, nicht einen seiner Söhne.

Seine *kirtan* werden noch immer in den *gurdwaras* (Sikh-Tempel) gesungen, und sein Bild hängt bei Millionen von Menschen zu Hause an der Wand.

und Drogen meidet) und an einem Kreuzzug für *dharmayudha* (Rechtschaffenheit) teilnimmt. Es gibt fünf *kakkars* (Zeichen), die die *khalsa*-Bruderschaft kennzeichnen: *kesh* (der ungeschorene Bart und die ungeschnittenen Haare als Zeichen der Frömmigkeit), *kangha* (Kamm zur Pflege des ungeschorenen Haares), *kaccha* (kurze Unterhose als Symbol für Bescheidenheit), *kirpan* (ein Dolch oder Schwert als Symbol für Macht und Würde) und *karra* (ein Armreifen aus Stahl als Symbol für Furchtlosigkeit). Viele Sikhs fügen ihrem Namen das Beiwort „Singh" an, wörtlich übersetzt heißt das „Löwe". Haupttheiligtum ist der Goldene Tempel in Amritsar.

Dem Sikhismus liegt der Glaube an die Gleichheit aller Lebewesen zugrunde. Das kommt in verschiedenen Bräuchen zum Ausdruck, z.B. im *langar*, bei dem Menschen aller Schichten – ungeachtet ihrer Kaste und ihres Glaubens – nebeneinander sitzen und eine kostenlose Mahlzeit einnehmen, die von Freiwilligen in der Gemeinschaftsküche des *gurdwara* (Sikh-Tempels) zubereitet wird.

Wer den Sikhismus in all seiner Komplexität verstehen möchte, kann in Khushwant Singhs *A History of the Sikhs* eintauchen, das aus Band 1 (1469–1839) und Band 2 (1839–2004) besteht.

Buddhismus

Der Buddhismus entwickelte sich zu einer Zeit in Indien, als das Land unter der Herrschaft des Kaisers Ashoka (272–232 v.Chr.) lag. Allem Anschein nach waren die buddhistischen Gemeinden zwischen dem 2. und 5. Jh. in Andhra Pradesh recht einflussreich. Missionare aus Andhra halfen dabei, Klöster und Tempel in Thailand und anderen Ländern zu bauen. Der Einfluss des Buddhismus schmolz jedoch, als sich der Hinduismus etwa 1000 Jahre nach seiner Einführung in Südindien immer weiter ausbreitete. In den 1950er-Jahren erlebte er ein ziemlich plötzliches Revival, als der Dalit-Führer Dr. Ambedkar zum Buddhismus konvertierte und ihm zahlreiche Dalit-Anhänger folgten. Heute umfasst dieser Neo-Buddhismus, wie er oft genannt wird, etwa 6 Mio. Mitglieder, die hauptsächlich in Dr. Ambedkars Heimatstaat Maharashtra leben.

In Südindien gibt es darüber hinaus mehrere Gemeinden tibetischer Flüchtlinge, die seit den 1960er-Jahren eine Reihe neuer Klöster gegründet haben. In der Gegend um Bylakuppe in Karnataka befindet sich eine der leichter zugänglichen tibetischen Siedlungen – mehr gibt's auf S. 204.

Sowohl der amtierende Dalai Lama als auch der 17. Karmapa residieren im nordindischen Bundesstaat Himachal Pradesh.

Jainismus

Der Jainismus kam im 6. Jh. v. Chr. als Reaktion auf die Einschränkungen durch das Kastensystem und die Rituale des Hinduismus auf. Er wurde von Mahavira gegründet, einem Zeitgenossen Buddhas.

Jainas glauben, dass die Erlösung durch die vollständige Reinheit der Seele erlangt werden kann. Reinheit bedeutet, sich von allem *karman* zu befreien, also allen Substanzen, die durch unser Handeln entstehen und sich an der Seele festsetzen. Indem man verschiedene Entbehrungen (z. B. Fasten und Meditation) auf sich nimmt, kann man sich vom *karman* befreien und die Seele reinigen. Das richtige Verhalten ist dabei essenziell, und dazu ist *ahimsa* (Gewaltfreiheit) gegenüber allen Lebewesen, in Gedanken wie in Taten, unerlässlich.

Die religiösen Pflichten für gewöhnliche Gläubige sind weniger strikt als die für Mönche – einige jainistische Mönche verzichten sogar komplett auf Kleidung. Die etwas weniger asketischen behalten einen sehr kargen Besitz bei: einen Besen, mit dem sie den Pfad vor sich fegen, um nicht auf irgendein Lebewesen zu treten, sowie ein Stück Stoff, das sie sich vor den Mund binden, um das versehentliche Einatmen von Insekten zu verhindern.

Eine bedeutende heilige Stätte der Jainas in Südindien ist Sravanabelagola in Karnataka.

Christentum

Es kursieren verschiedene Theorien über Christi Verbindung zum Subkontinent. Einige glauben beispielsweise, Jesus habe seine „verlorenen Jahre“ in Indien verbracht, während andere sagen, das Christentum sei mit dem Apostel Thomas im Jahr 52 nach Südindien gekommen. Viele Gelehrte sind jedoch der Ansicht, es lasse sich zu einem syrischen Händler, Thomas Cana, bis ins 4. Jh. zurückverfolgen, der mit etwa 400 Familien nach Kerala aufbrach und eine Religion gründete, die sich später zur nestorischen Kirche entwickelte. Heute ist die christliche Gemeinde in eine Vielzahl etablierter Kirchen und neuevangelischer Sekten zersplittert.

Die nestorische Kirche hat bis heute überlebt. Die Gottesdienste werden auf Armenisch abgehalten, der Patriarch von Bagdad ist ihr Oberhaupt. Der Sitz der Kirche befindet sich in Thrissur (Trichur). Weitere östlich-orthodoxe Kirchen sind die Jakobiner- und die syrisch-orthodoxe Kirche.

Der Katholizismus ist seit Vasco da Gamas Besuch im Jahr 1498 in Südindien sehr präsent. Zu den katholischen Orden, die in der Region

Das Haus der blauen Mangos von David Davidar spielt in Kerala vor dem Hintergrund des Kastenkonflikts und Indiens Kampf um die Unabhängigkeit und erzählt von drei Generationen einer christlichen Familie.

AUF DER SUCHE NACH DEM NIRWANA

Der Buddhismus tauchte im 6. Jh. v. Chr. als Reaktion auf die Einengungen des Brahmanischen Hinduismus auf. Buddha (Der Erwachte) soll von 563 bis 483 v. Chr. gelebt haben. Einst ein Prinz (Siddhartha Gautama), begab sich Buddha im Alter von 29 Jahren auf die Suche nach der Befreiung aus der Welt des Leidens. Er erreichte das Nirwana (den Zustand vollkommenen Bewusstseins) im Alter von 35 Jahren in Bodhgaya (Bihar).

Buddha lehrte die Menschen, dass sich alle Existenz auf Vier Edle Wahrheiten gründet: Das Leben ist im Leiden verwurzelt. Ursache des Leidens ist Verlangen. Man kann sich vom Leiden befreien, wenn man das Verlangen auslöscht. Man kann das Verlangen auslöschen, indem man dem Edlen Achtfachen Pfad folgt. Dieser Pfad besteht aus der rechten Erkenntnis, der rechten Gesinnung, der rechten Rede, dem rechten Handeln, dem rechten Lebenserwerb, dem rechten Streben, der rechten Achtsamkeit und der rechten Sammlung. Wer ihn erfolgreich beschreitet, kann das Nirwana erlangen.

aktiv waren, gehören die Dominikaner, Franziskaner und Jesuiten. In Goa ist der Glaube am besten zu erkennen, nicht nur in den Basiliken und Konventen in Alt-Goa, sondern auch in den Dutzenden aktiven, weiß getünchten Kirchen, die über zahlreiche Städte und Dörfer verstreut sind. Man glaubt, dass die protestantischen Missionare etwa im 18. Jh. in Südindien eintrafen, und heute gehört die Mehrzahl dieser Minderheit der südindischen Kirche an, die verschiedene Glaubensgemeinschaften vereint, u.a. Anglikaner, Methodisten und Presbyterianer.

Evangelische Christen sind inzwischen nicht nur zu anderen christlichen Gemeinden vorgedrungen, sondern auch zu niedereren Kasten und Stammesgruppen in ganz Südindien. Berichten zufolge versuchen manche Gruppen sehr aggressiv, Konvertiten zu gewinnen, und als Vergeltungsmaßnahme wurden einige christliche Gemeinden bereits von nationalistischen Hindu-Gruppen ins Visier genommen.

Ein Bestandteil des zoroastrianischen Begräbnisrituals ist der „Turm der Stille", bei dem die Leiche aufgebahrt und den Aasgeiern überlassen wird, die die Knochen sauber abnagen.

Zoroastrianismus

Der Zoroastrianismus, im 6. Jh. v.Chr. von Zoroaster (Zarathustra) in Persien gegründet, basiert auf dem Konzept des Dualismus, bei dem Gut und Böse in einem andauernden Kampf miteinander verbunden sind. Der Zoroastrianismus ist nicht völlig monotheistisch: gute und böse Mächte existieren nebeneinander, auch wenn die Anhänger angehalten sind, nur die guten zu ehren. Körper und Seele sind in diesem Kampf von Gut gegen Böse vereint. Obwohl die Menschheit sterblich ist, verfügt sie auch über Zeitloses, z.B. die Seele. Am Tag des Jüngsten Gerichts wird die Seele nicht zur Rechenschaft gezogen – aber ein angenehmes Leben nach dem Tod hängt von den Taten, Worten und Gedanken jedes Einzelnen während seines irdischen Daseins ab. Der Zoroastrianismus wurde in Persien durch die Ausbreitung des Islams

RELIGIÖSE ETIKETTE

Wann immer man eine religiöse Stätte besucht, sollte man sich respektvoll kleiden und verhalten – keine Shorts oder ärmellose Tops tragen (dies gilt für Männer und Frauen) und nicht rauchen. Lautes, aufdringliches Benehmen ist unerwünscht, ebenso wie öffentliche Zuneigungsbekundungen oder Herumalbern.

Bevor man einen heiligen Ort betritt, zieht man die Schuhe aus (der Schuh-Aufpasser bekommt ein paar Rupien, wenn er sie wieder zurückgibt). Bevor man losknipst, muss man sich vergewissern, dass Fotografieren erlaubt ist. An den meisten Orten der Anbetung ist das Tragen von Socken gestattet – und während der wärmeren Monate aufgrund der unangenehm heißen Böden oft sogar notwendig.

Die religiöse Etikette verbietet es, Einheimische am Kopf zu berühren oder einer Person, einem Schrein oder dem Bild einer Gottheit die Fußsohlen zuzuwenden. Außerdem sollte man Personen nicht mit den Füßen oder die Schnitzerei einer Gottheit in irgendeiner Form berühren.

An manchen Orten der Anbetung sind Kopfbedeckungen (für Frauen und manchmal auch Männer) erforderlich – besonders in *gurdwaras* (Sikh-Tempeln) und Moscheen – also immer ein Tuch mitnehmen, um auf der sicheren Seite zu sein! An einigen Stätten sind keine Frauen zugelassen, andere verbieten Nicht-Anhängern ihres Glaubens den Zutritt – am besten vorab erkundigen! Frauen müssen teilweise getrennt von den Männern sitzen. Vor dem Betreten jainistischer Tempel muss man sämtliche Lederkleidung und -accessoires ablegen, und möglicherweise werden Frauen, die gerade ihre Periode haben, gebeten, von einem Besuch abzusehen.

Das Fotografieren in einem Schrein, bei einem Begräbnis, während einer religiösen Zeremonie oder von Personen, die ein heiliges Bad nehmen, kann als Beleidigung empfunden werden – immer vorher fragen! Fotografieren mit Blitz kann in bestimmten Bereichen, manchmal auch im gesamten Schrein, verboten sein.

im 7. Jh. in den Hintergrund gedrängt, und seine Anhänger, von denen viele den Islam offen ablehnten, hatten unter Verfolgung zu leiden. Im Laufe der folgenden Jahrhunderte wanderten einige von ihnen nach Indien aus, wo sie Parsen genannt wurden.

Judentum

In Indien leben heute nicht einmal mehr 5000 Juden, die meisten in Mumbai und über weite Teile Südindiens verstreut. Die südindischen Juden kamen bereits im 1. Jh. aus dem Nahen Osten in diese Region. Sie ließen sich in Kochi (Cochin) nieder, und ihr Erbe lebt in den noch immer erhaltenen Synagogen und Handelshäusern fort – s. S. 306.

The Last Jews of Kerala von Edna Fernandes bietet einen interessanten Blick auf die letzten Überlebenden von Keralas schwindender jüdischer Gemeinde.

Stammesreligionen

Die Stammesreligionen haben sich so stark mit dem Hinduismus und anderen großen Religionen vermischt, dass nur wenige heute noch als solche erkennbar sind. Man nimmt an, dass einige grundlegende Glaubenssätze des Hinduismus ihren Ursprung in antiken Stammesreligionen haben.

Die Dorfbewohner und Volksstämme Südindiens haben ihre eigenen Glaubenssysteme, und die sind viel weniger leicht zugänglich und an irgendwelchen äußeren Formen erkennbar als die Tempel, Zeremonien und sonstigen Manifestationen der großen Religionen. Die Dorfgottheit kann z.B. durch eine steinerne Säule auf einem Feld, durch eine Plattform unter einem Baum oder durch einen im Boden steckenden Eisenspeer repräsentiert sein. Dorfgottheiten werden im Allgemeinen als nicht ganz so erhaben angesehen, man glaubt, sie kümmerten sich stärker unmittelbar um Wohl und Wehe der Gemeinde. Meist sind sie weiblich. Es gibt auch viele Glaubensinhalte, die sich um die Geister der Ahnen ranken, besonders wenn diese eines gewaltsamen Todes starben.

Mehr zu einzelnen südindischen Volksstämmen steht in den Ausführungen über das Nehru Centenary Tribal Museum (S. 235), die Inselstämme (s. Kasten S. 436) und die Bergvölker der Nilgiris (s. Kasten S. 419).

Der große indische Basar

Südindien ist reich ausgestattet mit alten Basaren voller Leben und modernen Einkaufszentren, die eine erstaunliche Bandbreite an schönen Dingen verkaufen: glänzende Edelsteine, exquisite Skulpturen, kostbare Seide, klobigen Schmuck der Stämme, traditionelle Tücher, wunderschöne Holzarbeiten und rustikales dörfliches Kunsthandwerk. Viele Gegenstände haben einen ebenso praktischen wie ästhetischen Wert.

Jede Region verfügt über ihre eigenen besonderen kunsthandwerklichen Arbeiten, die gewöhnlich in staatlichen Handelszentren und Heimarbeit-Kooperativen (Fair Trade) präsentiert werden. Diese Läden verlangen normalerweise faire Festpreise. Nahezu überall sonst ist Feilschen angesagt (mehr dazu steht im Kasten „Die Kunst des Feilschens“ in diesem Kapitel). Öffnungszeiten sind im ganzen Land recht unterschiedlich – genauere Infos bieten die „Shoppen“-Abschnitte in den Regionenkapiteln.

Vorsicht ist geboten, wenn der Kauf die Zustellung ins Heimatland beinhaltet. Man sollte sich auch nicht von schmeichlerischen Händlern zu bestimmten Läden führen lassen. Die Ausfuhr von Antiquitäten ist verboten (s. S. 543).

So viel Auswahl und so wenig Platz im Koffer ... Viel Spaß beim Einkaufen!

Das Kunsthandwerk ist nicht notwendigerweise auf seine Ursprungsregion beschränkt – die Künstler wandern aus und werden manchmal von den Ideen anderer Regionen beeinflusst – deshalb kann man beispielsweise überall in Indien ein Geschäft mit Kunsthandwerk aus Kaschmir finden.

Bronzefiguren, Keramik, Steinmetzarbeiten & Terrakotta

In Südindien und Teilen des Himalaja werden kleine Götterbildnisse in der uralten Feingusstechnik hergestellt. Eine Wachsfigur wird geformt, dann mit einer Gussform umgeben; das Wachs wird geschmolzen und ausgegossen und durch geschmolzenes Metall ersetzt. Dann wird die Gussform aufgebrochen und die Figur im Inneren entnommen. Sehr beliebt sind Figuren von Shiva als tanzender Nataraja, aber man findet auch Buddhafiguren und viele Gottheiten aus dem Hindu-Pantheon.

Auch die Westbengalen verwenden die Feingusstechnik für Skulpturen der Stammesglocken der Dokra. In der Region Bastar in Chhattisgarh praktizieren die Ghadwa eine reizvolle Variante des Verfahrens, indem sie die metallene Gussform mit einem feinen Wachsfaden auskleiden, der dem fertigen Produkt ein netzartiges Design verpasst.

In buddhistischen Gegenden findet man eindrucksvolle Bronzestatuen von Buddha und den tantrischen Göttern, komplett mit fein polierten und bemalten Gesichtern.

In Mamallapuram in Tamil Nadu verwenden Künstler heimischen Granit und Speckstein und lassen damit die alte Kunst der Pallava-Bildhauer wieder aufleben. Die Souvenirs reichen von winzigen Elefanten bis zu Götterstatuen, die eine halbe Tonne wiegen. Tamil Nadu ist auch bekannt für seine Bronzen aus Thanjavur und Trichy (Tiruchirappalli).

An vielen Orten werden attraktive Terrakottaformen hergestellt, von Vasen und dekorativen Blumentöpfen bis zu Götterbildern und Kinderspielzeug.

In indischen Tempeln kann man kleine Ton- oder Plastikbildnisse der Hindu-Gottheiten kaufen.

Teppiche

Teppichknüpfen ist in Indien ein sehr lebendiges Kunsthandwerk. Werkstätten im ganzen Land stellen wunderschöne Woll- und Seidenteppiche in traditionellen und modernen Designs her. Die schönsten Stücke kommen aus Kaschmir und dem buddhistischen Kernland in Ladakh, Himachal Pradesh, Sikkim und Westbengalen. Die Teppichproduktion ist auch eine Haupteinnahmequelle für die tibetischen Flüchtlinge, deren Dörfer meist Kooperativen mit Werkstätten haben. In Uttar Pradesh etwa gibt es auch Nachahmungen traditioneller Stammesmuster der Turkmenen und Afghanen. Sogenannte „antike" Teppiche sind gewöhnlich keine, außer man bezieht sie von einem international angesehenen Händler – sonst hält man sich besser an „neue" Ware.

Der Preis eines Teppichs richtet sich nach der Zahl und der Größe der handgeknüpften Knoten, der Farbvielfalt, der Komplexität des Designs und dem Material. Seidenteppiche sind teurer und sehen luxuriöser aus, aber Wollteppiche halten meist länger. Für einen Wollteppich in guter Qualität und einer Größe von 90 x 150 cm (oder 90 x 180 cm, je nach Region) zahlt man mindestens 140 € aufwärts und etwa das Zehnfache für einen Seidenteppich gleicher Größe. Tibetische Teppiche sind schlichter und daher preiswerter. Viele Flüchtlingskooperativen verkaufen Teppiche in der genannten Größe für etwa 70 € oder weniger.

Es gibt Menschen, die Teppiche in dem Irrglauben kaufen, sie zuhause gewinnbringend verhökern zu können. Doch wer sich mit dem Metier und dem Teppichmarkt im Heimatland nicht wirklich gut aus-

In ganz Indien werden fein gearbeitete Ringe, Fußkettchen, Ohr- und Zehenringe, Halsketten und Armreifen aus Gold und Silber angeboten und oft auch auf Bestellung angefertigt.

DIE KUNST DES FEILSCHENS

Staatliche Warenhäuser, Fair-Trade-Kooperativen, Kaufhäuser und moderne Einkaufszentren verlangen fast immer feste Preise. Überall sonst muss man handeln. Ladenbesitzer in Touristenzentren sind an Reisende mit viel Geld und wenig Zeit gewöhnt und verlangen deshalb oft den doppelten oder dreifachen Preis. Souvenirläden sind dafür besonders berüchtigt.

Regel Nummer eins beim Feilschen: Niemals zu großes Interesse an dem Artikel zeigen, den man unbedingt haben möchte. Zweitens: Nicht gleich das Erstbeste kaufen, sondern in Ruhe stöbern und Preise vergleichen, aber nicht zu offensichtlich – wer zu einem bereits besuchten Laden zurückkehrt, zeigt dem Händler, dass er der billigste ist (was den Verhandlungsspielraum deutlich reduziert).

Man sollte für sich ein Preislimit festlegen und dann eher nebenbei eine gewisse Kaufbereitschaft signalisieren. Wenn man den Realwert des gewünschten Artikels überhaupt nicht einschätzen kann, halbiert man einfach pauschal den ausgeschriebenen Preis. Der Verkäufer wird höchstwahrscheinlich höchste Entrüstung zum Ausdruck bringen, aber jetzt kann die schrittweise wechselseitige Annäherung an einen Preis beginnen, mit dem beide Seiten zufrieden sind. Viele Ladenbesitzer senken ihr „allerletztes Angebot" noch einmal, wenn man Anstalten macht, den Laden zu verlassen um „nochmal drüber nachzudenken".

Feilschen gehört in Indien zum Alltag und wird normalerweise gut gelaunt absolviert. Ein aggressiver Ton ist verpönt. Der Wechselkurs zwischen Rupie und der eigenen Währung sollte einem stets bewusst sein, um die Verhältnisse richtig einzuschätzen. Wenn ein Händler einen anscheinend völlig überzogenen Preis verlangt, schaut man sich einfach woanders um.

TEPPICHE UND KINDERARBEIT

Kinder werden auf dem Subkontinent seit Jahrhunderten als Teppichweber beschäftigt. Viele Kinderschutzorganisationen widmen sich dem Kampf gegen den Missbrauch von Kindern in der Teppichindustrie. Auch wenn man keine genauer Zahlen bekommt, so schätzen unterschiedliche Berichte, dass mehr als 100 000 indische Kinder als Teppichweber arbeiten müssen.

Leider ist die Angelegenheit komplizierter als es auf den ersten Blick scheint. In vielen Regionen ist es keine Option, zur Schule zu gehen – aus wirtschaftlichen und gesellschaftlichen Gründen. Somit ist die Alternative zur Kinderarbeit eben nicht der Schulbesuch, sondern die ganze Familie muss hungern. Wir ermutigen Traveller, Teppiche bei Kooperativen zu kaufen, die Erwachsene beschäftigen *und* deren Kindern Bildung ermöglichen. Nur so lässt sich der Teufelskreis Kinderarbeit durchbrechen.

Indiens Carpet Export Promotion Council (www.india-carpets.com) setzt sich dafür ein, dass Kinderarbeit aus der Teppichindustrie verschwindet, indem es die Fabriken bestraft, die Kinder als Arbeitskräfte einsetzen, und indem es Schulen baut und somit eine Alternative zum Teppichknüpfen schafft. Letztendlich kann die Kinderarbeit nur durch Einführung der allgemeinen Schulpflicht beendet werden. Aber die ökonomischen und gesellschaftlichen Hürden sind hoch und ersticken fortschrittliche Initiativen oft im Kein.

Leider ist es für den Käufer nicht leicht, zu unterscheiden, ob ein Teppich von einem Kind hergestellt wurde oder nicht. Ein Geschäft wird kaum zugeben, dass Kinderarbeit im Spiel war, und die meisten internationalen Systeme, Teppiche auszuzeichnen, sind nicht vertrauenswürdig. Die Teppiche der tibetischen Flüchtlingskooperativen werden nahezu ausschließlich von Erwachsenen hergestellt, während Uttar Pradesh der Hauptbrennpunkt von Kinderarbeit in Indien ist. Wer sicher gehen will, kauft in staatlichen Warenhäusern und bei Wohltätigkeitskooperativen.

kennt, sollte einen Teppich einfach nur kaufen, weil er ihn schön findet. Viele Läden verschiffen Teppiche gegen Gebühr in die Heimat, doch wenn man den Versand selbst organisiert, ist man auf der sicheren Seite und fällt nicht auf Abzocke herein (das hängt vom Laden ab, man sollte seinem Instinkt vertrauen). Teppiche können beim Heimflug auch im Frachtraum transportiert werden (ein Teppich von 90 x 150 cm wiegt 5 bis 10 kg – Gepäckbestimmungen beachten!).

In manchen Gebieten findet man gewebte *numdas* (oder *namdas*) aus grober Wolle, die viel günstiger sind als Knüpfteppiche. Unterschiedliche Regionen fertigen auch *dhurries* (kilimartige Baumwollvorleger) in spezieller Flachwebtechnik und tolle *gabbas* (Vorleger mit Applikation) aus gekettelter Wolle oder Seide.

Cuttack in Odisha (Orissa) ist berühmt für filigrane *tarakasi* (Silberarbeiten), die an geklöppelte Spitze erinnern. Eine Rahmenkonstruktion aus Silberdraht wird mit grazilen Kräuseln und Bändern aus dünnen Silberfäden gefüllt.

Schmuck

Nahezu jede südindische Stadt hat zumindest einen Laden, der Armreifen verkauft. Das riesige Angebot reicht von farbenfrohen Plastik- und Glasvarianten bis zu Exemplaren aus glänzendem Messing und Silber.

Schwerer Folkloreschmuck ist in den Touristenzentren beliebt und wird dementsprechend an den ausländischen Geschmack angepasst. Silberschmuk oder Weißmetall-Stücke aus Tibet und Halbedelsteine sind ebenfalls begehrt. Touristenhochburgen verkaufen Schmuck mit buddhistische Bildern und tibetischen Texten, darunter auch das berühmte Mantra *Om Mani Padme Hum*. Manche Stücke sind wirklich antik, aber man muss sich darüber im Klaren sein, dass in Indien, Nepal und China eine ganze Industrie von künstlich auf alt getrimmten Reproduktionen lebt.

Wer selbst kreativ sein möchte, kann sich vielerorts Achate, Türkise, Karneole und Silberstücke zulegen. Auch buddhistische Meditationsketten aus Schmucksteinen oder Holz sind schöne Mitbringsel.

Lederwaren

Da Kühe in Indien als heilig gelten, wird nur die Haut von Büffeln, Kamelen, Ziegen oder anderen Tieren zu Leder verarbeitet. Kanpur in Uttar Pradesh ist das Herz der indischen Lederindustrie.

Die meisten Großstädte bieten eine tolle Auswahl an äußerst günstigen, modernen Lederschuhen an. Manche davon sind mit zahllosen glitzernden Pailletten bestickt – perfekt für Partys!

Die nördlichen Bundesstaaten Punjab und Rajasthan (vor allem Jaipur) sind für ihre *jootis* bekannt, die traditionellen, häufig spitz zulaufenden Schlüpfschuhe. Man bekommt sie auch in vielen Läden in Südindien.

In den meisten Großstädten gibt's hochwertige und zugleich erschwingliche Accessoires wie Handtaschen, Gürtel oder Geldbeutel.

Landesweit werden *chappals* verkauft. Besonders schöne Varianten dieser herrlichen Ledersandalen mit Zehenriemen kommen aus Kolhapur, Pune und Matheran in Maharashta.

Metallarbeiten & Marmor

Gegenstände aus Kupfer oder Messing sind in Indien überall zu finden. Besonders gern gekauft werden Kerzenständer, Tabletts, Schüsseln, Krüge und Aschenbecher.

Viele tibetische religiöse Objekte werden aus Kupfer gefertigt und mit Silberintarsien verziert. Die Gebetsräder, Zeremonienhörner und traditionellen Dokumentenschachteln sind günstig zu erwerben. *Kanglings* (tibetische Hörner) und *kapalas* (Zeremonienschüsseln) sollte man dagegen besser nicht kaufen – sie bestehen aus menschlichen Knochen bzw. Schädeln und sind verboten!

Überall in Indien bekommt man *kadhai* (oder *balti*, indische Woks) und andere Küchengeräte für unglaublich wenig Geld. Handgehämmerte Messingtöpfe sind besonders reizvoll, aber auch Gefäße und Thali-Tabletts aus Stahl und Bratpfannen mit Kupferböden sind beliebte Mitbringsel.

Die Einwohner von Bastar (Chhattisgarh) entdeckten bereits vor rund 35 000 Jahren eine spezielle Methode zum Schmelzen von Eisen. Ähnliche Techniken kommen noch heute bei der Produktion abstrakter, pointillistischer Tier- und Menschenfiguren zum Einsatz, die oft als Lampen- oder Garderobenständer Verwendung finden.

In Agra ist eine ansehnliche Heimarbeitsindustrie entstanden, die Souvenirs im Stil der uralten Mogul-Kunstform *pietra dura* (Marmor mit Halbedelstein-Intarsien) herstellt. Die Handwerker lassen sich dabei meist vom Taj Mahal inspirieren.

BIDRI

Bidri ist eine Form der Damaszierung, bei der mehrere Schichten Silber und Gusszinnbronze miteinander verbunden werden. In Bidar (Karnataka) werden daraus Schachteln und Ornamente hergestellt.

Musikinstrumente

Hochwertige indische Musikinstrumente bekommt man vor allem in größeren Städten. Die Preise hängen von Qualität und Klang ab.

Anständige Tabla-Trommeln kosten mindestens 3000 ₹. Sie bestehen aus einer hölzernen *tabla* (stimmbar, höherer Klang) und einer metallenen *doogri* (Basstrommel, tieferer Klang). Günstigere Sets sind meist schwerer und klingen oft grausig.

HÜBSCHE PERLEN

Perlen werden in den meisten Küsten-Bundesstaaten gezüchtet, sind jedoch eine besondere Spezialität Hyderabads. Sie werden in den meisten staatlichen Warenhäusern verkauft. Die Preise hängen von Form und Farbe ab – reinweiße Perlen oder solche in seltenen Farben wie schwarz sind teurer. Ebenso zahlt man für vollkommen runde Perlen in der Regel mehr als für verformte oder längliche, aber eigenartige Formen können sogar verlockender sein. Einreihige Zuchtperlenketten kosten oft nur 400 ₹, für höherwertige zahlt man mindestens 1000 ₹.

Für Sitars muss man 4000 bis 20 000 ₹ oder mehr hinblättern. Da der Klang einer Sitar vom verwendeten Holz und der Form des Klangkörpers abhängt, steht vor dem Kauf der Test. Achtung: Günstigere Sitars können sich bei starken Temperaturschwankungen verziehen. Alle Saiten sollten frei schwingen, der Klangkörper darf nicht beschädigt sein. Ersatzsaiten, Sitarplektren und ein aufschraubbarer Zweitklangkörper als Verstärker packt man am besten gleich mit ein.

Auch *shehnai* (indische Flöte), *sarod* (indische Laute), Harmonium und *esraj* (eine Art senkrechte Violine) sind beliebt. Herkömmliche Violinen sind von großem Wert, man bekommt sie aber schon ab 3000 ₹. Kolkata ist besonders für hochwertige und günstige Akustikgitarren (ab 2500 ₹) bekannt, die in alle Welt exportiert werden.

Malerei

Die Malerei hat in Indien eine lange Tradition. Reproduktionen von indischen Miniaturgemälden sind zwar überall erhältlich, aber von unterschiedlicher Qualität. Günstigere Varianten zeigen weniger Details und bestehen oft aus minderwertigen Materialien.

In Gegenden wie Kerala und Tamil Nadu findet man getrocknete Blätter mit Miniaturmalereien, die häusliche und ländliche Szenen und Gottheiten zeigen.

Nahe Puri (Odisha) betreibt die Künstlerkolonie von Raghurajpur bis heute die uralte *patachitra*-Malerei. Die Künstler präparieren dabei Baumwolltücher oder *tassar* (Seidenstoffe) mit einer Gummi-Kreide-Mischung. Das Ganze wird poliert und mithilfe von extrem feinen Pinseln mit Gottheiten oder Szenen aus der hinduistischen Mythologie verziert. Odisha ist zudem für seine *chitra pothi* bekannt. Diese Bilder werden mittels dünner Griffel in getrocknete Palmblätter radiert.

Mithila-Malereien sind charakteristisch für Bihars Folklorekunst. Diese uralte Kunstform wird auch *madhubani* genannt und von den Frauen der gleichnamigen Stadt bewahrt. Die fesselnden Bilder lassen sich am leichtesten in Patna auftreiben, sind aber auch in Kaufhäusern großer Städte erhältlich.

In manchen Gegenden (vor allem dort, wo tibetische Buddhisten leben) gibt es *thangkas* (rechteckige tibetische Stoffmalereien) mit Gottheiten des Tantra-Buddhismus und zeremoniellen Mandalas. Einige sind perfekte Reproduktionen der Wandbilder in Indiens mittelalterlichen *gompas* (buddhistischen Klöstern), andere wesentlich einfacher. Die Preise variieren zwar, aber anständige *thangkas* im DIN-A3-Format kosten mindestens 3000 ₹. Größere und komplexere Varianten sind deutlich teurer. Der Verkauf von antiken *thangkas* ist verboten, aber man stößt wahrscheinlich sowieso nur auf Fälschungen.

Im ganz Südindien, besonders in Mumbai, Chennai und Bengaluru, bieten Läden und Galerien tolle zeitgenössische Bilder einheimischer Maler an.

PAPPMACHÉ

Seit Jahrhunderten stellen Künstler in Srinagar lackierte Gegenstände aus Pappmaché her, die mittlerweile landesweit erhältlich sind. Die Grundfigur wird in einer Form aus mehreren Papierlagen (oft recycelte Zeitungen) geschaffen, dann mit feinen Pinseln bemalt und zum Schutz lackiert. Die Preise hängen von der Komplexität und der Qualität der Bemalung sowie dem Grad der Vergoldung ab. Viele Stücke sind mit Tier- und Blumenmustern verziert. Manche zeigen auch Jagdszenen von Miniaturgemälden aus der Mogulzeit. Man findet Schüsseln, Schachteln, Briefhalter, Untersetzer, Tabletts, Lampen und Weihnachtsschmuck aus Pappmaché. Diese Artikel sind zwar die günstigsten Souvenirs, sie müssen allerdings behutsam transportiert werden.

Schals, Seide & Saris

Indische Schals sind federleicht und oft wärmer als die besten Daunenjacken. Am besten kauft man einen als Ersatzdecke für kalte Nachtfahrten. Die Schals werden aus allen möglichen Wollarten (z. B. Lamm, Yak, Ziege oder Angorahase) gefertigt und oft mit aufwendigen Mustern bestickt.

Das Kullu-Tal (Himachal Pradesh) ist Indiens unangefochtenes Zentrum der Schalproduktion. Dutzende Frauenkooperativen stellen dort Wollprodukte vom Allerfeinsten her.

Auch andere Schals, die in nördlichen Bundesstaaten hergestellt werden, kann man in Südindien kaufen: Stücke aus *pashmina* (Schafswolle) werden vor allem in Ladakh und Kaschmir hergestellt. Echte Stücke kosten mindestens 6000 ₹ – doch Vorsicht: viele vermeintliche *pashmina*-Schals bestehen in Wirklichkeit aus allen möglichen Garnen. Schals aus den Nordoststaaten sind herrlich warm und haben breite geometrische Muster. Die charakteristischen Wollschals der Region Kutch (Gujarat) sind mit raffinierten Mustern und Pailletten bedeckt.

Schals aus *shahtoosh* zu kaufen ist illegal, da bedrohte Tibetantilopen hierfür Haar und Leben lassen müssen. Wer an Verkäufer dieser Schals gerät, sollte die örtliche Polizei verständigen.

Saris sind äußerst beliebte Souvenirs – vor allem weil sie sich beliebig zweckentfremden lassen (z. B. als Kissenbezüge oder Röcke). Echte Seidensaris sind am teuersten und müssen erst einmal gewaschen werden, damit sie weich werden. Kanchipuram (Tamil Nadu) ist Indiens „Seidenhauptstadt", aber schöne Seidensaris (und günstige Schals) kommen auch aus anderen südlichen Zentren wie Mysore. Assam ist bekannt für seine *muga-*, *endi-* und *pat*-Seidenstoffe (die Fäden werden von verschiedenen Raupenarten produziert). Hochwertige bestickte Seidensaris kosten mindestens 3000 ₹, egal woher sie kommen.

Patan (Gujarat) ist das Zentrum des uralten *patola*-Handwerks: Dabei werden einzelne Seidenfäden aufwendig von Hand gefärbt und danach zu wunderschönen Saris mit Echtgoldbordüren verwoben. Bei den etwas schlichteren Saris aus Rajkot (auch in Gujarat) sind nur die Kettfäden gefärbt. Goldfäden werden auch bei den berühmten *kotadoria*-Saris aus Kota (Rajasthan) verarbeitet.

Aurangabad (Maharashtra) ist ein traditionelles Produktionszentrum von *himroo*-Schals, -Tüchern und -Saris, die aus Baumwoll-, Seiden- und Silberfäden kombiniert werden. Wegen ihrer Seiden- und Goldfäden zählen Saris aus Paithan bei Aurangabad zu den edelsten Indiens – sie kosten denn auch zwischen 6000 und schwindelerregenden 300 000 ₹. Berühmt sind zudem *maheshwari*-Baumwollsaris aus Maheshwar (Madhya Pradesh), *chanderi*-Seidensaris aus Chanderi und *baluchari*-Saris aus Bishnupur (Westbengalen), die in traditioneller Webtechnik aus ungesponnenen Seidenfäden hergestellt werde

Textilien

Die Textilindustrie ist Indiens größter Wirtschaftszweig. 40 % der Stoffe werden in Heimarbeit auf dem Land hergestellt (und deshalb *khadi* genannt) – daher die staatlich geförderten *khadi*-Kaufhäuser im ganzen Land. Das vielfältige Sortiment dieser günstigen Großkaufhäuser umfasst auch die beliebten Nehru-Jacken und *kurta*-Schlafanzüge (langärmlige Hemden und weite Hosen). Die Gewinne kommen ländlichen Gemeinden zugute.

In Andhra Pradesh gibt es exquisite *kalamkari* zu kaufen – Stoffbilder, die Gottheiten oder historische Ereignisse porträtieren. Details zu dieser interessanten Kunstform findet man online unter www.kalamkariart.org.

Die Vielfalt der verwendeten Web- und Sticktechniken ist wirklich unglaublich. Speziell in Touristenzentren werden Stoffe etwa zu den beliebten Handtaschen, zu Wandbehängen, Bekleidung, Kissen- und Bettbezügen verarbeitet.

Applikationen haben in Indien eine lange Tradition. Je nach Region gibt es ganz unterschiedliche, oft mit abstrakten oder menschenähnlichen Mustern. Die traditionellen Lampenschirme und *pandals* (Zelte) für Hochzeiten und Feste werden im selben Verfahren hergestellt.

John Gillow und Nicholas Barnard erforschen in *Traditional Indian Textiles* die Welt der schönen Stoffe in Indiens Regionen. Einzelne Kapitel beschäftigen sich auch mit Knüpfbatik-Färbetechnik, Weben, Perlenstickerei, Brokatstoffen und selbst mit Kamelgürteln.

Adivasi (Stammesangehörige) besticken Stoffe mit kleinen Spiegelstücken und nähen daraus tolle Taschen, Kissenbezüge oder Wandbehänge. Jamnagar (Gujarat) ist für kunterbunte *bandhani* (Knüpfbatiken) bekannt. Aus den so behandelten Stoffen werden Saris, Schals und alles mögliche andere, das nicht bei drei auf den Bäumen ist.

Im ganzen Land verkaufen Stoffgeschäfte handbedruckte Webtextilien, oft in kunterbunten Farbkombinationen. Jede Region hat ihre eigene Spezialität. Die Kaufhauskette Fabindia (www.fabindia.com) sorgt in ganz Indien dafür, dass traditionelle Muster und Stoffe nicht in Vergessenheit geraten. Neben tollen Deko-Artikeln verkauft sie auch Klamotten im indischen und westlichen Stil.

Die Methoden, mit denen in Andhra Pradesh (ein Zentrum für diese antike Kunst ist Sri Kalahasti) und Gujarat *kalamkari*-Stoffbilder hergestellt werden, setzt man auch für nette Wandbehange und Lampenschirme ein.

Lucknow (Uttar Pradesh) ist bekannt für handgewebte *chikan*-Stoffe, die mit unglaublich komplexen Blumenmotiven bestickt werden. Aus dem Punjab stammen die berühmten *phulkari*-Stickereien mit Blumenmustern, deren Stichführung diagonal, vertikal und horizontal verläuft. Mit Kettenstichen erzeugen westbengalische Frauen komplexe Muster namens *kantha*. Auf ähnliche Weise entstehen in Kaschmir *gabbas*, *kurtas* (lange Blusen) für Frauen und Hochzeitsjacken für Männer. Alle diese Stücke findet man auch in den größeren Städten Südindiens.

In ganz Indien wird die Batiktechnik oft für Saris und *salwar kameez* (Damenkombis aus kleidartigen Tuniken und weiten Hosen) verwendet. In indischen Metropolen wie Mumbai und Bengaluru kann man prima günstige westliche Mode und Haute Couture von einheimischen Designtalenten erbeuten.

Holzschnitzereien

Holzschnitzereien werden in Indien schon seit Urzeiten hergestellt. In Karnataka versteht man sich auf Schnitzereien von Hindu-Göttern aus Sandelholz, aber für echte Stücke blättert man ein Vermögen hin – eine 10 cm hohe Ganesh-Statue kostet in Sandelholz etwa 3000 ₹, die Aus-

GANDHIS STOFF

Vor über 80 Jahren saß Mahatma Gandhi an seinem Spinnrad und drängte seine Landsleute, mit dem Verzicht auf im Ausland hergestellte Kleidung und der Hinwendung zum *khadi* – dem zuhause selbst gesponnenen Stoff – die Freiheitsbewegung zu unterstützen. Wie das Spinnrad selbst wurde *khadi* zu einem Symbol für den Freiheitskampf und die indische Unabhängigkeit, und der Stoff wird immer noch stark mit Politik assoziiert. Die von der Regierung geführte gemeinnützige Unternehmung Khadi and Village Industries Commission (www.kvic.org.in) dient dazu, *khadi* zu fördern, viele Politikerinnen und Politiker tragen es noch immer und die indische Flagge darf nur aus *khadi* gefertigt werden. In den letzten Jahren hat die Modewelt verstärkt Interesse an diesem einfachen Stoff gezeigt, der normalerweise aus Baumwolle besteht, jedoch auch aus Seide oder Wolle sein kann.

Khadi-Verkaufsstellen sind einfache, sachlich gehaltene Orte, an denen man authentische indische Kleidung erstehen kann, etwa *kurtas* (lange Hemden ohne Kragen), Schlafanzüge, Kopftücher, Saris und in manchen Filialen auch verschiedene kunsthandwerkliche Gegenstände. In verschiedenen Kapiteln dieses Buches wird beim Thema Shoppen jeweils auf diese Verkaufsstellen hingewiesen, aber man findet sie im ganzen Land. Die Preise sind sehr günstig und in der Zeit um Gandhis Geburtstag herum (2. Oktober) gibt es oft Rabattaktionen. Einige Filialen bieten auch einen Schneiderei-Service an.

VERANTWORTUNGSBEWUSST SHOPPEN

Der Tourismus bringt zwar Geld nach Indien, aber die Landbevölkerung bekommt davon meistens nur wenig ab. Traveller können daher etwas Positives bewirken, wenn sie bei kommunalen Kooperativen einkaufen. Diese bewahren und fördern die traditionelle Heimarbeit und sorgen damit für Bildung, Ausbildung und eine nachhaltige Lebensgrundlage an der Basis. Viele dieser Projekte widmen sich Flüchtlingen, Frauen unterer Kasten, Stammesangehörigen und anderen sozialen Außenseitern.

Kooperativen bieten ihre hochwertigen Produkte in der Regel zu Festpreisen an, Feilschen ist deshalb unnötig. Ein Teil der Profite fließt direkt an Sozialprojekte wie Schulen, Gesundheits- und Ausbildungsmaßnahmen bzw. andere Hilfsprogramme für benachteiligte Gruppen. Wer in einer Filiale des landesweiten Warenhausnetzes Khadi & Village Industries einkauft, unterstützt ebenfalls Gemeinden im ländlichen Raum (s. auch Kasten S. 510).

Generell sollte man also nach Fair-Trade-Kooperativen Ausschau halten. Über empfehlenswerte Adressen vor Ort informieren auch die Regionenkapitel.

führung in Kadamb-Holz nur ein Zehntel davon. Dafür behält Sandelholz seinen Duft jahrelang.

An vielen hinduistischen Pilgerstätten sind aus Holz geschnitzte Massageräder und -rollen erhältlich, die schöne Mitbringsel abgeben. Buddhistische Holzschnitzereien sind eine Spezialität in allen tibetischen Flüchtlingsregionen. Dort findet man Wandtafeln mit den „acht glücklichen Zeichen", Drachen und *chaam*-Masken für rituelle Tänze. Die meisten dieser Masken sind billige Kopien, aber manchmal findet man auch Originale aus leichtem Weißholz oder Pappmaché (ab 3000 ₹).

Noch mehr schöne Sachen

In praktisch allen Städten bieten Basare heimische Gewürze für wenig Geld an. Aus Karnataka, Kerala, Uttar Pradesh, Rajasthan und Tamil Nadu stammt der Großteil der Zutaten für *garam-masala*-Mischungen, die indischen Currys ihre Schärfe geben. Die Nordoststaaten und Sikkim sind dagegen für schwarzen Kardamom und Zimtrinde bekannt.

Läden im ganzen Land verkaufen *attar* (ätherische Öle, die hauptsächlich aus Blumen gewonnen werden). Mysore (Karnataka) ist vor allem für Sandelholzöl bekannt, während Mumbai ein wichtiges Handelszentrum für traditionelle Duftessenzen wie das kostbare *oud* ist. Diese Substanz basiert auf einem seltenen Schimmelpilz, der die Rinde des Agarbaums besiedelt. Ooty und Kodaikanal in Tamil Nadu produzieren Aroma- und Heilöle aus Blumen, Kräutern oder Eukalyptus.

Indischer Weihrauch wird in alle Welt exportiert. Er stammt vor allem aus Bengaluru und Mysore (Karnataka). Weihrauch aus Auroville (Tamil Nadu) ist ebenfalls berühmt.

Eine Spezialität aus Goa ist der Feni. Dieser kräftige Cashew- oder Kokosschnaps wird oft in dekorativen Flaschen verkauft.

Guter indischer Tee kommt aus Darjeeling und Kalimpong (Westbengalen), Assam, Sikkim und Teilen Südindiens. Empfehlenswerte Teehändler gibt es in allen Großstädten.

In Puducherry (Tamil Nadu), Delhi und Mumbai lohnt es sich, nach handgeschöpften Papierwaren von hoher Qualität (z. B. Karten, Schachteln oder Notizbücher) Ausschau zu halten.

Indiens phänomenales Bücherangebot bekommt man konkurrenzlos günstig, darunter auch fantastische Titel im Ledereinband. Die CDs einheimischer Musiker sind ihren Preis auch absolut wert.

Kunst & Kultur

Über viele Jahrhunderte hinweg haben die zahlreichen ethnischen Gruppen Indiens ein lebendiges Kunsterbe hinterlassen, das ebenso kreativ wie spirituell bedeutend ist. Heute findet man fast hinter jeder Straßenecke künstlerische Schönheit, seien es aufwendig bemalte Lastwagen, die über staubige Landstraßen rumpeln oder die exquisite, spinnwebenartige Körperkunst aus *mehndi* (Henna). Tatsächlich gehört dieser Reichtum an Kunst- und Kulturschätzen – von antiken Tempeltänzen bis zur dynamischen Theaterszene – zu den großen Highlights einer Reise durch den Subkontinent. Zeitgenössische indische Künstler verbinden historische Elemente mit ausgefallen-modernen Einflüssen und schaffen so Kunst, Tänze und Musik, die nicht nur Zuhause, sondern auch auf internationalen Bühnen viel Lob einheimsen.

Stürzen Sie sich bei der Art India (www.artindia.net) in Indiens unglaublich lebendige Theaterszene – klassischer Tanz und Musik sind besonders beeindruckend.

Tanz

Tanz gehört in Indien zu den ältesten, am meisten geschätzten Kunstformen und ist traditionell mit der Mythologie und klassischen Literatur verbunden. Historisch gesehen waren versierte Künstler für die Königshäuser eine Frage der Ehre und des Wohlstands: Es gab eine Zeit, zu der die Qualität ihrer jeweiligen Tanztruppen zu einem erbitterten Wettstreit zwischen den Maharadschas von Mysore und Travancore führte. Zwischen dem 2. und 8. Jh. entstand durch den Handel zwischen Südindien und Südostasien ein kulturelles Erbe, das bis heute in den Tanzformen von Bali (Indonesien), Thailand, Kambodscha und Myanmar (Birma) erhalten geblieben ist. Heute blüht der Tanz – egal, ob klassisch, Pop oder folkloristisch – noch immer auf den städtischen Bühnen, auf Kinoleinwänden und in Dörfern in ganz Südindien.

MEHNDI

Mehndi ist die traditionelle Kunst des Bemalens von Frauenhänden (und manchmal auch Füßen) mit filigranen Hennamustern anlässlich glücksverheißender Zeremonien wie z. B. Hochzeiten. Wenn hochwertiges Henna verwendet wird, können die orangebraunen Muster bis zu einen Monat erhalten bleiben.

In Touristengegenden sind *mehndi*-Wallahs besonders versiert darin, Tattoo-Bänder aus Henna auf Arme, Beine und den unteren Rücken zu malen. Wer darüber nachdenkt, sich ein *mehndi* malen zu lassen, sollte wenigstens zwei Stunden für das Design und die anschließende Trockenzeit (während der man die Hände nicht benutzen kann) einplanen. Einmal aufgetragen, verblasst das Henna in der Regel umso schneller, je öfter man sich die Hände wäscht oder Bodylotion aufträgt.

Es ist immer eine gute Idee, den Künstler zu bitten, erst eine Stelle am Arm zu „testen", bevor man das Tattoo machen lässt, da einige Färbemittel heutzutage chemische Substanzen enthalten und Allergien auslösen können. Wenn hochwertiges Henna verwendet wird, sollte man während oder nach dem Auftragen keine Schmerzen verspüren.

In Südindien gibt es zahlreiche Arten von Volkstänzen – etwa den Puraviattams aus Karnataka und Tamil Nadu, bei dem die Tänzer Pferdekostüme tragen, den Koklikatai-Tanz aus Tamil Nadu, bei dem sich die Künstler auf mit Glöckchen verzierten Stelzen bewegen, oder den Tanz der Fischer aus Kolyacha an der Konkanküste. Goas stilisierte Mando-Kunst aus Lied und Tanz wiederum ist eine walzerartige Mischung aus indischen Rhythmen, portugiesischen Melodien und Konkani-Texten.

Überall im Süden findet man diverse Formen von Trance- und Exorzismus-Tänzen, und fast alle Stammesvölker – einschließlich der Todas in Tamil Nadu und der Banjaras in Andhra Pradesh – haben sich bis in die heutige Zeit ihre einzigartigen Tanztraditionen bewahrt.

Hier ein Überblick über die wichtigsten Formen des klassischen Tanzes in Südindien:

» Bharata Natyam (auch *bharatanatyam*) ist die einzigartige Kunstform Tamil Nadus und gilt als Indiens ältester, bis heute erhaltener klassischer Tanz. Ursprünglich war er als Dasi Attam bekannt, eine Tempelkunst, die von jungen, als *devadasis* bezeichneten Frauen ausgeübt wurde. Nach dem 16. Jh. geriet er jedoch in Verruf – hauptsächlich deshalb, weil er zum Synonym für Prostitution wurde. Mitte des 19. Jh. wurde er von vier Brüdern aus Thanjavur (Tanjore) wiederentdeckt, denen die Erhaltung der Reinheit dieser Kunstform zugeschrieben wird, da sie sie zu ihren antiken Wurzeln zurückführten.

» Kathakali, eine der berühmtesten Formen des klassischen Tanzdramas in Südindien, ist eine keralische Form des Schauspiels und basiert meist auf Hindu-Epen; s. Kasten S. 332.

» Kuchipudi ist ein Tanzdrama aus dem 17. Jh., das seinen Ursprung in einem Dorf in Andhra Pradesh hat, das ihm auch seinen Namen gab. Wie auch Kathakali reicht die zeitgenössische Form des Kucjipudi bis ins 17. Jh. zurück, als es zum Vorrecht der brahmanischen Dorfjungen wurde. Häufig wird darin die Geschichte Satyambhamas dargestellt, der Frau der Gottheit Krishna.

» Mohiniyattam aus Kerala ist eine halbklassische Tanzform, die auf der Geschichte von Mohini basiert, der mythischen Verführerin. Für seine sanften, poetischen Bewegungen bekannt, enthält der Tanz auch Elemente des Bharata Natyam und Kathakali.

» Theyyam, in Kannur (Kerala; s. Kasten S. 332) verbreitet, ist eine antike Tanzform, die von Stammesvölkern und Dorfbewohnern im Norden der Malabar-Region praktiziert wird. Kopfschmuck, Kostüme, Körperbemalungen und die tranceartigen Darbietungen sind wirklich außergewöhnlich. Im Parasinikadavu-Tempel (nahe Kannur) finden Theyyam-Vorführungen statt.

» Yakshagana ist einzig in der Tulu-Sprachregion an Karnatakas Südküste zu finden. Der Schwerpunkt des Yakshagana liegt jedoch weniger auf dem Tanz oder den Bewegungen der Darbietung, da die Darsteller (im Gegensatz zum Kathakali) in ihren Rollen auch singen und sprechen müssen. Wie beim Kathakali sind Kostüme und Make-up auch hier nicht nur visuell eindrucksvoll, sondern stets symbolisch für die Persönlichkeit der jeweiligen Figur.

Indian Classical Dance von Leela Venkataraman und Avinash Pasricha ist ein reich illustriertes Buch, das verschiedene indische Tanzformen umfasst, u. a. Bharata Natyam und Kathakali.

Musik

Die Wurzeln der klassischen indischen Musik lassen sich bis in vedische Zeiten zurückverfolgen, als von Priestern gesungene religiöse Gedichte zum ersten Mal in einer Sammlung mit dem Titel Rigveda zusammengefasst wurden. Im Lauf der Jahrtausende hat sich die Musik durch zahlreiche Einflüsse verändert, und ihr Erbe ist heute sowohl in der karnatischen (charakteristisch für Südindien) als auch in der hindustanischen (klassischer Stil Nordindiens) Form erhalten geblieben. Da sie denselben Ursprung haben, teilen beide Musikstile diverse Eigenschaften. Beide bedienen sich des Ragas (melodische Form der Musik) und des Talas (Rhythmus, in die Anzahl der Schläge unterteilt); der *tintal* hat beispielsweise 16 Schläge. Das Publikum folgt dem Tala, indem es bei den richtigen Schlägen klatscht, im Falle des *tintals* beim ersten, fünften und dreizehnten Schlag. Beim neunten Schlag wird nicht geklatscht: Er ist die *khali* (leere Stelle), die durch ein Winken mit der Hand ausgedrückt wird. Raga und Tala bilden auch die Grundlage für Kompositionen und Improvisationen.

Auf www.carnaic corner.com, www.carnatic. com und www. carnaticindia. com kann man in die faszinierende Welt der karnatischen Musik eintauchen.

Karnatische wie hindustanische Musik wird von kleinen Ensembles aufgeführt, die in der Regel aus drei bis sechs Musikern bestehen. Beide Stile haben viele Instrumente gemeinsam. Es gibt zwar für keinen eine festgelegte Tonlage, aber dennoch bestehen Unterschiede: Die hindustanische Form ist stärker von den musikalischen Konventionen Persiens beeinflusst (eine Folge der Mogulherrschaft), während die karnatische Musik, die in Südindien entstand, enger mit der Theorie verbunden ist. Der auffälligste Unterschied – zumindest für alle, die mit Indiens klassischen Formen nicht vertraut sind – ist jedoch, dass sich die karnatische Form häufiger des Gesangs bedient.

Eines der bekanntesten indischen Instrumente ist die *sitar* (das große Saiteninstrument), mit der der Solist den Raga spielt. Weitere Saiteninstrumente sind die *sarod* (sie wird gezupft) und die *sarangi* (die mit einem Bogen gespielt wird). Ebenfalls beliebt ist die *tabla* (Doppeltrommel), die den Tala bestimmt. Das Summen, das aus zwei Grundtönen besteht, wird von der oboeähnlichen *shehnai* oder dem Saiteninstrument *tampura* (auch „tamboura") gespielt. Das handbetriebene Harmonium spielt nur eine untergeordnete Rolle für die Melodie und für den Gesang.

Die regionale Volksmusik Indiens ist weithin verbreitet und äußerst vielfältig. Umherziehende Musikanten, Magier, Schlangenbeschwörer und Geschichtenerzähler unterhalten ihr Publikum häufig auch mit Gesang – Geschichtenerzähler tragen die großen Epen in der Regel singend vor.

Wer in die melodische Welt klassischer hindustanischer Musik eintauchen möchte, sollte sich eine Ausgabe von Sandeep Bagchees *Nād: Understanding Raga Music* besorgen, das auch ein Glossar mit musikalischen Begriffen bietet.

Obwohl er in Nordindien gängiger ist, ist der *qawwali* (islamischer andächtiger Gesang) auch in Südindien in Moscheen oder bei Konzerten zu hören. *Qawwali*-Konzerte werden in der Regel in Form einer *mehfil* (Ansammlung) mit einem Hauptsänger, einem zweiten Sänger, einem Harmonium und *tabla*-Spielern dargeboten, die durch einen donnernden Chor aus jungen Sängern und Klatschern ergänzt werden, die alle zusammen im Schneidersitz auf dem Boden sitzen. Der Hauptsänger bringt das Publikum mit Gedichtzeilen, dramatischen Gesten und religiösen Zitaten in Stimmung. Die zweite Stimme mischt sich immer wieder darunter, sodass sich beide Sänger spielerisch abwechseln, bis sie einen improvisierten, anschwellenden Ton erzeugen. Auf ein Stichwort hin stimmt schließlich auch der Chor mit einem hypnotischen, rhythmischen Refrain in den Gesang ein. Die Zuschauer wiegen ihre Körper mit und brüllen häufig ihre ekstatische Begeisterung frei heraus.

Die Filmmusik ist im Gegensatz zur klassischen indischen Musik ein völlig anderes Genre und bezeichnet die Soundtracks der Bollywood-Filme – unter die in erster Linie hyperaktiven Tanznummern mischen sich dabei vereinzelt auch moderne (langsamere) Liebesserenaden. Wer nach den neuesten Film-Favoriten oder den angesagtesten indischen Popsängern sucht, kann einfach im nächsten Musikladen nach aktuellen Infos fragen.

Radio und Fernsehen spielen eine entscheidende Rolle bei der Verbreitung der unterschiedlichsten Musikstile – von sanften Bhajans bis zu dröhnenden Bollywood-Hits –, die auf diese Weise auch bis in die abgeschiedensten Ecken Südindiens vordringen.

Kino

Die Filmindustrie des Landes wurde Ende des 19. Jhs. geboren – der erste in Indien gedrehte Film, *Panorama of Calcutta,* wurde 1899 gezeigt. Indiens erster richtiger Spielfilm, *Raja Harishchandra,* entstand 1913 während der Stummfilmzeit, und auf ihn geht letzten Endes eine lange Reihe lebendiger indischer Kinofilme zurück.

Heute ist die indische Filmindustrie die größte der Welt – sogar größer als Hollywood – und Mumbai, die Filmhauptstadt der hindisprachigen Welt, wird liebevoll auch „Bollywood" genannt. Zu den weiteren Filmproduktionszentren des Landes gehören Chennai, Hyderabad und Bengaluru, und in mehreren Städten im Süden werden darüber hinaus Filme in der jeweiligen regionalen Sprache gedreht.

Neben den unvermeidlichen Bollywood-Blockbustern verfügen die meisten Staaten Südindiens auch über eine eigene regionale Filmindustrie. Filme in tamilischer Sprache aus Tamil Nadu sowie Telugu-Filme aus Andhra Pradesh sind zahlenmäßig am stärksten vertreten, aber es gibt auch gute Malayalam-Filme aus Kerala oder Kannad-Filme aus Karnataka.

Filme mit großem Budget werden oft teilweise oder komplett im Ausland gedreht, und einige Länder umwerben indische Produktionsfirmen heftig, da diese Filme potenzielle Gewinne durch Folgetourismus versprechen.

Jährlich werden durchschnittlich 1000 Spielfilme in Indien gedreht. Neben den Hunderten Millionen einheimischer Bollywood-Fans gibt's auch Millionen im Ausland lebende Inder, sogenannte „Non-Resident Indians" (NRIs), die ganz entscheidend dabei geholfen haben, das indische Kino auf die internationale Bühne zu katapultieren.

Im weitesten Sinne gibt's zwei Kategorien indischer Filme. Am bekanntesten sind die Mainstreamfilme – drei Stunden und länger sind diese Blockbuster oft zu Tränen rührende Schnulzen vollgepackt mit dramatischen Wendungen und gespickt mit zahlreichen Gesangs- und Tanznummern. Explizite Sex- oder zumindest Kussszenen sind in Filmen, die für den indischen Markt produziert werden, nicht zu finden (obwohl sich in Bollywood-Filme immer öfter ein paar Knutscher einschleichen). Die fehlende Nacktheit wird jedoch oft durch spärlich bekleidete Heldinnen in eng anliegenden Kleidern wieder aufgewogen.

Das zweite indische Filmgenre fällt in die Arthouse-Kategorie, die sich die indische „Wirklichkeit" als Grundlage nimmt. Allgemein könnte man sagen, dass diese Filme sozial und politisch relevant sind – oder es zumindest sein sollten. Normalerweise werden sie mit erheblich kleinerem Budget gedreht als ihre kommerziellen Verwandten, und sie sind es auch, die auf Festivals und Preisverleihungen weltweit Anerkennung finden.

Näheres zu Bollywood und zu Jobs als Filmkomparse gibt's im Kasten auf S. 55.

Encyclopedia of Indian Cinema von Ashish Rajadhyaksha und Paul Willemen erzählt die kine-matografische Geschichte Indiens, die von 1897 bis ins 21. Jh. reicht.

Brandaktuelles rund um das Thema Film gibt's auf Bollywood World (www.bollywoodworld.com) und Tamil Cinema World (www.tamilcinemaworld.com).

Literatur

Die wichtigsten Sprachen Südindiens – Tamil, Kannada, Telugu, Malayalam und Marathi – haben jeweils eine lange literarische Geschichte. Tamil ist insofern etwas Besonderes (einige frühe Werke wurden schon auf das 2. Jh. datiert), als es, anders als die übrigen Sprachen, die ihre Wurzeln alle im Sanskrit haben, keine indoeuropäische Literatursprache ist.

Im 19. Jh. begann sich in der südindischen Literatur der Einfluss der europäischen Gattungen abzuzeichnen. Während Literatur zuvor hauptsächlich in Versen verfasst wurde, kam nun auch Prosa auf. Gegen Ende des 19. Jhs. probierten die südindischen Autoren neue Formen

RABINDRANATH TAGORE: EINE LITERARISCHE LEGENDE

Der ebenso brillante wie produktive Dichter, Schriftsteller, Künstler und Patriot Rabindranath Tagore übte einen unvergleichlichen Einfluss auf die Kultur in Bengali – und in weiten Teilen Indiens – aus. 1861 in eine bekannte Familie in Kolkata (Kalkutta) hineingeboren, begann er bereits als Junge mit dem Schreiben und hörte nie wieder auf. Man sagt, er habe sein letztes Gedicht nur wenige Stunden vor seinem Tod im Jahr 1941 diktiert.

Viele sind außerdem der Ansicht, es sei Tagore zu verdanken, dass Indiens historischer und kultureller Reichtum auch in der westlichen Welt bekannt wurde. 1913 gewann er den Literaturnobelpreis für seine mystische Gedichtsammlung *Gitanjali*, und in späteren Jahren trug er seine Botschaft von der Einheit der Menschen auf seinen Lesereisen durch ganz Asien, Amerika und Europa.

Doch trotz seines kosmopolitischen Tuns war Tagores Herz fest in seinem Heimatland verwurzelt – eine Tatsache, die sich auch in seinen zahlreichen beliebten Liedern, die heute noch von den Massen gesungen werden, sowie im Text der Nationalhymnen von Indien und Bangladesch widerspiegelt. 1915 wurde Tagore von den Briten mit der Ritterwürde geehrt, die er 1919 aus Protest gegen das Jallianwala-Bagh-Massaker von Amritsar (Punjab) jedoch wieder ablegte.

Wer sich für Tagores Werk interessiert, fängt am besten mit seinen gesammelten Kurzgeschichten an.

aus. Subramanya Bharathi und V.V.S. Aiyar, denen man zuschreibt, Tamil zu einer modernen Sprache gemacht zu haben, gehören zu diesen Autoren.

Legends of Goa von Mario Cabral e Sa ist eine illustrierte Folklore-Sammlung aus Goa und bietet einen Einblick in die bunten Traditionen und die lebendige Geschichte des Bundesstaates.

Indien hat eine ständig wachsende Zahl international renommierter Schriftsteller. Zu den bekanntesten zählen Vikram Seth, der durch seinen Roman *Eine gute Partie* bekannt wurde, und Amitav Ghosh. Ghosh hat schon eine Reihe von Preisen gewonnen, darunter den Booker Prize für *Das mohnrote Meer*. Vor allem in den letzten Jahren haben indische Autoren den begehrten Booker Prize gewonnen, zuletzt der aus Chennai stammende Aravind Adiga, der ihn 2008 für seinen Erstlingsroman *Der weiße Tiger* erhielt. Schon zuvor, im Jahr 2006, hatte ihn Kiran Desai für *Erbin des verlorenen Landes* erhalten. Desai ist die Tochter von Anita Desai, die drei Mal für diesen Preis nominiert war. 1997 wurde der Preis an Arundhati Roy für ihren Roman *Der Gott der kleinen Dinge* verliehen, 1981 nahm ihn Salman Rushdie für seinen Roman *Mitternachtskinder* entgegen.

Der in Trinidad geborene indische Schriftsteller V.S. Naipaul gewann 2001 den Nobelpreis für Literatur, 1971 hatte er den Booker Prize erhalten. Die in England geborene Jhumpa Lahiri erhielt 2000 den Pulitzerpreis für ihren Erzählband *Melodie der Ankunft*.

Malerei

Vor etwa 1500 Jahren gestalteten Künstler die Mauern und Decken der Höhlen von Ajanta (S. 96) in Westindien mit Szenen aus dem Leben Buddhas. Die gemalten Figuren strahlen eine ganz ungewöhnliche Freiheit und Anmut aus und stehen damit in starkem Kontrast zu einem nachfolgenden sehr wichtigen Stil, der im 11.Jh. in diesem Teil Indiens entstand.

Die indische jainistische Gemeinde schuf eine besonders aufwendige Tempelkunst. Nach der muslimischen Eroberung von Gujarat im Jahr 1299 wandten die Jainas ihre Aufmerksamkeit jedoch illustrierten Handschriften zu, die sich leicht verstecken ließen. Diese Handschriften sind die einzige Form indischer Gemälde, die die islamische Eroberung Nordindiens überlebten.

Der indo-persische Stil, für den geometrische Muster gepaart mit fließenden Formen charakteristisch sind, entwickelte sich an den islamischen Königshöfen, obwohl die Abbildung des lang gezogenen Auges ein Element zu sein scheint, das von indigenen Quellen übernommen wurde. Der persische Einfluss erblühte, als Kunsthandwerker nach dem Angriff der Usbeken auf Herat (im heutigen Afghanistan) im Jahr 1507 nach Indien flohen und der Handel und Austausch von Geschenken zwischen der persischen Stadt Schiraz, einem etablierten Zentrum der Miniaturenherstellung, und den Sultanen in der indischen Provinz immer reger wurde.

Mit Baburs Sieg bei der Schlacht von Panipat im Jahr 1526 begann die Ära der Moguln in Indien. Auch wenn sowohl Babur als auch sein Sohn Humayun große Kunstförderer waren, wird in der Regel Humayuns Sohn Akbar dafür gerühmt, den charakteristischen Mogulstil entwickelt zu haben. Dieser Malstil, der sich oft in bunten Miniaturen präsentiert, bildet vor allem das Landleben, Architektur, Schlachten und Jagdszenen ab und zeigt detaillierte Porträts. Akbar heuerte Künstler von nah und fern an, und anfangs konzentrierten sich die künstlerischen Bemühungen auf die Anfertigung illustrierter Handschriften (die Motive reichten von Geschichte bis zu Mythologie), bevor sie sich später auch auf die Porträtmalerei und die Verherrlichung von Alltagsgeschehen ausdehnten. Manche Künstler wurden von europäischen Malstilen beeinflusst, und dieser Einfluss zeigt sich hin und wieder in ihren Experimenten mit Motiven und Perspektiven.

Akbars Sohn Jehangir, ebenfalls ein Förderer der Malerei, bevorzugte hingegen die Porträtmalerei, und dank seiner Faszination für Naturwissenschaften hinterließ er ein lebendiges Erbe von Blumen- und Tiergemälden. Unter Jehangirs Sohn Shah Jahan wurde der Mogulstil dann weniger fließend, und obwohl die bunten Farben weiterhin die Blicke auf sich zogen, fehlte den Gemälden die frühere Lebendigkeit.

Mit *Indian Art* von Roy Craven, *Contemporary Indian Art: Other Realities*, herausgegeben von Yashodhara Dalmia und *Indian Miniature Painting* von Dr. Daljeet und Professor P.C. Jain wird man zum Kunstexperten.

Rund um das 17. Jh. entstanden in Rajasthan zahlreiche Schulen für Miniaturmalerei (kleine, mit Details vollgepackte Bilder). Die Themenpalette reichte von königlichen Prozessionen bis zu *shikar* (Jagdausflüge), und viele Künstler wurden vom Mogulstil beeinflusst. Die intensiven Farben, die auch heute noch in den Miniaturen und Fresken in einigen indischen Palästen erhalten sind, wurden oft aus zerstoßenen Halbedelsteinen gewonnen, und die Gold- und Silberfarben bestehen tatsächlich aus feinstem, reinem Blattgold und -silber.

Im 19. Jh. wurde die Malerei in Nordindien stark von westlichen Stilen (besonders von englischen Aquarellen) beeinflusst und führte zum Aufstieg einer Bewegung, die Company School genannt wurde und ihr Zentrum in Delhi hatte.

Töpferei

Die Töpferkunst ist durch und durch von der Mythologie durchdrungen. Es gibt eine Menge Geschichten, die sich darum ranken, wie ein Töpfer zu seiner Berufung kommt, aber alle stimmen darin überein, dass ein Geschick, mit Lehm umzugehen, ein Geschenk des Gottes Brahma ist. Diese Gabe verleiht Töpfern einen ganz besonderen Status: Manchmal agieren sie als direkte Vermittler zwischen der spirituellen und der irdischen Welt.

Der Name für die Töpferkaste, Kumbhar, ist vom Wort *kumbha* (Wassergefäß) abgeleitet. Es ist auch ein wesentlicher Bestandteil in einer Version der Geschichte, wie Töpfer ihre Berufung finden. Die Gefäße sind nach wie vor unverzichtbare Haushaltsgegenstände in Südindien. Mit ihren engen Hälsen und der runden Form sind sie so gestaltet, dass Frauen sie gefüllt auf dem Kopf tragen können, ohne viel Wasser

ZEITGENÖSSISCHE INDISCHE KUNST

Im 21. Jh. erzielten Gemälde zeitgenössischer indischer Künstler weltweit Rekordverkaufszahlen (und Preise). Ein besonders innovatives und erfolgreiches Online-Kunstauktionshaus, **Saffronart** (www.saffronart.com) in Mumbai, hat Berichten zufolge bereits Schwergewichte wie Sotheby's und Christie's überholt, was die Online-Verkäufe indischer Kunst betrifft.

Online-Auktionen fördern heftige, weltweite Bieterkämpfe – einer der Hauptgründe für die hohe Erfolgsrate von Saffronart, obwohl das Haus die Gemälde erst in Mumbai und New York prüft, bevor sie in die Cyber-Auktion gehen. Viele Bieter sind wohlhabende, im Ausland lebende Inder, sogenannte NRIs (Non-Resident Indians), die indische Kunst nicht nur zu schätzen wissen, sondern auch deren Investitionspotenzial erkannt haben. Doch auch die Nachfrage unter den nicht-indischen Sammlern wächst, und in den letzten Jahren explodierten die Verkaufszahlen in Europa, den USA, Südostasien und Nahost geradezu.

Auch internationale Auktionshäuser sind inzwischen in Indien eingefallen, entweder, um Zweigstellen zu eröffnen oder um sich Galerieverbindungen und damit ein Stück von diesem offensichtlich riesigen Wachstumsmarkt zu sichern. Obwohl sich der Großteil der Nachfrage, sowohl an der heimischen als auch der internationalen Front, im Allgemeinen auf die Werke älterer indischer Künstler beschränkt – etwa Francis Newton Souza, Tyeb Mehta, Syed Haider Raza, Akbar Padamsee, Ram Kumar und Maqbool Fida Husain – steigt auch das Interesse an aufkommenden indischen Talenten stetig an.

zu verschütten. Gleichzeitig ist die bauchige Form ein Symbol für den Mutterleib und somit für Fruchtbarkeit.

Neben Wassergefäßen stellen die Töpfer die verschiedensten anderen Haushaltsgegenstände her, z.B. Vorratsbehälter und Kochtöpfe aller Art, Schüsseln und *jhanvan* (dicke, flache Stücke gebrannten Tons mit einer rauen Seite, die zum Reinigen der Füße benutzt werden). Weil Tonwaren nicht ewig halten, müssen die Töpfer nie befürchten, arbeitslos zu werden. Zusätzlich sorgen in ganz Tamil Nadu Traditionen wie das herbstliche Pongal-Fest Mitte Januar dafür, dass die Töpferscheiben nicht still stehen: Am Tag vor dem Fest werden sämtliche Tongefäße eines Haushalts zerschlagen und durch neue ersetzt.

Töpfer haben auch die Aufgabe, Votivgaben herzustellen. Dazu gehören die Pferdefiguren, die vor den Dörfern in Tamil Nadu Wache stehen und ziemlich groß ausfallen können, außerdem Abbilder von Gottheiten wie Ganesha und weitere Tierfiguren. Manchmal geben Leute, die auf Wunderheilungen hoffen, tönerne Nachbildungen des betroffenen Körperteils in Auftrag und legen diese dann vor einen Schrein. Zudem gehören auch Spielzeug und Rosenkränze zum Repertoire eines Töpfers.

Glasierte Tonwaren sind in Südindien selten. Nur in Tamil Nadu findet man zuweilen Töpferwaren mit blauer oder grüner Glasur.

Architektonische Pracht

Südindien hat ein bemerkenswertes architektonisches Erbe zu bieten, von hoch aufragenden Tempeltoren, die mit unzähligen fein gearbeiteten Götterfiguren geschmückt sind, bis hin zu geweißelten eckigen Dorfhäusern. An traditionellen Bauwerken, z.B. an Tempeln, lässt sich häufig ein sicheres Gespür für eine gute Platzierung in der Umgebung ablesen – sie stehen auf felsigen Hügeln oder an großen, künstlich angelegten Wasserbecken.

Der Einfluss englischer Architektur ist in Städten wie Chennai, Bengaluru und Mumbai unübersehbar: Hier stehen viele Beispiele neoklassizistischer Architektur. Englische Bungalows mit Wellblechdächern und weit ausladenden Verandas sind eine Art Markenzeichen vieler Villen in den Hill Stations, zum Beispiel in Ooty (Udhagamandalam). Noch bemerkenswerter als die Kolonialbauten sind aber die Versuche, europäische und indische Architekturelemente miteinander zu verbinden. Dazu zählen in erster Linie die großartigen öffentlichen Bauwerke in Mumbai (19.Jh.), vor allem aber der spektakuläre Palast des Maharadschas in Mysore.

The History of Architecture in India: From the Dawn of Civilisation to the End of the Raj von Christopher Tadgell bietet einen reich illustrierten Überblick über dieses Thema und schließt auch bedeutende Stätten in Südindien ein.

SAKRALARCHITEKTUR

Komplizierte Regeln – basierend auf Zahlenmystik, Astrologie, Astronomie und religiösen Dogmen – bestimmen den Standort, die Formgebung und den Bau jedes einzelnen Tempels. Im Grunde ist jeder Tempel ein Abbild des Universums. Im Zentrum liegt ein schmuckloser Raum, der *garbhagriha* (inneres Heiligtum), der den „Mutterschoß" symbolisiert, aus dem das Universum entstanden ist. Dieser Raum gilt als Wohnsitz der Gottheit, der auch der jeweilige Tempel geweiht ist.

Über dem Kultraum erhebt sich ein Überbau, in Südindien *vimana*, in Nordindien *sikhara* genannt. *Sikharas* sind parabelförmig und schließen mit einer eingekerbten Platte ab, auf der oben ein Aufsatz in Form eines Gefäßes steht. *Vimanas* hingegen sind stufenförmig angelegt, statt einer Platte schließen sie mit einem Kuppeldach ab. Einige Tempel haben eine *mandapa* (Vorhalle), die über Verbindungsgänge mit dem Kultraum verbunden ist. Die *mandapas* sind oft durch *vimanas* oder *sikharas* überbaut.

Ein *gopuram* ist der hoch aufragende Eingangsturm eines drawidischen Tempels. Die gewaltigen *gopurams* bestimmter Tempel in Südindien haben die Kunst der Ornamentik und den Monumentalismus zu neuen Höhen geführt – ein schönes Beispiel mit mehreren solcher Tortürme ist der Sri-Meenakshi-Tempel in Madurai.

Äußerlich ähneln die Jain-Tempel den Hindu-Tempeln, im Inneren quellen sie jedoch förmlich über vor Ornamentik und sind damit das genaue Gegenteil von asketischer Strenge. Charakteristisch für *gurdwaras* (Sikh-Tempel) sind die *nishan sahib*, das sind Fahnenmasten mit einer dreieckigen Fahne und den Sikh-Symbolen.

Stupas sind typisch für buddhistische Kultstätten und sind aus Grabhügeln hervorgegangen. Sie dienten ursprünglich als Aufbewahrungsorte für die Reliquien Buddhas und später auch anderer verehrter Seelen. Eine relativ junge Neuerung ist der Anbau einer *chaitya* (Halle), die zum eigentlichen Stupa hinaufführt.

Auf Temple Net (www.templenet.com) kann man Indiens vielfältige Tempel-Architektur (und noch mehr Interessantes rund um das Thema Tempel) entdecken.

Die muslimischen Herrscher brachten ihre eigenen architektonischen Gepflogenheiten nach Indien mit, z.B. die bogenförmigen Gänge und Kuppeln. Einer der offensichtlichsten Unterschiede zwischen dem Hinduismus und dem Islam ist die religiöse Bildersprache – die islamische Kunst vermeidet jede Andeutung der Götzenanbetung oder der Gottesdarstellung, hat dafür aber eine reiche Sammlung kalligrafischer und dekorativer Motive hervorgebracht.

Die Grundformen der Moscheen sind weltweit dieselben. Es gibt einen großen Raum oder eine Halle für das gemeinsame Gebet; darin befindet sich der *mihrab* (Gebetsnische), der in Richtung Mekka weist. Minarette sind in alle vier Himmelsrichtungen platziert, von hier aus werden die Gläubigen zum Gebet gerufen. Die meisten größeren Orte und Städte haben mindestens eine Moschee; einige schöne Beispiele islamischer Architektur in Südindien sind u.a. die Mecca Masjid und das Golconda-Fort in Hyderabad sowie das Golgumbaz in Bijapur.

Die indischen Kirchen spiegeln das Bild der typischen europäischen Kirchenarchitektur wider, doch sind viele auch mit hinduistischen Ornamenten verziert. Es waren – mehr als alle anderen – die Portugiesen, die großartige Gotteshäuser, auch südindische Kathedralen, ihrer Zeit nachbauten. Besonders schöne Kirchen und Kathedralen befinden sich in Goa und dort vor allem in Old Goa.

Forts & Paläste

Das typische südindische Fort steht auf einem Hügel oder einem Felsvorsprung und ist von Befestigungsgräben umgeben. Zu Füßen des Forts befindet sich normalerweise eine Stadt, die entstanden ist, nachdem die Befestigungsanlage gebaut worden war. Gingee (Senji) in Tamil Nadu ist hier ein gutes Beispiel. Das Vellore-Fort, ebenfalls in Tamil Nadu, ist eines der berühmtesten indischen Forts mit Befestigungsgräben; tolle Stadtfestungen besitzen Bidar und Bijapur in Karnataka.

Temples of South India von Sunil Vaidyanathan ist reich an Bildern und deckt den Großteil der Tempel Südindiens ab.

Daulatabad im zentralen Maharashtra ist eine weitere wunderschöne Festung: Eine 5 km lange Mauer umgibt die Anlage hoch oben auf dem Hügel. Man erreicht sie über Wege, die mit raffinierten Abwehranlagen versehen sind (z.B. mit stachelbespickten Türen und irreführenden Tunneln, die in Kriegszeiten entweder zu einer Grube mit brennendem Öl oder zu einem Wassergraben voller Krokodile führten).

TEMPELBECKEN

Im Allgemeinen werden Tempelbecken, die schon seit langer Zeit das Zentrum der Tempel bilden, für rituelle Bäder oder religiöse Zeremonien genutzt und werten die Anbetungshäuser darüber hinaus auch in ästhetischer Hinsicht auf. Diese oft großzügigen, eckigen, technisierten Wasserspeicher werden teilweise vom Regen, teilweise durch ein kompliziertes Leitungssystem von Flüssen gespeist und dienen sowohl heiligen als auch weltlichen Zwecken. Dem Wasser einiger Tempelbecken werden heilende Eigenschaften zugeschrieben, während andere angeblich die Kraft besitzen, von Sünden reinzuwaschen. Gläubige (ebenso wie Besucher) werden in manchen Tempeln gebeten, sich die Füße im Becken zu waschen, bevor sie einen Ort der Anbetung betreten.

In Südindien sind nur wenige alte Paläste erhalten, da Eroberer gerade diese mit Vorliebe zerstörten. Die Überreste des Palastkomplexes in Vijayanagar in der Nähe von Hampi verraten, dass die hiesigen Bauingenieure durchaus nicht abgeneigt waren, die soliden Konstruktionstechniken und -formen (z.B. Kuppeln und Bögen) ihrer muslimischen Widersacher, der Bahmani, zu übernehmen. Der Palast der Maharadschas von Travancore in Padmanabhapuram, der aus dem 16. Jh. stammt, verfügt über private Wohnräume für den Herrscher, ein *zenana* (Quartier der Frauen), Räume für öffentliche Audienzen, eine Waffenhalle, einen Tanzsaal und mehrere Tempel. Der bekannteste und prachtvollste indo-sarazenische Palast in Südindien ist der Maharaja's Palace in Mysore, dessen Inneres kaleidoskopartig mit Buntglas, Spiegeln und Mosaikböden verziert ist.

Architecture and Art of Southern India von George Michell bietet zahlreiche Details über das Vijayanagar-Reich und seine Nachfolger und umfasst einen Zeitraum von etwa 400 Jahren.

Bildhauerei

Bildhauerei und religiöse Architektur sind in Südindien kaum voneinander zu trennen, deshalb ist es schwer, beides einzeln zu behandeln. Die Skulptur steht immer im Zusammenhang mit der Religion und ist normalerweise keine Kunstform, in der es um individuellen schöpferischen Ausdruck geht, sondern ein Bauelement.

Arjunas Buße, ein Relief aus dem 7. Jh. in Mamallapuram (Mahabalipuram), zählt zu den schönsten Beispielen früher Bildhauerei. Ein frischer, lebendiger Charakter zeigt sich auch an den Schreinskulpturen in Chola aus dem späten 9. Jh. Das Erbe und die Traditionen der Bildhauer der Pallava-Dynastie leben in Mamallapuram weiter, wo Hunderte von Bildhauern frei stehende Steinskulpturen aller Formen und Größen schaffen (s. „Sculpture Museum" in Mamallapuram). Manche vermischen sogar unbekümmert Altes mit Nagelneuem – es gibt z.B. eine Skulptur eines Ganesha, der mit einem Handy telefoniert.

Window on Goa von Maurice Hall ist ein umfassendes, mit viel Liebe zusammengestelltes Werk über Goas Kirchen, Forts, Dörfer und vieles mehr.

Anders als in Nordindien konnte sich die Bildhauerei im Süden ohne nennenswerte Einflüsse durch muslimische Invasoren entwickeln. Doch seltsamerweise lassen die Skulpturen des 17. Jhs. trotz der technischen Fertigkeit oft die Lebendigkeit und Qualität der früheren Bildhauerkunst vermissen. Berühmt ist Südindien besonders für seine Bronzeplastiken, vor allem die aus dem 9. und 10. Jh., die während der Herrschaftszeit der kunstbegeisterten Chola-Dynastie entstanden. Die Künstler benutzten das Wachsausschmelzverfahren für ihre Plastiken, die meist Hindu-Gottheiten wie Vishnu oder – hauptsächlich im Süden – Shiva in seiner Gestalt als Herr des Tanzes, Nataraja, zeigen. Bei dieser Technik, die auch heute noch in Südindien gebräuchlich ist, wird die Figur zuerst aus Wachs geformt und dann mit einem Mantel aus einer lehmartigen Masse versehen. Das Wachs wird herausgeschmolzen, sodass ein Hohlraum bleibt, in den flüssige Bronze (auch Silber, Kupfer, Blei oder ein anderes Metall) gegossen wird. Einige der prachtvollsten skulpturartigen Verzierungen stammen aus der Hoysala-Periode und sind an den Tempeln von Belur und Halebid in Karnataka zu bewundern.

Bildhauerei

Praktische Informationen

Frauen & Alleinreisende

Frauen und Alleinreisende sehen sich in Südindien einigen Extrahürden gegenüber – von den Kosten (für die Alleinreisenden) bis zu passender Kleidung (das betrifft die Frauen). Wie überall sonst auch zahlt es sich aus, auf die Unannehmlichkeiten und Besonderheiten vorbereitet zu sein.

Frauen

Auch wenn Bollywood anderes suggeriert, bleibt Indien eine überwiegend konservative Gesellschaft. Frauen auf Reisen müssen daran denken, dass ihr Verhalten und ihre Bekleidung unter scharfer Beobachtung stehen, vor allem jenseits der Städte und ihren Touristenströmen.

Aufmerksamkeit

» Frauen werden angestarrt; damit müssen sie leben und sollten es sich nicht zu Herzen nehmen.

» Frauen sollten die männlichen Blicke nicht erwidern, das könnte als Aufforderung verstanden werden.

» Sonnenbrillen, MP3-Player und Bücher helfen dabei, unerwünschte Gespräche zu verhindern.

Kleidung

Wer auf kulturell unangemessene Kleidung verzichtet, reist unbeschwerter.

» Ärmellose Tops, Shorts, Miniröcke meiden (knöchellange Röcke sind empfehlenswert) sowie alles, das knapp, durchsichtig oder enganliegend ist.

» Kleidung im indischen Stil zu tragen, macht einen guten Eindruck und reduziert Belästigungen deutlich.

» Einen *dupatta* (langer Schal) über dem T-Shirt zu tragen, ist eine weitere Möglichkeit, lästige Blicke zu vermeiden – auch sehr praktisch, wenn frau einen Schrein besucht und eventuell den Kopf verhüllen muss.

» Wer einen *salwar kameez* (traditionelle kleidartige Tunika und Hosen) trägt, zeigt Respekt für die heimische Bekleidungsetikette. Er ist bei dem heißen Wetter auch überraschend kühl.

» Eine schicke Alternative ist eine *kurta* (langes Hemd), die über Jeans oder Hosen getragen wird.

» Frau sollte sich nicht mit einem *choli* (Sari-Bluse) oder einem Sari-Unterrock (den manche Ausländerinnen fälschlich für einen Rock halten) in der Öffentlichkeit zeigen. Es sieht aus, als würde sie halb bekleidet herumstolzieren.

» Die meisten indischen Frauen tragen lange Shorts und ein T-Shirt, wenn sie in der Öffentlichkeit schwimmen. Wer Blicke vermeiden will, sollte vom Strand zum Hotel einen Sarong tragen.

Gesundheit & Hygiene

» Binden gibt es überall, Tampons normalerweise nur in Apotheken der Großstädte und Touristenorten (auch hier nur in eingeschränkter Auswahl).

» An Vorrat für Reisen jenseits der üblichen Pfade denken!

» Bei gynäkologischen Problemen suchen die meisten Frauen lieber eine Ärztin auf.

» Mehr Informationen stehen auf S. 563.

Sexuelle Belästigung

Viele Frauen haben nach ihrer Indienreise von irgendeiner Form der sexuellen Belästigung berichtet.

» Die meisten Fälle passieren in den städtischen Zentren und beliebten Touristenorten. Berichtet wird von lüsternen Bemerkungen, Verletzung der Privatsphäre und manchmal Begrapschen.

» In anderen Fällen war von provokativen Gesten und Gejohle die Rede, manche Frauen wurden „versehentlich" auf der Straße angerempelt oder verfolgt.

HILFE IM INTERNET

Frauen stellen ihre persönlichen Reiseerfahrungen auf www.journeywoman.com und www.wanderlustandlipstick.com zur Verfügung.

» Zwischenfälle passieren besonders häufig inmitten überschwänglich feiernder Menschenmassen wie etwa beim Holi-Fest.

» Frauen, die in männlicher Begleitung reisen, werden seltener belästigt.

» Gemischte Paare mit indischer und nichtindischer Abstammung ernten häufiger missbilligende Blicke, selbst wenn keiner der Beteiligten tatsächlich in Indien lebt.

Sicher reisen

Folgende Tipps erweisen sich auf Reisen oft als hilfreich:

» Gespräche mit unbekannten Männern auf das Nötigste beschränken – Smalltalk mit nahezu Unbekannten kann als Zeichen sexuellen Interesses missinterpretiert werden.

» Fragen und Kommentare wie „Hast du einen Freund?" oder „Du bist sehr schön" sind Anzeichen, dass ein Gespräch eine erotische Wendung zu nehmen droht.

» Manche Frauen tragen einen falschen Ehering oder erwähnen in Gesprächen frühzeitig, dass sie verheiratet oder verlobt sind (unabhängig vom Wahrheitsgehalt).

» Wenn frau das Gefühl hat, dass ein Typ ihr zu nahe kommt, ist das meistens auch so. Die deutliche Aufforderung, auf Abstand zu bleiben, schafft meist Abhilfe, vor allem bei einem lauten und barschen Tonfall, der die Aufmerksamkeit Umstehender erregt.

» Auch völlige Nichtbeachtung kann sehr effektiv sein.

» Ebenfalls empfehlenswert: wie die Inderinnen aufs Händeschütteln verzichten und stattdessen den traditionellen respektvollen Hindugruß entbieten – Namaste!

» Keinen teuer aussehenden Schmuck anlegen.

» Wie vertrauenswürdig ist ein Lehrer oder Therapeut? Vor Einzelsitzungen Empfehlungen von Mitreisenden einholen! Manche Frauen berichten von sexuellen Belästigungen durch Masseure oder andere Therapeuten. Wenn frau sich unwohl fühlt, sollte sie gehen.

» Weibliche Kinogänger fühlen sich in Begleitung wahrscheinlich wohler (und reduzieren das Risiko, belästigt zu werden).

» Die Zimmertür im Hotel immer abschließen, da das Personal (besonders in preisgünstigen Unterkünften) gern klopft und sofort eintritt, ohne auf Erlaubnis zu warten.

» Die Ankunft in einer Stadt sollte vor Einbruch der Dunkelheit erfolgen. Frau ist nachts nicht allein unterwegs und vermeidet selbst tagsüber Alleingänge in einsamen Gegenden.

Taxis & Öffentlicher Nahverkehr

Eine Frau zu sein, hat manche Vorteile. Sie darf sich beim Einsteigen in Bus und Zug ungestraft vordrängeln, und im Zug gibt es ausgewiesene Frauenabteile.

» Alleinreisende Frauen sollten bei nächtlicher Ankunft den Transfer vom Flughafen ins Hotel im Voraus arrangieren.

» In Mumbai und einigen anderen Städten gibt es einen Prepaid-Funktaxi-Service wie Easycabs – die Taxis sind teurer als die regulären, werben aber mit ihrer Sicherheit und mit Fahrern, die vor ihrer Einstellung überprüft wurden.

» Wer ein reguläres Prepaid-Taxi erwischt, sollte Wert darauf legen, vor den Augen des Fahrers seinen Namen und das Nummernschild zu notieren und den Zettel einem Flughafenpolizisten zu geben.

» Spät in der Nacht sollte frau nicht allein in ein Taxi steigen und niemals zu mehr als einem Mann (dem Fahrer) – und dabei Behauptungen ignorieren wie „das ist nur mein Bruder" oder „für mehr Schutz".

» Belästigungen lassen sich reduzieren, wenn frau sich für die teurere Zugklasse entscheidet, besonders bei Nachtfahrten.

» Für Nachtfahrten in einem Liegewagen mit drei Betten sollte frau möglichst die oberste Koje belegen, das verschafft mehr Privatsphäre und größere Distanz zu möglichen Grapschern.

» In öffentlichen Verkehrsmitteln sollte frau ruhig jegliche umherirrende Gliedmaßen wegschieben, ein Gepäckstück zwischen sich und andere Mitfahrer stellen, laut werden (Aufmerksamkeit erregen und damit den Kerl beschämen) oder einfach einen neuen Platz suchen.

Alleinreisende

Traveller sind häufig mehr oder weniger alle in der gleichen Richtung durch Südindien unterwegs, deshalb sieht man auf seiner Tour durchaus immer wieder die gleichen Gesichter. Touristenhochburgen wie Goa, und Kerala sind gute Treffpunkte. Man kann Geschichten und die neustens Tipps austauschen und Mitreisende finden. Reisebegleiter findet man eventuell auch im **Thorn Tree Travel Forum** von Lonely Planet (www.lonelyplanet.com/thorntree).

Kosten

Das größte Problem für Alleinreisend sind die Kosten.

» Einzelzimmer in Pensionen und Hotels sind manchmal nicht viel billiger als Doppelzimmer.

» Manche Mittelklasse- und Luxusunterkünfte bieten gar keine Einzelzimmertarife an.

» Es ist immer den Versuch wert, über einen niedrigeren Preis für die Einzelbelegung zu verhandeln.

Sicherheit

Alleinreisende berichten nicht über nennenswerte Probleme in Indien, aber wie überall auf der Welt ist es klug, in unbekannten Umgebungen auf der Hut zu sein.

» Einige wenig ehrenhafte Gesellen (Einheimische wie Traveller) betrachten alleinreisende Touristen als leichte Beute.

» Männer, die allein in einsamen Gegenden unterwegs waren, wurden schon ausgeraubt, selbst tagsüber.

Transport

» Man spart Geld, wenn man sich Taxis oder Autorikschas mit anderen teilt oder auch gemeinsam ein Auto für längere Fahrten mietet.

» Alleinreisende können im Bus vielleicht den Sitz des „Co-Piloten" (neben dem Fahrer) ergattern. Sie haben dann nicht nur eine gute Aussicht, sondern auch mehr Platz fürs Gepäck.

Gefahren & Ärgernisse

In Indien ist Abzocke mit Sicherheit kein Fremdwort, und es gibt ein paar ziemlich zwielichtige Gegenden, aber die meisten Probleme lassen sich mit gesundem Menschenverstand und einem gewissen Maß an Vorsicht umgehen. In Südindien sollte man vor allem in Großstädten und an touristischen Orten die Augen offen halten. Die Tricks ändern sich ständig, denn die Betrüger sind findig. Man sollte mit anderen Reisenden und den Angestellten der Touristeninformationen sprechen, um auf dem Laufenden zu sein. Es lohnt sich auch, einen Blick in Lonely Planets **Thorn Tree Travel Forum** (www.lonelyplanet.com/thorntree) zu werfen. Dort schreiben Reisende häufig über Probleme, mit denen sie unterwegs zu kämpfen hatten (Stichwort India eingeben).

HAUPTSACHE SICHER

» Eine gute Reiseversicherung ist sinnvoll (S. 542).

» Man sollte am besten Kopien des Reisepasses (Bildseite und Seite mit Indienvisum) und des Flugtickets anfertigen und sich Scans dieser Dokumente zumailen.

» Geld und Pass am besten in einem Geldgürtel o. Ä. unter der Kleidung versteckt tragen. Niemals mit dem Portemonnaie in der Gesäßtasche durch die Gegend laufen!

» Man sollte 100 US$ oder mehr als „Notgroschen" getrennt vom restlichen Geld und den Karten aufbewahren. Die übrigen Wertgegenstände immer am Körper tragen.

» Große von kleinen Scheinen trennen, damit man beim Zahlen in der Öffentlichkeit nicht jedes Mal ein dickes Geldbündel zücken muss.

» In Billighotels die Zimmertür falls möglich nach dem Abschließen noch zusätzlich mit einem eigenen Schloss sichern.

» Wer die Zimmertür nicht vernünftig von innen abschließen kann, sollte sich nach einer anderen Bleibe umsehen.

Verunreinigte Speisen & Getränke

» In Privatkliniken werden Patienten manchmal mehr Medikamente verabreicht als notwendig, damit die Klinikbetreiber möglichst viel Geld von den Reisekrankenversicherungen einheimsen können. Falls möglich, sollte man eine zweite Meinung einholen.

» Abgefülltes Wasser ist normalerweise o. k. Immer prüfen, ob der Verschluss neu ist und nicht am Flaschenboden herumhantiert wurde!

- Leere Plastikflaschen „kleinmachen", damit sie nicht zweckentfremdet werden können.
- Noch besser ist es, eine eigene Wasserflasche und Wasserreinigungstabletten bzw. ein Filtersystem zu verwenden. Auf diese Weise produziert man auch weniger Plastikmüll.

Kreditkartenabzocke

» Vorsicht ist geboten, wenn man Souvenirs mit der Kreditkarte zahlt. Staatlich autorisierte Läden sind gewöhnlich „sauber", aber in Privatgeschäften werden manchmal heimlich Kopien vom Kreditkartenbeleg angefertigt, die später für illegale Transaktionen genutzt werden. Deshalb darf man den Verkäufer nicht aus den Augen lassen, wenn er die

Kreditkarte an sich nimmt. Am schlauesten ist es, bar zu zahlen.

Der Trick mit den Edelsteinen

» Den Trick mit dem falschen Schmuck gibt's schon lang. Charmante Betrüger versprechen Leichtgläubigen das „Geschäft ihres Lebens".

» Reisende werden dazu animiert, Edelsteine mit in ihr Heimatland zu transportieren oder zu schicken, um ihn dann dort gewinnbringend an Co-Händler weiterzuverkaufen.

» Die Waren sind, wenn sie denn überhaupt ankommen, ausnahmslos einen Bruchteil von dem wert, was man im Vorfeld für sie zahlt, und die Co-Händler existieren natürlich nicht.

» Dramatischen Geschichten über nicht erteilte Exportlizenzen sollte man keinen Glauben schenken, genauso wenig wie den Empfehlungsschreiben von anderen Reisenden. Dabei handelt es sich mit Sicherheit um Fälschungen.

» Die gleiche Masche wird häufig auch mit Teppichen abgezogen.

Wucherpreise & Fotografieren

» Preise sollten vorab ausgehandelt werden, vor allem, wenn man in Restaurants ohne Speisekarten einkehrt, ein Autorikscha nehmen will oder sich am Hostel bzw. Hotel abholen lässt. So kann man Geld sparen und möglicherweise später auftretenden Missverständnissen vorbeugen.

» Wer Personen fotografiert, muss damit rechnen, dass sie anschließend Geld fürs „Modell stehen" verlangen. Mehr Infos findet man in den „Allgemeinen Informationen A–Z" unter dem Stichwort Fotos (S. 531).

DIE BELIEBTESTEN TRICKS

Die folgenden Tricks werden seit Jahren immer wieder erfolgreich angewendet:

» Huch! Urplötzlich hat man Schmutz am Schuh (Straßendreck, Farbe, Sch***ße). Wie aus dem Nichts erscheint ein Schuhputzer. Wie praktisch! Der will natürlich Geld für seine Arbeit.

» Geschäfte und Restaurants kopieren die Namen beliebterer und erfolgreicherer Konkurrenzbetriebe.

» Taxifahrer insistieren, dass sie den Weg zum gewünschten Hotel nicht kennen, oder behaupten, dass es umgezogen ist bzw. geschlossen wurde. Stattdessen können sie einen aber zum „Hotel eines Freundes" bringen – wo sie dann eine nette Provision einstreichen.

» Schlepper erklären, dass sie „staatlich geprüfte" Fremdenführer oder Reiseveranstalter sind und kassieren große Geldsummen für ihre Dienste. In den Touristeninformationen sollte man sich gute Führer empfehlen lassen. Die Führer selbst sollte man auffordern, Dokumente oder Zeugnisse vorzulegen, die ihre Qualifizierung belegen.

Diebstahl & Betäubungsmittel

Verabreichung von Betäubungsmitteln

» Sehr selten werden Touristen (vor allem Alleinreisenden) bei Zug- oder Busfahrten Schlafmittel verabreicht, bevor man sie ausraubt. Meistens wird die betäubende Substanz in ein Getränk gemischt. Glücklicherweise liegen uns nur wenige Berichte dieser Art aus Südindien vor.

» Man sollte sich auf seinen Instinkt verlassen. Hat man ein ungutes Gefühl, wenn einem ein Fremder etwas zu trinken oder Essen anbietet, sollte man höflich ablehnen. Magenprobleme sind immer eine gute Entschuldigung.

Diebstahl

» In Indien ist Diebstahl ein Risiko, mit dem man leben muss – genau wie in jedem anderen Land auch.

» Bei Bus- und Zugreisen sollte man sein Gepäck sicher verschließen.

» Besondere Wachsamkeit empfiehlt sich kurz vor der Abfahrt – Diebe schlagen gern im hektischen Gewimmel und größten Durcheinander zu.

» Aufpassen muss man auch in Schlafsälen. Niemals sollte man Wertgegenstände im Zimmer lassen, es sei denn, es gibt einen Safe.

» Wenn die Kreditkarte oder Reiseschecks vermisst werden, sollte man sofort die zuständige Stelle kontaktieren und den Verlust melden.

Schlepper & Provisionsgeschäfte

» Viele Hotel- und Ladenbesitzer zahlen Provisionen an Schlepper vor Ort, die Touristen zu ihren Lokalitäten führen. Wegen der Provision sind die Preise dort entsprechend teurer (z. T. um die Hälfte!) als anderswo.

» An den (Bus-)Bahnhöfen wimmelt es häufig von Schleppern. Auf die Frage, ob man zum ersten Mal in Indien ist, sollte man antworten, dass man das Land schon mehrmals bereist hat, auch wenn das nicht stimmt.

» Wenn man den Schleppern erzählt, dass man eine Tour, Führung, Weiterfahrt etc. bereits bezahlt hat, lassen sie einen meist in Ruhe.

» Falls vorhanden, sollte man vorab den Abholservice der Hotels buchen.

» Häufig wird das Gerücht verbreitet, dass die Hotels, die keine Provisionen zahlen, ausgebucht sind oder nicht mehr existieren – das muss aber nicht den Tatsachen entsprechen.

» Hellhörig sollte man bei Äußerungen wie „der Laden meines Bruders" oder „tolle Sonderangebote bei einem Freund" werden.

» Schlepper können z.T. auch hilfreich sein. Wenn man z.B. in der Hauptsaison ohne Zimmerreservierung in einer Stadt ankommt oder gerade ein großes Fest steigt, wissen sie, wo es noch freie Betten gibt.

Transportnepp

» Vorab sollte man unbedingt genau abklären, was im Preis für einen Ausflug exakt inbegriffen ist, damit man nicht nachträglich für irgendwelche „Extras" zur Kasse gebeten wird.

» Besonders bei Touren nach Kaschmir ist Vorsicht geboten. Der Länderband *Indien* von Lonely Planet liefert umfassende Infos zum Thema Abzocke in Nordindien.

» Manche Reiseveranstalter nutzen Sicherheitsbedenken von Urlaubern aus und kassieren Geld für Touren, die man genauso gut (und sicher) mit öffentlichen Verkehrsmitteln machen könnte.

» Wer ein Bus-, Zug- oder Flugticket nicht bei einem offiziellen Ticketverkäufer oder direkt bei den Transportunternehmen kauft, muss darauf achten, dass man wirklich die Sitzklasse bekommt, für die man bezahlt hat.

- Häufig finden sich Reisende, die einen Luxusbus oder Zug mit Klimaanlage gebucht haben, in einem stinknormalen Bus oder Zug mit weniger komfortablen Schlafwagen wieder.

» Manche Inder geben sich als India-Rail-Mitarbeiter aus und behaupten, dass die Entwertung der E-Tickets Geld kostet – das stimmt nicht. Solche Hinweise am besten einfach ignorieren.

» Wer am Flughafen ein Taxi vorab bezahlt, erhält einen Beleg, auf dem das Nummernschild eines bestimmten Fahrers steht. Die Zurufe der Fahrer vor den Flughäfen kann man deshalb getrost überhören.

Allgemeine Informationen

Aktivitäten

Südindiens tolles Aktivitätsangebot reicht von Urwaldsafaris und Sporttauchen bis zu Yoga und Meditation. Details zu Aktivitäten, Kursen, Ausrüstungsverleihern, Clubs oder Firmen liefern die Kapitel „Reiseplanung" bzw. „Wie wär's mit ...".

Botschaften & Konsulate

Die meisten ausländischen Botschaften befinden sich in Delhi. Einige Länder unterhalten zudem Konsulate in anderen indischen Städten (falls angegeben, s. Websites). Viele diplomatische Vertretungen bearbeiten Visumsanträge nur zu bestimmten Zeiten bzw. meist morgens – daher am besten vorher anrufen!

Bangladesch Delhi ☎011-24121394; www.bhcdelhi.org; EP39 Dr. Radakrishnan Marg, Chanakyapuri); Kolkata ☎033-40127500; 9 Bangabandhu Sheikh Mujib Sarani)

Bhutan ☎011-26889230; www.bhutan.gov.bt; Chandragupta Marg, Chanakyapuri, Delhi)

Deutschland Chennai (Karte S. 342; ☎044-24301600; 9 Boat Club Rd, RA Pruam); Delhi ☎011-44199199; www.new-delhi.diplo.de; 6/50G Shantipath, Chanakyapuri); Kolkata ☎033-24791141; 1 Hastings Park Rd, Alipore); Mumbai (Karte S. 44; ☎022-22839834; 10. Stock, Hoechst House, Nariman Point)

Malediven Delhi ☎011-41435701; www.maldiveshighcom.in/; B2 Anand Niketan)

Myanmar Delhi ☎011-24678822; 3/50F Nyaya Marg); Kolkata ☎033-24851658; 57K Ballygunge Circular Rd)

Nepal Delhi ☎011-23327361; Mandi House, Barakhamba Rd); Kolkata ☎033-24561224; 1 National Library Ave, Alipore)

Österreich Delhi ☎011-24192700; www.aussenministerium.at/newdelhi; EP-13, Chandragupta Marg, Chanakyapuri); Mumbai (☎022-22851734; 2. Stock, 26 Maker Chambers IV, Nariman Point)

Pakistan ☎011-24676004; 2/50G Shantipath, Chanakyapuri, Delhi)

Schweiz Delhi ☎011-49959500; www.eda.admin.ch; Nyaya Marg, Chanakyapuri); Mumbai (Karte S. 44; ☎022-228845-63/64/65; 102 Maker Chambers IV, 10. Stock, 222 Jamnalal Bajaj Marg, Nariman Point)

Sri Lanka Chennai (Karte S. 342; ☎044-24987896; 196 TTK Rd, Alwarpet); Delhi ☎011-23010201; www.newdelhi.mission.gov.lk; 27 Kautilya Marg, Chanakyapuri); Mumbai (Karte S. 50; ☎022-22045861; Mulla House, 34 Homi Modi St, Fort)

Feiertage & Ferien

Indien hat drei offizielle Nationalfeiertage. Zusätzlich zelebrieren alle Bundesstaaten ihre eigenen offiziellen Feiertage. Dazu zählen religiöse Großveranstaltungen und verlängerte Wochenenden, die Regierungsangestellte nach Feiertagen genießen. Die meisten Einrichtungen (z. B. Behörden, Geschäfte) haben an öffentlichen Feiertagen geschlossen, während öffentliche Verkehrsmittel normalerweise fahren. Wer eine Stadt während eines großen religiösen Festivals besuchen will, sollte sich rechtzeitig um die Anreise und eine Hotelreservierung kümmern.

Nationalfeiertage

Tag der Republik 26. Januar

Unabhängigkeitstag 15. August

Gandhis Geburtstag (Gandhi Jayanti) 2. Oktober

Große religiöse Feste

Mahavir Jayanti (jainistisch) Februar

Holi (hinduistisch) März

Ostern (christlich) März/April

Buddha Jayanti (buddhistisch) April/Mai

Eid al-Fitr (muslimisch) August/September

Dussehra (hinduistisch) Oktober

Diwali (hinduistisch) Oktober/November

PRAKTISCH & KONKRET

» **Zeitungen & Zeitschriften** Zu den größten englischsprachigen Tageszeitungen zählen *Hindustan Times, Times of India, Indian Express, Hindu, Daily News & Analysis (DNA)* und *Economic Times.* Indienweit erscheinen zudem englisch- und landessprachige Regionalblätter. Übers aktuelle Tagesgeschehen berichten Magazine wie *Frontline, India Today, Week, Tehelka* und *Outlook.*

» **Radio** Als Staatssender mit über 220 Stationen bringt das All India Radio (AIR) landesweit lokale und internationale Nachrichten. Außerdem gibt es private FM-Programme mit Musik, Reportagen, Talkshows und mehr.

» **Fernsehen & Video** Der staatliche Fernsehsender heißt Doordarshan. Deutlich beliebter sind jedoch Satelliten- oder Kabelfernsehen mit englischsprachigen Kanälen wie BBC, CNN, Star World, HBO und Discovery.

» **Maße & Gewichte** Offiziell benutzt Indien das metrische System. Zusätzlich wird oft von *lakhs* (1 lakh = 100 000) und *crores* (1 crore = 10 Mio.) gesprochen.

Nanak Jayanti (sikhistisch) November
Weihnachten (christlich) 25. Dezember

Fotos

Nützliche Tipps und Tricks für Reisefotografen liefert der englischsprachige Lonely Planet Band *Travel Photography.*

Digitalfotografie

» Fotogeschäfte in größeren Städten und Metropolen verkaufen Speicherkarten für Digitalkameras. Allerdings schwankt die Qualität der Speicherkarten – bei vielen ist die Kapazität geringer als angegeben. Für eine 1-GB-Karte zahlt man ab 500 ₹.

» Sinnvollerweise speichert man seine Fotos zwischendurch auf dem Computer, um Verluste zu vermeiden. Internet-Cafés bieten den Service für 60 bis 120 ₹ pro CD an. In einigen Fotoläden können Abzüge von Digitalbildern zu den handelsüblichen Preisen der analogen Filme gemacht werden.

Einschränkungen

» Indiens Behörden reagieren sehr empfindlich auf Fotos von militärischen Objekten. Darunter fallen z. B. Armeegelände, Flughäfen, Brücken, Bahnhöfe und heikle Grenzregionen.

» Obwohl Luftaufnahmen offiziell verboten sind, nehmen es viele Fluglinien damit nicht so genau.

» Auch an religiösen Orten (z. B. Klöster, Tempel, Moscheen) ist Fotografieren oft nicht erlaubt. Wer Beerdigungen, religiöse Zeremonien, das Innere von Schreinen oder öffentlich badende Menschen (auch in Flüssen) knipst, riskiert ebenfalls Ärger. Daher immer vorher und höflich um Erlaubnis bitten! Dies gilt grundsätzlich auch für alle Personenaufnahmen – insbesondere von Frauen.

» Die Verwendung von Blitzlicht ist teilweise in manchen Tempelbereichen oder gleich ganz untersagt.

Farbbilder & Dias

» Farbbilder lassen sich in den meisten indischen Stadtzentren entwickeln.

» Filme sind recht günstig und normalerweise von guter Qualität. Farbige Diafilme gibt's aber nur in größeren Städten.

» Abzüge im Format 10 x 15 cm kosten ca. 5 ₹ pro Bild (zzgl. 20 ₹ für die Entwicklung).

» Viele Fotogeschäfte verlangen für vier Passfotos im Visumsformat ca. 100 bis 135 ₹.

» Beim Kauf von (Dia-) Filmen ist es stets ratsam, ihr Haltbarkeitsdatum und die Intaktheit der Verpackung zu überprüfen.

» Am besten erwirbt man Filme nur bei renommierten Fachgeschäften, die die Rollen idealerweise im Kühlschrank lagern und nicht im Schaufenster von der Sonne rösten lassen.

Gefahren & Ärgernisse

In Indiens Großstädten wird man eventuell zum Opfer von Abzockern und Kleinkriminellen. Mit etwas gesundem Menschenverstand und entsprechender Vorsicht lassen sich die meisten Probleme jedoch vermeiden (Details auf S. 527). Für Alleinreisende und Frauen lohnt sich zudem ein Blick auf S. 524. Im Indien-Bereich des **Thorn-Tree-Forums** (www.lonelyplanet.com/thorntree), einer englischsprachigen Lonely Planet Website, berichten Traveller oft von Schwierigkeiten, mit denen sie gerade vor Ort zu kämpfen hatten. Auch aktuelle Reisewarnungen des eigenen Außenministeriums sollten unbedingt beachtet werden.

Terrorismus

In Indien kämpfen mehrere Separatistengruppen teils bewaffnet für verschiedene Ziele. Dabei bedienen sie

STAATLICHE REISEINFORMATIONEN

Die Reisewebsite der eigenen Regierung gibt Tipps und wichtige Sicherheitshinweise:

» **Deutschland** (www.auswaertiges-amt.de/DE/Laender informationen/LaenderReiseinformationen_node.html)

» **Österreich** (www.bmeia.gv.at/aussenministerium/buergerservice/reiseinformation.html)

» **Schweiz** (www.eda.admin.ch/eda/de/home/travad.html)

sich aller Standardmethoden des internationalen Terrorismus: Mord und Bombenanschläge auf Regierungseinrichtungen, öffentliche Verkehrsmittel, religiöse Zentren, Märkte und Touristenziele.

» Auch in Europa oder den USA kann man zum Terroropfer werden. Somit gibt's keinen Grund, um Indien generell einen Bogen zu machen. Vor dem Aufbruch in bestimmte Gebiete ist es aber grundsätzlich ratsam, die aktuelle Sicherheitslage sorgfältig zu checken.

Geld

Eine indische Rupie (₹) besteht aus 100 Paisa (P). Paisa-Münzen werden aber immer seltener. Geldstücke gibt's im Wert von 1, 2 und 5 ₹. Parallel kursieren Banknoten zu 5, 10, 20, 50, 100, 500 und 1000 ₹. Letztere sind praktisch bei großen Beträgen, verursachen beim Bezahlen kleinerer Dienstleistungen aber oft Wechselgeldprobleme. Der Rupienkurs ist an andere Währungen gekoppelt und schwankte in den letzten Jahren mehrmals. Wechselkurse stehen auf S. 13.

Bargeld

» Wichtige Währungen wie US-Dollar, Britisches Pfund und Euro lassen sich überall in Indien einwechseln, einige Banken nehmen allerdings nur Reiseschecks an. Einige Banken akzeptieren andere Währungen wie etwa den Schweizer Franken.

» Private Geldwechsler tauschen in verschiedenste Währungen, aber fernab der Grenzen lässt sich z. B. Geld aus Pakistan, Nepal oder Bangladesch nur noch schwer umtauschen. Wer abseits der Standardrouten unterwegs ist, sollte immer ausreichend Bargeld in kleiner Stückelung dabeihaben.

» Bei jedem Geldwechsel muss jeder einzelne Schein kontrolliert werden. Verschmutzte, beschriebene, eingerissene oder auseinanderfallende Scheine sollten abgelehnt werden, weil sie später oft nicht akzeptiert werden.

» Wechselgeld ist ein großes Problem im Land. Deshalb ist es sinnvoll, immer für einen Vorrat an kleinen Scheinen zu sorgen: 10 ₹-, 20 ₹- und 50 ₹-Scheine sind besonders gefragt.

» Offiziell darf man keine Rupien außer Landes bringen, kontrolliert wird das jedoch eher lax. Nicht gebrauchte Rupien können am Ende der Reise in eine beliebige ausländische Währung umgetauscht werden, am einfachsten funktioniert das am Flughafen (einige Banken verlangen als Minimum 1000 ₹). Manche wollen Wechselbescheinigungen oder Kreditkarten/Geldautomatenquittungen, und man muss den Reisepass und eventuell sogar das Ticket für den Rückflug vorzeigen.

Geldautomaten

» In den meisten Stadtzentren gibt's Geldautomaten. Karten von Visa, MasterCard, Cirrus, Maestro und Plus werden am häufigsten akzeptiert.

» Auch indische Banken wie Citibank, HDFC, ICICI, HSBC oder die State Bank of India gestatten den Gebrauch ausländischer Karten.

» Vor dem Start sollte man sich bei der eigenen Bank nach anfallenden Gebühren und problemloser Kartenbenutzung in Indien erkundigen.

» Zudem heißt's der eigenen Bank den genauen Zeitraum des Indientrips mitzuteilen. Ansonsten wird die Karte eventuell wegen Missbrauchsverdachts gesperrt. Für alle Fälle unbedingt die Telefonnummer der eigenen Bank mitnehmen!

» Die in den Regionenkapiteln aufgeführten Geldautomaten akzeptieren ausländische Karten (wenn auch nicht unbedingt alle Typen).

» Wichtig: Notrufnummern für verlorene und gestohlene Bank- bzw. Kreditkarten grundsätzlich sicher an einem separaten Ort verwahren und Kartenverlust oder -diebstahl sofort melden!

» Außerhalb größerer Städte empfehlen sich stets Bargeld oder Reiseschecks als Reserve.

Geldwechsler

» Private Geldwechsler haben in der Regel länger als Banken geöffnet und sind überall im Land zu finden (meist unter einem Dach mit einem Internetcafé oder einem Reisebüro). Gehobene Hotels tauschen ebenfalls Geld, allerdings zu ungleich schlechteren Kursen.

Internationale Geldanweisungen

» Wem unterwegs das Geld ausgeht, der kann sich über ein an **Moneygram** (www.

moneygram.com) oder **Western Union** (www.westernunion.com) angeschlossenes Geldinstitut Geld aus dem Heimatland nach Indien schicken lassen. Um das Geld dann ausgezahlt zu bekommen, werden der Reisepass und der Name sowie die Referenznummer der Person, die zu Hause die Anweisung getätigt hat, verlangt.

Kreditkarten

» Kreditkarten werden in immer mehr Geschäften, guten Restaurants und Mittel- sowie Spitzenklassehotels angenommen, gewöhnlich kann man auch Flug- oder Zugtickets per Karte bezahlen. Bargeld lässt sich auch mit der Kreditkarte in einigen Banken auszahlen. MasterCard und Visa sind die gängigsten Karten.

Reiseschecks

» In Indien werden alle bekannten Reiseschecks akzeptiert. Manche Banken lösen aber nur Exemplare von American Express (Amex) und Thomas Cook ein.

» Mit Schecks in US-Dollar oder britischen Pfund Sterling ist man vor allem in kleineren Ortschaften auf der sicheren Seite.

» Die Seriennummern sollten aufgeschrieben sowie zusammen mit Kaufquittungen, Wechselbelegen und Passkopien (inkl. Visumsseite) getrennt von den Schecks aufbewahrt werden. Bei Scheckverlust oder -diebstahl kontaktiert man am besten sofort American Express oder Thomas Cook in Delhi.

» Das Ersetzen von Reiseschecks erfordert den Originalkaufbeleg und die Seriennummern der fehlenden Exemplare. Eventuell sind auch ein Passfoto und eine Kopie des polizeilichen Verlustprotokolls vorzulegen. Bei unbekannten Seriennummern kontaktiert das ausstellende Unternehmen (z. B. Amex) die jeweilige Verkaufsstelle.

Schwarzmarkt

» Auch in Indien gibt's illegale Geldwechsler. Angesichts der vielen offiziellen Wechselstuben besteht aber kein Grund, auf sie zurückzugreifen – es sei denn, ein Grenzübertritt auf dem Landweg erfordert direkt vor Ort einen kleinen Barbetrag. Allgemein gilt: Wenn Passanten ungefragt ihre Dienste als Geldwechsler anbieten, steckt dahinter wohl irgendeine miese Masche.

Trinkgeld, Bakschisch & Handeln

» In touristischen Restaurants oder Hotels ist die Servicepauschale in der Regel schon in der Rechnung enthalten und das Trinkgeld deshalb eine freiwillige Angelegenheit. Anderswo wird es aber erwartet.

» Hotelpagen und Gepäckträger an Bahnhöfen erwarten um die 50 ₹, die Hotelangestellten für ihren Service – egal ob im Rahmen der Pflicht oder darüber hinaus – etwa gleich viel. Trinkgeld für Taxi- und Rikschafahrer sind zwar kein Muss, sollte aber gegeben werden, wenn man zufrieden mit dem Fahrer war.

» Wer ein Auto mit Chauffeur für mehrere Tage mietet, sollte einen guten Service ebenfalls ausreichend belohnen – nähere Angaben dazu finden sich auf S. 546.

» Bakschisch wird zwar gemeinhin mit „Trinkgeld" übersetzt, meint aber in der Regel alles von Almosen für Bettler bis hin zu Bestechung.

» Viele Inder beschwören die Touristen, Kindern keine Süßigkeiten, Stifte oder Geld zu geben, um sie nicht im Betteln zu bestärken. Sinnvoller ist eine Spende an eine Schule oder eine renommierte karitative Organisation – Details dazu stehen auf S. 26.

» Handeln und Feilschen ist außerhalb der Läden mit Festpreisen (dazu zählen die staatlichen Läden und die Fair-Trade-Kooperativen) durchaus üblich.

Wechselbescheinigungen

» Per Gesetz sind ausländische Währungen in Indien stets bei offiziellen Wechselstuben oder Banken umzutauschen.

» Nach jeder (legalen) Transaktion gibt's eine Wechselbescheinigung (Beleg), mit der sich Rupien bei der Abreise wieder in Euro oder Schweizer Franken verwandeln lassen.

» Die Summe der vorgelegten Belege muss dem Betrag entsprechen, den man zurücktauschen will.

» Alternativ akzeptieren viele Banken auch Automatenquittungen als Nachweise für internationale Transaktionen.

Genehmigungen

Selbst mit Visum sind nicht alle Ecken Südindiens zugänglich: Für manche Nationalparks und Waldschutzgebiete braucht man eine Genehmigung.

Dasselbe gilt für Trips zu den Andamanen (s. S. 438) oder nach Lakshadweep (s. S. 335).

Internetzugang

Internetcafés sind in Indien weit verbreitet. Außer in entlegeneren Ecken haben sie normalerweise recht schnelle Verbindungen. WLAN gibt's in immer mehr Hotels und manchen großstädtischen Cafés. In diesem Buch kennzeichnet das Symbol @ alle Hotels mit Internetzugang für Gäste.

Praktisch & Konkret

» Die regional variierenden Internetpreise (Details s. Regionenkapitel) liegen ca. zwischen 15 und 90 ₹

pro Stunde. Oft muss man mindestens für 15 oder 30 Minuten bezahlen.

» Stromausfälle kommen in Indien häufig vor. Damit verfasste E-Mails nicht verloren gehen, ist es ratsam, sie vor dem Einfügen in den Browser mittels eines Textverarbeitungsprogramms zu schreiben und zu speichern.

» Am frühen Morgen und Nachmittag ist die Übertragungsrate meist am höchsten.

» In manchen Internetcafés ist der Reisepass vorzuzeigen. Wer ihn nicht jedes Mal extra hervorkramen möchte, hat am besten Fotokopien der relevanten Seiten (persönliche Daten und Visum) dabei.

» Auf S. 13 stehen nützliche, indienspezifische Websites.

Gefahren & Ärgernisse

» Sensible persönliche Daten (z. B. Konto- oder Kreditkartendaten, Adressen usw.) sollten prinzipiell niemals von Internetcafés aus verschickt werden. Manche Betreiber erfassen alle Tastatureingaben mit spezieller Software, um an Passwörter und E-Mails heranzukommen.

» Auch über WLAN sind alle persönlichen Daten am besten tabu. Online-Banking auf unbekannten bzw. ungesicherten Systemen ist grundsätzlich keine gute Idee.

Laptops

» Traveller mit eigenem Laptop können sich in vielen Internetcafés per Netzwerkkabel (Ethernet-LAN) einloggen. Alternativen sind internationale Roaming-Dienste mit indischen Einwahlnummern oder Accounts bei einheimischen Internet Service Providern (ISP).

» Das Modem muss kompatibel zu Indiens Telefon- und Einwahlsystem sein. Eventuell ist ein externes, weltweit nutzbares Gerät vonnöten.

» Firmen wie Reliance, Airtel und Vodafone bieten 3G-Datacards an, die in den USB-Anschluss des Laptops gesteckt werden und den Internetzugang per Handynetz ermöglichen.

- Die Tarife dafür liegen zwischen 800 (3 GB Traffic) und 1500 ₹ (15 GB Traffic) pro Monat.
- Wichtig: Rechtzeitig feststellen, ob der eigene Provider das bereiste Gebiet abdeckt!

» Sinnvoll sind auch universelle Steckdosenadapter mit Überspannungsschutz, die Rechnerplatinen vor Spannungsspitzen bewahren.

» Adapter gibt's in Indien überall, während Ersatzsicherungen besser von zu Hause mitgebracht werden.

Karten & Stadtpläne

Vor Ort erhältliche Karten sind von unterschiedlicher Qualität. Bessere Anbieter:

Eicher (http://maps.eicherworld.com)

Nelles (www.nelles-verlag.de)

Nest & Wings (www.nestwings.com)

Survey of India (www.surveyofindia.gov.in) Anständige Stadtpläne, Regional- und Landeskarten; allerdings kann man manche Titel aus Sicherheitsgründen nicht kaufen.

All diese Karten können über gute Buchläden oder den Onlineshop des **India Map Store** (www.indiamapstore.com) in Delhi bezogen werden. Die Touristeninformationen der indischen Bundesstaaten führen meist einfache Umgebungskarten.

Kurse

Von Yoga, Meditation und Kochen bis hin zum klassischen Tanz sind in Südindien alle möglichen Kurse im Angebot. Unter „Kurse" informieren die Regionenkapitel jeweils über Details.

Sprachkurse

Manche Sprachkurse an den folgenden Orten erfordern eine Mindestteilnahmezeit.

Mumbai Anfängerkurse in Hindi, Marathi und Sanskrit im Bharatiya Vidya Bhavan (S. 54).

Tamil Nadu Tamil-Kurse in Chennai (S. 349).

Öffnungszeiten

» Offizielle Geschäftszeit ist montags bis freitags zwischen 9.30 und 17.30 Uhr. Viele Behörden und Büros öffnen jedoch später und schließen früher.

» Die meisten Büros haben eine offizielle Mittagspause (ca. 13–14 Uhr).

» Die lokal verschiedenen Öffnungszeiten von Bankfilialen erkundet man am besten direkt vor Ort. Wechselstuben empfangen Kunden teils täglich und länger.

» Manche größere Postfilialen haben auch den ganzen Samstag und den halben Sonntag offen.

» Alle Öffnungszeiten sind regional verschieden. Die Regionenkapitel erwähnen Ausnahmen.

Post

Indien hat mit über 155 500 Postämtern das weltweit größte Postnetzwerk. Generell sind der Brief- und der postlagernde Service gut, auch wenn es manchmal etwas dauert, bis eine Sendung ankommt – je nachdem, wo man den Brief aufgibt.

Die Beförderung per Luftpost geht schneller als per Schiff, aber bei Wertsachen sollte man lieber einen Kurierdienst (etwa DHL) beauftragen – nach Europa kostet das etwa 3000 ₹ pro Kilogramm.

ALLGEMEINE ÖFFNUNGSZEITEN

Dieses Buch führt nur Öffnungszeiten auf, die von folgenden Standardangaben abweichen:

BRANCHE	ÖFFNUNGSZEITEN
Fluglinienbüros	Mo–Sa 9.30–17.30 Uhr
Banken	Mo–Fr 9.30 oder 10–14 oder 16, Sa bis 12 oder 13 Uhr
Behörden	Mo–Fr 9.30–13 & 14–17.30 Uhr, an jedem 2. Sa (meist 2. & 4.) des Monats geschl.
Postfilialen	Mo–Fr 9–18, Sa 9–12 Uhr
Museen	Di–So 10–17 Uhr
Restaurants	mittags 12–14.30 oder 15, abends 19–22 oder 23 Uhr
Geschäfte	10–19 Uhr, teilw. So geschl.
Sehenswürdigkeiten	10–17 Uhr

Private Kurierdienste sind zwar oft billiger, aber Waren werden zwecks Kostensenkung manchmal in größere Pakete umgepackt und es verschwindet auch mal was.

Post empfangen

» Auf Briefen nach Indien sollte der Nachname des Adressaten in Großbuchstaben vermerkt und zusätzlich unterstrichen werden. Darunter folgen der Hinweis „Poste Restante“ (postlagernde Sendung), „GPO“ (General Post Office; Hauptpost) und die betreffende Stadt oder Ortschaft. Zum Abholen ist der Reisepass erforderlich.

» Da viele „verschwundene“ Briefe nur unter dem Empfängervornamen einsortiert sind, beide Möglichkeiten prüfen! Der Absender sollte seine Adresse angeben, damit nicht abgeholte Post zurückgeschickt wird. Das geschieht etwa nach vier bis acht Wochen.

» Pakete lässt man sich am besten per Einschreiben schicken.

Post versenden

BRIEFE

» Briefe/Luftpostleichtbriefe nach Übersee kosten 20/15 ₹.

» Postkarten gehen für ca. 7 ₹ in alle Welt.

» Postkarten sollten erst *nach* dem Frankieren beschrieben werden: Manche Postfilialen geben einem bis zu vier Briefmarken für eine einzige Karte.

» Der Aufpreis für internationale Einschreiben beträgt 15 ₹.

PÄCKCHEN & PAKETE

» Die Paketaufgabe geht mancherorts recht fix vonstatten, während anderswo lange Schlangen vor mehreren Schaltern stehen. Morgens ist meistens am wenigsten los.

» Der gewichtsabhängige Paketpreis beinhaltet das Verpackungsmaterial.

» Kleine, unregistrierte Päckchen bis 100 g kosten 40 ₹ in alle Länder. Bis zu einem Maximalgewicht von 4 kg werden pro weitere 100 g jeweils 30 ₹ extra fällig. Bei schwereren Päckchen gelten andere Tarife.

» Je nach Ziel dürfen Pakete höchstens 20 bis 30 kg wiegen.

» Zur Auswahl stehen Luftfracht (1–3 Wochen), Seefracht (2–4 Monate) oder Surface Air-Lifted (SAL; ca. 1 Monat), ein seltsamer Mix aus Luft- und Seefracht.

» Dann gibt es noch die Expresspost (Express Mail Service; EMS), die ca. 30 % teurer als normale Luftpost ist und innerhalb von drei Tagen zugestellt wird.

» Alle Pakete müssen in weißes Leinen eingenäht und die Nähte danach mit Wachs versiegelt werden. Falls die jeweilige Postfiliale diesen Service nicht anbietet, übernehmen ihn örtliche Schneider.

» Postfilialen halten auch alle erforderlichen Zollformulare bereit, die man an Sendungen festnähen oder -kleben muss. Geschenke im Maximalwert von 1000 ₹ können zollfrei verschickt werden.

» Für den Gang zum Schalter empfiehlt sich ein wasserfester Stift, falls das Personal zusätzliche Angaben auf dem Paket verlangt.

» Bücher und andere Drucksachen können als internationale Büchersendung aufgegeben werden (350 ₹, max. 5 kg). Der Inhalt muss dabei so verpackt sein, dass ihn der Zoll durch eine Öffnung begutachten kann. Örtliche Schneider verpacken aber alles so gut, dass unterwegs nichts herausfällt.

» Die Website der **India Post** (www.indiapost.gov.in) umfasst einen Online-Schnellrechner für landesweite und internationale Tarife.

Rechtsfragen

Wer mit dem indischen Gesetz in Konflikt gerät, sollte schnellstmöglich die eigene Botschaft kontaktieren. Diese kann jedoch oft nur die Haftbedingungen überwachen und einen Rechtsbeistand vermitteln.

Drogen

» Indien unterscheidet nicht zwischen „harten“ und „weichen“ Drogen: Der Besitz sämtlicher illegaler Betäu-

MINDESTALTER

» **Volljährigkeit** 18 Jahre

» **Alkoholerwerb** 18–25 Jahre (je nach Bundesstaat)

» **Autofahren** 18 Jahre

» **Einvernehmlicher Sex** Heterosexuell 16 Jahre, homosexuell 18 Jahre

» **Wahlrecht** 18 Jahre

Traveller sollten zudem wissen, dass sie auch im Ausland gemäß den Strafmündigkeitsbestimmungen ihres eigenen Heimatlands belangt werden können.

bungsmittel gilt als Straftat und wird mit mindestens zehnjährigen Haftstrafen geahndet – Bewährung oder vorzeitige Entlassung so gut wie ausgeschlossen!

» Bis zur Gerichtsverhandlung können Monate oder sogar Jahre vergehen. Währenddessen sitzt der Angeklagte eventuell hinter Gittern. Obendrein wird meist auch noch eine saftige Geldstrafe fällig.

» Achtung: In Backpacker-Zentren wird regelmäßig verdeckt gegen Traveller ermittelt.

» Obwohl Marihuana wild im ganzen Land wächst, ist der Konsum überall strengstens verboten. Einen Sonderstatus haben nur Städte, in denen *bhang* legal für religiöse Rituale verkauft wird.

» Die Polizei geht besonders rigoros gegen ausländische Drogenkonsumenten vor – dieses Risiko auf keinen Fall unterschätzen!

Polizei

» Der Reisepass sollte stets griffbereit sein: Die Polizei ist jederzeit zu einer Überprüfung der Personalien berechtigt.

» Wer wegen eines angeblichen Vergehens verhaftet und um Schmiergeld ersucht wird, bezahlt besser. Andernfalls setzt es eventuell ein erfundenes Bußgeld. Für die Schmiergeldhöhe gibt's jedoch keine allgemeinen „Regeln".

» Wegen der grassierenden Korruption hat man am besten so wenig wie möglich mit der örtlichen Polizei zu tun. Daher potenziell gefährliche Situationen idealerweise von vorn herein vermeiden!

Verhalten in der Öffentlichkeit

» Das gesetzliche Rauchverbot auf Indiens öffentlichen Plätzen wird kaum behördlich durchgesetzt. Falls doch, beträgt das Bußgeld bei Verstößen 200 ₹.

» In privaten Räumlichkeiten und auf den meisten Freiflächen (z. B. Straßen) darf weiterhin gequalmt werden – vorausgesetzt, es gibt dort keine Verbotsschilder.

» Einige indische Städte bitten auch (und ebenso unterschiedlich streng) zur Kasse, wenn Speichel oder Müll auf dem Boden landen.

FINGER WEG VON BHANG-LASSIS!

Obwohl das Getränk kaum auf der Karte steht, mixen manche Restaurants in Touristenhochburgen heimlich so genannte *bhang*-Lassis alias *special lassis* zusammen. Sie enthalten Joghurt, Eiswasser sowie ein Marihuanaderivat (manchmal auch andere Drogen) und haben es oft heftig in sich: Zu den Folgen können z. B. lang anhaltende Rauschzustände und verschiedene Grade von Verzückung, Übelkeit, Halluzinationen oder Paranoia gehören. Nach dem Genuss des fiesen Gebräus lagen schon einige Traveller tagelang flach und wurden teils auch ausgeraubt oder bei Unfällen verletzt. Ganz wenige Städte haben legale bzw. staatlich kontrollierte *bhang*-Verkaufsstellen.

Reisen mit Behinderung

Indiens überfüllte Nahverkehrsmittel, erdrückende Menschenmassen und mangelhafte Infrastruktur können auch durchtrainierte Traveller an ihre Grenzen bringen. Körper- und Sehbehinderte müssen sich in Indien daher einer umso größeren Herausforderung stellen. Bei stark eingeschränkter Mobilität empfehlen sich Reisen mit Begleitperson.

Unterkunft Rollstuhlgerechte Hotels sind fast immer Spitzenklassehäuser. Somit ist es ratsam, rechtzeitig zu recherchieren und gegebenenfalls Erdgeschosszimmer zu buchen.

Zugänglichkeit Manche Restaurants und Büros haben Rollstuhlrampen, während fast immer mindestens eine Stufe gemeistert werden muss. Indische Treppenhäuser sind oft steil. Aufzüge halten regelmäßig an Zwischengeschossen zwischen den eigentlichen Stockwerken.

Bürgersteige & Fußwege Wenn sie überhaupt existieren, wimmeln Bürgersteige oft von Schlaglöchern, Schuttbrocken und Passanten. Wer Krücken braucht, sollte unbedingt genügend Endkappen aus Gummi mitnehmen.

Verkehrsmittel & -wege
Ein Mietwagen mit Fahrer (s. S. 546) kann das Erkunden des Landes sehr erleichtern. Rollstuhlfahrer sollten sichergehen, dass die Verleihfirma ein Fahrzeug mit ausreichend Stauraum bereitstellt.

Vor dem Start klärt man persönliche Gesundheits- und Mobilitätsfragen am besten mit einem qualifizierten Arzt.

Folgende englischsprachige Organisationen geben gute Tipps und Anregungen:

Access-Able Travel Source (www.access-able.com)

Accessible Journeys (www.disabilitytravel.com)

Global Access News (www.globalaccessnews.com)

Mobility International USA (MIUSA; www.miusa.org)

Royal Association for Disability & Rehabilitation (RADAR; www.radar.org.uk)

Nützliche Adressen für Allgemeininfos zum Reisen mit Behinderung in Deutschland, Österreich und der Schweiz:

Mobility International Schweiz (☎062-212-6740; www.mis-ch.ch; Amthausquai 21, 4600 Olten)

MyHandicap Deutschland (☎089-7677-6970; www.myhandicap.de; Steinheilstr. 6, 85737 München-Ismaning)

MyHandicap Schweiz (☎043-211-4949; www.myhandicap.ch; Weinbergstr. 29, 8006 Zürich)

Nationale Koordinierungsstelle Tourismus für Alle e. V. (Natko; ☎0211-3368-001; www.natko.de; Fleher Str. 317a, 40223 Düsseldorf)

Schwule & Lesben

Im Juli 2009 kippte der Oberste Gerichtshof in Delhi nach 148 Jahren das offizielle Verbot homosexueller Beziehungen in Indien. Vor dieser Grundsatzentscheidung waren homosexuelle Beziehungen zwischen Männern unter Androhung von theoretisch lebenslanger Freiheitsstrafe untersagt. Lesbische Verbindungen wurden von Indiens Justiz dagegen geduldet.

Dennoch ist Indien weiterhin ein größtenteils konservatives Land: Öffentliche Zuneigungsbekundungen von hetero- wie homosexuellen Paaren sind hier allgemein verpönt.

Ein paar südindische Großstädte wie Mumbai oder Bengaluru haben kleine Schwulenszenen.

Medien

Time Out Mumbai (www.timeoutmumbai.net) Schwulenevents in Mumbai.

Websites

Gay Bombay (www.gaybombay.org) Schwuler Eventkalender plus Hilfe und Tipps.

Indian Dost (www.indiandost.com/gay.php) News, Infos und Adressen von indischen Kontaktgruppen.

Indja Pink (www.indjapink.co.in) Erste „schwule Reiseboutique" des Landes, gegründet von einem bekannten indischen Modedesigner.

Beispiele für unterstützende Gruppen in südindischen Großstädten:

Bengaluru

Good As You (www.goodasyou.in) Diese Hilfsgruppe für Schwule, Lesben, Bi- und Transsexuelle gehört zur Nichtregierungsorganisation **Swabhava**, die sich z. B. mit der **Sahaya Helpline** (☎080-22230959) für die LGBT-Gemeinde engagiert.

Sangama (www.sangama.org) leistet Notfallhilfe und betreut Homo- oder Bisexuelle beider Geschlechter auch außerhalb der Stadtgrenzen – ebenso Transsexuelle und *hijras* (Transvestiten und Eunuchen).

Chennai

Shakti Center (☎044-45587071; www.shakticenter.org) LGBT-Kollektiv von Aktivisten und Künstlern, das Aktivitäten wie Workshops oder Ausstellungen anbietet.

Mumbai

Die Gruppen des **Humsafar Trust** (☎022-26673800; www.humsafar.org) stehen Schwulen und Transsexuellen z. B. mit Rechtshilfe bei. Das Stiftungszentrum in Santa Cruz East hat eine Bibliothek, veranstaltet Workshops und kann ohne Voranmeldung besucht werden. Zudem liegt dort das bahnbrechende Schwulen- und Lesbenmagazin *Bombay Dost* aus. Obendrein laufen einmal pro Monat Szenefilme im Rahmen der Reihe „Sunday High".

Strom

s. Grafiken auf S. 538.

Telefon

» Außer an Flughäfen gibt's in Indien nur wenige öffentliche Fernsprecher. Dafür findet man überall private Telefonbuden (PCO/STD/ISD), wo Ortsgespräche, landesweite und internationale Telefonate günstiger sind als vom Hotelzimmer aus.

» Digitale Gebührenzähler sorgen dabei für Kostenkontrolle und drucken nach dem Auflegen meist eine Quittung aus.

» Die Tarife variieren je nach Anbieter und Entfernung. Pro Minute werden zwischen 1 (Ortsgespräche) und 5 bis 10 ₹ (Auslandsgespräche) fällig.

» Manche Telefonbuden offerieren auch einen Rückrufservice: Man klingelt zuhause an, gibt die Nummer der Bude durch und wartet auf den Rückruf. Das kostet dann den ersten Anruf plus 10 ₹.

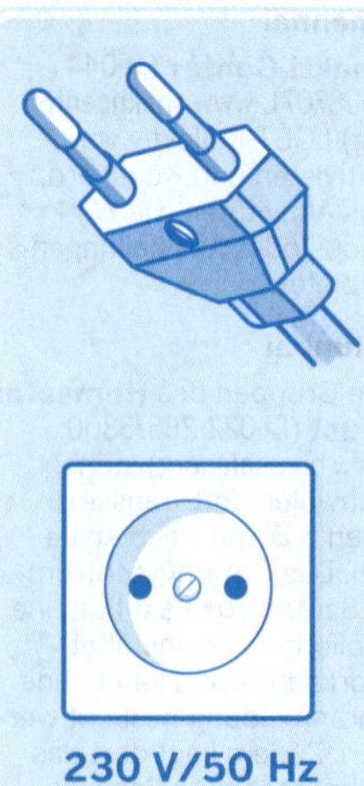

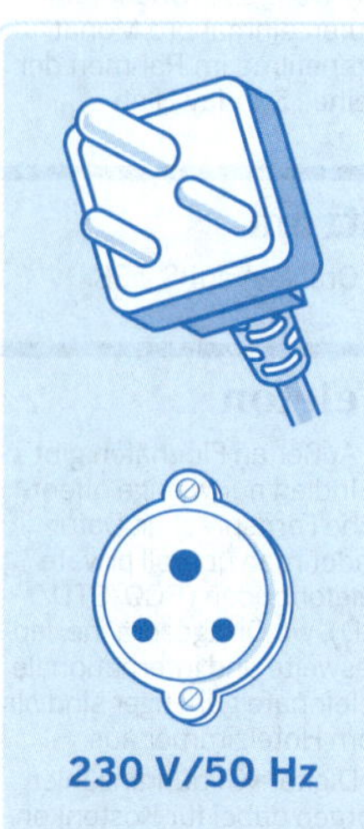

» In entlegenen Land- oder Bergregionen sind die Telefonverbindungen manchmal mangelhaft. Ein Besetztzeichen kann dort lediglich an Netzüberlastung liegen – einfach weiter probieren.

» Die **Yellow Pages** (www.indiayellowpages.com) und **Justdial** (www.justdial.com) liefern nützliche Infos.

Handys

» Indische Handynummern sind normalerweise zehnstellig und beginnen meistens mit ☎9.

» In den meisten größeren und großen Städten ist Roaming mit weltweit funktionierenden GSM-Handys möglich.

» Bei eingehenden Anrufen sind die Roamingkosten oft am höchsten. Eine günstigere Alternative ist der Einstieg in Indiens Mobilfunknetz.

» Achtung: Handys aus westlichen Ländern sind mitunter an bestimmte Netze (Netlock) oder SIM-Karten (SIM-Lock) gebunden. Zum Benutzen hiesiger SIM-Karten muss daher entweder die Sperre aufgehoben oder ein indisches Gerät (ab 2000 ₹) gekauft werden.

INDISCHE HANDYS VERWENDEN

» Das Verwenden indischer Handys ist günstig, aber mit viel Papierkram verbunden: Aus Sicherheitsgründen wird's immer komplizierter.

» Ausländer müssen Passfotos (1–5), ihren Reisepass sowie Fotokopien von dessen Identitäts- und Visumseiten vorlegen.

» Ebenfalls anzugeben ist eine Wohnadresse – beispielsweise das eigene Hotel, das idealerweise auf Anfrage eine schriftliche Aufenthaltsbestätigung an den Handy-Anbieter schickt.

» Manche Mobilfunkfirmen schicken Angestellte zu der angegebenen Adresse oder rufen zwecks Überprüfung zumindest dort an.

» Einigen Travellern wurden schon ihre SIM-Karten gesperrt, nachdem der jeweilige Anbieter festgestellt hatte, dass das Hotel mit der ursprünglichen Registrierungsadresse inzwischen verlassen wurde. Andere hatten mehr Glück und konnten während ihres ganzen Trips dieselbe SIM-Karte benutzen.

» Eine Alternative sind freundliche Einheimische, die das Handy mit ihrem indischen Ausweis registrieren.

» In den meisten indischen Städten gibt's Prepaid-Handypakete (inkl. SIM-Karte, Telefonnummer und Startguthaben) ab ca. 200 ₹ bei Telefonshops bzw. -buden (PCO/STD/ISD), Internetcafés oder Gemischtwarenläden.

» Danach stockt man das Guthaben mit einer Rubbelkarte desselben Netzbetreibers (bei Geschäften oder Call Centern erhältlich) auf.

» Das Guthaben muss normalerweise innerhalb eines bestimmten Zeitraums verbraucht werden. Der Kartenpreis hängt von der Guthabenhöhe ab. Allerdings kommt letztere nie ganz aufs Gerät, da zuerst Steuern und Servicegebühren abgezogen werden.

» Bei manchen Netzbetreibern wird das Guthaben ohne Karte aufgeladen: Man bezahlt es direkt beim Händler, der auch die Übertragung aufs Handy vornimmt. Vor dem Kauf unbedingt das verwendete System ermitteln!

GESPRÄCHSGEBÜHREN

» Innerhalb der jeweiligen Erwerbsregion (Bundesstaat oder Stadt) der SIM-Karte sind Handygespräche günstig (1 ₹/Min.). Eine Auslandsminute kann unter 10 ₹ kosten.

» Das Verschicken von SMS ist noch erschwinglicher: Je höher das Guthaben, desto günstiger ist normalerweise die einzelne Kurznachricht.

» Zu den beliebtesten und verlässlichsten Mobilfunkfirmen gehören Airtel, Vodaphone und BSNL.

» Handytarife sind meist auf den jeweiligen Bundesstaat beschränkt, in dem die SIM-Karte gekauft wurde. Die Karten funktionieren zwar auch in anderen Regionen, verursachen dort aber Zusatzkosten für Roaming und eingehende Anrufe.

» Wer z. B. eine SIM-Karte in Mumbai kauft und aus der Stadt hinaustelefoniert, bezahlt ca. 1,50 ₹ pro

Minute. Wenn ein Inlandsgespräch aus einer beliebigen indischen Region außerhalb Mumbais eingeht, beläuft sich die Minute auf 1 ₹.

» Achtung: Schwache Sendesignale oder internationaler SMS-Verkehr verursachen oft Probleme. So kommen SMS bzw. Antworten eventuell verzögert oder gar nicht an.

» Aufgrund der ständigen Bewegung im Mobilfunksektor kann sich bei Tarifen, Anbietern und Netzabdeckung jederzeit etwas ändern.

Telefonnummern & Vorwahlen

» Vom Ausland aus erreicht man Indien mit dem Code für internationale Gespräche (☎00), gefolgt von Indiens Ländervorwahl (☎91), Ortsvorwahl ohne erste Null, dann Anschlussnummer.

» Von Indien nach Übersee geht's in der Reihenfolge ☎00, Ländercode (z. B. Deutschland ☎49, Österreich ☎43, Schweiz ☎41), Ortsvorwahl ohne erste Null (falls vorhanden) und Anschlussnummer.

» Bei indischen Festnetzanschlüssen stehen bis zu acht Stellen hinter der Ortsvorwahl.

» Gebührenfreie Nummern beginnen mit ☎1800.

» Der indische Staat versucht, alle landesweiten Telefonanschlüsse allmählich in ein einheitliches System zu integrieren. So können sich Vorwahlen kurzfristig ändern oder Nummern um einige Stellen erweitern.

Toiletten

» Öffentliche Toiletten gibt's am ehesten in Großstädten und Touristenhochburgen. Die saubersten Varianten (normalerweise mit Sitz- und Hockoption) haben in der Regel moderne Restaurants, Einkaufszentren und Kinos.

» Abseits städtischer Zentren findet man meist nur Hocktoiletten, während manche Einheimische eine spezielle Form der Toilettenhygiene pflegen: Dabei wird das Hinterteil mittels eines kleinen Wasserbehälters und der linken Hand gereinigt. Eigenes Toilettenpapier für den Notfall ist daher stets empfehlenswert.

Touristeninformation

Die Vertretungen des indischen Tourismusministeriums (alias „India Tourism") werden in jedem Bundesstaat durch dessen eigenes Netz von Infobüros ergänzt. Diese unterscheiden sich stark in Sachen Effizienz und Nutzen: Manche werden von sehr hilfsbereiten Enthusiasten betrieben, während andere fast nur als Verkaufsstellen für geführte Touren der jeweiligen State Tourism Development Corporation fungieren. Die meisten Touristeninformationen verteilen Gratisbroschüren und oft auch kostenlose bzw. günstige Umgebungskarten. Details zu Karten und Stadtplänen stehen auf S. 534.

Der allererste Blick sollte stets dem Online-Portal des indischen Tourismusministeriums gelten: Der „Help Desk" im oberen Websitebereich von **Incredible India** (www.incredibleindia.org) liefert Einzelheiten zu Regionalvertretungen im ganzen Land.

Die Regionenkapitel enthalten Kontaktadressen wichtiger Touristeninformationen.

Unterkunft

Südindiens Quartiere reichen von schäbigen Backpacker-Hostels mit Betonböden und kalten Eimerduschen bis zu opulenten historischen Hotels. Die Unterkunftsbeschreibungen dieses Buchs sind nach Empfehlungsgrad sortiert. Dabei kennzeichnet LP TIPP besonders attraktive Adressen.

Kategorien

Allgemein geht der Budgetbereich (₹) von einfachen Hostels und Ruheräumen in Bahnhöfen bis hin zu schlichten Gästehäusern in traditionellen Dorfgebäuden. Mittelklassehotels (₹₹) sind meistens modernere Betonbunker, die normalerweise Extras wie Kabel- oder Satelliten-TV und Klimaanlage bieten. Manchmal gibt's aber nur lärmige „Luftkühler", in denen die Luft zur Temperatursenkung über kaltes Wasser strömt. Bei Spitzenklassehotels (₹₹₹) reicht das Spektrum von luxuriösen Fünf-Sterne-Ketten bis zu tollen historischen Gebäuden.

Preise

Da es innerhalb Südindiens extreme Unterschiede in allen Preisbereichen gibt, haben wir auf „allgemeingültige" Angaben für die einzelnen Unterkunftskategorien verzichtet. Um örtlich anfallende Übernachtungskosten abzuschätzen, empfiehlt sich ein direkter Blick auf die Kurzinfos und den Abschnitt „Schlafen" im betreffenden Regionenkapitel. Wichtig: Da die meisten Unterkünfte ihre Preise jährlich erhöhen, könnten manche Angaben schnell veraltet sein!

Preisangaben

Sofern nicht anderweitig vermerkt, gelten die Preisangaben bzw. -symbole in diesem Buch jeweils für ein Doppelzimmer mit eigenem Bad. Die Tabelle auf S. 540 demonstriert regionale Unterschiede, indem sie Durchschnittstarife in Kerala, Tamil Nadu und Goa vergleicht.

Reservierungen

» Die meisten Spitzenklasse- und manche Mittelklassehotels verlangen beim Buchen eine Anzahlung, die normalerweise per Kreditkarte gezahlt werden kann.

» Manche Mittelklassehotels nehmen konkrete Reser-

REGIONALE ZIMMERPREISE

KATEGORIE	KERALA	TAMIL NADU	GOA
₹ Budget-unterkünfte	unter 800 ₹	unter 1000 ₹	unter 1000 ₹
₹₹ Mittelklasse-hotels	800–3000 ₹	1000–3000 ₹	1000–2500 ₹
₹₹₹ Spitzen-klassehotels	ab 3000 ₹	ab 3000 ₹	ab 2500 ₹

vierungen nur gegen einen Scheck oder eine Bareinzahlung auf ein Bankkonto vor. Dies ist zumeist eher lästig als lohnenswert.

» Budgetadressen akzeptieren teils gar keine Reservierungen, da sie nicht wissen, wann ihre Gäste auschecken werden – daher vorab telefonisch nachfragen!

» Anderswo wird beim Einchecken eine Anzahlung fällig, die man aber nur gegen Quittung entrichten sollte. Auf keinen Fall einen Blanko-Kreditkartenbeleg unterschreiben! Falls das Hotel dennoch darauf besteht, heißt's zum nächsten Geldautomaten laufen und bar bezahlen.

» Beim Einchecken unbedingt die Zeit für den Check-out ermitteln: Letzterer ist teils festgelegt (meist 10 oder 12 Uhr), anderswo gilt der Check-out nach 24 Stunden.

» Telefonische Reservierungen ohne Anzahlung sind normalerweise kein Problem. Zwecks Buchungsbestätigung sollte man trotzdem einen Tag vor der Ankunft anrufen.

Saisonale Unterschiede

» Die Unterkunftspreise in diesem Buch sind Volltarife während der Hauptsaison. Diese beginnt z. B. in Goa oder Kerala etwa einen Monat vor Weihnachten und endet ca. zwei Monate danach. Die Hauptsaison der meisten Hill Stations geht ca. von April bis Juli.

» In Touristenhochburgen wie Goa können sich die Preise zu Spitzenzeiten verdreifachen – daher unbedingt rechtzeitig buchen!

» Außerhalb davon sind kräftige Rabatte drin. Wenn ein Hotel ruhig wirkt, empfiehlt sich die Frage nach Ermäßigung. In bestimmten Regionen (z. B. Goa) haben manche Hotels während des Monsuns geschlossen.

» Große Feste und Wallfahrten bescheren vielen Tempelstädten zusätzliche Besucherscharen. Details zu Feierlichkeiten liefern das Kapitel „Monat für Monat" (S. 17) sowie die „Feste & Events" in den einzelnen Regionenkapiteln.

Steuern & Servicegebühren

» Außer bei Billighotels erhöht sich der Zimmerpreis jeweils um variierende bundesstaatliche Übernachtungssteuern (Details s. einzelne Regionenkapitel).

» Viele bessere Hotels erheben zudem eine „Servicegebühr", die meist ca. 10 % der Gesamtrechnung beträgt.

» Sofern nicht anderweitig vermerkt, verstehen sich alle aufgeführten Preise ohne Steuern.

Budgetunterkünfte & Mittelklassehotels

Abgesehen von ein paar traditionellen Gästehäusern handelt es sich bei den meisten Budgetunterkünften und Mittelklassehotels um moderne Betonbunker. Manche Adressen sind charmant, sauber und ihr Geld wert, andere eher das Gegenteil.

» Da die Zimmerqualität sogar innerhalb des selben Hotels stark variieren kann, sollten die Quartiere möglichst vorher besichtigt werden. Wer nicht auf muffigen Sockengeruch steht, wählt bei günstigeren Optionen besser kein Zimmer mit Teppichboden.

» Gemeinschaftsbäder (oft mit Hocktoiletten) haben in der Regel nur die günstigsten Unterkünfte.

» Die meisten Zimmer besitzen Deckenventilatoren. Bessere Varianten verfügen über elektrische Insektenspiralen und/oder Moskitonetze. Günstigere Quartiere sind teilweise fensterlos.

» Eigene Laken oder Schlafsacküberzüge machen Sinn: Manche Billighotels haben eventuell fleckige, stark abgenutzte und dringend waschbedürftige Bettwäsche.

» Vor allem in Stadtzentren kann der Lärmpegel gewaltig nerven. Somit heißt's gute Ohrstöpsel mitbringen und Zimmer an belebten Straßen meiden!

» Besonders in Budgetunterkünften schließen Gäste ihre Tür besser ab – nach kurzem Anklopfen marschieren manche Hotelangestellten automatisch ins Zimmer, ohne auf ein „Herein" zu warten.

UNTERKÜNFTE ONLINE BUCHEN

Weitere Unterkunftsbewertungen von Lonely Planet Autoren gibt's unter http://hotels.lonelyplanet.com/india. Dort findet man unabhängig recherchierte Infos und Tipps zu den besten Adressen. Zudem kann online gebucht werden.

» Insbesondere während der Sommer- und Monsunzeit gibt's häufig Stromausfälle. So sollte das Hotel unbedingt ein Notstromaggregat haben, wenn man für elektrische „Extras" wie TV oder Klimaanlage bezahlt.

» Achtung: Sobald es dunkel wird, verriegeln manche Unterkünfte ihre Eingangstüren. Jemand vom Personal übernachtet dann zwar in der Lobby, lässt sich aber eventuell nur schwer wecken. Wer spätabends eintrifft oder von einem Ausflug zurückkehrt, sollte daher rechtzeitig Bescheid geben.

» Abseits von Touristenzentren verfügen günstigere Hotels vielleicht nicht über die erforderlichen Registrierungsformulare für Ausländer und lehnen einen daher ab.

Camping

» Südindien hat kaum offizielle Campingplätze. In der Regel findet sich aber ein Hotel, dessen Garten und sanitäre Anlagen gegen geringe Gebühr von Campern genutzt werden können. Bei längeren Treks bleibt einem oft nur Camping in der Wildnis übrig.

Privatunterkünfte & Paying-Guest-Programme

» Familiengeführte Gästehäuser (Homestays oder B&Bs) sind toll für alle, die unkommerzielle Kleinunterkünfte mit hausgemachtem Essen mögen.

» Das Spektrum reicht von lehmverputzten Steinhütten mit Hocktoiletten bis zu komfortablen Wohnhäusern der Mittelschicht.

» Achtung: Manche Hotels vermarkten sich als Homestays, werden aber hoteltypisch geführt und ermöglichen kaum (oder keinen) Kontakt zur Wirtsfamilie.

» Lokale Touristeninformationen führen Verzeichnisse mit einheimischen Familien, die an Homestay-Programmen teilnehmen. Die Regionenkapitel erwähnen weitere Optionen.

Ruheräume in Bahnhöfen

» Viele große Bahnhöfe bieten Unterkünfte für Reisende, die mit einem gültigen Zugticket zur Weiterfahrt oder dem Indrail-Pass unterwegs sind. Die Räume sind mal schäbig, mal erstaunlich nett, aber immer laut wegen der vielen Mitreisenden und der vorbeifahrenden Züge. Unbestritten sind sie aber sehr praktisch, wenn der Zug in Herrgottsfrühe abfährt. In der Regel können Reisende zwischen einem Schlafsaalbett und einem eigenen Zimmer (Check-out nach 24 Std.) wählen.

Schlafsäle

» Einige Hotels haben günstige Schlafsäle, die aber teils nicht nach Geschlechtern getrennt sind. Außerhalb der Touristenzonen übernachten dort oft auch viele betrunkene Fahrer – nicht gerade ideal für weibliche Alleinreisende. Touristenfreundlicher sind daher die wenigen Hostels von YMCA, YWCA, Heilsarmee oder HI (Hostelling International).

Spitzenklasse- & Historische Hotels

» Bei Südindiens zahlreichen Spitzenklassehotels reicht das Spektrum von modernen Fünf-Sterne-Ketten bis zu einmaligen historischen Perlen.

» Die meisten Spitzenklasseoptionen verlangen Rupien von Indern und US-Dollar von Ausländern oder Non-Resident Indians (NRI; im Ausland ansässige Inder).

» Offiziell muss man den Dollarpreis in Fremdwährung oder per Kreditkarte zahlen. In der Praxis wird aber oft auch der entsprechende Rupienbetrag akzeptiert (beim Einchecken nachfragen!).

» Indiens staatliche Tourismuswebsite **Incredible India** (www.incredibleindia.org) hat unter „Royal Retreats" ein nützliches Verzeichnis mit Palästen, Forts und anderen königlichen Ex-Refugien.

Staatliche Unterkünfte & Touristenbungalows

» Der indische Staat unterhält für reisende Beamte und Angestellte im öffentlichen Dienst ein Netz an Gästehäusern, die unter den unterschiedlichsten Namen firmieren: Rest Houses, Dak Bungalows, Circuit Houses, PWD (Public Works Department) Bungalows oder Forest Rest Houses.

» Wenn diese Häuser nicht gerade von indischen Staatsdienern belegt sind, werden hier gerne auch ausländische Reisende aufgenommen. Manchmal ist dafür allerdings eine Genehmigung der örtlichen Behörden notwendig und oftmals muss erst der *chowkidar* (Hausmeister) gefunden werden, der einem die Türen aufschließt.

KOHLENMONOXIDVERGIFTUNG

In manchen Bergregionen wird bis heute mit Holzkohleöfen geheizt, die aber möglichst nicht benutzt werden sollten: Sie können eine tödliche Kohlenmonoxidvergiftung verursachen. Alternativ gibt's oben im Gebirge oft dicke, matratzenartige Decken – herrlich warm, sobald man mal darunterliegt. Wer immer noch friert, füllt einfach eine Trinkflasche mit kochendem Wasser, zieht eine Socke darüber und verwendet das Ganze als Wärmflasche.

WAS MAN ÜBER BAD UND TOILETTE WISSEN SOLLTE

Die meisten südindischen Mittelklasse- und alle Spitzenklassehotels haben Sitztoiletten mit Toilettenpapier plus Seife. In Billigabsteigen oder entlegenen Unterkünften gibt's aber meist nur Hocktoiletten und fast nie Toilettenpapier. Hocktoiletten werden oft als *Indian-style*, *Indian* oder *floor* bezeichnet. Sitztoiletten heißen *Western* oder *commode toilets*. Mancherorts findet man auch die seltsame *hybrid toilet*, also eine Sitztoilette mit Fußstützen am Schüsselrand.

Für die Badezimmer indischer Hotels gelten ebenfalls verschiedene Bezeichnungen: *Attached bath*, *private bath* oder *with bath* stehen für Zimmer mit eigenem Bad, *common bath*, *shared bath* oder *no bathroom* für Gemeinschaftsbäder.

Fließendes Warmwasser ist nicht in allen Zimmern vorhanden. Trotz Angaben wie *running*, *24-hour* oder *constant* läuft's nicht unbedingt rund um die Uhr warm aus dem Hahn. Bei *bucket* kommt das warme Nass nur in Eimern aufs Zimmer (gratis oder gegen geringe Gebühr).

An den Wänden vieler Hotelbäder hängen elektrische *geysers* (Boiler), die teils eine Stunde vor Gebrauch eingeschaltet werden müssen. Achtung: Manchmal befindet sich der Boiler-Hauptschalter außerhalb des Zimmers.

Room with shower ist mit Vorsicht zu genießen: Gelegentlich ragt nur ein Wasserrohr als „Dusche" aus der Wand. Aus Kostengründen klemmen einige Hotels ihre Duschen auch heimlich ab. Anderswo rieseln eventuell nur ein paar mickrige Tropfen herab.

Sofern nicht anderweitig vermerkt, haben alle aufgeführten Hotelzimmer ein eigenes Bad.

» Sogenannte Touristenbungalows werden von den Regierungen der einzelnen Staaten betrieben – die Zimmerpreise liegen meist in der mittleren Preisklasse (einige haben auch günstige Schlafsäle), hinsichtlich Sauberkeit und Service gibt es große Unterschiede. Einige Bundesstaatsregierungen bieten auch teurere Hotels an, darunter einige schöne denkmalgeschützte. Die Touristeninformationen der Bundesstaaten können detaillierter informieren.

Tempel & Pilgerunterkünfte

» Gegen eine Spende bieten einige Aschrams, *gurdwaras* (Sikh-Tempel) und *dharamsalas* (Pilgerherbergen) eine Unterkunft, sie richten sich allerdings ausdrücklich an echte Pilger. Jeder sollte sich gut überlegen, ob ein Aufenthalt dort angemessen ist (zusätzliche Infos findet man in den jeweiligen Kapiteln) und sich auf jeden Fall an alle Vorschriften halten.

Versicherung

» Dringend empfohlen wird eine umfassende Reiseversicherung, die Diebstahl, Verlust, medizinische Behandlungen und Notfallflüge in die Heimat abdeckt (s. S. 556).

» Manche Verträge schließen Folgekosten bei potenziell gefährlichen Aktivitäten (z. B. Sporttauchen, Motorradfahren oder sogar Trekking) von vorn herein aus – daher unbedingt das Kleingedruckte sorgfältig lesen!

» Manche Trekkingveranstalter akzeptieren nur Kunden, deren Versicherung für Rettungsflüge per Hubschrauber aufkommt.

» Wer in Indien ein Motorrad ausleihen möchte, sollte sich vergewissern, dass der Mietvertrag zumindest einen Haftpflichtschutz umfasst (s. S. 550).

» Reisende sollten auch vorab feststellen, ob ihr Versicherer direkt mit medizinischen Behandlungsstellen im Ausland abrechnet. Andernfalls muss bei späterer Rückerstattung in Vorleistung gegangen werden. Bei dieser Variante heißt es alle erforderlichen Dokumente unbedingt sorgfältig aufbewahren.

» Bei Diebstählen in Indien sind polizeiliche Protokolle ein absolutes Muss. Ansonsten verweigert der Versicherer eventuell den Schadenersatz.

» Auch wenn man schon unterwegs ist, kann die weltweit gültige Reiseversicherung unter www.lonelyplanet.com/travel_services jederzeit online abgeschlossen, erweitert und in Anspruch genommen werden.

Visa

Bis auf wenige Ausnahmen müssen alle Ausländer (auch Deutsche, Österreicher und Schweizer) bereits *vor* der Ankunft in Indien ein gültiges Visum besitzen. Es wird weltweit von diplomatischen Vertretungen Indiens erteilt. Achtung: Der Reisepass muss auch nach der geplanten Abreise vom Subkontinent noch mindestens sechs Monate lang gültig sein und noch über mindestens zwei leere Seiten verfügen.

Einreisebestimmungen

» 2009 erwischte Indien viele Ausländer mit Touristenvisa beim Arbeiten. Seitdem gelten verschärfte Visumbestimmungen in puncto berechtigte Personen und Gültigkeitsdauer. Da sich der Regelkatalog aber jederzeit ändern kann, sollte der komplette aktuelle Stand unbedingt vor dem Start der Reise über eine diplomatische Vertretung Indiens in der eigenen Heimat ermittelt werden! Dies gilt vor allem für die strengen Regularien bei Studenten- und Geschäftsvisa.

» Die meisten Traveller wählen ein normales Touristenvisum mit sechsmonatiger Gültigkeitsdauer, die ab dem Tag der Ausstellung (nicht der Einreise!) läuft. Während dieser Zeit kann man insgesamt 180 Tage in Indien verbringen.

» Bei den meisten Visa braucht man offiziell ein Rückflug- oder Anschlussticket. Dies wird jedoch nicht immer kontrolliert – vorher nachfragen!

» Visa müssen in der jeweiligen Landeswährung bezahlt werden. Eventuell fällt zusätzlich eine Bearbeitungsgebühr an. Diplomatische Auslandsvertretungen Indiens im eigenen Heimatland informieren über alle aktuellen Preise und Zusatzkosten.

» Zur Visumverlängerung berechtigt sind nur Menschen indischer Abstammung, die als offizielle Staatsbürger anderer Nationen (außer Pakistans und Bangladeschs) im Ausland leben.

» Wenn das Visum länger als ein halbes Jahr gültig ist, muss sich der Inhaber spätestens 14 Tage nach Ankunft beim Foreigners' Regional Registration Office (FRRO) anmelden. Auch in diesem Fall informieren indische Auslandsvertretungen über alle Details.

Verlängerung eines Visums

» Zum Zeitpunkt des Antrags beim **Ministry of Home Affairs** (☎011-23385748; Jaisalmer House, 26 Man Singh Rd, Delhi; ⏲Anträge Mo–Fr 9–11 Uhr) ist eine Verlängerung des Visums nicht möglich. Am ehesten erhält man eine solche Verlängerung, wenn man glaubwürdig medizinische Gründe dafür vorbringen kann oder wenn einem ganz kurz vor der Ausreise oder vor dem Auslaufen des Visums der Pass gestohlen wurde.

» In einem solchen Fall, sollte man sich an das **Foreigners' Regional Registration Office** (FRRO; ☎011-26195530; frrodelhi@hotmail.com; Level 2, East Block 8, Sector 1, Rama Krishna (RK) Puram, Delhi; ⏲Mo–Fr 9.30–17.30 Uhr) wenden, es liegt gleich um die Ecke vom Hotel Hyatt Regency.

» Hier wird auch ein Ersatzvisum im Fall eines Verlustes oder Diebstahls des Reisepasses (notwendig für die Ausreise) ausgegeben. Die regionalen Zweigstellen des FRRO weigern sich häufig, gewünschte Verlängerungen auszustellen.

» Wer die strengen Kriterien erfüllt, dem gewährt das FRRO eine vierzehntägige Verlängerung, die für EU-Bürger und Schweizer kostenlos ist. Notwendig ist dafür ein bestätigtes Flugticket, ein Passfoto (zur Sicherheit lieber zwei) und eine Fotoko-

AUSFUHRVERBOTE

Um Indiens Kulturerbe zu bewahren, ist die Ausfuhr bestimmter **Antiquitäten** verboten. Für viele „alte" Gegenstände gilt dies nicht. Probleme gibt's jedoch, wenn das jeweilige Objekt nachweislich über 100 Jahre alt ist. Renommierte Antiquitätenhändler kennen alle aktuellen Bestimmungen und kümmern sich bei jeglicher legaler Ausfuhr von Altem um die Exportfreigabe. Im Zweifelsfall wendet man sich an das **Archaeological Survey of India** (☎011-23010822; www.asi.nic.in; Janpath; ⏲Mo–Fr 9.30–13 & 14–18 Uhr) neben dem National Museum in Delhi. Obwohl die Vorschriften streng erscheinen mögen, besteht dringender Handlungsbedarf: Viele Kunstwerke und historische Bauten sind bereits internationalen Händlern zum Opfer gefallen, die Profite mit Antiquitäten und geschnitzten Fenster- oder Türrahmen machen. So empfehlen sich stattdessen hochwerte Repliken.

Der Indian Wildlife Protection Act verbietet jegliche Form des **Wildtierhandels**. Bitte niemals Produkte kaufen, die den Bestand bedrohter Arten oder deren Lebensräume gefährden! Dazu zählen z. B. *shahtoosh*-Schals aus dem Unterfell der seltenen Tibetantilope, Elfenbein und alle Produkte aus Fell, Haut, Hörnern oder Panzern bedrohter Spezies. Bei Verstößen drohen hohe Geldstrafen oder sogar Gefängnis. Auch der Export seltener Pflanzen bzw. daraus hergestellter Artikel ist verboten.

Achtung: In der EU und der Schweiz gelten ebenfalls strenge Regelungen für die Einfuhr von Antiquitäten oder Tierprodukten! Angesichts der teils hohen Strafen sollte man die Gesetzeslage daher schon vor dem Kauf genau kennen.

pie des Passes (persönliche Daten und Visumseite). Das Ziel der Prozedur ist es, den Betreffenden schnell mit den korrekten offiziellen Stempeln außer Landes zu bringen und nicht, ihm zwei zusätzliche Reisewochen zu schenken!

Wiedereinreise

» Gemäß den aktuellen Bestimmungen wird der Pass bei der Ausreise gestempelt, was eine Wiedereinreise innerhalb von zwei Monaten verhindert – und zwar unabhängig davon, wie lange das Visum noch gelten mag.

» Wer indischen Boden schon vor Ablauf der Zweimonatssperre erneut betreten möchte, muss eine Genehmigung zur Wiedereinreise beantragen. Hierfür sind indische Hochkommissariate und Konsulate in dem Land zuständig, in dem man sich aktuell als Tourist oder Einwohner aufhält. Eine solche Genehmigung gibt's aber nur in absoluten Notfällen und Ausnahmesituationen. Nach Erteilung hat die Anmeldung beim FRRO/FRO innerhalb von 14 Tagen zu erfolgen.

» Bei Trips durch mehrere Länder entfällt die Genehmigung, wenn den Einwanderungsbeamten eine feste Reiseroute präsentiert werden kann (Beispiel: Indien als reines Transitland zwischen Nepal und der eigenen Heimat).

Zeit

Indien verwendet die Zwölf-Stunden-Skala. Die Indische Standardzeit (Indian Standard Time; IST) ist der MEZ um viereinhalb Stunden voraus. Ihre „dehnbare" halbe Stunde wurde hinzugefügt, um das Tageslicht in diesem riesigen Land überall voll ausnutzen zu können.

Zoll

Theoretisch sind Summen von 5000 (Bargeld) bzw. 10 000 US$ (Reiseschecks) bei Ankunft anzugeben. Obwohl man Rupien eigentlich nicht außer Landes bringen darf, wird dies kaum kontrolliert. Sehr selten müssen Touristen teure Gegenstände wie Videokameras oder Laptops auf einem Zollformular (Tourist Baggage Re-export) eintragen. So wollen die Behörden sicherstellen, dass die Geräte bei der Abreise wieder mitgenommen werden.

Verkehrsmittel & -wege

AN- & WEITER-REISE

Südindien ist am einfachsten über die internationalen Großflughäfen von Mumbai und Chennai zu erreichen. Von manchen Ländern aus gehen auch Charterflieger nach Goa. Innerhalb Indiens ist der Süden zudem auf dem Landweg zugänglich – und ebenso wenn die Reise von den Nachbarländern Indiens aus nach Südindien gehen soll.

Einreise

Da es standardisierte Einreise- und Zollformalitäten (s. S. 544) gibt, ist die Einreise auf dem Land- oder Luftweg relativ unkompliziert.

Reisepass

Um nach Indien einreisen zu dürfen, braucht man einen gültigen Reisepass, ein Visum (s. S. 542) und ein Anschluss- bzw. Rückflugticket. Der Pass muss nach dem geplanten Abreisedatum noch mindestens sechs Monate gültig sein. Falls er gestohlen wird oder verloren geht, sollte man sofort die eigene Botschaft (S. 530) kontaktieren. Für den Notfall empfehlen sich Fotokopien von Reisepass, Flugticket und Visum. Extra-Sicherheit hat man, wenn man sich eingescannte Kopien der Unterlagen per E-Mail selbst zuschickt. Auf jeden Fall sollte man alle aktuellen Einreise- und Visumsbestimmungen rechtzeitig bei einer diplomatischen Vertretung Indiens im eigenen Heimatland erfragen. Ergänzend lohnt sich ein Blick auf die Reisewebsite des eigenen Außenministeriums (s. S. 532).

Flugzeug

Flughäfen & Fluglinien

In diesem großen Land ist es sinnvoll, den Flug so zu buchen, dass er möglichst nahe zum geplanten Reiseziel führt. Südindien hat zwei Hauptdrehscheiben für internationale Flüge (s. unten). Zudem landen Maschinen aus aller Welt noch in einigen anderen Städten (Details s. Regionenkapitel). Charterflüge verbinden diverse Teile Europas direkt mit dem Dabolim Airport in Goa. Das kann eine günstige Reisemöglichkeit sein, aber es ist zu beachten, dass dann auch die Rückreise per Charterflug erfolgen muss.

Indiens staatliche Fluglinie **Air India** (www.airindia.com) hat die ehemals staatliche Inlandsgesellschaft Indian Airlines inzwischen geschluckt. Die Sicherheitsstatistiken von Air India sind in letzter Zeit relativ gut.

Chennai (Madras; IATA-Code MAA; Anna International Airport; ☎044-22560551; www.chennaiairportguide.com)

Mumbai (Bombay; IATA-Code BOM; Chhatrapati Shivaji International Airport; ☎022-2626 4000; www.csia.in)

Tickets

Da Touristenvisa für Indien in der Regel nur gegen Vorlage eines Anschluss- oder Rückflugtickets erhältlich sind, kaufen nur wenige Traveller ihr internationales Flugticket direkt vor Ort. Ausschließlich autorisierte Reisebüros dürfen internationale Flüge buchen. Direktbuchungen bei Airlines würden aber meist dasselbe kosten. Ausreisesteuer und andere Gebühren sind meist

DIE DINGE ÄNDERN SICH ...

Die Informationen in diesem Kapitel sind besonders anfällig für Veränderungen. Alle relevanten Aspekte bezüglich Tickets und deren Kauf, Reiserouten und Sicherheitsbestimmungen im internationalen Reiseverkehr sollten vor dem Start mit der Fluglinie oder dem Reisebüro durchgesprochen werden. Und Augen auf beim Ticketkauf! Die Angaben in diesem Kapitel verstehen sich als Hinweise und sind kein Ersatz für die eigene, gründliche und aktuelle Recherche.

REISEN & KLIMAWANDEL

Der Klimawandel stellt eine ernste Bedrohung für unsere Ökosysteme dar. Zu diesem Problem tragen Flugreisen immer stärker bei. Lonely Planet sieht im Reisen grundsätzlich einen Gewinn, ist sich aber der Tatsache bewusst, dass jeder seinen Teil dazu beitragen muss, die globale Erwärmung zu verringern.

Fast jede Art der motorisierten Fortbewegung erzeugt CO_2 (die Hauptursache für die globale Erwärmung), doch Flugzeuge sind mit Abstand die schlimmsten Klimakiller – nicht nur wegen der großen Entfernungen und der entsprechend großen CO_2-Mengen, sondern auch weil sie diese Treibhausgase direkt in hohen Schichten der Atmosphäre freisetzen. Die Zahlen sind erschreckend: Zwei Personen, die von Europa in die USA und wieder zurück fliegen, erhöhen den Treibhauseffekt in demselben Maße wie ein durchschnittlicher Haushalt in einem ganzen Jahr.

Die englische Website www.climatecare.org und die deutsche Internetseite www.atmosfair.de bieten sogenannte CO_2-Rechner. Damit kann jeder ermitteln, wie viele Treibhausgase seine Reise produziert. Das Programm errechnet den zum Ausgleich erforderlichen Betrag, mit dem der Reisende nachhaltige Projekte zur Reduzierung der globalen Erwärmung unterstützen kann, beispielsweise Projekte in Indien, Honduras, Kasachstan und Uganda.

Lonely Planet unterstützt gemeinsam mit Rough Guides und anderen Partnern aus der Reisebranche das CO_2-Ausgleichs-Programm von climatecare.org. Alle Reisen von Mitarbeitern und Autoren von Lonely Planet werden ausgeglichen. Weitere Informationen gibt's auf www.lonelyplanet.com.

im Ticketpreis enthalten. Bei allen internationalen und nationalen Flügen hat man nur Zutritt zum Flughafengebäude, wenn man eine Fotokopie des Tickets oder der Reiseroute vorlegt.

Auf dem Landweg

Auf dem Landweg ist der Süden des Subkontinents natürlich auch erreichbar, wenn man den Endlostrip durch Nordindien nicht scheut. Die klassische Hippie-Route von Europa nach Goa führt über die Türkei, den Iran und Pakistan. Eine beliebte Überlandoption ist auch die Einreise über Bangladesch bzw. Nepal. Wer mit dem Bus oder Zug nach Indien fährt, hat an der Grenze auszusteigen, um die üblichen Einreise- und Zollformalitäten zu erledigen.

Da an der Grenze keine Visa ausgestellt werden, *muss* man bereits vorab ein gültiges Visum für Indien haben (Details auf S. 542).

Auto- und Motorradfahrer brauchen die jeweiligen Zulassungspapiere, den Nachweis einer Haftpflichtversicherung, ihren nationalen Führerschein sowie ergänzend eine internationale Fahrerlaubnis (International Driving Permit; IDP). Ebenfalls erforderlich ist eine zeitlich begrenzte Einfuhrgenehmigung *(carnet de passage en douane)*.

Automobilclubs in der eigenen Heimat liefern aktuelle Infos zum notwendigen Papierkram und wichtige Hinweise rund ums Fahren in Indien. Der Abschnitt „Auto & Motorrad" in diesem Kapitel enthält weitere Details.

Der Lonely Planet Reiseführer *Indien* informiert detailliert über die Einreise aus Nachbarländern.

Übers Meer

Es gibt Fährverbindungen zwischen Indiens Festland und den umliegenden Inseln, aber kein Linienschiff verlässt je das indische Hoheitsgebiet. Die seit Langem geplante Passagierfähre zwischen Südindien und Colombo (Sri Lanka) wurde bis heute noch nicht eingerichtet. Nach Neuigkeiten diesbezüglich fragt man am besten direkt vor Ort.

UNTERWEGS VOR ORT

Auto

In Südindiens größeren Städten sind Mietwagen für Selbstfahrer erhältlich. Angesichts der haarsträubenden Verkehrssituation entscheiden sich die meisten Traveller aber für einen Mietwagen mit Chauffeur. Vor allem bei mehrköpfigen Gruppen ist dies – pro Nase gerechnet – wunderbar günstig. Achtung: Falls sie überhaupt vorhanden sind, funktionieren die Sicherheitsgurte oft nicht richtig! In Indien sind auch internationale Autovermieter wie **Budget** (www.budget.com) und **Hertz** (www.hertz.com) vertreten.

Auto & Fahrer mieten

» In den meisten Städten lassen sich kürzere und längere Touren an Taxiständen oder bei Autovermietungen arrangieren (s. einzelne Regionenkapitel).

» Manche Mietwagen dürfen nur innerhalb desjenigen Bundesstaats genutzt werden, in dem sie gemietet wurden. Doch auch wenn dies nicht der Fall sein sollte, erhöhen die (oft horrenden) Steuern, die bei der Fahrt in einen anderen Bundesstaat fällig werden, den Mietpreis zusätzlich.

» Bevor man bezahlt, sollte man Auto und Chauffeur möglichst genau begutachten. Am besten ist ein Fahrer, der etwas Englisch spricht und die gewählte Gegend kennt.

» Autos der indischen Firma Hindustan Ambassador sehen zwar toll aus, sind aber auf Langstrecken recht lahm und unkomfortabel. Idealerweise benutzt man sie nur für Stadtrundfahrten.

» Der Preis für mehrtägige Trips sollte Unterkunft und Verpflegung des Fahrers (von diesem aber selbst zu arrangieren) enthalten.

» Um späteren Ärger zu vermeiden, müssen von Anfang an *unbedingt* gewisse Grundregeln gelten. So macht man dem Chauffeur am besten gleich zu Beginn klar, wer das Sagen hat – höflich, aber unmissverständlich.

Kosten

» Der Preis hängt letztlich von der geplanten Kilometerzahl und der Region ab, in die die Fahrt gehen soll (auf Bergstraßen braucht ein Auto mehr Benzin, wodurch die Kosten steigen).

» Einfache Fahrten sind kaum günstiger als Hin- und Rückfahrten, da der Rücktransport des Autos zur Firma ohnehin fällig wird.

» Die Mietpreise hängen vom Bundesstaat ab. Einige Taxiunternehmen definieren eine Mindest- und eine Maximalkilometerzahl für einen Tagesausflug – wer die Kilometerzahl überschreitet, muss nachzahlen.

» Um unnötigen Ärger und Missverständnisse auszuschließen, empfiehlt es sich, alles schriftlich festhalten, z.B. dass der Mietpreis auch wirklich Benzin, Wartezeiten, die gewählten Ziele und Sehenswürdigkeiten sowie die Mahlzeiten und die Übernachtungen des Fahrers abdeckt. Wenn ein Fahrer unterwegs um Geld für Benzin bittet, sollte man eine Quittung verlangen und sich das Geld nach der Rückkehr zurückgeben lassen.

» Ein Tagesausflug rund um eine Stadt in einem Auto ohne/mit Klimaanlage kostet etwa 800/1000 ₹ (8 Std., max. 80 km) – Sonderleistungen müssen extra bezahlt werden.

» Das Trinkgeld am Ende eines Tagesausflugs sollte etwa 125 bis 150 ₹ betragen; wer sehr zufrieden war, kann noch was draufschlagen.

Bus

» Schnelle Busse bedienen regelmäßig fast ganz Südindien. Sie sind hier das günstigste Verkehrsmittel und oft die einzige Möglichkeit, diverse Bergregionen zu erkunden.

» Zugleich besteht stets ein gewisses Unfallrisiko – vor allem auf kurvenreichen Strecken und durch die oft extrem wagemutigen Fahrer.

» Nachtbusse sollte man möglichst meiden: Eventueller Schlafmangel des Fahrers macht die Routen bei Dunkelheit noch gefährlicher.

» Alle Busse legen mehr oder weniger häufig Snack- und Pipipausen ein. Das mag erholsam sein, kann die Reisezeit aber um Stunden verlängern.

» In vielen Bergregionen werden Busverbindungen durch Sammeljeeps ergänzt.

Gepäck

» Das Gepäck wird entweder in den Gepäckfächern im Bauch des Busses (ab und zu wird dafür etwas verlangt) oder auf dem Dach verstaut.

» Wer auf den Dachtransport spekuliert, sollte mindestens eine Stunde vorher da sein, da alles auf dem Dach zum Schluss mit einer Plane abgedeckt wird und ein Verstauen in letzter Minute unmöglich ist.

» Wichtig ist, persönlich darauf zu achten, dass alle Teile ordnungsgemäß gesichert sind und mit Seilen am Gepäckträger befestigt werden – schon so mancher Traveller hat Teile seines Gepäcks auf einer Schlaglochstrecke vom Dach fliegen sehen!

» Das Risiko, bestohlen zu werden, ist relativ gering; bei den Pausen zwischendurch sollte man jedoch alles immer im Auge behalten und auf keinen Fall etwas Wertvolles in der Ablage im Bus liegen lassen.

Klassen

» Staatliche wie private Gesellschaften haben normale *(ordinary)* Busse, die oft betagte Klapperkisten sind. Zusätzlich betreiben sie auch teurere *Deluxe*-Fahrzeuge, deren Spektrum von weniger klapprigen Normalvarianten bis hin zu schicken, klimatisierten Volvo-Bussen mit Liegesitzen in Zweierreihen reicht. Viele staatliche Touristeninformationen unterhalten eigene verlässliche *Deluxe*-Buslinien.

» Staatliche Busgesellschaften sind meist zuverlässiger: Bei Pannen werden Ersatzfahrzeuge geschickt. Zudem können Plätze normalerweise bis zu einen Monat im Voraus gebucht werden.

» Mit einem privaten Bus zu fahren, ist teurer, wenn auch komfortabler – oder aber günstiger, wobei man z.T. mit extrem wagemutigen Fahrern rechnen muss. Zur Gewinnmaximierung quetschen viele Schaffner außerdem so viele Passagiere wie möglich an Bord.

» In vielen Touristenzentren vermitteln Reisebüros relativ teure Privatbusse mit Zweiersitzreihen, die ihre

Haltestellen oft in praktischer Zentrumslage haben.

» Achtung: Manche Agenturen verkaufen Tickets für normale Busse zum „Superdeluxe"-Preis. Daher sollte man möglichst direkt beim Busunternehmen buchen.

» Viele Reisebüros und Touristeninformationen haben Schilder oder Tafeln mit Fahrplänen bzw. Zielen.

» Für alle Fernbusse empfehlen sich Ohrstöpsel gegen die oft überlaute Musik an Bord. Sitzplätze zwischen den Achsen bekommen die Schlaglochstöße weniger stark ab.

Preise

» Fahrten mit staatlichen Normal-Bussen sind am günstigsten, wobei die Preise je nach Bundesstaat variieren (s. einzelne Regionenkapitel).

» Im Vergleich kosten *Deluxe*-Tickets ca. 50 % mehr, eine Klimaanlage (AC) verdoppelt grob den Normaltarif. Busse mit Zweiersitzreihen sind drei- bis viermal so teuer.

Reservierungen

» Viele *Deluxe*-Busfahrten können in Reisebüros und am Busbahnhof im Voraus gebucht werden, bei staatlichen Bussen bis zu vier Wochen vor Fahrtantritt.

» Eher selten sind Reservierungen für normale Busse möglich, beim Kampf um die begehrten Sitzplätze ziehen ausländische Reisende Indern gegenüber meist den Kürzeren. Doch es gibt ein paar Tricks.

» Die Chance auf einen Sitzplatz steigt, wenn man z. B. einen Reisepartner zum Platzfreihalten vorschickt bzw. durch ein offenes Fenster ein Buch oder ein Kleidungsstück auf einen freien Sitz wirft. Diese „Reservierungsmethode" klappt fast immer. Wer auf der Strecke zusteigt, muss damit rechnen, lange auf einen freien Sitzplatz warten zu müssen.

» Einige Busse fahren erst los, wenn alle Plätze belegt sind – wenn der eigene Bus plötzlich leer wird, sollte man einen anderen Bus nehmen, der früher fährt.

» An vielen Bushaltestellen gibt es separate Schlangen für Frauen, die allerdings nicht unbedingt als solche zu erkennen sind, da die Schilder meist nicht auf Englisch beschriftet sind und Männer sich oft an derselben Schlange anstellen. Inderinnen haben jedenfalls das unausgesprochene Recht, sich in jeder Schlange des Landes nach vorne zu drängeln – „frau" aus Europa sollte nicht schüchtern sein und es ihnen nachmachen.

Fahrrad

Von hübschen Küstenrouten bis hin zu kurvigen Straßen durch duftende Gewürzplantagen und windige Kokoshaine – Südindien hat Radfahrern jede Menge Möglichkeiten zu bieten.

Die Einfuhr von Drahteseln unterliegt keinerlei Beschränkungen. Da das eigene Bike beim Transport auf dem Seeweg eventuell erst nach ein paar Wochen vom Zoll freigegeben wird, ist es besser, es per Flugzeug nach Indien zu schicken. Wohl am günstigsten und stressfreisten ist es aber, ein Fahrrad direkt vor Ort zu kaufen oder auszuleihen. Vor dem Start empfiehlt sich die Lektüre themenspezifischer Bücher. Einen guten Einstieg geben z. B. das *Bicycle Touring Manual* (Bicycle Books, 1987) von Rob Van Der Plas sowie Stephen Lords *Adventure Cycle-Touring Handbook* (Trailblazer Publications, 2006). Auch indische Fahrradmagazine oder -clubs liefern nützliche Details und Tipps. Die **Cycling Federation of India** (☎011-23753529; www.cyclingfederationofindia.org; 12 Pandit Pant Marg; ⏲Mo–Fr 10–17 Uhr) erteilt Lokal- und Regionalinfos.

Kaufen

Mountainbikes von renommierten Herstellern wie Hero (www.herocycles.com) oder Atlas (www.atlascyclesonepat.com) gibt es durchschnittlich ab ca. 3500 ₹.

» Über örtliche Fahrradläden bzw. -verleiher und Schwarze Bretter für Traveller ist der Wiederverkauf meist recht einfach.

» Neu erworbene Drahtesel in gutem Zustand sollten noch ca. 50 % des Originalpreises einbringen.

Mieten

» In Touristenzentren und an beliebten Traveller-Zielen lassen sich Leihfahrräder am leichtesten auftreiben – einfach vor Ort umhören!

» Der Tagemietpreis für verkehrstaugliche indische Modelle liegt zwischen 40 und 100 ₹. Mountainbikes (falls vorhanden) sind ab 350 ₹ pro Tag zu haben.

» Manche Verleiher verlangen Bargeld als Sicherheit. Auf keinen Fall den Reisepass oder das Flugticket hinterlegen!

Praktisch & Konkret

» Für Indiens Holperstrecken eignen sich am besten Mountainbikes mit Stollenreifen.

» Trotz zahlreicher Fahrradwerkstätten am Straßenrand sollte man unbedingt genügend Ersatzreifen, Bremszüge, Schmiermittel, Flickzeug und ein Kettenreparaturset dabeihaben.

» Öffentliche Busse nehmen Bikes oft gratis oder gegen geringe Gebühr auf dem Dach mit – praktisch, wenn es mal bergauf geht!

» Die gewählte Fluglinie informiert über den Fahrradtransport. Zollformalitäten erklärt das Zollamt in der Heimat.

Verkehrsregeln

» Abgesehen vom Linksfahrgebot gibt's in Indien quasi

keine Verkehrsregeln. Da Städte und nationale Highways potenziell gefährlich sind, sollten Radler möglichst die Nebenstrecken benutzen.

» In puncto Distanzen ist Realismus gefragt: Erfahrene Biker schaffen pro Tag ca. 60 bis 100 km im Flachland, 40 bis 60 km auf asphaltierten Bergstraßen und maximal 40 km auf unbefestigten Pisten.

Flugzeug

Fluglinien in Südindien

Indiens Inlandsflugmarkt ist heiß umkämpft. Zu den renommierten Gesellschaften zählen Kingfisher, Jet Airways oder Air India, zu der nun auch Indian Airlines gehört. Zusätzlich steuern mehrere Billiganbieter diverse Landesteile an. Inlandstickets können direkt per Telefon, über Reisebüros oder günstig übers Internet gebucht werden. Für Inder gelten dabei Rupienpreise, für Ausländer teilweise Tarife in US-Dollar (die sich aber meist auch in Rupien bezahlen lassen).

Zum Recherchezeitpunkt bedienten die folgenden Fluglinien Ziele in ganz Indien. Die Regionenkapitel informieren jeweils über Routen, Preise und Buchungsadressen. Doch nicht vergessen: Die starke Konkurrenz im Inlandsflugsektor geht mit starken Preisschwankungen einher. Da sich auch Feiertage, Feste und andere Spitzenzeiten auf die Preise auswirken, ermittelt man aktuelle Angebote am besten online.

Air India (☎1800 1801407; www.airindia.com) Indiens staatliche Fluglinie mit vielen Inlands- und Auslandsverbindungen.

GoAir (☎1800 222111; www.goair.in) Verlässlicher Billiganbieter, der z.B. Goa und Cochin bedient.

IndiGo (☎1800 1803838; www.goindigo.in) Gute, zuverlässige Budget-Airline mit Flügen zu vielen Großstädten (z.B. Mumbai, Chennai).

Jagson Airlines (☎011-23721593; http://jagsonairlines.biz) Linienmaschinen plus Dornier-Kleinflugzeuge zu Indiens schmaleren Landepisten.

Jet Airways (☎011-39893333; www.jetairways.com) Gilt oft als Indiens beste Fluglinie; wachsende Zahl von Inlands- und Auslandsflügen.

JetLite (☎1800 223020; www.jetlite.com) Billigtochter von Jet Airways, die Chennai und viele weitere Ziele ansteuert.

Kingfisher Airlines (☎1800 2093030; www.flykingfisher.com) In- und Auslandsflüge.

Kingfisher Red (☎1800 2093030; www.flykingfisher.com) Billigtochter von Kingfisher Airlines.

Spicejet (☎1800 1803333; www.spicejet.com) Billiganbieter, der Indiens Inland und ausländische Ziele wie Colombo (Sri Lanka) oder Kathmandu (Nepal) abdeckt.

Die Sicherheitsmaßnahmen an Flughäfen sind sehr streng: Sämtliches Gepäck wird vor dem Einchecken durchleuchtet. Jedes Stück Handgepäck braucht zudem einen Aufkleber, der bei der Sicherheitskontrolle abgestempelt wird. Daher beim Check-in am Schalter unbedingt genügend Aufkleber mitnehmen!

Bei Inlandsflügen sollten Passagiere eine Stunde vor dem Start einchecken. Das zulässige Gesamtgewicht des Gepäcks hängt von der Flugklasse ab (Economy Class kleine/normale Maschine 10/20 kg, Business Class 30 kg).

PREPAID-TAXIS

Die meisten indischen Flughäfen und viele Bahnhöfe haben Prepaid-Taxistände, die sich in der Regel direkt vor den Terminals befinden. Die dort wartenden Taxis transportieren Passagiere und deren Gepäck zum Festpreis – so wird Provisionsabzocke vermieden. Dennoch sollte man die Quittung laut offizieller Empfehlung stets bis zum Ziel aufbewahren, falls es sich der Fahrer doch noch anders überlegt. An kleineren Flughäfen bzw. Bahnhöfen warten statt Taxis eventuell auch Prepaid-Autorikschas.

Geführte Touren

Touristeninformationen, Verkehrsunternehmen und Reisebüros bieten geführte Touren in ganz Südindien an. Organisierte Trips sind eine günstige Möglichkeit, mehrere Orte in schneller Folge zu sehen. Es steht aber jeweils nicht viel Zeit zur Verfügung. Individualtouren bieten mehr Freiheit in puncto Route und Aufenthaltsdauer.

Fahrer fungieren meist auch als Führer; ein kompetenter lokaler Guide kann auch gegen Gebühr angeheuert werden. Achtung: In Touristenzentren geben sich unqualifizierte Schlepper als professionelle Führer aus (s. S. 528). Unter „Geführte Touren" liefern die Regionenkapitel Details.

Internationale Touranbieter

Viele internationale Firmen bieten geführte Indientouren an. Um zwischen reinem Sightseeing, Aktivurlaub und Abenteuertrips etwas passendes Aktuelles zu finden, muss man in Reisebüros und/oder online ein bisschen recherchieren. Gute Ausgangspunkte:

Comtour (www.comtour.de) Spezialist für maßgeschneiderte Indientrips.

Dragoman (www.dragoman.com) Eines von mehreren renommierten Unternehmen mit Überlandtouren in speziell umgebauten Fahrzeugen.

Idee Globus Reisen GmbH (www.kerala-reisen.de) Maßgeschneiderte Studien-, Kultur-, Erlebnis- und Ayurveda-Reisen in Indien sowie Trips nach Bhutan oder Sri Lanka.

India Wildlife Tours (www.india-wildlife-tours.com) Alle möglichen Tierbeobachtungen (z.B. Vögel) plus Jeep-, Pferde- und Kamelsafaris.

Indian Encounter (www.indianencounters.com) Bedient spezielle Interessen z.B. mit Tierbeobachtungen, Rafting oder Ayurveda-Behandlungen.

Intrepid Travel (www.intrepidtravel.com) Riesiges Tourangebot von Tierbeobachtungen bis hin zu Tempelbesuchen.

Sacred India Tours (www.sacredindia.com) Organisiert ganzheitliche Tourerlebnisse (z.B. mit Yoga oder Ayurveda), Architektur- und Kulturtrips.

Shanti Travel (http://shantitravel.com) Französisch-indisches Team, das z.B. Familien- oder Abenteuertouren veranstaltet.

Surya Reisedienst (www.suryareisedienst.de) Organisiert Individualreisen und Specials wie Ayurveda, Rafting, Kamelsafaris, Hausboot- oder Golfferien.

Motorrad

Goa ist die einzige südindische Region, in der Motorräder offiziell als Nahverkehrsmittel zugelassen sind: Als Sozius kann man dort auf diese Weise Kurzstrecken schnell und günstig zurücklegen.

Trotz des furchtbaren Verkehrs ist Südindien ein tolles Pflaster für Liebhaber langer Motorradtouren. Feuerstühle bewältigen die hiesigen Holperstrecken meist besser als Autos oder Busse. Zudem können Biker beliebig anhalten. Dennoch können Motorradtrips durch Indien zur echten Herausforderung werden. Wer diese nicht allein bewältigen möchte, bucht am besten eine der beliebten Touren.

Das Wetter ist für Biker sehr wichtig – die Klimatabellen am Anfang der Regionenkapitel liefern jeweils Details zur besten Reisezeit. Aktuelle Formalitäten und Bestimmungen bezüglich der Einreise aus Nachbarländern sollten unbedingt rechtzeitig bei den zuständigen diplomatischen Vertretungen erfragt werden.

Benzin, Ersatzteile & Zubehör

» Während man in den Ebenen überall Sprit und Motoröl bekommt, sind Tankstellen im Gebirge rar. Wer in abgelegene Ecken fährt, sollte sich vorab immer bei Einheimischen nach Tankmöglichkeiten erkundigen und genügend Treibstoff mitnehmen. Zum Recherchezeitpunkt kostete der Liter Benzin ca. 55 ₹.

» In einsame Gegenden sollten Biker unbedingt die wichtigsten Ersatzteile (Ventile, Benzinschläuche, Kolbenringe) mitnehmen. Ersatzteile für indische und japanische Maschinen gibt's in praktisch allen größeren oder großen Städten.

» Insbesondere bei älteren Bikes ist es ratsam, alle Schraubverbindungen regelmäßig zu prüfen und nachzuziehen: Indiens Straßen und die Motorvibrationen können schnell etwas lockern.

» Auch Motor- und Getriebeöl sind regelmäßig (mindestens alle 500 km) zu prüfen. Der Ölfilter verdient alle paar Tausend Kilometer eine Reinigung.

» Angesichts des Straßenzustands sind ein paar Reifenpannen sehr wahrscheinlich. Wer nicht immer zum Flick-Wallah gehen will oder kann, beginnt den Trip am besten mit neuen Reifen und Werkzeug für eigenhändige Radwechsel.

» Eigene Schutzbekleidung bzw. -ausrüstung (Protektoren, Motorradjacke oder -kombi usw.) ist ebenfalls sehr sinnvoll.

Führerschein

Um sich in Indien ein Motorrad auszuleihen, braucht man offiziell den eigenen (nationalen) Führerschein und eine gültige internationale Fahrerlaubnis (International Driving Permit; IDP). In Touristenzentren verzichten manche Verleiher eventuell auf die Vorlage dieser Dokumente. Doch Vorsicht: Man ist in solchen Fällen bei Unfällen nicht versichert und muss zudem mit Bußgeld rechnen!

Geführte Motorradtouren

Dutzende Unternehmen bieten landesweit Motorradtouren mit Führern, Mechanikern und Begleitfahrzeugen an. Beispiele für seriöse Veranstalter (Kontaktadressen, Routen und Preise auf den Websites) sind:

Blazing Trails (www.blazingtrailstours.com)

Classic Bike Adventure (www.classic-bike-india.com)

Ferris Wheels (www.ferriswheels.com.au)

H-C Travel (www.hctravel.com)

Indian Motorcycle Adventures (www.indianmotorcycleadventures.com)

Lalli Singh Tours (www.lallisingh.com)

Moto Discovery (www.motodiscovery.com)

Royal Expeditions (www.royalexpeditions.com)

Saffron Road Motorcycle Tours (www.saffronroad.com)

Wheel of India (www.wheelofindia.com)

MOTORRADTRANSPORT PER ZUG

Bei langen Strecken kann sich der Motorradtransport per Zug lohnen. Dazu kauft man ein normales Bahnticket für die Strecke und bringt das Bike samt Reisepass, Führerschein, Zulassungs- und Versicherungspapieren zum Paketschalter des Bahnhofs. Dort hüllen Angestellte das gute Stück in schützendes Sackleinen (50–250 ₹). Zudem hat man verschiedene Formulare auszufüllen und den Beförderungspreis (2000–3500 ₹; weniger in normalen Zügen) zu entrichten – ebenso einen Versicherungsbetrag in Höhe von 1% des aktuellen Zeitwerts des Motorrads. Dieselben Dokumente sind dem Ausgabeschalter am Zielort vorzulegen. Wenn das Bike dort nicht innerhalb von 24 Stunden abgeholt wird, entstehen Lagerkosten von ca. 50 bis 100 ₹ pro Tag.

Kaufen

» Wer längere Touren plant, sollte in Betracht ziehen, ein Motorrad zu kaufen. Gebrauchte Bikes sind überall erhältlich und ihr Kauf ist mit deutlich weniger Papierkram verbunden als der nagelneuer Maschinen. Hierzu am besten vor Ort recherchieren – über lokale Werkstätten, andere Biker und Schwarze Bretter für Traveller.

» Gepflegte gebrauchte Enfields mit 350 ccm kosten überall 25 000 bis 50 000 ₹. Modernere Versionen mit Euro-Setup gibt's für 45 000 bis 65 000 ₹. Für Modelle mit 500 ccm berappt man 60 000 bis 85 000 ₹.

» Vor dem Tourstart sollten gebrauchte Bikes sorgfältig durchgecheckt werden.

» Ist das Bike in gutem Zustand, bringt der Wiederverkauf grob die Hälfte bis zwei Drittel des Anschaffungspreises ein.

» Der Überseeversand indischer Motorräder ist kompliziert und teuer. Der jeweilige Händler liefert diesbezüglich Details.

» Zusatzkosten verursachen Versicherung, Helm (500–2000 ₹) und überall erhältliche Extras wie Schutzbügel, Rückspiegel, abschließbare Tankdeckel, Benzinfilter, Werkzeugsätze oder Gepäcktaschen bzw. -träger. Besonders praktisch ist ein vergrößerter Benzintank für mehr Reichweite. Enfields mit 500 ccm brauchen ca. 4 l auf 100 km, Modelle mit 350 ccm sind etwas sparsamer.

» Die Enfield-Website (www.royalenfield.com) gibt einen nützlichen Modellüberblick.

Nach empfehlenswerten Händlern hört man sich am besten vor Ort um. Einen guten Ruf in Mumbai hat:

Allibhai Premji Tyrewalla (☎022-23099313; www.premjis.com; 205 Dr. D. Bhadkamkar bzw. Lamington Rd) Neue und gebrauchte Motorräder mit Rückkaufoption.

PAPIERE

» Ein Motorrad zu besitzen, bedeutet viel Bürokratie: Beim Erstverkauf müssen die Papiere von der jeweiligen Zulassungsstelle ausgestellt werden. Käufer gebrauchter Bikes müssen sich diese Dokumente beschaffen.

» Ausländer können den eingetragenen Namen auf der Zulassung nicht selbst ändern, sondern müssen Formulare für Eigentümer- und Versicherungswechsel ausfüllen. Nagelneue Bikes müssen vom Händler zugelassen werden, wodurch sich der eigentliche Anschaffungspreis erhöht.

» Die Zulassung eines indischen Motorrads ist alle 15 Jahre zu erneuern (ca. 5000 ₹) – was verbunden ist mit der Garantie des Eigentümers, dass die Maschine technisch in Ordnung und weder mit Schulden noch durch Gerichtsverfahren belastet ist.

» Bei dieser recht komplizierten Geschichte hilft einem am besten der jeweilige Händler. Nach dem Erledigen des Papierkrams (ca. 2 Wochen) kann's dann endlich losgehen.

Mieten

» Der Klassiker für Motorradtouren durch Indien ist die Enfield Bullet, die seit den 1940er-Jahren fast unverändert hergestellt wird. Diese Bikes haben nicht nur einen wunderbar blubbernden Sound, sondern sind auch komplett mechanisch aufgebaut und daher reparaturfreundlich. Ersatzteile gibt's in Indien überall. Allerdings sind Enfields oft empfindlicher als viele neuere Maschinen aus Japan.

» Viele Läden verleihen Motorräder für lokale Kurztrips und längere Touren. Japanische und indische Bikes mit 100 bis 150 ccm sind günstiger als große Enfields mit 350 bis 500 ccm.

» Als obligatorische Kaution dient eine große Barsumme – unbedingt einen schriftlichen Beleg verlangen, der die Rückerstattung garantiert! Als weitere Sicherheit wird oft das Flugticket oder der Reisepass verlangt. Doch vor allem Letzteren sollte man niemals aushändigen, da er für jeden Hotel-Check-in vonnöten ist und jederzeit von der Polizei kontrolliert werden kann.

» Im Angebot sind z. B. dreiwöchige Trips mit traditionellen Enfields (350/500 ccm ab 15 000/22 000 ₹) oder europäisch gestylten Versionen (23 000 ₹). Der Preis beinhaltet erstklassige Tipps plus einen unschätzbar wertvollen Crashkurs zu den Maschinen und deren Reparatur.

» Die Regionenkapitel informieren über örtliche Motorradverleiher und deren Preise.

Straßenzustand & Gefahren

Die unterschiedlichen Straßenverhältnisse Indiens können für Fahranfänger eine echte Herausforderung sein. Die Gefahrenquellen reichen von Hühnern, Kühen und Fußgängern auf der Straße bis hin zu liegengebliebenen Lkws, unbeschilderten Fahrbahnschwellen und den allgegenwärtigen Schlaglöchern. Damit es die drüberrollenden Fahrzeuge „dreschen", wird manchmal Getreide auf die ländlichen Straßen gelegt, was die Rutschgefahr für Biker beträchtlich erhöht.

Fahrer sollten sich nicht zu viel für einen Tag vornehmen und die Dunkelheit meiden: Viele indische Fahrzeuge sind ohne Licht unterwegs. Zudem ist der dynamobetriebene Scheinwerfer des Motorrads wirkungslos, wenn Schlaglöcher langsam umfahren werden müssen.

Ohne Pausen schafft man auf verkehrsreichen Bundesstraßen durchschnittlich 40 bis 50 km pro Stunde, auf kurvigen Nebenstrecken und unbefestigten Pisten manchmal nur 10 km.

Versicherung

» Biker sollten nur haftpflichtversicherte Maschinen mieten, um ernste finanzielle Folgen bei Sach- oder Personenschäden zu vermeiden. Die Verträge seriöser Firmen beinhalten eine Haftpflichtversicherung. Von allen anderen lässt man am besten die Finger.

» Motorradkäufer benötigen ebenfalls eine Versicherung, die sich normalerweise über den jeweiligen Verkäufer organisieren lässt.

» Minimum ist eine Haftpflichtpolice (300–600 ₹/Jahr). Sie deckt alle Sach- und Personenschäden beim Unfallgegner ab, zahlt aber keine Eigenschäden. Eine Vollkaskoversicherung (ab 800 ₹/Jahr) ist also wärmstens zu empfehlen!

Nahverkehr

» In südindischen Städten sind Busse, Taxis, Boote, Stadtbahnen und Fahrrad- bzw. Autorikschas unterwegs. Die Nahverkehrspreise variieren lokal (s. Regionenkapitel).

» Bei allen Nahverkehrsmitteln ohne Fixpreise sollte man grundsätzlich *vor* Fahrtantritt einen Betrag aushandeln, für den sämtliche Passagiere und Gepäckstücke befördert werden.

» Eventuell werden vorhandene Gebührenzähler zugunsten höherer „Festpreise" absichtlich nicht benutzt. Falls es nicht fruchtet, zu protestieren, sollte man sofort ein anderes Fahrzeug nehmen.

» Der übliche Nachtzuschlag kann bis zu 100 % betragen. Auch Gepäck schlägt zuweilen mit ein paar Rupien mehr zu Buche.

» Da Autorikscha- und Taxifahrer nur selten Wechselgeld mitführen, sollte man für solche Trips genügend kleine Scheine dabeihaben.

» Achtung: Manche Autorikscha- und Taxifahrer stecken tief im Provisionssumpf (s. S. 528)!

Autorikscha, Tempo & Vikram

» Indische Autorikschas (alias Autos, Scooters, Riks oder Tuk-Tuks) sind motorisierte Dreiradvehikel mit Dach und Seitenverkleidung aus Blech oder Zeltplane. Sie bieten theoretisch Platz für zwei Personen und etwas Gepäck, transportieren aber oft deutlich mehr Passagiere.

» Autorikschas sind meist günstiger als Taxis und haben normalerweise Gebührenzähler, die manche Fahrer aber erst nach zähen Verhandlungen einschalten.

» Trips mit Autorikschas sind sehr lustig, wegen der offenen Fenster aber oft auch laut, heiß und geruchsintensiv!

» Bei Tempos und *vikrams* (großen Tempos) handelt es sich um überdimensionierte Autorikschas für mehr Passagiere, die zu Fixpreisen festen Routen folgen.

» Im ländlichen Raum gibt's teilweise auch furchteinflößende „Dreiräder" – primitive Tempos mit frei beweglichen Frontgabeln, die an Traktoren erinnern.

Bus

Vor allem in Großstädten sind Stadtbusse Abgas ausstoßende, vollgestopfte Maschinenmonster, die mit halsbrecherischer Geschwindigkeit unterwegs sind – es sei denn, sie sitzen gerade morgens und abends in der Rushhour (endlos lange) fest. Deshalb sind eine Autorikscha oder ein Taxi die bequemeren Alternativen.

Fahrradrikscha

» Eine Fahrradrikscha ist ein Fahrrad mit zwei Hinterrädern, über denen eine Sitzbank für Fahrgäste angebracht ist. Die meisten haben ein Verdeck, das bei schlechtem Wetter aufgeklappt und für Übergepäck zugeklappt werden kann.

» Viele Städte haben die Zahl der Fahrradrikschas begrenzt oder sogar reduziert, in kleineren Städten sind sie aber immer noch ein wichtiges Transportmittel.

» Der Preis sollte vor der Abfahrt vereinbart werden – wer überhaupt keine Preisvorstellung hat, kann vorab einen Einheimischen fragen. Die Rikschafahrer freuen sich angesichts der Härte ihrer Arbeit über ein gutes Trinkgeld.

Schiff/Fähre

Auf den Flüssen Südindiens verkehren ganz unterschiedliche Arten von Booten (große Fähren genauso wie Holzkanus und Weidenboote), mehr dazu im jeweiligen Regionalkapitel. Viele größere Boote nehmen gegen Aufpreis auch ein Fahrrad oder Motorrad mit. Kerala ist bekannt für spektakuläre Bootsfahrten in den Kanälen der Backwaters (s. Kasten S. 292).

Taxi

» In den meisten Städten gibt es Taxis mit Taxametern, Letztere werden von vielen Fahrern aber nur sehr widerwillig benutzt. Angeblich defekte Gebührenzähler dienen oft als Ausrede für extrem überzogene „Festpreise". Mit einem Fahrzeugwechsel zu drohen, bewirkt aber häufig eine gar wundersame Schnellreparatur. Vor allem in Touristenzentren weigern sich manche Fahrer trotzdem hartnäckig, die Zähler einzuschalten – dann die Drohung wahrmachen!

» Per Prepaid-Taxi lässt sich Abzocke am besten entgehen (s. einzelne Regionenkapitel).

» Achtung: Viele Taxifahrer bessern ihr Einkommen über Schlepperprovisionen auf (s. S. 528)!

TAXAMETER

Auch bei Fahrten mit Taxameter ist der Kampf noch nicht gewonnen: Da die Geräte meist veraltet sind, basiert der endgültige Fahrpreis auf einer Kombination aus dem Zählerstand und Angaben aus einer komplizierten Umrechnungstabelle („Fare Adjustment Card"). Das lädt natürlich zum Missbrauch ein. Bei mehrtägigen Aufenthalten am selben Ort lernt man faire Preise aber schnell von dreistem Betrug zu unterscheiden. Im Zweifelsfall einfach Einheimische fragen!

Sonstiger Nahverkehr

Tongas (einachsige Pferdekutschen) und *victorias* (zweiachsige Pferdekutschen) fahren mitunter bis heute durch Indiens Städte. In Metropolen wie Mumbai oder Chennai starten Vorortzüge an den normalen Bahnhöfen. Die Regionenkapitel liefern diesbezüglich umfangreiche Details.

Sammeljeeps

» In Bergregionen (z.B. rund um Aurangabad in Maharashtra) ergänzen Sammeljeeps das Busnetz zu ähnlichen Festpreisen. Die Regionenkapitel informieren über Routen und Tarife.

» Obwohl sie für vier oder fünf Personen ausgelegt sind, transportieren viele Jeeps mehr Passagiere. Die Plätze neben und hinter dem Fahrer sind teurer als die auf der überfüllten Rückbank.

» Die Jeeps starten erst, wenn alle Plätze belegt sind. Deshalb steigen die Insassen halbleerer Fahrzeuge oft hektisch in vollere und daher früher abfahrende Vehikel um. Wenn man alle freien Plätze bezahlt, brechen die Fahrer sofort auf.

» Einheimische weisen einem den Weg zu Jeep-Ständen bzw. „Passagierstationen" an wichtigen Verkehrsknotenpunkten.

» Angelehnt an das beliebte Allradfahrzeug Tata Sumo heißen Jeeps in manchen Bundesstaaten „Sumos".

» Achtung: Vor allem kurvige Bergstrecken können Übelkeit verursachen. Eventuell müssen Fensterplätze dann schnell für Passagiere mit Brechreiz geräumt werden …

Schiff/Fähre

» Linienschiffe verbinden das indische Festland regelmäßig mit Port Blair auf den Andamanen.

» Unregelmäßig fahren Fähren von Visakhapatnam (Andhra Pradesh) zu den Andamanen.

» Zwischen Oktober und Mai gibt es eine Schiffsverbindung von Kochi (Kerala) zu den Lakshadweep-Inseln.

» Auf den Flüssen kreuzen unzählige Fähren – mal sind es Pontonschiffe, mal Weidenboote oder Kreuzfahrtschiffe (weitere Infos finden sich in den Regionalkapiteln).

Trampen

Tramper haben es in Südindien recht schwer: Angesichts der günstigen öffentlichen Verkehrsmittel ist das kostenlose Mitfahren hier relativ unbekannt. Achtung: Indische Trucker haben den Ruf, zuweilen unter Alkoholeinfluss zu fahren!

Beim Trampen besteht immer ein kleines, aber durchaus ernsthaftes Risiko. Wie überall sollten Frauen auch in Indien niemals alleine trampen – am besten nicht einmal zu zweit. Bitte immer aufs Bauchgefühl hören!

Zug

Eine Bahnreise ist ein typisch indisches Erlebnis. Zugfahrten sind weniger holperig als Bustrips und empfehlen sich vor allem für Fernstrecken mit Übernachtung an Bord. Mit ca. 6900 Bahnhöfen im ganzen Land zählt Indiens Gleisnetz zu den längsten und betriebsamsten der Welt. Rund 1,5 Mio. Angestellte machen Indian Railways zum größten öffentlichen Arbeitgeber des Planeten.

Neben den nützlichen Bahnverbindungen, die in diesem Buch angegeben sind, gibt es noch Hunderte weitere. Die besten Quellen für aktuelle Infos sind entsprechende Websites wie die von **Indian Railways** (www.indianrail.gov.in) oder das praktische Portal unter www.seat61.com/India.htm. Viele Bahnhofsbuchhändler und bessere Buch- oder Zeitschriftenläden verkaufen zudem *Trains at a Glance* (35 ₹). Dieser Gesamtfahrplan für alle Hauptstrecken erscheint jedoch nur einmal im Jahr und ist daher im Vergleich zum Internet weniger aktuell.

Fahrkartenkauf in Indien

Zugtickets kann man persönlich am Bahnhof kaufen oder gegen Provision über Reisebüros bzw. Hotels buchen. In vielen Großbahnhöfen hilft englischsprachiges Personal beim Auswählen der besten Verbindung. An kleineren Bahnhöfen kann man sich normalerweise mit mittleren Dienstgraden (z. B. stellvertretenden Stationsvorstehern) auf Englisch verständigen. Bei Anliegen wie Ticketbuchungen oder der Auswahl von Zugklassen helfen auch Touristeninformationen. Die Bahnauskunft ist landesweit unter ☎139 erreichbar.

Auf S. 24 stehen die wichtigsten Details zur Ticketbuchung aus dem Ausland – ergänzt durch empfehlenswerte Websites zum Online-Ticketkauf.

AM BAHNHOF

» Am Infoschalter werden Reservierungsformulare ausgegeben, in die Start- und Zielbahnhof sowie Zugklasse, -name und -nummer einzutragen sind. Dann steht man am Fahrkartenschalter an, wo das Ticket ausgedruckt wird. Frauen sollten die separate Warteschlange für Damen (falls vorhanden) nutzen und ansonsten einfach direkt nach vorne marschieren.

BUCHUNGSBÜROS FÜR TRAVELLER

» In größeren Städten und Touristenzentren sorgen spezielle Buchungsbüros für Ausländer (International Tourist Bureaus; Verzeichnis unter www.indianrail.gov.in) für einen relativ entspannten Ticketkauf.

Preise

Die Fahrpreise hängen von der Entfernung und der Zugklasse ab. Bei den etwas teureren Rajdhani- und Shatabdi-Zügen beinhaltet der Preis die Verpflegung, die in den meisten klimatisierten Waggons direkt am Platz serviert wird. Passagiere ohne Reservierung haben am besten ein paar praktische Snacks dabei. Senioren ab 60 Jahren erhalten 30 % Rabatt in allen Klassen und sämtlichen Zügen. Kinder unter fünf Jahren fahren gratis mit, Kids zwischen fünf und zwölf Jahren zum halben Preis.

Reservierungen

» Die obligatorischen Reservierungen für die Klassen 1AC, 2AC, 3AC, Chair und Sleeper Class können bis zu 90 Tage im Voraus vorgenommen werden. Für die 2. Klasse muss nicht reserviert werden. Da indische Züge immer stark ausgelastet sind, sollte man sich vor allem Tickets für nächtliche Reisen so früh wie möglich sichern. Dies gilt selbst, wenn während großer Feste zusätzliche Bahnverbindungen zu bestimmten Zielen eingerichtet werden. Details zu Zugklassen stehen auf S. 24.

» Auf Fahrkarten mit Reservierung sind Sitzplatz- bzw. Liegen- und Wagennummer vermerkt. Nach der Wagennummer muss man bei der Einfahrt des Zuges Ausschau halten: Sie ist jeweils seitlich am Waggon angebracht. Bei Bedarf leistet dabei das Bahnhofspersonal Hilfe. An jedem reservierungspflichtigen Waggon hängt zudem eine Liste mit Namen und Platznummern.

» Sogar nach der Abfahrt können Tickets noch gebührenpflichtig zurückgegeben werden. Die Regelungen sind jedoch kompliziert und sollten besser schon beim Buchen genau ermittelt werden.

» Achtung: Da Fahrtverzögerungen jederzeit vorkommen können, sollte der

SÜDINDIENS MALERISCHSTE BAHNSTRECKEN

Von der Ebene bis in die Hügel tuckert bis heute eine Handvoll reizender Schmalspurbahnen – tolle Aussicht mit ein wenig kolonialem Charme. Unsere Lieblingsrouten in Südindien:

» Mettupalayam–Ooty Miniature Train (S. 424)

» Matherans Schmalspurbahn (S. 107)

» Ab Visakhapatnam durch die Eastern Ghats (S. 253)

PREIS-RECHERCHE

Auf www.trainenquiry.com kann man Zugverbindungen zu beliebigen Zielen online recherchieren. Hierzu zunächst unter „Find Your Train“ Start und Ziel eingeben: Bei mehreren Lokalbahnhöfen erscheinen nun jeweils Dropdown-Menüs. Nach Auswahl der entsprechenden Orte werden dann alle Züge auf der jeweiligen Strecke angezeigt (inkl. Name, Nummer, Abfahrts- und Ankunftszeit). Mittels dieser Details lassen sich die Fahrpreise auf www.indianrail.gov.in unter „Fare Enquiry“ ermitteln.

PREISE FÜR FAHRTEN MIT EXPRESSZÜGEN (₹)

ENTFERNUNG (KM)	1AC	2AC	3AC	EXECUTIVE CHAIR CLASS	CHAIR CLASS (CC)	2. KLASSE (II)
100	541	322	267	424	212	65
200	814	480	363	594	297	90
300	1077	633	473	764	382	115
400	1313	770	572	918	459	135
500	1499	879	650	1040	520	150
1000	2451	1432	1048	n. v.	760	230
1500	3069	1791	1306	n. v.	825	224
2000	3316	1935	1410	n. v.	893	243

eigene Reiseplan nie zu eng gestrickt sein – so vermeidet man Stress.

» Zudem besteht die Gefahr, an Bord heimlich betäubt und ausgeraubt zu werden (s. S. 528).

Falls der gewünschte Zug ausgebucht sein sollte, sind folgende Möglichkeiten höchst empfehlenswert:

LAST-MINUTE-TICKETS (TAKTAL)

» Für wichtige Zugverbindungen hält Indian Railways eine sehr kleine Menge von Last-Minute-Tickets *(taktal)* zurück, die zwei Tage vor Abfahrt um 8 Uhr freigegeben wird (Aufpreis 10–300 ₹/Ticket). Die Klassen 1AC und Executive Chair Class sind hiervon ausgeschlossen.

RESERVATION AGAINST CANCELLATION (RAC)

» Selbst bei komplett ausgebuchten Zügen greift in allen Klassen die extrem limitierte Option „Reservation Against Cancellation" (RAC): Inhaber von RAC-Tickets erhalten die Plätze bzw. Liegen von Passagieren, die vor dem Abfahrtstag stornieren. Am Tag der Fahrt heißt es daher die Reservierungsliste am Bahnhof checken, um den potenziellen Platz zu ermitteln. Doch auch wenn dieser nicht storniert wurde, darf man als RAC-Ticketinhaber an Bord gehen und mitfahren (quasi ohne Sitzplatz).

TOURISTENKONTINGENT

» Auf beliebten Strecken gibt's ein kleines Kontingent extra für ausländische Traveller *(tourist quota)*. Solche Tickets können aber nur gegen Vorlage von Reisepass und Visum bei bestimmten Reservierungsbüros in Großstädten gebucht werden (Details s. Regionenkapitel). Sie lassen sich in Rupien, Britischen Pfund, US-Dollar oder Euro bezahlen – bar oder mittels Reiseschecks von Thomas Cook bzw. American Express. Manche Büros verlangen bei Rupienzahlung einen Wechselbeleg; eine Geldautomatenquittung reicht aus.

WARTELISTE

» Indische Züge sind regelmäßig überbucht, aber viele Passagiere stornieren oder erscheinen einfach nicht. Wer also ein Wartelistenticket (*waiting list*; WL) kauft, bekommt sehr wahrscheinlich einen Platz – sogar wenn mehrere Leute vor ihm eingetragen sind. Die Verkaufsstelle hilft beim Einschätzen der Chancen. Wer dennoch leer ausgeht, kriegt das Geld zurück. Unter www.indianrail.gov.in/pnr_stat.html kann der Buchungsstatus mittels Eingabe der zehnstelligen PNR-Nummer *(Passenger Name Record)* eingesehen werden.

Gesundheit

Indien hat eine riesige geografische Bandbreite zu bieten. Deshalb gibt es auch extreme Umweltbedingungen: Hitze, Kälte und Höhenluft können Gesundheitsprobleme verursachen. Der Hygienestandard ist in den meisten Regionen niedrig, sodass Krankheiten durch infizierte Lebensmittel oder Wasser recht häufig auftreten. Außerdem übertragen Insekten viele Krankheiten, besonders in den tropischen Gebieten. Die medizinische Ausstattung ist in vielen Gegenden unzureichend (besonders außerhalb der Großstädte), man sollte sich also gut vorbereiten.

Für die meisten lebensbedrohlichen Probleme sind ein von vornherein schlechter Gesundheitszustand oder Verletzungen durch Unfälle (besonders Verkehrsunfälle) verantwortlich. Einmal während der Reise krank zu werden, ist dagegen durchaus üblich. Die meisten Krankheiten kann man aber durch den Einsatz des gesunden Menschenverstandes vermeiden oder mithilfe einer gut ausgestatteten Reiseapotheke behandeln. Allerdings sollte man auch nicht zögern, im Ernstfall einen Arzt aufzusuchen – sonst könnte es gefährlich werden.

Die folgenden Hinweise sind als allgemeine Ratschläge zu verstehen und ersetzen keineswegs den Rat eines Arztes, der auf Reisemedizin spezialisiert ist.

BEVOR ES LOSGEHT

In Indien kann man viele Medikamente rezeptfrei kaufen, aber manchmal ist es schwierig, neuere Arzneimittel aufzutreiben, besonders Antidepressiva, Blutdruckmedikamente und Antibabypillen. Folgendes sollte man mitnehmen:

» Medikamente in ihrer beschrifteten Originalverpackung

» ein unterzeichnetes, datiertes Schreiben des Hausarztes, in dem des Gesundheitszustand und die jeweiligen einzunehmenden Medikamente einschließlich ihrer generischen Namen beschrieben werden

» einen Brief des Arztes, der die medizinische Notwendigkeit der Spritzen bestätigt, die eventuell mitgenommen werden

» wer Herzleiden hat, nimmt die Kopie eines EKGs mit, das vor der Abreise gemacht wurde

» sämtliche Arzneimittel, die man regelmäßig einnehmen muss (am besten in doppelter Menge)

Versicherung

Niemals ohne Krankenversicherung reisen! Ein Rücktransport im Notfall ist teuer – Rechnungen über 100 000 € sind nicht ungewöhnlich. Beim Abschluss einer Versicherung Folgendes berücksichtigen:

» Möglicherweise muss man eine Zusatzversicherung für Abenteueraktivitäten wie Felsenklettern oder Tauchen abschließen.

» In Indien müssen Ärzte normalerweise direkt in bar bezahlt werden. Die Versicherung bezahlt die jeweiligen Stellen entweder direkt oder erstattet das Geld anschließend zurück. Wenn man seine Ansprüche später geltend machen muss, ist immer sicherzustellen, dass alle relevanten Unterlagen aufbewahrt werden.

» Einige Versicherung verlangen, dass man eine Zentrale im Heimatland anruft (R-Gespräch), die sich dann direkt um das Problem kümmert.

Impfungen

Auf Reisemedizin spezialisierte Kliniken sind die beste Quelle für aktuelle Informationen. Sie haben alle verfügbaren Impfstoffe vorrätig und können spezifische Empfehlungen für eine Reise aussprechen. Die meisten Impfstoffe verleihen erst mindestens zwei Wochen nach Verabreichung Immunität, deshalb sollte man am besten vier bis acht Wochen vor der Abreise einen Arzt aufsuchen. Am besten bittet man den eigenen Arzt um ein internationales Impfzertifikat

ERFORDERLICHE & EMPFOHLENE IMPFUNGEN

Die einzige Impfung, die nach internationalen Vorschriften erforderlich ist, ist die gegen **Gelbfieber**. Ein Nachweis der Impfung wird nur verlangt, wenn man sechs Tage vor der Einreise nach Indien ein Land im Gelbfiebergebiet besucht hat. Wenn man aus Afrika oder Südamerika nach Indien einreist, sollte man sich vorab informieren, ob ein Impfnachweis erforderlich ist.

Die Weltgesundheitsorganisation (WHO) empfiehlt für Reisen nach Indien folgende Impfungen (genauso wie einen Impfschutz vor Masern, Mumps und Röteln):

Diphterie & Tetanus Die Auffrischungsimpfung wird empfohlen, wenn die letzte Impfung zehn Jahre oder länger zurückliegt. Nebenwirkungen sind Entzündungen an der Impfstelle und Fieber.

Hepatitis A Bietet nahezu 100 %-igen Schutz für ein Jahr, eine Auffrischungsimpfung nach zwölf Monaten bewirkt einen mindestens 20 Jahre anhaltenden Schutz. Harmlose Nebenwirkungen wie Kopfschmerzen und Entzündungen der Impfstelle treten bei 5 bis 10 % der Behandelten auf.

Hepatitis B Gilt inzwischen als Routineimpfung für die meisten Traveller. Wird als dreimalige Impfung über sechs Monate gegeben. Es gibt auch eine Schnellversion, die in Kombination mit der Hepatitis-A-Impfung durchgeführt wird. Nebenwirkungen sind harmlos und eher selten, etwa Kopfschmerzen und Entzündungen der Impfstelle. 95 % der Behandelten haben danach lebenslangen Impfschutz.

Polio Eine Impfung reicht aus für den lebenslangen Schutz eines Erwachsenen. Der inaktive Polioimpfstoff gilt auch bei Schwangerschaften als unbedenklich.

Typhus Die Impfung gegen Typhus wird prinzipiell für alle Indien-Traveller empfohlen, auch wenn nur der Besuch städtischer Gebiete geplant ist. Die einmalige Impfung bietet 70 %-igen Schutz und hält zwei bis drei Jahre an. Sie kann auch mit Tabletten durchgeführt werden, doch wegen der geringeren Nebenwirkungen wird die Injektion empfohlen. Entzündungen der Impfstelle und Fieber können auftreten.

Windpocken Wer keinen Impfschutz gegen Windpocken hat, sollte eine mögliche Impfung mit seinem Arzt besprechen.

Folgende Impfungen werden für Traveller empfohlen, die länger als einen Monat im Land bleiben wollen und für alle, die ein erhöhtes Risiko haben (am besten beim Arzt danach fragen):

Japanische Enzephalitis Wird in drei Teilimpfungen gegeben. Eine Auffrischung nach zwei Jahren wird empfohlen. Selten tritt eine allergische Reaktion mit Nesselausschlag und Schwellungen auf, ungefähr zehn Tage nach jeder der drei Impfungen.

Meningitis Eine Injektion. Es gibt zwei Arten der Impfung: Der vierfache Impfstoff gibt zwei- bis dreijährigen Schutz; der Meningitis-Gruppe-C-Impfstoff hält zehn Jahre lang. Wird empfohlen für Backpacker unter 25 Jahren.

Tollwut Insgesamt drei Impfungen. Eine Auffrischung nach einem Jahr gibt zehnjährigen Schutz. Nebenwirkungen sind selten – gelegentlich Kopfschmerzen und Entzündungen der Impfstelle.

Tuberkulose (TBC) Ein komplexes Thema. Erwachsenen Travellern, die länger in Indien waren, wird normalerweise eher ein TBC-Hauttest vor und nach der Reise als eine Impfung empfohlen. Eine Impfung hält ein Leben lang.

(auch als „gelbes Heft" bekannt), in dem alle Impfungen aufgelistet sind, die man erhalten hat.

Reiseapotheke

Für die persönliche Reiseapotheke empfehlen wir:

- » Antibakterielle Salbe, z. B. Mupirocin
- » Antibiotika gegen Hautinfektionen, z. B. Amoxicillin/Clavulanat oder Cephalexin
- » Antihistamine – es gibt zahlreiche Optionen, z. B. Cetrizin für tagsüber und Promethazin für nachts
- » Antiseptikum, z. B. Betadine
- » Antispasmikum gegen Magenkrämpfe, z. B. Buscopan
- » Dekongestivum, z. B. Pseudoephedrin
- » DEET-haltiges Insektenschutzmittel
- » Erste-Hilfe-Bedarf wie Schere, Pflaster, Bandagen, Mullbinden, Fieberthermometer (aber keines mit Quecksilber), sterile Nadeln und Spritzen, Sicherheitsnadeln und Pinzette

» Fungizidsalbe, z.B. Clotrimazol
» Halstabletten
» Ibuprofen oder andere entzündungshemmenden Mittel
» Jodtabletten zur Trinkwasserreinigung (es sei denn, Sie sind schwanger oder haben ein Schilddrüsenproblem)
» Medikamente gegen Blasenentzündung, falls Sie dafür anfällig sind
» Medikamente gegen Durchfallerkrankungen – etwa Rehydrationslösungen, Durchfall-„Bremsen" (z.B. Loperamid), Mittel gegen Übelkeit (z.B. Prochlorperazin) und Antibiotika gegen Durchfall (z.B. Ciprofloxacin), bakterielle Diarrhöe (z.B. Azithromycin) und Giardiasis oder Amöbendisenterie (z.B. Tinidazol).
» Medikamente gegen Soor (vaginaler Pilzbefall), z.B. Clotrimazolpessare oder Diflucantabletten
» Migränemittel, falls man an Migräne leidet
» Paracetamol
» Pyrethrin zur Imprägnierung von Kleidung und Moskitonetzen
» Sonnencreme mit hohem Lichtschutzfaktor
» Steroidsalbe gegen allergische oder juckende Ausschläge, z.B. 1- bis 2-%-iges Hydrocortison
» Verhütungsmittel

Websites

Im Internet findet man jede Menge Reisetipps rund um das Thema Gesundheit. www.lonelyplanet.com bietet für viele Fragen in diesem Bereich einen praktisch orientierten Einstieg. Hier auch noch ein paar andere nützliche Seiten:

fit for travel – Reisemedizinischer Gesundheitsservice (www.fit-for-travel.de/startseite.thtml) Gute allgemeine Informationen zum Thema Reisemedizin.

MD Travel Health (www.mdtravelhealth.com) Bietet umfassende Reise-Gesundheitstipps zu sämtlichen Ländern; die Seite wird täglich aktualisiert.

World Health Organization (WHO; www.who.int/ith) Das hilfreiche Buch *International Travel & Health* wird alljährlich neu aufgelegt und ist online erhältlich.

Weiterführende Lektüre

Lonely Planets englischsprachiges *Healthy Travel – Asia & India* ist ein handliches Buch, vollgepackt mit nützlichen Infos zu Reiseplanung, Erster Hilfe im Notfall und Immunisierung, mit Infos über Krankheiten und mit Ratschlägen, was zu tun ist, wenn jemand unterwegs krank wird. Weitere empfehlenswerte Bücher sind *Praktische Tropen- und Reisemedizin* von Hans Jochen Diesfeld und Gerhard Krause und das *Handbuch für Tropenreisen* von Ronald Hanewald.

IN INDIEN

Medizinische Versorgung

Die medizinische Versorgung in Indien ist ziemlich unbeständig. In einigen Städten gibt's inzwischen Kliniken, die sich speziell an Reisende und Auswanderer richten. Diese Kliniken sind in der Regel teurer als andere medizinische Einrichtungen vor Ort und bieten höhere Behandlungsstandards. Darüber hinaus kennen sie das örtliche System und damit auch seriöse lokale Krankenhäuser und Spezialisten. Außerdem können sie sich mit der Versicherung in Verbindung setzen, sollte man einen Rücktransport benötigen. In ländlichen Gebieten ist es in der Regel schwierig, zuverlässige medizinische Versorgung zu finden.

Eine Selbstbehandlung kann angemessen sein, wenn man nur ein kleineres Problem hat (z. B. Reisedurchfall), man die nötigen Medikamente dabeihat und keine der empfohlenen Kliniken erreichbar ist. Wenn man vermuten, schwerer erkrankt zu sein, besonders an Malaria, muss man sich aber umgehend in die nächste medizinische Einrichtung begeben.

Bevor man Medikamente kauft, immer auf das Haltbarkeitsdatum schauen und sich vergewissern, dass die Packung versiegelt ist und vernünftig gelagert wurde (also z. B. nicht der direkten Sonne ausgesetzt war)!

Infektionskrankheiten

Malaria

Dies ist eine sehr ernste und möglicherweise sogar tödliche Krankheit. Vor der Abreise sollte man den Rat eines Fachmannes zur geplanten Reiseroute (ländliche Gebiete sind besonders riskant) sowie zu Medikamenten und deren Nebenwirkungen einholen.

Malaria wird von einem Parasiten ausgelöst, der durch den Biss einer infizierten Moskito übertragen wird. Das deutlichste Symptom

TIPPS VON OFFIZIELLER STELLE

Vor dem Start nach Südindien empfiehlt sich in jedem Fall ein Blick auf die Reisewebsite der eigenen Regierung, sofern es eine gibt:

Deutschland (www.auswaertiges-amt.de/DE/Laenderinformationen/01-Laender/Gesundheitsdienst/Uebersicht_node.html)

ist Fieber, es gibt aber auch andere allgemein verbreitete Symptome wie Kopfschmerzen, Durchfall, Husten oder Kältegefühl, die auftreten können. Eine sichere Diagnose kann nur durch eine Blutprobe gestellt werden.

Zwei Strategien sollten kombiniert werden, um eine Malariainfektion zu vermeiden: nicht von Moskitos gestochen werden und Malariamedikamente einnehmen. Die meisten Menschen, die sich mit Malaria infiziert haben, nahmen unwirksame oder keine Malariamedikamente.

Moskitostiche lassen sich durch folgende Vorsichtsmaßnahmen vermeiden:

» Auf unbedeckte Hautstellen DEET-haltige Moskitoschutzmittel auftragen. Wer in einem garantiert moskitofreien Raum schläft, etwa unter einem Moskitonetz, kann das DEET nachts abwaschen. Natürliche Moskitoschutzmittel mit Zitronengras können effektiv sein, müssen aber öfter aufgetragen werden als DEET-haltige Mittel.

» Unter einem mit Pyrethrin imprägnierten Moskitonetz schlafen.

» Unterkunft mit Fensterscheiben und ordentlichen Ventilatoren wählen (wenn keine Klimaanlage vorhanden ist).

» In Gebieten mit hohem Risiko Kleidung mit Pyrethrin imprägnieren.

» Helle Kleidung mit langen Ärmeln und Hosenbeinen bevorzugen.

» Mückenspiralen benutzen.

» Insektenspray einsetzen, bevor man das Zimmer zum Abendessen verlässt.

Es gibt eine Vielzahl von Medikamenten:

Chloroquin- & Paludrine-Kombination Eingeschränkte Wirkung in vielen Teilen Südasiens. Häufige Nebenwirkungen schließen Übelkeit (40 % der Betroffenen) oder Mundgeschwüre ein.

Doxycyclin (täglich eine Tablette) Ein Breitbandantibiotikum, das der Prävention einer Vielzahl von Tropenkrankheiten dient, darunter Leptospirose, durch Zecken übertragene Krankheiten und Typhus. Mögliche Nebenwirkungen sind Photosensibilität (erhöhtes Sonnenbrandrisiko), Soor (bei Frauen) Verdauungsstörungen, Sodbrennen, Übelkeit und eine Wirkungshemmung von Antibabypillen. Zu den schwereren Nebenwirkungen gehören auch Geschwürbildungen in der Speiseröhre – die Tablette sollte zu einer Mahlzeit mit einem großen Glas Wasser eingenommen werden. Eine halbe Stunde nach Einnahme sollte man sich keinesfalls hinlegen. Das Medikament muss nach Verlassen des Risikogebiets vier Wochen lang eingenommen werden.

Lariam (Mefloquin) Diese wöchentlich einzunehmende Tablette ist für viele Menschen am besten verträglich. Schwere Nebenwirkungen sind selten, schließen aber Depressionen, Angstzustände, Psychosen und Anfälle ein. Personen, die von Depressionen, Angstzuständen, anderen psychischen Störungen oder Epilepsie betroffen waren oder sind, sollten Lariam nicht einnehmen. Es gilt im zweiten und dritten Trimester einer Schwangerschaft als sicher. Die Tabletten müssen nach Verlassen des Risikogebiets vier Wochen lang eingenommen werden.

Malarone Kombinationspräparat aus Atovaquone und Proguanil. Nebenwirkungen sind selten und leicht und treten meist in Form von Übelkeit und Kopfschmerzen auf. Dies ist das beste Medikament für Taucher und alle, die Ausflüge in Hochrisikogebiete machen. Die Tabletten müssen nach Verlassen des Risikogebietes eine Woche lang eingenommen werden.

Andere Krankheiten

Denguefieber Diese durch Moskitos übertragene Krankheit entwickelt sich zu einem immer größeren Problem, besonders in den Städten. Da kein Impfstoff vorhanden ist, kann ihr nur vorgebeugt werden, indem man Moskitostiche so gut wie möglich vermeidet. Zu den Symptomen gehören hohes Fieber, starke Kopf- und Körperschmerzen und manchmal Ausschlag oder Durchfall. Die Behandlung besteht aus Ruhe und Paracetamol – kein Aspirin oder Ibuprofen einnehmen, da es die Wahrscheinlichkeit von Blutungen erhöht! Zur Diagnose und Beobachtung sollte man auf jeden Fall einen Arzt aufsuchen.

Geschlechtskrankheiten Die häufigsten durch sexuelle Kontakte übertragenen Krankheiten sind in Indien Herpes, Warzen, Syphilis, Tripper und Chlamydieninfektionen. Kondome können Tripper und Chlamydieninfektionen verhindern, aber nicht Warzen oder Herpes. Wer nach einem sexuellen Kontakt Ausschlag, Schwellungen, Ausfluss oder Schmerzen beim Wasserlassen bekommt, sollte unverzüglich medizinische Hilfe in Anspruch nehmen. Wer während der Reise sexuell aktiv war, sollte sich nach der Ankunft zu Hause auf Geschlechtskrankheiten untersuchen lassen.

Grippe In den Tropen ist die Grippe (Influenza) das ganze Jahr über präsent. Zu ihren Symptomen zählen Fieber, Muskelschmerzen, eine laufende Nase, Husten und Halsschmerzen. Bei Menschen über 65 oder mit Vorerkrankungen wie Herzleiden oder Diabetes kann sie einen schweren Verlauf nehmen – für diese Personen wird eine Impfung empfohlen. Es gibt keine spezifische Behandlung, nur Ruhe und Paracetamol.

Hepatitis A Dieses Virus wird durch Lebensmittel

oder Wasser übertragen, befällt die Leber und verursacht Gelbsucht (gelbe Haut und Augen), Übelkeit und Lethargie. Für Hepatitis A gibt's keine spezifische Behandlung, man muss der Leber einfach Zeit geben, wieder zu heilen. Alle Reisenden nach Indien sollten sich gegen Hepatitis A impfen lassen.

Hepatitis B Diese Krankheit wird durch sexuellen Kontakt und den Austausch von Körperflüssigkeiten übertragen und kann durch Impfung vermieden werden. Die Langzeitfolgen der Erkrankung können Leberkrebs oder auch eine Leberzirrhose einschließen.

Hepatitis E Durch Lebensmittel und Wasser übertragen, ähneln die Symptome der Hepatitis E denen der Hepatitis A, aber sie ist entschieden seltener. Für Schwangere ist sie sehr problematisch und kann zum Tod der Mutter und des Kindes führen. Es gibt keinen kommerziell verfügbaren Impfstoff, aber eine Ansteckung kann vermieden werden, wenn die üblichen Sicherheitsmaßnahmen beim Essen und Trinken beachtet werden.

HIV Wird durch den Austausch von Körperflüssigkeiten übertragen. Vermeiden Sie ungeschützten Sex, nicht sterile Nadeln (auch in medizinischen Einrichtungen) und Tätowierungen oder ähnliche Unternehmungen. Die Anstiegsrate von HIV in Indien ist eine der höchsten weltweit.

Husten, Erkältungen & Brustinfektionen Etwa 25% aller Reisenden nach Indien sind von einer Atemwegsinfektion betroffen. Falls eine sekundäre bakterielle Infektion auftritt – sie zeichnet sich durch Fieber, Brustschmerzen und dunkle oder blutige Auswürfe aus –, sollte man medizinischen Rat einholen oder erwägen, ein Breitbandantibiotikum einzunehmen.

Japanische Enzephalitis Diese Viruserkrankung wird durch Moskitos übertragen und ist bei Reisenden selten. Die meisten Fälle treten in ländlichen Gegenden auf, und Impfungen werden für alle empfohlen, die mehr als einen Monat außerhalb der größeren Städte verbringen. Es gibt keine Therapie, und die Erkrankung kann zu dauerhaften Hirnschäden oder zum Tod führen. Den eigenen Arzt nach näheren Einzelheiten fragen!

Tollwut Diese meistens tödlich verlaufende Krankheit wird übertragen, wenn man von einem infizierten Tier (in erster Linie Hunde oder Affen) gebissen oder auch nur abgeschleckt wird. Sofort nach einem Biss einen Arzt aufsuchen, der mit der Nachbehandlung beginnt – eine Impfung vor der Reise macht die Nachbehandlung sehr viel einfacher. Wird ein Traveller von einem wilden Tier gebissen, sollte die Wunde vorsichtig mit Wasser und Seife ausgespült und ein jodbasiertes Antiseptikum aufgetragen werden. Wer nicht gegen Tollwut geimpft ist, muss schnellstens Tollwutantikörper bekommen – in großen Teilen Indiens wird das aber sehr schwierig sein.

Tuberkulose Während TBC unter Travellern selten ist, sollten Personen mit engem Kontakt zur einheimischen Bevölkerung (wie medizinisches Personal, Aids-Helfer und Langzeittraveller) entsprechende Vorsichtsmaßnahmen treffen. Geimpft werden normalerweise nur Kinder unter fünf Jahren, aber bei gefährdeten Erwachsenen wird ein TBC-Test vor und nach der Reise empfohlen. Die häufigsten Symptome sind Fieber, Husten, Gewichtsverlust, Nachtschweiß und Müdigkeit.

Typhus Diese schwerwiegende bakterielle Infektion verbreitet sich über Essen und Wasser. Symptome sind langsam ansteigendes und hohes Fieber und Kopfschmerzen, eventuell begleitet von trockenem Husten und Magenschmerzen. Typhus wird durch Bluttests nachgewiesen und mit Antibiotika behandelt. Die Impfung wird allen Travellern empfohlen, die länger als eine Woche in Indien bleiben wollen. Achtung: Die Impfung gewährt keinen 100%-igen Schutz, also auf jeden Fall vorsichtig sein beim Essen und Trinken!

Vogelgrippe Die Vogelgrippe, auch Influenza A (H5N1), ist ein Subtyp des Influenza-A-Virus. Kontakt mit toten oder erkrankten Vögeln ist die Hauptansteckungsquelle, aber eine Übertragung von Vogel zu Mensch ist recht selten. Zu den Symptomen gehören hohes Fieber und grippeähnliche Symptome mit rapider Verschlechterung des Zustands, die in vielen Fällen zum Versagen der Atmung und zum Tod führen. Wenn Verdacht auf Vogelgrippe besteht, sollte sofort medizinische Versorgung erfolgen. Näheres gibt's unter www.who.int/en/ oder www.vogelgrippe.de.ms.

Reisedurchfall

Reisedurchfall ist mit Abstand das häufigste Problem, von dem Reisende in Indien betroffen sind – zwischen 30% und 70% aller Personen leiden in den ersten zwei Wochen nach Antritt der Reise darunter. Für gewöhnlich wird der Durchfall durch Bakterien ausgelöst, sodass Antibiotika sehr schnell helfen.

Als Reisedurchfall werden mehr als drei wässrige Entleerungen innerhalb von 24 Stunden bezeichnet, zu denen mindestens ein weiteres Symptom wie Fieber, Krämpfe, Übelkeit, Übergeben oder allgemeines Unwohlsein kommen.

Die Behandlung besteht darin, eine Dehydration zu

vermeiden – Rehydrationslösungen sind dazu am besten geeignet. Antibiotika wie Ciprofloxacin oder Azithromycin sollten die Bakterien schnell abtöten. Umgehend medizinische Hilfe suchen, wenn die Reaktion auf das entsprechende Antibiotikum ausbleibt!

Loperamid wirkt nur wie eine „Bremse" und packt das Problem nicht bei der Wurzel, kann aber trotzdem hilfreich sein (z. B. wenn man eine lange Busfahrt vor sich hat). Loperamid sollte man nicht einnehmen, wenn man Fieber oder Blut im Stuhl hat.

Amöbenruhr Die Amöbenruhr kommt bei Travellern nur sehr selten vor, wird aber von weniger guten Labors häufig fälschlicherweise diagnostiziert. Die Symptome (Fieber, blutiger Stuhl und allgemeines Unwohlsein) ähneln dem bakteriell verursachten Durchfall. Bei Blut im Stuhl sollte sofort ein Arzt aufgesucht werden. Behandelt wird mit zwei Medikamenten: Tinidazol oder Metronidazol töten die Parasiten im Darm und ein zweites Medikament tötet die Zysten. Bleibt die Krankheit unbehandelt, können Leber- oder Darmabzesse die Folge sein.

Giardiasis Giardia lamblia ist ein Parasit, der bei Travellern relativ häufig vorkommt. Symptome sind Übelkeit, Aufgedunsenheit, schlimme Blähungen, Müdigkeit und zeitweilig auftretender Durchfall. Der Parasit verlässt den Körper möglicherweise ohne Behandlung, aber das kann Monate dauern. Übliches Behandlungsmittel ist Tinidazol, Metronidazol ist eine weitere Möglichkeit.

Gesundheitsrisiken

Essen

Wer im Restaurant isst, geht ein großes Risiko ein, sich mit einer Durchfallerkrankung anzustecken. Dies kann vermieden werden, indem man:

- » nur frisch zubereitete Lebensmittel isst
- » Krustentiere und Buffets meidet
- » Obst schält
- » Gemüse kocht
- » Salat mindestens 20 Minuten lang in Jodwasser taucht
- » in belebten Restaurants mit hoher Gästefluktuation isst

Hautprobleme

Ausschläge durch Pilzbefall Reisende können von zweierlei Ausschlägen durch Pilzbefall betroffen sein. Der eine tritt an feuchten Körperstellen auf, z. B. im Schritt, unter den Achseln und zwischen den Zehen. Er beginnt mit roten Flecken, die sich langsam ausbreiten und normalerweise auch jucken. Zur Behandlung sollte man die Haut trocken halten, Reibung vermeiden und eine Salbe gegen Pilzinfektionen wie Clotrimazol oder Lamisil auftragen. Der andere Pilz, *Pityriasis versicolor,* verursacht helle Flecken, hauptsächlich auf dem Rücken, der Brust und den Schultern. Einen Arzt aufsuchen!

Schnitte und Kratzer entzünden sich in feuchtem Klima leicht. Alle Wunden müssen umgehend mit sauberem Wasser ausgewaschen werden. Anschließend ein Antiseptikum auftragen. Wenn Anzeichen einer Infektion beobachtet werden (zunehmende Schmerzen und Rötungen), einen Arzt aufsuchen!

Hitze

In vielen Teilen Indiens, besonders im Süden, ist es das ganze Jahr über heiß und feucht. Die meisten Reisenden brauchen mindestens zwei Wochen, um sich an das Klima zu gewöhnen. Füße und Knöchel können anschwellen und es kann wegen des vielen Schwitzens zu Muskelkrämpfen kommen. Ratsam ist es, einer Dehydrierung vorzubeugen und sich nicht zu viel in der Hitze zu bewegen. Salztabletten einzunehmen, ist nicht empfehlenswert, weil sie den Darm angreifen. Rehydrationsflüssigkeiten trinken oder salzig essen ist besser. Krämpfe lösen sich meistens schnell, wenn man eine Ruhepause einlegt, doppelt konzentrierte Rehydrationslösung trinkt und der Muskel vorsichtig gedehnt wird.

Dehydration ist der häufigste Auslöser für Hitzeschäden. Normalerweise erholt man sich schnell wieder, aber es ist nicht ungewöhnlich, sich noch mehrere Tage im Anschluss schlapp zu fühlen. Zu den Symptomen gehören:

- » Schwächegefühl
- » Kopfschmerzen
- » Reizbarkeit
- » Übelkeit oder Übergeben
- » schweißnasse Haut
- » schneller, schwacher Puls
- » normale oder leicht erhöhte Körpertemperatur

Behandlung:

- » aus der Hitze gehen
- » dem Betroffenen zufächeln
- » kühle, feuchte Kleidung auf die Haut legen
- » den Betroffenen flach hinlegen und die Beine anheben
- » mit Wasser und einem Viertelteelöffel Salz pro Liter rehydrieren

Ein **Hitzeschlag** ist ein ernstzunehmender medizinischer Notfall. Zu den Symptomen gehören:

- » Schwäche
- » Übelkeit
- » heißer, ausgetrockneter Körper
- » Körpertemperatur über 41 °C
- » Schwindelgefühl
- » Verwirrung
- » Koordinationsverlust
- » Anfälle
- » eventuell Kollaps

Behandlung:

» aus der Hitze gehen

» dem Betroffenen zufächeln

» kühle, nasse Kleidung auf die Haut oder Eis auf den Körper legen, besonders in den Schritt und unter die Achseln

Hitzebläschen sind in den Tropen ein häufig auftretender Hautausschlag, der entsteht, wenn sich Schweiß unter der Haut ansammelt. Er kann behandelt werden, indem man die Hitze für ein paar Stunden meidet oder kalt duscht. Salben und Lotionen verschließen die Haut und sollten nicht benutzt werden. Vor Ort erhältliches Hitzebläschen-Pulver kann auch helfen.

Höhenkrankheit

Für alle, die sich in Höhen von über 3000 m begeben, könnte die Höhenkrankheit zum Problem werden. Der größte Risikofaktor ist es, zu schnell auf zu große Höhen zu steigen – man sollte dem schonenderen Akklimatisierungsplan folgen, der in allen guten Wanderführern zu finden ist, und sich nie in noch größere Höhe begeben, wenn sich bereits Symptome zeigen, die mit der Höhenkrankheit in Zusammenhang stehen könnten. Es ist unmöglich, vorauszusagen, wen die Höhenkrankheit erwischt, und oft sind es die jüngeren, fitteren Mitglieder einer Gruppe, die darunter leiden.

Die Symptome entwickeln sich in der Regel in den ersten 24 Stunden in der Höhe, können aber auch bis zu drei Tage auf sich warten lassen. Mildere Symptome sind u.a.:

» Kopfschmerzen

» Lethargie

» Schwindelgefühl

» Schlafstörungen

» Appetitsverlust

Die Höhenkrankheit kann sich ohne Vorwarnung auch verschlechtern und sogar tödlich verlaufen. Schwerere Symptomen sind u.a.:

» Kurzatmigkeit

» trockener Reizhusten (der zu rosafarbenem, schaumigem Auswurf führen kann)

» starke Kopfschmerzen

» Koordinations- und Gleichgewichtsverlust

» Verwirrung

» gereiztes Verhalten

» Übergeben

» Benommenheit

» Bewusstlosigkeit

Leichte Symptome kann man behandeln, indem man auf derselben Höhe bleibt und sich ausruht, bis man sich wieder erholt hat, was normalerweise ein bis zwei Tage dauert. Gegen die Kopfschmerzen können Paracetamol oder Aspirin eingenommen werden. Wenn die Symptome andauern oder schlimmer werden, muss man sich sofort auf eine niedrigere Höhe begeben, auch 500 m tiefer können schon ausreichen. Man sollte nie Medikamente einnehmen, nur, weil man einen Abstieg vermeiden oder sogar noch höher aufsteigen möchte.

Einige Ärzte empfehlen Acetazolamid und Dexamethason zur Vorbeugung der Höhenkrankheit, ihre Anwendung ist jedoch umstritten. Die Medikamente können die Symptome zwar mildern, Warnzeichen jedoch auch verschleiern. Schwere und tödliche Fälle der Höhenkrankheit sind auch schon bei Menschen aufgetreten, die diese Medikamente eingenommen haben.

Um akute Höhenkrankheit zu vermeiden:

» langsam höher steigen – am besten gönnt man sich regelmäßige Ruhetage und pausiert zwei oder drei Nächte nach jedem Aufstieg um 1000 m

» wenn möglich auf geringerer Höhe schlafen als der des höchsten Punktes, den man am jeweiligen Tag erreicht hat. Über 3000 m sollte die Schlafhöhe täglich um nicht mehr als 300 m erhöht werden

» mehr trinken als gewöhnlich

» auf eine leichte und kohlenhydratreiche Ernährung achten

» Alkohol und Beruhigungsmittel vermeiden

Insektenbisse & -stiche

Bienen- und Wespenstiche Jeder, der unter einer schweren Bienen- oder Wes-

TRINKWASSER

» Nie Leitungswasser trinken.

» Wasser in Flaschen ist in der Regel sicher – beim Kauf sicherstellen, dass das Siegel intakt ist.

» Eis vermeiden, wenn man nicht genau weiß, dass es sicher hergestellt wurde.

» Vorsichtig sein mit frischen Säften, die vor allem an Straßenständen verkauft werden – möglicherweise werden sie mit Wasser verdünnt oder in unhygienischen Bechern/Gläsern serviert.

» Wasser abzukochen, ist für gewöhnlich die wirkungsvollste Reinigungsmethode.

» Das beste chemische Reinigungsmittel ist Jod. Es sollte nicht von Schwangeren oder Menschen mit Schilddrüsenproblemen eingenommen werden.

» Wasserfilter sollten auch die Viren herausfiltern. Man sollte sich vergewissern, dass der Filter eine chemische Barriere, z.B. Jod, und eine kleine Porengröße (weniger als vier Mikron) hat.

penallergie leidet, sollte eine Adrenalinspritze (z. B. einen EpiPen) mitführen. Für alle anderen sind die Schmerzen und der Juckreiz das größte Problem – den Stich mit Eis kühlen oder Schmerzmittel einnehmen!

Blutegel sind in feuchten Regenwaldregionen zu finden. Sie übertragen keine Krankheiten, aber ihre Bisse jucken wahnsinnig und das oft wochenlang, und noch dazu können sie sich leicht entzünden. Ein Antiseptikum auf Jodbasis auf Blutegelbisse auftragen, um Infektionen vorzubeugen!

Läuse treten meist auf dem Kopf oder im Schambereich auf. Vermutlich muss man ein Läuseshampoo (z. B. Pyrethrin) zur vollständigen Bekämpfung mehrmals anwenden. Läuse im Schambereich bekommt man für gewöhnlich durch Sexualkontakt.

Wanzen Sie übertragen zwar keine Krankheiten, aber ihre Bisse können ziemlich fies jucken. Sie leben in Möbeln und Wänden und siedeln nachts in Betten um. Gegen den Juckreiz kann man Antihistamine einnehmen.

Zecken holt man sich beim Wandern in ländlichen Gegenden, und oft findet man sie hinter den Ohren, am Bauch und unter den Achseln. Wer von einer Zecke gebissen wurde und an der Biss- oder einer anderen Stelle einen Ausschlag oder Fieber oder Muskelschmerzen bekommt, sollte einen Arzt aufsuchen. Doxycyclin beugt von Zecken übertragenen Krankheiten vor.

Luftverschmutzung

Luftverschmutzung, vor allem durch Fahrzeuge, ist in den meisten Großstädten Indiens ein wachsendes Problem. Wer unter ernsten Atembeschwerden leidet, sollte vor der Reise mit dem behandelnden Arzt sprechen.

Sonnenbrand

Selbst an bewölkten Tagen kann sich schnell ein Sonnenbrand bilden. Folgendes ist immer zu beachten:

» Starke Sonnencreme (Faktor 30) benutzen und sich nach dem Schwimmen immer neu eincremen

» Einen Hut mit breiter Krempe und eine Sonnenbrille tragen

» Während der heißesten Zeit des Tages (10–14 Uhr) nicht in der Sonne liegen

» Über 3000 m ist besondere Vorsicht angebracht – in der Höhe kann die Haut noch schneller verbrennen

Wer sich einen Sonnenbrand geholt hat, sollte die Sonne meiden, bis er sich wieder erholt hat. Kühle Kompressen auflegen und, wenn nötig, Schmerzmittel gegen das Unwohlsein einnehmen. 1%-ige Hydrocortison-Salbe, zweimal täglich aufgetragen, hilft ebenfalls.

Tauchen & Surfen

Taucher und Surfer sollten vor der Reise den Rat eines Spezialisten einholen, um sicherzustellen, dass ihre Reiseapotheke mit allem Nötigen für Korallenschnitte und tropische Ohreninfektionen ausgestattet ist. Taucher sollten sich vergewissern, dass ihre Versicherung auch die Dekompressionskrankheit abdeckt – bei Organisationen wie **Divers Alert Network** (DAN; www.danasiapacific.org) gibt's spezielle Taucherversicherungen. Bestimmte Erkrankungen sind nicht mit dem Tauchen vereinbar; Details kennt der Arzt.

Frauen & Gesundheit

Bei gynäkologischen Beschwerden sollte man eine Ärztin aufsuchen.

Harnwegsinfektionen können durch Dehydrierung oder lange Busreisen ohne Pinkelpausen ausgelöst werden. Man sollte ein entsprechendes Antibiotikum mitnehmen.

Hygieneartikel Binden, selten auch Tampons, sind überall im Land in vielen Geschäften erhältlich.

Soor Hitze, Feuchtigkeit und Antibiotika können eine Soor-Erkrankung begünstigen. Die Behandlung erfolgt durch eine Salbe gegen Pilzinfektionen und Pessare, z. B. Clotrimazol. Eine praktische Alternative ist eine einzige Tablette Fluconazol (Diflucan).

Verhütung Ein ausreichender Vorrat des persönlichen Verhütungsmittels gehört ins Reisegepäck.

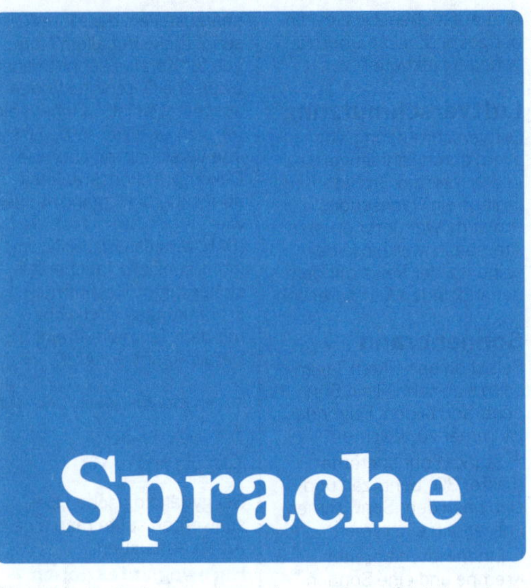

Sprache

NOCH MEHR?

In die Tiefe gehende Informationen und die wichtigsten Redewendungen gibt's im *India Phrasebook* von Lonely Planet, das auf **shop.lonelyplanet.com** zu finden ist. Alternativ steht im Apple App Store auch die iPhone-Version zur Verfügung.

Die Zahl der in Indien gesprochenen Sprachen erklärt, warum Englisch noch immer in weiten Teilen des Landes üblich ist und nach wie vor bei offiziellen Angelegenheiten genutzt wird. Weitere 22 Sprachen sind in der Verfassung anerkannt, aber im ganzen Land hört man über 1600 Sprachen.

Die Muttersprachen im Süden sind Tamil, Kannada, Konkani, Malayalam, Marathi, Oriya und Telugu. Die meisten von ihnen gehören zur Familie der drawidischen Sprachen, obwohl sie während ihrer Entwicklung unterschiedlich stark von Hindi und Sanskrit beeinflusst wurden. Wie auch die vorherrschenden Sprachen in bestimmten geografischen Gegenden, wurden sie benutzt, um die regionalen Grenzen in den südlichen Bundesstaaten festzulegen.

Es wurden große Anstrengungen unternommen, Hindi als Nationalsprache Indiens zu etablieren und Englisch allmählich aussterben zu lassen. Aber auch wenn Hindi die vorherrschende Sprache im Norden ist, zeigt es kaum Ähnlichkeiten mit den drawidischen Sprachen im Süden. Folglich sprechen auch nur sehr wenige Menschen im Süden Hindi.

Viele gebildete Inder sprechen Englisch praktisch wie ihre Muttersprache. Für die große Anzahl von Indern, die mehr als eine Sprache sprechen, ist es oft die zweitwichtigste. Obwohl es leicht ist, in Südindien mit Englisch durchzukommen, ist es immer gut, wenn man die Sprache vor Ort ein bisschen kennt.

Aussprache

Zu den Aussprachesystemen aller Sprachen, die in diesem Kapitel behandelt werden, gehört auch eine Reihe von „retroflexen" Konsonanten (mit nach hinten geklappter Zunge ausgesprochen), und alle Sprachen außer dem Tamil haben außerdem „aspirierte" Konsonanten (mit einem Luftausstoß ausgesprochen). Unsere vereinfachte Aussprachehilfe unterscheidet die retroflexen Konsonanten nicht von ihren nicht-retroflexen Gegenstücken. Die aspirierten Töne sind mit einem Apostroph (') nach dem Konsonanten gekennzeichnet. Wenn man die Begriffe aus der Aussprachehilfe so liest, als sei es Deutsch, wird man verstanden werden. Bei Sprachen, die über eine erkennbare Betonung der Wörter verfügen, sind die betonten Silben kursiv abgedruckt. Bei allen anderen sollten alle Silben gleich stark betont werden.

TAMIL

Tamil ist die offizielle Sprache im südindischen Bundesstaat Tamil Nadu (und Nationalsprache in Sri Lanka, Malaysia und Singapur). Es ist eine der wichtigsten drawidischen Sprachen Südindiens, und Aufzeichnungen über seine Existenz reichen über 2000 Jahre zurück. In Indien sprechen etwa 62 Mio. Menschen Tamil.

Anmerkung: aw wird wie im englischen „law", ow wie in „how" ausgesprochen.

Grundbegriffe

Hallo	வணக்கம்.	wa·*nak*·kam
Auf Wiedersehen		
	போய்	*po*·i
	வருகிறேன்.	wa·*ru*·ki·rejn

FRAGEWÖRTER – TAMIL

Wie bitte?	அது என்ன?	ej·*tu* en·na
Wann?	எப்பொழுது?	ep·po·su·*tu*
Wo?	எங்கே?	*eng*·ki
Wer?	யார்?	jaar
Warum?	ஏன்?	ejn

Ja/Nein	ஆமாம்./இல்லை.	*aa*·maam/*il*·lai
Entschuldigung	தயவு செய்து.	ta·ja·*wu* sej·*du*
Es tut mir leid.	மன்னிக்கவும்.	*men*·nik·ka·wam
Bitte	தயவு செய்து.	ta·ja·*wu* tschi·*tu*
Danke	நன்றி.	*nan*·dri

Wie geht's?
நீங்கள் நலமா? — *nieng*·kal na·*la*·maa

Gut, danke. Und selbst?
நலம், நன்றி. நீங்கள்? — na·*lam* *nen*·dri *nieng*·kel

Wie heißen Sie?
உங்கள் பெயர் என்ன? — *ang*·kel pe·*jar* *en*·na

Ich heiße ...
என் பெயர் ... — en pe·*jar* ...

Sprechen Sie Englisch?
நீங்கள் ஆங்கிலம் பேசுவீர்களா? — *nieng*·kel *aang*·ki·lem *pej*·tschu·*wier*·ka·la

Ich verstehe nicht.
எனக்கு விளங்கவில்லை. — e·*nek*·ku wi·*leng*·ka·wil·*lai*

Essen & Trinken

Können Sie mir eine(e) ... empfehlen?	நீங்கள் ஒரு ... பரிந்துரைக்க முடியுமா?	*nieng*·kel o·*ru* ... pa·rin·tu·*reik*·ka mu·ti·*ju*·maa
Bar	பார்	paar
Gericht	உணவு வகை	ju·na·*wu* wa·*kai*
Restaurant	உணவகம்	ju·na·wa·*hem*

Ich möchte (ein(e)/die) ..., bitte.	எனக்கு தயவு செய்து ... கொடுங்கள்.	e·*nek*·ku ta·ja·*wu* tschej·*tu* ... ko·*tung*·kal
Rechnung	விலைச்சீட்டு	wi·*laitsch*·tschiet·tu
Speisekarte	உணவுப்–பட்டியல்	u·na·*wap*·pet·ti·jal
dieses Gericht	அந்த உணவு வகை	*an*·ta ju·na·*wu* wa·*hai*

(Tasse) Kaffee/Tee ...	(கப்) காப்பி/ தேனீர் ...	(kep) *kaap*·pi/ *tej*·nier ...
mit Milch	பாலுடன்	paa·lu·*ten*
ohne Zucker	சர்க்கரை–இல்லாமல	*tschark*·ka·rai·*il*·laa·mel

eine Flasche/ ein Glas ... Wein	ஒரு பாட்டில்/ கிளாஸ ... வைன்	o·*ru paat*·til/ ki·*laas* ... wein
roten	சிவப்பு	tschi·*wap*·pu
weißen	வெள்ளை	*wel*·lai

Haben Sie auch vegetarisches Essen?
உங்களிடம சைவ உணவு உள்ளதா? — *ang*·ka·li·tem *tschai*·wa *du*·na·*wu al*·la·taa

Ich bin allergisch gegen (Nüsse).
எனக்கு (பருப்பு வகை) உணவு சேராது. — i·*nek*·ku (pa·*rap*·pu wa·*kai*) ju·na·*wu* *tschej*·raa·tu

Abendessen	இரவு உணவு	ai·ra·*wu* ju·na·*wu*
Bier	பீர்	pier
Essen	உணவு	ju·na·*vu*
Fisch	மீன்	mien
Fleisch	இறைச்சி	ai·*raitsch*·tschi
Frühstück	காலை உணவு	kaa·*lai* ju·na·*wu*
Gemüse	காய்கறி	*kai*·ka·ri
Getränk	பானம்	paa·*nem*
Limonade	குளிர் பானம்	ku·*lir* paa·*nem*
Milch	பால்	paal
Mittagessen	மதிய உணவு	ma·*ti*·ja ju·na·*wu*
Obst	பழம்	pa·*sam*
(Orangen-) Saft	(ஆரஞ்சு) சாறு	(aa·ra·*nju*) tschaa·*ru*
Wasser	தண்ணீர்	*ten*·nir

Notfall

Hilfe!	உதவ!	ju·ta·*wi*
Halt!	நிறுத்து!	ni·*rat*·tu
Gehen Sie weg!	போய் விடு!	*pow*·ai *wi*·tu

Rufen Sie einen Arzt!
ஐ அழைக்கவும் ஒரு மருத்துவர்! — ai ei·*sai*·ka·vam o·*ru* ma·*rat*·tu·war

Rufen Sie die Polizei!
ஐ அழைக்கவும் போலிஸ! — ai ei·*sai*·ka·vam pow·*lies*

Ich hab mich verirrt.
நான் வழி தவறி போய்விட்டேன். — naan wa·*si* ta·wa·*ri* pow·ai·*wit*·tin

Es tut hier weh.
இங்கே வலிக்கிறது. — *ing*·ki wa·*lik*·ki·ra·tu

Ich muss das Telefon benutzen.

நான் தொலைபேசியை பயன்படுத்த வேண்டும்.	naan *tu*·lai·pi·*tschi*·jai pa·*jan*·pa·*tat*·ta vin·*tam*

Wo sind die Toiletten?

கழிவறைகள் எங்கே?	ka·*si*·wa·rai·kal *eng*·ki

Shoppen & Service

Wo ist der Markt?

எங்கே சந்தை இருக்கிறது?	*eng*·ki *tschan*·tai ai·*rak*·ki·ra·tu

Darf ich mir das mal anschauen?

நான் இதைப் பார்க்கலாமா?	naan ai·*taip* *paark*·ka·laa·maa

Wie viel kostet das?

இது என்ன விலை?	ai·*tu* *en*·na wi·*lai*

Das ist zu teuer.

அது அதிக விலையாக இருக்கிறது.	ei·*tu* ei·*ti*·ka wi·*lai*·jaa·ka ai·*rak*·ki·ra·tu

Da ist ein Fehler auf der Rechnung.

இந்த விலைச்சீட்டில் ஒரு தவறு இருக்கிறது.	*in*·ta wi·*laitsch*·tschiet·til o·*ru* *ta*·wa·ru ai·*rak*·ki·ra·tu

Bank	வங்கி	*wang*·ki
Kreditkarte	கிரேடிட் அட்டை	ki·rej·*tit* *et*·tai
Internet	இணையம்	ai·nai·*jam*
Postamt	தபால் நிலையம்	ta·*paal* ni·*lai*·yam
Touristeninformation	சுற்றுப்பயண அலுவலகம்	tschat·*rap*·pa·ja·na ei·lu·wa·la·*kem*

Transport

Ist das der/das ... nach (Neu Delhi)?	இது தானா (புது–டில்லிக்குப்) புறப்படும் ...?	ai·*tu* taa·*naa* (pu·*tu* til·lik·*kap*) pu·*rep*·pa·tum ...
Bus	பஸ்	pas
Flugzeug	விமானம்	wi·*maa*·nam
Zug	இரயில்	ai·ra·*jil*

Ein ... Ticket (nach Madurai), bitte.	(மதுரைக்கு) தயவு செய்து ... டிக்கட் கொடுங்கள்.	(ma·tu·raik·*ku*) ta·ja·*wu* tschej·*tu* ... tik·*ket* ko·tung·*kel*
einfach	ஒரு வழிப்பயண	o·*ru* wa·*sip*·pa·ja·na
mit Rückfahrt	இரு வழிப்பயண	ai·*ru* wa·*sip*·pa·ja·na

Wann fährt der erste/letzte Bus?

எத்தனை மணிக்கு முதல்/இறுதி பஸ் வரும்?	*et*·ta·nai ma·*nik*·ku mu·*tel*/ai·ru·*ti* pas wa·*ram*

Wie lange dauert die Fahrt?

பயணம் எவ்வளவு நேரம் எடுக்கும்?	pa·ja·*nam* ef·*wa*·la·wu nej·*rem* i·*tuk*·kam

Wie groß ist die Verspätung?

எவ்வளவு நேரம் அது தாமதப்படும்?	ef·*wa*·la·wu *nej*·rem ei·*tu* taa·ma·*tep*·pa·tam

Können Sie mir bitte sagen, wann wir nach (Ooty) kommen?

(ஊட்டிக்குப்) போனவுடன் தயவு செய்து எனக்குக் கூறுங்கள்.	(uut·tik·*kap*) paw·na·wu·*ten* ta·ja·*wu* tschej·*tu* i·*nak*·kuk *kuu*·rung·kal

Bitte bringen Sie mich zu (dieser Adresse).

தயவு செய்து என்னை இந்த (விலாசத்துக்குக்) கொண்டு செல்லுங்கள	ta·ja·*wu* tschej·*tu* *en*·nai *in*·ta (wi·*laa*·tschet·tuk·kuk) *kon*·tu *tschel*·lang·kal

Bitte halten/warten Sie hier.

தயவு செய்து இங்கே நிறுத்துங்கள்/காத்திருங்கள்.	ta·ja·*wu* tschej·*tu* *ing*·ki ni·*rat*·tang·kel/*kaat*·ti·rang·kel

Ich möchte ein Auto mieten (mit Fahrer).

நான் ஒரு மோட்டார் வண்டி (ஓர் ஓட்டுநருடன்) வாடகைக்கு எடுக்க விரும்புகிறேன்.	naan o·*ru* *mowt*·taar *wan*·ti (awr aw·*tu*·na·ru·ten) waa·ta·*haik*·ku i·*tuk*·ka wi·*ram*·pu·ki·rejn

Ist das die Straße nach (Mamallapuram)?

இது தான் (மாமல்லபுரத்துக்கு) செல்லும் சாலையா?	ai·*tu* taan (maa·mel·*la*·pu·ret·*tuk*·ku) *tschel*·lam tschaa·lai·*jaa*

Bahnhof	நிலையம்	ni·*lai*·jam
Boot	படகு	pa·ta·*ku*
Bushaltestelle	பஸ் நிறுத்தும்	pas ni·*rat*·tam
Erste Klasse	முதல் வகுப்பு	mu·*tal* wa·*kap*·pu
Fahrrad	சைக்கிள்	*tschaik*·kil
Flughafen	விமான நிலையம்	*wi*·maa·na *ni*·lai·jam
Motorrad	மோட்டார் சைக்கிள்	*mowt*·taar *tschaik*·kil
Zweite Klasse	சிக்கன வகுப்பு	*tschik*·ka·na wa·*kap*·pu

Uhrzeit & Datum

Wie spät ist es?

மணி என்ன?	ma·*ni* *en*·na

Es ist (zwei) Uhr.
மணி (இரண்டு). ma·*ni* (ai·*ren*·tu)

Halb (zwei).
(இரண்டு) முப்பது. (ai·*ren*·tu) map·pa·*tu*

gestern	நேற்று	*nit*·tru
heute	இன்று	in·*dru*
morgen	நாளை	*naa*·lai
Tag	நாள்	naal
Morgen	காலை	kaa·*lai*
Abend	மாலை	maa·*lai*
Nacht	இரவு	ai·ra·*vu*

Montag	திங்கள்	*ting*·kal
Dienstag	செவ்வாய்	tschef·*wai*
Mittwoch	புதன்	pu·*ten*
Donnerstag	வியாழன்	wi·*jaa*·san
Freitag	வெள்ளி	wel·*li*
Samstag	சனி	tscha·*ni*
Sonntag	ஞாயிறு	*nijaa*·ji·ru

Unterkunft

Wo ist ein(e) … in der Nähe?	அருகே ஒரு … எங்கே உள்ளது?	ej·ru·*ke* o·*ru* … *eng*·ke *al*·la·tu
Pension	விருந்தினர் இல்லம்	wi·*ran*·ti·nar *il*·lem
Hotel	ஹோட்டல	*hot*·tel
Haben Sie ein … Zimmer?	உங்களிடம் ஓர் … அறை உள்ளதா?	*ang*·ka·li·tem awr … ej·*rai* *al*·la·taa
Einzelzimmer	தனி	ta·*ni*
Doppelzimmer	இரட்டை	ai·rat·*tai*
Wie viel kostet es pro …?	ஓர் … என்னவிலை?	awr … *en*·na·wi·lai
Nacht	இரவுக்கு	ai·ra·*wuk*·ku
Person	ஒருவருக்கு	o·ru·wa·*ruk*·ku
mit Klimaanlage	குளிர்சாதன	ku·*lir*·tschaa·ta·na
	வசதியுடையது	wa·*tscha*·ti·ju·*tai*·ja·tu
Bad	குளியலறை	ku·li·*ja*·la·rai
Bett	படுக்கை	pa·*tuk*·kai
Fenster	சன்னல	*tschan*·nal

Wegbeschreibungen

Wo ist der/die/das …?
… எங்கே இருக்கிறது? … *eng*·ki ai·*ruk*·ki·ra·tu

Wie ist die Adresse?
விலாசம் என்ன? wi·*laa*·tschem *en*·na

Können Sie es mir zeigen (auf der Karte)?
எனக்கு (வரைபடத்தில்) காட்ட முடியுமா? e·*nak*·ku (wa·*rai*·pa·*tet*·til) *kaat*·ta mu·ti·ju·*maa*

Wie weit ist das?
எவ்வளவு தூரத்தில் இருக்கிறது? *ev*·va·la·vu tuu·*ret*·til ai·*ruk*·ki·ra·tu

Biegen Sie ab nach …
… புறத்தில் திரும்புக pu·*ret*·til *ti*·ram·pu·ka

links	இடது	ai·ta·*tu*
rechts	வலது	wa·la·*tu*

Es ist …	அது இருப்பது …	ei·*tu* ai·*rap*·pa·tu …
hinter …	… க்குப் பின்னால	… kap *pin*·naal
vor …	… க்கு முன்னால	… ku *man*·naal
in der Nähe (von …)	(… க்கு) அருகே	(… ku) ei·ru·*ki*
an der Ecke	ஓரத்தில	aw·*ret*·til
geradeaus	நேரடியாக முன்புறம்	*nej*·ra·di·*yaa*·ha *man*·pu·rem

Zahlen

1	ஒன்று	on·*dru*
2	இரண்டு	ai·*ren*·tu
3	மூன்று	*muun*·dru
4	நான்கு	naan·*ku*
5	ஐந்து	ain·*tu*
6	ஆறு	*aa*·ru
7	ஏழு	*ej*·su
8	எட்டு	et·*tu*
9	ஒன்பது	on·pa·*tu*
10	பத்து	pet·*tu*
20	இருபது	ai·ru·pa·*tu*
30	முப்பது	map·pa·*tu*
40	நாற்பது	naar·pa·*tu*
50	ஐம்பது	eim·pa·*tu*
60	அறுபது	ei·ru·pa·*tu*
70	எழுபது	i·su·pa·*tu*
80	எண்பது	en·pa·*tu*
90	தொன்னூறு	ton·nuu·*ru*
100	நூறு	nuu·*ru*
1000	ஓராயிரம்	*aw*·raa·ji·rem

KANNADA

Kannada ist die offizielle Sprache im Bundesstaat Karnataka. Sie zählt zu den drawidischen Sprachen und wird von ca. 38 Mio. Menschen gesprochen.

Das oh wird wie das „o" im englischen „note", das ow wie in „how" ausgesprochen.

Grundbegriffe

Hallo	ನಮಸ್ಕಾರ	na·mas·kaa·ra
Auf Wiedersehen	ಸಿಗೋಣ	si·goh·na
Wie geht's?	ಹೇಗಿದ್ದೀರಿ?	hey·dschi·die·ri
Gut, danke.	ಚೆನ್ನಾಗಿದೀನಿ, ವಂದನೆಗಳು.	tschen·naa·dschi·die·ni wan·da·ne·ga·lu
Ja/Nein	ಹೌದು/ಇಲ್ಲ	how·du/il·la
Bitte	ದಯವಿಟ್ಟು	da·ja·wit·tu
Danke	ಥ್ಯಾಂಕ್ಯೂ	t'enk·yuu
Entschuldigung	ಸ್ವಲ್ಪ ದಾರಿ ಬಿಡಿ	swal·pa daa·ri bi·di
Es tut mir leid.	ಕ್ಷಮಿಸಿ.	kscha·mi·si

Wie heißen Sie?
ನಿಮ್ಮ ಹೆಸರೇನು? nim·ma he·sa·rej·nu

Ich heiße ...
ನನ್ನ ಹೆಸರು ... nen·na he·sa·ru ...

Sprechen Sie Englisch?
ನೀವು ಇಂಗ್ಲೀಷ್ ಮಾತಾಡುತ್ತೀರ? nie·wu ing·lie·schu maa·taa·dat·tie·ra

Ich verstehe nicht.
ನನಗೆ ಅರ್ಥವಾಗುವುದಿಲ್ಲ. na·na·dsche ar·t'a·aa·gu·wu·dil·la

Wie viel kostet das?
ಎಷ್ಟು ಇದು? esch·tu ai·du

Wo sind die Toiletten?
ಟಾಯ್ಲೆಟ್ಟುಗಳು ಎಲ್ಲಿ? taaj·let·tu·ga·lu el·li

Notfall

Hilfe!	ಸಹಾಯ ಮಾಡಿ!	sa·haa·ja maa·di
Gehen Sie weg!	ದೂರ ಹೋಗಿ!	duu·ra hoh·dschi
Rufen Sie ...!	... ಕಾಲ್ ಮಾಡಿ!	... kaal maa·di
einen Arzt	ಡಾಕ್ಟರಿಗೆ	daak·ta·ri·dsche
die Polizei	ಪೋಲೀಸಿಗೆ	poh·lie·si·dsche

Ich muss das Telefon benutzen.
ನಾನು ಫೋನ್ ಬಳಸಬೇಕು. naa·nu foh·nu ba·la·sa·bej·ku

Ich hab mich verirrt.
ನಾನು ಕಳೆದುಹೋಗಿರುವೆ. naa·nu ka·le·du·hoh·dschi·ru·we

Zahlen

1	ಒಂದು	on·du
2	ಎರಡು	i·ra·du
3	ಮೂರು	muu·ru
4	ನಾಲ್ಕು	naa·ku
5	ಐದು	ai·du
6	ಆರು	aa·ru
7	ಏಳು	ej·lu
8	ಎಂಟು	en·tu
9	ಒಂಬತ್ತು	om·bet·tu
10	ಹತ್ತು	het·tu
20	ಇಪ್ಪತ್ತು	ip·pet·tu
30	ಮೂವತ್ತು	muu·wet·tu
40	ನಲವತ್ತು	na·la·wet·tu
50	ಐವತ್ತು	ai·wet·tu
60	ಅರವತ್ತು	ei·ra·wet·tu
70	ಎಪ್ಪತ್ತು	ep·pet·tu
80	ಎಂಬತ್ತು	em·bet·tu
90	ತೊಂಬತ್ತು	tom·bet·tu
100	ನೂರು	noo·ru
1000	ಸಾವಿರ	saa·wi·ra

KONKANI

Konkani ist die offizielle Sprache im Bundesstaat Goa. Sie gehört zu den indo-arischen Sprachen und wird von 2,5 Mio. Menschen gesprochen. Die Devanagari-Schrift (wird auch zum Schreiben von Hindi und Marathi benutzt) ist das offizielle Schriftsystem für Konkani in Goa. Viele Konkani-Sprecher in Karnataka benutzen jedoch die Kannada-Schrift, die auch in diesem Kapitel verwendet wird.

Ein paar Tipps zur Aussprache: eu wird wie das „u" im englischen „nurse" und oh wie das „o" in „note" ausgesprochen.

Grundbegriffe

Hallo	ಹಲ್ಲೋ	*hel*·lo
Auf Wiedersehen	ಮೆಳ್ಯಾಂ	*mel*·jaang
Wie geht's?	ಕಸೊ/ಕಶಿ ಆಸಾಯ್?	*keu*·so/*keu*·schi *aa*·saaj (m/f)
Gut, danke.	ಹಾಂವ್ಂ ಬರೊಂ ಆಸಾಂ.	*haang*·ang *beu*·rong *aa*·saang
Ja	ವ್ಹಯ್	*weu*·ai
Nein	ನಾಂ	naang
Bitte	ಉಪ್ಕಾರ್ ಕರ್ನ್	*ap*·kaar keurn
Danke	ದೇವ್ ಬರೆಂ ಕರುಂ	*day*·ju *bo*·reng *ko*·ruung

Entschuldigung	ಉಪ್ಕಾರ್ ಕರ್ನ್.	*ap*·kaar keurn
Es tut mir leid.	ಚೂಕ್ ಝಾಲಿ, ಮಾಫ್ ಕರ್.	ts'uuk *saa*·li maaf keur
Wie heißen Sie?	ತುಜೆಂ ನಾಂವ್ಂ ಕಿತೆಂ?	*tu*·dscheng *naang*·ang *ki*·teng
Ich heiße …	ಮ್ಹಜೆಂ ನಾಂವ್ಂ …	*m'eu*·dscheng *naang*·ang …
Sprechen Sie Englisch?	ಇಂಗ್ಲಿಶ್ ಉಲೈತಾಯ್ಗೀ?	*ing*·liesch *ju*·leuy·taaj·dschie
Verstehen Sie?	ಸಮ್ಜಾಲೆಂಗೀ?	*som*·saa·leng·dschie
Ich verstehe.	ಸಮ್ಜಾಲೆಂ.	*som*·saa·leng
Ich verstehe nicht.	ನಾಂ, ಸಮ್ಜೊಂಕ್–ನಾಂ.	naang *som*·sonk·naang
Wie viel kostet das?	ತಾಕಾ ಕಿತ್ಲೆ ಪೈಶೆ?	*taa*·kaa *kit*·le *peuj*·schi
Wo sind die Toiletten?	ಟೊಯ್ಲೆಟ್ ಖೈಂಚರ್ ಆಸಾತ್?	*toy*·let *k'eu*·ing·ts'eur *aa*·saat

Notfall

Hilfe!	ಮ್ಹಾಕಾ ಕುಮಕ್ ಕರ್!	*m'aa*·kaa *ku*·meuk keur
Gehen sie weg!	ವಸ್!	weuts'
Rufen Sie …!	… ಆಪೈ!	… *aa*·pai
einen Arzt	ದಾಕ್ತೆರಾಕ್	*daak*·te·raak
die Polizei	ಪೊಲಿಸಾಂಕ್	*po*·li·saank
Ich muss das Telefon benutzen.	ಮ್ಹಾಕಾ ಫೊನಾಚಿ ಘರ್ಜ್ ಆಸಾ.	*m'aa*·kaa *fo*·na·tschi g'eurz *aa*·saa
Ich hab mich verirrt.	ಮ್ಹಜೀ ವಾಟ್ ಚುಕ್ಲ್ಯಾ.	*m'eu*·dschi waat *ts'uk*·lijaa
Können Sie mir bitte helfen?	ಮ್ಹಾಕಾ ಇಲ್ಲೊಚೊ ಉಪ್ಕಾರ್ ಕರ್ಶಿಗೀ?	*m'aa*·kaa *il*·lo·ts'o *ap*·kaar *keur*·schi·dschie

Zahlen

1	ಏಕ್	eik
2	ದೋನ್	dohn
3	ತೀನ್	tien
4	ಚಾರ್	tschaar
5	ಪಾಂಚ್	paants'
6	ಸೊ	so
7	ಸಾತ್	saat
8	ಆಟ್	aat'
9	ನೋವ್	nohw
10	ಧಾ	d'aa
20	ವೀಸ್	wies
30	ತೀಸ್	ties
40	ಚಾಳೀಸ್	*ts'aa*·lies
50	ಪನ್ನಾಸ್	*pon*·naas
60	ಸಾಟ್	saat'
70	ಸತ್ತರ್	*seut*·teur
80	ಐಂಶಿಂ	*euyng*·sching
90	ನೊವ್ವೋದ್	*no*·wod
100	ಶೆಂಭರ್	*shem*·bor
1000	ಹಜ್ಝಾರ್	*ha*·saar

MALAYALAM

Malayalam ist die offizielle Sprache im Bundesstaat Kerala. Sie gehört zur drawidischen Sprachfamilie und wird von rund 33 Mio. Menschen gesprochen.

Grundbegriffe

Hallo	ഹലോ.	hei·*lo*
Auf Wiedersehen	ഗുഡ് ബൈ	guud bai
Ja/Nein	അതെ/അല്ല	ei *t'e*/al·*la*
Bitte	ദയവായി	da·ja·wa·*ji*
Danke	നന്ദി	nan·*n'i*
Entschuldigung	ക്ഷമിക്കണം.	kscha·mi·ka·*nam*
Es tut mir leid.	ക്ഷമിക്കുക.	kscha·mi·ku·*ka*
Wie geht's?	താങ്കൾക്ക് സുഖമാണോ?	t'ang·al·*ku* su·*k'a*·maa·no
Gut, danke.	അതെ, നന്ദി.	ei·*t'e* nen·*d'i*
Sprechen Sie Englisch?	നിങ്ങൾ ഇംഗ്ലീഷ് സംസാരിക്കുമോ?	ning·*el* in·*glish* sem·*saa*·ri·ku·*mo*
Ich verstehe nicht.	എനിക്ക് മനസ്സിലാകില്ല.	i·ni·*ku* ma·na·*si*·la·ki·la
Wie heißen Sie?	താങ്കളുടെ പേര് എന്താണ്?	t'ang·ei·lu·*te* pej·*ru* en·t'aa·*nu*
Ich heiße …	എന്റെ പേര് …	en·*te* pej·*ru* …
Wie viel kostet das?	എത്രയാണ് ഇതിന്?	et'·ra·jaa·*nu* ai·t'i·*nu*
Wo sind die Toiletten?	എവിടെയാണ് കക്കൂസ്?	i·wi·de·jaa·*nu* ka·kuu·*su*

Notfall

Hilfe!	സഹായിക്കൂ!	sa·ha·ji·*kuu*
Gehen Sie weg!	ഇവിടുന്ന് പോകൂ!	ai wi·du·*nu* po·*kuu*

Rufen Sie ...! ... വിളിക്കൂ! ... wi·li·*kuu*
einen Arzt ഒരു ഡോക്ടറെ o·*ru* dok·ta·*re*
die Polizei പൊലീസിനെ po·li·si·*ne*

Ich muss das Telefon benutzen.
എനിക്ക് ഈ ഫോൺ ഒന്നു വേണമായിരുന്നു. i·ni·*ku* ie fon o·*nu* *wej*·na·maa·ji·ru·*nu*
Ich hab mich verirrt.
എനിക്ക് വഴി അറിഞ്ഞുകൂട. i·ni·*ku* wa·*si* ei·ri·*nju*·kuu·*da*

Zahlen

1	ഒന്ന്	*on*·na
2	രണ്ട്	*ren*·d'a
3	മൂന്ന്	*muu*·na
4	നാല്	*naa*·la
5	അഞ്ച്	*en*·dscha
6	ആറ്	*aa*·ra
7	ഏഴ്	*i*·sa
8	എട്ട്	*i*·t'a
9	ഒമ്പത്	*on*·pa·t'a
10	പത്ത്	*pa*·t'a
20	ഇരുപത്	ai·*ru*·pa·t'a
30	മുപ്പത്	*mu*·p'a·t'a
40	നാൽപത്	*naal*·pa·t'a
50	അമ്പത്	*en*·ba·t'a
60	അറുപത്	ei·*ru*·pa·t'a
70	എഴുപത്	i·*su*·pa·t'a
80	എൺപത്	*en*·pa·t'a
90	തൊണ്ണൂറ്	t'on·*nuu*·ra
100	നൂറ്	*n'oo*·ra
1000	ആയിരം	*aa*·je·rem

MARATHI

Marathi ist die offizielle Sprache im Bundesstaat Maharashtra. Sie gehört zur indo-arischen Sprachfamilie und wird von geschätzten 71 Mio. Menschen gesprochen. Marathi wird in der Devanagari-Schrift geschrieben (die auch für Hindi benutzt wird).

Grundbegriffe

Hallo नमस्कार na·mas·*kaar*
Auf Wiedersehen
बाय bai
Ja होय hoi
Nein नाही naa·*hie*
Bitte कृपया kri·pa·*jaa*
Danke धन्यवाद d'an·ja·*vaad*
Entschuldigung क्षमस्व. kscha·mas·*wa*
Es tut mir leid. खेद आहे. k'ed aa·*he*

Wie geht's?
आपण कसे आहात? aa·*pen* ka·*se* aa·*haat*
Gut, danke.
छान आहे, आभार. tsch'aan aa·*he* aa·*b'aar*
Wie heißen Sie?
आपले नांव? aa·pa·*le* naa·*naf*
Ich heiße ...
माझे नांव ... maa·*dsch'e* naa·*naf* ...
Sprechen Sie Englisch?
आपण इंग्रजी बोलता का? aa·*pen* ing·re·*dschie* bol·*taa* kaa
Ich verstehe nicht.
मला समजत नाही. ma·*laa* sem·dschet naa·*hie*
Wie viel kostet das?
याची काय किंमत आहे? jaa·*tschie* kaay ki·*met* aa·*he*
Wo sind die Toiletten?
शौचालय कुठे आहे? schoh·tschaa·*lai* ku·*t'e* aa·*he*

Notfall

Hilfe! मदत! ma·*det*
Gehen Sie weg! दूर जा! dor dschaa

Rufen Sie ...! कॉल करा ...! kaal ka·*raa* ...
einen Arzt डॉक्टरांना dok·ta·raen·*naa*
die Polizei पोलिसांना po·li·saa·*naa*

Ich muss das Telefon benutzen.
मला फोन वापरायचा आहे. ma·*laa* fon waa·pa·raa·ja·*tschaa* aa·*he*
Ich hab mich verirrt.
मी हरवले आहे. mie ha·ra·wa·*le* aa·*he*

Zahlen

1	एक	ek
2	दोन	don
3	तीन	tien
4	चार	tschaar
5	पाच	paatsch
6	सहा	sa·*haa*
7	सात	saat
8	आठ	aat'
9	नऊ	na·*uu*
10	दहा	da·*haa*
20	वीस	wies
30	तीस	ties
40	चाळीस	tschaa·*lies*
50	पन्नास	pen·*naas*

60	साठ	saat'
70	सत्तर	set·*tar*
80	ऐंशी	ejn·*schie*
90	नव्वद	nev·*wed*
100	शंभर	schem·*b'ar*
1000	एक हजार	ek ha·*dschaar*

ORIYA

Oriya ist die offizielle Sprache des Bundesstaates Orissa und wird von ca. 31 Mio. Menschen gesprochen. Sie gehört zur indo-arischen Sprachfamilie.

Grundbegriffe

Hallo ଆହେ aa·hi

Auf Wiedersehen
ବିଦାୟ bi·daa·ja

Ja ହିଁ hen

Nein ନା naa

Bitte ଦୟାକରୀ da·jaa·ka·ri

Danke ଧନ୍ୟବାଦ d'an·ja·baa·da

Entschuldigung
କ୍ଷମା କରନ୍ତୁ k'ja·maa ka·ren·tu

Es tut mir leid.
ଦୁଃଖିତ. du·k'i·ta

Wie geht's?
ଆପଣ କେମିତି ଅଛନ୍ତି? aa·pa·na ke·mi·ti a·tschen·ti

Gut, danke.
ଉତ୍ତମ, ଧନ୍ୟବାଦ. ju·t'a·ma d'an·ja·bed

Wie heißen Sie?
ଆପଣଙ୍କ ନାମ କ'ଣ? aa·pa·na·ka naa·ma ka·na

Ich heiße ...
ମୋ ନାମ ହେଲା ... mo naa·ma hi·laa ...

Sprechen Sie Englisch?
ଆପଣ ଇଁରାଜୀ
କୁହନ୍ତି କୀ? aa·pa·na ing·li·scha
ku·hen·ti ki

Ich verstehe.
ମୁଁ ବୁଝେ. mu bu·dsch'e

Ich verstehe nicht.
ମୁଁ ବୁଝେ ନାହିଁ. mu bu·dsch'e naa·hi

Wie viel kostet das?
ଏହା କେତେ? i·ha ke·te

Wo sind die Toiletten?
ଶୌଚାଗାର
କେଉଁଠାରେ ଅଛି? so·ju·tscha·gaa·ra
ke·an·t'aa·re aa·tschi

Notfall

Hilfe! ରକ୍ଷା କର! rek·hja ka·ra

Gehen Sie weg!
ଏଠାରୁ ଚାଲିଯାଅ! i·t'aa·ru tscha·li·dschaa·ei

Rufen Sie ...! ଡାକ ... କୁ! daa·ka ... ku
einen Arzt ଡାକ୍ତର daak·ta·ra
die Polizei ପୋଲିସ୍ po·li·sa

Ich muss das Telefon benutzen.
ମୋର ଦୂରଭାଷ
ବ୍ୟବହାର
କରିବାର ଅଛି. mo·ra du·ra·b'aa·scha
bja·ba·haa·ra
ka·ri·baa·ra aa·tschi

Ich hab mich verirrt.
ମୁଁ ହଜିଯାଇଛି. mu ha·dschi·dschaa·i·tschi

Zahlen

1	ଏକ	i·ka
2	ଦୁଇ	du·e
3	ତିନ	ti·ni
4	ଚାରି	tscha·ri
5	ପାନ୍‌ଚ	pen·tscha
6	ଛଅ	tscha·ei
7	ସାତ	saa·t'a
8	ଆଠ	aa·t'a
9	ନଅ	na·aa
10	ଦଶ	da·sa
20	କୋଡୀଏ	ko·die·i·ei
30	ତିରିଶ	ti·ri·si
40	ଚାଲିଶି	tscha·li·si
50	ପଚାଶ	pa·tscha·sa
60	ଷାଠିଏ	scha·t'i·i
70	ସତୁରି	sa·tu·ri
80	ଅଶୀଏ	ei·sie·i
90	ନବେ	na·bi
100	ଶହେ	sa·hi
1000	ଏକ ହଜାର	e·ka ha·dscha·ra

TELUGU

Telugu ist die offizielle Sprache im Bundesstaat Andhra Pradesh. Sie gehört zu den drawidischen Sprachen und wird von rund 70 Mio. Menschen gesprochen.

Der transkribierte Laut oh wird wie im englischen „note" ausgesprochen.

Grundbegriffe

Hallo నమస్కారం na·mas·kaa·ram

Auf Wiedersehen
వెళ్ళొస్తాను wel·loh·staa·nu

Ja/Nein అవును/కాదు a·wu·nu/kaa·du

Bitte దయచేసి da·ja·tschaj·si

Danke ధన్యవాదాలు d'an·ja·waa·daa·lu

Entschuldigung	ఏమండి	aj·en·di
Es tut mir leid.	క్షమించండి.	kscha·min·tschen·di
Wie geht's?	ఎట్లా ఉన్నారు?	et·laa an·naa·ru
Gut, danke.	బాగున్నాను.	baa·gan·naa·nu

Wie heißen Sie?
మీ పేరేంటి? — mie pei·rejn·ti

Ich heiße ...
నా పేరు ... — naa pej·ru ...

Sprechen Sie Englisch?
మీరు ఇంగ్లీషు మాట్లాడుతారా? — mie·ru ing·lie·schu maat·laa·du·taa·raa

Ich verstehe nicht.
అర్థం కాదు. — ar·t'am kaa·du

Wie viel kostet das?
అది ఎంత? — ei·di en·ta

Wo sind die Toiletten?
బాత్రూములు ఎక్కడ ఉన్నాయి? — baat·ruum·lu ek·ka·da an·naa·ji

Notfall

Hilfe!	సహాయం కావాలి!	sa·haa·jam kaa·waa·li
Gehen Sie weg!	వెళ్ళిపో!	wel·li·poh
Rufen Sie ...!	... పిలవండి!	... pai·la·wenn·di
einen Arzt	డాక్టర్ని	daak·tar·ni
die Polizei	పోలీసుల్ని	poh·lie·sal·ni

Ich muss das Telefon benutzen.
నేను ఫోను వాడుకోవాలి. — nei·nu p'oh·nu waa·du·koh·waa·li

Ich hab mich verirrt.
నేను దారి తప్పి పోయాను. — nei·nu daa·ri tep·pai poh·jaa·nu

Zahlen

1	ఒకటి	oh·ka·ti
2	రెండు	ren·du
3	మూడు	muu·du
4	నాలుగు	naa·lu·gu
5	ఐదు	ai·du
6	ఆరు	aa·ru
7	ఏడు	ej·du
8	ఎనిమిది	i·ni·mi·di
9	తొమ్మిది	tohm·mi·di
10	పది	pa·di
20	ఇరవై	ai·ra·wai
30	ముప్పై	map·p'ai
40	నలభై	na·la·b'ai
50	యాభై	jaa·b'ai
60	అరవై	ei·ra·vai
70	డెబ్భై	deb·b'ai
80	ఎనభై	i·na·b'ai
90	తొంభై	tohm·b'ai
100	వంద	wenn·da
1000	వెయ్యి	wej·ji

GLOSSAR

Hier finden sich eine Reihe von Wörtern und Ausdrücken, die einem auf dem Weg durch Südindien begegnen werden. Begriffe zum Thema „Essen und Trinken" werden ab S. 475, die verschiedenen südindischen Sprachen und Dialekte ab S. 564 erläutert.

abbi – Wasserfall

Adivasi – Stammesmitglied

agarbathi – Weihrauch

Agni – wichtige Gottheit in den Veden, Vermittler zwischen Menschen und Göttern; auch Feuer

ahimsa – Gewaltlosigkeit

AIR – All India Radio, der nationale Radiosender

air-cooler –lärmender, wassergefüllter Luftkühler

amrita – Unsterblichkeit

Ananta – die Schlange, auf der Vishnu ruht

Annapurna – eine Erscheinung Durgas; angebetet wegen ihrer Kraft, für genügend Essen zu sorgen

apsara – himmlische Nymphe

Aranyani – Hindugöttin der Wälder

Ardhanariswara – Shivas halb männliche, halb weibliche Form, für die auch die Bezeichnung Parvati verwendet wird.

Arjuna – Held des Mahabharata und militärischer Führer, der Subhadra heiratete (Krishnas blutschändende Schwester); er besiegte viele Dämonen. Hat die Bhagavad-Gita von Krishna erhalten, leitete die Begräbniszeremonie Krishnas und zog sich letztendlich in den Himalaja zurück.

Aryan – Sanskrit für „edel"; Menschen, die aus Persien

ausgewandert sind und sich in Nordindien niederließen

Ashoka – Herrscher im 3. Jh. v. Chr.; verbreitete den Buddhismus in Südindien

ashram – spirituelle Gemeinschaft oder Zuflucht

ASI –Archaeological Survey of India; eine Organisation, die sich um die Erhaltung der Kulturgüter bemüht

attar – ölige Essenz; wird als Grundstoff für Parfüm benutzt

Autorikscha – lärmendes, dreirädriges, motorisiertes Unikum, mit dem Passagiere, Vieh usw. über relativ kurze Entfernungen transportiert werden können; es gibt sie überall in Indien; sie sind meist billiger als Taxis

Avalokiteshvara – im Mahayana-Buddhismus der Bodhisattva der Barmherzigkeit

avatar – Inkarnation, normalerweise einer Gottheit

Ayurveda – die alte und ganzheitliche Wissenschaft der indischen Kräutermedizin und Heilkunde.

azad – frei (Urdu), wie in Azad Jammu & Kashmir

baba – religiöser Meister oder Vater, Ausdruck des Respekts

babu – Büroangestellter

bagh – Garten

bakschisch – Trinkgeld, Spende (Almosen) oder Bestechung

banyan – indischer Feigenbaum; vielen Indern heilig

Bhagavad-Gita – göttliches Lied der Hindus; Krishnas Lehren an Arjuna, wichtigstes Ziel war, die Philosophie der *bhakti* zu betonen; Teil des Mahabharata

bhajan – Andachtslied

bhakti – vertrauensvolle Hingabe an die Götter; Glaube

bhang – getrocknete Blätter und Blütenknospen der Marihuanapflanze

bhangra – rhythmische Musik und Tanz der Punjabi

Bharata – Halbbruder von Rama; herrschte, während Rama im Exil war

bhavan – Haus, Gebäude; auch *bhawan* geschrieben

Bhima – Held des Mahabharata; er ist der Bruder von Hanuman und bekannt für seine große Kraft

bidi – kleine, handgerollte Zigarette aus Blättern

bindi – Stirnzeichen (oft punktförmig) von Frauen

BJP – Bharatiya Janata Party; eine politische Partei

bodhisattva – wörtlich: „einer dessen Lebensziel perfekte Weisheit ist". Im frühen Buddhismus bezog sich *bodhisattva* nur auf Buddha als er danach strebte, Buddha zu werden, und auf den Moment der Erleuchtung; im Mahayana-Buddhismus ist es jemand, der auf das Nirvana verzichtet, um anderen zu helfen, es zu erreichen

Bollywood – Indiens Antwort auf Hollywood; die Filmindustrie in Mumbai (Bombay)

Brahma – Hindu-Gott, in der Trimurti als Schöpfer verehrt

Brahmanen – Mitglieder der Priester-/Gelehrtenkaste, der höchsten Hindu-Kaste

Buddha – der Erleuchtete; Gründer des Buddhismus, bei den Hindus die neunte Inkarnation Vishnus

bund – Damm oder Deich

cantonment – administratives und militärisches Gebiet einer Stadt aus dem British Raj

chaitya – Sanskrit für „cetiya", benennt einen Schrein oder ein Objekt der Verehrung. Heute versteht man darunter einen Tempel oder eine spezielle Halle, unterteilt in ein Hauptschiff und zwei Seitenschiffe, die durch Säulenreihen getrennt sind; am Ende der Halle steht ein Votiv-Stupa.

chandra – Mond; der Mond als Gott

chappals – Sandalen, Lederlatschen oder Flip-Flops

charas – Harz des Indischen Hanfs, gemeinhin auch „Haschisch" genannt

chillum – Hookah-Pfeife; meist sind Pfeifen gemeint, mit denen man *ganja* (Marihuana) raucht

chinkara – Gazelle

chital – Axishirsch

choli –Sari-Bluse

chowk – städtischer Platz, Kreuzung oder Marktplatz

chowkidar – Nachtportier, Hausmeister

crore – 10 Mio.

dagoba – s. *stupa*

Dalit – am häufigsten benutzter Name für die Kaste der Unberührbaren

dargah – Schrein oder Begräbnisplatz eines muslimischen Heiligen

darshan – Opfer oder Audienz mit jemandem; glücksverheißende Erscheinung einer Gottheit

Deccan – bedeutet „Süden", bezieht sich auf die Hochebene im Zentrum Südindiens

devadasi – Tempeltänzer

Devi – Shivas Frau; Göttin

dhaba – einfaches Restaurant oder Imbiss; besonders beliebt bei Lastwagenfahrern

dharamsala – Herberge für Pilger

dharma – das Wort wird sowohl von Hindus als auch von Buddhisten benutzt, um ihre jeweiligen Moralvorstellungen und Verhaltensweisen zu bezeichnen

dhobi – Person, die Wäsche wäscht; auch *dhobi-wallah*

dhobi ghat – Ein Ort, an dem der *dhobi* Kleidungsstücke wäscht

dhol – traditionelle, doppelseitige Trommel

dholi – von Menschen getragene „Stühle", auf denen Leute zu den Tempeln auf den Bergen geschleppt werden, eine Sänfte wie einst für gehfaule Adlige.

dhoti – wie ein *lungi*; die knöchellange Kleidung für Männer wird zwischen den Beinen hochgezogen

dhurrie – Teppich

dowry – Mitgift; Geld und/ oder Güter werden von den Brauteltern an die Familie des Schwiegersohns gegeben; illegal, aber noch verbreitet bei arrangierten Hochzeiten

Draupadi – die Frau der fünf Pandava-Prinzen im Mahabharata

Drawidisch – allgemeine Bezeichnung für die Kultur und Sprachen im tiefen Süden Indiens, beispielsweise Tamil, Malayalam, Telugu und Kannada

dupatta – ein langer Schal für Frauen, der häufig in Kombination mit dem *salwar kameez* getragen wird

durbar – königlicher Gerichtshof; auch eine Behörde

Durga – die Unnahbare; eine Form der Frau Shivas, Devi, eine wunderschöne, wilde Göttin, die auf einem Tiger/Löwen reitet

dwarpal – Türwächter; Skulptur neben den Eingängen zu hinduistischen oder buddhistischen Schreinen

Emergency – Periode in den 1970er-Jahren, in der die Premierministerin Indira Gandhi viele politische Rechte außer Kraft gesetzt hat

Eve-teasing – sexuelle Belästigung

filmi – Slangbezeichnung für alles, was mit indischen Filmen zu tun hat

gaddi – Thron eines Hindu-Prinzen

Ganesha – Hindugott des Glücks und Beseitiger von Hindernissen; beliebter, elefantenköpfiger Sohn von Shiva und Parvati, er ist auch bekannt als Ganpati; sein Reittier ist eine rattenähnliche Kreatur

Ganga – Hindugöttin, die den heiligen Fluss Ganges repräsentiert, der aus Vishnus Zeh fließen soll

garbhagriha – der innerste Raum eines Hindu-Tempels; „Mutterleib"

Garuda – Vishnus Reittier in Menschen-Vogel-Form

gaur – indisches Wildrind

geyser – Boiler in manchen Badezimmern

ghat – Stufen oder Anlegestelle an einem Fluss; auch Bezeichnung eines Bergzuges oder einer Straße durch die Berge

giri – Hügel

gopuram – pyramidenförmiger Eingangsturm drawidischer Tempel

gumbad – Kuppel auf einem islamischen Grabmal oder einer Moschee

gurdwara – Sikh-Tempel

guru – heiliger Lehrer, in Sanskrit wörtlich *goe* (Dunkelheit) und *roe* (zerstreuen)

Guru Granth Sahib – heiliges Buch der Sikh

haj – Pilgerfahrt der Muslime nach Mekka

haji – ein Muslim, der eine *haj* gemacht hat

Hanuman – Affengott der Hindus, bekannt aus dem Ramayana; er ist ein Verbündeter Ramas

hartal – Streik

haveli – traditionelle, oft sehr schön mit Ornamenten verzierte Häuser

hijra – Eunuch, Transvestit

hindola – Schaukel

hookah – Wasserpfeife zum Rauchen von *ganja* (getrocknete Pflanzenteile des Hanfs) oder von starkem Tabak

Imam – religiöser Führer der Muslime

IMFL – Abkürzung für „Indian-made foreign liquor"; in Indien hergestellte ausländische Alkoholika

Indo-sarazenisch – kolonialer Architekturstil, der westliche Bausstile mit islamischen, Hindu- und jainistischen Einflüssen mischt

Indra – bedeutender und angesehener vedischer Gott; Gott des Regens, Donners, Blitzes und des Krieges

Jagannath – Gott des Universums; eine Form von Krishna

jali – in der indischen Architektur ein kunstvolles Fenstergitter, häufig aus Marmor

jhula – Brücke

ji – Ehrenbezeichnung, die als Zeichen des Respekts an fast alles gehängt werden kann, z. B. „Babaji", „Gandhiji"

jootis – traditioneller, oft spitzer, offener Schuh

jyoti linga – die wichtigsten zwölf Schreine Shivas

Kailash – heiliger Berg im Himalaja; Heimat Shivas

kalamkari – mit Pflanzenfarben gefärbtes Stoffmuster

Kali – die finster blickende, das Böse vernichtende Form von Devi; wird meist blutverschmiert, mit schwarzer Haut und mit einer Totenkopfkette um den Hals dargestellt

kameez – eine hemdähnliche Tunika für Frauen, dient auch als Badeanzug

Kannada – offizielle Sprache in Karnataka

karma – im Hinduismus, Buddhismus und Sikhismus eine ausgleichende Gerechtigkeit und Vergeltung für begangene Untaten

karnatische Musik – klassische Musik Südindiens

Kaste – ererbter gesellschaftlicher Stand eines Hindu; es gibt vier: die Brahmanen, die Kshatriyas, die Vaishyas und die Shudras; die Brahmanen stehen an oberster Stelle

khadi – handgesponnene Kleidung ; Mahatma Gandhi ermunterte die Menschen, lieber eigenen Stoff zu spinnen als englische Kleider zu tragen

Khalistan – von der Unabhängigkeitsbewegung der Sikh benutzter Name für ein freies Punjab

Khalsa – Sikhbruderschaft

Khan – muslimischer Ehrentitel

kolam – kunstvolle Muster aus Reispaste oder farbigem Pulver, auch bekannt als *rangoli*

Königreich Vijayanagar – eines der größten Königreiche Südindiens, bestand vom 14. bis zum 17. Jh.; Vijayanagars Hauptsstadt war in Hampi in Karnataka

Konkani – offizielle Sprache Goas

Krishna –Vishnus achte Inkarnation, oft blau gefärbt; brachte Arjuna die *Bhagavad-Gita*

Kshatriya – Krieger- und Herrscherkaste der Hindus; die zweithöchste Kaste

kurta – langes Hemd mit kleinem oder keinem Kragen

lakh – 100 000

Lakshmana – Halbbruder und Gefährte Ramas im Ramayana

Lakshmi – Vishnus Gemahlin und Hindugöttin des Wohlstands; kam mit einer Lotusblüte aus dem Meer

lama – Priester oder Mönch des tibetischen Buddhismus

lingam – phallisches Symbol; Symbol Shivas; Plural: *linga*

lungi – von Männern getragene weite, bunte Kleidung (ähnlich dem Sarong) wird in der Taille gefaltet

maha – Vorsilbe, die „groß" bedeutet

Mahabharata – großes Heldenepos der Hindus aus der Bharatadynastie; es enthält etwa 10 000 Verse, die die Schlacht zwischen den Pandavas und den Kauravas beschreiben

mahal – Haus oder Palast

Maharadscha – wörtlich „großer König"; fürstlicher Herrscher

Maharani – Frau eines fürstlichen Herrschers oder selbstständige Herrscherin

mahatma – wörtlich „große Seele"

Mahavir – der letzte *tirthankar*

Mahayana – das „große Fahrzeug"; Hauptausrichtung des Buddhismus; eine spätere Adaption der Lehren, die den Schwerpunkt auf das Ideal der Bodhisattva legt, lehrt den Verzicht auf das Nirvana (den ewigen Frieden und das Ende der Wiedergeburten), um anderen auf dem Pfad der Erleuchtung zu helfen

mahout – Elefantenreiter oder -führer

maidan – offene (oft mit Gras bewachsene) Fläche; Paradeplatz

Makara – mythisches Meeresungeheuer und Varunas Reittier; Krokodil

mala – Kette, Girlande

Malayalam – offizielle Sprache in Kerala

mandapa – Pavillon mit Pfeilern, Tempelvorhalle

mandir – Tempel

Mara – buddhistische Personifizierung der Behinderung der Tugendhaftigkeit, oft mit Hunderten von Armen dargestellt; auch der Gott des Todes

Marathen – zentralindischer Volksstamm, der zu verschiedenen Zeiten Indien beherrschte und gegen die Moguln und Rajputen kämpfte

marg – Straße

masjid – Moschee

mehndi – Henna; Hennabemalungen auf den Händen (und oft auch auf den Füßen) der Frauen anlässlich bestimmter Feste oder Zeremonien (z. B. zur Hochzeit)

mela – Messe oder Fest

mithuna – Männer- oder Frauenpaare; finden sich oft unter Tempelskulpturen

Moguln – muslimische Herrscherdynastie von Babur bis Aurangzeb

Mohini –Vishnu in seiner weiblichen Form

moksha – Befreiung von der *samsara*

mudra – rituelle Handbewegung während religiöser Hindu-Tänze; Gesten der Buddhafiguren

Naga – mythische, schlangenähnliche Lebewesen, die menschliche Gestalt annehmen können

namaskar – s. *namaste*

namaste – traditioneller Hindu-Gruß („Hallo" oder „Auf Wiedersehen"), oft begleitet von einer kleinen Verbeugung, bei der man die Hände auf Brust-oder Kopfhöhe aneinanderlegt

Nanda – im Hinduismus: Kuhherde, die Krishna aufzog; im Buddhismus: Buddhas Halbbruder

Nandi – Bulle, der Shiva als Reittier dient

Narasimha – Inkarnation Vishnus, teils Mensch, teils Löwe

Narayan – Inkarnation Vishnus als Schöpfer

Nataraja –Shiva als kosmischer Tänzer

nilgai – Antilopenart

nizam – erbbarer Titel der Herrscher von Hyderabad

NRI – Non-Resident Indian; von ökonomischer Bedeutung für das heutige Indien

Om – eine heilige Beschwörung als Ausdruck des göttlichen Prinzips; Buddhisten wiederholen diesen Ruf mit äußerster Konzentration, um den Zustand innerer Leere zu erreichen

Paisa – 100 Paisa = 1 Rupie

palanquin – Sänfte

Pali – eine Sprache, die dem Sanskrit verwandt ist und in der die buddhistischen Schriften aufgezeichnet wurden; Gelehrte beziehen sich immer noch auf die ursprünglichen Pali-Texte

Parasurama – Rama mit der Axt; sechste Inkarnation Vishnus

Parsen – Anhänger des zarathustrischen Glaubens

Partition – Teilung Britisch Indiens im Jahr 1947 in zwei unabhängige Länder, Indien und Pakistan

Parvati – eine Form von Devi

PCO – Public Call Office; in den Buden können Ortsgespräche, nationale und internationale Telefongespräche geführt werden

pietra dura – Marmoreinlegearbeiten, charakteristisch für den Taj Mahal

Pongal – tamilisches Erntefest

pradesh – Staat

pranayama – Lehre von der Atemkontrolle; Meditationspraktik

prasad – dem Tempel gewidmete Speiseopfer

puja – wörtlich „Respekt"; Opfer oder Gebete

Puranas – Sammlung von 18 Epen in Sanskrit, geschrieben in Versen; Thema sind die drei Götter. Sie stammt aus dem 5. Jh.

purdah – eine Sitte unter konservativen Muslimen (auch von manchen Hindus übernommen, besonders den Rajputen), ihre Frauen von der Öffentlichkeit fern zu halten; Verschleierung

Purnima – Vollmond; gilt als eine glücksverheißende Zeit

Qawwali – religiöser islamischer Gesang

Radha – die bevorzugte Geliebte Krishnas, als er als Kuhhirte lebte

Radscha – König; manchmal auch *rana*

raga – verschiedene konventionelle Melodien und Rhythmen, die die Basis für frei vorgetragene Kompositionen bilden

railhead – Bahnhof oder Stadt am Ende der Eisenbahnlinie; Endstation

Raj – Herrschaft oder Staatsgewalt; „British Raj" (manchmal nur Raj) bezeichnet die britische Kolonialherrschaft

Rajput – Kriegerkaste der Hindus, früher Herrscher im nordwestlichen Indien

rakhi – Amulett

Rama – siebte Inkarnation Vishnus

Ramadan – der islamische heilige Fastenmonat verbietet gläubigen Muslimen, zwischen Sonnenauf- und Sonnenuntergang zu essen, zu trinken oder zu rauchen; wird auch Ramazan genannt

Ramayana – die Erzählung von Rama und Sita und ihrem Kampf mit Ravana; eines der bekanntesten Epen Indiens

rana – König; manchmal auch Radscha

rangoli – s. *kolam*

rani – weiblicher Herrscher oder Frau eines Königs

rathas – in Felsen gehauene drawidische Tempel

Ravana – Dämonenkönig von Lanka, der Sita entführte; der Titanenkampf zwischen ihm und Rama ist im Ramayana beschrieben

Rikscha – kleines Passagierfahrzeug mit zwei oder drei Rädern

sadhu – asketische, heilige Person, die nach Erleuchtung strebt; oft auch *swamiji* oder *babaji genannt*

sagar – See, Wasserreservoir

sahib – respektvolle Anrede für einen Gentleman

salwar – Hosen, meist mit einem *kameez* getragen

salwar kameez – traditionelle kostümähnliche Kombination aus Hose und Tunika für Frauen

samadhi – im Hinduismus ein ekstatischer Zustand, der als „Ekstase, Trance, Eintracht mit Gott" bezeichnet wird; im Buddhismus „Konzentration"; auch der Platz, an dem ein Heiliger verbrannt oder begraben wurde, meist geehrt durch einen Schrein

sambar – Hirsch

samsara – Buddhisten, Hindus und Sikhs glauben, dass das irdische Leben zyklisch verläuft; man wird wieder und wieder geboren, die Qualität der Wiedergeburten hängt vom Karma der früheren Leben ab

Sangam – alte Lehranstalt für tamilische Literatur; bedeutet „das Zusammentreffen zweier Herzen"

sangha – Mönchs- oder Nonnenorden

Saraswati – Frau von Brahma; Göttin des Lernens; sitzt auf einem weißen Schwan und hält eine *veena*

Sati – Frau von Shiva; wurde eine *sati* („ehrenhafte Frau"') indem sie sich selbst verbrannte; obwohl seit mehr als 100 Jahren verboten, kommt der *sati* (Selbstverbrennung) immer noch – wenn auch selten – vor

satyagraha – gewaltloser Protest mit Hungerstreik, populär gemacht von Mahatma Gandhi; aus dem Sanskrit, bedeutet wörtlich „Beharren auf der Wahrheit"

Scheduled Castes – offizielle Bezeichnung für die Unberührbaren oder Dalits

sepoy – früher ein indischer Soldat in britischen Diensten

shahadah – muslimisches Glaubensbekenntnis („Es

gibt keinen anderen Gott außer Allah; Mohammed ist sein Prophet")

shakti – kreative Energien, wahrgenommen als Göttinnen; die Anhänger folgen dem Shaktismus

shikara – überdachtes, gondelähnliches Boot, das auf Seen benutzt wird

Shiv Sena – nationalistische Hindu-Partei

Shiva – Zerstörer, aber auch Schöpfer, und in dieser Funktion als Lingam verehrt

Shivaismus – Anbetung von Shiva

Shivait – Anhänger von Shiva

Shivaji – der große Marathen-Führer des 17. Jhs.

shola – Urwald

Shudra – Arbeiterkaste

sikhara – hinduistischer Tempelturm oder Tempel

Sita – die Hindu-Göttin der Landwirtschaft, wird üblicherweise mit dem Ramayana in Verbindung gebracht

sitar – Saiteninstrument

Sivaganga – Shiva gewidmetes Wasserbecken im Tempel

Skanda – Hindu-Gott des Krieges und Sohn Shivas

Stupa – buddhistisches Monument, besteht aus einer festen Kuppel, die von einer Spitze gekrönt wird und Reliquien von Buddha enthält; auch bekannt als „dagoba" oder „pagoda"

Sufi – muslimischer Mystiker

Sufismus – islamischer Mystizismus

Surya – die Sonne; wichtige Gottheit in den Veden

swami – respektvoller Titel, der „Herr seiner selbst" bedeutet; für initiierte hinduistische Mönche

tabla – Doppeltrommel

Tamil – Sprache in Tamil Nadu; Menschen drawidischen Ursprungs

tandava – Shivas kosmischer Siegestanz

Tank – Wasserreservoir, Becken oder großes Behältnis mit heiligem Wasser aus verschiedenen Tempeln

tempo – lärmendes Vehikel mit drei Rädern für den öffentlichen Transport; größer als eine Autorikscha

theertham – Tempelbecken

Theravada – orthodoxe Form des Buddhismus, verbreitet in Sri Lanka und Südostasien, zeichnet sich durch die Wahrung der *pali*-Regeln aus; wörtlich „Behausung"

tikka – Stirnzeichen der Hindus

tilak – ein glückverheißendes Stirnzeichen frommer Hindus

tirthankars – die 24 großen Lehrer des Jainismus

Tonga – Pferde- oder Ponywagen mit zwei Rädern

Toy train – Schmalspurbahn; Minibahn

Trimurti – Dreiergruppe; die hinduistische Dreiheit von Brahma, Shiva und Vishnu

Unberührbare – die niedrigste Kaste oder die „Kastenlosen", denen die niedrigsten Verrichtungen vorbehalten sind; der Name kommt von dem Glauben, dass Angehörige höherer Kasten sich beschmutzen, wenn sie sie berühren; auch bekannt als Dalit

Vaishya – Mitglied der Hindukaste der Händler

Varuna – wichtigster vedischer Gott

Veden – heilige Bücher der Hindus; Sammlung von Gesängen im vorklassischem Sanskrit aus dem 2. Jahrtausend v. Chr.; eingeteilt in vier Bücher: Rigveda, Yajurveda, Samaveda und Atharvaveda

veena – Saiteninstrument

vihara – buddhistisches Kloster; meist mit einem zentralen Platz oder einer Halle, wo die Wohnzellen abgehen, normalerweise mit einem Buddhaschrein an einem Ende

vikram – *tempo* oder eine größere Version eines *tempo*

vimana – wichtigster Teil des Hindu-Tempels; ein Turm über dem Allerheiligsten

vipassana – die Meditationstechnik des In-sich-Kehrens im Theravada-Buddhismus, bei der Körper und Seele als wechselnde Phänomene wahrgenommen werden

Vishnu – Teil der Trimurti; Vishnu ist der Bewahrer und Erhalter, der bis jetzt neun Avatars hatte: den Fisch Matsya, die Schildkröte Kurma, das Wildschwein Naraha, Narasimha, Vamana, Parasurama, Rama, Krishna und Buddha

wallah – Mensch; wird an alles Mögliche gehängt, z.B. *dhobi-wallah, chai-wallah, taxi-wallah*

yali – mythische Löwenkreatur

yatra – Pilgerfahrt

zakat – Steuer in Form einer wohltätigen Spende; einer der fünf „Pfeiler des Islam"

zenana – Platz, an dem Frauen unter sich sind; Frauenquartiere

Hinter den Kulissen

WIR FREUEN UNS ÜBER EIN FEEDBACK

Post von Travellern zu bekommen, ist für uns ungemein hilfreich – Kritik und Anregungen halten uns auf dem Laufenden und helfen, unsere Bücher zu verbessern. Unser reiseerfahrenes Team liest alle Zuschriften ganz genau, um zu erfahren, was an unseren Reiseführern gut und was schlecht ist. Wir können solche Post zwar nicht individuell beantworten, aber jedes Feedback wird garantiert schnurstracks an die jeweiligen Autoren weitergeleitet, rechtzeitig vor der nächsten Nachauflage.

Wer uns schreiben will, erreicht uns über **www.lonelyplanet.de/kontakt**.

Hinweis: Da wir Beiträge möglicherweise in Lonely Planet Produkten (Reiseführer, Websites, digitale Medien) veröffentlichen, ggf. auch in gekürzter Form, bitten wir um Mitteilung, falls ein Kommentar nicht veröffentlicht oder ein Name nicht genannt werden soll. Wer Näheres über unsere Datenschutzpolitik wissen will, erfährt das unter www.lonelyplanet.com/privacy.

DANK VON LONELY PLANET

Vielen Dank an die folgenden Leser, die mit der letzten Auflage des Reiseführers „Südindien" unterwegs waren und uns nach ihrer Reise wertvolle Hinweise, nützliche Tipps und interessante Geschichten zugesandt haben:

Keith Abraham, Fern Albert, Liz Allam, Rossen Arnaoudov, Else Bavinck, Annika Bratt, Marie Brown, Jim Burt, Aaron Chew, Stephanie Coontz, Stephanie Costello, Camilla Cramsie, Olivia Dalzell, Frankowski Dariusz, Walter Denzel, Wilson Dominic, Lou Elliott, Debbie Epstein, Alexander Erskine, Alex Fraser, Jerry Haigh, Don Hansen, Nick Hearn, Carol Hobart, Kat Hull, Vanessa Hyde, Julia Kozitsyna, P. Krishnasamy, Doris Kudla, Damian Lidgard, Robert Linden, Jasmin Löffler, Kate Lyons-Priker, Christie Maccallum, Antonio Marreiros, Sanson Melissa, Aglaia Molinari, Emily Moss, Urs Naef, Brian O'Neill, Petra O'Neill, Peter Openshaw, Dyrla Podedworna, Katherine Robins, Anne Roskott, Brittany Scheid, Saurabh Sharma, Emma Sherwood, Elise Snyder, Rosemary Srinivasan, Willi Suter, Steve Tanner, Lauren Thomas, Yossi Tor, Nadia Trebbi, Aleksei Trofimov, Harold Verbakel, Mikolaj Wabia, Franc Walsh, Jay A. Waronker, Katrin Wiebus, Leslie Young

DANK DER AUTOREN

Sarina Singh

Danke an alle bei Lonely Planet, die an diesem Riesenwerk mitgearbeitet haben, besonders an Suzannah und Brigitte. Mein Dank gilt auch all den Menschen, die mir ein Feedback gegeben haben, wobei ein extradickes Dankeschön an Shiv geht, meinen Fels in der Brandung. Gott schütze dich! Tausend Dank an die anderen Autoren – ihr wart ein Dreamteam! Euer Enthusiasmus, eure Zuverlässigkeit, euer Humor und eure Herzlichkeit weiß ich zu schätzen. Ich widme meinen 31. Lonely Planet meinen wunderbaren Eltern, die eine stete Quelle der Kraft, Liebe und Weisheit sind.

Trent Holden

Ein großes Danke geht an die wunderbaren Menschen, die ich kennengelernt habe und die mir mit Tipps weitergeholfen haben. Danke an Suzannah Shwer, die mir die Möglichkeit gab, an meinem Traumbuch mitzuarbeiten, an Sarina Singh für ihre beruhigende Gegenwart und an Amy Karafin und Paul Harding für die Infos. Danke auch Nigel Chin, Alex Leung und Wibowo Rusli für ihre Arbeit. Und last, but not least: Meine Liebe gehört meiner Familie, meiner Oma (Bushia) und meiner Freundin Kate.

Abigail Hole

Mein Dank geht an alle bei Lonely Planet, besonders an Suzannah Shwer. Speziell danke ich der unglaublichen Sarina Singh und meinen Co-Autoren – super Tipps, Amy, Daniel, Mark und Michael! Vielen Dank auch an P.J. Varghese für die Hilfe in Kerala, an Umesh und Sudir in Kerala, an Sunny Singh für die Tipps und an die Leser, die mir Ratschläge und Infos geschickt haben. Zuletzt vielen Dank an mein Babysitter-Team, Luca, Mum, Ant und Karen, und an Gabriel und Jack, die so brav waren.

Kate James

Bei Lonely Planet danke ich Sarina Singh und Suzannah Shwer für ihre Unterstützung, besonders während meiner Kreditkartenkrise (danke für den Tipp, was am Frühstücksbuffet zu stibitzen, wenn man knapp bei Kasse ist, Sarina!). Für die super Hilfe danke ich Suzan und Micheal Clements in Ooty, Pandian in Trichy, John Sinclair Willis in Bokkapuram, Bob Naik in Coimbatore und Luke Caleo in Chennai sowie Jyothi Doreswamy für den grenzübergreifenden Urlaub in Mysore. Danke auch an Prema und das nette Personal im Textech-Büro in Chennai für die Tipps und Partyeinladungen. Wie immer danke ich Chris fürs Mutmachen und fürs Tier-Management.

Amy Karafin

Ich bin den Menschen in Goa sehr dankbar dafür, dass sie meine Fragen ertragen haben, vor allem den Jungs an den Bushaltestellen und Bahnhöfen (Mr. Sandesh Varai lebe hoch!) sowie den Lesern, die mir klasse Tipps zugeschickt haben. Außerdem geht mein tiefer Dank an Akash Bhartiya, der mir unschätzbar viel geholfen hat, an Manik und Surekha Bhartiya, Malini Hariharan, Sarina Singh, Suzannah Shwer, Brigitte Ellemor, die Fernandes' in Panaji, Serafin Fernandes, Pamela Maria Mascarenhas e Menezes Pereira, Saaz und Veda Aggarwal, David Gélinas, Eva Bollman, Francesco Vitelli, Kevin Raub, Michael Benanav sowie S.N. Goenka und alle bei Dhamma Pattana. *Bhavatu sabba mangalam.*

Anirban Mahapatra

Mein Dank geht zu allererst an Suzannah, Sarina, Brigitte, Adrian, das ganze Lonely Planet Team und all meine Co-Autoren, weil sie dieses Buch zu einem echten Traumprojekt gemacht haben. Danke an meine Bengaluru-Kumpel Priya, Rajesh, Swagata und Himu für ihre Hilfe und ihre Gastfreundschaft. Danke an Shama Pawar, Vinay Parameswarappa, Chris und Laila Baker, Roop Deb und Suvam Pal, die mir geduldig bei der Recherche geholfen haben. Sridhar und Vivek, danke für Eure zuverlässigen Dienste hinter dem Lenkrad, ihr habt all das möglich gemacht! Schließlich danke ich Bhutu, Baghira, Kelu, Buro, Goopi, Caesar, Elsa, Dotty und Magic, dass sie immer da waren – persönlich oder im Geiste.

Kevin Raub

Mein erster Dank gilt meiner Frau, Adriana Schmidt Raub, weil sie die Reiserei erträgt (ganz im Ernst!). In Indien danke ich Sarita Hegde Roy, Daniel D'Mello, Dhanya Pilo, Sarina Singh, Amy Karafin, Ellie Girdwood, Emma Weeks, Nikhila Palat, Tanvi Madkaiker, Chris Way, Sudeip Nair, DJ Pramz, Sanghamitra Jena, Neeranjan „Tutu" Rout, Bubu Yugabrata, Biswajit Mohanty, Claire Prest, Pulak Mohanty, Chiya Sethi, Mohammed Salim, Nick Hansen, Samiur Rahman, Daniel McCrohan und den drei Rikscha-Fahrern, die nicht versucht haben, mich auszunehmen.

QUELLENNACHWEIS

Die Klimakarten stammen von Peel MC, Finlayson BL & McMahon TA (2007) *Updated World Map of the Köppen-Geiger Climate Classification*, Hydrology and Earth System Sciences, 11, 163344.

Titelfoto: Bootsfahrt in Kerala/Felix Hug, LPI. Die meisten Fotos in diesem Reiseführer können bei Lonely Planet Images auch lizensiert werden: www.lonelyplanetimages.com.

ÜBER DIESES BUCH

Dies ist die 3. deutschsprachige Auflage von *Südindien*, basierend auf der mittlerweile 6. englischsprachigen Auflage von *South India*, die von Sarina Singh, Trent Holden, Abigail Hole, Kate James, Amy Karafin, Anirban Mahapatra und Kevin Raub recherchiert und geschrieben wurde. Katja Gaskell hat an den Abschnitten zur Reiseplanung und zu den Praktischen Informationen mitgewirkt. Amelia Thomas war für das Kapitel „Reisen mit Kindern" zuständig. Dr. Trish Batchelor hat das Kapitel „Gesundheit" verfasst. Die beiden vorangegangenen Ausgaben hat ebenfalls Sarina koordiniert. Dieser Reiseführer wurde vom Lonely Planet Büro in Melbourne in Auftrag gegeben und von folgendem Team betreut:

Verantwortliche Redakteurinnen Kate Morgan, Suzannah Shwer

Leitende Redakteurin Jeanette Wall

Leitender Kartograf Andrew Smith

Leitende Layoutdesignerin Lauren Egan

Redaktion Brigitte Ellemor

Kartografie Alison Lyall, Adrian Persoglia

Layoutdesign Chris Girdler

Redaktionsassistenz Cathryn Game, Karyn Noble, Christopher Pitts, Gabrielle Stefanos

Umschlagrecherche Naomi Parker

Interne Bildrecherche Rebecca Skinner

Sprache Annelies Mertens, Branislava Vladisavljevic

Dank an Ryan Evans, Lisa Knights, Averil Robertson, Gerard Walker

Register

Verweise auf Karten **000**
Verweise auf Fotos 000

D

E

Verweise auf Karten **000**
Verweise auf Fotos 000

F

G

REGISTER C–G

H

I

J

K

L

M

Verweise auf Karten **000**
Verweise auf Fotos **000**

N

Verweise auf Karten **000**
Verweise auf Fotos **000**

Auf einen Blick

Mit diesen Symbolen sind wichtigte Kategorien leicht zu finden:

- Sehenswertes
- Aktivitäten
- Kurse
- Geführte Touren
- Feste & Events
- Schlafen
- Essen
- Ausgehen
- Unterhaltung
- Shoppen
- Praktische Informationen/ Transport

Diese Symbole bieten wertvolle Zusatzinformationen:

- Telefonnummern
- Öffnungszeiten
- Parkplatz
- Rauchen verboten
- Klimaanlage
- Internetzugang
- WLAN
- Schwimmbecken
- vegetarische Speisen
- Speisekarte auf Englisch
- familienfreundlich
- tierfreundlich
- Bus
- Fähre
- Metro
- Subway (U-Bahn)
- Straßenbahn
- Zug

Die Reihenfolge spiegelt die Bewertung durch die Autoren wider.

Empfehlungen von Lonely Planet:

- LP TIPP — Das empfiehlt unser Autor
- GRATIS — Hier bezahlt man nichts
- Nachhaltig und umweltverträglich

Unsere Autoren haben diese Einrichtungen gewählt, weil man dort großen Wert auf Nachhaltigkeit legt: etwa durch die Förderung einheimischer Gemeinschaften oder Hersteller, durch eine umweltverträgliche Bewirtschaftung oder durch ein Engagement im Naturschutz.

Kartenlegende

Sehenswertes
- buddhistisch
- christlich
- Denkmal
- hinduistisch
- islamisch
- jüdisch
- Museum/Galerie
- Ruine
- Schloss
- Strand
- Weingut/Weinberg
- Zoo
- andere Sehenswürdigkeit

Aktivitäten, Kurse & Touren
- Kanu/Kajak fahren
- Schwimmbecken
- Ski fahren
- surfen
- tauchen/schnorcheln
- wandern
- windsurfen
- andere/r Aktivität/ Kurs/Tour

Schlafen
- Camping
- Unterkunft

Essen
- Lokal

Ausgehen
- Bar/Kneipe
- Café

Unterhaltung
- Unterhaltung

Shoppen
- Shoppen

Praktisches
- Bank
- Botschaft/ Konsulat
- Internetzugang
- Krankenhaus/Arzt
- Polizei
- Post
- Telefon
- Toilette
- Touristeninformation
- andere Einrichtung

Verkehrsmittel
- Bus
- Einschienenbahn
- Fähre
- Fahrrad
- Flughafen
- Grenzübergang
- Metro
- Parkplatz
- Seilbahn/ Gondelbahn
- Straßenbahn
- Taxi
- Tankstelle
- Zug
- anderes Verkehrsmittel

Verkehrswege
- Mautstraße
- Autobahn
- Hauptstraße
- Landstraße
- Verbindungsstraße
- sonstige Straße
- unbefestigte Straße
- Platz/Promenade
- Treppe
- Tunnel
- Fußgänger-überführung
- Stadtspaziergang
- Abstecher vom Stadtspaziergang
- Pfad

Geografisches
- Aussichtspunkt
- Berg/Vulkan
- Hütte/Unterstand
- Leuchtturm
- Oase
- Park
- Pass
- Picknickplatz
- Wasserfall

Städte
- Hauptstadt (Staat)
- Hauptstadt (Bundesland/Provinz)
- Großstadt
- Kleinstadt/Ort

Grenzen
- Internationale Grenze
- Bundesstaat/Provinz
- umstrittene Grenze
- Region/Vorort
- Meerespark
- Klippen
- Mauer

Gewässer
- Fluss/Bach
- periodischer Fluss
- Sumpf/Mangrove
- Riff
- Kanal
- Wasser
- Trocken-/Salz-/ periodischer See
- Gletscher

Gebietsformen
- Friedhof
- Friedhof (christlich)
- Highlight (Gebäude)
- Park/Wald
- Sehenswürdigkeit (Gebäude)
- Sportgelände
- Strand/Wüste

DIE LONELY PLANET STORY

Ein ziemlich mitgenommenes, altes Auto, ein paar Dollar in der Tasche und eine Vorliebe für Abenteuer – 1972 war das alles, was Tony und Maureen Wheeler für die Reise ihres Lebens brauchten, die sie durch Europa und Asien bis nach Australien führte. Die Tour dauerte einige Monate, und am Ende saßen die beiden – erschöpft, aber voller Inspiration – an ihrem Küchentisch und schrieben ihren ersten Reiseführer *Across Asia on the Cheap*. Innerhalb einer Woche hatten sie 1500 Exemplare verkauft. Lonely Planet war geboren.

Heute hat der Verlag Büros in Melbourne, London und Oakland und mehr als 600 Mitarbeiter und Autoren. Und alle teilen Tonys Überzeugung: „Ein guter Reiseführer sollte drei Dinge tun: informieren, bilden und amüsieren." Und an diesem Grundsatz änderte sich auch nichts, als 2011 BBC Worldwide alleiniger Inhaber von Lonely Planet wurde.

DIE AUTOREN

Sarina Singh

Hauptautorin Nach ihrem BWL-Studium in Melbourne ging Sarina (www.sarinasingh.com) nach Indien, wo sie ein Hotelpraktikum machte, bevor sie als Journalistin arbeitete. Nach fünf Jahren in Indien kehrte sie nach Melbourne zurück und hängte ein Aufbaustudium in Journalismus an, bevor sie als Co-Autorin am ersten Lonely Planet *Rajasthan* mitwirkte. Inzwischen hat sie an 30 Bänden mitgearbeitet, schreibt für andere internationale Verlage und hat eine Kolumne im indischen *Lonely Planet Magazine*. Sarina hat zwei Bücher geschrieben: *Polo in India* und *India: Essential Encounters*. Ihr preisgekrönter Dokumentarfilm wurde erst beim Melbourne International Film Festival gezeigt, dann in ganz Australien und Europa. Sarina hat den Großteil von „Reiseplanung", „Südindien verstehen" und „Praktische Informationen" verfasst.

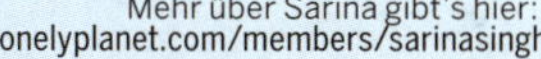
Mehr über Sarina gibt's hier:
lonelyplanet.com/members/sarinasingh

Trent Holden

Andhra Pradesh, Andamanen Bei seinem letzten Besuch in Andhra Pradesh feierte Trent sein Filmdebüt als Komparse. Ein Jahrzehnt später wartet er immer noch auf einen Anruf vom Produzenten (vielleicht wird es langsam Zeit, diesen Traum aufzugeben ...), aber trotzdem ergreift er seither jede Gelegenheit, zurückzukehren. Dies war seine vierte Reise nach Indien, ein Land, das er wie kein zweites liebt. Wenn er nicht unterwegs ist und für Reiseführer wie *Nepal* und *Indonesia* recherchiert, arbeitet Trent als freiberuflicher Lektor für Lonely Planet.

Abigail Hole

Kerala Abigail ließ sich vor etwa 15 Jahren von Indien verzaubern, und sie reist zunehmend häufiger dorthin zurück – allein 2010 war sie dreimal da. Sie hat an der ersten Ausgabe des Bandes *Rajasthan, Delhi & Agra* mitgewirkt und für zahlreiche Zeitungen und Magazine über Indien geschrieben, auch für das *Lonely Planet Magazine*. Dieses Buch war eine willkommene Gelegenheit für Abigail, über Kerala zu schreiben – der Bundestaat ist wohl einer der Orte, die sie am meisten liebt.

Kate James

Tamil Nadu & Chennai Kate wurde in Melbourne geboren und wuchs in Ooty auf, wo ihre Eltern an einer internationalen Schule unterrichteten und die erste *India*-Ausgabe von Lonely Planet nutzten, um das Land zu bereisen. Die Arbeit als Journalistin in Australien brachte Kate zunächst eine Stelle als Hauslektorin bei Lonely Planet ein, bevor sie zur freiberuflichen Autorin und Lektorin aufstieg. Sie ist außerdem die Autorin von *Women of the Gobi* (Pluto Press, 2006).

Amy Karafin

Goa Da sie in mehreren früheren Leben Inderin war, brach Amy direkt nach der Uni zu einer viermonatigen Reise durch Indien auf, die sich als karmische Bestimmung erwies. In den folgenden Jahren pendelte sie zwischen New York und aller Welt, bis sie von der Ironie, als Reiseautorin in einem Kasten in Manhattan zu arbeiten, die Nase voll hatte, ihre MetroCard und die schwarzen Röcke aufgab und beschloss, sich ihren Lebensunterhalt auf Reisen zu verdienen. Seither arbeitet die Halbnomadin freiberuflich und ist in Mumbai, wann immer möglich.

Anirban Mahapatra

Maharashtra, Karnataka & Bengaluru Sieben lange Jahre zog Anirban von seinem Reporterschreibtisch im Großraumbüro einer Zeitung in Delhi aus eine raffinierte Masche durch: Er tischte den Redakteuren haarsträubende Story-Ideen auf und reiste dann im Namen des unerschrockenen Journalismus durch ganz Indien. Als sein Bluff aufflog, änderte er seine Berufsbezeichnung in „Reiseautor" und legitimierte so sein Handeln. Er hat seit 2007 regelmäßig an Lonely Planet Bänden mitgewirkt. Wenn er nicht reist, wartet er in Kolkata auf das nächste Abenteuer.

Kevin Raub

Mumbai (Bombay) Kevin Raub wuchs in Atlanta, USA, auf und begann seine Karriere als Musikjournalist in New York, wo er für *Men's Journal* und *Rolling Stone* arbeitete. In einem Jahrzehnt der Indien-Reisen hat er den Taj Mahal gesehen, sich in den Quellen des Maharaja-Palasts im Himalaja verjüngt, Tigern in Madhya Pradesh nachgespürt und ist auf den Gewässern Keralas geschippert. Was ihn jedoch immer wieder aufs Neue auf den Subkontinent zieht, ist etwas viel Elementareres: die absolut atemberaubende Küche, die ihn – toi, toi, toi – noch nicht ein einziges Mal krank gemacht hat. Man findet ihn auf www.kevinraub.net oder in 10 000 m Höhe.

Lonely Planet Publications,

Locked Bag 1, Footscray,
Melbourne, Victoria 3011,
Australia

Verlag der deutschen Ausgabe:
MAIRDUMONT, Marco-Polo-Str. 1, 73760 Ostfildern,
www.mairdumont.com,
lonelyplanet@mairdumont.com

Chefredakteurin deutsche Ausgabe: Birgit Borowski
Übersetzung: Julie Bacher, Berna Ercan, Tobias Ewert, Karen Gerwig, Laura Leibold, Britt Maas, Marion Matthäus, Ute Perchtold, Dr. Christian Rochow, Frauke Sonnabend, Katja Weber
Redaktion: Julia Berger, Frank J. Müller, Katrin Schmelzle, Verena Stindl (red.sign, Stuttgart)
Redaktionsassistenz: Dr. Dirk Mende, Karin Rappold, Thomas Tilsner
Satz: Julia Berger, Frank J. Müller, Verena Stindl, Neslihan Tatar Akbiyik (red.sign, Stuttgart)

Südindien

3. deutsche Auflage Januar 2012, übersetzt von *South India 6th edition*, September 2011 Lonely Planet Publications Pty

Printed in China

Titelfoto: Bootsfahrt in Kerala, Felix Hug, LPI